唐山年鉴

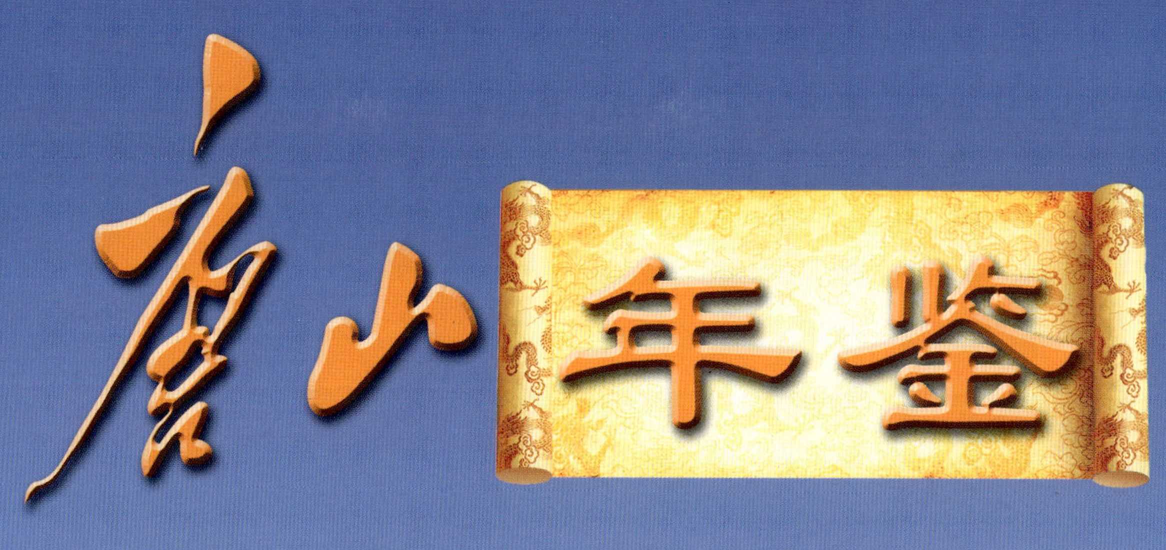

2010

TANGSHAN YEARBOOK

唐山年鉴编纂委员会 编

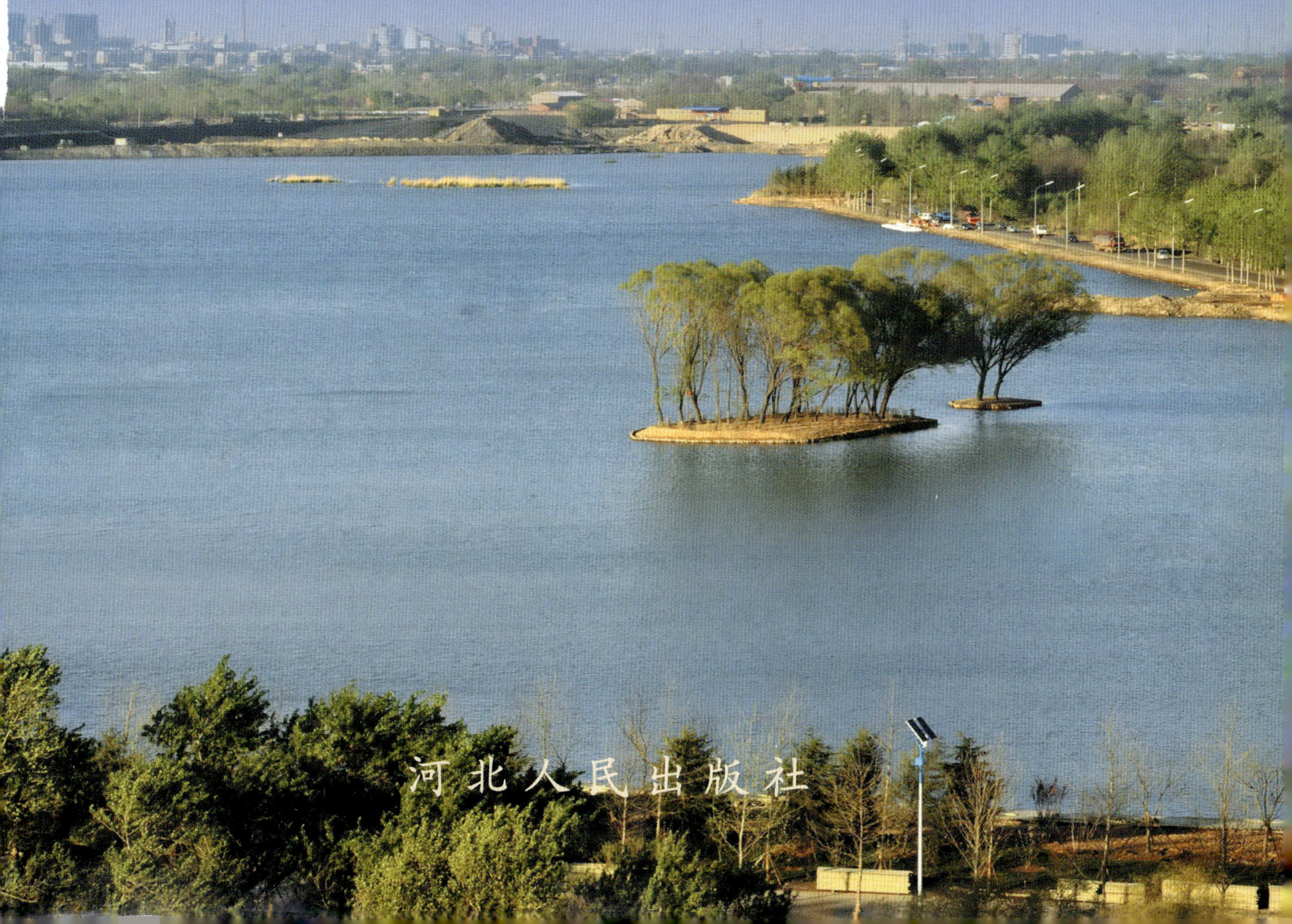

河北人民出版社

图书在版编目（CIP）数据

唐山年鉴. 2010/唐山年鉴编纂委员会编. —石家庄：河北人民出版社，2011.4
ISBN 978-7-202-05863-3

Ⅰ.①唐… Ⅱ.①唐… Ⅲ.①唐山市—2010—年鉴
Ⅳ.①Z522.23

中国版本图书馆CIP数据核字(2011)第048066号

书　　名	唐山年鉴2010
编　　者	唐山年鉴编纂委员会
责任编辑	杨永林
美术编辑	李　欣
责任校对	傅敬华
装帧设计	中　画
封面设计	中　画
出版发行	河北人民出版社(石家庄市友谊北大街330号)
印　　刷	保定市中画美凯印刷有限公司
开　　本	889×1194毫米　1/16
印　　张	33
字　　数	1290000
版　　次	2011年4月第1版　　2011年4月第1次印刷
印　　数	1-2000
书　　号	ISBN 978-7-202-05863-3/Z·150
定　　价	300.00元

《唐山年鉴》编纂委员会

主　　任：陈国鹰（市委副书记、市长）

副 主 任：刘建国（市委常委、市委秘书长）　吴海英（市委常委、副市长）

唐凤岗（市人大副主任）　沈　瑾（市政协副主席）

马红升（军分区副政委）　刘树祥（市政府秘书长）

董爱民（市政府副秘书长）

委　　员：方成田（市委宣传部常务副部长）

纪泽民（市委副秘书长、市委市政府研究室主任）

刘作生（市委党史研究室主任）　孙贵石（市城市管理局局长）

袁志刚（市发展和改革委员会主任）　苏铁成（市财政局局长）

盛新丰（市工业和信息化局局长）　王志军（市商务局局长）

孟宪友（市国有资产监督管理委员会主任）　王新春（市编制办主任）

苏春生（市住房保障和城乡建设局局长）　李全民（市教育局局长）

罗向军（市文化广播电视新闻出版局局长）　张志民（市卫生局局长）

刘利东（市体育局局长）　王　成（市科技局局长）

王洪江（市统计局局长）　崔敬东（市民政局局长）

王　全（市人大教科文卫委员会主任）　杨铁生（市档案局局长）

孟庆海（市政协文史资料委员会主任）　段海清（市地方志办公室主任）

特邀编委

（按姓氏笔画为序）

王　力　王文彬　王　虎　王胜喜　王晓燕　王殿春　付国民　付国良　皮万杰　刘志鹏

孙良勇　许晓娟　许建斌　李广江　李东生　安晓良　杨恩利　杨桂茹　杨荣博　肖玉文

沈鸿德　张占忠　张国华　张哲明　张印勤　张军民　陈照印　陈惠中　赵士峰　赵立成

袁　宁　费连春　徐建军　贾振江　常荣才　董秀峰　解光第　阚友合　阚星光

《唐山年鉴》

编辑说明

2010

一、《唐山年鉴》是根据国务院《地方志工作条例》和《河北省地方志工作规定》，由唐山市人民政府主管，“唐山年鉴编纂委员会”编纂的全面记述唐山自然、政治、经济、文化、社会各方面市情的大型综合资料性文献，逐年出版，国内外公开发行。

二、本年鉴以邓小平理论和“三个代表”重要思想为指导，以科学发展观为统领，系统介绍上一年度政治、经济、文化、社会等各方面取得的新成就、新经验和重要决策，客观反映新问题，为各级领导科学决策提供参考资料，为读者了解唐山提供最新信息，为编纂唐山市志积累资料。

三、本卷为2010年卷，总第三卷。记述的是唐山市2009年发生的各方面的基本情况，有些内容和数据适当作了历史追述和延伸，以使读者了解发展脉络。

四、本年鉴采用分类编纂法，大致分为类目、分目、条目三个层次，少数类目在分目与条目之间加一层子目。

五、本年鉴所列市直单位的县级干部，不包括部门管理的事业单位成员和政府机构改革中合并单位未留任者。

六、本年鉴的文稿由唐山市直各单位、所属各县（市）区委派专人写，并经领导审定。统计资料由唐山市统计局提供。

七、本年鉴的单位图片选用依据是年度考核结果。

八、由于编辑水平有限，疏漏、差误之处在所难免，希望广大读者提出宝贵意见。

唐山市行政区划图
遵化市
(遵化镇)
迁西县
(兴城镇)
迁安市
(迁安镇)
玉田县
(玉田镇)
丰润区
(丰润镇)
唐山市
路北区
路南区
高新技术产业园区
开平区
古冶区
滦县
(滦州镇)
丰南区
(丰南镇)
滦南县
(倴城镇)
乐亭县
(乐亭镇)
唐海县
(唐海镇)
南堡经济开发区
海港经济开发区
汉沽管理区
(汉丰镇)
芦台经济技术开发区
唐山市芦台经济技术开发区
属唐山市
宁河县
汉沽区
塘沽区
大港区
卢龙县
抚宁县
昌黎县
青龙满族自治县
兴隆县
自治县
遵化市
迁西县
迁安市
玉田县
丰润区
丰南区
滦县
滦南县
乐亭县
唐海县
天津市
秦皇岛市
属滦南县
石臼坨
月坨
蛤坨
东坑坨
草木坨
腰坨
曹妃甸
渤海
渤海湾
大清河盐场
潘家口水库
大黑汀水库
邱庄水库
陡河水库
于桥水库
桃林口水库
三屯营镇
建昌营镇
杨各庄镇
木厂口镇
彭店子乡
野鸡坨镇
沙河驿镇
太平庄乡
油榨镇
雷庄镇
东安各庄镇
九百户镇
榛子镇
杨柳庄镇
王店子镇
银城铺乡
火石营镇
左家坞镇
泉河头镇
王官营镇
姜家营乡
刘家营乡
七树庄镇
石各庄镇
白官屯镇
任各庄镇
老庄子镇
丰登坞镇
新军屯镇
李钊庄镇
小张各庄镇
欢喜庄乡
岔河镇
韩城镇
果园乡
稻地镇
钱营镇
大齐镇
黄各庄镇
小集镇
西葛镇
唐坊镇
南孙庄乡
东田庄乡
王兰庄镇
尖字沽乡
柳树瞿镇
滨海镇
黑沿子镇
大新庄镇
胡各庄镇
东黄坨镇
坨里镇
姚王庄镇
方各庄镇
司各庄镇
安各庄镇
柏各庄镇
南堡镇
扒齿港镇
程庄镇
青坨营镇
宋道口镇
长凝镇
马城镇
古马镇
小马庄镇
茨榆坨镇
范各庄镇
响嘡镇
汀流河镇
马头营镇
新寨镇
王滩镇
闫各庄镇
汤家河镇
胡家坨镇
姜各庄镇
毛庄镇
中堡镇
大相各庄乡
庞各庄乡
柳赞镇
古河乡
林南仓镇
林西镇
大安镇
孤树镇
彩亭桥镇
唐自头镇
郭家屯乡
林头屯乡
亮甲店镇
虹桥镇
杨家套乡
散水头镇
鸦鸿桥镇
陈家铺乡
郭家桥乡
杨家板桥镇
窝洛沽镇
石臼窝镇
潮洛窝乡
大钟庄镇
林亭口镇
八门城镇
岳龙镇
丰台镇
板桥镇
宁河镇
苗庄镇
俵口乡
七里海镇
大田镇
潘庄镇
茶淀镇
营城镇
北淮淀乡
新城镇
葛沽镇
小站镇
古林街道
海滨街道
军粮城镇
杨家泊镇
东辛庄乡
大北涧沽镇
黄庄乡
东棘坨镇
马伸桥镇
出头岭镇
西龙虎峪镇
五百户镇
别山镇
新安镇
石门镇
东陵满族乡
马兰峪镇
汤泉满族乡
堡子店镇
兴旺寨乡
西留村乡
建明镇
崔家庄乡
团瓢庄乡
新店子镇
东新庄镇
刘备寨乡
党峪镇
地北头镇
杨官林镇
沙流河镇
平安城镇
娘娘庄乡
铁厂镇
东旧寨镇
侯家寨乡
小厂乡
苏家洼镇
西下营满族乡
西三里乡
孙各庄满族乡
穿芳峪乡
八卦岭满族乡
挂兰峪镇
孤山子乡
半壁山镇
蓝旗营乡
汉儿庄乡
洒河桥镇
滦阳镇
上营乡
金厂峪镇
渔户寨乡
太平寨镇
东荒峪镇
旧城乡
白庙子乡
新集镇
新庄子乡
东莲花院乡
罗家屯镇
尹庄乡
马兰庄镇
阎家店乡
蔡园镇
大五里乡
赵店子镇
扣庄乡
上庄乡
五重安乡
大崔庄镇
夏官营镇
双望镇
下寨乡
印庄乡
陈官屯乡
茶棚乡
刘田各庄镇
石门镇
木井乡
蛤泊乡
安山镇
十里铺乡
龙家店镇
靖安镇
马坨店乡
泥井镇
新集镇
荒佃庄镇
刘台庄镇
茹荷镇
团林乡
大蒲河镇
葛条港乡
两山乡
留守营镇
台营镇
大新寨镇
燕河营镇
潘庄镇
刘家营乡
官场乡
隔河头乡
双山子镇
平方子乡
茨榆山乡
朱杖子乡
大巫岚乡
土门子乡
马圈子镇
大石岭乡
亮甲台乡
大字沟门乡
板城镇
东黄花川乡
肖营子镇
七道河乡
草碾乡
三拨子乡
凉水河乡
娄杖子乡
八道河乡
锥尖乡
碾子峪镇
东大地乡
峪耳崖镇
桲罗镇
蘑菇峪乡
三道河乡
安子岭乡
大水泉乡
北水泉乡
南天门满族乡
第一农场
第二农场
第三农场
第四农场
第五农场
第七农场
第八农场
第九农场
第十农场
第十一农场
八里滩养殖场
十里海养殖场
属唐海县
阳东港
唐山港
曹妃甸港区
京唐港
天津新港
浅水湾
图　例
地级政府驻地
县、区级政府驻地
镇、乡级政府驻地
农场
高速公路
建筑中高速公路
铁路
国道
省道
县、乡道
省界
地界
县界
飞地区域界

“六一”儿童节期间，河北省委书记张云川在唐山与小学生亲切交谈　　（力平　摄）

10月26至27日，省委副书记、省长胡春华（右三）在唐山考察调研。图为在开滦集团矿井下视察的情景

12月25日，省委副书记、代省长陈全国在南湖生态城与市民亲切握手交谈　　（张北男　摄）

省委常委、市委书记赵勇在市委八届六次全体（扩大）会议上代表市委常委会作报告

市政府市长陈国鹰在市人大十三届三次会议上作政府工作报告

（本版图片选自环渤海新闻网）

当好东道主　迎接大论坛

由河北省政府、国土资源部、环境保护部、国务院发展研究中心主办，唐山市承办的首届曹妃甸论坛10月份在唐山市举行。三年时间，唐山人民在昔日的海上沙岛创造着奇迹，日新月异的变化引起了世人瞩目。曹妃甸不仅成为中国的“黄金宝地”，国家级循环经济示范区，也是目前中国推进科学发展、可持续发展极具代表性、象征性的标志性地区.。创办曹妃甸论坛，可以让全世界看到中国走的是一条科学发展、可持续发展之路。因此，进入2009年，“当好东道主，办好大论坛”就成为几百万唐山人的共同心声。

① 曹妃甸论坛会址——渤海国际会议中心

② 唐山街道上，花团锦簇迎嘉宾

③ 喜庆的中国结挂满迎宾大道机场路

④ 10月11日，首届曹妃甸论坛在北京国务院新闻办举行新闻发布会

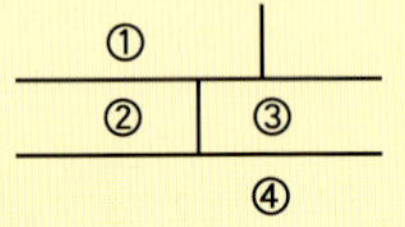

（董军　摄）

首届曹妃甸论坛的主题为可持续发展，大会使用的车辆均为在唐山生产的锂电电动车

为盛会服务的唐山志愿者

曹妃甸论坛通过互联网向全球直播

曹妃甸之夜美轮美奂

（董军　摄）

渤海湾畔 高端论坛

10月16日至17日，国内外政界、经济界、学术界千余精英云集曹妃甸，首届曹妃甸论坛在渤海国际会议中心贝壳大厅举行。中共中央政治局常委、全国政协主席贾庆林出席开幕式，并发表了题为《发展可持续，世界更美好》的主旨演讲。与会嘉宾普遍认为，曹妃甸是中国的

曹妃甸论坛开幕

国内外各界精英会聚曹妃甸

可持续发展的论坛主题受到各国关注

国际盛会 合作平台

曹妃甸论坛会徽

国家级循环经济示范区，在这里定期举办以可持续发展为主题的国际性论坛，打造一个探讨可持续发展问题，展示中国可持续发展成果的高层互动平台，对于汇聚全球智慧，促进务实合作，共同推进可持续发展具有十分重要的意义。（力平 阎军 董军 光宇 摄）

新西兰前总理詹妮·希普莉及河北省委常委、唐山市委书记赵勇发表演讲

曹妃甸论坛成为各国朋友相互交流的平台

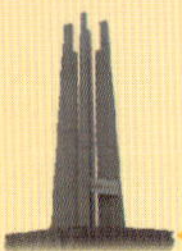

唐山十大名片

城市精神——新唐山人文精神：感恩 博爱 开放 超越

这是一座特殊的城市。在这座城市的百年历史中，形成了许多光荣传统和革命精神。这里有党的创始人之一李大钊同志“铁肩担道义”的大钊精神，有毛泽东同志肯定的开滦工人阶级“特别能战斗精神”，有毛泽东同志高度赞誉的遵化西铺“三条驴腿闹革命”的“穷棒子”精神，有周恩来同志称赞的沙石峪“青石板上创高产”的“当代愚公”精神，以及江泽民同志高度概括的“公而忘私、患难与共、百折不挠、勇往直前”的唐山抗震精神。以“感恩、博爱、开放、超越”为核心内涵的新唐山人文精神，就是对这些精神的有效传承和凝炼升华。

新唐山人文精神的征集始于2007年，2008年4月份正式将“感恩、博爱、开放、超越”归纳为其核心内涵。随后，市文明委在全市范围内组织开展了新唐山人文精神的教育讨论活动。在四川大地震发生后，唐山人民举全市之力支援灾区人民抗震救灾，感恩之情、博爱之举得到生动诠释；面对国际金融危机带来的困难和挑战，唐山人民坚定信心，化危为机，大手笔、新理念推动城市改造、重点项目和以曹妃甸新区为核心的唐山湾开发建设，展现出开放胸襟和超越气魄，正在成为建设科学发展示范区和人民群众幸福之都的力量源泉。

东京湾 唐山湾

李肇星

东京，离唐山没有多远，一个太平洋的两个海湾；
曲线一样美，腹地一样宽。
发育有先有后，成长彼此借鉴。
期盼着越走越近，出落的姐妹一般……

前外交部长、全国人大外事委员会主任李肇星为以曹妃甸新区为主的唐山湾建设题诗

开滦干部郭鹏程于2008年和2009年先后两次为江苏不相识的患者捐献造血干细胞，挽救一个年轻的生命

宋志永等唐山十三义士多次自费到祖国各地参加抢险救灾的壮举于9月份入选“新中国成立以来感动中国人物”，宋志永本人当选第二届全国道德模范

唐山大地震的孤儿们踊跃为灾区人民捐款

（力平 摄）

地域标志——曹 妃 甸

曹妃甸工业区总体布局规划——鸟瞰图

在唐山南部的渤海湾畔，距唐山市区80公里、北京市区220公里、天津市区120公里、秦皇岛市区170公里处，有一个神奇的地方叫曹妃甸。作为唐山港两个港区之一的曹妃甸港区，“面向大海有深槽，背靠陆地有浅滩”。这个最明显的特征和优势，为大型深水港口建设和临港产业发展提供了得天独厚的条件。

曹妃甸开发建设以来，一直得到党中央、国务院的重视和关怀。胡锦涛、吴邦国、温家宝、贾庆林等党和国家领导人先后亲临视察。2006年7月，胡锦涛总书记视察时明确指示，要把曹妃甸建成科学发展示范区，这是总书记首次对一个地方提出要建设科学发展示范区。按照国家批准的《曹妃甸循环经济示范区产业发展总体规划》，其确定功能定位是：能源、矿石等大宗货物的集疏港，新型工业化基地，商业性能源储备基地，国家级循环经济示范区和中国北方商务休闲之都，生态宜居的滨海新城。河北省委、省政府对曹妃甸开发建设高度重视，批设了包括曹妃甸工业区、曹妃甸生态城、南堡开发区和唐海县在内的曹妃甸新区。唐山市委、市政府正在以曹妃甸新区为核心，聚力打造中国的东京湾一唐山湾，目标是在不远的将来再造一个“新唐山”。

（本版照片由环渤海新闻网提供）

艺术种类——评剧

评剧是中国北方较大的戏曲剧种之一，2006年6月2日国务院公布的第一批非物质文化遗产名录中就有评剧。其流传之广、剧团之多、观众层面之广厚，在北方占有突出位置。评剧起源于19世纪末、20世纪初的京东滦州(现唐山滦县和滦南县)，迄今已有百多年历史。评剧以当地流行的“莲花落”(1890年即已有专业的莲花落艺人)为基础，吸收了“蹦蹦戏”的说唱和表演，(1910年前后)经过“彩扮”、“拆出”等形式进化，又吸收河北梆子、滦州皮影、乐亭大鼓、京剧的部分音乐与表演形式，形成“平腔梆子戏”，具备板腔体剧种的特点。滦州人士成兆才先生作为创始人之一，对评剧的形成发挥了重要作用，他不断创作出大量的剧本，丰富了评剧的演出剧目。“平腔梆子戏”随时代进步日趋完善，改称“唐山落子”，然后走出唐山，北上南下。北上至东北各地，称“奉天落子”；南下至上海，于20年代中期定名为评剧。

评剧在现代戏的创作演出方面影响很大。其中如解放初期小白玉霜演出的《九尾狐》、《小女婿》，新凤霞演出的《刘巧儿》、《小二黑结婚》等，都普遍受到观众的欢迎。

赵丽蓉的《花为媒》剧照

新编评剧《香妃与乾隆》剧照

《杨三姐告状》剧照

坐落于滦南县的成兆才大剧院

（本版照片由张永新提供）

历史人物——李大钊

李大钊，字守常，1889年10月29日出生于乐亭县大黑坨村。7岁起在乡塾读书，1905年考入永平府(府衙在现卢龙县)中学堂，1907年考入天津北洋法政专门学校。目睹在帝国主义侵略下的国家危亡局势和社会黑暗状况，激发了爱国热忱，立志要为苦难的中国寻求出路。1913年东渡日本，就读于东京早稻田大学，开始接触社会主义思想学说。1916年回国后，积极参与正在兴起的新文化运动。1917年俄国十月社会主义革命的胜利使李大钊受到极大的鼓舞和启发，他宣称“试看将来的地球，必是赤旗的世界”，成为中国最早的马克思主义者。1920年3月，李大钊在北京先后发起组织马克思学说研究会和共产主义小组，之后又建立了社会主义青年团。许多青年在他的影响下，接受了马克思主义。李大钊为建立中国共产党努力奋斗，是我党的主要创始人之一，素有“南陈北李”之称。1927年被军阀张作霖杀害于北京西交民巷，就义时年仅38岁。

如今，李大钊故居、李大钊纪念馆都是国家级爱国主义教育基地，每年都有数万人到这里缅怀先烈，传承精神，接受爱国主义教育。

◄ 李大钊纪念馆 ►

◄ 李大钊故居 ►

（本版照片由环渤海新闻网提供）

工矿企业——开滦矿务局

开滦矿务局，现为开滦集团公司。始建于1878年，因矿区分布在开平镇和滦州两地得名，已经走过了130年的沧桑岁月。这里是中国最早使用机器开采的大型煤矿，这里是中国近代最早实行股份制经营的企业，这里铺就了中国最早的标准轨铁路唐胥铁路，这里开出了中国最早的蒸汽机车“龙号机车”，这里驶出了中国企业最早的自营海运船队……

开滦矿区煤田富庶广袤，总面积达890平方公里，探明储量约71亿吨,煤种精良，是冶炼、化工、动力首选用煤。新中国建立后至2008年，开滦累积生产优质煤炭10.07亿吨，洗精煤2.53亿吨，上缴利税106.3亿元，为国民经济发展做出了重要贡献。在改革开放的新形势下，百年开滦得到了长足的发展。2008年当年，原煤产量完成3067万吨，同比提高184万吨；精煤产量完成736万吨，同比提高2万吨；营业收入达到305亿元，同比增长148亿元，全国500强中名列第291位。开滦，这个在“洋务运动”中建立的企业，是中国最早开放的企业之一，是唐山“因煤而建”的由来。在1925年的开滦五矿工人大罢工后，毛泽东同志曾赞誉开滦工人阶级“特别能战斗”。现在的开滦集团公司的职工和家属，已占到唐山市区人口的20%以上，为这座城市的兴起与发展做出了重要贡献。

早年的开滦煤矿

今日开滦现代化的控制室和繁忙的煤炭码头

（本版照片由环渤海新闻网提供）

城标建筑——唐山抗震纪念碑

这座于1986年纪念抗震救灾10周年之际落成的建筑物——唐山抗震纪念碑，坐落在市中心新华道以南(建设路和文化路之间)纪念碑广场内。纪念碑由主碑和副碑组成。主碑碑座高3米，碑身高30米，由4根相互独立的梯形半截面钢筋混凝土碑柱组成，主体上端造型有四个收缩口，犹如伸向天际的巨手，象征人定胜天。碑身四周高1.5米处为8幅花岗岩浮雕，象征着全国四面八方的支援。浮雕记述了地震灾害和唐山人民在全国支援下抗震救灾、重建家园的英雄业绩。在碑身高8.5米处镶有一块长3.86米、宽1.6米的不锈钢匾额，上刻中共中央原总书记胡耀邦题写的“唐山抗震纪念碑”七个大字。主碑和副碑建在一个大型台基座上，台基四面有四组台阶，踏步均为4段，每段7步，共28步，象征“7·28”这一难忘的时刻。

唐山抗震纪念碑及其广场是唐山人凭吊罹难同胞、缅怀抗震英烈的庄严场所，也是纪念祖国生日、张扬理想信念的集会之地。1996年和2006年，在纪念唐山抗震救灾20周年和30周年之际，江泽民同志、胡锦涛同志分别代表中共中央、全国人大常委会、国务院、全国政协和中央军委向唐山抗震纪念碑敬献了花篮。

抗震纪念碑目睹身边的城市发生着巨变

（本版照片由董贵宝提供）

生态园林——南湖生态城

南湖生态城位于唐山市南部，紧邻市中心，东至陡河，西至津山铁路，南至唐津高速公路，北至南新道，原是开滦采煤塌陷区和大片垃圾场，经绿化改造，逐步打造成生态园林。2002年，该生态建设项目获“中国人居环境范例奖”，2004年7月又荣获“迪拜国际改善居住环境最佳范例奖”。2007年，唐山市委、市政府以打造人民群众幸福之都的全新理念，对南部采煤沉降区进行重新审视和定位，并在市委八届四次全会明确提出建设南湖生态城的总体部署。整个生态城规划面积91平方公里，与曹妃甸生态城、凤凰新城和空港城构成唐山新“城市新的四大功能区”。

2009年，唐山市委、市政府进一步完善建设目标，确定以生态修复、历史文化遗产挖掘、景观绿化、湖面拓宽为契机，建设集生态保护、休闲娱乐、旅游度假、文化会展、住宅建设、商业购物、高新技术产业为一体的新城区，使之成为资源型城市转型的典范、生态重建的旗帜，着力打造休闲度假胜地、文化创意园区、国家城市湿地公园，推动景观地产开发，促进城市结构更新。未来将建成世界一流的中央城市生态公园、全国闻名的“华北水城”和世界一流的生态旅游景区。中心景区将成为“好玩南湖、生态南湖、神奇南湖、文化南湖”。2009年3月世界展览局批准唐山南湖生态城作为城市生态建设特殊案例，参加2010年上海世博会进行其他形式展示8天。

南湖全景示意图

南湖美景

（本版照片由环渤海新闻网提供）

工业产品——"和谐号"CRH3动车组

首列国产时速350公里CRH3"和谐号"动车组于2008年4月11日在中国北车集团唐山轨道客车有限责任公司(简称唐车公司)下线。2008年8月1日，在京津城际铁路线正式运营，并跑出每小时390公里/小时的世界高铁第一速度，成功服务北京奥运，成为中国高速铁路网的主力车型，实现中国铁路列车运行建设的历史性跨越。

制造一流动车组的唐车公司，是河北省唯一一家国家首批创新型企业，也是铁道部确定的高速铁路客运装备制造基地之一。公司通过走引进、消化、吸收、再创新之路，构建起了时速350公里动车组产品技术制造平台，系统掌握了核心技术，具备了时速350公里动车组的批量生产能力，正在成为轨道交通装备制造行业的领跑者。

"和谐号"不仅意味着速度，更意味着和谐，它标志着中国铁路对和谐理念的躬身实践。中国由此成为世界上仅有的几个能制造时速350公里高速铁路移动装备的国家之一。如今的"和谐号"，正成为中国现代化建设的引擎，风驰电掣，勇往直前！

"和谐号"动车组在生产线上

和谐号动力车组奔驰在祖国各地

（本版照片由吴宏道提供）

目　录

特　　载

大　事　记

唐山概况

首届曹妃甸论坛

党 政 群

国防建设

政 法

综合管理

体制改革

精神文明建设

城乡建设

重点项目建设

环境保护

农　业

工　业

国内贸易

一般服务业

对外开放

民营经济

财政　税务

金　　融

交　　通

通讯　邮政

旅　　游

科学技术

社会科学

教　育

文　化

健康唐山　幸福人民行动

卫　生

体　　育

民　　生

县（市）区概况

人　物

法规　规章

主要统计资料

中共唐山市委常委会工作报告

——在市委八届六次全会上

中共河北省委常委、唐山市委书记 赵 勇

（2010年1月5日）

这次全会的主要任务是：全面贯彻党的十七届四中全会、省委七届五次全会和中央、省经济工作会议精神，总结2009年工作，研究部署2010年和今后一个时期经济社会发展和党的建设各项工作，动员全市各级党组织和广大党员干部，高举中国特色社会主义伟大旗帜，以邓小平理论和“三个代表”重要思想为指导，深入贯彻落实科学发展观，牢牢把握“抢抓新机遇、建设新唐山，在科学发展道路上实现新跨越”的主题，继续坚持“开放创新、富民强市”的总战略，进一步解放思想、开拓创新、真抓实干，坚定不移地朝着建设科学发展示范区和人民群众幸福之都的宏伟目标加速前进！

现在，我受市委常委会委托，向全会作工作报告。

一、2009年的工作回顾

过去的一年，是新唐山发展史上很不寻常的一年。面对国际金融危机带来的严峻挑战，市委常委会审时度势、科学应对，团结带领广大干部群众迎难而上、化危为机，全力实施“五项攻坚行动”和“八大工程”，使唐山各项事业在困难形势下稳健前行，科学发展示范区和人民群众幸福之都建设向纵深推进。预计全年完成地区生产总值3800亿元，同比增长11%以上；全社会固定资产投资2192亿元，同比增长61%；全部财政收入413.3亿元，同比增长2%左右，剔除增值税转型等政策性减收因素，按可比口径增长14.1%，其中一般预算收入169.7亿元，同比增长15.8%；城镇居民人均可支配收入和农民人均纯收入分别达到18053元和7420元，同比分别增长10.2%和12%。回顾2009年的工作，主要在以下七个方面取得了新的进展：

第一，全力应对国际金融危机的严峻挑战，扩内需、保增长、调结构取得新突破。坚决贯彻落实中央和省委一系列决策部署，紧密结合唐山实际，把扩内需、保增长与调结构、促转型结合起来，谋划了五个方面的结合点，既抓当前又谋长远，在全力推动经济平稳较快发展的同时，着力夯实未来发展的基础，在应对危机过程中经受住了考验。项目建设强势推进。谋划实施重点项目1000个，新开工10亿元以上项目80个、50亿元以上项目13个，一批大项目、好项目启动建设，进一步增强了经济发展后劲。各县（市）区工业园区初具规模，项目入园进度加快，集约发展水平进一步提高。产业结构调整步伐明显加快。钢铁、装备制造等传统产业改造提升取得重要进展，环保、生物医药、新能源、电子信息等新兴产业加快发展。纯电动汽车、激光电视、矿用抢险探测机器人等一批高新技术产品逐步实现产业化。冀东发展、唐山港等重点企业集团成功组建，两个“三足鼎立”的产业格局正在形成。节能减排成效明显。预计全年单位生产总值能耗下降5.28%，二氧化硫和化学需氧量排放量分别降低11%和10.5%，可超额完成省定目标。可以说，在应对危机中展现了唐山经济的竞争力和我们应对复杂局面的驾驭力。

第二，全面加快沿海地区发展，唐山湾“四点一带”开发建设步入新阶段。“四点一带”区域新增投资占全市的63%，比上年增加16个百分点，沿海地区的支撑带动

作用进一步体现出来，真正成为了唐山快速发展的龙头。产业聚集步伐加快。首钢京唐钢铁公司一期一步工程正式投产，华润电厂2×30万千瓦机组并网发电，中石油渤海湾生产支持基地、华电临港重工装备制造、哈电风电装备等46个项目陆续开工建设，中石化千万吨级炼化一体化等一批重大产业项目前期工作扎实推进。2009年曹妃甸产业聚集真正进入了加速期。港口建设取得新进展。曹妃甸港区煤码头、通用散杂货码头相继通航，京唐港区3000万吨专业煤炭泊位竣工，唐山港货物吞吐量达到1.65亿吨，增长52.8%，在全国港口排名向前提升4位。港城建设拉开大幕。自去年3月在一片盐碱地上举行开工仪式，仅9个多月时间，曹妃甸国际生态城就投入160多亿元，滨海大道、央企服务基地、海岸花园等43个项目开工建设，完成起步区造地7平方公里，具备了职工入住条件，为曹妃甸开发开放注入了强大动力。基础设施更趋完善。曹妃甸填海造地新增陆域面积34.5平方公里，完成标准厂房建设90万平方米，司曹铁路全线通车，滦曹公路、滨海大道开工建设，张曹铁路等工程前期工作进展顺利，路水电讯等配套设施日臻完善。以曹妃甸为龙头的唐山湾经济区影响越来越大，聚集产业的条件越来越好，已经成为国人乃至世人关注的一个热点，成为新兴产业聚集的一个高地，成为唐山新型工业化的一个重要平台。

第三，着力抓好城镇面貌三年大变样，生态城市建设实现新跨越。按照省委张云川书记提出的“三年大变样”的五个目标，加强城市建设改造，去年是我市城市建设投入最多、力度最大的一年，全年完成投资510亿元。“四城一河”建设全面提速。南湖生态城核心区开发深入推进，在采煤沉降区上建成了拥有两倍于杭州西湖水面的南湖城市中央生态公园，好玩南湖、生态南湖、神奇南湖正在成为唐山科学发展的新名片，成为唐山人民的骄傲和自豪。凤凰新城市政基础设施进一步完善，香格里拉大酒店等一批项目正在加紧实施。空港城军民两用机场航站区主体工程完工，即将试飞通航。57公里环城水系基本形成闭环系统。旧城改造力度加大。全市拆违拆迁520万平方米；震后危旧平房改造新开工安置住房251万平方米，累计达到570万平方米，竣工200万平方米；实施城中村改造项目19个；既有居住建筑节能改造完工510万平方米。城市功能和形象进一步提升。打通了光明路、大理路等13条断头路，完成了机场连接线、唐丰路入市通道的建设和景观改造。组织开展了声势浩大的绿化攻坚行动，完成造林绿化93万亩，全市森林覆盖率提高2.25个百分点。县城扩容和小城镇建设加快推进。完成了全市县城总体规划修编工作，县城和小城镇建成区面积不断扩展，每个县城都建设了一条示范街、一条样板路，基础设施进一步完善，尤其是污水处理、垃圾回收和其他公共服务设施建设力度加大，县城的品位实现跨越性提升。预计全市城镇化率提高2个百分点，达到53%。一座工业城市正朝着生态城市的目标迈进。

第四，扎实推进城乡统筹发展，社会主义新农村建设迈出新步伐。各项强农惠农政策全面落实，发放粮食直补、大型农机具购置以及家电、汽车、摩托车下乡等补贴资金7亿多元，相当于全市每户农民受益700元。现代农业发展加快，深入推进农业结构调整，实施农业产业化重点项目120个，全市农业产业化经营率达到63%，同比提高2个百分点。农村基础设施建设进一步加强，新建和改造农村道路1417公里，2000个村实现硬化道路户户通。农村改革不断深化，成立市县农村土地经营权流转交易中心，构建了覆盖县、乡、村土地经营权流转交易服务管理网络，新增流转面积29.7万亩；制定实施了《鼓励和支持农民进城的若干政策（试行）》，设立市、县两级农民进城受理服务中心，集中受理农民进城落户、就业。科学发展示范村创建工作扎实开展，以推行“六个一”模式为重点，加快农居建设改造，其中新民居建设开工175个村，累计完工面积645.7万平方米；旧民居改造开工200个村。新建文明生态村449个，累计达到3934个，占全市行政村总数的76%。

第五，持续做好保障和改善民生工作，和谐社会建设取得新成效。投资60亿元集中为群众办了20件实事。经济适用住房新开工67.8万平方米、廉租住房开工（筹集）30.6万平方米；新增城镇就业6.8万人，下岗失业人员再就业3.4万人，实现了“零就业家庭”动态归零；城镇居民基本医疗保险覆盖面达到95.7%，新型农村合作医疗保险参合率达到96.1%；进一步提高了企业退休人员养老金水平和城乡低保标准，新型农村养老保险试点扩大到8个县（市）区；“健康唐山、幸福人民”行动全面展开，为91.3万人建立了健康档案，为91万人制定了健康计划，为92.4万人进行了免费体检；义务教育保障机制更加完善，开放式素质教育加快推进，职业教育和高等教育资源整合力度加大。文化事业和文化产业加快发展，河北省文化创意产业园区等一批文化产业项目开工建设；文化体制改革取得实质性进展，组建了唐山演艺集团。创建全国文明城市活动不断深化，城市公共文明指数在国家测评中进入地级市前十名。双拥共建活动深入开展，以“六个融合”为载体的军民融合式发展迈出重要步伐。社会矛盾综合调控机制基本形成，大量信访问题及时妥善解决。国庆和首届曹妃甸论坛安保做到了万无一失。安全生产工作使出党政“一岗双责”、强化企业主体责任、开展模拟培训等七个“杀手锏”，安全生产形势总体稳定并持续好转。人民群众幸福指数不断提高。

第六，倾力举办首届曹妃甸论坛，对外开放层次和水平实现新提升。首届曹妃甸论坛正式参会代表超过1000人，有7位国际政要参加，中共中央政治局常委、全国政协主席贾庆林出席论坛并发表主旨演讲。论坛规模之大、规格之高、影响之广，在我市涉外活动历史上是空前的。通过论坛的举办，凝聚了科学发展、可持续发展的共识，向世界展示了我国科学发展的成果和决心，提高了唐山的知名度和美誉度，展现了唐山人民开放创新、勇于超越的时代风采，成为唐山全面走向世界、跻身国际舞台的新起

点。还成功举办了央企走进曹妃甸、百名侨领走进曹妃甸、海峡两岸企业发展与合作论坛、第十二届陶博会、第二届曹妃甸临港产业国际峰会等一系列大型招商推介活动。坚持以日韩为重点，全方位扩大开放，中日唐山（曹妃甸）低碳工业园等合作项目取得积极进展。通过一系列措施，唐山开放度、知名度、美誉度有了新提升。

第七，突出抓好学习实践活动常态化和“干部作风建设年”活动，党的建设得到新加强。学习实践活动成果不断扩大。通过开展“回头看”、完善长效机制，贯彻落实科学发展观正在成为广大党员干部的自觉行动，并在实践中不断创造新模式、探索新路径，取得了实实在在的科学发展新业绩。各级干部的作风明显转变。按照省委、省政府要求，扎实开展“干部作风建设年”活动，网上审批、并联审批、超时默许、项目代办制全面推行，办事效率和服务质量显著提升。领导干部公开个人电子信箱、公开承诺重点工作和到基层蹲点调研制度得到有效落实。一线工作法普遍施行，“白加黑、五加二、重点项目建设三班倒”的工作精神得到大力弘扬，唐山效率正在成为越来越多的投资者认同的城市品牌。基层组织建设得到加强。完成了农村“两委”换届选举，落实了“一定三有”（定职责目标、收入有保障、干好有希望、退后有所养）工作机制。“1+2”人才组合模式深入推行，已覆盖378个村。创新党员教育管理模式，“三日一网”制度有效实施，党员主体作用得到较好发挥。反腐倡廉工作扎实推进。推进行政权力公开透明运行，狠抓执法监察和纠风工作，进一步加大惩治腐败的力度，党风政风进一步好转。常委会自身建设进一步加强。市委常委会一班人牢记党和人民的重托，始终秉承为民、务实、清廉，认真履行促一方发展、富一放百姓、保一方平安的职责，带头学习实践科学发展观，解放思想，转变作风，真抓实干。认真落实民主集中制，严格执行常委会自身建设四项规定，制定并落实改进作风九项措施，常委会总揽全局、协调各方的作用得到进一步发挥，形成了团结和谐、坚强有力的领导核心。

按照中央和省委要求，将市委2009年度干部选拔任用工作情况报告如下：2009年以来，常委会共研究干部14批次，总计393人次，其中提拔正县级干部33人，副县级干部82人，平职交流101人，免职74人；企业干部调整21人。牢牢把握正确的用人导向。坚持“民主、公开、竞争、择优”的方针，坚持德才兼备、以德为先的标准，牢固树立坚定信念、注重品行、科学发展、崇尚实干、重视基层、鼓励创新、群众公认的正确用人导向，重用那些求真务实、埋头苦干、默默奉献、不事张扬的干部，不让投机钻营的人得利。选拔干部注重科学发展的实绩，不仅看发展速度，更看发展质量、看民生改善情况；注重在一线选拔干部，探索实施集督导、调研、考评于一体的基层考评新模式，67名在一线表现突出的干部得到提拔重用；注重群众公认，广泛听取方方面面的意见特别是基层干部群众的意见，群众不拥护的不予提拔。深化干部制度综合配套改革。着眼于拓宽选人视野、增强民主的科学性、提高干部选任公信度，探索实行“五差额”干部选任机制，制定实施了《关于实行差额选拔党政领导干部的暂行办法》，对16个县级职位采取“差额提名、差额推荐、差额考察、差额酝酿、差额表决”的方式进行选拔。修改完善了《关于讨论决定干部任免投票表决的实施方案》，先后无记名票决干部10批次，提拔和重用干部160名。健全干部竞岗轮岗机制，推行机关内部和跨部门、跨区域交流轮岗，在市、县、乡三级机关竞争上岗、交流轮岗3871人，占全市科级以下公务员总数的15.7%，有力整合了干部资源，激发了干部活力。我市干部制度综合配套改革工作得到了中组部的充分肯定，在全国贯彻落实《2010—2020年深化干部人事制度改革规划纲要》座谈会上，我市介绍了“五差额”选拔干部的做法和经验。进一步完善领导班子和领导干部考核评价制度。遵循考核工作实绩、衡量发展成果、引领发展方向、助推科学发展的指导思想，修订完善了《市委管理的领导班子和领导干部综合考评办法》，强化分类考核，实行定量考评与定性考评相结合、年度考评与平时考评相结合、组织考评与民意调查和社会评估相结合，并把考评结果作为干部使用和奖惩的重要依据，进一步增强了考评工作的科学性、针对性和严肃性。同时，政府机构改革顺利实施，相关部门领导班子已调整配备到位，“三定”工作有序展开。

同志们，2009年取得的成绩，是全市上下万众一心、拼搏奋进的结果，是科学发展示范区建设不断深化、不断积累、不断跨越的结果。建设科学发展示范区的三年，是唐山资源型城市转型步伐快、城乡面貌变化大、人民群众得实惠多的三年，全市上下发生了一系列显著变化：

思想观念发生显著变化。干部群众越来越深刻地认识到，不改革开放是死路一条，不搞科学发展同样是死路一条；单纯依赖资源可能获得一时的发展，但不可能实现可持续发展。最近召开的哥本哈根会议又为我们推进科学发展提供了很好的教材，可持续发展已经成为全世界的共同追求。我们推进资源型城市转型，在科学发展上先行一步，赢得了主动权，付出了比较少的成本。干部群众包括企业家对科学发展观的认识越来越深刻，实现绿色增长、走可持续发展道路的科学发展共识成为我们最可宝贵的精神财富。因为有了思想观念的变化，科学发展蔚然成风，涌现出一大批先进典型，全市上下呈现出一派热气腾腾的科学发展景象。

发展方式发生显著变化。绿色增长正在成为经济发展的主旋律。新上的项目几乎都是循环经济的项目，开发100个新产品的任务已经落实到企业、落实到县区；按照国家产业政策，淘汰落后产能的任务提前完成；七大产业链经济已具雏形，以纯电动汽车为代表的一批新兴产业蓬勃发展，产业结构呈现出钢铁工业比重下降、先进制造业和新兴产业比重上升、服务业发展全面提速的良好态势；循环经济加快发展，企业内部循环、区域产业配套循环和社会大系统循环三个层面的循环体系加速形成。

城市形态发生显著变化。一座北方水城、一座滨海新城跃然而出。“双核两带”城市空间布局的确立，“四城一河”城市框架的展开，南湖城市中央生态公园的落成，使唐山由传统重工业城市向宜居生态城市加快转变，凤凰涅槃的生态城市逐步展现在世人面前，成为我们的共同追求和新唐山的形象。

城乡结构发生显著变化。城乡二元结构逐步打破，城乡一体化、等值化发展新格局初步形成。三年来累计有36万农民进入城镇落户，城乡购买力差距正在逐年缩小。新农村建设的深入推进，使越来越多的农民告别了传统生活方式，享受到了和城里人相当的生活。

领导方式发生显著变化。更加注重思想引领，以科学发展观统一思想行动，着力激发干部群众的主观能动性；更加注重规划引领，坚持规划先行、规划即法，以科学规划来规范和指导经济社会发展，去年又以一流的标准，完成了县区规划调整，制定了若干个专项规划、控制性详规以及单体项目的规划；更加注重典型模式引领，60个成熟的科学发展模式已在面上推广，得到各个方面的好评，取得了“点亮一盏灯、照亮一大片”的效果；更加注重体制机制引领，把科学发展观的要求变成管长远、管全局、管根本的政策和制度，建立了七项长效机制来引领和促进科学发展。

人民群众生活品质发生显著变化。老百姓收入更高了，城镇居民人均可支配收入和农民人均纯收入三年来分别增加了5677元和2265元，全市社会消费品零售总额增速一直高居全省首位。群众的住房更舒适了，部分住在危旧平房区的群众迁入了宽敞明亮的新居。社会保障水平更高了，在全省率先实现了“全民医保”、公办普通高中免费教育。空气质量更好了，全市空气质量二级及二级以上天数达到329天，比2006年增加了28天。

回顾三年来建设科学发展示范区的历程，我们有许多值得认真总结和长期坚持的经验。一是始终坚持以科学发展观统领经济社会发展全局。坚定不移地把科学发展观贯彻落实到经济社会发展方方面面，这是一条最根本的经验。我们正是靠着科学发展观这个强大的思想武器，统一了思想，转变了发展观念，凝聚了共识和力量。二是始终坚持快发展、大发展、跨越发展。我们绝没有因为要提高发展质量、要推进资源型城市转型而放慢发展速度，而是把项目建设作为主要抓手，牢牢把握发展这个第一要务，坚持以经济建设为中心，始终做到聚精会神搞建设、一心一意谋发展，不动摇、不懈怠、不折腾，抢抓机遇，对标赶超，以大项目、大产业、大调整、大开放推动大发展，促进大跨越。三是始终坚持走可持续发展道路。我们也绝没有因为要保速度、保增长而偏离可持续发展，即使是在应对金融危机过程中，也没有放慢科学发展的步伐，始终把保增长与资源型城市转型紧紧地联系在一起，为子孙后代着想，为唐山长远发展着力，下大力抓了一批强根基、增后劲的产业项目和基础设施，狠抓节能减排和环境保护，着力推进绿色增长。四是始终坚持以提高人民群众幸福指数为出发点和落脚点。把为人民谋幸福作为执政的根本价值取向和追求目标，想问题、办事情、做决策，始终考虑是否有利于提高人民群众幸福指数，有利的就抓紧做，不利的坚决不做。实施了一批又一批民生工程，使我们的工作获得了最广泛、最可靠的群众基础和力量源泉。五是始终坚持把开放创新作为新唐山建设的根本动力。把唐山的发展放到经济全球化的大背景下来思考，放在全国区域发展的大格局中来谋划，广泛吸收借鉴世界先进理念、先进经验，全力推进思维创新、科技创新、管理创新、制度创新，引导广大干部群众大胆探索、敢于超越，不断打开新局面、开辟新境界。六是始终坚持把增强各级干部科学发展能力作为基础工程来抓。牢牢抓住干部队伍这个关键，在政治上关心、思想上引领、制度上激励、实践中锻炼，选派干部到国外培训、到沿海地区挂职锻炼，不断提高广大干部的决策力、执行力、创新力，使他们更加胜任建设科学发展示范区的历史重任，成为新唐山建设的骨干和中坚。七是始终坚持发挥党委总揽全局、协调各方的领导核心作用。市委和各级地方党委都十分重视改进领导方式，把好方向、出好思路、抓好大事、用好干部，有效实施在各个领域的思想、政治、组织领导，积极支持人大、政府、政协和司法机关、人民团体依照法律和各自章程独立自主、创造性地开展工作，凝聚、激发各方面的积极因素和发展活力，以领导核心作用的发挥保证和形成了同心同德、共图大业的生动局面。

收获伴随着艰辛，成功凝结着智慧。三年来科学发展示范区建设取得的成绩，是党中央、国务院亲切关怀和省委、省政府坚强领导的结果，是全市各级党组织和广大干部群众众志成城、团结奋斗的结果；是各民主党派、人民团体、无党派人士以及市内外各界人士关心支持的结果。在此，我代表市委常委会，向所有关心、支持和参与新唐山建设的同志们、朋友们，表示衷心的感谢，并致以崇高的敬意！

市委常委会清醒地认识到，与建设科学发展示范区的宏伟目标相比，与人民群众的热切期盼相比，我们的工作还存在一些差距和不足。主要是：解放思想的步伐需要进一步加快；经济结构性矛盾依然比较突出，转变发展方式的任务还很繁重；发展成果的普惠性有待进一步提高，部分群众生活仍然比较困难；维护社会和谐稳定的任务还很艰巨，安全生产工作的压力比较大；党的建设还存在一些薄弱环节，特别是基层组织建设还有一些老大难问题和一些后进面，各级干部领导科学发展的能力有待进一步提升；干部作风还需进一步改进，不作为、乱作为现象在一些部门仍然存在，投资者和老百姓还有不满意的地方；腐败现象在一些地方还有发生，惩治和预防腐败体系还需进一步完善。这些，都需要我们在今后工作中认真加以解决。

二、当前形势和2010年工作的总体要求

2010年是“十一五”的最后一年，是巩固和增强经济回升向好势头、保持经济平稳较快发展，为“十二五”发展奠定良好基础的关键一年。今年我们面临的形势极为复杂。去年底召开的中央经济工作会议，全面分析了当前国

际国内经济形势，明确提出了今年经济工作的总体要求、重要原则和主要任务。在随后召开的全省经济工作会议上，张云川书记、陈全国代省长明确提出，既要保持经济平稳较快发展，又要在转变发展方式上取得突破，对今年经济工作作了具体部署，思路清晰、目标明确，体现了对科学发展观的深刻理解，体现了对发展规律的准确把握，体现了对总体形势的科学判断，对我们做好今年工作具有很强的针对性和指导性。我们要切实保持清醒头脑，把中央和省的要求与唐山实际紧密结合起来，运用辩证的思维看待形势，既要看到有利的一面，又要看到不利的一面，努力把应对困难和挑战的工作做得更扎实、更有效。

第一，既要看到全球经济恢复性增长的趋势日渐明朗，又要看到经济复苏不稳定、不确定的因素仍然较多。目前，全球金融体系流动性基本恢复，大宗商品价格和资产价格止跌反弹，主要经济体投资和消费有所好转，全球经济出现小幅增长的趋势基本确定。据国际货币基金组织预测，世界经济将由去年下降1.1%转为增长3.1%。但也要看到，在这种恢复增长的过程中还潜伏着许多问题。一是国际金融体系尚未从根本上得到创新，体制根源尚未消除，一些深层次矛盾和问题还没有找到有效解决办法。二是美国、欧洲等西方发达国家金融机构“有毒”资产没有得到很好消化，尤其是信用卡危机并没有得到全面的清理，还潜伏着很多不稳定因素，迪拜危机再次给人们敲响了警钟。三是形形色色的贸易保护主义不断升级，国际贸易和国际直接投资形势不容乐观。

第二，既要看到国内经济回升向好的态势已经比较明显，又要看到基础还不牢固，经济增长的内在动力仍然不足。在中央应对金融危机“一揽子”计划的强力刺激下，我国经济在全球率先实现总体回升向好，呈现出“一枝独秀”的局面，在金融危机背景下，“中国模式”越来越受到世界的关注和认同。但也应该看到，目前回升向好的基础还不稳固，内需不足仍然是经济运行中最突出的矛盾。城镇化作为扩大内需的一个关键动力，还缺乏产业、教育、医疗、保险等综合体系的支撑，对经济增长的拉动作用受到限制；住房需求、汽车需求和家电需求去年已经得到了一次集中释放，扩大内需的政策效应将有所减弱。同时，外需严重收缩的局面仍将持续，出口和利用外资形势依然严峻。在有效需求不足的条件下，经济结构性矛盾更加突显。

第三，既要看到积极的财政政策和适度宽松的货币政策将保持连续性，又要看到相关政策已经有所微调，并且把握宏观政策的难度在加大。中央决定保持宏观经济政策的连续性，同时强调根据形势发展变化提高政策的针对性和灵活性。在投资方面，严格控制新上项目。在信贷方面，加强对货币信贷增长速度的控制，全年信贷增量可能控制在7.5万亿左右，比上年减少2.2万亿。同时，大规模的财政投资是特殊情况下的应对之策，不可能长期实施，给我们争取投资这块蛋糕带来很大压力。

第四，既要看到当前我国总的发展态势是好的，又要看到经济社会发展深层次矛盾依然比较突出。我国保持了平稳较快发展的良好势头，不仅实现了保增长的目标，而且积蓄了发展后劲，中国特色社会主义道路越走越宽广。但在现阶段，我们面临着后危机时代经济社会发展结构性、素质性、体制性矛盾相叠加的特殊压力。一是正处于工业化、城镇化双加速的发展阶段，经济增长的内在需求强劲、发展空间巨大，但也持续加大了资源消耗和环境承载的压力；二是正处于转变发展方式的关键阶段，面临着尽快改变粗放型发展方式的倒逼压力；三是正处于统筹城乡发展的重要阶段，面临着破解“三农”难题、破除城乡二元结构的压力；四是正处于“黄金发展期”与“矛盾凸显期”相交织的特殊阶段，价值观念、行为方式、利益诉求相互碰撞，面临着化解社会矛盾、维护社会稳定的艰巨任务。

第五，既要看到唐山进入了一个跨越发展的新时期，又要看到面临着诸多挑战和周边地区竞相发展带来的巨大压力。在历届市委、市政府带领全市人民打下的良好基础上，近年来，我们狠抓资源型城市转型，形成了科学发展的强烈共识，凝聚了科学发展的强大力量，打造了科学发展的广阔平台。尤其是通过招商引资，唐山的知名度、美誉度越来越高，大项目、好项目纷至沓来，唐山已步入发力跨越发展的快车道。但同时，周边地区的竞相发展给我们带来巨大的竞争压力，不进则退、慢进亦退。特别是天津滨海新区发展迅猛，势不可挡，如果不进一步加快发展步伐，唐山就会错失良机。

总的看，2010年的经济发展环境将好于去年。我们一方面要看到有利条件，抓住难得机遇，发挥综合优势，全力推动经济社会又好又快发展；另一方面要保持清醒头脑，增强忧患意识，研究制定有效应对措施，增强工作的系统性、预见性和主动性，努力推动各项事业实现新的跨越。

2010年工作总的要求是：认真贯彻落实党的十七大和十七届四中全会、省委七届五次全会精神，深入贯彻落实科学发展观，以科学发展示范区建设为总揽，把保持经济平稳较快发展与加快经济发展方式转变有机统一起来，把握“创新与项目建设年”这一工作主题，推动发展观念、发展速度、发展方式“三个跨越”，实施科教立市、生态立市、港口立市、制度立市“四项战略”，做强新型工业化、新型城镇化、城乡等值化、社会治理和谐化、党的建设科学化“五大支柱”，打好以曹妃甸为龙头的唐山湾“四点一带”产业聚集、城镇面貌三年大变样、结构优化升级、县域经济发展、城乡统筹发展、改善民生“六项攻坚战”，全面完成“十一五”各项目标任务，把科学发展示范区和人民群众幸福之都建设提高到一个新水平。

主要预期目标是：地区生产总值增长10%；全部财政收入增长10%，其中一般预算收入增长10%；城镇居民人均可支配收入增长8%，农民人均纯收入增长10%；全社会固定资产投资增长30%；万元生产总值能耗降低4%以上，化学需氧量排放量减少3%，二氧化硫排放量减少3%；城镇新增就业岗位7万个以上，城镇登记失业率控制在4.5%以内。

上述目标，是在全面分析国际国内形势、科学把握市情市力的基础上，衔接“十一五”规划目标和科学发展示范区建设任务，经过科学测算提出的，是完全可以达到的。全市上下要进一步统一思想，坚定信心，团结一致，加压奋进，确保各项目标圆满完成。

三、深化科学发展示范区建设的主要任务

在三年多的实践中，我们对科学发展示范区建设的总体布局和战略重点，有了越来越清晰的把握。把科学发展示范区建设推向深入，就是要在做强新型工业化、新型城镇化、城乡等值化、社会治理和谐化和党的建设科学化“五大支柱”上下苦功夫，不断实现新的突破。

（一）大力推进新型工业化。工业化是通向现代化的必由之路。深入推进科学发展示范区建设，必须改变高投入、高消耗、高排放、低效率的传统发展方式，坚持绿色增长的发展方向，以结构调整为主线，以科技创新为动力，以园区建设为载体，以节能减排为抓手，大力实施“三百计划”和“对标行动”，努力走出一条资源节约、环境友好、创新驱动、人力资源优势得到充分发挥的新型工业化道路。

着力形成有唐山特色的新型工业化格局。着眼于以优势求生存，以特色求发展，加快推进结构调整三年攻坚，形成有唐山特色的新型工业化格局。加快形成两个“三足鼎立”的产业布局。构筑以高新技术为支撑的精品钢铁、装备制造、化工产业“三足鼎立”的传统产业发展格局和新能源、环保、生物医药产业“三足鼎立”的新兴产业格局，打造具有唐山特色的新型工业体系。进一步强化临港产业的龙头地位。以加快产业集聚为核心，掀起以曹妃甸为龙头的唐山湾“四点一带”开发建设新高潮。不仅要把“四点一带”区域的临港产业做大做强，而且要把各县（市）区经济发展的主战场逐步摆到沿海，推进曹妃甸县（市）区临港工业园区建设，让每一个县（市）区的发展都与沿海地区密切相关，加速生产力布局向沿海转移，培育经济增长的强大引擎，进一步优化产业空间布局。全面提速县域经济发展。以工业园区为载体，做强县域10平方公里工业园区和曹妃甸临港工业园区。实行国民待遇，大力支持民营企业发展，进一步提升县域经济竞争力。促进大中小企业协调发展。既抓顶天立地的大企业，又抓铺天盖地的中小企业，打造一批拥有知名品牌和自主知识产权、主业突出、竞争力强的大型企业集团，培育一批机制灵活、专业化分工明确、成长性强的中小企业，加速形成链状经济。

着力推动传统产业优化升级。着眼于做大做强传统支柱产业，以钢铁、装备制造、化工产业为重点，在全市各行业、企业开展与行业高端和强势企业“对标行动”，在企业技术装备、产品研发、经营管理等各方面整体优化的基础上，把任务分解到每一名职工、每一个岗位、每一道工艺，推动行业、企业技术水平和核心竞争力的提升。钢铁业要按照“控制总量、淘汰落后、企业重组、技术改造、优化布局”的思路，引导企业向南部沿海、北部资源聚集区有序转移，向重点园区集聚发展，构建产业集群化、装备现代化、产品精品化、资源利用深度化的精品钢铁生产基地，打造钢铁强市。装备制造业要突出抓好企业和技术整合、设备数字化和产业产品成龙配套，以建设国家重大装备制造基地和现代制造业配套基地为目标，培育发展规模效应突出、带动性强的特色装备制造业产业园区，打造交通运输设备、重大成套设备及零部件配套产业基地，尽快形成技术自主化、设备成套化、制造集约化、服务网络化的先进装备制造产业体系。化工业要通过对资源的深度开发利用，拉长产业链条，加快形成石油化工、煤化工、海洋化工“三化合一”发展模式，打造环渤海湾重要的现代化工产业基地。水泥、陶瓷等传统产业也要加大技术改造升级力度，不断增强市场竞争力。

着力培育发展新兴战略产业。着眼于构筑唐山未来发展新的战略支撑，以新能源、环保、生物医药产业为重点，加快发展新兴产业，形成绿色增长、低碳经济的新板块。新能源产业要大力发展电动汽车、风力发电设备制造、高效低成本光伏并网发电、薄膜光伏电池等产业，构筑国内一流新能源产业集群。环保产业要引进瑞典、日本等发达国家先进技术，重点开发大气污染防治、水污染防治、固体废物处置、环境监测、清洁生产和循环经济技术与工艺设备等，满足曹妃甸国际生态城建设、曹妃甸循环经济发展需要，同时服务环渤海和全国发展。生物医药产业要重点开发现代生化与分子生物学、结合基因工程、细胞工程等技术，利用这些高新技术制备重大疾病防治药物，发展具有自主知识产权的产品，尽快形成以生物制剂、化学原料药深加工、现代中药、生物制造和生物能源为主体的生物医药产业格局。培育战略新兴产业，要加快构建完善的科技创新体系和开放式的科技创新机制，强化企业创新主体地位，大力实施技术创新工程，打造科技创新研发、服务、合作平台，实施高速动车组等一批重大科技专项，加快科技成果转化，提升重点领域、重点行业自主创新和关键技术工程化、产业化能力。

推进新型工业化，要在“三个融合”上下功夫：推动三次产业融合，特别是进一步强化现代服务业的支撑作用，积极培育发展现代金融、物流、会展等生产性服务业，使其与现代农业、现代工业深度融合、相互促进；推进工业化与信息化融合，以我市列入全国信息化与工业化融合试验区为契机，大力发展IT产业，推进曹妃甸电子工业园区建设，以钢铁、装备制造、建材、化工等重点行业的信息化改造为重点，提高企业生产、经营、管理的信息化水平；推动科技、文化与工业融合，培育壮大文化创意产业，把文化元素融入产品设计、生产和企业经营管理全过程，不断提高产品科技含量和企业文化内涵。

（二）大力推进新型城镇化。城镇化是实现经济社会持续快速发展、加速现代化进程的重要动力。要以建设生态城市为目标，以提高综合承载能力为重点，以城市建设改造为抓手，全方位提高城镇化发展水平。

落实指标体系。着眼于改变以资源、能源消耗带动城镇化发展的模式，通过制度规范、政策引导、政府推动，将141项生态城市指标体系落实到城镇规划、建设、管理的各个环节。整合利用生态技术，加快城市"四大功能区"等新城建设，着力打造绿色新城区。广泛利用节能环保新材料、新技术，推进市、县旧城区生态化改造。以南湖生态城建设为模板，加强对采煤沉降区、工业废弃地的修复和治理，打造生态城市的新板块。

完善城镇布局。着眼于形成以大中城市为主导、大中小城市和小城镇多元发展的城镇化体系，落实"双核两带"空间布局和总体思路，同步推进"大城市"、"大县城"、"大集镇"建设。加快主城区扩张发展，把唐山主城区建成300万人口的大城市，使之成为京津冀都市圈的重要支点。加快曹妃甸国际生态城建设，努力建成一座百万人口的国际示范城市。加速县城扩容升级，加快扩张人口规模，努力朝着中等城市目标迈进。加快大集镇发展，各县（市）区都要加紧培育1至2个5—10万人口的大集镇。

提升城市功能。着眼于建设宜居宜业的现代化城市，科学配置城市要素，加强城市功能区和市政公用设施建设，进一步提升城市发展功能、服务功能、人居功能。大力发展职业教育，提高进城农民素质，带动城市功能完善，促进城市发展量和质的同步提升；全面提速"四城一河"开发建设，推进大城山区域开发，确保取得实质性突破；加大旧城改造力度，以新火车站、万达广场、城中村改造等重点工程为支撑，不断提升城市形象；加强路网、通信、能源等基础设施建设，进一步增强城市对经济社会发展的保障和承载能力。

加强城市管理。着眼于提升城市形象和品位，以权力下放、责任到人、监督到位和采用现代化手段为重点，进一步理顺管理体制，创新管理手段，提升管理水平。以政府机构改革为契机，进一步简政放权，将管理重心下放到区和街道办事处，实现责、权、利相统一；完善市、区、街、居四级一体化公共服务管理体系，推进精细化、网格化、数字化管理；持续开展"绿、美、亮、净"综合整治，不断优化人居环境。

搞好城市经营。着眼于推进城市资源资本化、资源配置市场化，树立科学经营城市理念，进一步提高城市经营水平。充分发挥各种投融资平台作用，以重点建设项目为依托，采取BOT、BT等方式，积极引进战略投资者，鼓励各类市场主体参与城镇建设，加快建立政府引导、金融机构支持、社会各方面参与的城市建设投融资体制。健全政府一级开发土地体制，完善城市建设用地一级市场收储经营办法，依法依规管好、集约节约用好土地资源。

（三）大力推进城乡等值化。城乡等值化是推动科学发展的内在要求。要以统筹城乡发展为基本路径，推进城乡规划、建设、产业、公共服务和社会管理"五个一体化"，努力实现城乡居民购买力水平、公共服务水平、社会保障水平、生活便利程度、综合素质大体相等。

以工业化带动城乡等值。着眼于以工促农，大力推进城市工业下乡，加强城乡产业关联，着力增加农民非农产业收入。以城区退二进三和企业搬迁改造为契机，以县（市）区工业园区建设为平台，加快推进城市工业企业向农村转移；以落实和强化"工业反哺农业"政策为动力，加快推进城市工业资本向农村投入，增强农业产业实力；以工业化理念为引领，推行农业企业化管理、工厂化生产，大力发展设施农业、生态农业、外向型农业。积极发展与城市现代工业相配套的生产加工业和服务业，促进城乡三次产业有机融合。

以城镇化拉动城乡等值。着眼于以城带乡，进一步加快农村城镇化步伐。开展农民意愿普查，尊重农民意愿，结合实际情况，完善城乡建设规划和镇村布局规划。制定《唐山市近郊区城市化发展规划》，推动近郊区率先实现城市化。加强政策扶持，推进中心镇建设，将其建成小区域特色经济中心、城乡基本公共服务平台、城乡管理体制创新示范区。大力推广滦县中赵庄村、迁安市马兰新村等建设经验，通过集中联建、就地改建、易地新建等形式，建设一批居住相对集中、土地相对集约、各类要素相对集合的中心村。结合中心镇和中心村建设，广泛开展新民居建设和旧民居改造，不断改善农民居住和生活条件。

以众多的农村市场主体推动城乡等值。着眼于把农村小生产纳入社会化大市场体系，加快农村市场化进程。全面推行零成本注册，支持农民创办经济实体，发展多种经营，培育乡村企业家和农村经纪人队伍，建强农村市场的主力军。大力发展农业产业化经营，培育壮大龙型经济，做大做强龙头企业。扶持发展农民专业合作组织，提高农民进入市场的组织化程度。积极探索农村股份制经营模式，通过资金、技术、劳动、土地等要素入股，进行合作经营，形成适应市场经济要求的产权清晰、责权明确的新型组织。促进土地经营权有序流转，推进适度规模经营，每个县（市）区规划建设1—2个现代农业示范园区。鼓励村集体盘活现有资产、资源，发展集体经济，增加集体积累。

以公共服务均等化促进城乡等值。着眼于让广大农民群众共享改革发展成果，加快城市公共服务向农村延伸，积极推动农村公共服务上水平。坚持城乡基础设施共建、资源共享，推进城乡公用设施"无缝对接"。进一步调整和优化城乡教育资源布局，促进优质教育资源共享。加快发展农村医疗卫生事业，继续实施"万名医师支援农村卫生工程"，缩小城乡公共卫生服务差距。推动农村医疗、养老等社会保障提标扩面，促进城乡社会保障制度全面接轨。加强农村文化设施和文化队伍建设，丰富农民文化生活。

以城乡良性互动机制保障城乡等值。着眼于为城乡等值提供支撑和保障，深入推进体制机制创新。调整国民收入分配结构，扩大公共财政覆盖农村的范围和支农投入力度，努力把更多的资源、更多的投入引到农村。健全现代农村金融制度，支持各类金融组织向农村延伸网点和机构，强化金融对农村发展的服务作用。创新农村宅基地管理使用办法，开展城乡建设用地增减挂钩试点，促进城乡之间土地要素的合理流动。深化户籍制度改革，全面落实农民

进城落户政策，完善在城镇落户的农民与城镇居民同城同待遇政策。建立健全城乡信息良性互动机制，加强城乡之间项目信息、技术信息、人才信息、市场信息的交流与合作。

（四）大力推进社会治理和谐化。社会和谐是科学发展示范区建设的重要目标。要以和谐文化建设为支点，以改善民生为主题，以维护稳定为保障，以社会管理创新为动力，在推动和谐发展上不断取得新成效。

弘扬新唐山人文精神，巩固社会治理和谐化的思想基础。着眼于形成良好的人文环境，切实加强和谐文化建设。打造城市之魂，继承和发扬唐山优秀的文化传统，大力弘扬“感恩、博爱、开放、超越”的新唐山人文精神，使之成为我市推进社会主义核心价值体系建设的有效载体，充分发挥凝聚力量、引领风尚、教育人民的重大作用。坚持文明城、卫生城、健康城“三城联创”，广泛开展群众性精神文明创建活动，全面提高居民素质和城市文明水平。加强社会公德、职业道德、家庭美德和个人品德建设，倡导“生命至尊、公平至上、诚信至要”的价值理念，弘扬社会正气、倡导科学精神、塑造美好心灵，助推和谐社会建设。

保障和改善民生，打牢社会治理和谐化的根基。着眼于解决好人民群众最关心、最直接、最现实的问题，继续坚持每年为群众办好20件实事，确保件件按期完成，件件办到群众的心坎儿上。全力抓好扩大就业。深入实施全民创业行动，以创业带动就业。加强就业指导和服务，建立政府投资和重大项目建设与增加就业联动机制，深入开展各种就业促进活动，加大公益性岗位开发力度，保持“零就业”家庭动态归零。全力抓好安居工程。震后危旧平房改造中心区今年要全部完成，各县（市）区今年基本扫尾，古冶区在三年甚至更短时间内完成改造任务。加快保障性住房建设，新开工廉租房11万平方米。实施旧小区改善工程，改善旧住宅小区100万平方米。既有建筑节能改造今年完成1000万平方米以上。全力抓好社会保障。推进社保扩面，到年底基本实现城乡居民养老保险、医疗保险、工伤保险、失业保险全覆盖，继续提高企业退休人员养老金水平。从今年开始，农村低保标准由每年1300元提高到1540元，城镇低保标准由每月285元提高到310元。构建弱势群体救助帮扶工作机制，发展城乡社会救济和福利慈善事业。全力抓好公共事业发展。推动开放式素质教育试点扩面，均衡改善城乡中小学办学条件。大力发展职业教育，推进规模倍增。加快推进医药卫生体制改革，把“健康唐山、幸福人民”行动向纵深拓展。深化文化体制改革，推动文化事业不断推出精品，文化产业实现跨越发展。

实施社会矛盾综合调控，强化社会治理和谐化的保障。着眼于最大限度增加和谐因素、最大限度减少不和谐因素，运用综合调控的办法，积极化解社会矛盾，全力维护社会稳定。推进综合预防，坚持打防结合、预防为主，注重宣传教育，着力改善民生，科学出台政策，实行城乡一体网格化管理，对涉及群众切身利益的重大政策制定、重要项目审批、重大举措实施等，事前都进行社会稳定风险评估，可能诱发不稳定因素的，化解排除前不予实施，尽力预防和减少矛盾发生。推进综合评估，由市委政法委牵头，每个月进行一次稳定形势综合分析。在排查的基础上，主动作为、积极维稳，把问题都解决在基层、解决在萌芽状态。推进综合治理，加强农村、城市社区群众自治组织建设，大力培育、发展、规范各种社会组织，充分调动全社会的力量，形成党委领导、政府负责、社会协同、公众参与的治理格局。推进综合化解，统筹运用政治、经济、行政、法律、教育等手段，普遍采用调解、协商、疏导等办法，有效化解各类矛盾纠纷，努力减少对簿公堂，减少社会对立面。推进综合改革，推行信访稳定工作新机制，深化体制、流程、方法、管理、问责“五个创新”；加强党委政法委执法监督工作，支持检察机关依法加强对法院、公安部门的监督，促进司法公正和执法公正；创新法院执行体制，建立执法工作联席会议制度，探索跨县区设立执行机构，着力解决执行难问题。推进综合考核，把社会矛盾化解的绩效，进行定量与定性相结合的考核，并把考核结果纳入领导班子和领导干部政绩考核的重要内容，层层建立社会治理“一岗双责”制度和社会矛盾综合调控责任倒查追究制度，对履职不力、发生严重问题的，坚决实行一票否决。同时，切实抓好安全生产工作，建立健全安全生产的长效机制，确保人民生命财产安全。

（五）大力推进党的建设科学化。认真贯彻落实党的十七届四中全会和省委七届五次全会精神，围绕提高党的执政能力、保持和发展党的先进性，系统推进党的思想建设、组织建设、作风建设、制度建设和反腐倡廉建设，努力提高党的建设科学化水平，把党的政治优势和组织优势转化为推动科学发展的强大力量。

以科学的理论指导党的建设。着眼于把握党建工作的正确方向，坚持以中国特色社会主义理论体系为指导，深入研究和把握推动科学发展、促进社会和谐对党的建设提出的新要求，不断推进党建理论和实践创新。总结深入学习实践科学发展观活动的成功做法和经验，推动学习实践活动成果深度转化。特别是把建立健全学习实践科学发展观长效机制作为一项长期任务牢牢抓在手上，切实把实践中形成的有利于科学发展的好思路、好办法制度化，形成支撑科学发展的政策、体制和规范，努力使科学发展观成为全市广大干部群众的共同价值观，使科学发展成为实践标准和价值尺度，成为各级党委、政府和党员、干部、群众的自觉行动。

以科学的理念谋划党的建设。着眼于把科学发展观的要求贯彻落实到党建工作各个方面，积极推进党的建设思路创新、工作创新。坚持统筹的理念。克服就党建抓党建、党建与中心工作“两张皮”现象，把加强党的建设与推进新型工业化、新型城镇化、城乡等值化、社会治理和谐化作为一个整体来谋划，协调推进、同步落实，努力把党建资源转化为发展资源、把党建优势转化为发展优势、把党建成果转化为发展成果。坚持人本的理念。建立完善党员、

干部、人才服务体系和党内激励关怀帮扶机制，更加注重维护他们的利益，切实关心他们的思想、工作和生活，充分调动每个党员干部的积极性、主动性和创造性。坚持开放的理念。实行开门搞党建，一方面学习借鉴国外政党建设先进经验，一方面推动党建工作面向群众公开，使党的建设体现时代性、把握规律性、富于创造性，赢得更加广泛的关心和支持。

以科学的方法推进党的建设。着眼于创造性地研究解决时代发展、社会变革对党的建设提出的新课题，积极探索运用现代科技和管理方法推进党的建设。善于运用信息化的方法抓党建。建立全市党员信息库，加强党员特别是流动党员动态管理。推进农村党员干部现代远程教育网络一体化建设，扩大“手机党校”、“网上党校”覆盖面，着力构建现代化网络党建阵地。善于运用创新载体的方法抓党建。不断创新党的建设组织载体、管理载体、活动载体，特别是围绕充分发挥党员主体作用，全面推行“三日一网”制度，坚持不懈地开展党员活动日、党代表工作日、党员志愿服务日活动，引导广大党员在推动科学发展、促进社会和谐中当先锋、做模范。善于运用模式引领的方法抓党建。创新基层党组织设置模式，深化村村联建、村企联建、村居联建，加大在产业链、产业协会、合作经济组织中建立党组织的工作力度，积极探索项目党支部、主题党支部等新的党组织设置方式。创新基层党组织领导班子建设模式，继续推行农村“1+2”人才组合，尽快实现老区村和落后村全覆盖。创新城乡党建一体化模式，积极开展“百名专家驻乡镇、千名干部进农村、万名党员联农户”活动，构建城乡党建统筹发展的新格局。

以科学的标准考核党的建设。着眼于党建任务和责任的刚性落实，将绩效考核引入党建工作，量化考核指标，硬化考核标准，强化考核措施。科学设置考评指标和标准。把党建工作纳入领导班子和领导干部科学发展业绩考核体系，层层制定各级党组织的量化考核指标，明确每个党员的岗位职责目标，实现党建目标责任全覆盖。采用科学考评方式。坚持定性与定量相结合，通过民主测评、抽样考核、民意调查等途径，对各级党组织履行党建责任情况进行综合考评，保证考核的公正性。科学运用考评结果。把党建工作考核结果作为干部选拔使用和兑现奖惩的重要依据，对抓党建工作履职不力者进行严格问责，促使各级党组织和党员领导干部真正履行好管党治党责任。

以科学的制度保障党的建设。着眼于进一步提高党的建设规范化、制度化水平，加紧建立健全以党章为根本、以民主集中制为核心、由一系列相关具体制度组成的党的制度体系。进一步完善党内民主制度。坚持民主基础上的集中和集中指导下的民主相结合，以保障党员民主权利为根本，以加强党内基层民主建设为基础，切实保障党员主体地位和民主权利，建立健全包括党代表大会制度、党内选举制度、党内民主决策制度等一系列制度，维护党的集中统一。进一步深化干部制度综合配套改革。探索和完善以“五差额”为主的多种形式干部差额选任方式，进一步提高选人用人公信度；强化领导来自基层、干部出于一线的观念，逐步形成来自基层一线的党政干部培养选拔链。进一步完善改进作风长效机制。巩固扩大“效率年”、“干部作风建设年”成效，将领导干部到基层蹲点调研、一线工作法、全市性工作会议合并召开、市直部门负责同志公开向社会述职、中层干部轮岗交流、公开接受民主评议等行之有效的做法上升为制度固定下来，长期坚持下去。继续坚持和不断完善项目代办和并联审批、超时默许、零成本注册等制度，不断提高行政效率。健全联系服务群众和为民办实事制度，抓好领导干部接待人民群众来访各项制度的落实，不断提高群众满意度。进一步完善反腐倡廉制度。坚持标本兼治、综合治理、惩防并举、注重预防的方针，严格执行党风廉政建设责任制，加大教育、监督、改革、制度创新力度，加大查处力度，实施专项治理，积极推进廉政风险防范机制建设，探索建立廉情预警机制，完善推广一批权力运行监控模式，加大从源头上预防腐败力度，推动反腐倡廉建设不断取得新成效。

新型工业化、新型城镇化、城乡等值化、社会治理和谐化和党的建设科学化，是科学发展示范区和人民群众幸福之都建设的“五大支柱”，相互支撑、相互影响、不可或缺。形象地讲，就像一辆汽车，新型工业化、新型城镇化是前面的“两个驱动”，城乡等值化、社会治理和谐化是后面的“两个驱动”，党的建设是“发动机”，是一个有机统一的整体。这“五化”共同支撑起科学发展示范区和人民群众幸福之都的大厦，我们必须统筹安排、协调推进，不断取得新成效。各县（市）区、市直各部门要按照这样的要求，进一步完善本地区本部门科学发展的思路，把今年的工作谋划好，把未来的工作规划好。

按照做强“五大支柱”的要求，今年我们要继续采取集中力量攻坚的办法，全力打好六项攻坚战。一是以曹妃甸为龙头的唐山湾“四点一带”产业聚集攻坚战。按照“大视野谋划、大区域规划、大集团发展、大项目支撑、大范围协同”的思路，着眼于发挥好科学发展的引领作用、产业聚集的龙头作用、对外开放的先导作用、体制机制创新的示范作用，通过打好石油炼化项目、首钢京唐钢铁二期工程、装备制造业园区建设等九大战役，在沿海地区产业聚集上实现突破，曹妃甸新区力争完成投资1500亿元，增长50%以上。二是城镇面貌三年大变样攻坚战。抓好南湖生态城开发建设、曹妃甸国际生态城开发建设、唐河青龙河开发治理、唐山湾三岛开发建设、凤凰新城开发建设、大城山周边区域开发、空港城开发建设、人居条件持续改善、中心区旧城改造、县城扩容升级等十大工程，建设文化广场、市民中心、曹妃甸论坛永久会址、奥体中心、南湖老唐山风情小镇、中国近代工业博物馆、新火车站、曹妃甸可持续发展展示中心、大型城市主题雕塑、南湖之门等十大标志性建筑，推进城市规划、城市功能、城市容貌、城市经营、城市管理水平大提升。三是结构优化升级攻坚战。通过强力实施“三百计划”，全面开展“对标行动”，确保在改造提升传统产业、高新技术产品研发

和产业化方面取得实质性进展，增强经济整体竞争力。四是县域经济发展攻坚战。突出抓好各县（市）区10平方公里工业园区和曹妃甸县（市）区临港工业园区建设，每个园区至少有2—3个新产业项目入园。五是城乡统筹发展攻坚战。扎实开展统筹城乡发展试点工作，抓一批城郊城镇化发展示范点、一批土地经营权流转示范点、一批“大村庄”建设示范点、一批现代农业基地建设和一批新民居建设，加速城乡等值化发展进程。六是改善民生攻坚战。为群众办好20件实事，重点解决好就业、安居、社保等事关群众切身利益的突出问题，让改革发展成果更多地惠及人民群众。尤其是把乡村垃圾清运处理作为建设生态城市、开展“健康唐山、幸福人民”行动的一项重要内容，推广户收、村集、乡运、县集中处理模式，努力为农村群众创造清洁、健康、环保的生活环境。对这六项攻坚战，市委、市政府和相关部门要抓紧制定实施方案，细化责任分工，明确工作目标和时间节点。要创新工作机制，加强协调调度，强化督促检查，加大问责力度。要采取超常规的措施，着力破解资金、土地等瓶颈制约，及时研究解决工作推进中遇到的各种困难和问题，务求取得全胜。

同志们，站在新的起点，踏上新的征程，我们肩负的任务光荣而艰巨。让我们紧密团结在以胡锦涛同志为总书记的党中央周围，高举中国特色社会主义伟大旗帜，解放思想，开拓创新，锐意进取，奋发图强，埋头实干，为把唐山早日建成科学发展示范区和人民群众幸福之都而努力奋斗！

唐山市人民政府工作报告

——2010年2月2日在唐山市第十三届人民代表大会第三次会议上

唐山市市长　　陈国鹰

各位代表：

现在，我代表唐山市人民政府，向大会作政府工作报告，请予审议，并请市政协各位委员及其他列席人员提出意见。

一、2009年工作回顾

刚刚过去的一年，是唐山发展史上很不寻常的一年。面对国际金融危机带来的严峻挑战，全市人民在市委的坚强领导下，坚决贯彻中央、省一系列决策部署，以科学发展示范区建设为总揽，全力实施"五项攻坚行动"和"八大工程"，统筹推进保增长、保民生、保稳定各项工作，坚定信心，迎难而上，扎实苦干，较好地完成了市十三届人大二次会议确定的各项目标任务，科学发展示范区和人民群众幸福之都建设向纵深推进。

（一）全力应对国际金融危机挑战，扩内需、保增长、调结构取得新突破。预计全市完成地区生产总值3800亿元，同比增长11%以上；全部财政收入413.3亿元，剔除增值税转型政策影响，按上年可比口径增长14.1%，其中一般预算收入169.7亿元，同比增长15.8%。坚持把保增长与调结构、促转型紧密结合起来，实施千个项目保增长调结构攻坚行动，取得明显成效。全社会固定资产投资完成2180.9亿元，增长60.1%；城镇新开工项目达到2240个、增长1.4倍，完工项目1397个。信贷规模大幅增长。全市金融机构各类存款余额3677亿元、贷款余额2211亿元，新增贷款653.8亿元，比上年增长1.1倍，增量存贷比达到86.3%，同比提高37.7个百分点。在宏观经济环境比较困难的情况下，规模以上工业增加值增长13.6%。产业结构调整步伐加快。钢铁产业整合改造取得重要进展，渤海、长城两大钢铁集团重组扎实推进；装备制造业规模化、集约化水平不断提高，时速350公里动车组、中低速磁悬浮列车、电动汽车等一批高新技术产品逐步实现产业化，我市和曹妃甸新区被国家列为信息化与工业化融合试验区；服务业增幅13%，占全市GDP比重达到34.6%，比上年提高3.5个百分点，全社会消费品零售总额增长18.4%。节能减排成效显著。全市淘汰落后炼钢产能360万吨、炼铁549万吨、水泥630万吨、造纸29.8万吨、小火电机组62.4万千瓦。预计万元生产总值能耗同比下降5.28%，化学需氧量和二氧化硫排放量分别削减1.8万吨和6.5万吨，三项指标均完成或超额完成省达目标。

（二）强力推进唐山湾"四点一带"开发建设，沿海经济隆起带支撑带动作用日益凸显。"四点一带"地区完成生产总值1162亿元，全社会固定资产投资1387亿元，分别占全市的31%和64%。其中，曹妃甸新区完成投资1023亿元。产业聚集步伐加快，首钢京唐钢铁厂一期投产，华润曹妃甸电厂2×30万千瓦机组并网发电，华电临港重型装备制造、冀东哈电风力发电装备制造、中恒科技太阳能电池、中兵光电产业基地、中视中科激光显示基地、第四方物流南堡现代物流园等46个项目开工建设，曹妃甸纯电动汽车、中石化千万吨级炼油等一批重大产业项目前期工作取得积极进展。曹妃甸港区煤炭码头一期、通用码头一期和二期工程投入运营，京唐港区3000万吨专业煤炭泊位竣工。唐山港货物吞吐量达到1.76亿吨、增长61.8%，在全国港口排名由2008年的第15位提升到第12位。曹妃甸中期区域用海总体规划已获批准，填海造地形成陆域面积200平方公里，建成标准厂房90万平方米，司曹铁路全线通车，滦曹公路、滨海大道开工建设，张曹铁路等工程前期工作进展顺利，路、水、电、讯等配套设施日臻完善。以曹妃甸为龙头的唐山湾地区成为新兴产业聚集的高地和新型工业化的重要平台。

（三）深入推进城镇面貌三年大变样，城市框架迅速拉开、功能不断完善、形象显著提升。全市城镇建设投资达到510亿元，是历年来投入最多、城市面貌变化最大的一年。"四城一河"建设取得突破。南湖生态城开发建设加速推进，扩湖工程形成11.5平方公里水面，栽植全冠大树7.6万株、造林4100亩、种植草坪和灌木3100亩，地震遗址公园、市民广场等工程完工，紫天鹅庄酒店基本建成，南湖城市中央生态公园被联合国人居署授予"HBA中国范例卓越贡献最佳奖"、被中国生态文化协会授予首批"全国生态文化示范基地"称号；曹妃甸生态城完成起步区造地7平方公里，假日酒店、信息大厦等一批项目开工，规划展厅建成，央企服务基地一期具备入住条件；凤凰新城市政基础设施进一步完善，开发建设全面展开，交通路网基本形成，新唐山一中、新青少年宫、香格里拉大酒店等一批项目加紧建设；空港城起步区村庄搬迁改造、市政基础设施建设逐步展开，军民两用机场航站区主体工程完工；陡河青龙河改造全面启动，环城水系供水管线工程全面完工。旧城改造力度加大，拆违拆迁556万平方米；震后危旧平房改造新开工安置住房251万平方米，累计达到570万平方米，竣工200万平方米；实施城中村改造项目19个；既有居住建筑节能改造完成510万平方米。打通了光明路、大里路等13条断头路，完成了机场连接线、唐丰路

入市通道建设和景观改造。“绿、美、亮、净”工程深入实施，城市形象和品位显著提升。组织开展了声势浩大的绿化攻坚行动，新增造林绿化面积60.5万亩，全市森林覆盖率提高2.25个百分点，顺利通过全国绿化模范城市验收。完成了全部县城和19个中心镇规划修编工作，县城扩容和小城镇建设加快推进。预计全市城镇化率达到53%，同比提高2个百分点，城镇化发展指数位居全省首位。

（四）坚持统筹城乡发展，新农村建设迈出新步伐。认真落实国家各项强农惠农政策，发放粮食直补、大型农机具购置以及家电、汽车、摩托车下乡等补贴资金7亿多元，相当于全市每个农户受益700元。粮食生产再获丰收，总产达304万吨，增长5.6%，连续6年实现增产。农业结构调整扎实推进，现代农业发展步伐加快。实施农业产业化带动项目120个，农业产业化经营率达到63%，同比提高2个百分点，畜牧水产业产值占农业总产值比重达到44.3%。农村基础设施建设进一步加强，新建改造农村道路1249公里、2000个村实现硬化道路户户通，在271个村实施农村饮水安全完善改造工程、惠及21万人。农村改革不断深化，成立市县农村土地经营权流转交易中心，构建了覆盖县、乡、村的土地经营权流转交易服务管理网络；在市县两级设立了农民进城受理服务中心。以推行新民居建设“六个一”模式为重点，科学发展示范村创建工作扎实开展。新民居建设开工175个村，累计完工645.7万平方米，旧民居改造开工200个村，农村人居环境有了新的提升，农村面貌发生较大变化。

（五）坚定不移地促开放抓改革，发展活力不断增强。成功举办了首届曹妃甸论坛，对外开放层次和水平实现新提升。论坛正式参会代表超过1000人，中共中央政治局常委、全国政协主席贾庆林亲自出席论坛并发表主旨演讲。这次论坛规模之大、规格之高、影响之广，在我市涉外活动历史上是少有的，提高了唐山的知名度和美誉度，成为推动唐山进一步扩大开放、全面走向世界的新起点。还先后举办了优秀民营企业家走进唐山、央企走进曹妃甸、百名侨领走进曹妃甸、海峡两岸企业发展与合作论坛、第二届曹妃甸临港产业国际合作会议、第十二届唐山中国陶瓷博览会等一系列招商推介活动，活跃了对外开放工作全局。在金融危机蔓延、国际需求萎缩的不利影响下，全市实际利用外资8亿美元，完成进出口总额61亿美元，均居全省首位。对内交流与合作取得新成效，先后与上海、四川锦阳和我省的承德、秦皇岛等市，中科院、清华大学、对外经贸大学等科研院所，以及中国华能、民生银行等企业集团签订了一批战略合作协议。国有企业和国有资产管理体制等项改革扎实推进。组建了冀东发展、唐山港口实业等国有企业集团，冶金矿山机械、盾石机械等企业搬迁改造启动实施。整合组建了市属投融资公司，投融资平台功能得到充分发挥，有力地促进了重大基础设施与城市建设改造、产业结构调整和民生改善。市政府机构改革基本完成，科技、文化、教育等改革取得实效。深入开展全民创业，民营经济快速发展，增加值占全市生产总值比重达到64.8%。

（六）统筹推进经济社会协调发展，各项社会事业全面进步。全市财政投入社会事业资金120亿元，增长14.4%。科技创新能力进一步增强，被确定为首批国家创新型试点城市。330项科技成果达到国内领先水平，中科院5个研究所进驻中科院唐山高新技术研究与转化中心，国家高速动车组高新技术产业化基地落户我市。教育事业全面发展。开放式素质教育加快推行，义务教育均衡发展，被评为全国首批义务教育均衡发展先进地区；唐山工业职业技术学院曹妃甸新校区开工建设，河北理工大学、华北煤炭医学院合并建设综合性大学并获博士学位授予权建设资格，与西南交大、复旦大学上海视觉艺术学院等高校的战略合作取得积极进展。“健康唐山、幸福人民”行动全面展开。为全市91.3万人建立健康档案、为91万人制定健康计划、为92.4万人进行了免费体检；改扩建乡镇卫生院30所，村卫生室标准化率达到74%，城市社区卫生服务人口覆盖率100%；全力组织甲型H1N1流感疫情监测、预防和患者救治，深入开展城乡爱国卫生运动，保障了人民群众的健康安全。文化体制改革不断深化，文化事业蓬勃发展。整合市五大专业剧团，组建成立了唐山演艺集团公司，唐山博物馆改扩建、开滦国家矿山公园、河北省文化创意产业园等文化项目顺利实施。全民健身运动广泛开展，竞技体育水平进一步提高。我市健儿在第十一届全运会上获得五枚奖牌，奖牌总数超过上届。创建全国文明城市活动扎实推进，城市公共文明指数在国家测评中进入地级市前10名。双拥共建活动深入开展，军民融合式发展迈出新步伐。人口自然增长率4.46‰，独生子女父母退休一次性奖励3000元政策在全省率先实施，被确定为全国首批人口和计划生育综合改革示范市。民族宗教、广播电视、外事侨务、防震减灾、妇女儿童、老龄、气象、档案、人防、民兵预备役和国防动员等各项事业全面发展。

（七）高度重视改善民生，人民群众幸福指数进一步提升。城镇居民人均可支配收入18053元，增长10.2%；农民人均纯收入7420元，增长12%。投资60亿元，为群众办的20件实事全部完成。全市城镇新增就业6.8万人，下岗失业人员再就业3.4万人，城镇登记失业率4.1%，实现了“零就业”家庭动态归零。将高校在校生、城中村人员、外来务工人员和家属子女纳入城镇居民基本医疗保险参保范围，城镇居民医保参保率达到96%，新型农村合作医疗保险参合率96.1%，在全省率先实现了“农民进城医疗报销无障碍”。城镇低保标准提高到每人每月285元、农村低保标准提高到每人每年1300元，新型农村养老保险试点扩大到8个县（市）区，企业退休人员养老金月人均提高到1144元。新开工经济适用住房67.8万平方米、开工（筹集）廉租房30.6万平方米。社会矛盾综合调控效果明显，大量信访问题及时妥善化解。始终保持对违法犯罪的高压态势，人民群众安全感进一步增强。食品药品安全整治扎实开展，食品药品安全水平不断提高。强力推进安全生产攻坚整治，采取党政“一岗双责”齐抓共管、高

规格配备安委会、严格落实企业安全生产主体责任、持续开展安全生产专项治理、组织全员模拟培训、实施科技兴安、安全生产全民参与等七大举措，全市安全生产形势保持了总体稳定、持续好转的态势。

（八）深入开展“干部作风建设年”活动，政府行政效能和服务水平不断提高。按照省委、省政府和市委统一部署，认真开展“干部作风建设年”活动，努力在深入上下功夫、在实效上求突破。制定实施了市政府领导班子关于改进工作作风、狠抓工作落实的十三项措施，领导干部公开个人电子信箱、公开承诺重点工作等制度得到有效落实。认真开展政府规章、规范性文件和行政许可、非许可类行政审批事项清理规范工作，削减力度和承诺办理时限在全国同类城市中处于领先水平。全面落实网上审批、并联审批、超时默许和重点项目后备干部代办制，在全市政府机关大力弘扬“白加黑、五加二、重点项目建设三班倒”的工作精神，全面推行“一线工作法”，努力打响唐山效率品牌。建设和开通了城乡一体化服务管理信息系统，将全市原有22条政务公开服务热线整合为“唐山市人民公共服务热线”，搭建了服务群众的新平台。严格行政执法，推进行政权力公开透明运行，惩治和预防腐败体系建设取得新成效。自觉接受人民代表大会及其常委会的依法监督，重视发挥人民政协的政治协商、民主监督和参政议政作用，承办人大代表建议和政协委员提案609件，按时办结率达到100%，代表、委员满意率97%，有力促进了政府工作水平的提高。

各位代表，过去的一年是我市经济社会发展经受严峻考验的一年，也是科学发展示范区建设继续向前推进、取得令人鼓舞新成就的一年，成绩来之不易。这是党中央国务院、省委省政府和市委正确领导的结果，是全市人民众志成城、顽强拼搏、共克时艰的结果，是科学发展示范区建设不断深化、不断积累、不断跨越的结果。在此，我代表市政府，向全市工人、农民、知识分子、各级干部和广大建设者，向人大代表、政协委员，向各民主党派、工商联、无党派人士和人民团体，向驻唐部队、武警官兵、公安政法干警以及关心支持唐山发展的各界朋友，表示崇高的敬意和衷心的感谢！

总结过去的一年，我们也清醒地认识到，我市经济社会发展中仍存在着诸多亟待解决的问题。主要是：在当前宏观经济环境下，部分行业和企业生产经营仍比较困难，外贸出口下滑，财政收支矛盾突出，保持经济持续平稳较快增长的任务十分艰巨；经济结构性矛盾仍然比较突出，转变发展方式的任务繁重，特别是节能减排、安全生产压力较大，资源型城市转型需要付出更加艰苦的努力；保持农民收入较快增长的难度加大，新农村建设需进一步加快、水平需进一步巩固提升；发展成果的普惠性有待提高，劳动就业、社会保障、人居环境、公共安全等关系群众切身利益的问题还需下大力更好地解决；政府自身建设有待进一步加强，一些政府工作人员的工作理念、方式、作风还不能适应新形势的要求和人民群众的期望，服务意识不强、不作为、乱作为现象还不同程度存在。对这些问题，我们必须以对党和人民高度负责的态度，采取更加有力的措施，认真加以解决。

二、2010年工作思路和主要目标

今年是实施“十一五”规划的最后一年，是巩固经济回升向好势头、保持经济平稳较快发展、为“十二五”发展奠定良好基础的关键一年。做好今年工作，对于夺取应对国际金融危机冲击全面胜利、加快科学发展示范区和人民群众幸福之都建设具有重要意义。

展望2010年，机遇与挑战并存。从机遇看，纵观国际国内形势，经济社会发展环境将好于去年。国际金融市场渐趋稳定，世界经济有望恢复性增长；我国经济回升向好的基础逐步稳固，中央继续实施积极的财政政策和适度宽松的货币政策，保持宏观经济政策的连续性、稳定性，扩大内需和改善民生的政策效应将进一步显现。就我市来讲，当前正处在一个跨越发展的新时期。经过三年的科学发展示范区建设实践，全市上下思想观念、发展方式、城市形态、城乡结构、管理方式、人民群众生活品质发生了显著变化，呈现出政通人和、心齐气顺、风正劲足、经济发展、社会和谐的生动局面。特别是唐山湾“四点一带”、城市“四城一河”开发建设和一批重大项目的启动实施，为唐山长远发展积蓄了强大后劲，为我们在新的起点上加快科学发展示范区建设奠定了坚实基础。从挑战看，外部经济环境不确定、不稳定因素仍很多，世界经济复苏将经历缓慢复杂曲折的过程，国内经济增长的内在动力仍然不足。尤其是我们还面临着周边地区竞相发展带来的巨大压力，如果不奋起直追、奋力超越，就会在环渤海地区崛起中错失乘势而上、借力腾飞的大好机遇。对当前形势，我们一定要准确把握、积极应对，既要看到有利条件，抓住难得机遇，发挥综合优势，力促经济社会又好又快发展，又要保持清醒头脑，增强忧患意识，研究制定有效应对措施，增强工作的系统性、预见性和主动性，努力推动各项事业实现新的跨越。

年初召开的市委八届六次全会，对当前形势进行了科学分析，围绕贯彻党的十七届四中全会、省委七届五次全会和中央、省经济工作会议精神，基于对科学发展示范区建设的探索实践，对今年工作做出了战略部署，为推动全市经济社会又好又快发展、加快科学发展示范区建设进一步指明了方向。我们一定要按照市委统一部署，坚定信心、振奋精神，拼搏进取、埋头苦干，努力把唐山改革发展推向一个新水平。根据市委八届六次全会精神，今年全市国民经济和社会发展的总体要求是：认真贯彻落实党的十七大和十七届四中全会、省委七届五次全会精神，深入贯彻落实科学发展观，以科学发展示范区建设为总揽，把保持经济平稳较快发展与加快经济发展方式转变有机统一起来，把握“创新与项目建设年”这一工作主题，推动发展观念、发展速度、发展方式“三个跨越”，实施科教立市、生态立市、港口立市、制度立市“四项战略”，统筹推进新型工业化、新型城镇化、城乡等值化、社会治理和谐化，打好以曹妃甸为龙头的唐山湾“四点一带”产业聚集、以“四城一河”为重点的城镇面貌三年大变样、结构优化升级、县域经济发展、城乡统筹发展、改善民生“六项攻坚战”，全面完成“十一五”各项目标任务，把科学发展示范区和人民群众幸福之都建设推向一个新水平。

全市经济社会发展主要预期目标是：地区生产总值增长10%；全部财政收入增长10%，其中一般预算收入增长10%；城镇居民人均可支配收入增长8%，农民人均纯收入增长10%；全社会固定资产投资增长30%；万元生产总值能耗降低3.42%以上；二氧化硫排放量减少3%、化学需氧量排放量减少3%；城镇登记失业率控制在4.5%以内；人口自然增长率控制在5.6‰以内。

上述发展目标，是在全面分析国际国内形势、科学把握市情市力的基础上，衔接“十一五”规划目标和科学发展示范区建设任务，经过科学测算确定的。只要全市上下统一思想、团结一心、艰苦奋斗，是完全可以实现的。

三、2010年主要工作任务

市委八届六次全会明确提出，把科学发展示范区建设推向深入，在工作中就是要在做强新型工业化、新型城镇化、城乡等值化、社会治理和谐化和党的建设科学化“五大支柱”上下功夫，不断取得新的突破。我们必须全面贯彻落实市委战略部署，立足当前、着眼长远，强化措施、全力推进。

（一）围绕转变发展方式，着力推进新型工业化。工业化是现代化的必由之路。坚持绿色增长的发展方向，以项目建设为载体，以结构调整为主线，以沿海临港产业发展为龙头，以节能减排为抓手，以科技创新为动力，实施产业结构调整三年攻坚，加速形成以高新技术为支撑的精品钢铁、装备制造、化工和新能源、环保、生物医药两个“三足鼎立”的产业发展新格局，打造具有唐山特色的新型工业体系，努力走出一条资源节约、环境友好、创新驱动、人力资源优势得到充分发挥的新型工业化道路。

狠抓重点项目建设。继续实施千个项目保增长调结构攻坚行动，全市安排重点项目1058项，总投资1.07万亿元，年度计划投资2010亿元。突出抓好“四个一批”：开工一批，力促曹妃甸电动汽车、丰润装备制造园区石油套管等400个项目开工建设。完工一批，确保华电临港重型装备制造、承唐高速二期等200个项目完工或部分完工。推进一批，加快中石化曹妃甸千万吨级炼油、京唐城际高速铁路等100个重点项目前期工作，确保取得实质性进展，尽早启动建设。继续做好中央新增投资项目的申报争取和建设工作。谋划一批，遵循国家产业政策，围绕产业优化升级、基础设施建设、城市建设改造、改善民生等重点领域，抓紧谋划和储备一批大项目、新项目，严格控制高耗能、高污染和产能过剩项目。充分发挥企业主体作用，引导启动好民间投资，保护投资者合法权益。优化项目投资环境，保障重点项目用地、资金等要素需求。用足用好国家信贷政策，抓住国家继续实施适度宽松货币政策的机遇，围绕信贷投放重点，积极创造条件，力争全年新增贷款500亿元以上。加快唐山商业银行战略重组，力争华夏银行、浦发银行等更多的外埠银行进驻唐山；鼓励企业上市和发行债券，探索设立股权投资基金，积极建立创业投资（基金）公司，规范发展小额贷款公司等金融组织，提高金融对经济发展的支撑能力。

大力推进传统产业优化升级。抓住我市被列为国家信息化与工业化融合试验区的机遇，瞄准中外先进技术和水平，开展对标行动，加大用先进适用技术改造传统优势产业力度，做优做强三大支柱产业。钢铁产业，按照“控制总量、淘汰落后、企业重组、技术改造、优化布局”的思路，以首钢、唐钢、渤海、长城、津西等大型骨干企业集团为龙头，加快整合重组步伐，引导产业向南部沿海地区转移、向各类园区集聚，尽快构建起产业集群化、装备现代化、产品精品化、资源利用循环化的现代钢铁产业体系，加快向钢铁强市迈进。装备制造业，以建设国家重型装备制造基地和现代制造业配套基地为目标，以丰润中国动车城、开平现代装备制造园和曹妃甸装备制造园等产业园区为依托，加快实施高速列车生产配套装备、重型装备等一批重大装备制造项目，做大做强产业集群。化工产业，以推进曹妃甸大型石油炼化项目为突破口，积极发展高附加值、精深加工特色产品链，加快构建石化、煤化、盐化“三化合一”产业新格局。推动水泥、陶瓷等传统产业技术改造升级，增强市场竞争力。

着力培育发展新兴战略产业。着眼于构建唐山未来发展的战略支撑，以新能源、环保、生物医药产业为重点，加快发展新兴战略产业，形成绿色增长新板块。新能源产业，大力发展电动汽车、风力发电设备制造、光伏发电、半导体照明等产业，构筑国内一流新能源产业集群。环保产业，积极引进瑞典、日本等发达国家先进技术，重点开发大气、水和固体废弃物污染防治，清洁生产、循环经济和资源再利用技术与工艺设备等产业。生物医药产业，利用高新技术，加快培育发展以生物制剂、化学原料药深加工、现代中药、生物制造和生物能源为主体的生物医药产业。同时，积极培育电子信息和文化创意产业。

高度重视现代服务业发展。全面落实鼓励支持政策，在提升商贸流通等传统服务业的同时，大力培育壮大现代物流、金融服务、会展等生产性服务业，积极发展旅游、文化、商务服务等新兴服务业。坚持把现代物流业作为服务业发展的重中之重，抓住我市被列为全国区域性物流节点城市的机遇，加快曹妃甸、京唐港、空港城三大物流园区和装备制造、钢铁两大生产服务型物流集聚区建设，推动现代物流业上规模上水平。全市物流业增加值增长40%以上。加快发展旅游业，进一步完善规划、整合资源、塑造品牌，大力发展红色游、工业游、乡村游、海滨海岛游、皇家文化游和体育休闲游、生态湿地游，突出抓好南湖城市中央生态公园、唐山湾“三岛”开发等一批重点旅游项目建设，努力把唐山打造成环京津休闲旅游活力地区，加快建设国家知名旅游城市。

加快沿海临港产业聚集发展。围绕壮大新型工业化龙

头，以曹妃甸为重点，以产业聚集为核心，掀起唐山湾“四点一带”开发建设新高潮。今年唐山湾“四点一带”地区全社会固定资产投资达到2000亿元，其中曹妃甸新区完成1500亿元，分别增长45%和50%。坚持把产业聚集放在突出位置，全面加快曹妃甸县（市）区临港产业园区和各专业园区建设，加大招商引资力度，力促项目落地开工，打造沿海产业集群带。围绕建设绿色港口目标，完善落实绿色港口建设指标体系，抓好矿石码头二期、通用码头三期、煤码头续建等工程建设，力争矿石码头三期、煤码头三期开工建设，唐山港货物吞吐能力突破2亿吨。完善路网、供水、供电等配套基础设施，确保滨海大道全线贯通，谋划启动南曹快速路、滨海大道西延等项目建设，提高产业承接能力。

强力推进节能减排。今年是全面落实“十一五”节能减排目标的最后一年。以更加坚决的态度、更加过硬的措施、更加有力的手段，继续深入实施省“双三十”和市“10100”工程，确保完成既定目标任务。以曹妃甸国家级循环经济示范区、司家营循环经济示范区为龙头，以钢铁、化工、建材等行业为重点，推行绿色低碳发展模式，大力发展循环经济。加强节能减排项目建设，狠抓完工项目正常运营，新谋划实施100项节能项目、100项减排项目。全面落实目标责任制，加强节能减排监测监察，严格“两高”项目禁（限）批管理，广泛推行清洁生产，推进新装备、新工艺、新技术的应用。严格执行国家产业政策，坚决淘汰落后生产能力，最大限度地提高资源能源利用率、减少环境污染。

加速科技创新和技术进步。坚持政府推动、企业主体、市场导向，政产学研金介相结合，广聚创新资源，不断提高自主创新能力，加快构建完善的科技创新体系和开放式的科技创新机制，全面推进国家创新型试点城市建设。全市财政安排科技资金3.6亿元，重点实施4个重大科技专项，转化150项重大专利技术，加快智能机器人等一批具有自主知识产权的高新技术产品产业化步伐。加强电动汽车、循环经济技术、生态城市等工程技术研究中心建设，打造科技创新研发平台；积极推进唐山科技城建设，启动建设唐山环渤海知识市场，打造科技创新服务平台；推进中科院唐山高新技术研究与转化中心建设，引进中科院研究所达到8至10家，打造科技创新合作平台。通过打造“三个平台”，促进先进技术成果向现实生产力转化，推动产业优化升级和新兴战略产业发展壮大。积极争取列为国家“十城千辆”和“十城万盏”试点城市。

（二）围绕建设生态城市，着力推进新型城镇化。城镇化是实现经济社会持续快速发展、加速现代化进程的重要动力。以建设生态城市为目标，以提高城镇综合承载能力为重点，以城市建设改造为抓手，全方位提高城镇化发展水平。

落实生态理念。以曹妃甸生态城141项生态城市指标体系为样板，通过制度规范、政策引导、政府推动，把指标体系贯彻到城镇规划、建设、管理的各个环节。加快城市“四大功能区”等新城建设，努力打造生态新城区。积极利用节能环保新材料、新技术，推进市县旧城区生态化改造。以南湖为模板，加强对采煤沉降区、工业废弃地的生态治理和修复，打造生态城市新板块。持续开展绿化唐山攻坚行动，新增造林绿化面积56万亩，森林覆盖率达到30%。全力做好2013年中国花卉博览会和2016年世界园艺博览会申办和筹备工作。

完善城镇布局。围绕构建以大中城市为主导、大中小城市和小城镇协调发展的城镇化体系，落实“双核两带”空间布局和总体思路，同步推进“大城市”、“大县城”和“中心镇”建设。加快完善主城区功能，稳步扩大规模，逐步发展成为300万人口的大城市；加快曹妃甸生态城建设，努力建成生态示范城市；加速县城扩容升级、扩大人口规模，努力朝着中等城市目标迈进；加快中心镇建设步伐，每个县（市）区培育1至2个5万人口以上中心镇，充分发挥辐射带动作用。

提升城市功能。按照建设宜居宜业的现代化城市目标，全面提速“四城一河”开发建设，加大旧城改造力度，加强市政公用设施建设，使城市发展功能、服务功能、人居功能、休闲功能更加完善。南湖生态城，以中央生态公园全面升级、西部和北部片区全面开发、东部片区全面启动为重点，加快推进基础设施、体育休闲、旅游服务、房地产开发、软件与文化创意等项目建设，使南湖开发建设再上新台阶。曹妃甸生态城，以市政工程、公共设施建设为重点，全面完成起步区路网建设，启动轨道交通、生态城医院等一批城市功能项目，加快科教城建设，尽快形成起步区城市基础框架。凤凰新城，进一步完善基础设施建设，加快新青少年宫、总部基地等重点项目建设进度，争取中央带状公园、金融街、大型城市商业综合体等一批项目开工建设。空港城，尽快实现军民两用机场正式通航，加快路网等市政基础设施建设和起步区村庄搬迁改造，力争一批产业项目尽快落地。陡河青龙河改造，57公里环城水系全线贯通，完成全线景观改造和绿化建设，打造滨水生态景观带和服务业产业带。推进大城山区域开发，确保取得实质性进展。抓好城市路网、新火车站区域开发、百货大楼周边区域改造、城中村改造等旧城改造重点工程。进一步加强旧城区的保护和修缮工作。

强化城市管理。以权力下放、责任到人、监督到位和采取现代化手段为重点，进一步理顺管理体制，创新管理手段，提升管理水平。以政府机构改革为契机，将管理重心下放到区、街道，实现责权利相统一。完善市、区、街、居四级一体化公共服务管理，建立城市综合管理体系，强化检查和考评，提高城市精细化、网格化、数字化管理水平。加强社区物业管理，健全社区基层组织建设。持续开展“绿、美、亮、净”城市环境综合整治，不断提升城市形象。

科学经营城市。树立科学经营城市理念，推进城市资源资本化、资源配置市场化。健全政府一级开发土地机制，完善城市建设用地一级市场收储经营办法，依法依规管好、

集约节约用好土地资源。规范房地产市场秩序，促进房地产业健康稳定发展。充分发挥各种融资平台作用，推行BT、BOT等先进经营运作模式，积极引进战略投资者，鼓励各类市场主体参与城镇开发建设，加快建立政府引导、金融机构支持、社会各方面参与的城市建设投融资体制。

（三）围绕实现城乡统筹发展，着力推进城乡等值化。城乡等值化是推动科学发展的内在要求。深入落实中央一号文件精神，坚持城乡统筹发展，以城乡等值化为目标，以工业化带动城乡统筹发展、以城镇化拉动城乡统筹发展、以产业化推动城乡统筹发展、以市场化促动城乡统筹发展、以信息化驱动城乡统筹发展。建立公共财政、公共服务、公共管理、公共政策等四项保障机制，加快城乡规划、建设、产业、公共服务和社会管理“五个一体化”。

加速推进现代农业发展。全面落实各项强农惠农政策，稳定粮食生产。实施设施农业拓展、规模养殖推进、生态农业推广、观光休闲农业示范、农民专业合作社规范、土地流转加速、龙头企业提升和食品加工业壮大、农业品牌创新、绿化唐山持续攻坚、农业生产条件改善等十大工程，加快农业发展方式转变，促进农业增效、农民增收。全市销售收入超亿元的大型龙头企业达到25家，农业产业化经营率达到64%。加快发展与城市现代工业相配套的生产加工业和服务业，促进城乡三次产业有机融合，拓展农民增收空间，努力增加农民非农产业收入。

着力改善农村人居环境。着眼于建设环境优美、设施配套、居住舒适的农民新家园，全面提升农村规划建设水平。通过集中联建、就地改建、易地新建等形式，建设一批居住相对集中、土地相对集约、各类要素相对集合的中心村。开展新民居建设和旧民居改造，完善道路、供水、排水等配套设施，改善农民生产生活条件。改造农村公路500公里、危桥1050延米，新增600个村实现硬化道路户户通。实施乡村环境整治工程，改善农村生态环境。

提升农村公共服务水平。加快城市公共服务向农村延伸，让广大农民群众共享改革发展成果。调整和优化城乡教育资源布局，促进优质教育资源共享。加快发展农村医疗卫生事业，开展“万名医师支援农村卫生工程”。积极推动农村医疗、养老等社会保障提标扩面，促进城乡社会保障制度接轨。加强农村文化设施和文化队伍建设，实施文化信息资源共享工程，推进乡镇综合文化站和农家书屋建设。进一步搞活农村金融，积极稳妥地发展村镇银行和小额贷款公司，建立健全信用担保体系，支持各类金融组织向农村延伸网点和机构，强化金融对农村发展的服务功能。

不断深化农村改革。稳定和完善农村基本经营体制，在依法自愿有偿的基础上，促进土地适度规模经营和土地承包经营权流转。积极探索农村股份制经营模式，通过资金、技术、劳动、土地等要素入股开展合作经营。继续推进征地制度改革，深化集体林权制度改革。支持农民创办经济实体和发展专业合作组织，壮大农村经纪人队伍，带动千家万户进入市场。鼓励村集体盘活现有资产、资源，发展集体经济，增加集体积累。

加快农村城镇化步伐。遵循城镇化发展规律，尊重农民意愿，完善城乡建设规划和镇村布局规划，全面完成乡村建设发展规划。制定《唐山市近郊城市化发展规划》，推动近郊率先实现城市化。加强政策支持，推进中心镇建设，努力建成小区域特色经济中心、城乡基本公共服务平台、城乡管理体制创新示范区。加强农村富余劳动力技能培训，深入实施农村劳动力转移培训“阳光工程”，提高农民就业创业能力。全年培训农民10万人，转移农村富余劳动力15万人次。深化户籍制度改革，全面落实农民进城落户政策，实现在城镇落户的农民与城镇居民同城同待遇，推动进城农民逐步融入城镇。

（四）围绕提高人民群众幸福指数，着力推进社会治理和谐化。社会和谐是科学发展示范区建设的重要目标。以改善民生为主题，以维护稳定为保障，以和谐文化建设为支点，以社会事业发展为重点，在推动和谐发展上不断取得新成效。

千方百计稳定和扩大就业。把就业摆在更加突出的位置，继续实施积极的就业政策，建立政府投资和重大项目建设与增加就业联动机制，多渠道增加就业岗位。积极开展就业援助，落实困难企业岗位补贴、社保补贴、培训补贴政策，加强就业指导和服务，重点解决好“零就业”家庭、低保对象和就业困难高校毕业生的就业问题。深入实施全民创业行动，抓好创业型城市创建工作，以创业带动就业。全年城镇新增就业岗位7万个以上，安置就业困难群体5000人以上，创业带动就业1.9万人，“零就业”家庭动态归零。

健全社会保障体系。实施社保惠民工程，推进社会保险扩面，将更多的中小企业就业人员、灵活就业人员、农民工纳入社会保险覆盖范围，基本实现城镇职工养老保险、医疗保险、工伤保险、失业保险制度全覆盖。继续提高企业退休人员养老金水平。开展城镇职工基本医疗保险和工伤保险市级统筹，确保企业养老保险省级统筹平稳过渡。开展职工重大疾病医疗互助活动。积极发展城乡社会救济和福利慈善事业，多渠道筹集和积累社会保障基金，构建弱势群体救助帮扶机制，切实保障困难群众基本生活。

优先发展教育事业。健全义务教育经费保障机制，加大教育投入力度，促进各类教育均衡发展。巩固和提高义务教育，推动开放式素质教育试点扩面。改善城乡中小学办学条件，全面实施中小学校舍安全工程。优化普通高中教育资源，新唐山一中建成投入使用。大力发展职业教育，实施规模倍增计划，用三年时间招生规模实现翻番。加快职业教育资源整合，唐山工业职业技术学院曹妃甸新校区力争年内主体工程完工。推动20所职业院校创建国家级、省级示范校和示范性实训基地。提升高等教育发展水平，加强强势学科和特色专业建设，进一步扩大对外交流合作，增强服务地方经济社会发展的能力。完善成人教育体系，加快发展民办教育。落实好教师绩效工资制，加强教师队伍建设，提高教师整体素质。完善家庭经济困难学生资助

体系，确保家庭经济困难学生得到有效资助。

加快医疗卫生事业发展。按照国家、省统一部署，稳步推进医药卫生体制改革，力争在基本医疗保障制度、落实国家基本药物制度、健全基层医疗卫生服务体系、促进基本公共卫生服务逐步均等化、推进公立医院改革试点等方面取得实质性进展，为广大群众提供更加优质的医疗服务。加快卫生基础设施建设，启动建设市中医院病房楼、妇幼医院儿童病房楼、凤凰新城新工人医院，进一步提高医疗保障水平。搞好传染病预防控制，加强甲型H1N1流感、手足口病等重大疾病防控和救治工作。强化食品和药品安全监管，让广大群众买得放心、吃得安全。

加强和谐文化建设。继承和发扬唐山优秀文化传统，在全社会大力弘扬“感恩、博爱、开放、超越”的新唐山人文精神，打造城市之魂，使之成为建设新唐山的强大动力。加强社会公德、职业道德、家庭美德和个人品德教育，在全社会倡导“生命至尊、公平至上、诚信至要”的价值观念，以和谐文化引领和谐社会建设。坚持全国文明城、全国卫生城、全国健康城“三城联创”，广泛开展群众性精神文明创建活动，全面提高居民素质和城市文明水平。繁荣发展文化事业和文化产业，加快唐山博物馆改扩建等项目建设，启动建设市文化广场、传媒大厦、文化创意产业基地等文化基础设施和产业项目。弘扬冀东优秀地域文化，打造文化精品。办好第七届中国评剧艺术节。大力推动社会、企业、乡村、家庭文化建设，丰富和活跃群众文化生活。

积极发展体育、计生等各项社会事业。认真贯彻落实国家《全民健身条例》，广泛开展全民健身运动。以备战省第十三届运动会为契机，提高竞技体育水平。加快发展体育产业，启动奥体中心和南湖体育休闲基地建设。实施优生促进工程，提高人口素质，保持低生育水平长期稳定。继续抓好国防动员、人民防空工作，加强民兵预备役建设，深入开展“双拥”共建活动，积极探索推进军民融合式发展，继续创建全国“双拥”模范城。全面贯彻党的民族宗教政策，促进各民族共同团结奋斗、共同繁荣发展和宗教领域和谐稳定。协调发展广播电视、外事侨务、气象、地震、档案、老龄、妇女儿童、残疾人等各项事业，促进社会全面进步。

坚持不懈地抓好安全生产和食品药品安全。把安全生产作为“天字号”工程，强化领导，强化措施，强化责任，真正形成“党委领导、政府监管、行业管理、企业负责、社会监督”的安全生产工作格局。继续加大“七大举措”实施力度，尤其是严格落实安全生产责任制，强化企业主体责任的落实，对忽视安全生产的单位和企业，依法加大行政执法和经济处罚力度。按照大安全理念，把所有行业、企业、工地纳入监管视野，不间断开展安全生产专项整治行动，不间断加大安全生产投入，不间断组织教育培训，不间断进行执法检查，严厉打击各种安全生产非法行为，坚决防止重特大安全事故发生。加强食品药品安全长效机制建设，狠抓生产企业和流通行业整治，确保不发生重特大食品药品安全事故。

全力维护社会和谐稳定。高度重视公共安全，健全突发公共事件应急反应机制，加强环境污染、重大传染病防控等应急体系建设，提高预防和处置突发公共安全事件的能力。实施综合评估、综合预防、综合治理、综合化解、综合改革、综合考评，着力化解老矛盾，有效预防新矛盾。推行信访稳定工作综合调控新机制，深化体制、流程、方法、管理、问责“五个创新”，认真做好人民群众来信来访工作，切实解决好关系群众切身利益的突出问题。更新社会管理理念，突出社会管理重点，创新社会管理方式，健全完善社会管理体系。强化社会治安综合治理，依法严厉打击各种违法犯罪活动，进一步提高对社会治安秩序的控制能力，不断增强人民群众的安全感。今年建成主城区科技安防系统。

（五）围绕增强科学发展的动力和活力，着力深化改革、扩大开放。改革开放是经济社会发展的不竭动力。推进新型工业化、新型城镇化、城乡等值化和社会治理和谐化，加快建设科学发展示范区和人民群众幸福之都，必须坚定不移地深化改革、扩大开放。

加快推进重点领域改革创新。深化国有企业改革，加快打造一批拥有知名品牌和自主知识产权、主业突出、竞争力强的大型企业集团，抓好北方瓷都陶瓷、重型装备制造、交通运输等企业集团的组建整合。支持中小企业壮大发展，培育一批机制灵活、专业化分工明确、成长性强的中小企业。放手放开发展民营经济，全面落实鼓励民营经济发展的政策措施，支持民营企业增加投入、转型升级、做强做优。深化行政管理体制改革，全面完成市县两级政府机构改革，进一步减少和规范行政审批事项，提高行政效能。深化财政体制改革，大力培植税源，科学组织收入，强化预算管理，科学高效使用好财政资金，严格控制一般性支出，制定出台对县（市）区新一轮激励性财政体制政策。深化投融资体制改革，规范整合市县投融资平台，完善监管机制，强化政府债务管理。深化文化体制改革，推进经营性文化单位改企转制和公益性文化事业、经营性文化产业管理体制机制创新，整合组建广电传媒集团，支持唐山演艺集团公司壮大发展。继续深化科技、教育、社会管理等各项改革。

加快构建大开放新格局。坚持把扩大开放作为科学发展示范区建设的一项重大战略，强化开放意识，全面落实市委关于进一步扩大开放的若干重大措施意见，营造全民促开放的浓厚氛围，加快形成面向世界、面向全国、面向所有投资者的大开放格局。实施重点突破、全面开放，在积极推进与欧美国家合作的同时，以日、韩、新加坡和港、澳、台地区为重点，开展多领域、多层次的交流合作，下大力引进战略投资者，努力提升全市对外开放的规模、层次和水平。积极落实招商引资扶持奖励政策，改进招商方式，进一步扩大“招商月”活动成果，增强招商的针对性和实效性。全年实际利用外资8.5亿美元。办好第三届曹妃甸临港产业国际合作会议、第十三届唐山中国陶瓷博览

会等重大经贸招商活动，确保收到实效。巩固扩大首届曹妃甸论坛成果。加强与环渤海经济圈、环京津有关省市的区域经济联合与协作。尤其是加强与京津沪在人才、资金、技术、产业、项目等领域的对接，不断扩大合作范围和领域，实现优势互补、互利共赢。积极扩大出口，加大对外贸企业的扶持力度，鼓励有市场竞争力的出口企业抢占国际市场，全市出口总额增长5%以上。支持有条件的企业“走出去”，更好地利用两个市场、两种资源，实现壮大发展。

各位代表，全面完成今年各项任务，推进新型工业化、新型城镇化、城乡等值化、社会治理和谐化，把科学发展示范区建设不断推向深入，必须突出重点，狠抓关键，强力攻坚。今年，集中力量打好六项攻坚战：

一是打好以曹妃甸为龙头的唐山湾“四点一带”产业聚集攻坚战。组织实施九大战役，力争曹妃甸新区完成投资1500亿元，增长50%以上。石油炼化攻坚战役，下大力推进中石化1000万吨炼油项目各项前期工作，争取列入国家“十二五”专项规划，力争早日开工建设；加快原油商业储备基地等项目建设。装备制造业园区攻坚战役，围绕水泥装备、新能源汽车、游艇制造等重点领域，加快一批龙头项目建设，力争锂源电动车、与上汽集团合作的绿色能源汽车、海天能源新城等10个项目开工建设，3—5个关联项目落地，尽快形成产业群体规模。电子工业园区攻坚战役，依托中科院中视中科激光显示核心产业基地，积极发展激光显示源模组等产业，力争一批电子信息产业项目年内竣工，一批新项目入驻园区。环保产业园区攻坚战役，瞄准节能、环保、资源循环利用等领域，大力发展环保装备、产品、技术、服务等产业。中日循环经济产业园区攻坚战役，按照建设节能、环保、循环经济产业聚集区的要求，加快推进与日本政府和企业间的合作，引进一批日资项目，开展一批技术合作。县（市）区临港产业园攻坚战役，基本完成园区造地和基础设施“七通一平”，力争每个园区至少有2—3个产业项目入园。曹妃甸生态城建设攻坚战役，抓好51个重点项目建设，启动30平方公里区域内路网建设，确保欧洲风情小镇、低碳建筑示范项目等一批项目取得突破性进展。大交通路网建设攻坚战役，确保滨海大道竣工通车，冀蒙铁路、南曹快速路等一批项目开工建设，形成大交通路网格局。配套推进各项基础设施建设。首钢二期工程攻坚战役，加速推进首钢二期各项前期工作，力争纳入国家“十二五”规划，2011年开工建设。

二是打好城镇面貌三年大变样攻坚战。今年是城镇面貌三年大变样工作的决战之年。围绕建设现代化生态城市、加速新型城镇化，以更大的魄力、更高的水平、更强的力度，把“三年大变样”工作进一步引向深入。全年城镇建设计划投资990亿元，增长近1倍。重点抓好南湖生态城、凤凰新城、曹妃甸生态城、空港城开发建设、陡河青龙河开发治理、唐山湾“三岛”开发建设、大城山周边区域开发、人居条件持续改善、中心区旧城改造、县城扩容升级等“十大工程”，确保取得新的突破。建设文化广场、市民中心、曹妃甸论坛会址、奥体中心、南湖老唐山风情小镇、中国近代工业博物馆、新火车站、曹妃甸可持续发展展示中心、大型城市主题雕塑、南湖之门等“十大标志性建筑”，总投资109亿元，年内完成主体工程，部分项目竣工投入使用。推进城市规划、城市功能、城市容貌、城市经营、城市管理“五大提升”，把城市规划建设管理提高到一个新水平。

三是打好结构优化升级攻坚战。强力实施“三百计划”，全面开展对标行动，确保在改造提升传统产业、高新技术产品研发和产业化方面取得实质性进展。实施“三百计划”。加快培育开发100项优质、高附加值、有市场需求的新产品，加速实现产业化；加快运用100项高新技术和先进适用技术改造提升传统产业，积极推进信息化与工业化融合发展，提升钢铁、水泥、化工、装备制造等传统产业技术装备水平和核心竞争力；加快培养引进100名支撑结构调整领军人才，健全和改进业绩评价、收入分配、服务保障机制，创优人才发展环境，确保领军人才留得住、用得上、出成效。开展以“创新超越”为主题的对标行动。在全市工业领域以企业对标为核心，以规模以上企业为主体，以钢铁、装备制造、化工、电力、水泥、陶瓷等行业企业为重点，选择省内、国内、国际同行业三个层面先进标杆，制定赶超规划和具体措施，对标赶超，跨越发展。力争通过三年左右的努力，创造国内100项一流指标、打造50家国内一流企业，全国县域经济百强县达到5家，全市工业经济在全国中心城市中进入前10强。

四是打好县域经济发展攻坚战。以项目建设为载体，以特色产业发展为依托，以园区建设为平台，全面提速县域经济发展。加大项目投资力度。各县（市）区全年全社会固定资产投资增幅达到30%以上；突出抓一批投资规模超亿元、十亿元的立县立区大项目、好项目。做强县域特色产业。引导各县（市）依托本地资源禀赋和产业优势，培育一批县域龙头企业、建设一批特色产业基地，提升产业发展集中度和竞争力，壮大县域经济规模，增强发展后劲。着力加强园区建设。按照“产业集聚、企业集群、特色鲜明”的目标，突出抓好各县（市）区工业园区特别是曹妃甸县（市）区临港产业园区建设，加大招商和产业集聚力度，每个园区确保有一批新产业项目入园。

五是打好城乡统筹发展攻坚战。以列为全省城乡一体化唯一一个试点市为契机，突出抓好“七个一批”，提高城乡统筹发展水平。抓一批城郊城镇化发展示范点。以主城区扩大带动近郊城市化，探索近郊区“村改居”、“农民变市民”的新机制，集中建设居民小区，全市重点培育5个示范点。抓一批县城扩容升级建设示范点。加快规划编制，拓展县（市）城规模，加速人口聚集，每个县（市）城年增人口5000人以上。抓一批中心镇建设示范点。在继续抓好18个中心镇建设试点的基础上，选择5个中心镇作为培育重点，进一步提升中心镇建设水平。抓一批大村庄建设示范点。全市重点培育10个大村庄建设示范点。抓一

批土地经营流转示范点。规范农村土地承包经营权流转，促进土地适度规模经营。每个县（市）区抓1—2个具有一定规模、规范化的土地经营流转示范点。抓一批新民居建设。广泛推广新民居建设“六个一”模式，全面启动1000个村新民居建设。抓一批现代农业基地建设。每个县（市）区建成一个集生产、示范、观光为一体的现代农业园区，提升农业特色化、集约化、现代化水平。

六是打好改善民生攻坚战。围绕推进“十大幸福工程”，全年计划投入140亿元，重点为群众办好20件实事。在改善居住条件上，新开工市区危旧平房改造安置住房205万平方米，市中心区安置1万户以上；开工建设廉租房11万平方米，其中市中心区10万平方米；完成既有居住建筑节能改造500万平方米。在全民健康上，继续开展“健康唐山、幸福人民”行动，重点实施健康宣教、健康服务、健康饮食、健康文体、健康环境、健康生活、健康“细胞”、健康社会、健康信息“九大工程”，年内为全市45岁以上农民和城镇无业居民免费体检。在城乡养老和低保上，全面推进新型农村养老保险试点工作，扩大覆盖范围，让更多农民受益；提高城乡低保标准，全市城镇低保标准提高到每人每月310元，农村低保标准提高到每人每年1540元。在基本医疗保障上，稳步提高城乡医疗保障水平，将新农合筹资标准由每人每年100元提高到140元，其中财政补助标准提高到每人每年120元。在提升教育办学水平上，全市中小学多媒体普及率达到100%；新增远程教育项目学校180所，中小学远程教育覆盖率达到85%以上。在城乡环境保护上，深化钢铁、焦化、水泥等重点行业的污染治理达标建设，抓好25家企业烧结机脱硫工程，加大环境综合整治力度，全年城市空气质量二级及优于二级天数稳定保持在320天以上。在改善农村生产生活条件上，实施高标准农田建设示范工程，建设高标准农田11.2万亩；抓好农村环境道路硬化、院街净化、村庄绿化，新完成文明生态村建设500个；推行乡村垃圾清运处理，推广户收、村集、县（乡）集中处理模式，努力为农民群众创造清洁、健康、环保的生活环境。在便民服务上，在全市推广完善覆盖城乡的集社会保障、交通出行、公共事业缴费、小额支付消费、金融服务等功能为一体的“市民卡”，实现“一卡通”；新建社区市民中心78个，实现城市社区市民中心全覆盖；对全市10家城市标准化菜市场和10家农村农产品批发市场、农贸市场实施改造升级。在平安唐山建设上，启动建设社会治安科技综合防范体系一期工程，构建数字化、网络化、智能化的社会治安综合防范体系，为人民群众营造更加和谐稳定的社会环境。

四、切实加强政府自身建设

新形势、新任务对政府工作提出了新的更高的要求。我们要牢记立党为公、执政为民的宗旨，牢固树立“一心一意为民、一丝不苟干事、一尘不染从政”的执政理念，不断加强政府自身建设，提高推动科学发展、服务人民的能力和水平，开创政府各项工作新局面。

（一）坚持解放思想，努力做到开拓创新。适应国际国内宏观形势变化，顺应人民群众新期待，坚持以科学发展观为指导，解放思想、创新思维、与时俱进。进一步强化机遇意识、忧患意识、责任意识、创新意识，以食不甘味、寝不能安的责任感，以义不容辞、责无旁贷的使命感，以只争朝夕、奋发有为的精神，集中精力抓发展，一丝不苟干事业。坚持以科学的理念、创新的方法推动工作落实，以勇于改革、锐意进取的气魄破解前进道路上的各种问题和挑战，在加快资源型城市转型、推进科学发展示范区建设上不断探索新路子、实现新突破。适应科学发展示范区建设要求，加强公务员队伍教育培训，努力建设学习型政府。

（二）坚持依法行政，不断提高政府公信力。认真落实《中共唐山市委科学执政、民主执政、依法执政实施纲要》。严格执行人大及其常委会的决议决定，自觉接受人大及其常委会的法律监督、工作监督和政协的民主监督，认真办理人大代表、政协委员的批评、意见、建议和提案，诚恳听取各民主党派、工商联和无党派人士的意见和建议，自觉接受社会各界和群众监督，确保行政权力依法公开透明运行。进一步健全完善社情民意反映制度、重大行政行为合法性事前审查制度和重大事项专家咨询、风险评估制度，社会公示、听证和质询制度，促进科学决策、民主决策、依法决策。深入推进行政执法责任制，落实执法过错责任追究和执法行为评议考核制度，严格按照法定权限和程序行使权力、履行职责。深入开展法制宣传教育，提高公职人员的法制观念和法律素质。

（三）坚持转变职能，推进政府工作提质增效。以政府机构改革为契机，进一步理顺和强化部门职责，提速工作过程，提高工作效率，加快职能转变，提升服务水平。在加强经济调节、市场监管的同时，更加注重社会管理和公共服务，更加注重强化执行和执法职责，切实做到不缺位、不错位、不越位，努力实现优质高效。巩固扩大“干部作风建设年”活动成果，大力发扬求真务实精神，继续发扬“白加黑、五加二和重点项目建设三班倒”的工作作风，少说多做，埋头苦干，多做打基础、管长远的工作。健全政府机关绩效考核体系，完善目标管理责任制。全面践行“一线工作法”，从政府各部门做起深入基层办实事、解难题、搞服务。进一步精简会议、文件，切实改进文风、会风，严格控制各种检查、评比、达标活动，集中更多的精力抓落实、抓发展。

（四）坚持以人为本，尽心竭力为民谋福祉。强化“人民至上、群众第一”的理念，始终把关注民生、改善民生作为政府工作的出发点和落脚点，一心一意想着群众、一心一意依靠群众、一心一意为了群众，真正把工作着力点更多地放在解决群众最关心的热点难点问题上，把工作的关注点更多地放在维护广大人民群众利益上，把公共财力更多地投入到改善民本民生上。坚持深入基层、深入群众调查研究，时刻了解群众的所思、所想、所盼，凝聚民智、加快民富、改善民生，以实实在在的政绩取信于民、造福于民。

（五）坚持从严治政，坚决预防和惩治腐败。深入推进政府系统惩治和预防腐败体系建设，认真落实党风廉政建设责任制，健全和落实“一岗双责”制度。按照市委“六个大力倡导、六个坚决反对”的要求，坚持不懈开展党风廉政教育，严格遵守廉洁自律各项规定和要求，教育引导政府系统广大干部堂堂正正做人，干干净净做事，勤勤恳恳为民。进一步健全完善行政权力运行监控机制，切实加强对重点项目建设、国有资产经营管理、建筑工程招投标、行政审批和直接关系人民群众切身利益、人民群众高度关注的领域和行业的监督管理，从源头上预防和减少腐败。坚持艰苦奋斗、勤俭节约，坚决反对铺张浪费和奢靡之风，努力塑造政府良好形象。

各位代表，宏图凝众志，同心谱华章。让我们更加紧密地团结在以胡锦涛同志为总书记的党中央周围，在省委、省政府和市委的正确领导下，坚定必胜信心，勇敢面对挑战，锐意进取，扎实工作，创造无愧于时代、无愧于历史、无愧于人民的新业绩，为加快建设科学发展示范区和人民群众幸福之都做出新的更大贡献！

《政府工作报告》名词解释

1、五项攻坚行动（第1页）：2009年，市委八届五次全会围绕推进经济社会又好又快发展，确定全市重点实施五项攻坚行动。即，千个项目保增长调结构攻坚行动、城镇面貌三年大变样攻坚行动、科学发展示范村创建攻坚行动、持续改善民生攻坚行动、安全生产和食品药品安全整治攻坚行动。

2、八大工程（第1页）：2009年，市委八届五次全会围绕把科学发展示范区建设不断引向深入，确定加快推进“八大工程”。即，先导工程、科学发展示范工程、唐山湾开发建设工程、生态城市建设工程、资源型城市转型工程、城乡等值化工程、人民幸福工程、领导力提升工程。

3、增值税转型（第1页）：我国2009年以前征收增值税，实行的是“生产型”增值税，即在征收增值税时，不允许企业扣除外购固定资产所含增值税进项税金。目前国际上普遍实行的是“消费型”增值税，即在征收增值税时，允许企业将外购固定资产所含增值税进项税金一次性全部扣除。2009年1月1日起，我国全面实施增值税转型改革。此项政策的实施，去年全年减轻我市企业税赋近50亿元，为企业上项目、调结构、增后劲创造了更加宽松的环境。

4、信息化与工业化融合试验区（第2页）：信息化与工业化融合是指以信息化带动工业化，以工业化促进信息化，走科技含量高、经济效益好、资源消耗低、环境污染少、人力资源优势得到充分发挥的新型工业化道路。2009年3月，唐山暨曹妃甸被国家工信部批准为首批国家级信息化与工业化融合试验区。这为唐山加快新型工业化进程、推进资源型城市转型提供了难得的机遇。

5、唐山湾“四点一带”（第2页）：立足放大沿海优势，统筹沿海一线开发，遵循区域经济一体化发展规律，市委、市政府于2008年初做出实施唐山湾“四点一带”开发战略的重大决策部署。“四点”是指曹妃甸新区、乐亭新区、丰南沿海工业区和芦汉经济技术开发区；“一带”是指贯通“四点”而形成的沿海经济隆起带。

6、新民居建设“六个一”模式（第5页）：即，一顶（坡屋顶）、一炕（保温吊炕）、一墙（保温墙）、一灶（博士灶）、一能（太阳能取暖）、一沼卫（沼气池卫生厕所）。

7、首批国家创新型试点城市（第6页）：开展创新型城市（区）试点工作，是贯彻落实党中央国务院关于增强自主创新能力、建设创新型国家战略部署的重要举措，是加强国家创新体系和区域创新体系建设、推动城市创新发展的积极探索。国家科技部在各省（区、市）人民政府申报推荐的基础上，根据基础良好、特色鲜明、示范性强、体现层次性等原则，确定包括唐山在内的20个城市（区）为2010年首批国家创新型试点城市（区）。

8、城市公共文明指数（第7页）：是描述市民文明素质发展状况、评价市民文明素质发展水平和群众性精神文明创建工作成效的重要工具。从2009年起，中央文明办委托国家统计局，每年对全国文明城市和先进城市进行公共文明指数测评并进行排名公布。

9、绿色增长（第13页）：是指以发展绿色经济、低碳经济为特征的现代产业增长模式，不以高能耗、高物耗、高污染为代价换取一时的经济增长，实现真正意义上的可持续发展。

10、唐山湾“三岛”（第16页）：是指位于唐山湾乐亭县西南部的菩提岛、月岛、祥云岛。

11、南曹快速路（第16页）：又称开元路，北起唐曹高速南堡开发区出口，南至南堡开发区中央公路，全长17.3公里。其中，北部两公里已建成通车，南部15.3公里前期准备工作已完成，计划2010年5月通车。

12、省“双三十”工程（第16页）：为全面推进全省节能减排工作，全省选择30个重点县（市）区和30个重点企业在省人代会上做出“十一五”节能减排承诺，并实行省直接考核。我市的迁安、丰南、丰润、开平和唐钢、津西、港陆、三友、开滦、冀东水泥被列入省“双三十”单位。

13、市“10100”工程（第16页）：我市参照省“双三十”的做法，除列入省“双三十”的县（市）区和企业外，将其余10个县（市）区全部纳入重点考核，同时筛选100家能耗高、排放大的重点企业实行市级重点监管，由县（市）区长和企业法人在市人代会上做出“十一五”节能减排承诺，并严格进行考核。

14、“两高”项目（第17页）：是指高污染、高耗能项目。

15、政产学研金介（第17页）：是指政府、企业、高校、研究院所、金融机构、中介组织。

16、国家“十城千辆”试点城市（第17页）：国家为推动节能与新能源汽车产业化，决定开展节能与新能源汽车示范推广试点工作，通过给予补助的形式鼓励在公交、

出租、公务、环卫和邮政等公共服务领域率先推广使用节能与新能源汽车。首批在北京、上海等13个城市开展试点，在每个城市用3—4年的时间推广应用节能与新能源汽车达到千辆以上。

17、国家“十城万盏”试点城市（第17页）：为推动节能减排，有效引导我国半导体照明应用的健康快速发展，提升我国半导体照明产业的整体竞争力，2009年国家决定在天津市等21个城市开展半导体照明应用工程试点工作，在每个城市推广应用半导体节能照明灯具1万盏以上。对试点城市国家将根据半导体节能照明产品的技术效能、应用的节能效果以及所获得的经济、社会效益，采取后补助的方式进行补贴。

18、城市“四大功能区”（第18页）：着眼于构筑新型城镇化发展格局，2008年初市委、市政府正式启动实施城市“四大功能区”建设。城市“四大功能区”，即，曹妃甸生态城、南湖生态城、凤凰新城、空港城。

19、“双核两带”空间布局（第18页）：即以市中心区和曹妃甸生态城为双核，推动北部山前城市带、南部临海城市带协调发展的“双核两带”城市空间布局。

20、BT（第20页）：BT是英文Build－Transfer的缩写，即建设－转让，政府通过特许协议，引入非政府资金进行专属于政府的基础设施建设，基础设施建设完工后，该项目设施的有关权利按协议由政府赎回。

21、BOT（第20页）：BOT是英文Build－Operate－Transfer的缩写，即建设－经营－转让方式，是政府将一个基础设施项目的特许权授予承包商（一般为国际财团）。承包商在特许期内负责项目设计、中小企业融资、建设和运营，并回收成本、偿还债务、赚取利润，特许期结束后将项目所有权移交给政府部门，转由政府指定部门经营和管理。

22、农村劳动力转移培训“阳光工程”（第22页）：是由政府公共财政支持，主要在粮食主产区、劳动力主要输出地区开展的农村劳动力转移到非农领域就业前的职业技能培训示范项目。

23、中小学校舍安全工程（第23页）：2009年4月，党中央、国务院做出重大决策，决定利用三年时间，对全国地质灾害易发地区的各级各类城乡中小学存在安全隐患的校舍实施抗震加固、迁移避险，提高综合防灾能力，使学校校舍达到重点设防类抗震设防标准。

24、“六个大力倡导、六个坚决反对”（第35页）：省委常委、市委书记赵勇同志在市委八届六次全会结束时的讲话中强调，每一名党员干部都要努力践行“六个大力倡导、六个坚决反对”：一是大力倡导言行一致、表里如一，坚决反对形式主义、表面文章。二是大力倡导顾全大局、遵章守纪，坚决反对自由主义、有禁不止。三是大力倡导脚踏实地、埋头苦干，坚决反对心浮气躁、急功近利。四是大力倡导秉公用权、廉洁从政，坚决反对以权谋私、腐化堕落。五是大力倡导生活正派、情趣健康，坚决反对庸俗主义、拉拉扯扯。六是大力倡导艰苦奋斗、勤俭节约，坚决反对铺张浪费、大手大脚。

中共唐山市委关于2009年度市委管理的领导班子和领导干部综合考评结果的公告

今年初，唐山市委采用修订后的《唐山市市委管理的领导班子和领导干部综合考评办法》（以下简称《综合考评办法》）对各县（市）区、市直单位和市属企事业单位的领导班子和领导干部进行了2009年度综合考评。实践证明，新的《综合考评办法》指标和权重设置更加符合科学发展观的要求，考评方式方法更加科学客观，考评过程更加民主公开。通过实施市领导评价、考评责任单位评价、被考评单位上级主管部门评价和双向评价等工作，并经市委考评委对考评成绩进行汇总排序，经市委常委会讨论通过，形成了市管领导班子和领导干部的考评等次。市委常委会结束后，市委考评委办公室又分别征求了各市管领导班子主要负责同志的意见，并经市纪委进行了认真审核，在此基础上最终确定了各市委管理的领导班子和领导干部的综合考评结果。

考评结果表明，2009年，在市委、市政府的坚强领导下，各县（市）区、市直单位和市属企事业单位的领导班子、领导干部坚持以中国特色社会主义理论体系为指导，认真贯彻落实中央和省委的决策部署，全面落实市委八届五次全会精神，大力推进科学发展示范区建设，紧紧围绕“抢抓新机遇、建设新唐山，在科学发展道路上实现新跨越”的工作主题，贯彻落实“开放创新、富民强市”的总战略，团结和带领广大干部群众，解放思想，真抓实干，化危为机，攻坚克难，积极应对世界金融危机带来的困难和挑战，使全市经济社会保持了平稳较快发展，科学发展示范区和幸福之都建设实现了新的跨越。

2009年，绝大多数县（市）区、市直单位和企事业单位领导班子注重思想政治建设，坚持立党为公、执政为民，全心全意为人民服务的理念进一步强化；深入贯彻落实科学发展观，坚持保增长与调结构相统一，惠民生与保稳定相协调，不断增强谋划发展、统筹发展、优化发展、服务发展的能力，在推动科学发展方面取得了优良业绩；牢固树立大局意识和责任意识，执行党的路线、方针、政策态度坚决，落实市委、市政府重点工作部署措施有力；认真贯彻民主集中制，注重班子团结协作，开拓进取和改革创新意识不断增强，干事创业的氛围愈加浓厚，表现出较强的凝聚力、创造力和战斗力；对党风廉政建设高度重视，认真落实党风廉政建设责任制，坚持教育、制度、监督并重，各项制度、机制、措施进一步完善。多数领导干部理想信念坚定，坚持一心一意为民，党性观念、宗旨意识进一步提升；认真履行岗位职责，勤奋敬业，自觉践行“一线工作法”，积极投身科学发展示范区建设的主战场、人民群众幸福之都建设的第一线、急难险重任务的最前沿，切实发扬“白加黑、五加二、重点项目建设三班倒”精神，创造了大南湖开发建设、城市绿化攻坚、首届曹妃甸论坛会址建设等诸多奇迹，体现了开拓进取、奋发有为的精神状态和真抓实干、善打硬仗的工作作风；注意廉洁自律，率先垂范，坚持一尘不染从政，拒腐防变能力进一步提高。

考评中也发现个别领导班子面对金融危机的影响显得信心不足，存在一定的畏难情绪；有的领导班子执行力相对较弱，对市委、市政府部署的重点工作推动不力，工作进展缓慢；有的领导班子对干部队伍的建设和管理力度不够，干部队伍的思想不够稳定，领导班子凝聚力和向心力有待进一步加强；还有的领导班子党风廉政建设责任制贯彻落实不够到位，致使班子成员或基层干部出现了一些违法违纪问题；有个别领导干部基本素质不高，履行岗位职责能力偏弱；有个别领导干部对自身要求不够严谨，群众威信偏低。

为激励先进，鞭策后进，进一步激发各级领导干部建设科学发展示范区、建设人民群众幸福之都的工作热情，市委决定，对综合考评为优秀的领导班子和领导干部予以通报表彰和奖励。希望受表彰的领导班子和领导干部要珍惜荣誉，戒骄戒躁，开拓创新，自我超越，在科学发展示范区建设的征程中再创佳绩；考评为良好的领导班子和称职的领导干部，要增强争先创优意识，主动向先进看齐，对标赶超，加压奋进，攀登新台阶。对在2009年度综合考评中A、C类单位排名末位、B类单位排名末两位的领导班子予以警示，并对其主要负责同志及考评为不称职的领导干部进行诫勉谈话。市委希望被警示和诫勉谈话的领导班子和领导干部立即整改、克服不足、总结教训，早日跨入先进行列。

市委号召，各级领导班子和领导干部要以受表彰的领导班子和领导干部为榜样，进一步树立事争一流、追求卓越的理念，进一步弘扬开放创新、勇于超越的精神，坚持解放思想、与时俱进，开拓进取、无私奉献，求真务实、争先奋进，在实现“唐山梦想”中建功立业，在提升“唐山创造”中奋发有为，在打造“唐山效率”中真抓实干，在弘扬“唐山精神”中追求卓越，努力创造无愧于时代、无愧于人民的业绩。

市委要求，各级领导班子和领导干部要切实把思想和行动统一到市委八届六次全会的决策和部署上来，要认清建设科学发展示范区、建设人民群众幸福之都是时代的要求、历史的使命，是中央和省委的重托，是全市人民的共同期盼。要争做科学发展示范区建设的推动者、实践者，以时不我待的紧迫感、改革创新的责任感、书写未来的使命感，狠抓科学发展示范区和人民群众幸福之都建设各项

任务的落实，按照市委的统一部署，牢牢把握“创新与项目建设年”这一工作主题，推动发展观念、发展速度、发展方式“三个跨越”，实施科教立市、生态立市、港口立市、制度立市“四项战略”，做强新型工业化、新型城镇化、城乡等值化、社会治理和谐化、党的建设科学化“五大支柱”，打好以曹妃甸为龙头的唐山湾“四点一带”产业聚集、城镇面貌三年大变样、结构优化升级、县域经济发展、城乡统筹发展、改善民生“六项攻坚战”，全面完成“十一五”各项目标任务，为早日把唐山建成科学发展示范区、建成人民群众的幸福之都而团结奋斗！

现将2009年度市委管理的领导班子和领导干部综合考评结果公布如下：

一、领导班子考评结果

（一）县（市）区（含开发区、园区、管理区、新区、工业区和“四城”、“两河”、“三岛”建设指挥部）领导班子

1. 县（市）区领导班子排名情况（按综合得分多少依次排序）

迁安市、路北区、迁西县、丰南区、乐亭县、玉田县、曹妃甸工业区、滦县、路南区、唐海县、丰润区、开平区、凤凰新城建设指挥部、南湖生态城建设指挥部、曹妃甸新区、滦南县、高新技术产业园区、海港经济开发区、古冶区、曹妃甸新城建设指挥部、汉沽管理区、南堡开发区、遵化市、芦台经济开发区、唐河青龙河建设指挥部、空港城建设指挥部、乐亭“三岛”建设指挥部。

2. 县（市）区优秀等次的领导班子

迁安市、路北区、迁西县、丰南区、乐亭县、玉田县、曹妃甸工业区、滦县、路南区、唐海县、丰润区、开平区。

3. 县（市）区良好等次的领导班子

凤凰新城建设指挥部、南湖生态城建设指挥部、曹妃甸新区、滦南县、高新技术产业园区、海港经济开发区、古冶区、曹妃甸新城建设指挥部、汉沽管理区、南堡开发区、遵化市、芦台经济开发区、唐河青龙河建设指挥部、空港城建设指挥部、乐亭“三岛”建设指挥部。

（二）市直单位领导班子

1. 市直单位领导班子排名情况（按综合得分多少依次排序）

市委办公厅、政府办公厅（驻京办）、组织部、纪委（监察局）、教育局、宣传部（文明办）、政法委（综治办）、农工委、交通局、城管局、发改委（重点项目办）、劳动和社会保障局、妇联、卫生局、水务局、公安局、统计局、建设局、安监局、统战部、法院、人事局、检察院（反贪局）、林业局、房管局、财政局（农业开发办）、规划局、环保局、市直机关工委、审计局、农业局、总工会、科协、市委研究室、信访局、人口和计生委、城市管理行政执法局、广播电视局、供销社、编办、政府研究室、工促局、商务局、劳动日报社、畜牧水产局、文化局、地震局、外侨办、档案局、老干部局、国资委、人防办、粮食局、体育局、党校、团市委、司法局、台办、防范办、侨联、文联、民宗局、党史研究室、住房公积金管理中心、社科联、红十字会、旅游局、科技局、工商联、民政局、物价局、残联。

2. 市直单位优秀等次的领导班子

市委办公厅、政府办公厅（驻京办）、组织部、纪委（监察局）、教育局、宣传部（文明办）、政法委（综治办）、农工委、交通局、城管局、发改委（重点项目办）、劳动和社会保障局、妇联、卫生局、水务局、公安局、统计局、建设局、安监局、统战部、法院、人事局、检察院（反贪局）、林业局、房管局。

3. 市直单位良好等次的领导班子

财政局（农业开发办）、规划局、环保局、市直机关工委、审计局、农业局、总工会、科协、市委研究室、信访局、人口和计生委、城市管理行政执法局、广播电视局、供销社、编办、政府研究室、工促局、商务局、劳动日报社、畜牧水产局、文化局、地震局、外侨办、档案局、老干部局、国资委、人防办、粮食局、体育局、党校、团市委、司法局、台办、防范办、侨联、文联、民宗局、党史研究室、住房公积金管理中心、社科联、红十字会、旅游局、科技局、工商联、民政局、物价局、残联。

（三）市属企事业单位领导班子

1. 市属企事业单位领导班子排名情况（按综合得分多少依次排序）

人民医院、中医院、妇幼保健院、唐山八中、自来水公司、开滦一中、唐山二院、唐山一中、唐山二中、协和医院、工人医院、陡河水库管理处、公共交通总公司、工业职业技术学院、城市排水公司、河北科技大学唐山分院、开滦二中、邱庄水库管理处、广播电视大学、职业技术学院、唐山师范学院滦州分校、迁西渠道管理处、商业银行、农业科学研究院、唐山师范学院玉田分校。

2. 市属企事业单位优秀等次的领导班子

人民医院、中医院、妇幼保健院、唐山八中、自来水公司、开滦一中、唐山二院、唐山一中、唐山二中、协和医院。

3. 市属企事业单位良好等次的领导班子

工人医院、陡河水库管理处、公共交通总公司、工业职业技术学院、城市排水公司、河北科技大学唐山分院、开滦二中、邱庄水库管理处、广播电视大学、职业技术学院、唐山师范学院滦州分校、迁西渠道管理处、商业银行、农业科学研究院、唐山师范学院玉田分校。

（四）委托考评单位领导班子

1. 委托考评单位领导班子排名情况（按综合得分多少依次排序）

人大：办公厅、财经委、城环委、研究室、教科委、农经委、内司委、选任委、法工委。

政协：办公厅、研究室、提案委、经建委、文教委、港澳委、文史委、法制委、农业委。

2. 委托考评单位优秀等次的领导班子

人大办公厅、人大财经委、政协办公厅、政协研究室。

3. 委托考评单位良好等次的领导班子

人大城环委、人大研究室、人大教科委、人大农经委、人大内司委、人大选任委、人大法工委、政协提案委、政协经建委、政协文教委、政协港澳委、政协文史委、政协法制委、政协农业委

（五）垂直管理单位领导班子

1. 垂直管理单位领导班子排名情况（按综合得分多少依次排序）

唐山市国家税务局、唐山市地方税务局、唐山市食品药品监督管理局、唐山市质量技术监督局、唐山市气象局、唐山出入境检验检疫局、唐山市工商行政管理局、中国人民银行唐山市中心支行、唐山市国土资源局。

2. 垂直管理单位优秀等次的领导班子

唐山市国家税务局、唐山市地方税务局、唐山市食品药品监督管理局、唐山市质量技术监督局、唐山市气象局、唐山出入境检验检疫局、唐山市工商行政管理局、中国人民银行唐山市中心支行。

3. 垂直管理单位良好等次的领导班子

唐山市国土资源局。

二、领导干部考评结果

（一）优秀领导干部

1. 县（市）区领导干部

遵化市：赵山、孙成海、王德满、解占久、高海柱、毛成海

迁安市：郭竞坤、李维林、杨春景、张龙、张有悦、郝可军、张淑云、田立生、李瑛

玉田县：纪兴龙、付振波、詹晓阳、徐瑞勇、王跃飞、张晓华、张耀武、王占富

迁西县：王东印、王保国、郭彦徽、徐维民、张金彪、马海连、姬保新、韩庆文、郑金宽

滦县：卢宏秋、于光辉、董立群、毋树宏、张宝才、李成、史玉尊、李建翔

滦南县：蔡洪魁、韦远东、张友利、于广秋、李建华、张怀良、魏宝成、李福三

乐亭县：李忠、徐昌盛、刘彩恩、于红、张月仙、徐文辉、李春

唐海县：李建新、李可春、李金生、李丽、杨靖山、艾文志、丁国富

丰南区：李国忠、高树春、尚建国、张会春、才文举、王树臣、王玉国、戴征、胡永军

丰润区：和春军、张印久、李贵富、刘胜祥、周宝印、王玉山

开平区：常庆久、郑汉军、戚永和、苏广钧、朱文礼、李泽明

古冶区：邸义、谭俊民、董广俊、彭晓明、夏裕萍、韩国强

路北区：魏宝明、汤立祥、李志龙、吕素青、宗玉田、武军、任国军、方保坤

路南区：张国栋、房香、贾向东、朱建峰、王东群、刘国忠、张文明

海港开发区：苗德成、周安海、张大军

南堡开发区：方成毅、刘旌、叶永盛

高新技术产业园区（空港城）：王金凯、韩亚林、孟祥云

芦台经济开发区：王建国、杨玉满、付国强

汉沽管理区：田玉贵、王随海、唐铁忠

曹妃甸工业区：韩建民、朱越杰

曹妃甸新区：王雪增

曹妃甸新城建设指挥部：李可君、玄成兵

南湖生态城建设指挥部：高怀军、苏鸿佳

凤凰新城建设指挥部：黄敬东、严为民

唐河青龙河建设指挥部：刘敬文

2. 市直单位领导干部

纪委（监察局）：沈鸿德、郑文庆、张佩旺、吕志玉

市委办公厅：赵士锋、鲁颖、李光华、宁磊、张树新、牛俊武、刘铁民、张喜怀、徐民

信访局：张占忠

市委研究室：石安

防范办：周景林

组织部：付国良、王玉芹、毕开艾、蒋长洪

老干部局：郭来城、周国顺

宣传部（文明办）：方成田、李秀存、邵荃、王力、马文斌

统战部：李东升、王勇

台办：李庚

政法委（综治办）：陈照印、刘云生、侍子兴

农工委：张福林、郝泽川

市直机关工委：李广江、张乃斌

党史研究室：刘作生

党校：安晓良

总工会：杨桂茹、李长河、唐志林、孟庆平

妇联：王晓燕、蒋智宜

团市委：孙朝阳、石井满

科协：王宝兴

文联：袁宁

侨联：劳卫

残联：张宇清

工商联：李会合、符晓光

红十字会：陈晓星

政府办公厅（驻京联络处）：刘树祥、刘绍辉、李建洲、郭文良、邢京林、王文彬、刘振东、张洪山、胡平、孙倩、孟祥民

发改委（重点项目办）：袁志刚、张国顺、辛晓武、庞秋垣

工促局：盛新丰、徐树成

国资委：孟宪友、刘洪威

财政局（农业开发办）：苏铁成、王雪峰、田云普

水务局：肖玉文、王连云、王秋岭

农业局：袁国富、高广贺
林业局：董秀峰、周玲艳
商务局：王志军、李宗臣、王立东
统计局：王洪江、耿增武、杜胜奎
粮食局：王会生、关利民
畜牧水产局：张印勤
政府研究室：纪泽民、王健敏
旅游局：刘永江
供销社：李元新、张树勤
法院：常荣才、贠卫东、杨景明
检察院（反贪局）：王胜喜、冯振东、郑应祥
公安局：董天利、么春雨、毕登义
司法局：王殿春、王瑞玲
规划局：林澎、王成兴
建设局：苏春生、戴冠军、毕学斌
城管局：孙贵石、李春才、冀桂梅
城市管理行政执法局：张贺明、魏文忠
房管局：王正英、王明如、王长发
交通局：杨荣博、秦宝龙、王建忠、周健民
审计局：阚友合、李树平
环保局：杨恩利、邢国军
物价局：张哲明
安监局：费连春、于兴维、刘润甫
公积金管理中心：姜凤武
劳动日报社：阚星光、侯西岭
教育局：李全民、周燕来、赵俊芬
科技局：王福燕、孙玉才
民宗局：张硕
民政局：付国民、韩卫东
人事局：崔敬东、刘宝东、艾春
劳动和社会保障局：徐建君、冯保成、杨宪理
文化局：罗向军
体育局：刘之俊、董晓群
卫生局：张志民、许俊湛、陈秉云
人口和计生委：许晓娟、高士良
广播电视局：赵宝安
外侨办：皮万杰
人防办：李文悦
编办：王新春
地震局：王卫国
档案局：杨铁生

3. 市属企事业单位领导干部

工人医院：尚小明
人民医院：赵刚
中医院：晁景升
协和医院：郑焕金
唐山二院：张志刚、张利
妇幼保健院：易建平
唐山一中：王卫国
唐山二中：张志军
开滦一中：张丽钧
开滦二中：张定跃、马宏文
唐山八中：王瑞新、胡绵英
广播电视大学：朱全友
河北科技大学唐山分院：岳凤桐
唐山师范学院滦州分校：李艳红
迁西渠道管理处：张敏奇
邱庄水库管理处：张振忠
商业银行：张华
自来水公司：王宁、姚春樑
城市排水公司：孔凡博

4. 委托考评单位领导干部

市人大：张维营、刘洪英、孟凡新、何景忠、高志龙、王绍忠、易生泉、郝水平、白洁

市政协：赵士金、祝明钊、谷守贤、刘森林、程云瑞、王斌、杨兰亭、刘国中、郭宝合

纪委系统：刘学军、许俊良、鲁振峰

政法系统：徐忠岭、刘立祥、胡国臣、霍志云、邱建东、赵晓峰、孟印茹、董秀丽、徐增志、吴建成、吕东飞、吴锡东、张文平、王志勇、汪笑松、李长友、张贺武、李惠智、李新民、陆智华、孙瑞华

宣传系统：吕惠均

统战系统：卢品贤

5. 垂直管理单位领导干部

唐山市国家税务局：许建斌、王朋志、张志文
唐山市地方税务局：解光第、田瑞平、李文忠
唐山市食品药品监督管理局：王维华、戴云、赵红英
唐山市质量技术监督局：张军民、李志杰
唐山市气象局：秦庚
唐山出入境检验检疫局：苏荣海
唐山市工商行政管理局：贾振江、陈绍军
中国人民银行唐山市中心支行：徐守诚、严大刚、胡继湘
唐山市国土资源局：李焕武、刘伟东

（二）不称职领导干部

司法局：李建生

（三）称职领导干部（名单略）

中共唐山市委

2010年4月27日

中共唐山市委唐山市人民政府关于表彰奖励2008和2009年度“新唐山建设卓越功勋奖”获得者的决定

2008年以来，全市广大干部群众在市委、市政府的正确领导下，坚持以邓小平理论和“三个代表”重要思想为指导，深入贯彻落实科学发展观，按照市委八届四次、五次全会决策部署，全力推进科学发展示范区和人民群众幸福之都建设向纵深发展。特别是面对国际金融危机带来的严峻挑战，广大干部群众迎难而上、共克时艰，全力实施“五项攻坚行动”和“八大工程”，开创了我市科学发展、和谐发展、跨越发展的新局面，涌现出了一大批先进个人。为总结经验、宣传典型、表彰先进、弘扬正气，市委、市政府决定，授予王新春等10名同志2008和2009年度“新唐山建设卓越功勋奖”，授予神泽章先生、丁野博先生2008和2009年度“新唐山建设卓越功勋奖”特别奖，每人一次性奖励人民币20万元。

市委、市政府希望，受到表彰的先进个人要珍惜荣誉、再接再厉，继续发扬爱岗敬业、争创一流，艰苦奋斗、勇于创新，淡泊名利、甘于奉献的精神，在建设科学发展示范区和人民群众幸福之都的宏伟实践中再创佳绩，再立新功。

市委、市政府号召，全市各级各单位和广大干部群众要以受表彰的先进个人为榜样，学习他们忠于职守、无私奉献的高尚情操，学习他们开拓创新、事争一流的进取精神，学习他们任劳任怨、顽强拼搏的务实作风，立足本职，扎实工作，努力在平凡的岗位上创造出不平凡的业绩，为建设科学发展示范区和人民群众幸福之都做出新的更大贡献。

2008和2009年度“新唐山建设卓越功勋奖”（含特别奖）获奖名单

一、新唐山建设卓越功勋奖（10名）

王新春　市编办主任

刘子阳　唐海县建设规划局局长

张增光　冀东发展集团有限责任公司党委书记、董事长

孙文仲　唐山港口实业集团有限公司董事长

于　勇　唐山钢铁股份有限公司总经理

张文学　开滦（集团）有限责任公司董事长、党委书记

王惠文　唐山惠达陶瓷（集团）股份有限公司董事长

陈述庭　遵化市林业局副局长

孙帮成　唐山轨道客车有限责任公司总工程师

王学龙　迁安市沙河驿镇党委书记

二、新唐山建设卓越功勋奖（特别奖）（2名）

神泽章　住友重机械（唐山）有限公司董事长

丁野博　唐山爱信汽车零部件有限公司总经理

中共唐山市委唐山市人民政府关于表彰奖励唐山市“科学发展创新奖”主创集体和个人的决定

近年来，在市委、市政府的正确领导下，全市上下坚持以邓小平理论和“三个代表”重要思想为指导，深入贯彻落实科学发展观，紧紧围绕建设科学发展示范区和人民群众幸福之都这一总目标，深入实施“开放创新、富民强市”这一总战略，积极探索、勇于实践，扎实推进理论、制度、文化、科技、管理和模式等各方面创新，取得了一批科学发展的优秀创新成果，涌现出了一批致力科学发展创新的先进典型。

为在全社会大力弘扬创新精神，激励广大干部群众踊跃投身创新实践，加快建设科学发展示范区和人民群众幸福之都进程，市委、市政府决定，对唐山市“科学发展创新奖”主创集体和个人进行表彰奖励。授予丰南区丰南镇小岔河村村委会等10个主创集体唐山市“科学发展创新奖”一等奖，分别奖励人民币5万元；授予唐山通力齿轮有限公司等20个主创集体和个人唐山市“科学发展创新奖”二等奖，分别奖励人民币2万元。

市委、市政府希望，受到表彰的先进集体和个人要珍惜荣誉、再接再厉，百尺竿头、更进一步，以更加饱满的激情和更加顽强的毅力，大胆探索、深入实践，站在新起点、瞄准新目标、谋求新创造，努力成为全市科学发展创新的旗帜和标杆。

市委、市政府号召，全市上下要以受到表彰的先进集体和个人为榜样，以建设创新型唐山为目标，强化创新意识，历练创新能力，深入创新实践，大胆探索科学发展的

理念、路径、模式和体制机制，把创新实践不断向深度广度推进，加快形成创新人才层出不穷、创新活力竞相迸发、创新源泉充分涌流的生动局面，努力在建设科学发展示范区和人民群众幸福之都的创新实践中做出新的更大贡献。

唐山市“科学发展创新奖”主创集体和个人名单

一、唐山市“科学发展创新奖”一等奖主创集体（10个）

1. 创新成果：生态农庄模式

主创集体：唐山市丰南区丰南镇小岔河村村委会

2. 创新成果：开放式素质教育模式

主创集体：唐山市教育局

3. 创新成果：农村科学发展新路径

主创集体：唐山市滦县杨柳庄镇中赵庄村村委会

4. 创新成果：科学发展指标体系创制

主创集体：唐山市发展和改革委员会

5. 创新成果：社会矛盾综合调控机制

主创集体：中共唐山市委政法委

6. 创新成果：时速300公里高速动车组现代集成制造系统

主创集体：唐山轨道客车有限责任公司

7. 创新成果：钢铁生产工艺技术集成创新

主创集体：首钢京唐钢铁联合有限责任公司

8. 创新成果：既有居住建筑节能改造应用技术研究

主创集体：唐山市住房和城乡建设局

9. 创新成果：“五差额”选任机制

主创集体：中共唐山市委组织部

10. 创新成果：城乡一体化服务管理信息系统

主创集体：唐山市城乡一体化服务管理信息系统建设领导小组办公室、唐山市电子政务管理办公室

二、唐山市“科学发展创新奖”二等奖主创集体和个人（20个）

1. 创新成果：新农居建设“六个一”模式

主创集体：中共唐山市委农工委、迁安市沙河驿镇唐庄子村村委会

2. 创新成果：科学发展示范家庭模式

主创集体：唐山市妇女联合会

3. 创新成果：市民中心服务模式

主创集体：中共唐山市路北区委、路北区人民政府

4. 创新成果：高等职业教育集团化发展模式

主创集体：唐山工业职业技术学院

5. 创新成果：企业技术创新机制建设

主创集体：唐山晶源裕丰电子股份有限公司

6. 创新成果：“四三三四”安全生产管理策略

主创人：张建德　唐山贝氏体钢铁（集团）有限公司总经理

7. 创新成果：“顶岗支教、脱岗培训”双赢工程

主创集体：唐山师范学院

8. 创新成果：第二代军车变速器产品研制

主创集体：唐山通力齿轮有限公司

9. 创新成果：用固体电解质电池资源化处理钢铁工业CO2的研究

主创人：王岭　河北理工大学化工学院院长、博士后、教授

10. 创新成果：大H型钢X－H轧法万能轧机辊型结构

主创集体：河北津西钢铁股份有限公司

11. 创新成果：新一代抽油机、冷轧机和高效分离器研发

主创集体：唐山宏冶创新机械制造有限责任公司

12. 创新成果：儿童重症手足口病早期诊断及治疗

主创人：庞保东　唐山市妇幼保健院副院长

13. 创新成果：八集评剧电视艺术片《成兆才》

主创集体：唐山演艺集团公司

14. 创新成果：文艺作品——歌曲《我的祝福你听见了吗》

主创人：郝立轩　中共唐山市委宣传部文艺处处长

15. 创新成果：行政审批代办服务机制

主创集体：唐山市行政服务中心

16. 创新成果：共产党员“塑型”教育实践活动

主创集体：中共遵化市委组织部

17. 创新成果：村级组织“四权一体”工作机制

主创集体：中共乐亭县委组织部

18. 创新成果：特邀院士工作站——柔性引进高端人才智力新平台

主创集体：唐山市人力资源和社会保障局

19. 创新成果：工程建设招投标防腐保廉机制

主创集体：中共唐山市纪律检查委员会、唐山市监察局

20. 创新成果：新型农村经济合作组织机制

主创集体：唐山市农民合作经济组织联合会

中共唐山市委唐山市人民政府关于表彰奖励唐山市2009年度招商引资贡献突出个人的决定

2009年，全市上下坚持以邓小平理论和“三个代表”重要思想为指导，深入贯彻落实科学发展观，紧紧围绕建设科学发展示范区和人民群众幸福之都的总目标，深入实施“开放创新、富民强市”的总战略，不断加大招商引资力度，拓宽招商渠道，创新招商方式，提高招商质量，在国际金融危机的大背景下，招商引资工作仍保持了旺盛势头。预计全年实际利用外资7.9亿美元，位居全省首位，占全省实际利用外资总量的五分之一强，为全市经济企稳向好、保持平稳较快发展起到了重要作用。这些成绩的取得是全市广大招商引资工作者艰苦奋斗的结果，是全市广大干部群众共同努力的结果，是社会各界对我市招商引资工作鼎力支持的结果。为表彰先进，进一步激发全市上下招商引资的热情，市委、市政府决定，授予王利军等20名同志“唐山市2009年度招商引资贡献突出个人”荣誉称号，其中，对获得一等奖的9名同志分别奖励人民币10万元，对获得二等奖的11名同志分别奖励人民币2万元。有关县（市）区也要按照本地相关激励政策认真兑现奖励。

市委、市政府希望受到表彰的同志在新的一年里，再接再厉、再创佳绩；希望全市广大干部群众以受到表彰的同志为榜样，积极投身扩大开放，千方百计招商引资，为加快建设科学发展示范区和人民群众幸福之都做出新的贡献。

唐山市2009年度招商引资贡献突出个人名单

一等奖：（共9名）

乐亭县　王利军　滦　县　张焕勇
滦　县　陈宝章　丰南区　张　震
迁西县　张玉海　迁安市　郭　财
乐亭县　王国华　汉沽管理区　陈洪财
玉田县　陈　卫

二等奖：（共11名）

开平区　朱文礼　曹妃甸工业区　王文忠
市发改委　卞明江　市招商局　吴海山
凤凰新城　黄海燕　路南区　蔡永秀
高新技术产业园区　边志兴
丰南区　刘志生　路北区　董长青
遵化市　刘泽春　迁西县　王春艳

2010年1月6日

唐山市2009年国民经济和社会发展计划执行情况与2010年国民经济和社会发展计划的报告

——在唐山市第十三届人民代表大会第三次会议上

唐山市发展和改革委员会主任　袁志刚

各位代表：

受唐山市人民政府委托，向大会报告全市2009年国民经济和社会发展计划执行情况与2010年国民经济和社会发展计划（草案），请予审议，并请市政协各位委员和其他列席人员提出意见。

一、2009年计划执行情况

2009年以来，面对严峻复杂的宏观经济形势，在市委的正确领导下，在市人大的监督和支持下，全市上下坚持以科学发展示范区建设为总揽，认真贯彻落实中央、省和市扩内需保增长的一系列决策部署，大力推进唐山湾“四点一带”、“四城一河”开发建设，深入实施“五项攻坚行动”，着力保增长、调结构、促改革、惠民生，主要经济社会发展指标完成情况良好。全市地区生产总值预计完成3800亿元，同比增长11%以上；全部财政收入413.3亿元，完成调整任务的100.3%，同比增长1.9%，剔除增值税转型政策影响，按去年可比口径增长14.1%，其中一般预算收入169.7亿元，完成调整预算的102.2%，同比增长15.8%；全社会固定资产投资完成2180.9亿元，同比增长60.1%。主要特点是：

（一）产业结构调整步伐加快。开展产业结构调整攻坚行动，实施“三百计划”，产业结构调整取得新成效。一是工业结构进一步优化。对照国家十大产业调整振兴规划，组织谋划实施了117个重点项目。钢铁产业提升和整合加快推进，全市精品钢材比重达到55.1%，板带比达到66.2%，渤海、长城两大集团产能占全市地方钢铁产能比重达到51.7%。装备制造业发展加速，实施了时速350公里动车组、住友工程机械和盾石机械成套设备等一批重点项目，着力打造了丰润中国动车城、开平现代装备制造园、曹妃甸装备制造园等装备制造产业聚集区，装备制造业增加值同比增长20%以上，高于规模以上工业增加值增速近7个百分点。新兴产业蓬勃发展，锂源电动汽车、海绵钛及钛合金等一批新兴产业项目积极推进，时速350公里动车组、中低速磁悬浮列车等已具备产业化条件，电动汽车控制装置和电动城市客车将于年内投入量产。科技创新能力进一步增强，330项科技成果达到国内领先水平，中科院5个研究所进驻中科院唐山高新技术研究与转化中心，国家高速动车组高新技术产业化基地落户我市，开诚电控设备集团等9家企业技术中心被认定为省级企业技术中心，我市被确定为首批国家创新型试点城市；全年高新技术产业增加值完成88亿元，同比增长18%以上。产业聚集步伐加快。各县（市）区10平方公里产业园区建设初具规模，乐亭临港产业聚集区等4个省级产业聚集区建设取得重要进展。全市规模以上工业增加值完成1610.4亿元，同比增长13.6%。二是服务业发展提速。物流业快速发展。唐山港货物吞吐量完成1.76亿吨，同比增长61.8%，港口引领带动作用显著增强；重点实施了大昌货物仓储中心、远大物流等一批重点项目，我市被国家确定为17个区域性物流节点城市之一。连锁经营、电子商务等新型流通方式发展加快。重点实施了新天地购物广场二期等10个项目建设，沃尔玛、家乐福、红星美凯龙等项目加快推进，全市较大规模连锁企业已达到20家，销售额占比达到25%以上。消费品市场繁荣活跃。认真贯彻落实国家、省拉动消费各项政策，社会消费品零售总额完成958.6亿元，同比增长18.4%。服务业拉动作用显著增强。全年服务业增加值同比增长13%，高于GDP增速2个百分点。三是农业稳定发展。全年粮食总产达到304万吨，增长5.6%，连续6年实现增产。耕、种、收机械化水平明显提高，农业综合机械化作业率达到70%。农产品市场准入制度正式实施，农产品质量安全管理日趋规范。实施农业产业化重点项目120个，全市农业产业化经营率达到63%，同比提高2个百分点。

（二）重点项目支撑带动作用显著增强。把项目建设作为扩内需保增长的重要抓手，全年城镇新开工项目达到2240个，同比增长1.4倍，完工项目1397个。一是千个项目保增长调结构攻坚行动成效显著。全年千个攻坚项目完成投资1878亿元，完成年计划的100.8%。大连万达广场、乐亭旭阳化工循环经济园等523个项目开工建设，首钢迁钢配套工程、丰润热电、唐丰快速路等274个项目竣工，完工率达到139.8%。146项省重点项目完成投资662.27亿元，占年度计划的123.9%；有41个项目争取到用地指标，共新增用地5524亩，约占全省安排总量的六分之一，为全省第一。二是新增中央投资项目进展顺利。截至目前，共有676个项目获新增中央投资13.73亿元，位居全省第一，已有384个项目开工，开工率98.5%，其中160个项目竣工，带动社会投资37亿元，有效促进了全市产业结构调整和社会事业发展。三是投资结构进一步优化。

分产业看，第二产业投资增速为10%，第一产业和第三产业投资增速分别为65%和144.6%，大大高于第二产业。

（三）以曹妃甸为龙头的唐山湾“四点一带”开发建设全面提速。预计全年唐山湾“四点一带”完成地区生产总值1162亿元，固定资产投资1387亿元，分别占全市的31%和64%。一是规划编制取得阶段性成果。唐山湾“四点一带”产业发展与空间布局规划以及交通、水利、供电和岸线开发利用等一批专项规划编制完成并逐步组织实施。二是基础设施建设加快推进。曹妃甸填海造地累计达到200平方公里，完成标准厂房建设90万平方米；曹妃甸煤炭码头起步工程、通用散杂货码头一期和二期工程投入运营，京唐港3000万吨专业煤炭泊位竣工，曹妃甸煤炭码头续建及二期等一批重大项目陆续开工；司曹铁路正式开通运营，京唐城际铁路项目建议书和张唐铁路可研报告已上报国家发改委；滨海大道和滦曹公路开工建设，路、水、电、讯等配套设施日臻完善。三是产业聚集步伐加快。中石化曹妃甸原油商业储备基地造地项目通过验收并移交，首钢京唐钢铁厂一期、开滦精煤30万吨煤焦油加工等一批项目建成投产，华润（曹妃甸）电厂2×30万千瓦机组并网发电，海天能源城、华电临港重型装备等一批项目开工建设，上汽新能源汽车项目签约，中石化千万吨级炼油等一批重大产业项目前期工作取得重要进展。

（四）城镇面貌“三年大变样”扎实推进。全年完成城市建设投资510亿元，完成拆违拆迁556万平方米，是历年来投入最多、城镇面貌变化最大的一年。一是“四城一河”开发建设全面提速。南湖生态城扩湖形成11.5平方公里水面，地震遗址公园等一批重大项目竣工，城市中央生态公园正式开园，被联合国人居署授予“HBA·中国范例卓越贡献最佳奖”，被中国生态文化协会授予首批“全国生态文化示范基地”称号；曹妃甸生态城完成起步区造地7平方公里，假日酒店、信息大厦等一批项目开工，央企服务基地一期具备入住条件；凤凰新城新增通车里程18公里，市地税局综合业务信息服务楼等重点工程建成投入使用，新唐山一中、新青少年宫等一批项目加紧建设；空港城起步区村庄搬迁、市政基础设施建设逐步展开，军民合用机场航站区主体工程完工，机场连接线建成通车；陡河青龙河改造全面启动，57公里环城水系基本形成闭环系统。二是“三项改造”力度加大。震后危旧平房改造新开工安置住房251万平方米，累计达到570万平方米，竣工200万平方米；既有居住建筑节能改造完成510万平方米；实施城中村改造项目19个。城区面貌有了明显改观。三是“绿化攻坚”行动成效显著。新完成造林绿化面积60.5万亩，全市森林覆盖率提高2.25个百分点。四是县城扩容和小城镇建设加快推进。完成了全部县城和19个中心镇规划修编工作，县城和小城镇建成区面积扩展40平方公里。预计全市城镇化率达到53%，比上年提高2个百分点。

（五）社会主义新农村建设迈出新步伐。积极推进城乡规划、建设、产业、公共服务和社会管理等五个“一体化”，统筹城乡发展取得重大进展。一是农民收入快速增长。全年累计发放各类补贴资金7亿多元，相当于全市每户农民受益700元；全年农民人均纯收入达到7420元，同比增长12%，高于城镇人均可支配收入增速2个百分点。二是农村基础设施建设力度加大。新建和改造农村道路1249公里，2000个村实现硬化道路户户通，县乡危桥改造23座1508延长米，在271个村实施了农村饮水安全完善改造工程，惠及21万人。三是农村改革进一步深化。成立市县农村土地经营权流转交易中心，构建了覆盖县、乡、村土地经营权流转交易服务管理网络，流转面积29.7万亩，占耕地面积的3.84%；设立了市、县两级农民进城受理服务中心，全年实现农村剩余劳动力转移就业14万人次。四是科学发展示范村创建工作扎实开展。“六个一”模式已在全市316个村推广；新民居建设和旧民居改造分别开工175个村和200个村，涌现出丰南区小岔河、滦县中赵庄、乐亭县赵蔡庄、迁西县巴家峪等一批新农村创建典型。农村人居环境明显改善，农村面貌发生较大变化。

（六）改革开放进一步深化。坚持把改革开放作为促进经济社会发展的不竭动力，狠抓重点领域和关键环节改革，不断扩大开放。一是改革取得新进展，国有企业改革稳步推进，唐山物贸（集团）公司等10家企业实现破产终结，冀东发展、港口实业等重点企业集团成功组建，启新水泥等企业搬迁工作启动实施。投融资体制改革不断深化，整合重组了市属投融资公司，投融资平台功能得到充分发挥。医药卫生体制改革扎实推进，完成了《唐山市医药卫生体制改革近期重点实施方案（2009—2011年）》。曹妃甸新区综合配套改革取得新进展，曹妃甸新区新型工业化综合配套改革总体方案已上报国家发改委，曹妃甸保税港区申报工作扎实推进。二是扩大开放取得新成绩。曹妃甸港区正式对外开放获得国务院批复。成功举办了首届曹妃甸论坛、央企走进曹妃甸等一系列重大活动，重点发布了高新技术、装备制造、现代服务业等行业招商项目171个，华能大清河风电和曹妃甸2×100万千瓦火力发电等32个外资项目签约，协议利用外资71.5亿美元，同比增长37%。住友建机挖掘机、住友重机大中型减速机两个项目竣工投产，哈尔滨啤酒（唐山）有限公司搬迁等项目建设进展顺利，香格里拉酒店与住宅、日皮胶原蛋白原料等重点项目相继获得核准并已完成注册。全市实际利用外资8亿美元，完成进出口总额61亿美元，均居全省首位。区域合作不断深化，全年累计引进省外资金239亿元。承德工业园宏大专项汽车、金属制品深加工两个项目开工建设，秦皇岛工业园规划积极推进。对口援建四川平武县南坝镇重建工作进展顺利。

（七）节能减排工作取得实效。组织开展节能减排攻坚行动，预计全市单位GDP能耗同比下降5.28%，单位工业增加值能耗同比下降8%。一是深入推进市“10100”节能减排工程。根据“十一五”前三年累计完成情况及后两年目标任务，下达了各县（市）区和重点企业2009年度节能减排目标任务，继续实行年度目标、累计进度和总量新增量三重控制。各县（市）区和重点企业均完成或超额

完成年初承诺的节能减排目标任务（详见提交人代会审议的“10100”节能减排专项报告）。二是严把节能减排关。严格执行节能评估审查和环境影响评价制度，全年共对604项固定资产投资项目进行了节能评估审查，对234个项目进行了环境影响评价，拒批高耗能、高排放项目7个，能评与环评执行率达到100%。实施节能项目和重点减排项目合计344项，年可实现节能量120.75万吨标准煤，削减二氧化硫5.046万吨、化学需氧量1.83万吨。三是淘汰落后产能力度不断加大。已累计关闭取缔1168家高耗能、高污染企业，淘汰落后炼钢、炼铁和水泥产能分别达到360万吨、549万吨和630万吨。四是环境质量明显改善。全市空气质量二级及二级以上天数达到329天，为近年来最好水平。

（八）人民生活继续改善。投资60亿元为群众办的20件实事全部完成。一是就业再就业工作成效明显。全市城镇新增就业6.8万人，实现下岗失业人员再就业3.4万人，其中就业困难对象1.21万人；城镇登记失业率为4.1%。二是社会保障体系进一步完善。城镇居民医保覆盖面达到96%，新型农村合作医疗保险参合率达到96.1%，在全省率先实现“农民进城医疗报销无障碍”。新型农村养老保险试点扩大到8个县（市）区，其中，遵化、唐海、迁安被确定为国家首批试点。企业退休人员月人均养老金提高到1144元，城乡低保家庭保障标准分别提高到285元/月和1300元/年，全年累计发放最低生活保障金2.06亿元。三是保障性住房建设加快。全市新开工经济适用房67.8万平方米、开工（筹集）廉租房30.6万平方米。四是各项社会事业进一步发展。完成中小学陈旧校舍改造11.2万平方米，在全省率先消灭了农村中小学危房，被评为全国首批义务教育均衡发展先进地区。实施了30个乡镇卫生院改扩建项目，扩建面积达到2万平方米。“健康唐山、幸福人民”行动全面展开，为91.3万人建立健康档案、为91万人制定健康计划、为92.4万人进行了免费体检。全力做好手足口病和甲型H1N1流感疫情防治工作，保障了人民群众的健康安全。文化体育事业蓬勃发展，唐山演艺集团成功组建，开滦国家矿山公园等一批文化产业项目竣工，新建文化站56个，全民健身运动广泛开展。在金融危机、经济发展面临诸多困难和挑战的背景下，能够取得这样的成绩确实来之不易。在看到成绩的同时，我们也要清醒地看到，我市经济结构性矛盾仍比较突出，转变经济发展方式的任务还十分繁重；一些行业经济效益回升缓慢，部分企业生产经营还比较困难；国际市场持续低迷，外贸出口形势依然严峻；大学生就业和农村劳动力转移就业难度加大，就业再就业形势不容乐观；同时，节能减排、安全生产等问题容不得有半点松懈。对这些问题，在今年的工作中必须引起高度重视，采取有效措施予以解决。

二、2010年国民经济和社会发展主要目标和任务

2010年是实施“十一五”规划的最后一年，是巩固和增强经济回升向好势头，保持经济平稳较快发展，为“十二五”规划启动实施奠定良好基础的关键一年。展望2010年，我市经济社会发展挑战与机遇并存，但机遇大于挑战。从国际上看，金融危机对全球经济的负面影响还未结束，经济复苏要经过一个曲折、艰难的过程。从国内看，今年可能是经济最为复杂的一年，宏观经济政策和宏观环境存在一些不确定因素。从我市看，还存在着产业结构不优、产品档次较低、科技含量不高、产业链条不长、资源消耗较大等问题。在看到不利因素的同时，我们也要看到面临的有利机遇。随着世界主要经济体经济陆续触底回升，全球经济积极因素正在增多，国际国内宏观经济环境将逐步趋好。从我市的情况看，这几年，我市大力发展产业链经济，扎实推进以曹妃甸为龙头的唐山湾“四点一带”开发建设和以“四城一河”为重点的城镇面貌三年大变样，经济社会发展的产业基础更加坚实，城市功能日趋完善，特别是首届曹妃甸论坛和一系列对外开放、招商活动的成功举办，使我市的国际知名度、美誉度和对外开放的吸引力进一步增强。这些都为我市做好2010年工作打下了良好基础。

2010年我市经济社会发展的总体要求是：认真贯彻落实党的十七大和十七届四中全会、省委七届五次全会和市委八届六次全会精神，深入贯彻落实科学发展观，以科学发展示范区建设为总揽，把保持经济平稳较快发展与加快经济发展方式转变有机统一起来，把握“创新与项目建设年”这一工作主题，推动发展观念、发展速度、发展方式“三个跨越”，实施科教立市、生态立市、港口立市、制度立市“四项战略”，统筹推进新型工业化、新型城镇化、城乡等值化、社会治理和谐化，打好以曹妃甸为龙头的唐山湾“四点一带”产业聚集、以“四城一河”为重点的城镇面貌三年大变样、结构优化升级、县域经济发展、城乡统筹发展、改善民生“六项攻坚战”，全面完成“十一五”各项目标任务，把科学发展示范区和人民群众幸福之都建设提高到一个新水平。

2010年经济和社会发展主要预期目标是：地区生产总值增长10%；全社会固定资产投资增长30%，其中城镇固定资产投资增长30%；全部财政收入增长10%，其中地方一般预算收入增长10%；社会消费品零售总额增长16%；实际利用外资增长7.6%；进出口总额增长5%，其中出口总额增长5%；城镇居民人均可支配收入和农民人均纯收入分别增长8%和10%；城镇登记失业率控制在4.5%以内；万元生产总值综合能耗下降3.42%以上，二氧化硫和化学需氧量排放量分别消减3%。按照上述目标，

2010年的主要工作任务是：

（一）突出抓好项目建设，努力促进经济平稳较快发展。坚持把上项目、增投入作为促发展的关键举措，不断增强项目谋划和实施的工作力度。一是深入推进千个项目保增长持续攻坚行动。2010年全市安排重点项目1058项，总投资1.07万亿元，开展千个项目持续攻坚行动。继续完善落实月调度、季分析和重点项目“四个一”工作制度，加强对项目建设的协调督导，及时解决影响和制约项目建设的各类问题，确保项目建设的顺利实施，力促全年重点

建设投资完成2010亿元。二是狠抓重点项目建设。按照"四个一批"的要求，力促中石化曹妃甸原油商业储备基地、仁创科技沙产业研发生产基地和中国进出口总公司汽车城等400个项目开工建设；确保中石油渤海湾生产支持基地、华电临港重型装备制造和承唐高速二期等200个项目竣工或部分完工；力促张唐铁路、京唐城际铁路和曹妃甸海上风力发电等100个重点项目前期工作取得实质性进展，力争尽早开工建设；对接产业政策，围绕新型工业化、新型城镇化、三百计划、六大攻坚战等谋划一批重点项目，确保项目建设不断档。三是进一步做好新增中央投资项目申报、实施和管理工作。密切关注新增中央投资项目政策调整变化，及时做好项目筛选准备工作。针对新增中央投资的安排与地方配套资金落实情况挂钩的新精神，督促各县（市）区及时落实配套资金，争取在新一轮的新增中央投资安排中抢占先机。同时要进一步加强对新增中央投资项目的管理，加强督导检查，对发现的问题及时整改，确保新增中央投资的依法依规使用。四是科学配置土地、资金等要素资源。通过闲置土地、废弃地、未利用地盘活整理，努力增加存量土地供给；全力跑办国家和省重点建设项目，争取更多的省用地指标支持。抓住国家继续实施适度宽松的货币政策的机遇，围绕信贷投放重点，抓好与金融机构签署的战略合作协议的执行，尽快完善相关手续，落实贷款额度；加快引进浦发、光大、民生、华夏等金融机构来我市设立分支机构，加快推进唐山市商业银行的重组工作，规范发展小额贷款公司等金融组织；鼓励支持唐山港股份、庞大汽贸等有条件的企业通过上市或发行公司债券等多种渠道融资。科学配置生产要素资源，优先保证重点项目、新增中央投资项目的要素供应。

（二）深入推进产业结构调整，优化产业布局。深入贯彻落实国家产业调整振兴规划和省实施意见，着力推进新型工业化，全力打好结构优化升级攻坚战，加快形成钢铁、装备制造、化工和新能源、环保、生物医药两个"三足鼎立"产业发展格局。一是深入实施"三百计划"。加快培育开发100项优质、高附加值、有市场需求的新产品，加速实现产业化；加快运用100项高新技术和先进适用技术改造提升传统产业，积极推进信息化与工业化融合发展；加快培养引进100名支撑结构调整的领军人才，创优人才发展环境。二是大力推进传统产业优化升级。钢铁业，以企业整合和布局调整为主攻方向，加快推进渤海钢铁搬迁改造等重点项目进度，加速推进首钢京唐钢铁二期各项前期工作。装备制造业，加快丰润中国动车城、开平现代装备制造园和曹妃甸装备制造园等重点园区建设，发挥龙头企业带动作用，吸引配套企业加快聚集。化工业，坚持以石油化工、煤化工、海洋化工为重点，以曹妃甸中石化千万吨级炼油项目为突破口，开发和发展高附加值、精深加工特色产品链。组织开展对标行动，以钢铁、装备制造、化工、电力、水泥、陶瓷等行业为重点，引导相关企业在技术装备、新产品研发、经营管理等方面逐项查找差距，对标赶超，跨越发展。三是着力培育发展新兴战略产业。新能源产业，以电动汽车、太阳能光电、风力发电等为重点，加快推进冀东哈电风力发电装备制造、海天电动汽车、华能乐亭风电二期等一批重点项目进度。环保产业，重点开发大气、水和固体废弃物污染防治，清洁生产、循环经济和资源再利用技术与工艺设备等产业，加快推进旭阳化工循环经济产业园等重点园区和项目建设，突出抓好曹妃甸中日循环经济产业园区前期工作。生物医药产业，加快金利海生物柴油等重点项目建设进度，加快太阳石药业干细胞库等项目前期工作。以我市被列入国家科技部创新型试点城市为契机，探索建立有利于自主创新的体制机制。加强公共技术平台建设，重点支持轨道客车、开滦集团、冀东水泥、太阳石药业等四个企业技术中心创新能力建设，促进150项重大专利技术向现实生产力转化。四是加快发展现代服务业。优先发展现代物流业。依托交通、区位和产业优势，加快曹妃甸物流园、京唐港物流园等重点园区建设，重点推进曹妃甸北方海上钢铁物流交易中心、京唐港区进口保税仓库等项目建设。大力发展新型流通业。继续实施"万村千乡市场工程"，积极推进"农产品批发市场标准化"和"双百市场工程"，新增标准化农家店1000家，重点培育唐山金玉等3家标准化农产品批发市场。大力推广鲜活农产品"超市+基地"的供应链模式，培育引导3—5家大型连锁超市直接与鲜活农产品基地对接。加快发展旅游业。贯彻落实《河北省环京津休闲旅游产业带发展规划》，完善地接服务体系，加快乐亭三岛旅游区、遵化休闲旅游度假区、迁西古长城保护与开发等项目建设，大力发展红色游、工业游、体育休闲游和乡村游。积极发展医疗保健、养老护幼等居民服务业，大力发展金融、软件、总部经济等新型高端服务业。五是加快生产力布局向唐山湾"四点一带"转移。打好以曹妃甸为龙头的唐山湾"四点一带"产业聚集攻坚战，组织实施石油炼化、装备制造业园区、电子工业园区、环保产业园区、中日循环经济产业园区、县（市）区临港产业园、曹妃甸生态城建设、大交通路网建设、首钢二期工程等九大攻坚战役，力争华润2×100万千瓦火力发电、工业用太空板、首钢宝业精品钢材、唐钢5米宽厚板和终端安全保密管理系统等一批项目前期工作取得突破；中兵光电产业基地、挪威阿科凌海水淡化、中视中科激光显示核心产业基地、唐齿专用汽车、惠达五金洁具及卫浴设备生产线等一批项目开工建设，中恒科技太阳能电池、开诚航征自动化设备、欧洲风情小镇、中康水务污水微波电磁处理设备、蓝欣浮法玻璃等一批项目主体完工。加快推进曹妃甸矿石码头二期、通用码头三期、煤炭码头二期等一批重大基础设施建设进度，确保滨海大道全线贯通。力争唐山湾"四点一带"地区全社会固定资产投资达到2000亿元，其中曹妃甸新区完成1500亿元，分别增长45%和50%。

（三）扎实推进城镇面貌三年大变样，进一步提升城市功能和形象。着力推进新型城镇化，打好城镇面貌三年大变样攻坚战，全年城镇建设计划投资990亿元，确保各项目标任务的完成。一是抓好"十大工程"建设。南湖生

态城，继续推进扩湖、景观大道等工程建设，加快完善地震遗址公园、“九湖五岛”功能，全面启动西北片区、东南片区开发。曹妃甸生态城，重点抓好央企生活服务基地、月亮湾人工湖等项目建设，加快推进30平方公里区域内的路、水、电、讯等基础设施建设。凤凰新城，进一步加强市政基础设施建设，争取金融街、传媒大厦等一批项目尽早开工，积极推动红星美凯龙、日本永旺、韩国乐天等项目落地。空港城，完成3条主干道等基础设施建设，启动起步区5个村庄搬迁改造，尽快实现机场通航。陡河青龙河，57公里环城水系全线贯通，完成全线景观改造和绿化建设。人居条件持续改善工程，年内市区震后危旧平房改造新开工安置住房205万平方米，安置户数1万户以上；全市既有居住建筑节能改造完成500万平方米。中心区旧城改造工程，加快推进万达广场、新华贸和紫金广场等一批大项目建设，全面实施常各庄、碑子院、大官庄等8个城中村改造项目。唐山湾三岛开发建设工程，加快推进跨海大桥、海挡修缮、景观绿化、市政配套等基础设施项目建设，力争年内竣工。大城山周边区域开发工程，加快规划编制和招商引资工作，积极开展山体修复、生态重建和景观提升工程，确保取得实质性进展。县城扩容升级工程，加快推进规划编制和市政基础设施建设，提高公共服务和管理水平，加快人口聚集。二是加快“十大标志性建筑”建设。加大资金筹措力度，全年投入109亿元，加快建设文化广场、市民中心、曹妃甸论坛永久会址、奥体中心、南湖老唐山风情小镇、中国近代工业博物馆、新火车站、曹妃甸可持续发展展示中心、大型城市主题雕塑、南湖之门等“十大标志性建筑”，确保年内全部完成主体工程，部分项目竣工投入使用。三是继续深入开展绿化唐山持续攻坚行动。在巩固已有成果的基础上，全年再新增造林绿化面积56万亩，森林覆盖率达到30%。

（四）统筹城乡发展，推动城乡等值化。加快推进城乡规划、建设、产业、公共服务和社会管理“五个一体化”，尽快形成城乡经济社会一体化的发展新格局。一是加快发展现代农业。全面落实各项强农惠农政策，进一步维护农民农业生产积极性。实施高标准农田建设示范工程，建设高标准农田11.2万亩。突出抓好规模养殖、设施农业、生态农业等10项重点工程建设，全面提升农业现代化水平。加大农业龙头企业扶持力度，做大做强食品加工业，重点抓好玉田县新农村建设试验示范园区和丰润奶业、乐亭果菜、玉田瘦肉型猪等农产品加工园区建设。鼓励引导更多的企业家投资农业，提高农业产业化和集约化水平，农业产业化率达到64%。二是打好县域经济发展攻坚战。加大项目建设力度，重点抓一批亿元以上项目，确保各县（市）区固定资产投资增幅达到30%以上。突出抓好每个县（市）区10平方公里产业园区和曹妃甸县（市）区临港产业园区建设，加快基础设施建设，加大招商引资力度，确保每个园区至少有2—3个新产业项目入园。三是打好城乡统筹发展攻坚战。突出抓好“七个一批”，即：抓一批城郊城镇化示范点，集中建设居民小区，全市重点培育5个示范点；抓一批县城扩容升级建设示范点，每个县（市）城年增人口5000人以上；抓一批中心镇建设示范点，在继续抓好18个中心镇建设试点的基础上，选择5个中心镇作为培育重点，进一步提升中心镇建设水平；抓一批大村庄建设示范点，全市重点培育10个大村庄建设示范点；抓一批土地经营流转示范点，每个县（市）区抓1至2个具有一定规模的、规范化的土地经营流转示范点；抓一批新民居建设，完成500个文明生态村建设，全面启动1000个村新民居建设，建成100个农村新民居建设示范村；抓一批现代农业基地建设，每个县（市）区建成一个现代农业园区。加强农村基础设施建设，全年改造农村公路500公里、危桥1050延长米，新增600个村实现硬化道路户户通。四是积极促进农民向城镇转移。深入实施农村劳动力转移培训“阳光工程”，全年培训农民10万人，转移农村富余劳动力15万人次。落实好《鼓励和支持农民进城的若干政策措施（试行）》，探索将有稳定职业和收入的农民工及其子女转为城镇户口，并纳入城镇社会保障、住房保障等公共服务体系的有效途径。

（五）深化改革，扩大开放，为科学发展注入新的活力。围绕消除制约科学发展的体制机制障碍，深化重点领域和关键环节的改革，拓宽对外开放的广度和深度，为经济社会发展注入新的动力和活力。一是加快推进重点领域改革。深化行政管理体制改革，按照国家、省统一部署，积极稳妥地推进市、县（市）区政府机构改革工作。深化国有企业改革，扎实推进陶瓷、重型装备、交通运输、旅游等企业集团的整合重组，加快推进冶金矿山机械、盾石机械等企业搬迁改造步伐。深化投融资体制改革，规范整合市属国有投融资平台，积极探索符合我市实际，“融得来、用得好、还得上”的投融资机制。深化文化体制改革，巩固文化事业单位改革成果，支持唐山演艺集团公司发展壮大，整合组建广电传媒集团。稳步推进医药卫生体制改革，按照国家和省医药卫生体制改革工作部署，抓好我市医药卫生体制改革的基础性工作，确保医药卫生改革开好局、起好步。稳步推进科技、教育、社会管理等体制改革。扎实推进曹妃甸综合配套改革，继续做好曹妃甸新区申报国家综改试验区工作，力争取得实质性进展。二是继续抓好双向开放。全面落实关于进一步扩大开放的若干重大措施意见和招商引资奖励政策，营造全民招商的浓厚氛围。以日本、韩国、新加坡和港澳台地区为重点，加大招商引资力度，创新招商引资方式，积极开展以商招商、中介招商、委托招商、网上招商，深入开展小团组招商活动，进一步提高招商引资实效。巩固“招商月”活动成果，确保促成一批项目签约和落地。以京津沪为重点，进一步深化区域经济联合与协作，加强在人才、资金、技术、产业、项目等领域的对接，实现互利共赢。加快推进曹妃甸港区口岸查验配套设施建设，确保年内通过国家验收。抓住国家稳定出口、扩大出口退税和出口信用保险的政策机遇，引导企业进一步调整优化出口产品结构，巩固传统市场，开拓新兴市场。支持有条件的企业走出去，借助外部资源和市场发展自己。

（六）狠抓节能减排，促进发展方式转变。在巩固前四年节能减排工作成果的基础上，进一步强化措施，确保完成“十一五”节能减排目标。一是加大节能减排项目建设力度。狠抓已竣工项目的正常运营，切实发挥节能减排实际效果；加快在建项目建设进度，千方百计确保尽快建成运营；对尚未开工的项目，逐项目查找原因，力争尽早开工建设。同时新谋划实施100项节能项目、100项减排项目。深化钢铁、焦化、水泥等重点行业的污染治理达标建设，重点抓好25家企业烧结机脱硫工程。二是大力发展循环经济。以曹妃甸国家级循环经济示范区、司家营循环经济示范区为龙头，以钢铁、化工、建材等行业为重点，积极推进循环、绿色、低碳发展模式。三是加快淘汰落后产能。将2010年淘汰落后计划分解落实到各县（市）区、相关部门、企业和责任人，加大对列入名单的落后产能淘汰情况的专项核查力度。四是继续加大政策约束和考核督导力度。严格落实“两高”项目禁（限）批制，认真执行节能评估审查和环境影响评价制度。推进综合性规划和专项规划环评，将其作为钢铁、水泥等高耗能、高污染项目环评审批的前置条件。除国家审批项目、省重点产业支撑项目和国家鼓励的“等量替代”“上大压小”项目外，对各县（市）区高于本地单位GDP能耗水平的高耗能项目不再批新建；对产能过剩、高耗能、高排放地区或行业，严格准入门槛，防止能耗、污染过快反弹。

（七）切实改善民生，不断提高人民群众的幸福指数。打好改善民生攻坚战，统筹推进社会治理和谐化，继续为群众办好20件实事。重点抓好以下几方面：一是努力扩大就业再就业。完善和落实鼓励自主创业的政策，千方百计创造就业岗位，认真做好就业困难人员的帮扶工作，全年城镇新增就业7万个以上，安置就业困难群体5000人以上。二是健全城乡保障体系。将新农合筹资标准提高到每人每年140元，其中财政补助标准提高到每人每年120元；将城镇低保和农村低保标准分别提高到每人每月310元和每人每年1540元；全面推进新型农村养老保险试点工作；加强对贫困残疾人员的医疗救助。三是加强保障性住房建设。年内全市新开工廉租住房11万平方米，其中市中心区10万平方米，累计完成廉租住房保障户数1.2万户以上。四是加快发展社会事业。继续加大教育事业投入，加快唐山工业职业技术学院曹妃甸新校区建设，推动20所职教中心创建国家级、省级示范校和示范性实训基地建设，全面实施农村中小学校舍安全工程。大力发展文化事业，加强农村文化站建设，完成60个乡镇综合文化站达标建设。继续深入开展“健康唐山、幸福人民”行动，切实做好乡村垃圾清运处理工作，努力为农村群众提供一个清洁、健康、环保的生活环境。大力发展广播电视、社会福利、慈善、残疾人等社会事业。同时，全力抓好甲型H1N1流感防控、食品药品安全、安全生产、防汛抗旱等工作，确保社会和谐稳定。

（八）围绕科学发展示范区建设，编制好“十二五”规划。“十二五”时期是我市经济社会发展的关键五年，要在科学发展观的指导下编制好“十二五”规划，为全市经济社会在下一个五年继续保持健康发展奠定基础。一是认真做好重大课题研究工作。围绕“十二五”期间全市经济社会发展的战略重点和战略取向，切实将重大课题研究做深做实，为“十二五”规划编制提供具有前瞻性的发展思路和破解难题的方法措施。二是科学编制“十二五”规划。围绕解决经济社会发展中的重点和难点问题，组织开展“十二五”规划基本思路的研究工作，根据国家、省“十二五”规划思路和市委关于制定“十二五”规划的建议，编制我市“十二五”规划。三是编制好各专项规划。在重大课题研究的基础上，组织编制全市“十二五”期间专项规划，同时，做好各个专项规划与总体规划之间的紧密衔接。四是力争将一些重大问题和重大项目纳入国家和省“十二五”规划。密切跟踪国家和省“十二五”规划编制的全过程，积极盯办，力争将更多事关我市未来一个时期经济发展全局的重大问题、重大项目纳入国家和省“十二五”规划盘子。各位代表，做好今年的经济社会发展工作，任务艰巨、意义重大，我们要在市委的正确领导下，坚定信心，开拓进取，真抓实干，努力保持经济平稳较快发展，为顺利实现“十一五”发展目标，开创科学发展示范区和人民群众幸福之都建设新局面而努力奋斗！

关于唐山市2009年市本级预算及市总预算执行情况和2010年市本级预算及市总预算的报告

——在唐山市第十三届人民代表大会第三次会议上

唐山市财政局局长 苏铁成

各位代表：

我受唐山市人民政府委托，向大会提交2009年预算执行情况和2010年预算的报告，请予审议，并请市政协各位委员及其他列席人员提出意见。

一、2009年市本级预算和市总预算执行情况

2009年，在中共唐山市委的正确领导下，全市各级各部门积极应对国际金融危机，努力克服宏观经济形势影响，全力以赴“扩内需、保增长、调结构、惠民生”，扎实有效推进“五项攻坚”和“八大工程”，坚定不移实现经济社会又好又快发展，较好地完成了市十三届人大二次会议确定的各项目标任务。全市全部财政收入4133412万元，完成调整任务的100.3%，同比增长1.9%，剔除增值税转型等政策影响，可比增长14.1%。全市一般预算收入1697165万元，完成调整预算102.2%，同比增长15.8%；一般预算支出2833554万元，完成调整预算99.6%，同比增长12.2%。政府性基金收入910618万元，完成调整预算169.9%，同比增长57.6%；政府性基金支出960904万元，完成调整预算97.2%，同比增长48.0%。市本级一般预算收入558097万元，完成调整预算99.6%，同比增长15.5%；一般预算支出600519万元，完成调整预算99.8%，同比增长14.3%。政府性基金收入394342万元，完成调整预算140.3%，同比增长119.1%；政府性基金支出361752万元，完成调整预算99.9%，同比增长171.8%。高新、海港、南堡三个开发区（下同），一般预算收入92513万元，完成调整预算99.9%，同比增长11.8%；一般预算支出127429万元，完成调整预算99.8%，同比增长14.9%。政府性基金收入74950万元，完成调整预算126.2%，同比增长17.4%；政府性基金支出75783万元，完成调整预算99.9%，同比增长17.9%。总的看，2009年是我市财政十分困难的一年。一方面，受经济增速减缓、经济效益下滑和结构性税费减免政策影响，财政收入特别是税收收入增长率明显下降；另一方面，国家扩大内需、医药卫生体制改革和中小学校舍安全工程等政策性增支大量增加。面对复杂严峻的财经形势，全市各级各部门特别是广大财税干部，狠抓增收节支，优化支出结构，保障重点需求，全市和市本级预算执行良好，均实现了当年收支平衡，略有节余。全年预算执行成效体现在以下几个方面：

（一）围绕发展第一要务，着力整合财力资源，资源城市转型实现新突破。紧紧抓住国家实施积极财政政策的有利时机，全力推动经济结构优化。一是全力推动经济布局优化。投入12800万元，支持了精品陶瓷和装备制造业向“四点一带”地区搬迁，“退二进三”取得新进展；全面落实曹妃甸“定额分享、超收全返”优惠政策，有力支持了沿海经济加快发展。唐山湾“四点一带”地区实现财政收入1111029万元，占全市全部财政收入比重提高0.8个百分点，成为新的财政经济增长板块。二是全力推动产业结构优化。筹集12470万元，重点支持了三友集团等73户企业技术改造，装备水平明显改进；投入1500万元，全力支持高速动车组研发和配套产业园区建设，产业化逐步形成；投入6118万元，支持首届曹妃甸论坛、央企走进曹妃甸等大型对外开放活动，引进外资项目46个，利用外资8亿美元；拨付资金1485万元，为1.6万户企业法人和个体工商户免费工商注册登记；投入资金2500万元，促进了旅游和服务业发展。三是全力推动产品结构优化。科技投入35376万元，增长5.5%，高于经常性财政收入增幅3.1个百分点，重点支持了关键技术转化示范工程、中科院下属研究所项目研发等28个自主创新项目。投入6557万元，支持东郊中水回用、唐钢烧结机脱硫和唐海造纸厂COD减排等8个节能减排项目；拨付科技风险担保资金485万元，为唐山金诺实业等28户科技企业担保流动资金22000万元，企业产品竞争能力进一步提升。

（二）围绕城乡统筹发展，着力加大投入力度，城乡等值工程取得新成效。不折不扣地落实各项涉农政策，努力让公共财政普惠三农。一是农村生产生活水平不断提高。全市支农专项投入91379万元，增长11.1%，高于经常性财政收入增幅8.7个百分点，重点支持现代农业基础设施建设，发展节水灌溉21.2万亩，

建设集雨水窖5100个；落实农业综合开发资金7092万元，改造中低产田8.4万亩；投入1100万元，支持建设基层农业技术推广区域综合站46个，农业生产条件和服务体系进一步改善。筹集资金23622万元，建设沼气池7.4万个，普及率58.3%，农村生活环境进一步优化。全市发放综合直补、家电、汽车（摩托车）下乡等各类涉农补贴70300万元，农民整体购买能力进一步增强。二是城乡公共服务水平不断提高。筹集资金33135万元，支持农村义务教育经费保障机制改革，超额落实义务教育阶段国家公办学校生均公用经费标准；投入1128万元，支持2257个村卫生室设备购置；投入228万元，补助新建乡镇文化站19个；科学调度各类资金90467万元，支持绿化唐山攻坚行动，新增造林绿化面积60.5万亩，全市森林覆盖率提高2.25个百分点；筹集财政奖补资金11227万元，建设村级公益事业“一事一议”项目2323个，受益人口215万人，农村公共服务水平进一步提升。三是城乡社会保障水平不断提高。投入8846万元，农村低保标准由每人每年1200元提高到1300元，保障了11.7万农村困难群众基本生活；投入4000万元，支持迁西、唐海、丰南、开平、高新等县区开展新型农村养老保险试点，11.8万人领取了基础养老金；筹集新型农村合作医疗资金31700万元，全市参合率达96.1%，为59.2万人次报销医疗费用，有效缓解了农民看病贵、看病难问题。

（三）围绕改善民生福祉，着力强化分配职能，群众幸福指数得到新提高。健全惠及全民的公共财政体系，着力提高公共服务水平。一是重点解决了群众关心的社会保障问题。筹集资金11781万元，将城镇低保标准统一提高到每人每月285元；投入2274万元，支持3.2万名困难企业职工加入医疗保险；支出4282万元，落实了1.4万名困难企业退休职工一孩化奖励；投入870万元，对困难企业职工实施节期救助，困难群众生活得到有效保障。筹集资金60000万元，支持税务庄河联工房等危旧平房改造；筹集资金40000万元，开工（筹集）廉租房30.6万平方米；投入490万元，完成1000户农村贫困残疾户危房改造任务，缓解了低收入群体住房困难。二是重点解决了群众关心的教育卫生问题。教育支出497161万元，增长7.0%，高于经常性财政收入增幅4.6个百分点，其中，投入10100万元，重点支持了唐山一中、唐山师范学院等项目建设；投入730万元，全面免除城市义务教育阶段学生杂费；投入1773万元，健全助学金资助体系，帮助困难学生3.9万人次。医疗卫生支出215140万元，支持“健康唐山、幸福人民”行动，其中，筹集资金4030万元，扩大城镇居民基本医疗保险覆盖面，全市参保率96%；投入3769万元，健全社区卫生服务体系，覆盖率达100%。三是重点解决了群众关心的公共服务问题。文体支出40186万元，支持了文化体制改革、全民健身和建国60周年大型演出等系列活动，文体事业蓬勃发展；筹集资金22348万元，支持河北1号等79个旧小区既有居住建筑节能改造；发放各项再就业补贴资金25069万元，10.5万人享受到再就业优惠政策；累计投入小额贷款担保资金5220万元，为3410人解决小额贷款10620万元；投入2406万元，有力支持了手足口病、甲型H1N1流感防控工作。

（四）围绕改善城镇面貌，着力拓宽融资渠道，生态城市建设迈出新步伐。充分发挥投融资平台功能，有效促进城镇面貌三年大变样。一是“四城一河”建设取得突破。支持南湖生态城投资公司融资195000万元，重点建设核心区25.9公里景观大道，改善生态城周边环境；支持曹妃甸生态城投资公司融资117000万元，支持通港大道和三河一路绿化工程；支持陡河青龙河投资公司融资88000万元，完成全长12.5公里西北部河道主体工程，为环城水系早日引水通灌奠定基础。二是城市路网体系更加完善。融资14263万元，开工新建学院北路、大里路等6条城市道路，打通长虹道、朝阳道等断头路，城区路网体系有效拓展；融资6739万元，维修改造新华东道、河北路等9条城市道路，维修更换便道20万平方米，道路通行能力进一步提升；融资7876万元，改造南新道、北新道铁路立交桥，新建朝阳道、西电路两座铁路立交桥，扎实推进城市环线工程，有效缓解了通行压力。三是城市形象品味显著提升。融资19624万元，实施了唐丰路、城市外环线、学院南路等道路绿化工程，构筑了城市绿色长廊；融资1650万元，更换光明路、文化路等4条道路照明设施，实施建设路、北新道主要道路重要节点亮化，改善了裕华楼、北新里等14个旧小区照明条件；融资55434万元，拆除城市中心区和唐丰路、城市外环线两侧有碍观瞻建筑物，实施大型公建景观和西山道、国防道沿线住宅外装改造，市容市貌进一步美化；融资6610万元，支持丰润区污水处理厂建设，购置欧Ⅲ标准城市公交车50部、保洁车辆25部，城市净化能力不断增强，城市环境质量明显改善。

（五）围绕科学精细管理，着力完善运行机制，财政管理创造新业绩。创新财政体制机制，不断适应科学发展示范区建设。一是财政体制进一步完善。研究制定了《关于财政支持“省财政直管县”发展的意见》，保障了玉田、滦县、滦南三个产粮大县省财政直管平稳过渡；出台了调整古冶区、丰润区财政管理体制的意见，为两区加快发展提供了体制保障；全面推进县乡财政体制改革，96个乡镇实行了相对规范的分税制，80个乡镇实行了统收统支模式。二是财政管理进一步强化。按上级要求适时取消部分行政事业性收费和政府性基金，切实减轻企业和群众负担1.6亿元；积极开展“小金

库”治理工作，清理各类违规资金3337万元；研究制定了《唐山市政府债务管理暂行办法》、《行政事业单位国有资产处置管理暂行办法》、《唐山市市属企业国有资本收益收取管理暂行办法》等，财政管理法治化水平不断提升。三是资金绩效进一步提高。重点推进大型财政性资金建设项目政府采购工作，全年实现采购额35亿元，节支率11%；继续扩大财政投资评审规模，送审金额48.5亿元，审减率18.6%；建立了财政专项资金即时分析系统，实现了网上动态监控；认真落实中办、国办“八条”要求，机关会议费、车辆运行费压减15%，使有限资金真正用在“刀刃”上。

各位代表，2009年，我们坚决落实中央应对国际金融危机的各项举措，有效实施了积极财政政策，全市落实结构性减税50多亿元，为上项目、调结构、增后劲、促发展打下了良好基础。我市财政收入总量继续稳居全省首位。全部财政收入和一般预算收入总量均继续高居全省首位。一般预算收入占全市全部财政收入比重41.1%，同比提高5个百分点，一般预算收入增幅高出全省3.3个百分点，收入质量实现了新跨越。我市财政保障水平继续稳居全省首位。20件实事工程全面落实，涉农补贴全部到位，城建投入再创新高，新型农村养老保险试点全省最早，城乡居民最低生活保障水平全省最高，医疗保险覆盖面全省最广。我市财政综合管理水平稳居全省首位。在全省率先推行了三年项目滚动预算，县区全部推行国库集中支付，“一事一议”财政奖补工作在全省推广；全省财政综合管理考核七项指标中，预算管理、国库管理、财政资金运行、县乡财政改革和财政监督五项第一。

在总结成效的同时，我们也清醒地看到，财政工作与市委要求相比，与建设科学发展示范区的宏伟目标相比，与人民群众的热切期盼相比还有很大差距，财政运行和管理中仍存在一些不容忽视的矛盾和问题：一是确保收入平稳增长的任务十分艰巨。虽然财政经济整体向好，但经济回升基础尚不稳固，内在动力仍然不足，不确定因素依然很多，结构性减收影响继续存在，增收形势不容乐观。二是实现财政收支平衡的难度依然较大。国家实施积极财政政策，需地方资金配套压力很大；深化医药卫生体制改革、推进校舍安全工程、实施事业单位绩效工资改革等刚性支出达80多亿元，收支矛盾异常突出。三是提高资金使用效益的目标任重道远。一些部门和单位量财办事、勤俭节约、集中财力办大事的观念还不牢固，项目资金支出超预算、概算现象时有发生，政府债务“借得来、用得好、还得上”意识有待增强。上述问题需要引起高度重视，采取切实有效措施，努力加以解决。

二、2010年市本级预算和市总预算安排（草案）

根据国务院和省政府关于编制2010年地方预算的通知精神，结合我市实际情况，2010年预算安排的指导思想是：认真贯彻落实中央、省委、市委决策部署，努力推进发展观念、发展速度、发展方式“三个跨越”，全力支撑“四项战略”、“五大支柱”、“六项攻坚战”的实施，为把科学发展示范区和人民群众幸福之都建设提高到一个新水平提供财力保障。按照上述指导思想，2010年预算安排坚持保障民生、科学发展、增收节支、优化配置、注重绩效的原则，全市全部财政收入计划安排455亿元，增长10.0%。预算（草案）如下：全市一般预算收入1867239万元，增长10.0%；一般预算支出2402475万元，增长11.0%。政府性基金收入728229万元，政府性基金支出728229万元。市本级一般预算收入578610万元，增长3.7%（剔除一次性罚没收入等不可比因素后，可比增长8.8%），加税收返还62629万元、结算补助60058万元，减体制上解和专项上解18371万元、对县区补助173252万元，可用财力509674万元。一般预算支出509674万元，增长10.0%。政府性基金收入346962万元，政府性基金支出346962万元。高新、海港、南堡三个开发区（下同），一般预算收入106630万元，增长15.3%；一般预算支出124959万元，增长8.5%。政府性基金收入76364万元，政府性基金支出76364万元。2010年市本级预算安排，着眼于发挥财政调控职能，紧紧围绕市委八届六次全会提出的工作要求，重点支撑以下四大方面。

（一）突出做强新型工业化支柱，大力支持产业聚集和结构优化升级攻坚战。安排资金91591万元，推进新型工业化。一是打造特色产业格局。安排曹妃甸基础设施建设资金30000万元；电动汽车产业专项资金2000万元，支持电动汽车研发，提高核心部件生产能力；电动汽车产业发展贴息资金2000万元，用于产业发展和购买电动公交车贷款贴息；中小企业风险补偿及贴息担保专项资金1500万元，实现贷款担保6.5亿元；科技风险担保资金485万元；曹妃甸临港产业会议经费500万元；大项目前期费600万元；“十二五”规划编制经费200万元。二是推进传统产业升级。安排节能专项资金1000万元，争取上级资金5000万元，用于企业节能奖励和淘汰落后产能补助；服务业发展专项资金1500万元；旅游业发展专项资金1000万元，重点支持清东陵等旅游景点建设；招商引资、出口创汇及名牌产品奖励资金1500万元；外贸发展专项资金1000万元；对外开放费及外事费1300万元；工商零成本注册登记补偿资金600万元；银行贷款奖励资金500万元；对标行动奖励资金500万元；新产品退税资金500万元；安全生产专项资金630万元。三是培育新兴产业支撑。安排科技支出11233万元，增长17.5%，其中：高速动车组研发及配套产业园区建设资金1500万元；中科院唐山转化中心经费补助资金2000万元；环渤海知识市场建设资金1000万元。国家扩大内需项目配套资金1000万元；中日循环经济产业园区建设前期费100万元；循环经济工程技术研究中心100万元，生态城市工程技术研究中心100万元，打造科技创新研发平台。

（二）突出做强新型城镇化支柱，大力支持县域经济和城镇面貌大变样攻坚战。安排资金337195万元，推进新型城镇化。一是完善城镇布局。安排城市建设项目贷款还本付息资金195962万元；刘庄、增盛、嘉顺煤矿关闭补偿资金16000万元；重点镇及统筹城乡发展资金2000万元；工业职业技术学院曹妃甸迁建资金2000万元；对外经贸学校迁建资金400万元；职业教育发展专项资金1200万元；唐山职业技术学院整合迁建资金1000万元。二是提升城市功能。多渠道筹集资金15亿元，安排文化广场建设启动资金500万元，用于大剧院、艺术院团、群众艺术馆、书画院、文化商业广场建设；安排唐山机场军民合用工程贴息及运营补贴资金3000万元，尽快实现通航运营；集中供热补贴5000万元，引导企业投入5.6亿元，新增集中供热面积900万平方米；既有居住建筑节能改造资金2000万元，争取上级资金4.5亿元，完成改造500万平方米；筹集资金4亿元，用于唐山火车站整体改造。三是加强城市管理。安排城市公共设施及维护资金35548万元，重点用于完善基础配套设施、改造市中心区路网；绿化唐山攻坚行动资金6000万元，新增造林绿化面积56万亩；环保专项治理资金4500万元，用于对陡河水库等进行综合整治；消防事业费2545万元；交警车管所建设资金2000万元；居委会人员及办公补助资金3110万元；社区公共卫生服务经费1280万元；社会保障协理员经费1039万元；企业退休人员社会化服务经费325万元。

（三）突出做强城乡等值化支柱，大力支持服务均等和城乡统筹发展攻坚战。安排资金44413万元，推进城乡等值化。一是发展现代农业。安排支农专项资金11310万元，增长17.4%。其中：现代农业示范园区建设资金1400万元，支持11.2万亩高标准农田建设；农业科技和基础设施建设资金2100万元，建设基层农业技术推广区域综合站26个，推广农村生物质能综合利用；农业综合开发及省以上项目配套资金2000万元；农业防灾救灾、疫病防控等公益性事业资金1710万元；农民小额贷款担保、贴息资金2000万元；新农合组织建设和第四届农展会资金1100万元。安排奶牛规模化养殖补助资金1200万元；种植业、养殖业保险保费补贴1200万元。二是改善农村环境。安排“一事一议”奖补资金3200万元，争取上级资金4500万元，县区配套资金2000万元，对全市2573个农村公益项目给予奖补，受益人口达到154万人；安排农村新民居建设引导资金1000万元，带动县级投入2亿元，新建新民居示范村100个；农村垃圾无害化处理资金1000万元，安置3000名农村低保家庭成员为村庄清扫保洁；安排资金852万元，支持大学生科普志愿者和医疗志愿者到农村开展志愿服务；农村劳动力转移培训阳光工程补助资金200万元，支持开展技能及引导性培训。三是提高农民保障。安排新型农村养老保险改革资金6000万元，享受养老金人数达16.7万人；安排新型农村合作医疗补助资金4006万元，争取上级资金3.5亿元，受益农业人口达223万人；安排农村最低生活保障补助资金1512万元，争取上级资金2800万元，低保标准由1300元/人·年提高到1540元/人·年；农村义务教育保障专项经费1715万元，争取上级资金1.4亿元，全市农村义务教育生均公用经费超过国家基础定额标准；农村五保供养生活补助资金1218万元，争取上级资金1150万元，为8600名五保对象提供生活补助。

（四）突出做强社会治理和谐化支柱，大力支持幸福工程和改善民生持续攻坚战。安排资金136017万元，推进社会治理和谐化。一是提高社会保障水平。安排城镇低收入家庭廉租住房保障资金21917万元，开工建设廉租房11万平方米；安排城镇居民最低生活保障补助资金1818万元，争取上级资金1810万元，保障标准由285元/人·月提高到310元/人·月；就业专项补助资金1000万元，争取上级资金1.4亿元，城镇新增就业岗位7万个以上，安置就业困难群体5000人以上；安排企业退休人员生活补助资金4100万元；城镇退役士兵补助资金1111万元；城镇低保家庭和优抚对象取暖补贴资金688万元。二是促进社会事业发展。安排教育支出63284万元，增长14.7%，其中：中小学校舍安全工程补助及贴息资金5155万元；唐山一中建设资金5000万元；本科、高职专、中职专困难学生资助资金1790万元；市区标准化学校建设补助资金1000万元；城市义务教育保障专项经费800万元。筹集资金10000万元，用于新工人医院400亩征地补偿；安排妇幼医院儿童病房楼建设启动资金1000万元；传染病院建设资金773万元；城镇居民医疗保险补助资金1800万元，基本实现医疗保险制度全覆盖；机关、企事业单位离休干部医疗费13193万元；基层医疗卫生机构取消药品加成补助资金1180万元。三是提升公共服务能力。安排文体支出2884万元，其中：重点文化产业发展及宣传推介资金1200万元；文化团体发展资金850万元。“健康唐山、幸福人民”活动经费4000万元，其中，体检经费3200万元，为全市45岁以上农民和城镇无业居民免费体检，800万元用于慢性病干预、健康教育等；食品、药品、农产品监测经费750万元。安排大学生就业及人才开发专项资金600万元，加快人才队伍建设。科学防范体系建设启动资金1000万元；市中级人民法院审判楼建设资金2000万元；信访稳定资金1000万元；政法配套资金800万元；省三级政法网络建设资金700万元；公安局“三基”工程建设资金700万元。

三、完成2010年预算任务的主要措施

2010年是新唐山跨越发展的重要年，也是巩固经济回升的关键年，做好今年财政工作意义重大。我们要在市委的正确领导下，坚定信心，积极应对，抢抓机遇，攻坚克难，认真执行市十三届人民代表大会及其常委会关于财政工作的决议，主动接受人大监督，及时办理好人大代表建议和政协提案，虚心听取各方面的意见和建议，不断提高财政管理科学化、精细化水平，确保圆满完成全年预算任务。

第一，坚持以发展为第一要务，全面落实积极财政政策，努力推进发展速度新跨越。发挥投资拉动作用，促进

经济加快发展。一是以沿海临港产业建设带动发展提速。积极争取上级资金，多方筹集配套资金，拓宽投融资渠道，支持曹妃甸基础设施建设，打造加快发展平台。落实各项优惠政策，进一步理顺政府间财政收入横向分配关系，大力支持曹妃甸县（市）区临港产业园区建设，吸引沿海临港产业项目落地，促进以曹妃甸为龙头的唐山湾“四点一带”加快开发建设。二是以城镇面貌三年大变样带动发展提速。进一步整合财政建设性资金，盘活城市空间资源，支持主城区扩大规模和县城扩容升级，推动“四城一河”、大城山等重点区域开发建设提速，助推“四大功能区”等新城建设，加大对旧城改造的支持力度，提高城市综合承载能力。推进政府投融资平台建设，带动金融资本和民间资本进入建设领域，大力支持城市基础设施建设，推进城市绿化、美化、亮化、净化工程，提升生态城市整体形象。三是以提高民生保障水平带动发展提速。全力支持震后危旧平房改造和保障性住房建设，推进农村旧民居改造和新民居建设，解决好群众住房问题。加快城市公共服务向农村延伸，提高城乡居民最低生活保障水平，不断扩大养老保险、工伤保险、失业保险覆盖面，推动城乡居民医疗保险制度基本实现全覆盖。认真落实就业再就业各项政策，支持全民创业行动，加快推进创业型城市建设。

第二，坚持以创新为第一主题，全面发挥财政导向作用，努力推进发展方式新跨越。强化政策引导作用，促进可持续发展。一是鼓励发展实体经济。科学整合各类资金，改造提升钢铁、装备制造、化工等传统支柱产业，积极培育新能源、环保、生物医药等新兴战略产业。全面落实财税鼓励支持政策，引导现代服务业发展壮大，培育新的经济增长点。加大对企业发展的支持力度，着力培育一批成长性强的中小企业。落实招商引资奖励政策，推动外向型经济发展。健全完善财政支农长效投入机制，加强农村基础设施建设，支持现代农业示范园区建设，大力发展现代农业。二是支持企业自主创新。加大科技投入，支持“三百计划”实施，构建科技创新研发、服务、合作“三个平台”，促进高新技术产品研发和成果转化，大力发展低碳经济。完善财政专项资金“以奖代补”机制，探索实行重点节能产品推广财政补贴制度，建立利益调节机制，推进新设备、新工艺、新技术应用，支持节能减排，实现清洁生产。三是着力推进社会进步。加大教育事业投入，健全义务教育经费保障机制，全力支持职业教育发展，提升高等教育发展水平，促进教育均衡。加大医疗卫生投入，加快医药卫生体制改革，支持卫生基础设施建设，进一步改善医疗服务条件，提高医疗保障水平。加大文化建设投入，推进公益性文化设施和文化产业项目建设，增强城市文化底蕴。

第三，坚持以改革为第一动力，全面推进科学化精细化管理，努力推进发展观念新跨越。规范政府理财行为，促进财政内涵发展。一是强化依法理财观念。认真贯彻《税收征管法》，严格落实收支两条线规定，将部分预算外收入纳入一般预算管理，做到依法聚财；健全市场经济条件下财政收入预测、预警机制，做到应收尽收、不虚收。认真落实《预算法》、《会计法》，严格执行《政府采购法》，继续强化预算管理，优化支出结构，按照“保重点、保民生、保急需”的原则，科学使用好财政资金，做到依法用财。认真执行《财政违法行为处罚处分条例》，建立多层次、全方位、全过程的监督体系，做到依法监督，确保财政资金安全高效运行。二是强化科学理财观念。深化绩效预算管理改革，扩大绩效评价范围，对所有发展性支出、专项公用经费全部实行年终绩效报告和评价，试行绩效问责制。健全支出管理机制，推进行政事业单位公务卡制度改革，逐步推行市民卡，拓宽财政投资项目评审覆盖面，扩大政府采购规模。健全监督管理机制，继续推进财政派驻监督员试点工作，完善财政专项资金即时分析监控系统，努力实现财政资金效益最大化。三是强化民主理财观念。科学编制三年项目滚动预算，继续实施项目入库评审论证制度，坚持财政重大事项集体决策，健全专家咨询体系，扩大预算公开范围，主动接受人大、政协和社会各方面监督，努力打造阳光财政。

各位代表，今年全市财政工作任务艰巨而繁重，我们将在中共唐山市委的正确领导和市人大的监督支持下，以更加坚定的信心，更加饱满的热情，更加扎实的工作，迎难而上，开拓创新，奋发有为，努力完成全市收支预算和各项工作任务，不辜负全市人民的期望和重托，在建设科学发展示范区和人民群众幸福之都的进程中做出新的更大贡献！

2009 年

1月

1 日

省委常委、市委书记赵勇、市长陈国鹰发表新年献词。提出在新的一年里，全市上下一定要认真贯彻省委“作风建设年”要求，不断强化机遇意识、责任意识、进取意识，始终保持干事创业的火热激情；要坚持事事争高、处处争好，争先创优、敢为人先，努力寻求各项工作的新突破；要大力推行一线工作法，深入基层、深入群众、深入实际，求真务实、艰苦奋斗，不断把科学发展示范区建设的宏伟事业推向前进。

市区举行元旦万人长跑。

5 日

赵勇暗访部分重点行业和重点领域安全生产情况，殷切叮嘱企业家和广大职工要切实担负起安全生产的主体责任。

6 日

《唐山劳动日报》报道：唐山市出台《关于规范建设领域劳务用工和农民工工资支付管理的意见》，预防和解决建筑企业拖欠或克扣农民工工资问题。

9 日

市委办公厅、市政府办公厅转发市委政法委、市中级人民法院、市人民检察院、市公安局《关于依法惩治安全生产领域违法犯罪的若干意见》。

13 日

中共中央政治局委员、北京市委书记刘淇在北京会议中心会见赵勇、陈国鹰一行。刘淇指出，修建北京到唐山的城际高速铁路，对双方都具有重要意义，北京市将积极配合，大力支持。

15 日

赵勇、陈国鹰会见韩国驻华大使辛正承一行，双方就进一步加强合作达成广泛共识。辛正承说，韩国驻华大使馆愿意为拓宽唐山与韩国的多领域合作而努力，共同为实现东北亚地区的繁荣做出积极努力。

15 至 18 日

政协唐山市第十届二次会议在燕山影剧院召开。赵勇在闭幕式上讲话。市政协主席张国栋作常委会工作报告。市政协副主席卢晓霞代表常委会作关于十届一次会议以来提案工作情况的报告。会议一致通过了市政协十届二次会议政治决议等五个决议和报告。

16 至 19 日

唐山市第十三届人民代表大会举行第二次会议。会议审议通过了市长陈国鹰作的政府工作报告、市发改委主任袁志刚作的 2008 年国民经济和社会发展计划执行情况与 2009 年国民经济和社会发展计划的书面报告、市财政局局长苏铁成作的 2008 年市本级预算及市总预算执行情况和 2009 年市本级预算及市总预算的书面报告。审议通过了市人大常委会主任张耀华作的人大常委会工作报告、市中级人民法院院长李德仁作的中级人民法院工作报告、市人民检察院检察长梁文平作的人民检察院工作报告。会议还通过了《关于认真贯彻落实中共唐山市委八届五次全会精神的决议》、《关于推进科学发展的决定》。会议审查同意《唐山市人民政府关于唐山市 10 个县（市）区和 100 家重点企业节能减排履行承诺情况的报告》，会议批准了《唐山科学发展示范区战略规划（草案）》。赵勇在闭幕会上发表重要讲话。

17 日

赵勇、陈国鹰会见香港中旅（集团）有限公司总经理熊维平一行，双方就渤海钢铁集团建设发展问题深入交换了意见。熊维平表示，香港中旅将努力为推进渤海钢铁集团发展做出应有贡献。

20 日

中央文明委在北京京西宾馆隆重召开全国精神文明建设工作表彰大会。唐山市荣获“全国创建文明城市工作先进城市”称号。市文明

委主任赵勇出席表彰大会并接受颁奖。唐山市曾于1999年、2002年、2005年连续三次荣获“全国创建文明城市工作先进城市”称号。

22日

唐山市举行2009年春节团拜会。省委常委、市委书记赵勇出席团拜会并致词。市委副书记、市长陈国鹰主持团拜会。市委、市政府向离退休老领导、老同志发出春节慰问信。

赵勇、副省长孙士彬在唐山走访慰问北空训练基地官兵、困难群众、离退休老干部、劳动模范和困难企业，向他们表达新春的美好祝愿，送去党和政府的温暖和关爱。

赵勇在开滦集团调度指挥中心、建设路北新道交通岗、市热力总公司调度室，慰问春节期间坚持生产的一线干部职工和在岗执勤的公安干警。

23日

市安全生产委员会召开第一次全体会议，市安委会主任陈国鹰出席会议并讲话。1月6日，市委、市政府对安委会成员作了调整，市长陈国鹰担任安委会主任。1月20日，赵勇、陈国鹰联名发出《致市安全生产督导组、驻企工作队及所有安全生产督导检查人员的慰问信》。

2月

2日

省委常委、副省长杨崇勇一行在唐山就对外开放、曹妃甸保税港区建设和旅游工作进行调研。赵勇一同调研。陈国鹰等陪同调研。

3日

赵勇、陈国鹰在南湖生态城现场办公。赵勇强调，要举全市之力，把南湖打造成世界一流的城市中央生态公园，把唐山打造成全国闻名的“华北水城”。

4日

市委召开学习实践科学发展观活动领导小组会议，研究进一步深化学习实践科学发展观活动，积极运用学习实践活动的成果应对当前复杂的经济形势。省委常委、市委书记赵勇出席会议并讲话。他强调，要统一思想，明确任务，坚定信心，真正以科学发展观应对国际金融危机带来的复杂形势，率先走出困境，开创经济社会又好又快发展的新局面。

5日

市委、市政府隆重召开创建全国文明城市及城镇面貌三年大变样工作电视大会。动员全市广大干部群众以更大的决心、更高的热情、更大的力度，深入开展创建全国文明城市、推进城镇面貌三年大变样工作。赵勇在会上强调，要全党动员、全民动手，努力把唐山这个我们共同生活的家园建设得更加美好，建成科学发展示范区和人民群众的幸福之都，建成全国文明城市。

《感动中国2008年度颁奖盛典》在中央电视台播出。玉田县东八里铺村宋志永等13位农民当选感动中国2008年度人物。

陈国鹰会见由副总编辑林旭江带队的香港文汇报考察团。林旭江表示，在金融危机下，海外华人厂商都在寻找新的商机，文汇报愿意做好这方面的桥梁和纽带，帮助唐山扩大宣传、招商引资，全心全力做好服务。

市政府第二十次常务会议确定唐山公路零公里图案及标识。图案为“凤衔玉”，外形为圆形，主体是一只衔玉腾飞的凤凰，寓意“凤凰涅槃浴火重生”。

6日

湖南省郴州市代表团一行8人专程来到玉田县东八里铺村，祝贺援助郴州抗击冰雪灾害的宋志永等13位农民荣获“2008年度感动中国人物”荣誉称号。郴州市委、市政府还给唐山市委、市政府写来了贺信。

7至9日

中共中央政治局委员、国务院副总理张德江在石家庄和唐山考察。在唐期间，张德江一行深入京唐钢铁联合有限公司、唐山港25万吨级矿石码头、唐钢一钢轧连铸连轧生产线、唐山轨道客车有限公司、太阳石（唐山）药业有限公司和正在建设的南湖生态城，并参观了曹妃甸规划展示中心和城市规划展览馆。8日，张德江在唐山召开工业经济运行情况座谈会。张德江强调，要深入贯彻落实科学发展观，突出保增长、调结构、上效益，认真落实各项政策措施，抓调整、抓创新、抓技改、抓管理、抓人才，促进工业由量的扩张向质的提高转变，在提高质的基础上实现量的新增长。省委书记、省人大常委会主任张云川，省委副书记、省长胡春华，国务院国资委主任李荣融，赵勇和副省长孙瑞彬等陪同考察。

10日

陈国鹰会见由瑞典国际开发署中国项目经理安妮卡女士、瑞典驻华使馆商务参赞柯拉克先生率领的瑞典考察团一行。安妮卡女士和柯拉克先生说，环保合作是中瑞合作的重要内容，曹妃甸国际生态城的建设将成为国际生态城的一个范本，向全世界推广生态城建设理念。

11日

市委召开议军会议。军分区党委第一书记赵勇主持会议并讲话。他强调，要高度重视新形势下的国防后备力量建设，统筹国防后备力量建设和地方经济社会发展，巩固和发展军政军民团结的大好局面。

《唐山劳动日报》报道：国务院下发《关于同意河北唐山港口岸曹妃甸港区对外开放的批复》，正式同意曹妃甸港区对外国国籍船舶开放。

12日

唐山市召开农村新民居建设规划会议，对全市农村新民居建设规划工作进行安排部署。赵勇在会上强调，要按照科学发展观的要求搞好乡村规划，把新民居建设这件关乎长远和子孙后代的事情办好。

13日

市政府召开实施持续改善民生攻坚行动新闻发布会，宣布2009年组织实施持续改善民生攻坚行动，全市计划投资60亿元以上，重点为群众办好20件实事。

19日

唐山市"健康唐山、幸福人民"行动正式启动。赵勇和卫生部副部长陈啸宏，中国医药卫生事业发展基金会理事长王彦峰，副省长孙士彬出席动员大会并讲话。赵勇要求，"健康唐山、幸福人民"行动要重点做好五个方面工作：一是要开展全民健康教育；二是要强化全民预防保障；三是要推进全民健身活动；四是要构筑全民医疗体系；五是要优化全民健康环境。

20日

经市民投票评选的"唐山十大名片"揭晓。十大名片是：城市精神：新唐山人文精神；地域标志：曹妃甸；艺术种类：评剧；历史人物：李大钊；工矿企业：开滦矿务局；城标建筑：唐山抗震纪念碑；生态园林：南湖生态城；工业产品："和谐号"CRH3动车组；土产风味：京东板栗；旅游景区：清东陵。

22至23日

全国政协副主席、民革中央常务副主席厉无畏在唐山考察调研。23日，厉无畏在燕山影剧院作题为《文化创意的产业化与产业创新》的专题报告。赵勇和省政协副主席孔小均陪同调研并出席报告会。

23至24日

中共唐山市第八届纪律检查委员会召开第四次全体会议。赵勇出席会议并作重要讲话。赵勇强调，要以坚强的党性和优良的作风，为加快科学发展示范区和人民群众幸福之都建设提供可靠政治保障。市委常委、市纪委书记邓沛然代表市纪委常委会作题为《大力加强作风建设，深入推进反腐倡廉，为打造风清气正的科学发展示范区提供政治保证》的工作报告。会议通过《中国共产党唐山市第八届纪律检查委员会第四次全体会议决议》。

24日

首届唐山廉政文化艺术节闭幕式暨汇报演出在燕山影剧院举行。市领导陈国鹰、邓沛然、董宝泉、于冬青出席并观看演出。本次艺术节共征集从政警言3万多条，展出反腐倡廉公益广告和书法、摄影作品500多幅，展播廉政教育电教片40余部，展演精品文艺节目200多个。通过观众投票，评选出赵勇的从政警言"一心一意为民，一丝不苟干事，一尘不染从政"为群众最喜欢的从政警言。

26日

市委、市政府召开全市"干部作风建设年"活动动员大会。贯彻落实省委、省政府关于开展干部作风建设年活动的重大部署，动员全市各级干部迅速行动起来，投身"干部作风建设年"活动。赵勇在会上强调，要以优良的作风把保增长保民生保稳定的各项任务落到实处，开创科学发展新局面。24日，市委、市政府下发《关于开展"干部作风建设年"活动的意见》。

27日

唐山市将38个专项会议合并为一个"转作风、抓落实、促发展"工作会议。赵勇在会上强调，要以"一日不为，三日不安"的紧迫感和"白加黑"、"五加二"、重点项目"三班倒"的精神状态，高效率地抓好今年各项工作的落实。

3月

1日

中共唐山市纪委、唐山市监察局决定在全市范围内开展优化企业发展环境专项整治活动，集中受理举报，查处典型案件。活动时间为3月5日至4月30日。

2日

中共唐山市委印发市委常委会《关于带头改进作风的九项措施》。

3日

《唐山劳动日报》报道：由中国城市竞争力研究会组织进行的"2008中国十大爱心城市排行榜"评选揭晓，唐山居香港、深圳、北京、杭州之后，名列第五。

5日

唐山市召开纪念"三八"国际劳动妇女节表彰大会及科学建家文艺节目首场演出。会上表彰唐山市"三八"红旗手、"三八"红旗集体、十佳"双学双比"女能手、优秀"双学双比"女能手、"十佳巾帼创业明星"、"巾帼创业明星"、支持妇女儿童工作先进集体、支持妇女儿童工作先进个人、唐山市"十大孝星"、"敬老好媳妇"。市委副书记张义珍在大会上致词。

6日

唐山市召开城乡规划建设工作调度会议。赵勇在会上强调，要按照省委、省政府关于三年大变样工作的总体要求，全民动员，集中力量开展100天城市综合整治行动，向建国60周年献礼。

10日

市委常委在唐山劳动日报上公布个人电子信箱，以便听取群众诉求，加强与群众联系。

河北省文化创意产业园区在南湖生态城开工建设。赵勇宣布工程开工，省委常委、宣传部长聂辰席在开工仪式上讲话并为园区授牌。

11日

曹妃甸新城举行首批项目开工奠基仪式，这标志着曹妃甸新城正式开工建设。曹妃甸新城位于京唐港区和曹妃甸港区之间，远期面积150平方公里，起步区为30平方公里。省市领导赵勇、张义珍、张耀华、张国栋等出席奠基仪式。

14日

唐山曹妃甸新区正式成立。曹妃甸新区位于唐山市南部沿海，辖曹妃甸工业区、南堡经济开发区、唐海县和曹妃甸新城，规划面积1943.72平方公里，陆域海岸线约80公里，常住人口22万人。省委书记张云川为曹妃甸新区党工委、管委会揭牌成立发来贺信，省领导胡春华、付志方、赵勇、孙瑞彬、尹亚力、刘可为出席揭牌仪式。孙瑞彬宣读河北省机构编制委员会《关于组建唐山曹妃甸新区管理委员会机构的通知》。

曹妃甸承德临港工业园、曹妃甸秦皇岛临港工业园揭牌。

16日

唐山市召开创建全国文明城市、推进三年大变样百日攻坚行动动员大会。会议强调，集中奋战一百天，打一场城市环境综合整治攻坚战，实现城市容貌大改观、城市品位大提升，使人民群众共享城市文明成果。陈国鹰出席会议并讲话。14日，市委办公厅、市政府办公厅印发《唐山市创建全国文明城市、推进三年大变样百日攻坚行动实施方案》。

18日

环城水系建设工程正式开工。环城水系工程总投资近30亿元，主要包括既有的陡河、青龙河、李各庄河改造，新开河道，陡河水库引水工程及滨河景观道路建设四项内容。赵勇宣布工程正式开工，陈国鹰在开工仪式上讲话。

赵勇、陈国鹰等市四大班子领导与广大干部群众一同在南湖生态城植树。

4月

3日

遵化市公安局刑警大队大案中队副中队长杨金波忘我工作，以身殉职。3月30日下午，杨金波带病驾车到迁西县调查取证。当晚7时30分，突发脑溢血晕倒在工作岗位上。4月3日晚10时，医院全力抢救无效，杨金波光荣殉职，年仅37岁。杨金波从警近20年，参与侦破的杀人、抢劫、绑架、盗窃等重特大案件200余起，亲手抓获犯罪嫌疑人100余名，逃犯40余名；曾2次荣立三等功，多次受到唐山和遵化市政府嘉奖，连年被省公安厅、唐山市公安局授予“先进工作者”、“公安工作先进个人”、“严打工作先进个人”、“优秀执法民警”、“破案能手”等荣誉称号。杨金波的先进事迹引起各大媒体的关注。中共中央政治局常委李长春做出批示：要大力宣传用生命捍卫一方平安的好干警杨金波同志。12月15至18日，中央电视台、人民日报、新华社等19家中央媒体到遵化采访杨金波先进事迹。随后，中央、省、市新闻媒体对杨金波的事迹进行了深入报道。

10日

唐山市城乡一体化服务管理信息系统正式开通。

13至14日

第二炮兵政委彭小枫率第二炮兵高中级干部理论轮训班学员在唐山参观考察。赵勇为轮训班学员作专题辅导报告。

14日

遵化市西三里乡胡庄子村发生严重非法盗采铁矿资源案件。16日，唐山市召开安全生产委员会全体（扩大）会议，陈国鹰在会议上强调，要严厉打击非法盗采，确保全市安全生产形势稳定。

16日

唐山市社会治安综合治理委员会召开2009年第一次全体会议。会议通过了对2008年度“诚信平安唐山”创建工作先进单位、先进个人的表彰决定。会议决定对唐山市商业银行实施社会治安综合治理一票否决，取消唐山市商业银行2008年度评选各种综合性荣誉称号的资格，已经取得的综合性荣誉称号予以取消。对古冶区、遵化市给予社会治安综合治理一票否决警示，责令限期整改。

18日

陈国鹰会见瑞典外交部国务秘书古纳·维斯兰德率领的瑞典商务代表团。双方就进一步加强和深化在曹妃甸国际生态城方面的合作事宜提出意见和建议。

19日

唐山市召开城建重点项目调度会议。赵勇在会上强调，要抓住当前有利时机，强力推进城建重点项目建设，向国庆60周年献礼。

20日

唐山市与海南航空集团有限公司签订《关于加强战略合作的框架协议》。双方将按照低成本运行模式共同开展唐山军民合用机场民用部分的建设运营，并以此推进双方全方位、宽领域、多层次的合作。赵勇和海航集团副董事长兼首席执行官王健在签字仪式上致辞。

21日

中央电视台“中华情·黄金宝地曹妃甸”大型文艺晚会在曹妃甸工业区首钢京唐钢铁厂成品码头上演。陈国鹰出席并致词。

市委常委、常务副市长周仲明带领相关部门负责人在丰润区唐山“中国动车城”现场办公。唐山“中国动车城”是以唐山轨道客车有限公司为龙头，以坐落于丰润区的省级装备制造业产业聚集区为依托，集动车组研发、制造、零部件加工配套、物流、教育培训、旅游休闲、生活服务为一体的新型工业化城区。规划区域面积14平方公里。

27日

唐山市召开市民中心建设现场办公及社区建设工作表彰会议。省委常委、市委书记赵勇在会上强调，要以创新的精神和务实的作风，大力加强市民中心和社区建设，让全市老百姓在家门口就能享受到所需要的优质服务。会议下发《市委、市政府关于推进社区市民中心建设工作的意见》。

28日

在全国总工会召开的庆祝“五一”国际劳动节大会上，唐山市有9名先进个人、3个先进集体、8个班组受到表彰。其中获得全国五一劳动奖章的是：高庆生、刘会肖、李玉璐、林玉泉、张富、赵刚、解光第、周显田、孙文仲。获得全国五一劳动奖状的是：唐山市交通局、曹妃甸工业区管理委员会、唐山曹妃甸实业港务有限公司。获得全国工人先锋号的是：开滦（集团）有限责任公司钱家营矿业分公司综采一队、唐山市公共交通总公司10路1586号车组、中冶京唐公司首钢京唐焦化工程项目部、曹妃甸实业港务公司生产部卸船队、唐山曹妃甸基础设施建设投资有限公司投融资部、唐山疏浚造地有限公司唐绞1008轮船组、中交一航局五公司十二项目部、曹妃甸工业区规划展示中心讲解小组。

29日

南湖城市中央生态公园开园暨“健康唐山　幸福人民”全民健身系列活动启动仪式在南湖市民广场举行。赵勇和副省长龙庄伟出席仪式并讲话。省政协副主席王玉梅出席。陈国鹰主持仪式。

30日

市委、市政府发布《鼓励和支持农民进城的若干政策（试行）》。

赵勇、陈国鹰在唐丰路绿化改造工程和环城水系建设现场办公。赵勇强调，要按照一流规划、一流建设的要求推进城建重点工程建设，向新中国成立60周年献礼。

唐山境内政府还贷二级公路收费站全部取消。

5月

1日

西外环高速公路唐山机场出口正式开通。

2至10日

第25届亚洲司诺克锦标赛在唐山国际会展中心举行。参加比赛的有来自亚洲20个国家和地区的42名运动员。泰国选手瓦塔纳获得冠军，中国选手梅希文位居亚军。

4日

赵勇会见“唐山市青年五四奖章”获得者和“唐山市青年创业之星”。他寄语全市广大青年：创业成就伟业，创业辉煌人生，要大力弘扬五四精神和大钊精神，在建设科学发展示范区和人民群众幸福之都进程中，艰苦创业，大显身手。

赵勇、陈国鹰在唐山军民合用机场和空港城现场办公。赵勇强调，要以超凡的胆识和气魄，以超常的效率和办法，高品位、高质量把唐山三女河机场建设好。

《唐山劳动日报》报道：五一小长假期间，游览大南湖的游客高达30多万人。

6日

《唐山市民文明公约》颁布及“迎国庆　讲文明　树新风”志愿服务活动启动仪式在抗震纪念碑广场举行。市委常委、宣传部长郭彦洪讲话，市政协副主席卢晓霞出席。此次颁布的《唐山市民文明公约》是在1998年9月首次颁行的《唐山市民文明公约》基础上，通过民主讨论的方式修订而成的。同时颁布的还有《唐山市民公共行为规范》。

8日

赵勇在首钢京唐钢铁联合有限公司现场办公。赵勇强调，要确保安全投产，确保顺利运行，确保合作取得新成果，努力建成一流的科学发展示范企业。首钢集团公司董事长朱继民一同参加现场办公。

10日

原唐山地区行署副专员兼地区财办主任孟昭兴逝世，享年94岁。

12至13日

唐山市妇女第十四次代表大会在燕山影剧院举行。赵勇和省妇联主席王淑玲出席大会并作重要讲话。大会审议通过市妇联第十三届执行委员会工作报告，选举产生市妇联第十四届执行委员会主席、副主席和常委委员。王晓燕当选为市妇联第十四届执行委员会主席。

13至14日

北京军区政委符廷贵上将在唐山视察。赵勇和省军区司令员芾福成等陪同视察。

15至17日

由河北省工商联与中共唐山市委、唐山市人民政府共同举办的“优秀民营企业家感知河北·走进唐山”活动在唐山举行。赵勇在推介会上致词。

19至21日

全国人大常委、全国党建研究会会长、中央党校原常务副校长虞云耀率中央巡回检查组就深入学习实践科学发展观活动开展情况在唐山检查指导。检查组认为唐山的学习实践活动成效十分明显，经验十分宝贵。

21日

中共唐山市委、唐山市人民政府发布《关于开展全民创业行动，创建创业型城市的意见》。

23至27日

“中国河北唐山—韩国友好周”在唐山举办。友好周期间，举办了韩国图片展和饮食展、韩国电影展、专场文艺晚会和中韩投资贸易环境说明会和项目洽谈会。

25至26日

唐山市工会第二十一次代表大会隆重举行。赵勇在开幕式上作重要讲话。省总工会副主席袁刚，陈国鹰等到会祝贺。大会审议通过市总工会第二十届委员会工作报告，选举产生市总工会第二十一届委员会。在第二十一届委员会第一次全体会议上，于大中当选市总工会主席。

31日至6月1日

张云川在省、市领导赵勇、景春华、陈国鹰等陪同下在唐山调研。在唐期间，张云川考察了唐山南湖生态城等城市改造建设项目、企业和农村，就进一步促进经济社会发展、提高人民群众生活水平同广大干部群众深入交谈。

6月

1日

中共中央政治局常委、国务院副总理李克强在唐山调研。李克强先后深入曹妃甸工业区建设工地、首钢京唐钢铁公司、曹妃甸30万吨级原油码头、25万吨级矿石码头、唐山轨道客车公司、路南区南新道、龙华里益民园考察。他强调，要按照党中央、国务院的决策部署，在应对危机中把握发展机遇，把扩内需与稳外需、保增长与调结构有机结合起来，培育新兴产业，促进产业升级，在新的起点上推进环渤海地区开发开放，促进经济平稳较快发展。陪同李克强考察调研的有：国务院副秘书长尤权，国家发改委主任张平，工业与信息化部部长李毅中，住房与城乡建设部部长姜伟新，铁道部部长刘志军，财政部副部长张少春，国务院研究室副主任

宁吉喆，省市领导张云川、胡春华、赵勇、景春华、尹亚力、陈国鹰、市委秘书长刘建国。

《唐山劳动日报》报道：市教育局、团市委研究决定，授予季玉、霍炳光、苑修远、曾麒安、安怡然、侯珺博、聂颖颖、马佳音、高菲儿、董潇10名同学唐山市“十佳少年”荣誉称号；授予王皓雪、吴晓龙、任泉、缴健、崔彪、党翊桐、侯洋、高丽娜、孙文昭、王雪丞10名同学唐山市“十佳中学生”荣誉称号。授予刘帅等31名同学唐山市“优秀少年”荣誉称号，授予李紫阳等37名同学唐山市“优秀中学生”荣誉称号。

张云川在唐山与小学生共度“六一”国际儿童节。

2日

《唐山劳动日报》报道：中国民用航空局批复唐山军民合用机场民用部分名称为“唐山三女河机场”，英文名为“TANGSHAN/SANNUHE AIRPORT”。

3日

交通运输部部长李盛霖率交通运输部有关司局负责人在唐山考察。赵勇和副省长宋恩华等陪同考察。

《唐山劳动日报》报道：国内首台矿用抢险探测机器人在高新区唐山开诚电控设备集团研制成功。6月10日至11日，国家安监总局副局长赵铁锤率专家组来唐调研，对矿用抢险探测机器人的研发给与高度评价，并就进一步完善产品性能提出意见。

4日

赵勇和其他市领导张义珍、周仲明、郭彦洪、邓沛然、辛志纯、刘建国在丰南区现场办公，就进一步推动经济社会实现又好又快发展与广大基层干部群众进行交流。赵勇强调，要以更大的气魄、更快的速度、更高的水准，推动经济社会科学发展、率先发展。

4至5日

天津市委副书记、滨海新区工委书记、管委会主任何立峰和天津市委常委、常务副市长杨栋梁率天津市党政考察团在唐山考察。赵勇会见考察团一行并陪同考察。

5日

赵勇会见在唐访问的俄罗斯联邦驻华大使谢尔盖·拉佐夫一行，双方就深化彼此间的友好交流与合作交换意见。

6日

由河北省人民政府主办、唐山市人民政府承办的“央企走进唐山曹妃甸——应对危机合作发展”恳谈会在渤海国际会议中心举行。省长胡春华、国务院国资委副主任孟建民出席恳谈会并致词。省委常委、常务副省长付志方主持恳谈会，赵勇向与会嘉宾介绍唐山和曹妃甸开发建设情况。国务院国资委所属的74家中央企业参加，中国建筑工程总公司等5家央企就加快唐山以及曹妃甸新区能源开发、基础设施建设、大型设备研发制造以及循环经济示范区建设，与唐山签署合作协议。

河北省人民政府与中国北车集团公司在唐山轨道客车公司正式签署战略合作框架协议，双方将共同努力，把唐山打造成中国高速动车组研发基地和最大的生产制造基地。省长胡春华、中国北车集团公司总经理崔殿国出席签约仪式并致词，付志方和北车集团副总经理孙锴代表双方在协议上签字。

日本住友重机械（唐山）有限公司、住友建机（唐山）有限公司举行开业典礼。市领导张义珍、周仲明，住友重机株式会社社长中村吉伸、住友建机株式会社社长清水谦介出席开业典礼并为开业典礼剪彩。

11日

唐山市召开南湖生态城开发建设现场调度会，赵勇主持会议并讲话。他强调，要攥紧拳头，乘势而上，迅速掀起南湖生态城开发建设新高潮。要把91平方公里的南湖生态城建成生态创意之城、生态科技之城、生态休闲之城和生态健康之城，打造成国际知名、国内一流的生态城市。

13日

中共中央政治局委员、北京市委书记刘淇，北京市市长郭金龙率北京市党政考察团就中低速磁浮交通系统研发情况在唐山考察。胡春华和省委副书记车俊、赵勇陪同考察。

13至15日

车俊在唐山调研。

15日

国内首列具有自主知识产权的中低速磁悬浮实用性列车在中国北车集团唐山轨道客车有限责任公司完成调试，开始在试验示范线上运行。

15至16日

第四届海峡两岸企业发展与合作论坛在渤海国际会议中心举行。全国政协副主席、民进中央常务副主席罗富和出席开幕式并讲话，全国人大常委会副委员长、民进中央主席严隽琪出席闭幕式并讲话。海基会董事长江丙坤为论坛开幕发来贺信。赵勇、台湾经济日报总主笔马凯、太平星集团（中国）主席王英伟作主旨演讲。陈国鹰在论坛上作了题为《曹妃甸与临港产业发展》的演讲。

16日

严隽琪在唐山考察。赵勇和省人大常委会副主任侯志奎、市委副书记张义珍、市人大常委会主任张耀华陪同考察。

16至18日

第二届河北·曹妃甸临港产业国际合作会议在渤海国际会议中心举行。严隽琪宣布大会开幕，中华社会救助基金会理事长许嘉璐在开幕式上讲话。赵勇代表省委、省政府致词。侯志奎和省政协副主席王刚等出席。会议由省政府主办，国家商务部投资促进事务局、中国外商投资企业协会、省发改委、省商务厅、中国贸促会河北分会协办，由唐山市政府、承德市政府和秦皇岛市政府承办。600多中外客商和嘉宾出席。会议期间举办了循环经济发展合作论坛，陈国鹰等5人在论坛上发表演讲。会议期间有41个重大项目签约，其中唐山签约的内资项目17个，合同引资136.8亿

元；外资项目6个，协议引进外资10亿美元。会议期间还举行冀东经济区重点项目发布及对接洽谈会和冀东经济区高新技术成果及科技合作洽谈会，唐山市发布200多个市级重点项目，项目总投资390亿美元。

16至20日

中共中央政治局委员、全国人大常委会副委员长、全国总工会主席王兆国在唐山考察。他深入到企业、开发区、困难职工帮扶中心等单位，看望劳动模范、企业职工、困难职工和农民工，并与省、市党政领导和工会干部进行座谈。他强调，要凝聚智慧力量，激发创造活力，在保增长促发展中充分发挥广大职工主力军作用。陪同王兆国考察的有：全国总工会副主席、书记处第一书记孙春兰，省市领导张云川、车俊、赵勇、马兰翠、景春华、陈国鹰、姚自敏、于大中。

17日

副省长孙士彬在唐山指导“清洁城乡，保护健康”爱国卫生运动。

19日

中共中央政治局常委、国务院总理温家宝在唐山考察。温家宝先后考察北车集团唐山轨道客车有限公司，河北钢铁集团唐钢公司，唐山惠达陶瓷集团公司，蒙牛乳业（唐山）有限公司，唐山人力资源市场，路南区南富庄，视察唐山地震遗址公园和南湖城市中央生态公园，主持召开企业负责人座谈会。温家宝强调，我国经济正处在启稳回升的关键时期，要坚定不移地继续实施积极的财政政策和适度宽松的货币政策，全面贯彻落实好应对国际金融危机的一揽子计划；必须在保持经济平稳较快增长中重视结构调整，把握好结构调整的力度、节奏和方式，实现国民经济的又好又快发展。当前和今后一个时期，要继续抓好十大产业调整和振兴规划的贯彻落实，加大兼并重组力度，加快淘汰落后产能，大力支持企业技术改造和自主创新，进一步推进节能减排，着力培育新兴产业，让经济增长的基础更加牢固。陪同温家宝总理考察的省市领导有张云川、车俊、付志芳、杨崇勇、赵勇、张和、孙士彬、龙庄伟、孙瑞彬、景春华、陈国鹰等。

司曹铁路正式开通运营。司曹铁路是为了满足曹妃甸工业区大规模造地之需和司家营铁矿剥离岩土处理而启动建设的。初期运量为每年2000万吨，远期运量为每年4000万吨。

23至24日

辽宁省委常委、沈阳市委书记曾维率沈阳市党政考察团在唐山考察。省市领导赵勇、陈国鹰、张义珍、刘建国等陪同考察并与考察团一行座谈。

24日

赵勇在路南区现场办公。他强调，要牢牢把握难得的历史发展机遇，紧紧围绕南湖生态城的开发建设，把路南区打造成主城区新的增长极。市领导陈国鹰、陈学军、邓沛然、辛志纯、刘建国一同参加现场办公。

赵勇会见正在唐山访问的以波格莫洛夫为团长的俄罗斯科学院代表团一行。

25至26日

市科协第八次代表大会在燕山影剧院举行。大会总结市科协七大以来的重点工作，明确未来五年的目标任务，选举产生市科协第八届委员会和新一届市科协主席、副主席、常委。赵勇出席会议并讲话。他勉励全市科技工作者，要勇敢迎接新一轮科技革命，为科学发展示范区建设提供科技支撑。

27至28日

辽宁省省长陈政高率辽宁省政府考察团在唐山参观考察。省市领导胡春华、赵勇、尹亚力、周仲明、姚自敏、唐文弘、刘建国陪同考察。

30日

唐山市召开曹妃甸工业区重点项目调度会。赵勇在会上强调，要把曹妃甸工业区开发开放作为全市经济工作的“一号工程”，尽快将其打造成为环渤海地区的耀眼明珠。

7月

1日

唐山市召开庆祝中国共产党成立88周年暨先进党组织、优秀共产党员、优秀党务工作者表彰大会。赵勇出席会议并讲话。赵勇强调，要奋发图强，开拓创新，以共产党员的高尚情怀和模范行动为鲜艳的党旗增添新的光彩。张义珍在会上宣读《中共唐山市委关于表彰农村基层组织建设先进县（市）区、先进基层党组织、优秀共产党员、优秀党务工作者、优秀乡镇党委书记、优秀村党组织书记的决定》。

唐山市召开紧急会议，通报境内发现一例甲型H1N1流感输入病例，听取前一阶段甲型H1N1流感防控工作汇报，研究部署下步防控措施。赵勇出席会议并讲话。

赵勇在唐山会见国际奥委会市场开发委员会主席杰哈德·海博格一行。赵勇说，唐山正在南湖中央生态公园建设世界级的户外休闲运动基地和极限运动基地，希望在体育设施规划、建设以及承办国际赛事等方面得到海博格先生与国际奥委会的大力支持。

动车组客运列车首日在唐山北站开行。这次开行的列车共有4列，分别为D3次、D4次、D7次、D24次。

2至3日

共青团唐山市第十七次代表大会在唐钢俱乐部召开。会议审议通过《关于共青团唐山市第十六届委员会工作报告的决议》，选举产生共青团唐山市第十七届委员会委员、候补委员。赵勇、陈国鹰等省市领导到会祝贺。赵勇在开幕式上讲话，勉励全市广大青年，以青春之我，建设青春之唐山，争当实现“唐山梦想”的时代先锋。

3日

市委宣传部、市委组织部、市纪律检查委员会做出决定，授予薛秀东、黄玉东、张玉春、王子章、王相、李体生、傅永同、张卫东、李树鹏、孟祥云唐山市“优秀人民公仆”荣誉称号。

8日

“2009中国城市分类优势排行榜”新闻发布会在香港举行，唐山名列“2009中国十佳和谐发展城市排行榜”第2位。

12至13日

赵勇、陈国鹰率唐山市党政代表团在承德市参观考察。承德市委书记杨汭、市长张古江和四大班子有关领导陪同考察。赵勇在考察中强调，要加快冀东经济区发展，唐承携手实现又好又快。

13至14日

赵勇和陈国鹰率唐山市党政代表团在秦皇岛市参观考察。秦皇岛市委书记王三堂、市长朱浩文和市四大班子领导陪同考察。两市签署经济合作协议。赵勇在考察中强调，要推进唐秦经济一体化，共同为科学发展富民强省做出更大贡献。

15日

唐山市召开领导干部及企业家科学发展大会，贯彻全省领导干部会议精神，总结上半年工作，部署下半年工作任务。赵勇在讲话中强调，要以建设科学发展示范区为总揽，抓近图远，更好更快，在应对金融危机中实现科学发展新跨越。

17日

省委、省政府在唐山召开曹妃甸开发建设办公会议，总结曹妃甸开发建设工作，就加速曹妃甸新区产业聚集，加快开放开发步伐进行研究部署。张云川、胡春华出席会议并讲话。赵勇、陈国鹰汇报曹妃甸开发建设情况。

19日

市委召开八届第92次常委会议，传达学习省委、省政府曹妃甸开发建设办公会议精神，研究提出贯彻落实的意见和措施。会议强调，要把曹妃甸新区开发建设作为全市经济发展的一号工程和重中之重，作为唐山发展的长期战略，举全市之力推进曹妃甸新区开发开放更好更快发展。

205国道郑家庄至王盼庄段竣工通车。205国道郑家庄至王盼庄段改建工程，全长8公里，总投资8.3亿元，其中王盼庄互通立交桥为全省规模最大的互通立交。

21日

赵勇、陈国鹰分别会见率团在唐考察的日本驻华大使宫本雄二一行。

22至24日

中国花卉协会专家组一行5人在唐山就唐山市申办2014年世界园艺博览会情况进行考察和评审。陈国鹰会见专家组一行。

27日

陈国鹰会见在唐访问的以色列驻华大使安泰毅。双方就曹妃甸新区海水淡化项目进行具体洽谈。

28日

中共中央书记处书记、中央纪委副书记何勇在唐山视察。他先后视察唐山轨道客车有限公司、开诚电控设备集团有限公司、南湖生态城、龙华里益民园、环城水系施工现场、唐山市建设工程交易中心，并前往地震遗址公园向地震罹难者和抗震英雄献花。何勇对唐山市近年来发生的巨大变化给予充分肯定和高度评价。他强调，要把保增长与调结构有机结合起来，努力实现又好又快发展。赵勇和省委常委、省纪委书记臧胜业等陪同视察。

纪念唐山抗震33周年暨电影《唐山大地震》开机仪式在纪念碑广场举行。国家广电总局电影局副局长张宏森、市长陈国鹰等出席。

29日

唐山市在渤海国际会议中心举行科学发展示范区建设研讨会。赵勇出席并讲话。中国科学院首席科学家、国务院参事牛文元等专家学者在会上发言。同日，以唐山为案例的《中国科学发展报告2009》一书在渤海国际会议中心举行首发式。

30日

唐山市召开文化体制改革动员暨唐山演艺集团公司成立大会。市委常委、宣传部长郭彦洪，市人大常委会副主任唐凤岗出席会议，副市长高瑞华在会上宣读《中共唐山市委、唐山市人民政府关于文化体制改革的意见》。

8月

1至3日

原中共中央政治局常委、国务院副总理李岚清，全国人大常委会副委员长、全国妇联主席陈至立在唐山考察。李岚清、陈至立对唐山近年来的工作给予充分肯定，看望、慰问新唐山建设者，并就推动实现科学发展、和谐发展、跨越发展讲了重要意见。2日，李岚清在燕山影剧院为唐山干部学生代表作题为《音乐·艺术·人生》的专题讲座。省市领导付志方、赵勇、陈国鹰等陪同考察。

4至6日

全国政协人口资源环境委员会副主任、中国花卉协会会长江泽慧率中国花协及中国林业科学院专家组在唐山考察。江泽慧表示，中国花协将积极支持唐山市申办2013年第八届中国花卉博览会和2016年世界园艺博览会。

唐山市人民政府、中国林业科学研究院、国际竹藤网络中心共同签署编制《唐山市生态城市总体规划》合作协议。

13日

唐山市在乐亭县召开县城扩容及城镇面貌三年大变样现场会。赵勇在会上强调，要紧紧抓住县城扩容升级这个牛鼻子，努力把每个县城建成美丽的中等生态城市，让每一名老百姓都享受到不断提高的幸福生活。

14日

唐山市人民政府与清华大学签署全面合作协议。赵勇，清华大学常务副书记、副校长陈旭，河北省工经联会长郭世昌等出席签字仪式。

20日

唐山市与四川绵阳市结为友好城市。绵阳市市长曾万明、唐山市常务副市长周仲明出席签字仪式。

27 日

赵勇在群众信访联合受理服务中心办公，接待来访群众，并针对深入开展全市领导干部大接访工作讲了指导性意见。赵勇强调，要满腔热情地倾听群众诉求，真心诚意地帮助群众解决问题，让人民群众过上更加幸福美好的生活。

9月

5 日

唐山市举行“三日一网”党员活动制度启动仪式。省委常委、市委书记赵勇宣布“三日一网”党员活动制度正式启动。为不断强化广大党员的党员意识，充分发挥党代表的作用，中共唐山市委出台《关于建立“三日一网”党员活动制度，进一步搭建党员管理服务平台的意见》。“三日一网”即党员活动日、党代表工作日、党章日和唐山共产党员网站。

7 至 8 日

由州长阿尔西德斯率领的巴西戈亚斯州代表团在唐山考察访问。省市领导胡春华、赵勇、张和、尹亚力、陈国鹰等会见代表团一行。

8 日

曹妃甸·承德临港工业园首批入园项目举行开工仪式。省领导胡春华、张和、赵勇、尹亚力，唐山市、承德市、秦皇岛市领导出席开工仪式。省长胡春华宣布曹妃甸·承德临港工业园入园项目开工，副省长张和在仪式上致辞。此次开工的专用汽车制造、金属制品深加工两个项目总占地 500 亩、总投资 10.78 亿元。

9 日

教师节前夕，赵勇、陈国鹰在唐山工业职业技术学院和路南实验小学看望广大师生，并就开展职业教育和开放式素质教育进行专题调研。赵勇强调，建设科学发展示范区建设的关键在人才，人才的基础在教育。广大教师要以博大的爱心，以追求卓越、开拓创新的精神，以对国家、对社会、对民族的高度责任感，努力为新唐山建设培养栋梁之材。

10 日

“100 位为新中国成立做出突出贡献的英雄模范人物和 100 位新中国成立以来感动中国人物”评选结果揭晓。李大钊当选“为新中国成立做出突出贡献的英雄模范人物”。宋志永等唐山十三位农民入选“新中国成立以来感动中国人物”。

“唐山市十佳教师”评选揭晓。他们是：冯立艳（河北理工大学）、高群（唐山市职业教育中心）、谷艳霞（唐山市第一中学）、王平（唐山市第五中学）、侯建新（迁西县第一中学）、章敬（唐山市第五十四中学）、郭玉梅（丰润区岔河镇中学）、王普臣（遵化市东陵满族乡南大中心小学）、肖颖（古冶区唐家庄第一小学）、樊秀云（滦县第三实验小学）。

12 日

第五届中国国际食用菌烹饪大赛在遵化举行。来自国内外的 120 多名选手参赛。国际蘑菇学会主席格雷格发来贺信。

16 日

全国人大常委会副委员长周铁农在唐山考察。省市领导杨崇勇、侯志奎、陈国鹰、副市长张耀华、于山陪同考察。

16 至 17 日

全国政协副主席、九三学社中央副主席王志珍在唐山考察。省市领导王玉梅、陈国鹰等陪同考察。

16 至 20 日

第十二届唐山中国陶瓷博览会在国际会展中心举行。全国人大常委会副委员长周铁农，全国政协副主席王志珍出席开幕式并为大会剪彩。省领导杨崇勇在开幕式上致辞。本届陶博会设 800 个国际标准展位，参展商 276 家，其中有十多个国家和地区的 28 家境外企业参展。唐山市有 100 多家企业参展。到会客商和来宾 5600 多人，全市有 20 余万人参观。陶博会签订陶瓷贸易合同 30.2 亿元，其中内贸成交合同额 19.56 亿元，外贸成交合同额 10.64 亿元人民币。陶博会期间，举办人才技术交流大会和唐山市首届特邀院士年会暨高端人才智力项目洽谈会。

20 日

第二届全国道德模范评选揭晓。唐山市宋志永当选全国第二届道德模范。郑久强荣获第二届全国道德模范提名奖。

21 日

赵勇和陈国鹰等省市领导在古冶区现场办公。赵勇强调，要把古冶区资源性城区转型作为全市科学发展示范区建设的最大难点来攻克，用三年时间把古冶建成经济繁荣、环境良好、和谐稳定、人民幸福的新型工业化基地和资源型城市转型示范区。

唐山市举行庆祝新中国成立 60 周年暨人民政协成立 60 周年座谈会。省市领导赵勇、张义珍、张国栋等出席。赵勇作重要讲话。

22 日

赵勇率市直有关部门负责同志到遵化市现场办公。赵勇强调，要加快推进新兴工业化、新型城市化、城乡等值化、社会治理和谐化，把遵化早日建成“山水园林城、文化旅游城、新型工业城”。

国土资源部在唐山召开全国矿山地质环境保护与治理经验交流会。国土资源部副部长汪民、副省长孙瑞彬出席会议并讲话。陈国鹰在会上致辞并介绍唐山矿山地质环境保护与治理经验。

23 日

开滦国家矿山公园开园。国土资源部副部长汪民，赵勇、副省长孙瑞彬，中国煤炭工业协会副会长孙岸青等出席开园仪式。

23 至 28 日

在新中国成立 60 周年前夕，市党政领导分别走访慰问为新中国成立和建设做出贡献的老干部、老党员、老工人代表。

29 日

唐山市庆祝新中国成立 60 周年《祝福你——亲爱的祖国》大型群

众演唱会在南湖城市中央生态公园市民广场隆重举行。市四大班子领导同各界群众代表一起共同讴歌伟大祖国。赵勇出席演唱会并讲话。

10月

11日

由省政府、国土资源部、环境保护部、国务院发展研究中心主办，唐山市政府承办的首届曹妃甸论坛在北京国务院新闻办举行新闻发布会。陈国鹰向40余家国家及省市媒体记者介绍即将召开的首届曹妃甸论坛有关筹备情况。

12日

唐山市召开首届曹妃甸论坛誓师动员大会，动员全市上下按照“一流标准、一流服务、一流效益”的要求，以百倍的工作热情和忘我的精神状态，发扬团结协作、攻坚克难，连续作战、不怕疲劳的工作作风，把论坛的各项工作做好。陈国鹰在会上作重要讲话。

赵勇在北京饭店会见日本前众议院议长、日中国际贸易促进会会长河野洋平，双方就在曹妃甸新区建立日本工业园深入交换意见。

15日

首届曹妃甸论坛主办方河北省人民政府、国土资源部、环境保护部、国务院发展研究中心在渤海国际会议中心金色大厅举行招待会，欢迎来自四面八方的与会嘉宾。省委副书记、省长胡春华在招待会上致辞。

唐山市政府在渤海国际会议中心与新加坡和英国企业分别签署合作协议。其中新加坡仁恒和美投资有限公司将投资150亿元在南湖生态城建设高端国际社区。

赵勇、陈国鹰在曹妃甸国际会所会见前来出席首届曹妃甸论坛的新西兰前总理詹尼·希普莉。

赵勇在渤海国际会议中心会见前来出席首届曹妃甸论坛的新加坡人力资源部部长颜金勇。

首届曹妃甸论坛举行盛大焰火晚会。赵勇等市领导陪同新西兰前总理詹尼·希普利夫妇、英国前首相约翰·普雷斯科特、新加坡人力资源部部长颜金勇等数百位嘉宾观看。

15至16日

中共中央政治局常委、全国政协主席贾庆林在唐山调研。贾庆林先后考察曹妃甸工业区和南湖生态城。他强调，要认真学习贯彻党的十七大和十七届三中、四中全会精神，深入贯彻落实科学发展观，坚持高起点、高水平，为保持经济平稳较快发展做出更大贡献。陪同贾庆林考察的省市领导有：张云川、胡春华、刘德旺、赵勇、陈国鹰、张国栋等。

15至17日

首届曹妃甸国际节能环保产品与技术展在曹妃甸国际会议中心举办。展览汇集30余家国内外精英企业节能环保、新能源利用等领域的高新技术及相关产品。参观展览的中外嘉宾有2000余人次。17日，赵勇、陈国鹰等省市领导参观展览。

16至17日

首届曹妃甸论坛在渤海国际会议中心举行。中共中央政治局常委、全国政协主席贾庆林出席论坛，并发表了题为《发展可持续，世界更美好》的主旨演讲。出席论坛的国际政要有：新西兰前总理詹妮·希普利，英国前首相约翰·普雷斯科特，新加坡人力资源部部长颜金勇，韩国国务总理室前室长赵重杓，联合国前副秘书长默里斯·斯特朗，欧盟使团驻华大使、瑞典驻华大使林川等。中共中央党校原常务副校长郑必坚，张云川、胡春华等省领导，中央有关部委和团体领导，美国和十几个国家的驻华使节、城市市长，一些国际组织的代表，一些世界五百强企业和跨国公司的代表，部分央企的代表，国内资源型城市、全国环保模范城市和河北省各城市的市长以及一些知名专家学者出席。胡春华致欢迎辞，新西兰前总理詹妮·希普利在开幕式上作主旨演讲，郑必坚、约翰·普雷斯科特、颜金勇、默里斯·斯特朗、赵重杓、林川、赵勇在第一次全体会议上作主旨发言。论坛举行五次全体会议，数十位政要、专家就论坛的主题和四个议题发言。杨崇勇在闭幕会上讲话。

17至18日

中国国际商务文化节暨2009中国·迁安经贸洽谈会在迁安举行。来自世界22个国家和地区的1000多名客商参加洽谈会，会上签约项目87项，计划总投资204.2亿元，引进资金151.6亿元。

18至19日

赵勇和侯志奎等省领导率考察团就文化创意产业发展和城市建设赴上海学习考察。省教育厅厅长刘教民，市领导陈国鹰、郭彦洪、姚自敏、高瑞华、刘建国等参加考察。考察团深入实地考察上海市文化产业发展、世博园区建设和独具特色的城市建设情况，并与上海有关单位签署两项文化交流合作意向。

19日

南湖城市中央生态公园被授予首批“全国生态文化示范基地”称号。这次评选活动是由国家林业局、中国生态文化协会组织的。

24日

赵勇和陈国鹰在南湖生态城现场办公。赵勇强调，要把南湖生态城开发建设作为全市城镇面貌三年大变样的“一号工程”，近一步提速开发建设步伐，加快推动一批重点项目落地开工。

25至26日

中共中央政治局委员、国务委员刘延东在唐山调研。她深入企业、科研机构和曹妃甸建设工地，详细了解生产经营和科研情况，代表党中央、国务院亲切慰问广大干部群众和科技工作者，对唐山近年来经济社会发展特别是科技创新工作所取得的成绩给予充分肯定，对下一步发展寄予厚望。胡春华、赵勇等省市领导陪同调研。

26至27日

胡春华在唐山考察调研。胡春华先后考察开滦集团钱家营矿、惠达陶瓷集团、冀东水泥集团、日本住友集团建机厂和重机厂、古冶区的开滦集团棚户区。他强调，要抓住当前的有利时机，扶优汰劣，发展壮大一批行业龙头企业，提高产业集中度和规模效益，为经济平稳较快发展提供有力支撑。赵勇和省长助理、省政府秘书长尹亚力及陈国鹰陪同考察。

27日

世界旅游组织副总干事杰弗瑞·李普曼一行在唐山访问考察。赵勇会见李普曼一行。

29日

纪念李大钊诞辰120周年座谈会在乐亭举行。车俊出席并讲话，赵勇主持座谈会，省委常委、宣传部长聂辰席出席座谈会。

全国政协副主席、科技部部长万钢在唐山考察。他先后考察唐山轨道客车有限公司、曹妃甸工业区、南湖生态城，对唐山市近年来经济社会发展特别是科技创新工作所取得的成绩给予充分肯定。赵勇和副省长龙庄伟等陪同考察。

市委召开八届第96次常委扩大会议，研究通过《关于支持古冶区加快资源型城区转型促进又好又快发展的若干意见》。

30日

市委、市政府在燕山影剧院隆重召开首届曹妃甸论坛总结表彰大会。赵勇、陈国鹰出席大会并讲话。赵勇强调，以曹妃甸论坛成功举办为契机，奋力创造科学发展示范区建设新业绩。会上宣读了《中共唐山市委、唐山市人民政府关于表彰首届曹妃甸论坛先进集体先进个人的决定》。

中共唐山市委发出致全市人民的一封信，欢迎全市人民参加“开放创新，富民强市，深入推进科学发展示范区和人民群众幸福之都建设”献计献策活动。

11月

5日

宋志永农民专业合作社在玉田县城关镇东八里铺村成立。合作社注册资金960万元，现有土地近200亩，建筑面积15000平方米，员工80多人。是个集养殖、农业观光、采摘园林、餐饮住宿、公益敬老院、志愿者服务基地于一体的综合性农业合作社。张义珍致信祝贺合作社成立。

滦县杨柳庄镇东赵庄子村路段发生严重交通事故。一辆载货车与前车追尾发生侧翻，闯入路边人群，致使32人受伤，其中19人经抢救无效死亡。为此，张云川、胡春华、车俊等省领导专门做出批示，要求迅速开展救援工作。赵勇多次电话指示，做好抢救、稳定工作。副省长宋恩华及陈国鹰等市党政领导赶赴现场指挥抢救救援工作，并到医院看望慰问伤员。

11日

国际园艺生产者协会主席法博一行在唐山考察。他先后考察唐山市2016年世园会会址、南湖生态城、地震遗址公园、唐山地震博物馆、曹妃甸工业区、曹妃甸论坛会址及国际会所，并听取唐山市申办2016年世界园艺博览会工作汇报。法博表示全力支持唐山市申办2016年世界园艺博览会，期待并祝愿唐山举办一届高水平的世界园艺盛会。陈国鹰等陪同考察。

15日

曹妃甸新城与光彩四十九控股股份有限公司在渤海国际会议中心签订《曹妃甸国际生态城开发建设合作协议书》。签约双方意向承建钻石大厦、信息大厦、曹妃殿、聚丰迎宾馆、明日之城、银帆游艇俱乐部、资源管理中心、市委党校建设工程、体育中心、西区开发等投资项目。项目规划建设总金额合计为150亿元人民币。项目投资方式以BT方式为主。

18日

市委召开八届第97次常委会议，研究讨论《市委、市政府关于加快统筹城乡发展的若干意见》。会议强调，要以改革创新的精神统筹城乡发展，加快走出一条城乡等值化发展的新路子。

唐山港口实业集团有限公司举行成立暨揭牌仪式。陈国鹰出席仪式并讲话。

18至19日

吉林省委常委、长春市委书记高广滨，长春市市长崔杰率长春市党政代表团在唐山参观考察。赵勇、陈国鹰会见代表团一行。唐山市与长春市签署加强两地区域经济合作框架协议。

25日

唐山市与上海汽车集团股份有限公司签订唐山曹妃甸绿色能源汽车项目合作框架协议。赵勇、上汽集团董事长胡茂元在签字仪式上致辞。陈国鹰、上汽集团副总裁肖国普代表双方签署合作框架协议。

26至27日

全国政协副主席、致公党中央主席、科技部部长万钢率领致公党中央一行在唐山考察。陈国鹰和张国栋等市领导陪同考察。

27日

赵勇在市疾病预防控制中心考察指导甲型流感H1N1防控工作。他要求，要以对百姓健康高度负责的态度，做到对所有疑似病例全面彻底检测。

12月

3日

中央社会治安综合治理委员会副主任、最高人民法院党组书记、院长王胜俊在唐山考察调研。他实地考察丰南区西葛镇西尖坨村、丰南镇小岔河中心村、胥各庄街道新华社区社会治安综合治理情况。他强调，要大力推进社会治安综合治理，深入开展平安创建活动，为经济企稳回升、社会大局稳定创造良好法制环境。最高人民法院副院长景汉朝，赵勇、省委常委、省政法委书记张越，省高级人民法院院长高勇、陈国鹰等陪同调研。

4日

唐山市召开军地融合式发展专题会议。赵勇在会上强调，要牢固树立国防建设与经济建设协调发展的意识，努力走出一条军民融合式发展的新路子。陈国鹰、省军区政

治部副主任刘进锋等出席会议并讲话。

4至7日

唐山市举办纪念评剧诞辰一百周年大型演出活动。活动期间，除有众多名角参加的评剧演出外，还举办了评剧票友大赛、评剧百年发展专题学术研讨会等。

6日

唐山市与上海市签署五项经济文化合作协议。按照协议，双方将在曹妃甸国际生态城合作开发“英伦小镇”高级商品房项目和城市下一代广播电视高科技网络项目，在南湖生态城共同建设“上海城”和“时空之旅”项目，以及在唐山市合作建设月星国际家居购物广场项目。赵勇和全国人大常委、复旦大学上海视觉艺术学院名誉院长龚学平出席签约仪式并致辞。

10至12日

赵勇和陈国鹰率领唐山市党政代表团在天津学习考察。代表团对天津的工业、农业、城建、文化产业、重点项目建设和社会发展情况进行全面考察。赵勇、陈国鹰在考察中强调，要对标赶超，急起直追，以只争朝夕的精神状态奋力开创全市科学发展的新局面。10日，中共中央政治局委员、天津市委书记张高丽在天津迎宾馆会见代表团一行。

12日

河北省国土资源厅厅长张绍廉通报，新近探明唐山市滦南县马城铁矿资源储量达10.44亿吨，是上世纪八十年代以来全国探明的单矿床规模最大铁矿资源产地。

21日

“首届绿色城市中国行”巡回论坛在唐山举行。此次论坛由中国城市科学研究会、河北省建设厅、唐山市人民政府主办。论坛的主题是“共享——从绿色建筑到绿色城市”，旨在引导绿色理念和思维，打造绿色建筑的品牌。建设部副部长仇保兴作“生态城市使生活更美好”的主题演讲。副省长宋恩华、市长陈国鹰在论坛上致辞。

唐山市隆重召开“春蕾计划”实施20周年纪念表彰暨冠名爱心基金设立大会。省妇联主席王淑玲出席会议，张义珍在会上讲话。会上对唐山市“春蕾计划”（1989—2009）先进集体和个人进行命名表彰。

22日

陈国鹰会见美国亚美投资集团考察团一行，双方围绕唐山市数据产业园区的开发建设进行洽谈。

23日

市政府在曹妃甸新区召开曹妃甸县（市）区临港产业园建设动员会。按照市委、市政府的决策部署，在曹妃甸新区为迁安、玉田等10个县（市）区各布局一个临港产业园，每个产业园大约占地10平方公里。产业园的土地出让收入及创造的增加值、财政收入和投入等全部归属相关县（市）区。

政协唐山市第七届委员会副主席、民建唐山市第八届委员会副主委丁文江逝世。

24日

《唐山劳动日报》报道：市政府决定授予董海峰、亢宝铭、关起印、邓贺秋、杨晓东、吴香青、孙小伟、庞健、刘子忠、阎建新、桂银杰、王树、刘苏生、孙敬祥、孙善海、李牧涟、郑术山、翟士利、王其林、钱存利、刘海波、刘桂兰22人“唐山市见义勇为模范”荣誉称号。

25日

省委副书记、代省长陈全国在唐山调研。他强调，要努力保持科学发展强态势，建设现代化新唐山。赵勇、尹亚力、陈国鹰等陪同调研。

冀东地区第一个秸秆发电项目——河北泰达新能源有限公司秸秆发电项目在遵化金山工业园区正式开工建设。项目由天津泰达环保有限公司投资建设，计划总投资3.2亿元，占地200多亩，年可耗用秸秆25万吨，发电1.95亿度。

26日

河北省原省委书记、省长，原湖北省顾问委员会副主任李尔重逝世，享年96岁。

28日

唐山市召开深化机构改革、转变政府职能动员大会，贯彻省委、省政府批准的唐山市政府机构改革方案。这次机构改革，经过调整和整合，唐山市人民政府设置工作部门35个、直属事业机构3个、部门管理机构2个，其中涉及新组建和机构职能调整的部门共17个。

唐山概况

编纂　李晓东

历史揽要

【古代】　唐山的历史十分悠久，城市又很年轻。早在36.7亿年前，这里就有了地球上最古老的岩石。6亿年到2.25亿年前，出现原始森林，沉积成煤层。两亿年前，燕山山脉和平原形成。两三百万年前，古濡水（滦河）、龙鲜水（陡河）流域与黄河、长江一起成为中国古代文明的发源地之一。迁安爪村古人类遗址距今约4.5万年，距今约1.7万年的玉田孟家泉人与北京周口店的山顶洞人时代相当。迁安安新庄、八里塔、市内大城山、玉田东西蒙各庄，是7000到4000年前新石器时代母系、父系氏族公社先民生产生活之域。最新研究发现迁安是轩辕黄帝古都之一，大禹治水就在滦河迁安归口。今市区东部商代属孤竹国，历史上“叔齐伯夷让王”、“不食周粟”、“老马识途”、“寻蚁求水”的故事即出此地。春秋战国经三国至北朝时期唐山辖地历属山戎、肥如、令支、燕国辽西郡、北平郡、幽州、魏、北魏。早在西汉时期，滦县一代就开始冶铁煮盐，晋代《搜神记》中的麻田种玉传说使玉田县得名。曹操东临碣石，写下著名诗篇《观沧海》。丰润名将程普、韩当辅佐周瑜战赤壁，败曹军，史传佳话。隋唐山东、鲜卑移民迁徐无（今遵化）、土垠（今丰润），促进民族融合。唐太宗李世民东征高丽，屯兵大城山，遂得唐山地名。如今名躁全球的曹妃甸是当年葬唐妃的无名小岛。唐朝后期安史之乱史思明之子史朝义自缢于滦县温泉栅。辽、金、元三代统治今唐山辖地400年。玉田人韩德让和韩企先于辽金数代为相，声名显赫，名垂史册。辽代建筑丰润天宫寺塔、车轴山的无梁阁和药师灵塔恢弘奇特，耸立至今；现玉田彩亭桥与北京卢沟桥同为金代名桥，至今使用。北宋徽宗赵佶被金虏获，途经湮水河，驻马桥头，凝视西流湮水长叹：“凡水者东，唯此独西，吾安得似此水还乎？”后湮水河易名还乡河。明朝永乐年间山西浙江大批移民迁徙于此，今凡村名为“屯”、“营”者，均为当年移民村或屯田军营。明“军铁器取自遵化”，遵化的白冶庄是明代最大的冶铁场。明代蓟镇总兵戚继光驻防边境“数十年无事”，威名响彻长城内外。明末清初，清军、明军吴三桂和李自成起义军在此鏖战，清军自此两次入关。遵化清东陵，葬着顺治、康熙、乾隆、咸丰、同治五个皇帝和包括孝庄、慈禧在内的15个皇后、136个妃嫔，是国内最大的皇家陵寝，现为世界著名文化遗产、国家4A级风景名胜区。清代文化名人曹雪芹祖籍丰润，名医王清润老家玉田。

【近代】　清末鸦片战争时，英法两次侵华骚扰渤海湾，唐山沿海民众奋起抵抗，滦州迷谷人张洪在首阳山竖起京东第一面义和团大旗，丰润人丁开璋创立“抗俄铁血会”，奋勇出关抗俄。1911年12月爆发著名的辛亥滦州起义，与武昌起义南北呼应，逼清帝退位。洋务运动兴起，唐山是发祥地之一。开滦煤矿、中国第一座现代化煤井、第一条标准轨距铁路、第一台火车头、第一桶水泥、第一件卫生瓷相继诞生。中国最早的火车站——唐山站、最早的铁路工厂——唐山修车厂同期建成，从此有了中国的近代工业和交通。近代工业需要人才，经济发展需要文化。1896年建立北洋铁路学堂，即后来的唐山交通大学，也是中国最早的大学之一，曾列全国74校第一名，从这里走出了詹天佑、茅以升等中外著名的铁路、桥梁专家，解放初期中国科学院有14名院士出自该校。1902年，遵化州官立中学堂（今遵化一中）、永平府中学堂（今唐山一中）创办，1910年建省立第三师范学堂（今唐山师范学院滦州分校）。滦州人成兆才创建中国第二大剧种——评剧。孙中山来唐山视察，写下著名的《建国方略》，提出在直隶湾（今唐山沿海）建设与纽约等大的北方大港。

【现代】　“五四运动”兴起，唐山人郭友三代表各界赴京声援，被打伤牺牲，邓颖超号召“继郭君之志”。乐亭籍革命先驱李大钊派人来唐传播马克思列宁主义，指导工人运动，唐山诞生了中国最早的产业工人工会。1921年7月，与共产党在上海成立同期，唐山正式成立社会主义青年团，为全国建立最早的17个地方团组织之一。1922年唐山工人领袖邓培受李大钊派遣赴苏联参加远东民族大会，受到列宁接见。1922年4月，经中共北京区委批准，正式建立中共唐山地方委员会。此后，在共产党的领导下，工

人运动一浪高过一浪，当年的开滦五矿工人大罢工震惊世界，毛泽东在著名的《中国社会各阶级的分析》一书中高度评价唐山工人"特别能战斗"。农民运动方兴未艾，玉田、遵化的"反旗地变民"斗争取得重大胜利，"玉田农民暴动"贯彻中央"八七会议"精神，呼应南方"秋收"、"广州"起义，播下革命火种。1928年6月，南京国民政府宣布北伐结束，"统一告成"，张学良与国民党军联合，将直鲁联军全歼于滦州，随即"易帜"。国民党军占领唐山，成立国民党唐山镇委员会。1930年，共产党内受"左"倾思想影响，"唐山兵变"和"黄林暴动"失败，革命陷入低潮。1933年3月，日军入侵华北，唐山北部爆发长城抗战，"大刀进行曲"唱响五洲。冀东沦陷，唐山人民不甘当亡国奴，孙永勤奋勇组建"抗日救国军"，壮烈殉国。中共中央、中华苏维埃在"八一宣言"中将其与吉鸿昌、瞿秋白、方志敏等人并列称为"民族英雄"。1938年1月28日，伪政府明令唐山设市。4月，八路军四纵挺进冀东。7月，"冀东人民抗日大暴动"爆发，20万人参加，震惊世界。"通州事变"，"冀东伪防共自治政府"垮台。抗战战略相持阶段，北部山区建立鲁家峪、盘山、腰带山三个根据地，八路军不足三百人的游击队发展到三个独立团，粉碎"五次强化治安运动"，有效牵制日军南侵。日军气急败坏，制造"千里无人区"和"潘家峪"、"潘家戴庄"、"鲁家峪"等骇人听闻的大惨案。抗日名将包森、陈群、刘诚光和抗日英雄节振国壮烈牺牲。1945年抗战胜利，冀热辽军区遵照八路军总部第二号命令，立即派出部队和地方干部15500人出关挺进东北。解放战争中，唐山人民"倾家荡产"，支援平津战役。1948年底，农村基本完成土改，12月12日唐山解放，城市回到人民手中。刘少奇、朱德、聂荣臻先后来唐山指导城市接管和改造。3410人组成干部团南下湖南、广西，参加解放全中国。

建国后，唐山通过土改、抗美援朝、镇压反革命和"三反"、"五反"，进一步巩固新生的人民政权。抗美援朝，唐山捐献飞机16架。镇压反革命，"一贯道"、"大佛教"等反革命组织被彻底消灭。从1953年开始，贯彻过渡时期总路线，毛泽东亲自到启新水泥厂视察，唐山率先在全国顺利完成三大改造。农村合作化，涌现了被毛泽东誉为"我们整个国家形象"的"王国藩合作社"，创造了遵化"书记动手，全党办社"的先进经验。第一个五年计划，陡河水库竣工，唐家庄煤矿建成全国第一个水利化采煤矿井，毛泽东参观模型，刘少奇、周恩来、朱德先后来唐视察。第二个五年计划，唐钢第一炼钢车间王益元小组连续炼钢283炉无废品，创国内先进水平。陶瓷工业飞速发展，朱德希望唐山成为第二个景德镇。我国自行设计、施工兴建的中国最大的南堡新生盐场正式灌池晒盐。中国最大的煤炭研究机构唐山煤炭研究院和中国最早的专业矿山开发院校之一唐山矿冶学院于1956和1958年相继创办。1958年唐山电视台筹建，唐山成为全国最早远距离直接收转北京电视台（今中央电视台）节目的城市。经过大跃进、人民公社，唐山逐渐摆脱三年自然灾害。沙石峪人"万里千担一亩田，青石板上创高产"，被誉为"当代活愚公"，成为全国农村一面红旗，周恩来、陈毅、李先念等国家领导人多次陪外宾来参观考察。教育、文化事业逐渐繁荣，唐山煤炭医学院（今华北煤炭医学院）成立，京剧《节振国》赴京参加全国京剧现代戏观摩演出，受到毛泽东亲切接见。中国新剧种唐剧在唐山诞生。文革年代，唐山出现"杨白（杨远白云）反党集团"、"老冀东反党集团"、"反动流派"三大冤案，陈伯达来唐推波助澜，后期又连续开展清理阶级队伍和反击右倾翻案风，8.4万人受迫害，2955人致死，731人受残，唐山经济受到重大影响。唐山人民在逆境中坚持生产，唐遵铁路通车，大黑汀、潘家口水库和陡河电厂先后开工。尤其开滦工人发扬"特别能战斗"精神，不断超额完成产煤任务，全国掀起"学大庆赶开滦"高潮，为维护濒临崩溃的国民经济做出重大贡献。

1976年7月28日3点42分，唐山发生7.8级强烈地震，造成24.9万人死亡，16.458万人重伤，轻伤36万人，7218个家庭断门绝户，留下4000多孤儿，截瘫残疾3817人。全市68万间、1100多万平方米房屋，倒破65万间、1050万平方米。工业厂房60%以上倒塌，工业设备损坏率56%。228公里路面断裂塌陷，6.2万眼机井报废，80座扬水站和475座大小闸涵震毁。农机5.5万件、农电线路4800多千米损坏，砸死大牲畜3.6万多头。直接经济损失54.8亿元，市区占一半。工业产值减少12亿。这次地震是全世界20世纪16次大地震中死伤最惨重的一次，被公认为20世纪十大灾难之一。在大灾大难面前，唐山人民没有被吓到，在党中央的领导和全国人民的支援下，团结一致，抗震救灾，"公而忘私，患难与共，百折不挠，勇往直前"。震后18分钟，战士吴东亮与上级电台沟通联络，5点55分驻唐空军机场向北京发出震情严重的电报，6点多派出一架"黑—2"飞机进京，7点45分市委常委赵俊杰到遵化用军队电话与中央接通，开滦唐山矿工会干部李玉林等三人于8点零6分开救护车到中南海向中央面报灾情。上午10点，中央做出全面抗震救灾决定。北京军区副司令肖选进、副政委万海锋和河北省委第一书记刘子厚于12点、下午1点30分先后到唐组建抗震救灾指挥部。10万解放军官兵昼夜奔驰唐山，包括200多支医疗队、1万多医护人员在内的全国15万救援人员奋战在废墟上，中央慰问团陆续慰问地震灾区。市民自救80%以上被埋压人。震后仅7天，自行车总厂就组装好第一批自行车；第10天，马家沟煤矿挖出第一车煤；14天发电厂并网发电，20天唐钢炼出第一炉钢水，机车厂生产出第一台机车。1977年3月开滦全局恢复生产，5月底，全市86.8%的区以上企业恢复生产。1976年，全市农业粮食丰收，达到1974年产量。第8天西缸窑百货商店售货，年底70%商店恢复营业。一个月，全市学校复课。1978年11月20日，《人民日报》报道唐山工农业产值超过震前水平。

1976年—2006年，唐山伴随着祖国改革开放30年的步伐，在经历十年动乱之后，经历自己三个不同凡响的历史阶段，即十年恢复生产，十年全面振兴，十年快速发展。第一个十年，拨乱反正，解放思想，恢复重建。平反冤假错案4万余件，涉及5万余人。精心谋划组织城市建设，1978年10万建设大军来唐援建，唐山掀起全面恢复建设高潮。邓小平、李先念、彭真、万里、李鹏、乔石、李瑞环先后来唐指导重建。1990年11月13日，唐山在全国第一个荣获联合国颁发的“人居荣誉奖”。第二个十年，全面发展，对外开放，走向世界。一大批工业交通项目相继竣工投产：开滦新建荆各庄和林南仓矿，亚洲最大的范各庄洗煤厂和中国首座特大型现代化矿井——钱家营煤矿和冀东水泥厂投产。陡河电厂、新区热电厂、潘家口水库蓄能电站并网发电。全国三大碱厂之一的三友碱业（集团）建成。大秦铁路全线贯通，唐港铁路竣工通车。京沈、唐港、唐津高速相继开工。农业三线开发全面铺开，北部山区围山转工程享誉全国，乡镇企业如雨后春笋，“两高一优”农业蓬勃发展。1993年被国家批准为全国18个综合改革配套城市之一。1996年在全省率先实现小康，开平镇被评为“河北第一镇”，半壁店为“河北第一村”。连续承办省全运会、全国伤残人运动会、第二届全国城市运动会、中日韩青少年运动会。1988年3月国务院批准唐山市及沿海五县为沿海开放区，唐山开始用蓝色思维将生产力布局向沿海推进。1988年8月18日唐山港开工建设，1991年8月28日首航，1992年7月18日国内通航，1993年7月17日和北京联合建港，唐山港更名为“京唐港”，19日国际通航。与此同时海港、南堡、高新技术三个开发区陆续建成。唐山同四个外国城市结成友好城市。1996年，京唐港跻身全国港口20强，唐山跨入全国综合实力50强，连续被评为“全国双拥模范城市”、“全国卫生城市”。1996年7月，江泽民为唐山抗震精神题词，并与李鹏先后参加纪念唐山大地震20周年活动，为建设繁荣新唐山指明方向。第三个十年，高起点，高速度，高标准建设和谐社会。从1997年开始的全市大学习、大调研、大讨论，到2006年底的全民献计献策，思想解放促进唐山实现跨越式发展。所有企业全部改制，迁安、遵化两市列为河北省首批扩权县（市）。河北省确定曹妃甸为一号工程，列入国家“十一五”规划，进行全面开工建设。在全省率先实现村村通油路，通班车，市区周围高速路以“0+X”模式覆盖，百公里通车里程达到发达国家水平，建成一小时经济圈。农业产业化高速发展，形成三大特色产业带、四大产业加工集群、五大新兴产业、六条龙型经济。其中鲜奶产量全国第一，食用菌产量居全国之首，被国家列为生产强市。双向开放步伐明显加快，连续举办9届中国陶瓷博览会，招商引资更加强劲。文化事业快速发展，连续举办5届中国评剧节，2006年，老年“俏夕阳”舞蹈队走进春节联欢晚会，获金奖。这十年，唐山先后被评为“创建全国文明城市工作先进城市”、“中国50家投资环境诚信安全区”、“国家园林城”。2003年，在全国17个园林城市评比中排名第四，地级市第一，工业城市第一，北方城市第一。2006年，全市地区生产总值2361.68亿元，第一、二、三产业增加值分别为255.22、1367.41、739.05亿元，财政收入264.29亿元，城镇居民人均可支配收入12376元，农民人均纯收入5155元。2006年7月，中共中央总书记、国家主席、中央军委主席胡锦涛亲临唐山，参加纪念唐山大地震30周年纪念活动，要求把唐山建成科学发展示范区。唐山人民在新一届市委市政府领导下，牢记总书记的嘱托，全面贯彻落实科学发展观，朝着新的更宏伟的目标努力奋斗。

（晓　东）

地理资源

【地理】 唐山市位于河北省东部，东经117度31分—119度19分，北纬38度55分—40度28分，东隔滦河与秦皇岛相望，西与天津市毗邻，南临渤海，北依燕山，隔长城与承德地区接壤。东西广约130公里，南北袤约150公里，总面积为13472平方公里。唐山市东至秦皇岛125公里，南距渤海40公里，西南至天津108公里，至省会石家庄市366公里，西北至北京154公里。

唐山地处交通要塞，是华北通往东北的咽喉地带。境内海陆空齐备，交通十分发达。陆路全国领先，铁路公路交织成网，京哈、京秦、大秦、津山铁路横贯全境；102、205、112三条国道和京沈、津唐、唐港、唐曹、唐承五条高速公路贯穿东西南北。海路东有秦皇岛港，西邻天津港。新建的唐山港，含京唐和曹妃甸两个港区，位于津秦两港之间、环渤海中心，货运在全国属后起之秀，名列全国20强，客运即将通航，国际国内航线数条。空航早已打通，军民合用的唐山三女河机场建成，2010年正式启用，支线通往上海、广州、昆明、石家庄等城市。

【矿产资源】 唐山市矿产资源丰富，矿业经济发达。2009年底，全市发现各类矿产49种，近30种被开发利用，主要是煤、铁、金、石油、天然气、石灰石（包括水泥、制碱、熔剂、制灰用灰岩）、冶金白云岩等，累计探明固体矿产资源储量137.34亿吨，探明石油储量10.08亿吨，天然气1480亿立方米。20种上《矿产储量平衡表》的矿产涉及矿产地199处，其中煤炭产地43处，铁矿产地83处，岩金矿产地10处，砂金矿产地2处，有色金属矿产地5处，非金属矿产地57处（铬铁矿2处，铝土矿4处，铜矿1处，溶剂用石灰岩矿6处，冶金用白云岩矿6处，耐火粘土矿12处，铁矾土矿5处，制碱用灰岩矿6处，化肥用蛇纹岩矿2处，泥炭1处，水泥用灰岩矿8处，玻璃用砂岩矿1处，水泥配料用砂岩矿2处，水泥配料用砂矿2处，天然油石矿1处）。2009年原煤产量2565.46万吨，铁矿石产量3190.24万吨，金矿石产量6.87万吨，非金属（不包括煤）矿石量224.62万吨。2009年各类持有效采矿许可证的矿山企业939家，其中煤矿76家、铁矿286家、金矿8家、采石场561家、砖厂1家、矿泉水7家。有探矿权72个，其中铁矿探矿权54个、金矿探矿权12个、锰矿探矿权1个、膨润土探矿权2个、煤矿探矿权3个。

列入《2009年地质灾害防治方案》的隐患点92个，其中崩塌11处，滑坡9处，泥石流14处，地裂缝4处，地面沉降（地面塌陷）54处。

【海洋资源】 2009年唐山市海岸线全长365.2公里，其中大陆海岸线229.7公里，占全省大陆海岸线总长度的47.4%；海岛岸线135.5公里，岛屿面积560公顷。管辖海域总面积（海岸线向海至海域勘界终点）约3570平方公里，其中已利用海域736.8平方公里，占总面积的20.6%；未利用海域2833.2平方公里，占总面积的79.4%。在已利用海域中，包括养殖用海372平方公里，非养殖用海364.8平方公里。非养殖用海主要是乐亭靶场167平方公里，曹妃甸工业区核心区用海153平方公里、京唐港区规划11平方公里及少量旅游和工业用海。在未利用海域2833.2平方公里中，包括渔业捕捞区和公共航道。海岸线至零米等深线之间潮间带面积661.2平方公里，0—5米等深线浅海面积580.2平方公里。唐山市沿海地区位于渤海湾中部，东起滦河口与秦皇岛市隔河相望，西至洒金坨插网铺与天津市接壤；地处京津唐三角地带，是环渤海经济圈的重要组成部分。所辖沿海地区包括丰南、乐亭、滦南、唐海四县（区）和海港、南堡两个开发区及曹妃甸工业区，形成以曹妃甸工业区—海港开发区—南堡开发区“新三角”为支撑，以沿海交通网为骨架，以各县城和重要城镇为节点，分工合理、各具特色、“点、线、面”相结合的沿海区域经济发展格局。主要海洋产业是水产、交通运输、修造船、原盐、盐化工、石油和旅游。区域特点和产业分布与日本东京湾极其相似，2009年始称唐山湾。

【土地资源】 唐山市土地总面积142.8579万公顷。农用地88.7323万公顷，其中耕地57.0547万公顷，园地12.7827万公顷，林地11.4090万公顷，牧草地7.4858公顷；现有基本农田50.0283万公顷；建设用地26.1683万公顷，交通运输用地4.4352万公顷，水域及水利设施用地20.6967万公顷，其他未利用地2.8252万公顷。

（崔光华）

【水利资源】 2009年，唐山市降水量494.5毫米，为多年平均降水量的76.8%。各县（市）区降水量均低于多年平均值，其中遵化市降水量597.7毫米，为唐山市最高，也比多年平均减少19.2%；唐海县降水量301.4毫米，为唐山市最低，比多年平均减少48.6%。全市地表水资源量4.49亿立方米，为多年平均地表水资源量的30.72%。地下水资源量15.17亿立方米，为多年平均地下水资源量的106%。扣除重复计算量1.72亿立方米，2009年全市水资源总量17.93亿立方米，为多年平均水资源总量24.31亿立方米的73.76%。各县（市）区水资源量见下表。

全市入境水量7.19亿立方米，其中滦河入境水量5.86亿立方米，遵化沙河入境水量0.9亿立方米，迁安青龙河入境水量0.43亿立方米。出境水量1.67亿立方米，其中遵化市出境水量0.44亿立方米，玉田还乡河出境水量1.23亿立方米。入海水量0.08亿立方米，其中丰南区陡河、沙河入海水量0.01亿立方米，滦南县沿海诸河入海水量0.07亿立方米。

唐山市各县（市）区水资源量统计表

行政分区（县、乡）	面积（km^2）	降水量（mm）	地表水资源量（亿 m^3）	地下水资源量（亿 m^3）	重复计算量	水资源总量（亿 m^3）
遵化	1509	597.7	1.0674	1.7961	0.4739	2.3896
迁安	1208	547.6	0.6936	1.0312	0.4879	1.2369
迁西	1439	576.9	0.8943	0.9178	0.6042	1.2079
玉田	1165	580	0.3192	1.8085	0.0082	2.1195
丰润	1334	591.2	0.6900	2.1306	0.0653	2.7553
滦县	999	507.6	0.3163	1.5214	0.0635	1.7742
丰南	1568	457.3	0.1881	1.4460		1.6341
唐海	700	301.4	0.0091	0.4903		0.4994
乐亭	1308	406.5	0.0222	1.0157		1.0379
滦南	1270	361.1	0.0254	1.7253		1.7507
开平	252	510.1	0.0819	0.5622	0.0008	0.6433
路南	67	500.6	0.0190	0.1169		0.1359

路北	112	519.1	0.0359	0.1408		0.1767
古冶	253	518.3	0.1093	0.4676	0.0190	0.5579
芦台农场	139	710.5	0.0072			0.0072
汉沽农场	149	702.2	0.0067			0.0067
总计	13472	494.5	4.4856	15.1704	1.7228	17.9332

（李志祥）

注：能源资源和生物资源与2008年度情况相同。

气候环境

【陆地气候】　唐山市属于暖温带半湿润季风型大陆性气候。由于境内地形较复杂，全市大致可以分成温和湿润气候区、温和半湿润气候区、温和较湿润气候区、温暖较湿润气候区、温暖半湿润气候区和暖和半湿润气候区6种类型。温和湿润气候区位于万里长城南侧的遵化市、迁安市北部的低山丘陵地区；温和半湿润气候区位于渤海沿岸的乐亭县大部地区；温和较湿润气候区位于万里长城南侧的迁西县东北部和迁安市北部的丘陵地区；温暖较湿润气候区位于山前平原的遵化市南部、迁西县和迁安市西南部、丰润区北部、滦县大部分地区；温暖半湿润气候区位于唐山市区、唐海县和滦南县一部分地域内；暖和半湿润气候区位于唐山市区大部、玉田县南部地带。

2009年唐山地区年平均气温12℃，比常年略偏高；年平均降水量533毫米（因采集信息地点、方法差异，故与水务系统统计有不同，下略），较常年（650毫米）偏少近2成；平均日照时数2505小时，较常年偏少97小时，比2008年多93小时。2009年气象灾害较常年偏轻，但干旱和寒潮较为频繁，影响面广；暴雨、雷暴和冰雹灾害给局部地区造成较重影响；秋季的连阴雨影响作物灌浆及果品品质。另外，3月份出现日最高气温超过历史极值的极端天气。丰南年平均气温最高12.5℃，迁西年平均气温最低11.3℃，市区年平均气温11.6℃，其余地区在11.4—12.2℃之间。与常年相比，玉田和唐山市区较常年偏高0.1—0.2℃，迁西、丰润、滦南较常年偏高0.4—0.5℃，其他地区年平均气温均偏高1.0—1.7℃，乐亭气温偏高1.7℃。

2009年年日照时数为2146—2706小时。东北部和中南部地区日照时数相对多些。迁安最多2706小时，迁西最少2146小时。与常年同期相比，除迁安、玉田、唐山市区、遵化偏多外，其他地区均偏少。迁安日照时数偏多，最多115小时；唐海、滦县较常年少120—170小时，迁西少434小时，其他地区偏少70—100小时。

【海洋气候】　唐山市海域平均水深18米，最大水深85米，20米以浅的海域面积占一半以上。海水热力动态深受陆地的影响，表层水温季节变化明显。夏季水温可达24—25摄氏度，冬季水温在0摄氏度左右，沿岸普遍有结冰现象，但冰层不厚，一般为15—30厘米，冰期1—3个月不等。3月初融冰时还常有大量流冰发生，平均水温11摄氏度。由于大陆河川大量的淡水注入，渤海海水中的盐度仅为30，是中国近海中最低的。海面风浪较小，沿岸平均波高0.3—0.6米。渤海地处北温带，属于暖温带季风气候区，夏无酷暑，冬无严寒，多年平均气温10.7摄氏度，降水量500—600毫米，冬夏季风交替显著。10月—翌年3月盛行偏北季风，海面多西到西北风；6—9月盛行夏季季风，海面多东南风或南风。10月—翌年5月，受冷空气影响，海上常出现大风天气，最大可达10级以上，并持续数天，冷空气强盛时则出现寒潮天气。春、冬季常有东海类、江淮类和黄河类温带气旋发生或过境，伴有暴雨和5～7级大风。海上热带气旋及台风活动一般出现在7—8月，会引起海上大风、暴雨、沿海风暴潮等灾害性天气。这些海上灾害性天气对沿海地区的养殖业、盐业、石油、天然气等工业生产以及人民生活均有较大影响。此外，渤海夏季还容易出现大雾天气，对于航运部门影响较大。2009年唐山市沿海海面（曹妃甸）年平均气温13摄氏度，年降水量409.4毫米；年平均风速4.3米/秒（3级风），年极大风速达23.4米/秒（9级风）。

（郑艳萍　高桂芹）

自然灾害

【概况】　2009年唐山市先后遭受干旱、洪涝、风雹等自然灾害，主要以风雹灾害为主，造成较大损失的自然灾害发生4起，主要涉及丰南区、丰润区、滦县、滦南县、玉田县、乐亭县、唐海县、芦台经济开发区等8个县区。全年未发生4级以上地震，未发生较大森林火灾；地质灾害发生1起灾情、1起险情，未造成人员伤亡和经济损失。据统计，全市农作物受灾面积42618.9公顷，其中成灾面积24791.7公顷，绝收面积2977.3公顷。受灾人口56.2万人，因灾死亡2人。由于遭受风雹、洪涝灾害，损坏房屋1291间，倒塌房屋10间，其中居民住房4间。因灾直接经济损失2.03亿元，其中农业直接经济损失1.49亿元。

全年灾害总体情况相对较轻，属于小灾年。干旱、洪涝、风雹三类灾害中，旱灾农作物受灾面积8160.1公顷，其中成灾面积4068.7公顷，绝收面积75公顷，受灾人口13.24万人，直接经济损失3264.81万元，其中农业经济损失2995.33万元。汛期洪涝灾害，受灾面积3061公顷，其中成灾面积2316.8公

顷，绝收面积190公顷，受灾人口4.04万人，损坏房屋72间，直接经济损失1739.87万元，其中农业损失746万元，居民家庭财产损失29.8万元，道路、通信、电力等基础设施损失964.07万元。较大的风雹灾害发生4次，农作物受灾面积31397.8公顷，其中成灾面积18406.2公顷，绝收面积2712.3公顷，受灾人口38.92万人，因灾死亡2人，倒塌房屋10间，其中居民住房4间，损坏房屋1219间，直接经济损失15286.91万元，其中农业经济损失11117.21万元，家庭财产损失1443.3万元，工矿企业损失882.7万元，基础设施、公益设施损失1843.7万元。农作物受灾面积中，风雹灾害占74%，干旱灾害占19%，洪涝灾害占7%。绝收面积中，风雹灾害占91%，洪涝灾害占6%，干旱灾害仅占3%。受灾人口比例，风雹灾害占69%，干旱灾害占24%，洪涝灾害占7%。灾害造成的直接经济损失中，主要是风雹灾害造成的损失，占75%；干旱、洪涝两类灾害分别占16%和9%，远低于风雹灾害造成的经济损失。

【风雨雹灾】 6月8日11时30分至6时30分，丰润区七树庄镇、丰润镇、新军屯镇、韩城镇等4个镇79个行政村遭受大雨袭击，降雨7个小时，降雨量39.8毫米。由于雨量大，持续时间长，小麦大面积倒伏，造成受灾人口17960人，受灾面积1742公顷，小麦成灾面积1532公顷，减产4成，减产粮食3676吨，直接农业经济损失658万元。7月22日晚至23日8时，玉田县、唐海县、滦南县、乐亭县、丰南区、芦台经济开发区等县区的35个乡镇遭受暴风雨灾害，最大降雨量86.5毫米，瞬时风力12级，玉米等农作物大面积倒伏。由于降水集中，芦台经济开发区部分低洼地带排涝困难，2100公顷农作物被泡。六县区受灾人口199273人，死亡2人，受灾面积9992公顷，成灾面积5819公顷，绝收面积1666公顷，果树受灾66.67公顷，损坏折断树木3839棵，倒塌房屋10间，损坏房屋881间，部分电力基础设施损毁严重，直接农业经济损失4391.1万元。8月15日至16日，芦台经济开发区海北镇、丰润区欢喜庄乡、丰南区东田庄乡遭受暴风雨灾害，暴雨伴有短时冰雹，冰雹最大直径20—40毫米，瞬时风力9—10级，棉花、辣椒、早玉米、大棚蔬菜等作物不同程度受灾。受灾人口15589人，受灾面积2318公顷，成灾面积1444.3公顷，损坏房屋1间，直接经济损失2296.14万元，其中农业经济损失2280.44万元。

8月17日17时左右，遵化市发生短时特大暴风雨灾害，最大风速7—8级，降雨量50多毫米，4个乡镇不同程度受灾，其中地北头镇、党峪镇灾情较重。受灾人口29800人，受灾面积968公顷，成灾面积750公顷，绝收面积653公顷。直接经济损失1245万元，其中农业损失1005万元，工矿企业损失200万元，公益设施损失40万元。9月3—7日，唐山地区出现连阴雨天气，雨量分布不均，大部分地区过程雨量为中到大雨，迁安市和中北部部分地区降暴雨，丰南区大齐各庄镇降水最大为139.4毫米。由于连续降雨，此期间大部分地区的日照时数较常年同期偏少7成以上。连阴雨天气影响作物的光合作用，使得有机物合成效率降低，影响粮食作物干物质积累和转化，同时影响到果品的品质。

【旱灾】 2009年，唐山地区降水时空分布极不均匀，降水时段集中，出现多次长时间无降水时段，导致唐山地区冬、春、夏和秋四季都有干旱发生。2008年12月下旬到2009年2月上旬，连续50多天的时间里，唐山市基本未出现有效降水，气象干旱比较严重，个别冬前未灌冻水，整地质量差的麦田出现明显冬旱，叶片有干枯现象。夏季，阶段性干旱频繁，主要发生时段在6月下旬到7月上旬和8月中下旬。6月下旬到7月上旬，全市降水持续偏少，气温偏高，出现比较严重的伏旱。此期间，各地降水量偏少7成以上，唐海、滦南和乐亭为常年同期最小值，不足10毫米，不到常年的十分之一，达到中到重旱的程度。乐亭由于长时间没有较大降水，出现6厘米深的干土层，旱情比较严重。7月中旬后，随着降水的增多，各地旱情得到不同程度的缓解，但进入到8月份，降水再次减少，旱情不断发展。至8月底，大部地区发生中等程度的干旱，影响大田作物的灌浆，造成一定程度的减产。10—11月，降水异常偏少，旱情波及大部地区。6月8日、6月18—19日、7月17日3次比较大范围的强降雨过程对缓解旱情虽起到一些作用，但6月13日午后唐山市区、滦县和丰南一带又出现短时大风和冰雹，对还未收获的小麦造成一定影响，幸亏雹粒较软，没有出现大面积灾情。

【雷电灾害】 据不完全统计，2009年全市发生雷电灾害事故565起，直接经济损失230.16万元。雷击次数和经济损失均比2008年有所上升。2009年雷击事故多发生在农村，这主要是因为人们的防雷知识比较匮乏，防雷意识比较淡薄，防雷设施没有跟上日益现代化的家用电子设备的需要，农村的防雷设施不完善，或者根本就没有防雷设施。2009年比较典型的雷灾事故如下：4月13日1时02分，遵化市电力公司所属的马兰峪镇50KVA变压器；堡子店镇514线路、安定庄村30KVA变压器；平安城镇平二村100KVA变压器、西小庄村100KVA变压器及配电遭雷击，损失5万元；5月21日，遵化市电力公司所属的苏家洼镇、堡子店镇线路遭雷击，损失4万元；6月8日10时，丰润区沙流河镇冀丰水泥有限公司区域遭雷击，击坏1台地泵传感器、3台电视机，直接经济损失2.1万元；6月26日23时，该区域又击坏1台厂房风括机，直接经济损失2万元；6月13日15时，唐山市冀滦纸业东草场8#垛遭雷击起火，直接经济损失20万元；6月15日18时40分，迁西县汉儿庄乡石门子村的4台冰箱、31台电视机遭受雷击，此次雷灾共造成直接经济损失3.90万元；7月6日16时左右，滦县司家营铁矿热电厂遭雷击，造成8台差压变送器、2台压力变送器、3个电子控制器、11块电子控制模块、8块智能定位模块、1组消弧及过电压保护装置控制器、二氧化硫烟尘分析系统、一体化执行机构损坏，虽未影响生产，但直接经济损失达60多

万元；7月22日18—20时，十里海变电站三一三35KV线路，唐海境内7所变电站设备及高压线路遭受雷击，直接经济损失计33万元；7月23日6时30分，乐亭县汤家河镇杨家庄村遭雷击，击坏2台计算机、22台电视机及卫星接收器，击毁大树一棵，直接经济损失6万元；8月3日14时18分，唐山白云石矿一台变压器、一程控交换机遭雷击，损失3万元。

（郑艳萍　谌志军　高桂芹）

区划人口

唐山市行政区划简表

项目 单位	街道办	镇	乡	居委会	家委会	村委会
遵化市	2	13	12	27		648
迁安市	4	10	7	30		459
滦县	2	12		24		504
滦南县		17		15		594
乐亭县	1	11	3	10		533
迁西县	1	9	8	8		417
玉田县		14	6	13	2	420
唐海县		1		8		
路北区	11		1	128		36
高新技术产业园区	1			9		9
路南区	7		1	47	9	38
古冶区	4	1	4	71		122
开平区	5	6		31		132
丰南区	1	12	3	22		474
南堡经济开发区	1	1		8		8
丰润区	3	18	5	44		586
芦台经济技术开发区	1	1		11		20
汉沽管理区	1	1		4		18
总计	45	127	50	510	11	5018

唐山市行政区划一览表

全市总计	2县级市　6县　6行政区　4经济区　45街道办事处　127镇　50乡（含3民族乡）　510居委会　11家委会　5018村委会	
县（市）区名称及政府驻地	辖街道办事处、镇、乡名称	街、镇、乡、居、家、村委会数
遵化市 （驻海都道）	街道办事处：华明路（7村、14居）、文化路（12村、13居） 镇：遵化镇（23村）、铁厂镇（20村）、新店子镇（44村）、党峪镇（22村）、石门镇（34村）、堡子店镇（32村）、东旧寨镇（29村）、马兰峪镇（25村）、东新庄镇（22村）、苏家洼镇（40村）、平安城镇（39村）、建明镇（33村）、地北头镇（17村） 乡：西留村乡（18村）、崔家庄乡（24村）、兴旺寨乡（30村）、小厂乡（23村）、娘娘庄乡（20村）、刘备寨乡（19村）、团瓢庄乡（28村）、西三里乡（17村）、侯家寨乡（19村）、西下营乡＊（14村）、汤泉乡＊（10村）、东陵乡＊（27村）	2街道办事处 13镇 12乡 27居委会 648村委会 ＊为满族乡
迁安市 （驻钢城大街）	街道办事处：永顺（23村、10居）、兴安（18村、9居）、杨店子（10村、5居）、滨河（10村、5居） 镇：马兰庄镇（17村）、夏官营镇（28村）、蔡园镇（26村）、建昌营镇（50村）、沙河驿镇（19村）、赵店子镇（15村）、杨各庄镇（37村）、大崔庄镇（21村）、木厂口镇（17村、1居）、野鸡坨镇（21村） 乡：太平庄乡（16村）、阎家店乡（17村）、五重安乡（29村）、上庄乡（24村）、大五里乡（16村）、彭店子乡（18村）、扣庄乡（27村）	4街道办事处 10镇 7乡 30居委会 459村委会
滦县 （驻滦河西路）	街道办事处：滦河（13居）、古城（9居） 镇：滦州镇（90村）、雷庄镇（29村）、榛子镇（59村、2居）、响口堂镇（51村）、茨榆坨镇（28村）、东安各庄镇（41村）、杨柳庄镇（33村）、油榨镇（39村）、王店子镇（36村）、古马镇（29村）、小马庄镇（37村）、九百户镇（32村）	2街道办事处 12镇 24居委会 504村委会
滦南县 （驻倴城镇）	镇：倴城镇（50村、15居）、长凝镇（45村）、柏各庄镇（45村）、胡各庄镇（33村）、扒齿港镇（42村）、司各庄镇（59村）、南堡镇（18村）、青坨营镇（40村）、姚王庄镇（28村）、安各庄镇（29村）、柳赞镇（5村）、坨里镇（19村）、宋道口镇（65村）、程庄镇（47村）、方各庄镇（29村）、东黄坨镇（17村）、马城镇（23村）	17镇 15居委会 594村委会
乐亭县 （驻乐亭镇）	街道办事处：乐安（18村、10居） 镇：乐亭镇（55村）、汀流河镇（31村）、马头营镇（32村）、新寨镇（27村）、王滩镇（54村）、汤家河镇（36村）、胡家坨镇（24村）、阎各庄镇（41村）、姜各庄镇（70村）、毛庄镇（39村）、中堡镇（33村） 乡：古河乡（25村）、庞各庄乡（22村）、大相各庄乡（26村）	1街道办事处 11镇 3乡 10居委会 533村委会
迁西县 （驻兴城镇）	街道办事处：栗乡（8居） 镇：兴城镇（45村）、三屯营镇（38村）、洒河桥镇（26村）、金厂峪镇（19村）、新集镇（36村）、太平寨镇（29村）、东荒峪镇（26村）、罗家屯镇（24村）、滦阳镇（25村） 乡：上营乡（14村）、渔户寨乡（13村）、汉儿庄乡（30村）、尹庄乡（23村）、新庄子乡（12村）、东莲花院乡（16村）、旧城乡（15村）、白庙子乡（26村）	1街道办事处 9镇 8乡 8居委会 417村委会
玉田县 （驻无终西街）	镇：玉田镇（65村、14居、2家）、亮甲店镇（24村）、鸦鸿桥镇（35村）、大安镇（19村）、窝洛沽镇（35村）、石臼窝镇（20村）、虹桥镇（17村）、孤树镇（16村）、林南仓镇（12村）、彩亭桥镇（12村）、散水头镇（14村）、林西镇（27村）、杨家板桥镇（24村）、唐自头镇（10村） 乡：郭家屯乡（25村）、林头屯乡（15村）、杨家套乡（12村）、潮洛窝乡（15村）、陈家铺乡（10村）、郭家桥乡（13村）	14镇 6乡 14居委会 2家委会 420村委会

唐海县 （驻唐海镇）	镇：唐海镇（8居）	1镇 8居委会
路北区 （驻新华东道）	街道办事处：文化路（15居）、机场路（14居）、乔屯（11居）、龙东（11居）、东新村（7居）、钓鱼台（14居）、大里（15居）、缸窑（11居）、河北路（7居）、光明（16居）、翔云道（7居） 乡：果园乡（36村）	11街道办事处 1乡 128居委会 36村委会
高新技术产业园区 （驻建设北路）	街道办事处：高新技术产业园区（9村、9居）	1街道办事处 9居委会 9村委会
路南区 （驻新华西道）	街道办事处：文化北后街（7居）、友谊（8居1家）、广场（9居1家）、学院南路（7居2家）、小山（8居）、永红桥（8居2家）、钱家营矿区（3家） 乡：女织寨乡（38村）	7街道办事处 1乡 47居委会 9家委会 38村委会
古冶区 （驻新林道）	街道办事处：林西（24居）、古冶（9居）、赵各庄（16居）、唐家庄（17居） 镇：范各庄镇（5居、32村） 乡：卑家店乡（24村）、习家套乡（15村）、王辇庄乡（35村）、大庄坨乡（16村）	4街道办事处 1镇 4乡 71居委会 122村委会
开平区 （驻新苑路）	街道办事处：马家沟（9居）、税务庄（4居）、荆各庄（1居）、陡电（1居）、开平（13居） 镇：开平镇（34村）、栗园镇（19村）、洼里镇（16村）、越河镇（24村）、双桥镇（12村）、郑庄子镇（27村3居）	5街道办事处 6镇 31居委会 132村委会
丰南区 （驻正苑大街）	街道办事处：胥各庄（12居） 镇：丰南镇（39村、9居）、小集镇（48村）、黄各庄镇（55村、1居）、稻地镇（37村）、王兰庄镇（30村）、大新庄镇（62村）、唐坊镇（18村）、钱营镇（61村）、柳树鄌镇（14村）、黑沿子镇（9村）、西葛镇（18村）、大齐各庄镇（19村）、 乡：南孙庄乡（28村）、东田庄乡（27村）、尖子沽乡（9村）	1街道办事处 12镇 3乡 22居委会 474村委会
南堡经济开发区	街道办事处：希望路（8居） 镇：滨海镇（8村）	1街道办事处 1镇 8居委会 8村委会
丰润区 （驻幸福道）	街道办事处：燕山路（13居）、太平路（13居）、浭阳（2村、18居） 镇：丰润镇（45村）、沙流河镇（23村）、左家坞镇（29村）、韩城镇（43村）、新军屯镇（33村）、丰登坞镇（42村）、王官营镇（27村）、老庄子镇（27村）、白官屯镇（45村）、火石营镇（38村）、小张各庄镇（10村）、岔河镇（29村）、李钊庄镇（24村）、任各庄镇（25村）、石各庄镇（29村）、泉河头镇（18村）、七树庄镇（13村）、杨官林镇（17村） 乡：姜家营乡（12村）、欢喜庄乡（11村）、银城铺乡（15村）、刘家营乡（12村）、常庄乡（17村）	3街道办事处 18镇 5乡 44居委会 586村委会
芦台经济技术开发区 （驻新华路街道办事处）	街道办事处：新华路（9居） 镇：海北镇（2居、20村）	1街道办事处 1镇 11居委会 20村委会
汉沽管理区 （驻光明路）	街道办事处：振兴（4居） 镇：汉丰镇（18村）	1街道办事处 1镇 4居委会 18村委会

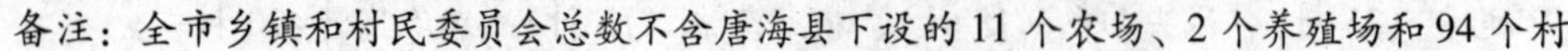

备注：全市乡镇和村民委员会总数不含唐海县下设的11个农场、2个养殖场和94个村。

（谌志军）

【人口概况】 截至2009年底，全市有2272587户7338997人，其中男性3723442人，女性3615555人。总人口数较2008年的7294100人，净增44897人，增长6.16‰。非农业人口2009年为2455428人，2008年底为2443939人，增加11489人。2009年市、县内移入68929人，移出68207人。2009年实际出生65419人，出生率为8.94‰，比2008年的8.84‰略有上升。2009年实际死亡36549人，死亡率为5.0‰，与2008年5.0‰相持平。2009年自然增长32625人，增长率为3.94‰。

（朱 敏）

民族宗教

【民族概况】 全市有47个少数民族，少数民族人口总计260414人，占全市总人口的3.62%，居全省第3位，散居在各县（市）区、农场，其中85%的人口居住在农村。少数民族人口中，满族、回族、壮族、蒙古族人口较多，占全市少数民族人口总数的96.3%，其中满族204805人，回族28546人，壮族9711人，蒙古族7833人。少数民族人口超过万人的县（市）区有：遵化市88751人，玉田县32824人，丰润区23330人，丰南区18884人，迁安市17858人，滦南县15349人，路北区13171人，开平区11462人。

唐山市有3个民族乡和2个少数民族占主体的镇，全部分布在遵化市，分别是遵化市东陵满族乡、汤泉满族乡、西下营满族乡、马兰峪镇、石门镇。唐山全市共有175个民族村，分布在除路北区以外的其他13个县（市）区。其中，满族村146个、回族村28个、满回联合村1个。自2003年开展文明生态村创建活动以来，全市有114个民族村（含民族乡）参加文明生态村创建活动，其中市级文明生态村29个，县（市）区级85个。

唐山市有在职少数民族干部4651人，占在职干部总数的2.85%，其中县处级以上少数民族领导干部33人，占全市县级以上干部总数的2.65%。唐山市第十三届人民代表大会代表中少数民族代表35名，占总代表人数的6.94%。中国人民政治协商会议唐山市第十届委员会中少数民族委员36名，占总委员人数的7.03%。

全市有25所民族中小学，有少数民族学生6319人。少数民族乡村医疗卫生机构和网点建设有新的突破，全市有民族医院4所，有医生84人，床位148张；民族村全部设有村卫生所，医疗条件、医疗设备有很大改善，医务人员素质、医疗水平有很大提高，并加入农村合作医疗，少数民族群众“看病难、看病贵”的问题得到进一步解决。

【重点少数民族乡镇村】 遵化市东陵满族乡，位于遵化市西北部，距遵化市区30公里，西邻天津蓟县，东南与石门镇接壤，北邻马兰峪镇及兴隆县，距北京115公里。治所南新城，乡域面积105平方公里，地形以丘陵为主，耕地面积3.1万亩，下辖27个行政村，全乡总人口21597人，有汉、满、回、蒙古4个民族，其中满族人口15210人，占全乡总人口的71%，现东陵乡建制是1992年10月由南新城满族乡与东陵满族乡合并而来。境内有丰富的自然资源，降水充沛，适宜农林业发展。尤其旅游资源中外闻名，有世界文化遗产、国家4A级旅游景区清东陵和国家4A级景区燕山塔陵万佛园。境内多山，主要山峰有昌瑞山、黄花山、天台山、金星山，每年吸引大量的中外游人来此旅游观光。经济上以旅游为依托，带动农业、工业的发展。农业除种植传统的玉米、花生等粮油作物外，充分利用自然环境和区位优势，大力发展林果业，发展王朝酒葡萄3500亩，干鲜果品面积2500亩，农业观光采摘园发展百余亩，农家院近百家，形成集旅游、观光、娱乐于一体的农业产业链。工业发展以石材、矿山配件和板栗深加工为主，注重环境保护，经济与社会和谐发展。2009年完成地区生产总值8.29亿元，财政收入707万元，粮食总产量9403吨，农民人均纯收入4611元。

遵化市马兰峪镇，别称“兰阳”，位于遵化市城西北25公里处，是唐山市明星城镇之一。全镇总面积50.8平方公里，辖25个行政村，7167户，23847口人，其中满、蒙、回、壮等8个少数民族人口达到21795人，占全镇总人口的91.4%。北靠万里长城，境内有清公主陵，东侧10华里处有可供沐浴疗养的汤泉旅游度假区和风景优美的上关湖景区。清朝入关定都北京后，选址建皇家陵寝，管理机构王府驻地就在马兰峪，成为当时军事、政治中心。古称之为“兰阳重镇”。北部马兰关是长城重要隘口。1953年4月，设立马兰峪镇。境内属半山区，风景秀丽，气候宜人，盛产板栗、苹果、安梨、鲜桃、磨盘柿等果品。地下储藏金、银、铜、铁、花岗石等矿产资源。改革开放以来，党委政府不断加大投入，城镇建设得到很大改观，1995年、1996年被国家建设部、河北省分别确定为“全国小城镇建设试点镇”“省级综合改革试点镇”，逐步形成以旅游服务为特色、集商贸流通、文化娱乐、农产品加工、机械制造、矿业开发多功能一体的特色小城镇，民族经济得到较快发展，人均生活水平不断提高，2009年全镇地区生产总值达到14亿元，财政收入1675万元，农民人均纯收入4950元，经济实力不断加强。

丰润区沙流河镇沙流河满回联合村，现有1400户，5000口人，4600亩耕地，少数民族有回族、满族人口近600人。村建党委，下设5个党支部，共有173名党员。村办企业有沙流河集团，下属唐山冀丰水泥公司、塑料彩印公司、塑编公司、磨料磨具公司等六个分公司，主导产业为建筑建材、塑料包装。集体企业固定资产2.3亿元，多年来随着集体经济的发展壮大，实现以工业反哺农业，同时促进第三产业的发展，使全村实现种、养、加、建、运、服等九业并举，建设新农村的发展格局。全村有418户村民住进高雅宽敞的别墅楼和商居楼，其他百分之九十以上的村民也都住进高标准的小康住宅。全村生产发展，生活宽裕，乡风文明，村容整洁，管理民主，百姓安居乐业。2006年7月29日中共中央总书记胡锦涛曾到沙流河村视察。

迁安市沙河驿镇唐庄子回族村，起始建村时间是清代，位于沙河驿镇东，是全市28个回族村之一。全村总人口718人，少数民族人口153人，占总人口的21.3%，其中，回族人口125人，满族人口28人。耕地面积1061亩，人平均占有耕地面积1.5亩。自2008年该村被列为全市科学发展示范村以来，该村通过大力培育产业，改善村容村貌，推广新型农村住宅，发展循环经济，村内各项事业全面发展。2009年，工业产业方面，钢筋加工销售市场面积达到150亩，摊位120个，组建钢筋加工销售协会；投资500万元实施占地40亩的众鑫结构钢材市场项目，每年可新增产值1000万元，安排劳动力30人；建成2个各存栏4万只规模的现代化肉鸡养殖场，年纯效益32万元；建成存栏200头规模的奶牛场1个，建成澳洲奶牛克隆胚胎繁育中心1个，年可创产值220万元，获得130万元。在改善村容村貌方面，栽植各类苗木花卉4.5万株，全村12000延长米主次街道全部改为高标准水泥硬化路；安装垃圾箱45个，卫生清扫队全天候保洁；新建占地4亩的公园1座。少数名族农民生活质量全面提升。

【宗教概况】 唐山市有天主教、基督教、伊斯兰教、佛教、道教五种宗教，信教群众11.3万人，占全市总人口的1.56%，其中天主教3.5万人，基督教2万人，伊斯兰教2.8万人，佛教3万人，道教1000人。全市有6个市级爱国宗教团体，分别为天主教唐山教区、唐山市天主教爱国会、唐山市基督教协会、唐山市基督教三自爱国运动委员会、唐山市伊斯兰教协会、唐山市道教协会。全市有正式开放的宗教活动场所132处，其中天主教堂30处，其他固定宗教活动处所9处；基督教堂7处，其他固定宗教活动处所43处；伊斯兰教清真寺22处；佛教寺院18处，其他固定宗教活动处所1处；道教宫观2处。

全市有153名宗教教职人员，其中，天主教81人；基督教11人；佛教27人；道教12人；伊斯兰教22人。有23个天主教徒聚居村，1个基督教徒聚居村。

【重点寺观教堂】 **天主教教堂**：五家庄天主教堂（原乔屯天主教堂，也称圣母无染原罪堂），坐落于唐山市路北区五家庄街9号，是目前唐山市规模最大的天主教堂，亦为天主教唐山教区主教府、唐山市天主教爱国会办公所在地。原乔屯天主教堂由荷兰籍神甫文华经手始建于1907年，属丰润县黄花港分堂。1919年扩建后，共有房屋60间，其中教堂17间，另有育英小学1所，薛复渊是首任本堂。1953年荷兰籍代理主教和毓华被驱逐出境，许士奎继任代理主教，该堂实际成为当时的主教府，1958年兰柏露主教继续把该堂作为主教府。1976年，教堂在唐山大地震中全部震毁。1980年恢复宗教生活以后，在乔屯堂旧址的一角，修建了一座简易教堂，当时全教区仅剩下刘景和、谢博思、兰歧山三位老神甫管理教务，1981年12月21日刘景和祝圣为正权主教。1986年7月服从唐山建设规划，该教堂从乔屯迁至路南区老十中院内过宗教生活。后市政府在路北五家庄街拨给土地12.9亩，先后拨款50多万元修建教堂，从1988年4月动工至1993年建成，即现在的五家庄天主教堂。其中教堂全称为圣母无染原罪堂，建筑模式为哥特式，整体面积为1305平方米，砖混结构，长度为70.3米，跨度为18.57米，堂脊高度为20米。前后设为二层，分别作为唱经楼、观礼台和骨灰堂。整个堂区占地面积12.9亩，院内除教堂外，还建有北楼（宿办楼），共三层，分别作为办公室、会议室、图书馆、小堂及神职人员宿舍；西楼，共二层，作为修女宿舍和配电室；南楼，共三层，分别作为修女宿舍、天民诊所、老年公寓。附属建筑共计有房间105间，总面积为1900平方米，此外，院内还有一座圣母山。每年圣诞节，前来观礼的群众多达万人次。

黄花港天主教堂（耶稣圣心堂），位于唐山市最大的天主教教徒聚居村——丰润区石各庄镇黄花港村，信徒大部分为该村群众（现有住户356户，总人口1210人，信教群众1120人，占总人口的93%）。天主教从清代道光年间就传入黄花港，1850年法国传教士在此建堂，属北京教区，号称冀东第一堂，附属圣母院1所、小学1所。1966年“文革”期间被拆除，圣母院归生产队占用，小学改为公办小学。1986年，唐山市政府拨款4万元在村东重建天主教堂，即现在的圣母圣心教堂。教堂占地5亩，可容纳千人同时礼拜，建有库房5间、警卫室3间、宿舍5间、餐厅3间。

基督教教堂：五家庄基督教堂，位于唐山市路北区五家庄街3号，是唐山市基督教三自爱国运动委员会、唐山市基督教协会两会办公所在地。1987年春，在唐山市政府划拨土地5.37亩并拨款20万元的支持下始建，1988年11月20日献堂。其中教堂500平方米，配房207.94平方米，均为砖混结构。2000年初，经申请，市政府又无偿划拨给教堂外面的1.36亩土地。年底，基督教堂总占地面积达6.73亩，总建筑面积1124.83平方米。2004年市政府又出资16万元为教堂安装暖气管道，并特批最低的取暖费用，纳入市统一供热网。唐山市基督教堂实行自治、自养、自传的三自原则，即教堂信徒自己治理，经济来源由信徒自愿奉献。目前有2位牧师、3位长老和17位传道员。

唐家庄基督教堂，坐落于古冶区唐家庄3号小区内。始建于1930年。1946年，由信徒申请，开滦唐家庄矿批准，在唐家庄老工房6条（原洋房子墙外），由信徒奉献钱款建造一座能容纳200人的教堂。“文革”开始后，教堂毁损，挪作他用。1985年东矿区政府落实宗教政策，为基督教拨款4万元，批土地741.6平方米，在唐家庄3号小区内重建，由老信徒高洪柱等人筹建，建造成4间礼拜堂、2间祷告室、2间办公室（值班室）、1间厨房，成立以高洪柱为组长，李惠为副组长的7人领导小组，于1986年9月7日献堂礼拜。随着宗教政策的落实，到教堂活动的信徒越来越多，教堂面积也不断增加，截至1997年，教堂增至21间。但房间低矮，通风、采光较差，在相关部门支持下，于2002年9月在旧堂对面政府又划拨土地2068平方米，投资百万元，新建这座教堂。教堂有1400个座位，堂前为三层小楼，有办公室9间，培训室、会议室、祷告室各一大间，院内建有平房14间，其中有小礼拜堂

3间、食堂餐厅3间、诗班2间、值班室2间、书房1间、锅炉房和厕所各1间，于2004年8月29日献堂。现有长老2人、传道员19名。有一个7人管理小组，信徒约3000人左右。

佛教寺庙：兴国寺，位于路北区大城山主峰南侧。史料记载，该寺始建于唐朝，相传唐王东征高丽时曾驻扎于此，得胜归来后建该寺，取希望国家兴旺之意，故名兴国寺。历经辽、金、元、明、清至建国初期仍有僧人住持佛事活动，该寺在其历史上影响较大，文革遭到破坏，1976年唐山大地震时被毁。因寺院周围遍植花椒树，民间又传称花椒树寺。近年来，随着唐山市佛教信众的不断增多，广大信教群众纷纷要求恢复兴国寺。为满足信教群众宗教生活的需要，1998年底，市长办公会决定复建兴国寺，有关部门开始在唐山全市选址，几经周折最后仍选定在大城山主峰西南原兴国寺旧址上重建。2001年1月，市长办公会批准兴国寺的选址地段，决定将大城山西半部原大城山公园所属71.7亩土地划拨给兴国寺无偿使用。建寺筹资主要采取以下三个渠道解决：建庙的资金由信众直接捐献；建万佛殿的资金由供奉者捐献，供奉每尊佛像两千元，将供奉者的名字铸在佛像上世代相传；信众参加佛事活动在功德箱中的捐款。随后，兴国寺的复建工作迅速展开，复建后的兴国寺为古建仿唐式寺院，注重历史的文化传承。

灵山白塔寺，位于迁安市蔡园镇灵山村西灵山脚下，因建有白塔，故称灵山白塔寺。该寺修建于唐朝，属河北省文物保护单位，占地面积10464平方米，建筑面积1100平方米，寺内有佛像31尊。清乾隆皇帝北巡灵山曾为该寺亲笔写下“灵山秀色”四个字。白塔寺内外有三口井，塔西井水又苦又涩不能饮用，塔东井常年干枯，塔内水井甘甜可口，被人称为灵山圣水。该寺因何原因于何时被毁不详，现灵山白塔寺于1995年开始筹建，1995年投资1500万元人民币修建山门、观音殿、大雄宝殿、中楼、禅房、讲佛堂，并于1998年开放佛教活动场所。2002年投资30万修建地藏王殿并修缮白塔，2004年投资2000万元修建万佛楼，现该寺院占地总面积1.5万平方米。

道教宫观：玉清观，坐落在开平区北环路6号，是唐山市道教协会所在地。古时玉清观在开平古建筑中是规模较大的一座庙宇，在开平西城门外火神庙与关帝庙之间。坐北朝南，占地五六亩。始建于汉代，初毁于宋，复建于明，后毁于唐山大地震。再建的玉清观，坐落在开平老城遗址北门外，坐北朝南。由政府拨地20余亩，民营企业家董崇文个人投资2000万元，建筑面积4000多平方米。该观与开平区古艺文化街遥相呼应，形成浓厚的古文化氛围。玉清观正南是牌楼，牌楼为四柱七楼柱不出头，长约16米。主楼次楼为七彩斗拱，雄伟壮丽，气势非凡。牌楼上“玉清观”三个大字，字劲苍遒，金光闪闪。牌楼东西两侧是两层商业楼。由南往北是三座大殿，分别是灵官殿、窑神殿、玉皇殿，均为混凝土框架结构。灵官殿东西两侧为二层钟鼓楼，该钟鼓楼均为木斗拱，十字斜山琉璃瓦顶。再往后边就是高达三层的主殿三清殿，为一尖山式，重檐歇山建筑，长约40米，宽约25米。各层殿建筑风格迥异，却又有异曲同工之妙。主殿气势宏伟，雕梁画栋，斗拱飞檐；配殿小巧玲珑，精工细做，结构严谨；两边墙壁及大殿墙壁壁画均是道教故事及山水人物，供游人观赏，并起到劝善和净化人心的作用。随着玉清观建筑的日臻完善，成为唐山市乃至河北省规模最大，具有影响力的道教洞天福地之一。在发展过程中的玉清观努力于公益慈善福利事业，积极弘扬道教文化传统，热情接待海内外游客和来观参拜的善长仁翁。

伊斯兰教清真寺：建昌营清真寺，坐落在迁安市建昌营镇回民村。该寺始建于明嘉靖年间（公元1522－1566年），有草房3间。清康熙58年（公元1720年）由李梅父子扩建，盖大殿3间，高3.5丈，殿前建抱厦3间，厦前栽翠柏两株，1924年经阿訇钟国庆、乡佬杨子峰、马雨亭、李献楼、代凤九等人再次扩建，在原殿西接出大殿3间，并在窑殿顶上建六角楼一座，高5.5丈，大殿后壁有回民文人李幕臣书写的“清真古寺”四字，寺内殿前廊下有历来各界人士送的匾十几块。如“清正正直”、“普慈世界”、“认主独一”等。另如“真宇恩隆”、“敬畏常在”、“覆帱无私”、“松风水月”等系清朝将领哈元生所送。“天堂正路”、“彼美西方”系李梅所送。抱厦两根红漆明柱挂着木刻对联，上联：“清在个中一片清心参本色”，下联：“真寻像外三更水月悟根源”。至此，建昌营清真寺成为一座风格奇特、新颖别致、秀丽玲珑的古刹。1947年当地回民发生矛盾，殿内设施被毁。新中国成立后，政府于1956年拨款600元人民币进行维修。1967年被回民大队占用，南讲堂、沐浴室、女寺遭破坏。1980年，县政府拨款9万元复建南讲堂3间、沐浴室3间，并将大殿、抱厦、六角楼油漆彩画一新。1998年6月16日，唐山市人民政府将该寺确立为唐山市重点文物保护单位。截至1999年底，该寺有大殿6间，抱厦3间，女寺3间，南、北讲堂7间，男沐浴室3间，女沐浴室2间，该寺总占地面积4.12亩。2002年，建昌营镇建小城镇期间，在修民族文化路时，为保护清真寺这一文化古迹，投资98万元搬迁周围群众住户，修建环岛并修建清真寺仿古式围墙168米，现清真寺总占地面积6.5亩。

开平清真寺，坐落在开平区开平镇一街。始建于明嘉靖二年（公元1524年），初建房舍比较简陋，后几经翻修扩建，初建成西大殿13间、讲堂3间。当时地方官吏送匾额一方悬于大殿门楣，文为“独一无二”，又楹联一付，联文为“一点虔诚朝圣主，千秋俎豆诵清芬”。分别悬于左右两柱。清光绪年间（公元1875年至1908年）再行修缮，新建门楼。驻开平镇守使王怀庆赠匾额两方，一方文为“清真古教”，悬于门楼楣上；一方文为“至慈至公”悬于北讲堂门楣。以后又陆续增建沐浴室4间，储藏室、厨房4间。1966年“文化大革命”开始后，宗教活动被迫停止，该寺改为一街仓库。1976年毁于“7.28”大地震。1979年在开平区委、区政府、区政协以及唐山市民委的关怀下，募集资金在原址复建，建成礼拜堂3间，沐浴室4间，讲堂3间，储藏室2间，另有食品厂5

间，门房1间，四周有围墙，大门座北朝南，整个寺院占地6.73亩。1990年又重新修缮。2001年，在各级政府的支持下，应广大穆斯林群众要求重建清真寺，新寺总投资人民币100万元，建筑面积1100平方米，可容纳300余人聚礼。

夏庄清真寺始建于明嘉靖三年（公元1525年），坐落在开平区夏庄村和后营村之间，有草房3间，后毁于火灾。清乾隆十年（公元1746年）在虔诚教徒穆氏捐献的土地上重建。清道光年间迁于村内，清光绪年间（公元1875年至1908年）教长丁宝恒扩建。扩建后的清真寺有三层大殿，上有挑脚楼。1928年经丁万春阿訇扩建南北讲堂12间，水房子5间，女讲堂2间。1938年经李相林阿訇又扩建寺院，筑起高大院墙和南北古式更楼（望月楼）。至此该寺共有大殿三层37间，水房子6间，讲堂14间，地平3间，学校8间。另有院墙、更楼、大门、二门，占地20余亩，有京东第一大寺之称。寺内悬挂清乾隆十五年（公元1751年）穆提督送的“清真古教”和乾隆年间王文绍翰林送的手笔“造化之原”、“认主独一”等金匾。寺内有石碑六方，篆刻着修建寺院的募捐人姓名和年代。最早的碑文是明朝嘉靖年间雕刻的。1966年“文化大革命”开始后，宗教活动被迫停止，寺院被村里改做工厂，1970年工厂生产药瓶不慎发生火灾，寺院被焚毁。1978年党的十一届三中全会以后，全面落实党的民族宗教政策，村里拨款23000元，穆斯林群众集资37000元，在村南新建清真寺。新寺有大殿16间，北讲堂3间，男、女沐浴室8间，教长住室和厨房3间，架子房2间，整个寺院占地4亩。1997年，应夏庄村广大群众的要求重建清真寺，唐山市和开平区人民政府先后拨款30万元。本村捐款24万元，社会各界资助42万元，共投资96万元，于1997年5月1日动土，10月1日竣工。新建成的清真寺占地面积约为3700平方米，其中建筑面积约为1240平方米（其中礼拜殿500平方米，南讲堂约290平方米，北讲堂约450平方米），空地面积约为2460平方米。可容数百人聚礼。其结构大体上为内外两层，大门是仿古牌楼，入门的右侧为门卫兼传达室，二道门是由影壁隔开的两个出入口，进入二道门，正前方是清真寺的核心建筑——礼拜殿，左侧为男女沐浴室，右侧为主任办公室、学员室、阿訇办公室和仓库。寺内有匾额及楹联共32块，其中汉文14块，阿拉伯文18块。

（赵　颖）

华侨·华人·港澳同胞

【概况】　唐山市的华侨、华人、港澳同胞工作由侨务办公室负责管理。2009年，唐山市的侨务工作坚持以人为本，为侨服务的宗旨，以国内侨务工作为基础，以国外侨务工作为主导，坚持为国家大局服务和为侨服务的统一，与时俱进，开拓创新，努力在海外发展一支宏大的友好力量，促进侨务资源的可持续发展，充分发挥海外侨胞和归侨、侨眷的独特作用，为把唐山建成科学发展示范区和人民群众幸福之都做了大量工作。组织他们促进祖国统一和发展同各国人民友好合作，保护华侨正当合法权益，促进华侨团结互助。教育华侨遵守住在国法律，尊重当地社会、民族习俗，并与当地人民和睦相处。尊重华侨自愿加入住在国国籍的意愿，鼓励华侨发扬爱国爱乡优良传统，促进祖国和住在国的发展以及祖国与住在国的友好。据统计，2009年唐山市有归侨242人，有侨眷、港澳同胞眷属、外籍华人眷属7169人，主要分布在唐山市各县（市）、区和市直厂矿企业等90多个单位中。祖籍在唐山市或在唐山市有亲属关系的海外华侨、华人36834人，港澳同胞5662人。1978年以来，唐山市在国外和港澳地区定居、上学、探亲、工作不归的新移民1万多人，主要分布在美国、日本、加拿大、德国等30多个国家和地区，其中与国内亲属联系密切的有8000多人。

（武海涛）

2009年国民经济和社会发展统计公报

2009年，是唐山市经济社会发展很不平凡的一年。面对国际金融危机带来的严峻挑战，全市人民在市委、市政府的正确领导下，坚持以科学发展示范区建设总揽经济社会发展全局，认真贯彻落实中央、省一系列决策部署，全力实施“五项攻坚行动”和“八大工程”，加速推进发展方式转变，取得抗危机、保增长阶段性胜利，国民经济逐步企稳回升，经济结构调整迈出巨大步伐，人民生活质量继续提高，各项社会事业发展取得显著成效。

一、综合

国民经济保持平稳较快发展。2009年，全市实现地区生产总值3812.72亿元，比上年增长11.3%。分产业看，第一产业增加值360.18亿元，增长5.8%；第二产业增加值2202.13亿元，增长11.2%；第三产业增加值1250.41亿元，增长13.0%。按常住人口计算，全市人均生产总值达到51179元（按年平均汇率折合7497美元），比上年增长10.8%。三次产业增加值结构由上年的9.5∶59.4∶31.1调整为9.4∶57.8∶32.8。

图1　2004—2009年地区生产总值及其增长速度

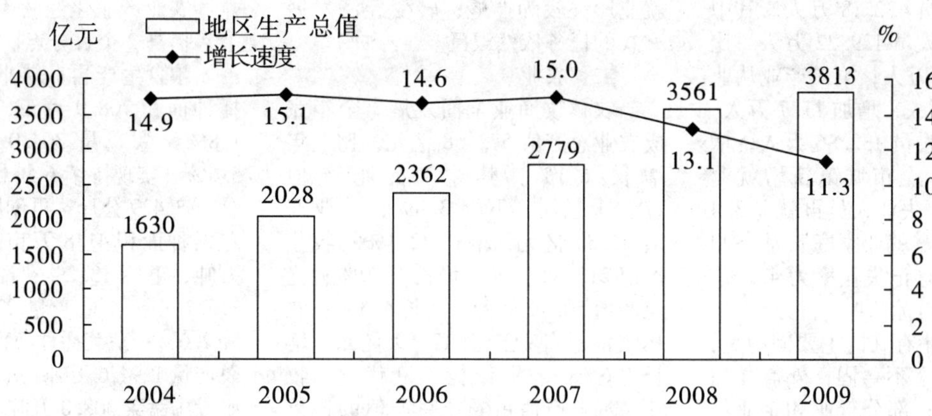

物价总水平回落。居民消费价格比上年回落0.1%，其中城市回落0.2%，农村上涨0.3%。商品零售价格回落0.7%。农业生产资料价格回落0.6%。工业品出厂价格回落16.5%，其中，生产资料回落17.6%，生活资料上涨1.6%。

图2　2004—2009年居民消费价格涨跌幅度

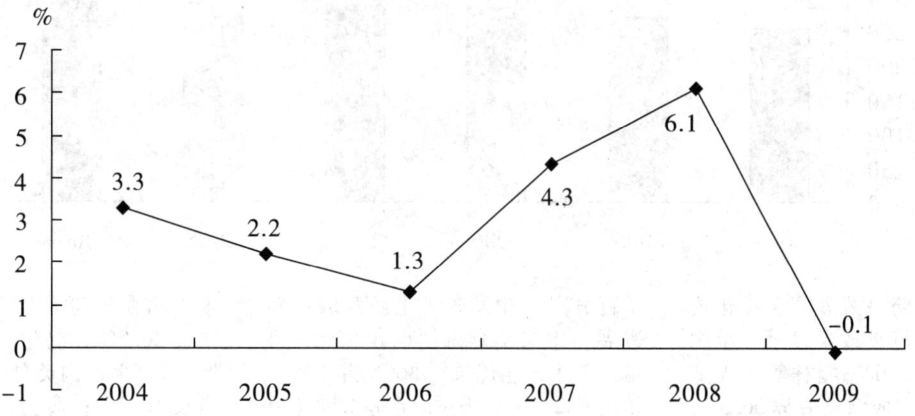

表1　2009年居民消费价格指数

单位:%

指　　标	全　　市	城　市	农　村
居民消费价格指数	99.9	99.8	100.3
食品	100.4	101.1	98.8
#粮食	106.6	107.4	105.0
猪肉	79.7	79.2	80.7
油脂	90.9	95.6	84.2
鲜蛋	107.2	107.1	107.2
鲜菜	114.8	116.8	108.8
烟酒及用品	101.6	102.4	100.3
衣着	99.9	99.7	100.3
家庭设备用品及服务	100.6	100.9	100.0
医疗保健及个人用品	101.3	100.8	102.5
交通和通信	97.4	96.5	99.7
娱乐教育文化用品及服务	98.4	98.3	98.6
居住	100.9	98.8	103.4

就业再就业工作加快推进。年末全市从业人员432.18万人。其中第一产业从业人员129.22万人，比上年增加1.18万人；第二产业从业人员170.10万人，增加11.7万人；第三产业从业人员132.86万人，增加7.29万人。全市城镇新增就业6.9万人，下岗失业人员再就业3.4万人，实现"零就业家庭"动态归零。年末城镇登记失业率为4.1%，低于省达控制目标0.4个百分点。

经济运行中存在的主要问题是：经济回升基础还不稳固；外需萎缩局面依然持续；部分行业和企业经营仍比较困难；财政收支矛盾突出；就业形势较为严峻；转变经济发展方式的任务依然艰巨。

二、农业

农林牧渔业全面发展。全年完成农业总产值572.68亿元，比上年增长6.1%。其中，农业产值278.81亿元，下降3.8%；林业产值12.85亿元，增长22.1%；牧业产值212.84亿元，增长19.9%；渔业产值50.49亿元，增长4.3%；农林牧渔服务业产值17.69亿元，增长1.6%。农业结构不断优化。牧业、渔业产值占农业总产值的比重达46.0%，比上年提高0.8个百分点。农业产业化经营率达63%，比上年提高2个百分点。

粮食生产再获丰收。全年粮食播种面积708.0万亩，比上年增长1.8%，总产量304.0万吨，增长5.6%，实现持续6年粮食增产，粮食亩产429公斤，再创历史新高；棉花播种面积41.8万亩，总产量3.2万吨，下降13.2%；油料播种面积116.7万亩，总产量27.7万吨，下降2.6%；蔬菜播种面积268.3万亩，总产量1294.6万吨，增长1.2%，其中设施蔬菜308.0万吨。

图3　2004—2009年粮食总产量

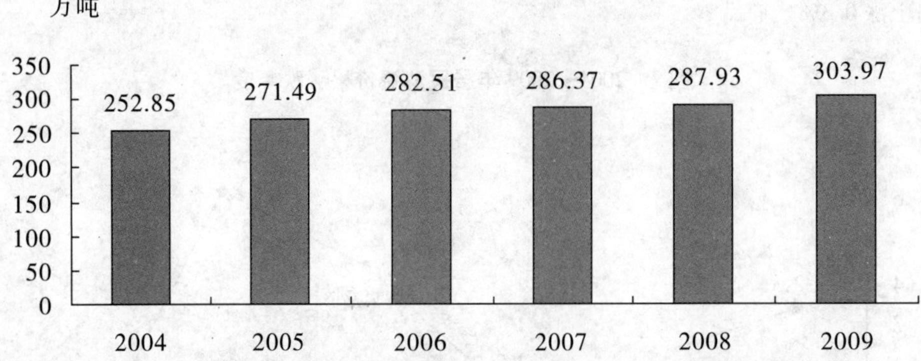

林业实现跨越式发展。绿化攻坚和持续攻坚行动成果显著。组织开展通道绿化、生态园林等七大造林工程，全年完成绿化造林56.5万亩，树木成活率达到90%以上。年末实有林地面积38.6万公顷，森林覆盖率达28.7%，比上年提高2.25个百分点。林果产业化经营取得新进展。年末实有果树面积220.5万亩，其中，名优果树80万亩，比上年增长2.6%；干鲜果产量234.7万吨（含果用瓜），增长2.3%，其中板栗产量5.8万吨，增长23.6%。

畜牧水产业发展势头良好。年末生猪存栏387.0万头，比上年末增长26.5%；奶牛存栏47.0万头，增长2.8%。肉类总产量63.5万吨，增长16.7%；禽蛋产量31.8万吨，增长4.0%；奶类产量174.7万吨，增长8.7%。水产品产量47.9万吨，增长4.1%。

表2　主要农产品产量

产品名称	产量（万吨）	比上年增长（%）
粮食	304.0	5.6
油料	27.7	-2.6
其中：花生	27.6	-2.6
棉花	3.2	-13.2
蔬菜	1294.6	1.2
鲜果	228.1	1.7
肉类	63.5	16.7
其中：猪牛羊肉	51.8	19.1
禽蛋	31.8	4.0

奶类	174.7	8.7
其中：牛奶	167.7	10.2
水产品	47.9	4.1

农村生产条件进一步改善。农田有效灌溉面积48.43万公顷，其中，节水灌溉面积达到27.34万公顷。农业机械总动力1031.62万千瓦，增长4.8%。农村用电量127.73亿千瓦时，增长7.8%。

三、工业和建筑业

工业经济明显回升，增长持续加快。全部工业完成增加值2021.01亿元，比上年增长10.9%。其中规模以上工业企业完成增加值1699.99亿元，增长13.6%。产销衔接良好，产品销售率为97.0%，比上年提高0.8个百分点。

表3　规模以上工业增加值主要分类情况

指　　标	增加值（亿元）	比上年增长（%）
工业增加值	1699.99	13.6
#国有及国有控股企业	546.50	5.1
按轻重工业分		
轻工业	71.99	-1.1
重工业	1628.00	14.5
按行业分		
#煤炭开采和洗选业	122.17	12.2
石油和天然气开采业	41.24	-17.5
黑色金属矿采选业	267.33	29.2
石油加工、炼焦及核燃料加工业	47.58	23.7
化学原料及化学制品制造业	21.68	-2.7
非金属矿物制品制造业	87.41	5.8
黑色金属冶炼及压延加工业	819.05	14.2
通用设备制造业	26.57	7.2
专用设备制造业	25.96	26.9
交通运输设备制造业	27.88	37.3
电力、热力的生产和供应业	68.55	7.2

工业在结构调整中取得新发展。装备制造业规模化、集约化水平大幅提升，完成增加值90.76亿元，比上年增长20.2%，增速高于规模以上工业平均水平6.6个百分点。时速350公里动车组、中低速磁悬浮列车研制成功并实现产业化。钢铁工业逐步转型升级，完成增加值819.05亿元，增长14.2%，对工业增长的贡献率为52.1%，拉动规模以上工业增长7.1个百分点。钢铁产业整合改造取得重要进展，渤海、长城两大钢铁集团重组扎实推进。主要产品产量快速增长。在44种主要工业产品中，产量增长的有27种，占61.4%。

表4　主要工业产品产量

产品名称	产量	比上年增长（%）
原煤	3399（万吨）	24.0
原油	173（万吨）	-13.6
铁矿石原矿量	8001（万吨）	9.1
发电量	333（千瓦时）	8.2
焦炭	1841（万吨）	34.7
纯碱	164（万吨）	-12.4
水泥	3282（万吨）	23.8
卫生陶瓷	2040（万件）	-6.2
日用陶瓷	11469（万件）	-16.6
生铁	6034（万吨）	15.2
粗钢	6547（万吨）	14.5
钢材	7064（万吨）	25.9
采矿设备	179221（吨）	54.2
铁路客车	1161（辆）	1.2倍
乳制品	69（万吨）	2.8
啤酒	382916（千升）	-13.7
机制纸及纸板	162（万吨）	-5.0

企业经济效益快速回升，降幅不断减小。工业企业经济效益综合指数达到266.9%，比上年下降11.7个百分点。全年规模以上工业实现利税573.83亿元，下降1.1%；实现利润360.46亿元，增长5.4%。在统计的36个行业中，23个行业利润实现增长，占全部工业行业的63.9%，增长面比上年扩大13.9个百分点。

表5　规模以上工业主要行业利润及增长

行业名称	利润（万元）	比上年增长（%）
总　　计	3604613	5.4
#煤炭开采和洗选业	108736	22.4
石油和天然气开采业	91630	-62.3
黑色金属矿采选业	1226680	10.8
石油加工、炼焦及核燃料加工业	76053	-15.6
化学原料及化学制品制造业	32730	8.5
非金属矿物制品制造业	239485	215.6
黑色金属冶炼及压延加工业	1238357	-10.5
通用设备制造业	94703	31.2
专用设备制造业	80002	58.3
交通运输设备制造业	53022	62.0
电力、热力的生产和供应业	4128	

建筑业较快发展。全市建筑业完成增加值181.12亿元，比上年增长14.6%。资质等级以上建筑企业房屋施工面积2794.27万平方米，增长2.8%；房屋竣工面积1021.44万平方米，下降17.4%。全市有总承包和专业承包资格的建筑企业291家，实现利润18.80亿元，下降23.9%。

四、固定资产投资

固定资产投资高位增长。全社会固定资产投资完成2179.98亿元，比上年增长60.0%。城镇固定资产投资完成1802.27亿元，增长62.4%。投资结构进一步优化。在城镇固定资产投资中，第一产业完成投资13.41亿元，增长66.4%，第二产业完成投资743.67亿元，增长10.4%，第三产业完成投资1045.19亿元，增长1.4倍。三次产业投资比重为0.7∶41.3∶58.0，其中，第三产业投资比重比上年提高19.4个百分点。全年房地产开发完成投资191.79亿元，增长59.3%，其中商品住宅投资142.78亿元，增长46.9%。年末全市城镇在建项目2650个，其中亿元以上项目363个，全部项目平均规模1.69亿元。本年新开工建设项目2229个，增长1.4倍。

图4　2004—2009年社会固定资产投资及其增长速度

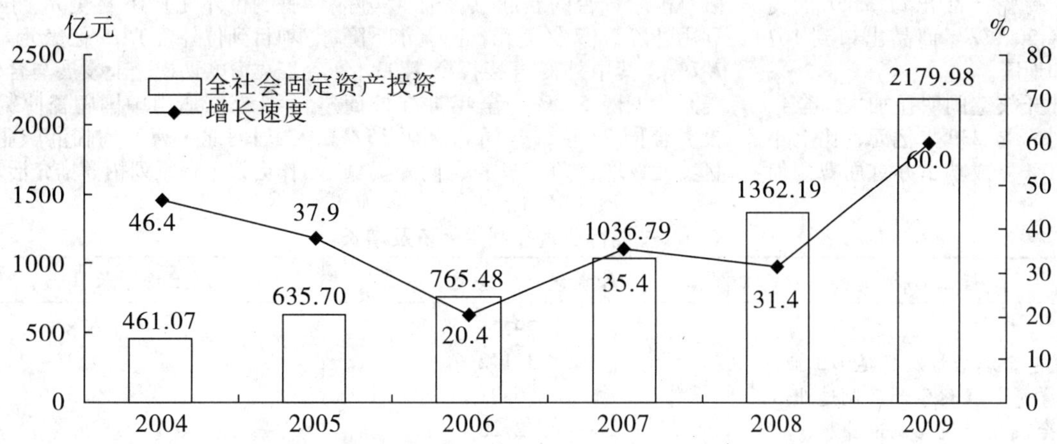

唐山湾"四点一带"开发建设保持强劲增长。全年"四点一带"区域完成投资1386.80亿元，增长1.4倍，占全社会投资的63.6%，比重比上年提高15.9个百分点。其中，曹妃甸新区完成投资1022.54亿元，比上年增长1.4倍。产业大规模聚集态势初步形成。首钢京唐钢铁公司一期一步正式投产，华润曹妃甸电厂2×30万千瓦机组并网发电，中石油渤海湾生产支持基地、华电临港重工装备制造基地、冀东哈电风力发电、恒基伟业新能源、锂源锂电池、第四方物流南堡现代物流园等一批产业项目开工建设。基础设施不断完善。京唐港区3000万吨专业煤炭泊位竣工，曹妃甸港区煤炭码头一期工程投入试运营，通用散杂货码头起步工程和二期工程开工建设，司曹铁路全线通车，滦曹公路、滨海大道开工建设，路水电讯等配套设施日臻完善。

重点工程建设取得较大进展。千个攻坚项目完成投资1878亿元，完成年计划的100.8%。大连万达广场、乐亭旭阳化工循环经济园等523个项目开工建设，日本住友建机株式会社挖掘机、日本住友重机械工业株式会社大中型减速机、首钢迁钢配套工程、丰润热电等274个项目竣工，完工率达139.8%。

五、国内贸易

消费品市场持续稳定增长。全年实现社会消费品零售总额958.56亿元，比上年增长15.8%。分行业看，批发零售贸易业零售额798.67亿元，增长15.1%；住宿餐饮业零售额145.12亿元，增长20.0%。"家电下乡"和"汽车下乡"等各项刺激消费政策成效明显，县及县以下农村市场实现零售额390.54亿元，增长15.4%。消费升级转型继续加快。在限额以上批发零售企业零售额中，粮油食品饮料烟酒类增长13.6%，服装鞋帽针纺织品类增长16.5%，汽车类增长32.9%，金银珠宝类增长27.7%，与住房消费有关的建筑及装潢材料类增长58.2%，家具类增长17.2%。

图5　2004—2009年社会消费品零售总额及其增长速度

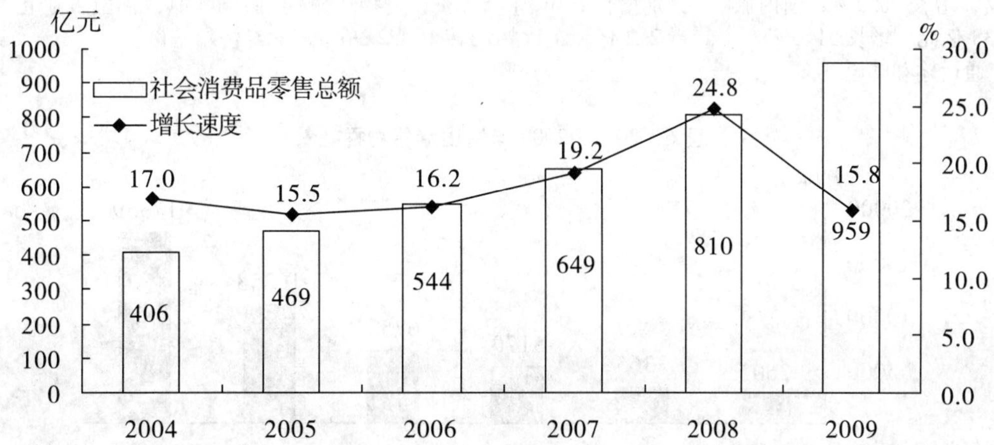

市场交易规模继续扩大。全市城乡各类商品交易市场达551个，其中专业市场76个，实现商品成交额690.64亿元。限额以上批发零售贸易企业实现零售额232.43亿元，增长21.5%，高于社会消费品零售总额平均增速3.1个百分点。

六、对外经济和旅游

对外贸易有所回落。全年实现进出口总额60.96亿美元，比上年下降33.7%。其中进口额41.77亿美元，出口额19.19亿美元，分别下降2.5%和61.2%。机电产品出口5.25亿美元，下降15.4%，占全市出口总额的比重为27.4%；钢铁产品出口4.60亿美元，下降85.4%；陶瓷产品出口3.49亿美元，下降20.0%。商品出口到167个国家和地区。

对外开放空间明显加大。全年引进省外资金239.2亿元，比上年增长13.0%。成功举办首届曹妃甸论坛，成为推动唐山全面走向世界、跻身国际舞台的新起点。全年实际利用外资7.97亿美元，比上年下降7.7%，其中外商直接投资7.93亿美元，下降5.2%。全年批准外商投资合同24项，合同总金额15.2亿美元，增长76.7%；合同外资额4.65亿美元，增长55.2%。津西钢铁到位外资1.16亿美元，国丰钢铁项目到位外资1.75亿美元。举办第四届海峡两岸企业发展与合作论坛、第十二届唐山中国陶瓷博览会和第二届河北·曹妃甸临港产业国际合作会议等一系列招商推介活动。

表6　主要行业直接利用外资及增长

行业名称	外资额（万美元）	比上年增长（%）
总　计	79275	-6.8
#黑色金属冶炼及压延加工业	35142	-24.3
化学原料及化学制品制造业	6891	72.5
非金属矿物制品制造业	2726	82.2
通用设备制造业	2282	-30.0
专用设备制造业	4568	34.4
交通运输设备制造业	2891	-12.8
电力、热力的生产和供应业	4380	
房地产开发业	4355	3.2倍

旅游业开发建设取得巨大成效。旅游资源开发投入14.5亿元，比上年增长59.0%。年末全市拥有旅行社140家，新增10家；星级饭店55家，新增2家；A级以上景区达到34家。新启动太阳峪等30个乡村旅游示范点、示范基地的建设。全年共接待国内外游客1231万人次，比上年增长26.0%，旅游总收入62.68亿元，增长40.0%。其中，接待国际游客5.44万人次，增长26.7%，旅游外汇收入1922.54万美元，增长16.2%；接待国内游客1226万人次，增长28.2%，国内旅游收入61.38亿元，增长31.0%。

七、交通运输和邮电

交通运输业快速发展。全年完成交通基础建设投资81.56亿元，其中重点项目完成投资65.08亿元，农村公路建设完成投资10.06亿元。全市公路通车里程达到13459公里，比上年增长1.9%，其中，高速公路465公里。唐丰快速路、机场连接线、205线郑家庄至王盼庄段改建工程实现主体通车。农村交通出行条件进一步改善。全年完成农村公路改造1249公里，新增农村客运班线20条。全年公路客运量9868万人，客运周转量36.01亿人公里，分别增长8.0%和5.0%；货物运输量2.2亿吨，货物周转量422.96亿吨公里，均比上年增长20.0%。唐山军民合用机场航站楼、航管楼、站坪等工程基本完工，进入市场运营谋划和航线申请策划阶段。

港口建设跨入新阶段。唐山港全年完成货物吞吐量17559万吨，增长61.8%，其中，曹妃甸港区吞吐量7018万吨，增长1.2倍；京唐港区吞吐量突破亿吨大关，完成10541万吨，增长37.9%，完成集装箱运输24.14万标箱，增长0.4%。曹妃甸港被国家定位为北方大宗能源和散杂货集输港、商业化储备基地、新型工业化基地和循环经济示范区。

图6　2004—2009年唐山港货物吞吐量

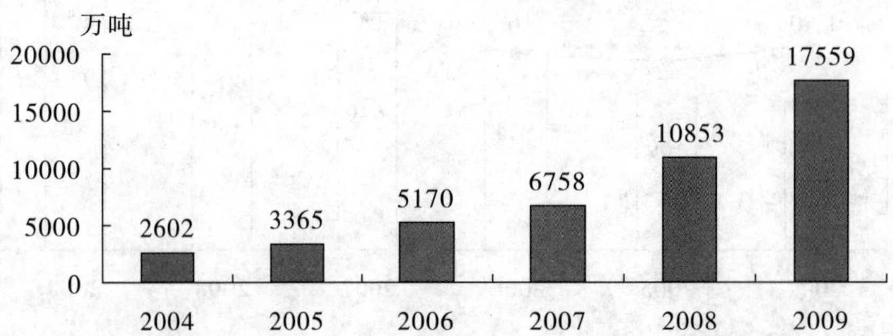

机动车拥有量快速增长。年末汽车保有量达到63.49万辆，比上年增长25.1%，私人汽车保有量52.87万辆，增长31.4%，其中私人轿车39.20万辆，增长34.9%。

邮电通信服务社会能力进一步增强。全年完成邮电业务总收入50.18亿元，比上年增长2.3%。其中，邮政业务收入3.56亿元，增长22.9%；电信业务收入46.62亿元，增长1.0%。年末全市邮政局（所）165处，其中农村邮政局（所）94

处。年末固定电话用户 181.66 万户，减少 12.53 万户，其中城市电话用户 128.17 万户，乡村电话用户 53.49 万户，分别减少 6.10 万户和 6.43 万户；移动电话用户 663.49 万户，新增 119.96 万户；互联网用户 73.31 万户，新增 16.19 万户；固定电话普及率 25 部/百人，移动电话普及率 91 部/百人。

八、财政、税收、金融和保险

财政收入保持增长。全部财政收入 413.35 亿元，比上年增长 1.9%，剔除增值税转型等政策性因素，按可比口径计算，增长 14.1%。其中，地方财政一般预算收入 169.72 亿元，增长 15.8%。地方财政一般预算支出 285.77 亿元，增长 11.2%。重点支出得到有力保障。其中，农林水事务支出增长 30.1%，一般公共服务支出增长 13.8%，教育支出增长 10.4%，医疗卫生支出增长 22.7%，社会保障和就业支出增长 19.2%。

税收收入小幅下降。全年税收收入完成 384.43 亿元，比上年下降 3.1%。国税收入（按省考核口径）完成 240.24 亿元，下降 11.6%，其中增值税完成 199.72 亿元，下降 9.1%；地税收入 144.19 亿元，增长 15.3%，其中营业税 54.37 亿元，增长 26.3%。

金融运行稳健。全市金融机构年末本外币各项存款余额 3676.85 亿元，比年初增加 757.49 亿元。其中，人民币各项存款余额 3657.85 亿元，比年初增加 761.00 亿元。城乡居民人民币储蓄存款余额 2139.17 亿元，比年初增加 319.38 亿元，人均储蓄存款 29237 元（按年平均人口计算），比上年增长 16.8%。金融机构年末本外币各项贷款余额 2211.07 亿元，比年初增加 653.78 亿元。其中，金融机构人民币各项贷款余额 2197.35 亿元，比年初增加 643.25 亿元。金融机构累计现金收入 5674.57 亿元，支出 5796.39 亿元，收支相抵净投放货币 121.82 亿元。

保险业健康发展。营业性保险公司达到 33 家，比上年增加 1 家。全年保费收入 88.80 亿元，比上年增长 16.4%。其中财产险保费收入 24.68 亿元，增长 26.7%；人寿险保费收入 64.12 亿元，增长 12.9%。全年各类保险赔款给付支出 26.80 亿元，增长 0.9%，其中财险赔给付 11.96 亿元，增长 11.8%；人寿险业务赔给付 14.84 亿元，下降 6.5%。

九、城镇建设和环境保护

城市公用设施建设取得新进展。全年城市基础设施建设投资 170.35 亿元，比上年增长 1.2 倍。新建和翻修改造城市道路 25 条（段），新铺装道路面积达 101.38 万平方米，人均城市道路面积 13.83 平方米。既有居住建筑供热计量及节能改造开工 600 万平方米，竣工 510 万平方米。大唐陡河电厂凝改抽工程新增 933 万平方米的供热能力。全市集中供热面积 3849 万平方米，集中供热普及率达到 76%，比上年提高 6 个百分点。重点实施冀东天然气、永唐秦天然气入唐工程和扩供 8698 户的居民惠民工程。城市燃气普及率达到 99.8%，比上年提高 0.3 个百分点。城市日供水能力达到 118.04 万吨，自来水普及率为 100%。年底运营公交线路 112 条，年内新增 20 条。

村镇建设步伐加快。全市县（市）城基础设施建设及村镇建设投资 74.8 亿元，比上年增长 8.9%，其中县（市）城基础设施建设投资 20.7 亿元，村镇建设投资 54.1 亿元，分别比上年增长 3.0% 和 11.3%。全市新创建文明生态村 449 个，累计达到 3936 个，占全市行政村总数的 70%。

生态环境质量继续改善。城市公园绿地面积 2718.31 公顷，比上年增长 31.0%；人均公园绿地面积 13.79 平方米；建成区绿化覆盖面积 10080 公顷，增长 6.8%，绿化覆盖率达到 45%。凤凰山公园完成扩容绿化改造，南湖城市中央生态公园被联合国人居署授予“HBA 中国范例卓越贡献最佳奖”，并被中国生态文化协会授予首批“全国生态文化示范基地”称号。全年完成重点污染源治理项目 900 个，投入治理资金 60 亿元。主要污染物排放强度明显下降。单位 GDP 能耗降低率达到 5.21%。污水日处理能力 78.9 万吨，污水处理率 92.5%。全市生活垃圾无害化处理率 91.13%，比上年提高 4.9 个百分点，其中市中心区生活垃圾无害化处理率达到 100%。城市空气环境质量二级及优于二级天数达到 329 天。

十、科学技术和教育

科技创新取得显著成果。全市拥有市级以上重点实验室 18 个，企业工程技术研发中心 50 个，农业产业研发中心 23 个，民营特色研发机构 26 个。5 项重大关键共性技术专项和 5 项重大科技成果转化促进专项计划项目取得明显成效。全年专利申请量 1393 件，专利授权量 1049 件，分别增长 13.2% 和 85.2%。

教育事业健康发展。年末全市拥有各级各类学校 2188 所，在校生 120.50 万人，教职工 9.59 万人，其中专任教师 7.73 万人。基础教育均衡发展，办学条件进一步改善。学前三年入园率达到 93.77%；小学入学率和巩固率均达到 100%；高中阶段毛入学率达到 90% 以上。改造农村中小学陈旧校舍 11.23 万平方米，投入资金 1.29 亿元。全年新装备计算机 6810 台，多媒体设备 900 套，校园网 55 个。职业教育办学活力进一步增强。全市拥有国家级重点职业技术学校 15 所，职业学校专业设置达 90 个。依托唐山工业职业技术学院组建的河北曹妃甸工业职业教育集团正式成立。唐山市对外经贸学校迁建工程顺利完工并投入使用。

表7　2009年各类教育基本情况

	学校数（所）		招生		在校学生数	
	数量	增减	人数（万人）	增长（%）	人数（万人）	增长（%）
总　计	2188	-67	39.45	-2.5	120.50	0.1
#普通高等学校	9	0	3.39	14.3	9.53	4.7
中等职业学校	83	-7	4.28	14.6	11.13	0.6
普通中学	380	-28	11.52	-3.9	35.31	-5.1
小学	1281	-77	6.82	-12.1	43.12	-1.0
幼儿园	422	45	11.93	-2.5	17.38	8.6

十一、文化、卫生和体育

各类文化事业协调发展。年末拥有专业艺术表演团体9个，影剧院7个，电影放映队225个，文化馆和群艺馆15个，图书馆13个，总藏书175.6万册。有线电视用户达到96.54万户，有线电视入户率42.9%；数字电视节目133套，数字电视用户39.39万户，比上年增长61.4%。全年公开出版报纸、期刊19种。专业艺术资源实现初步整合，组建唐山演艺集团公司。唐山博物馆改扩建、开滦国家矿山公园等文化项目顺利实施。文艺精品不断涌现。皮影戏《沉香救母》获全国第六届优秀儿童剧目展演优秀剧目奖，评剧戏曲艺术片《成兆才》获国家广电总局“飞天奖”戏曲类作品二等奖。

公共卫生服务能力继续提高。年末全市拥有各类卫生机构1612个，其中医院114所，卫生院179个，疾病预防控制中心17个，妇幼保健院（站）15个，诊所、卫生所、医务室1157个；卫生机构床位2.99万张，其中医院2.21万张；卫生技术人员3.30万人，其中医生1.40万人。社区卫生服务中心（站）114个，人口覆盖率100%。“健康唐山，幸福人民”全民健身行动扎实推进，为全市120.4万人建立了健康档案，为53.2万人制定了健康计划，为82.7万人进行体检。

体育事业蓬勃发展。全年获全国冠军6个，获河北省冠军114个。市体育运动学校被国家体育总局命名为国家田径高水平后备人才基地，成为全省唯一获得一个综合和三个单项国家级基地的市级体校。迁安市体校被国家体育总局命名为国家女子拳击训练基地，并在迁安组建了我国第一支女子拳击国家队。向省以上集训队输送优秀后备人才47人，向国家集训队输送13人。全年有19人达到一级运动员标准，5人达到国家级运动健将标准。全市有53名运动员代表河北省参加全国第十一届运动会，共获得5枚奖牌，奖牌总数超过上届。承办第25届亚洲斯诺克锦标赛、中国乒乓球俱乐部甲A联赛、全民少儿游泳冠军赛及唐山市首届马文化节暨全国速度马邀请赛。全民健身工程惠及普通民众。年末拥有标准体育场16个，体育馆14个，更新维修70个社区体育健身苑和718个农民体育健身工程。

十二、人民生活和社会保障

居民收入稳步增长。城市居民年人均可支配收入18053元，比上年增长10.2%；人均消费性支出12962元，增长7.8%；城市居民恩格尔系数为35.9%，比上年提高0.4个百分点。每百户城镇居民家庭拥有家用汽车11辆，家用电脑56台。城镇居民人均住房建筑面积22.6平方米。农村居民年人均纯收入7420元，比上年增长12.0%；人均消费性支出5441元，增长16.8%；农村居民恩格尔系数为35.2%，比上年下降2.9个百分点。每百户农村居民家庭拥有空调器20台，热水器60台，移动电话160部，分别比上年增长33.3%、7.1%和9.6%。农村居民人均住房面积33.4平方米，比上年增加1.4平方米。

图7　2004—2009年农村居民人均纯收入、城镇居民人均可支配收入

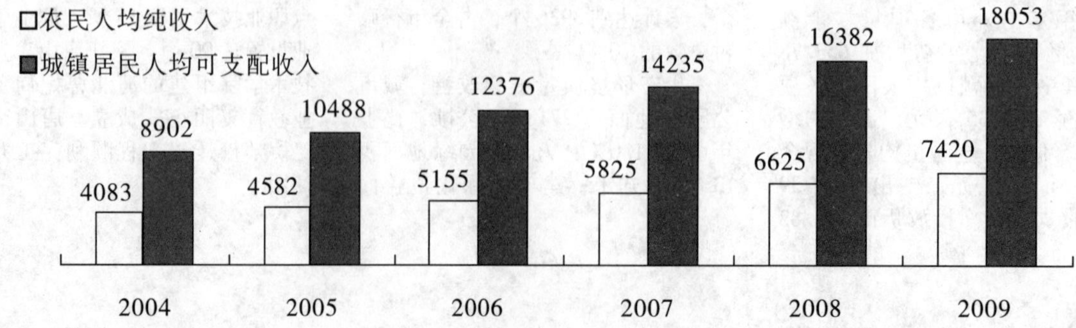

社会保障体系建设步伐加快。年末全市参加城镇基本养老保险人数151.86万人，比上年增加24.91万人，其中参保职工109.71万人，参保离退休人员42.15万人。参加城镇基本医疗保险人数197.7万人，

增加10.4万人，其中参加城镇职工基本医疗保险人数130.2万人，参加城镇居民基本医疗保险人数67.5万人。参加失业保险人数74.25万人，增加0.65万人。参加工伤保险人数79.26万人，增加7.19万人。参加农村养老保险人数124.3万人，增加54.5万人。参加农村新型合作医疗农民468.64万人，参合率达到96.06%（不包括参加城镇居民医保农民），在全省率先实现“农民进城医疗报销无障碍”。全市享受城市最低生活保障居民5.4万人，比上年减少0.4万人；享受农村最低生活保障农民11.7万人，增加0.9万人。市区、城镇低保标准由每人每月270元和205元统一提高到285元，农村低保标准由每人每年1200元提高到1300元，惠及全市62715户、116902人。

社会救助事业稳步发展。年末全市拥有收养性社会福利单位129个，提供床位1.9万张，收养各类人员1.5万人。全年销售社会福利彩票3.29亿元；直接接收社会各界捐赠款物965.2万元。

十三、人口

人口保持低速平稳增长。年末全市户籍总人口733.90万人，比上年末增加4.49万人，其中市区307.00万人，增加1.47万人。在总人口中，农业人口488.56万人，比上年增加3.54万人；非农业人口245.34万人，比上年增加0.95万人；男性人口372.34万人，女性人口361.56万人，男女性别比为103：100。全市人口出生率为10.65‰，比上年上升0.28个千分点；死亡率6.19‰，比上年下降0.12个千分点；自然增长率4.46‰，比上年上升0.4个千分点。

注：1. 公报中全市生产总值、人均生产总值、各产业增加值绝对量按当年价格计算，增长速度按可比价格计算。

2. 规模以上工业为年销售收入500万元以上工业企业。

（翟淑霞）

首届曹妃甸论坛

编纂　赵鹤鸣

综　　述

2009年10月15日至17日，在党中央、国务院的高度重视和省委、省政府以及各主办单位的大力支持下，首届曹妃甸论坛在唐山市成功举办。作为我国自主创办的第一个国际性论坛，首届曹妃甸论坛邀请到国内外嘉宾450多位。其中，国外嘉宾包括7位国外政要、11位著名专家学者、34位政府高级官员及城市代表、12位外国驻华使节及国际组织代表、28家世界500强企业代表、40家跨国公司代表；国内嘉宾包括国务院有关部委领导44位、省委省政府有关部门领导27位、国内城市市长或城市代表87位、著名专家学者10位、央企30家、国际商会5家、重点民企77家，加上嘉宾随员和国内外媒体记者，参加本届论坛的国内外来宾总数达千余人。与会代表围绕“金融危机背景下的可持续发展与新型工业化”这一主题，参观考察、深入探讨、广泛交流，提出许多深邃的见解和主张，达成可持续发展的广泛共识。通过成果展示、实地考察、投资推介和经贸洽谈等活动，展现唐山市科学发展、可持续发展的成果，扩大了唐山和曹妃甸的知名度和影响力，向世界展示了中国致力于走可持续发展道路的信心和信用。

10月16日论坛开幕，国内外来宾及唐山有关人员共2000多人出席或参加开幕式。胡春华省长代表论坛主办方在开幕式上致欢迎词，中共中央政治局常委、全国政协主席贾庆林出席开幕式并发表《发展可持续，世界更美好》的主旨演讲，新西兰前总理詹妮·希普莉发表主旨演讲。在论坛开幕后的第一次全体会议上，中央党校原常务副校长郑必坚，英国前副首相约翰·普雷斯科特，新加坡政府人力部部长颜金勇，联合国前副秘书长默里斯·斯特朗，韩国总理室前室长赵重杓，欧盟使团驻华大使、轮值主席国瑞典驻华大使林川，省委常委、市委书记赵勇，围绕论坛主题分别作了主旨发言，从不同的角度阐述了在应对国际金融危机进程中实现可持续发展的路径、措施和对策。10月17日举行的论坛第二至第五次全体会议（即第一至第四分论坛），25位嘉宾分别围绕“可持续发展与新型工业化”、“资源型城市的可持续发展及产业转型”、“循环经济与生态城市建设”、“区域经济发展与合作”四个议题作了主旨发言。国内外来宾及唐山市有关人员600多人参加分论坛。在正式的论坛研讨之外，10月15日晚举办的思想沙龙活动也引起与会代表和专家的浓厚兴趣，100名代表和嘉宾通过沙龙进行了深入的思想交流。

论坛期间先后组织120多名国外代表和300多名国内代表，分三路对曹妃甸生态城、曹妃甸装备制造产业园区、曹妃甸25万吨级矿石码头、首钢京唐钢铁厂、曹妃甸规划展馆等五个参观点进行参观考察；组织六组国外政要考察南湖生态城等有关参观点，组织五组国内副部级以上领导考察曹妃甸。

论坛期间举办的国际节能环保产品和技术展，集先进理念、领先技术、尖端产品于一体，汇聚国内外节能、环保和新能源领域的一大批最先进的前沿成果，如一次充电可行驶350公里左右的纯电动大巴、温屏节能玻璃、太阳能草坪灯、利用污水和海水供热供冷的热泵技术、中低速磁悬浮列车、矿用抢险探测机器人等等，吸引众多代表参观。

经中国集邮总公司批准，唐山市政府、邮政局和有关部门共同设计、制作首届曹妃甸论坛个性化邮票、邮折和“美丽唐山湾、梦想曹妃甸”唐山风光明信片，10月15日下午举行了首发仪式。10月15日晚的烟花燃放和16日晚的专场文艺演出，为论坛增添了节日气氛。

重要文献

发展可持续　世界更美好

中共中央政治局常委、全国政协主席　　贾庆林

2009 年 10 月 16 日

尊敬的各位来宾，女士们、先生们、朋友们：

金秋十月，清风送爽。来自海内外的各界有识之士，相聚在美丽的渤海之滨，共同举办首届曹妃甸论坛。首先，我对论坛的召开表示热烈的祝贺！对各位嘉宾的到来表示诚挚的欢迎！

我们今天所在的曹妃甸，是中国的国家级循环经济示范区，也是中国推进科学发展、可持续发展具有代表性的地区。在这里举办以可持续发展为永久主题的国际性论坛，打造一个探讨可持续发展问题、展示中国可持续发展成果的高层互动平台，对于汇集全球智慧、促进务实合作、共同推动可持续发展，具有十分重要的意义。首届曹妃甸论坛以“金融危机背景下的可持续发展与新型工业化”为主题，抓住了当前国际社会普遍关注的问题，顺应了世界经济发展的潮流。我相信，论坛围绕这一主题深入探讨、广泛交流、凝聚共识，对于坚持走新型工业化道路、促进可持续发展，对于应对国际金融危机、推动世界经济健康复苏，必将发挥积极的作用。

去年爆发的国际金融危机对世界经济产生了重大影响。国际金融危机爆发后，国际社会加强合作，同舟共济，积极应对，世界经济形势出现了一些积极变化，开始缓慢曲折的复苏。国际金融危机给中国经济也带来了巨大冲击。我们坚定信心，迎难而上，从容应对。既强调国际金融危机带来了前所未有的挑战，也注重把握国际金融危机蕴含的发展机遇，坚持把保持经济平稳较快发展作为经济工作的首要任务，及时调整宏观经济政策，果断实施积极的财政政策和适度宽松的货币政策，实施了总额 4 万亿元人民币的两年投资计划，实行结构性减税政策，多次降息和增加银行体系流动性，大范围实施产业调整振兴规划，深化重点领域改革，加大改善民生力度。经过努力，基本扭转了去年下半年以来经济增长明显下滑趋势，经济形势总体呈现企稳向好势头。今年上半年中国经济增长率达到 7.1%，其中二季度增幅回升到 7.9%；1—8 月城镇固定资产投资同比增长 33%，社会消费品零售总额同比增长 15.1%。实践证明，中国政府应对国际金融危机所采取的宏观经济政策和一揽子计划是符合中国实际的，也是及时的、正确的、有效的。但我们也清醒地看到，中国经济回升基础还不稳定、不巩固、不平衡。我们将继续保持宏观经济政策的连续性和稳定性，全面落实和充实完善应对国际金融危机的一揽子计划和政策措施，提高针对性、有效性、可持续性，切实做好保增长、保民生、保稳定各项工作，实现中国经济平稳较快发展和社会和谐稳定，也为推动世界经济复苏和发展做出应有的贡献。

女士们、先生们、朋友们！

我们刚刚隆重庆祝了中华人民共和国成立 60 周年。60 年来特别是改革开放以来，中国取得了巨大发展成就，综合国力显著增强，人民生活总体上达到小康水平。但中国仍是世界上最大的发展中国家，要全面建成惠及十几亿人口的更高水平的小康社会，进而基本实现现代化、实现全体人民共同富裕，还有很长的路要走。我们必须深入贯彻落实以人为本、全面协调可持续的科学发展观，大力推进生态文明建设，坚持走中国特色新型工业化道路，加快建设资源节约型、环境友好型社会和建设创新型国家，促进经济社会可持续发展，更好地造福广大人民。为此，我们将在以下几个方面做出不懈努力。

一是大力调整经济结构。积极扩大国内需求，不断增强内需对经济的拉动作用；坚持用高新技术和先进适用技术改造和提升传统产业，精心培育一批战略性新兴产业，做强做大先进装备制造业，加快发展现代服务业，促进经济增长由主要依靠投资、出口拉动向依靠消费、投资、出口协调拉动转变，由主要依靠第二产业带动向依靠第一、第二、第三产业协同带动转变，由主要依靠增加物质资源消耗向主要依靠科技进步、劳动者素质提高、管理创新转变。

二是着力提高自主创新能力。坚持把增强自主创新能力贯彻到现代化建设的各个环节，加大对自主创新投入，着力突破制约经济社会发展的关键技术；加强知识产权保护，加快建立以企业为主体、市场为导向、产学研相结合的技术创新体系；支持新能源、新材料、信息技术、生物医药、节能环保等新兴产业的技术研发和产业化，形成经济发展的科技支撑；进一步营造鼓励创新的环境，努力造就世界一流科学家和科技领军人才。

三是狠抓节能环保和生态建设。大力实施重点生态建设工程，加强节能和资源综合利用，推进高效节能新产品开发，积极发展循环经济；把应对气候变化纳入经济社会发展规划，全面落实《应对气候变化国家方案》，加快开发低碳技术，大力发展可再生能源尤其是新能源，研发和推广气候友好技术，不断增加森林碳汇，推动绿色经济增长。在前不久召开的联合国气候变化峰会上，中国政府郑重承诺，争取到

2020年单位国内生产总值二氧化碳排放比2005年有显著下降，非化石能源占一次能源消费比重达到15%左右，森林面积比2005年增加4000万公顷，森林蓄积量比2005年增加13亿立方米。这些都充分表明中国政府发展低碳经济、应对全球气候变化的诚意和努力。

四是切实保障和改善民生。坚持以人为本，保障人民各项权益，走共同富裕的道路，做到发展为了人民、发展依靠人民、发展成果由人民共享；积极实施扩大就业的发展战略和更加积极的就业政策，加快建立覆盖城乡居民的社会保障体系，全面发展教育、医疗卫生、文化体育等社会事业，促进公共服务逐步均等化，努力使全体人民学有所教、劳有所得、病有所医、老有所养、住有所居。

五是继续深化改革开放。完善社会主义市场经济体制，加快重要领域和关键环节改革步伐，全面提高开放水平，着力构建充满活力、富有效率、更加开放、有利于科学发展的体制机制；加快资源和要素价格形成机制改革，健全资本市场和银行体系，完善人民币汇率形成机制；毫不动摇地巩固和发展公有制经济，毫不动摇地鼓励、支持、引导非公有制经济发展，坚持平等保护物权，形成各种所有制经济平等竞争、相互促进新格局。

女士们、先生们、朋友们！

坚持走新型工业化道路，实现可持续发展，是世界各国人民的共同利益所在。在国际金融危机影响仍在持续的大背景下，我们更应携起手来，进一步加强交流与合作，以更大的决心、更坚实的步伐，推进新型工业化，实现可持续发展，促进共同繁荣。借此机会，我愿提出以下主张。

第一，把绿色增长作为我们共同的追求。绿色增长既是当前世界经济摆脱危机的重要途径，也是今后世界经济发展的正确道路。世界各个国家和地区应把绿色增长作为共同的目标和追求，积极制定全球绿色发展路线图以及符合本地区实际的发展规划，有效协调政策和行动，切实履行各自的责任和义务。世界各国应把推进绿色增长作为政府调控经济的基本取向，通过各种可行的调控手段，加快技术创新和推广应用，大力推动绿色产业发展，促进绿色城市建设，把经济发展进一步引向绿色增长的发展道路，使世界经济焕发出新的生机。

第二，把节能减排作为我们共同的责任。气候变化是世界各国共同面临的重大挑战。节能减排是主动应对气候变化、推进可持续发展的必然选择。每个国家、城市、企业和个人都应以对人类长远利益高度负责的态度，切实承担起相应的责任。世界各国应积极制定应对气候变化的国家方案，大力调整产业结构，深入推动节能减排，努力减缓温室气体排放。要根据《联合国气候变化框架公约》及其《京都议定书》的要求，同时考虑各国基本国情、发展阶段、历史责任、人均排放等诸多因素，坚持可持续发展的框架，切实落实共同但有区别的责任原则。发达国家应带头大幅度降低温室气体排放，并为发展中国家应对气候变化提供资金、技术和能力建设支持。发展中国家也应尽最大努力，为应对气候变化做出积极贡献。

第三，把科技交流作为我们共同的抓手。当今世界，科学技术迅猛发展，已经成为人类社会进步的强大动力。世界各国应把科学技术特别是节能减排、环保、新能源等高技术领域的成果，广泛应用于经济社会发展实践，充分依靠科技进步增强世界经济可持续发展的能力。科学技术的传播不应以国划界。国际社会和各国政府应采取新的政策和机制，既有效保护知识产权，又加强国际间技术交流与合作，强化科技创新对世界经济复苏和可持续发展的支撑作用。发达国家应在可持续发展核心技术研发、应用等方面开放市场，降低人为的技术转让壁垒，尤其要加强绿色技术领域交流与合作，确保发展中国家用得上、用得起绿色技术，避免形成新的“绿色鸿沟”。

第四，把对话合作作为我们共同的行动。实现全球可持续发展，是摆在我们面前一项紧迫而长期的任务。世界各国应展开交流、增进理解、加强合作，共同探索可持续发展之路。政治上相互尊重、平等协商，共同推进国际关系民主化；经济上相互合作、优势互补，共同推动经济全球化朝着均衡、普惠、共赢方向发展；文化上相互借鉴、求同存异，尊重世界多样性，共同促进人类文明繁荣进步；生态建设上相互帮助、协力推进，共同呵护人类赖以生存的地球家园。发达国家应承担更多的责任和义务，在科技成果转化、资金援助、减免债务等重点问题上切实采取措施，帮助发展中国家加快实现可持续发展。发展中国家应积极参与国际合作与竞争，不断提升可持续发展能力。

女士们、先生们、朋友们！

曹妃甸是中国环渤海地区的一颗耀眼明珠。这里拥有港口、区位、资源、产业等得天独厚的集成优势，是中国能源、矿石等大宗原燃料集疏港，是环渤海地区崛起的重要引擎，也是辐射京津冀区域、沟通“三北”（华北、东北、西北）、联接东北亚、走向世界的重要枢纽和对外通道。近年来，曹妃甸开发建设取得可喜进展，基础设施配套更趋完善，产业集聚步伐明显加快，国内外对曹妃甸的关注度明显提高，项目投资明显提速，目前已经进入大规模产业集聚、逐步产生效益的关键时期。首钢京唐钢铁厂等一大批产业项目已投产，一个以循环经济和绿色增长为特征的中国特色新型工业化基地正在快速崛起。随着开发建设的推进，未来的曹妃甸将形成绿色港口、绿色产业、绿色城市协调发展的三大空间布局。中国政府将按照高起点规划、高质量建设、高水平使用的要求，进一步加大对曹妃甸发展的支持力度。围绕建设绿色港口，支持曹妃甸建设年吞吐量超过5亿吨的世界一流国际大港。围绕发展绿色产业，支持曹妃甸发展循环经济，努力建设成为中国可持续发展的示范区。围绕打造绿色城市，支持曹妃甸打造一座“世界一流、中国气派、唐山特色”的国际示范城市，建成一座未来之城、创新之城、生态之城、幸福之城。

女士们、先生们、朋友们！

发展可持续，世界更美好。可持续发展的世界必将成为全人类更加美好的家园。让我们勇敢应对各方面的困难和挑战，坚定不移地走新型工业化和可持续发展的光明之路，创造人类社会可持续发展的美好未来！

谢谢各位。

以首届曹妃甸论坛成功举办为契机 奋力创造科学发展示范区建设新业绩

——赵勇同志在首届曹妃甸论坛总结表彰大会上的讲话

(2009年10月30日，根据录音整理)

承载着全市人民辛劳与希望的曹妃甸论坛，已经圆满的落下帷幕。历史将会证明，这次论坛是推动唐山全面走向世界、跻身国际舞台的新起点，是唐山现代化建设道路上的一个新的里程碑，必将对唐山未来的发展产生重大而又深远的影响。从今年7月论坛筹备工作正式启动，到10月17日圆满闭幕，全市各级干部和广大人民群众共同付出了巨大的努力，共同分享了成功的喜悦，共同展示了新唐山的风采。首届曹妃甸论坛的成功，是唐山的成功，是唐山人民的成功。在这里，我谨代表市委、市人大、市政府、市政协，向刚才受到表彰的先进集体和先进个人，表示热烈的祝贺！向在论坛筹备过程中付出辛劳和汗水的广大党员干部、公安干警、广大建设者、青年志愿者，致以崇高的敬意！向积极支持、热情参与论坛筹办工作的全市人民，表示诚挚的感谢！

在党中央、国务院的亲切关怀下，在省委、省政府的高度重视和国家有关部委的大力支持下，首届曹妃甸论坛真正办成了一次高层次、高水平的盛会。正式参会代表超过了1000人，有7位国际政要参加，特别是中共中央政治局常委、全国政协贾庆林主席专程到唐山出席论坛，并发表重要的主旨演讲，产生了重要的影响。这次论坛其规模之大、规格之高、影响之广，在我市涉外活动历史上是少有的。其主题之鲜明、内容之丰富、形式之新颖、组织之严密，得到了与会嘉宾和社会各界的一致好评。“发展可持续、世界更美好”的“曹妃甸共识”，也随着论坛的成功举办而广为传播、深入人心。首届曹妃甸论坛圆满实现了一流标准、一流服务、一流效益的目标。

回顾总结首届曹妃甸论坛成功举办的经验，我们深深地感到，深谋远虑是曹妃甸论坛取得成功的前提。我们之所以下决心举办曹妃甸论坛，是从唐山长远发展考虑的，是从曹妃甸大规模开发开放的需要考虑的。在曹妃甸基础设施日益完善、产业大规模聚集的关键阶段，举办这次论坛恰逢其时，将极大地促进曹妃甸的开发开放进程。可以预见，随着曹妃甸论坛的举办和影响的日益扩展，明年和今后几年，这里的产业项目聚集将进入一个崭新阶段。我们播下的一颗又一颗种子，也一定会收获一个又一个的硕果。我们深深地感到，齐心协力是论坛取得成功的关键。全市上下“一盘棋”，把各种力量集结在一起，把各种资源整合在一起，建立了分工合作、职责明确、相互支持、协调联动的工作团队和运行机制，确保了论坛各项工作顺利进行。我们深深地感到，攻坚克难是论坛取得成功的要义。作为一个地级城市，在这样短的时间内，筹办如此大规模的国际性论坛，本身就是一种挑战。很多工作、很多事情以前我们没有遇到过，更没有经历过。面对一系列未知难题，大家不畏艰难，顽强拼搏，成功完成了一次又一次的挑战。中国航天科工集团公司总经理许达哲先生说，首届曹妃甸论坛比当年第一届亚洲博鳌论坛办得成功得多，组织严密得多，影响也大得多。我们深深地感到，精益求精是论坛取得成功的基础。广大建设者和工作人员不辞辛苦，在每一件事情、每一个环节上都注重细节，力求完美，避免了差错和失误，真正把首届论坛办成了精品，实现了省委书记张云川同志提出的“努力办好，逐步办出影响”的指示和要求。我们深深地感到，创新创造是论坛取得成功的动力。我们坚持以创新的理念、创新的思路、创新的举措推进论坛各项工作，做到了主题新、形式新、内容新、观点新，使论坛成为了一次充满创新精神和创新色彩的盛会。我们深深地感到，党中央、国务院和省委、省政府的亲切关怀、高度重视是论坛取得成功的保证。党中央、国务院对论坛高度重视，中共中央政治局常委、全国政协主席贾庆林同志在百忙中专程出席论坛并发表重要演讲；省委、省政府对论坛十分关心，省委书记张云川深入筹办工作一线，对场馆建设等有关工作提出具体要求，省长胡春华出席论坛系列活动，并在开幕式上致辞；国土资源部、环境保护部、国务院发展研究中心作为主办单位，对论坛筹办工作给予了悉心指导和大力支持；外交部在邀请外国政要嘉宾和涉外事务中做了大量协调和指导工作。正是有了各级领导的关心、重视和支持，论坛才得以顺利举办并取得圆满成功。

首届曹妃甸论坛全面反映了中国政府致力于走可持续发展道路的立场、主张和巨大成就，广泛凝聚了可持续发展的国际共识，极大地促进了唐山各项工作提标、提质、提效，把我市改革开放推向一个新的高度。论坛的成功举办，意味着为唐山搭建了一个与世界开展务实合作的崭新平台，意味着打开了唐山通向世界的窗口，意味着唐山走向了世界大舞台。

总结这次论坛的成效，主要体现在以下几点：

第一，论坛凝聚了科学发展、可持续发展的共识。与会者一致感到，可持续发展是人类美好的愿景，绿色增长是可持续发展的根本路径。可持续发展、科学发展需要政府、社会、公民齐心协力来推动。在国际金融危机背景下，我们绝不能放慢可持续发展的步伐，更不能偏离可持续发展的方向。恰恰相反，我们要把绿色增长、科学发展、可持续发展作为摆脱危机困境的一个重要的途径和动力。这些共识将会对未来的发展产生重要的影响。

第二，论坛分享了世界各地可持续发展的宝贵经验。发言嘉宾的精彩演讲，介绍了日本、瑞典、新加坡一些国家走可持续发展的经验教训，令

与会者大开眼界。很多经验对唐山有直接的指导和借鉴价值，极其宝贵。

第三，论坛展示了科学发展的巨大成就，显示了中国模式的魅力。大家通过参观，都感到中国的科学发展道路就是一条人类企盼的可持续发展道路。过去很多人对中国的科学发展观不了解，通过实地查看和听取我们的介绍，理解了中国的科学发展观到底是怎么回事，认为中国政府提出的科学发展观引领了人类进步的时代潮流，中国的科学发展观对其他国家都有借鉴意义。特别是看了曹妃甸工业区和南湖生态城后，国外嘉宾都纷纷表示震惊、震撼。新西兰前总理詹妮·希普莉用了几个“没想到”来概括她的感受：没想到曹妃甸的规模如此之大，没想到曹妃甸的开发速度如此之快，没想到唐山可持续发展标准如此之高，她表示要把唐山、曹妃甸可持续发展的成就通过她的努力告诉全世界。同时，我们通过唐山科学发展示范区建设的实践，向世界传递了中国科学发展的信息，宣示了中国对全人类是负责任的，显示了中国模式的巨大魅力，也有效促进了各种各样“中国威胁论”的消除，为我们赢得了更好的国际环境。

第四，论坛提高了唐山的对外开放度。论坛的成功举办，使世界更多的了解了唐山，也使唐山以一个良好的形象走向了世界。通过论坛让世界看到了一座震后崛起的新城、一座了不起的城市、一座面向未来的城市，唐山的知名度和美誉度因此而大大提升。

第五，论坛增强了全市人民的自豪感。全市老百姓都为在家门口举办如此盛大的活动而感到自豪，为唐山的发展引起世人空前瞩目而感到振奋，也为自己的家乡越来越美好而感到骄傲，心气儿变得更足，自信心变得更强。论坛的成功，极大地激发起全市人民热爱唐山、建设唐山的光荣感、使命感和责任感。

第六，论坛培养锻炼了一批优秀干部队伍。通过举办论坛，进一步锤炼了干部作风，广大党员干部以百倍的工作热情和忘我的精神状态投入各项工作，真正树立和弘扬了“白加黑”、“五加二”、“三班倒”的工作作风；进一步拓宽了干部视野，广大干部在接触世界中了解了世界，更好地掌握了国际标准、国际规则，培养了一批善于和国际人士打交道、搞合作的开放型干部；尤其是做了许多几乎认为不可能做到的事情，增强了干部队伍建设科学发展示范区的信心，显示了唐山干部队伍的巨大潜能。

同志们、父老乡亲们：

首届曹妃甸论坛的成功举办，再一次证明了唐山是一座能够不断创造奇迹的英雄城市。震后30年，唐山从一片废墟上迅速崛起，成为一座现代化的新城，创造了人类文明史上的伟大奇迹，实现了第一次凤凰涅槃。在新的历史时期，唐山全力建设科学发展示范区，加快资源型城市转型，在一座传统重工业城市基础上，快速搭建起现代生态城市的框架，正在努力实现第二次凤凰涅槃。在这个过程中，我们创造了将曹妃甸这样一个小沙岛建成国家重要增长极的壮举，创造了用不太长的时间在采煤沉降区上建成南湖城市中央生态公园的壮举。今天，我们又创造了100天筹办一次高层次国际论坛的壮举。唐山，确实是一座每天都在创造奇迹的城市，她所迸发出的重生的力量、成长的力量、创造的力量，越来越受到世人的瞩目。

首届曹妃甸论坛的成功举办，再一次证明了唐山的干部队伍是一支能够不断创造奇迹的优秀干部队伍。在论坛筹备工作中，面对时间紧、任务重、要求高的状况，全市广大党员干部向时间挑战，向困难挑战，向自我挑战，以超乎寻常的效率、节奏，让许多看似不可能的事情变成了现实。在论坛举办期间，全体工作人员吃盒饭、睡沙发，十几个人挤在一间办公室，有的还在地下室办公，甚至通宵达旦地工作，确保了论坛运转顺畅、高效有序，未出任何纰漏。有了这样一支特别能吃苦、特别能战斗、特别能奉献、特别能创造的干部队伍，任何困难都阻挡不了我们前进的步伐，任何人间奇迹都可以在唐山变为现实。

首届曹妃甸论坛的成功举办，再一次证明了唐山人民是能够不断创造奇迹的伟大的人民。论坛筹备工作启动以来，全市广大人民群众以热爱家乡、建设唐山的巨大热情，大力支持、积极投入、广泛参与，从清洁环境、维护秩序、文明言行等一件件具体事情做起，以实际行动为论坛增光添彩，表现出强烈的主人翁意识、高度的社会责任感和良好的文明素养。出席论坛的国内外嘉宾无不对唐山的人文风貌表示由衷的赞叹。曹妃甸论坛的成功乃至唐山各项事业的全部成就，都应当归功于730万唐山人民。是人民让唐山在论坛中绽放光彩，是人民创造了唐山的一系列奇迹。唐山也将因为拥有如此伟大的人民而更加美丽、愈益精彩。

同志们、父老乡亲们：

伟大的事业孕育崇高的精神，崇高的精神推动伟大的事业。首届曹妃甸论坛的成功举办，锻造了敢打必胜、团结奋斗、追求卓越、勇于创造的曹妃甸论坛精神。这种精神，是“感恩、博爱、开放、超越”的新唐山人文精神的生动体现和延伸拓展，是支撑科学发展示范区建设的宝贵精神财富，必将成为唐山不断前进、不断超越的伟大精神力量，必将激励全市广大干部群众不断从辉煌走向新的辉煌。在未来的发展征程中，我们要始终坚持这种精神，大力弘扬这种精神，把各项工作提高到一个新水平，把新唐山各项事业不断推向新境界。

我们要以成功举办曹妃甸论坛为契机，加快唐山发展，努力实现大发展。今日的唐山，正站在新的历史起点上，处于向现代化挺进的关键时期。快发展、大发展，是历史和时代赋予我们这一代人的光荣责任。尤其是面对国际金融危机的严峻挑战、面对日趋激烈的区域竞争，我们要始终牢牢把握发展这个第一要务，聚精会神搞建设，一心一意谋发展，用发展和改革的办法解决前进中的问题。要努力把项目抓得更紧，把结构调得更优，把城市建得更好，把发展氛围搞得更浓，推动唐山各项事业不断实现新跨越。特别是在当前要切实巩固扩大已有成果，更加扎实地做好“保增长、保民生、保稳定”各项工作，强力推进千个项目保增长攻坚行动，保持经济发展企稳向好的势头，为下一个30年的持续快速发展打下坚实的基础。

我们要以成功举办曹妃甸论坛为契机，加快转变发展方式，努力实现绿色增长。贾庆林主席在首届曹妃甸论坛上提出了绿色增长主张，我们有责任、有义务、有条件率先落实论坛达成的共识，率先实现绿色增长。走新型工业化道路、推进绿色增长，是“曹妃甸共识”的核心内容，是科学发展观的重要要求，也是造福唐山人民的必然选择。我们转变发展方式，就是要率先践行绿色增长的理念，加快形成与绿色增长相适应的产业结构、生产方式和管理体制。我们要将绿色增长作为提高人民群众幸福指数的永恒追求，作为经济转型升级、城市转型升级的根本方向，坚定不移地打造绿色港口、发展绿色产业、建设绿色

城市，使绿色增长激发发展活力、扩大消费需求、惠及全市人民。要通过把唐山打造成为绿色增长的新领军城市，使全市老百姓家家都有好收入、人人都有好身体、处处都有好环境、天天都有好心情。

我们要以成功举办曹妃甸论坛为契机，不断扩大对外开放，努力实现全方位开放。通过曹妃甸论坛，我们把唐山进一步推向了世界大舞台。要紧紧抓住这一契机，全方位扩大开放，大力提高唐山的国际化水平。我们要进一步确立国际化的思维，以开阔的视野了解世界，以宽广的胸怀拥抱世界，以世界的眼光认识自己。要善于把本地区、本部门的工作放到全球化的背景下来审视、来谋划、来推进，善于向全球要资源，善于向世界要空间，努力实现与世界发展同步、与国际前沿同向。我们要进一步推进国际化的发展，不断拓展对外开放的深度和广度，通过提升港口、优化服务、改善环境，积极吸引国际大公司、大财团参与我市产业结构调整和跨越发展，尤其是参与以曹妃甸为龙头的唐山湾“四点一带”的开发建设。要牢牢把握对外开放的战略重点，进一步扩大对日本、对韩国、对周边地区的开放，抓紧推进中日曹妃甸工业园和日本生态城、瑞典生态城、意大利生态城、德国生态城建设。通过这些平台，使唐山开放步伐迈得更坚实、成效更明显，把唐山打造成真正的国际化城市。

我们要以成功举办曹妃甸论坛为契机，大力推进创新，努力实现全面深度创新。创新是唐山最大的潜力所在、最大的希望所在，也是唐山未来发展的生命线。我们要全方位推进思维的创新、模式的创新、科技的创新、制度的创新、管理的创新，推进经济发展、社会管理、民生事业各个领域的创新。要把贯彻落实中共中央政治局委员、国务委员刘延东同志视察唐山时指示精神，作为当前的一项重要任务，在科技创新上迈出更大的步伐。要全力实施“三百”计划，打造100个能够产业化的新产品、用100项新技术或先进适用技术改造提升传统产业、培养100个科技领军人才，加快建立起创新驱动型的经济发展新模式。要大力推进全民创新，每一名干部、每个老百姓都要积极行动起来，把创新作为每个岗位、每个人的重要职责，广泛开展创新型企业、创新型机关、创新型学校、创新型单位创建活动，尽快形成重点区域示范、重点产业支撑、重点企业引领、各领域全面推进的全方位创新的新格局。要大力营造浓厚的创新文化氛围，形成一套鼓励支持创新的政策机制，努力把唐山建设成为一座活力四射的创新型城市。

我们要以成功举办曹妃甸论坛为契机，瞄准新的标杆，努力实现各项工作的高水准。首届曹妃甸论坛筹备和举办过程中，无论是场馆建设、环境整治还是接待服务、安全保卫，各个环节、各项工作都实现了高效率、高标准，并且在理念、方法、手段、服务工具等方面有许多创意和创新。这些都为全市各项工作树立了新的标杆、新的尺度。在未来的发展中，我们就是要以这样的标准来抓工作、要求人、规范事，并在实践中不断创造和确立新的更高的标准。要下决心突破一般化的工作理念，不能完成任务就了事、做到一般标准就满足，而要在更大的坐标系中找差距、找目标、找对手，敢于同高的比，勇于同快的赛。要下决心突破一般化的工作目标，事事争第一，处处创一流，每件工作都争先进位、抢旗夺冠。要下决心突破一般化的工作要求，既惩戒后进，又鞭打快牛，让落后者奋起直追，让优秀者更加优秀，进一步形成各个群体创优争先、各个单位励精图治、各个地区竞相发展的生动格局。

现在距离年底只有两个月时间了，各地各部门要进一步增强责任感、紧迫感，扎扎实实做好当前各项工作。一是要抓好全年目标任务落实。对照全年目标任务和所承担的工作指标，逐项分析，查找差距，加大力度，强化措施，狠抓落实，打好攻坚战，确保今年经济社会发展目标任务圆满完成。二是要抓好实事工程落实。对今年为老百姓办的20件实事，要加快进度，狠抓落实，确保件件落实到位，办到老百姓的心坎儿上。三是要抓好安全生产和社会稳定工作。抓紧完善长效机制，避免用打突击战的办法、用搞运动的方式来抓安全生产和社会稳定，以扎实的工作、有效的机制，不断巩固和发展当前的好形势。四是要抓好党建工作。要进一步掀起学习贯彻党的十七届四中全会和省委七届五次全会精神的热潮，把“三日一网”活动组织好、开展好。所有共产党员都要积极参加党员活动日、党代表工作日、共产党员志愿服务日活动，主动利用共产党员网站提出好的意见和建议。各级组织部门要按照市委下发的新的《市委管理的领导班子和领导干部综合考评办法》，抓紧准备今年各项考评工作，用科学的考评来评价班子、衡量干部。五是要抓紧谋划明年工作。要认真总结近几年推进科学发展的经验，把明年工作做得更好。我们将从11月1日开始，在全市开展“开放创新、富民强市，深入推进科学发展示范区和人民群众幸福之都建设”献计献策活动，市委、市政府将诚恳听取全市党员干部和广大群众对科学发展示范区建设各项工作的意见和建议，做到件件有回音、件件有着落，真正凝聚全市人民的智慧，把明年的工作谋划好、安排好，争取再开创一个崭新的局面。同时，各地各部门要认真谋划好“十二五”的工作，争取有更多的大项目、更多的大战略挤进国家和省里的大盘子。

同志们、父老乡亲们：

首届曹妃甸论坛的成功举办，为唐山的建设和发展拓展了新的空间，注入了新的力量。它激励着我们同心同德、锐意进取，不断创造新业绩。只要我们始终保持这种创新创造、奋发图强的锐气和豪情，建设科学发展示范区和人民群众幸福之都的宏伟目标就一定能够早日实现！

让我们一起为英雄的唐山人民而自豪！

让我们一起为共同生活的这座城市而骄傲！

让我们一起把新唐山建设得更加繁荣、更加和谐、更加美好！

大力发扬举办曹妃甸论坛所表现出的精神为加快建设科学示范区和人民群众幸福之都做出新的更大贡献

陈国鹰同志在首届曹妃甸论坛总结表彰大会上的讲话

（2009年10月30日）

备受瞩目的首届曹妃甸论坛在党中央国务院亲切关怀、国家有关部委大力支持和省委省政府的正确领导下，经过全市上下团结奋斗、共同努力，获得了圆满成功。首届曹妃甸论坛真正办成了一次思想的盛会、合作的盛会、友谊的盛会，在国内外引起广泛关注，必将对唐山对外开放和曹妃甸开发建设产生重要而深远的影响。

今天，我们召开首届曹妃甸论坛总结表彰大会，就是总结曹妃甸论坛的成果和成功经验，进一步弘扬论坛组织筹备工作过程中表现出来的特殊精神、特殊作风、特殊干劲，动员全市上下振奋精神，再接再厉，开拓创新，加快科学发展示范区和人民群众幸福之都建设步伐，开创唐山科学发展新局面。

首届曹妃甸论坛是唐山历史上举办的一次最高水平的国际论坛，围绕“国际金融危机背景下的可持续发展与新型工业化”主题，与会中外嘉宾进行了广泛深入的研讨交流，各项活动均获得了圆满成功。主要特点是：论坛规格高、规模大，体现了论坛的国际化水准。本届论坛得到了党中央、国务院的高度重视，得到了国内外各界的广泛关注和大力支持，来自国内外政界、城市市长、专家学者和企业家代表聚首曹妃甸。中共中央政治局常委、全国政协主席贾庆林专程出席论坛开幕式并发表了主旨演讲，新西兰前总理詹妮·希普莉，英国前副首相约翰·普雷斯科特，新加坡人力部部长颜金勇，韩国国务总理室前室长赵重构，联合国前副秘书长、环境规划署首任执行主任默里斯·斯特朗，欧盟使团驻华大使、瑞典驻华大使林川，和来自美国、英国、荷兰、瑞典、比利时、澳大利亚、日本、韩国等国家的驻华使节、城市市长，摩根大通、德国西门子、三井物产等世界500强企业、跨国公司代表和国内央企代表，中国内地资源型城市和全国环保模范城市市长，以及一些知名专家学者，共1000多名中外各界人士出席了论坛，规模和参会人数完全超出了预期目标。论坛内容丰富、形式新颖，成为思想的盛宴、交流合作的平台。本届论坛除开幕式外，组织了循环经济与新型工业化、资源型城市可持续发展与产业转型、生态城市建设、区域经济发展与合作等四个分论坛，设立了可持续发展成果展示会，举办了思想沙龙、市长早餐会、商务早餐会等一系列活动。在组织形式上，实行务虚与务实相结合，把参观考察曹妃甸科学发展成果与展示节能环保产品技术融为一体、把理论研讨与经贸推介有机结合，搭起了一个促进国际交流与合作的平台。论坛活动隆重热烈、组织科学有序，展示了国际论坛的一流水平。论坛期间，共组织了开幕式、论坛研讨、参观考察、文艺演出等20项活动。每项活动都做到了按照国际一流标准精心谋划、科学组织、严密实施、衔接有序。论坛举办期间，全市齐动员全力做好论坛保障和各项服务工作，确保了论坛运转顺畅、安全高效，得到了与会嘉宾的一致认可和高度赞誉。

首届曹妃甸论坛获得了圆满成功，取得了重要成果，产生了广泛而深远的影响。通过本届论坛，凝聚了可持续发展共识，为唐山带来了国内外可持续发展先进理念和宝贵经验。论坛期间，与会中外嘉宾就推进绿色增长、实现可持续发展达成了广泛共识，给我们带来了许多新理念、新思维。这对于加快唐山科学发展示范区建设、加快曹妃甸的开发建设都具有非常重要的借鉴价值和指导意义。通过本届论坛，使唐山、使曹妃甸又一次成为世界关注的焦点，为唐山特别是曹妃甸开发建设带来了难得的发展机遇。通过举办论坛，向全世界充分展示了一个蓬勃发展的新唐山、一个前景美好的曹妃甸，极大的提高了唐山和曹妃甸的知名度和美誉度，使唐山的国际化水平又向前迈出了一大步，尤其是把曹妃甸推上了一个新的起点，使其又一次迎来了新的难得的宝贵发展机遇。通过本届论坛，进一步搭建了唐山与国内外交流合作的新平台，必将对扩大唐山开放起到有力的促进作用。曹妃甸论坛的创立和成功举办，进一步打开了唐山对外开放的便捷通道，开启了唐山对外开放的直通车。这为唐山在更高水平上推进对外开放、扩大与国内外各界的交流合作搭建了新平台，成为唐山大开放、大开发、大发展的助推器。通过本届论坛，使全市广大干部开阔了眼界，在能力和素质上得到了一次实践锻炼。这次论坛为各级干部强化科学发展、可持续发展理念，树立世界的眼光，培养战略的思维，创造了一次难得的机会。同时，在论坛的筹备组织过程中，也使广大干部了解了许多国际规则和惯例，提高了国际交往的能力，积累了组织大型国际性活动的实践经验。对唐山来讲，这是一笔无形的宝贵财富。

首届曹妃甸论坛之所以取得圆满成功，从根本上讲，是党中央、国务院亲切关怀和国家有关部委大力支持的结果，是省委、省政府正确领导的结果，是在市委统一领导下全市人民同心同德、团结奋斗的结果。在整个论坛的筹备和组织实施过程中，全市各级各单位按照赵勇同志提出的要像北京办奥运那样办论坛的要求，以“一流标准、一流服务、一流效益”的工作标准，把办好首届曹妃甸论坛作为今年全市工作的重中之重，集中人力物力财力，出色地打了一场筹备工作百日攻坚战。三个多月来，全市

广大干部群众在时间短、任务重、难度大、缺少经验的情况下，以高度的责任感、使命感和卓越的执行力，按照市委、市政府和论坛筹委会的统一部署，团结协作，拼搏进取，攻坚克难，圆满完成了各项筹备工作任务，确保了论坛的如期举办；论坛召开期间，全市各级各单位和参加筹备组织的全体同志，严格按照既定工作方案，认真履行工作职责，科学组织、精益求精、创新务实、协调配合，保证了论坛各项活动的顺利实施。回顾总结论坛的筹备组织工作：一是嘉宾邀请注重实效、重点突出，超过预期目标。嘉宾邀请工作是曹妃甸论坛成功举办的关键。在论坛筹备过程中，我们始终坚持把嘉宾邀请作为重中之重，围绕论坛国际化定位和高规格、高档次，突出国际政要、突出国内外知名专家学者、突出中外城市市长、突出世界500强和央企等国内外大公司大集团代表，以诚相邀、广泛发邀、跟踪落实、多管齐下、多措并举，取得了显著成效。本届论坛共邀请到了国内外来宾1026人，远远超出预计的参会规模。中央领导和省委省政府主要领导以及国家有关部委负责同志出席论坛开幕式，新西兰前总理、英国前副首相等一批国外知名人士或重要人物出席论坛，成为本届论坛的一大亮点。二是会址建设速度快、工程质量优，打造了“新唐山速度”。论坛会址建设是举办曹妃甸论坛的重要基础，时间紧、任务重、要求高。“曹妃甸论坛”会址基础设施建设指挥部不畏困难、敢于担当，不讲条件、拒绝理由，迅速展开了一场会址建设大会战。从7月中旬开始，论坛设施建设各单位特别是唐海县按照“落实责任、挂图作战、倒排工期、定期督导、确保完成”的要求，科学安排部署，狠抓施工进度，严把工程质量，30多支施工队伍、6000多名建设者交叉施工，日夜奋战。在论坛召开前，国际会所、湿地迷宫、曹妃湖景观改造提升、湿地公路景观改造、渤海国际会议中心改造等5大项17小项建设工程全部如期完工并投入使用。在短短不到100天的时间里，奇迹般地完成了正常工期需要一年才能完工的工程项目建设，创造了又一个“新唐山速度”。三是会务活动组织科学有序、优质高效，体现了唐山特色和国际水准。针对本届论坛活动多且集中的实际，按照遵循国际标准、彰显论坛特色的原则，筹委会各工作部坚持超前谋划、科学调度、精心组织，确保各项活动办出特色、办出水平。从开幕式的组织到每场分论坛的安排，从会场的布置到参观考察点和路线的设计，从文艺演出到焰火晚会，从特色活动的筹划到每项活动的具体实施衔接，从来宾组织服务到论坛车辆调度，每项活动、每个细节都做到了秩序井然、有条不紊。四是接待服务热情周到、细致入微，展示了唐山人的高素质和良好精神风貌。本届论坛规格高、国内外来宾多，接待服务工作任务相当繁重。我们充分借鉴我市和国内外举办大型国际活动的成功经验和做法，按照“一流服务”的标准和国际化要求，制定了周密的接待预案，强化人员培训，实行规范化管理，对国内外到会嘉宾从联络、交通、住宿、餐饮等各个方面实行了全方位、精细化服务。特别是从全市各部门各单位抽调400多名联络员和青年志愿者，为与会嘉宾提供了“一对一”服务。广大论坛服务人员热情周到，细致入微，真心奉献，得到了与会来宾的广泛赞誉和好评。五是环境整治力度大、成效显著，城乡环境面貌得到了大幅度提升。为了以良好的城市形象迎接曹妃甸论坛、迎接中外宾朋，充分展示唐山科学发展示范区和人民群众幸福之都建设的成果，我们坚持全民发动、城乡联动、全力推进、综合治理，在全市范围内开展了一场声势浩大的“文明迎论坛，环境大提升”百日推进行动。通过大规模的环境整治，全市城乡卫生环境明显改善，市容市貌大为改观，绿美亮工程档次进一步提升，市场环境秩序更加规范，交通环境整洁通畅，同时城乡居民的文明素质和社会文明程度有了显著提升，达到了办论坛树形象、提素质的目的。六是宣传工作形式多样、声势大、效果好，营造了浓厚的舆论氛围。着眼于打造曹妃甸论坛这一国际品牌，提升唐山和曹妃甸的知名度，精心策划宣传方案，通过报纸、电视、电台、互联网等新闻媒体进行了全方位、多角度、立体式的宣传。论坛期间，共有57家主流媒体、310多名记者来唐报道论坛盛况，刊发各类新闻稿件4000余篇，报道规模之大、发稿之多、密度之频堪称我市历次活动宣传之最。在对内宣传上，广泛宣传、广泛造势，在全市营造了人人关心、支持、参与曹妃甸论坛的浓厚氛围。七是安全保卫工作精细严密、措施有力，确保了万无一失。安保工作是确保曹妃甸论坛成功举办的重要保障。坚持思想上高度重视，细化每一个安保方案，明确责任，保障警力，强化演练，突出重要领导嘉宾、重点部位、重要活动，把论坛安保措施落实到每一个环节，严加上严、细上加细，做到了不出一丝纰漏和问题。同时，各县（市）区、各单位全面落实维护稳定责任制，认真做好信访和社会综合治理各项工作，全力抓好安全生产，为论坛的胜利召开创造了和谐稳定的社会环境。此外，综合协调、学术资料、文艺演出、医疗保障、志愿者服务、资金保障等各项工作也都圆满完成了各自的任务，保障了论坛各项活动的顺利进行。

尤其需要指出的是，在整个曹妃甸论坛筹备和组织实施过程中，全市各级各单位顾全大局，一切服从曹妃甸论坛，全力支持曹妃甸论坛，积极主动参与曹妃甸论坛。参加筹备的全体同志，以高度的责任感和使命感，处处求创新、事事争一流，不怕困难、不讲报酬、不讲条件，顽强拼搏，忘我工作，甘于奉献，以超常的精神状态全身心投入到各项筹备工作中。从筹备伊始到论坛圆满结束，大家始终发扬“白加黑、五加二、重点工作三班倒”的精神，始终保持了十足的干劲和超常的工作节奏，始终保持着高昂的斗志和顽强的作风，夜以继日，昼夜奋战。全市社会各界心往一处想、劲往一处使、积极为论坛做贡献，形成了强大合力。事实再一次证明，唐山人民的素质是高的，唐山的干部队伍是有战斗力的，唐山人民能办大事，也一定能够办好大事！

当前，我市正在加快推进科学发展示范区和人民群众幸福之都建设，实现今年保增长、保民生、保稳定各项目标任务还十分繁重。我们一定要大力发扬举办曹妃甸论坛所表现出的那种精神、那种干劲、那种作风，以成功举办曹妃甸论坛为契机，坚定信心、再接再厉，加压奋进、团结奋斗，为加快建设科学发展示范区和人民群众幸福之都做出新的更大贡献！

主要成果

【凝聚可持续发展共识】 与会嘉宾和代表围绕论坛主题，发表主张和见解，展开广泛讨论。贾庆林主席的主旨演讲，以其深刻的思想和鲜明的主张，在与会嘉宾和代表中引起热烈反响。新西兰前总理詹妮·希普莉表示，可持续发展是人类共同的愿望和追求，政府、企业、社会、公民应该携起手来，推动世界可持续发展。英国前副首相约翰·普雷斯科特认为，贾庆林主席的演讲表明中国政府走可持续发展道路的信心和勇气，表现出大国风范；中国政府支持曹妃甸建设绿色港口、绿色产业、绿色城市，必定会给世界一个惊喜。日本国民新党干事长、参议员自见庄三郎表示，贾庆林主席倡导把绿色增长作为共同追求，让人感到中国政府对民众、对世界可持续发展深深的责任感，看到中国未来的发展方向和姿态。来自美国、英国、荷兰、日本、韩国等多个国家的驻华使节、城市市长、世界500强企业和跨国公司的代表也都对贾庆林主席的演讲给予高度评价。

在深入讨论交流的基础上，与会嘉宾在促进世界的可持续发展，推动新型工业化方面达成重要共识。第一，在绿色增长方面的共识。大家进一步认识到，要把绿色增长作为人类可持续发展的共同追求，要积极制定全球绿色发展路线图以及符合本地区实际的发展规划，有效协调政策和行动，切实履行各自的职责和义务。世界各国应把推进绿色增长作为政府调控经济的基本取向，通过各种可行的调控手段，加快技术创新和推广应用，大力推动绿色产业发展，促进绿色城市建设，把经济发展进一步引向绿色增长的发展道路，使世界经济焕发出新的生机。在推进绿色增长方面：一要尽快建立绿色评价体系，二要大力推行绿色生产方式，三要全面倡导绿色生活方式，四要不断完善绿色补贴机制，五要着力推进绿色科技创新。第二，在节能减排方面的共识。大家进一步认识到，应把节能减排作为人类推动可持续发展的共同责任。节能减排是主动应对气候变化、推进可持续发展的必然选择。每个国家、城市、企业和个人都应以对人类长远利益高度负责的态度，切实承担起相应的责任。世界各国应积极制定应对气候变化的国家方案，大力调整产业结构，深入推动节能减排，努力减缓温室气体排放。第三，在科技交流方面的共识。大家进一步认识到，应把科技交流作为人类推动可持续发展的共同抓手。要把科学技术特别是节能减排、环保、新能源等高技术领域的成果，广泛应用于经济社会发展实践，充分依靠科技进步增强世界经济可持续发展的能力。第四，在对话合作方面的共识。大家进一步认识到，应把对话合作作为人类推动可持续发展的共同行动。世界各国应展开交流、增进理解、加强合作，共同探索可持续发展之路。

【全面展示唐山市科学发展成果】 按照可持续发展理念建设和运营的曹妃甸港，坚持新建码头设施与海域原生态的和谐与统一，其码头作业环境保护、港区环境治理、滨海湿地公园建设等模式，展示世界一流绿色港口的风采。作为中国第一个循环经济示范区，曹妃甸把循环经济作为最大特色和立区之本，向与会人员展示由企业清洁生产、区域产业“三废”循环利用、社会大系统协调发展三个层面构成的绿色产业体系。作为一个资源型城市，唐山通过曹妃甸新城、南湖生态城的开发建设，向与会代表展示一座现代生态型绿色城市的科学发展模式。联合国前副秘书长默里斯·斯特朗称赞唐山“是世界上最好的生态城市之一”。

【进一步打开唐山对外开放的便捷通道】 唐山市分别与新加坡仁恒和美投资有限公司签署共同建设南湖生态城的战略合作框架协议，与英国乐易购集团签署大型购物广场建设项目合作协议。论坛期间，组织多场小型双边经贸洽谈会，初步达成多个合作意向。

会　务

【筹备和服务】 筹委会提出要像北京办奥运那样，按照“一流标准、一流服务、一流效益”的要求，举全市之力，完成各项筹备工作任务，保证论坛的如期顺利举办。

按照生态节能、绿色环保的一流标准，建设论坛会址，实施国际会所、湿地迷宫、曹妃湖景观改造提升、湿地公路景观改造提升、渤海国际会议中心改造提升等五项建设改造工程。从7月中旬开始，30多支施工队伍、6000多名建设者80多天的交叉施工、日夜奋战，五大项17小项工程全部如期竣工；累计完成投资4亿元，建设木屋1.37万平方米，绿化40万平方米，摆放各类花卉120万盆，安放大小置石280余块，填筑山皮石、土方170多万方，新建、改建、翻修道路4条总长19.5公里。

按照“一流服务”的标准，全面完成交通、住宿、餐饮、“一对一”服务等各项组织接待工作。交通方面，确定对口联系单位，设置北京机场、北京火车站、天津机场、天津火车站、唐山火车站五个接送小组，配备30多辆各类接送用车，累计接送国内外嘉宾116批次。住宿方面，统筹安排与会嘉宾住宿，除五星级渤海国际会议中心外，另外遴选唐海县和唐山市内的8家高档宾馆（酒店）作为论坛定点接待单位。餐饮方面，根据国内外来宾的具体情况，制定切实可行的整体用餐安排、酒会方案。组织筹备800人的大型招待会，两次大型宴请（宴请国外政要、国内城市代表），三次早餐会，单独小型宴请20余次。“一对一”服务方面，招募和培训400多名外宾联络员，完成外宾接待46个团组、128位外宾的接待任务。

遵循国际标准、彰显论坛特色，设计实施高规格的会场布置方案，主会场、分会场、新闻中心、同声翻译区、休息区、洽谈室等功能区域布局合理、设计精美、特色鲜明、方便舒适。组织起草多位中央、省、市领导的主旨演讲稿，编辑制作有关唐山、曹妃甸和论坛主题的宣传资料，收集整理论坛期间所有音像资料。围绕循环经济、新型工业化和生态城市建设等主题，布置准备5个参观点和8个备用参观点；制定三个层次的参观路线和参观流程。对包括世界500强企业在内的国内外知名企业进行广泛邀请，对国内外前沿的节能环保产品和技术进行精挑细选和展示布置，对经贸洽谈活动进行深入的谋划准备。

开展“文明迎论坛，环境大提

升”百日推进行动。论坛会址及周边区域卫生快速达到目标要求；市区卫生保洁水平显著提升，市中心区主次干道和公共场所以及居民小区基本实现24小时保洁，城乡卫生死角死面基本消除。市区累计清除各类非法“小广告”52万余条，市中心区22条主次干道两侧可视范围的非法“小广告”基本绝迹。沿街店面门窗及牌匾得到规范整治，迎宾线路两侧建筑墙体得到清理粉刷，建筑工地围挡得到规范治理，市政设施得到完善提升，特别是对市中心区及论坛会址周边、重点景区的路牌、标示等公共信息图形标志进行了规范制作，在论坛召开前达到了国家标准。以创造艺术园林、景观园林为重点，高标准完成了唐丰路、外环线、长宁西道、大里路和凤凰山、大城山、大钊公园的绿化改造任务，摆放各类鲜花15种，102万盆，修剪树木30余万株。以打造精品线路节点为重点，市园林局在市区主要道路出入口、重点区域摆放10个品种的花卉景观150万盆；唐海县、曹妃甸工业区、曹妃甸生态城、南湖生态城积极行动，调运各类品种花卉250万盆，将论坛会址周边、主要接待驻地、重点参观区域装饰一新。以提升夜景亮化档次为重点，市城管局组织市区亮化提升工程；市交通局在机场连接线启动“鸟语花香”为主题的亮化工程，安装各种景观灯数千套（盏）。组织卫生、工商等部门和各县（市）区政府对市区、各县特别是7条迎宾路线、13条参观考察线路和43个重要节点周边的66个市场及500多家“五小行业”进行全面摸排，集中治理一批小区市场和自发市场。高速公路、国省干道和铁路沿线保持清洁环保，重要线路交通环境进一步优化，交通秩序得到新的改善。

制定医疗卫生保障工作总体实施方案和食品卫生监督、甲型H1N1流感防控、医疗救治等三个具体方案，做到人员、车辆、设备、药品、制度“五落实”。开展论坛接待单位餐饮业监督检查，督导餐饮单位建立健全各项卫生制度，确保食品安全万无一失。扎实开展卫生监督、医疗救治保障和疾病预防控制专业人员培训，组织突发公共卫生事件演练。做好物资药品准备，会议期间为来宾准备体温测门5台、体温计1500支，保障甲型流感防控工作各项措施落到实处。

制定详细的安全保卫工作方案，成立论坛安保组织机构，设立19个任务组，实行分工包片、包干负责，形成精干的组织指挥系统。对渤海国际会议中心各项设施、设备的安全运营情况及场地周边的复杂地段进行了全面细致的实地踏勘，对该中心从业人员进行摸底审查，确定控制、疏导的有效措施及对重点部位的监控手段。论坛期间公安干警部署迅速，安保措施周密有力，高标准完成安全保卫、服务保障等各项任务，保证论坛的安全举办。

此外，综合协调、文艺演出、志愿服务、资金筹措等部门均较好地完成工作任务。志愿服务方面，从全市上千名青年学生中精挑细选263名论坛志愿者，并进行严格的培训。论坛期间，志愿者累计上岗2000余人次，累计服务达1万小时，日出勤率达到100%，赢得论坛嘉宾的肯定和赞扬。资金筹措方面，按照“政府推动、市场运作、社会参与”的总体思路，通过县区、重点企业、社会募集三条筹资渠道，落实资金3200多万元。

【宣传报道】 与中宣部、国新办、中央各主要媒体及省委宣传部汇报沟通，寻求支持帮助。在高端宣传、境外宣传、市内宣传、广告宣传、资料宣传等各方面进行深入谋划，把宣传工作细化到了节目和栏目。共有国内外57家媒体（其中省以上媒体52家）的300多名记者参会报道，为唐山市历史上报道规模最大、发稿最多、密度最频、形式最为多样的一次宣传活动。网络媒体的强大阵容成为本届论坛的一大亮点。腾讯、新浪、网易、新华网、人民网、中国网、中国经济网等国内主要新闻和商业门户网站悉数到场。10月11日在国新办举行的高规格新闻发布会，实现论坛开幕式暨第一次全体会议的省、市电视直播，组织论坛唐山主题新闻发布会、媒体早餐会、动态通报会、媒体见面会等活动，制作发行介绍曹妃甸、南湖和唐山评剧等有关情况的光盘，向记者介绍情况，推介新闻亮点。唐山市媒体共刊播有关曹妃甸论坛稿件、照片3180多篇（张）、专访98期、评论40篇、公益广告23条、系列报道45篇；省以上媒体共刊发各类新闻稿件近400篇，中央主流媒体刊发重点新闻稿件近40篇，彩色专刊专版7个。据初步统计，国内各级媒体共刊发首届论坛新闻稿件4000余篇，网上搜索“曹妃甸论坛”达到88万个页面，报道规模、声势和效果不仅为唐山市历史之最，也达到或超过大连达沃斯和博鳌亚洲论坛的水平，有力地扩大唐山市和曹妃甸的知名度和影响力。

编纂　李晓东

中国共产党唐山市委员会

主要会议及重要决策

【八届市委六次全体会议】 2008年1月3日至1月7日，中共唐山市第八届委员会第四次全体（扩大）会议在燕山影剧院召开。这次全会的主要任务是：认真贯彻党的十七大和省委七届三次全会、中央和省经济工作会议精神，总结一年来建设科学发展示范区的做法和经验，研究部署2008年推进建设科学发展示范区的重大举措，动员全市各级党组织和广大党员干部，高举中国特色社会主义伟大旗帜，以邓小平理论和“三个代表”重要思想为指导，深入贯彻落实科学发展观，开放创新，富民强市，为把新唐山早日建成科学发展示范区，建成人民群众的幸福之都而团结奋斗。大会听取表决通过省委常委、市委书记赵勇同志代表市委常委会向全会作的题为《开放创新，富民强市，为把新唐山早日建成科学发展示范区，建成人民群众的幸福之都而团结奋斗》的工作报告和《关于认真学习贯彻党的十七大精神的决议》《关于加快科学发展示范区建成的决议》《关于设立“新唐山建设卓越功勋奖”的决定》。

市委委员、市委候补委员出席会议。列席会议的有：市纪委委员；不是市委委员、市委候补委员的市人大、市政府、市政协领导班子党员市领导，各县（市）区党政主要负责同志；各开发区、园区、管理区、工业区党工委书记、管委会主任；市直机关各单位党员主要负责同志，市人大、市政协各厅（委）室党员主要负责同志，市对口企事业单位党委（党组）书记、党员行政主要负责同志；省垂直管理部门和单位的党员主要负责同志；各县（市）区主管农村工作的副县（市）区长、市直机关各单位副县级以上负责同志，市内党的十七大和省七次党代会代表。应邀列席会议的有：驻唐部队副师职务以上领导同志，担任过市领导职务的离退休老同志，市人大、市政府、市政协领导班子中不是中共党员的市领导，市各民主党派主委，市政协有关工作委员会及市直有关单位不是中党员的主要负责同志和民营企业家代表。

2008年12月29日至31日，中共唐山市第八届委员会第五次全体（扩大）会议在燕山影剧院召开。这次全会的主要任务是：学习贯彻党的十七大、十七届三中全会、省委七届四次全会和中央、省经济工作会议精神，总结2008年工作，研究部署2009年工作。主要议题是：听取和讨论赵勇同志代表市委常委会向全会作的工作报告；审议通过《中共唐山市委关于推进农村改革发展 加快实现城乡等值化的决定》；表彰“唐山市十大杰出农民”、“唐山市十大优秀村党组织书记”和“唐山市十大优秀乡镇党委书记”。会议由市委常委会主持。市委委员、市委候补委员出席会议。列席会议的有：市纪委委员；不是市委委员、市委候补委员的市人大、市政府、市政协领导班子党员市领导，各县（市）区党政主要负责同志；各开发区、园区、管理区、工业区党工委书记、管委会主任；市直机关各单位党员主要负责同志，市人大、市政协各厅（委）室党员主要负责同志，市对口企事业单位党委（党组）书记、党员行政主要负责同志；省垂直管理部门和单位的党员主要负责同志；各县（市）区主管农村工作的副县（市）区长、市直机关有关单位副县级以上负责同志，市级以上农业产业化龙头企业的主要负责人。全会还邀请市各民主党派、工商联主要负责人，党外副市级领导干部，市内党的十七大代表、省七次党代会代表和市八次党代会的代表中的部分同志列席会议。应邀列席会议的有：驻唐部队副师职务以上领导同志、担任过市领导职务的离退休老同志。

2010年1月5日至6日，中共唐山市委八届六次全体（扩大）会议在唐山南湖温泉酒店会议中心召开。会议由市委常委会主持。会议听取并讨论省委常委、市委书记赵勇同志代表市委常委会所作的工作报告，审议通过《中共唐山市委关于科学执政民主执政依法执政实施纲要》和《中共唐山市委关于加强和改进新形势下党的建设，提高党的建设科学化水平的实施意见》；对干部选拔任用工作进行民主评议；表彰2008至2009年度“新唐山建设卓越功勋奖”获得者、2009年度唐山市“科学发展创新奖”和唐山

市2009年度招商引资贡献突出个人。1月6日会议闭幕时，省委常委、市委书记赵勇就贯彻落实好这次全会精神作重要讲话。市委副书记、市长陈国鹰就贯彻落实全会精神和当前重点工作进行了具体安排部署。市委委员、市委候补委员出席会议。列席会议的有：市纪委委员；不是市委委员、市委候补委员的市人大、市政府、市政协领导班子党员市领导，各县（市）区党政主要负责同志；各开发区、园区、管理区、工业区党工委书记、管委会主任；市直机关各单位党员主要负责同志，市人大、市政协各厅（委）室党员主要负责同志，市对口企事业单位党委（党组）书记、党员行政主要负责同志；省垂直管理部门和单位的党员主要负责同志；省七次党代会唐山代表团代表。应邀列席会议的有：驻唐部队副师职务以上领导同志、担任过市领导职务的离退休老同志、市各民主党派主委、市直有关单位不是中共党员的主要负责同志。

【八届市委常委会】　1月5日，赵勇主持召开八届市委常委会第77次（扩大）会议。研究并原则通过《政府工作报告（讨论稿）》、《关于唐山市2008年国民经济和社会发展计划执行情况与2009年国民经济和社会发展计划（草案）的报告》和《关于唐山市2008年市本级预算及市总预算执行情况和2009年市本级预算及市总预算（草案）的报告》，责成市政府办公厅、市发改委、市财政局按照会议提出的意见建议修改完善后，提请市十三届人大二次会议审议。

1月17日，赵勇主持召开八届市委常委会第78次会议。研究《关于调整市委部分常委和秘书长工作分工的建议》。

2月3日，赵勇主持召开八届市委常委会第79次（扩大）会议。听取并原则同意市发改委关于一月份经济运行情况的汇报和做好第一季度经济工作的建议，研究做好当前经济工作，力争首季开门红的措施；传达全国、全省宣传部长会议精神，研究唐山市贯彻落实的意见和措施，同意近期召开全市宣传思想工作会议；传达全省政法工作会议精神，研究唐山市贯彻落实的意见和措施，同意近期召开全市政法工作会议；听取并原则同意关于《唐山湾“四点一带”产业发展与空间布局规划》和《唐山市海岸线开发利用规划》编制情况的汇报。

2月11日，赵勇主持召开八届市委常委会第80次（扩大）会议。传达中央政治局委员、国务院副总理张德江同志视察唐山重要讲话和重要指示精神，研究唐山市的贯彻落实措施；传达省纪委“行政权力运行监控机制建设试点工作汇报座谈会”精神，听取并原则同意市纪委关于做好2009年试点工作的建议。

2月17日，赵勇主持召开八届市委常委会第82次会议。传达中央纪委十七届三次全会和省纪委七届四次全会精神，研究唐山市贯彻落实的意见和措施，同意近期召开市纪委八届四次全会；传达省“干部作风建设年”活动动员大会精神，研究唐山市贯彻落实的意见和措施，同意近期召开唐山市“干部作风建设年”活动动员大会。

3月2日，赵勇主持召开八届市委常委会第83次（扩大）会议。传达省委书记张云川同志关于“曹妃甸新区党工委、管委会正式揭牌成立”的贺信；研究当前信访形势和信访重点问题，原则同意《信访工作有关意见办法（讨论稿）》；研究并原则通过《中共唐山市委　唐山市人民政府关于推行安全生产“一岗双责”完善党政齐抓共管机制的实施意见》；研究《唐山市人民政府关于深化教育改革的意见（审议稿）》；研究《唐山市人民政府关于市直文化事业单位文化体制改革的意见（审议稿）》，责成市文化局根据会议提出的意见和建议对文件做进一步修改完善，并将其作为一项重要内容，制定《唐山市文化体制改革的意见》；研究《唐山市人民政府关于深化科技体制改革的意见（审议稿）》。

3月18日，赵勇主持召开八届市委常委会第84次（扩大）会议。传达学习全国“两会”精神，并就深入贯彻落实进行部署；研究并通过《唐山市2009年深化干部制度综合配套改革工作要点（审议稿）》；传达全国、全省组织部长会议精神，研究并原则同意唐山市贯彻落实的意见和措施；研究机构编制事项；研究并通过《关于曹妃甸新区干部管理权限建议》。

4月23日，赵勇主持召开八届市委常委会第85次（扩大）会议。通报全市第一季度经济运行情况，研究部署第二季度重点工作；研究并原则通过《中共唐山市委 唐山市人民政府关于加快农村新民居建设的意见（试行）》和《唐山市2009年农村新民居建设示范工程实施方案》；研究并原则通过《关于促进农民进城的若干政策》和《关于建立农民进城受理服务中心的建议方案》；传达全省学习实践活动和“干部作风建设年”活动调度会精神，研究并同意唐山市贯彻落实的意见和措施；通报我市手足口病发病情况，责成高瑞华同志统筹，市卫生局、教育局负责，做好手足口病防控和诊治工作。

4月24日，赵勇主持召开八届市委常委会第86次会议。研究讨论《中共唐山市委唐山市人民政府关于行政权力运行监控机制建设的实施方案（讨论稿）》；听取市总工会关于唐山市工会第二十一次代表大会筹备情况的汇报，责成市总工会按照会议提出的意见建议对《报告》做进一步修改完善，同意于近期召开唐山市工会第二十一次代表大会；听取团市委关于共青团唐山市第十七次代表大会筹备情况的汇报，责成团市委按照会议提出的意见建议对《报告》做进一步修改，同意于近期召开共青团唐山市第十七次代表大会；听取市妇联关于唐山市妇女第十四次代表大会筹备情况的汇报，责成市妇联按照会议提出的意见建议对《报告》做修改完善，同意于近期召开唐山市妇女第十四次代表大会；研究并原则通过《中国共产党唐山市代表大会代表任期制实施细则（试行）》及六项相关制度；研究并通过《中共唐山市委关于加强新形势下密码工作的实施意见》；研究并通过《中共唐山市委常委会议事决策规则（讨论稿）》；口头传达中办发电〔2009〕7号文件精神；研究并原则通过《关于进一步规范调研员任免工作的建议》；研究讨论《中共唐山市委唐山市人民政府关于公务员交流工作的实施意见》；对市委常委和秘书长工作分工进行个别调整。

5月11日，赵勇主持召开八届市委常委会第87次会议。研究通过《清华大学等高校优秀博士毕业生来我市挂职、任职安排方案（建议）》；就做好当前有关工作进行安排部署。

6月2日，赵勇主持召开八届市委常委会第88次（扩大）会议。传达学习中共中央政治局常委、国务院副总理李克强来唐视察时的重要指示精神和张云川书记、胡春华省长在唐调研时的重要指示精神，研究贯彻落实措施。

6月11日，赵勇主持召开八届市委常委会第89次会议。通报“央企走进唐山曹妃甸”活动有关情况，对加快推进曹妃甸开发建设进行安排部署；听取关于唐山市科协第八次代表大会筹备情况的汇报，责成市科协按照会议提出的意见建议对《报告》做进一步修改完善，同意于近期召开唐山市科协第八次代表大会；研究机构编制事项；研究并原则同意《关于2008年度市委管理的领导班子和领导干部考评定档情况的汇报》。

6月23日，赵勇主持召开八届市委常委会第90次（扩大）会议。传达学习中共中央政治局常委、国务院总理温家宝来唐视察时的重要指示精神，研究贯彻落实措施；传达学习中共中央政治局委员、全国人大常委会副委员长、中华全国总工会主席王兆国来唐视察时的重要指示精神，研究贯彻落实措施；研究并通过《信访稳定工作综合调控纲要（讨论稿）》；听取《关于向省申报县（市）区党群系统事业单位参照公务员法管理的汇报》；听取并同意《中共唐山市委组织部关于拟受市委表彰农村基层组织建设先进县（市）区、先进基层党组织、优秀共产党员、优秀党务工作者、优秀乡镇党委书记和优秀村党组织书记推荐情况的汇报》。

7月19日，赵勇主持召开八届市委常委会第92次会议。传达曹妃甸开发建设办公会议精神，研究贯彻落实措施；研究并原则通过《曹妃甸新区开发建设工作领导小组名单》；传达中央和省加强县级纪检监察机关建设主要精神；研究并原则同意《中共唐山市委唐山市人民政府关于贯彻落实中纪发〔2009〕9号、10号文件精神的意见（讨论稿）》；听取《唐山市“小金库”治理工作领导小组办公室关于“小金库”治理工作情况的汇报》，研究唐山市清查治理“小金库”的措施；听取《关于惩防体系建设及权力监控机制建设工作汇报》。

7月30日，赵勇主持召开八届市委常委会第93次（扩大）会议。传达学习2009年暑期省委常委（扩大）学习会议、市委书记市长座谈会、全省设区市市委书记汇报座谈会和全省重点项目调度会议精神，就做好结构调整、安全生产、维护稳定和举办曹妃甸论坛等工作进行安排部署。

10月10日，赵勇主持召开八届市委常委会第94次（扩大）会议。传达学习党的十七届四中全会和省委七届五次全会精神，并就贯彻落实中央和省委全会精神进行安排部署；听取《关于全市前三季度经济运行情况和第四季度工作安排的汇报》，对当前经济社会发展工作做出安排部署；研究并原则通过《关于建立健全信访稳定工作综合调控新机制的实施意见》及相关配套制度；研究并原则通过《唐山市市委管理的领导班子和领导干部综合考评办法（讨论稿）》、《领导班子社会评估和领导干部民意调查的实施方案（讨论稿）》和《开展县（市）区人民群众幸福指数调查的实施方案（讨论稿）》；研究并原则通过《关于市属国有五大企业集团组建方案的汇报》；研究机构编制事项；学习传达全国组织部长培训会议精神；研究并通过《关于县（市）区党群系统部分事业单位和唐山市法制教育学校拟申报参照公务员法管理有关情况的汇报》。

10月18日，赵勇主持召开八届市委常委会第95次（扩大）会议。传达学习中共中央政治局常委、全国政协主席贾庆林同志来唐视察时的重要指示和在首届曹妃甸论坛上的主旨演讲精神，研究唐山市贯彻落实的意见和措施；研究并原则通过《关于首届曹妃甸论坛筹备组织工作先进集体和先进个人的表彰方案（建议）》，同意近期召开首届曹妃甸论坛总结表彰（电视电话）大会。

10月29日，赵勇主持召开八届市委常委会第96次（扩大）会议。传达学习中共中央政治局委员、国务委员刘延东同志来唐视察时的重要指示精神，研究贯彻落实的意见和措施；研究并原则同意《中共唐山市委唐山市人民政府关于表彰首届曹妃甸论坛组织工作先进集体和先进个人的决定（讨论稿）》和《首届曹妃甸论坛贡献突出单位、贡献突出个人等建议名单》；研究并通过《中共唐山市委唐山市人民政府关于支持古冶区加快资源型城市转型促进又好又快发展的若干意见（讨论稿）》。

11月18日，赵勇主持召开八届市委常委会第97次会议。通报省委常委、市委书记赵勇同志随中联部代表团访问德国、法国、西班牙的有关情况；研究《中共唐山市委唐山市人民政府关于加快推进统筹城乡发展的若干意见（讨论稿）》、《唐山市统筹城乡发展试点工作总体方案（讨论稿）》和《中共唐山市委唐山市人民政府关于加快重点中心镇建设的意见（试行）（讨论稿）》；听取并同意全市推进惩治和预防腐败体系建设、行政权力运行监控机制建设工作汇报，研究并原则通过《唐山市贯彻落实〈关于实行党政领导干部问责的暂行规定〉的实施意见》和《关于对拟提拔领导干部进行党政纪知识考试的实施办法》；集体学习《河北日报》特约评论员文章《冲破惯性思维束缚打开河北产业结构调整新天地》，并就全市加快构建现代化产业体系进行安排部署。

11月27日，赵勇主持召开八届市委常委会第99次会议。研究《唐山市拟申请纳入国家和省“十二五”规划的重大问题和重大项目》；听取《关于甲型H1N1流感防控工作情况的汇报》，就进一步做好全市防控工作进行安排部署；听取并同意《唐山市政府机构改革县级干部调整配备原则和办法》。

12月28日，赵勇主持召开八届市委常委会第101次（扩大）会议。传达全省经济工作会议精神，决定在市委八届六次全会上对贯彻会议精神做进一步部署；听取并同意市委八届六次全体（扩大）会议筹备

情况的汇报，研究《市委常委会工作报告（讨论稿）》、《中共唐山市委关于科学执政民主执政依法执政实施纲要（讨论稿）》和《中共唐山市委关于加强和改进新形势下党的建设 提高党的建设科学化水平的实施意见（讨论稿）》；听取并原则通过《中共唐山市人大常委会党组关于召开市十三届人大三次会议有关情况的汇报》和《中共唐山市政协党组关于召开市政协十届三次会议有关情况的汇报》，同意于近期召开市“两会”，并在会议方案中增加召开党员会议议程；研究并通过《中共唐山市人大常委会党组关于制定〈唐山市2010年立法计划（草案）〉的情况汇报》；研究并通过《关于2008—2009年度“新唐山建设卓越功勋奖”评选情况的汇报》；研究并原则通过《唐山市科学发展创新奖评选工作汇报》；研究并通过《市政府机构改革部门党组（党委）纪检组（纪委）组建和调整方案》；研究并通过市政府机构改革相关单位人事方案。

（梁立航）

中共唐山市委及其工作部门领导成员

中共唐山市委

书　　记：赵　勇
副 书 记：陈国鹰　张义珍（女）
常　　委：朱正怀（6月免）
张忠顺（6月任）
周仲明
回　建（6月免）
徐景田　郭彦洪（女）
陈学军　邓沛然
姚自敏　许德茂
刘建国（11月任）

中共唐山市纪委（监察局）

书　　记：邓沛然
副 书 记：沈鸿德　郝有顺
郑文庆（2月省批）
张佩旺（2月省批）
常　　委：张军田（10月连纪委秘书长、正县级检查〈监察〉员同免）
张　伟（正县级检查〈监察〉员）
杨　文　陆建忠
冯慧洁（10月任纪委秘书长）
张建德（5月任）
监察局局长：沈鸿德
副 局 长：杨　文
冯慧洁（10月免）
张建德
吕志玉（5月任）
办公厅主任：张军田（10月免）
冯慧洁（10月任）
监察综合室主任：郑胜宏
第一纪检监察室主任：鲁振峰
第二纪检监察室主任：
李建民（5月免）
刘玉芳（5月任）
第三纪检监察室主任：高树敏
案件审计室主任：孟江红
干部管理室主任：许俊良
案件审理室主任：张　爽
党风廉政建设室主任：
孙自生（5月免，6月至12月空缺）
纠正部门和行业不正之风室主任：
刘学军
政策法规研究室：刘晓明
执法监察室主任：李忠华（5月免）
闫保欣（5月任）
信访室主任：刘友勤
宣教室主任：孟君弘（5月免）
崔敬民（5月任）
案件复查室主任：刘志民
行政效能监察室主任：霍起勇
预防腐败室主任：（空缺）
案件监督管理室主任：（空缺）
副县级检查（监察）员：
朱彦明（5月任）
冯宝增　王小禾
张勇军
庞中元（12月任）

市委办公厅

秘 书 长：刘建国
副秘书长：杜少光（10月免）
赵士锋（10月任）
鲁　颖（正县）
路　遇（正县，援藏）
周景林（兼防范办主任）
张占忠（兼信访局长）
李光华（兼接待办主任）
纪泽民（12月任兼市委市政府研究室主任）
张玉生（兼办公厅副主任）
石洪石
陈文起（兼办公厅副主任）
张树新
牛俊武（兼办公厅副主任）
宁　磊（12月任）
邸　义（兼督查室主任7月免）
刘铁民（兼督查室主任7月任）
主　　任：杜少光（10月免）
赵士锋（10月任）
副 主 任：张玉生　陈文起
牛俊武　张喜怀
徐　民
副调研员：张友军　张步祥
郝仲军　李长远

督察室
主任（正县）：邸　义（7月免）
刘铁民（7月任）
副主任（副县）：冯晓棠
刘艳飞（7月免）
副调研员：顾俊旺
张子洲（12月任）
信息中心主任：王少杰
机要局
副 局 长：田万平　李香合
副调研员：刘凤羽
保密局
局　　长：李　军
机关事务管理局
局　　长：贠晓良
接待办
主　　任：李光华
副 主 任：王耀光　訾　慧（女）
贠晓良（兼职）
副调研员：任贵军

市委市政府研究室

主　　任：纪泽民（12月任）
副 主 任：田清旺（12月任）
朱海平（12月任）
石　安（12月任）
谢雪生（12月任）
调 研 员：田清旺（12月任）
副调研员：刘战琪（12月任）
果爱民（12月任）

防范办

主　　任：周景林
副 主 任：张占江　马　进
　　　　　幺福光

信访局

局　　长：张占忠
副 局 长：王长铭
　　　　　张志昌（3月免）
　　　　　曹敏生　赵国勇
　　　　　董　健
　　　　　石　革（6月任）
　　　　　孙志顺（10月任）
　　　　　苑海森（12月任）

组织部

部　　长：回　建（6月免）
　　　　　张义珍（女6月兼）
常务副部长：付国良
副部长、正县级组织员：
　　　　　王玉芹（女）
　　　　　毕开艾
副 部 长：蒋长洪
党员电教中心主任（副县）：林　鹏
市委组织员办公室主任：
　　　　　毛福满（6月任）
副调研员：张洪锁　毛福满
　　　　　谷守军

宣传部

部　　长：郭彦洪（女）
常务副部长：方成田
副部长、文明办主任：李秀存
副部长（正县）：邵　荃
副 部 长：王　力　孟宪民
　　　　　马文斌
　　　　　刘宝富（援藏）
文明办副主任：尹翠琳（女）
　　　　　袁凤遥
外宣局局长：张秀山
副调研员：黄明洛　刘育新
　　　　　王小勇　严为民
国防教育办副主任（副县）：刘　方
副调研员：许贵元（11月免）

统战部

部　　长：张艳春（女）
常务副部长：李东升
副部长（正县）：纪　纯
副 部 长：郭凤才　王连长
　　　　　王　勇
副调研员：金作义
　　　　　李海生（6月任）
社会主义学院院长：
　　　　　张艳春（女　兼）
社会主义学院副院长：姚恩刚

政法委

书　　记：许德茂
常务副书记：陈照印
副书记：陈鸿国
副书记（正县）：况成礼
　　　　　李长春（12月任）
　　　　　张连余（3月免）
　　　　　刘云生
政治部主任：侍子兴
综治办主任：陈鸿国
综治办副主任：冯国臣
副调研员：冯志军　李　鹏

市直机关工委

书　　记：刘建国
常务副书记：李广江
副 书 记：李建文　穆　宏
　　　　　安英泽
纪工委书记：张乃斌（女）
副调研员：刘阁林　郝　利

农工委

书　　记：徐景田
常务副书记：张继成（7月免）
　　　　　付国民（12月任）
副 书 记：张福林　王晓锋
　　　　　秦英臣
副调研员：王永红　郝泽川
　　　　　刘万龙（12月任）

编办

主任、党组书记：
　　　　　李冠媛（女7月免）
　　　　　王新春（7月任）
副 主 任：张小华　彭敬良
副县级检查（监察员）：
　　　　　葛庆学（12月免）
副调研员：王秀芹（女）　王树文

老干部局

局　　长：郭来城
副局长兼老年大学
专职副校长（副县）：杨连军
副 局 长：李弘力　周国顺
关工委专职副秘书长（副县）：
　　　　　齐志杰
老促会专职副秘书长（副县）：
　　　　　高继明
副调研员：李成林

市委台湾工作办公室
（市政府台湾事务办公室）

主任、党组书记：
　　　　　李　庚（3月任）
副 主 任：辛晓春（3月免）
　　　　　张大力（11月免）
　　　　　崔殿满
　　　　　石宝元（3月任）

党史研究室

主　　任：刘作生
副 主 任：张振岭　王立元
副调研员：李成海（2月免）
　　　　　林宗泽

党校

校长：杨永山（3月免）
　　　张义珍（3月任）
常务副校长兼社会主义学院第一副院长：安晓良
调研员：吴树林（5月任　12月免）
副校长兼社会主义学院副院长：李文利
纪检组长：张武清
副 校 长：吴树林（5月免）
　　　　　张朝民　金海亮

唐山劳动日报社

社长、党组书记：阚星光
副社长、总编：侯西岭
副社长、副总编：赵寿忠　郑战国
　　　　　焦金铀
纪检组长：郭站麟
副总编：路福民
副社长：陈兴德

（孙庆武）

办公厅工作

【概况】 2009年，市委办公厅坚持以邓小平理论和“三个代表”重要思想为指导，深入贯彻落实科学发展观，紧紧围绕全市工作大局，突出服务科学发展示范区建设这一主线，着眼大局当参谋，总揽全局搞协调，突出重点抓督查，立足整体保运转，全面提高“三服务”（服务市委、服务基层、服务群众）质量和水平，塑树“忠诚服务”品牌，创建科学发展示范机关，圆满完成各项工作目标任务，纳入省委办公厅评比先进行列，被市委、市

政府授予“振兴唐山先进单位”等多项荣誉称号。

【着力为科学发展示范区建设出谋划策】 坚持把提供高层次参谋服务作为首要职责，认真研究思考事关科学发展的重大问题，切实加强对落实保增长、保民生、保稳定各项决策部署的调查研究，积极协助市委搞好总体思路和阶段性工作谋划，及时提出建设性意见和建议，努力为推动经济社会又好又快发展献计出力。高站位起草综合文稿。遵循“以学促谋、以文辅政、以勤补拙、精益求精”的工作理念，坚持站位求高，思路求新，内容求实，文字求精，着力在提高文稿起草质量，增强以文辅政能力上下功夫。全年累计起草各类综合文稿680篇、310余万字，为深入推进新型工业化、新型城市化、城乡等值化、社会治理和谐化和党的建设科学化，筑牢科学发展示范区建设“五根支柱”，发挥重要的参谋助手作用。深入扎实开展调查研究。坚持深入基层一线调研，及时了解群众愿望，认真总结基层首创经验，探索服务科学发展的新思路、新办法，努力为市委决策谏言献策，形成一大批调研成果。全年编发调研专刊20期。拓宽延伸信息渠道。全年累计编发《每日重要动态》、《网络信息专报》、《经济形势分析旬报》、《市委常委工作周报》、《民情信息》、《唐山快报》等600多期，得到省委领导和市委主要领导批示168人次。上报中央办公厅信息工作连续八年实现全省、全国领先。信息《唐山市积极贯彻落实中央扩大内需措施，经济发展出现新变化》经中办秘书局专报中央政治局、书记处各位同志和国务委员。

【努力保障市委机关工作高效运转】 坚持把保证市委“总揽全局、协调各方”作为基本职责，引导全厅同志自觉站在全局的高度思考问题，寓协调于沟通和服务之中，充分发挥运转中枢保障作用。精心组织会务活动，坚持“科学、规范、创新、示范”理念，精心设计会议形式、议程、参加人员等诸多环节。高效筹备组织央企走进曹妃甸、第四届海协两岸论坛、庆祝新中国成立60周年歌唱祖国万人演唱会等大型会议活动43次，与有关部门协办会议活动91次。特别是按照市委主要领导意见，将38个专题会议合并成一个“转作风、抓落实、促发展”电视电话会议，在市内外引起强烈反响。全力搞好接待服务，坚持“忠诚服务、无微不至”的理念，健全工作机制、改善服务方式、注重工作细节，努力提升接待服务的水平和质量。累计接待来唐宾客602批次，11963人次，其中温家宝等党和国家领导同志26名，省（部）级以上领导227批次，党政考察团33批次，圆满完成中韩友好合作周、第二届河北曹妃甸临港产业国际合作会议等30余项大型接待服务工作。加强日常协调运转，累计处理中央、省、市文件2446份，办理机要公文8945件，处理各类信函近10万件；全年核发市委文件171件、办公厅文件226件、办公厅通报112期。值班工作方面，办理《市委值班报告》370期，报告紧急情况重大事件240期，接转电话近4万次，协调群众来访150余人次，办结率均达到100%。组织实施办公计算机、移动存储介质及信息安全处理的检查整改和公务内网网络及信息安全监控系统完善等工作，积极推进办公应用系统的研发与应用。网上发送非密级公文548份、各类通知短信1.1万条，市级各联网单位收发邮件12.3万件。全面落实老干部各项待遇，完善充实老干部活动室，使老同志“老有所乐、老有所为”。认真开展密码业务专项检查活动，保证电报译传办理缜密有序和党政机关指示政令安全畅通。加强保密检查督导和宣传教育，开展涉密岗位人员和专兼职保密干部教育培训，构建涉密单位计算机信息系统保密防护体系，处于全国领先水平的市级涉密载体销毁中心建成并投入使用。

【全力推动市委各项决策部署落到实处】 坚持把充分发挥督促检查职能作为重要任务，忠诚维护市委权威，大力弘扬铁面无私、雷厉风行、一抓到底的精神，确保市委各项决策部署不折不扣地落实到位。一是构筑大督查格局。在聘请市委督查专员、调整充实市委督查室设置和工作人员的基础上，通过市委机要室编发《市委领导批示综汇》，市委信息中心在《每日重要动态》设置“县区委书记周活动”专栏等途径，充分调动方方面面的力量，形成督查工作的强大合力。二是全方位开展督促检查。对市委各项决策部署及市委领导批示交办事项，尤其是对“五项攻坚”行动、科学发展示范区建设“八大工程”，全部建立督导台账，对落实情况跟踪问效，盯办到底。组织开展督查活动281次，办理领导批示交办事项206个、政协委员提案34份，协调解决各方面问题1481个。三是真心实意为群众排忧解难。把督查作为市委关注民生、保障民生的窗口和平台，认真负责做好领导电子邮件的梳理、呈报、督办、查办工作。全年共收阅群众发来的邮件8138封，及时解决水污染、噪音污染、房屋两证办理、医疗救助、工伤补助、就业等一大批事关群众切身利益的问题。

【出色完成市委交办的重大中心工作任务】 直接参与市委五项重大活动的组织协调工作，一是认真组织实施全市深入学习实践科学发展观“回头看”活动。全力做好起草有关文件、领导讲话、活动方案、总结汇报、信息反馈等综合文字材料工作，为巩固扩大全市学习实践活动成果，建立健全促进科学发展长效机制，发挥重要作用。二是精心组织开展全市“干部作风建设年”活动。主要承担文稿起草、调查研究、文件制发、信息反馈、会务接待等各项任务，累计起草各类综合文稿300余篇，编报专报102期、简报312期，组织各类会议25次，接待省督导检查18次，得到省、市有关领导的肯定。三是全力做好首届曹妃甸论坛筹备和服务工作。从论坛前组织制定总体方案、起草国内外政要演讲初稿，设计制作曹妃甸论坛永久性标识“蓝色凤凰”会标，到论坛中会务组织、国内外嘉宾接待、后勤保障服务，再到论坛结束后召开总结表彰大会、上报有关总结报告，全厅同志积极参与，全力服务，为举办唐山历史上最高水平、最高层次的国际盛会做出积极贡献。积极推进科学发展

模式示范推广工作。配合有关市领导，积极组织协调全市各级各单位，深入开展60个模式试验示范推广工作，承担首届曹妃甸论坛期间6个现场参观点建设，达到高标准、高水平，具有全国示范价值要求，受到与会来宾的赞扬。组织承办“在科学发展道路上实现新跨越——唐山市深入学习实践科学发展观活动暨建设科学发展示范区巡礼”主题展览布展工作。按照展览具有“震撼力和穿透力”的目标要求，在展示内容、展示形式、展厅布局等各个环节精心设计，整个布展工作仅用3个月时间就基本完成，充分体现“唐山效率”，受到各级领导、外地来宾和各界群众的一致好评。

【大力加强领导班子和干部队伍建设】 深入组织开展学习实践科学发展观“回头看”和“干部作风建设年”活动以及“提高政治素养、争当三个表率”主题实践活动，全面加强机关的思想、组织、作风、制度和党风廉政建设。一是抓学习提高。组织引导全厅干部职工深入学习中国特色社会主义理论体系特别是科学发展观，不断增强贯彻落实科学发展观的自觉性和坚定性；深入学习中央和省、市委的一系列决策部署，引导广大干部职工始终在思想上、政治上、行动上与党中央保持高度一致，与市委同心同德，切实增强忠诚服务、忠于职守的意识；深入学习现代化建设所需要的各种知识，组织全厅同志认真研读《细节决定成败》、《中国大趋势》等一系列书籍。二是抓工作创新。面对科学发展示范区建设日新月异的变化，引导全厅同志积极推进思维创新，大胆学习借鉴国内外先进地区的成功做法和经验，善于用新的理念、新的思路破解难题；积极推进方法和手段创新，充分运用网络等现代科技手段推进工作；积极推进制度创新，健全岗位责任制、首问责任制、服务承诺制、政务公示制、绩效考评制、失职追究制和民主监督制等一系列规章制度。三是抓规范管理。在机关办文、办会、办事、财务、后勤和党建等方面，全面推行“精细化”管理，优化工作程序、工作流程、工作规则和行为规范，规范严谨地把每一件工作落到实处，努力实现工作程序科学化、工作内容规范化、工作方式公开化、工作手段现代化。四是抓作风转变。制定下发《领导班子带头改进机关作风九项措施》、《市委办公厅十项服务承诺》、《领导班子驻点调研安排》，辑印《岗位理念手册》、《加强机关处室基础建设“三个一”模式手册》，推行工作人员摆牌、挂牌上岗、去向告知牌等制度，努力提高办文办事效率，提高工作标准，提高服务能力，提高服务对象满意度。坚持教育、监督、制度并重，建立健全惩治和预防腐败体系，认真落实“诺廉、述廉、评廉、考廉”制度，建立和完善县级、科级干部作风廉政档案，实行廉洁自律公开承诺，班子成员严以律己，率先垂范。深入开展“一助一”结对帮扶和“献爱心扶贫济困”活动，千方百计为迁西县东营村筹措款物25万元，解决当地群众反映强烈的实际困难。五是坚持中心组学习制度，认真贯彻民主集中制。根据工作需要调整班子成员分工。落实“三日一网”制度，积极组织开展“熟知唐山巨变，践行忠诚服务”主题实践活动。坚持正确用人导向，组织实施竞争上岗和轮岗交流，全厅上下进一步形成心情舒畅、关系融洽、团结和谐的浓厚机关氛围。

（曾庆贺）

纪检监察工作

【概况】 2009年，全市党风廉政建设和反腐败工作，围绕有效应对国际金融危机，加速推进科学发展示范区建设的中心任务，迈出坚实步伐。市委、市政府将反腐倡廉建设纳入经济社会发展和党的建设总体规划，同改革发展一起部署、一起检查、一起落实。省委常委、市委书记赵勇亲自担任惩治和预防腐败体系建设领导小组组长，对反腐倡廉重大问题亲自过问，重点环节亲自协调，重要案件亲自批办；市委常委会18次研究反腐倡廉议题，就权力监控机制建设、查办案件等重点工作及时听取汇报，制定推进举措；在落实上级指示，加强纪检监察机关建设方面，大力支持，全力保障；市领导亲自带队，检查考核党风廉政建设责任制和惩防体系建设落实情况。在市委、市政府领导的示范带动下，各级党委、政府认真执行党风廉政建设责任制，坚持标本兼治、综合治理、惩防并举、注重预防的方针，扎实推进惩治和预防腐败体系建设，切实承担反腐倡廉建设的政治责任。各级纪检监察机关坚持围绕中心，服务大局，创新发挥惩治腐败、保驾护航、催马扬鞭的职能作用，进一步提升工作理念，完善体制机制，创新方式方法，加强自身建设，反腐倡廉建设跃上新台阶。一年来，中央、中央纪委和省委、省纪委领导对唐山市反腐倡廉建设做出重要批示20多次，中央各重要新闻媒体刊发介绍唐山经验的文章30余篇（次），百名处长公开“晒权”被人民网评为2009年度“十大地方新政”第一名。市纪委监察局先后被中央纪委确定为党风廉政建设、纠风、信访、干部工作联系点和全国唯一的案件审理工作学习实践科学发展观联系单位。

【工作创新局面喜人】 首先，创新工作理念。全市纪检监察系统通过深入开展学习实践科学发展观“回头看”，组织召开纪检监察工作务虚会，十七届四中全会精神宣讲月，“我为纪检监察献一计”等系列活动，推动思想大解放，树立反腐倡廉新理念。一是从职能定位上，高扬“服务经济、助推发展”主旋律，提出争做党委、政府坚强臂膀的理念，坚持党委、政府中心工作推进到哪里，纪检监察工作就跟进到哪里；二是从执纪理念上，深刻领会中央战略方针，着眼于抓源治本，树立“惩治腐败是政绩，预防腐败也是政绩，而且是更大的政绩”的执纪观，把反腐倡廉纳入良性循环的轨道；三是从舆论引导上，倡导“示范全省、影响全国”的工作标准和“上下联动、全员参与”的大宣教格局，使宣传教育与整体工作开展并驾齐驱，让人民群众真实了解市委、市政府反腐倡廉的信心和决心，进而营造全社会理解、配合、支持反腐倡廉的浓厚氛围。

其次，工作机制进一步完善。

一是不断完善责任分解机制。按照明确、具体、量化、可行的原则，先后印发《2009年度党风廉政建设和反腐败工作任务分工》及《权力运行监控机制建设重点工作责任分解》意见，将反腐倡廉全局工作和重点任务分解到各级党政领导班子成员和市直相关职能部门，真正做到管人与管事相结合，管业务与管党风廉政建设相结合，做到工作职责和掌握的权力管到哪里，党风廉政建设的职责就延伸到哪里。二是不断完善组织协调机制。围绕加大查办案件力度，健全执纪执法机关和组织人事部门的沟通协调机制，定期召开反腐败协调小组成员联席会议，推行联动办案模式，相互移送（移交）案件（线索）237件（次）；围绕惩防体系建设，建立纪检监察系统内部和各相关部门之间的双向协调机制，实行重点工作统筹推进、难点问题联合攻关，集中系统优势力量，组建17个专项攻坚小组，有效推进重点工作开展。三是不断完善督查考评机制。出台《关于贯彻落实省委〈进一步加强和改进党风廉政建设责任制工作的意见〉的实施方案》、《2009年度推进惩治和预防腐败体系建设检查工作实施方案》及《关于深入开展督查工作的意见》，形成集“部署、督查、考核、奖惩”于一体的闭合式运转模式，做到履行责任有规范，检查考核有标准，追究责任有依据。

再次，在工作方法上努力创新。一是开展模式创新试验。注重用科学发展观指导反腐倡廉建设新实践，在全市组织开展权力运行监控模式创新试验工作，建立涵盖行政审批权、行政处罚权、行政征收权、行政给付权和矿产资源开发利用权力招投标等重点项目建设等领域的17个权力监控模式，使反腐倡廉工作可学、可看、可复制、可推广。二是积极运用科技手段。投资200万元，开发8个招投标信息化监控系统，采取投标人自主刷卡报名，评标专家随机抽取自动语音通知，指纹识别系统自动拍照确认，电子系统实时监控等信息化手段，有效减少人为因素的干扰。以市县两级行政服务中心为平台，积极推行网上审批、网上监察，不断提高行政效能。三是推行项目化管理。将经济领域项目管理模式引入反腐倡廉建设，把重点工作量化分解为53个工作项目，实行组织领导、责任人员、推进措施及完成时限“四维”管理，变粗放式为精细化，确保工作落实。

【加大监督检查力度】 围绕落实中央和省、市委保增长、保民生、保稳定的一系列决策部署，开展“集中督导月”活动，重点对101项中央投资项目建设和市委“六项攻坚行动”、“八大工程”落实情况加强监督检查，做到一个项目一张监管图表，一项行动一个督导班子，一个工程一套检查方案。特别是针对唐山大规模开发建设的实际，实施工程项目组织领导、交易平台、招投标监理、招投标办法和监督力量“五统一”，解决工程建设领域突出问题128个，并完善相关制度，保证项目建设廉洁高效推进。同时，对市属国有5家企业集团组建进行全程监督，督促关停能耗和排放不达标企业1504家，配合调查处理安全生产事故6起，对2名违反安全生产规定的人员进行责任追究。

【强力推进干部作风建设】 以“干部作风建设年”活动为载体，大力弘扬“唐山作风”，倾力打造“唐山效率”。围绕落实《关于狠刹不良风气的规定》，受理作风问题举报732件，查处不作为、乱作为案件645件，处理党员干部189人，并对5起典型案件进行公开曝光。突出抓好行政审批效能监察，全市行政许可和非行政许可审批事项已由2008年初的523项、463项减少到190项和92项；深入推行成建制进驻、并联审批、超时默许、零成本注册、项目代办等制度，市直成建制进驻单位达到35个，办事窗口数量增加到200个，进一步提高审批效率和服务水平。针对国际金融危机、企业生产困难增多的实际，组织开展“为企业排忧、为发展清障”活动，全市纪检监察机关建立企业联系点325个，完善服务企业发展的相关制度8项，协调制定优惠政策106条，为企业办实事好事1500多个，全市发展环境进一步优化。

【深入开展纠风治乱工作】 围绕群众反映强烈的突出问题，深入开展纠风治乱活动。撤销二级公路收费站12个，查处公路“三乱”案件7起，处理党员干部3人；进一步深化医疗卫生制度改革，实行“限价竞价、网上招标”药品集中招标采购，让利患者2亿元。加强专项资金监控，纠正社保基金违规问题5个；落实各项惠农减负政策，农民负担进一步减轻；对126亿元财政专项资金进行清理，纠正问题资金4.28亿元。开展“百名处长公开晒权”活动，把与企业生产和群众生活密切相关的政府部门110名处长的工作职权和服务承诺，通过网络、电视等多种渠道进行广泛公开，并引入第三方调查机构参与调查测评，提高评议的针对性、广泛性和客观性，收到以评促建的良好效果。

【加强案件检查工作】 紧贴党委、政府中心工作，重点围绕促发展、惠民生、保稳定，加大查办案件力度，实现政治、经济和社会效果的最大化。先后查处某开发区城建局工作人员借用资质参与工程招标案，小额贷款担保中心个别工作人员利用办理小额贷款之机收受贿赂案，某区产权交易中心负责人违反产权交易规定造成国有资产流失、群众持续上访案等一系列案件，在社会上引起良好反响。全年受理群众来信来访举报4431件（次），未发生进京赴省职责内集体上访；立案查处违纪违法案件845件，其中，大案要案326件，县（处）级干部违纪违法案件12件，商业贿赂案件164件，党政纪处分761人，挽回经济损失2.2亿元，通报33次，对91起典型案件进行公开处理；坚持“一案双报告双建议”制度，发挥查办案件的治本功能。

【预防腐败有新意】 反腐倡廉教育形式活泼多样。全市城乡普遍开展“互动式、电教式、直观式、艺术式”廉政教育活动，层层举办廉政论坛；与环渤海新闻网合作建设“廉政唐山网”和“廉政唐山频道”；建立李大钊纪念馆廉政教育馆、沙石峪村艰苦奋斗纪念馆和唐山监狱警示教育基地；以“冀东三枝花”为载体，创作一批特色廉政文化节目；对113名拟提拔县（处）级领导干部在公示期内实行党纪政纪法规知识考试，增强教育效果。认真落实领导干部廉洁自律各项规定，清理“小金库”102个，涉及金额3337万元；对187名党员干部实施诫勉谈话，对16名党员干部进行函询。反腐倡廉制度进一步健全。建立完善《关于认真学习贯彻〈实行党政领导干部问责的暂行规定〉的意见》、《落实〈国有企业领导人员廉洁从业若干规定〉实施细则》和《〈关于进一步加强和改进党风廉政建设责任制工作的意见〉的实施方案》等60项基础性制度，进一步用制度管人，用制度管事，用制度规范从政行为。加强权力监控机制建设。在行政领域，市县两级清理行政权力1536项，保留18143项，查找廉政风险点11367个，绘制监控流程图8690个，制定防范措施35035条，初步形成涵盖所有权力机关和权力人员，重点突破、示范引领、整体推进的全方位、立体式工作格局。

（白树义）

组织工作

【概况】 2009年，全市组织工作坚持以中国特色社会主义理论体系为指导，深入贯彻落实科学发展观，全面落实全国、全省组织部长会议和市委八届三次、四次、五次全会精神，以加强党的执政能力建设和先进性建设为主线，以深入实施领导力提升工程为重点，紧紧围绕“五项攻坚行动”和“八大重点工程”选干部，配班子，建队伍，聚人才，抓基层，打基础，不断解放思想，改革创新，狠抓工作落实，切实提高服务水平，为有效应对金融危机，保持全市经济社会平稳较快发展，加速推进科学发展示范区和人民群众幸福之都建设提供坚强的思想、政治和组织保证。中组部对唐山市的党员“塑型”教育给予高度关注，派工作组来唐专题调研，准备在全国推广。

【干部教育培训力度加大】
2009年，全市干部教育培训工作认真落实《干部教育培训工作条例》，紧紧围绕全市工作大局，大规模培训干部，大幅度提高干部素质，举办各种培训班12期，培训各级干部5400余人次，其中，县级干部4900人次，乡科级干部500人次。为省委党校、省行政学院及国家和省直有关部门举办的各类培训班选调干部（含党校教师）309人，其中选调市级干部9人，县级干部209人次，科级干部61人，党校教师30人。在培训内容上。一是重点抓对马克思主义中国化最新成果的学习培训。把加强干部理论武装作为教育培训的重头戏，把贯彻落实科学发展观作为主要内容，在市委党校先后举办县级干部进修班和乡科级青年干部培训班主体班各2期，100人。指导各县（市）区到苏州市委党校、青岛兰德培训中心、中国人民大学等培训基地和高等院校学习培训11期，培训乡科级及县处级后备干部542人次。利用市县两级党校主阵地组织培训各级干部11800余人次，其中科级干部5200余人次。举办领导班子和领导干部综合考评办法学习班，对全市所有县级干部和市属大型骨干企业的主要领导进行一次集中培训。围绕“加强基层党组织建设，维护农村社会稳定，推进农村改革发展”，组织对全市所有的农村党组织书记和村委会主任集中进行一次法制教育，进一步提高全市农村基层干部的政治素养、法律素质和依法办事的水平。聘请中央党校教授为全市县级以上干部、各单位组工干部和乡镇（街道）党委书记进行十七届四中全会精神专题培训。以电视电话会议的形式组织全市党员干部收听、收看“王彦生先进事迹报告会”，掀起学习宣传王彦生同志先进事迹的高潮，进一步推进全市学习实践科学发展观活动的深入开展。二是全力做好赴新加坡学习培训。克服甲型流感病毒的影响和国家缩减赴国外学习培训指标等困难，与有关部门积极协调，完成预定的赴新加坡培训任务。全年组织3期赴新加坡学习培训班，培训69名县级领导干部。参加培训的干部还积极与新加坡有关方面对口接触，搜集有关资料，洽谈合作事项，达成诸多合作意向。三是提高知识层次，积极开展干部正规化学历教育。为推进知识型领导干部队伍建设，进一步探索干部学历教育的新途径，拓宽干部学历教育渠道。继续委托南开大学、燕山大学和河北理工大学举办硕士研究生学历教育，组织270名干部参加在职公共管理硕士、工商管理硕士、工程管理硕士的入学考试。

【干部制度综合配套改革稳步推进】
2009年，全市干部制度综合配套改革工作，坚持民主、公开、竞争、择优的方针，本着解放思想、勇于创新、市县统筹、稳妥推进的原则，创新实践民主评议、民主推荐、民主考察、民主择优、民主管理、民主监督等一系列改革措施，树立注重品行、科学发展、崇尚实干、重视基层、鼓励创新、群众公认的用人导向，充分调动广大干部干事创业的积极性、主动性和创造性，取得积极成效。

一是创新实践干部初始提名办法，探索新的干部选任方式。实行“一讲两推”确定初始提名人选办法。“一讲”是在第一次民主推荐会议上进行述职演讲，“两推”是单位干部职工、“两代表一委员”（党代表、人大代表、政协委员）参加第一次民主推荐和县（市）区党委委员、市直部门领导班子成员参加第二次民主推荐。在干部日常调整时，对空缺职位进行预告，再通过“一讲两推”来确定初始提名人选。同时，增加对人选业绩审核的环节，使符合条件的干部都有机会参与公开竞争。利用党代会、人代会、政协会议等会议召开的机会，在事先严格保密的情况下，临时组织与会的“两代表一委员”推贤荐能，被推荐人选不限身份，不限级别，不限年龄，不限地域，把更多的优秀人才纳入视野。继续实行公推直选乡镇党委书记。按照宣传动员、发布公告、公开报名、资格审查、领导干部大会推荐、组织考察、常委会研究、全委会票决、驻点调研、党员大会选举等步骤，继续在部分乡镇进行公推直选乡镇党委书记试点。制定《关于实行差额选拔党政领导干部的暂行办法》，先后拿出市文化局局长、市国资委主任、

团市委书记、团市委副书记和丰润区人大、政协副职等8个县级职位，用“五差额”即“差额提名、差额推荐、差额考察、差额酝酿、差额表决”方式选拔领导干部。用“选任分离”的办法公开推选县级干部后备人选。经过公开报名、笔试、面试、考察等程序，面向全国公开推选县级干部后备人选，并研究制定《关于公开推选县级干部后备人选培养管理和使用的意见》，按照“选任分离”的原则，强化对后备人选的实绩考核、动态管理和择优使用。面向国内外公开选拔高学历、高层次、专家型领导干部。以开放的理念、战略的思维、包容的心态，采取公开选拔的方式，面向国内外公开招聘3名国有企业高级经营管理者，从北京大学、清华大学等国家重点高校引进18名优秀博士毕业生到县（市）区和市直单位挂职、任职。

二是建立科学的干部考评体系。在认真落实《唐山市市委管理的领导班子和领导干部综合考评办法（试行）》建立的以“领导干部百分制、领导班子千分制”为主要内容的科学发展考核指标体系的基础上，对考评指标实行动态设置。2009年，围绕省、市工作重点，把省委部署的“城镇面貌三年大变样”活动和市委提出的“五项攻坚”和“八大工程”等重点工作纳入考评指标体系。对全市节能减排、重点项目跑办落实、“城镇面貌三年大变样”攻坚、安全生产督查、重点工程和重点项目推进、国庆献礼工程和重点项目建设等6项市委中心工作进行跟踪考评、现场调研和适时督导，及时深入了解干部的现实表现。通过明确一线工作任务、建立一线评议制度、落实一线实绩核查等手段，对领导干部实行一线考评，初步建立起“考评、调研、督导三位一体”的考评工作新模式。运用现代考评技术手段对综合考评结果进行综合数量分析，通过考评软件自动生成领导班子和领导干部民主测评、社会评估（民意调查）线型比较图及领导干部个人民主推荐、民主测评、民意调查项目分析图，使每一个领导班子、每一名领导干部的特点直观鲜明，便于分析比较。同时，加大考评结果应用的力度，把考评结果作为对领导班子和领导干部调整、使用、奖励的重要依据。

三是完善干部选任监督机制。实施考察对象个人重大事项报告查核制度。在干部考察工作中，要求考察对象报告本人家庭成员及重要社会关系情况、婚姻和计生情况、家庭成员在国（境）外学习工作生活情况、本人及家庭成员有无经商办企业情况、家庭成员有无被纪检部门立案审查或被司法机关追究刑事责任情况、本人有无在企业或社会团体兼职领取报酬情况，以及其他应向组织报告说明的情况等。考察组通过扩大考察范围，到考察对象居住地、服务单位、横向联系较多单位等进行实地考察；对在现单位工作不满2年的考察对象，延伸到上一个工作单位进行考察，特别是对拟任重要职位的考察对象，一律延伸到上一个工作单位进行考察；与纪检、计生等部门结合，对考察对象所报告的情况进行严格查核。深化干部任前公示制度。在坚持考察预告、民意调查、任前公示等制度的基础上，进一步扩大公示范围，对拟提任的县（市）区党委、人大、政府、政协主要领导，市直单位党政正职，市委管理企事业单位主要负责人，经市委常委会研究决定后，在唐山劳动日报、唐山电视台、环渤海新闻网等市级主要新闻媒体进行公示，让广大干部群众了解情况、发表意见。建立检查巡视制度。市委成立巡视工作领导小组，从纪检、组织等部门抽调人员组成7个巡视组，对各级领导班子和领导干部特别是主要领导同志贯彻落实科学发展观、民主集中制、党风廉政建设、干部选拔任用等方面情况进行定期、不定期巡视或专项巡视。依据巡视结果，向市委常委会提出对被巡视单位领导班子及其成员实施奖惩、调查、调整、使用的意见和建议。

【基层党组织建设有新突破】

按照狠抓关键、分类指导、整体推进的总体工作思路，着力在常规工作上求深求细，在重点工作上突出特色，在探索创新上寻求突破，全市基层组织建设工作水平有新的提高。一是认真落实“一定三有”工作机制。先后制定下发《关于进一步加强农村基层党组织建设的意见》、《唐山市农村干部规范化管理办法（试行）》和《关于做好村干部基础职务补贴发放工作的通知》，明确落实“一定三有”机制的目标要求，为落实“一定三有”机制提供政策保障。先后四次召开专门调度会议，听取汇报，研究措施，督促落实；组织由6名县级干部带队的明查暗访组，深入到18个县（市）区（管理区、园区）、29个乡镇、55个村进行明查暗访，直接电话查访189个乡镇的432个村，与529名村书记或主任核实“一折通”和资金到账情况，保证村两委成员按标准和要求按月足额享受基础职务补贴。

二是圆满完成村“两委”换届选举任务。坚持把做好村“两委”换届工作作为加强农村基层组织建设和实施“领头雁”工程的重要基础性工程来抓。市、县、乡（镇）普遍成立由纪委、组织、民政、信访、公安等职能部门组成的专门工作领导小组和工作机构。换届前，利用两个月时间在全市组织集中开展排查工作，逐村摸排，逐村建档，分类制定换届方案，充分利用各种媒介，广泛宣传选举标准和相关法律法规，编印下发《唐山市村“两委”换届选举工作实用手册》1.5万册。制定下发《关于严肃执法执纪，保障村“两委”换届选举正常秩序的通知》，并与有关部门配合，查处换届中违法违纪行为32起，处分违纪党员7人，查处贿选4起，查处破坏选举案件73起，刑事治安处罚32人，有效净化村“两委”换届选举工作环境。截至年底，全市5209个村中，村党组织和村委会换届分别为99.9%和99.6%，“两委”全部完成换届的村达到99.6%。

三是扎实做好大学生村官选聘和教育管理工作。制定《唐山市选聘到村任职高校毕业生管理办法》，指导各县（市）区成立专门管理机构，配备专职人员，建立完善教育培训、目标考核、工作日志、考勤、请销假、重大事项报告、联系帮扶等管理制度，促进大学生村官的成长成才和作用发挥，实现“下得去、留得住、干得好”目标。制定下发《关于迅速将省选聘到村任职高校毕业生工作生活补贴足额发放到位的通知》，先后三次组织对大学生村官待遇落实情况进行检查。组织开展大学生村官问卷调查活动，并组织专人深入到部分县（市）区，面对面了解大学生村官思想状况和生活情况，帮助解决遇到的各种困难，增强他们的归属感和荣誉感。广泛开展“手拉手适岗帮带”活动，采取“一帮一”或“一带多”的方法，有效解决新选聘大学生村官入村后“怎样干、干什么”的问题。举办优秀大学生村官事迹报告会，进一步激发大学生村官扎根农村、服务农村、建功农村的热情。6月份以来，按照省委组织部安排部署，通过报名、笔试、复审、公示、培训等程序，完成2.2万名考生资格初审，1200名考生资格复审，组织1.8万多名考生完成笔试。最终选聘967名大学生村官，其中省选聘318名。

四是坚持不懈地做好农村后进党组织整顿转化工作。年初，按照倒排5%的方法确定227个后进村。采取县级党员领导干部定点联系后进村、乡镇党委成员定点包建后进村、市县直部门定点结对帮扶后进村的方法，建立县、乡和部门“帮扶联带”的责任体系。78个市直部门、227个县直部门参与“千村帮扶”工程，帮后进村落实帮扶资金2200多万元，解决发展难题355个，协调谋划致富项目126个。向150个后进村选派“1+2”人才组合，并针对后进村干部开放意识不强、政策水平不高、理论贫乏等问题，举办后进村党组织书记、村主任及其他“两委”成员培训班4期，培训700多人次。经过一年集中整治，227个后进村中有212个得到有效治理，转化率达94%。

五是下大力抓好“两新”组织和企业党建工作。以律师行业党建为突破口，扎实抓好行业协会、商会、民间社团等“两新”组织党建工作，“两新”组织中“口袋”党员和“隐形”党员的问题得到有效解决，“两新”组织中的党员主动亮出身份，积极参与党组织活动。制定《唐山市非公企业党建示范点考核验收标准》，对全市非公企业党建工作实施“三个规范”管理，即规范档案管理，规范党建指导员管理，规范“两室”建设管理。并建立非公企业党建台账，实行动态管理。以政治素质好、经营业绩好、团结协作好和作风形象好的总体要求全面加强国有企业领导班子建设，努力提升班子整体领导能力，使国有企业党组织的政治核心作用得到充分发挥。

六是着力加强发展党员工作。制定下发《关于进一步做好发展党员工作的意见》，提出“发展对象集中培训和考试、‘三公一票’、发展对象预审、组织员列席支部党员大会、责任追究”等五项制度。严把发展关、审查关，着力改善党员队伍文化偏低、年龄老化和发展党员工作程序不严的问题。明确“三个重点、二个难点”的发展党员工作目标，即：重点在农村发展党员，重点在科研、生产、教学一线发展党员，重点在35岁以下的青年和妇女中发展党员；突出解决在全市非公有制经济组织中发展党员难的问题，突出解决两年以上不发展党员“白点村”问题。

七是全面推进农村党员“塑型”教育。制定《唐山市2009—2011年农村党员教育培训规划》，出台《全市农村党员“塑型”教育奖励办法》，举办“塑型”教育培训班309期，培训农村党员23532名，3318人取得相关证书，6316人实现就业和创业，带动群众创业和就业15万人。

八是进一步加强流动党员管理服务工作。与市公安局联合下发《关于进一步加强流动党员管理服务工作的通知》，建立月通报制度，指导各级党组织与公安、民政、计生等部门协同配合，利用元旦、春节期间流动党员回家探亲之际，采取入户走访、媒体宣传等方法，开展彻底排查摸底，初步形成流动党员双向领导、双向联系、双向管理的工作格局。

九是积极搭建党组织联系服务党员、党员联系服务群众平台。起草下发文件，组织召开电视电话会议，通过“大宣传、心连心、解民忧、保平安、志愿者、展风采”六项具体活动，统一全市50多万名党员的思想，充分发挥共产党员的主体作用，影响和带领广大人民群众维护好社会稳定。协调相关单位，具体组织实施重点节日集中慰问活动。坚持专人值守接听，情况采集上报、反馈等制度，实时督促各县区做好“12371”党员咨询服务电话的相关工作。

十是认真组织实施“三日一网”党员活动制度，积极探索党员活动经常化的方法和途径。先后起草下发“关于建立‘三日一网’（党员活动日、党代表工作日、党员志愿服务日、唐山共产党员网）党员活动制度”，一系列文件，举行活动启动仪式，在丰南区组织现场观摩。采取明查、暗访、抽查等多种形式，对各级党组织开展活动情况进行督导检查。利用各种媒体及时报道活动进展情况，宣传先进典型，推广好经验、好做法，推动整体工作扎实深入开展。

【组织部门自身建设全面加强】

坚持从严治部，从严律己，从严带队伍，围绕打造“模范部门”和“过硬队伍”，全面加强组织部门自身建设。一是扎实推进“万名组织部长下基层”活动，增强组工干部宗旨意识和党性观念。结合唐山实际，制定实施方案，将活动对象拓展到市直机关、企事业单位以及党组织关系在唐的中央、省垂直管理部门、企事业单位组织（人事）处长和市委组织部机关全体干部，并与深化拓展学习实践科学发展观活动“回头看”、“讲、重、作”及“干部作风建设年”活动紧密结合，融为一体，统筹推进。一年来，全市有563名组工干部参与，下基层调研2000多次，为基层解决实际问题613个，制定完善政策、规定193项；谈心谈话4200多人次，征求、梳理意见建议2100多条；建立联系点500多个，帮扶群众600余名，提供帮扶资金240多万元；参加信访接待900多次，接待群众信访1300人次，解决信访问题300多个。此外，通过举办“王彦生先进事迹报告会”等活动，大力宣传王彦生同志的先进事迹，在全市广大组工干部中营造向王彦生同志学习、向先进典型看齐的浓厚氛围。二是加强教育培训和实践锻炼，深入实施组工干部能力提升工程。强化理论和业务培训，建立机关干部参加市委党校主体班带班跟班学习制度，先后有25人参加带班跟班学习；举

办理论热点解读、组工业务系列讲座等活动，增强理论素养，丰富知识储备，促进组工干部知识结构的改善和工作效率的提升。强化实践锻炼，建立机关干部参与全市重大项目和中心工作制度，有计划地选派组工干部到基层一线锻炼，先后有30多名同志参与全市性集中活动和重点项目跑办、重点项目督导；开展“信访岗位锻炼周”活动，分期分批选派部机关干部到市信访局进行为期1周的岗位锻炼，提升组工干部站位全局谋划工作，应对突发事件和做好群众工作的能力。强化习惯养成，坚持周四学习制度，组织开展部务会成员带头讲业务，“月读一本书”，指定书目，处室学习讲评以及3分钟演讲等活动，浓厚机关学习氛围，激发组工干部内生动力。三是坚持从严治部，从严律己，从严带队伍，努力建设学习型、创新型、和谐型、效能型、廉洁型机关。认真谋划、开展部机关“干部作风建设年”活动。严格落实组工干部“十严禁”纪律要求和行为规范，出台组工干部“五不准”，自觉树立公道正派、甘为人梯、无私奉献的工作理念，带头弘扬“五加二、白加黑”的精神和雷厉风行的作风，锤炼“过硬队伍”。进一步强化组织工作服务科学发展的意识，提高组织工作服务科学发展的能力和水平。引导广大组工干部积极参与全市开展的“争创人民满意公务员”活动，印制机关工作人员效能手册，进一步推进机关作风和效能建设。

（孙庆武）

宣传工作

【概况】　2009年，全市宣传思想战线坚持以邓小平理论和“三个代表”重要思想为指导，深入贯彻落实科学发展观，认真学习宣传贯彻党的十七大、十七届三中、四中全会和省委七届四次、五次全会、市委八届五次全会精神，围绕应对国际金融危机，经济社会平稳较快发展这一主线，服从服务于保增长、保民生、保稳定这一大局，着力统一思想、增强信心，促进经济平稳较快发展；着力推动社会主义核心价值体系建设，不断巩固全市人民团结奋斗的共同思想基础；着力推动文化体制改革和文化产业发展，促进全市文化大发展大繁荣；着力提高舆论引导能力，营造积极健康向上的舆论环境，维护社会稳定，各项工作取得重大突破和显著成效，为建设科学发展示范区和人民群众幸福之都提供强大的思想保证、舆论支持和文化条件。

【理论武装工作扎实有效】　一是各级党委理论中心组学习全面加强。围绕发展文化创意产业、国际安全形势、构建现代产业体系等专题，邀请全国政协副主席厉无畏、中国国际战略学会会长熊光楷上将、国务院发展研究中心产业经济研究部部长冯飞等，举办3场专题辅导报告，进一步完善中心组学习、专题讲座、干部学习档案等制度，形成理论中心组学习的制度体系。二是理论宣传普及新格局初步形成。着眼中国特色社会主义理论的宣传普及，组织编写《理论学习读本》、《理论宣讲100题》，开展“每日一题”、“手机党校”、“三日一网”等多种形式的理论大宣讲活动，建立理论宣讲工作站和理论宣讲辅导员队伍，到年底，全市设立理论宣讲工作站691个，选拔理论宣讲辅导员2835名，形成理论宣讲队伍的全覆盖网络，提高理论宣讲的实效性和常态化水平。三是理论研究活动扎实深入。围绕保增长、保民生、保稳定的实际，《唐山劳动日报》理论专版发表理论文章109篇，环渤海新闻网刊发理论阐释文章211条篇，获得省社科规划办资助项目10篇，为近年来唐山市获得全省社科规划项目资助最多的一年。组织开展“坚定理想信念大家谈”和“大力弘扬新唐山人文精神，深入推进科学发展示范区和人民群众幸福之都建设”理论研讨征文活动，与中国社科院社会学研究所合办全国中文核心期刊《青年研究》，与全国和省市李大钊研究会合作组织李大钊诞辰120周年学术研讨会。

【舆论引导水平明显提高】　坚持以保增长、保民生、保稳定宣传统揽其他各项宣传。一是重大主题宣传报道高潮迭起。组织“变挑战为机遇，保增长拉内需”，“转作风，抓落实，促发展”，“健康唐山·幸福人民”，“创建全国文明城市，推进三年大变样”，“全民创新·全民创业”，“唐山与共和国一起成长”，“当好东道主，办好大论坛”和“党的十七届四中全会精神”等八大集中宣传战役，通过评论引导、深度解读、记者暗访、媒体曝光、特色栏目等，积极有效地掌握舆论导向，控制舆论热点，在全市上下迅速掀起积极应对国际金融危机，保增长、保民生、保稳定的舆论宣传热潮。围绕市委市政府重点工作，充分利用车载电视、电子显示屏、出租车后档玻璃、公交车体、建筑工地围挡、高速公路广告塔体等宣传阵地刊播宣传标语口号，特别是首届曹妃甸论坛的社会宣传工作得到赵勇书记的充分肯定。2009年，市内各大主流媒体发稿13880篇，其中深度评论50篇，解读53篇，专访98期。二是典型宣传影响广泛。充实先进典型库，收储各类先进典型130多个，开展第八次唐山市“优秀人民公仆”宣传评选活动，重点推出路北区果园乡人大主席团副主席谢启余、市委督查室、丰润区教师郭玉梅、遵化市刑警杨金波等四个重大先进典型，在社会上产生广泛影响。深入开展“双百”、“双十”人物评选宣传工作，唐山市推荐的李大钊、唐山十三农民入选国家“双百”人物。加强企业诚信典型宣传推介，对市级“百城万店无假货”示范街、示范店进行考察评审，八方购物广场、常记商场被评为省级“百城万店无假货”示范店。三是对外宣传成效明显。围绕“唐山：一座凤凰涅槃的生态城市”的形象品牌，开展城市形象征集评选和城市商标注册工作，策划组织唐山市跻身3000亿俱乐部专题宣传、曹妃甸新区成立和南湖城市中央生态公园开园、首届曹妃甸论坛等集中宣传。借助中国河北唐山—韩国友好周、河北（香港）投资贸易洽谈会、央企走进曹妃甸、第四届海峡两岸企业发展与合作论坛、第二届河北·曹妃甸临港产业国际合作会议等系列重大经贸活动开展对外宣传活动。确定唐山曹妃甸实业港务有限公司、唐海

湿地、迁安市唐庄子村、乐亭县李大钊纪念馆等72个单位为唐山市首批对外宣传采访基地。开通新华网唐山频道，拓展外宣渠道，组织参加新浪网“中国特色经济报道暨中国特色经济名县万里行”和科学发展万里行活动。年内，在境内外媒体发稿6120篇，其中人民日报124篇、新华社673篇、中央人民广播电台53篇、中央电视台63篇（《新闻联播》23条。四是新闻宣传管理工作日趋完善。加强电台、电视台频率和频道建设，建立健全新闻通气会、新闻阅评、报刊审读等制度，逐步完善重大突发公共事件新闻发布快速反应机制，切实加强和改进对社会热点问题的引导和舆论监督，妥善处理突发事件的宣传报道，切实维护社会和谐稳定。大力加强互联网等新兴媒体的宣传和管理，加强网络评论员队伍建设，建立互联网管理协作机制，有效开展网上舆论引导，未发生不良影响。

【文化名城建设取得历史性突破】

坚持以文化体制改革激活文化大发展大繁荣的全局，一是文化发展“五个一”成效明显。组织精品舞台剧目——盛世王朝娱乐嘉年华，荣获“中国文化产业优秀企业活力奖”；拍摄电视连续剧《李大钊》，入选中宣部新中国成立60周年50部重点献礼电视剧之一；开滦国家矿山公园完成投资1.7亿元，近代工业博览园等项目竣工；河北省文化创意产业园区总部基地陶瓷展馆、钢铁文化创意中心以及陶瓷创意产业园区、乔屯文化古镇等项目开工建设。其他项目招商推介等工作正在进行中。因成功举办过6届中国（唐山）评剧艺术节，荣获节庆产业大奖“全国知名品牌节庆百强”荣誉；将国际木偶皮影大赛和全国木偶皮影金狮奖大赛落户唐山，进一步扩大中国评剧艺术节的影响力。二是文化体制改革取得历史性突破。整合现有评剧、京剧、皮影、唐剧和歌舞团，组建唐山市演艺集团公司，成功招聘公司董事长，实现经济和社会“两个效益”双赢，效果初显；积极推进经营性文化单位、新闻单位和综合执法改革，年底，改革的主要任务全部完成。三是文化产业项目突飞猛进。陶瓷文化博览园、中国评剧博物馆、成兆才大戏院、唐山动漫谷、包括电视剧《大龙脉》、《绝密1950》、《唐山大地震》三个影视拍摄基地在内的59个项目开工建设。储备文化产业项目114个，总投资313.46亿元，其中，投资亿元以上项目达47个，开工26个，达到历史最好水平。新建文化广场、传媒大厦和群艺馆、博物馆改扩建，及“五个一”博物馆等标志性文化设施正在积极谋划和建设中。四是群众性文化活动高潮不断。开展“三下乡”集中示范活动和专业技术人员“进千村兴百业”活动，组织《中华情·华彩曹妃甸》大型文艺演出、央视《聚集三农》走进唐山乐亭、春节系列文化展演、评剧诞辰100周年系列活动和南湖之韵——社区文化艺术展演、唐山市全国获奖小童星专场汇报演出、“成龙—龙子心大爱唐山行”大型公益慈善活动等大型文化活动，丰富了群众的文化生活。积极开展对外文化交流，成功组织艺欣国际文化艺术节、中国残疾人艺术团慰问演出、都江堰爱乐乐团慰问演出、江西革命老区慰问巡演活动和盘锦湿地风光（摄影）巡展。规范文化市场管理，组织“6月行动”、“暑期行动”、“9月行动”等单项治理行动，开展“迎国庆、迎论坛”集中治理，维护文化市场的繁荣与稳定。五是文艺精品创作实现新突破。据统计，全市荣获国家级表彰和奖励的文艺作品（个人）达80多部（人），荣获省级表彰和奖励的各类文艺作品（个人）70多部（人）。其中，歌曲《我的祝福你听见了吗》荣获全国第11届精神文明建设“五个一工程”奖，国画《回信》荣获第11届全国美展中国画金奖，实现唐山市在全国美术大展荣获金奖零的突破。戏曲电视剧《成兆才》获得中国电视剧“飞天奖”戏曲电视剧二等奖。由王猛、高杰创作的书法作品，荣获第三届中国书法兰亭奖艺术奖。戏剧《人影》、图书《四天四夜》、歌曲《唐山兄弟》等6部文艺作品获第9届河北省“五个一工程”奖。

【群众性思想政治工作进一步加强】

一是继续广泛深入组织开展“开放创新、富民强市，加速推进科学发展示范区和人民群众幸福之都建设”为主题的献计献策活动，收到群众意见建议45600余条。二是不断拓展舆情收集渠道，加强舆情分析研判，舆情信息服务领导、服务决策水平大幅提高，8篇深度舆情分析得到省领导批示。围绕基层干部群众关心、关注的问题，开展“三农”政策进农户活动，组织“人民群众精神文化需求”、“农村基本公共服务建设”、“金融危机对文化市场影响”等主题调研活动，其中《从唐山十三位农民义举看新时期中国农民的精神风貌》被评为省级优秀政研成果二等奖，《农村基本公共服务建设的现状及需求意愿调研》等2项课题作为河北省重点课题立项。三是群众性爱国主义教育活动影响深远。以纪念李大钊诞辰120周年为契机，参与举办全国学术研讨会、座谈会和组织纪念馆改陈展等系列活动，组织十大爱国主义教育基地评选和青少年红色基地巡学活动。开展“管理服务上水平·展示风采迎国庆”质量提升月活动，开滦博物馆、喜峰口长城抗战旧址被省委、省政府命名为河北省第三批爱国主义教育基地。开展“迎国庆、爱唐山、讲文明、做贡献”主题教育活动和“回顾历程，见证辉煌”，话说新农村、新政策、新变化征文活动，组织红歌唱响未来、爱国歌曲大家唱、职工书画展、图片展等系列活动。四是是重大主题宣传积极主动。市内各大新闻媒体统一开辟“唐山，与共和国一起成长”专栏，并在主要版面和重点新闻中推出系列宣传报道和专题节目，在“八一”、“十一”等时间节点，组织开展国际国内形势报告会。与长城网联合开展庆祝新中国成立60周年大型专题报道《青春之城·唐山奇迹》，邀请中央重点新闻网站和国内知名商业网站，共同举办“听涛六十载，崛起环渤海”——网络媒体环渤海之行活动，组织“新中国成立60周年——全国网络媒体河北行”唐山采访。五是喜迎国庆文化活动丰富多彩。坚持以思想性、群众性引领新中国成立60周年宣传教育活动，“五个好”（祖国好、社会主义好、共产党好、改革开放好、各族人民好）的主旋律深入人心。组织开展歌唱祖国群众演

唱会、“祖国颂·唐山情”原创歌曲征集大赛和“放歌新唐山——优秀企业歌曲展播”，及“爱祖国爱家乡”，庆祝新中国成立60周年征文活动。举办庆祝新中国成立60周年大型主题文艺演出、红色经典音乐会、国庆文化游园活动和纪念评剧诞辰百年系列活动。唐山市与华谊兄弟公司合作拍摄的中国第一部大型3D电影《唐山大地震》开机，推出电视连续剧《铁肩担道义·李大钊》及同名电影《李大钊》，谋划拍摄电视连续剧《血战千里无人区》等，进一步凝聚爱国之情，唱响时代主旋律。

【宣传干部队伍整体素质进一步提高】 一是以挂职交流提升干部素质。积极引导机关干部参加挂职锻炼，提高能力和本领。有1名县级后备干部作为项目代办员参与市级重大项目建设，2名科级干部到丰南区、高新区挂职锻炼。同时，加强系统内部干部交流轮岗，组织广播电视局中层领导干部竞争上岗，有40名干部走上中层领导岗位；组建唐山演艺集团公司领导班子，使整个干部队伍的整体战斗力有明显提高。二是以干部大培训推进素质提高。围绕文化产业项目建设和新闻宣传合作等内容，先后到海南、广西、浙江和辽宁等地学习考察。同时，部内各处室紧密联系工作实际，开展多种形式的短期培训，培训干部514人次。三是以作风建设锤炼干部素质。组织以政治素质、工作效率、勤奋敬业、团结务实、工作业绩“五个一流”为目标的干部作风建设年活动，开展支部论坛、驻点调研、讲党课、每日一题等特色活动，出台5项硬措施，制作重点工作一览表，改进重点工作督导方式，提高工作执行力。

（白丽杰）

农村工作

【概况】 2009年，全市农村工作围绕市委确定的科学发展示范村创建攻坚行动和城乡等值化工程，按照“一、二、三”大思路（“一条主线”：以推进城乡一体化、加快实现城乡等值化为主线；“两轮驱动”：统筹城镇化和社会主义新农村建设；“三项重点”：发展现代农业着力促进农民增收，大力推进农村新民居建设，强力推进农村基础设施建设），充分发挥农工委职能作用，把握全局谋大事，研究思路出措施，创新工作抓典型，攻坚克难求突破，在人员少、任务重、工作急的情况下，坚持“一线工作法”，充分发扬“白加黑”、“5+2”工作精神，努力使常规性工作上台阶，攻坚性工作有突破，创新性工作出成果，圆满完成各项工作任务。尤其实现农民收入增幅首次超过城镇居民，农村人居环境和生产生活条件得到进一步改善，村务公开和民主管理制度得到有效落实，农村经济社会得到稳定发展。机关作风建设取得前所未有的成绩，省委常委、市委书记赵勇称赞“农工委工作卓有成效，值得市直机关学习”，市直机关党工委和市干部作风建设年活动办公室专门刊发农工委先进事迹，号召全市学习农工委优良作风。

【农业产业化经营】 一是坚持把项目建设作为农业产业化工作的重要抓手。按照省“111行动计划”（省市县三级分别抓好10个农业产业化项目）要求，组织实施1510工程。全市确定产业化重点项目138个，较上年增加31个，计划总投资118.15亿元，年内计划投资30.4亿元，比上年分别增长127.6%和31.2%。二是扶持壮大农业产业化龙头企业，龙头企业辐射带动能力进一步增强。认真落实中央、省、市“调结构、扩内需、保增长”的政策措施，抓住1000个调结构、保增长项目攻关行动的难得契机，积极开展招商引资，组织开展银企对接，加大财政资金扶持力度，扶持做大做强龙头企业。全市新建、扩建农业龙头企业项目56个，全市市级以上重点龙头企业发展到195家，带动种植基地规模达120万亩，带动农户数量120多万户。其中，省级重点农业龙头企业30家，国家级重点龙头企业3家。市级以上重点龙头企业固定资产总额达51.28亿元，比上年增长8.7%，实现销售收入189.8亿元，增长3%，出口创汇57469万美元，增长4.5%。三是加强农产品基地建设，有力推进农业产业化集群发展。当年突出抓乐亭、玉田、丰润三个基地县的项目建设、品牌发展等重点工作，全市农产品加工生产基地建设有了新发展。大力推进一村一品专业村发展，全市一村一品专业村已达1556个，比上年增长14%。其中达到国家标准的635个，较上年增长27%。引导鼓励龙头企业加强基地建设。乐亭欧意、冀东果菜、玉田汇源、遵化广野等23家龙头企业发展建设挂牌种养殖基地31个，种植基地规模达13万亩，订单农户1.47万户，养殖基地5个，订单农户和养殖场6000多个。四是大力扶持农民专业合作组织建设，农民组织化程度得到进一步提高。全市12个县（市）区全部成立县级农民合作经济组织，各类农民专业合作社达到338个，同比增长34%。全市农合联会员总数达到1850家，带动农户61万户，占全市农户总数的39%，助农增收68亿元。五是积极争创知名品牌，努力提高农产品市场竞争力。全市农产品获得省级以上名牌、名优产品46个，其中中国驰名商标3个，国家级名牌产品3个，省级名牌、名优产品40个。全市实现农业产业化经营总额285亿元，比上年增长6%；农业产业化经营率达到63%，同比增长2个百分点，第一产业增加值完成360亿元，比上年增长5.9%，农民人均纯收入达到7420元，较上年增长12%，农民人均纯收入增幅首次超过城镇居民收入增幅1.4个百分点。

【基层民主政治建设】 一是制定政策。制定出台《唐山市2009年村务公开民主管理工作要点》，对工作的方法、标准及要求做出指令性规定。二是强化督导检查。每季度的下月上旬，抽调基层民主政治建设领导小组各成员单位的精干人员，组成专项检查组，深入到各县（市）区进行定期检查和重点抽查。通过入村入户走访座谈，准确掌握村务公开的真实情况。三是积极开展“难点村”治理。按照省村务公开民主管理“难点村”治理工作会议要求，落实中央《关于开展村务公开民主管理“难点村”治理工作的若干意见》，组织开展“难点村”

摸排，把倒排出的5%村做为要治理的“难点村”，下发整改通知。组织召开全市“难点村”治理工作会议，进行安排部署，拉网检查，“难点村”治理取得明显成效。10月代表河北省接受中组部、民政部“难点村”治理联查，得到联查领导的肯定。

【落实支农惠农护农政策】 全市发放粮食直补、种植和畜牧良种补贴、农机和挤奶机械购置补贴、畜牧规模养殖及龙头企业补贴6.53亿元，完成2008年新增中央农业投资2.2亿元，实施2009年新增中央农业投资3亿元，有力推动农业生产的发展。认真做好涉农来信来访工作。全面落实农村土地政策，切实维护农民合法权益。坚持以解决农村群众合理诉求为抓手，以维护社会稳定为目标，建立农村信访摸排机制、化解机制、领导接待机制，切实把信访问题化解在基层，把矛盾纠纷消除在萌芽状态，保护农民权益。全年接访350余件次，复核信访事项36件，做到件件有着落，保持来访群众满意和基本满意率100%的记录。

【大调研活动】 2009年，市委农工委组织开展3次大规模的农村问卷调查，了解农民意愿，调查社情民意，为市委科学决策提供依据。一是对唐山市农民流向意愿开展大规模问卷调查。为加快中心镇及农村新民居建设步伐，改善农民的居住环境与条件，推进农村人口向城镇集中，向中心村集中，不断提高全市城镇化水平，组织有关部门对8个县市6个区的250个村，随机抽选5000个农户，进行大规模的农民最适宜移居的居住地问卷调查。经过一个多月的紧张工作，摸清底数，进行科学分析论证，撰写出《科学引导农民分流，加快推进城乡一体化进程》的调研报告。二是对唐山市近郊农民进入中心城区开展问卷调查。为加快市近郊区城市化进程，组织市和相关区8家单位组成联合调研组，分别对路南、路北、丰润、丰南、开平、高新技术开发区、空港城7个近郊区的316个村抽选5000个农户进行问卷调查，撰写出《关于加快唐山市近郊区城市化进程的调研报告》，均得到市委主要领导的充分肯定，为建设300万人中心城市，加快近郊区城市化进程提供科学依据和重要参考。三是组织开展农民移居意向普查。与统计局合作，历时1个月，对全市17个县（市）区177个乡镇5129个村队的140万农户挨门逐户进行登记普查，有关数据引起市委市政府和相关部门的高度重视。

【创新统筹城乡发展模式】 一是谋划鼓励农民进城政策，积极搭建农民进城受理服务中心。统筹城乡发展，推进城乡一体化，关键是破解城乡二元社会结构。市委市政府从鼓励和促进农民进城入手，着力破解制约城乡一体化发展的体制机制。制定下发《鼓励和支持农民进城的若干政策（试行）》，为进城农民在城镇务工、创业、购房定居以及劳动就业、社会保障、就学、就医等方面，创造有利的政策环境，在全省率先实现进城农民同城同待遇的政策突破。为落实这些政策，完善相关配套政策体系，在市行政审批大厅建立农民进城受理服务中心，抽调专人为农民进城提供全方位服务。同时，指导各县（市）区也建立农民进城受理服务中心，创造性地贯彻落实市农民进城政策。通过农民进城受理服务中心，收集农民进城过程中和进城后遇到的各种政策性问题，研究问题存在的原因，提出政策性意见建议，反映农民进城和进城农民的呼声，有力地维护农民进城过程中以及进城农民的利益与合法权益。二是积极争取成为统筹城乡发展试点市，谋划完成试点工作相关文件。2009年，市委市政府全面总结分析统筹城乡发展方面取得的成绩、优势、存在问题、努力方向、工作重点和突破口，率先向省委省政府递交争取统筹城乡发展试点市的报告，获省批准，成为全省唯一统筹城乡发展试点市。按照省委、省政府要求，农工委在深入开展调查研究，充分借鉴先进地区经验的基础上，组织起草《关于加快统筹城乡发展的若干意见》、《关于加快统筹城乡发展的若干政策》以及《唐山市统筹城乡发展试点工作总体方案》等一系列政策文件，进过周密筹备，全市统筹城乡发展试点工作正在全面展开。三是精心谋划加强指导，科学发展模式试验示范工作取得显著成效。以迁安市木厂口镇松护新村、丰润区常庄乡乡居假日生态社区项目为示范点的村庄集约发展模式，带动涌现出丰南区小岔河、滦县中赵庄等一批新典型，小岔河和中赵庄村委会分获唐山市“科学发展创新奖”一等奖；以迁安市沙河驿镇唐庄子村、遵化市新店子镇前杨庄村为示范点的城乡等值化发展模式即农居建设“六个一”模式，惠及唐山5万农户15万群众，“红顶、白墙、绿树”成为唐山新农村建设一条靓丽的风景，农工委和唐庄子村委会作为主创集体获得“科学发展创新奖”二等奖；以滦县茨榆坨镇军英牧场为试验示范点的家庭养殖集中寄养模式，不仅使该场奶牛存栏规模从800头迅速扩大到6000头，而且实现奶质大幅提升（提高2个档次）、奶农大幅增收（头均增收1600元），在其示范带动下，仅滦县就新增千头以上规模养殖场17个，全市奶牛规模养殖比例从40%提高到80%，居全省领先水平。

（贯以宁）

机关工委工作

【思想政治建设】 深入贯彻市委八届五次全会精神，按照“借势发力、务实理性、以小搏大”的基本方法，努力创造一系列感染力、影响力比较强的新的活动方式和载体。举办“坚持科学发展，应对金融危机——唐山讲坛”活动，为市直机关1200余名科级党员干部进行辅导讲座。在北京、大连等地举办“学习四中全会和全国机关党建会议精神，创新机关党建思路”的理论培训班，培训基层党组织书记和党务干部310余名。11月份召开以“提高机关党建科学化水平”为主题的机关党建研究会年会。联合市纪委等五部门开展全市《公务员法》知识竞赛，与人事局联合组织机关公文写作知识考试。开办市直机关“手机党校”，全年向市直机关2.3万名党员发送短信38条，达70万人次，影响面达95%以上，被

省委宣传部作为思想政治工作三项先进典型之一，在省内主要媒体宣传报道。

【干部作风建设】　年初，召开市直机关作风建设推进调度会，向市直机关党员干部发出“践行‘五不让’承诺，争当人民满意公仆”倡议（五不让是不让服务对象在我这里受冷遇，不让工作事项在我这里延误，不让工作差错在我这里发生，不让不良风气在我这里出现，不让机关形象因我而受损害），下发《关于推进市直机关“干部作风建设年”活动的六项工作措施》。工委与市纪委共同谋划开展民主评议政府系统重点窗口单位百名处长活动。对政府系统41个职能部门的110名处长进行公开“晒权”。赵勇书记两次批示肯定这项活动，被人民网评为2009年度“十大地方新政”之首。谋划出台《关于深入开展“廉政文化进机关”活动的实施意见》，建立唐山市反腐倡廉警示教育基地，推行《市直机关工作人员戴卡上岗工作制度》，完善市直机关科级干部“两书一卡”制度，收到“责任书、承诺书”1206份，反馈卡261份。对935名市直机关县级干部进行学习“中央三项法规”知识考试，并组织当年新提拔的503名科级干部进行党纪政纪条规知识考试。

【科学发展示范机关创建活动】

制定《唐山市科学发展示范机关创建工程规划》、《科学发展示范机关考评办法》和《科学发展示范机关千分制综合考评细则》，积极推广市水务局“三维”（工作数量、工作质量、时间节点）岗位管理模式、市委办公厅“三位一体”（岗树一念，人练一招，处谋一策）处级管理模式、市财政局“党内关怀激励模式”、市技术质量监督局“ISO9000质量管理模式”和市交通局“文明大院标准化管理模式”5个发展模式，总结和提炼一批在全省和本行业有较大影响的服务品牌和机关理念。市法院“我公正、你放心”品牌和“人民法官为人民”理念等，在全省乃至全国产生广泛影响。组织“唐山市民最认可的机关理念和服务品牌”评选活动，推出首批25个机关理念和服务品牌，激发创建活动的内在动力。

【机关党建工作责任制】　以县乡村“三级党组织书记述职”为抓手，强化党建工作责任制落实。年内对38个单位下发提醒换届通知，指导19个单位进行换届选举或建立党组织，调整书记、副书记、委员117名。配合上级党组织开通“12371”党员咨询服务电话，组建市直机关党员服务QQ群，组织20000余名党员参加庆祝建国60周年答题竞赛和“迎国庆、保安全、促稳定”志愿者活动。依托“三日一网”开展学习交流活动，组织警示教育、集中宣誓等党员活动日4次，参与人数达7万余人次。“七一”前夕，召开市直机关纪念建党88周年表彰大会暨先进事迹报告会，对市直机关134个先进基层党组织、275名优秀共产党员、124名优秀党务工作者和122名优秀党组织书记进行命名表彰。全年市直机关走访慰问老党员、老干部投入资金80.67万元。

【机关精神文明建设】　配合全国文明城创建暨城镇面貌三年大变样工作，广泛开展学习宣传活动，制作精神文明风采电视片，对15个机关大院进行文明大院命名表彰。精心举办市直机关第四届文化艺术节，组织80个单位2400多名干部职工参加“祝福祖国、祝福唐山”歌咏大会。全力推进机关事业单位绿化攻坚行动，全年完成投资1951.6万元，新增绿化面积14.3万平方米，植树12.5万棵，栽种花草12.5万株。与市爱卫办联合开展创建“无烟机关”活动，举办市直机关健康知识讲座、“全民健身日”、青年志愿者、巾帼巧手赛等活动。

【“一报一网”阵地建设】　依托《唐山机关》报和《唐山机关建设网》两个阵地，开辟“干部作风建设年”和“科学发展示范机关”创建活动专栏，加大宣传报道力度。全年编辑出版《唐山机关》报21期，刊发文章762篇、图片160幅；对《唐山机关建设网》进行改版重建，编稿上网690余篇，全年点击率达24万人次，并与全国66个地市级工委进行网络互联和报刊信息交流。

（刘会成）

统战工作

【民主党派工作有创新】　一是为民主党派积极搭建献计出力平台。1. 广泛开展“我为应对金融危机影响献一策”活动，引导和支持各民主党派、无党派代表人士和非公有制经济代表人士围绕全市经济社会发展的热点、难点问题开展调研议政活动。各民主党派、工商联积极选择角度，确定课题，组织骨干成立攻关课题组，制定调研工作计划，开展调研活动40多次，撰写调研报告近50篇，反馈社情民意300多件。形成政协大会集体提案71份、委员个人提案208份。其中九三学社市委《打造钢铁产业平稳较快发展的贸易平台》、民建市委《关于积极应对当前经济形势的几点建议》、民进市委《改造提升传统产业，促进资源型城市转型》等提案得到市领导重要批示，要求市发改委、工促局、商务局等部门认真研究落实。2. 认真落实民主党派、工商联领导班子成员和无党派代表人士“季度座谈会”制度，举办各民主党派、工商联“同舟共济、服务发展”论坛。各民主党派主委、工商联主席分别就全民创业、打造经济强城、农村股份制发展模式、城乡统筹医疗保障一体化等方面发表意见和建议，得到市领导充分肯定。

二是大力支持和推动各民主党派履行参政议政职能。1. 充分利用民主党派、工商联领导班子成员和无党派代表人士“季度座谈会”制度，围绕全市重点工作和人民群众关心的热点和难点问题展开讨论；听取有关部门情况通报，或专题考察后发表意见和建议；学习有关文件精神，研究涉及民主党派自身建设问题。2. 组织各民主党派、工商联负责人赴广西北海、福建福州等地学习考察，重点参观学习北部湾港口和海西经济区建设情况，进一步开阔他们参政议政的视野。3. 拓宽民主党派、无党派人士知情参政渠道，完善民主监督机制。年内协助市委、市政府、市纪委及政府相关部门召开协商会、通报会和征求意见会7次，就重要人事调整、政府工作报告及党风廉政建设情况听取民主党派、工商联负责人及无党派人士的意见。

三是支持推动民主党派加强自身建设。1. 针对各民主党派领导班子建设实际，着眼于切实提高政治把握能力、组织领导能力、参政议政能力、合作共事能力，支持和推动各民主党派进一步加强领导班子建设。帮助市农工党增补2名副主委，配强班子成员。坚持和完善民主党派驻会负责人双月学习会制度，全年组织学习6次，进一步增强他们的责任感和使命感，提高履行参政党职能的自觉性。按照省委统战部要求，积极做好选拔民主党派市级组织领导班子后备干部的相关工作。2. 推动各民主党派机关深入开展"干部作风建设年"活动，按照全市统一要求，分别召开专题会议，对活动进行动员部署，结合自身实际开展活动，强化学习，转变作风，提高效能。3. 紧紧围绕"强基础、尽职责、促发展"活动，推动各民主党派开展庆祝建国60周年宣传教育活动，通过召开纪念座谈会、发表署名文章、举办书画摄影，演讲征文比赛，举办"祖国颂、唐山赞、诤友情"专场文艺演出等多种形式，在各民主党派中唱响共产党好、社会主义好、改革开放好、伟大祖国好的主旋律。4. 加强教育培训。组织各民主党派、工商联负责人外出学习考察，进行互动交流，对90多名基层骨干成员进行培训。5. 协助各民主党派进一步健全和完善组织学习、参政议政、市委委员联系基层组织制度等12项工作制度，逐步建立健全适应科学发展的新的制度体系。就民主党派基层组织的发展和制度建设、开展活动情况等深入基层进行调研，进一步掌握情况，摸清底数，积极帮助民主党派基层组织解决活动经费、活动场所以及人员老化、界别趋同等问题。帮助积极稳妥地发展新成员64人，全部具有中高级职称，整体素质较高。

四是引导各民主党派回馈社会。充分发挥统一战线人才荟萃、智力密集的优势，协助各民主党派搞好社会服务，开展医卫下乡16次，免费发放价值1.3万元的药品，为近万名群众诊治疾病；开展科技下乡6次，受益人数2000余人；市农工党在迁安市举办4期乡医培训班，参训人员6000多人次；市民进为截瘫疗养院捐赠现金和物品总计3.5万元；民盟市委走进社区送医、送药、送文化、送科技，深受社区居民的欢迎，收到良好社会效果。

【民族宗教工作扎实稳定】 一是深入开展爱国爱教主题教育活动。在全市宗教界谋划开展"弘扬爱国爱教传统，共建和谐唐山"主题教育活动。在深入调查研究，广泛听取各方面意见建议的基础上，历时8个月，分学习提高、主题实践、总结表彰等三个阶段九个环节开展主题教育，以开展特色活动为载体、以引导宗教教职人员实现自我教育为手段、以引导宗教与社会主义社会相适应为根本原则和总目标。2月24日，召开全市宗教界"弘扬爱国爱教传统、共建和谐唐山"主题教育活动动员会，对主题教育活动进行全面部署。在活动进入主题实践阶段后，适时召开观摩推进会，采取现场观摩与经验交流相结合的方式，对前段活动进行总结，明确下步活动内容和要求。丰富教育形式，组织宗教界人士开展书评活动，重点对《爱的奉献》一书进行解读，收到各类体会、征文1900余篇；市及各县（市）区举办各类学习培训班60余期，分层次对广大教职人员和信徒骨干普遍进行培训。充分发挥新闻媒体的宣传作用，营造强势舆论氛围。各宗教团体普遍建立爱国爱教荣誉室和专门网站，宣传爱国爱教的光荣历史、典型人物事迹。制作主题教育活动宣传橱窗，悬挂"弘扬爱国爱教传统、共建和谐唐山"标语条幅，配合主题教育活动播放爱国歌曲。开平区编写《红色箴言》、《爱国诗歌》、《党的宗教方针政策》等宣传资料，印发给广大宗教教职人员和信教群众学习，举办"唱响主旋律、爱国爱教"诗歌演唱会，开展"弘扬爱国爱教传统、共建和谐唐山"万人签名活动；市天主教、基督教还分别举行庆祝建国60周年演唱会。各宗教团体分别进行集中宣讲共300余场，把爱国爱教传统教育贯穿于讲经布道之中。举办"弘扬爱国爱教传统、共建和谐唐山"主题论坛暨引导宗教与社会主义社会相适应报告会和时事政治与经济形势报告会，在全市宗教界引起强烈反响，受到广大教职人员的好评。市天主教"两会"、市基督教"两会"、市道教协会分别组织教职人员及骨干信众到北京观看升国旗仪式，感受祖国的繁荣与强盛，强化爱国爱教意识；市伊斯兰教协会把解读《古兰经》与开展主题教育活动相结合，举办新"卧尔兹"演讲比赛；市五大宗教联合举办慈善基金捐赠仪式，向市儿童福利院捐赠价值10万元的康复器材；市道教协会会长董沛文出资5万元救助病重学生，被市文明办评为全市学雷锋十佳事迹；丰润黄花港、开平夏庄等教徒聚居村信教群众积极发展多种经营，走科技致富道路，为新农村建设作贡献，等等。通过主题教育活动的深入开展，全市宗教教职人员和广大信教群众爱国爱教的意识进一步提高；抵御境外势力渗透，促进社会和谐的自觉性进一步增强；拥护党和政府领导，共建科学发展示范区和人民群众幸福之都的信念更加坚定。活动期间，省、市领导对活动均做出重要批示，给予充分肯定。省委统战部通报推广唐山市的经验做法。10月12日，召开总结表彰大会表彰36个先进单位和宗教活动场所以及60个先进个人。11月6日，全省宗教界"弘扬爱国爱教传统、共建和谐河北"主题教育活动现场经验交流会在唐山市召开。

二是加强宗教团体组织制度建设。与市民宗局共同指导市基督教"两会"圆满完成换届。协助市天主教做好内部组织机构的调整和充实工作。对全市宗教教职人员进行摸底，建立爱国宗教教职人员后备人才库。组织各宗教团体深入开展以创建学习型、民主型、创新型、和谐型、服务型为主要内容的"五型"宗教团体和创建"和谐寺观教堂"活动，协助各宗教团体建立健全议事、教牧人员管理、堂点管理、施洗、财务、治安、出售宗教宣传品等项制度，进一步提升宗教团体组织制度建设水平。

三是强化民族宗教领域维稳措施。1. 认真贯彻《河北省宗教工作

领导小组关于建立宗教领域维护稳定工作长效机制的意见》精神，制定唐山市关于建立宗教领域维护稳定工作长效机制的实施意见，建立8项机制17款制度，为宗教领域维稳工作提供机制保证。2. 深入开展“民族团结月”活动，积极宣传党的民族政策、民族知识和法律法规。与市民宗局共同编印《民族政策和基本知识》、《共同团结进步、共同繁荣发展、构建和谐新唐山》宣传彩页，普及民族知识，营造各民族团结进步的良好氛围。3. 重点做好“4.13、5.24”稳控工作，召开专门会议进行研究部署。各县（市）区严格落实“三包”责任制，对重点人物、重点部位和重点渠道加强监控，密切关注，确保唐山市无一人一车外出朝圣。新疆“7.5”事件发生后，密切关注伊斯兰教动态，及时深入到各县（市）区、企业、院校了解情况，正面引导穆斯林群众明辨是非，自觉抵制境外渗透和影响。4. 认真做好制止非法宗教活动及抵御渗透工作。就处理“摩门教”问题专门召开会议研究对策，协调公安、民宗部门依法取缔该组织。及时制止一起韩国基督教宣教会人员来唐山非法传教活动，妥善处理山西长治“达洼宣教团”成员到唐山进行非法活动事件，有效抵御境外宗教势力的渗透。全力做好国庆60周年及曹妃甸论坛期间民族宗教领域维稳工作。深入到各县（市）区和有关企业、院校进行督导检查，选派民族宗教干部进驻全市28个回民聚居村，做到有情况第一时间掌握、有问题第一时间处理、有矛盾第一时间化解。妥善处理南湖市民广场非法宣传宗教、保龙仓超市清真食品不规范、师范学院清真食堂以及路北丁家屯村回汉矛盾等突发事件和矛盾问题，有力维护全市民族宗教领域稳定。

【经济联络工作卓有成效】 一是进一步深化“民企系三农、助建新农村”活动。在原有20个结对帮扶村的基础上，进一步扩大助建范围，积极推进全市城乡等值化建设。积极参与生态村帮扶和“千村帮扶”工程，为滦县南庄村、玉田县八里铺村、乐亭县汀流河村、滦南县店子村等协调投入助建资金31万元，有力推动社会主义新农村建设。

二是发挥统战优势，为民营经济协作发展搭建平台。1. 着眼于推进区域经济一体化建设，促进民营经济健康快速发展，谋划建立“冀东北五市统一战线民营经济协作发展联谊会”。在省委统战部、省工商联的支持指导下，积极与秦皇岛、承德、张家口、廊坊协商，于3月份在唐山市成功举行联谊会成立暨第一次会议，在“优势互补、资源共享、协同发展、实现共赢”的原则下，五市共同签署合作框架协议，确定建立联席会议、信息交流互通、招商引资合作、民营企业服务联动、资源要素流动、政策协调等六项协作工作机制。同时，会上有27个合作项目签约，投资总额达90.48亿人民币，达成初步合作意向7个，取得令人瞩目的成果。这次活动是统一战线投身经济建设主战场，发挥统一战线优势和作用，服务科学发展示范区建设直接有效之举，充分展现统一战线的社会价值。省市领导均作出重要批示，给予充分肯定和高度评价。会后，主动做好签约项目跟踪服务工作，各项目进展大都较为顺利，其中10余个项目开工或部分完工，完成项目投资和实现销售额达9.44亿元。2. 着眼于推进海峡两岸经贸交流与合作，成功举办“第四届海峡两岸企业发展与合作论坛”。经民进中央和唐山市积极筹备，来自港台和大陆企业家、专家学者120余人，围绕推动海峡两岸经贸交流与合作，促进祖国统一和中华民族振兴，促进河北经济社会发展和唐山的开发开放，共同应对国际金融危机等领域进行广泛交流，达成许多重要共识，签订合作意向20多个。3. 着眼于搭建应对危机、共享机遇平台，参与组织“优秀民营企业感知河北·走进唐山”活动。来自省内外100多名知名企业家齐聚唐山，亲身感受唐山尤其是曹妃甸新区科学发展的强劲势头，共谋合作发展大计。4. 着眼于进一步提升唐山和曹妃甸知名度，积极组织“海外侨领走进唐山·曹妃甸”活动。借全国侨联召开第八次代表大会之际，积极邀请来自20多个国家和地区的65位海外侨领来唐山参观考察。侨领们一致表示将借助南湖生态城、曹妃甸等发展平台，参与唐山的大开发、大开放、大发展中来，为祖国的繁荣昌盛作出积极努力。5. 着眼于引导民营企业积极参与南湖生态城开发建设，参与相关项目对接。有10多个项目落户，投资总额3000多万元。6. 引导民营经济回馈社会。继续与相关部门结合，举办民营企业招聘周大型洽谈日活动，发布就业岗位1500多个，进场洽谈人数达5000余人，在为民营企业招聘人才搭建平台的同时，也为广大求职者实现就业提供机遇，缓解社会就业压力。

三是注重民营经济整体思想政治素质的提高。启动非公有制经济人士综合评价工作，建立新的社会阶层人士统战工作联席会议制度，组织部分县（市）区统战部负责人赴青岛、温州、芜湖等地学习先进经验，综合评价工作在全市陆续推开。按照中央和省委统战部要求，深入推进非公有制经济组织开展学习实践科学发展观活动。结合实际突出提升科学发展水平和加强企业党组织建设两个重点，明确提出“五个新”的目标要求，即：党组织建设要有新加强，科学发展要有新举措，科技水平要有新提高，节能减排要有新成果，和谐企业建设要有新内涵。

【党外人士工作有新举措】 一是党外干部培养管理工作力度加大。加强与组织部门的沟通联系，认真履行培养、选拔、举荐党外干部职能。年内全市提拔使用党外县级领导干部2人。各县（市）区也普遍加大党外干部的培养使用力度。路南区把党外干部培养列为全区干部队伍建设重点，采取交任务、压担子的方法，把党外干部放在重点项目中锻炼，区委组织部进行动态跟踪考察，使党外干部的整体素质得到较大提升。滦南县对党外干部采取“菜单式”培训，培训前下发培训内容“菜单”，并根据学员选学内容设置课程，进一步增强培训的针对性和有效性。联合市委组织部下发《关于进一步加强对县级党外领导干部跟踪培养工作的意见》，确定县级党外领导干部跟踪培养的人员范围、方式方法。年底，随同市委考核组对各县（市）区、市直有关单位党外县级领导干部进行年度

考核，进一步掌握党外县级领导干部的思想和工作情况。对全市党外干部安排使用情况进行调查，掌握底数，全市实有县级党外干部89人、科级党外干部534人。，对市政协一次会议以来委员变化情况进行调查，做好市政协十届三次会议的准备工作，认真分析提出调整建议。积极指导市侨联换届，完成相关人选的考察工作，确保换届圆满顺利完成。

二是党外知识分子工作更加活跃。1. 制定国有企业、高校和科研院所统战工作基础规范，将统战工作纳入单位考核内容，落实统战机构并充实专兼职统战委员，确保专门活动经费，建立健全相关制度。2. 在全市党外知识分子中开展“爱岗位、献良策、作贡献”活动。唐钢、开滦、三友等单位从实际出发，将活动与企业自身发展结合起来，采取多种形式充分调动党外知识分子的积极性和创造性，为企业发展献计出力。3. 积极筹备成立党外知识分子联谊会，对全市近19万名党外知识分子进行调查统计，分别建立党外知识分子数据库和无党派人士数据库，起草《唐山市党外知识分子联谊会章程（草案）》，并将初步拟定的176名理事人选分为十个联络组。年内，成立知联会的相关准备工作全部就绪。

（姜英楠）

信访工作

【概况】 2009年，信访稳定工作任务繁重，责任重大，意义深远。全市各级党委、政府及各级信访工作部门，坚持以“三个代表”重要思想和科学发展观为引领，以加快推动科学发展示范区和人民群众幸福之都建设为总目标，以全面实施信访稳定工作综合调控为着力点，按照“大门要打开，问题要解决，渠道要畅通，秩序要规范”的总要求，高度重视，精心组织，主动作为，积极维稳。圆满完成省委、省政府下达的信访工作年度目标任务。在国家、省重大政治活动和重要节日等敏感期，全市未发生一起进京赴省上访出丑滋事事件。尤其在国庆60周年和唐山召开首届曹妃甸论坛期间，实现进京集体上访、赴省集体上访、非正常进京上访三个“零指标”。市信访局在全省年度考评中位列优秀档次，先后获得省国庆安保和市曹妃甸论坛工作先进集体荣誉称号，全局有18名同志被评为省、市先进个人，有13人次荣立三等功。

【构建综合调控新格局】 适应信访稳定工作新形势、新特点的要求，积极发挥信访部门在维护稳定、促进和谐中的协调、督导、服务职能，组织引导各级各单位坚持把信访稳定工作与经济社会发展各项工作同谋划，同部署，同落实，努力形成协调联动、齐抓共管的工作氛围。一是强化组织领导。市委、市政府先后11次召开市委常委会和全市性会议，研究部署信访稳定工作，制定下发《唐山市信访稳定工作综合调控纲要》等一系列文件。省委常委、市委书记赵勇、市长陈国鹰对重点信访工作亲自部署，亲自协调，亲自接待来访群众，为各级领导干部做出表率；市委副书记张义珍定期召开市联席会议，及时分析信访形，调度重点案件，推动工作落实。各县（市）区和市直各部门不断加强基层基础工作，建立健全相关工作制度，为维护社会稳定和谐提供坚强的组织保障。二是推动领导接访。认真落实市委《关于建立市县乡村四级大接访常态机制的意见》要求，年内先后三次组织开展四级大接访活动，特别是在8月20日至10月20日开展的大接访活动中，市、县两级每天安排一名领导干部到群众信访联合受理服务中心值班接访，其他领导班子成员深入到基单位下访、约访，现场解决重点难点问题。市四大班子领导全年接待来访群众258批次、1287人次；县、乡两级接待来访群众8632批次、15886人次，解决各类信访问题5980件。三是狠抓责任落实。为进一步强化各级领导干部做好信访稳定工作的责任意识，制定《信访稳定工作责任追究实施细则》，建立完善责任倒查机制，对化解调处信访问题不到位、不作为以及因工作不力、处置不及时造成严重后果的单位和个人实施严格的责任倒查。全市全年有35个责任单位和86名相关责任人受到责任追究。

【拓宽和畅通信访渠道】 组织引导各级各单位积极搭建工作平台，排查信访隐患，化解社会矛盾，确保群众信访问题及时发现，逐级反映，快速调处。一是不断完善基层工作网络。着眼于筑牢维护稳定第一道防线，坚持不懈地把基层信访工作网络建设抓在手上，强化措施，强力督导。各县（市）区在乡镇（街道）全部设立专门信访工作机构，明确专门工作人员；在市、县职能部门和国有大中型企、事业单位，进一步健全信访工作机构，配齐配强工作人员；在全市农村、社区、企业和基层单位全部设立专兼职信访信息员和民情调解员，排查信访隐患，就地化解矛盾，开展献计献策，基层防范网络日臻完善。二是强力推动信访代理。紧紧围绕基层代理（农村、社区等）和群团代理（工会、妇联等）两个重点，进一步健全信访代理工作制度，构建代理网络，完善工作程序。加快信访代理工作的规范化、制度化、法制化进程。各级信访代理员全部由国家公职人员担任，进一步优化信访代理员队伍，保证代理工作的顺利开展。市委、市政府拿出200万元资金设立信访代理专项补助奖励资金，为推进信访代理工作提供保障。全年全市各级代理各类信访问题2020余件，群众满意率达80%以上。三是着力提高干部调处能力。进一步完善基层信访工作考核奖惩机制，充分调动农村、社区、企业干部做好信访工作、化解矛盾问题的积极性、主动性和能动性；按照“大事不出县（市）区、小事不出乡（村）、矛盾不上交”的要求，鼓励和引导各级各部门，切实加强基层党组织建设，充分发挥其维护社会稳定的战斗堡垒作用，努力把矛盾问题吸引在基层，稳定在基层，化解在基层。

【及时妥善解决突出问题】 一是加大排调力度。充分发挥市、县、乡、村四级排查网络的作用，努力抓早，抓小，抓源头，切实搞好信访隐患排查。对排查出的问题，逐个明确责任单位和包案领导；对涉

及群体利益，可能引发越级集体上访甚至群体性事件的，迅速派出专案工作组，实行专案办理。2009年，全市排查各类信访隐患3668件，化解3385件，化解率达92.3%。二是推进积案化解。按照中央和省的统一部署，大力开展信访积案化解年活动，集中力量化解信访“无头案”、“钉子案”和“骨头案”。对市以上集体访和以往非正常进京上访进行全面梳理，在市联席办建立重大信访问题总台账，各县（市）区和市直单位分别建立分台账，挂账督导，定期催办，跟踪问效。2009年，市、县两级共梳理各类信访积案2180件，90%以上的问题都得到妥善解决。三是严格督查督办。一年里，办理中央、省交办信访事项782件，按时办结率达99.2%。先后组织22次专项督导检查活动，深入各县（市）区和市直单位进行明查暗访，发现情况，及时上报并督促有关地方和单位及时改正。

【实施“双规范双追究”】 坚持把规范干部行政行为和群众信访行为，严格追究干部的工作责任和上访群众的违法行为作为做好信访稳定工作的重要环节来抓，努力建立畅通、有序、务实、高效的信访工作新秩序。一是强化宣传教育。结合全市开展的“依法治市”普法宣传教育活动，大张旗鼓地开展“依法信访”宣传活动，并通过各种新闻媒体进行宣传，让老百姓更多地了解和掌握相关法律知识，提高群众依法参与社会事务，依法维权的水平。全年市信访局发放各类宣传单、明白纸二万余张。二是狠抓非访治理。深入开展非正常进京上访集中整治和维护党政机关门前秩序活动，制定出台《维护市委市政府机关门口秩序管理办法》，切实抓好“解决问题、法制宣传、依法处置”三个重要环节，建立起快速反应、及时处置的工作机制，逐步形成畅通、有序、务实、高效的信访工作新秩序。全市非正常进京上访和到党政机关门前的集体上访呈大幅下降趋势。三是完善工作规范。推动市、县职能部门健全工作制度，规范工作程序，落实工作责任。健全完善与《信访条例》和国家、省有关规定相配套的工作机制，严格规范信访事项的接待、受理、交办、督办、回复等环节，建立起科学高效的工作程序。

【探索建立新机制】 2009年，学习借鉴外地经验作法，在全市积极推进以市、县两级处理信访突出问题及群体性事件联席会议为总协调、总指挥，以市、县两级群众信访联合受理服务中心为工作平台的信访稳定工作综合调控新机制。新机制以“解决问题、规范秩序”为核心，以“集中职权、直接调处、综合调控”为手段，工作模式由以往的以“接待、交办”为主，调整为“接待受理、直接调处、协调指导、监督查处”。以市委、市政府名义制定下发《关于建立健全信访稳定工作综合调控新机制的实施意见》，就建立新机制的意义、目标任务、基本框架、组织保障等方面做出具体规定，在联席会议的领导体系、信访部门的运行模式、信访工作调处机制、处置进京赴省上访、制度建设、基础建设等六个方面实现新突破。市、县两级建立群众信访联合受理服务中心，严格实行接待工作“一站式”办公，群众来访“一条龙”服务，信访事项“一体化”调处，解决问题“一竿子插到底”的运行模式，缩短信访事项办理周期，提高群众满意率，重访缠访现象明显减少。2009年，市信访联合受理服务中心接待来访群众2130批次、7356人次；各县（市）区中心接待来访群众1248批次、4218人次。

（扬文谦）

政策研究

【概况】 2009年，市委政策研究室紧紧围绕科学发展示范区建设大局，认真贯彻市委八届五次全会精神，不断创新工作思路和工作举措，实现各项工作新突破。全年完成重大调研课题10项；撰写编发《调研专报》16期、《决策参考》6期、《呈阅件》14期；出版市委机关刊物《新唐山》杂志12期（南湖专刊、曹妃甸论坛专刊各1期）；起草和参与起草一批市委领导讲话等文稿。重大课题市委主要领导批示率达100%，全部进入市委决策。被中央政研室办公室和《学习与研究》杂志社评为通联信息先进单位，被省委研究室评为优秀单位。

【调查研究成果显著】 一是撰写一大批前瞻性较强的对策建议性调研报告。围绕如何打造唐山特色的文化创意产业，撰写《打造科学发展示范区的“创意引擎”》；围绕如何助推全市科技城建设，撰写《加快唐山科技城建设的调查与建议》；围绕如何解决全市高端商业项目签约意向多、落地少的问题，撰写《关于加快推进我市高端商业落地的调查与建议》；围绕如何加快全市城镇化进程，撰写《破解四个难题，推进唐山城镇化发展》；撰写的《关于唐山市农民移居取向的调查与思考》一文，省委政策研究室以《调研呈阅》形式报省领导；围绕曹妃甸新区建设如何争取国家政策支持，撰写《天津滨海新区优惠政策及改革创新情况的调查》；围绕如何推动全民创业，创建创业型城市，撰写《以创业带动就业，努力培育就业新增长点》；围绕如何有效预防和解决群体性事件，撰写《关于预防和控制我市群体性事件的调查与建议》；围绕如何提升唐山市陶博会水平，撰写《关于完善提升我市陶博会的建议》；针对国内外各类资本向北迁移不断加强的趋势，唐山市如何加大招商引资力度，承接南资、南企、南智北移，撰写《我市承接南资北移的几点建议》；围绕如何推动唐山村镇银行健康发展，撰写《关于设立村镇银行有关问题的调查》；围绕如何推动古冶区转型，加快城区发展，撰写《关于推进古冶资源型城区转型的调查与建议》；围绕如何化解社会矛盾，撰写《关于进一步深化社会矛盾综合调控工作的调查与建议》；围绕如何推动南湖的健康发展，撰写《网民对南湖建设管理的意见和建议》，省委常委、市委书记赵勇同志对上述报告都分别做出重要批示。

【总结一批借鉴性较高的典型经验】

围绕唐山城市三年大变样工作，如何解决城市建设中“拆迁难”的问题，总结开平区税务庄河联社区和谐拆迁的经验，撰写《攻坚“天下第一难”》；围绕如何发挥地缘优势，推动经济建设快速发展，撰写《风景这边独好》；针对如何选出公道正派、群众满意的村“两委”班子，总结撰写《关于农村“两委”换届选举工作的实践与思考》；围绕贯彻落实国家实施扩大内需、促进经济增长的政策，总结撰写《逆势而为谋发展》；围绕如何实现好、维护好、解决好群众利益，改善民生，总结撰写《从“水中孤岛”到科学发展示范区的跨越》；围绕如何应对危机，建立科学发展示范企业，总结撰写《唐钢巨变的启示》；围绕如何推进资源型企业转型，实现跨越式发展，总结撰写《资源型企业转型的“开滦模式”》；围绕唐山市城镇面貌三年大变样的重要工程——南湖的快速成功开发，与省委政策研究室组成联合课题组，总结撰写《筑起科学发展的支点》，并报省委省政府领导，《中国经济导报》全文刊发；围绕如何促进村庄经济发展，总结撰写《科学发展共同致富的典范》；围绕如何应对宏观经济环境变化，推动项目建设，总结撰写《关于玉田县狠抓项目开工落地情况的调查》；围绕如何让群众上访有序，把矛盾化解在基层，总结撰写《实施硬举措，倾情维稳定》；围绕如何发挥好项目代办员的作用，完成项目代办任务，总结撰写《一个项目代办员的实践与体会》；围绕如何加强学生素质教育，改革教学模式，总结撰写《唐山市小学1—6年级取消考试，开放式素质教育试点工作取得明显成效》；围绕如何破解“贷款难”问题，促进农村经济健康发展，总结撰写《关于迁西县农村资金互助专业合作社的调查》；围绕迁安挂云山农村种植业专业合作社的成功发展，与省委政策研究室共同总结撰写《互动合作——农业科学发展的积极探索》，以呈阅件报省领导。上述报告分别按省委常委、市委书记赵勇同志的批示，或上报中央首长、省领导，或转发各地学习借鉴。

【圆满完成市委交办的重点工作】 一是完成《科学发展观的“五个什么”》一书的编辑出版工作。为更好地宣传唐山，推进科学发展示范区建设，根据唐山市开展科学发展观学习实践活动经验做法，组织编辑出版由赵勇书记作序的《科学发展观的“五个什么”》一书，作为向外推介唐山的一个重要载体。二是完成《唐山市科学发展指标体系》的修改和完善工作。深入社区、学校、厂矿和农村调查走访，广泛征询人民群众的意见，在此基础上，提出修改意见，形成符合唐山实际的科学发展指标体系，并正式颁布实施。三是组织和参与市委一批重要文稿的起草工作。室主要负责同志按照工作分工，组织协调市委办公厅有关处室，承担市委重要文件和赵勇书记文稿的起草。四是参与健康唐山、幸福人民活动的有关工作。撰写《提高幸福指数，打造健康生产力》一文，得到市委主要领导的肯定，上报中国中医药基金会。五是配合省委政策研究室完成《天下唐人从这里走来》专家研讨会。参与撰写《天下唐人从这里走来》部分文稿，受到赵勇书记和省委政策研究室领导的高度评价。六是参与完成曹妃甸论坛有关工作。参与起草联合国副秘书长沙祖康、副省长杨崇勇和赵勇书记在论坛的发言提纲、汇报题纲和主旨演讲稿，参与论坛期间学术资料的收集、整理工作，市委研究室被评为首届曹妃甸论坛组织先进集体，两名同志荣获首届曹妃甸论坛组织工作单项奖。七是参与唐山市十二五规划的起草工作。撰写《“十二五”时期唐山经济社会发展宏观形势分析及对策研究》。

【《新唐山》杂志办刊质量不断提高】 全年编发文稿约240余篇，校改文字110万余字。在办刊形式、栏目设置、图片报道等方面进行积极探索，完成杂志封面改版，成功转换风格。严把征稿、编审、校对和图片质量关，使刊物整体水平迈上一个新台阶，在服务市委工作大局、服务科学发展、服务基层政研工作上发挥更大作用。为配合市委中心工作，编辑《新唐山》杂志南湖专刊和曹妃甸论坛专刊。为进一步促进调研和《新唐山》杂志编辑工作，在滦县、滦南县分别召开座谈会。2009年《新唐山》杂志第三次被评为“全国城市十佳党刊”。

（甄庆民）

党史研究

【研究工作取得新进展】 一是全面开展《中国共产党唐山历史》（第二卷）的编写工作。从年初开始，历经半年时间，查阅市委、地委、革委、政府、行署的档案和报纸5000余卷，摘录、翻拍、复印各种文档资料2500多万字。同时，先后组织召开经验交流会和业务调度会6次，邀请当年参加《冀东革命史》编写的老党史工作者讲授经验，传授技能。此外，按照市县同步的总体要求，加大对县级党史部门的指导协调力度，唐山市所辖14个县（市）区的二卷本编写工作全面启动。其中，古冶正式出版，其他单位的资料征集和初稿撰写工作正在进行之中。二是深入开展党史专题的研究编写工作。为《中共河北年鉴》编写《唐山工作概况》，计5000字。为《河北省1963年抗洪救灾》撰写专题《历史不会忘记，人民不会忘记》，约7000字。为《河北省志·共产党志》编写唐山部分组织史资料，约3万字。开展河北省社会主义新农村建设带头人口述资料征集工作，征集撰写口述资料21篇。协助省委党史研究室开展《纪念建国60周年邮册》唐山部分图片的搜集工作，提供图片60余幅。

【征编工作取得丰硕成果】 2009年，市委党史研究室编辑出版书籍4部8册430万字。一是编辑出版《唐山抗战伤亡损失纪实》丛书。为记录抗战时期侵华日军在唐山犯下的罪行及给唐山人民造成的伤亡损失，按照中央和省委党史研究室的要求，全市开展抗损调研工作。经过两年多的工作，搜集整理调研成果116卷1700多万字，在上报中央和省委党史研究室的同时，对调研成果进行编辑、整理和研究，于2009年9月份结集出版。全套书五卷，收录文字230万字，照片60多幅。第一卷为《综合卷》，主要内容为各调研单位的调研概况、人口

伤亡和财产损失统计表、市级人口伤亡和财产损失大事记等。第二卷为《伤亡卷》，主要内容为人口伤亡综述、案例与分析、惨案登统表、人口伤亡名录等，分别反映日军对唐山人民进行杀戮的手段、日军制造惨案的因果和一次伤亡5人以上的惨案分析和部分伤亡人员名单。第三卷为《专题卷》，主要收录重要战役战斗、"无人区"、修筑工事、抓捕劳工、制毒贩毒、施放毒气、性暴力、经济掠夺、文化侵略等方面的9个专题。第四卷为《证言卷》，主要收录各调研单位入户实地调查形成的口述资料和证言证词等。第五卷为《史料卷》，主要收录了日伪政权、国民政府、解放区有关人口伤亡、财产损失和重大事件的历史档案文献。三是与省委党史研究室联合编辑出版《陈平遗文选编》。该书由省委党史研究室主任安树彦同志作序，共60.9万字，收录唐山市委党史研究室原主任陈平同志从事党史工作40多年间撰写的党史专著、党史研究以及科学治史的文章，体现陈平同志的史学观点、研究成果和治史经验，是一部党史业务学习教材。四是编纂出版《中共唐山年鉴》2009年卷。该书110多万字，记录中央、省领导来唐山视察工作和关怀指导的情况，记载市委、市政府的施政纲要以及年内组织开展的重大活动，反映2008年市委、市政府带领全市人民深入贯彻落实科学发展观，开放创新，富民强市，在把唐山建成科学发展示范区、建成人民群众的幸福之都过程中所取得的辉煌成就。《中共唐山年鉴》自2002年启动以来，连续编纂出版8卷。五是编辑出版《唐山市党史研究室纪事》。该书30万字，主要收录市委党史研究室自20世纪80年代初成立以来的历年主要工作、工作成果、重要文献、机构沿革、大事记等方面的内容，全面反映唐山党史事业的发展变化和取得的成就，系统总结党史工作好的经验和做法。六是指导帮助各县（市）区党史部门编辑出版10部党史书籍，包括《中国共产党古冶区历史》第二卷、《中共遵化年鉴》2009年卷、《遵化抗战报告》、《不能忘却的历史——侵华日军在迁西的暴行民间调查》、《中国共产党迁西县历史新闻录（1950.1—2009.12）》、《历史不能忘记——滦南县抗战损失调研专辑》、《中国共产党丰润历史大事记（1949.10—2008.12）》、《中共路北年鉴》2009年卷、《中共唐山市丰南区历史大事记（2007—2008）》、《亲历开滦》等。

【宣教工作取得显著成效】　充分发挥党史工作资政育人、服务社会的作用，组织大型活动10多次。一是组织庆祝建国60周年系列活动。首先，在全市范围内开展庆祝中华人民共和国成立暨河北省委恢复建立60周年学术研讨会征文活动，征集论文38篇，经严格审核把关后报省30篇，其中《浅谈如何用科学发展观统领党史工作》等两篇入选研讨会并获奖。其次，与唐山电视台合作录制庆祝建国60周年系列访谈节目《话说唐山——冀东革命风云录》。该节目共14期，以发生在唐山革命历史中的重大事件和重要人物为主线，通过采访当事人、知情人和有关史学专家，并深入革命遗址遗迹现场拍摄，比较全面地反映唐山人民在革命建设历程中所取得的辉煌业绩，讴歌唐山人民勇立潮头、奋斗不息的革命精神。第三，协助市内各大新闻媒体开展建国60周年庆祝活动，为唐山电视台、《燕赵都市报》、《唐山晚报》等提供有关历史资料32篇，接受记者采访20多次。二是组织纪念李大钊诞辰120周年系列活动。首先，配合中国李大钊研究会筹备纪念李大钊诞辰120周年全国学术研讨会。2009年初，市委党史研究室与中国李大钊研究会组织开展广泛的征文。至8月份，全市上报论文20多篇。其次，受市委委托撰写市委主要领导的署名文章《弘扬李大钊精神，建设美好新唐山》，起草在李大钊同志生平事迹陈展启新仪式上的讲话、在河北省纪念李大钊诞辰120周年座谈会上的发言等。同时，与市委办公厅密切配合，协调市领导参加中央举办的纪念李大钊诞辰120周年座谈会和在乐亭县举办的河北省纪念李大钊同志生平事迹陈展启新仪式及座谈会；参与组织纪念李大钊诞辰120周年全国学术研讨会；参加省社科院举办的河北省纪念李大钊诞辰120周年学术研讨会。三是与市委宣传部等部门联合组织"双百双评"活动。在全市开展"100位为新中国成立做出突出贡献的英雄模范人物和100位新中国成立以来感动中国人物"及"10位为新中国成立做出突出贡献的唐山英雄模范人物和10位新中国成立以来感动唐山人物"的评选活动中，经过广泛宣传、反复酝酿、群众评选，最后确认等程序，推选出30多位参评英模人物，并评选出唐山市"双十"人物。其中，李大钊、唐山十三农民当选新中国"双百"人物。四是指导各县（市）区党史部门紧紧围绕建国60周年和李大钊诞辰120周年开展系列纪念活动。乐亭县开展纪念李大钊诞辰120周年征文活动，举办"学习、弘扬大钊精神报告会"。迁安举办纪念建国60周年成就展，有1万多人参观展览。丰润、迁西、滦县等县区在电视台和报刊上开辟党史专栏，宣传介绍党史知识。遵化党史网内容丰富、特色鲜明，点击访问量突破150万人次。同时，积极参与沙石峪、西铺纪念馆的筹建，洪麟阁故居、鲁家峪抗日根据地旧址的修复。丰润参与潘家峪惨案纪念馆的改陈和维护等工作。

（薄会鹏）

机构编制工作

【积极推动行政管理体制改革】

一是市县政府机构改革顺利推进。在对农口、建设口、人力资源、文化口以及其他职能相近和交叉等部门进行专题调研的基础上，积极做好谋划大部制改革方案的各项准备工作。上下左右密切沟通联系，在不突破原有机构数额的前提下，结合唐山实际，按大农业、大文化、大交通和统一人力资源市场、城市规划、建设管理的大部制框架，认真谋划市政府机构改革方案，撤并和调整机构22个，占政府工作机构的48%；政府工作部门由36个减至35个，改革方案全省领先，一次性获得省委、省政府批准。在谋划市本级政府机构改革方案的同时，深入县市区，有针对性地听取县市区主要领导对改革的意见和想法，多

方推敲，反复斟酌，拟定县（市）区政府机构改革的指导意见，为搞好县级政府机构改革起到很强的指导作用。市直部门“三定”工作正在有条不紊进行，县级政府改革方案正在沟通制定之中。

二是关乎唐山发展大局的重点体制进一步理顺。围绕市委确定的打造沿海经济隆起带的战略目标，根据唐山迅速发展的实际情况，统筹考虑机构编制资源，打破行政区划束缚，把沿海一带的临港地区作为一个整体，通盘考虑，进一步完善曹妃甸新区、乐亭新区、曹妃甸国际生态城、凤凰新城、空港城、陡河青龙河管委会、唐山湾三岛等关乎唐山发展改革大局的“四点一带”、“四城一河”等体制框架，其中曹妃甸新区体制获省批准，服务曹妃甸新区建设的各项体制不断完善。乐亭新区体制省编办拿出初步意见，待省审定。

三是乡镇改革试点取得阶段性成果。在科学界定职能，精简机构人员，理顺条块关系，促进乡镇政府职能作用更好发挥的基础上，调整滦县、丰南区两试点县28个乡镇的机构设置与职能定位，行政机构由140个减至128个，减少9%；事业单位由140个减至112个，减少20%，为建设精干、高效、运转协调的“小政府，大服务”乡镇体制框架奠定了基础。

四是一些重点领域体制得到加强和完善。按照体制机制创新和决策、执行、监督适当分开的的原则，依据归并行政审批职能，实行成建制进驻的要求，在反复调研的基础上，通过对相关职能进行整合归并，批准市发改委、市交通局等22个部门成立行政审批处室。进一步简化审批程序，减少办事环节，缩短审批周期，为形成公开透明、为民高效的行政审批网络提供保障机制。为充分发挥产业聚集区的辐射带动作用，按照管委会加公司的运作模式，在已有迁安、开平、玉田等产业聚集区管委会的基础上，设置“乐亭县临港产业园区管理委员会”和“唐山丰润（中国动车城）装备制造业产业园区管委会”。至此，全市产业集聚区全部搭建起体制框架。为解决市直相关部门信访量剧增、信访稳定工作任务重的突出矛盾，对群众信访工作任务较重的市国资委、商务局等11个部门设立群众工作处，以解决群众上访有门可找和人力不足等问题，为维护全市经济社会稳定，特别是庆祝建国60周年营造良好的环境搭建体制框架。

【稳步推进事业单位改革】 在事业单位改革中，机构编制工作既体现服务经济发展大局，又体现关注民生和公用事业发展，下管一级，总量控制。一是推动事业单位资源整合和改企改制，服务行业改革取得突破性进展。教育系统将滦县师范学校、玉田师范学校整体并入唐山师范学院；将唐山工业学校并入工业职业技术学院，将粮食局所属经贸学校与教育局所属财经学校进行实质性合并，组建唐山外贸学院；将面临倒闭的劳动和社会保障局所属机械技校、化工技校、纺织技校、轻工技校、商业技校进行合并，组建高级技师学院。有效扭转学校规模小、生源少、招生困难的局面，从根本上改变办学层次低、水平差、效益低的问题，壮大学校规模，提高社会知名度，实现经济效益和社会效益的双赢。文化系统京剧团、评剧团、歌舞团、唐剧团、皮影剧团等进行整合，组建演艺集团公司，搞活用人机制，演艺事业单位起死回生。新华电影院、燕山影剧院、曙光电影院、渤海影剧院等11个事业单位改制为文化企业，面向市场，走自我生存和自我发展之路，激发活力，减轻财政负担。科技系统机电研究所、化工研究所、轻工研究所、自动化研究所4所科研院所向企业化转制，整体或部分进入企业，或转为技术服务和中介机构，实现科技资源的合理利用和科技成果转化的利润最大化。通过以上资源整合与改企改制，收回各类事业编制1937名，其中差额补贴事业编制380名，自收自支事业编制1557名。信息产业系统整合市长公开电话服务中心、市政府电子政务中心以及信访投诉网络资源，设立市电子政务办公室，进一步搭建全市城乡一体化电子信息服务平台。交通系统按照国家税费改革的有关要求，撤销养路费征稽机构，组建路政管理、道路养护和道路管理机构，进一步加大交通道路执法检查和道路建设养护力度。城管系统重新界定银河路、北立交、东出口的管理权限，进一步明确交通局和城管局的职责分工，减少职责交叉。

二是高度重视保障民生的体制建设，服务民生民计取得新成效。在市县乡三级组建土地流转交易网络，提供土地经营权流转交易信息，规范农村土地经营权流转行为，受到农民的广泛好评。为医保中心增加编制，并使机构升格，保证全市医保改革全面及时顺利到位，人民群众得实惠。为唐山学院等5所院校增编并面向社会公开招考教师100多名，既使教育事业发展所必须的师资力量得到保证，又解决部分师范毕业生的就业问题。

三是进一步完善曹妃甸体制各项功能，服务重点建设成绩喜人。为保证曹妃甸开发建设快速发展，机构编制工作及时跟进，成立曹妃甸新城综合执法大队和综合服务中心及曹妃甸工业区石化产业建设、装备制造产业建设、钢铁电力产业建设、高新技术与保税港区建设、港航与口岸建设投资服务中心等事业单位，使机构设置更加适合产业特点，为打造国际一流生态城市奠定体制基础。

四是事业单位法人登记工作日趋规范，服务事业法人创佳绩。全市事业单位年检3526个，年检率99.2%，为全省最高。新登记58个，变更登记503个，注销登记52个。为规范事业单位行为和履职履责奠定良好的基础，起到较好的监督作用。

【机构编制增长得到严格控制】 2009年，全市机构编制部门按照上级有关规定，狠抓落实，狠抓督导，狠抓服务，不该建的一律不建，不该批的一律不予上会。凡是有利于经济发展的事，凡是有利于转变政府职能的事，凡是有利于百姓民生的事，有文件规定、有政策依据的给予高度关注和支持。全年收到请示件226件，经严格审查，重点调研，区别类型，保证重点，公平公正，批否各类请示件56件，压缩和节约编制近千名。同时，在控制进人上顶住各种压力，不折不扣地执行机构编制纪律和有关规定，严格审批程序，落实“一支笔”审

批。完善编制审批七联单，除非特殊岗位和政策性安置，一律做到严格控制，严把关，有张有弛，规范操作，连续十二年实现财政供养人员零增长，节约大量财政开支，收到很好的经济效益和社会效益。

（高春平）

党校工作

【干部培训工作】　2009年，市委党校充分发挥干部教育资源优势，推动市委“领导力提升工程”的实施，圆满完成市委下达的各项干部培训任务。全年举办各类培训班次25期，累计培训学员2153人，其中主体班次6期，培训学员540人，其他各类培训班次19期，培训学员1613人。具体做法：一是明确工作思路，完善教学体系。年初，校委确定以学科建设和师资队伍建设为重点，按照整合资源、强化学科、创新机制、提高质量的工作主线，初步形成以中国特色社会主义理论体系为主导的在全市社会科学相关领域有主导作用的学科体系，初步形成以本校教师为主体，以聘请专家和客座教授为辅助的开放型师资体系，初步形成以优胜劣汰、奖优罚劣为主要特征的较为健全的管理体系。

二是树立按需培训的理念，完善教学布局。紧紧围绕中央和省市委重大决策部署，突出中国特色社会主义理论体系，以及党的十七届三中、四中全会和市委八届五次全会精神，紧密联系建设科学发展示范区和党员领导干部的思想工作实际，调整充实教学内容，细化完善教学布局。全年在主体班次开设专题课98个，其中新专题课21个。初步形成重大理论与现实问题、党的建设与党性修养、唐山经济社会发展、公共安全应急管理、提升干部素质和领导能力、科学文化素养和身心健康等六大板块的教学布局。

三是创新培训方式，丰富培训内容。坚持走出去与请进来相结合，邀请三位市领导、三位客座教授和三位知名学者来校授课。组织学员到延安、天津滨海新区等地开展异地教学，开阔学员视野；坚持理论辅导与实践教学相结合，组织实践教学8次，拓展课堂空间；坚持课堂教学与“远程教学”相结合，安排21次远程教学，满足学员需求。

四是深化教学方法改革，提高课堂教学质量。全面推行提问研讨式、辩论式、情景模拟式等教学方法，使学员的理论知识水平及工作能力得到大幅提高。

五是深化管理体制改革，提高教学管理水平。在教学管理上，严明授课纪律，强调“研究无禁区，讲坛有纪律”；完善课题竞标和通审稿制度，新设专题课一律通过公开审稿和竞标的方式产生；完善教学考评机制，充分发挥学员的主体作用，由学员对授课质量进行综合评定。在学员管理上，严把入学教育关，对学员进行入学教育和摸底考试；严把到课率关，严格执行一课一点名和考勤公开制度；严把考核关，对学员在校期间的表现进行综合考核，建立学员学习档案。全年主体班学员的到课率、课堂满意率分别达到90%以上和100%，授课优秀率达到25%，事故率为零。

【发挥理论宣传主阵地作用】　将党的十七届四中全会和市委八届五次全会精神纳入主体班教学计划，组织教研骨干撰写文章，解读会议精神，在《唐山劳动日报》和市委《新唐山》杂志发表16篇理论文章。6位教师制作6期访谈节目，在“新闻纵横”栏目播出；与团市委联合组建“市委八届五次全会精神”宣讲报告团，分赴全市各地、各单位对市委八届五次全会精神进行集中宣讲，7位教师在15个单位做辅导报告；配合市委宣传部编写近万字的《市委八届五次全会精神宣讲提纲》，作为全市党员干部的学习辅导材料；6位教师在16个单位做学习贯彻党的十七届四中全会精神辅导报告。

【科研工作水平进一步提升】　校委提出党校科研工作要“面向市委、市政府决策需要，向领导决策成果转变；面向干部教育培训工作需要，向课堂教学成果转变”的科研方向，明确把唐山市改革发展中的重大现实问题和战略问题，特别是建设科学发展示范区的理论和实践问题作为科研重点。完善细化《党校科研工作暂行条例》和《党校科研工作量考核和科研成果奖励实施细则》，列出专项开支鼓励教师深入基层、深入一线调查研究，在车辆安排、费用开支等方面给予支持。拿出近6万元专项科研基金，对高水平、高质量的科研“精品”给予奖励。这些制度和措施有效激发干部职工的科研热情，全年发表科研文章68篇，其中省级以上报刊发表21篇，市级报刊发表47篇。编辑出版《唐山党政干部论坛》4期。教研人员主持或参与市级以上立项课题6项，其中省级课题1项，即河北省社会科学基金项目《当代中国官本位研究报告》。市级课题5项。承担中组部2009年度重点课题《浅析官本位的表现与危害》的研究，出版专著《渠道制胜》1部。在市委开展的“开放创新，富民强市，加快建设科学发展示范区和人民群众幸福之都”献计献策活动中，党校干部职工献计献策30余条，其中2人2项成果获金奖，2人2项成果获银奖。

【新校址迁建工作稳步推进】　市委、市政府做出市委党校搬迁至曹妃甸国际生态城的重大战略决策后，校委把搬迁建设作为一项重大政治任务和一次难得的历史性机遇，提高认识，统一思想，认真落实2009年6月9日《曹妃甸科教城建设领导小组会议纪要》决定的事项，取得阶段性工作成果。多次召开不同层次的干部职工会议，提高认识，统一思想。迅速成立搬迁建设领导机构和办事机构，研究部署搬迁建设工作。组织有关人员赴先进地区实地考察，提出新校址建设定位、建筑风格、建筑标准和功能要求。会同市城乡规划局和曹妃甸新城管委会完成概念性规划设计方案。积极与曹妃甸国际生态城管委会联系沟通，就新校址建设用地、职工住宅、开工事项及其他工作进行协调。按照曹妃甸科教城领导小组会议精神，委托曹妃甸生态城管委会采取“交钥匙工程”的办法实施代建。经过卓有成效的工作，新校址建设工作进展顺利，干部职工思想情绪稳定。

（赵志静　马建军）

对台工作

【概况】 2008年12月31日，是全国人大常委会《告台湾同胞书》发表30周年，胡锦涛总书记在纪念座谈会上发表《携手推动两岸关系和平发展 同心实现中华民族伟大复兴》（以下简称讲话）的重要讲话，就推动两岸关系和平发展提出六点意见。学习贯彻讲话精神为2009年对台工作的重点。2009年元旦，邀请各民主党派、工商联、侨联、台胞台属、政协委员等各届人士，学习讲话内容、领会精神内涵。与会者表示，贯彻落实胡锦涛总书记的讲话精神，创新思路、创新方法，创新措施，把握两岸和平发展的主题，密切联系当前难得历史机遇，开创对台工作的新局面。

深入到玉田、滦县、滦南、芦台及市区台资企业进行调研，实地了解企业生产经营情况，听取意见、建议。完成《关于我市台资企业现状及对台经济工作情况的调研报告》，上报省台办。结合“唐山湾四点一带”大规模开发建设和资源型城市转型的现状，有针对性的开展招商引资工作和台企落地跟踪服务，先后就大润发超市连锁项目、台湾蓝天电脑集团百脑汇数码城项目、30万吨刨花板项目等9个台资项目与国土、规划等部门进行协调。为不断完善对台招商引资环境，吸引更多的台商，采取多种措施帮助台企解决生产经营中的困难。台资企业德比盛厨具外资年检、财达兴咨询有限公司拓展业务增资增项等工作遇到困难，与工商局、商务局、外汇管理局和上级台办协商，在国家政策范围内帮助德比盛厨具和财达兴咨询有限公司顺利解决问题。

2009年，因公赴台36个团组108人次，其中赴台经贸团组21个67人次，赴台交流团组15个41人次。在第四届海峡两岸企业发展与合作论坛和首届曹妃甸论坛两个大型活动中，围绕“唐山湾四点一带”开发建设和资源型城市转型有针对性的开展邀商工作，两次活动共邀请台商45名。以“台商会长唐山行”为抓手开展对台交流工作，邀请到全国台企联常务副会长、深圳台协会长黄明智等5位有实力的台商会长来唐山市参观考察，开辟对台交流合作的新渠道。拟定《关于唐山市因公赴台从事交流和经贸活动审核管理办法》（草案）及《唐山市因公赴台报批实施细则》（草案），在听取有关部门的意见和建议后数易其稿，于6月份开始实施，使赴台审批工作流程科学化、程序化、标准化。

清明节期间，与迁西县共同组织原国民革命军29军后裔到喜峰口祭奠抗战英烈活动，加深两岸同胞感情、增进理解。接待台湾TVBS电视台和年代电视台摄制组到遵化拍摄清东陵专题节目，加深台湾民众对祖国大陆历史与文化的了解，拓展唐山市入岛宣传渠道。台资企业在唐山的发展壮大，台商在唐山生活的状况直接反映投资环境的优劣和经济社会发展水平，以台资企业在唐山的发展历程作为抓手，协助河北电台制作“台胞：对话城市”节目，并通过海峡之声电台向海内外进行推介，扩大唐山在岛内的知名度。

以贯彻落实胡锦涛总书记在纪念《告台湾同胞书》发表30周年座谈会上的重要讲话精神作为涉台教育工作的重中之重，利用多种形式宣传胡锦涛总书记讲话精神的现实意义与指导意义，加深干部群众，特别是党员领导干部、对台干部和台胞台属对讲话精神的理解。贯彻落实唐山市《关于加强涉台教育工作的意见》精神，以涉台教育“进学校、进社区、进机关”为依托，巩固原有教育成果。推广路南、古冶两区开展涉台教育工作的典型经验，加大涉台教育“三进”工作力度，先后在丰润、路北两区建立涉台教育示范校、示范社区，进一步扩大涉台教育覆盖面。编发《对台工作简报》15期，重点反映学习贯彻胡总书记讲话情况、反映唐台两地交往交流情况、对台工作为加快唐山湾“四点一带”开发建设和“四大功能区”建设发挥作用的相关情况、反映维护涉台稳定情况等。

维护涉台稳定是做好对台工作的重要组成部分，抓好涉台稳定的基础是切实维护在唐台胞台商的合法权益。2009年共接待、协调、解决11起台商投诉，获得台商的认可和赞扬。加强涉台稳定体系建设，提高应对突发涉台事件能力，落实唐山市涉台突发事件管理办法中的相关规定，落实应急突发涉台事件管理办公室成员单位及领导14个，上报市政府。

【台湾电视台拍摄专题节目】 3月4日—5日，台湾TVBS电视台编导江玉英一行5人，到遵化市清东陵拍摄“发现新大陆”专题节目。TVBS电视台是岛内有影响力的媒体，其节目除在台湾播出外，还覆盖整个东南亚地区。此次共策划六期节目内容：顺治皇帝的孝陵、康熙皇帝的景陵、乾隆皇帝的裕陵、孝庄文皇后的昭西陵、慈禧太后的定东陵和香妃墓。不仅将六座陵寝辉煌、精巧的建筑进行全景拍摄，还就陵寝内葬人物的战功政绩、喜怒哀乐、个人好恶等进行全面的讲述。5月初，台湾年代电视台摄制组一行7人，到遵化市清东陵拍摄“台湾人在大陆”专题节目。共拍摄特色小吃、石牌坊、石像生、风水线、乾隆皇帝的裕陵、慈禧太后的定陵等内容。清东陵文管处研究室主任李寅就陵寝内葬人物的战功政绩、喜怒哀乐、人个好恶等进行了全面的讲解。台湾年代电视魏磊铭导演表示，这次来清东陵拍摄历史记录片，讲解很到位，内容很翔实，回台后将精心制作，重点推介。

【组团赴台进行经贸交流】 应台湾高雄市两岸事务交流促进会邀请，唐山市经贸交流考察团一行7人，于4月22日—5月1日赴台湾进行为期10天的经贸交流考察活动。在台期间，与台湾有关企业、社会团体以及企业界、新闻界相关知名人士等就投资、贸易、旅游、港口物流等方面进行广泛深入的交流和洽谈，在对台招商、唐台交流、港口合作等方面取得丰硕成果，圆满完成既定任务。考察团访问台北、高雄、彰化、嘉义等县市，参观访问台塑集团、润泰集团等台湾知名企业及台湾青商总会员林青商会、花莲县商业会、中华青年企业家协会等相关社会团体，考察高雄港、高雄楠梓加工出口区，拜会多名台湾知名业内人士，并与40多家企

省委常委、市委书记赵勇为2008和2009年度“新唐山建设卓越功勋奖”获得者颁奖 ▼

10名新唐山建设卓越功勋奖获得者

2010年1月6日，在市委八届六次全体(扩大)会议第二次全体会议上，市委、市政府对2008和2009年度新唐山建设卓越功勋奖获得者、唐山科学发展创新奖主创集体和个人，以及2009年度招商引资贡献突出个人进行隆重表彰。

张文学

孙帮成

于勇

孙文仲

张增光

王新春

王学龙

王惠文

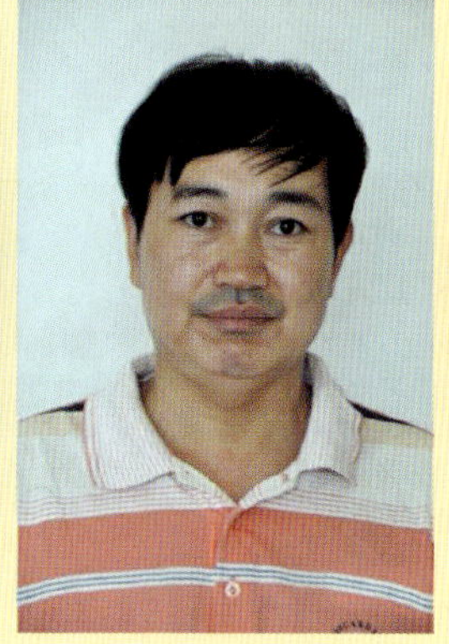

陈述庭

刘子阳

1月5日上午，首届唐山廉政文化艺术节在市博物馆开幕。省纪委副书记吕忠国出席开幕式并讲话。他在讲话中，对唐山廉政文化建设给予高度评价。图为开幕式现场。本届艺术节通过艺术形式，展示近年来唐山市开展廉政文化建设的丰硕成果

9月25日，何勇对唐山市上报的《关于学习贯彻何勇书记来唐视察讲话精神的情况报告》上作出重要批示

纪委监察局

创新惩防体系　服务科学发展

3月3日，市纪委召开全体大会，对机关开展“干部作风建设年”活动进行动员部署。市委常委、市纪委书记邓沛然出席会议，并在动员讲话中对市纪委开展“干部作风建设年”活动提出具体任务和明确要求。图为动员会现场

8月13-14日，全市纪检监察系统“创新惩防体系、服务科学发展”务虚会在迁安召开，会议总结了上半年工作，对下半年纪检监察创新工作进行了动员部署。图为会议现场

4月27日，全省推进行政权力运行监控机制建设工作调度会在唐山市召开，市纪委副书记张佩旺代表市纪委监察局汇报唐山市开展权力监控工作情况

市纪委监察局配合全省开展的素质建设工程，提出"打造四师品牌（让党放心的忠诚之师，让人民群众满意的正义之师，让腐败分子闻风丧胆的威武之师，善于攻坚、敢打硬仗的常胜之师）创造一流业绩"的口号，纪检监察干部素质有明显提高，促进工作的有效开展。图为4月召开的"全市纪检监察系统素质建设暨'四师'建设工作会议"现场

市纪委监察机关借助现代媒体，依托群众评议，组织举办"一人论、大家谈、随机问、专家评"为主要形式的廉政论坛，探索出一条"全景式"宣教模式，中央电视台《新闻联播》节目在黄金时段对这一作法进行报道。图为10月28日，在市纪委监察局指导下，开平区纪委举办的主题为"村官·廉政·和谐"廉政论坛活动现场

第2版 中国纪检监察报 2009年12月22日 综合新闻

得意之笔 ——来自大中城市的报道

树立纪检监察品牌 推动反腐倡廉建设

唐山评出2009年度十大创新成果

市纪委监察局积极推动纪检监察工作创新，年底评选出十大创新成果，并以此总结为文，在12月22日的《中国纪检监察报》上刊登宣传

中共唐山市纪委：

经网友投票和专家评定，贵地推出的"百名处长公开晒权"活动被评为2009年度"十大地方新政"，特发此证！

人民日报社网络中心（人民网）

市政府机关开展"百名处长公开晒权"活动，市纠风办选择市政府部门直接与企业打交道的110名处长为评议对象，公开晒权，组织企业代表为百名处长评议打分。这一举措被人民网评为2009年"十大地方新政"第2名。图为荣誉证书

唐山市纪委监察局作风建设求实效——

为企业排忧 为发展清障

6月，唐山市纪委监察局针对金融危机对经济发展的影响，为转变干部作风，在全市范围内集中开展了"为企业排忧，为发展清障"活动，并取得明显成效。此项活动的作法和成效被2009年7月19日《中国纪检监察报》刊发

（阚建业 供稿）

组织部

创先争优 攀高峰

部领导班子民主生活会

迎国庆双歌会暨首次党日活动

唐山市委组织部荣获科学发展创新奖一等奖

组织五差额选拔干部

“公道正派”机关品牌主题文化走廊

唐山市共产党员网

国家重点高校优秀博士生来唐挂（任）职培训会议

学习贯彻党的十七届四中全会精神会议

共产党员志愿服务集中行动

（王文竟 供稿）

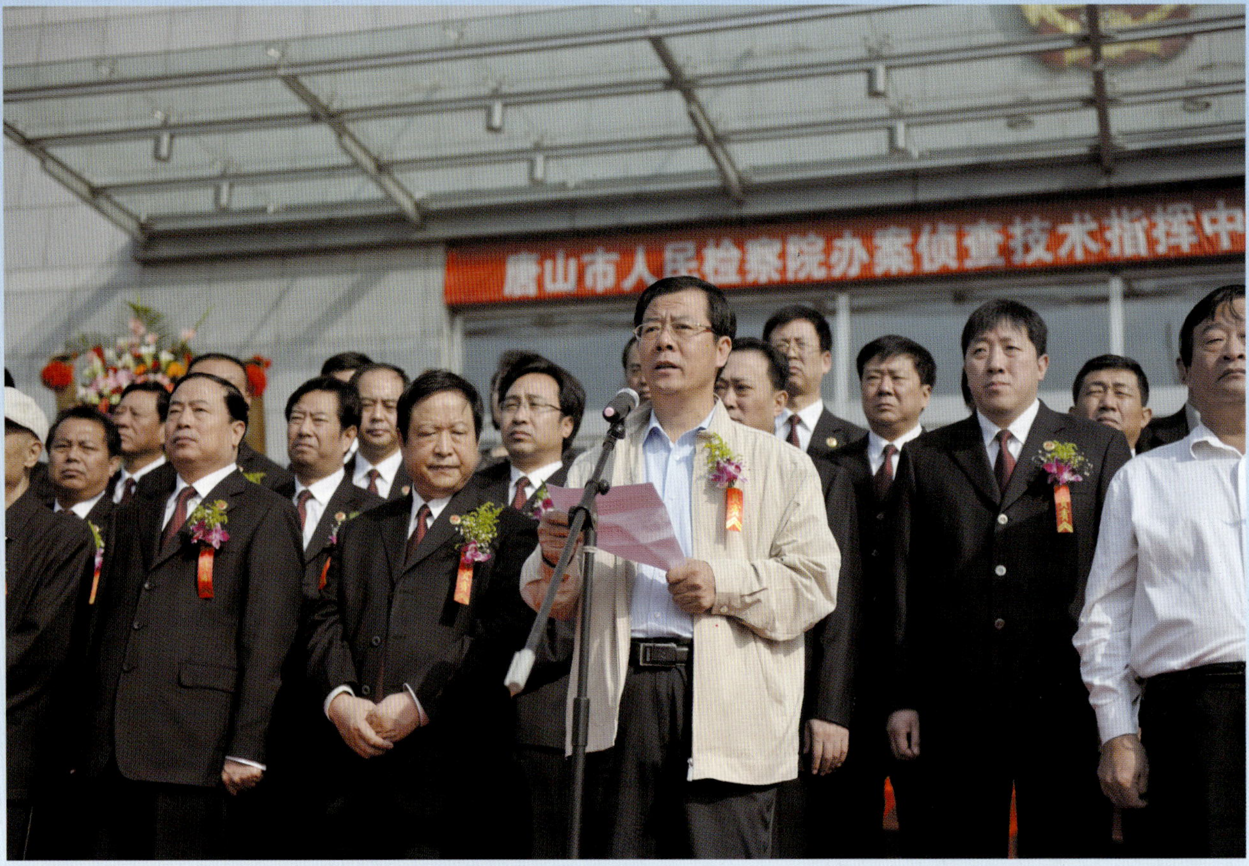

市委常委、政法委书记许德茂出席唐山市人民检察院办案侦查技术指挥中心落成典礼并致辞

政法委

稳定 和谐 当家人

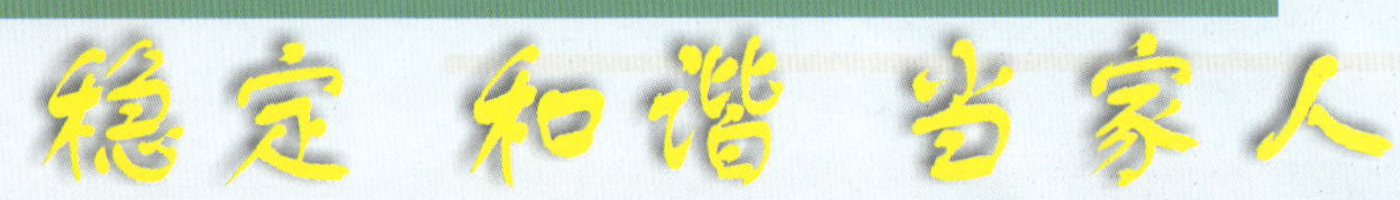

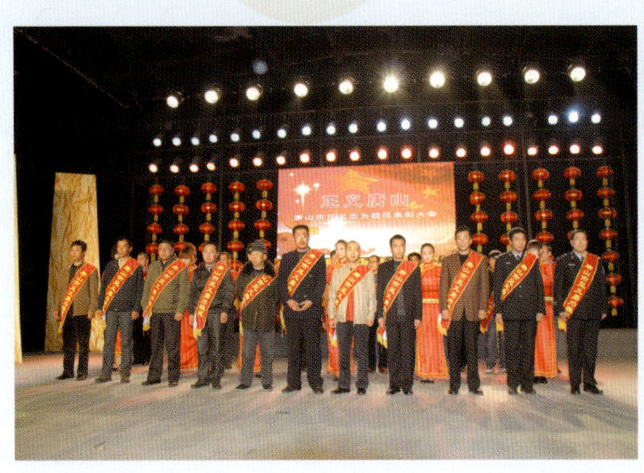

市委政法委组织召开唐山市见义勇为模范表彰大会

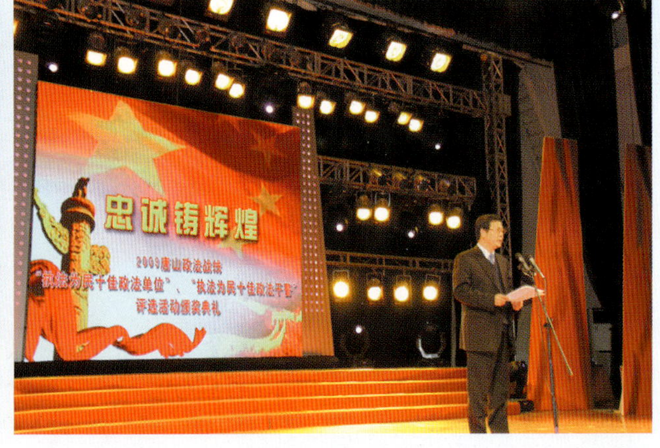

市委政法委领导在“忠诚铸辉煌”2009唐山政法战线“执法为民十佳政法单位”、“执法为民十佳政法干警”评选活动颁奖典礼上讲话

市委政法委领导为2009唐山政法战线“执法为民十佳政法单位”、“执法为民十佳政法干警”颁奖

① 歌声嘹亮、群情振奋，展示市直政法机关的威武雄壮、文明执法，绽放激情、提振士气的良好风尚

② “立警为公、执法为民”，市直政法机关参加市直工委组织的大合唱活动

③ 推进综合调控，进入一线维稳。政法委工作人员与日资企业爱信齿轮集团公司总经理加藤高明先生交谈，就政法和维护稳定工作服务经济社会发展进行调研

④ 武警官兵为政法机关大合唱助阵

（宋华明 供稿）

市委办公厅

——模范带头 处处争先

市委常委、秘书长刘建国带机关同志参加主题实践活动，到基层联系点驻点调研

机关党总支组织开展党员活动日活动

办公厅党员干部集中读书学习

机关全体党员到李大钊纪念馆参观学习

办公厅组织全体同志开展向督察室学习

督查室同志们认真研究督查方案

办公厅县级以上领导干部召开作风建设专题民主生活会

办公厅帮扶点——迁西县文明生态村送来锦旗

办公厅系统召开干部作风建设年活动动员会

厅务会成员到帮扶村开展“一助一”帮扶

（曾庆贺 供稿）

市政府办公厅

2009年，全市22条政务服务热线在市长公开电话12345的基础上，实现有效整合，全年受理民众投诉24.5万余件次，办结率达99%，抽查回访群众满意率达96%以上，被群众称为“24小时不下班的服务型政府”。中国工程院院士倪光南、国家信息化专家咨询委员会委员宁家骏等专家在唐山调研时说，唐山市政府此举属国内首创

3月12日下午，市政府副秘书长刘镇东带领工作人员到玉田金玉农产品综合交易中心视察“农业部放心农资下乡进村现场咨询暨第三届唐山农资展示交流大会”活动的各项准备情况

8月13日，市政府副秘书长、办公厅主任刘绍辉一行，到江苏省镇江市行政服务中心学习考察

以考验学，法规常记心间

绿化大地，造福子孙。市政府副秘书长、办公厅主任刘绍辉率领机关干部到南湖植树造林

处处争高　事事要好

① 市长陈国鹰在百忙之中参加办公厅机关新春联欢会，并发表热情洋溢的新春献词。勉励大家：处处争高、事事要好，永争第一

② 市政府秘书长刘树祥在迎新春联欢会上致辞

③ 市领导陈国鹰、周仲明、郭彦洪、高瑞华等对机关同志们表演的节目报以热烈的掌声

重温入党誓词

市政府秘书长刘树祥在参观办公厅干部职工迎新春廉政书画摄影展

厅纪检组长胡平陪同市直机关纪工委书记张乃斌参观办公厅廉政书画摄影展，并给予高度评价

我运动，我健康

拧成一股绳，爱拼才会赢

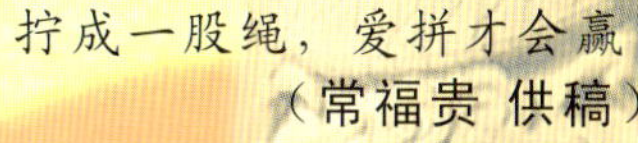

（常福贵 供稿）

市政协十届二次全会胜利召开，政协办公厅、研究室为全会顺利召开做出突出贡献

政协办公厅、研究室

为民主协商 多做贡献

市政协办公厅工作人员陪同市政协主席张国栋到曹妃甸调研视察

办公厅领导深入古冶区胡庄和二街两个帮扶村实地指导，并和他们一起研究解决工作中遇到的各种难题

政协办公厅工作人员陪同市政协委员就清真食品市场的生产加工、销售经营、安全管理情况进行节前检查

市政协办公厅工作人员陪同市政协领导到劳动和社会保障局进行现场督办

市政协研究室工作人员陪同市政协主席张国栋到首钢京唐公司调研

研究室工作人员和市政协委员们深入农村视察体育设施基本建设情况

研究室工作人员和市政协委员们就全市农业科技发展情况进行视察调研

市委市政协领导参加市政协办公厅组织举办的庆祝新中国暨人民政协成立60周年六项活动之一的《我自豪，我是政协人》演讲比赛活动

（常永利 供稿）

市人大办公厅、财经委

——为依法治市尽职尽责

市人大常委会财经委员会组织召开全市人大财经工作座谈会暨"十一五"规划评估审议培训会

市人大办公厅工作人员陪同市人大常委会领导进行产业结构调整视察活动

▲ 办公厅和财经委工作人员陪同市人大常委会领导视察唐山中厚板材有限公司 ▶

（刘晓明 供稿）

3月9日市妇联召开唐山市女领导干部、女企业家、女文艺工作者协会揭牌暨新女性主题论坛首场报告会

市妇联主席王晓燕在全国妇联、民政部联合召开的全国推动农村妇女参与村民自治实践经验交流会上作典型发言

妇联——巾帼不让须眉

① 7月16日市妇联召开“争当新唐山卓越女性、争创科学发展一流业绩”竞赛活动誓师大会，为广大妇女学习交流、施展才华、建功立业、塑树形象搭建坚实载体

② 5月11日-13日，胜利召开唐山市妇女第十四次代表大会

③ 9月4日唐山市召开妇女信访代理工作交流推进会，营造更加和谐稳定的社会环境

④ 12月21日，召开“春蕾计划”实施20周年纪念表彰暨冠名爱心基金设立大会，推动妇女儿童公益事业持续健康发展

（办公室 供稿）

友谊里社区为党员庆祝『政治生日』

党在社区

“七一”党的生日，全市各社区党组织积极开展各种活动，陶冶党员干部的情操，全体党员以昂扬向上的精神风貌喜迎党的88岁华诞。

（杨宇辉 董钧 等摄）

←翔云西里社区老党员们在“为党旗增辉，为社区奉献”条幅上签名

新华里社区老党员重温入党誓词→

文化路街道退休老党员为社区群众义诊、按摩

业、社会团体，近200人次就经贸合作、唐台交流等方面进行坦诚的交流和洽谈，发放介绍唐山市的各类宣传资料近百册。

【台商骆明裕来唐山考察】 5月21—22日，台湾中华青年企业家协会理事长助理、台湾东雷管理顾问有限公司总经理骆明裕一行5人来唐山市进行经贸考察。在丰南沿海工业区，骆明裕一行听取工业区基本情况介绍，就工业区未来发展规划、进区企业布局、企业进驻方式等进行广泛交流。双方探讨骆明裕一行带来的7个项目，就自来水厂污水处理项目初步达成意向。考察滦县台商工业园，滦县对CIGS薄膜太阳能电池模组生产厂项目表现出浓厚兴趣，双方约定进一步接洽。骆明裕一行到晔联管件、中佑铸造、亿泰焊丝进行考察和座谈，驻园区台商就金融危机下企业经营状况、遇到的困难及发展前景与骆明裕一行进行广泛交流。

【第四届海峡两岸企业发展与合作论坛】 6月15日上午，以推动两岸经贸合作与交流，促进祖国统一，落实党中央、国务院关于建设曹妃甸循环经济示范区的战略部署，服务环渤海地区及我国北方经济社会的发展，促进唐山市和曹妃甸新区的开发开放为宗旨的第四届海峡两岸企业发展与合作论坛在唐山市曹妃甸渤海国际会议中心开幕。论坛由中国民主促进会中央委员会和中共唐山市委员会主办、国务院台湾事务办公室和中华海外联谊会支持、唐山市人民政府承办。全国政协副主席、民进中央常务副主席罗富和出席开幕式并讲话。国务院台办副主任叶克冬、省委副书记车俊致辞。海基会董事长江丙坤为论坛开幕发来贺信。叶圣陶研究会会长张怀西主持开幕式。海峡两岸关系协会副会长王富卿，全国人大常委、民进中央副主席朱永新，省委常委、市委书记赵勇、省政协副主席王玉梅、王刚，省台办主任潘爱良等省直有关部门负责同志和唐山市四大班子领导出席开幕式。海峡两岸经济界、学术界知名人士、企业家和各界来宾共200多人参加会议。

【台湾农特产促进会来唐考察】 8月3日，以台湾“立法委员”谢国梁服务团队执行长、陆军退役少将、台湾两岸农特产促进会顾问吴国胜和台湾两岸农特产促进会理事长、“立法院”顾问赵复中为团长的台湾两岸农特产促进会考察团一行8人到丰润区、汉沽管理区就农业项目进行考察洽谈。通过多媒体介绍台湾农业和农特产品发展情况。在深入了解丰润区大陆地产乡居假日项目和汉沽管理区信息产业基地的基础上，就在大陆地产乡居项目中专门规划台湾高效农业示范区、选择适宜地点建立台湾农特产品展示销售中心和加强高效农业对接交流、发挥农促会作用等议题与两区有关领导进行了深入洽谈。考察团诚挚邀请唐山市组织有关人员赴台就两地农业发展进行更深层次的探讨和交流。

【2009海峡港口·物流高峰论坛】 8月4日—13日，以市政协主席张国栋为团长，由曹妃甸新区、海港开发区、路北区和有关企业领导组成的唐山市代表团赴台参加由国台办海峡经济科技合作中心和台湾国际物流暨供应链协会共同主办的“2009海峡港口·物流高峰论坛”及同时举办的“台湾物流运筹与运输博览会”并进行有关领域的交流考察活动。8月5日上午，在台北世贸中心南港展览馆举行的“2009海峡港口·物流高峰论坛”开幕式上，张国栋主席作为特邀嘉宾进行主旨演讲。代表团和台湾港口、物流业界100余名台商进行广泛接触和深入交流。在同时举办的海峡物流海空港主题展上，设立曹妃甸新区、唐海县、曹妃甸国际生态城、南堡经济开发区、海港经济开发区、曹妃甸实业港务有限公司、国投曹妃甸港口有限公司、第四方物流集团公司等8个展位，全方位、多角度地展示唐山湾经济区建设发展的强劲优势和巨大潜力。代表团先后拜访长荣海运、台达电子、日月光半导体、光宝科技、远雄自由贸易港、统昶物流（统一企业旗下）、基隆港（台北港）、东立集团、莺歌陶瓷老街（5家陶瓷文化创意企业）、地勇选矿、高雄港等15家全球领先或岛内知名企业。

【为台湾受灾同胞捐款】 台风“莫拉克”侵袭台湾，造成人员生命及财产重大损失。8月25日上午，举行为台湾“莫拉克”台风受灾同胞捐款仪式。台胞台属发扬中华民族“一方有难八方支援”的传统美德和“感恩、博爱、开放、超越”新唐山人文精神，踊跃捐款。整个活动共募集到捐款2.14万元，已在现场转交市红十字会代表。

（付寅生）

老干部工作

【落实老干部优惠待遇】 政治待遇方面，在严格落实中央省市各项规定的基础上，突出坚持推行邀请老干部参加市县委、政府的重要会议、每月上站学习、召开座谈会、形势报告会、情况通报会和组织参观考察等制度。4月27日至4月28日，组织全市离退休干部参观考察科学发展示范区建设新成果。7月省委老干部局全文转发唐山市的专题报告。5月21日，以加强离退休干部思想政治建设和党支部建设，服务科学发展，促进社会和谐为主题，举办离退休干部党支部书记培训班，为离退休干部思想政治建设和党支部建设注入活力。生活待遇方面，一是对离休费保障机制、医药费保障机制和财政支持机制落实情况进行3次督导检查，确保离休费按时足额发放和医药费按规定实报实销。二是将离休人员津贴补贴由原来的80%提高到90%，提高老红军和抗日战争时期参加革命工作的离休干部医疗待遇，完成全市军队离休干部住房租金和房租补贴标准调整工作，建成14级以上离休干部和担任过副市级实职的退休干部住房。三是探索建立特困离退休干部帮扶机制。将离休干部遗属全部纳入城镇居民基本医疗保险，个人缴纳部分由同级财政负担；为200名无工资收入遗属免除冬季取暖费。有10个县（市）区建立特困离退休干部帮扶机制，先后拨付帮扶资金349.5万元。

【为老同志办实事解难事】 一是继续推行“3+1”服务机制。市县两级不定期对“3+1”服务机制落实情况进行全面检查督导。全市有5236名在职领导干部、5728名青年志愿者和3237名医疗保健专家参加“3+1”服务活动，结成服务对子6559个。24小时服务热线保持畅通无阻，全年为3900名离退休干部解决实际困难4210件次。做法多次受到中组部和省委老干部局表扬。二是积极解决老干部科学养老问题。建立老干部医疗保健服务中心，开展“每月一次电话健康问候，每季一次健康知识讲座、每年一次健康体检，每人一份健康档案”健康服务活动，为1200名离退休干部进行健康体检，并建立健康档案。组织63名离退休干部进行暑期疗养。举办“老干部健康明星表彰暨科学养老座谈会”，选树53名“健康明星”和“健康老干部”典型。三是为老干部提供法律服务，维护老干部合法权益。6月26日，成立老干部法律咨询和法律服务站，宣传涉老法律法规知识，解答维权常识，提供法律援助。一年来，该站接待老同志104人，上门为老同志提供法律援助20余人次。7月，中共中央组织部老干部局《老干部工作情况交流》第21期刊载《河北省唐山市努力推动老干部工作实现“四个转变”》一文。《中国老年报》等省以上新闻媒体对唐山市老干部工作经验进行宣传报道40多篇。

【发挥老干部作用】 一是以献计献策活动为载体，发挥老干部在推动经济社会又好又快发展中的参谋作用。通过采取召开座谈会、组织参观考察等形式，为科学发展示范区和人民群众幸福之都建设及城乡三年大变样献计献策428条，梳理汇总出有价值的意见建议127条，为保增长、保民生、保稳定做出新贡献。

二是以庆祝建国60周年活动为契机，充分发挥老干部在促进社会和谐稳定中的示范作用。举办唐山市老干部“辉煌60年”主题书画展，展出老同志作品314幅；开展“我与祖国共奋进”和“老少同颂建国60周年巨大成就”征文活动，征集老同志作品24947篇，评选出获奖作品150篇，出版《江山如画》、《金秋颂》、《我与祖国共奋进》、《晚霞生辉唐山情》等4本老干部庆祝建国60周年书画诗词集；举办“祖国颂歌”大型文艺演出，唱响“共产党好、社会主义好、改革开放好、伟大祖国好、老干部政策好”主旋律。

三是以“1+2”模式为平台，充分发挥老干部在加强党的执政能力建设和先进性建设中的促进作用。在2008年选派128名身体好、基层经验丰富的退休干部到老区村、贫困村任第一书记的基础上继续选派老干部和同量青年志愿者、医务工作者一起，到老区村任职，促进带动农村经济建设和社会事业发展，改变老区村、贫困村落后面貌。到2009年底，全市228个老区村全部落实“1+2”人力资源组合模式，为全市老区村谋划致富项目725个；协调资金8700多万元，解决饮水难、行路难、用电难等困难；修建沼气池1600多个，推广土炕改吊炕、博士灶等新技术2300多户，安装太阳能路灯1090盏。经验被中组部和省委老干部局充分肯定。12月2日，唐山市老区建设促进会妇女工作委员会成立，为动员和组织广大妇女参与老区重点帮扶村经济社会和各项事业的发展又搭建一个新平台。市老促会被省委组织部、省委老干部局评为“河北省十佳老有所为先进集体”。四是以关工委、老年大学和老干部活动中心为依托，充分发挥老干部在关心教育下一代工作中的传承作用。定期组织“五老”骨干围绕建设社会主义核心价值体系，对青少年开展以思想道德教育为主题的社会实践活动，教育和勉励广大青少年坚定理想信念，立志成才，报效祖国。

四是加大活动阵地建设力度。二次检查各县（市）区和大厂企老年大学的建设情况，并在滦县召开现场会。通过组织老干部开展融政治性、思想性和科学性、知识性、趣味性为一体的丰富多彩的活动，坚持不懈地宣传市委、市政府“四点一带”、四大主体功能区建设等科学发展新成果，引导老干部进一步坚定理想信念，珍惜光荣历史、永葆革命本色，做弘扬党的优良传统和作风的传承者。8月，市关工委被省委、省政府授予“河北省关心下一代工作先进集体”。9月，市关工委被中关工委评为“全国关心下一代工作宣传工作先进单位”。10月，唐山市老年大学被中国老年大学协会评为“全国先进老年大学”。

（戴会利）

机关事务管理工作

【日常后勤保障】 一是机关绿化美化上档次。在原有基础上提升市委大院和宿舍楼的亮化工程水平，同时高标准完成市委和市人大、市政协大门的改造工程。协调房管局完成市领导周转房、市纪委楼外装修工程。协助信访局完成陡河培训中心的内装修改造工程。二是生活服务方面确保安全周到。首先，加强从采购到加工制作的过程管理，购置农药检测设备，保证每批蔬菜均有检测，从源头上杜绝食品安全事故的发生。其次，针对各机关工作人员长期加班的实际，安排食堂人员夜间轮流值班，为加班人员增加加班餐。三是千方百计做好资金保障。认真履行会计监督工作职责，积极协调多方关系，缓解资金压力，保障市委正常工作的有序开展，全年没有出现任何违法违纪现象。四是工作服务优质高效。通讯服务方面，将2801114人工查号系统改为人工、自动相结合的语音查号系统，增加170自动催费系统，并对交换设备进行扩容，时刻保证市委机关通讯畅通。车辆服务方面，全年安全行驶125万多公里，98%的车辆达到节油标准；机关印刷工作狠抓产品质量关，做好安全生产和保密工作，全年完成产值392.6158万元。

【管理规范严格】 针对后勤服务工作现状，从强化内部管理入手，全力打造一支素质硬、作风正的服务团队，建立一套系统、科学、有效的管控体系。首先加强学习培训，牢固筑起“让服务对象满意是每一位后勤服务人员不断追求的目标”理念。在全局广泛深入学习《请给我结果》、《4R执行力系统》等书籍，使全局上下的服务意识和服务能力有显著提升。同时，在全局上下就“我的工作因谁而存在”、“我

工作的成就感来自哪里”、“我服务的客户是谁”、“我的工作如何让客户满意”四个问题，广泛开展思想大讨论活动，使每位干部职工充分认识到服务工作体现的是一种追求、一种价值、一种荣誉，让服务对象满意是每一位后勤服务工作人员所不断追求的目标。其次，完善规章制度，强力推行标准化、流程化管理。在全局上下确定结果定义、标准时间节点、结果反馈与评价、关键行动措施等运营服务模式；推行将各项工作任务按事前、事中、事后进行分解的科学有序的做事模式；制订出台《物品采购和库房管理办法》、《市委机关保洁标准》等规章制度；聘请法律顾问、专业预算师、审计师，进一步规范用工和工程管理；整合值班力量，统一对外值班服务电话，确保24小时值班不断岗。筹建运营集生态、人文、精致为一体的“南湖人家”特色餐饮农家院。完成慰问离退休老同志工作。物业管理实现市场化运营，逐步建立起与市场经济发展要求相适应的机关后勤管理服务体系。

（曾庆贺）

唐山市人民代表大会常务委员会

重要会议及活动

【唐山市第十三届人民代表大会第二次会议】 唐山市第十三届人民代表大会第二次会议于2009年1月16日至19日在燕山影剧院举行。应出席会议的代表511名，因病因事请假缺席的代表33名，实到代表478名。驻唐十一届全国人大代表、省十一届人大代表，出席市政协十届二次会议的委员，市委、市政府有关部门及有关团体负责人列席本次大会。会议听取和审议唐山市人民政府工作报告；审查和批准唐山市2008年国民经济和社会发展计划执行情况与2009年国民经济和社会发展计划草案的报告（书面），批准2009年国民经济和社会发展计划；审查唐山市2008年市本级预算及市总预算执行情况和2009年市本级预算及市总预算草案的报告（书面），批准2008年市本级预算执行情况的报告及2009年市本级预算；还分别听取和审议市人大常委会、市中级人民法院、市人民检察院工作报告；审议批准《唐山科学发展示范区战略规划》；审议通过《关于推进科学发展的决定》、《关于认真贯彻落实中共唐山市委八届五次全会精神的决议》；审议市政府《关于唐山市10个县（市）区和100家重点企业节能减排履行承诺情况的报告》。大会通过相关的十项决议、决定。会议选举侯志宇、范绍慧为唐山市第十三届人民代表大会常务委员会副主任，选举杨冬梅为唐山市第十三届人民代表大会常务委员会委员。会议期间，代表10人以上联名提出议案11件，经大会主席团决定，全部作为建议、批评和意见处理。大会期间共收到代表提出建议、批评和意见175件（含议案转建议11件）。

【唐山市人民代表大会常务委员会会议】 2009年1月13日，唐山市第十三届人大常委会举行第9次会议。会议听取市十三届人大代表资格审查委员会关于市十三届人大代表资格审查结果的报告，审议通过《唐山市人大常委会工作报告（草稿）》。市人大常委会主任张耀华主持会议并讲话。市人大常委会副主任董宝泉、韩金哲、莫连营、于大中、王连灵，秘书长张维营及委员共35人出席会议。市政府副市长高瑞华，市中级人民法院、市人民检察院负责同志，市人大常委会有关部门负责同志列席会议。

2009年2月11日，唐山市第十三届人大常委会举行第10次会议。会议听取审议并表决通过《唐山市人大常委会2009年工作要点》、《唐山市检察机关人民监督员管理办法》，还通过了其他事项。市人大常委会主任张耀华主持会议，副主任董宝泉、韩金哲、莫连营、唐凤岗，王连灵，秘书长张维营和委员共30人出席会议。市政府常务副市长周仲明，市中级人民法院、市人民检察院负责同志，市人大常委会各部门、各县（市）区人大常委会负责人、市政府有关部门负责同志列席会议。

2009年4月3日，唐山市第十三届人大常委会举行第11次会议。会议听取审议并表决通过市政府关于2009年城市重点项目融资情况的报告、关于市本级和三个开发区2008年预算调整及执行备案事项的报告。会议表决通过市人大常委会关于《唐山市人民政府关于2009年城市重点项目融资情况的报告》的批复、关于《唐山市市本级和三个开发区2008年预算调整及执行备案事项的报告》的批复。会议听取和审议市政府提请的人事任免议案，表决通过人事任免事项。市人大常委会主任张耀华主持会议，副主任董宝泉、韩金哲、莫连营、唐凤岗，秘书长张维营和委员共35人出席会议。市政府常务副市长周仲明，市中级人民法院、市人民检察院负责同志，市人大常委会各部门、市政府有关部门负责同志列席会议。

2009年4月23日至24日，唐山市第十三届人大常委会举行第12次会议。会议表决通过《唐山市旅游业促进条例（草案）》，待报省人大常委会批准。表决通过市人大常委会关于批准唐山市市本级城市维护费2008年预算执行情况和2009年预算的决定。表决通过市政府关于唐山市市本级城市维护费2008年预算执行情况和2009年预算草案的报告，经济适用住房和廉租住房保障情况、关于唐山市文化产业发展情况的两个专项工作报告及市人大常委会对两个专项工作报告的审议意见。会议还表决通过了人事任免事项。会议听取市人大法制委关于《唐山市旅游业促进条例（草案）》审议结果的报告和修改情况的报告；听取和审议市政府关于唐山市市本级城市维护费2008年预算执行情况和2009年预算草案的报告；听取和审议市政府关于经济适用住房和廉租住房保障情况及唐山市文化产业发展情况两个专项工作报告。市人大常委会主任张耀华主持会议，副主任董宝泉、韩金哲、莫连营、唐凤岗、于大中、王连灵，秘书长张维营及委员共32人出席会议。市政府副市长高瑞华、黄惠康，市中级人民法院、市人民检察院负责同志，市人大常委会各部门、市政府有关部门和各县（市）区人大常委会负责同志以及市人大法制委员会委员列席会议。

2009年6月24日至25日，唐山市第十三届人大常委会举行第13次会议。会议初审《唐山市志愿服务条例（草案）》。会议对条例草案文本提出具体的修改意见和建议，责成各有关部门进行修改完善，提请常委会二审。会议听取和审议市人大常委会执法检查组关于开展《农村土地承包法》执法检查情况的报告，表决通过该报告。会议听取和审议市政府关于唐山市国民经济和社会发展第十一个五年规划纲要实施情况中期评估报告，表决通过市人大常委会关于批准唐山市国民经济和社会发展第十一个五年规划纲要部分指标调整的决议。会议听取和审议市政府关于2008年市本级决算及全市总决算的报告、关于2008年市本级预算执行及其他财政收支情况的审计工作报告和市人大常委会财经委关于2008年市本级决算及全市总决算的审查报告，表决通过市人大常委会关于批准唐山市2008年市本级决算的决议。会议听取和审议市政府关于2009年市本级地方政府债券资金收支预算调整方案的报告，表决通过市人大常委会关于批准市政府2009年市本级预算调整方案的决定。会议审议市人大常委会主任会议关于提请丁玉双同志免职的议案、市中级人民法院院长李德仁关于提请王春艳等11名同志任免职的议案。会议经过投票表决，免去丁玉双唐山市人大常委会副秘书长职务。任命王春艳为唐山市中级人民法院审判委员会委员，杨友顺为唐山市中级人民法院审判监督庭庭长，杨福东为唐山市中级人民法院执行局执行一庭庭长，李继林为唐山市中级人民法院执行局执行二庭庭长，赵福存为唐山市中级人民法院执行局执行三庭庭长，吴青为唐山高新技术产业园区人民法庭副庭长，吴欣刚为唐山市中级人民法院执行局执行一庭副庭长，王荣俭为唐山市中级人民法院执行局执行二庭副庭长、审判员，张海波为唐山市中级人民法院执行局执行三庭副庭长、审判员。免去赵福存唐山市中级人民法院审判委员会委员、审判监督庭庭长职务，薛芳唐山市中级人民法院刑事审判第一庭副庭长职务，李继林唐山市中级人民法院刑事审判第二庭副庭长职务，许义和唐山市中级人民法院立案庭副庭长职务，杨福东唐山市中级人民法院执行局执行庭庭长职务。会议审议市人大常委会主任会议关于提请审议《唐山市人民代表大会常务委员会关于许可对市十三届人大代表孟祥利依法采取刑事拘留强制措施的决定（草案）》的议案，表决通过市人大常委会关于许可对市十三届人大代表孟祥利依法采取刑事拘留强制措施的决定，决定许可对市十三届人大代表孟祥利依法采取刑事拘留强制措施。会议期间，举办《农村土地承包法》知识讲座。市人大常委会主任张耀华主持会议，副主任董宝泉、韩金哲、莫连营、唐凤岗、于大中、王连灵，秘书长张维营和委员共35人出席会议。市政府常务副市长周仲明，副市长王久宗，市人民检察院检察长梁文平及有关负责同志，市中级人民法院有关负责同志，市人大常委会各部门、市政府有关部门、各县（市）区人大常委会负责同志及市人大法制委委员列席会议。

2009年8月18至20日，唐山市第十三届人大常委会举行第14次会议。会议听取和审议市人大常委会执法检查领导小组关于开展《中华人民共和国公路法》执法检查情况的报告，表决通过该报告。会议听取和审议市政府关于唐山市2009年上半年国民经济和社会发展计划执行情况的报告，围绕加强经济态势预测分析、加大经济结构调整、解决土地瓶颈制约、着力扩大内需、加快全民创业以及抓好重点项目落实等提出意见和建议。会议听取和审议2009年上半年市本级及开发区预算执行情况的报告。会议听取和审议市政府关于海港开发区湖林新河综合治理等两个项目贷款的请示以及市人大常委会财经委相关审查报告，表决通过市人大常委会关于《唐山市人民政府关于海港开发区湖林新河综合治理等两个项目贷款的请示》的批复。会议听取和审议市政府关于农田水利基础设施建设情况的专项工作报告，表决通过该报告。会议还审议通过《市人大常委会关于进一步规范常委会会议提高会议质量的规定》。市人大常委会主任张耀华主持会议，副主任董宝泉、韩金哲、莫连营、唐风岗、于大中、王连灵，秘书长张维营和委员共32人出席会议。市政府常务副市长周仲明、副市长王久宗，市人民检察院检察长梁文平，市中级人民法院负责同志，市人大常委会和市政府有关部门、各县（市）区人大常委会负责同志列席会议。

2009年10月27日至28日，唐山市第十三届人大常委会举行第15次会议，会议听取和审议市人大法制委关于《唐山市志愿服务条例（草案）》审议结果的报告，表决通过该《条例（草案）》，报省人大常委会待批。会议听取和审议市政府关于贯彻执行《中华人民共和国治安管理处罚法》的工作报告。会议听取和审议市人大常委会执法检查组关于开展《中华人民共和国职业教育法》和《河北省实施〈职业教育法〉办法》执法检查情况的报告。会议听取内司委关于《唐山市人大常委会关于加强司法监督工作的意见（草案）》的说明，对《意见（草案）》进行审议。会议听取和审议市政府提请的关于李庆山等同志免职的议案，表决通过人事任免等事项，决定免去李庆山唐山市广播电视局局长职务，杨学诚唐山市农业局局长职务。市人大常委会主任张耀华主持会议，副主任董宝泉、韩金哲、莫连营、唐凤岗、于大中、王连灵，秘书长张维营和委员共36人出席会议。市政府副市长辛志纯、高瑞华、黄惠康，市中级人民法院、市人民检察院有关负责同志，市人大常委会各部门、市政府有关部门、各县（市）区人大常委会负责同志及市人大法制委委员列席会议。

2009年12月23日至24日，唐山市第十三届人大常委会举行第16次会议。会议听取和审议市政府关于2009年市本级和三个开发区预算调整方案的报告，表决通过市人大常委会关于批准唐山市2009年市本级和开发区预算调整的决定。会议听取和审议市政府关于政府融资情况的专项审计工作报告，表决通过该报告和市人大常委会关于该报告

的审议意见。会议听取和审议市政府关于10个县（市）区和100家重点企业节能减排履行承诺情况的报告，表决通过该报告和市人大常委会关于该报告的审议意见。会议听取和审议市政府关于市十三届人大二次会议代表建议、批评和意见办理情况的报告。会议听取和审议市政府关于《唐山市2008年度市本级预算执行及其他财政收支情况的审计工作报告》中有关问题整改情况的报告（书面）。会议同意这个报告。会议听取和审议市十三届人大常委会代表资格审查委员会关于代表资格审查结果的报告。会议审议并表决通过市人大常委会关于表彰先进市人大代表小组、优秀市人大代表和代表工作先进个人的决定。市人大常委会主任张耀华主持会议，副主任董宝泉、韩金哲、莫连营、唐凤岗、于大中、王连灵，秘书长张维营和委员共36人出席会议。市政府常务副市长周仲明，副市长黄惠康，市中级人民法院院长李德仁，市人民检察院检察长梁文平，市人大常委会各部门、市政府有关部门、各县（市）区人大常委会负责同志列席会议。

【重要活动】　1月14日上午，市人大常委会主任张耀华前往滦县检查安全生产并慰问困难群众。下午前往路北区访问专家学者、公教人员及困难群众。

1月23日，市人大常委会主任张耀华在市区内慰问节期坚持在生产一线的干部职工和在岗执勤公安干警。

6月2日至5日，省人大常委会常务副主任柳宝泉、王增力，秘书长赵曙光就节能减排、产业结构调整、城镇面貌三年大变样工作到唐山市进行视察。市领导赵勇、陈国鹰、张义珍、张耀华、董宝泉、莫连营、辛志纯陪同视察。

6月16日，省人大常委会副主任侯志奎陪同全国人大常委会副委员长、民进中央主席严隽琪到唐山市考察。市领导赵勇、张义珍、张耀华等陪同考察。

7月21日至24日，市人大常委会主任张耀华，副主任董宝泉、莫连营、唐凤岗，党组成员魏文娜率部分省市人大代表，就唐山市产业结构调整和节能减排工作进行视察。

9月13日至18日，省人大常委会执法检查团来唐对唐山市“双三十”单位履行目标承诺情况进行执法检查。市人大常委会主任张耀华，副主任董宝泉、唐凤岗，秘书长张维营陪同检查。

主要工作

【综合行使职权】　常委会贯彻市委八届五次全会精神，综合运用各项职权，采取多种形式全力支持应对金融危机、转变发展方式、打造宜居靓城等重点工作。“保增长”和城镇面貌三年大变样，是唐山市应对金融危机、加快科学发展的重要部署。常委会以监督预算为主线，积极推动这两项工作的开展，在审查批准2008年市本级决算、2008年市本级城市维护费决算和2009年预算的基础上，听取2008年预算执行审计及审计整改报告和2009年上半年预算执行情况报告，督促政府解决保增长、扩内需及城市建设的有关问题。进一步深化预算监督，以“融得来、用得好、还得上”为原则，持续跟踪政府融资工作，督促出台债务管理暂行办法，推进投资公司的优化重组，促进曹妃甸工业区、“四城一河”、京唐港区等重点项目建设。按照市委统一部署，积极出谋划策、联系项目，帮助重点企业解决困难，推进重点项目开工建设，并就经济可持续发展、三年大变样、城乡一体化、“三农”等课题，开展调查研究，提出合理化建议，为有效应对金融危机做出不懈努力。道路交通建设是三年大变样的重点工作，常委会开展《公路法》执法检查，就城乡路网规划建设、养护管理、路政执法等方面存在的突出问题，提出改进建议，推进全市道路交通事业健康发展，促进城乡一体化和经济社会又好又快发展。常委会把产业结构调整和节能减排两项工作列为全年重点，通过听取审议专项报告、开展省市人大代表专项视察等形式加以推进，并建议市政府制定三次产业以及产业内部调整优化的总体规划，从过度依赖资源向低耗、创新转变；把结构减排纳入产业链经济发展规划，从根本上扭转企业高耗能、重污染的被动局面。关于产业结构调整和节能减排的视察报告及建议市政府高度重视，已经政府常务会议研究，正在组织落实。常委会听取文化产业、物流发展等专项报告，提出对文化、物流等第三产业要加强规划引导，完善相关配套政策，注重人才培养、引进等意见和建议。根据监督法要求，对五年规划执行情况进行中期评估，听取市政府“十一五”规划中期评估报告，系统分析发展目标实现程度、重点任务实施情况、重大项目推进情况、规划与发展环境适应程度，肯定三年来唐山建设发展的巨大成就，批准调整耕地保有量、开发复垦增加耕地及小城镇规模等指标，批准调增重大基建项目21项，调减10项，使规划更好地适应经济社会发展的需要。结合中期评估，就科学发展、城市转型、结构调整、人口素质、劳动就业、改革开放等方面存在的问题开展调查研究，审议计划执行报告，全力支持政府工作，为顺利完成“十一五”规划、推进科学发展示范区建设做出积极努力。把“干部作风建设年”作为落实市委决策、应对金融危机、推进科学发展的重要保障，组织市人大代表参加“两代表一委员”视察“干部作风建设年”活动，对县（市）区、市直部门38个单位进行专项视察，推动“干部作风建设年”活动的深入开展。坚持党管干部与依法任免相结合，充分发扬民主，严格按程序办事，全年共任免国家机关工作人员55人，圆满实现省、市委的人事安排意图。

【维护群众利益】　民生问题关系社会和谐，备受人民群众关注。常委会除要求在年初预算安排、项目建设上向民生倾斜外，还根据群众的反映，选择土地、安居、教育、医疗、治安等议题，开展专项监督，推动政府部门完善相关机制，保障和改善民生。根据市委关于推进农村改革发展、加快实现城乡等值化的决定，对贯彻土地承包法的情况进行执法检查，摸清法律执行过程中存在的二轮延包没有全部完成；解决人地矛盾方式不一；土地流转

规模小、不规范；执法主体受到体制制约等主要问题，提出解决的建议。市政府高度重视，制定了相关措施，针对土地流转出台实施意见，各县（市）区也分别设立交易中心，开展土地流转试点工作。农田水利是农村民生工程，是中央“保增长、调结构、重民生”部署的重要内容，常委会听取市政府关于农田水利基础设施建设情况的专项报告，推动解决农田水利工程投入不足、老化失修、节水化不高等问题。会同各县（市）区人大常委会，对职业教育法实施情况进行执法检查，要求市政府确保城市教育费附加和职业教育发展专项资金足额到位，解决市属职业院校用地等问题，加强对民营培训机构的规范化管理，严格劳动预备、就业准入和执业资格证书等制度，推动职业教育逐步法制化、规范化。相关部门还就民办教育法实施情况进行调研，掌握有关情况，为下一步深入监督做准备。开展以经济适用住房和廉租房为主要内容的保障性住房专项监督。在前期调研的基础上，听取审议专项报告，充分肯定市政府所做的工作，指出存在的问题。对此，市政府高度重视，对保障性住房建设用地指标和建设资金做出了具体安排，完善经济适用住房管理和廉租住房保障办法，调高低收入家庭及廉租住房保障的收入标准上限，提高廉租住房租赁补贴标准。常委会从节约能源、改善人居条件出发，对建筑节能工作进行监督。针对存在的问题，提出加强宣传引导、营造全民参与的社会氛围，探索创新机制、认真解决资金制约瓶颈，加强新能源开发运用、综合提高节能改造质量，制定和完善考评激励机制、强化各级政府和相关部门职能作用的意见和建议，进一步促进这项工作的开展。开展卫生服务专项监督。就农村和城市社区卫生服务建设情况连续四年进行专题调研和视察，督促解决一批群众反映强烈的现实问题。乡镇卫生院、村卫生室、城市社区卫生服务中心的标准化建设，新农合医疗定点机构、城市社区卫生服务中心的管理和考核评价，农村三级医疗卫生服务和城市社区卫生服务网络建设等都取得显著成果，促进资源合理使用和服务能力的提高。听取市政府贯彻治安管理处罚法情况的专项报告，针对存在问题，要求从规范程序、严格执法、减少随意性、加强内部监督等入手，强化治安管理职能，提高打击治安违法行为能力，促进社会治安秩序的不断好转。常委会把接待信访作为密切联系群众、维护社会稳定的一项重要工作，通过加强与各相关部门的联系，采取联合督办等方式，努力促成问题的解决。全年共接待来访 2335 人次，受理信访件 912 件，均按有关规定处理。

【立法和司法监督】 履行立法职能，颁布实施《唐山市旅游业促进条例》，重点规范旅游发展保障机制、旅游资源的统筹规划促进和保护、旅游安全、经营管理等内容。二审通过《唐山市志愿服务条例》，明确志愿者及相关各方权益。就防震减灾、环境保护、司法救助、预防职务犯罪等立法项目进行前期调研，对市政府制定的公共安全技术防范管理办法、城市供水管理条例实施细则、城市夜景亮化管理办法等三部规章进行备案审查。配合全国人大在唐山市开展国家现行法律清理调研工作，完成上级人大 11 部法律法规草案的征求意见和 7 部法律法规的立法调研、执法检查。积极参与全市惩治和预防腐败体系建设，起草相关文件。强化司法监督职能，制定《关于加强司法监督工作的意见》，对涉及司法监督的法律规定进行综合细化，并依据宪法和法律精神，确立对司法机关实施工作评议、重点信访案件督办、对提请任命人员实施任前了解等三种监督方式。制定《唐山市检察机关人民监督员管理办法》，规范选任程序、条件、任期、工作规程，完善人民监督员制度。开展人大代表听百案和法院庭审旁听评议活动，增强法院审判工作的透明度。根据上级人大要求，完成行政效能建设情况和公安交警涉路涉车收费罚款情况的两项专题调研，调研情况及建议已转交有关部门。

【代表工作】 强调代表的主体地位，通过完善代表履职制度、改进服务保障工作，着力发挥好代表的作用。组织代表 1900 多人次参加系统培训，帮助代表提高履职能力。通过座谈、走访等形式与代表进行交流，了解代表所思所想和群众心声。及时向代表通报重大事项，组织代表列席市委有关会议、政府常务会议、参加曹妃甸论坛等全市重大活动，保证代表的知情权。继续开展代表回原选举单位述职活动。制定代表履职登记卡、代表小组活动登记卡“双卡”制度，推动代表履职的规范化、制度化。开展评选优秀代表和先进代表小组活动，激励代表发挥作用的积极性。组织驻唐省人大代表，围绕发展现代商贸流通服务业、新民居建设和文化体制改革进行专题调研；组织市人大代表，围绕市委决策、人大决议决定以及群众普遍关心的问题进行专题调研；组织市人大代表对城镇面貌三年大变样、经济结构调整、重点项目建设等进行专题视察；组织全国、省、市三级代表围绕节能减排、危旧房改造、廉租房建设、新农村建设、法院执行工作、计划预算执行、资源型城市转型、曹妃甸新区开发建设等进行集中视察，形成一批有情况、有建议的报告，推动“一府两院”工作，也为更好地审议人代会各项报告作了准备。改进议案和建议办理工作，严格议案、建议的登记、分类、审核，确保符合要求。通过多种形式，征求代表对议案办理工作的意见，有针对性地加强督办。督促承办单位建立分级责任制，将办理工作纳入年度目标考核。经过主任会议重点督办、各部门联合督办和有关单位的努力，市十三届人大二次会议以来代表共提出书面意见 199 件，办理情况已答复代表，解决一批群众反映强烈的问题。

【市人大代表出缺和补选情况】

河北省人大常委会确定唐山市第十三届人民代表大会代表名额为 514 名，市十三届人大二次会议时实有代表 511 名。二次会议以来，截至 2009 年 12 月 31 日，市人大代表共出缺 12 名，有关选举单位依法补选代表 12 名。

路北区代表团边振明、李建刚、张廷华、王宏志，古冶区代表团张桂生，丰润区代表团王晓光，遵化市代表团回建，解放军代表团王永

革、吴连丰、沙文高因工作需要调离唐山市；玉田县代表团马树良、江村因工作变动辞去代表职务。依据《中华人民共和国全国人民代表大会和地方各级人民代表大会代表法》第四十一条的有关规定，以上12名市人大代表的代表资格已经终止。根据《中华人民共和国全国人民代表大会和地方各级人民代表大会选举法》第五十一条和《中华人民共和国地方各级人民代表大会和地方各级人民政府组织法》第三十九条的有关规定，有关选举单位共补选市人大代表12名：

许建斌，市国税局局长；周彦军，中国银行唐山分行行长；贾振江，市工商局局长；赵亮，市供电公司总经理（以上由路北区人大常委会补选）。邸义，古冶区委副书记、区长（由古冶区人大常委会补选）。杨冬梅（女），民进路北区工委主委、路北区政协副主席（由丰润区人大常委会补选）。何云峰，玉田县玉田镇党委副书记、镇长；李春光，玉田县鸦鸿桥镇党委副书记、镇长（以上两名代表由玉田县人大常委会补选）。许晓娟（女），市人口和计生委主任（由迁安市人大常委会补选）。刘祥德，武警唐山市支队支队长；朱国富，预备役炮兵第72师副参谋长；杨金龙，装甲一师三团团长（以上3名代表由驻唐解放军补选）。

唐山市第十三届人民代表大会第三次会议时实有代表511名。

市十三届人大常委会及其工作部门领导成员

主　　任：张耀华

副 主 任：董宝泉　韩金哲　侯志宇　范绍慧　莫连营　唐凤岗　于大中　王连灵（女）

秘 书 长：张维营

委　　员：丁　岚　丁玉双　王　全　王国栋　王绍忠　王晓光　王晓燕　王清文　方成田　方合群　付国良　刘金柱　刘洪英　李太山　李云霞　杨贵茹　杨冬梅（女）　肖克勤　何景忠　张　龙　张书民　张忠顺　孟繁新　郝有顺　徐国卉　徐瑞勇　高志龙　郭志霞　陶　文　梁　辉　鲁　杰　解仁义

办公厅

主　　任：张维营（兼）

副 主 任：张　剑　王敬武　易生泉　李志利

研究室

主　　任：张　龙（兼）

副 主 任：张志刚

选举任免委员会

主　　任：刘洪英

副 主 任：任宁翠　王荣国

法工委

主　　任：孟凡新

副 主 任：彭全生

内司民侨委

主　　任：何景忠

副 主 任：高惠东　张国君

财经委

主　　任：高志龙

副 主 任：周　贺　周晓洁

城建环保委

主　　任：王清文

副 主 任：郝水平　李云普

农经委

主　　任：王绍忠

副 主 任：许　明

教科文卫委

主　　任：王　全

副 主 任：王庆云

机关党委

专职副书记：丁玉双

（张志刚）

唐山市人民政府

主要会议及重要决策

【市政府常务会议】　1月4日，市政府召开第十三届十八次常务会议。会议议题：讨论拟提请十三届人大二次会议审议的《政府工作报告》、《关于唐山市2008年国民经济和社会发展计划执行情况和2009年国民经济和社会发展计划（草案）的报告》、《关于唐山市2008年市本级预算及市总预算执行情况和2009年市本级预算及市总预算草案的报告》。会议原则同意三个报告，责成政府办公厅、发改委、财政局进一步修改完善。要求全面贯彻落实市委八届五次全会精神，把经济平稳较快增长作为今年经济工作的首要任务，把加快建设科学发展示范区和人民群众幸福之都作为报告的主基调；进一步增强科学性、针对性和可操作性，做到思路清晰、重点突出、措施有力；三个报告相互衔接，数字进一步审核准确。强调2009年预算要坚持科学理财，统筹兼顾，一保民生，二保运转，三保国家和省重点项目的配套资金。会议讨论拟提请市十三届人大二次会议审议的《唐山市10个县（市）区和100家重点企业节能减排履行承诺情况的报告》，议定报告审核后在新闻媒体公布，加大舆论监督力度。会议研究讨论《唐山市政府投资非经营性项目代建管理暂行办法（草案）》。指出实施政府非经营性投资项目代建制，能使政府投资工程实现“投资、建设、管理、使用”职能分离，达到控制投资、提高投资效益和管理水平的目的。议定：代建制资金拨付程序，政府法制办、财政局、建设局提出建议；代建机构提取代建管理费，按项目建设单位管理费标准的适当比例执行；原则同意代建制奖励措施；科技馆、青少年宫、文化艺术广场和奥体中心项目实行代建制。会议对政府近期工作进行安排部署。

1月15日，市政府召开第十三届十九次常务会议。会议议题：研究城建投资公司融资和滨海大道BT项目投资方案。会议议定：原则同意向建设银行唐山分行贷款26.3亿元，用于弥补2008年城建项目资金缺口，以市政府名义报请市人大常委会批准此项贷款；对贷款资金加强监管，实行财政专户管理，按程序审批，全部投入到项目建设上；城市建设投资有限公司和国土局加大土地出让力度，及时变现回笼资金；重点开发增值潜力大的项目，提高土地出让收益，增强还款能力；政府督查室加强对资金使用的督导

检查，提高资金使用效益。议定：滨海大道项目总投资约60亿元，通过BT形式投资建设，以高尚堡盐场12平方公里土地作为抵押，由市政府出具还款承诺函；如果中建公司接受此方案，就继续开展工作，否则由曹妃甸新城开发建设投资有限公司和唐山市公路建设总公司共同负责建设。本着"谁受益、谁投资、谁承担风险"的原则，工程建设资金分别由曹妃甸新城、乐亭三岛、乐亭县根据各自所占里程共同承担。曹妃甸新区、滦南县和国土部门要抓紧办理高尚堡盐场12平方公里土地的手续，尽快将土地由滦南县划归曹妃甸国际生态城，然后由国土部门尽快办理土地证等相关手续。各相关部门和单位密切配合，完善项目建设的各项手续，尽早开工。

2月5日，市政府召开第十三届二十次常务会议。会议议题：研究落实宏观经济政策加快交通基础设施建设工作，研究讨论唐山公路零公里图案及标识方案，《唐山市新型农村养老保险工作指导意见》，会议研究讨论《唐山市加快社区服务体系建设的实施意见》和《唐山市加快社会养老事业发展的意见》。会议议定：原则同意由市政府向中建公司出具滨海大道回购承诺函，由市人大批准后签署正式BT合同，由曹妃甸新区对市政府作反担保；滨海大道施工建设与沿线渔港搬迁选址同时进行，滨海大道施工期间影响渔民生产生活问题，成立专门工作组进行认真调研，制定具体措施，妥善解决；205国道丰南至古冶改建段，尽快向省申请土地指标，争取由省交通厅作为整个项目业主；沿海公路京唐港至曹妃甸段建设问题，交通局对其建设的必要性和投资的承受能力等作进一步论证；将机场连接线项目捆绑纳入西外环高速公路，作为整体收费项目，争取获得省直有关部门同意，以统筹解决建设资金问题。要求按照"谁受益谁承担"的原则，分级负责，落实责任制，保证工程质量，做好群众工作，确保社会稳定。会议同意第十号设计方案作为"零公里"图案及标识，责成交通局会同有关部门抓紧施工建设，竣工后举行启用仪式。原则同意《唐山市新型农村养老保险工作指导意见》，文件改称为"唐山市新型农村养老保险工作试点县指导意见"，责成劳动和社会保障局进一步修改完善后下发执行。要求抓好试点，稳步推进；准确把握推进农村养老保险工作的原则和方法步骤，注意与国家和省的相关政策搞好衔接，对申请确认、资金筹集和养老金发放等各个环节要公平、公正、透明；将低保户也要纳入养老保险，同时确保补贴资金落实到位。原则同意《唐山市加快社区服务体系建设的实施意见》，责成民政局再次征求市编办、财政局、公安局等有关部门的意见，作进一步修改完善。要求把社区服务体系建设与市民中心建设结合起来，通过市民中心这一载体，丰富服务内容，最大限度的方便群众生活；加快推进社会服务信息化，提高社区服务效率；服务关口前移，形成社区服务的整体合力；注重创新机制，社会能办的，尽可能由社会办，市场能解决的服务，尽可能用市场手段解决。会议责成民政局进一步征求相关部门意见，对《唐山市加快社会养老事业发展的意见》进行认真完善。

2月27日，市政府召开第十三届二十一次常务会议。会议研究讨论《唐山市中小企业振兴计划》，强调振兴中小企业要降低准入门槛，坚持非禁即入原则，落实零成本注册等各项政策；加大扶持服务力度，重点是搭建创业平台、优化生产要素配置、搞好技术创新服务、加强人才支撑体系建设、强化金融服务，彻底杜绝吃拿卡要等现象发生；放手鼓励发展中小企业，引导企业强化管理、强化自律，自觉履行法律责任和社会责任，使中小企业持续健康发展。会议研究讨论《唐山市教育体制改革攻坚方案》。议定：成立深化教育改革工作领导小组；文件改称《唐山市深化教育改革的意见》，修改完善并再次征求相关部门意见后，提交市委常委会审定。会议要求农村陈旧校舍改造、农村中小学布局调整要符合唐山市新农村建设规划；建立城乡教师交流的创新机制，凡城市学校新进教师，必须先到农村学校任教二至三年；公共财政要继续加大教育投入，同时建立政府、学校共同投入机制；改革高等院校办学体制，大力发展民办教育，形成办学主体多元化、办学形式多样化的新型办学体制。会议研究讨论《唐山市文化局关于市直文化事业单位文化体制改革的方案》。会议议定：市直文化事业单位文化体制改革坚持"老人老办法"，在改制时对现在编人员保留其事业单位人员身份；财政投入不减少，保持原有基数五年不变；在财政设立市直文化事业单位文化体制改革专户，统筹用于职工安置和文化艺术广场建设；经营性文化事业单位改制为企业，艺术表演团体组建成立唐山市演艺集团公司；公益性文化事业单位要进一步深化内部管理体制改革，加强公益服务功能；不再组建新的事业单位；待市委常委会审核同意后制定具体的实施办法。成立市直文化事业单位文化体制改革领导小组，文件改称《唐山市深化市直文化事业单位文化体制改革的意见》。研究讨论《唐山市人民政府深化科技体制改革攻坚方案》。成立深化科技体制改革工作领导小组，文件名称改为《唐山市深化科技体制改革的意见》，科技局按会议议定意见修改完善并再次征求相关部门意见后，提交市委常委会审定。会议研究讨论《唐山市人民政府办公厅关于市十三届人大二次会议和市政协十届二次会议期间人大代表建议批评意见和政协提案的办理意见》。强调在承办工作中要高度重视，各相关单位主要负责同志要亲自过问、亲自研究部署，确保落实到位；加强疏理分析，透过建议、提案反映的个性问题，分析经济社会发展中带有普遍性的问题，有针对性地拿出解决办法；突出重点，对关系全市改革发展大局和人民群众切身利益的重大问题，要集中力量，既要办好又要将其吸收到政策制定中；注重实效，把承办工作的着力点放到解决问题上；在创新建议、提案的落实机制上多做文章，开门办案、上门办案，做好承办工作。会议传达全国全省安全生产工作会议精神，研究讨论安全生产工作会议相关事宜。

3月19日，市政府召开第十三届二十二次常务会议。会议研究讨论《唐山市房地产业行政审批和收费制度改革实施方案》、《唐山市人民政府关于全面推进节约集约用地

的实施意见》和《唐山市闲置土地处理办法》。会议原则同意《唐山市房地产业行政审批和收费制度改革实施方案》，强调要坚决贯彻执行，各相关部门要立足发展大局，该清的审批、收费项目必须清彻底，该削减的必须减干净，不能清理过后又巧立名目擅自增加审批、收费事项；要严格制度约束，落实并联审批、限时办结、全程代理服务、超时默许等相关制度，提高审批效率；强化监督检查，监察局、政府督查室要加强督察，同时发动群众和服务对象进行监督。会议要求将实施方案在媒体上公布。会议原则同意《唐山市人民政府关于全面推进节约集约用地的实施意见》，强调在下步工作中强化规划约束，科学制定、严格执行各项土地利用规划；严格执行用地标准，用地项目必须严格按照规定的投资强度、容积率等指标建设；着力在内涵挖潜上做文章，最大限度地挖掘用地潜力，增加土地供给；坚持依法依规用地，国土部门要从严把关，加强监管，坚决遏制新的土地违法违规现象发生。会议原则同意《唐山市闲置土地处理办法》，责成国土局按会议议定意见修改完善后，以市政府名义印发执行。

3月27日，市政府召开第十三届二十三次常务会议。会议研究讨论《关于全市基层农业技术推广区域综合站建设的意见》。会议议定：农业技术推广人员的编制必须用于区域综合站人员的配备，不足部分通过招聘以人事代理的方式解决，有空编时，招聘人员优先录用；各县（市）区聘用农技人员所需经费自行负担，市财政对区域综合站的建设给予必要的支持；建站要科学布局，合理配置资源，突出综合性，做到“大农业、大综合”；加强对农业技术推广人员知识、技能的培训，切实把懂技术的人员配备到农业服务一线，切实加强区域综合站的管理和制度建设，确保发挥好综合站的职能作用。会议研究讨论《关于2009年唐山市城市重点项目融资情况的汇报》。原则同意财政局的融资建议，议定对融资方案进行部分调整，增加机场连接线项目融资7亿元，滨海大道的项目业主调整为曹妃甸新区，交通局配合；所有由市财政提供担保的融资项目，项目业主单位都要向市财政提供反担保，财政局要督导项目业主单位制定详细的还款计划，以避免财政风险；加大对财政担保融资使用的监管力度，财政局负责制定详细的监管办法；由市财政提供担保的融资，原则上选择与贷款利息低、还款周期长的银行进行合作。会议原则同意《关于唐山市2008年市本级城市维护费预算执行情况和2009年市本级城市维护费预算草案的报告》，责成财政局修改完善后提请市人大常委会审议。会议同意《关于市本级及三个开发区2008年预算调整及执行备案事项的报告》，责成财政局按要求和程序提请市人大常委会审议。研究讨论《关于建立唐山市农民进城受理服务中心的建议方案》和《关于促进农民进城的若干政策》。会议强调，农民进城受理服务中心建设，要搞好与各相关部门的协调和业务衔接，确保农民进城相关事项能够及时办结，真正做到“一站式”服务，最大限度地方便群众；对目前制约农民进城的政策，在国家政策允许的范围内能够放开的一律放开，切实为农民进城创业营造宽松的政策环境；对农民进城的政策要充分论证，逐条研究，广泛征求各部门意见。会议原则同意两个文件。会议研究讨论《关于唐山市“第一届青少年科技创新市长奖”评选情况的汇报》，原则同意科协的汇报意见。研究讨论《2009年行政规章制定计划（草案）》，原则同意《2009年行政规章制定计划（草案）》，责成政府法制办抓紧开展相关工作。会议研究讨论《唐山市家电下乡实施方案》和《唐山市家电下乡财政补贴资金管理办法》。会议原则同意两个文件，《唐山市家电下乡财政补贴资金管理办法》更名为《唐山市家电下乡中央、省财政补贴资金管理办法》，待省新的文件出台后，由财政局负责按新的文件精神进行修改完善，与《唐山市家电下乡实施方案》一并下发执行。

6月8日，市政府召开第十三届二十四次常务会议。会议研究拟用建华陶瓷厂等三宗已收储土地进行抵押贷款收购原老机场剩余土地问题。会议议定：原则同意国土局的收购建议方案，以建华陶瓷厂等三块已收储土地向银行抵押以融资15亿元；国土局负责对建华陶瓷厂等三宗已收储土地进行确权发证；土地出让金按照“收支两条线”的原则按需支出，贷款利息按月支付；为保障市属国有企业改制顺利推进，将15亿元融资款中的2亿元作为市属国有企业改革准备金（贷款时按此用途申请），列入市财政专户管理。会议研究《唐山市政府债务管理暂行办法》。强调在政府债务管理工作中，要严字当头，严格执行有关规定，规范程序，科学管理，确保财政担保融资获得最大效益，确保资金安全。会议研究自来水居民生活用水和污水处理费标准调整方案。会议议定：将污泥处置费计入污水处理成本，并随污水处理费一并征收，专项用于污泥（垃圾）处置的工程建设和投产后的运营；南堡开发区污水处理费与市区同步调整，执行同价；由城管局负责督导未开征污水处理费的县、市，按省的统一要求尽快开征污水处理费；由城管局负责督导已列入省考核范围的污水处理厂项目，进一步加快建设进度；严格控制地下水开采，推进中水的利用。会议强调：供排水企业要从内部管理上挖掘潜力，在降低供排水成本的同时，提高供排水特别是污水处理能力；财政、审计部门要加强对污水处理费管理、使用的监督和审计，确保专款专用；各企业、各单位要采取节水措施，消化水价调整的影响，严禁“搭车涨价”，切实维护群众利益；做好宣传工作，使水价调整取得群众的理解和支持；排水公司要按照有关规定对污泥进行无害化处理；路南区、路北区、开平区、丰润区的城市低保户（共9806户）按此方案因水价调整增加的支出51.5万元，分别由自来水公司、排水公司负担，其中自来水公司负担31.5万元，排水公司负担20万元。会议研究收购北立交桥合资公司外方股份事宜。会议议定：原则同意城管局提出的收购北立交桥外方股份方案，以此方式推动外环线打捆收费方案的实施；按照公平、合理、公正、双方都能接受的原则，就北立交桥外方股份的收购价格进行进一步谈判，价格上限不得超过本次会议研究的方案；收购中涉及的土地价格，要按照有关规定确定。会议研究讨论《加快推进“奶业振兴工程”的意见》。会议原则同意《加快推进“奶业振兴工程”的意见》，强调要把奶制品安全作为奶业振兴的重中之重，进一步健全和完善奶制品质量监管体系，对奶制品生产实行全程监管；全面落实支持奶业发展的各项补助帮扶政策，调动群众发展奶牛规模养殖、科学养殖的积极性；加大对奶制品生产企业的扶持力度，做大做强奶业龙头企业，带动奶业的健康发展。会议研究提高市中心区住房保障标准事宜。会议原则同意房管局提高市中心区住房保障标准的方案，强调加强住房保障工作，改善民生，保障社会和谐稳定。会议研究2009年防汛准备工作。会议强调：把防汛工作的各项任务层层分解，具体落实到各县（市）区、市直有关部门、乡镇、村和企业，做到任务明确、责任明确；把各种应急预案、各类防汛物资准备到位，积极开展防汛实战演练，做到有备无患；突出重点，兼顾全面，及时发现问题及时消除隐患；要加大防汛工作的督查力度，对责任不落实、措施不落实的，该批评的批评，该通报的通报，该处理的处理，确保各单位特别是基层单位把各项防汛措施落到实处。

6月22日，市政府召开第十三届二十五次常务会议。会议研究讨论拟提请市十三届人大常委会第十三次会议审议的《关于唐山市2008年市本级决算及全市总决算的报告》。会议原则同意此报告，责成财政局按会议议定意见修改完善后提交市人大常委会审议。会议研究讨论拟提请市十三届人大常委会第十三次会议审议的《关于2009年地方政府债券资金收支预算调整方案报告》。会议原则同意此报告，责成财政局按会议议定意见修改完善后提交市人大常委会审议。会议强调：在资金使用上必须专款专用，严格按照有关规定要求，全部用于中央投资地方配套的公益性建设项目及其他难以吸引社会投资的公益性建设项目，充分体现资金使用的公益性、科学性；在资金管理上必须严上加严，严格预算约束，加强资金使用过程的监管审计，确保资金安全，确保资金能够发挥最大效益；在资金偿还上必须及时到位，提前制定出偿还计划，统筹安排财力，确保三年后还本付息。会议研究讨论拟提请市十三届人大常委会第十三次会议审议的《关于2008年度市本级预算执行及其他财政收支情况的审计工作报告》。强调今年全市围绕扩内需、保增长，各级财政投入力度较大，需要进一步加大对预算执行及其他财政收支的审计力度，确保财政安全运行；强化对重点领域和重大项目资金使用情况的审计监督，严肃查处各类违规违纪行为，对查出的问题要及时下达整改通知书，明确责任单位，限期整改到位，确保财政资金依法依规使用；强化长效机制建设，对审计出的问题认真分析原因，从健全制度入手，及时堵塞漏洞，防止类似现象发生；强化审计方式方法的创新，规范执法行为，加快由事后审计向事前、事中审计转变，强化审计事前服务指导、事中提醒纠偏的作用，提高审计工作的实效性、科学性；强化审计队伍建设和管理，不断提高审计工作人员的业务素质、改进工作作风，树立审计部门铁面无私、公正执法的良好形象。会议研究加快推进国资委属企业改制重组发展工作。会议议定：原则同意国资委提出的采用“打捆”方式，组成六个单元对所属企业改制重组的建议，将加快改革步伐与妥善安置职工、选择战略投资者进行战略重组、实施“退二进三”和推进生产力布局向沿海转移结合起来，统筹协调推进；国资委属企业所占用土地的出让收益，进入财政国企改革准备金账户，首先作为这些企业改革重组发展的资金来源进行统筹使用，允许在“打捆”范围内的企业之间调剂安排，市财政原则上不再列支国企改革准备金预算；市属国有企业所占用土地的收储、拍卖，必须严格遵守有关政策规定，依法依规运作，既要体现对国有企业改革的支持，又要实现土地收益的最大化；对改制重组的企业实行分类指导，具体操作中应区别不同情况，进行具体指导，做优做强优势产业，妥善安置职工，确保企业改革顺利进行；允许部分企业用土地向银行抵押贷款，解决部分企业改制重组发展过程中缺乏启动资金问题。会议就安全生产工作进行研究部署。强调安全生产工作的关键是狠抓落实，特别是要把安全生产责任落实到位：企业的主体责任落实到位；基层监管责任落实到位；安全生产部门责任落实到位；领导责任落实到位。

6月26日，市政府召开第十三届二十六次常务会议。会议传达温家宝总理、王兆国副委员长来唐视察时重要指示精神，研究贯彻落实意见。会议要求，贯彻落实国家领导的指示精神，按照市委常委（扩大）会议的要求，推进七个方面的工作：

推进以曹妃甸为龙头的唐山湾“四点一带”开发建设，按照“三高一链”（坚持高技术、高附加值、高端化，打造循环经济产业链）的要求开展项目建设。①要按照“一带两轴”（沿曹妃甸工业区北环路形成产业综合发展带，在曹妃甸新区境内的青林公路、通岛路两侧形成装备制造产业轴，在唐曹高速两侧至首钢成品码头形成高新技术产业轴）的格局，集中精力抓好100个重点产业项目，确保曹妃甸新区年内完成投资1000亿元。②国资委尽快制定中心区市属企业向曹妃甸搬迁的具体方案，抓紧启动实施。③加快推进路水电讯和信息网络等各项基础设施和曹妃甸新城建设。④充分利用好“飞地”政策，各县（市）区因用地紧张或与曹妃甸四大产业配套的项目，都要尽可能地向“四点一带”转移。

加快构筑现代产业体系。①围绕落实国家十大产业调整振兴规划，由发改委牵头，制定《唐山市产业结构调整三年攻坚行动方案》。②重点抓好钢铁、装备制造和化工产业发展，尽快形成“三足鼎立”的格局。在钢铁工业调整整合上，加快推进渤海、长城两大钢铁集团的深度整合重组，加快技术改造升级步伐。在装备制造业发展上，重点是围绕动车城、开平现代装备制造园和曹妃甸临港产业园三大园区，抓紧谋划落实一批重大装备制造项目，尽快形成产业群。在化工产业发展上，重中之重要抓好1000万吨炼油和100万吨乙烯炼化一体化项目。③加快现代服务业发展。重点推进文化创意、旅游和现代物流业发展，抓好南湖文化创意产业、乐亭三岛

开发、曹妃甸国际生态城高端服务业、北方物流等一批重点服务业项目。④加快振兴陶瓷产业。制定振兴陶瓷产业、打造北方瓷都规划，扶持一批重点企业，谋划实施一批重点项目，力争1个月内完成规划初稿。

加大企业组织结构调整力度。①在工业上，要培育大集团、发展大园区。重点是壮大首钢、唐钢、长城、渤海等四大钢铁集团，支持曹妃甸工业区、高新技术产业园区、乐亭临港产业聚集区等一批产业园区建设。②在农业上，大力发展现代农业，培育壮大农业龙头企业，抓好现代农业“十大工程”，特别是做大做强食品加工业，积极推进唐台农业开发实验区等特色园区建设。③在国企改革上，加快推进市属国有企业的改制重组。国资委负责按照市政府十三届二十五次常务会议做出的部署，抓紧组织落实。

积极发展新兴战略产业。①要围绕新能源、节能环保、生物医药等新兴战略产业，积极谋划实施一批大项目、好项目，比如风能、地热能、生物质能的开发利用等，尽快取得突破性进展。②充分利用“四城一河”这一重大基础平台，加快新兴战略产业的聚集。特别是南湖生态城，要加快谋划一批体育、休闲、健康产业和高端服务业项目。③借助中科院技术转化中心和京津人才优势，由招商办会同科技局等部门，瞄准科研院所，开展大规模的科技招商，引进一批科技成果转化项目。

抓节能减排和淘汰落后产能。①坚决淘汰落后产能。按照市委常委会提出的要求，钢铁产业要在今年底前全部淘汰300立方米以下高炉60座，2010年底以前全部淘汰400立方米以下高炉、30吨以下转炉和相关炼钢能力；水泥行业要在年底前全部淘汰19家水泥企业的28座机立窑；造纸行业要在年底前全部淘汰16家造纸企业的41条落后生产线。②抓好省“双三十”和唐山市“10100”工程，进一步加大节能减排工作力度。③积极推广节能适用技术和产品，大力发展循环经济。工业方面，加快推广余热余压的利用、区域热电联产等技术和工艺，抓好循环经济示范园区建设；城建方面，大力推广太阳能路灯、LED灯等新技术、新产品，加快既有建筑节能改造，确保年内完成550万平方米的改造任务。

积极推进自主创新。科技局等部门要按照年初部署，抓好100家市级以上企业工程技术研发中心、行业重点实验室等科技研发机构的培育建设，15个重大科技创新和示范项目、150项重大专利技术的实施和转化等项工作，加快利用高新技术改造传统产业，力争取得突破。

加快推进各项事业改革。重点抓好文化、教育、科技等领域的改革，尽快取得实质性进展。

会议研究讨论《唐山市城市供水管理条例实施细则（草案）》，原则同意此实施细则（草案），政府法制办、城管局按会议议定意见修改完善后按程序颁布实施。会议要求：要充分体现以人为本的理念，切实满足广大群众合理的用水需求，确保用水安全；按照建设节约型社会的要求，通过科学的市场化的供水、用水管理机制，引导全社会最大限度节约水资源；通过多种有效举措，优先保障好城市居民基本生活用水，重点保障好重大公共设施用水。会议研究正泰里惠民园小区合同调整问题。原则同意对正泰里惠民园小区土地出让合同和安置住房建设合同进行适当的调整，会议议定：原则同意核减原定的项目土地出让金2.75亿元。责成市房管局按照危旧平房改造或城中村改造政策回购因规划调整增建的安置住房2.36万平方米。会议研究讨论《唐山市人民政府关于推进城市建设投融资体制改革的意见》。会议原则同意此《意见》，国资委按会议议定意见修改完善后按程序下发执行。

7月31日，市政府召开第十三届二十七次常务会议。会议研究《唐山市农村土地承包经营权流转交易管理办法》。会议原则同意此管理办法，农业局按会议议定意见修改完善后按程序报批印发执行。会议强调：严格遵守国家相关法律法规，依法规范流转程序；切实加强对流转交易活动的监督管理，确保土地承包经营权流转交易依法、规范、有序进行。会议研究讨论拟提请市十一届人大常委会第十四次会议审议的《关于唐山市2009年上半年国民经济和社会发展计划执行情况的报告》。会议原则同意此报告，发改委按会议议定意见对报告进行修改完善，提请人大常委会审议。会议研究讨论拟提请市十一届人大常委会第十四次会议审议的《关于唐山市2009年上半年市本级及开发区预算执行情况的报告》。会议原则同意此报告，财政局按会议议定意见对报告进行修改完善，提请市人大常委会审议。会议研究讨论《唐山市安全生产发展规划》。会议原则同意此规划，安监局按会议议定意见进一步修改完善后按程序报批印发执行。会议研究2009年唐山市科学技术奖评审工作。会议原则同意评审结果。议定：授奖项目既要注重科技价值，也要注重经济价值和社会价值，严格控制奖励数量，一等奖不超过10项；科技局将获奖项目尽快向社会公示；提请以市委、市政府名义在全市科技创新大会上对获奖项目进行表彰。会议研究讨论《关于新进中小学教师到农村支教的意见》。会议原则同意此意见，教育局按会议议定意见修改完善后以试点指导意见的形式按程序报批印发。从2009年开始，选择“一县一区”作为试点，试运行一年，待取得经验后再决定是否全面推广。会议研究《唐山市新能源和可再生能源开发利用发展规划（2009—2015年）》。会议原则同意该规划，发改委按会议议定意见对规划进行修改完善，待国家和省相关规划出台并与之衔接后印发。会议要求，把风能、太阳能、生物质能和低温核能作为近期发展重点，尽快出台相关配套政策，制定具体工作措施，将规划落实到项目上；大力发展产业链经济，加快推进风力发电、太阳能利用等一批产业项目和配套项目建设。会议研究唐山陶瓷股份有限公司重组工作。会议议定：原则同意国资委关于唐山陶瓷股份有限公司重组工作的汇报意见，国资委按会议议定意见修改完善后提请市委常委会议审定；重组工作依照有关法律法规和政策规定，积极稳妥地组织推进。会议研究组建市属国有五大企业集团事宜。会议原则同意国资委关于组建市属国有五大企业集团的建议方案，要求在组建五大企业集团过程中，要对民营企业敞

开大门，吸纳民营企业参与；通过组建五大企业集团，全面促进国有企业改制和发展；唐山港集团上市工作完成后参与曹妃甸港口建设；相关部门全力支持配合五大企业集团组建工作，国资委要注意做好相关企业职工的思想工作，确保职工队伍和社会稳定。

8月26日，市政府召开第十三届二十八次常务会议。会议研究讨论《唐山市公共安全技术防范管理办法》（草案）。会议原则同意此管理办法，责成政府法制办、公安局按会议议定意见修改完善后尽快按程序报批印发执行。会议研究《唐山市社会治安科技防范系统建设实施方案》。议定：全面加快社会治安科技防范系统建设步伐，确保2010年全面完成建设任务；借鉴先进地区经验，尽快制定全市社会治安科技防范系统建设的详细规划方案，力争建成全省最高水平的防范系统；要充分利用现有的资源和平台，实现资源共享，降低成本；学习借鉴省内外先进市的作法，原则上能采用政府服务外包建设的，一律采用服务外包的形式进行建设；按照“谁主管、谁负责，谁受益、谁投资，谁投资、谁受益”的原则筹措建设资金，确保工程建设顺利推进；严格执行招投标制度，加强监督管理，确保工程质量。会议研究讨论《关于促进民办教育发展的意见》。会议原则同意此意见，责成教育局按会议议定意见修改完善后按程序印发执行。强调要进一步转变观念，对民办教育和公办教育一视同仁、同等对待，本着鼓励、发展、规范的原则，保障民办教育的合法权益，全面加强审批、招生、教师队伍建设等环节的管理，依法规范民办教育行为，促进民办教育又好又快发展。会议研究讨论《唐山市家电产业园区规划》。原则同意此规划，要求对家电园区布点进行调整，将空港城家电产业园区改为唐山高新技术园区高新技术产业基地；各家电园区规划要与相关区域规划搞好衔接，避免规划冲突；在加快推进详细规划的基础上，加大家电产业招商引资的力度，争取早日取得突破。会议研究讨论《唐山市农村饮水工程运行管理办法》。会议原则同意此办法，要求在推进农村饮水工程运行管理办法实施过程中，各级各部门要严格按照相关规定，加强工程管理，确保农村饮水工程安全、高效、稳定运行，使这一“民心工程”真正发挥良好的社会效益。会议研究唐山市军民合用机场筹建及与海航集团合作事宜。议定：由建设投资有限公司与海航集团共同出资组建唐山三女河机场管理有限公司，实行企业化经营、市场化运作，相关企业章程和协议由双方协商确定；国土局配合机场办跑办土地指标，争取早日获得用地批复。

10月13日，市政府召开第十三届二十九次常务会议。会议研究《唐山市科技计划项目招标投标管理暂行办法》。会议原则同意此《办法》，责成科技局按会议议定意见修改完善后，按程序报批印发执行。要求严格遵循公开、公平、公正、择优、信用的原则，选择有实力、有能力的科研单位和企业给予支持，解决好急需解决的重大科研难题；要科学确定招投标条件，规范招投标程序，使市外、省外的优秀企业能够公开参与招投标；严格招投标监管，坚决防止“暗箱操作”和违法违纪行为发生，保障科技项目招投标活动当事人的合法权益。会议研究《唐山市农民培训规划（2009—2011年）》。会议原则同意此《规划》，强调在规划实施过程中，要结合劳动力市场需求和产业发展实际，着力培养实用技能型人才；要注重培训实效，真正让农民学有所长、学有所用，提高农民素质，促进农民增收。要求一方面有计划、有针对性地对农民培训实施“4+1”工程，即实施“引导性培训工程”、“职业技能培训工程”、“农业实用技术培训工程”、“新型农民创业培训工程”和“农民培训网络体系建设工程”，另一方面针对农民的不同需求和不同特点进行多层次、多形式的培训，为实现农业现代化、农村城镇化和建设社会主义新农村培养高素质人才。会议研究《曹妃甸新区信息化建设示范工程规划》。会议原则同意此《规划》，责成信息化工作领导小组办公室按照会议议定意见，将规划调整为《曹妃甸新区信息化建设总体规划》，并进一步修改完善后，按程序报批印发执行。要求明确优先推进钢铁、物流、石化、电力、装备制造等产业的信息化和电子商务建设；做好与曹妃甸生态城、曹妃甸工业区的相关规划的衔接，并将唐海、南堡开发区纳入规划之中统筹考虑；对规划区内的企业提出信息化建设的明确要求，明确相关技术标准，努力实现信息互通；将发展循环经济与信息化建设结合起来，以信息化促进循环经济的发展；将信息化和工业化融合作为规划的一部分，努力实现以信息化带动工业化、工业化促进信息化的目标。会议研究《关于支持古冶区加快资源型城区转型彻底改变落后面貌若干意见》。会议原则同意此《意见》，要求各级各部门按照市委、市政府的统一部署和要求，把古冶资源型城区转型作为全市科学发展示范区建设的一个最大难点来攻克，抓好各项政策措施的细化落实，支持古冶区资源型城区转型。会议研究《唐山市市属投融资平台优化方案》。2008年以来，相继组建城市建设投资公司、曹妃甸控股有限公司等12家市属投资公司，成为唐山市重要的投融资平台，从目前情况看，投资公司存在着户数偏多、业务范围交叉、自我发展能力不强等问题，需要进一步优化重组。会议要求，完善整合方案，按既推进整合重组、又有利于各项工作开展的原则，进一步细化、论证后拿出意见，再行研究。

11月19日，市政府召开第十三届三十次常务会议。会议研究《唐山市征收土地地上附着物补偿标准暂行规定（草案）》。会议原则同意《唐山市征收土地地上附着物补偿标准暂行规定（草案）》，责成政府法制办按会议议定意见进行修改完善，按程序报省政府批准后印发执行。会议研究《唐山市城市夜景亮化管理办法（草案）》。会议原则同意《唐山市城市夜景亮化管理办法（草案）》，责成政府法制办按会议议定意见修改完善后，按程序报批印发执行。会议研究政府规章、规范性文件和行政许可、非许可类行政审批事项清理工作。会议议定：将清理工作与即将进行的机构改革衔接起来，按新的机构设置方案界定新的职能和权限；此次清理未登记的公开审批事项一律废止，各相关部门要严格按新文件执行；政府

法制办要进一步加强政府规章、规范性文件及其他相关文件的审核把关，事先做好合法性审查工作；政府各部门在起草文件和征求意见时要切实负起责任，对因缺少法律意识、不认真、不负责，给政府造成负面影响和损失的要严格追究相关部门负责人的责任；个别停止实施的规范性文件，工作确实需要的应尽快提出修改意见，经政府法制办统一审核后，按程序报批。会议研究唐山市见义勇为模范评选工作。会议指出，选出的22名见义勇为模范，事迹突出，体现舍己为人、无私奉献的高贵品质，体现“感恩、博爱、开放、超越”的新唐山人文精神。会议原则同意社会治安综合治理委员会办公室和见义勇为协会的评选结果和表彰方案。会议研究《关于进一步向县（市）区下放若干管理权限和事项的决定》。会议原则通过此决定，强调政府各相关部门要牢固树立大局意识和全局观念，该下放的管理权限和事项必须下放到位，严禁明放暗不放或变相回收、截留，同时加强对县（市）区和具体业务部门的业务指导，及时解决管理权限下放过程中出现的问题，避免权限下放后出现管理上的脱节和漏洞。会议研究《唐山市市属企业国有资本收益收取和支出管理暂行办法》。会议原则同意此暂行办法，强调从国有资本收益申报、核定、上缴等工作规程上要进一步严格细化，保障国有资本收益收支工作更加规范有序进行；兼顾企业自身发展需要，合理地确定国有资本收益收缴基数与比例；按照“统筹兼顾、效益优先”的原则，科学统筹使用国有资本收益；加强对国有资本收益收取和支出情况的审计监督，确保依法依规运作；将此暂行办法的实施与市属国有企业改制重组结构调整工作结合起来，同步推进。会议研究短期借用唐山建设交通投资有限公司资金支持迁西县、遵化市重点项目、陡电凝改抽供热工程和陡河青龙河防洪排涝工程建设事宜。要求财政局加强资金使用的风险控制，借款单位向财政部门以实物资产进行还款担保，加强对遵化市、迁西县资金使用的监管，确保资金使用安全和到期还款。陡河青龙河防洪排涝工程借款事宜，要进一步与省联社和大连信托投资公司沟通，尽快完善借款方案和手续，争取资金尽早到位。会议研究商业银行资本重组事宜。会议议定：由市政府金融办和财政局组成工作组，推进唐山商业银行的战略重组工作；与北京商业银行、安邦保险公司就战略重组条件进一步进行沟通，细化方案；研究制订战略重组唐山商业银行的合作条件，合作条件应包括银行名称不变、注册地永久不变、溢价入股等重点事项；在推进改制重组中要进一步加强对唐山商业银行的管理，注意防范风险，防止国有资产流失。会议研究组建唐山机场公安分局事宜。会议原则同意设立唐山机场公安分局，由公安局结合机场办向省公安厅请示设立事宜，待省公安厅批复后，正式向市编委会提交请示，报编委会研究。

12月9日，市政府召开第十三届三十一次常务会议。会议研究《唐山市重大行政决策公示和听证暂行办法（草案）》。会议原则同意此《办法》，责成政府法制办按会议议定意见进行修改完善后按程序报批印发执行。会议研究《唐山市生活垃圾处理费征收管理暂行办法（草案）》。会议原则同意此《办法》，责成政府法制办按会议议定意见进行修改完善后按程序报批印发执行。要求进一步论证和研究收费方式，收费标准要按相关程序举行听证会；对享受最低生活保障的家庭免收垃圾处理费。会议强调：在收费标准制定上，要统筹考虑征收对象经济承受能力和垃圾处理成本等因素，切实保障收费科学合理；加强政策宣传，努力使生活垃圾处理收费制度得到广大市民的支持和理解，引导广大市民进一步增强环境保护意识，自觉控制和减少垃圾产生量；切实规范收费行为，建立健全资金管理制度，防止出现违规收费和贪污挪用问题，财政局和市监察局负责尽快制定相关监管办法。会议研究《唐山市人民政府关于进一步扩大开放的若干扶持政策规定》等六个规范性文件修改事宜。会议原则同意政府法制办的汇报意见。由政府法制办负责废止文件的实施；重新修订的文件，按会议议定意见修改完善后尽快按程序报批印发执行。会议研究《关于2009年市本级和三个开发区预算调整方案的报告》。会议原则同意此《报告》，责成财政局按会议议定意见修改完善后提请市人大常委会审议。会议研究《关于市十三届人大二次会议代表建议、批评和意见办理情况的报告》。会议原则同意此《报告》，责成政府督查室按会议议定意见修改完善后提请市人大常委会审议。会议强调：尚未办结的建议、批评和意见，要进一步明确责任，加大督导力度，力争尽快办结，给代表一个满意答复；根据代表提出的建议、批评和意见，认真分析工作中存在问题的根源所在，由表及里，举一反三，切实从根本上解决问题，使办理的过程真正成为改进政府工作、促进全市发展的过程；围绕提高办理质量，进一步创新工作机制，建立健全办理责任制、督导检查机制和考核奖惩机制，确保每一件建议批评和意见都高效率、高质量办结。会议研究《唐山市工伤保险市级统筹的实施意见》。会议原则同意此《实施意见》，责成劳动和社会保障局按会议议定意见修改完善后按程序报批印发执行。会议强调，各级各有关部门要抓紧做好工伤保险市级统筹准备工作，建立健全各项工作机制，确保年底前全面推开。会议研究《关于唐山市区域禁（限）批建设项目的实施意见（试行）》。会议原则同意此《实施意见》。会议研究开滦医保移交市本级管理事宜。会议原则同意开滦医保移交市本级管理，原则同意设立古冶医保分中心，开滦集团要主动做好医保移交相关的各项工作，承担该承担的费用。会议研究《关于2008年市本级预算执行及其他财政收支审计工作报告中有关问题整改情况的报告》。会议原则同意此《报告》，责成审计局按会议议定意见进一步完善后提请市人大常委会审议。

12月30日，市政府召开第十三届三十二次常务会议。会议研究《唐山市医药卫生体制改革近期重点实施方案（2009—2011年）》。会议原则同意此实施方案，责成医药卫生体制改革领导小组办公室按会议议定意见修改完善后，按程序报批印发执行。会议强调：坚持以人为本，为群众提供更加安全、有效、

方便、价廉的医疗卫生服务；准确把握、全面落实中央、省有关医药卫生体制改革的各项政策、目标和任务，结合唐山实际，创造性开展工作，保证改革顺利进行；积极稳妥，扎实推进，先行试点，逐步推开；明确分工，强化责任，各有关部门要按照职责分工，切实履行好各自职责，加强协调配合，确保医药卫生体制改革顺利推进。会议研究进一步提高城乡低保标准事宜。会议原则同意民政局的汇报方案，决定将此项工作纳入2010年政府为群众办的实事之中，从2010年1月1日起将唐山市城市低保从每人每月285元提高到310元，农村低保从每人每年1300元提高到1540元。会议研究《唐山国家公路运输枢纽规划》。会议原则同意此规划，责成交通局按会议议定意见进一步充实调整运输枢纽和布局后上报省交通运输厅。会议研究《唐山市职工重大疾病医疗互助活动实施办法（试行）》。会议原则同意此实施办法，由总工会按会议议定意见修改完善后提交市委常委会议审定。会议强调：要强化宣传发动，引导广大职工群众积极参与到医疗互助活动中来，达到“聚小钱、办大事、保大病”，“无病我帮人、有病人帮我”的目的；强化制度建设，对互助对象、团体参与、互助期限、互助费标准、互助责任、给付办法等要严格界定，确保资金规范运行；强化互助资金管理，加强审计监督，做到专款专用、专人管理，对违规操作、违纪使用、乱报销等行为，要依法依规严肃处理。会议研究《唐山市重点建设项目管理办法》。会议原则同意此管理办法，责成发改委按会议议定意见进行修改完善后交政府法制办进行合法性审查。会议提高重点项目的准入门槛，确保所选项目是重中之重的大项目、好项目；加大对重点项目的支持力度，从土地、水、电等生产要素配置和启动资金支持等方面给予政策倾斜。会议研究《唐山市教育改革与发展规划（2008—2020）》。会议原则同意此规划，责成教育局按会议议定意见修改后按程序报批印发执行。会议强调：结合唐山市情，进一步明确未来教育发展的目标任务、学科门类、办学层次等相关内容，完善教育空间布局规划；在培养高学历、高层次人才的同时，重点突出高等职业教育的发展；将规划的起止年度调整为2010年至2020年；按新的起止年，在规划中统一使用2009年的最新数据；将现有高等职业学院的整合及西南交大、创业学院等合作办学院校列入高等教育发展规划。会议研究《关于加快推进统筹城乡发展的若干意见》。会议强调，以被列为全省唯一的统筹城乡发展试点市为契机，以创建科学发展示范区为抓手，以推进城乡规划、建设、产业、公共服务和社会管理一体化为基本路径，创新思路、创新举措、创新机制，加快形成城乡等值化发展新格局。会议原则同意此意见，由农工委按会议议定意见修改完善后提交市委常委会议审定。会议研究2010年市政府拟为群众办的20件实事。会议责成政府办公厅按议定意见对相关实事进一步充实、整理和完善，报政府同意后提交市委常委会议审定。要求财政局对政府确定的为群众办的实事工程所用资金进行重点保障，确保民生工程落到实处。会议研究调整优化市属投融资平台工作。会议议定：城市建设投资公司、建设投资公司作为市属投融资平台，由国资委履行出资人职责；南湖生态城投资公司、凤凰新城投资公司、陡河青龙河投资公司、空港城投资公司、曹妃甸控股有限公司、曹妃甸生态城投资公司等“管委会+公司”模式的投融资公司，由国资委作为出资人委托相应的管委会（指挥部）对公司行使管理职责；农业发展投资公司、科技发展投资公司、中小企业担保中心定位为政府政策性服务平台，由国资委履行出资人职责，分别由财政局、科技局、工业和信息化局进行业务指导；港口投资公司已改组为唐山港口实业集团公司，不再作为市属投融资平台，国有控股投资公司投融资功能已被市属大型企业集团取代，不再作为市属投融资平台；已形成的财政担保融资要加大偿还力度，原则上今后不再搞财政担保融资，要加强政府债务风险监管，对政府财政担保和财政承担连带责任融得资金的使用，由财政局进行监管，5000万元至1亿元的用款由政府债务监管委员会审批，1亿元以上的由政府常务会议研究审批，财政局负责起草政府财政担保和财政承担连带责任的融资债务管理实施细则；对于非政府财政担保的融资和使用，由市属投融资平台、“管委会+公司”模式的投融资公司董事会按照《公司法》自主运作，独立承担一切责任；对于政府委托融资的公益性建设项目，由财政局统筹协调还本付息；由国资委统一制定对各投融资公司的考核和薪酬分配管理办法。

【市长办公会】　1月16日，市政府召开第一次市长办公会。会议听取粮食局关于唐山市农产品批发市场建设方案的汇报，分析研究建设方案需进一步完善解决的问题。会议议定：唐山市农产品批发市场建设符合国家和省、市促增长、扩内需的要求，有利于市区城市规划分区的进一步完善，有助于农业产业化的发展，市场建成后税收实行分成制，路南区与路北区各按50%分成；唐山市农产品批发市场定位在农产品流通的中间环节，不是终端市场，进入市场的经营单位为大型批发物流企业，实行现代物流配送与批发的经营方式，不开办零售经营，以粮油、果品、食品为主，水产品不进入市场销售；市场建设资金实行政府投入为引导，吸引大型物流企业等社会资本参股经营，鼓励多元化投资进行市场建设；规划要具有前瞻性、多功能，体现高档次、高水平、超前性，合理安排功能分区，充分考虑服务设施和土地的综合利用率，市场用地问题国土部门要列入2009年用地指标，同时预留发展用地；市场要实行先进的经营和结算方式，具有电子交易和期货功能，建立“包装规格化、重量标准化、质量等级化、客户会员化、交易电子化”的模式，运用全新的理念，把市场建成覆盖京津冀地区的高档农产品批发市场，辐射东北地区的农产品物流枢纽；成立市场建设领导小组，下设三个工作组，分别是规划设计组、招商引进组、市场建设组；市财政对市场建设要列出专项启动资金，各小组要抓紧开展工作，力争把市场建设成高水平、功能分区合理、经济社会效益明显的大型农产品物流平台。

2月1日，市政府召开第二次市长办公会。会议听取教育局关于教育体制改革思路和工作重点的汇报，文化局关于文化体制改革思路和工作重点的汇报，科技局关于科技体制改革思路和工作重点的汇报。会议议定：教育局、文化局、科技局进一步完善细化改革方案，切实做到思路清晰、目标明确、任务具体、操作性强。教育系统改革，基础教育关键是等值化，重点是资源的有效整合、布局结构的调整；职业教育关键是围绕市场需求办出特色，重点是在办学模式、课程设置上进一步改革创新；高等教育关键是提升整体水平。文化系统改革，要与市文化艺术广场建设同步考虑、同步进行，搞好艺术院团的改制，成立演艺公司，加快市场化进程。科技系统改革，要与主导产业发展紧密结合，加快科技事业单位的整合改制，最大限度的激发活力。人事局、编办负责对细化后的改革方案进行初审把关，核后的方案要抓紧提交市政府常务会议研究讨论，最后报市委常委会审定。要把“三项”改革作为今年对教育局、文化局、科技局三家单位考核的重要目标任务，确保年内完成，年底全面考核。抓紧成立市教育、文化、科技系统改革三个领导小组，抓紧研究落实细化方案。

3月26日，市政府召开第三次市长办公会。会议听取唐山国有投资控股集团有限责任公司等13家国有资本运营机构组建及工作进展情况的汇报，并就建立健全国有资本运营机构管理体制等问题进行研究。会议议定：尚未完成公司组建的市属国有资本运营机构，国资委、工商局等有关部门要在资产组人、工商注册等方面开辟绿色通道，尽快完成工商注册；已完成工商注册的国有资本运营机构要进一步加大工作力度，尽早发挥投融资平台作用。尽快将市属国有经营性和非经营性优质资产注入各国有资本运营机构。市属国有资本运营机构需新组入资产的，由该国有资本运营机构提出资产组入方案，经政府研究决定后，由市国资委履行资产组入手续。各国有资本运营机构要努力拓宽融资渠道，通过发行企业债券、信托融资和BOT、BT等模式，不断创新融资方式。各国有资本运营机构要按照市委、市政府的要求，努力工作，完成今年确定的融资目标。2009年各国有资本运营机构的融资目标（不包括财政担保部分）为：唐山国有投资控股集团有限责任公司30亿元，唐山建设投资有限责任公司15亿元，唐山城市建设投资有限责任公司20亿元，唐山曹妃甸投资控股集团有限责任公司20亿元，唐山曹妃甸国际生态城开发建设投资有限责任公司20亿元，唐山南湖生态城开发建设投资有限责任公司6亿元，唐山凤凰新城开发建设投资有限责任公司8亿元，唐山陡河青龙河开发建设投资有限责任公司10亿元，唐山农业发展投资有限责任公司6亿元，唐山市中小企业信用担保中心担保5亿元。唐山空港新城开发建设投资有限责任公司、唐山科技风险投资有限责任公司待完成工商注册后，另行确定年度融资任务指标。

4月10日，市政府召开第四次市长办公会。会议听取中国现代集团公司关于加快推进唐山城市建设融资工作的实施建议，就唐山市人民政府与中国现代集团有限公司在唐山市投融资平台建设方面加强合作进行商谈。会议议定：唐山市人民政府与中国现代集团有限公司建立长期战略合作关系，双方立即着手筹备并尽快签订战略合作协议。唐山市人民政府委托中国现代集团有限公司制定《唐山市投融资规划》，规划的内容要包括：（1）对应唐山市建设发展需要设置投融资公司的方式、类型和数量；（2）投融资公司组建的形式；（3）国有资产注入投融资公司的方式和类型；（4）投融资公司的管理体制；（5）政府对投融资公司的资金监管制度；（6）投融资公司的融资方式。对唐山市各投融资公司现有成熟项目，中国现代集团有限公司立即启动项目融资计划，帮助投融资公司制定融资方案。唐山市政府按具体融资项目的服务向中国现代集团有限公司逐笔支付咨询费。为推进唐山市投融资平台建设，成立协调领导小组开展工作。

4月19日，市政府召开第五次市长办公会。与会人员现场实地全程察看6.4公里南湖引水工程进展情况，听取水务局、南湖管委会、路南区等单位工程建设、征地拆迁工作汇报，就加快工程进度及下一步开发建设等工作进行专题研究。会议议定：南湖引水工程规划建设方案基本科学合理，水务局要科学调度，在确保质量的前提下，加快工程进度，确保5月10日通水。路南区、南湖生态城管委会等相关单位要全力支持配合，形成合力。统筹规划引水工程河岸两侧的开发，规划局要抓紧编制河岸两侧控制性详规，做到科学规划、合理开发。在确保工程质量的前提下，要尽可能压缩工程造价，财政局要严格工程造价评审。采取多种措施，加大对陡河、青龙河环境整治力度，保证水质达到景观用水标准。随着南湖生态城和环城水系建设，对近期有开发条件的土地，要成熟一片，收储一片，统筹规划，加快开发，从而实现滚动发展、自我发展。环城水系在南湖生态城范围内的土地收储工作，由南湖生态城管委会具体负责，范围以外的由“两河管委会”具体负责。

4月25日，市政府召开第六次市长办公会。会议听取迁安市、遵化市、迁西县、滦县政府关于尾矿库闭库整改工作的汇报，就做好尾矿库安全生产工作进行研究。目前列入闭库范围的64座尾矿库，已闭库到位34座；责令停产整顿的19座，已整改到位9座；责令限期整改的78座，已整改到位49座。会议议定：迁西县政府、迁安市政府立即对迁西县金信矿业公司刘存寨尾矿库、迁安市马兰庄镇红日商贸公司尾矿库实施闭库。市安监局就尾矿库整治工作中的技术要求以安委办名义下发文件，在尾矿库整治、检查、验收工作中认真落实。迁安市、遵化市、迁西县、滦县政府严格控制头顶库数量，绝不准新建头顶库，现有头顶库在更改设计时不准扩容，到达设计库容量坚决闭库。迁安市、遵化市、迁西县、滦县政府督促有关尾矿库企业抓紧实施闭库工作，5月底前列入闭库范围的64座尾矿库闭库到位；要严格闭库标准，对闭库尾矿库必须科学、高水平设计，按设计组织施工，杜绝为抢工期、赶进度偷工减料；闭库施工完成后要组织专业人员进行验收；要结合绿化、尾矿库安全两方面专家的意见进行闭库尾矿库绿化工作，保障闭库尾矿库安全。迁安市、遵化市、迁西县、滦县政府加大尾矿库整合工作力度，不再批准新建铁选厂，通过整合重组，取缔规模小于年产10万吨的独立选厂尾矿库，2009年底前全市尾矿库基本达到安全生产许可证发放条件和达标排放要求。迁安市、遵化市、迁西县、滦县政府加强对无主尾矿库的监管，要逐座将无主尾矿库的监管责任落实到当地乡镇政府。迁安市、遵化市、迁西县、滦县政府要强力推进“科技兴安”，大力推广尾矿库综合利用、尾矿砂回填、干式排放等新型尾矿处理技术，从根本上消除尾矿库这个重大危险源。安监局明确非煤矿山排土场坡度、周边安全防护距离等安全标准；有关县（市）政府按照市安监局制定的安全标准组织有关企业对排土场进行整治，确保安全。安监局组织专业技术人员对加强尾矿库坝体进行技术论证，制定相应技术标准；有关县（市）政府按照技术标准组织有关企业对尾矿库坝体进行加固，防止溃坝事故发生。

4月30日，市政府召开第七次市长办公会。会议传达国务院办公厅《关于加强人感染猪流感防控工作的通知》和商务部《关于请做好我有关在外人员防控感染猪流感事》；通报新型流感疫情情况及采取的防控措施，对新型流感防控工作进行具体研究部署。会议议定：成立新型流感防控工作领导小组，有关部门根据各自职责分别制定防控工作计划和方案，各县（市）区也成立相应的组织领导机构。卫生部门结合实际完善卫生应急预案，落实定点医院和诊治排查方案，建立专家组织和卫生应急队；加强专业人员技术培训，提高新型流感防控能力。各医疗单位要及早购置防护防疫用品、有效抗病毒药品和临床救治器具等防控物资储备，财政局从市长预备金中给予资金支持。加强新型流感疫情监测，建立不明肺炎和流感病例台账和监测直报制度，做到早发现、早报告、早隔离、早诊断、早治疗。要建立群防群控制度，严格出入境审批，严格控制到境外疫区人员，并建立到疫区出入境人员登记制度。对进入京唐港区、曹妃甸区来自疫区的上岸船员、口岸上船工作人员要进行必要的医学检查，对有流感样症状者进行医学观察，畜牧部门要严格活猪及其产品的检疫监管。各级各部门加强应急值守工作，做到24小时专人值班，卫生应急队伍24小时待命，确保快速反应。广泛开展防控知识普及和健康宣传工作，增强全社会和群众防控疾病的意识，提高防控能力。正确引导社会舆论，消除社会公众的恐慌心理和焦躁情绪，维护社会和谐稳定。

9月24日，市政府召开第八次市长办公会。会议听取计生委关于部分县区及市属企业退休人员未发放独生子女一次性奖金问题的汇报。会议议定：开平区、玉田县、古冶区没有落实独生子女父母退休时一次性奖励，由三个县区政府负责制定落实奖励计划，于12月底前将奖励资金落实发放到位。部分市属企业没有落实独生子女父母退休时一次性奖励，成立独生子女父母退休时一次性奖励联合审批小组，按照《唐山市人民政府关于落实独生子女父母退休时一次性奖励实施意见》（唐政发〔2008〕15号），目前市属企业独生子女退休时一次性奖励应该落实而未落实人数为2.2万人，其中，1.8万多人属于市财政支付，有3368人属于企业未落实，所需资金1010.4万元，由企业自行支付。由市属企业主管部门会同企业所在地政府，认真做好稳控工作，确保社会稳定。对未按期落实的，从2010年1月1日起将不允许该单位及其主管部门购置车辆、不批准出国考察、不准许报销招待费，由财政局、监察局、审计局负责监督。

10月13日，市政府召开第九次市长办公会。会议听取卫生局、教育局、路南区政府、唐山二中关于唐山二中11例甲型H1N1流感病例治疗及全校防控工作情况的汇报，并就相关问题进行研究，对有关工作进行安排部署。会议议定：甲型H1N1流感传播速度快，局部爆发和大面积流行的可能性很大。在防控方面学校是重点。各级政府和教育、卫生部门务必高度重视，采取更加有力的措施，严防疫情扩散，努力将疫情控制在最低限度。对唐山二中出现的甲流患者，相关医院要精心治疗；及时调整教学计划，尽量降低停课对教学工作的影响，做到“停课不停学”；加强对唐山二中居家观察学生及全市其他学校的健康监控，督促各级各类学校严格落实防控措施，一旦发现流感样症状的学生或教职工，要及时报告。通过多种形式大力宣传、普及甲型H1N1流感防控知识，抓好社区防控，特别要做好辖区内学校、托幼园所、养老院、建筑工地等重点场所的健康教育工作。强化防大疫的各项准备工作，各县（市）区要备足检测试剂、消毒药械、救治设备和药品等物资储备，为及时实施有效救治和控制疫情蔓延提供可靠的物资保障。加强舆论引导，避免造成恐慌，防止恶意炒作，维护社会和谐稳定。

10月28日，市政府召开第十次市长办公会。会议先后听取关于全市节能减排、财政运行、利用外资、对外贸易以及今年1—9月份经济社会发展情况和2010年建议计划安排等相关情况的汇报，并就有关问题进行研究。会议指出，2009年节能减排工作的形势依然不容乐观。会议强调：要进一步加大节能减排项目及垃圾处理场和污水处理厂建设进度，全力做好省重点关注和督办案件处置工作，确保完成任务。本着实事求是的原则，对钢铁产量、增加值等指标进行认真核算，把工作做实做细，确保客观真实地反映钢铁工业现状和产业升级的成效。发改委、工促局、环保局、建设局、城管局等相关部门要认真做好与统计局的工作衔接，确保统计数据质量；要进一步加大对“双三十”和“10100”企业节能减排工作的督导力度，尽快落实对不能完成目标任务企业收取差别电价等相关政策。发改委、工促局等相关部门全力抓好督查落实。会议要求财税工作在后两个月中，加强调度，强化征管，挖掘潜力，做到应收尽收，不收过头税、不收虚税。加强预算管理，对没有列入预算的事项原则上不再安排。会议要求利用外资工作后两个月中尽快完善部分外资项目的相关手续，对重点利用外资项目逐项进行调度，确保资金如期到位。会议指出，2009年1—9月份，外贸进出口指标下降幅度较大，下半年开

始呈现逐步回暖态势。商务局要紧紧抓住当前出口形势向好的机遇，加强调度，强化服务，尽最大努力争取尽可能多地完成进出口任务。关于2009年1—9月份全市经济社会发展情况与2010年建议计划安排，会议要求，进一步坚定信心，充分利用后两个月的时间，加大工作推进力度，除财政收入、进出口总额等个别指标外，其他各项工作要咬定全年目标任务不动摇。要进一步强化措施，狠抓薄弱环节，带动全局工作。要进一步强化调度，及时协调解决各种问题。要进一步强化督导，确保各项工作措施落到实处。政府督查室负责对市政府向人大代表、政协委员的承诺事项进行全面督导，确保落实到位。关于2010年全市经济社会发展计划相关指标，由市发改委负责与有关部门进一步研究后再报市政府讨论。

10月28日，市政府召开第十次市长办公会。会议听取有关部门单位关于争取国家开发银行贷款情况的汇报，并就有关问题进行研究部署。会议议定：原则同意南湖生态城棚户区改造及基础设施建设项目和采煤塌陷区综合治理项目采用委托代建形式，即政府委托南湖生态城投资公司代建上述两个项目，用南湖生态城范围内待开发土地进行抵押，以土地出让收益为还贷来源，向国家开发银行贷款用于项目建设。原则同意政府就南湖生态城棚户区改造及基础设施建设项目和采煤塌陷区综合治理项目，与南湖生态城投资公司签订委托代建协议。由南湖生态城建设指挥部牵头，财政局、国土局配合，抓紧对委托代建协议进行初步审核，经市政府法制办把关后，由政府签署协议。由南湖生态城建设指挥部牵头，财政局、土地收储中心、南湖生态城投资公司配合，抓紧起草委托代建项目运转协议，明确项目代建、贷款、还款、移交等各环节的运转流程，落实责任主体。委托代建项目运转协议经政府法制办审核后，由南湖生态城建设指挥部、财政局、土地收储中心、南湖生态城投资公司等四方共同签订。原则同意“四城一河”、唐山湾三岛范围内具备条件的相关项目，均可参照南湖生态城委托代建项目方式进行运作。政府授予城市建设投资公司、南湖生态城投资公司、陡河青龙河投资公司、曹妃甸国际生态城投资公司土地一级开发权，分别负责唐山湾三岛、南湖生态城、陡河青龙河、曹妃甸国际生态城范围内土地的一级开发。南湖生态城、陡河青龙河、唐山湾三岛争取国家开发银行贷款额度分别为50亿元、50亿元、40亿元。曹妃甸国际生态城及城市建设投资公司其他项目（除唐山湾三岛外）争取国家开发银行贷款额度，视项目建设需要另行确定。由南湖生态城建设指挥部负责，相关部门单位配合，抓紧就南湖生态城委托代建项目贷款问题与国家开发银行对接跑办，确保2009年底前首批10亿元贷款及时到位。由利用国家开发银行贷款领导小组办公室（发改委）牵头，相关部门单位配合，加强相关工作的协调督导，确保各项任务按期完成。

（米　树　贺　明）

市政府及其工作部门领导成员

市　　长：陈国鹰
常务副市长：周仲明
副 市 长：陈学军　于山　王久宗
　　辛志纯　高瑞华（女 满）
　　唐文弘（挂职）
　　黄惠康（4月挂职）
原副市长、市政府党组成员：
　　李恩久

政府办公厅

秘 书 长：刘树祥
副秘书长：刘绍辉
　　郑立波（12月　兼任空港城建设指挥部总指挥）
　　李建洲（正县）
　　郭文良（正县）
　　崔武成（正县）
　　王正英（12月任）
　　李志广
　　魏文忠（12月任）
　　唐　利（12月免）
　　潘树文（正县　7月兼任南湖生态城建设指挥部总指挥，12月免南湖生态城建设指挥部总指挥）
　　邢京林
　　王东群（兼南湖生态城建设指挥部总指挥12月任）
　　刘利东（12月免）
　　刘镇东　张洪山
　　王志军（3月免）
　　李再东（3月任）
　　黄敬东（兼凤凰新城管委会〈筹建〉主任　正县）
　　刘敬文（陡河、青龙河管委会〈筹建〉主任）
调 研 员：唐　利（12月免）
　　周景会（7月任）
　　马希顺（12月任）
党组书记：刘树祥
副 书 记：刘绍辉
党组成员：李恩久（副厅级）
纪检组长：胡　平
办公厅主任：刘绍辉
副 主 任：崔武成（正县）
　　张洪山　孙友树
　　李向军（12月任）
　　孙　倩
驻京联络处主任：李志广
副 主 任：韩树民　李治欣（女）
财贸办公室主任：刘从庆
农办主任：刘远平
地方志办公室主任（副县）：
　　段海清
机关事务管理局局长（副县）：
　　李向军
副调研员：侯祝杰　周华仲
　　王瑞云（女）
　　王凯豫　陈延杰
　　明俊国
　　王兴国（4月免）
　　魏晓武（5月免）
　　刘国林（6月免）

发改委（重点办）

主任、党组书记：袁志刚
党组副书记、副主任、
重点项目办主任（正县）：庞秋垣
党组副书记：盛新丰（12月免）
副 主 任：王洪胜（正县）
　　曹占华（调研员）
　　辛晓武
　　赵全成（兼重点项目办副主任）
　　李　瑞　张国顺

杨文平
周景会（7月免）
纪检组长：孟君弘（女5月任）
调 研 员：曹占华
副调研员：李培宁（女） 徐光亮
副主任兼物价局局长、
党组书记（正县）：
张哲明（12月任）
调 研 员：郑宝菊（女）
副 局 长：孙拉元
副 局 长：杨国清（12月免）
副 局 长：马维利
纪检组长：
姚宏伟（女5月免12月任）

工业和信息化局（原工促局）

局长、党组书记：
盛新丰（12月任）
党组副书记、副局长、调研员：
徐树成（12月任）
副 局 长：胡晓钢（12月任）
副局长、工经联
副 会 长：陈建国（12月任）
纪检组长：刘庆勋（12月任）
副 局 长：李 技（12月任）
副局长、“四点一带”
领导小组办公室副主任：
娄向明（12月任）
副调研员：艾有田（12月任）

教育局

局长、教育
党委书记：李全民
教育党委副书记、
纪委书记（正县）：姚玉格
教育党委副书记：
调 研 员：陈 贝
副局长、调研员：赵俊芬（女）
调 研 员：杨惠文
孙怀春（12月任、免）
副 局 长：周燕来 张立群
副调研员：李贵华 刘宝民
王静普 刘桂芸（女）
李连斌

科学技术局

局长、党组书记：王 成
副局长、党组副书记：
盛志国
副 局 长：孙玉才
王福燕（女）
纪检组长：阮陆军
副 局 长：肖树忠
副调研员：高铁军

民族宗教事务局

局长、党组书记：张 硕
纪检组长：石方军
副 局 长：田学英（女2月免）
高 潮 黄 俊
马中良（3月任）
副调研员：吕国宏（3月任）
郭凤岑（2月免）

公安局

党委书记、局长：刘志鹏
党委副书记、副局长（正县）：
董天利（12月任）
党委副书记、副局长、正县级侦察员：李明远 艾文庆
副局长、正县级侦察员：许少安
调 研 员：张桂青（12月任、免）
副 局 长：刘晓忠 陈子文
指挥中心主任：刘可心（女）
政治部主任：么春雨
纪委书记、督察长：魏顺全
交警支队支队长：徐忠岭
交警支队政委：郭志强
刑警支队支队长：孟印茹
刑警支队政委：袁来明（10月任）
巡特警支队支队长：张志
巡特警支队政委：熊永成
国内安全保卫支队支队长：
薛长城（6月免）
孙晓忠（10月任）
国内安全保卫支队政委：刘连贺
人民警察训练学校校长：
霍志云（女）
收教所所长：董秀丽（女）
第一看守所所长：孙彦颂
第一看守所政委：项中元（5月免）
刘学东（10月任）
第二看守所所长：胡国臣
第二看守所政委：张 清
治安支队支队长：刘立祥
公交分局政委：王永康
公交分局局长：崔利文
高新分局局长：江海洲
高新分局政委：龚福军（10月任）
海港分局局长：吕东飞
海港分局政委：宋春志（10月任）
南堡分局局长：郑立勇
南堡分局政委：冯意志
曹妃甸分局局长：赵晓峰
芦台公安分局局长：张艳兴
汉沽公安分局局长：谷晏光
路北分局局长：毕登义
路北分局政委：杜 英
路南分局局长：邱建东
路南分局政委：贺永斌
开平分局局长：徐增志
开平分局政委：陆 伟
古冶分局局长：吴建成
古冶分局政委：胡瑞新
副县级侦察员：张立成（7月免）
副调研员：张建会 孙绍东
苗顺民 王洪涛
张惠琴（女）
刘维石 李凤清
张学宁
周树义（11月免）
齐瑞江 王振华
肖瑞成 武前来
纪俊祥 丁会民
孔训才（12月任）

民政局

局长、党委副书记：
高世远（12月免）
崔敬东（12月任）
党委书记：高世远（12月任）
付国民（12月免）
副 书 记：刘 季
副 局 长：宋 立 杨建明
于 存 韩卫东
纪委书记：李明星（5月任）
调 研 员：张文才（3月免）
史玉芬（女12月任免）
副调研员：宗国忠 王建利
孟兆亭

司法局

局长、党组书记：王殿春
副局长、党组副书记（正县）：
孙国富
调 研 员：杨树丰（2月任、免）
吴国明（3月任、免）
副局长兼劳教所所长：李建生
副局长，农工党副主委（不驻会）：
王宗英
副 局 长：李春华 王瑞玲（女）
政治部主任：齐学礼
纪检组长：于海涛（5月任）
劳教所政委：付 强
副调研员：魏慧忠
何承荣（女12月任）

财政局（农开办收费局）

局长、党组书记：苏铁成
党组副书记、调研员：孟德增
副局长兼农开办主任：

樊晓清（女）
副局长（正县）：王雪峰
农开办调研员：李富强
副　局　长：魏文忠（3月免）
田云普　马兰银（女）
肖其放（3月任）
金　毅（3月任）
农开办副主任：孟庆国
纪检组长：于秀兰（女11月免）
霍起勇（12月任）
副调研员：陈华沙（3月逝世）
韩素宁（女）
田广武（3月任）
副调研员（驻曹妃甸新城副总指挥）：刘宏杰（5月任）

人力资源和社会保障局（公务员局）
局长、党委书记：徐建君
党委副书记、副局长
兼公务员局局长：艾　春
副局长、调研员：冯保成
调　研　员：苗福明（12月任）
刘宝东（12月任）
副　局　长：王　平
副局长兼就业局局长：
杨宪理（12月任）
副　局　长：李宪章（12月任）
纪委书记：张彦勋（12月任）
副　局　长：李喜辰（12月任）
外专局局长：田富春
机关事业保险局局长、
社会保险事业局局长：
武昌明（12月任）
副调研员：张国生（12月任）
蒋耀光（12月任）
陈　奎（12月任）
么焕艳（女12月任）
庞书平（12月任）
张叙山（12月任）

城乡规划局
局长、党组书记，挂任曹妃甸新城建设指挥部副总指挥，路北区委常委、副区长：林　澎
调　研　员：张志敏（女2月免）
纪检组长：王成兴
副　局　长：何建辉
总工程师：赵铁政（女）
总规划师：郑卫平
副　局　长：王　刚
副调研员（驻凤凰新城工作）：
雷建东（3月任）

唐山市国土资源局（海洋局）
党委书记、局长：陈惠中
副局长：李焕武
张文莉（女）
鲍增奇　牛泽星
全荣哲
党委专职副书记：刘伟东
纪委书记：段彩芹（女）
党委委员、海监支队长：饶长宏
调　研　员：李焕武
副调研员：徐占国　严俊堂
李　彭（8月任）
张玉军（8月任）
姜金成　高宪章
戚广宏　花宜山

（王　志）

住房保障和城乡建设局
局长、党委副书记：
苏春生（12月任）
党委书记：王明如（12月任）
党委副书记、调研员：
裴文久（12月任）
党委副书记：王长发（12月任）
副局长（正县）：刘云峰（12月任）
副局长、调研员：
戴冠军（12月任）
奚志民（12月任）
调　研　员：王秀平（12月任）
董国成（12月任）
副　局　长：强铁山（12月任）
毕学斌（12月任）
周宝山（12月任）
纪委书记：史景忠（12月任）
副　局　长：张玉峰（12月任）
副局长兼总工程师：
刘自强（12月任）
副调研员：彭素敏（女12月任）
尹　静（12月任）
张金池（12月任）
笪志东（12月任）
侯　民（12月任）
副调研员（驻乐亭三岛工作）：
邱　强

城市管理局（城市管理行政执法局）
局长、党委书记兼城市
管理行政执法局局长：
孙贵石（12月任）
党委副书记、副局长（正县）：
张贺明（12月任）
党委副书记、纪委书记、调研员：
李春才

调　研　员：牟淑敏（女）
申宝祥（12月任）
黄希志（12月任）
副　局　长：冀桂梅（女）
王国志（2月任）
副局长（驻凤凰新城任副总指挥）：
吴玉宝（12月任）
副　局　长：张伯光（12月任）
赵国奎（12月任）
总工程师：申宝祥（2月免）
李　欣（2月任）
副局长（驻南湖生态城任副总指挥）：甄贵福（12月任）
副局长（驻南湖生态城任副总指挥）：高怀军（12月任）
副调研员：刘恩来　张祚建
石中波（12月任）
张志栋（2月任）
孙淑丽（女2月任）

交通运输局（港航局）
局长、党委副书记：
杨荣博（12月任）
党委书记：秦宝龙（12月任）
副局长兼港航局
局长（正县）：邸哲敏（12月任）
副局长、调研员：
王世平（12月任）
调　研　员：李卫天（12月任）
副　局　长：张务民（12月任）
纪委书记：龚　仁（12月任）
副　局　长：郑建国（12月任）
罗显堂（12月任）
王建忠（12月任）
周健民（12月任）
鲁学军（12月任）
副调研员：李宝军（12月任）
王利民（12月任）
汤建新（达到任职最高年龄界限，12月提前离岗）
张树兵（12月任）

水务局
局长、党委书记兼
移民迁建办主任：肖玉文
党委副书记、调研员：王连云
党委副书记：殷建平
调　研　员：王家国
齐洪福（5月任10月免）
副局长、调研员兼移民迁建办副主任：杨振坤
副　局　长：付建民（12月任）

王秋岭
纪委书记：孟令凯
副局长（驻陡河青龙河建设指挥部任副总指挥）：崔自双（12月任）
副调研员：齐仲利　韩荣仪
王　赞（女）
张成会

林业局
局长、党组书记：董秀峰
副局长、调研员：梁安会
副 局 长：李信玲
刘宝华（11月免）
纪检组长：盖文群
副调研员：周玲艳（女）

商务局（招商局）
局长、党委书记：王志军
招商局局长：李再东（12月任）
党委副书记：卢万福
党委副书记、副局长：
邢　忠（12月任）
调 研 员：李金生
赵连利（12月任）
副 局 长：李宗臣　严志高
常　伟（10月免）
赵全成（3月免）
李　庚（7月免）
纪委书记：冯卫红
副调研员：王立东　勾国庆
驻新加坡联络处主任（正县）：
杜成林

农牧局
局长、党委副书记：
张印勤（12月任）
党委书记：袁国富（12月任）
副局长、调研员：
张玉果（12月任）
调研员、民革副主委（不驻会）：
张锦芬（女　12月任）
副 局 长：张玉安（12月任）
闫升华（12月任）
纪委书记：王　建（12月任）
副 局 长：董硕之（12月任）
高广贺（12月任）
徐成良（12月任）
副调研员：刘文军（12月任）
强　健（12月任）

文化广播电视新闻出版局（版权局、文物局）
局长、党委书记：
罗向军（12月任）
党委副书记、副局长：
熊国祥（12月任）
副 局 长：白俊艳（女12月任）
张宗宇（12月任）
贺子欣（12月任）
纪委书记：王小禾（12月任）
副调研员：才毅群（女12月任）
孙善新（12月任）
鲁　新（12月任）

体育局
局　　长：刘之俊（12月免）
局长、党组副书记：
刘利东（12月任）
党组书记：刘之俊
调 研 员：孙伯昌（12月任）
副局长兼体育中心主任：韩乙诚
副 局 长：王佑安
副局长兼体校校长：王文奇
纪检组长：牛广达
副 局 长：董晓群　张　荣
副调研员：张　慧　高博生

卫生局（爱卫办）
局长、卫生党委书记
兼爱卫办主任：张志民
卫生党委副书记：许俊湛
调研员：郝庆恩（5月免）
副局长：张成金（12月免）
副局长，农工党副主委（不驻会）：
张贺珍（女）
副局长：陈秉云（女）　王永春
卫生纪委书记：王建辉（4月免）
宋槐春（5月任）
副调研员：信宝如　艾永红
冯清和

食品药品监督管理局
局长、党组书记：王维华
副局长（正县）：岳志喜
张成金（12月任）
副 局 长：赵　利　李建设
戴　云
纪委书记：霍瑞明（12月任）
副调研员：赵红英
陈同乐（12月任）

人口计生委（计生协）
主任、党组书记：许晓娟（女）
副主任、计生协会常务
副会长（正县）：高士良
副 主 任：孙永利
纪检组长：肖　竞（女）
副 主 任：赵印仓
副调研员：闫新伟
刘玉国（4月任）

审计局
局长、党组书记：阚友合
副局长、调研员：
李　桐
王素梅（女12月任）
副 局 长：崔明山　李树平
罗　杰（3月免）
纪检组长：宋槐春（5月免）
刘树元（5月任）
副调研员：易　敏（女）
李　富
韩铁梅（女）

环保局
局长、党组书记：杨恩利
副局长、党组副书记（正县）：
孙东富
副 局 长：刘德政　邢国军
纪检组长：严拴庄
副 局 长：高源山
副调研员：杨国军　杨金钟

统计局
局长、党组书记：王洪江
党组副书记：耿增武（7月任）
副 局 长：杜胜奎　毕义祥
齐宝存（6月免）
调 研 员：王学本（5月任12月免）
正县检查（监察）员：
王玉琦（12月任、免）
副调研员：李树彬

粮食局
局长、党委书记：王会生
正县检查（监察）员：
陈庆富（12月任、免）
调 研 员：王维华（12月免）
副 局 长：关利民　李大利
李宗远　石　田
副调研员：刘国发

安全生产监督管理局
局长、党组书记：费连春
党组副书记、副局长：于兴维
调 研 员：王兴华
于德水（5月任10月免）
孙怀贵（10月任）
副局长：赵立军　谢晓军
白林渠（12月任）
副局长兼监察支队支队长：
孙志峰（10月任）

副 局 长：刘润普（10月任）
副调研员：李桂芬（女）
　　向忠耀
　　付广州（3月任）

法制办
主　　任：张国华（12月任）
副 主 任：杨国清（12月任）
　　葛庆学（12月任）
纪检组长：王小欣（12月任）

外侨办
主任、党组书记：皮万杰
调 研 员：王晓芳（女12月任）
副县级纪检（监察）员：王志超
副主任：刘广海　武文学
副调研员：尤士银（12月任）

国资委
主任、党委书记：孟宪友（2月任）
党委副书记、副主任：
　　王　权（2月任）
正县检查（监察）员：
　　毕作臣（12月任免）
副主任（正县）：董效兵
副 主 任：单立军　刘洪威（女）
副主任、"四点一带"
领导小组办公室副主任：
　　吕来存（12月任）
国有企业监事会主席（正县）：
　　左世忠
国有企业监事会主席：
　　赵文铸
　　崔秀华（女）
副调研员：尹守海　李文全
　　胡　庆

综合督导局
局　　长：周仲明（12月任）
政府副秘书长、常务副
局长、党组书记：
　　王文彬（12月任）
副局长（正县）：巴建川（12月任）
纪检组长：王健敏（12月任）
副局长兼市政府督察室主任：
　　祥　民（12月任）
　　冯晓棠（12月任）

人防办
主任、党组书记：李文悦
调 研 员：范俊影（5月任6月免）
　　费立志（12月任）
　　王长国（11月免）
副 主 任：李福林
纪检组长：石森林
副调研员：刘家昌

地震局
局长、党组书记：王卫国（6月任）
副 局 长：王玉珍（女）
　　陈志敏

旅游局
局　　长：刘永江（12月免）
局长、党组副书记：
　　王　虎（12月任）
党组书记：刘永江
副 局 长：张景田
　　罗显堂（12月免）
副局长、（驻南湖生
态城建设指挥部副总指挥）：
　　苏鸿佳（12月任）
副 局 长：李健侠（女）
　　陈福利（12月任）
副调研员：何自明
副 局 长：赵振兴　李云栋
　　毕国俊
副调研员：王宗海

档案局（档案馆）
局长、党组书记兼档案馆长：杨铁生
副局长：赵振兴　李云栋　毕国俊
调研员：熊国华（女）
副调研员：王宗海

供销合作总社
主任、党委书记：李元新（7月任）
党委书记：王汉银（7月免）
党委副书记、调研员：
　　刘桂芹（女）
副 主 任：陆永辉　马高华
　　张树勤
　　张志昌（3月任）
副调研员：杜九如

住房公积金管理中心
主任、党组书记：姜凤武（3月任）
副 主 任：王元平（3月任）
　　杨丽萍（3月任）
　　于　锋（3月任）

（孙庆武）

中央及省垂直管理部门领导成员

唐山市国家税务局
党组书记、局长：许建斌
党组副书记、副局长：
　　周　颖（正处级）
副 局 长：张晓桓
　　于　洋（挂职）
纪检组长：张志文
总会计师：赵锡铎
总经济师：王朋志
调 研 员：郑振东　杨占起
副调研员：张树春
局长助理：张万友（副处级）

（李　超）

唐山市地方税务局
党组书记、局长：解光第
党组副书记、副局长：李文忠
党组成员、副局长：安东环
　　田瑞平
　　邵建华
党组成员、纪检组长：张永利

（赵轶秋）

唐山市工商局
党组书记、局长：张庭华（2月免）
　　贾振江（2月任）
副局长：范金梁　赵丽华（女）
　　马臣堂（6月免）
　　马　艾
　　李金水（6月任）
纪检组长：陈绍军
副调研员：王树昶（5月免）

（谢志斌）

唐山市质量技术监督局
党组书记、局长：张军民
副 局 长：林　虹　李志杰
　　焦　剑
　　江秀青（女6月任）
纪检组长：梁叙平（12月免）

（杨建刚）

唐山市烟草专卖局
党组书记、局长：张继跃
经理、党组副书记：王　辉
副 局 长：张凤海
副 经 理：李淑芬（女）
纪检组长：毛成志

（乔　杨）

唐山市出入境检验检疫局

党组书记、局长：陈柏柱（7月免）
苏荣海（7月任）
副 局 长：郑建辉
董卫国（8月免）
戴胜军
副局长、纪检组长：纪正忠

（郑秀银）

唐山海关

关　　长：赵立成
副关长、缉私分局局长：
赵凤山（9月任）
副 关 长：李玉东
缉私分局政委：朱晓亚
缉私分局副局长：费更生

（裴　杨）

唐山海事局

党组书记：王家新
局　　长：李志强
副 局 长：刘军锋　王　彬

（兰　岚）

唐山市气象局

局长、党组书记：秦　庚
副 局 长：王建平　王　峰
纪检组长：石志增
党组成员：智利辉

（韩淑媛）

唐山市盐务局

副局长（牵头）：毕占峰
副 局 长：申桂宁
王宝发（1月任）

（付　明）

唐山市无线电管理局

局　　长：纪福林
副 局 长：崔瑞峰　何彦顺
副调研员：预艳菊（女）

（李相涛）

办公厅工作

【概况】 围绕建设科学发展示范区、建设人民群众幸福之都的总战略总目标，坚持决策前当参谋、决策中搞服务、决策后抓落实。组织相关部门谋划制定《千个项目保增长调结构攻坚行动实施方案》。组织召开经济形势分析会和重点项目观摩会，对重点项目实行月调度、季通报制度，及时掌握项目进展情况、解决项目建设中的瓶颈问题。牵头组织实施千个项目联合集中审批，用20天时间完成审批上报任务。协调有关部门制定《加强新增中央投资项目管理的意见》，101个项目获得中央投资13.4亿元，居全省第一位；全社会固定资产投资完成2192亿元，增长61%。制定《加快钢铁产业整合的意见》、《装备制造业发展规划》、《煤化工产业发展规划》、《高新技术产业发展规划》。制定并组织实施《“五小行业”专项整治百日攻坚行动实施方案》，协助抓好节能减排和环境保护工作。预计万元生产总值能耗同比下降5.28%，化学需氧量和二氧化硫排放量分别削减10.5%和11%，均完成和超额完成省达目标任务。组织有关部门健全经济运行调度、要素调节机制，制发《关于抓好工业经济运行工作，确保经济平稳发展的通知》等一系列文件，协助主管市领导每月组织召开一次经济运行分析会。制定《安全生产、食品药品整治攻坚行动实施方案》等文件，组织政府有关部门和县（市）区开展安全生产、食品药品整治攻坚行动等一系列专项整治行动，协助市领导妥善处理滦县“11.5”特大交通事故、马家沟矿“11.10”等重大事故。制定出台《唐山湾“四点一带”产业发展与空间布局规划》、《岸线开发利用规划》、《“四点一带”主导产业发展导入准则》，为唐山湾“四点一带”大规模开发建设奠定基础。协助组织召开21次重大项目建设专题调度会和现场办公会，协调解决首钢京唐钢铁公司、司曹铁路、纯电动汽车等重点项目建设中遇到的实际问题。组织协调相关部门推进申报曹妃甸国家综合配套试验区和循环经济示范区、设立曹妃甸保税港区等重点工作。

推进改革开放，唐山物贸公司、渤海制药厂等13家企业实现破产终结。组织有关部门研究制定五大集团组建方案，冀东发展、唐山港口实业、北方瓷都陶瓷集团、重型装备集团和唐山交通运输集团组建工作全面启动。先后召开9次专题协调会研究调度市属国有企业向曹妃甸搬迁改造等重大问题，冶金矿山机械厂、启新水泥厂等搬迁工作已经启动。组织有关部门制定《2009年赴珠三角、长三角地区开展招商活动筹备工作方案》和招商引资政策措施。参与首届曹妃甸论坛的组织筹备工作，协调有关部门成功组织中国河北唐山—韩国友好周、唐山曹妃甸临港产业国际会议、第十二届陶博会、央企走进曹妃甸等一系列大型招商活动；组织相关单位和企业参加2009河北省（香港）投资贸易洽谈会、深圳高新技术成果交易会等一系列大型招商活动。力促曹妃甸承德工业园和秦皇岛工业园顺利挂牌，促成与中国机械工业集团、华能集团等一批战略合作协议的签署。

谋划起草《城镇面貌三年大变样攻坚行动实施方案》、《绿化唐山持续攻坚行动实施方案》等文件，协助推进曹妃甸新城、南湖生态城、凤凰新城、空港城和陡河青龙河“四城一河”开发建设。推动震后危旧平房、城区中心村和既有建筑节能“三项”改造工程，组织起草《中心区城中村改造暂行办法》、《既有居住建筑节能改造管理办法》、《震后危旧平房改造实施方案》等政策性文件。深入组织实施以“绿、美、亮、净”工程为重点的环境综合整治，协助组织两次城市容貌综合整治百日攻坚行动，城市环境和市容市貌显著提升。

在加强现代农业建设上，制定实施《关于加快推进“奶业振兴工程”的意见》等相关政策，组织协调粮油、蔬菜、果品、畜禽、水产品五大农业科学发展示范基地建设，协助实施市级农业重点项目236项，曹妃甸中心渔港、唐山市农产品批发市场、粮食物流中心等一批重点项目进展顺利。协调有关部门组织制定《高标准农田建设实施方案》，加快实施中低产田改造、农田水利、农机装备等重点工程。在推进农村改革发展上，协调有关部门、指导各县（市）区全力推进农村新民居建设和旧民居改造工程，开工新民居建设175个村，旧民居改造开工200个村，新建文明生态村449个。制定实施《关于建立全市农村土地承包经营权流转交易体系的意见》，协调有关部门组建覆盖县、乡、村的土地经营权流转交易服务管理网络，新增流转面积29.7万亩。组织

制定《唐山市百万农民大培训实施方案》、《鼓励和支持农民进城的若干政策（试行）》，设立市、县两级农民进城受理服务中心，引导更多农民在城市落户和就业。强化中央、省、市各项强农惠农政策的督导落实，累计发放粮食直补、大型农机具购置以及家电、汽车、摩托车下乡等补贴资金7亿多元。

组织有关部门谋划制定《改善民生攻坚行动实施方案》，确定为人民群众办的20件实事如期完成。组织相关部门制定《关于进一步提高社保对象保障水平的意见》、《新型农村养老保险试点工作指导意见》等政策性文件，协助开展“健康唐山、幸福人民”行动，为120.4万人建立健康档案、为53.2万人制定健康计划、为82.7万人进行体检。组织有关部门制定《唐山市甲型H1N1流感大流行应急预案》、《秋冬季甲型H1N1流感疫苗预防接种实施方案》，协助做好手足口病、甲型H1N1流感等防控工作，把握了防控工作的主动权。

【政务服务】 以政府确定的12个方面126项重点工作为主线，发挥枢纽作用，超前谋划、统一调度、强化协调、严密组织、严格把关。制定《唐山市人民政府2009年工作目标任务督查要点》，共办理国家、省、市领导批示件1397件，按时办结率100%；下发各类督办通知、督办卡1000多件（次），编发《督查事项专报》150期，《政务督查》21期，《五项攻坚行动简报》150期。制定出台《公文处理限时办结制》，全年制发市政府和办公厅文件650件，接收处理上级来文和领导批示件2547件，受理下级请示、报告2446件，审核、印发文件、交换机要信件27万余件，未出现压件、丢件、误办、漏报等问题。着力增强“以文辅政”的能力，共完成政府工作报告、市政府全体会议和各种重要会议文件讲话、向国家省领导汇报等各类文稿1800余篇，成稿文字量1200多万字。文稿质量进一步提高，一次送审合格率达到95%以上，成稿使用率达到98%以上。共组织承办国家、省政府和市政府召开的大型会议和举办的大型活动50多次，组织市政府常务会议15次、组织市长办公会议和各类专题协调会议120次，精心安排，周到服务，保证会议质量和效果。共编发《要情快报》、《信息快报》、《内部通报》、《原件呈阅》等本级信息刊物404期，均超额完成任务；被国办、省政府办采用信息350篇，信息工作继续在省政务考核评比中名列前茅。加强政务网络平台建设，推进政府信息公开，完成电子公文流转系统前期工程，提高信息资源共享水平，保证政务信息安全运行、及时公开。修改完善《保密工作制度》、《机要文件、电报管理使用工作细则》等各项保密制度，严格计算机分类管理，严格涉密文件运转程序，严格涉密人员培训管理，各项保密工作水平明显提升。在12345市长公开热线的基础上，对22条政务服务热线进行全面整合，建立唐山市公共服务热线，实现全天候人工值守，认真解决群众反映的热点难点问题，共受理各类群众诉求25.1万余件，按时办结率为99%，群众满意率达到97%以上。协助处置海上船只遇险、安全生产事件、群体性上访等65起突发事件，及时妥善处理各类信访事件448批次、1.62万余人次。共承办省、市人大代表建议、政协委员提案609件，按时办复率、答复函规范率和走访率均达到100%，代表、委员满意率达97%。2009年完成重大活动及国家有关部委、省政府有关部门、兄弟省市来唐视察、检查、考察、学习、重要外商来唐等多项接待任务。除“陶博会”等大型活动接待外，累计完成其他各项政务接待5800多人次。制定《关于推行投资项目审批代办制的实施意见》等配套文件，选派89名县级后备干部作为代办专员，对第一批77个重点项目实施审批代办。

【机关自身建设】 结合办公厅工作实际，在建立健全学习教育、联系和服务群众、机关效能提升、目标管理、激励约束、督导检查等六项制度的基础上，重点健全完善会议组织管理、公文处理、沟通协调、文稿起草及审核把关、信息调研、政务督查、应急值守、政务接待、政务信息公开、机关内部管理等33项制度，并辑印成册，在全厅推行，将机关建设和各项工作纳入规范化、制度化、科学化的轨道。通过组织开展岗位练兵、交流研讨、定期培训等，培养机关干部的政治鉴别、依法行政、公共服务、调查研究、学习创新、沟通协调、处理复杂矛盾等“七方面能力”，练好文稿起草、综合协调、具体办事“三项基本功”，提高以智辅政的能力和以文辅政的水平。按照《党政领导干部选拔任用工作条例》要求，严格遵守干部选拔任用工作标准和程序，对科级以下的干部进行竞争上岗和交流轮岗，选拔一批文化素质较高、能力潜质较大的人员充实到办公厅干部队伍，进一步优化干部队伍结构。改进会风和文风，控制会议数量、规格、规模和时间，大力精简会议和文件。与上年同期相比，文件压缩了12%，会议减少了16%。制定《关于政府规章和规范性文件清理结果的通告》，重点清理不符合建设科学发展示范区和人民群众幸福之都要求的、阻碍经济和社会发展的、与上位法规相抵触的文件，共审核政府规章68部，废除20部，修订9部；规范各类文件348件，停止实施142件。制定《关于行政许可和非许可类行政审批事项清理和规范工作的意见》，组织相关部门对行政审批事项进行再清理、再优化，确定继续实施的行政审批事项282项，比上年调减9项，行政审批效率进一步提高。重点推行“四个一”管理机制。实行工作情况台账化管理，工作信息资料档案化管理，工作过程模式化管理，工作业绩评判制度化管理。制定出台《市政府办公厅关于进一步加强纪律约束的若干规定》，全面落实省关于“十个严禁”的要求，办公厅系统没有发现违反“十个严禁”的人和事。推行去向告知牌、桌牌、挂胸卡上岗制度，得到市直机关工委的肯定，并在市直机关进行推广。开展“驻点调研帮扶活动”，多方筹集资金60多万元，对滦南县司各庄镇兰北村进行重点帮扶，帮助植树5000株以上，治理沙沱地800亩，打井4眼，新上管灌4000米，硬化村路800米。制定出台《中小企业振兴计划》、《清理规范收费行为工作方案》等30多项涉及支持企业发展和改善群众生产生活的配套

政策和制度，协助建立基层或企业联系点38个，开展调查研究189次，帮助企业理清发展思路，现场解决实际问题103个。

（宗　合）

政府法制建设

【行政立法】　本着科学严谨的态度，坚持以人为本，体现社会公平。建立健全公开征求意见、专家咨询论证、立法听证等制度，广泛集中民智，确保立法质量。先后起草《唐山市旅游业促进条例》和《唐山市防震减灾管理条例》两部地方性法规。《唐山市旅游业促进条例》已经省人大常委会批准颁布施行，《唐山市防震减灾管理条例》已由市人大常委会一审通过，待二审通过后报省人大常委会批准施行。先后审核《唐山市城市供水管理条例实施细则》、《唐山市城市夜景亮化建设管理办法》等10部政府规章。按照《唐山市行政机关重大行政行为合法性事前审查暂行规定》，认真做好规范性文件的审查工作。完成《唐山市政府投资非经营项目代建管理暂行办法》等55件规范性文件的审核工作；承办《中华人民共和国侵权责任法（草案）》等33部法规、规章征求意见办理工作。坚持“立、改、废”并重，对不符合科学发展观要求的规章和规范性文件及时废止或停止执行并向社会公布。通过清理，确认市本级继续有效政府规章39部、继续实施规范性文件206部；继续实施行政许可和非许可类行政审批事项282项，削减力度和承诺办理期限在全国同类城市中处于领先水平。代市政府组织起草《唐山市公民旁听市政府常务会议试行办法》和《唐山市重大决策公示听证暂行办法》。按市委、市政府领导要求参与《中共唐山市委推进科学执政民主执政依法执政实施纲要》的起草工作，主要从依法行政的角度，对纲要依法执政方面提出建设性意见。近几年共向省政府法制办报送备案12件；县区政府向市办报送备案70件，有效地杜绝超越权限设定公民、法人和其他组织义务的行为。

【行政执法】　贯彻《河北省行政执法证件和行政执法监督检查证件管理办法》和《关于全省行政执法人员进行新法规培训的通知》要求，以《物权法》、《政府信息公开条例》、《行政复议法实施条例》、《突发事件应对法》等为重点，组织开展新法规培训考试和新增行政执法人员资格考试。新法规培训以部门组织为主，全市统一考试；新录用和新调整的行政执法人员由市统一组织培训考试，严把准入关。为搞好新增执法人员的培训考试，2009年4月份，分三期对市直、各开发区（园区、管理区、工业区）新增行政执法人员及各县（市）区垂直领导、省以下垂直领导部门中需要办理省政府行政执法证件的新增行政执法人员进行培训考试。据统计，共有600多人参加培训考试，及格率为90%。

根据市编委会对市交通局《关于调整交通局部分事业单位机构编制的请示》的批复，以及对市交通局《关于成立唐港高速公路管理处》、《关于成立唐承高速公路管理处》的批复，先后对公路路政管理处、唐港和唐承高速公路管理处的行政执法资格进行全面审查，并按照规定程序，为这三个部门办理罚没许可证副本，确保交通部门行政执法权限的规范调整。组织召开全市规范行政执法车辆标牌标识工作会议，通报城市管理行政执法车辆使用情况，指出存在问题，部署下步工作任务，提出具体工作要求，印发《唐山市规范行政执法车辆标牌标识暂行办法》。组织有关部门开展宣传检查活动。共出动执法宣传车辆30台次，出动执法检查车20台次，上路进行宣传检查，从而进一步规范执法车辆标牌使用，有效杜绝了无牌车辆上路执法现象的发生。按照《河北省行政许可案卷标准》和《河北省行政处罚案卷标准》要求，推进行政执法规范化、科学化。重点对国土资源、交通运输等部门进行抽查。对抽查中发现的问题提出改进措施，促进执法案卷规范化管理。

【行政审查】　2004年，唐山市政府颁布施行《唐山市行政机关重大行政行为合法性事先审查暂行规定》，对以市政府名义做出的重大行政行为的合法性进行审查。2009年以来，对河北省文化创意产业园总部基地项目、陶瓷城及汽车文化展示园区域综合改造项目，以及万达广场、新华文化广场、世博产业园区等二十几宗收回国有土地使用权卷宗提出审查意见。先后完成《关于唐海县政府反映南堡盐场占用其界内土地问题的调查报告》、《唐山市政府法制办公室关于王东来诈骗、贪污购房款一案情况报告》等案件的审核。截至年底，共完成各类意见、建议、报告18件，接收并审核备案规范性文件70件。

完成《南湖生态合作协议和土地开发合作协议》、《唐山市人民政府与中国兵器工业集团公司战略合作框架协议》、《永唐秦管线天然气买卖与输送协议》、神华集团有关西郊电厂拆迁、三岛开发、与神舟数码等国内外知名企业战略合作和经济开发等39部协议文本的审核，依据《公司法》、《合同法》等国家法律之规定认真审查并出具法律意见。

【行政复议和应诉】　2009年共收到市本级行政复议申请135件，其中受理132件，不予受理2件，告知1件。现已审结132件。在已审结的案件中，维持107件，撤销9件，确认违法1件，变更1件，终止14件。向省政府提交复议答辩11件，其中维持5件，撤销2件，驳回1件，未审结3件。做好行政应诉的各项工作，按时限要求提交答辩状，准时出庭应诉，自觉执行人民法院的判决或裁定。2009年共代理市政府参加行政应诉10件，其中维持市人民政府具体行政行为的7件，撤销的2件，原告申请撤诉法院裁定允许撤诉的1件。

以《行政复议法》颁布实施10周年为契机，组织开展一系列的宣传教育活动，组织举办由各县（市）区和市直各有关单位参加的复议工作座谈会，就如何做好新形势下的行政复议工作，化解社会矛盾，维护社会稳定交流经验和做法。10月，在抗震纪念碑广场举办《行政复议法》宣传教育活动。共出动宣传车10部，制作宣传展牌20块，

收到较好的社会效果。组织县（市）区政府及市直相关部门复议工作人员60余人先后分别参加国务院法制办举办的行政复议信息报备系统培训、行政复议人员专项业务培训和省政府法制办举办的行政复议信息报备管理系统培训，提高复议人员的业务素质，有力地促进复议工作的开展。

（陈　岩）

政务公开

【规范化管理】　按照全省行政服务中心建设经验交流会议精神和《河北省人民政府关于加强和规范全省行政服务中心建设的指导意见》（冀政〔2009〕130号）对进驻“中心”工作的最新要求，强力督导各相关部门切实充分地向进驻“中心”窗口放权，所有进驻行政服务中心办理的事项全部实行“封闭式”运行，做到办件不离厅，坚决杜绝“前台受理，后台办理”、“前店后厂”、“体外循环”等现象的发生，使“中心”窗口真正成为代表本部门办理行政审批事项的唯一平台。充分利用新的审批网络系统，对审批事项的办理过程进行精细化管理，对发生超时审批的事项严格实行“超时默许”，有效保证“中心”全年无“超时审批”现象的发生。2009年1月2日正式开通唐山市行政服务中心门户互联网站，先期实现网上审批咨询、网上申报、网上表单下载、网上政府资源共享、网上反馈、网上统计与监管等。在此基础上，按照市纪委、监察局的安排部署，集中精力着力抓好行政审批权力运行监控机制建设，依托“中心”基础建设和电子政务建设，逐步建立“流程清晰、责任明确、过程公开、风险控制、全程监管、奖惩分明”的行政审批权力管理和监控机制，最终形成规范、透明、管用、实际的较为成熟的行政审批监控模式。

【投资项目审批代办制】　2009年年初全面启动投资项目审批代办工作。先后起草并以市委、市政府及两办名义下发《中共唐山市委、唐山市人民政府关于推行投资项目审批代办制的实施意见》、《中共唐山市委办公厅、唐山市人民政府办公厅关于印发〈唐山市投资项目审批代办工作实施暂行办法〉的通知》以及《唐山市人民政府办公厅关于印发〈推行投资项目审批代办制代办项目安排〉的通知》等一系列文件，建立起项目代办工作的一整套制度体系。市委组织部从后备干部库资源中选定89名政治素质好、业务能力强、有培养发展潜力、年龄在45岁以下的县级后备干部，到代办机构作为代办专员挂职锻炼，其中正县级后备干部22名，副县级后备干部67名。代办专员确定后，“中心”与组织部组织全体代办专员在市委党校进行为期两天的封闭式培训，重点学习投资项目审批相关业务知识，有效促进代办人员由原工作状态到代办工作状态的“角色转换”。结合发改委、重点办对投资额1000万元以上的1079个项目进行全面梳理和筛选，挑选出281个项目下发到各代办组，要求进行认真调研，并提出是否适合代办的初步意见，最终确定77个项目作为第一批实施代办的项目。开滦集团、中国人寿唐山分公司、庞大汽贸等30多家项目单位通过受理窗口主动申请代办，当场签署项目代办协议，使代办工作更具针对性、实效性。为确保代办工作顺利进行，从代办工作的受理、办理、办结等各个阶段都提出具体明确的要求，并研究制作《代办项目受理单》、《投资项目代办委托协议》、《代办项目任务分配单》、《代办项目登记表》、《代办项目办结单》等一系列表单，建立起科学规范的代办工作流程。先后组织起草《唐山市投资项目审批代办工作实施暂行办法》、《唐山市投资项目审批代办专员考核暂行办法》等规章制度和规范性文件，设计制作投资项目代办委托协议、代办项目受理单等相关表格，实行集中办公和请销假制度，使项目代办工作有章可循、有规可依。截至年底，第一批实施代办的77个项目，已有40个项目顺利开工建设，完工6个；先后5次组织代办专员参加大型招商活动，达成投资意向120余项。

【房地产审批和收费制度改革】　组织起草《唐山市行政服务中心关于公布唐山市房地产开发行政审批和收费制度改革实施细则的通知》、《唐山市人民政府办公厅关于实施房地产业行政审批和收费制度改革有关事项的通知》以及《唐山市人民政府办公厅关于印发〈唐山市人民政府法制办公室、唐山市行政服务中心关于实施房地产业行政审批和收费制度改革相关问题的意见〉的通知》等配套文件，保证房地产业行政审批和收费制度改革顺利实施。为方便开发商办事，专门在联合审批的主办部门建设局窗口设立施工图联合审查和竣工验收联合办理受理窗口，并在窗口显著位置摆放标识牌，随时受理、审核相关申请，办理相关手续。按照“自愿委托、全程服务、免费代办”的原则，对市域范围内符合产业导向的固定资产投资项目（包括房地产项目），由代办专员全程领办跑办各项审批手续。截至年底，包括万达广场在内的多个项目正式开工兴建。全年有40左右个房地产开发项目在行政服务中心正式受理并实行全程代办。房地产改革新政实施以来，先后协助建设部门召集相关审批职能部门召开7次联审会议，对7个房地产开发项目实施施工图联合审查。

【加强内部管理】　先后多次对空调、触摸屏、饮水机等主要设施、设备进行全面保养和维修，保障各种设施、设备运转正常。6月，农民工进城受理服务中心进驻“中心”办公，在办公场地非常紧张的情况下，对办事窗口进行了调整，保证了农民工进城受理服务中心正常办公。组织起草《县（市）区行政服务中心“星级”考核评定办法》和《进驻市行政服务中心单位窗口“星级”考核评定办法》，并以政府办名义下发实施。同时，编印唐山市行政服务中心建设文件制度汇编，进一步保证考核规范化、制度系统化、管理科学化。加强信息反馈和情况沟通，及时、准确地反映“中心”工作开展情况，截至12月上旬，共刊发《工作动态》24期，《内部通报》18期，有效推进“中心”基础工作建设，为市委、市政府领导决策提供重要依据。

（何　欣）

电子政务

【概况】 2009年，市政府电子政务管理办公室正式组建，市城乡一体化服务管理信息系统正式启动运行。系统启动以来，运转正常，二期建设有序推进，在推进城市的精细化管理，提升服务百姓的能力和水平，促进科学发展示范区和人民群众幸福之都建设等方面发挥较好作用。整合全市22条政务服务热线，使用市长公开电话12345号码，建立唐山市民公共服务热线，实现全天候人工值守，全方位接听百姓诉求。市长公开电话在市政府领导的关心、支持和各承办网络单位的大力协助下，紧紧围绕人民群众关心的热点、难点问题，以作风年建设活动为契机，不断加大办理力度，提高工作效率，增强服务意识，较好地完成年度工作目标和领导交办的其他工作任务。全年累计受理各类群众诉求25.1万个，下发事项交办单2.6万余件，办结率达99%，收到感谢信函、锦旗280余件次和大量的感谢电话。编发《政务督查》2期，《督查事项专报》19期，呈报《重要事项呈阅》65件次，市领导批示率达100%。抽查回访群众满意率达97%，群众满意率显著上升，为民服务能力进一步提高。

【打造24小时不下班的政府】 为落实省“干部作风建设年”活动要求，加快政府转型和机关作风转变，5月份，针对全市政务服务热线多、号码相近，不便于群众记忆查询以及政府服务资源浪费等现状，市委、市政府提出在12345市长公开电话的基础上，将全市22条政务服务热线进行整合，成立统一的唐山市民公共服务热线。首先，精心谋划，制定整合方案。对全市范围内运行中的22部政务公开服务电话运行现状进行摸底调查，同时对短号码资源申请及使用的相关规定进行深入了解。在此基础上，充分学习借鉴外地先进省市的成功经验，结合市内已经启动运行的城乡一体化服务管理信息系统建设情况，撰写出《关于整合全市政务公开服务热线电话建议的报告》，提出采取“双轨制”，对国家部委要求设立和市直部门自行设立的公开电话进行有机整合的意见。通过组织召开专题座谈会，充分征求相关部门意见，拟定《唐山市政务服务电话整合工作实施方案》，整合后的市民公共服务热线于5月15日正式启动运行。其次，严格筛选，组建接线员队伍。按照热线整合工作方案要求，公开招聘21名接线员充实接线队伍。采取聘请专业人士授课，老同事经验传授和以老带新培训的方式，对全体工作人员在接听技巧和文明礼貌用语方面进行系统培训，加强工作人员的业务理论水平和处理问题的能力。三是合理安排，确保热线有序运转。热线整合后，推行属地受理和7×24小时人工服务。为进一步适应工作时间延长和受理渠道增加的实际工作需要，结合每个接线人员的实际特点，细化分工，明确分组，采取以小组为单位，按照倒班的工作机制，合理安排班次，确保24小时热线正常有序运转。四是加强管理，打造优质服务窗口形象。面临服务时间延长、工作人员增加、服务内容拓展和受理任务剧增的现状，为进一步适应新形势和新要求，提升优质政府窗口形象，不断在管理上下功夫，制定出台《坐席人员管理考核办法》、《交接班工作制度》和《请销假工作制度》，严格规范工作人员的行为，强化服务意识和纪律观念。对违反规定的工作人员，采取个别谈话、说服教育和大会通报等方式，及时进行纠正，全力以赴打造优质服务的政府窗口形象。

【数字化城乡一体化管理】 建设数字化城市管理指挥调度中心，市中心区和其他县（市）区的城市管理实现从被动向主动，从应急到常态，从粗放到精细的转变，城市管理水平得到明显提升。年内，全市累计受理城市部件事件问题1.27万件，办结率达到90%。按照市领导要求，在10月底前将服务管理信息系统延伸到乡镇农村和城市社区的建设要求，迅速组织谋划系统二期建设方案，经市领导审定后专门召开专题会议，进行研究部署，有效推进二期建设的有序开展。年底，大部分县（市）区基本完成建设任务，城乡一体化服务管理信息系统手机网站和有线电视服务频道基本开发完毕。

【市长个人邮件的办理】 3月份，市委、市政府领导全部面向社会公开个人电子邮箱，为做好这项工作，市政府系统主要采取三项措施：一是制定制度，明确办理程序和要求。拟定出台《市政府领导干部电子信箱联系群众制度》和《唐山市人民政府督查室关于办理市长信访件的暂行规定》，专门下发《关于办理陈国鹰市长个人邮件的通知》，明确办理方法、交办程序、承办期限和反馈要求，使办理流程科学规范，确保群众诉求件件有着落，事事有回音。二是加强督办，确保办理实效。明确专人负责及时接收处理邮件，按照每天呈报、及时交办、限期反馈、严格审核的工作要求，采取记账督办、超时催办的方式，督导承办单位严格按照规定要求，做好办理、反馈和回访工作。在审核办结工作环节中，对结果不明确、意见不清楚、期限不确定和回访不注明的答复意见，一律退回重办，确保群众各类诉求的有效落实。三是借助媒体，营造全员办理氛围。采取领导访谈、现场采访、跟踪报道等方式，公开办理情况，监督办理过程，从而进一步扩大影响，营造群众信任、部门重视、领导满意的办理环境，使领导个人邮箱深得民心，赢得百姓信赖。全年受理市长个人邮件4303件，交办1918件，办结率达97.7%，回访率达100%。其中，呈报国鹰市长批示57件，上报《督查事项专报》19期。

【强化热线督办落实工作】 根据新形势要求，结合新系统特点，不断总结积累经验，创新工作方法，采取加强调度、定期通报、明确重点挂图督办、严格审核规范办理和加强回访务求实效等方法，有效促进热线工作的开展。一是加强调度，定期通报。采取每月通报和半年、年终两次向承办单位“一把手”发放通报卡的方式，通报办理情况，征求部门领导对市长公开电话办理

工作的意见，并将部门领导的批示进行汇总，在全市范围内予以刊发。针对承办单位在办理过程中存在的问题，不定期调度主管领导和具体负责同志，通报办理情况及存在的问题，相互交换意见，加强沟通了解，以便及时加强和改进工作，提升各承办单位领导的重视程度，促进及时有效的办理。二是明确重点，挂图督办。根据群众反映，在每个月的初期拟定热点及焦点问题，随着事态的发展进行适时调整，并通过系统内部公告的方式通知所有坐席，以便工作人员掌握并针对公告内容积累素材，及时汇总群众意见和呼声，上报给市政府领导，为领导掌握社情民意和科学决策，提供翔实准确的第一手资料。对于群众反映较多、反复投诉且具有较大隐患的诉求，在及时上报市政府领导的同时，交办有关单位迅速办理。根据交办内容和领导批示意见，建立督办台账，重点跟踪问效，直至问题得到有效解决。三是严格审核，规范办理。为提高热线交办事项的实际办理效果，加强对各承办单位办理反馈意见的审核把关，制定下发《关于规范办理反馈工作的通知》，对办理意见的格式和要求，进行明确规定。加大审核力度，对不符合政策规定和要求的答复意见，一律退回重新办理，以此提高办理的质量和实效。四是加强回访，务求实效。采取明确专人负责，由系统自动抽取回访事项的办法，进行电话回访。回访过程中，对反映事项的办理情况及办理满意度进行调查，由回访人员认真填写记录。通过回访，对群众所反映的问题与答复意见有异议的，重新督促承办单位继续办理，责成做好群众的答复工作。定期对回访情况进行汇总，统计出承办部门办理情况的群众满意度，适时根据满意度与承办部门加强沟通，进一步提高办理实效，增强与群众间的互动，促进群众诉求的有效解决。

（赵　震）

民族与宗教

【民族工作】　与市委宣传部联合下发《关于在全市深入开展民族团结宣传活动的实施方案》，对民族团结进步宣传教育工作进行部署。在《中国民族报》和《唐山劳动日报》刊发唐山市民族工作专版，对民族工作进行宣传；开设“民族政策和民族知识”宣传专栏，举办新中国成立60周年民族团结进步知识竞赛，普及民族政策和民族知识；与唐山电视台联合制作民族团结进步专题片、在车载电视和繁华路段显示屏上滚动播出民族团结宣传口号、印制民族团结进步宣传单等形式大力宣传民族团结进步事业。全面贯彻落实国务院办公厅《关于检查国办发〔2008〕33号文件贯彻落实情况的通知》精神，对重点行业、重点窗口贯彻落实民族政策情况进行检查，组成督导组对重点县市区、重点行业、窗口单位贯彻落实情况进行抽查。开展第十四个“民族团结月”活动，为少数民族解难题、办实事。“民族团结月”活动中各级财政累计投入资金461万元，解决实际困难120余项、办实事100余件。市委、市政府对五年来在民族团结进步事业中做出突出贡献的迁安市人民政府等53个模范集体和卞秀富等70名先进个人进行表彰。

制定《关于进一步加强城市民族工作的意见》，推动城市民族工作快速发展。对城市民族工作进行调研，摸清底数，向市政府呈报《关于进一步加强我市城市民族工作的报告》，全面分析城市民族工作面临的形势，提出开展城市民族工作建议。以市委办公厅、政府办公厅名义起草下发《关于进一步加强城市民族工作的意见》，为推进城市民族工作提供政策保障。制定下发《关于进一步推进城市民族工作科学发展的实施方案》，对城市民族工作的硬件设置、机构建立、制度建设、网络建设等方面进行具体规范，对市内6区开展城市民族工作给予有力指导，确保《意见》落到实处。开通民族工作网站和“2803456少数民族服务热线”，建立对少数民族法律援助、困难救助、就业扶助制度。指导路南、路北区培养、树立福乐园、友谊里、祥富里、河北路等城市民族工作示范社区。

对2008年度民族乡村经济社会发展指标和数据进行统计分析，建立民族乡村基本情况数据库。筛选出5个发展基础较好、村两委班子带动作用强、群众参与创建积极性高的民族村列入全省民族工作示范村建设规划，三年内将为5个民族村争取省民族发展资金250万元。2009年已到位80万元。同时，筹措资金10万元支持5个民族村完成创建规划。协调水务局、体育局等民委成员单位与相关民族村发展项目进行对口帮扶，投入帮扶资金374万元。

【清真食品安全专项整治】　在重大节日期间与工商局、商务局等联合对清真食品市场进行检查，对东来顺饭庄4家分店等清真食品经营单位存在的问题予以纠正。对各大院校清真食堂开展专项检查，督导唐山师范学院、丰润车轴山中学等单位改善回族学生就餐环境。会同相关县区妥善处置开平区回族学生在石家庄市误食非清真火腿肠、高新区一超市将清真包装用于非清真食品、丰润区某中学给本校回族学生误盛非清真饭菜而引起的多起纠纷事件。

【宗教工作】　制定《关于在全市开展创建“和谐寺观教堂”活动的实施意见》，明确创建意义、目标和创建标准。民宗局、各县（市）区民宗工作部门、各宗教团体先后召开动员会，安排创建工作，动员宗教界开展和谐寺观教堂创建活动。明确各宗教团体、宗教活动场所是创建主体，要求各级民族宗教工作部门做好指导、协调和服务工作。各宗教团体也分别制定实施方案，分解任务，责任到人。开展“弘扬爱国爱教传统，共建和谐唐山”主题教育活动，将爱国教育贯彻始终。改变宗教活动场所面貌，美化家园。打造重点宗教活动场所，发挥示范带动作用。从150余处宗教活动场所中选出创建基础较好的15处场所进行重点打造，以点带面。投资6万多元为15个重点场所统一制作“和谐之窗”不锈钢宣传栏，宣传创建和谐寺观教堂意义、目标、标准和创建情况；投资7万余元为五大宗教团体建立荣誉室、购置30多种500余册图书和10套书柜为重点宗教活动场所建起图书室；协调体

育局为天主教唐山教区主教府院内安装价值2万多元的健身器材；请规划局对在建的兴国寺等宗教活动场所进行再规划，提高建设水平。

采取有效措施，认真做好宗教敏感期、重大节日、新中国成立60周年和首届曹妃甸论坛期间宗教界的稳定工作；认真做好乌鲁木齐"7.5"事件后伊斯兰教领域的维稳工作；依法妥善处置美国"摩门教"、巴基斯坦"达洼宣教团"和境外基督教组织在唐山市非法传教、"回族佛教"网站侵害穆斯林群众合法权益等事件。

按照《唐山市宗教教职人员考评办法》，利用一个月的时间，以宗教团体为单位，组成考评班子，组织教职人员在各自教内述职，全面总结一年来履职情况。考评组从政治素质、宗教学识、品德修养、工作表现四个方面对教职人员一年来的工作进行评定。同时，听取教职人员所在县（市）区宗教工作部门和宗教团体的意见，进行综合评定。全市共有138名教职人员参加了考评，27人被评为"优秀"等次。

从3月开始，利用8个月的时间，指导全市宗教界开展"弘扬爱国爱教传统、共建和谐唐山"主题教育活动。组织教职人员学习爱国爱教史料，宣讲老一辈爱国教职人员爱国爱教事迹，举办论坛阐述教规教义中和谐思想。同时，开展为台湾地震灾区捐款、"关爱环境、从我做起"、"7.28"祈福法会、捐助贫困学生、无偿献血、"祖国在我心中"诗歌朗诵暨演唱会等主题实践活动。省委统战部、省民宗厅于2009年11月6日联合在唐山市召开"弘扬爱国爱教传统，共建和谐河北"主题教育活动现场会，在全省推广唐山经验。

2009年4月，协助市伊斯兰教协会举办第二届新"卧尔兹"演讲比赛。22名阿訇以共建和谐为主题，引经据典，以具有时代气息的语言对教规教义做出符合社会发展、文明进步、增进团结的阐释。新"卧尔兹"演讲比赛，推动"解经"工作的进一步开展，为阿訇搭建起学习、交流与研讨的平台。

2009年5月26日，举行宗教界慈善基金"帮一点"助孤助残捐赠仪式，为市儿童福利院捐赠价值10万元的儿童康复器材。8月5日，宗教慈善基金再次为因车祸失明，家庭困难的开平区回族群众石杰支付医疗费用8000元。

2009年6月，召开唐山市基督教第四次代表会议，选举产生了新一届基督教两会领导班子。

2009年，唐山市民族宗教事务局被省民族宗教事务厅评为全省民族宗教工作先进单位和信息工作先进单位，被市委、市政府评为全市民族团结进步模范集体。张硕局长被国务院授予"全国民族团结进步模范个人"荣誉称号。

（郑翠玉）

外事工作

【中韩友好周】 2009年5月23日—27日，外侨办联合市直10多个单位共同举办"中国河北唐山·韩国友好周"活动，这是中韩友好周自举办以来首次在省级行政区划以下城市举办，也是首次在省会城市以外城市举办。友好周以"增进相互了解和友谊，促进经贸交流与合作"为宗旨，主要内容包括电影周、图片展、文艺演出、饮食展在内的文化交流和经贸洽谈考察两部分。韩国驻华使馆官员及韩国经济界、文化界、演艺界人士约200人参加友好周活动。友好周期间，韩国庆尚北道浦项市和唐山市签署关于加强农业和新农村建设方面合作的谅解备忘录；韩国希杰（天津）饲料有限公司和动物保健品饲料协会签署关于加强畜牧行业培训及交流的协议。同时，还达成包括韩国特易发大型购物中心（总投资5882万美元）、斗山重工曹妃甸海水淡化及工程机械项目、三星集团曹妃甸电子数据系统、生产空压机及配件、加工板栗、泡菜等12个合作意向，投资额达到6500多万美元；签订出口协议5个，成交额320万美元。中韩友好周活动的成功举办，为中韩两国人民的友好合作增添新的内容，进一步增进两国人民的相互了解，有力地促进唐山与韩国的文化交流和经贸合作。

【曹妃甸论坛服务】 10月15日至17日，首届曹妃甸论坛在唐山成功举办，论坛共吸引来自世界各地的1000多位嘉宾参加。根据曹妃甸论坛总体方案，谋划制订邀请工作方案，取得显著成果，共邀请到包括新西兰前总理詹妮·希普莉、英国前副首相约翰·普雷斯科特、新加坡人力部部长颜金勇等7个政要团组在内的53个团组，共计272人参加论坛。从四所高校选调100名外语教师、研究生为论坛联络员，进行一个多月的接待知识、市情培训，论坛背景培训，外事礼仪培训，深入重点项目单位进行考察，增强感性认识。通过严格的考核、选拔，为每一位联络员确定合适的接待岗位，使其承担起从外国政要到专家学者等重要外宾的接待工作。包揽大会所有的文字翻译任务和论坛期间中外嘉宾发言稿、会见、宴请等的翻译工作。外侨办被市委、市政府评为"首届曹妃甸论坛组织工作突出单位"，两名同志获得"首届曹妃甸论坛组织工作贡献突出个人"称号，四位同志获得"首届曹妃甸论坛组织工作先进个人"称号，六位同志获得"首届曹妃甸论坛组织工作单项奖"。

【外事接待工作】 组织接待新西兰前总理詹妮·希普莉，英国前副首相约翰·普雷斯科特，新加坡人力部部长颜金勇，日本国民新党干事长（参政党）、参议员、医学博士、前邮政大臣自见庄三郎，韩国国务总理室前室长赵重构，欧盟轮值主席代表、欧盟使团驻华大使兼瑞典驻华大使林川，联合国前副秘书长默里斯·斯特朗等7个政要代表团，以及韩国、俄罗斯、日本、以色列驻华使馆大使代表团，加拿大、智利、秘鲁、肯尼亚、伊朗驻华使馆使节代表团，瑞典外交部国务秘书代表团，美国密苏里州经济发展部代表团，加拿大农业食品部代表团，德国记者代表团，新西兰恒天然公司代表团，巴西戈亚斯州州长代表团，日本住友重机械会社副社长代表团，日本日中协会代表团等152个国外来访团组，来访外宾561人。负责接待中国人民对外友好协会代表团、国务院外交部行政司考察团等多个国内来访团组共计500多人。促成荷兰DHV集团在

唐山市工业职业技术学院曹妃甸校区的示范项目，荷兰经济部已批准此示范项目68.8万欧元的申请。

【涉外事项管理工作】 按照中办发〔2009〕12号文件“2009年各地区各部门因公出国（境）经费支出要在近3年的基础上压缩20%，并相应减少团组数和人数”要求，严格控制党政机关、事业单位人员因公出访总量，截至2009年12月31日，共审批因公出国（境）团组109批370人（次），出访人员总数比前三年平均数压缩23.5%，其中党政机关事业单位人员出访250人（次），比前三年平均数压缩21%。要求各单位财务部门将因公出国（境）专项经费纳入预算管理，严格控制因公出国（境）预算规模。党政干部因公出国（境）不得挪用其他公共资金，不得由企事业单位出资和补助，不得向下属机构和地方摊派。在出国审批过程中，严格落实经费先行审核。据初步统计，2009年因公出国（境）经费（包含县区）约960万元，比前三年的平均数压缩了约40%。

审批因公出国（境）团组的出访材料，严格把握以下几点：一是必须有明确的公务目的和实质性内容，严禁与出访任务无关人员参团出访，严禁一般性考察和重复考察，邀请单位和邀请理由必须和出访团组及出访任务对口。二是出访团组量化管理，要求派人单位如实提供“团组人员前次出访情况说明”，从严掌控各级领导干部因公出访次数。三是控制出访经费，要求派人单位出具财务部门审核意见，对使用出访经费不符合规定的团组和人员不予审批。四是审核审批程序上，坚持层层把关、分级负责制度，坚决制止弄虚作假、公款出国（境）旅游、搭车出访情况发生。

支持企业人员因公出访从事对外经贸活动，对兼具公职身份的企业界人士因公出国（境）审批，根据其出访任务区别对待。如果执行企业任务（出访经费由企业担负）予以支持，如果执行的是政府机关安排的出访任务（出访经费由财政负担），则按照有关文件从严审核、审批。

对出访团组和出访人员进行外事纪律教育，明确要求出访团组和人员必须严格执行出国（境）任务批件，不得以任何理由自行更改、增加顺访国家或城市，擅自延长在外停留时间或有意绕道旅行。

依据有关政策法规妥善处理几起发生在唐山市的涉外事件。一是朝鲜人崔日在唐山市丰润区境内因病死亡事件，二是居民裴自同在俄罗斯遭绑架事件，三是迁安市正元国际包装有限公司芬兰籍技术顾问因病死亡事件。

5月初，为应对全球甲型H1N1流感疫情不断蔓延的趋势，外侨办起草“关于做好甲型H1N1流感疫情防控工作的通知”（市外通字〔2009〕01号）下发到各县（市）区外办、市直涉外部门，对外事邀请、出国审批、外事管理等方面做出明确要求；启动“唐山市外办处置甲型H1N1流感疫情涉外突发事件应急方案”，明确领导职责，确定信息联络员，设立24小时值班电话和面向外国人的热线服务电话；配合卫生防疫部门做好对刚入境人员的医学观查工作，坚持每天“零报告”制度，向省外办报告唐山市外国人感染甲型H1N1流感疫情情况。

2009年，共办理外国人入境签证函电401批602人次，涉及25个国家的人员。承办市长陈国鹰出访瑞典、丹麦，市农工委书记徐景田出访韩国，市人大副主任董宝泉出访美国、巴西，副市长黄惠康出访瑞典、英国等多个出访任务。与国外相关部门进行联络沟通，充分细致地做好出访的各项准备工作。圆满完成省、市领导外事活动的翻译工作，为市直、县区各部门的项目洽谈提供优质口译翻译，为市领导和相关部门提供文字翻译服务。

侨务工作

【归侨、侨眷身份认证和考生出证】 据2009年统计，唐山市有归侨242人，有侨眷、港澳同胞眷属、外籍华人眷属7169人，主要分布在唐山市各县、区和市直厂矿企业等90多个单位。祖籍在唐山市或在唐山市有亲属关系的海外华侨、华人36834人，港澳同胞5662人。1978年以来，唐山市在国外和港澳地区定居、上学、探亲、工作不归的新移民1万多人，主要分布在美国、日本、加拿大、德国等30多个国家和地区，其中与国内亲属联系密切的有8000多人。2009年，根据《河北省归侨、侨眷身份认定实施意见》，为10名归侨、侨眷办理身份确认工作，核发归侨、侨眷身份证明。按照相关政策为19名“四侨”考生办理出证手续，得到社会、学校、家长的好评。

【万侨助万村活动】 根据冀政字〔2008〕20号文件精神，会同农业局联合起草《关于开展“侨爱工程——万侨助万村”活动的意见》。选择乐亭县庄东村作为“万侨助万村”活动试点，帮助庄东村做好卫生院项目的各项准备工作。2009年3月28日，河北省第一家“侨爱工程——万侨助万村活动”捐赠、揭碑仪式在乐亭县姜各庄镇庄东村举行。美国传仁基金会向庄东村首期捐赠资金22.6万元。经外侨办联系，在国侨办、省侨办的牵线搭桥下，上海市龙建实业有限公司（侨资企业）董事长管宝龙先生捐助乐亭县姜各庄镇李营村30万元人民币，作为李营村建设“侨爱文化活动中心”项目启动资金。目前，乐亭县姜各庄镇庄东村“侨爱卫生所”已经竣工，并投入使用。乐亭县姜各庄镇李营村“侨爱文化活动中心”正在施工之中。

【扶贫和送温暖活动】 2009年初，外侨办组织各县（市）、区侨办走访慰问归侨侨眷重点户、贫困户等180户，投入慰问经费约8万元。市侨办筹集慰问救济款2万元，直接走访侨户60户。经过调查，已初步选定2个项目（主要是小修理、小养殖、小摊点），拟每户投资1000元—3000元的扶持资金，使他们形成规模经营。2009年8月份市外侨办扶持了芦台经济开发区王东来大理石项目周转资金5000元。同时，坚持以人为本，带着感情做好归侨、侨眷来信来访工作。注意发现苗头，及时化解矛盾，消除不安定因素，接待来信来访85人次。

2009年度，市外侨办被国家人力资源和社会保障部、国务院侨办评为“全国侨办系统先进单位”称号。

（赵　颖）

地方志工作

【二轮修志工作】 继续按计划推进二轮市志的编修，针对一些部门工作难度大、进展迟缓等问题，通过多种形式对市直近百个承编单位逐个进行检查督导和协调沟通，加大督导力度，对银行、通讯、开发区等行业或部门，召开三次协调会，多次召开汇报会，解决二轮修志组织落实工作中的实际问题，原来一些工作迟缓的单位也行动起来，抽调人员、搜集资料，工作较为积极主动。截至到年底，约半数承编单位上报初稿。先后与遵化市、丰润区、乐亭县、唐海县等县（市）区召开小规模业务研讨交流活动10余次，进行业务指导。通过努力，迁西、遵化、丰润、路北等县区机构人员和工作机制问题得到较好解决，14个县（市）区全部开展了二轮续志工作，消灭二轮续志的空白点。

【编纂综合年鉴】 在成功编纂《唐山年鉴》2008年卷的基础上，继续编纂《唐山年鉴》2009年卷。该书145万字，图文并茂，约600余页。全面记述2008年唐山市政治、经济、社会生活各方面的现状和发展变化情况，具有一定的资政和史料价值。由河北人民出版社正式出版发行。

【经验交流和业务培训】 根据续志和年鉴编纂等不同情况和要求，采取集中培训和专题交流等形式开展业务培训。先后组织第三期县区主任、主编培训班，对志书编纂中的问题进行研讨和培训，主要针对改革开放、县（市）区委决策、政府施政等内容的编纂进行深入探讨，交流成功经验，总结存在的问题，研究解决的方法。再次组织《唐山年鉴》业务培训，各承编单位170多人参加，利用电化教学的方式，讲解年鉴基本常识，年鉴体例和基本要求，资料收集等基本理论和基本方法方面的内容，收到较好的效果。此外，组织3次理论文章研讨和评选，10余篇在省市研讨会上交流，3篇获奖；编发工作简报《修志动态》7期，总计编发26期。确定市志调研专题30多个，在加强志书的记述深度和资政价值方面进行积极探索。

（赵鹤鸣）

机关事务管理工作

【服务保障工作】 改造机关基础设施，经过八个多月的努力，机关加油站顺利建成、通过验收并交付使用，汽车修理厂也将于近期完工；维修工作变被动服务为主动服务，主动到各单位巡视，发现问题，立即解决，并坚持24小时值班。与社会维保单位签订空调、电梯、锅炉等维护保养合同。2009年修复各种设施及零部件5000余件次；保障各种会议1472次，其中国家级电视电话会议15次，省级电视电话会议56次；机关花窖全年自繁自养花卉3万余盆，实现机关大院三季花开、四季常绿；卫生工作继续保持省市先进单位和达标单位的荣誉。机关食堂坚持等级厨师上灶，增加饭菜花样品种，一食堂早餐人数达到280余人，午餐达到300余人；二食堂早餐达到200余人，午餐300余人。及时采购供应机关办公用品，2009年开出办公和劳保用品单据1700张，出入库和发放办公用品380多种，6万余件。车队严格落实各项制度，全年安全行驶280多万公里，没有发生严重责任事故。汽车修理厂积极为机关服务，全年修车1600余台次。根据市编委唐机编字〔2009〕13号文件精神，市政府驻石家庄办事处成立，经选址、购置房产、装修、配置办公用品、配备人员车辆，研究制定工作方案，驻石办事处于5月1日正式开展工作。

【节能示范工作】 机关节能示范模式工作是唐山市科学发展模式试验示范工作60个项目之一，包括建筑节能、节约公务用车、节约用水、节约办公耗材、节约资金、提高资产效益等。在办公厅的领导下，成立节能示范模式工作领导小组，制作宣传橱窗，在政府网站开辟宣传专栏，在公共设施等部位设置“节约用水”、“节约用电”、“节约办公耗材”等提示牌，创办《节能示范模式工作简报》。研究起草《唐山市政府办公厅节能示范模式实施方案》，对机关节能情况进行检查考核。投资65万元，以安装太阳能路灯为主，对机关整体照明系统进行改造。安装太阳能路灯、壁灯72盏，改造LED路灯14盏。此项工程年节电量可达6000度。申请资金，正在修建废水净化洗车场。严格空调使用管理，夏季温度设置不低于26℃，冬季供暖期不使用空调。对空调定期清洗、定期维护。加强用电检查，杜绝“长明灯”、“无人灯”。加强用水设备日常维护，确保无“跑冒滴漏”。公车使用中提倡集体用车，严禁公车私用。科学核定油耗标准，实行一车一卡、定点加油、定期保养、报废淘汰等制度。对司机实行绩效考核，奖优罚劣。严格办公用品支领审批制度，及时淘汰能耗大、维修费用高的办公设备。努力实现公文处理无纸化、信息资源数字化、业务管理电脑化、工作流程网络化。实施政府采购和项目招投标，建立资产登记、量化管理和监督评价制度，有效增强资产管理单位绩效。研究制定《唐山市政府办公厅落实党政机关厉行节约实施意见》、《唐山市政府办公厅机关节能管理规定》、《唐山市政府机关节能考核管理办法》、《机关节水节电示范模式》、《机关办公用品管理示范模式》、《机关车辆管理示范模式》、《机关财务管理示范模式》等规章制度，使节能工作规范化、制度化。经过努力，机关运行成本下降，年节电率在10%以上，节水在20%以上，公务用车节油在5%以上，办公用品费用支出下降10%。2009年8月11日，市科学发展模式试验示范工作第15期简报、11月15日唐山电视台《唐山新闻》、11月16日《唐山劳动日报》、11月11日《唐山晚报》对办公厅节能示范模式工作进行宣传报道。

【贯彻实施《公共机构节能条例》】 召开各县（市）、区、开发区

机关事务管理部门贯彻落实《条例》工作会议，结合唐山实际，研究起草《唐山市深入贯彻实施〈公共机构节能条例〉的通知》，以市委、市政府"两办"的名义向全市下发，对全市公共机构节能工作进行全面部署。研究起草《唐山市"十一五"后两年公共机构节能计划》，明确节能指导思想，工作目标、具体措施和工作重点；制定《唐山市公共机构节能工作考核评价办法》，分解各项考核内容，考评指标，明确奖惩措施。经过各级的努力，公共机构人均能耗达到省下达的同比下降5%的目标，在2009年全省节能减排工作考核评比中获得满分。

（郑关菊）

中国人民政治协商会议唐山市委员会

【概况】　2009年是努力克服金融危机影响，经济社会继续保持平稳较快发展的一年。政协召开全体委员会议1次，常委会议4次，主席会议6次，组织重要调研、视察、考察活动30余次，形成建议报告25份，省市领导做出批示36件（次）。组成由相关界别委员和专家学者参加的多个调研组，围绕优化金融生态环境、破解中小企业融资难，加强农村卫生队伍建设，以小城镇建设为突破口、加快推进城乡一体化进程，狠抓关键环节、进一步改善农村法制环境，推进资源型城市转型应把握的问题，提升唐山震后复建水平和食品安全等方面开展调研、视察。围绕2009年"五项攻坚行动"，组织相关界别政协委员就城市建设、农业产业化发展、新农合组织建设、农业科技运用、渔业生产、旅游业发展、特殊教育、乡镇文化中心和农村体育建设、部分乡镇宗教场所建设、清真食品安全、城市精细化管理以及干部作风建设等情况开展视察。围绕新型工业化、城乡面貌"三年大变样"、城乡统筹发展、维护社会和谐稳定四个专题积极献计献策。在"2009年评议行风"和"干部作风建设年活动"中，先后对40多个单位填写征求意见函千余份，提出各类整改意见百余条。组织委员参与并监督廉租房分配，参加公路收费、水价调整等价格听证会以及《城市供水条例实施细则》的论证。2009年共收到提案472件，其中立案455件，已全部办结。开办《政协提案摘报》简报和《政协委员关注》电视栏目，实现政协民主监督与新闻舆论监督的有机结合和优势互补。为庆祝新中国和人民政协成立60周年，安排组织"专题座谈、演讲比赛、知识竞答、歌曲创作、理论征文、专版宣传"六项纪念活动，效果好，影响大。编辑完成300万字的《河北文史资料全书．唐山卷》，完成省政协交办的《根治海河》等文史资料的征集工作，大型图片资料《影话唐山》的征编工作有新的进展。综合整理《社情民意》26期，编辑《情况通报》15期，出版《唐山政协》6期，在市以上媒体发表新闻稿件60多篇，多角度宣传政协工作。《人民政协报》刊发政协《建睿智之言，献务实之策，服务科学发展》署名文章，在《人民日报》刊发文章《唐山：建言献策成品牌》介绍唐山做法，人民网等20多家媒体转载，引起全国同行的关注。开展"展委员风采、树政协形象"为主题的评选四个"十佳"活动，表彰履职献策、岗位建功、社会奉献、提案优胜四个方面的40名委员，受到委员和社会的广泛认可。到2009年底，有政协委员512名，常务委员89名，常务委员会组成人员100名。

重要会议

【政协十届二次会议】　1月15日至18日在燕山影剧院召开，会议应出席市政协委员512名，实际出席495名，符合法定人数。会议听取并审议通过张国栋主席所作的政协唐山市第十届委员会常务委员会工作报告，卢晓霞副主席所作的政协唐山市第十届委员会常务委员会关于十届一次会议以来提案工作情况的报告。出席会议的委员列席市十三届人大二次会议，听取并讨论陈国鹰市长所作的《政府工作报告》（草案）和其他重要报告；大会表决通过关于市政协十届二次会议政治决议，关于十届二次会议期间委员提案审查情况的报告，关于十届政协常务委员会工作报告的决议，关于十届一次会议以来提案工作情况报告的决议，关于贯彻落实中共唐山市委八届五次全会精神的决议；会议表彰市政协十届一次会议以来的优秀提案和先进提案者（单位）；会议共收到委员提案403件，其中集体提案85件，界别小组、委员个人及联名提案318件，符合立案条件的388件；全会期间召开经济发展、"三农"工作、社会稳定、社会事业四个专题座谈会，会议印发大会发言材料26篇，部分政协委员进行口头发言。中共唐山市委、市政府，市法院、检察院及市直有关部门负责同志应邀列席会议听取专题发言。会议期间，市委、市政府领导到会参加各委员小组讨论，听取意见和建议，会议结束时，省委常委、市委书记赵勇、市政协主席张国栋分别发表重要讲话。

【政协常委会议】　1月17日，市政协十届五次常委会议召开，市政协主席张国栋主持会议。会议审议通过提案委员会关于十届二次会议期间委员提案审查情况的报告（草案）；审议通过市政协十届二次会议关于常务委员会工作报告的决议（草案）；审议通过市政协十届二次会议关于十届一次会议以来提案工作情况报告的决议（草案）；审议通过十届二次会议关于认真贯彻落实中共唐山市委八届五次全会精神的决议（草案）；审议通过市政协十届二次会议政治决议（草案）；审议通过关于常委会授权主席会议制定并审议通过市政协2009年工作要点的决定。

4月24日，市政协十届六次常委会议召开，市政协主席张国栋主持会议。会议应出席常务委员100名，实际出席85名，符合法定人数。会议听取市政府副市长辛志纯关于唐山市今年以来经济运行情况的通报；协商通过人事任免事项。会议结束时，张国栋主席就应对当前金融危机的严峻形势，发挥人民

政协和政协委员作用作了重要讲话。

7月2日至3日，市政协十届七次常委会议在遵化市召开，市政协副主席于冬青、胡万宁分别主持会议。会议应出席常务委员100名，实际出席82名，符合法定人数。会议听取南湖生态城管委会关于大南湖开发建设情况的汇报，审议通过《关于优化我市金融生态环境、化解中小企业“融资难”问题的调研报告》和《从解决关键问题入手、进一步加强我市农村卫生队伍建设》调研报告。会议期间，常委们实地考察遵化市旅游开发及城市建设情况。会议结束时，张国栋主席就如何开展好当前政协工作作了重要讲话。

9月28日，市政协召开十届八次常委会议，市政协副主席沈瑾主持会议。会议应出席常务委员100名，实际出席82名，符合法定人数。会议听取并审议通过《以小城镇建设为突破口、加快推进我市城乡一体化进程》和《抓住关键环节、进一步改善我市农村法制环境》报告。会议结束时，市政协主席张国栋就做好当前工作作了重要讲话。

重要活动

【专题调研】　协调市直各有关单位和部门，查阅大量唐山震后复建的有关资料，经过分析、论证，形成《关于提升唐山震后复建水平、加快科学发展示范区建设的报告》。2009年常委会将化解中小企业融资难问题列为专题协商重点，4月至6月份组成专题调研组，深入到市直有关部门、驻唐金融机构、部分中小企业调研座谈，并赴山东、江苏、浙江等地学习借鉴成功经验，经过综合分析、对比论证，经市政协十届七次常委会议审议，形成《关于优化我市金融生态环境、化解中小企业“融资难”问题的建议报告》。5至6月份，组成“农村卫生队伍建设”专题调研组，围绕如何加强农村卫生队伍建设进行专题调研。调研组一行先后深入到市直有关部门，部分县（市）区、乡镇卫生院、村卫生室调研座谈，并学习借鉴江西省以及其他一些地区的先进经验，在此基础上形成《从解决关键问题入手、进一步加强我市农村卫生队伍建设的建议报告》，该报告经市政协十届七次常委会议审议通过。4至6月，组织部分政协委员、专家学者就全市“食品安全状况”问题深入市直相关部门、有关县区进行专项调研，交流座谈、实地考察，经过综合论证，经市政协十届十次主席会议讨论通过，形成《关于我市食品安全状况的调查与建议》报告。按照年度工作安排，组成专题调研组就气候变化对唐山市经济社会发展的影响问题进行专题调研，形成《关于应对气候变化提高我市防灾减灾能力的建议》；就加快城乡一体化建设情况，形成《以小城镇建设为突破口，加快推进我市城乡一体化进程》的建议报告；就唐山市农村法制环境建设现状进行专题调研，形成《抓住关键环节，进一步改善我市农村法制环境》的建议报告。

【建言献策活动】　在市委谋划2010年工作，筹备召开八届六次全会期间，分别围绕新型工业化、城镇面貌“三年大变样”、城乡统筹发展、维护社会和谐稳定四个专题积极献计献策，经过认真调研、深入分析，综合整理，形成《关于加快推进新型工业化进程的建议》、《关于进一步推进“城镇面貌三年大变样”工作的建议》、《关于加快推进城乡统筹发展的建议》、《关于深入推进社会和谐稳定工作的建议》报告，上报市委、市献计献策活动办公室。

【政协成立60周年纪念活动】　为庆祝新中国和人民政协成立60周年，安排组织6项纪念活动。专题座谈会，市领导与老领导、老同志和委员们共话沧桑巨变，畅谈中国社会主义基本政治制度的优越性；“我自豪，我是政协人”演讲活动，主题思想明确，事例典型突出，内容丰富感人，充分展示政协人的履职业绩和精神风貌；在《唐山劳动日报》刊发10个整版，宣传政协系统60年来取得的辉煌成就；政协知识竞答，收到答卷5100多份；创作《唐山政协委员之歌》并录制光盘；政协理论征文，以理论创新推动制度创新和工作创新。汇集以上系列活动的大型图文集—《华诞之歌》印发。同时，各县（市）区政协，各民主党派、工商联、各人民团体也相继举办专题性演出、展览、演讲等丰富多彩的活动。

中国人民政治协商会议唐山市第十届常务委员会及其工作部门领导成员

主　　席：张国栋

副 主 席：卢晓霞（女）

　　翟久玉　秦少清

　　于冬青

　　张艳春（女）

　　沈　瑾（满族）

　　刘长锁　胡万宁

　　杨　方

秘 书 长：赵士金

常务委员（以姓氏笔画为序）：

马伟成　方建平

王　力　王　勇

王　菲（女）

王子囡（女）　王汉银

王玉芹（女）　王纯华

王宝泉　王春燕（女）

王敏义　王福燕（女）

王毅敏（女，高山族）

卢品贤（女）

司雁菱（女）

白　冰（女，蒙古族）

白俊艳（女）

石凤桐　刘凤海

刘永江　刘玉兰（女）

刘亚安　刘建军

刘森林　刘新泉

孙玉刚　孙全臣

朱晓丽（女，满族）

毕义祥　许嗣芹（女）

阴瑞华（女）　吴振儒

张乃平　张广增

张月仙（女）

张世奇（满族）

张冬梅（女）

张俊来　张贺珍（女）

张振普（回族）　张继成

张锦芬（女）　张锦瑞

李　兵（女）　李　寅

李长河　李东升

李会和　李存龙

李旭红（女，蒙古族）

李建朝　李金源

李秋贵　杜文龙
杨学诚　杨树生
杨彩继　杨瑞忠
沈凤光　谷守贤
陆之孝　陈　薇（女）
陈国志　陈照印
孟文红（女）　孟庆海
罗向军（女）　郑文庆
侯永坤（女）　侯西岭
姚子全　祝明钊
赵治川　赵俊芬（女）
赵铁政（女）　郝利明
耿万海　高均海
崔喜元　梁士臣
菅文华　程云瑞
葛昌秋　韩建民
韩敬荣（女）　甄贵福
裴　华　潘淑荣（女）
副秘书长
刘玉兰（女，3月免）
杨兰亭　程云瑞
刘国中
郭宝合（3月任）
办公厅副主任：杨兰亭
郭宝合（3月免）
李铁柱
李志安（3月任）

研究室
主　　任：程云瑞
副 主 任：王瑞全
陈雨清（3月任）

提案委员会
主　　任：祝明钊
副 主 任：刘晋波
王　力（兼）
刘绍辉（兼）
孙全臣（兼）
罗向军（兼）

经济建设委员会
主　　任：谷守贤
副 主 任：杨立光（女）
田瑞平（兼）
张锦瑞（兼）
徐树成（兼）
符晓光（兼）
裴文久（兼）

教科文卫体委员会
主　　任：刘森林
副 主 任：袁会林
王福燕（女，兼）
刘之俊（兼）
张贺珍（女，兼）
赵俊芬（女，兼）

港澳台侨和民族宗教委员会
主　　任：陈国志
副 主 任：董世勇
方建平（兼）
劳　卫（兼）
张　硕（回族，兼）
菅文华（兼）

文史资料委员会
主　　任：孟庆海
副 主 任：孙来幸
白俊艳（女，兼）
韩志强（兼）

社会法制委员会
主　　任：张乃平
副 主 任：王淑云（女）
卢品贤（女，兼）
孙国富（兼）
张石华（兼）
周景林（兼）

农业和人口资源环境委员会
主　　任：杜文龙
副 主 任：任庆海
孙东富（兼）
杨学诚（兼）
罗晓军（兼）
董秀峰（兼）

（张福增）

民主党派·工商联

中国国民党革命委员会唐山市委员会

【政治理论学习】　2009年，民革唐山市委认真贯彻中共中央统战部《关于各民主党派深化坚持走中国特色社会主义道路学习教育活动的意见》，把深化坚持走中国特色社会主义道路学习教育活动作为一项重要政治任务，结合工作实际，将学习活动步步引向深入。4月，民革市委举办新党员培训班，副主委王大路为新党员讲解民革发展史、中国的政党制度等内容，组织新党员学习党章，就如何做一名合格的参政党党员进行讨论。通过培训，增强新党员与中国共产党合作共事的责任感和使命感，增强参政议政意识。2009年6月，民革市委对中青年党员进行培训，学习中共中央统战部长杜青林“关键时刻站得出来、使得上劲、帮得上忙”有关讲话精神，传达民革唐山市委关于“强基础、尽职责、促发展”活动的计划安排。党员们结合工作实际，交流了参加“强基础、尽职责、促发展”活动的体会。2009年8月，民革市委召开基层组织工作会议，传达民革中央关于认真学习《六个为什么——对几个重大问题的回答》文件精神。结合工作实际，在广大党员中开展“六个为什么”几个重大问题的大讨论活动。通过学习讨论进一步增强广大党员接受中国共产党领导的自觉性，坚定走中国特色政治发展道路的决心，有效地提高党员的政治素质。2009年，唐山民革在各类报刊杂志共发表反映民革活动情况的稿件文章56篇。

【组织建设】　2009年2月和3月，民革中央常务副主席厉无畏和中央组织部部长叶莉君来唐，分别对组织发展工作进行调研。调研期间，民革唐山市委就基层组织建设问题向民革中央领导做了汇报，受到民革中央领导的表扬和肯定。民革市委按照民革中央关于组织发展规程，严格把握发展新党员的“三为主”原则，审慎发展。全年共吸收5名同志加入民革。民革市委主委沈瑾同民革市委机关同志多次走访各基层支部，了解基层组织活动情况，和民革党员进行零距离的交谈。2009年5月，沈瑾主委重点走访古冶支部，同党员们一起座谈，勉励大家继续发扬古冶支部的优良传统，对古冶区经济及各项事业的发展提出具有前瞻性和可操作性的意见和建议，不辜负古冶区委、区政府对支部党员的关怀和厚爱。

【国庆活动】　民革市委向全体党员下发关于纪念新中国成立60周年活动实施方案，号召党员以诗歌、书法、绘画形式讴歌新中国成立60周年所取得的辉煌成就。唐山、保

定、承德三市民革在保定举办书画摄影展，唐山民革有13名党员参加。党员于然代表民革市委参加市政协组织的“我自豪，我是政协人”演讲比赛，荣获二等奖。在中共唐山市委统战部组织的“庆祝建国60周年”征文活动中，民革市委主委沈瑾的《铭记历史　铸造辉煌》一文荣获一等奖。民革党员张俊玲、刘常利、申宝忠、耿林青参加市委统战部组织的建国60周年“祖国颂　唐山赞　诤友情”文艺演唱会的排练工作。国庆前夕这台节目顺利地与广大民主党派成员见面。各支部以不同的形式召开座谈会。中山书画社的民革党员们怀着对祖国的热爱，用自己的书法、绘画和摄影作品以画册形式，表达对祖国的感恩之情。

【参政议政】　民革市委积极响应中共唐山市委、市政府关于“抢抓新机遇，建设新唐山”的号召，在参政议政工作和调研创新方面下功夫，多措并举，参政议政工作有新突破。为了进一步拓宽参政议政渠道，调动更多的党员并吸纳专家学者参与到调研活动中来，年初，民革市委召开市委委员、支部主委和党员骨干参政议政会议，研究制定将阶段调研改为全年调研，广泛吸纳党员建议，支部形成一支一案，主委会议筛选题目，副主委亲自带队调研考察的“金字塔”式的调研模式。年内民革市委完成《关于进一步发展与振兴我市装备制造业的建议》、《营造就业环境，创建和谐唐山》、《大力发展农村教育，破除城乡教育二元结构》、《加快建设唐山生态农业产业化的建议》、《关于唐山市水资源的建议》等一批具有全局性、前瞻性和可操作性的调研报告。在2009年召开的各级人大、政协会议上，民革党员中的人大代表、政协委员围绕全市和各县（市）区的经济发展提交议案、提案73件。其中受到市政协表彰的优秀集体提案1件、优秀个人提案4件，5名党员被评选为市、区的优秀政协委员。在市政协十届二次大会上，副主委张锦芬、冉秀艳分别就《唐山市发展都市农业的思路和对策》、《大力发展我市农业合作经济的建议》做了发言，并提交集体提案11件。

【服务社会】　在中共唐山市委统战部和各民主党派共同开展的“投身科学发展，共建幸福之都”活动中，民革唐山市委在各个支部开展继承和发扬民革的光荣传统和优良作风，服务社会奉献活动。滦南县程庄镇潘家戴庄是民革市委医疗、农科技下乡的帮扶点，为认真落实各民主党派“强基础、尽职责、促发展”活动的要求，5月上旬，民革市委组织党员中的医疗专家、农科技专家和律师，深入该县进行三下乡活动。为农民兄弟送医送药，传授农科技知识，讲解法律常识。为社区卫生院送去4台理疗仪，为乡亲们发放各类农科技书籍1000余册。5月中旬，民革市委同路北四支部到截瘫疗养院开展助残活动。为截瘫病人和全院职工送去一台丰富多彩的文艺节目。民革市委还为每位残疾病人送上一份生活用品。5月下旬，民革唐山市委携路北二支部到唐山西窑一小，为贫困农民工子女捐赠价值2000多元的书包和学习用具。路北三支部和丰南支部联合组织党员为革命老区丰润魏庄子小学捐赠两台高档液晶电脑和部分防寒服，价值在万元以上。医疗进社区，健康唐山行，是民革市委为社会服务的重点工作之一。7月和11月，路南工委、路南三支部分别来到龙跃新居、福乐园两个社区，由党员李健同志为社区居民传授口腔保健知识，近200位社区居民听讲座。在讲座过程中，还向居民发放口腔保健知识手册和口腔保健用品，深受广大社区居民的欢迎。8月，台风“莫拉克”侵袭台湾的南部地区，给当地人民生命和财产造成重大损失。为帮助台湾受灾同胞重建家园，唐山民革党员积极捐款。党员王子因第一个来到民革市委，捐款一万元。在不到3天的时间里，党员们共捐款23950元。民革市委将捐款及时送交民革中央“台湾台风捐款”办公室。

主　　委：沈　瑾
驻会副主委兼秘书长：冉秀艳
副 主 委：张锦芬（女）
　　　　　陶　文　沈　巍
　　　　　王大路

（张立志）

中国民主同盟唐山市委员会

【自身建设】　民盟市委积极组织各基层盟组织及广大盟员认真学习党的十七大、十七届四中全会及市委八届五次全会精神，全面加强自身建设，努力提高履行职责、发挥作用的能力和水平。中宣部编发《六个“为什么”》一书后，民盟市委及时为基层订购该书，并下发学习通知，要求全市盟员通过对该书的学习，进一步提高思想认识，明确肩负的历史责任，弘扬民盟的优良传统，进一步增强接受中国共产党领导的自觉性。民盟市委还组织基层骨干盟员参观锦州辽沈战役纪念馆和丹东抗美援朝纪念馆，使大家接受一次革命传统教育和爱国主义教育。民盟市委通过完善制度、规范程序，扎实有效地推动组织建设。民盟市委领导走访大多数基层盟组织所在单位，征求对基层盟组织工作的意见和建议，促进基层组织活动的开展。各基层盟组织围绕中共唐山市委、市政府及所在单位党委的中心工作开展大量活动，其中，开平区支部获得民盟中央授予的先进基层组织荣誉称号。在全市各民主党派基层组织素质提高年表彰会上，民盟开平区支部、煤医支部及三位盟员受到表彰。按照《河北省民主党派组织发展工作规程》的要求，市民盟全年发展新盟员15人，平均年龄36.6岁，其中高级职称占60%。

【参政议政】　民盟市委组织专家学者，围绕中共唐山市委、市政府的中心工作及人民群众关注的热点难点问题，有重点地开展调查研究，撰写五份调研报告，分别上报民盟省委及中共唐山市委市委、市政府。其中，《努力打造唐山曹妃甸化工产业园》的报告，在中共唐山市委举办的“同舟共济、服务发展”论坛上作为发言。《关于进一步深化我省煤炭资源工作整合的建议》获副省长孙士彬重要批示。年内各基层上交盟员提案195份，内容涵盖全市政治、经济、文化等方

方面面，且质量水平也明显提高。在中共唐山市委举行的献计献策月活动中，民盟市委获优秀组织奖。在上报的22份集体建议中，陈景风的《展示北方瓷都特色，打造城市文化亮点，推动经济文化建设》，李兴杰的《唐山湾开发区植物资源亟待调查和保护》，冯志林的《推动唐山市经济增长方式的建议》获优秀成果奖。

【服务社会】 民盟市委组织十位医务专家到革命老区遵化鲁家峪村开展医务下乡活动，免费赠送价值2000余元的各类药品，受益群众数百人，受到老区群众的热烈欢迎和赞誉。9月份，民盟河北省委组织各市民盟领导在唐山举办社会服务进社区观摩活动。在这次活动中，民盟市委向路北区乔屯办事处草场街社区捐赠万余元的药品及电脑、书画，组织盟内专家开展义务诊疗、健康咨询、家长培训等活动，同时组织盟内专业文艺工作者进行文艺演出。民盟一中支部组织盟内外教育专家到迁西新集中学开展手拉手帮教活动，为该校的师生讲解教材教法，同时还为该校送去27台电脑。年内民盟市委在全市盟员中开展为贫困山区捐赠图书活动，盟员们踊跃参与，捐赠图书千余册。

【庆祝新中国六十华诞】 开展以“歌颂祖国，共铸辉煌”为主题的庆祝建国60周年以及纪念多党合作和政治协商制度确立60周年征文活动。广大盟员积极参与，从不同侧面讴歌新中国成立60年来取得的辉煌成就，表达对伟大祖国的热爱。举办庆祝建国60周年唐山民盟名家美术书法作品展。22位盟内专业美术工作者的40余件精美作品参加展览。民盟市委还挑选8位作者的十幅作品参加民盟河北省书画作品展。在全市统战系统举办的“祖国颂、唐山赞、诤友情”文艺演出中，盟内的文艺工作者发挥主力军作用。为庆祝人民政协成立60周年，盟内文艺工作者创作并演唱了《政协委员之歌》，在各级政协委员中广为传颂。国庆前夕，民盟市委组织全市盟员参观唐山市城市建设展览馆及开滦国家矿山公园。

主　　委：刘长锁
驻会副主委兼秘书长：弭健群
副 主 委：李本华　张俊来
　　　　　李晓强　张书民（女）

（王海岩）

中国民主建国会唐山市委员会

【组织活动】 2009年，民建唐山市委先后组织开展中共中央十七届四中全会精神、“六个为什么”、会章会史等重要内容的学习，使会员的思想认识有新提高。年初，针对严峻的经济形势，市委会举办“希望与信心”论坛，邀请北京金融专家就宏观经济及国家货币金融政策进行专题讲座，使会员正确认清当前经济形势，对祖国的发展充满信心。4月，主委会成员集体赴沈阳民建学习，进一步开阔视野，启发思维，促进交流。6月，召开中心组会务工作恳谈会，与会同志就会务工作开展的难点、重点问题进行深入交流，并就会务工作如何创新、体现特色、塑造品牌等提出非常好的想法和建议。6月，举办经济专题沙龙，由分管经济工作的副主委围绕全球金融危机、国内经济形势、企业的生存与发展等问题作主题发言。8月，在会员、唐山鸿升科技发展有限公司总经理吕树章的支持下，组织乒乓球比赛，来自各基层组织的13名会员踊跃参加。国庆前夕，成立民建唐山画院，编辑出版《“祖国万岁”民建唐山画院首届书画艺术展作品集》，举办书画展览。为庆祝新中国成立60周年，在会员、唐山永庆石油化工有限公司总经理宋文勤冠名支持下，市委会举办“永庆杯”庆祝建国60周年系列活动，400余名会员参与。“重阳节”之际，组织近60名老同志参观开滦国家矿山公园和南湖生态区。

【建言献策】 市政协十届二次会议期间，民建会员中的政协委员提交提案49件，占大会提案总数的11.29%。30余人次的发言被《政协简报》刊登，近10人次接受了唐山电视台、燕赵都市报等新闻媒体的采访。全市“献计献策月”活动中，累计上报材料106件。其中，王翠云、张洁、杜恩宏、李晓岚、吴惠生、李旭红、田立民、戴建明、于立民所撰写的10件建议被中共唐山市委“献计献策”专报采用，20余人次接受新闻媒体采访。民建市委会主要领导积极参加中共唐山市委、市政府及有关部门召开的协商会、通报会、征求意见会等，充分反映民建组织的声音，就全市经济社会发展等重大问题提出意见建议。“加强机关企事业单位固定资产管理”的建议，得到省委常委、市委书记赵勇同志的肯定，当即责成有关部门予以落实。“关于着力提高南湖的文化品位”的建议，赵勇书记批示“建议很好，…… 可规划甬路，上规委会”。主委还代表市委会在各民主党派、工商联“同舟共济、服务发展”论坛上作《农村股份制发展模式可以有多种实现方式》的发言。

【服务“三农”】 为更好地发挥民建优势服务“三农”，主委会成员专程到滦县滦州镇西甄庄村调研，经过考察，将该村确定为支农点。机关及农业总支同志先后5次深入该村，就发展农业经济、改善村容村貌等了解情况并与镇党政部门进行交流。5月19日，主委率会内农业、医疗专家到滦县西甄庄村开展“三下乡”活动。白玉龙、郭建武、吴惠生等就蔬菜种植、果品培育等方面的问题答疑解惑，吕中、王汝玲、荣显会、毕保洪等讲解了疾病预防常识，并分别就中医科、妇科、外科、皮肤科为300多名村民进行义诊。会员、唐山秀梅脑中风医院院长孙秀梅带领本医院医生护士为60多名村民进行糖尿病、心电图的免费检查，捐赠对症药品。会员王冠珏为百姓无偿发放多类常用药品。活动中，为该村农民赠送各类专业宣传材料3000多份，解答农业种养殖方面的问题200多个，义务看病300多人次，发放价值11000多元的药品。

【成立“思源工程·爱心基金”】 2009年，民建市委会启动成立“思源工程·爱心基金”，重点面向会内帮助特困会员，面向社会开展公益服务。爱心基金倡议发出后，

得到广大会员特别是企业家会员的积极响应，共筹集资金35万余元。为确保基金安全和使用，成立爱心基金理事会，制订理事会章程和基金管理暂行办法。

主　　委：王连灵（女）
驻会副主委兼秘书长：辛卫华
副 主 委：王敏义　马怀琳
　　　　　向绍新　孙全臣

（董印玲）

中国民主促进会唐山市委员会

【自身建设】　2009年，按照市委统战部的统一部署，民进市委在全体会员中开展“强基础、尽职责、促发展”活动，涌现出6名先进会员典型和2个先进支部。3月6日，组织女会员140多人参观唐山城市展览馆，新唐山生机勃勃的景象，使女会员们深受鼓舞。7月17日，组织市委委员、支部主任、部分老同志和新会员50人到民进中央参观中国民主促进会会史展览。年内，民进市委坚持和完善领导班子中心组学习制度、民主集中制制度、与基层组织联系制度等。民进市委中心组集中学习6次，领导班子政治把握能力、组织领导能力、参政议政能力和合作共事能力不断提高。全年发展19名会员，其中具有高级职称的8人，具有硕士研究生以上学历的9人。

【参政议政】　市政协全会期间，民进界别的委员提出有采纳价值的提案42份，其中集体提案11份，全部立案并得到有关部门的认真答复。民进唐山市委作为参政议政先进集体在政协会上受到表彰。市政协副主席、民进市委主委杨方在政协会上的发言《改造提升传统产业，促进资源型城市转型》得到市委书记赵勇的充分肯定。民进副主委卢品贤，民进会员、市政协常委王菲分别在政协专题座谈会上作《重视社会弱势群体利益诉求，促进社会政治经济稳定》和《重视三农问题的建议》的专题发言，也收到良好的社会效果。年内，围绕市委、市政府“克服金融危机影响，保增长、扩内需、调结构、促民生、保稳定”等重点工作，民进市委组织会内外专家、学者40余人开展3次大型跨省调研活动，形成《关于推进古冶资源枯竭城区经济转型的建议》、《唐山市尾矿资源现状分析与综合利用的建议》、《加强唐山市农村劳动力转移的建议》等调研报告。在中共唐山市委开展以“开放创新，富民强市，深入推进科学发展示范区和人民群众幸福之都建设”为主题的群众性献计献策活动中，民进唐山市委上报70余份建议，荣获优秀组织奖。在2009年民进河北省委参政议政工作年会上，民进唐山市委被评为参政议政先进单位，并被民进河北省委授予参政议政特等奖。杨方、王黔平、张锦瑞、王菲被评为参政议政先进个人。

【筹备“第四届海峡两岸企业发展与合作论坛”】　民进唐山市委协助民进中央和唐山市委、市政府筹备“第四届海峡两岸企业发展与合作论坛”，为论坛的圆满成功做出贡献。主委杨方3次陪同副市长于山到民进中央商洽筹备工作中急需解决的问题。6月15日至17日，论坛成功举行。论坛邀请到全国人大常委会副委员长、民进中央主席严隽琪，全国政协副主席、民进中央常务副主席罗富和，中华社会救助基金会理事长许嘉璐，叶圣陶研究会会长张怀西，全国人大常委、民进中央副主席朱永新等领导及港、台、大陆企业家、学者共计200余人出席。论坛为推动海峡两岸共同应对国际金融危机影响，保持经济可持续发展，促进两岸合作繁荣，促进祖国统一发挥了积极作用。

【积极参加国庆活动】　在新中国成立60周年和人民政协成立60周年前夕，民进唐山市委组织会员300人积极参加省民进、市政协、市委宣传部、市委统战部、市妇联等举办的演讲、文艺演出、征文、座谈会等系列活动，15人在活动中获奖和受到表彰。主委杨方纪念新中国成立60周年的文章《同舟共济六十载　肝胆相照写华章》刊登在《唐山劳动日报》，收到很好的反响。市委统战部9月22日在唐山燕山影院举办的“祖国颂、唐山赞、净友情”大型演出，民进副主委卢品贤参与整个脚本和部分歌词的创作，民进会员10余人参加演出。

【拓宽社会服务渠道】　民进唐山市委把玉田县唐自头镇西三乐台村确定为民进帮扶对象。从4月份开始，主委杨方带队，与副主委卢品贤等机关同志一起，4次到玉田县唐自头镇西三乐台村进行调研，与村干部、村民代表围绕生态村建设中存在的难点问题进行座谈。送去乒乓球台、按摩椅等价值10000元的文体卫生保健用品，帮助村里建立老年活动站。组织专家学者20余人帮助设计文明生态村建设和旅游规划。12月份，民进唐山市委又为西三乐台村送去10000元生态村建设帮扶款。民进市委还组织民进会员积极向社会献爱心。2009年，向截瘫疗养院捐赠20000现金和价值5000元的夏凉被，向唐山特教学校的152名聋哑学生捐赠价值24000元的羽绒服，向路北区东新村街道办事处困难群众送去价值5000元的米、面、肉、油等生活用品。

主　　委：杨　方
驻会副主委兼秘书长：卢品贤
副 主 委：王黔平（女）
　　　　　张锦瑞
　　　　　张来柱

（王丽娟）

中国农工民主党唐山市委员会

【自身建设】　一是加强思想建设。农工党市委组织党员围绕中共十七届三中、四中全会，市委八届五次全会，贾庆林主席在首届曹妃甸论坛上的主旨演讲和农工党党史党章等内容进行专题学习，下发《六个为什么》学习读本，在全体党员中开展理论学习大讨论。市委中心组集中学习6次。通过学习党员政治素质和理论修养进一步提高。二是加强组织建设。注重把好发展关。培养政治素质好、参政议政能力强、热心党派工作、有代表性、有影响力的同志加入农工党。全年发展党员28名。以“强基础、尽职责、促发展”活动为载体，强化对

基层工作指导。举办基层组织负责人培训班。培养、选树基层单位先进典型。路北和协和医院支委会荣获“素质提高年”活动先进集体称号，路北支委会被农工党中央评为先进基层组织。组织“庆三八赏评剧名家名段”、“纪念护士节、感受新唐山”参观迁西潘家口水库、教师节游览大南湖、重阳节座谈会和参观曹妃甸等多项活动。三是加强班子建设。六届十一次全委会议，增补两位副主委。领导班子的知识结构、年龄结构进一步优化。新班子始终把政治理论学习放在突出位置，不断提高领导班子的政治把握能力、组织领导能力和合作共事能力。四是加强机关建设。以“干部作风建设年”为契机，结合《公务员法》学习，积极开展学习型、服务型、效能型机关创建活动。建立健全机关工作机制，机关工作效能明显提高，服务意识进一步增强。畅通信息渠道。开办《唐山农工简报》，编发简报23期；向省委会、市政协、市委统战部上报文字信息被采用40多篇；《唐山劳动日报》刊登宣传稿件6篇；“健康唐山、幸福人民”志愿服务活动信息在《团结报》上刊发。五是加强制度建设。建立完善参政议政和信息宣传工作奖励等13项制度。加强党费缴纳使用管理。按照党费缴纳新标准，规范基层组织对党费的收缴和使用。

【开展纪念建国60周年主题活动】

一是主题宣传教育。通过征文、座谈会、知识竞赛等形式，在全体党员中广泛开展热爱中国共产党、热爱社会主义、热爱新中国等主题宣传教育活动。二是主题奉献。以国庆60周年为契机，引导广大党员立足岗位、争做贡献，积极投身“健康唐山、幸福人民”志愿服务活动。三是主题知识竞赛。组织党员参加纪念建国60周年和政治协商制度确立60周年知识竞赛，谢宝光、元小东、李为、侯晓琴四名党员获得一等奖，王书云、仇胜利、李玉平获得二等奖。四是主题征文。开展以“歌唱祖国、热爱家乡”为主题的征文活动。在市委统战部征文评选中，侯晓琴荣获一等奖，陈淑惠、蒋振铭荣获二等奖，袁强、吴志新荣获三等奖，市委会荣获优秀组织奖。五是主题演讲。积极参加全市政协系统演讲比赛，并荣获创作二等奖。六是主题演唱会。分别参加市直机关和市委统战部、各民主党派、工商联举办的“祝福祖国、祝福唐山”歌咏大会和“祖国颂、唐山赞、诤友情”文艺演唱会。

【参政议政】 一是制定激励政策。制定《农工党唐山市委会参政议政工作奖励制度》，建立参政议政优秀党员档案库，最大限度激发基层组织和广大党员参政议政的热情，不断提高参政议政参与率和整体水平。二是创新举措。将参政议政工作纳入年度考核目标之中，加大参政议政工作考核权重；建立召开参政议政座谈会、交流会的机制；下发专题调研经费；机关明确专人具体负责参政议政日常工作，多措并举确保参政议政工作积极有序进行。三是加强调研。围绕“保增长、惠民生、促和谐”等全局问题，找准市委市政府重视、人民群众关心、党派能力所及的结合点，精心确定重点课题，高质量完成了四篇调研报告。四是积极建言献策。在市委统战部召开的民主党派、工商联“同舟共济、服务发展”论坛会议上，农工党唐山市委会主委高瑞华作《关于推进我市城乡统筹医疗保障一体化的调研建议》的发言，赢得与会人员的一致好评。在市政协十届二次会议上，农工党共上交个人提案30件、集体提案20件，其中2件被评为优秀个人提案、1件被评为优秀集体提案。王雪、李建朝荣获优秀提案奖，市委会荣获优秀提案单位。王宗英副主委代表市委会作的《关于文化名城建设应体现瓷都特色的建议》的发言，得到市领导的高度评价。在中共唐山市委开展的群众性献计献策活动中，市农工党整理上报有价值、有质量建议100多条，其中，郭志军撰写的《加快出租车发展，尽快解决打车难问题》被评为优秀奖，农工党市委会荣获献计献策活动优秀组织奖。

【积极参与“健康唐山、幸福人民”工程】 5月15日，农工党唐山市委会在唐山抗震纪念碑广场举办“健康唐山、幸福人民”志愿服务活动启动仪式。农工党唐山市委会主委、市政府副市长高瑞华参加并主持启动仪式。中共唐山市委常委、宣传部长郭彦洪，市人大副主任唐风岗，市政协副主席、市委统战部部长张艳春及农工党员和社会各界群众共1000余人参加启动仪式。在启动仪式上，农工党市委会组织大型宣传义诊活动，40多名党员专家现场为群众义诊咨询，受益群众两千余人次。现场发放30多种近万册健康知识手册、宣传单，展出60块健康知识展牌，发放控盐勺、控油杯、牙膏、牙刷等数千件健康用品。7月28日，农工党市委会到康复村开展慰问活动，为25户村民带去牙膏、牙刷、洗衣粉等基本日用品和一些常用药品，并组织人民医院支委会专家对村民进行义诊咨询服务。10月15日，市委会联合市民宗局组织党员专家到开平区夏庄回族村开展大型义诊咨询活动，并发放价值5000余元的常规药品、500余册《民族团结宣传册》。农工党各支委会、支部也开展形式多样、丰富多彩的志愿服务活动。开滦医院支委会邀请香港著名专家举办为期四天的培训班。唐钢医院支委会针对手足口病对唐钢直属五所幼儿园教师进行专业培训。卫生监督所支委会对唐山饭店、唐山宾馆等八家餐饮单位的从业人员进行健康食品卫生法规培训。综合一支委会联合中国人寿保险公司唐山分公司到帮扶点乐亭县新寨镇大港村走访慰问，为生态村建设捐款3万元，发放“健康唐山、幸福人民”两勺一书500套。妇幼医院支委会广泛开展健康教育活动，编发《手足口病健康知识手册》5000册，印发甲流防控等各种健康教育宣传资料8万余份。中医院支委会到新建机场为3000多建筑者提供医疗服务。理工大学和综合二支委会开展心理健康教育培训。协和医院和中医院支委会从2007年开始就与迁安市沙河驿中心医院、野鸡坨镇卫生院建立定点帮扶关系，实行双向转诊，采取请上来和走下去的方式，对基层医务人员进行免费培训。年内，市委会在迁安卫生局召开座谈会，紧密结合“健康唐山、幸福人民”行动，进一步丰富完善培训内容，创新培训形式，除专题讲座集中培训外，增设专家现场临床指导培训，组织培训活动5期，培训乡医千人次，受益群众上万人。

主　　委：高瑞华（女）
副 主 委：张贺珍（女）　王宗英
　　　　　李云霞（女4月任）
　　　　　程　兵（3月任）

（于德胜）

九三学社唐山市委员会

【努力加强自身建设】　2009年，九三学社市委着力加强成员的理论学习，先后就六个与社会主义核心价值体系建设密切相关的重大问题（即“六个为什么”）、中共十七届四中全会、中共唐山市委八届五次全会等重大问题和重要会议精神，进行深入学习贯彻。通过召开座谈会、研讨会等形式，组织成员认真讨论，注重理论联系实际。学习过程中，社市委完成《参政党开展社会服务工作的特点和规律》、《新形势下民主党派思想建设的几点思考》、《民主党派基层组织建设存在的问题与对策》、《关于参政议政工作机制创新的研究》等四份思想调研材料，上报社省委。新疆“7.5”事件发生后，社市委及时发出倡议，希望成员认清社会问题的根源，勇于担当起参政党的责任，与中共保持政治上的高度一致，引导社会舆论的正确走向，共同维护社会稳定，共同营造社会和谐。

按照《河北省民主党派组织发展工作规程》的要求，社市委严格组织发展程序，经主委会通过，并与中共唐山市委统战部沟通协商，全年发展新成员25人，其中女成员11人；工程技术界6人，医药卫生界7人，高等教育界6人，证券分析师1人，文化艺术界2人，行政事业单位1人，非公经济2人；高级职称14人，全部为大学以上学历，其中硕士研究生以上11人。新成员积极参与社的调研活动、撰写提案和调研报告，在考察期间均有良好表现。

年内，社市委对科技二、科技三、机电、土建等支社进行届中微调，几位年富力强、热心于社务工作的同志调整到领导岗位，使基层领导班子进一步年轻化，更具活力。

【全员发动做好参政议政工作】　在年初的市政协十届二次会议上，社市委向大会上交提案44份，包括集体提案7份。其中多份提案受到市领导重视。李存龙副主委代表社市委作的大会发言《打造钢铁产业平稳较快发展的贸易平台》和梁英华副主委关于《以世界性的眼光和战略性的思维谋划唐山的城市发展》的发言，市领导均做出重要批示，要求有关部门认真学习采纳。王国栋副主委提交的议案《切实加强和改进法院执行工作为我市经济建设保驾护航》被列为市人大主任重点督办议案。为进一步做好调研工作，社市委2月份召开专门会议，胡万宁主委亲自安排部署，确定调研重点。各调研组分头深入各县市区及外地开展调研，搜集资料，撰写报告。先后完成《关于加快唐山市第三产业发展的若干思考》、《支撑县域特色产业发展的科技创新体系建设》、《关于加强社会救助体系建设的调研与建议》、《抓好城市社区工作及民生工程的落脚点》等4篇调研报告，上报市委统战部，全部入选唐山市各民主党派“同舟共济、服务发展”调研议政论坛。胡万宁主委在论坛上就《支撑县域特色产业发展的科技创新体系建设》做重点发言。社市委积极响应中共唐山市委、市政府的号召，发动全体成员踊跃参加献计献策活动。社市委收到成员的献计献策建议62份，上报到市献计献策活动办公室。

【发挥优势做好社会服务工作】　年初，九三学社市委对继续做好社会服务工作做出安排。5月22日，组织社内医疗专家和农技专家，到唐海县六农场举行义诊和农技讲座。义诊活动共诊治病人200多人次。市农科院专家王永存为当地百姓进行农技指导，就无公害西红柿的种植技术和化肥农药的科学使用进行讲解、培训和现场答疑。社市委还赠送六农场价值2000多元的农业科技书籍。7月8日，科技二支社到“全国节能减排示范村”迁安市上庄乡高各庄村送科技下乡。王永存副研究员针对农民提出的问题进行答疑解难，并现场进行技术指导。二院基层委员会到遵化、迁安两地开展下乡义诊，到钓鱼台社区进行健康知识讲座，免费检查治疗、传播健康知识。12月9日，社市委联合市人民医院组织专家组到唐海县进行甲流感防控知识专题培训，全县基层医护人员及教育系统负责人340人参加培训。市人民医院ICU主任胡艳玲、感染性疾病科主任张明辉针对甲流感防控、重症甲流感患者诊治进行系统讲解。

【社务活动丰富多彩】　为纪念建国60周年，社市委召开座谈会，回顾新中国成立60年来的光辉历程，展望多党合作事业发展的美好前景。与会成员纷纷结合自身实际，畅谈体会，表示要高举民主科学的旗帜，不断加强自身建设，像前辈一样团结在中国共产党的周围，用智慧和力量，在中国特色社会主义道路上阔步前进。路南工委、职业技术学院支社、唐钢基层委员会、开滦支社等基层组织分别举行不同形式的庆祝活动，纪念建国60年。国庆前夕，社市委组织开展纪念建国60周年征文活动，广大成员踊跃参加，以散文、诗歌等多种文体，抒发自己的真情实感。成员李艳华还代表社市委参加市政协举办的纪念人民政协成立60周年演讲比赛，获得优秀奖。举办唐山书画名家作品邀请展，集中展示以著名画家李远先生为首的18位老中青书画家的近百幅作品，热情讴歌新中国成立60年来取得的巨大成就，抒发九三学社成员们对祖国的挚爱、对生活的感悟。与其他民主党派、工商联联合举行庆祝新中国成立60周年“祖国颂、唐山赞、诤友情”文艺演唱会，用歌声表达对党、对祖国、对家乡的热爱之情。社市委机关及部分成员参加整台晚会的筹备及演出。按照社省委和社市委关于为70岁以上市级老主委过生日的有关意见，1月，社市委为原主委顾少雄先生举办生日宴会。重阳节，组织老成员到迁安市考察城市建设、黄台湖公园和白羊峪长城。

主　　委：胡万宁
驻会副主委兼秘书长：李存龙
副 主 委：司雁菱（女）
　　　　　梁英华（女）　王国栋

（孙素娜）

唐山市工商业联合会

【围绕全市中心工作发挥工商联的作用】 2009年，全市各级工商联组织和广大会员紧紧围绕市委中心工作，按照“开放创新、富民强市，把新唐山建设成科学发展示范区、建成人民群众幸福之都”的战略部署，统筹推进各项工作。唐山南湖生态城的开发建设，是唐山贯彻落实科学发展观的一项创举。在南湖生态城开发建设过程中，市工商联主动配合有关部门，引导发动民营企业参与小项目的建设。其中儿童乐园、水上乐园、电动游览车等6大项、30多个项目已经落实，投资总额3000多万元。2009年，市工商联与市委统战部共同筹备组织“冀东北五市统一战线民营经济协作发展联谊会”，邀请天津河西、辽宁抚顺及唐山市的53家企业参加会议，签约27个项目，投资总额90.48亿元。年内，市工商联还参与市政府与省工商联共同举办的优秀民营企业家“感知河北·走进唐山”活动。这次活动唐山市向来自北京、天津、上海、浙江、山东等6省市的优秀民营企业推出100个重点项目进行招商，投资总额3225亿元。在市政府承办的曹妃甸论坛筹备过程中，市工商联负责邀请国内知名企业。领受任务后，市工商联分别向江西抚州、天津河西、秦皇岛等地发出邀请函并多次电话沟通，有11家企业参加论坛。市工商联先后组织会员企业参加曹妃甸论坛开幕式暨第一次全体会议、环渤海七省市经贸洽谈会、唐山曹妃甸临港产业冀东经济区重点项目发布暨对接洽谈会、全省文化产业对接会、全市领导干部暨全市经济形势分析会、全市企业家科学发展电视电话会议和丰南区政府召开的唐山丰南投资环境推介会等项活动，都收到很好效果。

【深入调研参政议政】 2009年，市工商联按照省工商联的要求深入开展“千家民企大调研活动”。预先制定调研活动安排，向各县（市）区下发通知。市工商联领导班子成员分别带领有关处室开展调研活动。围绕全市钢铁行业整合开展的专题调研，通过走访座谈和深入分析，形成《关于引导民营钢铁企业积极参与全市钢铁行业整合的建议》，上报省工商联。市工商联还配合全国工商联开展上规模民营企业调研工作，向企业发放调研表25份，在调研考察筛选的基础上进行整理、汇总，上报销售额3亿元以上规模企业15家。为进一步优化中小企业发展环境，市工商联与市纪委、政法委等部门组成调研组，开展“为企业排忧，为发展清障”为主题的调研活动。市纪委、政法委与工商联共同深入民营企业调研，维护中小企业合法权益，在社会各界，尤其是广大中小企业中产生很大影响。

【服务中小企业】 2009年，市工商联把帮助中小企业应对金融危机作为服务会员企业的一项重点工作。市政协副主席、市工商联主席翟久玉亲自带队深入河北弘业地毯集团等企业了解情况，调查研究。鼓励企业按照市委要求，坚定信心，积极应对，通过调整产品结构、开发新品种等措施，逐步开发国内市场，减少国外订单不足给企业造成的损失。同时向有关部门提出建议，希望帮助解决项目贷款贴息问题，支持企业渡过难关。在2008年开展银企联谊活动的基础上，2009年又邀请石家庄商业银行（后为河北银行）与唐山市部分民营企业家座谈，沟通金融机构与中小企业的联系，帮助中小企业解决融资难的问题。市工商联还先后组织会员企业参加通辽市来唐招商项目推介会，赴辽宁抚顺参加招商活动，参加卢龙投资环境说明暨重点项目推介会和“北方龙城”葡萄酒贸易中心项目推介会，参加在张家口召开的环渤海七省市经贸洽谈会，参加全国工商联在秦皇岛举办的中挪工商总会培训班，赴河南省濮阳市参加2009年中华龙文化节暨经贸洽谈会，通过活动的开展，为中小企业提供更多的项目信息和发展机遇。

【大力推进光彩事业】 围绕“民企系三农，共建新农村”活动，充分发挥光彩金的作用。全年共向滦南县店子村、西万坨村、滦县南庄村发放光彩金26万元。帮助这些村实施街道硬化、亮化、绿化，帮助村内打井30眼，改变种植模式1500亩，修路3000余米，建村办公和会议室五间和村卫生室两间。市工商联与市劳动和社会保障局、人事局、教育局、扶贫办、总工会联合举办民营企业招聘周大型洽谈日活动，路南、路北、开平、古冶等43家会员企业参加招聘会，涉及工种167个，提供就业岗位1500多个，进场洽谈人数达5000余人。

主　　席：翟久玉
党组书记：李会合
副 主 席：符晓光　吴占国
　　　　　武振新　张　刚
调 研 员：陈连友　王立新

（王　磊）

群众团体

唐山市总工会

【积极参加“共同约定行动”】 各级工会组织紧紧围绕全市工作中心，方向明确，行动扎实，为抵御金融危机，保持经济社会平稳较快发展做贡献。为贯彻王兆国主席提出的“共同约定行动”号召，市总工会提请市委、市政府两办下发《关于深入开展“共同约定行动”的意见》，联合市劳动局、企业联合会开展“共同约定行动”，大力倡导金融危机形势下企业自觉承担社会责任，不裁员，不减薪，同时积极引导职工立足本职，爱岗敬业，为企业发展献计出力。全市参与共同约定行动的企业达7852家。

【建功立业活动】 一是劳动竞赛广泛深入开展。针对国际金融危机的巨大挑战，突出“同舟共济保增长、建功立业促发展”主题，逐步把竞赛推向高潮。通过开展劳动竞赛，全市产业结构调整、节能减排工作成效显著，重点项目建设成果丰硕。全市参赛单位达1.03万家，参赛职工129万人。二是经济技术创新不断取得新突破。在以高新技术改造钢铁、装备制造、化工等传统产业的基础上，注重大力发展新能源、环保、生物医药等新兴产业，新技术、新工艺、新产品、新专利不断涌现。高速动车组车体设计制造及静动态调试等关键技术自主创新，松下公司等一批高新技术产业实现升级。在全省职工创新创造成果展中，唐山参评28项，13项获奖，获奖数全省第一。在省第三届职工技能大赛上，唐山选手取得数控铣工、数控机床装调维修工两个单项工种第1名、10个工种综合总分第1名，2人获得状元称号、19人获省技术能手称号、3人被省授予“金牌工人”称号，7人被授予“能工巧匠”称号，均在全省领先。在全国第三届职工技能大赛上，唐山选手取得全国团体数控铣工第2名、数控机床装调维修工第5名、数控加工中心第7名，其中2人被授予“全国技术能手”称号。三是劳模精神得到进一步弘扬。评选推荐省劳动模范146名，省先进单位24个；评选推荐全国五一劳动奖章9名，全国五一劳动奖状3个，全国工人先锋号8个；发放全国、省、市劳模荣誉金、救济金340.32亿元，建立劳模电子档案，实现全市劳模管理信息化。通过组织劳模代表栽植劳模林、国庆劳模座谈会、在媒体上开辟“劳模风采”专栏等手段，宣传劳模事迹，弘扬劳模精神。在继续弘扬老一代劳模“特别能战斗、特别能吃苦、特别能奉献”精神的基础上，赵国峰、张文市、郑久强、张雪松等新一代唐山劳模群体特有的当代唐山劳模精神，在全市广大职工中产生巨大的引领带动作用，尊重劳模、学习劳模、争当劳模蔚然成风。赵国峰、张文市作为劳模代表参加国庆60周年天安门庆典游行，为唐山争得荣誉。

【完善维权维稳机制】 一是拓展和谐企业（单位）创建活动。坚持把和谐企业（单位）创建活动作为协调劳动关系、维护职工合法权益、促进社会和谐的有效载体，在巩固国有、集体企业创建成果的同时，着力抓好非公企业、改制企业和外资企业的创建，并推动向医院、学校以及车间、班组延伸。开滦、唐钢、唐山港股份公司和建设集团等典型引路，职工董事、职工监事工作健康发展。2009年，全市有3家企业荣获“全国模范劳动关系和谐企业”，71家企业荣获省AAA级和谐企业，196家企业荣获市和谐企业（单位）称号。唐钢形成的“技术进步为先导，节能减排为重点，挖潜增效为手段，关爱职工为基础”的和谐企业创建经验，成为全市各级工会和谐企业（单位）创建的表率，促进社会和谐的典范。1月19日，全国工会深入推进创建劳动关系和谐企业活动经验交流会在唐山召开，唐钢经验向全国推广。二是完善工会劳动保护机制。以签订区域（行业）性劳动安全卫生协议书为突破口，积极推进劳动保护机制建设。10月22日，全省工会签订区域（行业）性劳动安全卫生协议书经验现场会在迁西召开，推广唐山经验。积极开展“安康杯”竞赛活动，全年参赛企业达2320家，参赛职工68万人，超额完成市下达任务，唐山连续六年获得全国安康杯竞赛优秀组织奖。各级工会培训工会劳动保护干部和小组检查员860名，培训职工达11.8万人（完成市下达任务的118%）。参与职工因工死亡事故调查处理17起，有力维护职工的生命安全健康权益。三是职工信访、矛盾调处工作有实效。对497件案件进行代理，代理成功率达85%。年内先后参与处理职工队伍稳定事件7起，涉及职工3000多人，为维护职工队伍稳定、促进社会和谐做出积极贡献。

【帮扶服务工作】 各级工会针对金融危机对职工群众生产生活带来的不利影响，想职工所想，急职工所急，办职工所需的事，不断加大帮扶救助工作力度，真正使工会组织成为充满爱心、充满阳光的困难职工之家。6月，中央政治局委员、全国人大常委会副委员长、中华全国总工会主席王兆国视察唐山市工会工作，并给予充分肯定，做出重要指示，拨付专项帮扶资金200万元，为全市做好新形势下工会帮扶工作注入强大动力。一是帮扶载体与时俱进。283名各级工会领导干部与283个企业结成帮扶对子，建立联系点，帮助企业（车间）解决难题139个；1834名工会干部与1936名困难职工结成帮扶对子，帮助解决难题1180个。其中，帮助解决生活困难583个，帮助451名农民工联系工作岗位，帮助146名困难职工子女完成学业。各级工会举办招聘会60场，提供职业介绍服务8216人次；建立培训基地25个，举办培训班163期，培训1.38万人，帮扶安置“三类人员”就业5442人。二是帮扶机制不断健全。全面加强市县两级困难职工帮扶中心的建设，形成市、县、企业相互联动和完备的帮扶网络，全市困难职工全部登记在册，实现信息化管理，确保职工弱势群体有人帮、帮到位。爱心超市成为工会组织开展日常救助工作的亮点，取得很好的社会效果。三是金秋助学效果更加凸显。全市各级工会筹集发放助学资金89.12万元，资助困难职工子女379人，确保考入大专院校的特困职工子女不因家庭困难而失学。四是职工重大疾病医疗互助活动扎实启动。将此活动作为进一步完善全市多层次医疗保障体系，提高全市广大职工医疗保障水平的重要举措来抓。市总工会提请市委、市政府两办下发通知，对该活动进行动员部署。

【加强基层组织建设】 一是圆满召开市工会二十一大，确定今后五年的奋斗目标。大会系统回顾市工会二十大以来取得的成绩，明确当前形势下全市工会工作的指导思想、目标任务和工作举措，选举出新一届委员会和市总工会领导班子；二是依法规范组建工作，工会会员数量不断增加。全面规范工会组建程序，积极协调工商、地税、劳动等部门，源头获取信息，做到注册一家，建成一家，规范一家。全市新建外商投资企业工会13家，277家外商投资企业实现建会。在唐投资的9家世界500强企业全部建会，累计发展会员1.13万人；全市新增基层工会组织388个，新增涵盖法人单位1642个，新发展会员8.9万人（其中农民工会员8.4万人），圆满完成省总下达的目标任务。三是强化机制建设，基层工会规范化水平不断提高。实行实名制微机管理，全市1.29万个基层工会组织和199万职工会员档案全部实现微机录入；各县（市）区全部建立“党建带动工建、工建服务党建”工作联系会议制度，将工会工作纳入党建目标

考核；全市60%乡镇（街道）工会达到规范化要求，路北区文化路街道总工会被命名为全国“六好乡镇”工会；75%非公企业工会达到规范化标准；50%村（社区）工会达到二星级标准，20%村（社区）工会达到三星级标准。四是加强干部队伍建设，工会干部业务能力不断提升。全面推开企业基层工会主席直选工作，768家新建或换届基层工会实行主席直选；开展小型非公有制企业工会主席职业化试点，27名组织员被录用为职业化主席；落实干部教育培训规划，全年共举办专兼职工会干部培训1054场次，培训工会专兼职干部4.5万人次，干部素质得到明显提升，涌现出一批一岗多能的工会干部。其他各项工作也都取得新的进展。经费“收、管、用”更加规范，经费稳步增长，全市国有大中型企业经费收缴率达95%以上。市总本级财政划拨率达到100%，县（市）区财政划拨率达到93%以上。经费审查审计工作同步开展，确保工会经费取之于职工，用之于职工。女职工工作开展得有声有色，率先在全省成立女职工工作研究会，为促进女职工工作搭建一个研讨交流的平台。劳福事业不断推进，各产业工会根据行业特点开展卓有成效的工作。

主　　席：于大中
常务副主席、党组书记：
　　杨桂茹
调 研 员：张亚军（2月免）
副 主 席：李长河　唐志林
　　孟庆平
　　李德忠（4月免）
　　马鹤英（5月任）
纪检组长：幺士悦（5月任）
经审委主任（副县）：王振亮
女职工委主任（副县）：
　　尹爱娣（女）
副调研员：王宗山
　　董永平（6月免）
　　张铭国（5月任）

（孟　晖　孙庆武）

中国共产主义青年团唐山市委员会

【青少年思想道德建设】　以纪念建党88周年、建国60周年、唐山解放61周年、李大钊诞辰120周年为契机，深入开展“唐山市青少年纪念唐山解放61周年祭扫活动”、“红歌唱响未来”等主题教育活动，组织青年积极参加“庆祝新中国成立60周年《祝福你——亲爱的祖国》大型群众演唱会”，实行新团员入团在李大钊纪念馆集体宣誓制度，教育引导广大青少年铭记历史，缅怀先烈，激励斗志，开创未来。同时大力实施青年骨干培养工程。全年开办基层团干部培训班10期，团干部培训率达到80%以上，培养青年和学生骨干1000余名。在全市各级团组织中选树科学发展青年标兵100名。开展“市委八届五次全会精神”宣讲活动，全市有600余名团干部、2.5万名优秀青年听取宣讲报告，增强青年骨干对市情的理解和把握。全市各级团干部帮助2万余名社会各界青年党员围绕全市经济社会发展提出有价值的建议意见3万余条，得到市委主要领导的肯定。组织200多名团干部、335名团代表、上千名青年志愿者、万名各界青年，深入曹妃甸、南湖、城市规划展览馆等地，亲身感受唐山市经济社会发展取得的重大变化，激发广大青年投身家乡建设的激情和动力。对唐山青年网进行改版，在唐山共产党员网上开辟共青团之窗，建立唐山青少年信息管理系统，全力打造青年舆情搜集、青年信息分析、青年网络引导、青年信息查询、青年网络服务、青年网络教育、网络动员组织、12355青年维权等8个平台，切实提高团市委信息化建设水平，网络教育引导青少年的主动权不断增强。

【助力城镇面貌三年大变样】　在助力渠道、助力内容、助力方式上进行拓展和创新，打造“文明迎论坛、环境大提升”、“青年党员志愿者进社区”、“我为唐山添绿色”等一批有重大影响的“助力”品牌。以市委、市政府最关注，全市人民最期盼的南湖公园为主战场，掀起助力三年大变样工作新高潮。5月1日南湖开园当天，组织550名青年志愿者建立10支青年志愿服务队，积极开展秩序维护、安保疏散、应急医疗、饮水服务、不文明行为劝阻等15项志愿服务。南湖开园至年底，先后组建30多支青年志愿服务队，开展各项志愿服务5000多人次，为广大市民游园营造整洁有序的舒适环境，得到市委、市政府和广大群众的充分肯定。以“我与唐山共成长、绿化攻坚我先行——青少年绿色家园创建活动”为载体，带领广大青年建设青年林16个，种植各类树木、花卉3万余株，确定迁安黄台山公园、迁西中日青年滦河生态绿化示范林等10家青少年绿色家园创建单位。积极组织青年投身“城市环境综合整治百日攻坚”、“美化小社区、迎接大论坛”等活动，清运垃圾150余吨，清除乱贴乱画5000余处，清理各类非法小广告3500余条，促进全市卫生环境水平不断提高。在全市评选树立南湖生态城扩湖工程建设项目组、唐山曹妃甸基础设施建设投资有限公司、北车集团轨道客车有限公司等100支活跃在城市环境治理、基础设施建设、国家重点工程等建设阵地的青年突击队为榜样，组织动员广大青年建设者学习赶超，以饱满的热情投身新唐山经济建设。

【青年就业创业工作】　一是扎实做好城镇青年就业创业工作。建立唐山市青年就业创业四级信息联合服务体系，建成青年就业创业信息服务工作办公室1个、信息服务中心19个、信息服务站153个、信息服务点3000多个。全年发布各类就业创业信息11期。同时，为帮助更多青年积累工作经验、提高就业创业能力，依托青年商会、青年联合会等外围组织，建立青年就业创业见习基地121家，提供见习岗位1174个，参加见习青年437人。全年选树青年创业之星15名、青年岗位能手108名。举办“携手创业路”千名团干部帮扶千名创业者活动，市县两级团干部对74名创业青年进行一助一对接帮扶。联合大陆房地产公司启动“SOHO阳光青年创业帮扶行动”，为47名创业青年筹集创业帮扶资金110万元。二是开展高校青年就业创业工作。会同曹妃甸工业区和曹妃甸基础设施投资建设公司，建立唐山市青年科学发展实践基地和河北理工大学、华北煤炭医学院、唐山学院、唐山师范学

院四所高校社会实践基地，按专业类别、产业链条、工程项目为青年参与科学发展实践提供不同岗位。成功举办“创业成就梦想”报告会，邀请10位青年企业家为高校500多名应届毕业生讲述自己的创业经历，激发大学生的创业激情，树立正确的择业观和创业观。开展“创业成就梦想”指导师进校园系列活动，招募市级青年就业创业指导师54名，在唐山青年网上开辟青年就业创业行动专栏，公布指导师的相关信息，接受就业创业咨询。举办“唐山市青年就业创业见习基地进校园”活动2期，共有60多家企业走进唐山师范学院、唐山学院进行招聘，提供各类见习岗位和工作岗位594个。三是搭建农村青年就业创业培训平台。联合劳动和社会保障部门，在全市开展“青春建功新农村就业创业培训项目”，累计培训青年农民、返乡农民工940人。深入开展农村青年创业小额贷款工作，发放小额贷款100余万元，提高农村青年就业创业能力。四是企业青年安全生产责任意识显著提高。在全市企业中开展安全示范岗创建活动，通过组织开展企业青年安全生产培训、征集安全生产意见建议、召开安全生产隐患现场会等形式，全年累计创建安全生产示范岗120个。

【满足青少年多样化需求】 加大青少年的对内对外交流与合作。充分整合团内外资源，充分发挥青联、青商会各界别青年企业家的作用，加强与不同区域青年企业家的对接与合作，相继承办“澳门青年企业家考察团”、“广东青年企业家唐山行”、“台湾中华青年企业家协会考察团”等3批次200余名港澳台青年企业家来唐考察交流，同时，先后接待河南团省委、赤峰团市委等兄弟团委来唐考察交流，充分借鉴各地团的工作先进经验，推介唐山市的新变化、新成果，增进友谊，促进合作。推动“希望工程”深入发展。着力开展“希望工程圆梦行动—情系贫困大学生”、“共享城市阳光—温暖行动”、“温州商会助学活动”、“芙蓉学子爱心助学行动”等活动，全年先后与20多家企业联合开展各类救助活动26场次，累计救助各类贫困学生3000余名，接受社会捐款150余万元。同时，联合上海欧雅装饰材料有限公司、香港真维斯集团启动援建希望小学助学活动，分别在玉田县、乐亭县新建2所希望小学。2009年唐山市希望工程办公室被河北省青少年发展基金会授予“希望工程20年杰出建设奖”。积极开展维护青少年合法权益工作。组织开展“法制进校园”、“珍爱生命、远离毒品”、“青少年法律咨询服务”等法制宣传教育活动，提高青少年的法律意识和自我保护意识。全年累计组织近百名法律教育工作者和100余名青年志愿者深入农村、学校、社区，举办法制宣传教育活动300余场，有近10万名青少年接受法制教育。同时，深化优秀青少年维权岗创建活动，创建市级优秀“青少年维权岗”20个，表彰优秀先进个人20名。稳步推进新青少年宫建设。与市建设局建设项目管理中心签订代建合同，并于9月1日正式进场施工，已先后完成东、西区基础验收。新青少年宫占地4.44公顷，总建筑面积3.6318万平方米，投资估算2.7亿元。预计2010年4月完成青少年宫主体工程封顶，12月工程全部竣工验收投入使用。青少年信息一体化建设进展顺利。先期投资15万元进行青少年信息一体化的建设。通过互联网搜集和研判青少年对重大事件、突发事件、社会热点所表达的信念、态度、意见和情绪，建立青少年社会舆情汇集和分析机制，把握唐山青年思想发展的规律，统一青少年思想，激发青少年热情。

【青年志愿者行动】 一是服务曹妃甸论坛取得圆满成功。强化志愿者的选拔、培训、演练等工作，组织263名志愿者在论坛期间担负接待引领、会务准备、安全保卫、医疗保健、餐饮保障等8个领域20余项工作的服务，志愿者上岗2000余人次，累计服务达1万小时，日出勤率达到100%，志愿者以周到细致的服务、青春靓丽的形象、无私奉献的精神，为论坛的成功举办做出突出贡献。团市委被评为首届曹妃甸论坛组织工作贡献突出单位，团市委及曹妃甸论坛青年志愿者部2人被评为贡献突出个人，5人被评为组织工作先进个人，20人被评为组织工作单项奖。二是其他大型活动志愿服务工作有序进行。先后为“央企走进曹妃甸——应对危机合作发展恳谈会”、第十二届陶瓷博览会、第四届海峡两岸企业发展与合作论坛、第二届河北·曹妃甸临港产业国际合作会议、“庆祝新中国成立60周年大型群众演唱会”提供志愿服务3000余人次，15万余小时，保障大型活动的顺利开展。三是志愿服务领域不断拓宽。组建2000多人的青年党员社区志愿服务队，以“服务社会、服务基层、服务群众、服务发展”为主题，在全市范围内开展“青年党员志愿者进社区”活动，收到良好成效。开展“注册健康志愿者，创造健康新生活”行动，组织市各大医院的专家健康志愿者，深入20多个社区开展健康知识专题讲座，向3000余名社区居民传播健康知识。成立全市首支心理咨询专家志愿服务队，到唐山市第二看守所举行“心理健康专家志愿服务团专题讲座”。组织240名青年志愿者开展“文明迎论坛，环境大提升”青年志愿者交通协勤行动，为群众出行创造优良的交通秩序和便捷的交通环境。四是选派医疗志愿者服务新农村建设。在前期招募228名老区村医疗志愿者的基础上，继续招募150名医疗志愿者到重点村开展志愿服务工作，与驻村老干部、大学生村官共同构成“1+2”服务老区村工作模式。全年新建村民健康档案2.5万余份，建档率达到80%以上，全面提高老区村、重点村医疗健康水平。同时，以唐山市医疗志愿服务工作为样本，团市委与北京大学成立专门课题组进行调研，调研成果获得民政部部级课题一等奖。五是扎实开展创建科学发展示范村志愿服务攻坚行动。先后招募服务科学发展示范村青年志愿者720余名，深入农村宣传城乡等值化理念，开展村容村貌集中整治、农民科技致富培训等各类志愿服务活动，同时，在农村青年中开展争当“六个一”新民居青年示范户活动，动员广大农村青年带头建设以博士灶、吊炕、太阳能等为主要内容的新民居工程，全年评选102个青年示范户。六是志愿服务体制机制不断健全。《唐山市志愿服务条

例》于10月28日市第十三届人民代表大会常务委员会第十五次会议通过，并于11月26日向河北省人民代表大会常务委员会提交《关于报请批准〈唐山市志愿服务条例〉的报告》。进一步推进唐山市志愿服务的法制化进程。会同唐山海事局在京唐港联合成立河北省首家海上应急搜救志愿服务站，在唐山一中建立唐山市校级志愿服务站，探索建立唐山特色的整体志愿注册制度，志愿者服务机构不断健全。

【团组织自身建设】 召开共青团唐山市第十七次代表大会。在中共唐山市委和团省委的高度重视下，经过全市各级团组织的共同努力，共青团唐山市第十七次代表大会于7月1日至3日胜利召开。会议听取赵勇书记关于《奉献无悔青春，实现唐山梦想》的重要讲话，审议通过共青团唐山市十六届委员会所作的《奏响“新唐山·新青年”主旋律，团结带领广大青年争做建设科学发展示范区和人民群众幸福之都的时代先锋》的工作报告，选举产生共青团十七届委员会。进一步加强基层团组织建设。全市5209个行政村全部选举产生新任团支部书记，农村团干部队伍年龄结构得到优化，学历水平全面提高，领富能力切实增强，全市农村共青团组织得以恢复和巩固。先后选派三批机关团干部共10人到迁西、丰润等10个县级团委进行驻县指导，不仅锻炼干部，丰富基层经验，同时为县一级团委的各项工作顺利开展做出积极贡献。创新乡街团组织工作格局。在乡镇，按照“1+X”的模式（即由1个团委书记加上若干名由辖区内的优秀村团支部书记和青年能人组成一个10人左右的委员会），组织开展本辖区的各项活动，优化团组织运行机制，增强团组织功能；采取“三联共建”模式，在城市与农村团组织中开展团委共建、团干联手、团青联动活动，促进团资源的优化配置，初步构建统筹城乡团建新格局，这一做法得到团中央的肯定，有2个基层团组织被团中央列为全国团工作格局创新试点单位。1个基层团组织被团中央评为“全国五四红旗团委”称号。以党建带动机关建设。先后组织团市委机关干部、基层团委书记、乡镇团委书记300余人，通过座谈会、恳谈交流会等形式进行系统学习，查摆问题，使全市团组织焕发出爱岗敬业、务实向上的良好思想状态和工作状态。新一届团市委领导班子产生后，在开展团的各项工作同时，建立定时间、定主题和保证学习人数、保证学习资料、保证学习效果的“两定三保”学习制度。建成“团干部图书室”，并通过建立读书交流、演讲、查阅读书笔记等制度，在团干部中树立浓厚的学习氛围，将团干部打造成“勤于学习型”干部。全力推进惩防体系建设，建立健全党风廉政监督体制机制，结合全市开展的干部作风建设年教育活动，组织机关全体党员干部开展廉政工作联席会议。并将每名党组成员和各中层部长廉洁自律承诺书公示，在团市委机关形成认真践诺、履诺、高效、廉洁的浓厚氛围。

书记、党组书记（副县）：
孙朝阳（5月任）
书记、党组书记：刘金柱（5月免）
副书记：胡献忠（5月免）
石井满
甄贵福（12月免）
杜　佳
李　虹（女，5月任）

（苏　勍）

唐山市妇女联合会

【概况】 一是在全市工作大局中的地位和作用明显提升。省委常委、市委书记赵勇、市委副书记、组织部长张义珍等6位市领导先后26次对妇联工作做出批示、给予肯定，市四大班子领导先后有59人次全程参与妇联开展的重点活动；省委、市委有7种内刊32次刊发市妇联工作成果和做法；市妇联被市委、市政府授予领导班子综合考评优秀单位、首届“科学发展创新奖”、“廉政建设十佳单位”等32项荣誉称号。赵勇书记专门批示：“妇联工作异彩纷呈，生机勃勃，令人高兴！望创全国一流、全省最好。”《中国妇女报》以《市委书记17次对妇联工作做出批示》为题，在头版头条刊发长篇经验。二是具有鲜明唐山特色的创新品牌明显丰富和提升。科学建家、妇女信访代理、妇代会直选组织领导机制、组团式爱心救助基金等4项工作在全国首创，8项工作得到全国妇联和省妇联的肯定、推广，综合考评在全省名列前茅；市妇联先后6次在全国、全省做典型发言。全国妇联主席陈至立、省妇联主席王淑玲等25位全国及省妇联领导先后11次来唐山调研指导工作；30多家市以上媒体刊播稿件678篇次，唐山电视台唐山新闻节目一年内播发妇联工作新闻45次。各县（市）区妇联竞相抓特色，创精品，呈现百花齐放的生动局面。三是争取实事项目支持实现历史性突破。争取国际国内基金和全市各界实事项目支持29个，总金额达2340万元，全部实施后，受益群众可达28.5万人次，为历年之最。先后同34个市直部门和企事业单位合作实施项目，18个市直部门“一把手”多次出席妇联组织的各项活动；2902名各界群众成为妇女工作志愿者，其中男性197名。

【科学建家活动蓬勃开展】 提炼总结6个科学建家模式，按照主体内容、活动载体、项目支撑、量化成果“四位一体”的思路，在1000多个村（社区）示范推广。着力培养选树先进典型，建立典型库，辑印《明星风采录》，联合市委宣传部和相关媒体，开展集中采访和持续宣传活动，在社会上引起较大反响。围绕科学理念“八进家”组建讲师团，层层开展大讲堂、大家谈600多场次；市妇联多方筹措宣传推广经费57.3万元，支持引导示范点制作高标准宣传橱窗、灯箱等1300多块；积极创设文化墙、文化楼道等宣传阵地，建设2个“巾帼绿色家园”社区；制作、发放各种宣传品50多万份（件）；创作大型科学建家专场文艺演出并成功首演；编发简报70期。创建活动推进面和影响力不断扩大，全市参与创建的村（社区）由2008年底的288个增加到1100个，市级科学发展示范明星家庭、县级科学发展示范家庭分别达到200个和2.67万个，两位市级领导主动倡导在老干部和民主党派中开展创建活动。市委书记赵勇亲自提议，将创建活动写入市委八届五

次全会报告，创建成果先后4次写入市委重要文件。5位国家级专家学者发表文章言论，充分肯定科学发展进家庭的巨大社会意义，肯定唐山在全国率先开展科学建家活动，对推动家庭建设具有极高的创新价值、统领价值，系统性强，特别可持续，是一项实实在在的民心工程。省妇联主席王淑玲肯定，科学建家活动是河北妇女工作的最大亮点。广大群众热情响应、积极拥护，"过好日子就要讲科学"、"科学发展就在家庭生产生活的点点滴滴中"、"科学建家，家国共赢"成为广泛共识。

【女性创业就业显活力】　在全市开展"争当新唐山卓越女性，争创科学发展一流业绩"竞赛活动，层层举办大规模誓师动员大会20多场次，参加人数达6000多人。广泛开展"女性读百本好书"等系列促进活动，向妇女儿童赠书2.2万册；开办"以能力求地位，以贡献谋福祉"新唐山新女性论坛，邀请中央电视台著名主持人张越进行首场讲座；在唐山电视台黄金时段开办《巾帼风采》节目，每周专题播出一名优秀女性创业的事迹；创办专题简报，已编发27期。各级各单位竞赛活动丰富多彩，各界妇女追求卓越、创新发展的激情得到激发，涌现出一大批先进典型。与此同时着力完善社会化领导、融资和服务机制，成立由市委主管领导任组长的领导小组，专门制定下发《实施意见》。探索建立以小额担保贷款为重点、以4条社会化融资渠道为补充的"1+4"女性创业融资新模式，先后为2300多名创业女性提供资金支持4800万元，使308名妇女实现成功创业。搭建培训、信息、项目推介、实践锻炼"四大平台"，免费培训妇女1.95万人，开办专题网页，建立女大学生创业实践基地80个，推介项目100个，举办大型创业就业咨询洽谈会26场次，达成就业意向1万多个。深入探索谋划"妇"字号家政服务业发展新思路，得到市委领导认同。温家宝总理到唐山视察时，市妇联作为创业就业工作3个先进单位之一参加现场展示。省妇联领导两次来唐调研，并在全省专题印发唐山经验。

【维护妇女儿童合法权益取得实效】　妇女信访代理工作扎实有效。把妇女维权工作置于全市和谐稳定的大局之下，创建主导代理、疏导代理、合作代理3种工作方式。层层成立领导小组和妇女信访服务中心（站），组建信访代理员队伍，全市共吸纳信访代理员1678名，排查妇女信访苗头隐患3256起，成功代理信访案件432件，实现维权与维稳的紧密融合。妇女信访代理被全国妇联确定为全国妇女维权七大示范模式之一。"健康家庭，幸福女性"活动成果显著。组织实施健康教育、健康体检、健康救助三大工程。编发宣传手册12种共45万册，制作发放小围裙10万个，创办全市群众健康论坛。建立3个妇女健康体检工作站，为近2万名妇女免费查体，对36名特困妇女给予免费救治。引进中国儿童基金会困境弱视儿童免费治疗等7个健康公益项目，争取到各类基金支持200余万元，为661名病患妇女儿童提供减免费救助服务。困境妇女儿童救助机制创新突破。隆重举行"春蕾计划"实施20周年纪念表彰活动，探索首创3个组团式冠名爱心救助基金，全年争取社会捐资786万元，救助贫困妇女儿童9276人，筹资额度相当于以往年度的8倍左右，占全省妇联系统筹资总额的47%。

【基层组织和干部队伍建设迈出新步伐】　农村妇代会直选全国领先。将妇代会直选纳入全市村"两委"换届的整体部署，进一步创新规范的直选机制、直选与工作互促机制、直选与干部培养互动机制，全市换届直选率达到98.6%，高出全省平均水平55个百分点；村妇代会主任进"两委"比例达到61.8%，村"两委"女性正职达到172名，其中从妇代会主任岗位上成长起来的占81.6%。在全国推动农村妇女参与村民自治实践经验交流会上，市妇联作为唯一一个地市级妇联代表做典型发言。成功召开唐山市妇女第十四次代表大会。所有候选人全部以全票当选。妇联工作社会动员机制创新发展。建立先进典型联系制度，成立女领导干部、女企业家和女文艺工作者协会，市级女性协会组织总数增加到5个，成员达到671人。以协会组织为纽带，组织开展"新女性与新中国共成长"演讲大赛、"女儿对母亲的颂歌"演讲歌咏大会、女企业家与女大学生牵手互助等系列活动，吸引大批优秀女性融入妇女工作，实现提升发展。成立市老促会妇工委，延伸妇联工作手臂。妇联干部队伍作风建设扎实推进。"创队伍建设品牌、建高素质优秀团队"的理念深入人心，各级妇联干部主动学习、积极进取的意识不断增强，创新创造、务实求效的工作氛围日益浓厚，整体素质和水平明显提高。全市5000多名妇联干部积极投身岗位读书、岗位练兵活动，1000多名妇代会干部走上讲台，举办群众性讲座250多场。市妇联机关先后有14名干部得到提拔重用，其中县级干部5名。

主席、党组书记：王晓燕（女）
调 研 员：蒋智宜（女）
副 主 席：马鹤英（女）
　　　　　侯永坤（女）
　　　　　郭姝婷（女）
妇女儿童工作办公室主任：
　　　　　张　丽（女）
副调研员：刘丽唐（女）

（周骏波　韩　冰）

唐山市科学技术协会

【开展城乡科普工作】　一是紧紧围绕创建科学发展示范村和实施"科普惠农兴村计划"，广泛开展"四创一争"活动（即创建县级标准化科普惠农中心，创建乡镇、街道优秀科普服务站，创建科普示范村、社区，创建科普示范基地、协会，争当科普带头人）。2009年，全市创建8所标准化县级科普惠农中心、97个优秀乡镇（街道）科普服务站、1200个科普示范村（社区）、80个科普示范基地（协会），培养1050名科普带头人。二是大力开展主题科普宣传活动。开展"迎国庆、迎论坛，建设科学发展示范区和人民群众幸福之都"系列科普宣传活动，在唐山纪念碑广场举行活动启动仪式。开展"防灾减灾"科普宣传活动。通过举办科普图片展览、科普知识讲座，发放宣传资料，广泛宣传防灾减灾知识。大力

普及天文科普知识，邀请中国科学院院士、中国探月工程首席科学家欧阳自远来唐作题为《探月形势与嫦娥工程》的科普报告。在纪念碑广场举办“日全食”科普知识集中宣传活动。与唐山师范学院、河北理工大学、唐山学院、华北煤炭医学院联合举办高校天文知识图片巡回展和天文科普知识竞赛。三是青少年科普活动丰富多彩。举办唐山市第一届青少年科技创新市长奖表彰大会，陈国鹰市长为10名获奖青少年颁发奖杯奖金，并作重要讲话。承办第二十四届河北省青少年科技创新大赛。组织开展“节约纸张、保护环境——2009年青少年主题科学调查体验活动”。四是大学生科普志愿者作用突出。大学生科普志愿者活跃在乡间地头，编发科普资料，举办科普讲座，开展科技咨询服务，推广农村节能新技术，逐渐成为农村科普工作的新军。据不完全统计，全年大学生科普志愿者共编辑发放科普宣传资料30万册（张），组织举办各种培训讲座430多场，受益群众50万人次。

【服务社会】　一是积极开展建言献策活动。调整充实专家咨询服务团，将230名各行各业科技专家纳入专家库，推荐6名专家进入市委优秀人才库。举办以“南湖公园植物科普示范基地与科普文化建设”为主题的学术沙龙，提出多条建议，得到市领导的充分肯定。开展“促进唐山科学发展献计献策”活动，形成26篇可操作性强、有针对性的建议。全年编撰《专家建议》10期。完成科技咨询和司法鉴定项目18项。二是深入开展“讲比”竞赛活动。成立由市科协、市发改委、市国资委、市工促局、市科技局组成的市“讲理想、比贡献”竞赛活动领导小组。全市确立“讲比”项目千余项，完成市级重点项目50项，完成市级金桥项目30项。三是集中开展“科技下乡”活动。各级科协共举办科技下乡活动百余场，举办实用技术培训班80期，受益群众近5万人（次）；发放科普资料10万份、科普图书5000册、科普挂图50套；放映科教电影50场（次），推广实用技术20多项。四是科学发展模式建设和“科普惠农兴村计划”项目稳步推进。按时保质完成城乡一体化科普信息网络示范模式建设。青少年环保体验模式建设取得初步成效，在唐山科技馆增加青少年环保体验展示内容，在新科技馆建设中设计规划青少年环保体验展厅。大力实施“科普惠农兴村计划”，开平区农产品协会、玉田县农协会、滦南县林果科普基地荣获全国“科普惠农兴村计划”先进单位称号，分别获得20万元奖励。

【“科技工作者之家”建设】　一是6月24日至26日，隆重召开唐山市科协第八次代表大会。来自全市各行各业的400名科技工作者代表汇聚一堂，共商科协事业发展大计。省委常委、市委书记赵勇、省科协党组副书记、副主席李宗民和市四大班子领导出席开幕式。中国科协发来贺电。大会期间，赵勇、李宗民、张义珍、唐文弘等省市领导分别作重要讲话。大会民主选举产生市科协新一届领导机构，确定未来5年全市科协工作目标。二是以“科技创新与科学发展示范区建设”为主题，举办2009年市科协学术年会优秀论文征集活动，收到论文251篇，评选出42篇优秀论文编印成论文集。开展2009年唐山市自然科学优秀论文评选活动，征集论文700余篇，与市人事局、市工促局联合对141篇获奖论文进行通报表彰。三是新科技馆建设取得重大进展。2009年唐山新科技馆建设被市委、市政府列为年度重点工程。市科协与凤凰新城管委会、市建设局联合就项目资金和征地等问题向市委、市政府做专题汇报。赵勇、陈国鹰、张义珍等市领导做重要批示，对新科技馆建设资金等问题提出明确意见。新科技馆用于项目征地、深化设计、建筑方案设计、工程招标等工作的资金全部到位。四是加大对科技工作者的服务力度。与市委组织部、市人事局、市总工会联合开展第七届唐山市青年科技奖评选工作，有22名同志获奖。在燕山影剧院组织举办“迎国庆、迎论坛”慰问科技工作者专场文艺演出。春节前夕，走访慰问部分生活困难科技工作者，送去慰问金和慰问品，同时送去党的关怀，送去科协“家”的温暖。

【自身建设】　一是建立健全制度。相继出台县级科协工作考核办法、市级学会工作考核办法、企业（院校）科协工作考核办法、加强学会工作意见、加强企业（院校）科协工作意见和科协宣传工作量化管理办法等一系列规章制度，促进科协工作的制度化、规范化。二是牢固树立为经济建设服务、为提高全民素质服务、为科技工作者服务的观念，紧紧围绕党和政府工作大局谋划工作思路，选准切入点、结合点和工作重点，转变工作作风。三是实行月重点工作通报督导制度，及时发现并解决遇到的问题，确保按时完成。四是树立良好形象。科协机关形成气顺心齐抓工作的良好局面，工作效率显著提高，服务意识明显增强，热情为科技工作者服务、为基层服务成为每个人的自觉行动，贯彻执行力得到提升，确定的重点工作件件落到实处，重大活动件件圆满完成。年内，荣获省科协系统先进单位、全国青少年科技创新大赛基层赛事优秀组织单位、省青少年科技创新大赛优秀组织奖和特殊贡献奖。

党组书记、主席：王宝兴
副　主　席：赵　海　赵彦富
　　　　　　李秋贵
副 调 研 员：王永强

（么树军）

唐山市文学艺术界联合会

【开展主题文艺活动】　为庆祝建国60周年、迎接曹妃甸论坛召开组织开展系列文艺活动。与市直机关工委等单位联合举办“祝福祖国、祝福唐山”歌咏大会，通过电视转播向全市人民充分展示出市直机关干部职工的良好精神风貌，市文联在此次活动中被市里授予唯一的特别贡献奖。组织“祖国颂、家乡情”唐山市原创歌曲演唱大赛、“新中国、新唐山”大型主题系列诗会、首届唐山市合唱艺术节暨首届“冀东文艺三枝花”票友大赛活动，激发市民群众热爱祖国、歌颂祖国的创作热情。邀请20余位国内知名书画家齐聚唐山，书写、描绘

唐山60年来取得的巨大成就。举办曲艺作品有奖征文活动，在《唐山劳动日报》发表征文达半年之久。与市委宣传部、市文明办、市直机关工委、市教育局、市诗朗诵学会、市电视台共同举办“新中国新唐山”大型主题系列诗会。与市委宣传部、市文明办、市教育局、团市委共同举办“红歌唱响未来”群众歌咏大赛。

【多项活动丰富人民生活】 一是围绕提升大南湖文化内涵，打造“好玩、生态、神奇”南湖的要求开展一系列工作。组织编写《南湖故事》，深入挖掘大南湖地区蕴含在民间的古代神话、传说故事。其中涉及的部分内容已在南湖景观建设和整体规划中有所体现。《南湖故事》一书亦即将出版。高效率、高质量完成南湖中央城市公园主要景点命名工作。大南湖开园后积极主动开展吟咏南湖古典诗词大奖赛、大南湖楹联擂台赛等多项文艺活动。二是响应全省“新春联送万家”活动号召，在对联征集、组织书法家下乡书写新春联送村民等环节上精心组织，取得良好效果。市文联荣获“优秀组织工作奖”，成为全省文联系统唯一获此殊荣的单位。三是隆重推出“梨园小剧场天天见”演出，以评剧、皮影、乐亭大鼓名剧名段演出为主，同时推出京剧、曲艺等经典剧目曲目，定期举行戏迷票友擂台赛。四是在汶川大地震一周年之际成功地举办长篇报告文学、图文书《唐山人在汶川》首发式。两部文学作品从不同侧面、以不同形式反映了一年前唐山抗震救援队伍和志愿者在四川抗震救灾的感人事迹。五是成功组织举办唐山市美术精品展览暨作家、艺术家深入“三年大变样”一线采风创作活动。博物馆、群艺馆两个展区共展出作品260幅，其中有8幅作品入选第11届全国美展。另外还举办“全民创业、全民创新”全国获奖小演员专场文艺演出、“张庆洲长篇小说《红轮椅》研讨会”、“首届乐亭大鼓展演”、“唐山陶瓷60年”摄影大赛等多项活动。

【重大题材创作取得新进展】 一是为庆祝唐山文联成立六十周年，迎接文联及所属文艺家协会换届，专门组织编写的《唐山文艺家名录》和《唐山作家论》正式出版。二是纪念评剧诞生一百周年，出版由原文联主席、老作家赵栋编写的电视剧剧本《戏圣成兆才》。三是工程浩繁、总字数在300万字的十卷本《唐山民间故事大全》已基本整理、编辑完成。四是戏剧剧本《孔子突围》的创作接近尾声，正在进行最后的修改。五是反映首钢京唐钢铁公司搬迁和发展的纪实文学作品《首钢大搬迁》面世，其作者王立新正按市委要求谋划创作大型报告文学《唐山科学发展报告》。六是诗人张学梦、郁葱历经数年共同创作的大型诗集《祖国诗篇》在建国60周年前夕出版。七是采取神话故事手段，将每一味中草药人格化，赋予其以人的生命、行为、能力、智慧和品格的动漫电视连续剧《宝草传奇》剧本创作即将完成，并积极申请资金筹备进行动漫剧制作。

据不完全统计，全市荣获国家表彰和奖励的各类文艺作品（或个人）70多部，其获奖数量和质量实现历史性突破。其中，由唐山词作家郝立轩作词、歌唱家谭晶演唱的歌曲《我的祝福你听见了吗》荣获全国第11届精神文化建设“五个一工程奖”、由孙震生创作的国画《回信》荣获第11届全国美展中国画金奖、由“梅花奖”得主张俊玲主演的戏曲电视剧《成兆才》获得中国电视剧“飞天奖”戏曲电视剧二等奖。

【搭建培育优秀人才平台】 不间断推出新人参加各种形式丰富多彩的文艺活动。举办每年一届的新年合唱音乐会和“三下乡”活动推出更多的文艺新人参加；“家乡的长城”摄影大赛吸引众多专业摄影家和摄影爱好者广泛参与；“楹联进校园”、“知名作家向唐山师范学院捐赠图书”、“唐山市高校教师美术获奖作品巡回展”等活动受到师生热烈欢迎；举办花鸟画学术邀请展、著名国画家戴有成教授回乡汇报展、乐亭县美术作品巡展、“八人美术作品”展、王永兴师生书法邀请展、郭有河作品展等一系列书画展览，拉近书画家与广大市民间的距离，营造出良好的书画交流、学习氛围。另外与相关单位联合举办“唐山妇女儿童发展十年”、“科学建家”文艺汇报演出、《人与自然》书画摄影大赛等主题文艺活动，通过这些活动培养和造就一批文艺新人。改扩版《唐山文学》，吸引更多的作者在这块平台施展才华。改版后的《唐山文学》内容扩大一倍，成为综合性文艺刊物。做好文联系统换届工作，不断扩大协会组织，努力拓展艺术领域。市美术家协会、市舞蹈家协会、市曲艺家协会、市摄影家协会顺利完成换届，其他协会换届工作正在紧锣密鼓地筹备之中。团体会员和协会组织进一步向精细化迈进，唐山市检察系统文联、唐山水彩粉画研究会、唐山市魔术协会已经成立。

主　　席：袁　宁
党组书记：孟宪民
副 主 席：郑久成

（马　啸）

唐山市社会科学界联合会

【概况】 社会科学界联合会发挥市委、市政府联系广大社会科学工作者的桥梁纽带及发展社会科学事业助手作用，组织开展主题突出、内容丰富的理论创新、应用对策研究、理论政策宣讲和社科知识普及活动，充分发挥“思想库”、“智囊团”的作用，在第十二次全国社科联工作会议上被评为“全国先进社科联”。

【打造社会科学工作者之家】 结合联手、联心、联合、联动的工作特点，制定《创建社会科学工作者之家活动实施方案》，突出干部作风、服务质量、办事效率、廉洁勤政等重点，在征求广大社会科学工作者意见和建议的基础上，确立提高工作效率，提高工作标准，提高服务满意度的目标，创新工作理念，创新工作方法。健全完善社科工作机制，有针对性地规范两大类11项制度。一是在激励和服务社科专家工作方面，有《社会科学研究重点立项课题管理办法》、《关于加强

"百名社科人才库"管理的意见》、《唐山市社会科学奖励办法》、《唐山市民办社科类研究机构管理办法》等四项；二是在机关作风建设规范方面，有《社科联会议议事规则制度》、《社科联领导班子建设规定》等七项。《唐山市社会科学奖励办法》已报送市政府审定。

【社科基础理论及应用对策研究】 制定下发《2009年立项课题指导提纲》，以唐山经济社会发展实践中带有全局性、战略性、前瞻性的重大理论和实践问题为研究方向，改进课题申报方式和工作程序，扭转分散选题、个人申报的局面，杜绝研究选题重复、内容"撞车"的问题，筛选出68项立项课题，经评审鉴定，评出结项课题60项。其中，《建设科学发展示范区新形势下社会科学工作战略思考》、《唐山市农业可持续发展问题研究》、《唐山市新型农村社会保障制度研究》、《社区服务在构建和谐社会中的功能开发研究》、《唐山物业管理的现状及发展对策研究》等被评为优秀课题；《唐山湾旅游发展策略研究》、《唐山市先进制造业关联分析及融合发展对策》、《构建唐山城乡一体化的社会保障体系研究》、《实现唐山城乡文化等值化的措施和路径研究》、《城乡等值化进程中的义务教育均衡发展研究》、《唐山社区体育设施建设与城市功能提升问题研究》、《社区服务在构建和谐社会中的功能开发研究》、《唐山市领导干部与公务员科学素质现状调查分析及对策研究》等受到相关部门的肯定。社科联撰写的《建设科学发展示范区新形势下社会科学工作战略思考》，被收入《中国城市社科联创新研究》一书。

【推进社科类学会工作】 2009年全市社科联所属学会、协会、研究会增加到60个。社科联采取交任务、出题目、搞活动等办法激发学会的积极性、创造性。市金融学会、市税务学会针对全球性经济波动对唐山的影响，邀请专家学者为全市银行、税务系统阐述面临挑战与机遇，科学判断、主动应对的思路。市档案学会、市图书馆学会紧跟信息网络化的发展步伐，为本单位提出声像资料存档，图书网络化等新点子。茶文化学会动员民间资本，组织论证创建北方第一座"世界茶文化博览园"的创意，受到市领导肯定。各学会的活动对提升唐山人民幸福指数，构建科学发展示范区，传承唐山文化起到积极的促进作用。

【开展系列特色活动】 大成山公园建设及名称定位专题调研活动。组织社科专家学者对城市公园建设、改造、名称等方面进行论证并提出建议，为市委市政府科学决策提供依据。创建文化名城、打造文化品牌、发展文化产业研讨活动。组织社科专家参与"文化创意的产业化与产业创新"研讨活动，引领全市"文化创意产业研究"，拓宽文化创意产业学术研究的领域和范围。"祖国繁荣强盛与唐山科学发展"主题征文。活动历时四个月，经专家评审，从211篇作品中评选出获奖作品75篇。其中，一等奖8篇，二等奖17篇，三等奖18篇，优秀奖32篇。优秀稿件在《唐山劳动日报》刊载。"文明素养大家谈"活动。为营造"文明迎论坛，环境大提升"百日推进行动的浓厚氛围，以"当好东道主，办好大论坛"为主题，组织社科专家针对公共行为习惯的"陋习"、公共秩序的"无序"、城乡环境的"脏乱"等方面的问题，围绕"珍爱生命，文明出行"、"文明养成，从我做起"、"珍惜环境，美化家园"、"公共文明，自觉遵守"等12个专题，在电视台、电台等媒体以现场采访点评、走进直播间等方式进行舆论宣传，受到市委领导肯定和表彰。参加市政协专题调研活动。两次参加市政协的专题调研并承担撰写调研报告任务。《关于我市食品安全状况的调查与建议》上报后，赵勇书记批示："报告很好。食品安全关系千家万户，是人命关天的大事，务必高度重视。请市政府专题研究，拿出切实改进措施"；《狠抓关键环节，进一步改善我市农村法制环境》报送市委市政府后，赵勇书记批示："建议很好。请义珍、德茂同志纳入社会治理和谐化项目系统推进"，陈国鹰市长批示："法制社会的建立关键在农村，难点也在农村。此报告对进一步改善农村法制环境提出了存在的问题和改善的建议，很好，很有借鉴意义。"

【利用载体普及社科知识】 精心编辑《唐山社会科学》，广泛征集高层学者稿件，集纳专家建言，全年共发稿35万字，突出学术性、科普性、知识性，用前瞻性学术成果为领导决策提供参考依据，向社会普及社科知识，使之成为深受读者欢迎的社科理论普及刊物，被评为"唐山市十佳内部期刊"。

主　　席：许向斌（11月免）
市委宣传部副部长、社科联主席、党组副书记：王　力（12月任）
党组书记：李兆柱
副 主 席：陈　伟　曹宝华（女）
　　　　　华　玉（兼）
　　　　　范永胜（兼）
　　　　　张志富（兼）
　　　　　李　贵（兼）
　　　　　侯西岭（兼）
副调研员：王素敏

（孙庆武　王素敏）

唐山市归国华侨联合会

【多方维护侨益】 深入滦南县、路南区女织寨乡程各庄村开展驻点调研活动，通过召开座谈会、登门走访、参加村党支部党员活动、实地考察等方式深入调查，撰写2份调研报告和1份驻点手记，对有关问题提出对策和建议，同时在基层宣传党的方针和重大战略部署。帮助归侨侨眷解决工作就业、生活困难、工资待遇不合理等问题十余件，帮助侨企追回货物欠款，帮助老归侨办理慢性病认定手续，为全市保稳定、促和谐做出贡献。

【引资引智成果显著】 在中国侨联、省侨联和市委统战部的支持下，成功邀请出席第八次全国侨代会的80名海外侨界知名人士到唐山曹妃甸参观考察。赵勇、陈国鹰等领导会见考察团一行。此次活动广泛宣传推介唐山并取得多项成果，其中鑫侨融资公司为唐山城市建设提供融资7.5亿元，南湖开发项目正在进行深入考察论证和洽谈。联系引进世界500强企业——日本双日株式会社，在曹妃甸注册成立唐山曹妃甸双星复合管道有限公司（一期投资9000万元）。全年先后接待日本、美国、加拿大、巴西等国的华侨华人100余人次。促成两项“绿色经济”项目投资落户唐山。一是引进世界领先的日本ETS生物科技公司微生物菌肥项目在丰润区落户，完成一期基础设施建设并投产。二是帮助加拿大华商在乐亭县投资，提供养殖海域1250亩生产象拔蚌并正式签约，总投资2000万美元，初期投资500万美元。各基层侨联多措并举促进招商引资，其中乐亭县侨联争取到国务院侨办和农业部启动的“侨爱工程——万侨助万村”项目落户该县庄东村，前期捐助款52.6万元到位；玉田县侨联通过各种渠道发布招商项目40余项。

【提升为侨服务水平】　走访侨资侨属企业20多家，组织部分会员企业召开“应对金融危机挑战、通力合作促发展”座谈会。为罹患重病的迁西归侨子女付瑞萍募集各界捐款、救助款共计20.14万元，市委副书记张义珍对此给予高度评价。这项活动被评为“学雷锋十佳事迹”。与侨商会共同创立“侨界慈善助困基金”，为侨界爱心人士从事公益捐赠搭建平台。组织归侨侨眷和侨资企业向台湾风灾捐款，开展侨商与贫困家庭“一对一”定向资助，为“珍珠班”特优特困学生赠送学习用品等活动。成立侨友俱乐部，为归侨侨眷搭建“交流、联谊”平台，开展“送欢乐”活动。实行联系卡制度，为年纪大、空巢和独居归侨侨眷服务。元旦、春节期间组织开展“真情暖万家扶贫济困”活动，走访慰问103户归侨侨眷家庭。

【纪念建国60周年】　举办“我爱我的祖国”摄影展。展出归侨侨眷200多幅作品，真实记录和反映祖国发生的巨变以及人民群众的幸福生活。举办“共和国礼赞”大型文艺联欢会，200多位归侨侨眷和侨联工作者载歌载舞共庆共和国生日，表达侨界同胞热爱祖国，共创美好未来的壮志豪情。承接中国侨联主办的《华侨华人与共和国》图片展在唐山巡展，展出图片900余张。组织归侨侨眷参观迁西大刀园和开滦博物馆等爱国主义教育基地；与唐山电视台联合举办“情系中国”侨界人物专访活动；配合上级侨联完成老归侨口述历史活动和侨界之星评选活动。

【加强交流联谊】　春节前夕举办新春联谊会，在“三八”妇女节、“五四”青年节和“九九”重阳节，分别组织开展纪念活动，组织召开“侨之友”座谈会，听取市县两级统战部等部门对侨联工作的意见和建议。与秦皇岛、廊坊侨联签订合作框架协议，定期召开联席会议，相互交流学习经验，并开展合作。与市教育局联合组织全市298所学校参加“第十届世界华人小学生作文大赛”。收集作品5158篇，13篇作文获得一等奖。市侨联连续十届获组织奖。年内市侨联荣获中国侨联“全国侨联系统先进基层组织”、唐山市“振兴唐山立功竞赛集体二等功”、河北省侨联工作实绩突出单位、市直工委“先进基层党组织”等荣誉。

主　　席：劳　卫（女）
副 主 席：朱秋华　徐国卉（兼）
董配文（兼）
沈　毅（兼）
梁仲琪（兼）

（武海涛　孙庆武）

唐山市残疾人联合会

【概况】　2009年全市有各类残疾人51.7万人。其中视力残疾5.4万人，听力残疾12.5万人，言语残疾7697人，肢体残疾16.7万人，智力残疾4.1万人，精神残疾3.5万人，多重残疾8.8万人。各级残联圆满完成年度工作任务，残疾人事业得到较快的发展，残疾人民生进一步改善。制定出台《关于推进残疾人事业发展意见》（唐发〔2009〕27号），提出以加强残疾人社会保障体系和服务体系建设为重点，全面落实十项助残工程的具体任务目标，为今后一段时期指导全市残疾人工作提供纲领性文件，各县（市）区结合当地实际情况，制定出台适合各地残疾人事业的发展意见。

【康复救助】　市委、市政府把对2000例白内障患者实施复明手术、为300名重症精神病患者免费治疗一疗程并服药治疗一年作为“持续改善民生攻坚行动”实事工程之一。3月市残联制定并下发《2009年度贫困残疾人救助实施方案》，对全市贫困白内障患者和贫困精神病患者情况进行调查摸底，根据摸底情况分配指标。为2000名贫困白内障盲人免费实施复明手术需资金200万元，市、县财政各承担100万元，每例手术费用1000元，由市及县（市）区两级财政各承担50%，包括医院手术费、手术耗材费、筛查费。对在救助实施过程中新增贫困白内障患者，通过残疾人社区康复服务网络，建立随报制度，确保有复明需求的贫困白内障患者及时得到治疗。确定协和医院、康复医院（工人医院分院）、第八医院和255医院四家医院作为市级实施手术定点医院。各县（市）、区残联与当地卫生部门共同协商确立12所县级定点医院，对本县范围内的贫困白内障患者进行术前筛查，对符合手术条件的患者进行手术。4月份市直及各县（市）区统一开始进行白内障复明手术术前的筛查和手术工作。年底前2000例贫困残疾人白内障手术全部完成。为300名贫困精神病患者提供免费住院治疗一个疗程并服药治疗一年需资金210万元，市财政安排110万元，市慈善总会安排100万元。3月17日市残联与唐山心理医院、唐山五院共同召开专门协商会议，签订目标责任书。4月份开始以县（市）区为单位分批输送贫困重症精神病患者到定点医院进行住院治疗。10月中旬，300个住院通知单全部开出并安排住院。全市14个县（市）区建立社区康复站289个，有社区康复协调员1593人，接受社区康复服务的残疾人累计达到7.2643万人，建立社区康复服务档案6.8351万人。2009年在覆盖399.2万人口的10个县（市）区开展精神病防治康复，监护精神病人2.1803万人，

显好率达84.9%；接受治疗的精神病患者3347人，进行康复训练577人；为100名低视力者验配助视器，培训低视力儿童家长30人，盲人定向行走训练70人；全年新收训聋儿80人，培训聋儿家长80人；开展肢体残疾康复训练122例；开展贫困智力残疾儿童康复训练100例。5月12日唐山市残疾人辅助器具服务中心挂牌成立，为全市残疾人提供便捷、质优价廉和免费适配服务。年内全市有辅具供应服务机构10个，为残疾人提供康复器具、生活助具、特殊用品的供应和维修服务。全年供应扶助器具2000件，免费发放1277件，装配普及型假肢80例。

【为残疾人服务】 2009年对1000户贫困残疾人户进行危房援建，市财政安排专项补助资金390万元；省安排专项资金110万元，各县（市）区投入危改资金454.5万元。市残联与市财政局联合下发通知对危房改造工作提出指导性意见。有任务的县（市）区残联积极争取当地县（市）区委、政府领导支持，召开危房改造动员大会，下达任务书，签定责任状；逐户实地查看，拍照建档，对确定的援建户张榜公示，接受群众监督；对建房全过程进行追踪监督，及时解决影响建房进度的各类问题，督促检查施工进度与质量；对已完成的改造户逐一验收，及时按程序、按计划拨付建房资金。10月底1000户危改工作全部完成并交付使用。2009年换发第二代残疾人证工作是市残联重点工作之一，全市各级残联多次召开由各县（市）区分管理事长和工作人员参加的二代证换发工作协调会；对各县（市）区换证工作人员和残疾等级评定的医务人员200余人进行业务培训；充分利用新闻媒体和网络宣传换证工作的目的、意义、时间安排和具体步骤等；充分发挥镇村基层残联网络作用，镇残联、村残协通过会议、广播、板报等多种形式宣传换证工作，对疑似残疾人家庭动员其按时到指定地点做评残鉴定。全市各级残联扎实做好组织保障、技术保障、经费保障和安全保障等工作，深入到重残和行动不便的残疾人家中，现场拍照，现场办公。到年底办理完10万个残疾人证的录入及换发。路北区、滦南、滦县、玉田、路南区残联充分整合社会资源，因地制宜建立残疾人托养机构。全市建立托养机构5个，总建筑面积8550平方米，有140人在托养机构进行托养。

【扶贫基地建设】 各县全部建立残疾人扶贫基地，现有种养、养殖、加工扶贫基地13个，投入经费110.5万元，扶持残疾人761人。乐亭县残联新建四大产业扶贫基地扶助残疾人创业，一是总面积为26.5万亩的蔬菜扶贫基地，二是果品扶贫基地，三是珍禽毛皮动物扶贫基地，四是贸易加工扶贫基地。四大扶贫基地直接安置残疾人300人，计划每年培训2000名残疾人，辐射带动4200名残疾人进行创业，实现脱贫致富。滦南县残联与唐山蓝海集团蓝海畜牧养殖有限公司合作建立贫困残疾人扶贫培训基地，为建立集残疾人培训、安置、管理为一体的综合性培训就业基地探索新经验，免费培训残疾人150名，并为他们免费提供种猪和育肥猪。

【残疾人就业】 全市有残疾人职业技术培训机构17个。各级残联按照城镇残疾人培训与就业相结合，农村残疾人培训与扶贫相结合的总体思路，采取多种方式举办培训班35期，培训残疾人800人，有3183名残疾人接受实用技术培训，地方投入经费212.48万元。市残联以康复教育中心为基地，免费培训300人，同时承担河北省残联聋人电脑班培训任务，对23名聋人学员进行图片处理软件等方面的培训；承办全省聋人高级电脑班的培训任务，对28名聋人进行电脑技能的提高培训。认真执行《残疾人就业条例》精神，积极开展残疾人就业登记、政策咨询、职业指导等工作，为残疾人就业牵线搭桥。年内新安排城镇残疾人就业1604人，其中集中就业269人，按比例就业886人，个体及其他形式就业449人。市残联与地税局等相关部门五次召开全市残疾人就业保障金征收工作调度会议，使开展面由原来14个县区扩增5个开发区，收缴保障金3600万元，较上年增长12%，残疾人按比例年审率达到95%。

理事长、党组书记：张玉清
调 研 员：赵希志（2月免）
副理事长：杜士华　王善国
　　　　　安玉兰（女）

（陆宁宁）

唐山市红十字会

【概况】 2009年，唐山市红十字事业实现跨越式发展。3月在全省首次开展的红十字会工作先进市评选中，唐山市被河北省红十字会授予“2008年度红十字会工作先进市”荣誉称号；同月，唐山市红十字会被唐山市市委、市政府授予振兴唐山立功竞赛集体三等功。8月26日，唐山市红十字会被中国红十字会总会授予2008—2009年度报刊宣传工作“表扬奖”。

【社会救助】 4月27日，启动以“捐出您一天的收入，为幸福人民奉献您的一份真情”为主题的“博爱一日捐”活动，共收到爱心捐款256万多元，为开展社会救助工作奠定基础。继续开展城乡特困大病群众医疗救助工作。对36名患有尿毒症、肝硬化、器官移植等大病特困群众进行救助，发放救助款79万多元。对14名农村贫困家庭白血病患儿发放救助金7万元；为25名先天性心脏病儿童争取到免费手术救治的机会，其中17名年内已成功接受手术救治。先后带领红十字医疗志愿者深入到迁西县太平镇牌楼沟村、东莲花院乡马家沟村、迁安市五重安乡石门村等地为当地群众义诊，并免费发放价值3万余元的药品。据统计，全年有5000多名市民得到红十字会不同程度的帮助。开展1000多批次、17.3467万人次的机动车驾驶员、井下高危行业从业人员卫生救护培训。在学校、社区、企业广泛开展心肺复苏和外伤四项技术培训，提高广大市民应对突发事件或意外伤害的自救互救能力。为5000多名妇女进行免费健康体检，为10位贫困母亲进行免费手术救治。

【拓宽服务领域】 首次引进广州宝洁公司提供的舒肤佳健康长城工程项目资金6.2万元。为遵化市小厂乡洪山口小学、玉田县石臼窝镇天星小学、迁安市五重安乡旭阳学校等三所小学修建洗手池和健康教育宣传栏，改善学校卫生环境，提高师生们的健康水平。首次与国际巨星、联合国亲善大使成龙先生合作，搭建为弱势群体服务新平台。10月份，与市委宣传部、文化局一起主办“成龙龙子心大爱唐山行”系列活动。为康复村、盲聋哑学校送去温暖，成龙先生还将“个人物品爱心拍卖会”上的拍卖款605.1万元捐给唐山市红十字会，用于援建滦南姜泡“龙子心小学”和其他社会公益事业。8月，台风“莫拉克”重创台湾，给台湾同胞的生命和财产造成重大损失。8月17日，唐山市红十字会向全市人民发出“关于开展为台湾‘莫拉克’台风受灾同胞奉献爱心的紧急呼吁”，公示热线电话和捐款账号，收到社会各界爱心捐款29万多元。

【基层组织建设】 组建学校红十字会。年初，在唐山一中、开滦十中、十二中等学校开展学校红十字组织建设试点工作。暑假期间，成功组织“首届红十字青少年夏令营”活动。12月份，隆重举行“全市学校红十字会成立启动仪式”，年内5万多名青少年加入红十字队伍。组建地震应急救援志愿者队伍。与市地震局联合招募地震应急救援志愿者700多名，建立抢险救援、医疗救护、卫生防疫、心理疏导、无线电通信、物资保障六个分队。5月10日，隆重举行唐山地震应急救援志愿者队伍成立仪式。启动“红十字急救知识进校园、进社区、进企业”活动。

【提升社会影响力】 以“5.8”世界红十字日、世界献血者日、世界急救日等特殊日子和“红十字博爱送万家”、“博爱一日捐”等活动为依托，积极与新闻媒体合作，集中主题，集中时间，集中力量，宣传红十字精神和红十字会工作。年内，省以上新闻媒体刊（播）发唐山红十字会宣传稿件200多篇。受到中国红十字会和河北省红十字会的表彰。并与唐山晚报联合举办“唐山市民健康知识竞赛”，7352人参加竞赛。抽调专人查阅、搜集、整理唐山市红十字会1956年成立以来的历史资料，编纂《唐山市红十字会志》，结束唐山红十字会50多年没有志的历史，此项工作走在全省红十字系统的前列。

【无偿捐献】 5月，华北煤炭医学院学生魏丽婧成功捐献造血干细胞，成为全市第四例、女子首例非血缘性造血干细胞捐献者。6月，开滦林南仓矿办公室主任郭鹏程向白血病患者捐献淋巴细胞，是继2008年他向该患者捐献淋巴细胞后的又一次善举。他的事迹被中央电视台《朝闻天下》节目报道。全年有1404人采集造血干细胞血样，供者再动员率达100%。全年有69082人次进行无偿献血，献血量24090920毫升。

名誉会长：陈国鹰
名誉副会长：唐凤岗　秦少清
会　　长：高瑞华
常务副会长：陈晓星

（蔡艳蕊　李怡然　孙庆武）

唐山市慈善总会

【慈善宣传】 2009年，开展形式多样的慈善宣传工作。召开社会各界“帮一点”座谈会，广泛征求社会各界意见和建议；会同唐山市音乐家协会面向社会公开征集“帮一点”爱心歌曲，收到来自全国各地应征歌曲260余首；会同民政部门开展2007—2008年唐山首届慈善奖评选工作，评出爱心企业30个，爱心个人225名；编印400本“唐山慈善年刊”和2000份宣传材料；举办纪念总会成立两周年大型慈善公益晚会；在凤凰山公园开展“慈善一日捐·健康新唐山”主题宣传活动启动仪式；举办“‘帮一点’唐山最好的爱心名片”摄影展；组织开展“帮一点”进军营活动，向驻唐官兵赠送价值4万元的军事、科技图书；通过新闻媒体《百姓生活》、《阳光热线》、《新闻纵横》等栏目宣传慈善工作。全年编发“唐山慈善”简报10期1500份；在各级新闻媒体刊播稿件160篇次。通过宣传，不断扩大“帮一点”社会影响，营造全社会关心支持慈善事业的氛围，取得良好社会效果。

【社会募捐】 一是新设立唐山市侨界慈善助困基金、常玉珍爱心拥军基金、宋志永爱心志愿服务基金三个专项冠名基金，募集善款32万元。二是首次开展全市“慈善一日捐·健康新唐山”活动。接受市直党政机关、企事业单位4万多人次捐款220万元。市县两级慈善机构共募集善款1050万元，为救助全市贫困大病患者打下良好基础。三是采用多种形式加强与爱心会员联系，扩大社会影响，激励他们为慈善事业做出更大贡献。全年募集善款604.22万元（其中物折款5.2万元）。

【慈善救助】 2009年相继开展6项大型慈善救助活动，即三友集团“帮一点”慈善暖千家、慈善总会“帮一点”助孤、宝业集团“帮一点”慈善助老、唐钢（股份）“帮一点”慈善助残、冀东水泥“帮一点”慈善助学、慈善一日捐“帮一点”慈善助医等慈善救助活动。并配合中华慈善总会和河北省慈善总会开展儿童弱视救助项目和慈善救心工程。8月市县两级慈善机构联合开展的冀东水泥“帮一点”慈善助学活动，拨出善款137.3万元，救助全市557名贫困大学新生，被评为2009年全市学雷锋十佳事迹。尤其是12月份开展的“帮一点”慈善助医活动，市县两级慈善机构筹集善款500万元，集中救助全市1000名大病特困患者，收到良好的社会效果。全年救助支出677.21万元（其中物折款34.52万元），救助困难群众5575人次，有效提高慈善组织的社会公信力。唐山市慈善总会荣获“中华慈善先进机构奖”、“全国先进社会组织”荣誉称号。

会　　　　长：陈学军
常务副会长：崔敬东
副会长兼秘书长：史玉芬

（王素华）

社会团体

唐山市私营个体经济协会

【了解实情为会员解困】　为帮助会员度过金融危机困难，组织各级私个协会开展“走千家、访万户、解难题、促发展”调研活动。全市组成有480人参加的163个调研小组，采取登门走访、发卷调研、个别访谈等方式，调查各类行业企业1683家，其中私营企业373家，个体工商户1310户。通过调研摸清企业的经营状况、困难和问题，有的放矢地采取措施。为解决个体私营企业在生产经营中出现的资金短缺困难，市私个协在路北区私个协会搞试点。经与唐山市邮政储蓄银行反复协商，达成为会员提供“联保无抵押小额贷款”的协议。邮政储蓄银行为个体工商户、私营企业提供每户最高10万元的无抵押小额贷款。实行会员三户联保制。三个联保小组成员可同时申请每户最高额10万元的贷款。一次申请，五年有效，五年内可随时取用。会员利用房屋等资产抵押，还可获得最高100万元的商务贷款。5月下旬，通过召开小额贷款推介会，向全市推广路北区协会这一经验。为让更多会员尽快了解“小额贷款”服务工作。除在电视、报纸、协会刊物上分别进行报道外，还专门利用协会掌握的会员数据库开发贷款短信服务平台，把“小额贷款”信息在最短的时间内通过最有效最直接的途径传递到会员手里。各县（市）区私个协积极与邮储银行联系、协商，协助会员办理贷款业务。玉田、遵化、迁安等地私个协主动向邮政储蓄推荐经营效益好、发展后劲足、经营信誉好、诚信度高的个体工商户及私营企业，进行重点帮扶。路南区私个协结合实际制定出具体实施方案和推介措施，使这项政策惠及到更多的私个协会员。截至10月底，全市有14个县（市）区累计为1.49万户个体私营企业提供小额贷款4.7835亿元。另外，各级协会还通过组织会员之间互相拆借、帮助联系其他银行贷款等渠道，为会员筹措资金505万多元，使会员企业增加流动资金，进入良性循环。6月下旬，唐山市私个协会积极为会员提供小额贷款服务的经验在全省个私协会系统法律维权工作现场经验交流会上作介绍。

【为会员排忧解难】　在调查研究基础上，各级私个协会积极主动深入会员企业，加强经营指导，开展帮困服务活动。滦南县私个协组成调研帮困小组，深入全国钢锹第一镇的宋道口镇各个钢锹生产企业，通过广泛接触经营者，掌握生产经营形势。针对相关问题与企业的厂长、经理共同探讨企业发展的主攻方向。提出加大信息透明度，把握原材料价位，顺势市场投放的建议，使钢锹生产企业经营有了转机。遵化市私个协会配合有关部门，帮助私营钢铁企业进行产业结构调整，加快钢铁企业转型升级。压缩钢铁产能，加快装备技术改造，增加钢铁深加工高科技含量产品，转型成为钢铁、机械制造、食品加工、建材“四龙腾飞”的格局，使钢铁业得到稳定健康发展。滦县私个协会在调研中了解到，冀滦纸业公司因造纸废水污染环境生产陷入困境。便指导企业投资实施“黑液提取生产磺化木质素”和“造纸废水处理”两项工程，实现“节能、降耗、减排、增效”的目标，年减少污染物排放量860万吨。企业销售收入与上年持平，货款回收率达到100％。各级协会还积极为会员提供法律服务，聘请60多名法律顾问，无偿为会员提供法律咨询1406人次，提供优惠法律服务，解决各种纠纷346次，为会员抵制“三乱”事件10起，通过代理诉讼、协商调节等方式，处理各类案件134起，为会员挽回经济损失36.5万元。

【拉动内需促销售】　由市私个协和各级协会出面，与有关商场、超市协商，确定优惠比例，签订优惠服务协议。制作会员优惠购物卡，发至会员人手一卡。会员持卡到“协议”单位购物，即可享受议定比例的优惠服务。这样做既能“扩大内需”，使会员享受优惠服务，激发会员购买欲望，又能促进“协议”会员企业的销售，促进消费，实现“一箭双雕”的效果。各县（市）区私个协会积极开展多项优惠服务活动。路北区协会与市区部分医院、药店、加油站、饭店、旅行社、会计师事务所等17家单位协商确定，按10％—50％不等的优惠幅度，推出11项优惠政策，凡路北区私个协会员均可持《会员购物卡》在这17家单位购物消费，享受相应的优惠政策。优惠项目涉及医疗、购药、干洗、旅游、法律维权、餐饮住宿、汽车美容、会计审计、加油等11项。通过开展优惠服务活动，为会员生产生活提供多种方便，促进消费，受到会员的普遍欢迎。

【宣传落实《食品安全法》】　《食品安全法》正式实施前后，各级私个协会积极配合政府有关部门，利用报刊、广播、电视、橱窗、板报等多种媒体开展《食品安全法》宣传落实活动。迁西县私个协会配合工商局、食品药品监督局、农牧、质监、卫生等食品安全监管部门，于4月份开展《食品安全法》宣传月活动。设置产品展示、法律知识咨询等宣传展台10个，制作宣传展板25块，悬挂宣传横幅10条，发放宣传材料5000多份、宣传手册200多本，接待群众咨询830多人次，近万名群众参加活动。路北区果园基层分会针对经营者食品安全知识欠缺，食品安全事故多发的现状，于5月份组织40余名食品经营户进行食品安全培训，引导大家学习《食品安全法》和《国务院关于加强食品等产品安全监督管理的特别规定》，使食品经营者进一步了解进货检查验收、审验供货商资格、建立货物台账等规定，为他们守法、安全经营奠定了基础。滦南县各基层分会和当地工商所采取包片、包店、集日到摊点的方法，开展食品安全大宣传，实施拉网式大检查。对发现的问题及时处理。丰润区私个协会协助工商部门巡查市场，查处2个无照经营豆制品加工点，收缴工业用卤粉23袋共1150公斤，色素柠檬黄7盒，并依法进行处理。据统计，年内全市共组织9次食品

安全整治专项行动，查处食品案件240起，查扣假冒伪劣食品8.4吨，退市不合格食品13.7吨。

【继续实施“红盾安商”工程】

4月中旬，经市私个协会积极配合，制定《关于进一步深化“红盾安商，服务创业”工程实施方案》，以市工商局名义下发。各级私个协会紧密配合当地工商部门，采取多种措施，畅通注册登记绿色通道，大力支持全民创业，加大服务力度，全力为企业提供服务，尽力帮助个体私营企业解决困难。遵化市平安城村宝伞食用菌专业协会组织食用菌养殖户，采取个人出一点，上级争取一点的方式，为全村食用菌养殖大棚送电、通水、修路。并积极向有关部门争取，为食用菌养殖户取得小额贷款400多万元，解决了部分养殖户资金不足的问题。据统计，全年各级协会共为会员提供市场供求、人才、技术、创业之道等各类信息1389条，被会员采纳839条，为会员企业增加效益107.3万元。

（王连勤）

唐山市消费者协会

【围绕年主题加大宣传】 市、县两级消协紧扣“消费与发展”这一年主题，把“消费与发展”年主题宣传提纲和宣传口号发放到各相关单位，统一宣传的口径和宣传重点。市消协专门向各县、区和市内大型商企发出《关于开展2009年“3·15”国际消费者权益日宣传咨询等系列活动的通知》，并专门编辑、印制10万份《3·15专刊》，免费发放全市各县区消协和全市的“一会两站”，用于各单位宣传。3月15日当天参加广场纪念宣传活动的有20家市级行政管理部门派出的460多名工作人员，有7家公用事业、窗口单位的145名工作人员以及9家商企、服务业企业出动的270多名服务人员。在抗震纪念碑广场设置56个宣传、咨询台，展示有关消费维权方面的政策法规和消费常识的展牌83块。现场发放各类宣传材料20多万份，唐山市人民广播电台现场直播，市内十几家媒体现场进行追踪报道。市工商局的12315食品监测车、质监局的黄金珠宝检验车及商务局的烟酒检验车现场为广大消费者提供专业检测或鉴定，广场上架起了8架大型彩虹门，拉起35条大型宣传标语。华北煤炭医学院的84名学生志愿者和95人的社区文艺宣传队参加现场宣传活动。

“3·15”宣传活动月期间，市消协与燕赵都市报联合举办针对零售、汽车、住房、餐饮、旅游、通讯行业的六场“3·15”圆桌座谈会，并在报上公开座谈情况。与唐山晚报联合开办“3·15”消费热线，专线解答消费者的咨询；与唐山人民广播电台共同举办“消费者之声”节目。通过各媒体晾晒“大型餐饮单位不允许自带酒水”等八项消费领域的不合理“潜规则”，发布2008年度唐山消协维权十大典型案例及唐山市消费者协会消费警示。“3·15”期间全市组织大中型纪念活动35场次，有217名各级党政领导参加各种纪念活动，召开新闻发布会、座谈会或讲座32次，举办文艺演出或专题晚会9场次，在电视、广播及报刊等媒体播出专题节目27期，开设专栏6个，向广大消费者发放宣传材料57.92万份，各级消协还向社会发布消费警示或提示35条，披露消费侵权典型案例33件。

【加大维权救助力度】 全市各级消费者协会共受理消费者投诉1.1万件，办结1.0744万件（其中包括12315系统转办案件、网上投诉案件及电话投诉简易处理案件），办结率为97.62%，尚未结案的投诉均在调解之中。全年消协系统为消费者挽回经济损失735万元，其中因经营者有欺诈行为使消费者获得加倍赔偿的有28件，加倍赔偿金额为2.46万元；经消协提交政府有关部门对责任人进行处罚的投诉案件有20件，共罚没款额4.7万元；支持和帮助消费者向人民法院提起诉讼的有21件；不予受理的68件；接待消费者来访、咨询21.2万人次；收到锦旗18面、表扬信49封。

市消协注重加强四级维权网络建设，通过已经开通的网上投诉、网上短信投诉平台及消协网上办公平台，在认真做好受理消费者投诉工作的同时，运用调查、调解、法律支持、揭露批评等多种形式帮助消费者维权，最大程度地减少消费者的损失。加强对重大疑难消费维权案件的研究、协调和指导工作，建立健全消费者咨询服务、投诉转移、督办制度，落实消费争议调解员制度，实行凭证上岗，提高工作人员的处理投诉水平。在全市开始推广建立唐山远程视频消费维权系统，构筑全市多方位、立体交叉的消费维权渠道，加强消费维权工作，已申报本年度工作创新奖。

【净化消费环境】 指导各县（市）区消协对商品和服务进行专项检查。采取公开检查为主、暗访为辅的双重检查方式，有计划地组织各部门联合对相关市场进行检查，不定期到各超市、集贸市场进行暗访。为积极应对儿童手足口病等疾病侵袭，全市消协系统着重对市场上所售的食品、洗涤用品及卫生消毒用品进行明查暗访9次。9月下旬，市消协联合多家行政执法机关、新闻媒体、消费维权志愿者组成检查组，对全市13家大型商场超市的节期食品销售及安全情况进行检查，涉及商品上千种，对查出的问题当面向相关企业责成改正，维护食品市场的稳定。进一步强化“消费者信得过”企业的荣誉意识，引导企业自觉保护消费者利益。市、县两级消协通过对“消费者信得过”企业的动态监管，增强企业自觉遵循自愿、平等、公平、诚实信用的原则，自觉依法经营、履行法定义务，主动承担起应尽的社会责任。参与由市整规办组织开展的2009年“诚信兴商宣传月”大型宣传活动，发放宣传材料1200余份，设置咨询台现场为消费者提供消费及维权方面的咨询服务。

【提升消费者防范及保护能力】

针对社会消费热点领域以及受理投诉中的难点问题，及时通过新闻媒体向社会发布消费预警，起到事前维权预防效果。连续在多家、多种媒体，向社会发布《商企服务热中有冷——理性消费积极维权》、《医药消费莫被山寨版“雷”倒》、

《不要盲目信从钛项圈治颈椎病》、《葡萄酒标“年龄”——那是浑水摸鱼》、《国庆、中秋双节长假消费“八项要注意”》、《选购服装莫要“挑花眼”》、《电视、网络邮购商品应坚持先验货后付款》等7条消费警示和提示。积极开展消费教育进社区、进企业、进农村的“三进”活动。年内，全系统组织人员下乡48次，出动213人（次），开展各项活动120多场（次），利用下乡活动发放宣传材料8.27万份，收到良好的宣传效果。充分发挥出国留学消费教育指导站的作用，进一步普及留学知识，净化留学消费环境。通过请进来、进校区等形式，开展出国留学消费教育讲座30余场（次），受众达3000多人（次）。

（于乃伦）

2009年唐山市社团组织变动情况

新成立社团

唐山市街舞运动协会
唐山市女职工工作研究会
唐山市女领导干部协会
唐山市女企业家协会
唐山市检察系统文学艺术联合会
唐山市检察系统体育协会
唐山市村社经济发展促进会
唐山市高尔夫球协会
唐山市脑健康协会
唐山市风筝协会
唐山市见义勇为协会
唐山市公安系统文学艺术界联合会
唐山市城镇排水协会
唐山市轮滑协会
唐山市清华大学校友会
唐山市旅游发展研究会

注销社团

唐山市洗染协会
唐山市城市金融学会

（谌志军）

部分社团负责人

贸促会
会长兼会展办主任：孙良勇
法学会
常务副会长（正县）：张惠德（12月任）
秘书长：李巧菊（女）

（孙庆武）

国防建设

编纂 许 忠

部队建设

【思想政治建设】 2009年，驻唐部队坚持以邓小平理论和“三个代表”重要思想为指导，深入贯彻落实科学发展观，坚持不懈地用党的创新理论武装头脑，牢牢从思想上政治上抓班子、带部队、建基层，在全区部队上下营造真抓实干、争先创优、共谋发展的浓厚氛围。在学习实践科学发展观活动和革命军人核心价值观主题教育活动中，唐山军分区党委始终保持大事大抓、务求成效的决心和态度，着力在理解内涵、促进践行上下功夫，先后3次组织领导干部深入基层宣讲辅导，围绕热点问题进行解疑释惑；编印革命军人人生观、价值观、国家观、战争观等10课辅导提纲，在营区制作宣传标语和灯箱，使大家在耳濡目染中受到教育和启迪。认真落实每月两天理论学习日制度，积极参加上级组织的各类理论集训，每年突出一个主题组织团级党委书记集训和副团以下干部理论培训。严格落实学习教育缺席补课制度，确保学习教育不留死角，不落一人。各级干部求知强能、履行使命的自觉性明显增强。领导干部坚持带头弘扬主旋律，唱响正气歌，躬身实践，身体力行，用实际行动为官兵作表率。坚持领导干部定期与部属谈心谈话制度，了解掌握官兵思想动态，帮助他们明辨是非界限，校正思想偏差。军分区党委学习实践科学发展观经验，以及按照科学发展观要求加强党委班子建设，开展践行革命军人核心价值观主题教育的做法，先后被两级军区转发。

河北陆军预备役炮兵第七十二师，深入开展第二批学习实践科学发展观活动，经过3个阶段11个环节的学习实践，取得丰硕的认识成果、实践成果和制度成果。师“突出实践特色、注重解决问题、推动部队全面建设创新发展”的经验，被省军区党委转发。扎实开展培育当代革命军人核心价值观主题教育，在×团进行先行试点，集中组织“六课”专题辅导，编印主题教育“口袋”书，收到较好的效果。及时掌握部队思想动态，扎实搞好形势政策教育，确保全师官兵始终与党中央、中央军委保持高度一致。结合省军区“锤炼坚强党性、培育优良党风、模范遵守党纪”教育，狠抓严守政治纪律教育试点，查找党委班子和机关在自身建设上存在的突出问题，研究制定15项改进措施。

【干部队伍建设】 唐山军分区以“深入贯彻落实民主集中制，提高党委科学决策、依法决策、民主决策水平”为主题，组织团级单位党委书记集训，各团级党委贯彻落实民主集中制的能力明显提高。组织团以上干部认真学习“军委6号”文件，严格落实“三项谈话”、报告个人有关事项、离任经济责任审计等制度，党委班子和领导干部按章办事的自觉性进一步增强。积极参加省军区“锤炼坚强党性、培育优良党风、模范遵守党纪”教育活动，组织营以上干部到唐山监狱接受警示教育，广大党员干部的党性党风党纪意识明显增强。围绕创建“三型”司令机关，持续开展“心中有爱、胸中有墨、肩上有责、手上有招”和“四有”教育实践活动，周密组织各类专业干部和专武干部培训，“精本行、懂相关、会几招”的人才不断涌现，各级干部求知强能、履行使命的自觉性不断增强。根据省军区《关于加强师旅团级单位主官教育管理暂行规定》，制定下发《团级单位主官请销假管理规定（试行）》，使干部管理有章可循。坚持公开选拔军分区机关干部、民主推荐后备干部和干部晋升职务“双考”制度，召开团以下干部晋职晋衔仪式，大力开展机关基层“双向代职”，营造“靠素质立身、凭实绩进步、走正道竞争”的浓厚氛围。

河北陆军预备役炮兵第七十二师，先后组织39名干部参加国家计算机二级考核培训，15名干部报考河北理工大学研究生，20名干部进行双向代职和交叉任职，干部队伍整体素质能力得到提升。

【军事训练】 唐山军分区组织市、县两级国动委反恐维稳应急指挥演练，达到熟悉完善预案，掌握程序方法，增强国防观念，促进准备落实的预期目的。参加两级军区组织的战役演练。演练中首先邀请专家指导先演一遍，参加省军区再演一遍，与两级军区同步演一遍，最后又组织演练体会交流回顾，把一次演练变成四个回合，使全体参加演练的同志熟悉程序，积累经验，提高能力。采取专家辅导、主官授课、成果交流、考核验收等方法，

组织师、团两级进行为期6天的新《大纲》集训，经验做法被省军区转发。依托市国防训练基地，组织全区20名参谋和178名专武干部进行业务集训，参谋人员的业务能力和专武干部爱武装、钻武装、精武装的意识进一步增强。在玉田县组织全市的抗洪抢险综合演练，提高抗洪抢险的实战能力。参加省军区组织的高炮部（分）队实弹战术演习活动，圆满完成基础科目训练和实弹射击任务，在5个火炮专业技能比武中夺得3项第一名。积极参加省军区组织的军事斗争准备检验评估，参评课目均取得优异成绩。组织师团首长机关进行冬季适应性训练，提高严寒条件下组织指挥和保障能力。认真贯彻落实训练教学责任制，着力规范训练教学责任体系，明确细化教学分工，大力开展“百讲精品课”和“优秀民兵教练员评比”活动，指导各人武部新编教案12类700余份，进一步提高各级各类教练员任教组训能力，促进训练教学责任制的有效落实。

河北陆军预备役炮兵第七十二师，组织师团营连四级170余人参加的新大纲集训和3期共216人参加的专业骨干培训，提高各级按纲施训、依法治训的能力水平。组建防火、防化、防震、防汛专业应急分队，并对多个建制营进行快速拉动检验。结合参加上级组织的演练，总结创新10余种有效应对多种安全威胁的新招法。完成省军区赋予的指挥所演习试点任务和在乐亭、宣化靶场组织的实弹射击考核与专业技能比武活动。在实弹射击考核中，两个团分别获得地炮分队团体第一和第二名的好成绩。在18个专业课目的技能比武中，全师共取得8个第一、7个第二、4个第三的好成绩。

【部队安全管理】 唐山军分区围绕国庆期间安全稳定，扎实开展“百日安全评比竞赛”活动和以“强化各级责任、学习规章制度、查找突出问题、认真进行整改”为主题的教育整顿，进一步强化各级领导和机关干部时时想安全、处处抓安全、人人保安全的责任意识。定期对安全隐患、重点目标、涉密载体、重点人员进行清查排查，使人、车、枪、弹、密、网始终处于有效管控之中。实行常委24小时住库值班，营门24小时干部带岗，完善应急处突预案，增配各类防护及通信器材，始终保持高度安全稳定。

河北陆军预备役炮兵第七十二师，认真贯彻落实新颁发的《安全条例》，针对特殊形势，狠抓部队安全管理。按照军委总部和北京军区、省军区指示要求，建立健全安全管理领导机构，加强安全管理、安全教育、安全检查，强化官兵安全理念，铸牢官兵思想防线，提高安全防范意识。强化“首都无小事、国庆无小事、安保无小事”观念，严格特殊时期部队安全管理和重要部位管控，对人员和枪械库、机要室、保密室，油库等采取超常管理措施，逐级签订安全责任书，成立突发事件应急分队，加装报警装置，添置应急通信器材，增强防范能力。广泛开展“创建平安营院、平安家庭、平安驻地”、“争当平安之星”活动，发挥“五个体系”的作用，全师保持安全稳定、无重大责任事故发生。

【基层建设】 市委组织部与军分区政治部联合出台《关于进一步加强专职人民武装干部队伍建设的实施意见》，进一步规范专武干部进出渠道。军分区常委先后3次带工作组，采取听取汇报、实地查看、座谈了解等方法，对14个人武部所属的50%的基层武装部规范化建设、民兵整组工作和专武干部队伍建设情况进行检查调研。组织召开基层建设暨小散远直单位建设形势分析会，全面分析基层建设的现状，研究加强基层建设的措施办法，明确基层武装部规范化建设的具体标准。按照区分层次、定点挂钩、责任到人的原则，实施领导承包、科室挂钩和机关干部联系点分工责任制，对士兵队、市民兵装备仓库和国防训练基地3个小散远直单位进行重点帮建，基层建设水平得到进一步提升。

河北陆军预备役炮兵第七十二师，投资200余万元，建起文化广场，新建师史馆，安装军营广播，绿化美化环境。师机关开工兴建干部经济适用住房，×团完成办公楼、指挥训练设施配套建设，×团完成新营区办公楼主体工程建设，×团完成向新办公楼整体搬迁，×团完成干部公寓楼建设和旧营房整修。对综合训练基地重新进行规划设计，购置训练教学器材。开展标杆团、营、连创建活动，指导各团加强营连部建设，规范各种设施，基层整体建设水平又上一个新台阶。

【后勤工作】 唐山军分区认真贯彻军委颁发的《全面建设现代后勤纲要》，不断深化后勤建设改革。始终坚持党委理财制度，定期分析经费管理和使用情况，全面推行主官联审联签制度，提高经费使用效益。修订完善军分区财经管理制度，有效压减行政消耗性开支。开通网上银行，制定下发《军分区公务卡管理办法（试行）》，拟定公务卡结算改革方案，减少现金使用量。加大审计监督力度，完成对大项工程和师团领导干部离任审计工作，确保经费运行安全。集中开展“小金库”治理和打击发票违法犯罪活动，组织各单位签订责任状，有效杜绝违法违纪问题的发生。认真做好军人保障卡信息采集、数据确认、部门联审和汇总上报，为全面普及推广奠定基础。狠抓营房管理，加大营院基础设施配套改造，军分区被北京军区表彰为房地产正规化管理先进单位。精心做好接待保障，调整经营策略，招待所收益稳步提升。狠抓甲型H1N1流感防控，加强职工规范化管理，主动搞好物业服务工作，综合服务保障质量明显提高。

河北陆军预备役炮兵第七十二师，筹划家属院经济适用住房建设，改善硬件设施，营造栓心留人的环境。不断健全和完善财务管理制度，党委理财工作得到加强。深化后勤各项改革，物资采购改革取得良好效益。着眼提高装备应急保障能力，修订《应急行动装备保障计划》，整修奥运安保支援车辆和应急保障车辆，装备快速机动保障能力得到提升。认真开展“红旗车炮库”评比活动，师团装备维护保养和正规化管理得到进一步加强。

（陈　宇　李运昌　李霞颜静）

民兵工作

【概况】 2月13日，唐山军分区召开“2009年度开训动员暨民兵预备役部队整组工作部署会议”，全面部署2009年度军事训练和民兵整组工作任务，提出具体工作目标和要求。市政府与军分区联合下发《2009年民兵、预备役部队组织整顿工作实施方案》，成立由军分区司令员、政委任组长，军分区其他部门首长和机关各科科长参加的民兵整组工作领导小组。各人武部及时召集乡镇（街道）基层武装部专（兼）职武装部长、武装干事、各大厂（企）武装工作负责人，进行整组工作业务培训。进一步明确整组工作的意义、内容、组织程序、实施方法，系统学习《民兵工作业务管理系统》的操作使用。利用广播、电视、网络、报刊、板报等媒介，加强《国防法》、《兵役法》、《民兵工作条例》、《关于调整民兵组织的意见》等法律法规和文件的宣传工作，在主要街道、交通沿线更换制作永久性宣传标语1300余条，营造民兵整组工作的良好社会氛围。2009年民兵整组工作将非公有制企业及开发区武装试点工作作为重点，军分区联合唐山市委、市政府出台出台《关于非公有制企业民兵组织建设的意见》和《唐山市非公有制企业武装工作实施细则》，下发试点工作实施方案认真落实省军区关于在非公有制企业开展武装工作的指示，指导路北开诚集团、开平钢源集团、丰润天柱钢铁集团和迁安燕山钢铁等不同类型的民营企业进行武装工作试点，组织召开全市非公有制企业民兵组织建设暨民兵工作研讨会，在民兵思想政治建设、组织建设、军事训练、装备器材保障等方面进行有益探索。3月20日在路北区组织召开“唐山军分区基层全面建设暨非公有制企业民兵工作研讨会”，在规范基层正规化建设的同时，依托高新技术产业园区开诚集团电子公司，重点就非公有制企业民兵组织基础设施建设、编组规模确定、管理机制运行、教育训练开支、装备器材配备、武装氛围渲染等内容进行现场观摩和理论研讨，为在非公有制企业开展武装工作趟开路子，树立标准，积累经验。4月22日至24日，分区首长分6个检查组，采取实地察看、现场拉动点验、问卷考试等方法，对各单位民兵整组工作进行综合检查验收。2009年，全市新编组1个地震救援分队、1个心理救援分队和1个装备保障分队，增建4个森林防火分队。组织调整后，全市有各级应急维稳分队241个，森林防火分队10个，消防灭火分队19个，水、电、气、热抢修分队68个，各类作战分队58个，各类勤务保障分队184个。

（陈　宇　李运昌）

兵役工作

【概况】 2009年，全市征兵工作紧紧围绕“保兵员质量、树廉洁形象”这个核心，认真执行上级征兵命令和有关政策规定，狠抓征兵廉政建设，从加强严格标准等环节入手，圆满完成新兵征集任务。2009年全市共征集男兵3738名。其中，党员81人，占征集总数2.2%，团员2737人，占征集总数的73.2%；本科以上学历113人，占征集总数的3%，同比增长1.3%；大专学历253人，占征集总数的6.8%，同比增长2.2%；高中学历3216人，占征集总数的86%，同比增长16.4%；大专以上学历在校生23人，占征集总数的0.6%；应届毕业生297人，占征集总数的7.9%；高中学历应届毕业生2542人，占征集总数的68%。全市征集女兵60名。其中，本科学历应届毕业生10人，毕业班学生2人，在校生18人；大专学历应届毕业生13人，毕业班学生2人，在校生12人；高中学历应届毕业生3人。

【宣传发动】 为激发适龄青年参军热情，营造全社会关心支持国防和军队建设的良好风气，充分利用报刊、广播、电视、网络等新闻媒体，采取发表电视讲话、答记者问、撰写专题文章等手段，广泛开展宣传发动。10月25日，在纪念碑广场组织场面宏大的“征兵宣传日”活动，制作宣传展板60多块，发放征兵传单近万份。10月26日，唐山军分区赵同香司令员在唐山电视台发表电视讲话。为使女兵公开征集这项利国利民的政策家喻户晓、人人皆知，10月24日在各级兵役机关、各级各类学校、大型商场等醒目位置，张贴女兵征集公告500余张，并积极协调宣传部门，在报纸、广播、电视中发布消息，在渤海信息网和新华网唐山频道网站全文贴挂。11月5日，市征兵办公室工作人员在唐山晚报《聚焦行风》专栏，采取现场采访和现场解答的方式，对群众关心的应届毕业生入伍、女兵公开征集、征集政策规定等问题，接受300余名市民的现场咨询。基层武装部和各高校开设咨询站、广播站、宣传橱窗，张贴宣传口号，出动宣传车辆进行宣传，使广大适龄青年和应届毕业生对征兵工作达到“四清”，即：政策规定清，标准条件清，程序步骤清，优抚政策清。

【男兵征集】 报名工作。广泛开辟“绿色通道”，应届毕业生无论有无毕业院校和就学所在地兵役机关发放的《应届毕业生预征对象登记表》，只要确实是应届毕业生，并且户口已迁回原籍的，均可在户籍所在地县级兵役机关进行报名应征，所有手续可在体检结束后补办，确保“四优先”政策有效落实。体检。为确保网络化体检工作顺利推开，在原有征兵费的基础上，市、县两级兵役机关积极协调地方政府，增加预算外经费120余万元，组建14个标准化网络体检站。严格落实复检制度。采取定点复查与个别抽查相结合的办法，市中心体检组先后组织对身体条件兵和征送一体新兵进行身体复查，复查率达到30%。

政审工作。各级征兵办公室及时组织公安、教育、监察等部门，采取三级会审及跨区联审的办法，认真组织新兵政审工作，特别加大对小龄兵的审查力度，共查出小龄兵132名，全部取消入伍资格。严格落实“三方家访”制度，着重检查预征对象的现实表现和家庭成员的基本情况，确保征集兵员政治合格。

学历认定工作。严格按照国防部征兵办公室《关于征兵工作中需要注意和把握的几个问题》的通知要求，积极协调教育部门，认真做好各级各类学校应征青年的学历认定工作，想方设法让高学历的青年多报名，多上站，多参加政审，确保征集新兵的文化质量。

审批定兵工作。审批定兵前，各级征兵办召开党委会，对预定新兵集体把关。严格落实县级兵役机关、乡镇武装部、公安、教育、卫生部门五方联席会议集体定兵制度，坚持高学历优先原则。初定兵名单经市征兵办审定后，及时进行为期5天的公示，广泛接受群众监督。

【女兵征集】 2009年是女兵面向社会公开征集的第一年，市征兵办公室认真落实政策法规，严格组织实施程序，确保阳光透明征集，公开公平公正。一是严密组织报名。10月31日至11月4日，利用5天时间组织1544名适龄女青年报名。报名站实行封闭式管理，对所有工作人员的手机进行集中保管，同时在报名站内设置了手机屏蔽干扰器。市公安局派出交警在报名点附近疏导交通，确保报名工作有序进行。二是严密组织初审初检。11月2日至6日征兵办会同教育、公安、卫生、监察部门的人员，采取联合审查、网上核查、现场评定的方式，对1544名符合报名条件的适龄女青年的学历、年龄、户籍、身高、体重、视力等进行初审初检。11月6日在省检查督导组的监督下，统一启封初审初检结果，现场进行评分，确保成绩评定的真实可信。成绩及时在报纸、网站和各级兵役机关显著位置进行公示。三是严密组织身体检查。按照征集任务1：3的比例，11月15日、16日，组织186名应征女青年在市征兵办集中设置的体检站，进行身体检查。19日组织体检合格人员在唐山师范学院进行心理检测，整个过程接兵干部全程参与，确保兵员的身体质量。20日至24日在各类报纸、相关网站和市征兵办显著位置，对体检合格人员名单进行为期5天的公示。四是严密组织面试。抽调9名军、地人员组成评委团，利用1天时间，对评委进行思想纪律教育和业务能力培训，制定《唐山市女兵面试实施方案和评分细则》。整个面试过程采取全封闭、随机抽号、物理隔绝的方式进行，参加面试人员采取抽签的方式逐一入场，随机抽取语言表达试题。面试现场设置干扰器，全程录像，综合得分情况由本人签字现场封存，确保面试结果的公平公正。五是严密组织政审和定兵。针对女兵分布地区散、家访时间短的实际，政审工作采取属地审查，函调协查的方式，由本人入伍所在地县级兵役机关具体组织实施。严格落实“三方家访制度”，坚持家庭访到位，学校走到位，邻居串到位，摸清应征青年的现实表现，确保征集兵员政治可靠。坚持集体定兵，按综合评定分数排名定兵。定兵名单经省征兵办审定后，进行为期5天的公示，接受群众监督。

【廉洁征兵】 在2009年冬季征兵过程中，市征兵办将廉政建设作为重中之重，认真落实上级指示要求，加大政策法规和纪律要求的宣传力度，狠抓征兵过程中的检查督导，确保廉洁征兵各项工作的落实。一是廉政教育不间断。军分区党委对廉洁征兵工作高度重视，先后两次召开常委会，就征兵准备的具体问题、女兵确定上站方案和廉洁征兵等重大问题进行研究。各级征兵办组织全体征接兵人员不间断地开展廉洁征兵教育，利用临时党支部组织生活、工作例会等时机，认真学习《征兵工作条例》、《廉洁征兵若干规定》，总参谋部、总政治部、军委纪委《关于严肃认真做好廉洁征兵工作的通知》和《河北省廉洁征兵工作实施办法》等有关政策、法规、规定。利用发放宣传册、张贴标语、悬挂条幅等手段，不间断、高强度地进行廉洁征兵宣传教育，真正使廉洁征兵的制度规定家喻户晓、人人皆知。二是监督检查不放松。严格落实“征兵工作首长分片包干”制度，成立6个检查督导组，由军分区常委带队，分别在体检、政审、审批定兵期间，采取听取汇报与实地查看，组织座谈与调查了解，明查暗访与普遍抽查相结合的方式，对县级兵役机关和基层乡镇征兵工作实施检查督导。重点检查征兵工作筹划准备、宣传教育、报名体检、政治审查、审批定兵、办公秩序、廉洁征兵等七个方面的内容，及时发现解决问题，确保征兵工作进展到哪里，检查督导就跟进到哪里。三是查纠问题不手软。为确保廉洁征兵，市征兵办严格落实责任追究，做到谁审查、谁负责，谁把关、谁签字，哪一级出问题，就追究哪一级的责任；谁负责的工作出了问题，就追究谁的责任，真正做到责任分明，廉洁高效。严格落实24小时值班制度，保证在第一时间接听接受接待群众来电来信来访，对来访、来电、来信做到件件有登记，事事有结果，人人有回音。

（陈　宇　王　新）

拥政爱民

【军民融合式发展】 驻唐部队认真贯彻落实十七大关于“走中国特色军民融合式发展路子”的指示精神，按照市委议军会提出的“四个统筹”的工作思路，积极探索军民融合式发展路子。唐山军分区成建制组织民兵预备役人员积极参加重点工程建设、城市攻坚战和抢险救灾、应付突发事件等急难险重任务。编写国防教育教学大纲和学习教材，地方有关部门在全市中小学校和大专院校普及了国防教育课。在唐山职业技术学院建立专业技术兵储备基地，形成全社会关心国防、支持国防的浓厚氛围。在曹妃甸工业区滨海大道建设战时军用飞机应急起降跑道的规划设计工作逐步推进。军民两用机场得到上级正式批复。12月份，市委组织召开军民融合式发展专题会议，重新确立抓好“六个融合”的工作思路。

（林云涛）

【开展绿化唐山活动】 3月15日至4月15日，唐山军分区组织发动全市民兵开展为期一个月的绿化唐山攻坚会战活动，每个县、市（区）人武部建一个民兵林，每名民兵在房前屋后植树15棵。活动期间，共出动民兵、驻唐部队官兵15300人次，植树171600棵，种植“八一林”、“民兵林”17片，承担县（市）区政府赋予的绿化工程

5项。

河北陆军预备役炮兵第七十二师，组织发动预备役官兵1500余人次参加市、县的绿化美化。出动车辆50多台次，植树800余株，种植草皮4200多平方米。驻唐部队多方集资200多万元，完成营区的改造和绿化工程，受到驻地地方党委政府和人民群众的好评。师机关投入资金120余万元，对文化广场进一步进行绿化，种植草坪3200多平方米，树木100余棵，使得营院绿化覆盖率达到45%。11月份，师机关作为唐山市迎接全国绿化模范城的检查点，迎接全国绿化模范城检查组的检查，得到检查组的好评。

【参加环境卫生治理攻坚会战】 为进一步提升唐山城市环境质量，以崭新的风貌迎接新中国成立60周年，迎接首届曹妃甸论坛胜利召开，8月26日至29日，驻唐部队官兵和民兵预备役人员战高温、斗酷暑，连续奋战4天，清理杂草80余亩，圆满完成路北区果园乡碑子院环境卫生治理攻坚任务，七十二师被唐山市评为碑子院环境整治攻坚战贡献突出单位。这次环境治理，北起朝阳道，南至兴源道，东起卫国路，西至大里路，方圆1100余亩，地域面积大，环境条件差，攻坚任务重，经过1200余名驻唐部队官兵和1400余名民兵预备役人员的顽强拼搏、连续劳作，向唐山人民交出一份合格的答卷。

【为城镇面貌三年大变样作贡献】 军分区成建制地组织民兵预备役人员参加城镇面貌三年大变样攻坚行动。在“四城一河”开发、“三项改造”和县城扩容工程中，集中组织基干民兵编制数的60%承担或参与城市基础设施建设、拆违拆迁、卫生清理、河道整治等项工作。在城镇面貌三年大变样攻坚行动中，共出动驻军和民兵预备役人员2万余人，车辆3000余台次，承担重点工程82项，拆除违章建筑700平方米，拆除实体围墙50延长米清理河道200余公里。

【积极参加驻地精神文明创建活动】 各部队组织官兵参加唐山市文明委举办的学雷锋46周年纪念活动、清明节纪念人民英烈、悼念7.28唐山地震罹难同胞等活动。与唐山市慈善总会一起组织开展“帮一点”进军营活动。大力开展“军民共建文明社区”、“军民共建文明生态村镇”、“万名民兵示范岗”活动及“创业之星”和“青年民兵号”评比活动。军分区依托唐山职业技术学院每年为500名驻唐部队官兵培训职业技能。在国防训练基地建立农家院建设示范点和民兵实用技能培训站，为1000名民兵培训安装博士灶、太阳能集热设备和种植养殖等实用技能。

【参与驻地平安建设】 河北陆军预备役炮兵七十二师，师团两级成立25支治安联防队，参与当地特殊时期和国庆安保期间的护村护镇、护厂护电，配合地方公安部门打击偷盗、传销和邪教等非法活动。4月份，师机关与大理路办事处签订军民共建协议，协助办事处安装监控摄像头，并将其连入师监控机房。针对编组地域的不同的情况，分别成立抗洪、抗震、防化、防火应急分队，配备相应器材。2009年河北省遭受严重旱灾，师党委积极落实省军区《关于协助地方做好抗旱救灾工作的紧急通知》精神，把抗旱救灾当作维护人民群众切身利益的大事来抓，师团多次召开党委会研究制定抗旱救灾方案，购买抽水机60台，先后组织预任官兵3500余人次投入到各种抗旱减灾工作中，充分发挥预备役部队在抗旱减灾工作中的突击队作用。

【开展助学兴教活动】 军分区部队积极参加社会公益事业，开展捐资助学、帮扶社会弱势群体等活动，每名现役干部、人武干部资助1名困难学生，努力为贫困、失学学生奉献一片爱心，做出一份贡献。预备役师机关在教师节期间，对4所共建的中小学校进行走访慰问，为教师们送去节日的问候。结合建军节，积极开展国防教育，与路北区教育局、五十四中学共同组织“中学生军营一日行”活动，通过讲解部队的光荣历史和英雄故事，参观武器装备，增强学生们的国防意识。在全体现役干部和广大预备役官兵中积极组织开展“一助一、献爱心”捐资助学活动。各部队累计投入8万余元，对5所共建小学和50名贫困生进行帮扶。

（李霞颜静　陈　宇）

国防教育

【举办国防动员建设报告会】 为提高广大干部的国防观念，市国防动员委员会于9月8日举办国防动员建设专题报告会，邀请国家国动委戴凤秀研究员作《国防动员系统处置重大突发事件应急动员问题研究》的报告，报告结合当前国际形势和我国国防和军队建设的有关问题进行深入浅出的讲解。380多名军地干部聆听报告。

【全市职业技术学院（校）开设国防教育课】 根据市国防动员委员会的安排，自2009年起，全市职业技术学院（校）统一开设国防教育课。市国教办与市教育局联合下发《关于在职业技术学院（校）开设国防教育课的通知》，规定课程设置的主要内容、课时要求、方式方法，以及组织领导和奖惩措施，并制定教学大纲，编写《唐山市国防教育读本（职业教育版）》，赠送给全市职业技术学院（校）。

【召开企业国防教育现场经验交流会】 5月27日，唐山市在开滦集团范各庄矿业分公司召开企业国防教育现场经验交流会。各县（市）区党委宣传部主管部长、国防教育办公室主任、人武部政工科长、企业负责人，直属企业分管领导、国防教育办公室主任和政工科长，共70余人参加会议。与会人员参观开滦范各庄矿业分公司国防教育展室，观摩民兵准军事化成果展练，听取开滦集团公司、唐钢股份公司、开滦范各庄矿、遵化建龙公司、开滦唐山矿等5个单位的经验介绍。唐山军分区政治部领导在会上就进一步加强企业国防教育工作作重要讲话。

【组织全民国防知识竞赛】 为深入贯彻落实《国防教育法》，庆祝中华人民共和国成立六十周年，

根据国家、省的总体安排，2009年5至10月，在全市范围内开展以“赞颂辉煌成就，建设强大国防”为主题的全民国防知识竞赛活动。竞赛采取网络答题、试卷答题、报刊答题的形式。全市近60万干部群众参加。市和迁安、遵化、开滦集团国防教育办公室被省评为竞赛先进单位，王媛等18名同志获省竞赛一、二、三等奖。玉田县国防教育办公室等9个单位被市评为竞赛先进单位，刘金鑫等139名同志获市竞赛一、二、三等奖。

【开展第九个全民国防教育日宣传教育活动】 9月19日是第九个全民国防教育日，市委宣传部、市国教办、军分区政治部在纪念碑广场举行大规模宣传活动。市委常委、军分区政委张忠顺和市人大、市政府、市政协有关领导以及军分区部门以上首长同400多名基层干部群众参加。市委常委、宣传部长郭彦洪发表重要讲话。近4000名群众参观国防教育展览。9月17日，市国教办、路北区武装部联合举办庆祝新中国成立六十周年暨第九个全民国防教育日文艺演出，以艺术形式讴歌新中国、讴歌改革开放、讴歌人民军队。市委常委、军分区政委张忠顺与800余名干部群众、青少年学生观看演出。

【陶志凌被评为全国国防教育先进个人】 在2009年11月召开的全国国防教育工作会议上，唐山市第30中学校长陶志凌被评为全国国防教育先进个人，受到中共中央宣传部、解放军总政治部和国家教育部的联合通报表彰。陶志凌同志10年如一日，坚持不懈地抓好学校的国防教育工作。在她的带领下，这校通过切实加强组织领导，实现国防教育制度化；创建国防教育基地，实现国防教育规范化；融入教育教学，实现国防教育成果的最大化。国防教育的深入开展，不仅有效提高广大师生的爱国热情和国防观念，而且促进素质教育，使学校的德育教育工作水平得到明显提升。近年来，这校多次被评为河北省优秀少年军校和德育工作先进学校。

（艾立起）

人民防空

【概况】 2009年，唐山市人民防空办公室努力在防空防灾一体化建设、人防工程和地下空间开发建设、机关“准军事化”建设和人防法制建设等方面下功夫，全市人防建设取得显著成绩。市人防办被河北省人防办评为人防工作先进单位；丰润区人防办被省人防办评为十佳县级人民防空办公室；玉田县、遵化市、迁安市、滦县、古冶区人防办被省人防办评为先进单位。

【“防空防灾一体化”建设】 着眼于构建战时能力强，平时作为大的人民防空体系，把“防空防灾一体化”建设作为工作重点，狠抓各项工作的落实。一是防空袭预案修订按时完成。按照“实案化”、“一体化”和兼顾防灾的要求，完成市、县（市、区）、街道和重要经济目标单位防空袭预案修订工作。二是防空警报试鸣工作扎实推进。全市新安装警报器××台，安装警报统控设备××台，全市警报器增到×××台，市中心城区和唐海县实现防空警报统控，城区警报音响覆盖率达95%。7月7日进行警报试鸣。三是人口疏散地域建设得到落实。将南湖公园列为市人口疏散基地，公园内的建筑群作为领导办公区，林区作为市民紧急避险区域。四是重要目标防护工作得到加强。将人防指挥所和机动指挥车纳入政府应急指挥系统平台，对曹妃甸工业区重要防护区域进行考察研究。五是人防专业队整训工作进一步提高。按照构建常备队、应急队、特种队和志愿者队伍“四位一体”人防救援力量体系的思路，规范人防常备专业队，依托重要经济目标，组建信息防护、防化侦测和破拆救援3支特种应急救援队。

【人防工程建设】 一是认真编制人防工程建设规划。按照《唐山市城市总体规划（2008—2020年）》的要求，编写《唐山市人防工程建设规划》、《百货大楼区域人防与地下空间控制性详细规划》。还完成《市中心区地下空间开发利用总体规划》的编制工作。二是加大“结建”管理力度。全年批建人防工程面积××万平方米，完成市目标任务的143%；竣工验收人防工程××万平方米，完成市目标任务的120%；收取人防易地建设费×××万元，完成市目标任务的128%；收取工程使用费×××万元，完成市目标任务的128%。三是平战结合取得新的成果。全市人防工程利用面积××万平方米，创产值××万元，上缴税金××万元，实现利润××万元，安排从业人员×万人。

【人防行政执法】 一是健全稳定人防执法机构。全市初步形成市、县（市）区、街道办事处三级人民防空组织指挥体系，举办执法人员培训，提高执法人员的业务素质。二是人防执法文件不断规范。以政府的名义出台《唐山市推进防空防灾一体化建设实施意见》，为市、县（市）区防空防灾一体化建设提供依据。三是认真开展人防执法检查。按照省人防办《行政执法监督检查规定》要求，对14个县（市）区进行人防执法检查，促进人防规范化运作。四是落实地方政府负担人防经费工作。地方财政安排人防预算223万元。出台《唐山市县（市、区）人防部门财务管理暂行规定》。

【人防宣传教育】 在搞好防空知识宣传教育的基础上，积极做好防灾宣传教育工作，免费向社会发放《防空防灾应急知识读本》2万余册。大力推进人防宣传教育“进机关、进学校、进社区、进企业”工作，投资5万元，印制《防空防灾宣传手册》2万本，发到市直机关和企事业单位。结合建国60周年、5.12防灾减灾日、防空警报试鸣日、法制宣传日、国防教育日开展大规模集中宣传，利用电视、报刊等新闻媒体专题报道，有效扩大了宣传教育声势。全年在市以上报刊刊稿54篇，其中国家级12篇、省级42篇。在电台、电视台播放新闻10条。

（冯仁刚）

政法

编纂 许 忠

综 述

2009年，全市政法工作坚持“主动作为，积极维稳”的方针，以保增长、保民生、保稳定为重点，以全面实施政法工作综合调控为总抓手，以提升执法为民形象和执法服务水平为根本保障，创造性地开展政法及维护稳定工作，圆满完成各项工作任务，特别是实现国庆60周年和曹妃甸论坛安全保卫工作的万无一失，为确保全市政治、治安大局的持续稳定做出应尽贡献。

大力推进综合调控机制建设。印发《全面实施政法工作综合调控，为科学发展示范区建设营造和谐稳定社会环境的指导纲要》和《关于深入学习贯彻市委唐发〔2009〕1号文件精神，扎实推进政法工作综合调控的实施意见》。市委成立以省委常委、市委书记赵勇为组长的社会矛盾综合调控领导小组，确定丰南区、乐亭县和迁安大崔庄镇三个试点，编制完成《政法工作综合调控典型案例汇编100例》。认真执行《关于落实维护稳定工作责任制的有关规定》，进一步完善群体性事件处置预案。制定群体性事件排查调处工作路线图，规范工作流程，明确责任任务。邀请省委政法委常务副书记傅剑仁亲自授课，举办预防和处置群体性事件专门培训班，有效提高应急处置能力。坚持把工作着眼点始终放在群众反映的热点问题上，充分运用综合调控的工作方法，认真解决群众关心的问题，化解大量社会矛盾，理顺和稳定群众的情绪。县、乡、村普遍建立社会矛盾情况分析制度，每月底由各级综治办统一汇总上报党委、政府主要领导和分管领导，同时建立情况会商分析制度，定期研究社会矛盾纠纷的新动向，及时跟进解决措施。

深入开展“诚信平安唐山”建设。一是以打开路，破案攻坚。深入开展社会治安整治行动，连续打黑除恶，大打命案侦破、禁毒人民战争，不断实施打击假币犯罪、发票犯罪、破坏“三电”设施和“迎国庆、保论坛、筑平安”等一系列专项行动，切实加大对杀人、抢劫、黑恶势力犯罪的打击力度，有力维护人民群众生命财产安全。二是集中力量，整治乱点。组织公安、工商、城管、综合执法、消防、交通管理等部门组成联合工作组，对治安混乱地区和突出治安问题进行全面整治。对省、市挂账督办的治安混乱地区和突出治安问题全部实行县级常委领导包案，并组成专门工作组，深入问题所在地组织开展整治工作，保证各项工作的落实。对省挂牌督办的4起重大矛盾纠纷、治安混乱地区和突出治安问题，进行督导检查验收。三是以防促稳，遏制发案。认真贯彻《河北省社会治安科技防范五年规划（2006—2010）》和省综治委关于社会治安科技防范工作系列部署要求，紧密结合基层实际，在全市广大城乡积极推进“平安互助网”建设，把“平安互助网”建设作为农村和社区治安防范新模式。全市农村和社区“平安互助网”覆盖率达到90%以上。四是强化基层，夯实基础。按照中央综治委《关于进一步加强社会治安综合治理基层基础工作的若干意见》和中央综治委、中央编办《关于加强乡镇、街道社会社会治安综合治理基层组织建设的若干意见》要求，本着抓基层、打基础的原则，制定下发《关于深入开展社会治安综合治理基础工作深化年活动的意见》，并集中时间和人力逐项督促各项措施的落实。

加大执法监督力度。一是组织专门督察队伍。研究制定《关于进一步加强党委政法委执法监督工作的意见》和《市委政法委执法督查专员管理办法》，从市直政法部门选聘7名政治业务素质高、工作能力、组织协调能力强的退居二线的老同志作为市委政法委督查专员，代表市委政法委对重点涉法涉诉信访案件和疑难复杂案件、重大执法活动、领导交办的事项开展执法督查，查找政法部门在执法工作中存在的突出问题。二是加强重点疑难复杂案件协调督办。紧紧围绕领导关注、交办的重大案件和群众反映强烈的执法中的突出问题，强化执法监督职能，充分发挥主观能动性，坚持原则，排除干扰，严格把关。全年组织协调督办的各级领导交办的重点案件，办结率达到80%。协调、调度疑难、复杂案件，使法律尊严和政法机关的权威得到维护，更使社会稳定得到保障。三是开展清理执行积案活动。成立清执工作领导小组，对全市清执工作进行具体安排部署，研究制定《唐山市执行工作联席会议制度》、《唐山市执行工作联动机制实施办法》等一批执行工作长效机制，促进执行工作正规化、制度化建设，从源头上有效遏

制和减少执行积案的发生，实现执行工作良性循环。党委领导、人大监督、政府支持、法院主办、各界配合的执行格局初步建立。四是开展“宽严相济百案评选”活动。加强“宽严相济”刑事政策的宣传教育，细化并量化“宽严相济”政策，保障“宽严相济”政策具体实践。筛选一批运用“宽严相济”政策并取得良好法律效果、社会效果的典型案件，撰写16篇思想深刻、具有指导意义的调研文章，将“宽严相济”司法政策推向深入，取得良好效果。五是全力化解信访突出问题。把解决涉法涉诉信访突出问题作为维护群众利益、推动信访形势整体好转的突破口，积极运用综合调控机制，采取“源头预防、及时化解、合力稳控、依法惩处”等措施，认真组织全市政法机关扎实开展涉法涉诉信访工作，化解一大批涉法涉诉信访问题，实现全国“两会”、国庆六十周年和首届曹妃甸论坛期间涉法涉诉非正常进京上访为零的目标。认真组织开展干部下访接访活动，市、县两级政法部门公开接访时间、人员、地点和方式，制定接访工作流程，确保“人人得到领导接待”。开展政法领导下访约访活动，实现全市全年涉法涉诉非正常进京上访为零的目标，得到省委政法委、市委领导的充分肯定。六是深入落实涉法涉诉救助工作。设立涉法涉诉信访救助基金，全市到位865万元，当年投入使用449万余元，救助165名困难群众，化解125件信访案件，息诉罢访率达到100%。同时依法打击处理、震慑和教育非法上访人员，有效维护全市正常的信访秩序。

服务经济建设工作有新突破。一是维护良好的经济秩序。为促进全市经济健康发展，依法惩治安全生产领域违法犯罪行为，研究制定《关于依法惩治安全生产领域违法犯罪的若干意见》，协调组织市直政法部门和市安监等部门对全市生产领域800名国有、私营企业法人及负责人开展安全生产和法律知识宣传培训，印发《意见》1万册，宣传单2万张。二是拓宽保增长、惠民生服务领域。深入开展为企业排忧、为发展清障活动，依法保护、支持重点工程项目建设，围绕全市重点推进的1000个保增长、调结构项目，认真谋划保障和服务措施，对特别重大的项目，坚持主动上门服务，一对一制定和落实保障措施。政法委及市直政法部门的主要负责同志多次深入重点企业进行调研座谈，了解企业当前的情况，就执法执纪部门工作情况征求意见和建议，解决生产经营中遇到的难题。三是积极开展职务犯罪预防工作。市检察院在冀东油田等16家企业建立检察机关服务重点工程建设工作室，出台《关于依法查办企业中职务犯罪的十项规定》，组织开展“服务攻坚行动、护航三大工程、确保八个百分百”预防重大项目职务犯罪专项活动，在总投资1568亿多元的97项重点工程建立专项预防工作机制，有效遏制重点建设项目中职务犯罪的发生，服务经济平稳定较快发展。

政法队伍建设有新起色。一是通过开展社会主义法治理念教育，广大政法干警的政治思想水平进一步提高。按照中央和省委政法委的部署和要求，组织全市政法系统深入开展社会主义法治理念的再学习、再教育，提出在深化教育上下功夫、在改进作风上求突破、在执法质量上有提高、在促进工作上见成效的总体要求，突出理想信念、宗旨观念、职业道德和综合调控等四项重点内容。各单位、各部门精心谋划方案，采取集中辅导、讨论交流、巡回宣讲、网络教育、以会代训等多种形式，不断深化教育活动，收到良好效果。二是通过深入开展“干部作风建设年”和“五民”主题实践活动，政法队伍的良好形象进一步树立。把“干部作风建设年”和“五民”主题实践活动有机结合起来，共同谋划，整体推进。制定下发《关于在全市政法系统集中开展“听民声、察民情、知民意、解民忧、护民权”主题实践活动的实施方案》和《全市政法系统“干部作风建设年”和“五民”主题实践活动任务分解表》，对活动的主要内容进行细化分解，明确责任单位和完成时限，为各级各部门提供“施工图”，推动各项活动深入开展。三是通过强化日常监督管理，政法干警违法违纪问题有所减少。严格执行“四条纪律”（1. 全省政法干警，凡接受案件当事人及其委托律师的钱物、吃请、娱乐、旅游的，一律调离工作岗位，担任领导职务者免职；2. 全省政法干警，凡因自身问题或执法问题引发群体性事件或重大上访的，一律调离工作岗位，担任领导职务者免职；3. 全省政法干警，凡利用职权插手案件、从中牟利的，一律调离工作岗位，担任领导职务者免职；4. 全省政法干警，凡是利用职权参与经营娱乐场所或者为非法经营活动提供保护，甚至充当黑恶势力“保护伞”的，一律清除政法队伍）。在有关媒体公布“四条纪律”的具体内容和监督举报电话，接受广大人民群众的监督。对有违纪违规苗头的人员进行摸排，进行诫勉谈话、重点帮教和跟踪管理。成立督导检查组，分片包干，采取明察与暗访相结合、普遍检查与重点抽查相结合等方法，对贯彻落实“四条纪律”和有关“禁令”情况进行经常性的督导检查。四是通过建立科学的选人用人机制，形成正确的用人导向。牢牢把握领导班子和领导干部队伍建设这个龙头不放，把提高各级政法领导班子和领导干部的团结协作、司法能力、工作作风及党风廉政建设的水平作为重点，强化教育和管理。3月份，市委政法委配合市委组织部，严格按照干部管理权限和任免程序，在市法院、市检察院采取“一讲两推”和竞争上岗的方法，先后选拔任用副县级审判员10名、副县级检察员6名。五是通过弘扬先进典型，引领广大干警树立正确的价值导向。大力宣传全国、全省有影响的英雄模范先进事迹，组织开展向范党育、喻中升、盖起章等先进人物学习，第三届唐山政法战线“执法为民十佳单位”和“执法为民十佳干警”评选，向遵化铁血刑警——杨金波学习等活动。与唐山市电视台联合开办《法治经纬》栏目，大力宣传政法工作的成效和政法战线身边的先进单位和好人好事，形成创先争优的良好氛围。

（宋华明）

社会治安综合治理

【概况】 2009年，全市各级党委政府自觉把加强综治工作和诚信平安唐山创建作为推动经济社会平稳较快发展的重要保证，切实摆上重要位置。针对不同时期、不同阶段社会治安动向，及时解决社会治安中的热点、难点和重点问题，确保全市的社会稳定。市委把诚信平安创建列入党政领导干部落实科学发展观考评体系，修订完善《唐山市社会治安综合治理领导责任制实施细则》和《关于对发生严重危害社会稳定重大问题的地方和单位实施领导责任查究的意见》，层层分解落实工作责任，形成“一级抓一级，一级对一级负责”的工作格局。全市各级各部门高度重视“三位（人民调解、行政调解、司法调解）一体”大调解工作，采取有效措施积极推动排调工作不断深入开展，化解大量矛盾纠纷和重大疑难问题。滦县在农村实行司法调解助理员制度，全县选聘506名助理员，专门配合法庭调解矛盾纠纷。唐海县八农场编写《解决基层矛盾三十六计》一书，为基层干部妥善化解矛盾纠纷起到指导作用。迁安市在乡村统一制作村级民间矛盾纠纷排查调处防控体系“三位一体”调解工作流程示意图、“三位一体”矛盾纠纷调解工作系统规范化建设标准等大型标牌，上墙公开，规范调解工作的开展。在7月份全省县、乡“三位一体”矛盾纠纷调解中心规范化建设互查活动中，唐山市综合排名列全省第四位。基层综治组织建设进一步加强。全市所有乡（镇）街道都建立综治委（办），配备专职工作人员、专用办公用房和必备的办公设备，建立健全工作例会、情况报告、检查考核等各项工作制度。全市5020个行政村全部建立综治工作站，每个村都有包村民警和5名以上的专职保安以及10名以上民情信息员，确保综治各项基础工作有人抓有人管。2009年群众安全感达到93.92%。

【深入开展严打整治行动】 全市各地、各有关单位围绕“迎国庆、保论坛、筑平安”的工作大局，以“打黑除恶”、破案攻坚、治安防范、乱点整治、安全管理、矛盾化解为重点，深入开展严打整治行动，取得明显成效。7月24日召开全市“迎国庆、保论坛、筑平安”严打整治行动电视电话会议，各地党委、政府及时召开党委常委会、政府常务会，分析维稳工作形势，明确任务和责任，为严打整治行动提供有力的组织保证。根据省综治办《关于对当前全省重大矛盾纠纷和治安混乱地区突出治安问题实行挂牌督办的通知》要求。市综治办组织力量，采取明查暗访、现场办公、跟踪督导等方法，分别于8月12日至17日和9月9日至11日，对省挂牌督办的4起和市挂账督办的52处重大矛盾纠纷、治安混乱地区和突出治安问题的整改情况进行督导检查。各地综治办组织本地有关部门，积极指导辖区有针对性地细化重点整治工作方案，并督促指导实施。集中整治活动中，全市破获刑事案件3192起，抓获犯罪嫌疑人2756名，查处治安案件3751起，治安处罚1898人，打掉犯罪团伙116个，抓获网上逃犯312名，收缴财务价款78万元，收缴赃车29辆。治安混乱地区和突出治安问题区域的治安、刑事案件得到有效遏制，省、市挂账督办的重大矛盾纠纷、治安混乱地区突出治安问题得到较好解决。全市判决涉黑案件4件，涉案人员141人，打掉恶势力犯罪团伙33个，对28个恶势力犯罪团伙的218名成员做出判决。2009年度唐山市打黑除恶工作取得全省第一的好成绩。

【社会治安科技防范建设】 全市按照“政府主导、社会参与，整合资源、因地制宜，试点引路、整体推进”的工作思路，全面落实省“社会治安科技防范五年规划”。以统一规划、政府推动、市场运作的方法，构建“三级联网、四级贯通、全市联动”的数字化、网络化、智能化的社会治安科技防范体系。截至年底，全市安装监控设施22725个。其中，社会面安装视频监控设施1565个，安装率55%。公共复杂场所安装视频监控设施6134个，安装率51%。金融系统单位安装视频监控设施5614个，安装率100%。重点机关和企事业单位安装视频监控设施4870个，安装率52%。城镇居民小区安装视频监控设施2041个，安装率40%。乡村农电、农机等重点区域、部位安装视频监控设施2193个，其他安装视频监控设施308个，安装率20%。全市农村“平安互助网”安装率达90%以上。

【完善群防群治长效工作机制】 在认真总结奥运安保工作经验的基础上，制定《唐山市加强重点单位安全保卫工作长效机制的意见》、《唐山市建立社会治安志愿者长效机制的意见》、《唐山市实行公民举报违法犯罪案件线索奖励的意见》、《唐山市建立完善民情信息员长效工作机制的意见》等文件，明确工作原则、组织机构、职责任务分工、举报方式和途径、保护与奖励标准等。在健全保安员、治安巡防队、治安信息员、治安中心户长、综治协管员等群防群治队伍的基础上，按照自愿报名、社会招募、组织推荐、择优选拔的原则，公开招募9万多名社会治安志愿者，并在各县区、镇乡（街道）建立社会治安志愿者协会（设在综治办）。年内，全市的社会治安志愿者发现和制止违法犯罪1057起，举报有价值的违法犯罪案件线索1956条。

【铁路护路工作】 为确保暑期和国庆60周年庆典期间铁路沿线治安秩序持续稳定，强化铁路线路防控、涉路隐患排查整治、重点人员重点单位监管等工作。全市24支专职护路队、4337名护路志愿者在当地综治组织的领导下，在市内京哈、津山、大秦、迁曹、卑水、七滦、唐遵、滦港、汉南、东港、京唐港11条铁路沿线开展护路工作，24小时巡查防控，维护铁路安全。各地将铁路护路相关工作纳入全市综合治理“两个排查”工作之中，重点排查各类可能影响和危及行车安全的路地矛盾纠纷和治安隐患。全年排查涉路矛盾纠纷7起，发现涉路安全隐患2起。对4座跨线桥，采取禁行措施。6月4日，市护路办下发《通知》，对暑期护路工作进行全面部署。在京哈铁路沿线安排

1047名铁路治安志愿者，将涉路治安信息搜集、重点人员监管、护路常识宣传等工作分解到义务护路队员。组织开展“爱路知识进校园、进村庄”活动，以铁路两侧居民、中小学生和放牧户等特殊群体为重点对象，深入村庄、厂企、学校开展宣传活动，累计举办集中宣传活动360余场次，张贴宣传标语8000余条，发放宣传单50000余张，在村庄利用广播宣传2000余小时，保障暑期铁路沿线治安秩序的安全与稳定。

【建立健全宣传教育和表彰机制】 以报刊、广播、电视等新闻媒体为主阵地，以农村和社区等为重点，利用各种形式开展综治宣传工作。深入开展系列评先创优活动，制定《在全市开展争当十佳人民调解员、十佳行政调解员、十佳司法调解员活动意见》。4月底召开全市综治工作表彰大会，总结宣扬一批综治工作先进典型、单位和个人，总结推广一批加强基层基础工作的典型经验。进一步加大对见义勇为先进人物和星级社会治安志愿者的宣传、表彰、奖励力度。重新修定《唐山市见义勇为协会章程》，组织评选唐山市10个见义勇为先进个人（群体）。

（杨喜广）

公　安

【概况】 2009年，全市各级公安机关深入贯彻落实科学发展观，以服务科学发展示范区建设和建成人民群众幸福之都为总揽，开拓创新，奋发进取，圆满完成各项公安保卫任务，确保全市政治、治安大局的持续稳定。坚持严打、严防并重，始终保持对各类违法犯罪的严打高压态势。全年立各类刑事案件40595起，破案6395起，抓获刑事犯罪嫌疑人6834名。打掉犯罪集团500个，抓获涉案成员1955名。受理治安案件46015起，查处23297起，查处治安违法人员20539名。共立各类经济案件130起，破案88起，挽回经济损失4360万余元。不断加大社会治安巡控工作力度，强力推进公安信息化建设，取得明显成效。

【圆满完成各项安保警卫任务】 年初，市公安局党委在深入调研的基础上，制发《唐山市公安局关于新中国成立60周年大庆暨“一会一论坛”安保工作实施方案》等一系列具体工作方案，先后13次召开党委会和全局工作会议，19次下发通知，就做好国庆安保工作进行部署。6至9月份，先后组织“迎国庆、保安全”快速集结演练、“迎国庆、保论坛”反恐处突应急演练，并参加全省反恐处突实战演练。组建50人的特警队和100人的战训队，实施封闭式集中训练备勤，24小时待命，随时准备执行跨区域作战任务。国庆60周年安保期间，市公安局指挥中心先后200余次完成视频指挥保障任务。全市各级公安机关团结协作，全力以赴，圆满完成各类警卫（保卫）任务118批次。保证庆祝新中国成立60周年歌唱祖国群众演唱会、“龙子心·大爱唐山行”等54场次大型活动的安全进行。

【全力加强预警防控】 市县两级公安机关和相关业务警种均设立了专（兼）职情报机构，相继建立社会治安形势日采集、周分析、月研判，对违法犯罪预警发布，重要情报信息核查跟踪等工作机制。切实加大矛盾纠纷排查力度，完善预案，实行每天专报制度。实施信访动态研判通报、信访案件督办及卷宗调阅、信访案件听证会等一系列制度，深入开展信访问题“清源行动”和“迎国庆、攻积案、除隐患、保稳定”信访攻坚会战，切实推进信访案件的息诉停访工作。全年受理人民来信来访573件（人、次），承办的人大代表建议和政协委员提案47件，按时办结率、答复规范率、回访率均为100%，满意率为98%。制发《唐山市公安机关社区治安防控网建设工作实施方案》和《唐山市公安局关于进一步加强和规范网络化巡逻防控工作的实施方案》，全面加强和规范社会治安巡逻防控工作。全年出动巡逻防控警力170余万人次，其他巡防力量132万余人次，出动巡控车辆41万辆次，有效加强社会面控制。大力推进农村警务室建设，在全市新建150个农村警务室，基本实现基层警务室全覆盖。

【加大社会治安整治力度】 开展打黑除恶、命案侦破、禁毒、打击假币犯罪、发票犯罪、破坏“三电”设施等一系列专项行动，加大对杀人、抢劫、黑恶势力犯罪的打击力度，维护人民群众生命财产安全。2009年，破获命案132起，破案率为93%。打掉恶势力犯罪团伙29个。整治治安乱点316个，其中省督3个、市督26个。查处“黄赌毒”案件218起，收容教育158人，行政拘留245人。查处网上传播淫秽物品案件2起，贩卖淫秽物品牟利案7起，刑拘5人，治安处罚4人。检查娱乐场所2800家（次），停业整顿10家。检查网吧560家，查处违规经营网吧15家，取缔“黑网吧”4家。全年抓获各类逃犯3340名，其中省督1名。

【强化安全监管】 不断强化安全隐患的排查治理，加强校园周边道路交通管理、严厉打击酒后驾驶、“三超”车辆、驾驶报废车辆等严重交通违法行为，实现交通事故四项指标全面下降。2009年，发生交通事故573起，死亡317人，伤514人，损失折款756.6万元，同比分别下降18.4%、7.6%、11.9%和11%。不间断地组织开展消防安全隐患排查整治工作，及时发现剔除一大批火灾隐患，年初确定的37处重大火灾隐患全部整改销案。全年发生火灾事故391起，死亡2人，损失折款245.28万元，死亡人数同比下降77.8%。严密特殊行业场所的管控，严查涉危涉爆隐患。全市未发生群死群伤重特大治安灾害事故和涉危涉爆案（事）件。

【推进科技强警】 大力加强信息化基础建设。整合全市70余个系统，成功搭建公安短信平台，完成公安网安全接入平台建设，实现公安网的安全接入。完成350兆移动集群系统建设等一系列公安信息化建设及改造任务，大大提高公安通信技术水平和保障能力。组织100人参加的各公安分局、县公安局和市公安局直属单位小教官培训班，分10期对各分局县局班子成员和基层派出所长进行专项培训。全市7231名民警参加公安信息化应用技能培训和考试并全部合格。开展信息采集“百日会战”，共采集各类信息1.4亿条，基本形成“全警采集、全警录入、全警应用、全警共享”的信息化建设和应用格局。

（朱　敏）

武　警

唐山市支队

【概况】 中国人民武装警察部队河北省总队唐山市支队（简称唐山支队），2005年6月3日由原唐山市支队和原第三支队合并而成，编制等级为旅级。主要担负冀东监狱、唐山监狱看押，唐山市各看守所的外围武装警戒，唐山、陡河发电厂守卫，处置突发事件、反恐，暑期北戴河备勤，以及遂行抢险救灾等任务。2009年，支队以科学发展观为统揽，按照总部、总队党委的总体要求，扎扎实实打基础，科学务实谋发展，圆满完成国庆60周年、首届唐山曹妃甸论坛、第十二届唐山中国陶瓷博览会及春运火车站执勤、法定节日唐山市区武装巡逻任务，部队建设取得新的发展和进步。

【思想政治建设扎实有效】 坚持把“培育当代革命军人核心价值观，永远做党和人民忠诚卫士”主题教育、迎国庆专题教育和第三批学习实践科学发展观活动结合起来，捆到一起抓。深入贯彻胡主席视察雪豹突击队时重要讲话精神，引导官兵密切关注藏区维稳、新疆“7.5”暴力事件，认真抓好形势任务、职能使命和维护民族团结教育，开展学习模范指导员万四海、献身使命的忠诚卫士万金刚等先进典型活动，深化主题教育效果。年内，有3名同志荣立二等功，68名官兵荣立三等功，588人受到嘉奖。涌现出全军优秀士官李全刚、武警部队通信业务比武标兵张亮、第二届燕赵武警十佳卫士宋志亮等一批先进典型。配合中心任务开展弘扬雷锋精神、密切内部关系、践行当代革命军人核心价值观和法纪教育。组织开展“理解、友爱、鼓励”为主题的密切内部关系活动；结合母亲节、清明节和“5.12”汶川地震纪念日，进行亲情和感恩教育；组织“军歌嘹亮颂祖国”网上歌咏竞赛；注重哨位文化建设，为南堡劳作区所有新建哨楼喷绘励志语；开展“月捐一本书，读百本书”活动，设立“流动书箱”，把战士爱看的期刊杂志送到南堡劳作区哨位。支队创作的反映南堡官兵生活的歌曲《黑脸汉子守南盐》获得总部三等奖。开展“深知兵、真爱兵”和“讲小故事，明大道理”等教育活动；三次组织文艺骨干精心编排节目，以小分队的形式到一线部队巡回慰问演出；在网上开设支队长、政委信箱，确保官兵思想稳定。抓住重要时段、重大节日、任务转换等时机，开展送法下基层和网上法律辅导活动。两次组织违法犯罪图片展和涉法问题大排查，稳妥解决4名官兵家庭涉法问题。针对南堡条件艰苦、勤务繁重的实际，与武警河北总队唐山医院联手，在网上开通心灵驿站，定期邀请国家二级心理咨询师、二级士官路倩到南堡上心理辅导课，收效明显。

【中心任务完成圆满】 着眼国庆六十周年安保，强化执勤工作的组织领导，加大对南堡看押勤务的关注和整治，完善“四防一体化”建设。全面落实新改革的执勤模式，20个执勤中队建立备勤室；加强网上拉动训练，健全应急处突响应机制。深入开展正规化执勤等级评定活动，深化执勤隐患排查治理。对丰润、玉田、遵化、迁安等目标连体部位安装制式钢网墙，消除总队挂账隐患7处。全力做好北戴河暑期警卫备勤工作，狠抓专勤专训、反恐集训和勤训轮换，官兵执勤、处突和反恐能力明显提升。各级干部以强烈的忧患意识抓中心、保安全，全年大队干部查勤1920人次，中队干部替战士上哨510人次，发挥很好的表率作用。出色完成重要时期市区武装巡逻、调犯专列停靠现场警戒、涉黑团伙庭审途中武装押解、第12届唐山陶瓷博览会和首届曹妃甸论坛安全保卫，以及公安部雷霆3号专案“实际神”邪教组织骨干成员抓捕等重大任务。

【基层建设基础工作进一步巩固】 坚持把基层进步的幅度，作为衡量党委机关工作的尺度。每季度对基层党委、支部建设情况进行全面评估，制定下发《进一步加强和改进基层建设的意见》。对组织生活制度、会议组织程序和党员发展程序等进行细化和规范，制定下发《进一步规范党的组织建设的意见》。进一步发挥大队一级党委的作用，强化基层党委支部的组织功能。抓好党员、干部、士官队伍建设，按照“三出”（即出勤、出力、出绩）要求抓好干部的教育和管理，提高干部管理水平。年内，1个大队党委、2个中队党支部、4名优秀党员和优秀党务工作者受到总队表彰。玉田县中队被总部表彰为农副业生产先进单位。

【从严治警成效明显】 坚持以精细化建设为抓手，以安全稳定为目标，从严从细管控部队。把握政治敏感期、任务转换期和官兵思想活跃期，加强重大安全问题的防范，扎实开展“百日安全无事故”和“迎大庆、树形象、保安全”等活动，严格执行封闭式管理、车辆封存有关规定，持续不断地开展思想谈心、隐患排查和作风纪律整顿，确保了部队内部安全稳定。认真贯彻落实《总队正规化管理实施细则》，积极推进精细化建设，部队秩序进一步正规，建设标准不断提升。加大治酒、控车和枪弹管理力度，严格查处个别干部、士官违规违纪问题，部队安全发展的基础进一步牢固。注重营造群防群治的良好氛围，调动和发挥广大官兵中蕴含的积极因素和主人翁作用，做到疑难问题集中群众智慧攻关、苗头隐患依靠群众力量排除。在网上开辟“安全发展金点子论坛”，广泛征求和采纳基层官兵的意见和建议。同时，开展“每月评选安全工作十佳好人好事”活动，形成上下抓管理、保安全的良好互动局面。

【后勤建设进一步提高】 突出

民警在巡逻中帮助求助的老人

有效维护校园及周边治安秩序

保和谐、卫平安、促发展

——公安局

社区民警深入辖区开展工作

查隐患保安全，有效地维护企业重点工程建设

微笑服务暖人心

（候智伟 供稿）

遵化市公安局刑警大队大案中队副中队长杨金波3月30日因公殉职，被百姓誉为“铁血刑警”。12月中旬，人民日报、新华社、中央电视台等19家国家级重要媒体齐聚遵化采访杨金波的事迹

记者们采访杨金波的妻子（张北男 摄）

丰润区公安分局以打造民生警务，构建新时期和谐警民关系为主线，深入开展为弱势群体送温暖活动。该局西葛派出所民警经常到敬老院慰问这里的孤寡老人

（广荃 玉君 摄）

路北区公安分局在全市率先开通“社区警务网”，从3月份开始，区内居民足不出户就可向民警咨询各种问题　（刘洋 摄）

曹妃甸边防检查站官兵在守卫的25万吨矿石码头举行『勿忘国耻，振兴中华！坚守国门，誓保平安！』宣誓活动 （李响 摄）

“八一”前夕，大里街道“向阳花服务队”走进武警水电一支队慰问人民子弟兵。图为医护人员为官兵们检查身体 →

（张北男 摄）

军民合唱『为了谁』

9月23日，河北边防总队唐山边防检查站官兵与共建单位海港经济开发区第一小学共同举办“为祖国祝福”主题教育活动，图为唐山“海地维和第一人”、边检站警官周宇向孩子们讲解国旗的知识

（李响 摄）

中级人民法院

——人民法院为人民

法官当庭宣判

市中级法院2009年度部分先进代表

市中院召开2009年度中层干部述职评议大会

全市法院向陈燕萍同志学习做人民信服好法官主题演讲会

唐山法院司法警察通过主席台接受领导检阅

市法院司法警察在训练

市中级法院2010年春节联欢晚会

市中院执行局第一分局成立暨机制建设座谈会

市中级法院干警参加公务员志愿者活动

市中院新党员在宣读入党誓词

市中级法院海港法庭迅速执结了一起拖欠农民工工资的执行案件 ►

市中院干警参加市直机关运动会

群众为民庭法官送来锦旗

民三庭法官到农村进行法制宣传

（屈岳 供稿）

全力为唐山经济社会发展保驾护航的检察院

省检察院副检察长孟凡浩参观考察市检察院

市检察院检察长梁文平下基层院检查指导涉农检察工作

竞聘演讲

市检察院办案侦查技术指挥中心大楼落成启用庆典

十佳政法干警之一，市检察院反贪侦一处处长孙岩

十佳政法单位之一，市检察院公诉处上

司法警察苦练真功

（吴正法 供稿）

人民满意的公务员集体
——质监局

团结奋进的领导班子

①　工作人员深入到纯净水生产企业进行检查

②　食品安全检验为食品安全提供技术支撑

③　加强对生产领域的食品监管，确保不发生区域性、系统性食品安全事故

④　工作人员深入车间为企业送去技术咨询服务

⑤　省委省政府颁发的荣誉称号奖状

大比武竞赛

特种设备监察工作人员对电梯进检查，确保特种设备安全运行

（张明远　供稿）

气象局——指点风云保发展

空军副司令员陈小工到气象局检查指导国庆60周年气象部门安全生产工作

中国气象局局长郑国光与市气象局职工合影

气象现代化—风廓线雷达

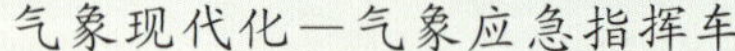

气象现代化—气象应急指挥车

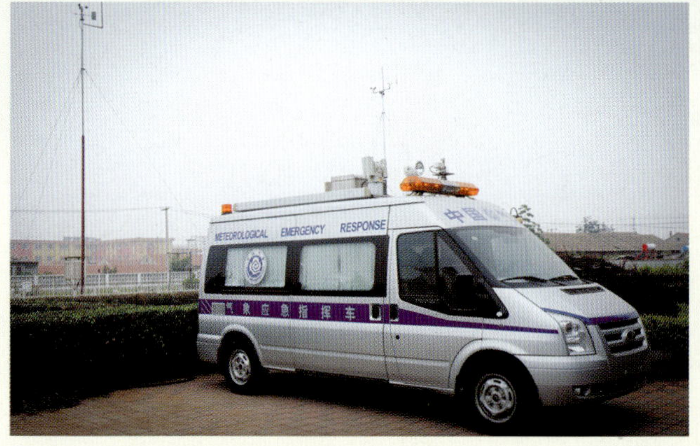

唐山气象影视中心制作的节目多次在全国比赛中获奖

人工增雨降甘霖

气象现代化—河北首个海洋气象大型浮标站在曹妃甸建成

朝气蓬勃的唐山气象人

（李岩 供稿）

河北省委常委、副省长杨崇勇，唐山市副市长于山陪同国家质检总局王勇局长到唐山局视察指导工作

党组书记、局长苏荣海亲临现场指导有害生物监测工作

唐山市出入境检验检疫局
——对外开放的把关人

积极开展出口农产品质量安全标准化示范县创建活动

进口大型设备开箱检验

帮先促优，指导唐山惠达陶瓷（集团）股份有限公司实现出口免验

食品安全专项检查

陶瓷工艺品质量检验

（许文超 供稿）

保中心保生活为重点，后勤综合保障能力明显提升。抓好后勤规范化管理，修改完善《支队经费物资管理规定》、《物资集中采购实施办法》、《机关经费物资管理规定》和《机关、基层财务管理规定》，确保对经费投向的全程监督。全力推进基础设施建设，整体配套率达到90%以上。下大力改善驻南堡部队生活条件，投资60余万元，将南堡部队燃煤灶全部改为燃气灶，投资100余万元购置查勤专用车，维修太阳能洗浴和晾晒场等，官兵的执勤和生活环境得到进一步改善。加强后勤队伍建设，完成司务长、驾驶员、军械员、卫生员、炊事员培训，坚持司务长集体办公、开展“红管家”、“优秀军械员”、“红旗驾驶员”、“优秀卫生员”评比活动，极大提高后勤人员的工作积极性。

（王之路）

消防支队

【概况】　中国人民武装警察部队唐山市消防支队是一支同火灾作斗争的专业化、军事化、正规化部队，是唐山市主管消防工作的最高领导机构，受武警河北省消防总队和唐山市公安局双重领导，担负着唐山市区及各县13472平方公里的防灭火和抢险救援任务。2008年，唐山市消防支队由四类支队升为三类支队。下设司令部、政治处、后勤处、防火监督处4个部门以及1个特勤大队、1个战勤保障大队、20个区（县）消防科（大队）和16个建制中队（含特勤大队下属的两个中队）。司令部下设战训科、管理科、警务科、秘书科、通信科；政治处下设干部科、组教科；后勤处下设财务科、供给科、装备科、生产科、营房科；防火监督处下设指导科、建审科、宣传科、法制科、重点保卫科、技术科。2009年设执勤消防中队14个，司令部直属警勤中队1个，特勤大队1个，战勤保障大队1个，消防大队20个。人员编制709人，实有干部战士649人，其中：干部208人，战士441人。支队司令部直属消防中队1个，即：警勤中队。下属执勤消防中队14个，即：一中队、二中队、三中队、四中队、五中队、六中队、七中队、八中队、九中队、十中队、十一中队、特勤一中队、特勤二中队、特勤三中队。设特勤大队1个。设县（市）区消防大队20个，即：路南区、路北区、开平区、古冶区、高新技术产业园区、芦台经济开发区、南堡经济开发区、汉沽管理区、海港经济开发区、曹妃甸工业园区、丰润区、丰南区、玉田县、乐亭县、迁西县、滦县、滦南县、唐海县、迁安市、遵化市。2009年增设公安混编中队7个，即：迁西县中队、唐海县中队、迁安市一中队、遵化市中队、遵化市一中队、滦县中队、玉田中队，征招合同制消防队员225名，文职雇员24名。

2006年—2008年，消防事业费从1917万元增加到1.041亿元，累计达2.236亿元。2007年，投资400万元建成全省第一座支队级模拟训练基地，包含先进的烟热模拟训练馆、石油化工装置和心理行为训练场。投资近200万元建成全省第一个支队级战勤保障大队。截至2008年底，全支队有各种消防执勤车辆142部，其中水罐77部，曲臂登高车8部，泡沫车14部，干粉车3部，抢险车22部，高喷车4部，云梯车7部，细水雾消防车1部，移动供气车1部，A类泡沫车1部，防化洗消车2部，通讯指挥车1部，排烟车1部。基本防护器材10104件（套），个人特种防护5212件（套），特勤器材2120件（套）。任务市域85%的地区配备有登高车，90%的地区配备有小型抢险救援车。2009年消防支队本级落实业务经费2356万元，各县（市）、区落实2148.04万元，超出责任状指标1288.54万元，并分别较上年增长了14%和13.76%。共购置各类消防车19台、器材装备4560件（套），在完成7部抢险救援车配备任务的同时，又补充配备了53米登高车、后援保障模块车、21吨水罐车和生命探测仪等一大批高精尖车辆装备。所有执勤中队的个人防护装备和特种防护装备均达到《城市消防站建设标准》要求，等级消防站抢险救援车的配备率达到100%。

消防通讯日甄完善。2006年建成支队政治工作网和心理教育网。2007年，开通消防监督业务信息系统，为基层中队安装专业直呼电话，建成唐山支队网上考试系统和包含24个终端的支队远程视频教育系统。为市区中队新购微机112台，满足网络办公的需求，建成支队短信群发系统和网络传真，将支队到市局公安网主干线扩容为100M带宽。2008年，支队网站全面升级，实现“一键式调度指挥”，利用火警调度专线最多可实现“八方通话”，8个县（市）实现“三台合一”接处警，均实现“三方通话”，杜绝“二次接警”事故发生。建成覆盖唐山市区、曹妃甸区、迁安市和秦皇岛市区的800M数字集群通信网，购置350兆赫手持台60部、增加中转台3部，进一步完善支队350兆赫无线通信系统。2009年支队编制350Mhz常规无线电台频点分配表，完成组网测试工作，并在国庆安保和中队干部助理培训班成功组网、用于实战。189天翼集团网全省网开通。4M光纤和固话网络基础设施建设全部完工并投入使用。GPS车辆监控系统、119消防通信指挥系统、视频监控系统均已投入使用。8月中旬唐山支队成功召开全省公安消防部队信息化建设协调会。

【火灾预防】　一是消防宣传教育培训经常活跃。2006年—2009年，举办各类消防培训360期，培训人员3万余人次，组织78场大型消防宣传演出活动。积极开展消防安全“五进”活动，设置消防专栏、广告牌1万余个，发放宣传材料40万余份，张贴挂图11万余张。制作宣传标语6800张，设置大型宣传图版1365块。开放消防站300余次，接纳参观学习28000余人次。在各级新闻媒体开设消防专栏（版）2个，播（刊）发消防新闻稿件599篇，播放消防公益广告200余条，营造了浓厚的消防宣传氛围。二是消防监督检查力度不断加强。2008年，检查单位17032个，发现火灾隐患23210处，消除火灾隐患22962处，三停单位233家，罚款共计65.9万元，投入资金447万元整改重大火灾隐患15处。2009年，检查单位19017个，发现火灾隐患

20118处，消除火灾隐患19985处，三停单位69家，罚款共计112.37万元，见证取样88批次，拘留11人，拆除违章建筑材料129套，面积2310平方米，更换不合格阻燃制品99件，责令阻燃处理装饰织物3000平方米。三是不断加强消防安全重点单位管理，全市确定消防安全重点单位从2006年的1989家减少到2009年的1516家，其中，支队管辖单位从133家减少到130家，县（市）区消防大队管辖单位从1856家减少到1386家。普遍建立辖区道路、水源和重点单位数据库等电子档案，制作各类预案420份，组织6次大型演习。组织支队级演练21次、大队级演练67次、中队级演练1100余次。四是建设管好消防水源，2008年，新建消火栓988座，新建消防水鹤5座；2009年新建市政消火栓253座，市政消火栓数量达到5359座。消防水源覆盖率达到98%以上，完好率达到98%以上。

【灭火救援】 2006、2007、2008年，全市发生火灾起数分别为603、530、238起；死亡人数分别为0、5、9人；受伤人数分别为0、1、2人；直接财产损失分别为184.61万元、328.61万元、177.28万元。全市消防部队参加火灾扑救1744起，接警出动1952次（起），出动警力37183人，出动车辆3476台次，参加抢险救援1000次（起），保护价值5438.85万元，抢救被困人员955人。2009年全市发生火灾391起，死亡2人，无人员受伤，直接财产损失245.28万元。与上年相比，火灾起数上升50.58%，死亡人数下降77.78%，受伤人数下降100%，直接财产损失下降18.87%。消防部队抢险救援105起，出动执勤车辆1986次，出动人员11916人，抢救人员162人，疏散人员733人，挽回经济损失约1亿元。

【重大活动的消防安全保卫】 2008年4月14日到9月17日，为确保北京奥运会和残奥会期间的消防安全，全体官兵万众一心，众志成城，不怕疲劳、连续奋战，打了一场规模空前的火灾隐患围剿战役。期间出动警力6740人次，对全市1809家消防安全重点单位和12088家“八小”单位（场所）进行多次拉网式检查，消除火灾隐患17007处，责令停产停业233家，13家重大火灾隐患成功销案。制定火炬传递沿线单位灭火预案196份，修订类型预案300余份，实战演练756次。先后组织大型主题宣传6次，各类培训班64期，培训人员12000余人次。悬挂消防标语3000余条，设置公益广告牌2300余块。所有消防站全部对外接待，社会各界参观群众2.3万人次，接待群众咨询1000余人次。奥运火炬在唐山传递期间和奥运会残奥会期间全市范围内实现“零火灾”，赢得公安部消防局、省公安厅、省消防总队等各级领导的高度评价。支队被评为先进单位，5个单位被评为先进集体，131名同志被评为先进个人，6个单位记集体三等功，8个集体受到嘉奖，42名同志荣记三等功。

从2008年5月12日四川汶川发生特大地震后，根据省消防总队命令，5月13日支队连夜集结，紧急调集44名官兵、九大类29种199件套救援装备器材、运兵车辆、供给物资，随总队救援队统一飞抵四川绵阳。同时，支队党委迅速对102名籍贯为涉灾省份官兵及其家庭受灾情况进行摸底，采取一切手段，在第一时间与其家中取得联系。对家中受灾的7名战士，做好帮扶和教育引导工作。支队救援分队在总队指挥部的科学指挥下，全体官兵充分发扬不怕苦、不怕累、不怕牺牲的大无畏精神，勇克时艰，敢打敢拼，决战决胜，想尽一切办法、用尽一切力量抢救每一位被困群众。经过全体官兵的不懈努力，从废墟中抢救出1名被困群众，挖出3具遇难者遗体，救助多名遇险群众，挖掘出4000多元现金和5部手机等财物，清理废墟1200多立方米。用实际行动向灾区人民展现了唐山消防的良好形象，博得当地政府和人民群众的高度赞誉。支队赴四川抗震救灾救援队被公安部消防局记集体三等功，被河北省公安厅和团省委联合授予“抗震救灾青年突击队”荣誉称号；1名同志评为全国公安系统抗震救灾先进个人；1名同志荣立一等功，6名同志荣立二等功，39名同志荣立三等功。

2009年8月20日到国庆节结束，唐山消防支队认真贯彻公安部党委、部局、总队关于国庆消防安全保卫的批示、指示以及通知精神，周密部署，精心安排，充分发扬连续作战、迎难而上的优良作风，圆满完成国庆六十周年消防安全保卫任务。在一个多月的时间里，全市各级消防监督机构共出动警力4750人次，对全市1516家消防安全重点单位和12088家“八小”单位（场所）开展大规模的拉网式检查，发现火灾隐患9370处，消除9230处，责令停产停业63家，罚款25.02万元，拘留7人。全市37处重大火灾隐患全部销案。支队先后组织各类实战灭火演练352次。出动车辆27台次，警力162人次，扑救火灾15起，参加抢险救援2起，抢救被困群众3人，保护财产价值18.6万元。经过全市消防部队的努力，国庆安保期间没有发生重大火灾事故。赢得公安部消防局、省公安厅、省消防总队等各级领导同志的高度评价。涌现出一大批典型事迹和先进个人。4个单位被评为国庆安保先进集体，1名同志被评为全国公安消防部队国庆六十周年安全保卫先进个人，1名同志被省厅评为国庆保卫先进个人，10名同志被省消防总队评为国庆保卫先进个人。

（刘　蕊　王超晖）

边防支队

【爱民固边】 唐山市边防支队按照市委、市政府统一部署，坚持爱民固边战略，创新警务模式，努力为唐山沿海经济的快速发展创造了和谐稳定的治安环境。一是持续深入开展大走访活动。2008年走访常住人口57896户次、237852人次、暂住人口52623人次、渔船民16372人次、孤寡老人1069人次、残疾人827人次、贫困户569户次、困难儿童1672人次、养殖场所693处次、特种行业592处次。帮助群众解决实际困难623件、收到锦旗52面、感谢信64封。2009年，共走访辖区群众15043户次，48863人次，其中，走访孤寡老人115人次，困难儿童120人次，帮助群众化解矛盾

纠纷546起，收到锦旗52面，表扬信41封。二是积极开展创建爱民固边模范村工作。2008年创建爱民固边模范村13个，并全部纳入平安建设和社会主义新农村建设规划。曹妃甸边防派出所在全省率先创建爱民固边模范企业，浪窝口边防派出所在黄湾村建立经济转型试点种植基地，得到辖区群众的广泛赞誉。2009年把治安乱、纠纷多的村作为创建重点，制定工作方案，精心组织实施，创建爱民固边模范村15个，实现总队提出的一所（队）一村的要求。特别是在尹庄子爱民固边模范村创建过程中，支队各级积极出点子、想办法，在尹庄子村修建一座以“网络远程会诊”为载体的爱民卫生所，提升爱民固边模范村创建层次。三是选派警官任村官。2009年支队有38名警官担任49个行政村的村官，实现辖区每个行政村都有警官兼任村官的工作目标。同时，根据辖区实际情况，不断拓展警官任村官活动形式，先后有2名警官受聘为渔民协会副主席，7名警官被聘为企业党支部副书记，进一步密切了警民关系。为促进警官任村官工作，支队还组织开展“爱民之星”评选活动。四是关爱困难儿童。截至2009年底，辖区18名困难儿童都与警官结成了帮扶对子，16名纳入社会救助体系，黑沿子和北港边防派出所分别设立“爱心帮扶基金”，逐步实现困难儿童“有饭吃、有衣穿、有房住、有学上、有人管”的工作目标。五是积极参与抢险救灾。广大官兵在各种危急关头挺身而出，2009年2月13日风暴潮中，曹妃甸边防派出所官兵徒步跋涉80余公里，历经25小时营救出122名遇险群众，在社会上引起强烈反响。2009年，曹妃甸所、王滩所、北港所和九间房所等单位的官兵，冒着生命危险，先后9次救出遇险群众共计180余人。

【接警处警】 2009年共接处警1579起，受理治安案件350起，发生刑事案件226起，调处矛盾纠纷620起，行政处罚127人，抓捕犯罪嫌疑人58人，抓获网上逃犯12人，劳动教养5人，处置群体性事件13起，涉及1270人。执行警卫任务266次，动用警力1331人次。2009年1月15日，南堡边防派出所辖区发生一起故意伤害致人死亡案件。官兵们积极侦查，迅速锁定犯罪嫌疑人，仅用5天时间就将3名犯罪嫌疑人全部抓捕归案，并在成功侦破此案的基础上，深挖线索，扩大战果，由此挖出并打掉横行唐山市滦南、乐亭两县的2大海上恶势力团伙。同时与海警二大队加强联动，侦破海上影响恶劣的7.09和8.14案件，抓获违法犯罪嫌疑人53名，使海上治安秩序得到有效维护。

【完成重大活动的安保任务】 2008年北京奥运期间，开展边防情报信息百日会战和以流动人口清查、破案追逃、治安隐患矛盾纠纷排查为主要内容的三项攻坚战。在形势分析研判、方案论证制作、联动机制建立、部队拉动演练、统一指挥协调方面形成一整套的工作流程。各单位共接处警897起，破获刑事案件24起，查处治安案件71起，处置群体性事件16起，抓获逃犯13人，动用警力20408人次，动用车辆10157台次。特别是在奥运圣火唐山站传递时，涉及6处任务点段，支队先后3次修改安保方案，5次实施大型拉动演练，各级指挥员反复深入实地踏查，在搞好现场指挥协调的同时，积极主动投入一线安保。广大官兵，不计得失，不辞辛劳，恪尽职守，连续值守奋战42小时，胜利完成圣火团队唐山站传递安保任务，同时确保辖区社会安全稳定，充分发挥北京主赛区、秦皇岛分赛区的“护城河”作用。2009年，圆满完成暑期警卫、国庆安保、曹妃甸论坛安保等大项工作任务。先后制定《暑期海上警卫方案》、《暑期边防辖区社会治安防控工作方案》、《国庆60周年安全保卫工作方案》和《曹妃甸论坛安全保卫工作方案》。支队全体官兵连续4个月放弃休假，不讲代价、不计得失，坚守在工作岗位上。期间，共出动警力1282人次、车辆479台次；设置卡点13个，盘查可疑人员1025人、可疑车辆647台次；清查暂住人口6231人次、出租房屋689间、码头14个、停泊点7个；检查重点部位121处、复杂场所96处，船舶7564艘次。按照支队三级响应机制组织各种处突演练11次，处置1枚遗留炸弹，收缴6发子弹、2发信号弹、1支仿六四式钢珠手枪，抓获违法犯罪嫌疑人29人。

【部队建设】 2009年，边防支队狠抓重点工作，注重统筹谋划，提升部队建设的整体水平。一是以信息化建设为牵引，夯实基层基础，努力提升公安边防工作现代化水平和警务实战能力。支队积极筹措资金75万元投入信息化建设，本着“科学筹划、注重实用、操作便捷、安全稳定”的理念，坚持“以网络为依托，以需求为牵引，以应用为核心”的运行主线，建成视频通信指挥中心，使唐山边防支队向“勤务实战化、调度集成化、部署可视化、指挥扁平化”目标更进一步。为确保营区安全，安装红外报警系统，对营区进行不间断警戒，为方便群众夜间求助报警，安装对讲门铃。完成支队到总队的公安专网升级改造，带宽提高到100M，基层带宽提高到8M，各单位全部安装公安边防IP专网电话，实现了“网络所及，IP电话能通”的目标。二是以执法规范化建设为契机，促进和谐执法、公正执法，努力提升办案能力和执法质量。积极组织业务能手，聘请业务专家针对如何做好执法工作进行网络授课，按照建立和培养安全执法长效机制的工作思路，制定《边防警官跟班作业实施方案》。聘请一批拥有丰富公安工作经验的退休民警，以“顾问”的形式充实到一线，通过“传、帮、带”促进基层业务工作。组织法制培训4次，网络授课50余次，提供法律咨询和解决各种执法疑难问题1500多件次，组织32批467人次进行跟班作业学习。先后出台《案件主办民警责任制实施办法（试行）》、《边防派出所刑事案件移交工作规定（试行）》、《培养和创建基层执法示范单位实施意见（试行）》、《执法办案奖惩制度（试行）》等四项制度。按照总队的安排部署，在支队范围内开展“三学”活动，重点学习公安派出所在执法办案、情报信息收集、基层基础工作等方面的经验，弥补日常工作中的“短板”，并先后21次组织官兵到地方公安机关参观见学。三是以部队正规化建设为抓手，推进定式养成，夯实发展根

基，确保部队建设的长远健康发展。按照全省公安边防部队规范化建设统一部署，支队确立“高起点定位，高标准落实，突出特色，狠抓‘六个基本规范’”的工作思路，确定7个规范化建设重点单位，每名常委负责一个单位开展检查督导，强力推进规范化建设工作。出资201.7万元，历时一个多月，所属单位均达到基本标识和基本设施的规范统一，打造出大清河、北港等精品派出所，接待各种观摩、交流团体50余个，1000多人次。6月11日，全市公安机关召开“学边防，守条令”夺标竞赛现场观摩交流会，市公安局党委做出《关于开展向大清河等边防派出所学习的决定》。随着全省公安边防派出所会议的召开和《公安边防派出所建设规定五十条》的出台，支队党委及时召开会议进行研究部署，根据工作需要，制定和修改各类执勤执法和处突预案，从备勤值班、人员编成、出警装备、现场盘查和请示汇报等多个方面进行统一规范。根据《训练大纲》的要求，制定相应的训练标准，积极开展日常练兵，从理论知识到实用技能，从执法办案到服务群众，统一内容、统一动作。按照《条令条例》的规定，严格一日生活制度，严格值班备勤和请销假制度，严格落实交接班点名和节假日晚点名制度，在警务工作上实行警官定期向辖区汇报工作制度，落实群众评议和民主考评制度。

（张云璐）

唐山边防检查站

【概况】 2009年，唐山边防检查站大力加强思想政治建设，部队正规化水平不断提高，岗位练兵活动富有成效，圆满完成以边防检查为中心的各项工作任务。7月，站党委被河北省公安厅党委评为公安现役部队先进党委。年内，被唐山市委、市政府评为军民共建先进单位。在唐山海港开发区“二次创业”立功竞赛活动中被荣记集体二等功，连续7年被海港开发区党工委、管委会评为行风评议先进单位。

【边检服务工作】 制定《唐山边防检查站执勤礼仪规范》，对科队执勤人员着装警容、面部表情、服务动作等7个方面进行细化规范。开展互教互学活动。轮流选派检查员到港西派出所跟班学习，通过与办案人员一起询问、取证、制作案卷，提高执法办案能力。通过采取现场检查、视频督查和录像回放倒查等有效监督形式，对执勤业务科检查员、码头执勤战士的履职尽责、服务质量等情况进行跟踪检查、抽查。定期开展社会监督员回访活动，征求意见建议，查找存在的不足和问题，推动执法执勤工作。全年共检查出入境（港）船舶2539艘次，比上年增加26.6%；检查船员57104人次，比上年增加36.8%；监护32059小时37分，未发生任何勤务差错。查获违假证件5起5人次，抓获网上在逃人员1名。共实施行政处罚5起11人次，处罚得当，无行政复议。救助遇险船员9次10人，收到锦旗9面，受到用兵单位和船员的一致好评。

【暑期警卫和国庆60周年安保工作】 2009年省边防总队正式将唐山边防检查站列入支暑单位。唐山边防检查站加强组织领导，严密口岸管控。加强与口岸查验单位及公安、国保、反恐、安全等相关部门的协调、联动，组织开展联合处突演练，增强各方协作配合意识和口岸整体应急处突能力。投资19万元购买安装北京“万里红”计算机监控与审计系统，增强技术防范能力，解决计算机失泄密问题。圆满完成暑期警卫和国庆60周年安保工作任务。2名同志荣立三等功，并受到总队的表彰。

【新营区建设】 新营区完成投资2538.37万元，一个“以人为本、功能齐全、结构合理、适度超前”的新办公楼基本达到入住条件。新营区占地面积是旧营区的6倍，建筑面积是旧营区的3.3倍。在新营区建设中，坚持大手笔、高起点、高标准，力求达到信息化、智能化，让官兵共享科学发展成果。指挥中心共投资208.62万元，实现集指挥调度、执勤监管、营区保卫、车辆管理等八大功能。新营区监控报警系统坚持国内一流、世界领先的理念，投入资金58万元设立107个监控点，全部使用美国派尔高高清探头。实现新营区监控无盲区，全覆盖，图像传输质量清晰、快速。新办公楼机要室面积为120.12平方米。8月17日顺利通过总参谋部信息安全设备测评中心技术检测，达到公安部边防局屏蔽机房要求，为建设一级机要室奠定了良好基础。投资29.5万元安装三菱电梯。投资28.5万元安装石家庄科航光电科技有限公司的P5表贴全彩LED显示屏。新营区绿化按照春有花、夏有荫、秋有果、冬有青的要求，共栽种绿化树木16种800余棵（株），初步形成高低错落、疏密有致的绿化景观。2009年10月，新营区被唐山市绿化委员会评为唐山市“花园式单位”。

（兰　虹）

曹妃甸边防检查站

【概况】 曹妃甸边防检查站位于曹妃甸岛上，南距25万吨矿石码头约2公里，北距曹妃甸5—7万吨散杂货码头1.8公里。主要担负着曹妃甸港对外开放码头的外籍船舶检查、监护任务，打击走私、偷渡等口岸违法犯罪活动，维护曹妃甸口岸安全稳定。自2005年进驻曹妃甸岛以来，该站始终按照“艰苦创业、打牢基础、积极作为、和谐发展”的工作思路抓工作，谋发展，边检业务工作和部队建设都有了质的飞跃。

【服务口岸经济发展】 曹妃甸边防检查站2005年组建以来，按照“小单位、大作为”的口号，鼎力为曹妃甸深水大港的腾飞保驾护航，为地方经济实现跨越式发展提供有力保证。该站先后推出多项措施，不断提高通关效率。几年来，始终坚持登轮办理船舶入境手续，使船舶靠岸后即可办理入境，入境办妥后即可进行作业，大大提高了工作效率。为了方便作业，检查员总是在外轮靠岸之前等候在码头并登轮办理出入境边防检查手续，以提高工作效率，同时，遇有特殊情况也能及时处理。该站始终奉行科技强警工作思路，先后筹措资金近百万元完善执勤设施建设，并通过开展业务培训，不断增强官兵的业务素质，为更好的服务口岸经济建设奠定了良好的软、硬件基础。2009年，停靠曹妃甸口岸深水大泊位的出入境外轮增加，特别是进入冬季，受恶劣天气影响，船舶压港情况严重。锚地等候靠泊外轮日均达30艘，锚地侯检时间达到10至20天，船舶伙食、物料、淡水短缺，船员伤病大幅增加。曹妃甸边防检查站与口岸其他查验部门密切协作，开通海上绿色救援通道，加大锚地联检和救助力度。2009年，该站累计实施海上救助46次，为船方解决实际困难27次，救助伤病船员13人。为了进一步缩短通关报检时间，该站实行全天候通关报检服务，通过网上报检，船舶随到随检，办理入境手续期间可先行安排卸货事宜等一系列便民举措，确保通关零等待，港口生产作业效率显著提高，为企业增加巨大经济效益。

【爱民救灾】　曹妃甸边防检查站进驻曹妃甸岛以来，带着对人民群众深厚的感情开展工作，捐资助学，抢险救灾，全心全意为人民服务，谱写军民鱼水情深的新篇章。2006年4月15日下午，中交水运规划设计院在海上作业的勘测平台被海水围困，其中两个勘测平台10余名作业工人因没来得及撤离被困狂风巨浪之中，遇险工人随时都有生命危险。接到紧急求救后，曹妃甸边防检查站迅速与驻岛海警以及海事部门取得联系，报告险情，并迅速组织警力奔赴出险地点展开救援。经过四个多小时的奋力救助，使遇险人员全部获救。2006年5月，曹妃甸边防检查站启动爱心助学工程，通过官兵缴纳特殊党团费的方式，长期资助唐海县五农场3名春蕾女童。进驻以来，曹妃甸岛前后6次爆发风暴潮，曹妃甸边防检查站共出动警力420余人次，车辆120余辆次，与驻地群众共同迎击风暴潮，保卫人民群众生命财产的安全。每年春节和正月十五，曹妃甸边防检查站都邀请驻岛企事业单位留守人员到站上同官兵一起包饺子，看春晚，开茶话会，营造警民一家亲的和谐氛围。每年“八一”，曹妃甸边防检查站都通过举办“庆八一警民联欢会”、座谈会等活动，拉近警民感情。进驻以来，曹妃甸边防检查站共开展各类拥政爱民活动190余次，组织警民文体联欢活动77次。

（李洪涛）

水电第一支队

【概况】　中国人民武装警察部队水电第一总队第一支队（简称武警水电一支队）为正团级单位，下辖10个中队。支队机关驻河北省唐山市路北区八神庄。2009年，支队主要承担云南糯扎渡电站工程、辽宁丹东市蒲石河抽水蓄能电站工程、辽宁丹东市三湾水利枢纽工程、特警学院568宿舍楼、指挥部六里桥住宅楼、内蒙古通辽朱日和风电工程、南水北调河南穿漳河、榆济管道工程等施工任务。全年完成施工总产值3.8亿元，自营产值1.87亿元。全年未发生等级质量安全责任事故。支队水布垭面板堆石坝筑坝技术被湖北省评为科技进步特等奖，支队承建的水布垭大坝荣获“国际面板堆石坝里程碑奖”。支队南水北调项目部被北京市政府评为“优秀建设集体”，并荣获“结构长城杯金质奖”。支队承建的南水北调京石段应急供水工程北京西四环暗涵工程被评为2008年度北京市政基础设施结构长城杯金质奖工程。

【国庆期间执行北京重要电力设施看护勤务】　9月24日—10月5日，支队64名官兵赴京参加国庆六十周年期间北京地区重要电力设施守卫执勤任务，担负国家电网公司北京西大望变电站、左安门变电站、长椿街变电站等3个目标点的看护任务。

【中标南水北调中线南干渠第三标段工程】　12月24日，支队中标南水北调中线南干渠第三标段工程，中标金额1.2044亿元，合同工期2009年12月至2012年3月。

【通辽风电工程开工】　4月7日，支队承建的通辽风电项目人员进场，负责16个风机基础施工，合同金额1094.63万元，合同工期2009年5月15日至2009年7月15日。

（王建国）

审　判

【概况】　2009年，全市法院受理各类案件71651件，审结和执行各类案件68870件，结案率96.12%，同比提高3.8个百分点。市中级法院受理各类案件6295件，审结和执行各类案件5971件，结案率94.9%，同比提高3.23个百分点。全市法官人均结案79件，比全省法官人均多结案32件。全市两级法院的工作受到最高法院、省高级法院、市委、市人大和社会各界的好评。

【刑事审判】　2009年，全市法院审结一审刑事案件3990件，判处罪犯6971人。判处五年以上有期徒刑、无期徒刑和死刑1215人，结案率98.96%。其中，市中院审结一、二审刑事案件614件，结案率93.88%。两级法院坚持“严打”方针不动摇，深入开展以“打黑除恶”为重点的专项斗争，依法严惩各类刑事犯罪，全力维护社会稳定。重点打击组织、领导黑社会性质的犯罪和恶势力犯罪、暴力犯罪、毒品犯罪以及多发性侵财犯罪，破坏社会主义市场经济秩序犯罪和贪污、贿赂、渎职犯罪。依法审结李成凯等41人、刘大卫等37人、李崇瑞、李涛等20人、杨跃武等43人涉黑案件和一批恶势力案件，有力地震慑和打击了犯罪活动，维护了社会和谐稳定。依法审结非法集资、金融诈骗、商业贿赂等严重破坏市场经济秩序的犯罪案件101件178人，促进市场经济健康发展。审结贪污、贿赂、渎职等国家工作人员犯罪案件94件142人，推动反腐败斗争深入开展。贯彻“严之有据、严之有理、严之适度、严之有效”的工作要求，认真落实最高法院关于量刑规范化要求，积极开展量刑规范化试点工作，规范自由裁量权。坚持

"当严则严，该宽则宽，宽严相济、罚当其罪"的刑事政策，对犯罪情节严重、性质恶劣、社会危害大的，依法从严、从重处罚；对具有法定从轻、从宽情节的，依法从轻、从宽处罚，做到不枉不纵。同时，注重做好刑事自诉案件和刑事附带民事案件的调解工作，最大限度地减少社会对立。加强少年刑事审判工作，认真开展"青少年维权岗"活动，坚持教育、感化、挽救方针，对131名未成年犯罪被告人依法适用缓刑。积极参与社会治安综合治理，坚持以案说法，送法进校、送法进企、送法进村，推进诚信平安创建工程。对一些典型的、具有重大教育意义的刑事案件，采取公判大会和新闻发布会等形式向社会公开，引导、教育公民自觉遵法、守法。通过法制宣传、法律咨询、司法建议等形式，不断拓展办案社会效果，有效预防和减少犯罪，维护社会治安，促进和谐稳定。

【民商事审判】 2009年，全市法院审结各类民事案件42229件，结案率97.1%，同比提高3.5%。其中，市中级法院审结各类民事案件4768件，结案率98.04%，同比提高7.15%。全市法院依法审结买卖、运输、租赁等合同纠纷以及票据、证券、知识产权等经济纠纷案件19382件，进一步规范市场经济秩序。审结婚姻家庭、相邻关系、扶养赡养、损害赔偿等案件15549件，促进民生问题的解决。审结借款、担保、保险等金融纠纷案件2723件，保障和促进金融业的健康发展。审结涉及农村土地承包、流转和征用补偿等案件934件，推动新农村建设。审结企业兼并、破产重组、产权转让和劳动争议等新型纠纷案件1572件，化解金融危机对企业的冲击，积极为企业排忧解难。全市法院组织开展"百名法官进百家企业，访百名代表委员"活动，广泛征求意见和建议，有针对性地向企业和相关部门提出司法建议。丰南法院坚持能动司法，运用破产租赁方式帮助两家企业获得新生，受到最高法院的高度评价。迁西县法院运用综合调控的方法，妥善处理十五起涉矿群体性纠纷，既化解矿群纠纷，又帮助企业渡过难关。在民商事审判工作中，全市法院不断强化"抓调解就是保稳定，抓调解就是促和谐"的意识，把调解作为提高和衡量法官审判质量、工作效率、司法水平能力的标准，坚持"调解优先、调判结合"的原则，不断拓宽调解范围，实施全程调解、全员调解和全面调解。市中级法院在迁安市召开深化司法调解经验交流会，系统总结调解经验，促进调解工作深入开展，使案件调解率、撤诉率、自动履行率明显上升。2009年，民事一审案件调撤率达到76%，高于全省平均调撤率5.8个百分点。同时，在全市法院深入开展"听民声、察民情、知民意、解民忧、护民权"主题实践活动，不断增强为民意识，依法妥善解决人民群众最关心、最直接、最现实的利益问题。从立案、审判、执行各环节到申诉、信访、审监等方面，全面落实便民利民措施。加强诉讼指导，注重诉讼风险提示，推行"一站式"服务。依法适用简易程序，建立速裁机制，不断提高审判效率。2009年基层法院民事案件简易程序适用率达68.38%。坚持巡回审理、就地办案，积极化解与群众生活密切相关的民事纠纷。完善司法救助机制，对经济确有困难的当事人依法减缓免诉讼费2397.9万元。

【行政审判】 2009年，全市法院在行政审判中，继续按照"保护合法权益、促进依法行政、优化法制环境、化解行政争议"的要求，依法调整行政法律关系，既支持和监督行政机关依法行政，又依法维护行政相对人的合法权益。全年共审结一、二审行政案件462件，其中调撤结案62件。工作中积极探索行政审判协调处理新机制，积极主动围绕城镇化建设"三年大变样"提供司法保障和服务，依法妥善解决了一批拆迁中的疑难纠纷。全市法院办理非诉行政执行案件856件，有效地化解了行政争议。

【执行】 2009年，全市法院紧紧依靠党委领导，不断完善执行机制，优化执行力量，规范执行行为，强化执行监督。积极探索执行体制改革，试行统分结合的管理新模式，提高执行效能。全年受理执行案件12719件，执结案件11670件（含旧存），执行标的34.96亿元。按照中央政法委统一安排部署，认真开展集中清理执行积案活动，党委政法委加强领导，直接调度，相关部门密切配合、通力协作，两级法院周密部署，强力推进，对故意妨碍、抗拒执行的违法行为采取强制措施，依法拘留420人次，罚款111人次，追究刑事责任9人，执结多年积案2170件。强化"和谐执行"理念，采取有利于当事人双赢的执行方法。高度重视对劣势群体合法权益的保护，针对拖欠农民工工资案件增多的情况，集中开展为期一个月的"农民工工资清欠"专项执行活动，将247万元执行款发放到农民工手中。针对拖欠赡养费、抚养费、伤残补助费等"民生案件"影响社会稳定的情况，组织开展专项集中执行活动，共执结各类民生案件486件，标的额达5132.15万元。为破解执行难题，全市法院开展专题调研活动，借鉴先进法院经验，初步建立起党委领导、人大监督、政府支持、法院主办、相关部门配合联动的执行工作长效机制，使执行工作步入良性循环。

【社会矛盾综合调控】 为深入贯彻落实市委《关于深入推进社会矛盾综合调控工作的意见》，市中级法院研究制定《关于全面实施综合调控工程，建立健全多元化矛盾纠纷解决机制的实施意见》。2009年，全市法院诉前化解各类矛盾纠纷8633件。坚持运用综合调控方法化解涉诉信访问题，集中清理涉诉信访积案，全市法院清理申诉信访积案1798件，解决一批影响社会稳定的信访老案、难案。狠抓信访案件源头治理，进一步提高一审案件质量。全市法院新发生信访案件246件，申诉率为0.38%，同比下降0.15个百分点。

【创新审判管理机制】 全市法院设立审判管理职能部门，制定完善审判管理制度。加强立案、审判、执行各环节的协调管理，健全财产保全配合等机制，确保分立不分离。严格审限监督，积极推行以案件评查和流程管理为手段的审判管理模式。建立健全收结案动态平衡机制，加强审判、执行工作的动态分析和定期评查。深入推进审判权和审判管理权改革，明晰院长、庭长的审判管理权责和合议庭、承办法官的审判权责。依法统一裁判标准，规范全市法院同类案件的法律适用。改革和完善审判委员会制度，提高工作效能。强化岗位目标管理，严格绩效考核，激发工作潜能。按目标任务定岗、定责，层层量化、细化，逐步完善周公示、月小结、季点评、半年初评、年终述、评、排的科学管理考评体系。在此基础上，统一为每名干警建立司法档案和勤绩档案，以此为依据把每名干警的绩效情况与评先评优、晋职晋级紧密结合起来，形成正确的用人导向。2009年，全市法院的信息、调研和宣传工作也取得跨越发展，在全省法院均保持领先地位。

【加强法院队伍建设】　2009年，全市两级法院按照“从严治院、公信立院、科技强院”的要求，以“建一流班子，带一流队伍、创一流业绩”为目标，全面加强法院队伍建设。以转化学习教育成果为抓手，加强思想政治建设。深入开展“干部作风建设年”和“人民法官为人民”主题实践活动，邀请市政府领导作经济形势报告，教育广大干警不断深化对社会主义法治理念和“三个至上”指导思想的认识，不断强化大局意识、为民意识和责任意识，坚定政治方向，用责任诠释忠诚，始终保持良好的精神状态，保持争先创优的积极性。全市法院有16项工作、36名个人受到省以上表彰。以完善惩防体系为重点，加强党风廉政建设。坚持教育、监督并举，惩处、预防并重，全面推进惩防体系建设。采取领导上廉政党课、剖析典型案件、强化职业道德和文化建设等方式，提高反腐倡廉警示教育效果，增强廉洁自律意识。建立和完善审判公开、廉政监督员、举报投诉和执法过错责任追究等制度，确保权力公正行使。严格执法执纪督查，对违法违纪干警不姑息迁就。全年查处违法违纪干警7人，同比下降29%。以提高综合素质为根本，加强司法能力建设。继续加大教育培训力度，全面开展优秀裁判文书评比、书记员速录竞赛、法警技能训练、业务庭专案剖析等活动，不断提高广大法官把握大局、认知社会、感知民情、和谐司法的能力，增强做群众工作和化解矛盾纠纷的本领。继续支持和鼓励未取得法官资格的人员参加国家司法考试，全年有51名干警通过国家司法考试。以改善司法条件为重任，加强基层基础建设。注重对基层法院的监督指导工作，协助解决具体困难和问题。在党委、政府的大力支持下，市中级法院审判综合楼开工建设，2010年完成主体工程；丰南法院审判综合楼交付使用，乐亭、开平、路北、滦县等法院审判综合楼工程正在筹建中；丰润、开平等法院率先使用审判流程管理系统软件，两级法院全部开通政法专用网，初步实现网上办公、办案，进一步提高工作效能。

（左　军　胡志华）

中级人民法院领导成员和主要法官

院长、党组书记：李德仁

副院长、党组副书记（正县）：常荣才

副院长、正县级审判员：贠卫东　陈永礼

副 院 长：杨景明　杨青峰

纪检组长：李建民（5月任）

执行局局长：白广永（10月任）

政治部主任：刘占林　苗松林（12月任）

党组成员、副调研员：高贵洲

党组成员、副县级审判员：魏　波　杨志稳

副县级审判员：王秉权　郭树信　李万兆　谢维民　孟祥富　梁树恩　李惠智　李新民　王会峰　焦国祥　刘恩福　孙瑞华　高　勇　张贺武　杨松林　赵福存　陆智华　王友山　刘广忠（4月任）　刘　洪（4月任）　陈文利（4月任）　侯春来（4月任）　孙稳瑞（4月任）　李荣林（4月任）　李铁军（4月任）　郑全喜（4月任）　谢建惠（4月任）　历五一（4月任）

（孙庆武　左　军　胡志华）

检　察

【服务经济发展】　市人民检察院在38家企业建立检察机关服务重点工程建设工作室，对总投资1159亿元的68项重点工程开展预防咨询、监督招投标、行贿档案查询和法制宣传工作。组织市检察院中层以上干部和县（市）区院检察长到开滦集团、唐钢股份公司学习调研，了解企业现实需求，遵循为企业排忧，为发展清障的原则，制定关于依法查办企业职务犯罪的十项规定，对全市检察机关查办企业职务犯罪的初查、立案、法律政策标准、强制措施的运用、严肃办案纪律等方面作出详细规定。迁安市检察院在查处王建中等8人受贿案过程中，严格执行反贪办案服务企业发展的十项规定，在该案涉及20余人分布在8个岗位的情况下，对构成犯罪的重要岗位人员在不影响办案的情况下采取尽量不拘留、不逮捕、不搜查的做法，传唤重要岗位人员选择其不在岗位期间进行。每个环节都注意维护企业信誉和形象，保证企业生产的连续性和人员心理稳定，企业没有因为检察院查办案件而停工、停产，生产经营没有受到影响。全市检察机关整合检察资源，服务城乡一体化进程，开展富有唐山特色的涉农检察工作。组建73个工作队，深入2202个行政村下访、巡防，接访822件1448人，平息上访153件437人。批准逮捕各类涉农犯罪案件525件841人，依法对758件1224名涉农刑事案件和犯罪嫌疑人提起公诉。

【批捕和起诉】　2009年，全市两级侦查监督部门受理公安机关提请批准逮捕各类刑事案件2855件4722人，同比下降4.9%；经审查批准逮捕2698件4437人，同比下

降5.8%；不予批准逮捕110件225人，同比上升53.1%；提起公诉3778件6491人。办理李成凯涉黑案、刘大卫涉黑案、李涛涉黑案，杨跃武涉黑案，“三鹿”奶粉系列案件等重特大案件，对各类刑事犯罪分子产生巨大的震慑作用。制定和认真执行关于轻伤害、盗窃、交通肇事等案件运用相对不起诉的若干规定，努力促进社会和谐。继续完善办理未成年人犯罪的工作机制，坚持类案专办，对轻微犯罪的未成年人犯罪嫌疑人坚持可诉可不诉的不诉，能不捕的不捕，力争给其一个悔过自新机会。制定和认真执行关于对轻伤害、盗窃、交通肇事等案件运用相对不起诉的若干规定，努力促进社会和谐。完善快速处理轻微刑事案件的工作机制，按照繁简分流原则，在法律允许的范围内，对轻微刑事犯罪案件简化办案程序，缩短办案时间，提高办案效率。符合撤销条件的，建议公安机关撤销案件。对批捕的317名、提起公诉的392名未成年人加大教育、感化、挽救力度，依法落实从宽的政策。推行不捕说理制度，对所有不捕案件向公安机关书面说明理由，减少不必要的复议、复核。对被害人不服的不捕案件进行释法说理，化解矛盾纠纷。

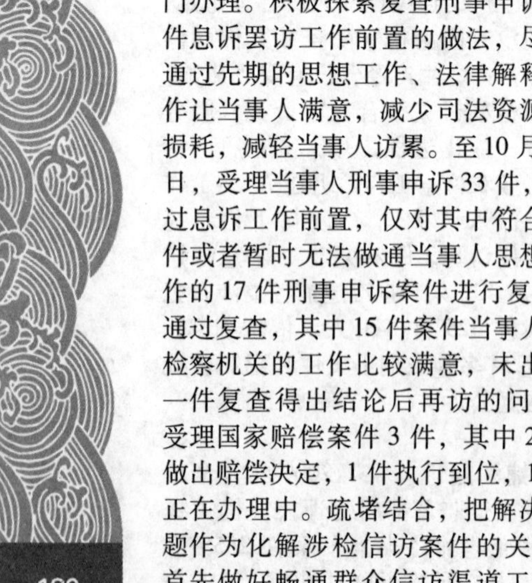

【信访接待】 两级检察机关接待群众来信来访举报、控告、申诉、法律咨询2539件3101人次，全部按照管辖规定，移送相关单位和部门办理。积极探索复查刑事申诉案件息诉罢访工作前置的做法，尽量通过先期的思想工作、法律解释工作让当事人满意，减少司法资源的损耗，减轻当事人访累。至10月25日，受理当事人刑事申诉33件，通过息诉工作前置，仅对其中符合条件或者暂时无法做通当事人思想工作的17件刑事申诉案件进行复查。通过复查，其中15件案件当事人对检察机关的工作比较满意，未出现一件复查得出结论后再访的问题。受理国家赔偿案件3件，其中2件做出赔偿决定，1件执行到位，1件正在办理中。疏堵结合，把解决问题作为化解涉检信访案件的关键。首先做好畅通群众信访渠道工作，维护上访秩序，通过下访巡防，从源头化解矛盾。派员深入农村、基层下访、巡防105批次，摸排信访案件线索300多件，快速化解涉及检察机关的信访苗头27件。开通视频接访网络，群众通过县级院视频网络接访系统向省、市检察院领导反映问题35件，减少进市访、赴省访。深化涉检信访代理机制，聘请249名涉检信访代理员，代理群众上访案件79件，办结67件。

【诉讼监督】 制定唐山市检察机关法律监督工作实施细则（试行），出台关于加强对行政执法机关执法活动监督的意见、关于加强对人民法院审判和执法活动监督的意见、关于加强对公安机关办理刑事案件监督工作的若干规定。市委转发这四个文件，市人大在关于加强司法监督工作的意见中，就支持检察机关履行法律监督职能做出专门规定。立案监督工作。对应当立案而未立案的监督侦查机关立案381件，纠正漏捕44件77人，追捕104人。纠正不应当立案而立案18件。监督公安机关撤案16件16人。提前介入侦查226件，纠正侦查机关侦查活动违法44件（次）。对监督立案的案件，侦查机关在两个月内没有侦查终结的，及时发出《立案监督案件催办函》，督促其尽快侦查终结。刑事审判监督。全面推行量刑建议和抗诉前沟通制度，加强对法院自由裁量权的制约。追诉54人，依法提前介入重特大案件267件，提出抗诉38件。王萍、张雨顺、刘军、彭府生、阿咪走私、运输、贩卖毒品、偷越国境一案是河北省建国以来最大的涉毒案件，唐山市中级人民法院一审判处被告人王萍、张雨顺死刑立即执行，判处被告人刘军死刑缓期二年执行。唐山市人民检察院审查后认为一审判决对被告人刘军适用法律错误，量刑不当，遂提出抗诉。省人民检察院支持唐山市人民检察院的抗诉意见，经河北省高级人民法院审理后改判被告人刘军死刑，立即执行。于桂芹等人贩毒、运输毒品一案，唐山市中级人民法院一审判处被告人于桂芹死刑缓刑二年执行。市检察院审查后认为一审判决对被告人于桂芹适用法律错误，量刑畸轻，提出抗诉。省检察院支持抗诉后，河北省高级人民法院经审理改判被告人于桂芹死刑立即执行。在民事审判和行政诉讼监督中向市中级人民法院提出抗诉72件，提请抗诉144件，法院已审结案件中改判28件，调解7件，两级检察院发出再审检察建议66件，法院已再审57件。在刑罚执行监督中对保外就医条件已经消失的11名罪犯监督执行机关收监；查办监管干警职务犯罪案件2件5人，罪犯又犯罪案件9件12人；纠正呈报减刑、假释、保外就医不当62人。

【查办职务犯罪】 查办贪污贿赂案件89件142人，提起公诉133人，有罪判决118人，有罪判决率83.1%，大要案比例88%。查办渎职侵权案件30件60人，为国家挽回经济损失2300余万元。把查办贿赂犯罪、国家机关工作人员犯罪和涉农职务犯罪作为打击重点，在城镇建设房地产开发、国企经销、资源能源领域以及惠农资金的管理使用等环节部署专项打击，取得明显成效。查办贿赂犯罪71人、国家机关工作人员犯罪41人、涉农职务犯罪35人、国企供销领域犯罪12人、房地产领域犯罪2人、工程建设领域犯罪17人、危害资源能源犯罪24人。迁安市检察院查办的唐钢集团棒磨山铁矿王建中等8人受贿100余万元案、丰润区检察院查办的6件12人在发放唐丰快速路占地地上附着物补偿款过程中的贪污、贿赂133万余元的窝案、串案等，在社会上引起不小的震动。查办涉农职务犯罪案件35人，均为惠农资金管理使用环节发生的职务犯罪案件。查办这些案件，检察机关严格遵循有案必立和务必在第一时间把查办的款项返还到农民手里的原则。案件的查处受到广大农民群众的一致称赞。在查办职务犯罪案件过程中，认真研究发案领域行业特点规律，全面总结发案单位教育、管理上的薄弱环节和漏洞，提出预防建议或处理建议114份。在查办渎职侵权案件的同时，对发案单位提出检察建议28件，对检察建议落实情况建档组卷，监督发案单位认真落实、加以整改。

【主动接受监督】 市检察院向

市人大常委会报告重大工作部署和重要情况19次。制定接受人大代表监督七项措施，通过走访人大代表、政协委员，召开人大代表座谈会，编印《检察工作要况》和《唐山检察》等措施，向人大代表汇报检察工作。市检察院制定并提请市人大常委会审议通过《人民监督员换届选举办法》、《唐山市检察机关人民监督管理办法》，对人民监督员的选任与解除、权利和义务、人民监督员监督案件的程序、回避制度、人民监督员办公室职责等做出具体规定。完成人民监督员换届选举工作，人民监督员监督三类案件8件8人。

【新办公大楼正式启用】 市检察院新办公大楼9月8日通过整体验收，9月23日正式启用。市检察院新址占地面积1.22公顷，建筑面积29458平方米，建筑高度71.2米。办公楼安装太阳能光伏发电系统，被确定为市科学发展机关节能示范模式。市检察院办公楼是全省三年大变样重点形象工程之一，被市政府确定为国庆60周年献礼精品工程。

（张　忠）

人民检察院领导成员和主要检察官

党组书记、检察长：梁文平
党组副书记、副检察长（正县）：王胜喜
党组副书记副检察长兼反贪局长（正县）：杨浩
纪检组长、正县级检查（监察）员：么金宝
副检察长、正县级检察员：冯振东　李金元
副检察长：郑应祥
副检察长兼反渎职局局长：郑喜兰（女）
政治部主任：刘玉国
反贪局副局长：边法波
正县级检察员：李仕勋
党组成员、副县级检察员：于　池　安成学
海港经济开发区检察长：陈长存
芦台经济开发区检察长：李云飞
汉沽管理区检察长：董晓宇
副县级检察员：邱成余　王守玺
王志勇　马保江
李　英　高瑞文
武爱国　亢立国
雒长新　常　彪
杨秀章　郑立国
张良波　刘方元
张文平　张　跃
刘　瑞　张立民
狄泽军　汪笑松
董国敏（女，4月任）
唐俊平（4月任）
李长友（4月任）
吴锡东（4月任）
董淑萍（女，4月任）
杨　青（女，4月任）

（孙庆武　张　忠）

司法行政

【推进“五五”普法】 深入组织开展普法依法治理工作，推动“五五”普法的全面实施。一是广泛开展送法进机关、进学校、进市场、进家庭等送法八进活动，加大普法宣传教育力度。全市各级普法组织充分依托广播、电视、报刊等媒体，努力建成多层次、宽领域、全方位的法制宣传阵地。在6、7两月，全市集中开展“法制宣传月”活动，以减少信访矛盾、促进社会和谐稳定为重点，有针对性地开展法制宣传教育活动，取得阶段性成果。据统计，全市在宣传月活动中制作展牌3100多块，展牌巡展892场次；悬挂法制标语条幅5466条，发送法制短信23000余条；成立宣讲团17个，成员1600余人，开展宣讲2370场次，受教育人数近百万；开展各类宣传咨询活动949场次，出动宣传车1474辆次，发放宣传资料90余万份，解答咨询46500余人次；举办各类培训班、法制讲座760多场次，参训人数达22万余人；组织法制文艺演出290多场，制作电视、电台法制节目150余期；排查信访隐患1330余件，解决纠纷、群体性事件等近千件，总受教育人数达到280余万人次。

二是构建大普法工作格局，服务经济发展。按照市委推动经济社会又好又快发展的总体要求，印发了《2009年唐山市普法依法治理工作要点》。以促进经济平稳较快发展为目标，组织开展“送法进企”活动。年初，向全市重点企业派驻法律服务工作组，加强对企业的教育引导，激励企业明确目标，增强经济发展后劲和可持续发展能力，充分发挥法制宣传在经济社会发展、改善民生等方面的促进作用。

三是深化依法治市工作。把开展“法治城市、法治县（市）区”创建活动作为重点，突出重点人群的普法宣传教育。以公职人员法律知识合格证考试为载体，加大干部学法用法的培训、考核力度。完善学校、社会、家庭三位一体的青少年法制教育网络。把农民法制宣传教育纳入农村公共服务体系，切实提高全民法律素质。组织“学法守法用法，建设美好祖国”青少年法律知识竞赛活动、“新农村建设法制宣传燕赵行”活动和“庆祝新中国成立60周年”法律知识竞赛等多项活动。2009年，唐山市被司法部、全国普法办确定为全国普法依法治理工作联系点，唐山市普法办被中宣部、司法部、全国普法办联合表彰为全国“五五”普法中期先进集体。9月份，在全国领导干部学法用法工作经验交流电视电话会上，赵勇代表唐山市作交流发言。

【预防和化解社会矛盾】 一是进一步建立巩固人民调解组织。全市共新建企业、事业、市场、学校等各类新型人民调解组织3593个，人民调解网络化建设取得进一步成效。积极探索整合法律服务、法律援助和基层司法所工作职能，建立以化解矛盾纠纷为主线，各职能部门相互配合、协调联动的“一条线”式矛盾纠纷排查调处工作模式，增强化解矛盾纠纷的能力。进一步深化人民调解在“三位一体”调解体系中的基础作用，健全完善矛盾纠纷预警、排查、调处机制。

二是扎实开展民间矛盾纠纷排查调处活动。自2月中旬起组织全市各级人民调解组织开展以化解矛盾纠纷为主题的“春风化雨”活动。各级调解组织排查化解一大批

疑难复杂纠纷。在国庆及曹妃甸论坛期间，在全市范围内集中开展民间矛盾纠纷百日排查调处活动。全市排查出各类矛盾纠纷 8904 件，化解 8862 件，防止民转刑 19 起，劝阻群众上访 130 余起，没有因调解不当引发的民转刑案件和上访案件。

三是安置帮教、社区矫正工作健康发展。全年全市接收刑释解教人员 598 名，衔接率达到 100%。社区矫正工作取得重大进展。法、检、公、司联合下发《关于在全省试行社区矫正工作的实施意见》。逐步制定和完善了社区矫正工作相关制度，为全面推进社区矫正工作奠定了基础。

四是发挥法律服务作用，积极参与涉法涉诉信访工作。制定和完善信访代理接待制度、委托代理制度、回访制度以及奖惩制度，进一步规范律师信访代理工作流程，有效化解和解决一批影响较大的信访案件。进一步落实律师进驻信访部门值班制度，坚持安排律师在政府信访部门、公检法等机关及市党政领导集中接待信访活动中参与接访工作。安排基层法律服务工作者积极参与乡镇信访案件接待处理工作，全面扩大法律服务进驻信访工作的覆盖面。

【法律服务】 一是为曹妃甸等重大工程建设项目服务。律师在曹妃甸建立的法律顾问点已经发展到 29 家，广大律师通过代理案件、审查合同、参与谈判等工作，为曹妃甸生态城的海岸花园项目、综合服务区项目以及南湖休闲美食广场项目等数十亿元的重大投资项目提供全程法律服务。公证人员组成专项工作组，深入曹妃甸工业区中的大型企业及重点工程项目，与曹妃甸投资有限公司、唐曹高速公路有限公司等多家企业签订公证法律顾问协议，为曹妃甸的港口建设、道路建设、工业园区装备制造、新城造地起步工程监理等项目办理招标、委托、融资公证 300 余件，确保重点投资工程项目合法进行。广大法律服务人员深入曹妃甸建设工地，职工宿舍，有针对性地开展法制宣传活动，帮助他们解决建设中遇到的法律难题，解决多起落实工伤待遇及拖欠职工工资的案件，维护职工的合法权益。

二是为推进城镇面貌大变样等城市改造建设服务。在“城镇面貌三年大变样”和“百日攻坚战”行动中，律师全面跟进，对重大疑难法律问题进行专题研究，为各级党委政府提供及时、准确的决策参考。公证机构积极参与“机场路连接线绿化带工程”、滨海大道建设工程等重点工程所涉及地上附着物的清点、清登工作，确保了重点工程项目顺利实施。

三是法律服务队伍不断壮大，取得良好社会效益。为适应社会日益增加的法律需求，2009 年全市新增 100 名执业律师、130 名实习律师。市区 11 家公证处进行整合，建立一整套内部管理机制。通过整合改制，公证队伍得到发展壮大，业务领域进一步拓展，公证质量不断提高。

四是拓宽法律援助领域，切实维护弱势群体权益。法律援助机构通过适度放宽经济困难标准，降低门槛，对于低保人群和其他经济困难的特殊群体免予经济困难条件审查，直接提供法律援助等方式，不断扩大法律援助的覆盖面。推出“窗口前移”工程，把法律援助机构向基层纵向延伸，在有条件县（区）的村（居）建立 90 余个法律援助工作联系点，使基层群众在家门口就能得到高效、优质的法律援助服务。开通维权“绿色通道”，突出做好农民工、残疾人、未成年人、妇女、城乡困难职工等重点人群的法律援助工作。全年全市办理各类案件 1037 件，比去年同期上升 50.5%。

五是提高司法鉴定质量。5 月份，唐山市物证司法鉴定中心经省司法厅核准正式成立。为提高司法鉴定质量和社会公信力，对全市 24 家鉴定机构的 299 名司法鉴定人进行培训，建立和完善“一个机构一本档案，一人一档”的动态管理制度。全年全市鉴定机构出具鉴定结论 5999 件，鉴定人员未发生违法违纪现象。

（杜文军）

劳动教养

【市劳教所安全防范工作】 市劳教所安全隐患排查工作坚持每天一小查，每周一大查，特别是一些动态性管理的工作随时查，发现问题和隐患，立即解决，不能立即解决的明确责任单位、责任人，限期完成。严防要害部位，严控重点人员，严守重要岗位，严查危险物品，严把关键环节。集中开展矛盾纠纷大排查活动，对排查出的重点问题有针对性进行调研调处。成立内部矛盾调解领导小组，专门负责组织调解工作。实行所领导承包大队、干警承包劳教人员、重点劳教人员大队领导承包制度，签订安全工作责任状，明确责任。严格落实劳教人员思想动态分析制度，所每月、大队每天都对劳教人员进行动态分析，掌握劳教人员思想动态，明确工作重点，做到有针对性的管理。对物防、技防措施进行补充和完善。投资 70 余万元对监控指挥中心进行彻底改造，增加监控探头（全所共 168 个探头），实现大队对本大队、监控指挥中心对全所、所领导对全所情况的三级监控，实现监控无死角。投资 2 万余元，在劳教人员宿舍南北楼安装防护网，形成了双层防护。投资 7000 余元，为习艺车间安装防护栏。投资 1 万余元在综合楼三楼安装防护栏和铁艺隔离墙，克服以房代墙的问题。在生活卫生处库房两侧加装防护网，清除安全隐患。

【市劳教所规范化管理】 从劳教人员的一日生活制度的落实抓起，从早上起床到晚上熄灯，从劳教人员的一举一动到集体活动，都实现规范化、正规化。坚持每周一升旗制度，每半月进行一次队列会操，做到饭前一支歌，队列有歌声。印制《劳教人员行为规范》随身读本，使劳教人员随时学习规范，认识到什么是违纪，什么是守法。对劳教人员的奖惩认真执行有关规定，做到奖罚有据，处理得当。将涉及劳教人员敏感问题的处理情况进行公示，自觉接受劳教人员及其家属的监督。全年未发生一起因劳教人员奖惩不当而发生的诉讼案件。

【劳教人员思想和文化教育】 采取集中授课的方式突出抓课堂化教学的开展，先后有43名专、兼职教师进行授课，全年完成750课时。政治教育入学率达到100%、考试合格率达到95%以上。文化教育主要进行扫盲教育，授课40课时，课后辅导156课时，共196课时。有15名劳教人员通过文化结业考试，合格率达100%。职业技术教育采取以课堂教育的形式进行岗前培训，全年授课220课时。入所、出所教育授课6期240课时，入学率达到100%，劳教人员解教授课全部完成课时并通过考试。辅助教育内容丰富、形式多样。举办全所干警与劳教人员春节联欢会、劳教人员象棋比赛、队列会操和学习雷锋宣传月活动。带劳教人员走出去进行现身说法、组织劳教人员去冀东烈士陵园祭扫烈士墓，邀请社会知名人士来所讲课，帮教落实率达到70%以上。以"热爱生命，拥抱自然"为主题，组织劳教人员到大城山公园参观，使劳教人员认识到保护环境的重要性。国庆期间组织劳教人员收听、收看国庆大阅兵，增强劳教人员的爱国主义热情，提高改造积极性。充分发挥文化阵地的作用，全年共办《育新报》12期，黑板报24期，简报8期。各管教大队利用业余时间排练文体节目，丰富劳教人员的业余文化生活。在各大队安装阅报栏，促进劳教人员的学习。

【心理咨询和心理矫治】 将心理咨询工作纳入全年教育计划中，制定严密详实的计划。成立由具有心理咨询师资格的教育处副处长负责、各队心理咨询师参加的心理咨询工作小组。坚持用《育新报》"心灵驿站"园地，向劳教人员宣传健康心理知识。利用心理咨询求助热线（991151），安排专人负责为劳教人员解答心理问题。在大队开设的心灵港湾信箱，便于劳教人员有心理问题时及时咨询，解决心理问题。全年为劳教人员上心理健康课30课时。在劳教人员中进行"艾森克人格问卷（EPQ）"和"90项症状清单（SCL－90）"两项测试，对劳教人员的综合表现进行考评。全年劳教人员心理测试率达95%以上。

【确保生产安全】 在突出习艺生产的矫治性的前提下，规范生产管理，确保生产安全。严格贯彻落实各项安全生产政策法规和规章制度，做到"三抓"，即：抓预防，抓经常，抓整改。加强安全生产教育培训和督导检查，实施重点部位三级控制，确保安全生产无事故。加大对习艺车间、锅炉房、配电室、消防器材等重点部位的监管检查力度，采取定期检查与平时抽查相结合的方法，认真排查，做到万无一失。对习艺车间狠抓规范管理，重申习艺车间生产劳动纪律，严禁将产品带离生产区域，严禁组织劳教人员在生产车间以外的任何区域进行生产，严禁劳教人员将火种带入习艺车间。把租赁劳教所房屋的所有用户纳入安全生产管理范围，尤其对消防设施不完善、摆放不到位或不符合安全生产管理要求的及时下达整改通知书，限期整改。

【从严治警】 市劳教所严格贯彻执行司法部"六条禁令"，狠抓执法规范化建设。加大队伍管理力度，层层签订责任状，狠抓各项规章制度的落实。实行警务督察通报制度，由警务督察组对督察出的安全隐患问题制发《整改通知书》，并进行通报批评，限期整改，提高民警遵纪守法、履职尽责的自觉性。为每名民警印发《四大规范》随身读本，将省纪委等四部门下发的"十严禁"制成了随身卡片，使每名民警在执法活动中，严格遵守，实现科学执法、文明执法、公正执法。

（古雅江）

典型案例

【刘大卫等37人涉黑案】 2009年12月15日，唐山市中级人民法院经过二审，对刘大卫、单永利等37人组织、领导黑社会性质组织、开设赌场、寻衅滋事、故意毁坏财物等犯罪一案做出终审判决。刘大卫犯组织、领导黑社会性质组织罪、开设赌场罪、寻衅滋事罪、故意毁坏财物罪，数罪并罚，判处有期刑期12年，罚金100万元；单永利犯组织、领导黑社会性质组织罪、开设赌场罪、聚众斗殴罪、寻衅滋事罪、故意伤害罪、故意毁坏财物罪，数罪并罚，判处有期徒刑19年零6个月。其余被告人分别犯参加黑社会性质组织罪、聚众斗殴罪、寻衅滋事罪、故意伤害罪、故意毁坏公私财物罪、非法拘禁罪、窝藏罪、掩饰隐瞒犯罪所得罪，被依法分别判处一至十五年有期徒刑。

刘大卫，男，汉族，1976年12月27日生，唐山市古冶区人，中专文化。捕前系唐山市森德海阔天空商贸有限公司法定代表人。住唐山市路北区东大里丽景琴园B—1座4门102号。刘大卫自2006年开始参与网络赌博，并与菲律宾克拉克赌场联系，成为该赌场的代理人。刘大卫2008年初成立唐山市森德海阔天空商贸有限公司（以下简称海阔公司）后，以该公司为掩护，采取分级代理、提供筹码、挣取佣金的形式开始经营网络赌博。发展被告人单永利、李成伟、杨斌、杨晓宏作为其网络赌博的经纪人，由该赌场度假村北京会、唐山会出码，挣取9‰～17‰的佣金，以8‰或以更高比例的洗码佣金分配给上述经纪人。他们先后在海阔天空公司、唐山市古冶区、河北省迁安市等地设立赌博网点，召集参赌人员玄富国、杜铁营等多人进行网络赌博，参赌金额高达人民币3亿余元。其中，玄富国、杜铁营等人参赌金额达6000万余元；单永利等人参赌金额达2000万余元；丁建亮等人参赌金额达300余万元；李成伟等人参赌金额300余万元。杨玉芝、张美、张冰、李成伟等人为刘大卫赌场管理账目及参赌资金。刘大卫等人从中获取巨额非法经济利益。

单永利，男，汉族，1974年4月14日生，唐山市古冶区人，初中文化。捕前系唐山市海阔天空商贸有限公司管理人员。住唐山市卑家店乡横河村。1993年因犯流氓罪被判处有期徒刑2年；2002年因参加黑社会性质组织聚众斗殴罪、寻衅滋事罪被判处有期徒刑5年。单永利与刘大卫系同学关系，2006年7月刑满释放后，经常与刘大卫联系，

为博得刘大卫的好感，以违法犯罪的手段为刘大卫平息事端及索要赌债。他先后纠集李成伟、冀海生、张宝财、潘建敏、王春江、孟颖、孟祥军、王文亮、杨颖峰、李路、刘洪才等刑释人员、社会闲散人员为其经营网络赌博寻找下线，为参赌人员提供服务，充当保镖，阻止公安机关及外来无关人员进入参赌场所，使该组织活动猖獗，经济实力不断膨胀。刘大卫、单永利以非法赌博获取的资金为基础，支持该组织的犯罪活动。逐渐形成了以刘大卫、单永利为组织、领导者，以李成伟、冀海生、张宝财、潘建敏、王春江为骨干成员，以孟颖、孟祥军、杨斌、王文亮、杨颖锋、李路、刘洪才为成员的较为固定的黑社会性质犯罪组织。该组织成员自2007年初开始，有组织的实施开设赌场、聚众斗殴、寻衅滋事、故意伤害、故意毁坏财物、非法拘禁、强索赌债等违法犯罪活动。

2007年12月一天，刘大卫通过“橡果国际”电视购物订购一把指挥刀，唐山市“爱家诚信快递服务部”员工韩某某将指挥刀送至海阔公司。刘大卫因对该刀质量不满，提出退货要求。韩某某便向其主管周某某打电话说明此事，刘持韩手机与周通话，因言语不和，刘大卫将韩手机摔在地上，潘建敏上前对韩进行殴打。随后，刘大卫、单永利、张宝财、潘建敏、李路伙同徐虎（另案处理）等人，分乘两辆轿车强令韩某某带领前往唐山市“爱家诚信快递服务部”及唐山市“橡果国际”电视购物中心等处寻找周某某未果，遂将“橡果国际”电视购物中心一楼吧台桌、电暖气及二楼凳子踢倒。2007年至2008年间，唐山市古冶区居民任某某因参与该网络赌博欠赌债，刘大卫指派单永利、冀海生、张宝财、孟祥军等人多次到任某某家中、矿上以威胁手段催要赌债。唐山市丰润区居民钱某某因欠刘大卫赌债，刘大卫指使单永利、孟颖、王文亮等人到丰润区找到钱某某索要赌债，因钱某某推拖，单永利等人将其带回海阔公司，对钱某某进行殴打。2007年春的一天晚上22时许，单永利、张宝财驾车与刘忠伟的朋友所驾车辆在唐山市古冶区中心交通岗发生碰撞，单永利即纠集冀海生、孟颖和“大俊”等人对刘忠伟进行殴打，致其右颞顶部血肿及右眼睑处皮裂伤，经鉴定为轻微伤。2007年10月28日晚，单永利得知其狱友侯高峰等人在滦县九百户镇附近发生肇事，应侯的要求，单永利指示冀海生、孟祥军赶赴医院，以伤者王全国讹钱为由，阻止王全国继续进行检查，并将其汽车钥匙扣下，又纠集潘建敏、孟颖、王文亮等人手持棒球棍、砍刀、两节棍等工具对王全国、闻海明等人进行殴打，致闻海明轻伤、王全国轻微伤。2008年1月8日22时许，参赌人员许健欠赌债无力偿还，并称从经营赌博的王友生处得知刘大卫开设的赌局是假的，刘大卫、潘建敏、孟祥军、李路、刘洪才等人即对许健进行殴打，并打电话将王友生叫来，对王友生及同来的唐芮进行殴打，致唐芮轻微伤。2007年1月，单永利听说刘大卫不满蔡宝文起诉海阔天空洗浴中心加盖的第三层为违法建筑，为使刘大卫满意，便纠集冀海生、张宝财、孟祥军、刘海江等人预谋殴打蔡宝文。四人准备了铁棍、帽子等工具，并在其家门口进行蹲守。当月26日16时许，当发现蔡离家外出步行时，张宝财等人即驾驶黑色“桑塔纳”轿车载冀海生、孟祥军、刘海江等人尾随至唐山体育学校附近，刘海江下车从身后搂住蔡宝文颈部将其摔倒在地，被告人冀海生、孟祥军下车用铁棍朝蔡宝文腿部连击数下，致蔡宝文轻伤。2007年7月，单永利听他人讲周尚霖与其妻有不正当关系，欲进行报复。因找不到周尚霖及得知其有先天性心脏病后，便指示张宝财等人殴打周的父亲周艳国以达泄愤之目的。单永利指使李成伟购买四个能遮住脸部的帽子，张宝财购买了镐柄，并让李成伟将其所开的捷达轿车送至其家供作案使用。经两次蹲守后，于7月29日8时许，在古冶区卑家店周艳国所开的钢渣选厂附近，冀海生伙同刘海江、“二哥”等人用帽子遮住脸部持镐柄将周艳国打伤，经鉴定为轻伤。杨斌系刘大卫开设的网络“百家乐”赌场代理人之一。2008年5月，赵斌先后三次通过杨宇在杨斌处出码进行网络“百家乐”赌博，欠杨斌赌债27万元。杨斌多次催促杨宇寻找赵斌索要赌债未果。2008年7月11日晚上，杨宇以请赵斌吃饭为由将其骗上车，并带至杨斌在体育场所开的“日光”洗车场，邓云龙、杨波、杨建昆、孙权、杨宇等人分别对赵斌实施殴打，致其轻微伤。后杨斌等人逼迫赵斌写下欠条，赵承诺次日筹钱偿还赌债。因怕赵斌逃走无法索要赌债，杨斌、杨波、杨宇、邓云龙、杨建昆、孙权、吴立稳等人将赵斌带至该洗车场二楼一房间内拘禁，对赵限制人身自由长达十余小时。次日6时许，赵斌用吴立稳的小灵通向其妻子杨媛媛发短信要求其报警，后杨媛媛向建设路派出所报警。刘大卫得知此事后主动找到赵斌，并承诺如不追究被告人杨斌等人的责任将免去其赌债17万元，后赵斌亲属主动撤回报案。

2008年8月，刘大卫等人被遵化市公安局刑事拘留；同年9月，因涉嫌组织、领导黑社会性质罪、开设赌场罪、寻衅滋事罪、故意伤害罪、聚众斗殴罪、故意毁坏财物罪等多项罪名，经遵化市人民检察院批准，由遵化市公安局执行逮捕。由唐山市丰南区人民检察院提起公诉，丰南区人民法院一审判决后，该案中有18人提起上诉。2009年，唐山市中级人民法院进行二审。法院审理认为，被告人刘大卫、单永利等人的行为均已构成组织、领导黑社会性质组织罪；李成伟、冀海生、张宝财、潘建敏、王春江、孟颖、孟祥军、杨斌、王文亮、杨颖锋、李路、刘洪才的行为均已构成参加黑社会性质组织罪。刘大卫以营利为目的，组织多人开设赌场，开设时间长，参赌人员多，赌资数额巨大，情节严重，并伙同他人随意殴打他人，致一人轻微伤，情节恶劣，其行为已分别构成开设赌场罪、寻衅滋事罪、故意毁坏财物罪，刘大卫在开设赌场共同犯罪中，起主要作用，系主犯，应予数罪并罚，从严惩处。单永利以营利为目的开设赌场，时间长，参赌人员多，赌资数额巨大，情节严重；组织、指挥他人持械聚众斗殴，且参与人数多、规模大、社会影响恶劣；伙同他人多次随意殴打他人，致二人轻伤、七人轻微伤，情节恶劣；伙同他人故意伤害他人身体健康，致三

人轻伤，其行为已构成开设赌场罪、聚众斗殴罪、寻衅滋事罪、故意伤害罪，应予数罪并罚。单永利在开设赌场、聚众斗殴共同犯罪中起组织、指挥作用，系主犯、累犯，应依法从重处罚。

【韩文东绑架杀人案】 2009年5月20日，市中级人民法院公开审理了韩文东绑架杀人一案。以绑架罪判处韩文东死刑，缓期二年执行，剥夺政治权利终身，并处没收个人全部财产。判处韩文东赔偿附带民事诉讼原告人杨向东、刘春艳人民币20万元。

韩文东（曾用名韩东），男，1987年7月16日出生于河北省唐山市丰润区，汉族，无职业，中专文化，住唐山市开平区半壁店村。2008年12月23日，韩文东因赌博欠下巨额赌债无力偿还，产生绑架他人并勒索钱财的念头。中午11时许，韩文东携带水果刀，驾驶向其兄韩文涛借来的一辆白色“宝来”轿车，在唐山市开平区半壁店育才小学门前，对放学准备回家的杨彬（2000年5月25日出生，小学二年级学生）谎称其父母已去京唐港，以带其去找父母为由，将杨彬哄骗上车。12时许，韩驾车行驶至唐山市开平区郑庄子镇贾庵子村附近，正欲向杨彬亲属打电话索要赎金时，接到杨彬父亲杨向东打来的电话，询问有无见到杨彬，韩文东矢口否认。由此韩文东怀疑杨彬亲属已经报案，遂生杀人灭口之念。韩文东将车停在郑庄子镇刘家洼村村东野地后，掏出水果刀朝后座上熟睡的杨彬胸部猛刺一刀，因未刺进，便用双手猛掐杨彬的颈部，致杨彬窒息。韩文东以为杨彬已经死亡，将其从车上拽下意图抛尸，后发现杨彬仍有呼吸，又用水果刀朝杨彬颈部猛刺一刀，杨彬因被扼颈窒息及刺破左颈总动脉，致失血性休克死亡。韩文东将杨彬尸体抛至路边沟内，驾车逃离现场。当日下午2点40左右，韩文东用手机给杨向东打电话，杨接通后，韩未讲话。下午4点23分及5点40分，韩又利用手机变声软件（女声）给杨向东打两次电话，称“你媳妇把我害苦了，等着给儿子收尸吧”。当杨向东把电话打过去后又不通了。韩文东作案后，回家换了衣服，逃至北京藏匿。当晚11时左右，韩文东给其兄韩文涛打电话，说杨彬是自己弄死的，现他在北京。韩文涛接电话后，即与其父、母及韩文东的对象赶到北京找到韩文东。次日，带韩文东到唐山市开平区半壁店派出所投案自首。

2008年12月24日，韩文东因涉嫌绑架罪，被唐山市公安局开平区分局刑事拘留。2009年1月5日被逮捕。市人民检察院于2009年5月5日向唐山市中级人民法院提起公诉。市中级人民法院经审理认为，被告人韩文东以勒索钱财为目的，绑架他人，其行为已构成绑架罪，且杀害人质，手段残忍，后果特别严重，依法应予严惩。公诉机关指控被告人韩文东的犯罪事实清楚，证据确实、充分，罪名成立。但鉴于其案发后能主动到公安机关投案自首，可不立即执行。在审理过程中韩文东的亲属主动缴纳民事赔款20万元，积极对被害人亲属进行赔偿，予以准许。

（胡志华）

编纂 许忠

计划管理

【概况】 2009年，面对严峻复杂的宏观经济形势，市委、市政府坚持以科学发展示范区建设为总揽，认真贯彻落实中央、省扩内需保增长的一系列决策部署，着力保增长，调结构，促改革，惠民生，主要经济社会发展指标完成情况良好。全市地区生产总值完成3812.72亿元，同比增长11.3%。全部财政收入413.3亿元，完成调整任务的100.3%，同比增长1.9%，剔除增值税转型政策影响，按上年可比口径增长14.1%。其中一般预算收入169.7亿元，完成调整预算的102.2%，同比增长15.8%。全社会固定资产投资完成2179.98亿元，同比增长60.1%。城市居民人均可支配收入18053元，同比增长10.2%；农民人均纯收入7420元，同比增长12%。

【产业结构调整步伐加快】 一是工业结构进一步优化。对照国家十大产业调整振兴规划，组织谋划实施117个重点项目。钢铁产业提升和整合加快推进，渤海、长城两大集团产能占全市地方钢铁产能比重达到51.7%。装备制造业发展加速，着力打造丰润中国动车城、开平现代装备制造园、曹妃甸装备制造园等装备制造产业聚集区，装备制造业增加值同比增长20.2%。新兴产业蓬勃发展，锂源电动汽车等一批新兴产业项目积极推进，时速350公里动车组等具备产业化条件；全年高新技术产业增加值完成88亿元，同比增长18%。产业聚集步伐加快。各县（市）区10平方公里产业园区建设初具规模，乐亭临港产业聚集区等4个省级产业聚集区建设取得重要进展。全市规模以上工业增加值完成1699.99亿元，同比增长13.6%。二是服务业发展提速。物流业快速发展。唐山港货物吞吐量完成1.76亿吨，同比增长61.8%；唐山市被国家确定为17个区域性物流节点城市之一。连锁经营、电子商务等新型流通方式发展加快。全市较大规模连锁企业达到20家，销售额占比达到25%以上。消费品市场繁荣活跃。社会消费品零售总额完成958.6亿元，同比增长15.8%。全年服务业增加值同比增长13%。三是农业稳定发展。全年粮食总产达到304万吨，增长5.6%，连续6年实现增产。全市农业产业化经营率达到63%，同比提高2个百分点。

【重点项目支撑带动作用显著增强】 全年城镇新开工项目达到2240个，同比增长1.4倍，完工项目1397个。一是千个项目保增长调结构攻坚行动成效显著。全年千个攻坚项目完成投资1878亿元，完成年计划的100.8%。大连万达广场等523个项目开工建设，首钢迁钢配套工程等274个项目竣工，完工率达到139.8%。146项省重点项目完成投资662.27亿元，占年度计划的123.9%；有41个项目争取到用地指标，共新增用地5524亩。二是新增中央投资项目进展顺利。有676个项目获新增中央投资13.73亿元，位居全省第一，已有384个项目开工，开工率98.5%。三是投资结构进一步优化。第二产业投资增速为10%，第一产业和第三产业投资增速分别为65%和144.6%，大大高于第二产业。

【唐山湾“四点一带”开发建设全面提速】 全年唐山湾“四点一带”完成地区生产总值1162亿元，固定资产投资1387亿元，分别占全市的31%和64%。一是规划编制取得阶段性成果。唐山湾“四点一带”产业发展与空间布局规划以及交通、水利、供电和岸线开发利用等一批专项规划编制完成并逐步组织实施。二是基础设施建设加快推进。曹妃甸填海造地累计达到200平方公里，完成标准厂房建设90万平方米；曹妃甸煤炭码头起步工程投入运营，煤炭码头续建及二期等项目开工；司曹铁路正式开通运营；滨海大道和滦曹公路开工建设。三是产业聚集步伐加快。中石化曹妃甸原油商业储备基地造地项目通过验收并移交，首钢京唐钢铁厂一期等项目建成投产，华润（曹妃甸）电厂2×30万千瓦机组并网发电，海天能源城等一批项目开工建设。

【城镇面貌“三年大变样”扎实推进】 全年完成城市建设投资510亿元，完成拆违拆迁556万平方米。一是“四城一河”开发建设全面提速。南湖生态城扩湖形成11.5平方公里水面，地震遗址公园等一批重大项目竣工，城市中央生态公园正式开园；曹妃甸生态城完成起步区造地7平方公里，假日酒店等

一批项目开工，央企服务基地一期具备入住条件；凤凰新城新增通车里程18公里，市地税局综合业务信息服务楼等重点工程建成投入使用；空港城军民合用机场航站区主体工程完工；陡河青龙河改造全面启动，57公里环城水系基本形成闭环系统。二是“三项改造”力度加大。震后危旧平房改造新开工安置住房251万平方米，累计达到570万平方米，竣工200万平方米；既有居住建筑节能改造完成510万平方米；实施城中村改造项目19个。三是“绿化攻坚”行动成效显著。新完成造林绿化面积60.5万亩，全市森林覆盖率提高2.25个百分点。四是县城扩容和小城镇建设加快推进。完成了全部县城和19个中心镇规划修编工作，县城和小城镇建成区面积扩展40平方公里。全市城镇化率达到53%，比上年提高2个百分点。

【社会主义新农村建设迈出新步伐】 一是农村基础设施建设力度加大。新建和改造农村道路1249公里，2000个村实现硬化道路户户通，县乡危桥改造23座1508延长米，在271个村实施了农村饮水安全完善改造工程，惠及21万人。二是农村改革进一步深化。成立市县农村土地经营权流转交易中心，构建起覆盖县、乡、村土地经营权流转交易服务管理网络，流转面积29.7万亩，占耕地面积的3.84%；设立市、县两级农民进城受理服务中心，全年实现农村剩余劳动力转移就业14万人次。三是科学发展示范村创建工作扎实开展。“六个一”模式［“六个一”为一顶（坡屋顶）、一炕（保温吊炕）、一墙（保温墙）、一灶（博士灶）、一能（太阳能取暖）、一沼卫（沼气池卫生厕所）］在全市316个村推广；新民居建设和旧民居改造分别开工175个村和200个村，涌现出丰南区小岔河等一批新农村创建典型。

【改革开放进一步深化】 各项改革取得新进展。国有企业改革稳步推进，唐山物贸（集团）公司等10家企业实现破产终结，冀东发展等重点企业集团成功组建。投融资体制改革不断深化，整合重组市属投融资公司，投融资平台功能得到充分发挥。医药卫生体制改革扎实推进，完成《唐山市医药卫生体制改革近期重点实施方案（2009—2011年）》。曹妃甸新区综合配套改革取得新进展，曹妃甸新区新型工业化综合配套改革总体方案上报国家发改委。扩大开放取得新成绩。曹妃甸港区正式对外开放获得国务院批复。成功举办首届曹妃甸论坛、央企走进曹妃甸等一系列重大活动。华能大清河风电等32个外资项目签约，协议利用外资71.5亿美元，同比增长37%。住友建机挖掘机等两个项目竣工投产，香格里拉酒店等重点项目完成注册。全市实际利用外资8亿美元，完成进出口总额61亿美元。

【节能减排工作取得实效】 持续开展节能减排攻坚行动，全市单位GDP能耗同比下降5.21%。一是深入推进市“10100”［10个县（市、区）和100家重点企业］节能减排工程。下达各县（市）区和重点企业2009年度节能减排目标任务，各县（市）区和重点企业均完成或超额完成年初承诺的节能减排目标任务。二是严把节能减排关。全年对604项固定资产投资项目进行节能评估审查，对234个项目进行环境影响评价，能评与环评执行率达到100%。实施节能项目和重点减排项目合计344项，年可实现节能量120.75万吨标准煤，削减二氧化硫5.046万吨、化学需氧量1.83万吨。三是淘汰落后产能力度不断加大。已累计关闭取缔1168家高耗能、高污染企业，淘汰落后炼钢、炼铁和水泥产能分别达到360万吨、549万吨和630万吨。四是环境质量明显改善。全市空气质量二级及二级以上天数达到329天，为近年来最好水平。

【人民生活继续改善】 一是就业再就业工作成效明显。全市城镇新增就业6.8万人，实现下岗失业人员再就业3.4万人；城镇登记失业率为4.1%。二是社会保障体系进一步完善。城镇居民医保覆盖面达到96%，新型农村合作医疗保险参合率达到96.1%，在全省率先实现“农民进城医疗报销无障碍”。新型农村养老保险试点扩大到8个县（市）区，其中，遵化、唐海、迁安被确定为国家首批试点。企业退休人员月人均养老金提高到1144元，城乡低保家庭保障标准分别提高到285元/月和1300元/年。三是保障性住房建设加快。全市新开工经济适用房67.8万平方米、开工（筹集）廉租房30.6万平方米。四是各项社会事业进一步发展。完成中小学陈旧校舍改造11.2万平方米，在全省率先消灭农村中小学危房，被评为全国首批义务教育均衡发展先进地区。实施30个乡镇卫生院改扩建项目，扩建面积达到2万平方米。“健康唐山、幸福人民”行动全面展开，为91.3万人建立健康档案，为91万人制定健康计划，为92.4万人进行免费体检。文化体育事业蓬勃发展，唐山演艺集团成功组建，开滦国家矿山公园等一批文化产业项目竣工，新建文化站56个，全民健身运动广泛开展。

（王志双　陈敬明　宋智勇）

统计管理

【概况】 2009年，是全市经济社会发展遇到严峻挑战和重大考验的一年，也是统计工作任务十分艰巨繁重的一年。为满足市委、市政府领导在金融危机形势下实施科学决策的需要，不断加大统计分析和监测的力度，主要采取十个方面的新举措：公布各开发区月度统计指标；研究整理并推出唐山湾“四点一带”区域主要指标体系；帮助曹妃甸工业区建立完善统计调查体系；创建固定资产投资项目逐项跟踪制度，为千个项目保增长、调结构提供进度监测；建立由县（市）区和重点企业参加的统计系统月度经济形势分析会制度；建立经济运行旬报告、日监测制度；创办集数据、分析、统计知识等内容为一体的《唐山统计》综合月刊；建立全市各区域和各行业逐月分析报告制度；与48个全国主要沿海开放城市、先进城市的主要经济指标进行对标分析；在全市统计系统组织开展“我为抗危机保增长献一计”活动。同时，加强调研分析的力度，全年上报各类分析报告156篇，有88篇被

市以上领导批示，其中市委、市政府主要领导批示47篇，为领导决策提供重要依据。

【建立“八项机制”】 1. 信息导航机制。建立从日到旬到月的监测分析制度，有效发挥统计信息“导航仪”作用。2. 经济预警机制。与216家重点企业实行联网直报，随时监测企业运行情况；建立紧急预测预警制度，全年就经济运行变化情况，先后3次发出预警专报，均引起市委、市政府领导的高度重视。3. 专题调研机制。建立专题课题组制度，紧紧围绕全市科学发展示范区建设中的关键环节，每季度确定一至两个课题，开展有针对性的调查研究。4. 咨询服务机制。坚持定期召开会议确定统计服务目标，全年向市委、市政府提供会前资料9份，帮助起草谋划决策咨询报告6份。5. 主要指标会审机制。对固定资产投资、能源消耗、利用外资等重点指标的完成情况，坚持每季度市直有关部门联合会审，提高宏观数据的协调性。6. 联系企业机制。与企业定期沟通，开展定向调研，并及时把企业的建议要求客观地上报给市领导。7. 服务社会机制。充实完善唐山统计内外网，增设15个信息窗口，全年共发布统计信息2168条，基本满足社会公众对统计信息的需求。8. 激励约束机制。建立包括对市县两级统计优质服务奖励制度，实行全面的规范化管理。

【统计调查】 按照上级部门要求，圆满完成第二次全国经济普查工作，并被国务院经济普查领导小组评为先进单位。高质量完成投入产出调查编表工作。高效率完成城乡划分清查工作。有序推进第六次人口普查和R&D资源清查准备工作。按照上级要求，圆满完成中央文明委部署的“公共文明指数调查”、中组部部署的“组织工作满意度调查”、中纪委部署的“国有及国有控股企业反腐倡廉调查”等大型调查任务。组织开展“居民消费信心指数和就业信心指数”调查、“农民所思所盼专项调查”和“农民自愿到城镇购房居住问卷调查”、“城乡居民幸福指数调查”等系列调查，为市委、市政府推进人民群众幸福之都建设、提高人民群众幸福指数提供重要依据。

【统计创新】 在全省统计系统率先进行全国“企业一套表”试点工作，为全省统计改革开先河。以“强化基层基础、强化干部责任、提高统计质量、服务科学发展”为主题，举办第二次科学统计论坛，14个县（市）区的统计局局长进行深入研究探讨，提出许多有价值的建议。对全市所有乡镇（街道）的300多名统计站长和部分业务骨干分两期进行7个专业统计的业务知识培训和《处分规定》的专题辅导。实行每月“业务拉练”制度，由市统计局各处室业务骨干轮流授课，进行互动交流。实行消费价格“电脑采价”方法，过去人工现场采价一天的工作，现在只用十几分钟就采集完成。建立能源指标统计监测制度，实现季度核算与年度核算的衔接。用省价格指数评估县区工业数据，保持全市与各县（市）区工业增加值及其发展速度的衔接。创建统计体制“共管模式”，并举办基层基础工作现场会，及时推广唐海县进行“垂直管理”的试点经验。

（刘国宏）

审计管理

【概况】 2009年，全市审计单位433个，查处违规资金405775万元，纠正管理不规范资金333174万元。通过审计，增加财政收入95312万元，核减投资额14804万元。提出审计建议800多条，被采纳658条；提交信息简报231篇，被批示采用119篇。移送司法、纪检监察机关处理事项2件，移送相关部门处理事项1件。为确保全市经济保持平稳较快发展、加强廉政建设、促进科学发展示范区建设做出积极贡献。

【财政预算执行情况及其他财政财务收支审计】 按照市委、市政府落实科学发展观、建设科学发展示范区的总体部署和促进增收节支的要求，突出加强对全市经济发展有较大影响的重点行业、重点部门和重点资金的审计，并注重从体制、机制、制度和管理上分析原因、提出建议。全市审计预算单位106个，通过审计查处违规资金298242万元，纠正管理不规范资金240028万元，上缴财政资金56910万元。特别是通过对市本级16个单位的重点审计，查处各类有问题资金284179万元，为财政增收50306万元。

一是查处欠缴漏缴税费和财政收入上缴不及时104328万元。通过对部分单位的预算执行和132户企业的审计与调查，查出企业欠缴税款101914万元，漏缴财政收入2414万元。漏欠税影响市本级收入25514万元。有的企业存在少提少缴税款问题。调查发现13户企业少提少缴税金2674万元。部分餐饮服务业税收征管存在纳税鉴定方式不准确、收入成本核算不实等问题，造成税收征管有漏洞。审计调查发现2008年度应收未收财政收入9457万元，单位应缴未缴财政收入4589万元和财政收入上缴不及时22240万元。

二是依法查处违规问题资金137018万元。通过对市本级11个部门、52个下属单位和10户有收费项目重点单位的审计，查处违规资金137018万元，上缴财政资金50306万元。

三是纠正管理不规范资金147161万元。通过对市本级预算执行及其他财务收支的审计，揭示预算管理中存在的预算编制不细化、不完整、不合规和预算调整幅度较大等问题，纠正管理不规范资金147161万元。如审计发现，有2308万元资金未细化到具体项目和单位，有3613万元资金未纳入当年财政综合预算，水务部门征收的3255万元资金被用于平衡预算等。同时，还对47个单位的财政决算进行审计，查处违规资金8620万元，纠正管理不规范资金10451万元，为财政增加收入6960万元。

【重点建设项目审计】 结合对建设领域的专项治理，全市审计机关认真贯彻执行《唐山市政府投资建设项目审计监督办法》，进一步加大对重点建设项目的审计监督力度。全市审计投资项目83个，查出违规资金21217万元，纠正管理不规范

资金4556万元，核减投资额14804万元。特别是通过对市本级25个重点建设项目的审计与调查，涉及建设资金147019万元，查处违规资金17441万元，纠正管理不规范资金3150万元，审减建设资金9356万元。同时，坚持把审计与审计调研相结合，积极发挥审计的建设性作用。通过对全市559个财政投资建设项目的审计调研，查出各类有问题资金45382万元，审减工程款36389万元。针对中央扩大内需新增投资项目监督管理的需要，市审计局制定《进一步加强对中央扩大内需新增投资项目进行审计监督的意见》，组织开展对新增中央投资项目的专项审计和调查，并对汶川地震救灾资金筹集使用情况进行审计调查。对审计和调查中发现的问题，及时提出有针对性的建议，得到上级审计机关的充分肯定。

【养老保险等社会保障资金审计】 全市审计机关以促进构建和谐社会、维护完善社会保障体系为目标，以查处重大违规违纪问题和促进社保资金征缴为重点，进一步加强对与群众切身利益紧密相关的社保资金审计。审计单位22个，审计资金总额298931万元，查处各类有问题资金54137万元，上缴财政资金10252万元。特别是通过对2008年度6个区55户企业参保及社保费缴纳情况的审计调查，查处各类有问题资金41751万元，上缴财政资金10250万元。揭示出三个方面的主要问题：一是企业应保不保，造成少缴养老、失业保险3583万元。调查的55户企业中，有7户未进行社保登记，造成当年少缴基本养老保险3236万元、失业保险346万元。仅对一家钢铁有限公司的审计，就查出少缴养老保险1074万元、失业保险115万元的问题。二是未全员参保，造成少缴养老、失业保险9684万元。调查的55户企业中，有24户企业只给部分职工参保，造成少缴基本养老、失业保险9685万元。有一家企业平均从业人员1100人，只缴纳100名职工的养老保险，按2008年工资总额2325万元计算，当年应缴纳养老保险651万元，实际缴纳51万元。三是少计缴费基数，造成少缴养老、失业保险8492万元。55户企业中，有20户企业未按实际工资基数缴纳基本养老、失业保险，造成少缴基本养老保险8492万元。如对一家钢铁企业的审计中，查出少计工资基数4748万元，造成少缴基本养老保险1329万元，应缴未缴失业保险205万元。此外，还配合省厅对全市廉租房保障资金开展专项审计调查，通过审计，促进社保资金规范管理和社保制度的不断完善。

【重点专项资金审计】 按照省市统一部署，对全市各级财政安排实施的2008年度社会保障基金、2006至2008年度农业综合开发项目资金、2007至2008年度土地开发整理项目资金和大型公益性建设项目资金等重点专项资金进行审计。审计14个县（市）区、117个项目单位，涉及资金1251992万元。通过审计，查出违纪违规资金42426万元，其中社会保障基金15367万元，农业综合开发资金10446万元，土地开发整理资金8307万元，大型公益性建设资金8305万元，审减工程款748万元。

【领导干部经济责任审计】 根据形势任务对领导干部经济责任审计工作的新要求，全市审计机关积极探索审计方法和评价指标体系，积极开展领导干部经济责任审计，有效发挥经济责任审计在领导干部监督管理体系中的重要作用。全市审计项目107个，查处违规资金63115万元，纠正管理不规范资金46665万元。市审计局对23名县级领导干部进行经济责任审计。通过审计，查处领导干部主管责任违规资金57532万元，直接责任违规资金126万元，纠正管理不规范资金44391万元。根据市委组织部安排，对22名拟选任公务员的村支书进行审计考察，涉及资金7253万元。通过领导干部经济责任审计，进一步完善对领导干部的监督约束机制，提高领导干部依法行政、认真履行经济责任和遵守财经法纪意识，促进加强了被审计单位财务管理。

【部门财务收支和企业资产负债损益审计】 全市审计行政事业单位、企业153个，查处违规资金26336万元，纠正管理不规范资金46032万元。对唐山师范学院的审计，发现应缴未缴财政收入536万元、违规收费64万元、挤占学生助学金84万元。对全市法院系统财务收支审计，发现市县两级法院应退未退当事人执行款及赔偿款5554万元、应缴未缴财政专户款3434万元。对10个行政事业单位的审计调查，发现超预算收入8180万元、应收未收财政收入747万元。对唐山齿轮集团和市公路工程公司等4户企业的资产负债损益审计，查处违规资金1643万元，纠正管理不规范资金75万元。

【政府负债和融资情况的审计调查】 在审计工作中，全市审计机关注重加强对政府负债情况的审计调查，从举债债务规模、资金投向、管理方式等方面进行深入分析，为政府宏观决策提供可靠依据。市审计局先后对南湖生态城投资公司和陡河青龙河开发建设投资公司资金管理使用情况进行审计。通过审计，查处违规资金16999万元，为财政增加收入16969万元。揭示出南湖大道项目未能如期开工造成借贷资金闲置并形成应付贷款利息3984万元、港口投资公司未按规定预缴企业所得税14300万元、延迟缴纳营业税等税款2668万元等问题。市政府专门下发《唐山市政府债务管理暂行办法》，要求政府及各部门加强债务监督管理，规范债务举借、使用和偿还行为，防范和化解债务风险。按照市人大和市政府交办要求，市审计局还对政府融资资金管理使用、偿还和项目建设等情况进行专项审计调查。涉及城建投等14家投资公司，涉及融资额3157600万元。摸清政府融资的总体现状和管理情况，揭示出未按借款合同约定用途使用贷款、融资项目资金未及时拨付、个别项目资金缺口较大和部分公司无收入来源用项目贷款支付费用等问题。根据审计发现的问题，提出具有决策参考价值的意见建议，得到市人大和市政府领导的高度重视。按照市委、市政府要求，市审计局还抽调人员，积极协助有关部门组织开展“小金库”专项治理、新增中央投资项目及资金管理使用情况专项检查等工作。

【审计工作质量进一步提高】 全市审计机关始终坚持把优秀审计项目评比活动和加强审计信息化建设，作为提高审计质量和执法水平的重要措施，通过审计案例剖析、案卷展评、项目质量检查、分析研讨和学习培训等多种形式，不断提高审计干部的业务技能。同时，不断加大资金投入，加强审计信息化硬件建设和计算机审计的推广应用，为确保审计质量提供技术支撑。在2009年全省优秀审计项目评选中，唐山市有两个项目获优秀奖，有1个项目获表彰奖。在国家审计署和省审计厅组织的AO应用实例评选中，唐山市有两个项目被省审计厅评为AO应用实例优秀奖，有1个项目获审计署AO应用实例鼓励奖。市审计局机关被省审计厅授予AO应用实例“特别组织奖”。2009年，丰南区审计局被评为“全国审计系统先进集体”，市审计局机关、滦南县审计局和乐亭县审计局被评为“全省审计系统先进集体”。

（陈　平）

人事管理

【人才引进与培养】 紧紧围绕资源型城市转型、唐山湾“四点一带”开发、重点项目建设等战略布局，通过举办专场招聘会、组团赴外招聘、网上招聘、猎头招聘等多种形式，大力引进人才。年内，招聘和配置各类人才4.35万余人，其中，引进高层次、高技能和紧缺专业人才11000名（含博士36名、硕士491名）。在第十二届陶博会人才技术交流大会上，1960名各类人才洽谈成功，其中，博士研究生31名，硕士研究生207名。成功举办“唐山市首届特邀院士年会暨高端人才智力项目洽谈会”，与16名两院院士及其率领的专家团队达成技术项目合作协议15项。在唐车、唐师、迁钢、建龙等单位新成立4家“特邀院士工作站”，全市特邀院士工作站达到10家，37人被市政府聘为“特邀院士”。新建清华大学、北京科技大学、天津大学3家大学生挂职实践唐山基地，新增43名博士、硕士研究生来唐山挂职，组织开展8次“假日博士”活动。全年累计引进国外专家856人次，外国专家完成科研和技术攻关项目293个。8个项目列入国家和省级引进外国专家项目，获得国家引智专项经费资助120万元。在乐亭县建立面积达50亩的“唐山市农业引智示范园”，引进新技术、新品种68项。组织第一届唐山市外国专家“凤凰友谊奖”评选表彰工作。大力吸引高层次留学人员来唐创业，年内又有3家留学人员企业入驻留学人员创业园，65名留学人员来唐服务。选拔、资助77名优秀人才到国内外进修深造，选送357人到高校接受学历教育，举办各类中短期培训班103期，培训各类人才10935名。采取组织专家下乡直接培训、协调涉农主管部门对口培训等方式，开发培养农村实用人才1.1万名。组织开展“人才工作宣传月”、“走进曹妃甸”和全国68所高校毕业生就业论坛等活动，通过各类媒体集中刊播宣传文章300余篇，营造良好的人才环境。

【公务员管理】 认真做好公务员登记工作。截至年底，全市政府机关和乡镇机关共登记在职公务员19408人。经省人事厅批准参照公务员法管理单位共161个，登记在职人员1840人。组织开展市与县（市）区互派干部挂职工作，全市选派221名干部挂职。市政府系统科级干部选拔，组织竞争上岗15次，年内办理科级干部任免570人。加强对公务员的考核管理，考核内容增加科学发展观学习落实情况、“十严禁”执行情况等项目，考核方法增加征询行政相对人意见、实地考核等形式。深入开展在职培训，组织开展《公务员法》和《行政机关公务员处分条例》学习教育活动，先后两次邀请国家人社部、监察部领导来唐做辅导报告。全市3.4万名公务员参加培训考试，受教育面达到100%。举办“突发事件应对法”师资骨干培训班，层层展开培训。对2007年以来经考试录用进入行政机关担任主任科员及其以下非领导职务的公务员进行初任培训，共培训1486人。举办市政府部门公务员任职培训班二期，培训225人。

【促进高校毕业生就业】 相继出台《关于进一步加强高校毕业生就业工作的意见》、《关于建立唐山市高校毕业生就业见习制度的实施意见》、《关于组织实施高校毕业生就业见习计划的通知》等一系列政策，形成促进就业创业的合力。组织实施“唐山市高校毕业生志愿者行动计划”，分赴乡镇基层和城市社区从事志愿服务。组织实施高校毕业生就业见习计划，建立高校毕业生就业见习单位（基地）236家，征集到7800个见习岗位，帮助4149名毕业生走上见习岗位。完成“1000名大学生到村任职”的选聘工作。建立完善融有形市场、网上市场和平面媒体市场为一体的就业服务平台，举办各类招聘会213场，在《唐山晚报》、唐山广播电视报分别创办“人才·就业”专刊，出刊113期。大力开展毕业生就业岗前公益培训，采取“就业指导进校园”、举办培训班、专题讲座等形式，培训1.2万名毕业生。年内，成功推荐3.49万名各类毕业生就业。采取“手拉手、一帮一”的方式，帮助143名困难家庭高校毕业生实现就业。

【事业单位人事制度改革】 组织完成事业单位岗位设置管理工作。全市实施岗位设置管理单位4535个，纳入岗位设置管理179563人；人员聘用占岗位总数的95.1%。全面开展岗位聘用工作。市属事业单位专业技术岗位聘用工作基本完成。针对高教、文化、农研、中学、党校、卫生等部门聘用矛盾比较突出的问题，专门研究配套措施，稳定专业技术队伍。组织完成2009年度高级专业技术资格人员的审核推荐工作，向省推荐1943人；组织完成中级专业技术资格评审工作，经评委会严格审核，从2846名符合条件申报者中评选出2479人。大力推行聘用制度。以专业技术岗位聘用为契机，进一步规范各单位签订的聘用合同，全市推行聘用制度的单位总数3718个，占81.9%；涉及154978人，占86.3%。

【军转安置工作】 2009年全市接收军转干部253人，其中计划分配243人、自主择业10人，另有随

迁随调家属38人。针对军转干部要求进市直党政机关、政法系统和执法监管部门比较集中的实际，继续坚持“考试考核、双向选择、择优遴选、以绩定岗”的分配办法，截至年底，分配定位，并做好培训准备工作。加强自主择业军转干部管理服务。准确、及时、足额做好退役金发放工作，为2001－2008年度自主择业的305名军转干部增加退役金，对津贴、补贴进行归并调整。对2008年度自主择业军转干部进行适应性培训。积极为自主择业军转干部搭建就业创业平台，使就业率达到80%。扎实做好企业军转干部解困工作。严格落实解困政策，对企业军转干部在岗人员生活补贴和退休人员基本养老金补贴标准进行调整，并按月足额发放。认真抓好企业军转干部信访处理接待和思想教育稳定工作，搞好节日慰问和救助，统一组织为符合条件的企业军转干部进行健康体检。

（张志辉）

劳动管理

【就业再就业】　在全市组织开展“下基层，摸实情，办实事，促就业”万人入企入户调查活动，摸清全市岗位需求底数。出台针对金融危机的11个促就业政策文件，形成非常时期稳定和扩大就业的政策体系。拿出4.6亿元失业保险金，用于援企稳岗促增长。其中向388家困难企业发放社保、岗位补贴4亿元，稳定岗位22.2万人。鼓励企业组织在岗职工培训，7万名职工参加技能提升培训，使用培训经费3000余万元。通过调整失业保险、医疗保险缴费基数、暂缓提高工伤保险费率等方式，为企业减负5000余万元。大力开展全民创业行动，初步形成创业工作的“五大体系”。全市整合25个、新建8个创业孵化基地，发放小额担保贷款6100万元（累计1.46亿元），新增创业7672人，带动就业2.3万人。深入开展“暖冬行动”、“春风行动”、“民营企业招聘周”等活动，有效促进各类就业困难群体的就业。全年城镇新增就业6.9万人，下岗失业人员实现再就业3.4万人，其中就业困难人员1.3万人。城镇登记失业率4.1%，低于省控制目标0.4个百分点，零就业家庭动态归零。

【职业技能培训】　唐山劳动高级技校晋升为技师学院，率先在省内建成重点技工学校群。全市技校招生1.1万人，毕业生就业率达95%。唐山技师学院引进德国“双学制”教学模式，完成克雷教学软件的汉化工作，开设2个中德试验班，学生毕业后可在德国和欧盟各国在华企业优先就业。2个中日合作试验班的77名学生全部在日本住友建机（唐山）有限公司就业。唐山技师学院与141家企业建立联系，其中49家企业从926名应届毕业生中选定889人，就业率达到96%。技师学院与河北理工大学签定合作办学协议，该校高中起点入学的学生，可以在学习技校专业理论知识和操作技能的同时，学习大专阶段的课程，毕业后既取得该校毕业证书和职业资格证书，又取得河北理工大学大专或本科毕业证书。唐山技师学院2009年在校生突破7000人。全市有6家大中型企业开展内部技师考评试点工作，提高企业用人和等级鉴定的实用性。在全省“燕赵金牌技师”考评活动中，唐山市有23名技师获金牌技师称号。全市2009年培养新技师5440名、职业技能鉴定6.2万人，两项指标居全省前两名。

【劳动关系调整】　不断强化劳动人事争议调解工作力度，指导企业、事业单位建立健全争议调解组织。全年受理劳动争议案件3077件，其中通过调解处理的案件比重达到50%以上。处理群众信访3.3万件。对用人单位进行拉网式检查，为农民工追回拖欠工资8836万元，对不法用人单位行政罚款100多万元。推行适合农民工特点的劳动合同文本，补签劳动合同6.3万份，提高劳动合同签订率。引导企业适当增加职工工资，在较为困难的经济形势下保持企业在岗职工工资适度增长。2009年全市企业在岗职工工资33332元，较上年净增4459元。

（苗　磊）

国土资源管理

【优先保障重点项目用地】　2009年河北省下达给唐山市用地指标864公顷，其中农用地497公顷（耕地396公顷）、未利用地367公顷，为唐山市经济发展提供较好的用地基础和相对宽松的用地环境。在用地计划指标的安排使用上，按照“保重点、保急需、保开工”的原则，超前谋划，科学编制土地利用年度计划，将指标分解到全市133个重点建设项目，优先保障“唐山湾·四点一带”、四大主体功能区和城镇面貌三年大变样等省市重点项目用地需求。年初省下达的计划指标全部完成组卷报批工作。经过积极争取，省先后7次向唐山市追加用地指标871.57公顷，其中农用地436.17公顷、未利用地435.4公顷，安排67个急需开工的省、市重点建设项目。

【保护耕地】　坚持耕地保护制度，完善和落实各级政府耕地保护的主体责任，全市基本农田面积稳定在50.11万公顷。市、县两级政府签订《耕地保护目标责任书》，对耕地保有量和基本农田保护面积等控制性指标进行细化分解，明确责任和要求，落实耕地“先补后占、占补平衡”制度。制定出台《唐山市土地整理复垦开发项目管理实施细则》、《关于建立土地整理复垦开发专家库的有关规定》、《竣工验收方案》和《项目库暂行办法》等规范性文件，从立项、施工、验收等方面规范土地整理复垦开发工作。2009年，组织验收土地整理复垦开发项目77个，新增耕地1977.9公顷，实现耕地“占补平衡”目标。

【节约集约用地】　制定下发《唐山市人民政府关于全面推进节约集约用地的实施意见》和《唐山市闲置土地处理办法》。挖掘土地置换潜力，制定土地置换复垦计划，落实土地复垦项目71个、面积8500亩，部分缓解土地供需矛盾。在全省率先完成7个省级开发区土地集约利用评价工作，为开发区科学合理利用土地资源和升级、扩区提供

重要的基础依据。

【规范土地市场管理】 全面公布实施新的城镇基准地价，调整开平区工业用地基准地价标准，促进项目落地。开展地价动态监测工作，完成监测成果上报任务。运用土地市场动态监测监管系统，及时掌握土地市场动态，为政府决策提供依据。对市区范围土地收储潜力进行调查，摸清南湖生态城范围、城市拆违拆迁和企业"退二进三"等可利用土地底数，制定年度收购储备和供应计划。全面落实经营性用地、工业用地招标拍卖挂牌出让制度。支持市属企业改制过程中合理处置土地资产，对唐山燃气公司、河北钢铁建设集团等70宗土地进行处置，显化企业资产9200万元。

【推进农村土地管理制度改革】 围绕全市科学发展示范村创建和城镇面貌三年大变样攻坚行动，健全和完善农村改革发展的土地制度保障体系。在用地计划指标安排上，对农村给予适度倾斜。安排农村发展建设用地83.4公顷，占年初省达下达指标的9.7%。推进农村集体建设用地流转工作，制定下发《唐山市集体建设用地使用权流转管理办法》及《集体建设用地出让合同》（试行）。在试点和经验总结的基础上，逐步在全市范围内开展集体建设用地流转工作。谋划城乡建设用地增减挂钩试点工作，初步摸清了各县（市）区拟建项目的基本情况。制定《关于做好农村新民居示范工程建设用地管理工作的实施意见》，上报丰润区"乡居假日"新民居建设项目用地，在运作模式和具体操作方式上，为全省城乡建设用地增减挂钩工作进行有益探索。下发《关于筹集被征地农民社会保障费的通知》，明确被征地农民社会保障费筹集的范围、标准和方法。对《唐山市征用土地地上附着物补偿标准暂行规定》进行修改完善，由市政府下发执行。

【土地执法监管】 市、县两级政府签订《落实治理违法用地责任书》和《唐山市土地卫片执法检查责任书》，明确县区政府治理土地违法用地的主体责任。制定下发《关于进一步严格土地管理节约集约用地促进科学发展的意见》。

加大土地执法巡查力度，拓宽违法行为举报渠道，完善国土资源执法快速反应和多部门联合执法机制。市本级启动土地执法快速反应机制90次，出动执法人员760人次，制止违法苗头170余起，拆除违法建筑物1.9万平方米，恢复土地原貌4500亩。开展一系列土地执法专项行动，查处土地违法违规案件，遏制违法行为的发生。圆满完成2008年度卫片执法检查任务。涉及的70宗、面积8077.8亩违法违规用地全部查处整改到位。拆除、没收违法建筑物3.53万平方米，收缴罚款6554.35万元，给予37人党纪处分，25人移送公安机关追究刑事责任，为基础设施和民生工程等项目补办完善用地手续，顺利通过国家土地督察北京局的检查验收。

启动2009年度卫片执法检查工作。获取各县（市）区2009年卫星遥感监测数据，制定下发《唐山市应用卫星遥感技术开展土地违法违规问题专项治理实施方案》和《唐山市第十次卫片执法检查整改工作目标任务》，明确县区政府的责任和自查整改标准。

清查"以租代征"违法用地行为。对全市2005年1月至2008年10月期间发生的"以租代征"违法用地进行排查，共清查出"以租代征"违法占地260宗，面积8384.3亩。按照《唐山市集中整治"以租代征"违法占地实施方案》要求，全力进行整改，收缴罚款8454.4万元，拆除、没收建设物57万平方米，给予81人次纪律处分，35人次移送公安机关追究刑事责任。

【矿产资源管理】 启动矿产资源总体规划修编工作，推进矿产资源整合工作。2009年省政府批准全市矿产资源整合区66个，其中29个完成采矿权组卷报批，18个获得省厅批准。按照市政府《唐山市地方煤矿整合重组工作初步方案》，研究制定地方煤矿整合重组措施，第一批纳入开滦集团的22家地方煤矿兼并、重组方案经省政府批准组织实施。

采矿权管理工作。为53宗采矿权办理延续、变更登记手续，收取采矿权价款595.175万元。对39家采矿许可证到期的实心粘土砖企业、1家采石厂办理了采矿权注销登记手续。组织专家对17个采矿权设置方案进行了审查，其中9个提出审查意见后报市政府审核。

矿产资源开发秩序整顿。按照省、市的部署，组织开展依法打击非法盗采国有矿产资源"集中整治月"活动，全市封填非法井口14处，拆除井架715处，拆除生产设备37台（套），遣散从业人员1611人。加强敏感时期对各类矿山监督检查工作，部署开展"奋战六十天安全迎国庆矿产资源执法检查特别行动"，保持对非法盗采行为的高压态势，维护全市矿产资源开发秩序基本稳定。

矿产资源勘查。重点推进铁矿接替资源勘查工作，并取得突破性进展。司家营南区外围勘查工作提交铁矿资源储量2.5亿吨，马城铁矿详查工作提交资源储量10.4亿吨，为全市矿业经济发展提供充足的后备资源保障。规范探矿权管理，编制实施了2009年度探矿权设置方案。受省厅委托，对迁西县尹庄乡石湖峪铁矿地质普查探矿权进行公开出让，出让价款55万元。

矿山环境恢复治理。抓好《唐山市矿山环境恢复治理实施方案》的组织实施，全市投入资金7500余万元，完成598个矿山、面积14869.7亩的修复绿化工作。推进矿山环境恢复治理保证金收缴工作，2009年收缴849.68万元。

地质环境项目申报和管理工作。2009年申报中央财政项目6个、资金5000万元，省财政项目3个、资金240万元。组织专家对5个完工项目进行了验收。承办"全国矿山地质环境保护与治理经验交流会"。

地质灾害防治工作。组织编制唐山市2009年地质灾害防治方案，完善突发地质灾害应急预案，规范应急指挥网络和地质灾害防治站建设，建立唐山市地质灾害气象预警预报中心。开展地质灾害防治"十有县"建设试点工作，促进地质灾害群测群防体系规范化、标准化建设。加大地质灾害防治知识宣传培训力度。修缮地质灾害警示宣传牌240块，发放防灾明白卡、避险明白卡5000份。对重点县区基层国土

所人员进行地质灾害防治知识培训，增强突发地质灾害的应对能力。加强地质灾害危险点的巡察工作，落实地质灾害监测责任单位、责任人，全年未发生重大地质灾害事件，保障了人民群众生命财产安全。

【海洋管理】 海洋管理基础工作。围绕服务“唐山湾·四点一带”开发建设，组织编制《河北省海洋功能区划（唐山部分）》调整方案，上报国务院审批。编制完成《曹妃甸循环经济示范区中期工程及曹妃甸国际生态城起步区区域建设用海总体规划》，已经国家海洋局批准。国家海洋局原则同意曹妃甸循环经济示范区162.33平方公里的建设用海规划，曹妃甸区域批准规划填海面积达到203平方公里，为开发建设提供更加宽松的用海空间。组织编制《唐山湾三岛保护与利用规划》，3月份获得国家海洋局批准。

用海项目审批确权登记工作。组织曹妃甸首钢基地、矿石码头、煤码头、原油码头及配套设施工程等一大批建设项目的竣工验收工作，为占地119.37公顷的通用码头起步区、二期、三期工程分别换发《国有土地使用权证书》。2009年，曹妃甸区域经国家、省批准用海项目22宗，面积2359公顷，累计批准、上报用海面积56.2平方公里，占已填海面积的40%。

海洋环境监管与保护工作。市海域使用监管中心组建完成，被国家海洋局评为优秀单位。强化海洋环境保护工作，《唐山市海洋环境保护规划》编制完成，开展7个一般陆源入海排污口、养殖区和海水浴场45项主要污染指标的跟踪监测工作。全年发布海洋预报365期，大浪预报9期，赤潮预警1次，为政府决策提供依据。

【国土资源基层基础工作】 基础测绘工作。开展丰润区和海港开发区55平方公里1:500比例尺地形图基础测绘。完成“唐山市基础地理信息数据库系统”建设，并正式投入使用，为搭建全市基础地理信息公用平台奠定良好基础。编制完成新版《唐山市城区图》，提高基础测绘服务社会能力。

地籍管理工作。第二次土地调查任务扎实推进，保持全省领先水平。农村土地调查工作全面完成，通过省厅预检，上报国家核查，3个县区通过国土资源部的复查。城镇地籍调查工作完成外业调查任务，2009年完成数据入库工作。市本级国有土地使用权设定和变更登记、土地抵押和土地权属争议调处工作顺利开展，保护了土地权利人的合法权益。

国土资源法制建设。对《唐山市征收土地地上附着物补偿标准暂行规定》进行了修订，提高补偿标准，报省政府批准后实施。组织开展“4.22”世界地球日、“6.25”全国土地日、“12.4”法制宣传日等活动，通过媒体宣传、报告会、座谈会、法律咨询和普法培训等形式，大力宣传国土资源法律法规。举办法律法规培训2次，受训人数500余人，发放各类法律书籍2500多册、宣传材料30000余份，接待法律咨询23000多人次。开展《行政许可法》、《公务员法》和《突发事件应对法》等法律培训活动，对执法人员进行法律知识考核，提高依法行政能力。

基层国土所建设工作。开展国土所全员培训，加强国土所软硬件设施建设，2009年市级投入专项资金400万元，提高国土所规范化建设水平。全市124个国土所全部达到规范化建设要求，42个所达到优秀标准。

信息化建设工作。省、市、县三级联网工程顺利完成，实现三级联网审批，全市上报省厅电子卷104宗。省、市、县三级联网办文系统建设做好前期准备，开展系统测试和人员培训工作。加强门户网站建设。对网页进行整体重新设计，增设“网上咨询”、“局长信箱”、“网上举报”等便民服务功能，安排专人做好信息发布和问题回复等工作，提高社会服务满意度。

国土资源信访工作。信访工作机制、制度进一步完善，积案排查化解工作取得积极进展，赴省进京访数量有所下降，特别是通过各级的共同努力，实现国庆和曹妃甸论坛期间“五个零发生”的目标，维护了社会稳定。

（崔光华）

人口与计划生育管理

【概况】 2009考核年度，全市出生69446人，人口出生率9.8‰，比省下达指标低3.05个千分点。全市政策内出生67668人，符合政策生育率97.44%，比省下达指标高4.44个百分点。人口自然增长率3.55‰，一孩妇女比58.06%，出生人口性别比107.72。在计划生育优质服务县创建活动中，继乐亭、迁西、滦南、迁安之后，遵化市又通过国家级优质服务县验收。在计划生育综合改革工作中，唐山市作为全国评选出的10个地（市）之一，代表河北省在全国综合改革工作会议上作典型发言。在婚育新风进万家活动中，唐山市的“婚育新风大篷车”宣传品牌成为全国婚育新风进万家经验交流会上的亮点。唐山市创作的电视片《爱在这里延伸》在国家人口计生委、中国广播电视协会主办的“生命的钥匙——首届中国家庭纪录片周”评选活动中获铜奖。

【强化各项措施稳定低生育水平】 一是深入开展计划生育专项整治活动，提高各级领导和干部群众对人口计生工作的认识。在全市范围内开展以清查清理违反政策生育瞒漏报、节育措施落实、社会抚养费征收和党纪、政纪处理情况为主要内容的专项整治行动，对相关责任人落实党纪政纪处分，促进统计求实和计划生育政策的落实。二是树典型示范促后进转化，推动人口计生工作的均衡发展。确定17个重点管理乡镇和266个重点管理村。市县乡层层落实领导分包制度、专题例会制度、动态管理制度、惩戒制度。经年底专项评估，80%以上的后进镇、村完成转化任务。同时，以“树典型、抓亮点、创特色”为目标，指导各县（市）区建立示范镇、村，以典型的辐射带动作用，促进整体水平的提升。三是狠抓薄弱环节，进一步强化基层基础工作。强力推动月访视、季服务这一行之有效的工作制度，狠抓首季普查服务，积极推行长效节育措施奖励。全市落实长效手术75794例，长效措施落实率由年初的68%提高到81.8%，综合节育措施落实率达90%以上。在队伍建设上，对村级计划生育工作人员进行全面调整。通过竞争上岗及民主选举将一批年纪轻、素质高、责任心强的同志配备到村级计生岗位上，全市调整村计生专干673人，育龄妇女小组长1040人。通过公开招聘形式选用124名镇乡计划生育技术人员。

【落实计划生育奖励扶助政策】

一是抓重点，确保国家制定的各项奖励扶助政策及时到位。年内完成奖扶对象、特扶对象的资格确认和个案信息录入，资格确认准确率100%。2009年，新增奖励扶助对象7120人，全市有25949人符合奖励扶助政策。新增特扶对象511人，全市有3583人符合特扶政策。二是破难点，推动省《条例》规定三项奖励的落实。将独生子女父母3000元一次性奖励落实作为落实“三项奖励”的重中之重，将这项工作作为各级评先评优的前提条件，实行“一票否决”。市委、市政府强力推动，相关部门积极配合，全市向6.5万余人发放3000元一次性奖励，发放总金额1.95亿元。此外，2009年度全市为62.8449万独生子女父母发放每月10元奖励，共发放6627.52万元。奖励退二胎指标的1.36万人，发放奖金1326万元。三是不断推出有利于计划生育家庭和计划生育工作的新举措。2009年，在迁安、遵化、迁西、唐海等地开展新型农村养老保险制度试点，试点县（市）在出台的新农保制度中对计划生育家庭实行“低门槛进入，高比例享受”的优先优惠政策。迁安市在此基础上，还专门出台文件对该市双女家庭每年每户再增发300元奖励金。优惠与普惠的“衔接”，使计划生育家庭切切实实地在政治上有地位，经济上得实惠，对广大群众自觉落实计划生育基本国策起到导向作用。

【深入开展计划生育宣传教育】

下发《开展“婚育文明村、婚育文明家庭”创建活动的实施方案》，确定“双文明”创建活动的主要任务和工作标准。全市创建婚育文明村852个，婚育文明家庭150120户。同时，以项目建设为载体，制定五大类重点示范项目三年连续实施推进计划，进一步提升全国婚育新风示范市建设水平。财政投入100万元，用于全市18个县（市）区的各类项目建设。第一批项目建设已经完成。市级还完成大钊公园人口文化景区的设计申报招标，建设计生宣传一条街，全面展示人口计生工作成果。坚持把生殖健康宣传教育融入“健康唐山、幸福人民”行动。借助多种现代传媒搭建社会宣传平台。电视台、电台宣讲生殖健康保健知识，政府门户网站开设“为您服务”专栏，开通人口计生门户网站登载生殖健康问答。坚持把计划生育国策教育融入法制宣传教育重要内容。将3—4月确定为全市7000万人口日宣传月，市县乡村层层开展宣传活动，邀请专家、学者开办专题讲座，为群众讲解计生政策和人口形势。利用唐山党员干部现代远程教育教学管理平台，普及计生政策法规。围绕“迎国庆、迎论坛”开展婚育新风文艺演出活动。10月14日，中央电视台一套《中国人口》栏目播出以乐亭农村计生工作为题材的30年计生成就专题片《苦乐年华》。

【为育龄妇女提供各项服务】

一是为全市百万农村育龄妇女免费进行生殖健康检查。全市组建83个服务队，出动83辆服务车，投入经费352万元，携带医疗设备深入乡村开展免费检查服务。年内完成98万人的生殖健康检查并为每一名服务对象建立生殖健康电子档案，免费服务率达95%以上。二是开展出生缺陷干预工作。利用广播电视、报刊专栏、讲座培训等形式进行优生科普知识宣传。全市接受宣传参加培训的有322.8万人次，接受优生咨询指导的有18.9万人次。高危人群初筛出340人。接受优生四项检测的有3.587万人，筛查率达到48%以上。孕妇补服营养素的有3.243万人次，服用率达到50%以上。取得医疗机构执业许可证的县级计生服务站探索开展二、三级出生缺陷干预服务。遵化、玉田、迁西、滦南等地开展了婴幼儿的查病治病服务。全市累计开展孕期健康检查15.46万人次。丰南、迁安、遵化、迁西、唐海等地实行优生四项检测和补服叶酸双免费服务，滦南县和乐亭县实行育龄妇女免费补服叶酸。

（杨慧杰）

国有资产管理

【国有资产监管工作得到加强】

制定并印发《唐山市履行出资人职责企业投资监管办法（暂行）》、《唐山市政府关于做好市属国有资本运营机构国有资产统计工作的通知》等制度规定，实现国有资产监管工作由资产管理向资本运营的成功转型。13家业绩考核企业资产总额达到407.5亿元，同比增长42.65%；主营业务收入133.88亿元，同比增加24.68%；利税23.55亿元，同比增长372.11%。为全市483家国有企业办理产权登记年检，实收资本总额232亿元。完成资产评估核准备案项目24项，评估值7560万元，增值率18.65%。完成资产处置3项，成交额64万元，增值率1.6%。完成国有资产无偿划转8项，划转资产2.42亿元。为冀东发展集团等19家企业办理抵押贷款担保备案，筹集资金17.47亿元。完成市属48家国有及国有控股企业和17个县（市）区属84家企业财务状况和国有资产运营情况的统计分析，逐步建立健全全市年度国有资产统计数据库，企业资产总额723.84亿元，负债总额568.92亿元，平均资产负债率78.6%。业绩考核工作不断科学化、规范化。业务考核范围由11家拓展到13家，采取定量考核与定性考核相结合的办法，在考核指标体系中，增加节能减排、安全生产、信访稳定、职工工资增长等定性评议指标，使考核目标更加科学合理，并根据考核结果及时兑现企业领导人年薪。国企监事会工作有新进展。派驻监事的企业由13家增加至15家，3个监事会以财务监督为核心，重点关注出资企业的集团化管控、重大项目建设、风险管理等方面的问题，督促和帮助企业切实加强管

理，防范经营风险，共列席企业董事会12次，参加职代会及年度经济工作会议3次，约谈监管企业董事长、总经理8人次，编发工作信息10篇。完成回购金峰热电股权工作。将金峰热电恢复成国有独资企业，组织选举企业经营管理班子，在市政府相关部门支持配合下，筹集企业恢复生产急需的资金和煤炭储备，经过紧张运作，使停产达76天的金峰热电恢复生产，保持企业的稳定和平稳过渡。

【国企改革取得新进展】 加快困难企业改制，使已经失去生存能力的困难企业退出市场。一是积极推进已进入破产程序的企业破产。唐山物贸（集团）公司、唐山焦化有限责任公司等13家企业实现破产终结。对组建大型企业集团后需剥离的水泥机械厂、针织总厂及市轧钢厂等危困企业，逐家制定改制、破产预案。二是加强政策的宣传和解释，妥善做好职工的安置和稳定工作。逐批、逐职工进行政策的宣传和解释，使职工情绪逐步稳定；上访比较激烈的华新纺织集团有限公司应终止劳动合同的6721名职工中，大部分办理了相关手续，建筑陶瓷厂职工安置工作基本完成。三是充分发挥职能，完善职工服务体系建设。注册成立唐山市职工服务中心，负责向进入中心的职工提供社保费缴纳、技能培训及职业介绍等服务，为4120名职工办理进入中心手续，并积极与劳动部门协商，联合向这些职工推荐就业岗位。四是做好下岗职工基本生活保障工作。全年累计为唐陶集团等企业的28000多名下岗、在职和离退休人员，从财政借支临时生活补贴、医疗保险金等3600多万元，为华新公司等破产企业的10786名职工支付破产期间生活费1327万元；与劳动部门共同为唐陶集团等企业因病完全丧失劳动能力的460多名职工办理提前病退手续。

【组建五大国有企业集团】 谋划组建冀东发展集团、唐山港口实业集团、唐山北方瓷都陶瓷集团、唐山重型装备集团和唐山交通运输集团五大企业集团。由唐山重型装备集团对唐山冶金矿山机械厂和唐山齿轮集团进行整合，由唐山北方瓷都陶瓷集团对唐山陶瓷集团和唐山陶瓷股份进行整合，由唐山交通运输集团对市一运、通达运业进行整合，冀东发展集团和唐山港口实业集团对各自所属企业进行整合，集中优质资源、实现集约发展，形成市属国有企业产业集群。年内，冀东发展集团和港口实业集团基本完成组建工作，北方瓷都陶瓷集团和唐山重型装备集团完成工商注册，唐山交通运输集团组建前期准备工作正在进行。

【组建国有资本运营机构】 新设立的唐山国投公司、唐山城建投公司、唐山建投公司等12家资本运营机构完成资产划转和工商注册，选派董事长，公司法人治理结构逐步完善。制定资本运营机构经营业绩考核办法和薪酬管理办法，从2009年开始实行资本经营业绩考核。

【加强对企业领导人员的管理】 起草《企业领导人员选拔任用暂行办法》等干部管理的规范性文件。对9家重点骨干企业进行经营管理人才队伍建设专题调研，并提出意见和建议。对冀东水泥集团等9家市属重点骨干企业领导班子和66名领导人员进行考核。对中央企业及市属40家企业“万名组织部长下基层活动”进行检查督导。深入推行企业权力公开透明运行工作机制，指导冀东发展集团建立健全企业权力监控机制试点工作，全系统清理管理制度300余项，编制职权目录40余册，企业签订党风廉政建设责任书800余份，召开专题会议80余次，解决群众反映强烈的热点问题50余项。对28名调整提职干部进行任前廉政审查和廉政谈话，系统纪委负责人同下级党政主要负责人谈话2298人次，领导干部述职述廉5291人次。

（名　勇）

物价管理

【稳步推进价格改革】 推进资源环境价格改革。积极稳妥地推进高耗能行业差别电价、地方电厂上网电价、脱硫发电鼓励电价、服务业优惠电价、服务业用水与工业用水并轨水价、再生水价等一系列资源性价格改革，取得较好效果。2009年累计实施差别电价加价电量8.8亿千瓦时，加价额1.4亿元，促进淘汰落后钢铁产能910万吨。深化供热体制改革。研究制定《既有建筑节能改造用热量计量收费办法》，得到省物价局的肯定。按照省政府优化房地产业发展环境的要求，规范本市供热、燃气管网建设费标准，比原来标准降低20%，建筑垃圾处置费标准降低50%，减少城市基础建设成本。关注新机制下的天然气价格。唐山市高寒季节气量不足，需引进永唐秦天然气。为此，市物价局成立专门工作班子，与市建设局、天然气公司、燃气公司等有关部门协调沟通，进行成本监审并与周边省市天然气价格进行对比，制定市中心区永唐秦天然气管输费和销售价格的预案，为制定管输价格、中心区天然气价格的并价提供保证。

【加强民生价费监管】 本着“节约资源、补偿成本、合理盈利”的原则，审慎出台涉及城市居民和单位天然气置换煤气价格、供暖热价，合理调整城市自来水价和污水处理费。在调整供水价格中，对低保户用水不提高水价，年减收低保户水费56万元。在审批11个县、区污水处理收费标准和批复调整迁西、滦县、乐亭等县域天然气、自来水价格工作中，都坚持对弱势群体的救助照顾。治理整顿个别地方在停止征收个体工商户管理费和集贸市场管理费后，变相收费的行为。理顺和规范机动车停放和自行车存放服务收费标准。从2009年8月15日起，在全省率先启动出租汽车运价与成品油价联动机制，各类出租车计价车费外加收一元燃油附加费。加强医疗、教育价费监管。对全市503个社区的医疗服务收费实行统一收费项目、统一收费标准、统一用药价格“三统一”监管，使社区医疗服务收费水平低于市内大医院25%—30%左右。调整、核定413个医疗服务收费项目。配合省物价局对全市84所医院的132台大型医

疗设备实行等级核定，实现单机挂牌许可证管理。积极推进“免费教育工程”。重点强化“免杂费”、“一费制”、“书费最高限价”、“高中公助生免学费”等教育收费政策的落实。

【维护市场价格公平有序】　加强价格监督检查。围绕着社会反映强烈的价格收费热点问题，在全市范围内组织开展涉农、涉企、成品油、电力、教育、医疗等收费和价格专项执法检查，加强针对H1N1甲型流感和石家庄暴雪天气等突发事件、重要节日、“两会”等市场价格应急巡查行动。2009年，全市共查处各类价格违法案件885件，实施经济制裁957.65万元，其中退还用户121.54万元，收缴入库836.11万元。充分发挥价格举报职能，坚持12358价格举报电话24小时值守，随时受理群众投诉和举报案件，维护群众的合法权益。全年受理价格投诉举报1097件，立案检查131件，实施经济制裁金额20.28万元，其中退款13.33万元，收缴罚没款6.95万元。全面清理整顿规范各类收费行为。按照国家和省有关精神，认真清理行政事业性和经营服务性收费项目，明确108项停收、转经营和降低收费标准的行政事业性收费和18个系统的45项经营服务性收费。规范、取消有线电视初装费和装机工料费、进出口检验检疫费和卫生防疫费等收费行为，减轻群众负担1200多万元。全年完成涉案资产、高速公路车辆事故定损、土地征用、房屋拆迁等各类价格鉴证、认证451件，标的额9359万元。

【价格信息监测】　对与全市群众生活和工农业生产密切相关的248种商（产）品价格进行定期汇总整理并按价格报表制度上报。对生猪、化肥、防治甲型H1N1流感相关商品价格、暴雪导致蔬菜价格上涨等进行应急监测。编发《节期市场监测》信息简报35期，撰写各种情况分析报告32篇。

【成本监审及农本调查】　完成了外环路桥、污水处理、自来水价格、垃圾处理、教育、安保、民爆等25项成本监审工作，共审核上报成本费用14.37亿元，核减其中不合理费用9956万元。按时完成了国家和省部署的小麦、玉米、粳稻、花生、生猪等8个农、畜产品的半年、全年成本调查汇总分析任务。

（刘　杰）

工商行政管理

【加强市场监管】　1. 严把市场主体准入关。严格审查前置审批登记要件，督促企业延续、新办各类行政许可文件6000份。开展“红盾网吧断黑”行动和查处取缔无照经营“夏季风暴”行动，查处黑网吧22户、无照经营3786户。清理整顿人力资源市场、取缔黑中介工作被劳动和社会保障部、公安部、国家工商总局授予成绩突出单位。

2. 打击传销，规范直销。加大对传销危害的宣传力度，加强出租房屋和流动人口管理，大力推进“打击传销志愿者在行动”活动，创建“无传销社区（村）”活动。开展打击传销专项集中整治和打击传销百日联合执法行动。检查宾馆、出租房屋等场所2116处，取缔传销窝点115个，立案查处传销案件4件，罚没款1.5万元，教育遣散传销人员2790人次，移送司法机关136人，解救被骗人员16人。市工商局在全国工商系统打击传销规范直销工作座谈会上介绍经验。

3. 制止不正当竞争行为。一是继续实行治理商业贿赂月督导通报制度，全年查处商业贿赂案件137起，罚没款329万元。二是与10余家知名企业开展联手打假。查处经销假冒青酒、茅台酒、汇源饮料、假冒大头脆雪糕、假红玫瑰和海格雷陶瓷等假冒、傍名牌违法经营行为。加强对企业商标印制行为和专卖店（柜台）商标使用监管，从源头上遏制了商标侵权行为和专卖领域假冒、傍名牌现象的发生，共查处商标侵权案件238起。三是加强对生活类报刊发布的医疗、药品、保健食品广告，电台的坐堂广告，电视台的健康快车、健康广场栏目广告的监管，共查处违法广告案件162起。

4. 对重要商品市场加大整治力度。一是围绕元旦、春节和中秋、国庆等重要节日以及“文明迎论坛、环境大提升”活动，有针对性地开展市场专项整治。共检查市场主体24500个，查处违法违章案件14876件，总案值3878万元，罚没款813万元，消除安全隐患55处。二是开展对非法销售、使用“瘦肉精”行为等专项整治行动。检查市场427个、饲料兽药经销企业、食品添加剂经销企业1936户、肉品经营户13380家，查处无照经营和超范围经营饲料和生鲜肉品78户，罚没款14.3万元。检测猪肉和牛肉“瘦肉精”1510个批次。三是开展其他多项专项整治行动。共检查加油站1638家，抽检成品油387个批次，立案145起，罚没款159.4万元；收缴报废车辆43台，取缔非法回收拆解点2个；查扣报废汽车零配件2295件，罚没款15万元；检查电子市场361个（次），取缔违法经营11户，立案162起，罚没款4.3万元，没收非法销售卫星电视传播设备301套。

【优化发展环境】　全市工商系统积极参与应对金融危机，讲服务，谋大局，保增长，促发展，出台支持发展的政策性文件30个，提出创新性举措506条。全年新登记内资企业1592户，注册资本295.76亿元，到年底发展到18698户，注册资本1306.33亿元。新登记私营企业4168户，注册资本109.54亿元，到年底发展到21590户，注册资本598.98亿元。新登记个体工商户48768户，注册资金20.41亿元，到年底发展到144556户，注册资金57.13亿元。

鼓励全民创业。市委、市政府先后出台《关于支持中小企业发展的若干意见》、《关于开展全民创业行动、创建创业型城市的意见》，提出35条创新举措，制定20条配套措施。实行“零成本”注册和“一元注册企业”，将企业的创业成本降到最低。共登记“一元注册”企业16户，帮助4519人实现就业、再就业，为经营者节省创业资金1345.15万元。实施“服务窗口亮起来工程”，畅通注册登记绿色通道。实行

注册登记一审一核和简易程序审核合一制，围绕“千个项目保增长”，采取“特事特办，急事急办”的方法，实行重点项目主要领导督办、主管领导领办、工作人员全程跟踪服务制度。大力推行巡回年检和上门年检服务。工商行政管理人员走进荷花坑、吉祥钢材等市场设立年检服务站，为市场内194户和206户企业现场办理年检。为通达运输集团、中国移动、庞大汽贸集团、陶瓷集团、中国工商银行、二十二冶等全市有影响的1000多家企业提供上门年检。各级私个协会积极为会员服务。全年共为会员提供各类信息1389条，为会员企业增加效益107.3万元。无偿为会员提供法律咨询236人次，法律援助134人次，协助会员抵制社会“三乱”10起，为会员挽回经济损失36.5万元。

破解融资难。首创“联保无抵押小额贷款”服务模式，有效解决中小企业融资难题，帮助14900户私营个体经营户实现贷款4.78亿元。办理浮动抵押贷款，为企业融资1.2亿元。探索多对多抵押贷款新模式。开平区工商局以五对二的新形式一次性为五家企业办理抵押贷款16亿元。全市工商行政系统共帮助企业实现抵押贷款181亿元，为全省工商系统最多。开展股权出质、股权出资登记，进一步拓展企业的融资渠道。全市共办理股权出质手续53份，融资31.5亿元；股权出资1份，出资额0.5亿元。

帮助企业实施商标战略。全年新发展注册商标450件（总数达到7000件），其中：驰名商标2件（总数达到7件），著名商标27件（总数达到143件）。一是制订《唐山市知名商标认定和保护办法》，启动市知名商标的认定和保护工作。二是指导企业加强商标管理和保护，拓展无形资产，组织申报相关资料，加强与上级商标管理部门的联系与沟通。“大通”图形商标和“栗源”商标被认定为中国驰名商标。三是帮助“迁西板栗”和“栗源”分别荣获全国“60件最具市场竞争力的地理标志”和“60件最具市场竞争力农产品商标”。市工商局被评为全国工商系统商标工作先进集体。

服务新农村建设。一是持续不断地开展“红盾护农”专项行动，立案573起，为农民挽回经济损失378万元。二是依托“一会两站”在推行合同农业的190个乡镇和2252个行政村分别建立“涉农合同指导站”，指导农户签订合同17万份、合同金额32.7亿元，合同履约率100%，辐射带动基地规模213万亩，促进了41.5万户农民增收。三是新登记注册农村经纪人1856人，经纪额达13.5亿元，促进农产品的产销衔接，扩大了农副产品流通。

【维护消费者合法权益】 食品安全监管。一是积极开展流通领域食品安全监管攻坚行动。先后开展食品安全专项整治9次，检查各类食品经营户476564户次，查处食品案件240起，查扣假冒伪劣食品8.4吨，退市不合格食品13.7吨。二是积极探索强化农村集贸市场食品经营管理新模式。在农村集贸市场长效监管试点发放标明销售人员名称、食品名称、数量、日期等内容的责任卡10万张，设立标明食品名称、配料、保质期、价格等食品信息的明示牌3万个。在全市5000多个行政村建成5020家示范店，基本实现了“一村一家”示范店的工作目标。三是强化食品安全抽检，促进群众安全消费。在市区较大市场利用食品快速检测车重点检测肉类、蔬菜、水产品、副食品等与居民日常生活密切相关的农副产品。进一步完善已有的5个蔬菜批发市场检测中心的检测方法和管理制度，实现蔬菜售前检测、售中抽检和售后复检，不合格食品及时退市。利用快速检测设备监测食品22845个批次，合格率95%以上。有针对性地抽检乳制品、肉制品、面粉、糕点、米面制品、蜜饯、植物油、膨化食品、休闲食品、儿童食品900批次，合格率90%以上。对不合格食品，根据实际情况做出下架、退市、整改、罚没等行政处罚。通过整治，有效净化全市流通领域的食品市场。四是严格食品流通许可。对食品流通许可证的发放，遵循属地管辖、证照一致、便民高效的原则，严格审核，实行市、县（区）和基层分局三级发放，受理流通许可申请200起，为符合条件的发放食品许可证167个。五是认真开展食品添加剂专项整治。对全市41家食品添加剂经营单位的主体资格、进货票证、标识标签、广告宣传等环节进行重点整治规范。

推进“家电下乡”。积极宣传国家“家电下乡”政策，要求家电下乡产品经销企业公布“家电下乡”产品的种类和政府补贴领取办法，明示产品的品牌、售价及政府补贴金额，检查其来源是否合法、标识是否齐全、质量是否合格。进一步完善维修服务到农村机制，积极建立维修服务“一点通”网络平台，促进家电下乡政策的实施。

防控甲型H1N1和禽流感疫情通过市场传播。推出严格猪肉和禽类产品准入、严格监测猪肉和禽类产品质量等六条措施，加强对大型农副产品批发市场猪肉和禽类经营户的宣传和经营场地消杀工作。共检查销售生猪肉和禽类商户2913家，取缔非法经营78户，关闭活禽现场宰杀加工点45个，查获未经检疫上市禽类商品7349只。

开展限塑执法行动。先后开展五次大规模的限塑执法检查，共检查超市3140户，商店、门市、摊点15314户，集贸市场778个，没收不合格塑料购物袋266万个，查获销售超薄塑料袋的窝点11个，立案226起，罚款27.8万元。

消费维权工作。一是进一步畅通消费者申诉举报渠道。充分发挥12315举报中心和“一会两站”申诉举报网络作用，积极做好消费维权工作。全市各级消费者协会共受理消费者投诉11006件、举报997件，办结率97.62%，为消费者挽回经济损失735余万元。经消协提交政府有关部门对责任人进行处罚的投诉案件20件，支持和帮助消费者向人民法院提起诉讼起诉21件。二是开展纪念“3·15”国际消费者权益日宣传活动。组织各类纪念活动35场次，召开新闻发布会、座谈会或讲座32场次，举办文艺演出或专题晚会9场次，在电视、广播及报刊等媒体播出专题节目27期，开设专栏6个，向广大消费者发放宣传材料57.92万份，向社会发布消费警示或提示35条，披露消费侵权典型案例33件。与媒体联合举办针对零售、汽车、住房等行业的六场“3·15”圆桌座谈会，晾晒八项消费领域的“潜规则”，开通“3·

15”消费热线解答消费者咨询，发布唐山市消协维权十大典型案例及唐山市消费者协会消费警示，向广大消费者讲解消费维权知识，引导其健康消费、理性消费。市消协被省消协评为“创新一等奖”，被中国消费者协会评为“全国消协组织维护消费者合法权益先进集体”、年度工作“创新三等奖”、落实“首项职能先进单位”，被《中国消费者报》评为“消法宣传先进单位”。

（谭增荣　郑玉顺　张秀云）

食品药品监督管理

【食品安全整治】 2009年是省政府确定的全省食品质量安全年，市政府制订《唐山市开展食品质量安全年行动工作方案》，明确“坚持治理整顿与振兴食品产业相结合、集中整治与长效机制建设相结合、企业自律与政府监管相结合”的工作原则，确定责任分工和目标任务。组织开展打击违法添加非食用物质和滥用食品添加剂专项整治行动和农业投入品、果菜等农产品、畜禽产品、水产品、食品生产加工环节、食品流通销售环节、餐饮消费环节、食品进出口环节八个专项攻坚行动。在元旦、春节、“五一”、端午节、“六一”、“十一”、中秋节、曹妃甸论坛期间，组织市工商、卫生、商务、畜牧水产、质监等相关部门组成联合检查组，对农产品种养殖、生猪定点屠宰、食品生产加工、食品流通、餐饮消费环节的食品安全工作进行督导检查，并就检查中发现的问题协调相关部门予以解决。全年累计出动执法人员234728人次；执法车辆80026车次；检查食品市场主体740805家次；受理投诉举报案件1029起，立案830起，办结830起；查处违法案件1727起，部门联合办案13起；移送司法机关案件3起，其中移送的案件相关部门立案3起，办结3起；公开通报典型案件27次，涉及食品生产企业16家，销售单位16家，其他单位29家；查获不合格食品174.2吨；罚没款588.8万元；检测各类样本108331批次，合格率98.86%；查出保健食品违法广告35起，全部移交工商部门处理。

【药品安全整治】 在全市范围内围绕药品、医疗器械的生产、流通、使用全过程开展整治攻坚行动。全年药监系统共出动执法人员19947人次，执法车辆6135台次，检查药械生产经营企业和医疗机构6482家次，发现各类违法违规问题1323起，罚没款合计220余万元。药品生产监管：对药品生产企业、医疗机构制剂室、药包材生产企业和药用辅料生产企业进行日常监督检查、跟踪检查和飞行检查。药品生产企业日常监督检查覆盖率达到200%，药品经营质量管理规范跟踪检查覆盖率为100%，药品经营质量管理规范飞行检查企业占全市已认证企业的30%；药包材生产企业和药用辅料生产企业的日常监督检查覆盖率100%，医疗机构制剂室检查覆盖率200%。对重点企业、重点品种及重点环节加强监督检查力度。对两家在生产的注射剂企业分别进行四次以上的日常监督检查，深入开展化学药品制剂生产企业专项检查、药品生产企业、医疗机构制剂室质量检验专项监督检查，全市停产半停产企业和从事委托加工的药品生产企业专项检查。对15家特殊药品经营企业的资质重新审定，完善市、县两级特药监管责任制，建立健全特殊药品的经营、使用单位的档案，并强化监督检查频次。对全市含麻黄碱类复方制剂生产企业及其销售流向涉及到的经营企业、麻黄碱、盐酸麻黄碱单方制剂经营企业开展专项检查。药品流通、使用监管：对辖区内所有药品经营企业进行拉网式检查，做到全方位、全覆盖，横到边、竖到底。对已认证企业的药品经营质量管理规范认证跟踪检查，以曾经发生过问题的药品经营企业和城乡结合部的药品经营企业为重点，加大检查力度。对擅自降低标准，不再符合药品经营条件的企业劝其退出。将“盐酸克仑特罗”、“盐酸曲马多制剂”、“疫苗”、“血液制品”以及急救药品、儿童用药、治疗糖尿病的药品、治疗心脑血管疾病的药品、当地主要媒体刊播的广告药品、包装可疑药品、贵重药品等列入了重点品种目录，对重点品种的经营、使用单位增加检查频次。先后开展违法药品广告专项整治、非药品冒充药品专项整治、特殊管理药品的专项整治、计划生育药品专项整治和中药饮片包装管理专项检查。医疗器械监管：在加强医疗器械生产经营使用单位日常监管的同时，先后开展橡胶避孕套的专项整治和医疗器械经营企业超范围经营整治、医疗机构无菌医疗器械及齿料材料、骨科植入材料、体外诊断试剂等重点产品整治，加强医疗机构集中供氧系统专项检查，共监督检查医疗器械生产、经营、使用单位416家。对辖区内无源医疗器械和有源医疗器械进行质量监督抽验抽样和随机性抽验，完成送检样品53份。药品检验：把药品抽验的重点放在与人民身体健康密切相关的批量大、使用频率高的常用药、低价药、急救药、质量不稳定的药品，以及以往抽验不合格药品，放在药品质量问题比较多的单位和地区。2009年，共委托检验78批，监督性抽验872批，其中不合格82批；抽验不合格率为9.4%。充分发挥快检车的作用，快速抽验药品19批。配合河北省药品检验所进行国家局评价性抽检，抽检65批次，通过定期药品抽验有力的防止假劣药品流入唐山市场，确保全市人民用药安全。

【甲型H1N1流感防控工作】 市食品药品监督管理局成立甲型H1N1流感防控工作领导小组，制定防控应急预案，明确工作目标、任务和具体应急措施，确保一旦出现疫情能及时启动应急响应，科学有效处置。组织开展甲型H1N1流感防控用药品、医疗器械专项检查，特别是加强对流感抗病毒药物、清热解毒类中成药及中药饮片、流感疫苗及一次性医用口罩、体温表、医用防护服、医用防护口罩等药械的监管，严厉打击制售假劣药械和无证经营、以次充好等违法行为，维护正常的生产经营秩序。制定应对流感防控药物监测行动紧急预案，配制相应的试剂试药，购置部分标准品对照品，为防控甲型H1N1流感药物检测打下坚实的物质基础。

【建立健全食品药品安全长效监管机制】 建立食品安全首问责任制

和函告制，由最先接到食品安全举报投诉的职能部门做好书面记录，对属于本部门职能范围的事项，立即组织人员调查处理，对不属于本部门职责范围的事项，及时函告相关职能部门处理。2009年，市食安办共函告各类事项20件。建立市县两级分级负责、“一企一员，专人负责”的药品生产企业监管责任网络，制定下发“唐山市药品生产企业安全监管责任体系表”，主要领导负总责，主管领导、中层领导分级负责，具体工作人员具体负责，做到责任明晰，增强监管人员的责任感。严格准入制度，确保真正有资质、有条件的企业进入市场。年内，配合省局完成对唐山市容大药业有限公司、唐山市集川集团利康药业有限公司、北京同仁堂天然药物（唐山）有限公司等六家企业药品经营质量管理规范认证现场检查工作。受理零售企业药品经营质量管理规范认证申请348家，组织现场检查261家次，其中有246家通过现场检查，15家未通过现场检查。受理并初审药品批发企业药品经营质量管理规范认证申请20家，通过11家。对未通过认证的企业给予限期整改。积极推进药品质量受权人制度的实施。先后召开两次由全市药品生产企业负责人和质量负责人参加的会议，要求各企业建立或完善相关管理制度，并按照药品质量受权人资格条件确定企业的药品质量受权人。年内全市注射剂企业全部实行质量受权人制度，国家基本药物目录药品生产企业的药品质量受权人制度开始启动。建立过期药品回收机制。确定“唐人医药”、“中西大药房”、“冀东医药”三家药品经营单位为过期药品定点回收药店，并在唐山劳动日报上向全社会公布。2009年回收过期药品货值达6万余元。通过过期药品回收，从源头上防止过期药品通过非法收购渠道再次流入药品流通市场，同时也减少随意丢弃过期药品对环境的污染，维护公众用药安全。加强药品不良反应和医疗器械不良事件监测。建立并不断完善不良反应监测网络，深入基层监测单位督促落实上报情况。积极宣传药品不良反应监测和医疗器械不良事件监测的工作意义，确保上报质量。2009年上报药品不良反应病例530个，医疗器械不良事件64起。

【改进食品药品监管手段】 为切实解决食品药品监管方式落后、监管人员不足的问题，充分利用电子信息化手段，搭建全市食品安全电子监管系统的基本框架，创建“药品市场监管短信平台”信息系统。2009年，使用“药品市场监管短信平台”信息系统68次，共发送通知、监管信息8700多条次。

【食品药品安全宣传】 全年组织大型药品宣传教育活动17次，发放各种资料3万余份。对药品与非药品的区别、违法药品广告、药品分类管理等问题进行讲解宣传。编写《健康唐山、幸福人民——药品知识宣传手册》免费发放。以《食品安全法》颁布为契机，加强新法的学习宣传。做到《食品安全法》进农村、进社区、进企业、进机关、进工地、进校园、进家庭。利用周六、周日的休息时间组成宣传小分队深入街道社区，采取群众喜闻乐见和通俗易懂的形式开展食品药品安全宣传活动，在活动中广泛发放药品安全监督联系卡，方便广大人民群众参与食品药品的安全监督。

（郭翠玉）

质量技术监督

【食品安全监管】 严格食品市场准入程序，强化企业是食品安全第一责任人意识，规范食品生产全过程监管。各县区质监局与辖区企业全部签订《食品企业质量安全承诺书》。组织全市111名食品监管人员参加省质监局组织的法律法规和业务知识培训，组织751家食品企业管理人员学习《食品安全法》、《食品添加剂使用卫生规范》及食品标签使用知识。为314家食品企业换发生产许可证，注销179家有效期届满不具备换证条件和超期未申报企业的生产许可证。把唐山市康尼乳业有限公司和河北栗源食品有限公司全程监管模式树为全市食品安全全程监管模式试验示范点。把17家乳制品、44家肉制品、28家植物油、108家小麦粉生产企业列为重点整治食品。对遵化市的罐头、迁安市的粉条、玉田县的饮料、开平区的糕点等区域性产品进行重点整治。全市乳制品生产企业落实收购的生鲜乳和出厂的乳制品必须实行三聚氰胺逐批检验检测制度。针对玉田县饮料企业仿冒知名企业产品问题，取缔无证企业11家、规范饮料生产企业12家。严格进行食品定期检验风险检测，共抽查食品2274批次，合格率为91.04%，风险监测67个批次。

【特种设备安全监察】 开展车用液化石油气钢瓶和车用压缩天然气钢瓶专项整治、冶金起重机械专项整治和压力管道元件专项整治。规范整顿车用气瓶安装单位8家，整治冶金起重机418台，检查制造、设计、维修单位52家，问题企业全部进行了整改。积极开展特种设备现场安全状况检查。检查各类特种设备19420台，对发现的3179处隐患跟踪整改。对全市662家重点监管场所和1911台重点监管设备实施动态监控，重点设备的使用登记率、定期检验率、作业人员持证上岗率均达100%。全市特种设备使用登记率达到96.7%，特种设备定期检验、监督检验21416台。修订了《唐山市特种设备事故应急预案》，开展电梯事故应急救援演练。编制《2009年上半年唐山市特种设备安全状况白皮书》。

【质量宏观管理】 把质监系统的标准、计量和质量管理职能与产业结构调整相结合，与整顿市场经济秩序相结合，对重点产品、重点区域、重点企业实施重点服务。

1. 做好质量管理基础工作。加强生产许可证监管，完成全市137家获得许可证企业和强制性认证企业的档案录入和数据更新工作。编制2008年和2009年上半年唐山市产品质量安全状况白皮书，组织开展全市质量竞争力指数测评工作。全年荣获省质量管理奖1个、质量效益型先进企业2个、服务质量奖5个、省名牌产品37个、优质产品14个。

2. 扎实抓好标准化工作。加快采用国际标准和国外先进标准的步伐，完成唐山建龙实业有限公司的冷轧钢带等采标任务11项，实施采标标志6项，申报唐钢的“结构用热连轧钢带”等4个产品为河北省重点采标项目。组织完成《测土配方施肥技术规程》、《奶牛挤奶厅建设管理规范》等13项市级农业标准的制订。承担《貉饲养场建设技术规程》、《早熟棉区盐碱地棉花栽培技术规程》、《奶牛调运检疫技术规程》3项省级农业地方标准的制订，完成标准送审稿。申报承担《城市道路绿化建设标准》、《出租小轿车营运服务规范》和《称重类社会公正计量行（站）服务标准》3项省级服务业地方标准的制订，年底《城市道路绿化建设标准》通过省质监局组织的专家审定。省地方标准《和谐社区建设及评价准则》顺利通过省质检局组织的专家审定。

3. 加强计量管理。对辖区集贸市场固定摊点在用衡器实行免费检定。对300余家重点企业管理人员集中培训，为5498个企业使用的36886件强制检验计量器具建立档案。深化能源计量工作。3个重点耗能企业通过测量管理体系认证，32家企业通过计量保证能力合格确认，对52个重点耗能企业进行监督检查和能源计量档案汇总。加强计量工作法制检查，对计量授权证书到期的8个县区计量检定机构建标量传及体系运行情况进行全面检查审核。加强对集贸市场、加油站的计量器具监管，查获计量超差加油站5个，依法进行处理。

【规范市场经济秩序】 对滦南再生絮状纤维进行联合监督检查，查封并异地扣押假冒新疆纯棉、新疆长绒棉共计277包，现场整改260包，责令造假企业停产整顿。在建筑钢材（螺纹钢）专项整治中对64家螺纹钢生产企业进行分类整治。检查各类农资经营网点150余个，检查农资生产企业82家，查处制售假冒伪劣农资案件36起，查获假冒伪劣农资货值58万余元。加强强制性认证产品和“家电下乡”产品的执法检查工作，立案查处假冒3C认证标志、销售未通过强制性认证的产品等违法案件68起。对全市机动车安检机构进行摸底调查，对13家机动车检验机构建立档案，并对安检机构负责人及检验人员进行培训，为157名机动车检验人员颁发资格证书，使机动车安检机构监管工作步入规范。强力推进定检计划落实。全市抽查2592家企业的4150批次产品，计划完成率达到95.50%，产品批次合格率是94.08%。

【加强硬件建设】 在市质检所和遵化、滦南、丰润、迁安、玉田建设食品实验室，投入460多万元购置设备。市质检所食品室通过省局认证认可的产品278种，参数43个，检测项目基本覆盖全市主导食品，具备对大部分食品添加剂、农药残留检验的能力。5个县级食品室具备本辖区内所生产食品的检验能力。国家钢铁产品质量监督检验中心（唐山）建成投入使用。中心投资1000多万元购置30台（套）国际上先进的检验设备，能对300余种钢铁产品按标准进行检验。在曹妃甸设立特种设备检验站，市特检所选派12名检验检测人员，为曹妃甸工业区特种设备检验服务。

（杨健刚）

安全生产监督管理

【概况】 2009年全市发生各类安全生产事故992起，同比增加9起，上升0.9%；死亡372人，同比减少25人，下降6.3%；伤527人，同比减少87人，下降14.2%；直接经济损失2672.4164万元，同比增加712.7614万元，上升36.4%。发生较大事故2起，同比持平；死亡11人，同比增加2人；发生重大事故2起，同比增加1起；死亡35人，同比增加18人。其中：工矿商贸企业发生生产安全事故29起，同比减少5起；死亡53人，同比持平；直接经济损失2076万元，同比增加701万元。发生较大事故1起，死亡5人。发生重大事故1起，死亡16人。道路交通发生事故573起，同比减少129起，下降18.4%；死亡317人，同比减少26人，下降7.6%；伤514人，同比减少70人，下降12.0%；直接经济损失356.5647万元，同比减少44.0903万元，下降11.0%。发生较大事故1起，死亡6人。发生重大事故1起，死亡19人。火灾发生事故390起，同比增加143起，上升57.9%；死亡2人，损失折款239.8517万元。亿元国内生产总值生产安全事故死亡率、工矿商贸就业人员10万人生产安全事故死亡率、道路交通万车死亡率和煤矿百万吨死亡率指标分别为0.098、1.80、2.93和0.29，各项控制指标均在省达控制范围内。

【创新安全生产体制机制】 一是出台《关于推进安全生产“一岗双责”完善党政齐抓共管机制的实施意见》，明确建立各级党委主要负责同志对本地安全生产工作负总责，行政主要负责同志为第一责任人，其他领导为分管领域安全生产工作的直接责任人的安全生产领导机制。将安全生产目标完成情况列入对各县（市）区和市直有关部门领导班子和领导干部业绩考核重要内容，实行“一票否决”。二是重新调整市安委会，市长任市安委会主任，市纪委书记、组织部长、政法委书记、主管副市长和公安局长任副主任，市委、市政府相关部门主要负责同志为安委会成员的格局。各县（市）区也按同规格调整安委会。三是修改完善安全生产目标管理考核办法及标准，量化分解省达各项控制指标，逐级签订安全生产责任书，形成横到边、纵到底的安全生产目标管理责任体系。

【加大治理各种安全隐患力度】 市安委会印发煤矿、非煤矿山等六大行业16个重点领域安全生产隐患治理方案，强力推进安全生产隐患治理行动。煤矿方面，以瓦斯治理和“一通三防”为重点，督导各生产矿井严格落实瓦斯防治各项规定，加强瓦斯监测监控系统的检修维护，建立安全生产隐患排查、治理、报告制度，并认真执行企业负责人、管理人员轮流带班下井制度。严格落实地方煤矿停产监管的各项措施，采取明查暗访等形式，强化停产矿井监管，共检查停产煤矿1200多家次，其中夜查260多家次。积极推动地方煤矿兼并、重组、托管。截至2009年底，开滦集团已经和第一批纳入整合重组范围的13家

地方煤矿签订临时托管协议，并向每个矿派驻矿长和安全副矿长。非煤矿山方面，加大尾矿库整治力度，对迁西、迁安、遵化、滦县4个县（市）境内的尾矿库进行逐库检查，对达不到安全标准的尾矿库进行治理，停产整顿79座，关闭69座。在露天矿山大力推行中深孔爆破技术，严格分台阶开采，在地下矿山强力推行机械通风，严格落实地面防洪、井下防水各项安全技术措施，严厉查处超基建期和不按设计施工行为。对全市117个排土场实施分类整治，对违规进行排土作业、排土工艺参数不符合规范要求的进行治理。危险化学品和烟花爆竹方面，加强对焦化、液氯、液氨、乙炔等重点行业企业生产、储存、经营、使用等环节的整治力度，对取证后管理下降、不再具备安全生产条件的61家企业，提请省安监局注销安全生产（经营）许可证。指导各县（市）区完成2230家烟花爆竹零售网点的设立，严格烟花爆竹供货企业资质审查，加强进货管理，对储存和销售环节进行全程监控。督导唐山冀东氯碱有限公司、唐山邦力晋银化工有限公司等7家防护距离不符合规定要求、被列入关闭范围的危险化学品企业，按期实现停产、搬迁。完成全市1家液氯、2家液氨、23家焦化、24家溶解乙炔、54家氧气生产企业和8家成品油库检测监控报警及自动联锁控制系统的技术改造，18家烟花爆竹批发仓库全部实施24小时监控报警。冶金方面，加强对钢铁企业煤气柜、煤气管道、炉前高温区、高空作业等重点场所和重点部位的安全整治。督导全市61家钢铁企业完善煤气单元监控报警系统，对22座重力除尘器设置泄爆板的高炉实施整治，拆除5座高炉，对3座高炉进行技术改造，10座高炉由原设计单位出具“重力除尘器泄爆板符合设计要求”的证明并通过专家论证。职业卫生方面，开展职业危害排查治理行动，2032家企业完成职业危害申报工作。铁路道口方面，加强对重点道口和重点时段的监管，建立并完善基础管理档案，全面开展平推式检查，成功处置42次故障，避免事故发生。此外，还组织开展道路交通、人员密集场所、建筑施工、特种设备、民爆器材、水上运输、旅游、林业等行业领域的安全专项整治。

【安全生产执法】 2009年1月1日至2月1日，全市抽调1982名人员，组成27个安全生产督导组和487个驻企工作队，对高危行业企业进行了声势浩大的安全生产大检查。遵化“4·14”非法盗采案件发生后，全市从4月17日开始，开展为期一个月的矿山集中整治行动，出动执法人员1.5万人次、车辆3000台次，拆除工棚617处，遣散民工9000余人，扣押没收大型采矿设备121台（件），拆除井架1031个，封堵井筒871眼。7月28日至10月20日，组织开展“奋战80天，安全迎国庆、保论坛”安全生产执法检查特别行动。全市抽调2900名机关干部和专家，成立20个驻县督导组，25个专项执法组，78个督导组、368个专项执法检查组和409个驻企工作队，开展企业自查、驻企工作队帮查、部门检查、党委政府督导的安全生产督导检查。同时，从市委督查室、市政府督查室（已更名为市综合督导局）和市安监局抽调12名骨干力量，组建安全生产督导检查指挥部办公室，每天梳理汇总呈报全市安全生产执法检查特别行动工作动态，随时对各地各单位安全生产工作开展情况进行督导巡查。从11月25日开始，为巩固特别行动成果，组织开展冬季安全生产集中行动，以确保春节和“两会”期间的安全稳定。全年全市共检查企业108600多家次，查出隐患91057处，实施经济处罚1723.3万元。

【安全生产宣传教育】 一是从实战出发，在全市组织开展大规模的安全生产模拟培训，全市模拟培训达到70334人次。二是实行全员教育培训。共举办主要负责人、安全生产管理人员和特种作业人员培训班725期，培训51174人。组织、指导和督导生产经营单位开展其他从业人员培训37万余人次。三是加快安全生产培训基地和师资队伍建设。6月，市安全生产培训考试中心挂牌成立，唐海县、迁西县、滦县、滦南县、玉田县、乐亭县、迁安市、遵化市、丰南区、丰润区、开平区、高新区、古冶区等13个县（市）区完成基地建设。组织开展培训教师比武活动，将15份优秀教案、10份优秀课件收入《安全生产培训优秀教案与课件集》，在全市安全生产培训机构推广使用。四是组织开展以“关爱生命、安全发展”为主题的第八个“安全生产月”活动。组织开展大型宣传咨询日、安全生产万人答题、兰若传媒宣传安全生产知识、安全生产论文大赛、“开滦杯”安全生产宣传漫画大赛、伤害预知预警、应急救援演练等活动。全市共有45万多名企（事）业单位的员工参与万人答题活动，张贴各类宣传品资料15万多份，举办各种安全生产法律法规知识讲座、知识竞赛、演讲竞赛等87场次，各类文艺演出120余场。五是将山西襄汾“9·8”尾矿库溃坝事故和山西太钢尖山铁矿“8·1”排土场垮塌事故警示教育动漫片复制1.5万张，在全市范围发放并组织观看。为全面落实党政一岗双责、齐抓共管措施，市委、市政府组织对全市231个乡镇，700名乡镇党委书记、乡镇长进行安全生产专题培训。

【进一步夯实基层基础工作】 一是加强安全生产监管监察队伍建设。全市所有乡镇成立安委会，171个重点乡镇成立安监站。为提高安监系统干部队伍业务素质，邀请省内外知名学者专家举办安全生产专题讲座，选派干部进行交流深造。二是严格安全生产许可和建设项目“三同时”制度。全年受理安全生产行政许可事项1121项，其中，准予许可933项，不予许可78项，按时办结率达100%。三是全面推进安全标准化工作。60家企业完成了安全标准化申报工作，其中49家企业通过达标审核，国家安监总局在迁西县选取中兴矿业有限公司石门子铁矿等6家非煤矿山企业为标准化试点矿井。四是深入推进法人代表安全生产承诺制建设。出台《关于进一步落实企业安全生产主体责任的实施意见》，督导企业加强“三项制度”建设，全面践行安全生产承诺，严格落实安全生产主体责任。同时，督导企业依法缴纳安全生产风险抵押金。全市累计收缴风险抵押金24142.9万元。

【大力实施科技兴安战略】 全市投资近十亿元，对煤矿、非煤矿山、危化企业、冶金等高危行业企业的关键设备、重要设施进行更新改造。将安全科技列入市本级科学技术研究和发展计划，并拨专款200万元用作尾矿砂充填采空区、尾矿库安全治理、煤矿瓦斯灾害防治、危化品安全储存、重大职业病安全防范以及饮用水安全等六个安全科技项目的启动资金。督导全市投入1000多万元，完成36家加油站的HAN阻隔防爆技术改造。开滦集团林南仓矿投资460余万元，安装井下人员定位系统。8家非煤矿山企业采用尾矿砂回填技术处理采空区，迁安市、迁西县开始尾矿砂干堆试验。

【健全应急管理机制】 建立健全市县两级应急管理机构，各重点企业根据本单位实际成立专职安全生产应急队伍。截至2009年底，全市建立市级专业应急救援队伍17支，拥有专职应急救援人员2250人，应急装备3934件（辆），各级各有关单位共完善应急预案856个。“4·14”非法盗采案件发生后，第一时间启动市级应急预案，市领导亲自赶赴现场指挥救援，经过60多小时的紧急救援，成功救出5名被困矿工。“安全生产月”期间，开展“应急救援演练周”活动，开展演练1160次，参演人员达12.7万人次。“奋战80天，安全迎国庆、保论坛”安全生产执法检查特别行动期间，投入资金530.328万元，在全市范围内组织2345家生产经营单位开展大规模应急救援演练，参加演练人员达169756人次，动用应急救援装备8874台（套），其中新购置应急救援设备70台套。累计投资1000万元购置安全生产应急救援移动通讯系统、指挥车等救援装备和器材。建立全市安全生产应急救援装备物资数据库，对救援物资和装备实施统一管理、统一调配。

【严肃查处生产安全事故】 认真贯彻执行《生产安全事故报告和调查处理条例》，严肃查处迟报、漏报、谎报或者瞒报安全生产事故行为。对安全生产事故，严格按照“四不放过”原则，对2009年发生的生产安全事故进行严肃处理，给予105人行政处分，实施经济处罚498.5788万元。

（张 威）

海事管理

【概况】 2009年，唐山海事局综合运用船舶交通管理系统、水上交通安全视频监控系统、船舶自动识别系统等现代化海事监管手段，圆满完成监管任务，建立全覆盖、立体化、数字化的海事监管体系。全年重点监管船舶39820艘次，比2008年增长135%；发布航行通（警）告146次；播发海上安全信息11320余次。

【海上应急和救助体系不断完善】 修订完善《唐山市海上突发事件应急处置预案》。全年组织海上搜救行动18次，救助船舶15艘次，救助遇险人员151人次，救助成功率为98.7%。海事部门与气象、渔政部门合作，扩展气象信息收发渠道，形成气象预警信息的收集、筛选、发布和反馈制度，制定“四级预警两级发布”的恶劣气象信息发布机制，有效提高恶劣天气下的预警预控效率。海事部门与团市委合作，联合旅游、渔政等部门，组建以旅游船艇、渔民及其他志愿者为主要成员的全国首支海上搜救志愿者队伍，提高社会对海事应急搜救工作的关注度和参与度。建立海事部门主导、社会力量广泛参与的辖区应急设备库管理模式，规范设备库运营的监督、考核和应急队伍管理，实现设备库管理的系统、高效、透明。组建辖区兼职溢油应急反应队伍，并多次对应急队伍进行专业培训，为打造组织有序、行动迅速、水平专业、清污高效的溢油应急反应队伍奠定坚实基础。

【确保海上石油平台安全运营】 唐山海事局与辖区石油平台协调联动，与平台守护船和港区调度室建立24小时联系制度，及时通报安全信息。建立油田和石油管线警戒区域全天候重点监控机制，发布油田管线的航行通告，在船舶交通管理系统上设置油田和石油管线警戒区域，全天候重点监控，及时警告穿越油田区域或在石油管线附近有锚泊意图的船舶，确保油田安全运营。

【确保航道畅通】 唐山海事局积极与港方、院校合作，开展优化京唐港区船舶进出港交通组织模式的课题研究，科学设计船舶进出港交通组织方案，完善相关的安全监管保障措施，促进航道通航效能的最优、效益最大。海事局认真开展巡航执法工作，全年共组织巡航312次，巡航里程9100海里，巡航时间达到935小时，清除碍航渔船700余艘次。在推行服务电煤运输“十二项”措施的基础上，拓宽“绿色通道”，强化对电煤运输船舶的服务力度。全年实现安全服务电煤运输船舶1834艘次，运送电煤3437万吨。

【为航运企业和船员提供各种服务】 唐山市海事局建立并实施安全管理顾问“温馨提示”制度，协助航运公司管理人员对到港船舶进行自查并整改缺陷。提供船舶外港安检前的技术指导，改善船舶安全状况，降低安全检查滞留率。设立船员助手和船员投诉热线，先后成功调解船员劳务纠纷9次，有效保障船员的合法权益。与天津海事法院曹妃甸审判法庭共同签署船员维权3·15支持协作协议，实现海事调解和司法调解的有机结合。设立船员流动课堂，将最实用，最前沿的知识带给船员，提高船员实际操作能力和应急反应能力。2009年累计授课11次，受益船员达到300余人次，得到船员的一致好评。

【主动服务沿海旅游经济发展】 一是加强与乐亭县政府和各有关单位的沟通，共同落实“四方联动”安全共管机制，做好重点时期旅游船艇的监管工作。全年出动监管人员330人次，执法车辆165台次，监管游艇8192艘次，保障12万游客的安全出游。二是部署三岛旅游区建设期间监管方案。三岛旅游区作为全省旅游重点项目，开发建设期间涉及海上通航环境改变，施工船海上施工作业，施工船和旅游船航行

作业安全，通航验收等多项海事监管内容。海事局主动与三岛旅游区开发建设指挥部建立畅通的联系渠道，规范施工船舶和旅游船艇水上安全秩序，改善旅游区通航环境。

（田洪涛）

无线电管理

【为驻区经济建设服务】 针对唐山经济发展迅猛、曹妃甸地区快速崛起对无线电管理提出新的要求，市无线电管理局创造性开展工作，在3G网络建设和曹妃甸800兆数字集群建设中充分发挥无线电管理部门职能作用，发挥频率资源最大效能。为助推3G移动通信网络建设，牵头组织召开通信运营企业座谈会、新业务推介会、全市3G网络开通仪式等，从前期网络规划到项目建设，从基站选址到业务推介，督促各通信运营企业有序开展业务，为新技术的推广发挥了应有的作用。在解决曹妃甸地区重大项目用频需求大的问题上，市无线电管理局克服该地区项目集中，频率协调难度大、管理任务重等一系列问题，通过调研、座谈、走访，积极推行800兆数字集群网，实现频率管理的可持续发展，为将来事业发展留下空间。

【圆满完成国庆60周年无线电保障工作】 首都国庆60周年活动期间，唐山无线电管理局主要负责保障唐山机场和遵化机场空军受阅飞机通信、导航、雷达测距等无线电设备不受干扰，确保飞行编队训练及受阅期间的飞行安全。唐山无线电管理局与唐山机场、遵化机场建立联络机制，提前对两区域进行电磁环境测试，开展保护性监测，对机场周边环境进行勘察，确定监测位置和保障方案，同时结合对讲机专项清查工作对相关区域进行地毯式的摸排工作。保护性监测期间共动用固定站2座、搬移站1套、监测车2部、便携测向设备4部、监听接收设备9部，监测技术人员6名。累计出动车辆20多次，人员60多人次，监测600多小时，共监听分析信号150个，其中调频广播信号24个，寻呼信号4个，语音信号17个，其他信号103个。经与业务台站数据比对，所测本地广播、寻呼信号均属合法台站信号，未发现非法信号。排除空军导航频率1起，协调广电部门，关停电台发射2家。

【清理违法使用对讲机专项行政执法】 在辖区内开展清理违法使用对讲机专项行政执法活动。首先在电视、报纸、网站等新闻媒体发布无线电台（站）管理有关规定、刊登清理整顿公告。然后工作人员走访、摸排，主要针对违法使用对讲机较多的餐饮娱乐、小区物业、宾馆酒店、建筑工地、购物中心等场所以及流动性强的车载电台进行检查整顿。清查活动历时5个月，截至到10月底，检查餐饮娱乐、物业、商场饭店、建筑工地等单位62家，走访市内电子城对讲机销售商6家。通过执法检查，追缴频占费0.72万元，有15家对讲机使用单位补办设台审批手续，设台总数增加82部。

【为重大活动和各类考试提供通讯服务】 市无线电管理局协调各通信运营企业，为“健康唐山、幸福人民”全民健身系列活动启动仪式、央企走进曹妃甸、第四届海峡两岸企业发展与合作论坛、第二届河北·曹妃甸临港产业国际合作会议等市内大型活动提供无线电通信保障。在研究生考试、高考、司法考试等9场国家级考试现场进行无线电信号测试，防止考生利用无线电设备作弊，严肃了考场秩序。期间出动监测人员48人次，监测车辆34辆次，发现作弊频点10个，抓获作弊人员6名。其中研究生考试2名，四、六级英语考试2名，一级建造师考试1名，注册会计师考试1名。没收作弊无线电设备6套（包括对讲机、针孔耳机、寻呼机发射设备等），罚款3000元。

（李相涛）

体制改革

编纂 许 忠

行政管理体制改革

【政府机构改革】 一是按照国家、省有关机构改革的精神以及实行职能有机统一的大部制要求，结合唐山实际，制定市政府机构改革方案，方案获得省委、省政府批准。市政府机构改革以大农业、大文化、大交通和统一人力资源市场、城市规划、建设管理为框架，撤并和调整机构22个。二是按照“科学界定职能、精简机构人员、理顺条块关系、促进乡镇政府职能作用更好发挥”的原则，调整滦县、丰南区两个试点县区的乡镇机构设置与职能定位。

【行政审批制度改革】 依照国家和省关于行政审批制度改革的各项政策，进一步规范和减少行政审批事项。对依法保留的行政审批事项进一步明确实施主体，减少审批层级和环节，完善行政审批“一站式”服务。推行首办负责制、并联审批制、超时默许制等制度，最大限度地提高审批效率。

【创新区域管理体制】 统筹考虑机构编制资源，打破行政区划束缚，进一步理顺完善曹妃甸新区、乐亭新区、曹妃甸国际生态城、凤凰新城、空港城、陡河青龙河管委会、唐山湾三岛等“四点一带”、“四城一河”等体制框架，其中曹妃甸新区获省批准。

国有企业改革

【国企改革工作取得新进展】 一是积极推进国企改革进程。唐山物贸（集团）公司、唐山焦化有限责任公司等10家企业破产终结；对组建五大企业集团后需剥离的水泥机械厂、针织总厂及市轧钢厂等危困企业，逐家制定改制破产预案，待条件成熟后即可进入程序。二是妥善安置改制企业职工。注册成立唐山市职工服务中心，已有4120名职工进入中心。

【企业战略重组取得新突破】 一是组建五大国有企业集团。冀东发展集团和唐山港口实业集团对各自所属企业进行整合，由唐山重型装备集团对唐山冶金矿山机械厂和唐山齿轮集团进行整合，由唐山北方瓷都陶瓷集团对唐山陶瓷集团和唐山陶瓷股份进行整合，由唐山交通运输集团对市一运、通达运业进行了整合。二是积极引进战略投资者。冀东发展集团与哈电集团合作的装备研发及成套制造项目进入实施阶段，与日本技术株式会社达成协议共同合作生产风电设备配套产品，并取得中国银行138亿元授信额度。

【国有资本运营取得实质性进展】 唐山国投公司、唐山城建投公司、唐山建投公司等12家新设资本运营机构的资产划转和工商注册工作基本完成，并选派董事长，选聘国投公司、曹投公司等3家投资公司总经理，法人治理结构逐步完善。进一步完善国有资本监管体系。制定印发《唐山市履行出资人职责企业投资监管办法（暂行）》、《唐山市政府关于做好市属国有资本运营机构国有资产统计工作的通知》等文件，确定市属国有资本运营机构管理体制和运行机制，实现了国有资产监管工作由资产管理向资本运营的成功转型。

财税体制改革

【理财机制进一步完善】 一是优化财政体制。研究制定《财政支持“省财政直管县”发展的意见》，支持玉田、滦县、滦南三个产粮大县实行统一的省财政直接管理体制。出台《调整古冶区、丰润区财政管理体制的意见》，彻底解决“一区两制”的管理体制问题。全面推进县乡财政体制改革，各县（市）区实行“相对规范的分税制”和“统收统支加激励”两种财政体制模式。二是完善管理机制。建立财政专项资金即时分析监控系统。全面清理行政事业性收费和政府性基金75项，切实减轻企业和群众负担。三是全面实施增值税转型改革。严格执行各项减税政策，强化对各种抵扣凭证的管理，重点加强对固定资产进项税金的审核，最大程度减小了不利影响。

科技教育体制改革

【科技体制改革】 深化产学研协作创新体制改革。围绕打造主导产业链和资源型城市转型，分别与清华大学、河北工业大学、天津工业大学和燕山大学等院校签订了产学研战略合作协议。积极推进科研院所改制。机电研究所、化工研究所、轻工研究所、自动化研究所4所科研院所向企业化转制，整体或部分进入企业，或转为技术服务和中介机构，实现了科技资源的合理利用和科技成果转化的利润最大化。

【基础教育体制改革】 一是开放式素质教育试验取得新成果。继续加大对开放式素质教育试验的研究和指导，明确了丰润、丰南、开平、古冶和迁安等县（市）区的试验学校。二是中考改革稳步推进。省级示范性高中公助生招生指标分配比例，由2008年的50%提高到了70%。印发了《关于将理化试验操作和信息技术纳入中考总成绩的通知》，2010年开始实施。三是高中课改全面铺开。按照省统一部署，自2009年秋季开学，全市普通高中一年级全部进入新课程实验，建立了普通高中教育网络平台。四是深化聘任制改革。实施了中小学校长公开招聘和新任教师公开招考改革。建立城乡教师交流新机制。制定《关于新进中小学教师到农村支教的指导意见》，积极鼓励城镇中小学校长和优秀教师到农村或薄弱学校任职、任教。制定《唐山市义务教育学校绩效考核办法》，稳妥推进义务教育阶段教师绩效工资改革。

【职业教育体制改革】 一是进一步推进职业教育资源优化整合。唐山职业技术学院与餐饮、旅游、家政、房地产等企业合作，筹备组建了唐山现代服务业职业教育集团。依托唐山工业职业技术学院组建的河北曹妃甸工业职业教育集团正式成立。二是推进职业教育由政府“一家办”向以政府为主，社会、企业多家参与转变。印发了《唐山市人民政府关于促进民办教育发展的意见》（唐政发〔2009〕28号），完善扶持政策和激励机制，鼓励民间资本举办以职业教育为重点的各类民办教育。

【高等教育体制改革】 一是积极鼓励和支持高校与国内外知名教育机构开展多领域、多层次的交流和对接。与复旦大学上海视觉艺术学院签署了合作协议；与中国石油大学、中华职教社、茅以升科教基金会等就全面开展战略合作进行了深入商谈。二是进一步提升高校办学水平。经省政府批准，河北理工大学、华北煤炭医学院合并建设综合性大学，并获博士学位授予权建设资格；唐山师范学院玉田分校、滦州分校合并改建方案完成论证。

文化卫生体制改革

【经营性文化事业单位改革】 按照产业化发展的方向和现代企业制度的要求，稳步推进新华电影院、燕山影剧院、渤海影剧院、曙光影剧院等11个经营性文化事业单位改制为国有文化企业。

【艺术表演团体改革】 整合京剧团、评剧团、唐剧团、皮影剧团、歌舞剧团，组建成立唐山市演艺公司。

【建立和完善文化产业多元化投入机制】 鼓励、引导民营资本投资文化产业，支持民营资本采取多种方式参与国有文化单位改制重组，组建具有竞争力的现代文化企业。

【医药卫生体制改革】 成立唐山市深化医药卫生体制改革领导小组。认真贯彻落实省委、省政府关于医改工作的总体部署，扎实推进五项改革，制定完善全市医改方案及配套文件，基本医疗保障水平不断提高，基层医疗卫生体系建设步伐不断加快，医改工作实现良好开局。

（崔建军　欧阳梦瑶）

精神文明建设

编纂　李晓东

创建全国文明城市工作

组织领导

【重视程度进一步提升】　唐山市对精神文明建设历来十分重视。2009年2月5日，市委、市政府又召开全市创建全国文明城市工作电视大会，对创建工作进行誓师动员。全市各级各单位主要负责同志参加，市党政主管领导和分管领导分别作部署动员。大会市设主会场、各县（市）区设分会场，会议全程在市电视台直播，全市社会各界群众百万余人收看大会实况，此后，市直各新闻媒体反复播放，受众达到四百多万人。唐山市成为全省率先召开新一轮创建全国文明城市工作动员大会的城市，得到中央文明办和省文明办的充分肯定，中国文明网和河北精神文明网予以全面报道。经过总动员，各级党委、政府对创建全国文明城市工作更加重视，将创建工作作为“一把手”工程纳入党委和政府的重要工作日程，全市上下创建信心更加坚定。年底，唐山市连续第四次被评为全国创建文明城市先进城市。

【创建思路更加清晰】　年初，市委、市政府从城市建设的长远发展和人民群众的根本利益出发，站在加快建设科学发展示范区和人民群众幸福之都的战略高度，积极谋划2009—2011年全国文明城市的创建工作，制定新一轮文明城市创建规划，印发《关于推进新一轮文明城市创建工作的实施意见》（唐发〔2009〕6号），提出始终坚持“一个目标”，即把唐山建成科学发展示范区和人民群众的幸福之都，建成全国文明城市；牢牢把握“两个着力点”，即全面提高城市发展水平和文明程度，普遍提高人民群众的幸福指数；坚持“四项原则”，即坚持以人为本，在创建工作中坚持以造福人民为根本，大力发展公共设施，完善城市功能，让人民群众共享城市建设和发展成果；坚持生态优先，努力把唐山建设成为一座“城中有山、环城是水、满眼是绿，山水相依、水绿交融、自然景观与人文景观相互辉映”的凤凰涅槃的生态城市；坚持规划至上，按照建设现代大都市和科学发展示范区的总体要求制定战略规划，为城市建设和发展提供有力保障；坚持建管并重，以建为主、以管促建、建管同步，推动城市科学管理、安全管理、依法管理。确定重点推进八项工程：即市民文明素质提升工程、文化设施建设攻坚工程、市区交通秩序优化工程、市政管理服务创优工程、市容市貌综合治理工程、“五小”行业集中整治工程、社区管理服务升级工程和节能环保限期达标工程。使全市上下明确创建方向和创建任务，目标更加明确，迅速掀起新一轮创建全国文明城市工作高潮。

接受国家城市公共文明指数测评

【对标检查改进】　2009年，唐山市是首次接受国家城市公共文明指数测评，为了迎接测评，全市上下一方面坚持全面创建、全民创建、常态创建，赢得群众的重视和支持；另一方面从测评体系指标对标工作入手，做好迎查工作的材料准备。一是针对2008年全国文明城市测评中唐山市暴露出的问题和差距，从测评体系指标逐项对标入手，大力改善人民群众最不满意的卫生环境、市场秩序、交通秩序，积极谋划推进创建全国文明城市暨城乡面貌三年大变样百日攻坚行动，为迎接公共文明指数测评奠定基础。二是认真研究公共文明指数测评工作实施方案，结合唐山实际，制定下发《关于开展各区公共文明指数模拟测评及申报本辖区实地考察点有关问题的通知》、《唐山市公共文明指数实地测评指标》、《唐山市公共文明测评社会调查问卷》等指导性文件，提前做好对迎查工作的安排部署。

【在细节上用力】　对公共环境、公共秩序、人际交往、社会志愿服务等测评内容进行精细化准备和模拟入户调查，尤其在七大类档案资料的准备中坚持全面反映全市的创建活动和成果，在组卷、规整等环节精益求精。经过全市上下的一致努力，首战告捷。唐山市国家城市公共文明指数测评成绩在全国114个接受国家测评的城市中列第20

位，位列地级市第10位，超过17个既有全国文明城市中前7个全国文明城市（宁波、南宁、烟台、南通、苏州、大庆、中山）。这是继2008年唐山市首次进入全国文明城市候选城市后，第二次实现社会文明程度的新提升。

“迎国庆、讲文明、树新风”活动

创造优美环境

【概况】 2009年是新中国成立60周年，也是首届曹妃甸国际论坛举办之年。市委、市政府成立“文明迎论坛、环境大提升”百日推进行动指挥部，办公室设在文明办，论坛筹委会还以文明办为主体成立环境整治部，文明办主任任部长。文明办认真贯彻中央、省文明办关于“迎国庆、讲文明、树新风”的部署要求，以迎接首届曹妃甸论坛为契机，以“文明迎论坛，环境大提升”百日推进行动为载体，以“四优一做”（创造优美环境、建立优良秩序、推行优质服务、倡导优雅言行，争做文明使者）为重点，深入开展“迎国庆、讲文明、树新风”活动，取得明显成效，将精神文明建设向前推进一大步。国庆节前，路南区对环境治理情况进行的满意度调查显示市民对市场环境整治工作满意率、小区环境卫生整治满意率、绿化管理工作满意率、非法小广告治理工作满意率、公共设施维护满意率等8项指标满意度均在96%以上。

【卫生环境明显改善】 通过开展全民义务劳动和旬评卫生最差等活动，促使一些过去卫生基础设施欠账较多的城区卫生面貌发生很大变化，解决城乡结合部、城中村、老旧小区、背街小巷存在的卫生问题，城乡卫生死角死面得到基本消除，城乡卫生面貌发生彻底改变。不仅论坛会址及周边区域卫生迅速达到目标要求，市区卫生保洁水平也实现大幅提升。市、区两级全面推行划段分包责任制和全天候保洁制度，强化巡查检查督导措施。市中心区主次干道和公共场所、居民小区基本实现24小时保洁。

【市容环境大为改观】 全市上下坚持一手抓清涂、一手抓打击，组织市综合执法部门与区街联动，对市区各类非法“小广告”进行彻底治理，困扰唐山多年的城市“牛皮癣”顽症终于得到根治；着眼实现城市整体风格的美观和谐，对破旧户外广告牌匾、乱设落地灯箱广告、私自拉设广告条幅等行为进行全面治理，拆除市区22条主次干道两侧有碍观瞻的广告、牌匾940余块，落地灯箱600余个；市中心区主次干道两侧的店面牌匾、门窗玻璃及建筑围挡杂乱无序的状况得到重新规范；清理粉刷迎宾线路两侧的建筑墙体，对市区10条主要道路进行局部翻修，23条道路完成补坑，19条主次道路人行便道进行调修更换，20个小区道路进行维修改造，市政设施得到完善提升；市中心区及论坛会址周边、重点景区的公共信息图形标志按照国家标准进行规范；开展文明工地创建活动，对建筑工地围档进行规范，设置或更换高标准公益广告围档800多块，共计9万多长米，围栏上反映论坛内容和生态主题的公益广告不仅起到良好的社会宣传作用，也成为唐山市一道独特的风景线。

【绿美亮工程上档升级】 在论坛会址、周边区域、市中心区和高速公路、国省干道等重点部位大力实施绿化、美化、亮化工程。以创造艺术园林、景观园林为重点，高标准完成唐丰路、外环线、长宁西道、大里路和凤凰山、大城山、大钊公园的绿化改造任务。完成对纪念碑广场、市民广场、车站、路口等重要道路节点的绿化、美化，国庆及论坛期间，共摆放各类鲜花15种、102万盆，修剪树木30余万株。以打造精品线路节点为重点，在市区主要道路出入口、重点区域摆放10个品种的花卉景观150万盆。调运各类品种花卉250万盆，将论坛会址周边、主要接待驻地、重点参观区域装饰一新。以提升夜景亮化档次为重点，组织市区亮化提升工程。在机场连接线启动“鸟语花香”为主题的亮化工程，安装各种景观灯112套，桥身LED灯5060盏，中国结路灯灯饰180套，路灯829座，埋设地照树灯1263个。绿美亮工程上档升级，展示绿色新唐山、魅力凤凰城的独特风姿。

建立优良秩序

【规范市场经营秩序】 着眼完善市场功能，整治市场秩序，规范经营行为，保障人民群众食品卫生安全，积极推进市场规范化管理和“五小行业”综合治理。先后组织卫生、工商等部门和各县（市）区政府对市区、各县特别是7条迎宾路线、13条参观考察线路和43个重要节点周边市场进行认真检查治理；对论坛沿线、沿路66个市场及500多家“五小行业”进行全面摸排。据统计，全市责令停业整顿299户次，限期改进548户次，取缔市场内无照经营736户，落实市场“三白两防”（白衣、白帽、白套袖，防尘、防蝇）11900多套。通过集中治理，全市市场功能不断完善，市场秩序实现好转，经营环境得到净化和提升，保障国庆及论坛期间的食品卫生安全，使广大消费者的合法权益得以维护。

【整治交通环境秩序】 协调交通、公安、交警、执法、环保部门和各相关县（市）区集中开展交通环境治理。对高速公路、国省干道和铁路沿线的各类垃圾进行全面清理，对沿途有碍观瞻的破旧建筑物进行拆除或墙体刷新美化，对沿途污染企业进行全面摸排和关停整治，对农村焚烧农作物秸秆、垃圾等问题进行有效治理，确保道路沿线整洁、美观、环保；重要线路交通环境进一步优化，机场连接线绿化、亮化、景观等各项功能全面完善；西外环高速、唐曹高速等重要线路沿线116公里的护栏、隔离墩、路缘石以及收费岗亭、附属设施等进行全面清洗和粉刷，收费站以及重点区域摆放鲜花、盆景造型数十万盆；道路沿线两侧绿化、公共信息图形标志规范设置等全面到位；唐港高速完成挖补坑槽144万平方米，102、112等国道修补路面24833平方米，清理各类垃圾、堆积物18172方，修整路肩14.4公里，边沟158公里，路缘石9059延长米；加强路面交通管控力度，通过强化电子监控、治安卡口、酒精测试等手段，对酒后驾车、无证无牌、套牌假牌、乱停乱放等违章违法行为进行有效治理；倡导文明出行，规范城市交通秩序，对三轮车施行禁行、限行措施；重点对唐山西火车站和长途汽车西客站出租车抢客、拒载、拼车现象进行整顿，学习外地经验，实行港口式管理，有序疏通，努力改善城市交通环境。

推行优质服务

【概况】 以优化窗口服务，塑造文明形象为目标，在全市各窗口行业开展"文明服务、优质服务"竞赛活动，窗口行业和单位服务质量进一步提升。60多个服务行业、单位和近千家基层窗口大力推行"语言、仪表、行为、服务、环境"五种基本规范。在全市1530辆公交车、4613辆出租车、1370辆长途班线车中开展"创建文明示范车"活动；继续推进文明执法杯、优质服务杯、便民利民杯"三杯"竞赛活动，辑印下发《唐山市文明单位创建经验汇编》，组织文明单位创建经验宣传，推动机关事业单位干部作风建设。

创建文明生态

【推进文明生态村建设】 文明生态村建设是一项连续性的系统工程。七年来，全市坚持把文明生态村建设作为社会主义新农村建设的有力抓手，作为推进城乡一体化建设的重要途径，作为发展农村经济、增加农民收入的核心内容，作为改善人居环境、加强农村公共基础设施建设的切入点，以"村民中心"、"科学发展示范村"和"户户通工程"建设作为重点，使文明生态村建设扎扎实实地向深度和广度推进，取得显著成效。年底，全市按照每年推进总村数10%的建设规划，有3936个村达到文明生态村建设标准，占全市总村数的68%。

【进行"市民中心"试验示范探索】

按照市委、市政府的要求，市文明办会同市民政局和路北区对"市民中心"模式进行积极有效的探索和实践，在路北区文化路街道进行试点。文化路街道办事处根据自身实际，按照政府主导、居民自治、资源共享、共驻共建的原则，和全方位、多角度地为居民搞好服务的理念，推行市民中心"1+1+N"管理模式，即一个市民中心设立一个政务站，并覆盖若干个居委会（家委会）的形式，通过一个时期的运行，推进文明和谐社区建设的进程，为文明社区创建搭建平台。为推动市民中心建设向纵深发展，市委、市政府于4月22日出台《关于推进市民中心建设工作的意见》（唐字〔2009〕34号）。并于24日召开"唐山市市民中心现场办公暨社区建设工作表彰会议"，要求全市上下以改善民生为出发点和落脚点，全面推进市民中心建设。年内，全市累计投入资金500万元，建成45个市民中心，另有41个完成方案设计，开始进场施工。年底，唐山市市民中心项目通过专家评审，地处南湖生态城起步区核心位置，总占地面积300亩，建筑面积21.5万平方米，由行政办公中心、委办局、会议中心、市民中心、市民之家、城市展览馆等功能建筑组成。

【组织文明示范点创建活动】 按照市委、市政府关于深入推进城乡文明生态创建活动的意见，市文明办协调市、县两级有关部门，认真开展创建文明示范大道、文明示范工地、文明示范集市、文明生态小区等活动。9月25日上午，在龙王庙平改楼工程施工现场召开创建文明工地活动现场观摩会议。市文明办、市建设局、全市各县（市）区建设局主管局长、安监站站长、二级以上施工企业主管副经理、安全科（处）长和市中心区在建工程项目经理、安全员、监理单位总监共400人参加，现场会上宣读市文明办、市建设局《关于在全市深入开展创建文明工地活动的意见》（市文明办发〔2009〕27号），有关建筑公司介绍开展创建文明工地活动和文明施工管理的经验，建筑企业代表作表态发言。现场观摩会议的召开和《关于在全市深入开展创建文明工地活动的意见》的下发，使全市文明工地创建更加深入和规范。同时重点组织开展创建文明生态小区活动，将生态环保理念与文明创建活动有机结合，对文明生态小区的创建模式进行有益探索。以"绿色、文化、和谐、清洁、平安"为主题，在路南、路北、开平及其他县（市）区分别抓一批省、市级示范试点，推出省级示范点14个，市级示范点56个。创建活动的开展不仅改善小区的生活环境、生态环境，也促进邻里和谐，活跃文化生活，得到社区居民的广泛认可。

【开展"营造城市森林"活动】

配合市政府绿化工程，为把新唐山建成生态园林城市和人民群众的幸福之都，3月18日，市文明办在全市组织开展城乡造林绿化及全民义务植树活动，组织市党政军领导，机关、团体、企事业单位及广大干部群众共4.5万人，植树10.6万株；随后，在全市绿化持续攻坚行动中，市文明办与相关部门密切合作，加强督导，继续推进城市绿地和城市生态公园建设。年底，全市市区城区绿化覆盖率达44.85%（2007年达43.31%），绿地率达39.1%（2007年达37.54%），人均公共绿化面积达9.85平方米（2007年达9.73平方米），城市绿化水平得到进一步提高。

公民素质提升工程

成年人道德品质建设

【主题教育和实践活动】 以提升文明素质、普及礼仪知识、倡导社会新风、展示人文风采为目标，在全市城乡广泛开展"提升文明素

养，争做文明使者”的主题教育和实践活动。一是组织实施“公约创作工程”、“公约入脑工程”、“公约五进工程”，全市各级各单位先后印发“《文明公约》解读明白纸”、“《行为规范》法规宣传单”和“市民素养46句”等宣传资料100多万份。路北区全年坚持开展“百人巡访、千人劝导、万家学礼仪”文明创建活动，同时全区万名党员常年开展周末奉献日活动，深入社区居民家中进行道德宣传，参加义务劳动，以模范行动促进文明素质教育。古冶区围绕《公民道德实施纲要》、社会主义荣辱观等内容，每月精选时事、礼仪、诚信、法律、理论等知识，编印成《每月十题》，印发全区，将日常教育与集中学习相结合，广泛开展多种形式的市民教育活动。二是组织“迎国庆、迎论坛、讲文明、树新风”礼仪知识大赛，大赛由电视竞赛和百题竞赛两个活动组成。14个县（市）、区以及6个市直党工委在层层选拨基础上，分别组成20个参赛队参加电视大赛的笔试预赛和电视决赛；全市广大干部职工及群众广泛参与的文明礼仪知识百题竞赛的答题活动，收回书面答题卡和网上答题卡20多万人次。三是在公交行业开展排队乘车、爱心让座活动，评选公交“十佳司乘”和出租“十佳的士明星”，开始谋划“寻找红灯前止步第一人”活动。

【道德模范评选和学习宣传】 在市、县两级评选、表彰首届道德模范156名（其中市级10名），道德模范提名奖104名（其中市级20名）的基础上，组织进行2009年度道德模范评选。同时推荐上报第二届全国、全省道德模范。经过层层推选，在全省评选中，唐山市玉田县东八里铺村农民宋志永获得河北省第二届道德模范称号；迁西县胡子工贸有限公司、喜峰口旅游开发有限公司董事长张国华，唐山市一运富康出租车公司出租车司机关起印，滦县老站小学六年级学生卫群等3人获得河北省第二届道德模范提名奖称号。在全国评选中，宋志永当选全国第二届道德模范，郑久强继第一届之后，再次荣获第二届全国道德模范提名奖。9月20日晚，宋志永光荣地出席在北京举行的“第二届全国道德模范评选表彰颁奖典礼”，为河北省、唐山市再次赢得荣誉。与此同时，市县两级媒体对本级评选的道德模范进行广泛的学习宣传，据不完全统计，2009年，两级媒体先后刊播道德模范先进事迹2680篇次，两级发放相关宣传材料20多万份。年底，全市第二届道德模范评选仍在进行。

未成年人思想道德建设

【学校主阵地开辟新载体】 一是组织开展“向国旗敬礼，做一个有道德的人”网上签名寄语活动。全市87万多名中小学生中有76万多人次分别以个人或小组、团队、班级以及家庭名义参加签名，同时留言寄语，以抒发感言、表达心声。由于工作突出，此次活动唐山市获全省优秀组织奖。二是组织开展“城乡少年手拉手，争做一个有道德的人”实践活动。全市城乡学校结对达272所。4月份，组织全市中小学生为四川灾区捐赠图书36万册。5月中旬，当中宣部等部委要求全国为四川灾区捐书之时，满载全市80多万中小学生爱心的唐山市的救援车队已抵达四川绵阳。中央电视台、中国文明网、河北文明网及唐山市新闻媒体分别报道此项工作。

【少先队工作创建新模式】 为培养小学一年级新生的团队意识、责任意识、自我管理意识，进一步探索加强未成年人思想道德建设的新途径、新方法，丰润区在医院路小学创建少先队预备组织——“春芽”中队。“春芽”中队有标准——只有全部同学都获得“五星奖章”（即爱国星、尊师星、友爱星、学习星、劳动星）的班级才能成立“春芽”中队，戴上“绿领巾”。“春芽”中队有阵地——“春芽报”、“图书角”、“学习小园地”等既是“春芽”中队的活动载体，也是“春芽”队员自我管理的有益平台。“春芽”中队有活动——聘请30名优秀少先队员担任“春芽”中队的小辅导员，开展“红领巾、绿领巾手拉手”活动，在校园内设立“红领巾文明岗”，由“红领巾”带领“绿领巾”值勤，体验校园文明之风，养成良好行为习惯。近一年来，先后有352名一年级小同学光荣地戴上“绿领巾”，“春芽”中队的活动在校园里开展得如火如荼。丰润区的经验正在全市逐渐推广。

德育进社区

【精心打造“社区未成年人活动站”特色品牌】 近年来，随着全社会对未成年人思想道德建设工作的重视，全市社区相继建起社区未成年人活动站，给广大未成年人提供固定、便捷的校外活动场所。但是，由于孩子们的年龄结构不尽相同，活动站的师资成为一大难题。为有效解决这一问题，路南区文明办、教育局经过详细的调查、审慎的研究之后，决定在全区范围内开展“辅导员进社区”活动，选聘54名优秀教师担任社区未成年人活动站辅导员。社区辅导员的主要职责是与社区共同研究制定开展未成年人思想道德教育活动的工作计划，协助社区组织未成年人开展内容鲜活、形式新颖、吸引力强的道德教育活动、社会实践活动和文体活动，做好对未成年人的思想评价工作，及时和学校、家庭进行沟通，协助社区办好家长学校。社区教师在社区工作期间，主要接受社区的统一领导和管理，街道、社区负责对社区教师的工作情况进行考评，并将考评意见反馈到区教育局、文明办。区文明办、教育局对在社区工作中有成效的教师进行表彰奖励。实践证明，这种做法既能解决社区德育工作力量不足和专业人才缺乏问题，更为青少年所接受，受到社区和广大未成年人的普遍欢迎，又能促进学校德育与社区德育的有效衔接，使学校、家庭、社会“三位”教育有机地连成一体。为进一步加强社区未成年人活动站建设、延伸学校德育工作“触角”、促进未成年人的全面发展，唐山在全市城区广泛深入开展“辅导员进社区”活动，收到良好效果。继2007年在全国第二届“未成年人思想道德建设工作创新案例”评选活动中被评为三等

奖之后，2009 年底，唐山市"社区未成年人活动站"再次获得中央文明办"第一届未成年人思想道德建设工作创新案例推广应用奖"，唐山市成为河北省唯一获此殊荣的城市。市文明办正在谋划将"未成年人活动站"向农村延伸，《关于开展农村未成年人活动站建设试点工作的实施意见》正在抓紧细化和完善，定稿后由市文明委印发。

【净化社会文化环境】 中央、省关于净化社会文化环境工作部署后，唐山市立即组织力量进行认真调查研究，起草印发《关于进一步净化社会文化环境，促进未成年人健康成长的实施意见》。3 月 20 日，组织召开电视电话会议，利用各种宣传手段广泛宣传报道，在全省优秀新闻网站—环渤海新闻网的首页开设永久专题：净化社会文化环境，呵护未成年人心灵，不仅使这项民心工程得到更多民众的拥护，也使投身这项工作的人越来越多。唐山市的工作很快在中国文明网、河北文明网报道。5 月 19 日—20 日，省净化社会文化环境工作督导组进行为期两天的实地走访，听取汇报后，给予较高的评价，称赞唐山"认识到位，发动充分，机制健全，成效明显"。作为"净化"工作重要一环的网吧管理，还在全省先行一步，在全市推广迁安市和丰南区实施"远程视频监控平台"的经验。按照中央文明办、省文明办的部署，9—10 月份，市文明办组织全市未成年人开展优秀童谣评选活动，唐山市有六首童谣被推荐参加全国优秀童谣评选，其中《学好样》入选，成为中央文明办面向全国重点推荐、宣传的 80 首优秀童谣之一。

铸魂工程

大力宣传弘扬新唐山人文精神

【成功举办"唐山十大名片"评选活动】 2009 年，为让城乡广大居民更好地认识家乡历史、感受地域文化、展望城市未来，进一步增强广大市民对唐山的认同感和自豪感，激发热爱家乡、建设家乡、奉献家乡的热情，市文明办和唐山晚报联合举办"唐山十大名片"评选活动。此次评选分为城市精神、地域标志、艺术种类、历史人物、工矿企业等十个类别，经过群众推荐、评委会确定候选名单、群众投票、专家评审四个阶段，从知名度、标志性、唯一性、时代感、美誉度、长期性 6 个方面进行。在 30 个候选名片中，评选出"唐山十大名片"，即：城市精神—新唐山人文精神；地域标志—曹妃甸；艺术种类—评剧；历史人物—李大钊；工矿企业—开滦矿务局（现为开滦集团公司）；城标建筑—唐山抗震纪念碑；生态园林—南湖生态城；工业产品—"和谐号" CRH3 动车组；土产风味—京东板栗；旅游景区—清东陵。通过开展"唐山十大名片"评选活动，进一步提升唐山的知名度和美誉度，对增强广大市民的自豪感和使命感，凝聚人心、鼓舞斗志起到积极作用。

【编辑出版《新唐山人文精神资料汇编》】 年内，为充分展示"新唐山人文精神"大讨论活动成果，撰写、编辑汇集唐山市"新唐山人文精神"大讨论活动的重要文件和基本情况的资料汇编，由领导讲话、评论文章、研讨发言、获奖征文、演讲文稿和新闻报道六部分组成，共 18 万字，全面反映大讨论活动中的思想发动、宣传普及、弘扬践行和总结提升四个阶段的工作，为进一步引导广大干部群众自觉弘扬、践行"新唐山人文精神"，奠定基础。该书暂为内部出版。

寓教育于节庆之中

【概况】 唐山市历来十分重视节庆教育，把节庆教育作为精神文明建设的重要内容，寓各种教育于节庆之中，利用重要纪念日进行专题教育，利用重大庆典进行主题教育，利用传统节日进行特色教育，在潜移默化中铸造唐山魂。尤其近年来思路更清晰，领导更得力，措施更具体，效果更明显。2009 年，全市各级党委政府充分利用传统节日历史悠久、影响大的特点，广泛深入开展丰富多彩的文艺宣传教育活动，在教育人、鼓舞人、影响人、塑造人等方面均实现新新突破。在春节、清明节之后，不断深化传统节日的宣传教育功能。端午节，举办"我们的节日"——端午情怀·爱国主义诗歌朗诵会，纪念中国历史上伟大的爱国诗人屈原；路北区、开平区、古冶区组织开展"端午深情、香粽献爱心"活动，并在现场广播宣讲"端午节"相关知识，使参加活动的人们全面了解中华民族传统节日"端午节"的历史意义；迁安市、路南区、汉沽管理区分别组织端午节"包粽子大赛"，让群众在享受传统节日的同时，品尝传统文化大餐。中秋节，市文明办、市教育局、市文联、市广电局等联合主办纪念新中国成立 60 周年"赛特杯"新中国、新唐山朗诵艺术电视大赛暨我们的节日·中秋主题诗会。全市社会各界的 1000 多名选手中选拔出 30 位优胜者参加决赛。参赛者既有 7 岁的孩子，又有 60 多岁的老人，还有残疾人，大家用饱含深情的朗诵抒发热爱家乡、热爱祖国及建设家乡、建设祖国的激情和斗志。重阳节，安排包括健康保健义诊，咨询，游园，台球、乒乓球友谊赛，书画笔会和文艺节目展演等内容丰富、形式多样的活动，深受老干部的欢迎。七夕节，举行大型集体婚礼，大力倡导移风易俗、婚事新办的良好新风，倡导和谐温馨、健康文明、积极向上的生活方式。在各种革命纪念节日到来之际，发动各种社会组织和团体举办有纪念意义的活动。同时对近年来从国外引进的一些新兴节日也不放过，利用媒体及时进行正面引导。尤其是新中国成立 60 周年重大庆典和"7.28"抗震纪念日，全市组织开展多系列纪念活动，促进全市精神文明建设大步迈上新台阶。

坚持不懈学雷锋

【志愿服务月常搞常新】 3 月，继续以"学雷锋纪念日"和"中国

青年志愿服务日”为契机，组织各级各单位以“学习雷锋、奉献爱心”为主题，广泛开展志愿服务月活动；围绕“城镇面貌大变样、市民素质大提高”，组织开展“促进公共文明志愿服务日”活动，并利用广播、电视、报纸、互联网等媒体，以典型宣传、公益广告、手机短信等多种形式，充分宣传各级各单位的活动开展情况，使这项老牌学雷锋活动常搞常新。

【志愿服务者活动常态化】 一是在全市组织开展“促进公共文明志愿服务日”活动的同时，推动志愿服务立法进程，《唐山市志愿服务条例》经市人大常委会第十五次会议正式通过。二是筹备志愿者协会换届，并抓实基层组织体系建设。三是围绕全市常年重点工作开展志愿服务活动。2009 年唐山开始大规模开展“健康唐山、幸福人民”活动，市文明办便把组织“健康唐山、幸福人民”志愿服务活动为己任，在全市常年开展起来。在此项活动中，6000 名医疗健康服务志愿者开展健康教育进机关、进校园、进社区、进企业、进农村活动，通过开设活动专栏、举办健康讲座、开展健康义诊和送医送药等形式，加强卫生知识与保健常识的宣传普及；1000 名青年健康服务志愿者，成立健康专家志愿服务团和健身运动志愿服务队，在群众休闲娱乐场所开展健身运动，宣传倡导“我运动、我健康”和“讲文明、树新风”理念；2000 名巾帼健康服务志愿者，广泛开展疾病预防、营养保健、心理咨询等健康宣传进万家活动，免费发放健康宣传手册 10 万册，指导广大群众养成科学、文明、健康的生活习惯。四是积极服务好全市重点中心工作。唐山召开首届曹妃甸国际论坛，市文明办学习北京奥运会志愿者的做法，组织各大学 263 名志愿者承担接待引领、会务准备、安全保卫、医疗保健、餐饮保障等方面的志愿服务任务，在论坛中形成一道靓丽的风景。

【“月评学雷锋十佳”坚持 19 年不懈怠】 2009 年，唐山市坚持开展月评学雷锋“十佳”事迹活动达到 19 个年头，专门组织从全市 220 件学雷锋“十佳”事迹中评选出 90 件，并通过市直新闻媒体对“十佳”事迹再次集中进行广泛宣传推介，使这项连续 19 年不间断的特色活动，更加富有生命力和感召力。

【组织推动“我推荐、我评议身边好人”活动】 在上半年三人入选的基础上，下半年加大力度，8、9、10 三个月上榜人数逐渐增加。8 月份“中国好人榜”唐山上榜好人 1 人，9 月份“中国好人榜”唐山上榜好人 5 人，10 月份“中国好人榜”唐山候选好人 9 人，全年达到 20 人，为河北省之首。

（刘红波）

编纂　李晓东

四城建设

曹妃甸国际生态城建设

【概况】　2009年，按照胡锦涛总书记把曹妃甸建成科学发展示范区的嘱托和市委、市政府关于国际生态城开发建设的决策部署，在市委、市政府和曹妃甸新区管委会的领导下，生态城管委会坚持“科学发展不动摇、高效实干不懈怠、凝心聚力不折腾”，发扬“敢于承担、敢于超越”的曹妃甸精神，带领广大建设者以“白加黑、五加二、三班倒”的工作状态，拼命实干，奋勇拼搏，于3月11日奠基，全面铺开新城开发建设，打造世界一流的信息生态新城。截至年底，投入资金209.7亿元，形成基础设施较为完善、重点项目全面开工、城市框架基本成型的格局，圆满完成市委、市政府下达的“6月份形成接待能力、年底前达到入住要求”的任务，并为2010年工作打下坚实基础。

【精心搞好规划设计】　坚持规划先行，一是将科学发展理念体现在规划设计上。聘请具有国际水平的瑞典SWECO公司和清华规划院联合开展规划设计工作，完成起步区30平方公里概念性详细规划。积极做好由概念性规划到控制性规划的衔接工作，完成12平方公里城市建设控制性规划。在此基础上，推进内河、内湖、内海及岸线等专项规划和项目规划设计。委托英国DOW、荷兰DHV和上航设计院等一流设计院，完成滨海大道内线、6条市政道路和信息大厦、钻石大厦、第一中学、低碳建筑、水上餐厅等一批项目规划，并有17项通过市规委会审批。二是明确城市建设标准。按照市委提出的“世界一流、中国气派、唐山特色”的要求和“港口、港区、港城”协调发展理念，确定新城信息生态城市的定位，坚持围绕信息应用和生态特色，高起点、高质量、高水平谋划和建设城市。明确房地产、科技研发、港口服务、国际教育、休闲旅游、行政管理服务等为特色的产业支撑体系。在城市空间布局上，提出建设以商务中心、研发中心、教育中心为主脉络的功能发展带，以金融商贸、滨海休闲、科技研发、教育培训、信息技术、生态居住为重点的经济发展板块等空间发展规划。目标是建设一座高度开放、高度繁荣、高度文明的未来之城，一座文化创新、体制创新、环境创新的创新之城，一座产业协调、资源协调、生活协调的生态之城，一座经济发达、科技发达、服务发达的幸福之城。三是增强可操作性。不断创新方法，寻求城市开发建设的最佳路径。将瑞典循环经济发展理念与生态城具体实践相结合，妥善处理国外先进技术与国内建造能力、现实生态环境与未来建设目标、坚持标准与优先解决曹妃甸区域发展带来的生活急需三个关系；提出坚持“世界一流”、突出“唐山特色”，坚持传统文明、突出现代水准，坚持生态循环、突出实际可行的基本原则。在此基础上，组织专家科学制定城市功能、绿色建筑、交通网络、垃圾处理及利用、新能源开发及利用、水处理及利用、景观和公共空间7大类、141项生态技术指标，以此指导城市建设。

【集中力量开展项目攻坚】　2009年精心谋划70个项目，计划完成投资206.7亿元。截至年底，开工项目54个，完成投资209.7亿元。其中，在12平方公里起步区和4平方公里的科教城区域，全面展开路网、通讯、供水、供电等基础设施建设。以葛洲坝、中冶京唐、河北建设为代表的国有大企业进驻，正以搭桥贷款的方式推进基础设施类项目建设，形成城市基本雏形。年底人工河开通，滨海大道施工单位正在紧张施工，与新城的连接线合拢；“三河一路”绿化全面展开，完成滦曹公路起步区段绿化带、新港大道两侧等大部分绿化工程，生态城水系工程进入前期开挖；服务中心建成，央企生活服务基地一期8万平方米32栋住宅基本完工，央企生活服务基地、假日酒店、生态城服务中心等有形项目取得较大进展，工职院和市委党校搬迁项目、可持续发展展示中心、信息大厦、钻石大厦、中学等城市功能项目开始桩基施工。生态城项目建设全面铺开，进入大规模开发建设阶段。

【按照信息生态理念谋划新产业】　一是坚持信息生态立城。围绕能够带动城市发展、展示城市形象、新能源利用等方面谋划项目，与宋庆龄基金会、人大附中等进行有效

对接，谋划建设高水平的医院和学校。在生态技术和新能源利用方面，落实资源管理中心、风力发电、光伏发电展示等项目，正在进行规划设计和前期筹备工作。同时，地热、潮汐等新能源利用项目也在抓紧招商。积极谋划应用型信息产业，将信息技术应用于城市各个领域，进一步提升城市功能。为加快人员和产业聚集，正在酝酿出台教育、就医免费的优惠政策，吸引社会各界到生态城投资创业。二是强化效率意识抓好落实。面对生态城开发建设艰苦的条件和紧迫的任务，一方面，开展以“拼命实干，加速生态城开发建设”为主题的大学习大讨论活动，引导干部职工彻底打开解放思想的总阀门，坚持怎么能解决问题就怎么做，怎么能快速解决问题就怎么做，集中精力破解资金、土地、机制等困难和问题。另一方面，把效率体现在促进项目落地上，提出项目建设“规划设计、业主、资金、开工竣工时间”四落实的要求，千方百计保障项目建设，确保市委提出的“两个时间节点任务”圆满完成。

【努力打造适应新形势的干部队伍】 结合开展“干部作风建设年”活动，大力发扬“甘于奉献敢承担，廉洁自律敢负责，事争一流敢超越”的精神，以此凝聚班子和干部队伍，保持高昂的斗志、良好的精神状态。

一是切实转变作风。自新城开工奠基以来，集中开展两轮“60天大会战”和“冬季大会战”；落实“白加黑、五加二、三班倒”工作法，深入一线督导检查项目建设情况，确保人人有目标任务，人人有压力动力，锤炼干部职工过硬的工作作风。

二是实施定岗定责。为强化干部职工岗位责任，积极推行“秘书专员制”，进行定岗定责，进一步明确工作职责，细化任务，责任到人，减少管理层次，提高运行效率，形成领导干部决策部署，局办负责人贯彻落实，秘书专员按照分工执行推进的运行机制，使整个机关决策力、落实力、执行力得到最大发挥。实施项目专员盯办制，将重要项目落实到人头，倒排工期、挂图作战，确保按时完成任务。同时，教育引导干部职工增强责任感和使命感，敢于面对问题、解决问题，能够在困难和问题面前站得住、挺得住，在权力和利益面前无贪念、讲奉献。

三是加强班子团结。牢固树立“一盘棋”的思想，在明确班子成员责任分工的同时，做到相互间充分尊重，搞好协作。严格执行班子议事规则，凡涉及到生态城城市规划、工程招投标等重要问题，都要召开班子会讨论议定。坚持召开民主生活会，增强相互间的沟通和了解。坚持以廉政建设规定为准则，大力培育勤政务实的工作作风，落实一线工作法，领导班子成员带头现场办公，及时解决工作中遇到的实际问题。

（崔建军）

南湖生态城建设

【概况】 南湖生态城是唐山市建设科学发展示范区和人民群众幸福之都中新型城市建设的力作，也是资源型城市转型的一项标志性工程。唐山因煤而建。130年前，清政府设立开平矿务局，办矿挖煤，后发展为开滦煤矿。随着煤矿的开采和工业的兴起，唐山发展成为北方工业重镇，被誉为“中国近代工业摇篮”。经过长期的煤炭开采和1976年大地震的破坏，唐山市区周边形成200平方公里的采煤下沉区，造成村庄迁移、农田废弃、坑洼遍布。特别是在中心城区南部的南湖区域，28平方公里的采沉区成为建筑生活垃圾、粉煤灰的堆积地，工厂排放污水，农民养猪养鸡，被人们称作城市的丑陋疮疤。1997年开始，市委、市政府对该区域进行植树绿化，然而，多年积累的痼疾依然存在。50多米高的巨型垃圾山令人望而却步，450万吨的生活垃圾触目惊心，臭气熏天、蚊蝇扑面。丑陋的疮疤严重影响城市形象和人民生活，迟滞城市发展的脚步。市委八届四次全会做出开发建设南湖生态城的重大决策，将环境生态化与人居生态化有机结合在一起，推动资源型城市转型发展，提出要把南湖生态城建成一流的中心城区、生态城区、休闲度假胜地，打造世界一流的城市中央生态公园和全国闻名的“华北水城”。经过短短一年时间，南湖工程建设累计挖掘粉煤灰800万立方米、煤矸石400万立方米，挖掘、倒运建筑、生活垃圾800万立方米，绿化覆土80万立方米；栽植各类乔灌木40多万株，地被植物及水生植物150多万平方米。昔日蚊蝇扑面、臭气熏天的垃圾山改造成为绿树掩映、曲径通幽的凤凰台，关停多年的煤矿旧址成为一个6万平方米的市民广场，垃圾遍地、污水横流、杂草丛生、蚊虫肆虐的“南大坑”嬗变为湖水盈盈、树木葱茏、亭台楼阁、绿草如茵的“大南湖”。2009年5月1日，南湖公园正式开园向游人开放，市委市政府举办盛大开园仪式，同时申报国家4A风景区。申办2016年世界园艺博览会，为积累筹办经验，市政府积极向联合国世博展览局申请，并获批准，唐山市作为全球30个典型案例之一参加2010年上海世博会最佳实践区为期8天的南湖生态建设循环展示，被联合国人居署授予“中国范例卓越贡献最佳奖”。南湖不仅具有重要的生态价值，而且具有重要的经济价值。到2015年，南湖生态城将拥有40万城市居民，高端服务业、文化产业将在这里蓬勃兴起，城市属性、城市形象以及城市文化价值形态也将随之发生根本性改变，成为拉动唐山经济社会发展的强大引擎。

【科学规划引领全面建设】 南湖生态城位于唐山市中心南部，是唐山“城市四大主体功能区”之一。规划总面积91平方公里，包括南湖生态城核心区（南湖生态风景区）、西南片区、东南片区、205国道以南片区、丰南片区。其中，南湖生态城核心区面积约28平方公里，湖水水面11.5平方公里，相当于两个杭州西湖。定位为唐山城市结构的公共核心，以休闲、娱乐、运动、观光为主要功能，是融自然生态、历史文化和现代文化为一体的城市型综合景区。南湖生态城引入世界先进理念进行设计规划，以湖泊湿地为主要特色，扩湖植绿，因势设景，并融入新的文化、艺术和历史文化要素。从总体到具体，南湖生态城的所有规划均采取国际招标，力求国际一流、世界领先。从2008到2009两年内，由美国龙安建筑规划设计顾问有限公司、北京清华城市规划设计研究院、德国意厦国际设计集团、北京澳斯派克景观规划设计顾问有限公司共同完成南湖生态城总体规划、西北片区控制性详细规划、东北片区控制性详细规划等各项规划9项，音乐喷泉、夜景亮化等景观设计20项，南湖扩湖、地震遗址公园、青龙河拓宽改造等重点工程的设计27项，为南湖生态城开发建设提供科学依据。

【快速夯实基础设施建设】 在市委、市政府的直接领导下，按照总体规划部署，广大建设者围绕建设“好玩南湖、生态南湖、神奇南湖、文化南湖”的目标，全力快速推进基础设施建设工程。

一是南湖扩湖一期工程。项目位于南湖生态城生态核心区内，由清华设计院设计，主要是在采煤沉降形成的部分水域基础上，对周边粉煤灰池、煤矸石场及周边废弃地进行整治、挖掘，工程投资4.2亿元，形成水面8平方公里，修建环湖公路15.7公里。

二是垃圾山封山工程。项目位于唐胥路北侧赵各庄旧址处，垃圾量约450万吨，于2008年3月底停止使用，4月初开始实施封场，主要包括山体整形、导气和导液管道安装、防渗层、山体覆盖土工布和土工膜、山体覆土等。

三是地震遗址公园建设。为更好地保护地震遗址，为广大群众建设一个表达哀思、祭祀地震罹难者的场所，遵循“最大可能保存基地的历史记忆，塑造独特的场所精神”的原则，拆除原商业性纪念墙，规划建设地震遗址公园。公园占地620亩。在保留原唐山机车车辆厂铸钢车间遗址的基础上，建设地震纪念墙、科普馆、纪念馆、纪念路、纪念广场、纪念水池等，种植纪念林，进行景观绿化，总投资4.9亿元。完成投资4.5亿元，除地震科普馆正在进行施工外，其他工程主体全部完工。

四是市民广场建设。总面积12万平方米，投资9000万元，4月29日南湖城市中央生态公园开园仪式在此举行。

五是环湖路二期、运动基地路网建设、唐胥路部分路段中修罩面工程相继竣工，使南湖中央生态公园路网体系进一步完善；青龙河治理、建设南路西侧扩湖等工程正在施工。

【绿色生态景观初步形成】 2009年底，完成南湖城市中央生态公园夜景亮化工程。大型组合喷泉、水幕投影和激光表演系统、音响系统、驱动控制柜、景观塔装饰设备及计算机超级控制表演系统安装完毕，正在进行210米高喷系统及球幕电影表演设备的安装，预计2010年4月底前全部竣工；凤凰亭、清音阁、云凤亭3个亭子主体完工，仅剩喷漆等收尾工作。因冬季喷漆施工无法进行，计划2010年3月份施工，4月底完工；环湖景观绿化、垃圾山绿化及南湖公园主入口广场绿化等一批景观绿化工程基本完工，栽植各类树木60余万株、地被植物150万平方米、水生植物8万平方米，初步形成满目葱绿、水天一色的生态景观。

【公园景区规模进一步提升】 以打造国家5A级景区的标准，提升景区服务功能。垃圾箱、座椅、商亭等公园各项功能设施进一步完善，游船和电瓶车档次有所提升；对景区39万平方米区域进行全天候保洁，加强园林绿化养护管理，对南湖公园东门广场及市民广场进行重新布置，摆放草花3万余盆，在市民广场成功举办开园仪式和唐山市庆祝新中国成立60周年歌唱祖国群众演唱会，并为曹妃甸论坛的召开提供良好的环境。旅游娱乐项目基本到位。成立南湖旅游管理有限公司，陆续引进游船、航模俱乐部、儿童乐园、双人自行车、小飞机等水上、陆地、空中30余个游乐项目。南湖成为唐山市民休闲娱乐重要场所之一，成为外地客人来唐的首选旅游目的地，成为唐山的一张城市名片。到年底，接待国内外游客近200万人次，赢得国际友人和广大游客的广泛赞誉。温家宝、贾庆林、李克强、刘延东、何勇、罗豪才等党和国家领导人及许多国际友人先后到南湖参观视察，均给予高度评价和充分肯定。

【招商引资工作初见成效】 大力宣传南湖招商引资优惠政策，通过与10多家国内外知名企业接洽，北京新华联集团、新加坡仁恒和美投资有限公司、北京大阳国际集团有限公司、北京天泽锦程房地产开发有限公司、唐山瑞昊房地产开发有限公司、北京绿城投资有限公司、澳门恒和企业集团公司等11家开发企业签署土地开发合作协议书，6家企业签署包括农家乐、真人cs、网球俱乐部等一批旅游娱乐项目合作协议书。

（张　静　沈广明）

凤凰新城建设

【概况】 2009年，是凤凰新城开发建设取得阶段性可喜成果的一年。新城管委会领导班子团结带领全体干部职工，在人员少、任务重的情况下，围绕“服务京津唐、服务环渤海地区发展的，区域性、现代化的商务中心、金融中心、文化中心、总部基地、创新基地”的功能定位，千方百计克服困难，聚精会神谋求发展，在科学发展的道路上迈出坚实的步伐，圆满完成全年目标任务。年度全市县（市）区领导班子考核，管委会领导班子被评为良好档次第一名。管委会被市委、市政府授予督查工作先进单位、信息工作优秀单位、献计献策活动优秀组织奖荣誉称号，被市文明委授予“文明迎论坛，环境大提升”百日推进行动先进集体，科学发展模式试验示范工作跻身全市优秀行列。管委会十余名同志先后荣获市级优秀共产党员、招商引资工作突出贡献个人、环境大提升百日攻坚行动突出贡献个人、献计献策活动百名先进个人、绿化工作先进工作者等荣誉称号。在辖区项目单位中，宏扬香木林小区的城市雨水收集模式被河北省水利厅确定为河北省城镇水土保持雨水利用试点工程；鹭港小区的供热改革与建筑节能模式是世界银行全球环境基金会在河北省的唯一节能示范项目；凤凰世嘉和梧桐大道分别荣获中国房地产研究会、中国民族建筑研究会最佳设计方案金奖。

【项目建设全速推进】 截至年底，投资190多亿元的42个项目全面开工或完工，累计完成投资98.77亿元。完成固定资产投资34.4亿元，纳税4.7亿元。年内新开工项目16个，包括纳入全市千个项目保增长中的河北省重点工程项目——220千伏变电站、晨源里小区、金港国际·静园小区、怡景文园（蓝天三期）、凤凰文苑、市法院综合审判楼、国家钢铁产品质量检测检验中心、香港嘉里集团商住综合体和学院北路等道路建设项目。其中，公建项目——唐山一中新校区、对外经贸学校、市地税局综合业务信息服务楼、市检察院侦查指挥中心等4个国庆献礼工程如期竣工并投入使用；凤凰新城消防站、河北理工大学轻工学院完工；青少年宫正在抓紧建设；科技馆、工人文化宫等项目正在积极推进。总部基地——总部基地一期（新合作大厦、地矿大厦、冀东物贸大厦、晨辉大厦、名仕大厦）项目正在进行征地和方案深化工作；总部基地二期（唐山人寿保险大厦、盛业集团总部、正兴大厦、银水集团总部、顺立诚商务中心、聚丰总部）项目正在进行土地招拍挂等工作。房地产项目——总投资119.81亿元，建筑面积382.6万平方米的鹭港小区、梧桐大道、景泰翰林、荣泰尚都、宏扬香木林、碧玉华府、凤凰世嘉、晨源里小区、金港国际·静园、怡景文园、凤凰文苑等11个地产开发项目开工建设，进展顺利。商业项目——红星美凯龙国际家居连锁项目6月16日正式签约，香港嘉里集团商住综合体等项目12月16日举行奠基仪式，全面开工建设。日本永旺国际商城购物中心、乐天百货、乐天玛特等一批商业项目正在深入洽谈推进。管委会在抓这些项目建设时始终坚持科学精细管理，一是突出项目重点，高效完成手续跑办。管委会把2009年作为凤凰新城项目建设年，高标准谋划27个全市“千个项目保增长”重点项目，在市直各部门的大力配合下，仅用20天就完成项目前期所需的发改、规划、国土、环保等部门相关手续。

二是合力破解难题，全力推进项目用地工作。针对新城区域内用地指标不足、征地难度大的客观情况，不等不靠，主动协调相关区和市直部门，全力推进总部基地项目征地和土地出让工作。

三是着力建立健全机制，强化项目长效管理。先后建立项目调度、联席会议、月报、报审备案、数据库管理等5项项目管理制度，对辖区内项目定期调度，建立翔实的项目数据库，实施全程监控，确保区域内在建项目全部达到优质高效、安全、文明的标准。

四是大力推行全方位服务，促进项目建设。管委会建立完善工作部署一线指挥、现场调度与督导落实、协调服务相统一的督导检查和服务推进落实体系，强化决策的执行力，积极践行“六个一”（情况在一线掌握，干部在一线工作，决策在一线落实，问题在一线解决，创新在一线体现，成效在一线检验）的一线工作法，及时做好项目审批的全过程服务，运行前急难事项的全天候协调和建设中的全方位督导。凤凰新城以“全方位服务”推动项目建设经验做法在全市推广。

五是认真组织冬季大会战，推进项目建设向纵深发展。按照全市领导干部会议提出的“全面掀起‘四城一河’建设冬季大会战”的要求，确定基础路网、公共设施、开发项目、征地拆迁、招商引资、环境整治等“六大攻坚战”，实行领导分包机制，强力推进38个冬季会战重点项目，努力实现发展观念、发展速度、发展方式的跨越，力争把优越的区位文章做足。把特色的错位产业做大，把凤凰新城的品位城区做优。

【基础设施建设同步推进】 管委会基础设施建设工作始终坚持围绕优化开发建设环境，夯实基础。一是全面加快路网建设。围绕凤凰新城开发建设的需求，与城建部门配合制定2009年道路修建计划。在道路施工过程中，管委会充分发挥协调督导职能，全力帮助施工单位解决相关问题，确保路网建设不停工、不误工、不返工，快速扎实推进。年内先后开工修建友谊北路、光明北路、友谊东辅路、翔云道和长虹道（向西延伸）等19条道路。其中，友谊西辅路（朝阳道—长宁道）、卫国路（朝阳道—龙华道）、大里路（翔云道—朝阳道）、裕华道（卫国路—学院路）、龙富道（卫国路—学院路）、荣华道（卫国路—学院路）、庆南道（卫国路—学院路）、翔云道（青龙路—卫国路）、友谊北路（长宁道—大庆道）等16条道路竣工；朝阳道（卫国路—学院路）、翔云道（青龙路—站前路）、学院北路（兴源道—长宁道）等3条道路正在修建；凤凰新城完备的路网结构凸现雏形。

二是认真做好市政工程建设。以河北省重点工程220千伏变电站为重点，多次沟通协调，解决实际问题，保证该项目2009年3月19日如期开工建设，预计2010年3月底工程竣工。在此基础上，积极协调市供电公司、燃气公司、自来水公司、热力公司等部门，就电力隧道敷设，自来水、燃气、热力输出路径等问题做好前期准备工作，各项工程全面顺利启动，正在紧张施工。辖区道路名称、标牌及公交站等管理设施的设置随同开发建设同步推进。基础设施的快速建设，使新城开发建设的环境得到进一步优化。

三是积极谋划管理设施建设。未来的凤凰新城居住人口将达到近40万，小区、街道命名和公交站点建设、标牌建立等工作提上议事日程。管委会未雨绸缪，积极与市民政局、市城管局、市公交公司等部门结合，推进该项工作及早谋划、及早起步。年底，部分主要社区、街道命名工作完成，为近期入住居民户籍登记、开通邮政创造良好条件。

【招商引资成果显著】 先后与涉及总部基地、商业、金融、房地产开发、基础设施建设、高科技产业、文化娱乐等方面的218批（次）国内外客商广泛接洽，精心谋划一大批典型带动作用强的项目。全年引进利用外资3547万美元，占全年计划的236.5%，位居全市前列。管委会招商引资工作始终坚持创新发展思路。一是多措并举，积极宣传推介。采取新闻媒体宣传、制作大型宣传广告牌等方式，全面推介唐山和凤凰新城独特的资源优势和投资环境及规划建设情况。

二是认真谋划大项目，实行双

定招商。强化“大招商、招大商”的观念，根据凤凰新城的功能定位及规划情况，经过反复推敲，谋划出一批符合凤凰新城开发建设实际、体量大、产业链长、带动作用强的重点发布项目，包括区域整体开发项目、商业项目、金融项目、总部基地项目、重点园区项目、高科技产业项目、文化娱乐项目等，有针对性地定位招商、定向招商。

三是积极对接洽谈，加速项目进程。积极拓展对外合作的广度和深度，努力搭建与国内外客商合作双赢的良好平台。通过组成招商小团队赴北京、天津、上海、广州等地招商，参加省、市政府组织的各种大型招商活动，积极与客商对接洽谈。2009 年在深圳高交会期间，开展形式多样的招商引资活动，洽谈项目 5 个，涉及地产、商业、高新技术项目等，总投资 60 多亿元。

四是提高服务水平，促进项目早日成功落地。全面推行服务承诺制、项目审批限时办结制、重点项目专人盯办制、项目跟踪服务制等制度，推行项目全程服务、细节服务、文明服务，切实通过服务水平提高促进招商工作取得新进展。对于香港嘉里集团的酒店、住宅及商业项目等成熟的项目，管委会不仅派专人全程负责协助办理相关注册、开工手续，还主动协调各方协助其筹办香格里拉酒店奠基仪式，确保该项目于 12 月 16 日全面开工建设。

【环境治理成效明显】 一是针对难点，集中突破。以建设生态城市为标准，确定清墟清场、清理违规占地、拆除违章建筑、实施绿化美化、完善路网建设和推进重点项目等六项环境大提升百日攻坚活动工作重点。管委会在资金不足、时间紧、任务重的情况下，把城区内历史形成的垃圾问题作为突破口，克服困难，多方协调，形成合力，对辖区重点项目地段的垃圾废墟进行大规模集中清理。用不到两个月的时间，清运各种垃圾 81.31 万立方米，搬走垃圾山；清理污染严重的违规占地建筑企业，平整土地 1500 亩，作为建设用地；种植各种乔灌木 66 万株，建起千亩绿化林带，城区环境得到全面提升。二是突出重点，强化管理。在市综合执法局配合下，加大在凤凰新城辖区内的执法力度，全天候巡视，严管重罚，使乱倒垃圾废墟的现象得到有效遏制。三是协调联动，形成合力。在强化宣传教育的基础上，加强对辖区内施工单位的管理，严把垃圾清运环节，严防垃圾搬家现象。使爱护新城形象成为各项目单位的共识和自觉行动。在清墟完成后的重点路口地段设置 1000 多个水泥墩路障。圆满完成城镇面貌三年大变样和“文明迎论坛、环境大提升”百日攻坚行动各项目标任务，城区内历史形成的垃圾问题得到有效治理，环境面貌得到优化，生态建设迈出坚实步伐。

【科学发展模式试验示范工作创佳绩】 2009 年重点选取政府机关节能示范模式等 5 个模式，累计投入资金 3010 万元。其中，河北理工大学轻工学院的超低能耗建筑模式、梧桐大道新建住宅和公共建筑节能、节材模式入选全市科学发展模式试验示范典型 100 例。创新的“第五立面”绿化模式、“教学、实践、创业”三位一体教学模式，受到市委科学发展模式领导小组有关领导及专家的充分肯定。管委会科学发展模式试验示范工作始终坚持把模式的要求融入凤凰新城开发建设每一环节。一是狠抓贯彻落实，全面运用科学发展模式。把推进科学发展模式试验示范工作作为用科学发展观统领凤凰新城开发建设的有效载体，把每个模式具体要求与项目单位实际紧密结合，把各项标准全面融入区域内的每一个项目、建设的每一个细节中，从技术层面给予相应指导。引导各项目建设单位在规划建设中体现城市主色调、利用节能环保材料、提高城市绿地率，着力打造具有现代气息的标志性、优质精品工程。

二是狠抓规划设计，夯实工作基础。在充分调研、专家论证等工作的基础上，凤凰新城不仅对 2009 年认领的政府机构节能示范模式、生态城建设模式、绿色照明节能模式、垃圾真空收集模式等 6 个重点试验示范模式全部编制实施规划，管委会还积极指导辖区所有在建项目普遍开展科学发展模式试验示范工作，全部制定科学发展模式试验示范规划，实现全覆盖。

三是狠抓培训指导，推进工作落实。4 月 20 日，举行 2009 年度凤凰新城科学发展模式试验示范工作学习培训工作会议，邀请市模式办领导对区域内模式示范点负责人、联络员，就模式规划编制应把握的重点、实施过程中应注意的问题等方面内容进行培训。系统的专业培训、紧密结合实际的现场指导，培养一批模式试验示范的明白人。

四是狠抓创新实践，深化工作成果。大力提倡鼓励模式创新，在实践中总结创新“第五立面”绿化模式、“教学、实践、创业”三位一体教学模式，促进模式试验示范工作向更高水平迈进。在 5 月 27 日市科学发展模式试验示范工作专家指导组调研和日前全市模式工作考评中，凤凰新城科学发展模式试验示范工作均得到市领导充分肯定。

（薄　海）

空港城建设

【完善空港城总体规划】 2009 年的工作重点是推进空港城开发建设的各项前期准备工作。在市委市政府的直接领导下，取得阶段性进展，为空港城下一步开发建设打下良好基础。在各项准备工作中，规划工作是重中之重。首先是完善概念性总体规划设计。为更加科学合理地确定空港城起步区范围，经充分准备，于 1 月 8 日，空港城管委会组织召开由市规划局和概念性总体规划编制单位及机场军方人员参加的规划方案协调会，重点了解空军机场在净空、导航、迫降及保密等方面的要求。在此基础上，对空港城概念性总体规划进行调整完善，原则确定起步区基本范围，得到市规划局的肯定。

其次是开展起步区及周边地区地形测绘工作。空港城起步区及周边地区地形测绘是编制控制性详细规划及后期基础设施建设的基础工作。在提出技术要求基础上，于 2 月 9 日通过公开招标确定地形测绘单位。历时约一个半月，于 3 月底完成空港城起步区及周边地区，包括黄花港、高庄子、崔家屯和毛家

坨四个行政村在内总面积11.2平方公里的地形测绘工作。

三是完成空港城起步区控制性详细规划编制工作。在大量调研的基础上，本着“高起点、可持续、生态优先及突出唐山空港城优势和特色”的原则，2月中旬，充分结合市规划局的意见，确定天津市城市规划设计研究院为空港城起步区控制性详细规划编制单位。该单位曾参与编制天津滨海临空产业区（航空城）总体规划和控制性详细规划等多个重点项目。为最大限度地争取时间，做到科学调度，合理协调安排地形测量和控规编制。在编制过程中，多次组织相关专家听取规划编制汇报，对规划不断进行修改完善。空港城起步区原规划面积5.37平方公里，为便于今后基础设施建设及村址整合，按市规划局意见，将起步区规划面积调整为7.27平方公里，并使其具有配套行政、商务服务以及高新产业和物流产业等功能。其中，公共设施用地0.555平方公里，工业用地3.645平方公里，仓储用地0.744平方公里，道路广场用地1.31平方公里，市政公用设施用地0.175平方公里，绿地0.845平方公里。5月底，空港城起步区控制性详细规划编制完成并通过专家评审。6月24日，该规划通过市城乡规划委员会审议。

四是推进空港城村庄划转前期工作。为做好空港城村庄管理权划转前期准备工作，按照市政府安排，从年初开始，组织相关人员赴市民政局、丰润区及空港城范围内行政村开展十余次实地调研，摸清村庄、土地及人口底数。在此基础上，6月16日，经市长专题办公会决定，确定村庄划转方案。此次需划转的村庄15个，共21.94平方公里，15985人。年内为做好村庄管理权划转后的管理，管委会正按照市领导指示精神，积极开展组建空港城街道办事处的各项准备工作，如办事处机构组建、办公场所选址、人员组建、办理相关手续等，各项工作正在持续推进之中。

【探索起步区道路及物流园区建设项目的合作】 在起步区控规通过市规委会审议后，随即着手开展起步区道路及综合管线设计、规划环评工作。为保证高质量完成此两项工作，管委会面向全国公开招标，9月21日通过开标确定规划环评实施单位，确定中国市政工程东北设计研究院有限公司为起步区道路及综合管线设计单位。年内设计工作正在紧张推进，不久即可完成。同时，经与市国土局沟通，结合全市历年用地指标情况，上报空港城起步区三横三纵主干道中的纬一路、纬三路和经十二路用地计划土地523亩。完成可研立项、环评、道路用地红线及勘测定界等前期工作。施工图设计正在进行之中，2010年1月中旬可完成。为搞好空港物流园区建设，按赵勇书记指示，管委会两次到北京空港物流基地进行学习考察，招商引资，对该基地的规划、规模、招商、相关建设经验等进行深入调研，了解并接触普洛斯等一些国内著名物流公司，达成初步合作意向，为今后物流园区建设做必要的准备。之后，又与中国高新投资集团公司、中国建筑第二工程局就空港城物流园区建设及道路建设等项目建立密切联系，及时沟通相关情况，达成初步合用意向，争取早日通过BT或BOT方式实现项目合作。

【初步推进空港城新民居建设】 土地问题是空港城开发建设的首要限制因素，在当前全市用地指标紧张情况下，按照省、市关于社会主义新农村建设以及新民居建设的相关精神，通过调研，大家认识到通过村庄整合，不仅可以改善农村居住条件、改变农村环境，而且可以腾出土地指标用于项目建设。为此，空港城管委会组织赴天津东丽区华明镇和近邻丰润区进行实地学习考察，尤其是丰润区崔马庄村庄整合（乡村假日）项目运作的经验给大家很大启发。按照省、市关于社会主义新农村建设以及新民居建设的相关精神，结合空港城农村实际，管委会迅速起草《空港城农村新民居建设实施方案（讨论稿）》并逐步完善。初步计划于2010—2011年两年内将毛家坨一村、二村、三村、四村和姚家庄村五个村整体搬迁至毛家坨村以东、西外环高速公路以西、机场快速路以南区域。这五个村有土地10446.6亩，其中耕地7934.6亩，农村宅基地和工矿等建设用地1586.8亩，宅基地1316处，人口约6000人。按照政府主导、村民自愿、市场运作的原则，高标准规划、高水平设计、高水平实施，将空港城新村建设成为环境优美、适宜居住、易于就业、便于生产、用地集约的新型城区，使农民居住条件得到极大改善，农村环境得到彻底改变，使其成为全市城乡一体化发展的示范区。空港城新民居建设项目经市农工委批准，列入唐山市2010年市新民居建设示范项目。

【成立空港新城开发建设投资有限公司】 年内完成空港新城开发建设投资有限公司的工商注册，注册资金1亿元，先以3000万现金注册，其余注册资金按规定两年内到位。公司正与中行联系贷款事宜，为明年空港城全面开工建设打下基础。

（张玉成）

城市规划

【概况】 2009年，市城乡规划局围绕市委提出的“五大攻坚行动”、“八大工程”工作目标，以河北省“干部作风建设年”为契机，以“城镇三年大变样规划攻坚行动”为抓手，以“四城一河”为重点，周密部署，精心安排，集中力量，破解项目落地、规划编制、内部管理和群众信访四大方面规划难题，圆满完成各项工作任务，取得较为显著成绩。多项工作实现新突破，迈上新台阶。规划编制步伐大大加快，服务质量明显提高，规划职能作用逐步凸显，内部管理机制日趋健全，社会满意率逐年提升，规划滞后的局面得以彻底扭转。

【项目成果显著】 一是城中村改造项目大部落地。2009年，全面推进市中心区19个城中村的改造进程，其中许家庄等16个村改造项目全面落地实施，大部分主体工程完工。19个城中村拆迁房屋建筑面积78.84万平方米，完成拆迁6971户，拆除腾地面积316.84公顷，收储城中村土地302.54公顷。开展碑子

院、大官庄、王禾庄、常各庄方案设计工作，年底具备前期开工条件。同时，针对南湖生态城拆迁涉及的19个村庄的集中安置规划作为重点任务落实；对新批准进行改造的马庄、程各庄、郭家庄、马驹桥、赖旺庄、吴家庄、马家涯、丁家屯、新刘庄等外环线以内的9个村庄开展改造前期工作。

二是既有建筑节能改造项目领先全国。市城乡规划局与深圳建筑科学研究院合作，完成全市2200万平方米既有建筑节能改造专项规划，实施三大类型、五种改造模式，在国内属于领先水平；提出市中心区18个项目包，计建筑面积282万平方米的既有居住建筑改造，其中富强楼小区、河北一号小区节能改造工程正在按规划组织实施。

三是危旧房改造项目取得重点突破。震后危旧平房改造是2009年唐山市政府的“一号工程”。城乡规划局与房产管理局及各实施主体单位合作，全面完成荣华、前后村、高各庄、建华桥、城子庄、南富庄、理工学院、税务庄河联等8片危旧房改造片区及保障性住房建设规划设计，总规划占地约1000亩，保证2010年唐山市区保障性住房和危旧房改造的全面推进。

四是市区商业综合体项目顺利推进。以百货大楼周边区域、凤凰新城商务中心区、北新道金街商业带的项目落地为重点，相继引进香港新世界、深圳茂业、浙江绿城、万科、华润置地等战略投资者，完成新华广场、世博二期、新世界广场、新华联等大型商住综合体项目规划。新华道沿线的万达广场、人民大厦、渤海大厦、新华贸大厦、渤海文化大厦等项目开工建设。凤凰新城香港嘉里集团五星级酒店、商务休闲娱乐区（RBD）、传媒大厦、地质大厦、新合作大厦、冀东物资、晨辉大厦、名仕大厦等总部基地项目完成项目规划。

五是公共服务设施项目进展迅速。为解决困扰城市品位提升的标志性建筑不足，城市文化功能滞后的问题，积极推进打造城市名片，市级文化项目的落地工作。市青少年宫、科技馆、博物馆改造项目开工；与南湖生态城建设相配套，新市民中心、市级体育休闲公园（体育场、体育馆、游泳馆）、国家户外体育休闲基地、市级文化艺术广场（大剧院、图书馆、群众艺术馆）、百年开滦矿山公园、市植物园、省文化创意产业基地等重点项目完成规划设计；软件园、高科技产业基地建设，燕山大学及河北工业大学科技园、工人医院新院、中德建筑节能技术培训基地、工人文化宫等项目完成规划选址。

六是城市基础设施项目加速完善。规划新建大里路（长宁道——朝阳道）、长虹道（大里路——友谊路）、裕华道（卫国路——友谊路）、朝阳道（卫国路——友谊路）等8条城市道路。规划改造南新道（友谊路——车站路）、西电路（污水厂——南环）；围绕环城水系工程，推动陡河段、新开河段景观规划设计，组织环城水系的十二个景观节点方案设计招标，其中建设路节点开始实施；规划治理青龙河景观环境；南湖、唐津运河、煤河的环丰南水系规划通过规委会审查。

七是县城扩容和新民居项目全面启动。年初开始组织300名规划师下乡活动，全面完成全市100个新民居建设示范村规划，有60个正在按规划实施，目标是每个县（市）区形成一批中心村建设示范点，每个乡镇建成一个高标准中心示范村。

【规划步伐加快】 一是城市总体规划修编（2008—2020）工作取得突破性进展。年初即经省政府批准，后通过国土资源部审查，依法定审批程序，年底前再由建设部组织审查上报国务院审批。

二是批量完成专项规划。克服规划经费不足、时间紧任务重的困难，积极开展综合类、防灾减灾类、市政基础设施类、公共服务设施类的22专项规划编制。编制完成城市绿地系统专项规划，城市地下空间开发利用规划，消防、人防、燃气、供热工程规划，体育、文化娱乐、教育（含中小学）、医疗卫生等公共服务设施11项专项规划；城市综合交通规划，中心城区给水、排水（雨水污水）以及城市环卫设施工程规划正在编制，2010年年底前完成。

三是控制性详细规划编制覆盖率大幅提升。依据唐山市总体规划，以唐山市规划编制研究中心为主，与国内知名设计院配合，将唐山中心城区划为十三片区，全面开展控制性详细规划。编制完成开平片区、南湖生态城西部片区、南湖生态城（复兴路西侧）东部片、陡河东部片区等4项控制性详细规划；丰南区、市片区、高新技术开发区等项控制性详细规划于年底编制完成。市中心区近期建设用地控制性详细规划编制覆盖率达到100%。

四是县城和新民居规划加速突进。组织完成玉田、乐亭总体规划纲要审查，组织编制芦汉一体化规划，完成玉田等县城总体规划成果审查；重点对玉田县鸦洪桥、丰润区常庄乡、韩城镇、开平区越河镇等中心镇总体规划编制进行指导；完成100个新民居试点村镇规划。重点组织编制遵化市娘娘庄乡总体规划，滦县杨柳庄镇中赵庄村规划。组织开展博士生助理新民居建设、新民居建设专业培训、新民居建设媒体推广、乡村规划远程教育网络建设。同时确定路北区富强楼社区和遵化市娘娘庄乡东小河村为两个联系点，主要领导蹲点调研，为民办实事。为富强楼小区编制节能改造规划设计方案，完成5栋约0.7万平方米的节能改造工作；为遵化娘娘庄乡东小河村投资45万元，在编制娘娘庄乡总体规划基础上与开发企业达成生态旅游项目开发意向。

【规划管理愈加科学规范】 一是严格核发“一书两证”。全年受理行政许可及非行政许可事项684项，办理644项，办结率100%。严格按照规范的管理程序，均在承诺时限内办理完毕，无一超期。二是重建房地产审批流程。采取超前服务、绿色通道等多种方式对房地产审批项目大幅度缩减审批时限，制定并不断调整具体实施方案，再造审批流程。审批时限由原来的20天缩减到4天，并在原有规划管理电子政务系统的基础上，重新开发房地产开发项目规划管理电子政务系统，并在行政服务中心独立运行，保障房地产开发项目全部按照规定时限、规定程序办理，审批效率得到明显提升，为项目落地提供制度保障。三是下放管理权限提速审批。

针对丰润区、古冶区的实际情况，市城乡规划局调整分局领导班子，派出工作组，比照县级审批权限将权利下放；在2008年下放权限的基础上，进一步将城市中心区非城市重点地段控制性详细规划的编制权限分别下放到路南、路北、高新区，由各区具体负责、统一编制。四是进一步规范进驻审批中心。市城乡规划局在前期规范进驻的基础上，四个行政审批职能处，全部进驻中心，每天上午到中心办公，主管局长轮流值班，借助“中心”平台，更加方便、透明、快捷地为申办单位提供服务。同时加强审批窗口建设。首先，加强窗口形象建设。对行政审批一、二、三处窗口工作人员进行业务培训，使其精通岗位业务，为优质服务提供保障；其次，加强窗口制度建设。明确窗口工作职能和管理权限，科学制定窗口职责、工作规范，明确职责分工，落实工作责任，实行首问负责制、一次性告知制、AB岗工作制等工作制度，印制办事指南，公开审批程序，开发企业办事更加快捷顺畅。再次，严格落实政务公开制度。将审批事项、审批内容、审批依据、审批条件、审批程序、审批时限、收费依据及示范性文本、表格全部在行政服务中心及网站公布，方便群众办事，自觉接受群众监督。

【组建规划编制研究中心】
2009年，市城乡规划局引进高层次管理人才和国内各高校20多名硕士、本科生，组建规划编研中心，建立人才和技术保障平台，全面承担起政府各项委托性设计任务和重大项目招投标工作。工作中注重操作的规范化、系统化、科学化、合法化，并力求与国际先进水平接轨，先后组织25次重大规划与建筑项目的招投标工作，完成全市控规全覆盖的主体任务，真正起到规划的技术平台和人才培养平台的作用。

【切实维护群众利益】　城乡规划涉及千家万户群众的的切身利益，特别是随着三年大变样活动的深入开展，围绕规划工作的群众信访量逐年增多。针对这种情况，信访部门本着以人为本的原则，把维护群众利益和公共利益紧密结合起来，未雨绸缪，统筹兼顾。首先，成立群众工作组织机构。将法规处一分为二，成立群众工作处，抽调专门人员，加强信访接待工作。其次，加强信访案件办理。为解决历史遗留问题，集中时间和人力接待处理大唐龙城、龙泉西里、草场街、建科楼、健康楼等因项目审批、日照等问题的集体来访。建立明细台账，接待受理信访案件70余件、200余人次。受理县（市）规划部门信访复查2件。十一期间，组成下访接访工作组，重点协助高新区管委会解决问题，同时驻守北京，接待群众上访。三是强化听证制度。针对城市改造过程中出现的利益纠纷，先后对帝景豪庭小区等30多个项目进行公示，举办路南区政府老年公寓等几十个项目的听证会，广泛听取群众的建议，解决群众难处，把群众的意见超前纳入到规划之中，使群众切实参与到和自身密切相关的城乡规划之中。四是建立“市民接待日”制度。城乡规划局在市级各种媒体开辟“规划之窗”，把每周四晚7：00至9：00作为市民接待时间，与市民面对面沟通。五是加强批后管理工作。对52个建设项目规划竣工验收和7个建设项目的验线工作；对10项违法建设行为实施行政处罚。六是认真办理人大建议和政协提案。市城乡规划局全年承办政协十届二次会议提案44件。其中会办12件，主办32件（包括重点件1件）。代表建议2件，会办1件，主办1件。满意率达到100%。

（魏　锋）

市政建设

【概况】　2009年，唐山城市建设以“城镇面貌三年大变样”攻坚行动为载体，强力推进城市重点项目建设。全年打通13条断头路和丁字路，方便百姓出行，有力支撑城市扩容。以大里路亮化示范街为标志，城市夜景亮化再次提档升级。唐丰路绿化改造不仅效率高质量好，而且培育出坚强执着、锲而不舍、团结协作、睿智取胜的“唐山城建精神”。截至年底，唐山城市市政基础设施建设累计完成投资21.1亿元，其中地方财政（城建投融资）17.63亿元，项目单位自筹4648万元，圆满完成年度投资计划。按行业划分：市政道桥工程完成10.75亿元，排水及污水处理工程完成2578万元，园林绿化工程完成7.16亿元，环境卫生工程完成2472万元，公共交通工程完成7673万元，城市防洪工程完成200万元，其他工程完成1.95亿元。

【基础设施建设跨上新台阶】
实施以打通丁字路、断头路和电缆入地、背街小巷治理为重点的市政基础设施建设，极大地缓解城市道路交通拥堵状况，方便群众出行。在时间紧、任务重，征地拆迁难度大的情况下，经过精心组织，科学调度，高标准完成友谊北路、学院南路延伸等国庆献礼工程。市区15条在建道路中有13条全部竣工通车，新建道路通车里程达到37公里。到年底，唐山市区人均道路面积达到14平方米，成为唐山市政建设史上打通“断头路、丁字路”最多的一年。城区“五横六纵相连，内环、外环和环城高速贯通，城区出入口四通八达”的棋盘网格化路网格局具雏形。完成大里路、新华道、西山道、学院路、卫国路、友谊路、龙泽路、兴源道等条道路的电缆入地工程。开工建设南湖迎宾大道、西南环线和南新道东延工程。加强市民聚集区域支路、街坊路的翻修维护，投资1000多万元对64条背街小巷实施综合治理。城市排水及污水处理项目完成全部既定投资。西郊污水处理二厂、北郊污水处理厂完成改造工程，出水由二级排放标准提高到一级B排放标准。城市污水集中处理率93%，城市中水回用率36%，均位居河北省各市之首。

【园林绿化建设名列全省前茅】
市区建成区绿化覆盖率44.5%，绿地率38.6%，人均公共绿地面积11平方米，均居省内第一。实施唐丰路沿线绿化综合改造，投资13413万元，对沿路涉及3个区、17个村庄、150家企业的45万平方米建筑物实施和谐拆迁，扩大绿化面积252公顷。仅用两个月就建成全长

12.6公里，两侧各具50米宽景观绿化和50米宽生态防护林的“绿色迎宾大道”。投资7253万元，实施外环线绿化工程，建成全长50公里，两侧各宽30米，绿化面积231公顷，乔灌花卉结合的环城绿化景观大道。实施道路绿化提档升级工程，在新华道、建设路、卫国路、长宁道、凤凰道、大里路、友谊路等道路两侧广栽造型植物、地被植物、常绿植物，添置造型精美的护栏，绿化景观效果明显。对上年新建的学院南路、文化北路、兴源道等10条道路进行绿化。投资4771万元的凤凰山公园和大钊公园绿化改造工程竣工。凤凰山公园通过绿化升级和扩容，园区扩大近一倍，总面积达到37公顷。大钊公园突出“以人为本，生态优先”的设计理念，扩绿改造和完善绿地面积9.3公顷。两座公园成为自然景观和人文景观俱佳，集观光、休闲、娱乐于一体的开放式生态园林。唐山申办2016年世界园艺博览会取得实质性进展。

【环境卫生建设水平进一步提高】 加大环卫设施投入，投资1900万元，购置13辆清扫车、10辆洒水车、2台刷地冲洗车，1台推土机和1台压实机。对建设路、新华道、西山道、文化路、长虹道等8条路实施机械化清扫保洁，对16条主次干道实施洒水降尘作业。市中心区开始利用雨水冲洗便道板、路缘石。投资692万元，在文化路、凤凰道、大里路新增设果皮箱850个；为小区垃圾转运站购置10个集装箱、70个拉臂箱、100个密封式垃圾斗和28个地坑式垃圾箱；维修16座水厕和7座旱厕。中心区垃圾卫生填埋场和垃圾中转站实现规范稳定运营，城市生活垃圾无害化处理率达到100%，年内该场经国家建设部专家组评审，达到生活垃圾无害化处理一级标准。

【夜景亮化建设档次再提升】 打造“体系完善、层次分明、璀璨壮丽、活力四射”的城市夜景亮化。抗震纪念碑北广场和云天广场水系亮化档次级别再提高。投资3000万元，实施建设路、北新道沿线坡屋顶及部分高层住宅亮化改造，建设沿街亮化小品，拓展夜景亮化空间。采用日韩技术对大里路实施亮化设施综合改造，协调督导沿路商铺自筹资金，完成电缆入地、便道翻修、公交站亭亮化更新，仅用10天就建成0.87公里长的大里路亮化示范一条街。完成唐丰路迎宾大道亮化升级改造。实施城市出入口、桥梁和大型绿地亮化建设，初步形成市区“两轴四点”城市夜景亮化新格局。积极实施路灯绿色节能工程，启新立交桥、新华桥、复兴桥等地段景观照明全部采用LED光源。对文化路、学院南路、卫国南路、大里路、机场路等10条主要道路和北新里、裕华楼、小山楼、文北西楼、28号小区等10个小区的路灯实施节能改造。

【多渠道筹措城建资金】 贯彻经营城市理念，盘活城市市政资源，全年实现广告拍卖收入552万元。提前谋划城建项目，从省争取到“以奖代补”资金2.6亿元，拉动内需资金600万元，其中排水设施建设获得资金5000万元。在14个月内18次赴省汇报，连续驻省会盯办21天，使市区外环线收费项目获得省政府批准，为唐山的大规模城市建设提供稳定的资金渠道。

（李久燕）

公用事业

【概况】 2009年，全市城市公用设施建设取得新进展。全年城市基础设施建设投资170.35亿元，比上年增长1.2倍。供气、供热能力持续提升，城市承载力明显增强。

【城市燃气普及率达到99.6%】 重点实施冀东天然气、永唐秦天然气入唐工程和扩供8698户的居民惠民工程。冀东天然气入唐工程进展顺利，年内市区西外环天然气储配站的4座天然气球罐工程全部完工，总接收天然气能力达到86万立方米/日，最大储气量为20万立方米，天然气门站实现简易供气。站前路CNG加气站投入试运营，9月初开始为市公交总公司新购置的50辆天然气公交车供气。位于市区南部的赵庄供气罐站按计划实施拆迁，该罐站1号、2号气柜安全拆除，这一市区安全隐患被逐步消除。永唐秦天然气入唐工程具备接气能力。该工程是利用中石油投建的永清至秦皇岛天然气输气干线，向唐山供气。项目占地35亩，管线铺设67公里，总投资1.67亿元。作为唐山市第二天然气源，计划供气规模为250万立方米/日。年内铺设管线37公里，建设门站、调压站5座，投资5800万元，天然气管线的铺设、试压全部完成。唐山机场天然气管线工程全部完工，具备通气条件。曹妃甸燃气工程年内完成投资1655万元。青林路高压管线13.8公里、曹妃甸生态城滨海大道1公里管线的铺设工程竣工。年内集中力量对市区正泰里、世纪龙庭等小区扩供天然气，全年扩供居民用户达到8698户。在全面完成市中心区天然气转换的基础上，燃气公司仅用40天就高效完成丰润区6.2万户居民和97户工商用户的天然气转换，并做到“零事故、零投诉”。全市城市燃气普及率达到99.6%，比上年提高0.1个百分点；天然气供气量达40万立方米/日，最大供气规模达到48万立方米/日，总供气量位居全省前列。

【城市集中供热全省领先】 重点实施热源改造工程。年内分别谋划实施投资5.67亿元的大唐陡河电厂“凝改抽”二期供热工程和投资4.6亿元的丰润热电电源与市区贯通工程等大项目。其中，陡电凝改抽工程被誉为城市供热跨越发展的里程碑，市热力总公司采取“工程建设与工程贷款、融资两步走”的战略，克服工程量大、工期紧的困难，攻克管线穿越国家铁路、高速公路、陡河等艰险地段的技术难关，仅用2个半月时间，就高标准完成该工程的基础设施建设。11月初，具备供热条件，新增加933万平方米的供热能力，使市中心区北部、开平区4.2万户居民和840个公建单位受益。同时，投资5824万元实施西山道、朝阳道等5项供热管网改造工程。全市集中供热面积达3850万平方米，集中供热普及率达到76%，比上年提高6个百分点，集中供热管网规模在全省名列前茅。

城管局——唐山城市好管家

数字城管

新建垃圾转运车间

新购置的天然气公交车

新建成的西郊污水处理二厂

改造后的唐丰路

北郊污水处理厂中水回用工程

凤凰山公园

（姚明富 供稿）

变化中的新唐山

机场连接线的绿化已全面完成

4月29日，南湖城市中央生态公园盛装开园。这片昔日的塌陷区、垃圾场如今成为唐山市民休闲娱乐的好去处　（阎军　摄）

改造后的大城山公园分成东、西两园，扩绿面积28.5公顷。已成为品种丰富的自然式园林（顾翔普　摄）

新唐山在迅速“长高”　（董钧　摄）

城市形象在逐步改变　（阎军　摄）

← 同一个街角，今非昔比的变化

↓（力平　摄）

日新月异的凤凰新城

木栈道曲径通幽

“凤凰台”上观南湖全景

南湖美景

4月29日，南湖城市中央生态公园正式开园后就迎来了“五一”小长假，公园内游人如织，感叹市政府又为唐山人办了一件好事。（董钧 光宇 阎军 摄）

首届“唐山南湖热气球节”

环湖公路上的五孔桥

湖心岛畔鸟儿乐

“沉水栏道”上人鱼同乐

水上项目其乐融融

南湖夜景美如画

曹妃甸新城建设中大力推广风能、太阳能、潮汐能和地热，四大新能源将占城市能源构成的75%，图为通海路上的风能太阳能路灯　　（董钧　摄）

城市环境空气质量二级及二级以上天数，2009年达到329天，比上年同期增加1天　（吕光宇　摄）

从德国原装购进的微型道路清扫车让美丽的城市更加干净
（董钧　摄）

第一个风力发电站华能（乐亭）风力发电场一期在沿海滩涂建成并投产发电　　（刘江涛　摄）

建设节水型城市

水资源的节约保护始终是唐山的长期战略，除推广各种节水设施之外，还大力推进非传统水资源的利用，污水、废水、海水、雨水等都在城市建设中发挥着不可替代的作用。已在全省率先完成了《唐山市水资源综合规划》和各县（市）区水资源规划。

（刘葆方 张北男 摄）

海水淡化设备在沿海企业广泛利用

全市水生态环境得到根本的改善

工业废水普遍加以循环利用

雨水搜集设施使城市增加了空中水源

6月30日，唐山第十七次规划委员会通过环城水系陡河段修建规划方案和环城水系桥梁方案。改造后的陡河，将打造成生态景观带、文化展示带、休闲旅游带和产业升级带，使陡河构成一个完整的滨河景观走廊。图为红玫瑰园节点效果图

作为环城水系改造的一部分，青龙河的治理进展顺利。为城市增添了新的水上景观　　（董钧　摄）

全长57公里的环城水系工程紧锣密鼓进行中（吕光宇　摄）

8月28日，环城水系一期工程竣工。使全市新增绿化面积13万平方米，为南湖置换水体3500立方米。补充生态水源1500立方米，还为市民提供了舒适的休闲娱乐室外场所。唐山正在成为“华北水城”

（光宇　摄）

9月11日上午，以“发展绿色公交、建设文明生态城市”为主题的唐山市第三届无车日暨首批50部天然气公交车运营启动。广场上整装待发的天然气公交车令人耳目一新

（浦久海 张北男 摄）

唐山与二汽共同开发研制的纯电动城市客车10月份生产出样车，该车外型美观大方、动力持久强劲。唐山市公交公司将陆续引进千余辆，逐步取代现有的燃油公交车　（董钧　摄）

10月16日，在曹妃甸装备制造业园区，一辆名为“唐山凤凰”的纯电动汽车吸引了参观者的目光，这是锂源公司和一汽联合研发，在曹妃甸制造的第一辆纯电动奔腾轿车

（闫军　摄）

唐山的鸟

←8月18日清晨，在南湖生态公园的湖边嬉戏的黄嘴白鹭吸引了众多游人。黄嘴白鹭已被国际鸟类保护委员会列入世界濒危鸟类红皮书中，我国将其列为国家二级保护动物。它的光临成为南湖生态环境改善的标志　（阎军　摄）

↑时令进入初冬的12月底，南湖水面已结冰但本该南去的野鸭还成群逗留在南湖不愿离去　（董钧　摄）

3月20日，10多只苍鹭在唐海县三农场未插秧的稻田里嬉戏。该县注重生态保护，确定“全面保护，生态优先。突出重点，合理利用”方针，每年都有20万只野生幼雏在这里诞生。鸟类已达300多种　（闫军　摄）

进入夏季以来，成群结队的白鹭在陡河水库下游的河道浅滩上觅食、嬉戏，近年加强陡河两岸污染源的治理，使得水质明显好转，生态得以恢复，因此引来了白鹭等大批鸟类驻足陡河两岸　（闫军　摄）

暑期的城市供水历年都是市政府最重要的大事，在全市供水职工的努力下唐山市暑期水质综合合格率一直保持在99.97%，保证了全市居民用水无忧。

（冯喜红 熊艳艳 阎军 摄）

↑水厂工作人员检查设备确保高峰供水

←抢修漏水管线

精心调度保障生产、生活用水

定期清洗供水设施

↓加大水质检测频率

路北区刘火新庄的漂亮外景 （陈宏伟 摄）

玉田县宋庄村搬出蓟运河滞洪区后的新村街景 （尚书祎 摄）

乐亭县赵蔡庄是唐山的科学发展示范村，村内一排排整洁亮丽的屋舍，村外一片片郁郁葱葱的良田。图为村民刘桂芬春意盎然的院落 （董钧 摄）

滦县中赵庄村谋划了生态林产业、千亩林果区、绿色养殖业、休闲旅游业、建筑服务业等五大富民产业，向科学发展示范村的目标大步迈进。图为中赵庄村农民居住的别墅式民居 （阎军 摄）

“村民中心”乐陶陶

乐亭县各个行政村以整合公共资源、强化服务功能、引领先进文化、培育新型农民为目标建起“村民中心”，为全县几十万村民提供全方位、多层次服务。图为闫各庄镇大罗庄村“村民中心”内的热闹景象　　（刘江涛 摄）

捐款修路暖桑梓

唐海县八农场尚庄子村52名先富裕起来的村民慷慨捐资8万余元，修建村内6条街道，这一善行义举在十里八乡被广为传颂

（李宝锋 张丹平 摄）

农民创办樱桃节

滦南县大樱桃种植示范园于5月26日举办为期一个月的“满堂红”大樱桃采摘节。该园位于该县王土村东，园内1500多株大樱桃可连续采摘一个多月。所产大樱桃于2007年注册“满堂红”商标　　（张永新 摄）

春意昂然新农村

迁西县徐庄子村的千亩梨花竞放，美景如画，醉人心脾，宛如仙境，山村再也不是穷困的代名词，却成为全国各地游客纷至沓来的胜地　　（李晓兰 阎军 摄）

房管局——为百姓排忧解难

唐山住房保障调度会议

2009年住房保障家庭送锦旗

办理廉租房入住手续现场

办理廉租房入住手续

平改安置房益民苑小区全景

改造后的草场街小区

廉租房摇号公证

廉租房摇号公证现场

国矿楼居民观看户型及补偿方案

开平区税务庄河联小区

（姚明富 供稿）

建设局——奋力拼搏，为城乡建设大变样多做贡献

市建设局长苏春生（前左一）向宋恩华副省长（前左二）和陈国鹰市长（前右二）汇报既有住房节能改造工作

全国北方采暖地区供热计量改革工作会议在唐山召开

实施投资5.67亿的陡河电厂“凝改抽”二期供热工程↓

唐山援建的四川地震灾后平武县南坝镇街景古朴典雅

燕赵新民居住宅设计广泛征求居民意见

完成唐山东方花苑和富强楼既有住房节能改造工程

（姚明富 供稿）

【市区公交水平有新提升】 城市公共交通全年完成建设投资7673万元，其中投资3850万元购置的50部天然气公交车和40部欧Ⅲ排放标准公交车投入运营。2009年底，全市拥有公交运营车辆1994部，公交营运线路发展到101条，每万人拥有公交车辆14标台。投资3823万元建设的古冶公交场站投入使用。落实公交专项规划，遍布市区，辐射周边的公交场站网络化新格局具雏形。

【城市再生水使用实现新突破】 城市自来水用水普及率100%。市自来水公司净水厂完成设备改造，通往市区东部的自来水管网铺设竣工，保障水质安全和东部供水稳定。投资5474万元，在西郊、北郊、东郊和丰润4个污水处理厂建设再生水深度处理项目，采用高效纤维滤池处理工艺和混合反应沉淀池+粗砂均质滤池处理工艺，达到再生水深度处理19万吨/日的运营能力，全年可供再生水2020万吨，并实现向发电企业首次供应再生水的目标。首次采用污水源热泵供热技术，在市排水公司机关办公楼供热取暖获得成功，并确定以东郊污水处理厂的中水为低温热源，供给建筑面积80万平方米的东港龙城小区的居民取暖。

（李久燕　姚明富）

小城镇规划

【概况】 2009年，全市小城镇规划工作紧紧围绕科学发展示范区建设，以城镇面貌三年大变样和扎实推进城乡统筹发展，实现城乡等值化为重点，积极服务于县城扩容、中心镇扩张和中心村建设，基本建立健全与社会主义市场经济体制相适应、符合唐山实际的城乡规划体系、管理体制、监督机制和保障体系，使规划引导和调控城乡建设管理、优化资源配置的重要作用得到充分发挥。各县（市）全部完成规划期限至2020年的县城总体规划修编任务并通过市规委会审议和市政府审批。在唐山市级完成城乡一体化规划编制的基础上，迁安、丰南等各地大力开展辖区具体的城乡一体化规划编制。2个县级市、6个县城人口将从2007年的93.39万增至202万，用地规模从2007年的116.58平方公里增加至215.4平方公里。8月，全市开展以加快编制控制性详细规划和各项专业规划为主城市规划设计集中攻坚行动。各县（市）、区、开发区（管理区）加强攻坚行动的组织领导，研究制订详细工作计划，注重研究交流，积极借鉴外省、市的先进理念和成功经验做法，大量引进国内外一流机构承担具体的规划设计任务，年底，完成180平方公里的控制性详细规划编制，每个县（市）、区完成10个以上的专项规划编制。市城市总体规划确定的19个中心镇和列入唐山市中心镇建设试点的迁安市的木厂口镇等9个乡镇基本上通过审批或者完成规划成果，玉田县鸦鸿桥镇、丰南区黄各庄镇、遵化市马兰峪镇、乐亭县王滩等镇组织开展镇区控制性详细规划编制。组织开展300名规划师下乡编制100个新民居建设试点村镇规划。全市完成69个镇总体规划、28个乡（农场）2185个村庄规划。通过一系列城乡规划工作的开展，县城扩容和小城镇建设加速，层级合理的城镇体系初步形成，城乡产业结构不断优化，城镇综合承载能力明显增强，人居环境明显改善，体制机制创新不断推进，城乡规划工作对全市经济社会发展起到积极的推动和促进作用。

【规划体系日趋完善】 城乡规划事关全局，涉及各行各业、千家万户。各级领导越来越重视城乡规划，市及各县（市）区普遍设立规划委员会。规委会都由党委或者政府一把手主持，委员由分管领导、发展和改革、国土资源、财政等各相关局一把手组成，充分体现各级领导对规划工作的重视，也有利于各部门的协作，从管理体制方面为规划实施提供保障。研究解决城乡规划工作中的重大问题，充分发挥规委会的作用，使规划决策的科学性、权威性和严肃性明显增强。县乡规划机构逐步建立。迁安、遵化、玉田成立独立的城乡规划局，迁西、滦南成立二级城乡规划局。全市大部分乡（镇）成立规划建设管理机构，有专兼职管理人员462名。市、县、乡三级规划部门依法分级负责执行规委会审定的城乡规划。遵循从上到下、从全面到具体的原则和顺序，着手做好各类城乡规划。增强精品意识和创新观念，加强小城镇设计的研究和制定。

【规划投入逐渐增加】 各级财政逐年加大规划编制费用的投入，市财政在每年1500万元的基础上，2009年又投入500万元支持各地开展科学发展示范村规划；各地规划编制经费从几百万元大都增加至一二千万元，其中唐海县2009年的规划编制费用高达5000万元，丰润区投入1000万元专门用于村镇规划的编制，从资金投入方面为规划实施提供强有力保障。

【规划水平不断提高】 健全和规范市场准入制度，全面开放规划设计市场，邀请一流的规划编制单位承担县（市）城重点地段的详细城市设计和修建性详细规划任务，或聘请国际知名机构进行方案咨询。重要公共建筑进行全国建筑设计方案招标，吸引省内外高水平的建筑设计单位参加设计方案竞标。加强全市规划编制和建筑设计单位与省外高水平的规划设计机构进行技术合作。建立由各个专业的知名专家组成的城乡规划专家库，规划方案进行评审时由专家库中随机抽取的专家组成专家审查委员会，由其提出明确的修改指导意见，增强规划的前瞻性、科学性。积极引进外地优秀规划人才来唐山工作，组织开展清华大学、天津大学博士生助理新民居建设，组织管理人员到清华大学、天津大学参加规划专业培训，建立乡村规划远程教育网络，着力培养唐山市本地的规划人才，不断提高规划人员队伍素质，从科技智力方面为规划实施提供保障。

【规划意识愈加增强】 为使干部群众了解规划，激发公众参与城乡规划的热情，监督城乡规划工作，全市利用各种媒体。利用各种机会广泛宣传有关城乡规划的法律法规，将规划公示进入城乡规划编制、规划实施、规划监督检查等各个规划

管理环节。规划公示的内容和方式更加面向公众，迁安建设完成规划展馆和网站，其余各县（市、区）都设置公示大厅和公示栏，在项目现场竖立公示牌。迁安规划局印制迁安规划，宣传城乡规划法律法规，报道城乡规划管理动态。通过规划法律法规的宣传和“阳光规划”的施行，规划是牛鼻子，规划就是生产力的观念越来越被广大的干部所接受，并自觉地在实践中执行。近年来，各级党委、政府和广大群众的规划意识日益增强。党委、政府高度重视规划工作，按照科学发展示范区建设的要求，加大城乡规划管理力度，产业发展、城市建设、重点镇建设和新农村建设基本上按照规划执行。公众参与日趋广泛积极，从规划方案的制定到建设项目的审批、违法建设的查处，公众都发挥着越来越大的作用。公众认知规划、理解规划、支持规划和最大限度的参与规划的氛围逐渐形成。

【规划执行更加规范】 严格执行“一书三证”（选址意见书，建设用地许可证、建设规划许可证、乡村建设规划许可证）管理制度。加强建设项目选址的规划管理，积极参与建设项目可行性研究等前期工作，把好项目的选址关；依据控制性详细规划提出规划条件，明确用地性质、容积率、建筑密度、公共设施配套要求等控制性指标，把好项目的用地关；依据刚性规划条件审查建筑设计方案，指导建筑体量、体型、色彩等指标，把好项目的建筑关。乡村规划区内开始实施乡村建设规划许可证，规范乡村建设。

（魏　锋）

小城镇建设

【概况】 2009年，全市小城镇建设步伐明显加快。全市县（市）城、镇基础设施建设投资74.8亿元，比上年增长8.9%，其中县（市）城基础设施建设投资20.7亿元，镇建设投资54.1亿元，分别比上年增长3.0%和11.3%。唐山市城镇化发展综合指数，在全省11个设区市中排名第一。

【推进县城扩容】 全市把农村新民居建设与县城扩容升级紧密结合，按照力争用三至五年的时间使每个县城建成区总面积扩大10平方公里以上、人口增加10万人以上的要求，把县城扩容升级作为统筹城乡发展，推进城乡一体化的重要载体，实现新民居建设、县城扩容、三年大变样工作互促共进。一是抓规划，奠定扩容基础。年内各县（市）区聘请国内知名的规划设计单位，完成8个县（市）的城市新一轮总体规划、芦汉一体化规划和19个中心镇规划的编制工作、控制性详细规划和城市设计，确定城市发展定位和近期、中长期城市扩容目标。规划扩容用地规模均在15平方公里以上，规划人口扩容10万人以上。一大批路网建设、供水排水、供气供热、垃圾污水处理等公共设施项目加速实施。完成8个县。全市城镇发展框架基本形成。

二是抓新民居建设，拓展城市发展空间。城中村改造和危旧平房改造规模加大，保障性住房建设速度加快，县（市）区拆迁面积达到500万平方米。各城镇按照“试点先行、逐步推开”的思路，整合建设用地，采取整体搬迁、平改楼、宅基地集约利用和既有居住建筑改造模式，加速人口向城镇的聚集，各县（市）城区绿化覆盖率提升，人居环境改善，城市美化净化亮化升级，城区路网进一步完善，市场环境和交通秩序明显改观。全市实施新民居建设的城中村32个，完成建筑面积14384户153万平方米，在改善农民居住环境、美化县城容貌的同时，节约土地8587亩，为县城扩容提供巨大空间。

三是抓节点，完善城市功能。各县（市）城普遍实施基础设施建设、绿美亮净、既有建筑改造、经适房廉租房建设等工程，城市形象大大提升，城市功能不断完善，城市容量明显增加，人居环境明显改善。

四是抓典型示范，推动县城扩容升级再上新水平。2009年重点抓迁安、遵化、滦县、迁西、乐亭等县城扩容典型，8月13日在乐亭县组织召开全市县城扩容暨城镇面貌三年大变样现场会，现场观摩乐亭县县城扩容的节点亮点，集中展示各县（市）区城市扩容成果，会议取得圆满成功，有力地促进县城扩容升级工作。同时，为宣传展示此项工作成果，方便各地相互借鉴，组织各县（市）区、市直有关部门编印《唐山市城镇面貌三年大变样和县城扩容升级图册》。2009年，以县城扩容为引领，全市城镇化水平提高1.75个百分点，达到53%，城镇化发展综合指数位居全省首位。

【重点镇建设速度加快】 继续实行重点建设项目挂账督办制。在各重点镇申报，县（市）区建设局初审的基础上，由市建设局最后确定重点镇2009年挂账督办项目110个，计划总投资25.9亿元。以道路、供水、绿化、垃圾污水处理等基础设施建设项目为主要内容。当年开工项目达95%以上，年内完成投资约20亿元。上半年，经过组织全市重点镇管理人员赴山东、江苏、浙江等地，重点考察“城乡统筹基础设施建设”经验，推动重点镇的基础设施建设。年内有15个重点镇新建污水处理设施，8个重点镇筹建垃圾填埋场。全市重点镇计划用于镇区道路建设的资金达到3.8亿元，其中，滦县响堂镇用于道路硬化、绿化、亮化的投资达7500万元。在全市37个重点镇中，有29个镇启动旧城平改和住宅开发，全年完成投资13亿元。古冶区按照市委、市政府支持该区进行资源型城区转型的精神，启动范各庄镇、赵各庄镇市级重点镇的申报程序，力争尽快落实对2镇基础设施建设的扶持政策。

（牟　静　贯以宁　姚明富）

【马兰峪镇被省推荐参展上海世博会】 遵化市马兰峪镇，西邻世界文化遗产——清东陵，东邻皇家御汤泉，北依长城，这里积淀着丰厚、独特的满清风情和文化。域内尚存清代惠陵、东陵王爷府、二郎庙和明代永旺塔、古长城遗址等国家及省级历史文物保护单位十余处。镇域面积50.8平方公里（新规划的镇区面积3平方公里），辖25个行政村，总人口2.5万，其中满、回等少数民族占83%。2009年地区生产总值完成14亿元，同比增长32%；固定资产投入2.67亿元，同比增长

33%。该镇紧紧依托优越的地理位置和浓厚的历史文化底蕴，全力打造商贸重镇和历史文化名镇。在完成镇区总体规划，编制环境规划和历史文化保护规划的基础上，又完成单项工程，如“塔山休闲广场、旅游服务一条街、马兰河市场综合改造和公主陵宏泰广场”等详规，继而吸引投资1.12亿元，先后完成八项重点工程：一是旅游服务一条街建设，总投资4000万元，完成1.2公里初期改造，建成28栋仿古商贸楼，栽植绿化树木500株，安装路灯70盏，路面拓宽、管道铺装、高低压线路改造全面竣工。二是马兰河农贸市场综合改造，一期完成投资3000万元，总占地100亩，新修道路1100米，建临街商贸楼80栋，建筑面积16000平方米，设置固定摊位400个，建市场桥一座。三是宏泰广场，总投资360万元，绿化面积12000平方米，完成征地、拆迁、场地平整、管线铺设等各项前期准备工作。四是蓝水湾住宅小区，总投资1700万元，占地20亩，建筑面积15000平方米，完成投资1500万元，住宅楼封顶，正在进行室内装修及附属设施建设。五是民族医院迁建工程，总投资1200万元，占地80亩，建筑面积10000平方米，竣工投入使用。六是集中连片供水工程，投资1200万元，完成全镇25个村安全饮水工程，新建3座水厂，铺装主管道8000米，全部实现集中供水。七是投资80万元，完成旅游日强路南通规划设计、征地补偿等前期工作。八是投资110万元，新硬化村庄道路10000平方米，新增绿化面积6000平方米。同时，大力加强城镇现代化管理，以治理店外经营、私搭乱建、乱堆乱放为重点，全面进行城乡环境综合整治。成立18人专业环卫保洁队，配备2辆垃圾清运车，加强对路面的日常清洁维护，在规划区内设置垃圾池20个、垃圾箱15个，消灭卫生死角，并对街道实行全天候保洁，建立长效保洁机制。2008年被省政府命名为“历史文化名镇”和“环境优美小城镇”，是唐山全市唯一被命名为“历史文化名镇”的小城镇。2009年，被省政府推荐参加2010年上海世博会小城镇展览。

（马兰峪）

新农村建设

【概况】 按照市委市政府《关于加强农村基础设施建设工作的意见》，坚持把加强农村基础设施建设，改善农村人居环境和生产生活条件作为新农村建设的重点任务，大力实施以村民中心建设、户户通工程、科学发展示范村和文明生态村创建为主体的农村基础设施建设，农村人居环境和生产生活条件得到进一步改善。

【继续深入推进文明生态村建设】 按照全市总村数7%的推进要求，突出抓449个文明生态村建设，其中市级重点村抓200个。全年县乡三级财政、市县直帮扶部门、村集体和个人投入建设资金39501.65万元。年底，全市累计建设文明生态村3936个，占全市总村（队）数的78.4%。2009年，抓文明生态村建设的重点，一是大力实施“户户通”工程。全市投入资金2.45亿元，新建和改造农村村内道路1417公里，完成600个村的“户户通”工程，到年底，全市有2000个村实现户户通水泥路，彻底改变昔日“晴天一身土、雨天两脚泥”的状况。二是健全完善村民中心建设。着重抓560个村民中心完善扫尾工作，突出抓500个村民中心示范典型。按照村民中心建设要求，广泛开展“八项”服务。1.教育培训服务：开展思想道德和文化教育，组织群众性精神文明创建活动。2.科技信息服务：以网络为基础，组织科技培训，提供农技服务，发布市场信息。3.生产服务：建立健全农民专业合作经济组织，围绕“一村一品”和特色产业，为农民提供产前、产中、产后系列化服务。4.流通服务：通过建立连锁“农家店”，服务农产品流通和农民生产生活资料供应。5.文体服务：组织开展多种形式的群众性文化体育活动。6.卫生服务：开展卫生知识宣传，推行农村新型合作医疗制度。7.法律服务：开展普法教育，提供法律咨询、民事调解和信访服务。8.保障服务：为村民提供婚丧等服务，协办社会慈善事业，组织村民开展生产生活互助。按照“增强项、补弱项”的原则，抓巩固提高，抓制度建设和规范化管理，扎实开展各项服务活动，充分发挥“村民中心服务村民”的职能作用，有436个村建成图书室，466个村建成卫生室，393个村建成文体活动广场。同时，按照市委市政府关于整合服务资源、扩大服务领域的要求，各县（市）区全部建立“村民中心联盟”为县级党委政府了解群众、服务村民搭建工作平台。

【大力推进科学发展示范乡村建设】 在按照市委原定的“制定一个好规划，发展一个好产业，探索一个好模式，完善一个好制度，建设一个好班子”的目标要求，重点抓30个科学发展示范乡镇、200个科学发展示范村建设的基础上，狠抓科学发展示范村攻坚行动，全力组织推进中心镇及农村新民居建设。坚持把“保增长、保民生、保稳定”与中心镇及农村新民居建设紧密结合，积极研究相关政策，坚持规划先行，探索建设模式。全市确定140个省级新民居建设示范村，148个市级农村新民居建设试点。截至11月15日，全市开工建设村数达到175个，建设新民居4.89万户，累计完成投资135亿元，完成建筑面积645.68万平方米，超额完成年初市委确定的100个新民居建设示范村工作任务，农民居住条件和村容村貌得到明显改善。与此同时，按照工业项目向园区集中，住宅向社区集中，人口向城镇集中的原则，围绕“企业占地搬迁型、村企共建开发型、统一规划统建型、统一规划分建型、城中村改造型、中心镇扩张型”等六种类型，积极探索县城扩容城中村改造模式、集中联建中心村模式、整体搬迁模式、城郊开发集中建设模式、中心镇扩张建设新民居模式、“六个一”改造模式、旅游产业开发建设模式、湿地生态保护（文化名村保护）建设模式等“八种新民居建设模式”。唐山市的探索实践得到省委省政府领导的充分肯定，为全省推进农村新民居建设探索道路，提供有益经验。

（贯以宁）

建筑业

【概况】 2009年，市建设局引导、鼓励和扶持建筑企业做强做优，通过强化企业资质管理，积极支持企业升级、增项。全市建筑组织结构进一步优化，建设管理体制持续创新，建设科技支撑力有所增强，规范建筑市场秩序取得良好成效，向建筑强市迈进的步伐明显加快。截至到年底，全市有总承包和专业承包资格的建筑企业共323家，其中拥有建筑企业一级资质17家；房地产开发企业一级资质实现唐山历史上“零”的突破，发展到2家；监理企业一级资质增加到4家；勘察设计甲级资质增加到8家。全市建筑业完成增加值180.53亿元，比上年增长14.6%；实现利润19.38亿元，增长11.2%。经过2年的努力探索，唐山市政府投资项目代建制逐步完善。9月，总投资2.76亿元、总建筑面积3.6万平方米的市青少年宫迁建项目，总投资6500万元、总建筑面积2.3万平方米的市博物馆改扩建项目，均开工建设。市科技馆、残疾人服务中心工程，处于前期准备阶段。实践证明，代建管理体系先进适用，省政府出台的代建办法采纳唐山的代建工作模式。同时，全年加大实施科技兴业战略的力度，狠抓科研项目管理、建设科研攻关、科技成果推广三项工作。年内，全市建设系统荣获省建设科技进步一等奖1项、二等奖2项、三等奖5项；荣获省科学技术进步二等奖、三等奖各1项，这是唐山市建筑业首次获得省级科技进步奖。申报河北省省级工法10项，创出历史新高，为提高产业核心竞争力提供保证。同时，全市建筑节能整体工作走在全国前列。10月22日，北方采暖地区供热计量改革工作会议在唐山召开，住房和城乡建设部部长姜伟新、副部长仇保兴，以及国家发改委、财政部等多部委和河北省领导，北方采暖地区15个省、自治区主管部门负责人及132个地级以上城市分管市领导等530人参加会议。唐山市建筑节能经验得到部省领导的肯定和会议认可。在同年12月召开的全国建设工作会议上，唐山再次做先进典型经验介绍。中央电视台对唐山市建筑节能经验进行专题报道。

【强化建筑市场管理】 规范建筑市场秩序取得良好效果。市建设局建立市场各方主体信用档案和信用奖惩机制，利用研发的建筑市场信用信息系统，统一发布信用信息，实现对责任主体和从业人员建筑行为动态、跨区域的监管，提高行政监管效能。主动协商建立京津唐市场互信机制，起草《京津唐区域建筑市场一体化实施意见》，大胆探索实施京津唐市场一体化的路子。年内投资260万元，对市建设工程交易中心软硬件设施进行升级改造，全年完成建设工程招标项目400余项，中标总价59.36亿元，建筑面积461.55万平方米，应招标工程和应公开招标工程率均达100%，实现建设工程招投标“阳光交易”。中共中央书记处书记何勇、省纪委书记臧胜业等先后到市交易中心视察指导，评价唐山市招投标和工程交易工作“全省一流，示范全国”。同时，按照中央和省部署，认真抓好本市工程建设领域专项治理实施方案的落实，分别召开施工、房地产、监理企业，招标代理机构，勘察设计企业参加的专项治理工作会议，深入建筑市场重点区域、部位和中介机构，对违法违规行为进行专项整顿。在解决建设项目虚假招标、劳务用工不规范、拖欠工程款等突出问题上，取得较好成效。集中力量对全市新竣工和在建工程的劳务用工及农民工工资支付情况进行专项检查，检查工程301项，对32家施工企业进行通报，解决拖欠款9848万元，解决拖欠工资4865万元，有效遏制新欠问题的发生。

【加大建筑工程质量和安全管理力度】 完善工程质量责任制，规范工程质量责任主体行为，强化从工程质量检测到施工图审查的全过程监管，提高工程建设的运行质量。全年审查建筑工程勘察设计施工图70项、建筑面积达277.2万平方米；监督市中心区工程741项（含结转工程）、建筑面积500.6万平方米；解决建设工程质量投诉案件251件。认真贯彻“安全第一，预防为主”的方针，对建设工程安全重点和薄弱环节进行专项整治和隐患排查。在三年大变样百日攻坚行动中，加强施工现场整治，使施工现场围挡规范化，达标率达100%。对市中心区64个在建工程施工现场的起重设备进行专项检查，检查正在使用的塔式起重机102台，施工电梯31台，下达隐患整改通知书4份，停工通知书6份，及时消除安全事故隐患。全市建筑工程安全监督覆盖率达100%，其中市中心区施工现场优良率90%，县（市）施工现场达标优良率为80%。全年只发生建筑施工死亡事故1起、死亡2人，意外伤害保险投保率为100%，安全监督员和企业安全管理人员持证上岗率达95%以上。

【高标准完成四川南坝镇灾后恢复重建】 市建设局承担四川地震灾后恢复重建工作，及时组建驻平武县南坝镇工作领导小组，第一时间深入灾区，摸清总投资4亿多元、8项“交支票”工程、16项“交钥匙”工程的基本情况，在省内率先完成控制性修建性详规，做到组织最好、速度最快，受到省领导的肯定。年内8月，南坝镇中学交付使用，成为河北省第一个竣工的援建项目；10月，南坝镇中心小学交付使用，成为河北省援建项目中第一个竣工的“交钥匙”工程。平武县委、县政府怀着感激之情，把南坝镇滨江路命名为“唐山大道”，把南坝镇工业园命名为“唐山工业园”，新唐山人文精神在巴蜀大地得到充分展现。

【建筑节能取得新突破】 一是组织上高度重视。市委、市政府联合印发《唐山市既有居住建筑节能改造工作实施方案》，高起点、高标准、大面积推行节能改造。市建设局先后出台唐山市既有居住建筑节能改造《管理办法》、《拆迁安置管理办法》、《项目行政审批流程示意图》等配套规范性文件；编制6部《既有居住建筑节能改造工作指南》；首编《唐山市既有居住建筑节能改造专项规划》，填补国内空白，为节能改造提供政策保障。

二是突出工作重点。市建设局从建设人民群众幸福之都的大局出

发，以大力改善人居环境、促进节能减排为目标，重点抓好建筑节能标准的执行、政策的配套、技术的创新。

三是充分利用国家优惠政策，努力争取国家资金支持。市建设局把争取国家资金支持作为大事、急事，多次赴住建部、省建设厅、财政厅跑办。经过不懈努力，年内被国家财政部、住建部等4部委赋予唐山“早干早奖励，多干多奖励”的资金支持政策。全市完成2200万平方米既有居住建筑节能改造，获国家奖励资金约10亿元。抓住国家、省对可再生能源建筑应用有资金支持政策的时机，大力推进可再生能源的应用。年内，唐山学院等5个项目被列为国家级可再生能源示范项目，国家支持资金2806万元；4个项目被评为省级示范项目，省支持资金140万元。唐山市被确定为国家第一批可再生能源建筑应用示范城市，获中央财政支持资金8000万元。年底，全市可再生能源建筑应用面积达到716万平方米。

四是严格执行新标准。通过认真贯彻新建建筑节能的强制性技术标准，狠抓新建建筑设计、施工图审查和节能备案、验收等关键环节，实现全程闭合管理。年内，新建节能建筑总面积累计达到2150万平方米，节能标准执行率达100%。

五是努力提高建筑队伍素质。为使建设施工人员尽快掌握既有建筑节能改造技能技术，市建设局组织“万人培训”。通过“请进来”、“走出去”，邀请德国专家来唐授课，选派本市相关人员赴德培训，全年累计培训各类人员10352人。同时，积极组织技术攻关，研究改造方案，进行成本测算，引入竞争机制，统一组织对节能改造所需的热计量表、防水卷材等原材料、设备进行比选招标，选定供货商，努力探索低成本改造方式。年底，完成既有居住建筑供热计量及节能改造510万平方米，超额完成市委市政府下达的500万平方米的任务。

（牟　静　姚明富）

房地产业

【概况】　2009年，面对国际金融危机的冲击，市委、市政府坚决贯彻执行中央扩内需、促增长的政策措施，紧紧围绕群众最急迫盼望解决的住房问题，坚持政府主导、社会参与、统筹规划、分级负责的原则，确保保障性住房的有效供给和商品住宅建设目标按期完成，使全市房地产业规范有序地健康发展。全市有资质等级建筑企业房屋施工面积达2955.75万平方米，增长8.7%；房屋竣工面积863.00万平方米，下降30.2%。全市商品住宅开工面积1084万平方米，竣工113万平方米，完成投资118亿元。商品住宅的建设规模、投资总额均创历史新高。

【住房保障水平显著提高】　5月19日全省城镇化即保障性安居工程工作会议后，按照河北省人民政府《关于加快全省保障性安居工程建设的意见》（冀政〔2009〕114号）要求，为切实解决低收入家庭住房困难，经市政府第二十四次常务会议通过，市住房保障和房产管理局下发《关于提高市中心区住房保障标准的通知》，调整低收入家庭收入线标准计算基数，市中心区（路南、路北、高新技术产业园区）由原来以2007年度人均可支配收入14235元为基数计算，调整为以2008年度人均可支配收入16382元为基数计算；将廉租住房保障收入线标准由上年度的人均可支配收入标准0.5倍以下，提高到上年度人均可支配收入标准0.8倍以下，扩大廉租住房保障范围，统一廉租住房和经济适用房保障条件，使全市廉租住房和经济适用住房保障条件实现并轨；提高廉租住房租赁补贴标准，最低收入家庭享受的租赁住房补贴标准由原来的建筑面积5—8元平方米·月提高到7—10元/平方米·月；低收入家庭享受的租赁住房补贴标准由原来的建筑面积4—7元/平方米·月提高到6—9元/平方米·月。上述标准从当年12月1日起开始执行。当年，全市落实廉租住房保障11672户、28320人，发放住房保障金30733.22万元。其中发放廉租住房补贴7118户、16842人、1295.72万元；租金核减792户、2022人、65.27万元；实物配租3762户、9456人、29372.2万元。资金来源中住房公积金增值收益5972.38万元、土地出让净收益3000万元、市县预算拨款35658.54万元、省级预算补助302万元、中央专项补助4412万元、中央投资补助12100万元、其他6.6万元，合计61452.42万元。全市新开工（筹集）廉租住房30.605万平方米、6319套、完成投资21713万元。其中市区19.88万平方米、4136套，各县（市）10.725万平方米、2183套；新开工经济适用住房67.79万平方米、9884套。其中市区59.6万平方米、8706套，各县（市）8.19万平方米、2321套。全面完成省达、市达任务，廉租住房开工率、完工率、完成投资率居全省首位。

【市区震后危旧平房改造工作稳步推进】　按照国家“扩内需、促增长、惠民生”的有关政策，市委市政府把震后危旧平房改造列为2009年的一号工程，加大工作力度，将改造的范围由市区扩展到全市。为加快市中心区震后危旧平房改造进程，解决年内资金短缺问题，在市焦化厂、税务庄河联片区2个项目采取BT模式，引入中冶置业有限公司、北京和泓置业有限公司作为战略合作伙伴，由其融资45.64亿元，货款5.5亿元，签订160万平方米（含经济适用房、廉租房）的委托代建协议。同时会同省发改委、建设厅积极了解国家拉动内需相关政策和前沿动态，争取国家对唐山市危旧平房改造工作给予支持。省发改委、建设厅《关于送报唐山市震后危旧平房改造项目规划方案及申请资金支持的请示》（冀发改投资〔2009〕1014号）正式上报国家发改委和建设部，得到2部委的肯定，2部委表示：一是在2010年国家发改委的预算资金中切块给予部分资金，专项用于唐山市震后危旧平房改造；二是积极争取国家财政部在安排2010年城市棚户区改造和国有独立工矿区改造的“以奖代补”资金时，对唐山市单独增加部分计划；三是震后危旧平房改造中同步建设

的廉租住房将按照现行政策给予补贴，并适当增加比重，专项用于支持唐山建设。

为保持拆迁安置政策的统一性，结合前两年拆迁补偿安置工作实际，市区震后危旧平房改造领导小组对2008年市政府印发的《唐山市市区震后危旧平房拆迁补偿安置办法》进行完善，下发《关于市中心区震后危旧平房原地改造项目拆迁补偿安置工作的指导意见》，保证全市拆迁安置工作的顺利实施。当年，全市完成拆除危旧平房155万平方米，开工建设危改安置住房251万平方米，竣工138万平方米，安置居民14497户。其中国有土地上拆除52万平方米、开工120万平方米、竣工81万平方米，安置居民8997户（路南区、路北区、古冶区、开平区、丰南区、丰润区）；集体土地上拆除103万平方米、开工131万平方米、竣工57万平方米，安置居民5500户（市县）。2007年至2009年底全市累计拆除房屋260万平方米，开工建设安置住房570万平方米，竣工200万平方米，安置18738户。

【房地产市场稳定健康发展】 1至12月份市中心区商品住房总成交122.81万平方米，较去年同期增长36.43%，成交均价为6048元/平方米，较去年同期增长5.51%；市中心区二手房总成交52.08万平方米，较去年同期增长126.83%，成交均价为4622元/平方米，较去年同期增长1.56%。市住房保障和房产管理局产权处开办商品房大宗服务窗口；按照建设部2008年7月1日关于房屋登记办法的要求，建立房屋登记薄制度，对房屋登记实现电子信息化管理。市中心区办理各类房屋登记28300件。市住房保障和房产管理局着力规范房地产市场秩序，协调建设局、市国土资源局、市规划局、市物价局、市公安局等10部门，在全市开展房地产市场秩序集中整治工作，对发现的手续不全，无商品房预售许可证擅自预售商品房行为进行重点检查，查处非法售房案件6起，罚款20余万元；使全市房地产市场秩序得到进一步规范。全年批准商品房预售项目71个，359.07万平方米，较去年同期增长2.28%。2009年度市本级招拍挂出让土地66宗，面积275.7公顷，成交价款31.65亿元。其中招拍挂出让经营性用地42宗，面积1832.9亩，成交价款28.78亿元，招拍挂出让工业用地24宗，面积2302亩，成交价款2.87亿元。

【房地产交易服务水平大提高】 市建设局进一步改革行政许可、行政审批以及行政服务事项管理制度，完善审批程序，明确审批方式、权限，组建审批服务处，进驻市行政服务中心，对行政审批事项实施分类管理制度。全年办理各类审批事项284件，做到所有事项全部提前或按时办结，受到市场主体的好评。一是认真贯彻落实省政府《提高行政审批效能优化房地产业发展环境的意见》，多次组织开发企业座谈，诚恳征求和梳理他们的建议，综合完成唐山市房地产开发项目行政审批流程示意图的制定工作，切实提高工作效率。办理房地产项目施工许可提交的材料，由原来17项简化为4项；盖公章由147枚简化为9枚；手续办理时间由过去一个多月缩短至2个工作日。符合验收条件的房地产项目5日内即办理完毕手续并完成竣工验收。

二是投资150多万元，对市房产交易大厅进行改造，对房屋交易与登记工作进行整合，彻底结束办事部门多处分置，群众往返奔波，重复排队，办事效率低的局面，实行一个窗口收件、一套资料内部传递、一次性收费、一个窗口发证，实现房屋交易与登记一体化办公和“一站式”服务。房产信息系统建设不断加强，2009年4月，全市的房地产市场信息系统建设工作顺利通过国家建设部组织的50个重点城市的集中验收，以小组第一名的成绩评优。唐山市房地产市场信息系统从7月份开始向建设部上报房地产各项数据，为国家有效调控房地产市场提供可靠依据，为市民购房、卖房提供优质服务。

【直管公房房产经营和行政管理进一步加强】 按照打造“效率房管”的总体要求和“保障安全、完善功能、创优环境”的基本思路，全面加强直管公房维修、经营和管理，取得良好的经济效益和社会效益。市直管公房租金收缴390万元，收缴率93%；售出旧公房共用部位维修费实收419.7万元，收缴率89.7%；投入资金701.39万元，完成屋面翻顶4.24万平方米，其他中修工程56项，着力解决群众关心的屋面渗漏、电路老化、墙体返潮等问题；加强住宅共用部位、共用设施设备专项维修资金收缴及管理使用，收缴资金5200万元，批复使用资金1304万元，确保专款专用。全年为居民维修服务95672件（次），110联动应急服务抢修16633件（次），收到社区、群众感谢信165封、锦旗61面，群众满意率达到98.8%。

【巩固提高住宅区物业管理水平】 进一步规范物业管理行为，严格物业管理企业资质管理，推广使用物业管理信息系统，全市物业管理水平得到提高。2009年，全市新增物业服务企业50家，达到249家，物业管理项目342个，总建筑面积2643万平方米。为深入推进全国文明城市创建、三年大变样百日攻坚行动，进一步提升物业管理住宅区的环境，全市投入资金3000万元，完成旧小区绿化、硬化、设施改善等工程130万平方米，受益居民2.4万户，超额完成省达目标任务。同时，投入资金近1000万元，完成168栋楼房坡屋顶整治改造及翻新、加固以及城市出入口、重点区域83栋直管住宅楼夜景亮化升级，安装LED管灯8700长米、射灯1500个。投资400万元，完成5个小区、13.14万平方米的分户热计量改造。

（李春波　牟　静　姚明富）

住房公积金管理

【概况】 2009年，是市住房公积金管理中心成立并接管归集全市住房公积金管理后正式运转的第一年。一年来，在省住房和城乡建设厅与市委、市政府的正确领导下，在财政、审计等部门的有力监督下，市住房公积金管理中心以科学发展观为指导，本着“把握一个前提，突出一个核心，做好四项重点工作”

的思路，积极扩大住房公积金覆盖面，努力提高个贷使用率，狠抓资金安全运行，实现良好开局。年内全市归集住房公积金21.66亿元，累计归集公积金达到105.37亿元，余额76.57亿元；职工提取住房公积金8.78亿元，累计提取28.8亿元；发放个人住房贷款29.9亿元，累计发放贷款达到61.35亿元，余额44.13亿元，个贷使用率由上年末的34%，提高到57.63%；全年实现增值收益1.37亿元，比上年增长125%。

【改革旧有工作模式】 年初，随着市、县公积金机构整合到位，市中心针对个贷率偏低，个别县区没有开展公积金贷款的特殊情况，从认真贯彻国家有关政策，深入研究市场需求，积极调整工作思路和方法入手，强力推进住房公积金贷款工作。一是调整理顺贷款工作流程。为提高贷款办理时效，给职工贷款购房提供最大方便。一方面，将贷款审批权限下放到管理部，减少工作环节。另一方面，针对贷款发放由中心和受委托银行双重审批，极大影响贷款发放速度，导致职工贷款时间过长的情况，在7月份果断对贷款工作流程进行调整，将原来的双重审批改为管理部自主审批，受委托银行只负责根据管理部审批结果发放公积金贷款。在此基础上，制定、完善《关于住房公积金贷款有关问题的通知》、《贷款责任认定办法》、《贷款档案管理办法》等一系列配套的规章制度，堵塞工作漏洞，优化贷款工作流程，职工办理贷款时限大大缩短。

二是实行责任目标分解。将贷款工作目标分解到各管理部，责任落实到人，实行目标考核，将完成目标情况和干部任用、奖惩挂钩，充分调动各管理部发放住房公积金贷款的积极性。当年，14个管理部发放个人住房贷款实现跨越式增长，平均发放个人住房贷款额达2.14亿元。

三是加强与受委托银行合作。出台银行每办理一笔“以贷还贷”业务，中心补充相同数额存款；每办理一笔住房公积金新放贷款业务，由中心补充10%的住房公积金存款的措施，以存储政策为杠杆，调动受委托银行多放、放好住房公积金个人住房贷款的积极性。

四是加强与开发商合作。在开发商备案受理方式上，由过去的工程进度达到三分之二受理备案，改为取得预售许可证后即可受理备案，大大提前职工办理贷款的时间，为缴存职工提供更加方便的个人住房贷款服务。

通过以上措施，充分调动各方面的积极因素，发放公积金个人住房贷款出现历史上前所未有的增长幅度。全年全市发放住房公积金个人住房贷款29.9亿元，新增贷款余额超过前10年贷款余额的总和。个贷使用率由上年末的34%，提高到57.63%，大幅超出省下达的45%的目标。累计发放贷款总额达到61.35亿元，余额44.13亿元，支持49882户家庭职工购买住房426.5万平方米，助推全市房地产市场迅速回暖。经省监管办统计，唐山市当年发放贷款额、个贷总额、个贷余额均排在全省各市第一位。同时，建立逾期贷款定期检查、及时提醒的预警机制，使回收贷款工作常态化、制度化，用有效的工作机制防范贷款风险。到年底，全市个贷逾期率为0.02%，低于省下达的0.03%的控制标准。

【扩大公积金覆盖面】 归集工作是住房公积金各项工作的前提和基础。2009年，中心把各县（市）区和非公有制单位作为公积金建制扩面的重点，通过加大宣传，提供优质的人性化服务，积极维护缴存职工各项权益，保持与各建制单位良性互动，注意发挥有关业务合作单位的积极作用，使建制扩面和公积金归集工作保持积极的发展态势。一是加大宣传力度。和市邮政、银行等部门联合向缴存职工推出邮政“直通车”业务，定期向职工邮寄包含缴存等方面信息的对账单，以温馨、人性化的方式，扩大公积金宣传，打造公积金管理中心的良好社会形象；制作一期电视专题片，在唐山电视台播放，扩大公积金归集宣传效果。二是加大催建催缴力度。深入未建制和欠缴单位，采取耐心细致的思想动员和强制性的行政执法相结合的手段，督促它们尽快建制或提高缴存比例。三是加强工作调度。根据年内贷款大幅增加，公积金沉淀资金相应减少局面，中心适时召开归集工作调度会，要求各管理部准确分析归集工作形势，主动和当地政府协调配合，挖掘潜力，最大限度做好归集工作。

通过积极有效的工作，年底全市最后两个未建制的县级农场——芦台农场和汉沽农场，做好建立公积金制度的各项准备工作；全市唯一一个未达到法定缴存比例的玉田县，决定从2010年1月开始，将缴存职工和单位的缴存比例分别提高到5%。2009年全市新增缴存职工5.45万人，新增缴存单位304个，新增缴存基数1554万元。全市归集公积金比上年同期增长23.35%，覆盖率达到81.45%。年底，全市建制单位达到4419个，缴存职工52.7万人，当年归集总额、归集余额位居全省首位。

【不断提高服务水平】 中心把为职工提供更加方便、安全、高效的公积金提取服务，做为一项常态工作常抓不懈，推出便民新举措。一是和市工商银行合作，推出“牡丹公积金联名卡”。职工提取住房公积金时，提取金额直接转账至联名卡账户，提取人可就近到工商银行网点或ATM（自动取款机）进行支取或转存，也可直接用于消费，既避免职工长时间排队等候，还消除职工提取现金的安全隐患。二是制定公积金提取相关政策解答，为职工提供详细的提取政策咨询服务。三是在满足职工正常提取的前提下，出台《住房公积金提取政策的补充规定》，对职工提取住房公积金的时限、金额、手续等进行进一步规范。

【对风险进行双防双控】 为汲取公积金领域发生的腐败案件教训，预防发生廉政风险和工作风险，保障公积金安全运行，中心结合市纪委创造性地开展权力运行监控机制建设工作。一是完善工作流程。从机关处室到下辖的管理部，逐一梳理各项工作职权，确定各部门的职权范围，完善各项工作流程，分别制做出工作流程图，严格照章行事。二是查找风险点。从完善和健全各项工作的工作流程入手，逐环节查找存在的风险，明确85个风险点，其中廉政风险点31个，工作风险点54个。三是制定防范措施。对查找出的各种工作和廉政风险，确定出风险等级，有针对性地制定各种防范措施，堵塞工作漏洞，有效化解工作和廉政风险。四是建立责任追究机制。建立责任领导、责任部门、责任人和责任追究办法四位一体的防控机制，制定《廉洁自律责任实施细则》、《监控机制建设责任追究办法》、《监控机制建设考核及奖惩办法》和129条防控措施，把风险防范工作细化、量化，落实到每个具体岗位和每一个人，涉及责任领导25人，责任单位22个，责任人116人，形成全员共同参与风险防范工作的良好局面。在实际工作中，实现权力运行监控机制建设工作公开化、程序化、常态化，与日常工作紧密结合，收到明显效果。此项工作多次得到市纪委的肯定和表扬。

【公积金安全高效运行】 资金安全高效运行是公积金工作的生命线。中心紧紧围绕这一主题，不断加强资金监管，并力求实现资金运行的最大收益。一是实行集中使用资金制度。为发挥全市资金的整体规模优势，促进各县（市）区资金的平衡使用，从1月开始，实行集中使用资金制度，要求各管理部按要求上缴集中使用资金，由中心在全市范围内集中调配使用。全年各管理部上缴集中使用资金4.91亿元，用于发放贷款3.83亿元，补充管理部存款1.7亿元。二是加强资金安全监管。依托网络信息资源，开发前台定期存款管理系统，编制实时贷款分析表，为加强定期存款管理，及时掌握中心的贷款发放、回收情况，提供可靠的技术支持。中心通过公积金计算机系统，可以实时、详尽地查看各管理部资金收、支、用的全过程，对资金运行情况实现实时监控，能及时准确地发现和掌握异常情况；加大对贷款、提取业务和银行存款记账及时性的审计力度，运用审计稽核手段加强资金安全保障；建立健全《资金调拨制度》、《账户管理规定》、《档案管理制度》等一系列规章制度，明确管理机构和人员的工作职责，层层建立岗位责任制，做到资金安全的有效内控。三是加强公积金存款专项管理。活期存款与银行签订协定存款协议，定期存款实行存期多元化、管理程序化，做到及时掌握利率变化，既保证资金安全，也实现收益最大化。全年实现增值收益1.37亿元，比上年增长125%，居全省第一位。

【管理和运营适度分离】 从公积金发展的大局出发，中心坚持权力下移，重心下沉，在保证资金安全和“四统一”模式的前提下，尽可能把具体业务职权下放给管理部。由于管理部处在第一线，承担大量的具体业务，中心将“事权下移，重心下沉”，把原由中心有关处室承担的业务职能剥离出来，下放到管理部，中心机关主要承担管理、检查、督导职能，进而形成管理和营运相对分离，互相依托、高效运转的双层组织结构模式，不但提高服务质量和工作效率，还强化结构的制衡作用。在此基础上，以管理部为重点，全面启动规范化管理活动，进一步完善健全岗位职责、工作流程和各项管理制度，规范办公秩序，改善服务环境。中心内部也逐步向管理和服务转型，初步形成各司其职、相互支持的工作格局。

（汤瑞昆）

重点项目建设

编纂 李晓东

综 述

2009年，面对国际金融危机的冲击和错综复杂的宏观经济形势，全市上下深入贯彻落实中央、省、市扩内需保增长的一系列决策部署，组织开展千个项目保增长、调结构攻坚行动，重点项目建设取得明显成效，为全市经济实现平稳较快发展，呈现出企稳向好的良好态势奠定坚实的基础。千个项目攻坚行动是市委、市政府积极应对国际金融危机，保增长、调结构的重要举措。为确保攻坚活动取得实效，市委、市政府成立"1000个项目攻坚行动领导小组"，组长由省委常委、市委书记赵勇担任，第一副组长由市长陈国鹰担任，常务副组长由周仲明常务副市长担任，副组长由其他副市长担任。围绕推进千个项目攻坚行动的实施，首先，认真筛选项目，精心编制攻坚方案，为千个项目攻坚行动提供依据。按照市委常委会关于组织实施千个项目攻坚行动的要求，从全市筛选出投资在5000万元以上的1000个攻坚项目，编制攻坚行动实施方案，明确攻坚目标、主要任务、时间节点、责任分工及主要措施，为攻坚行动的实施创造条件。其次，积极发挥攻坚行动领导小组办公室的职能作用。一方面积极做好市级领导分包重点项目的相关工作。按照市级领导跑办项目、赴基层调研等工作要求，认真做好各项组织准备工作，确保市级领导分包重点项目工作顺利实施。另一方面指导各县（市）区按照实施方案的相关要求建立健全"四个一"工作制度，推进各地区、各部门全面做好千个项目攻坚工作。三是积极做好项目建设的协调调度工作。为加快推进重点项目的建设，坚持"月调度"例会制度，对急需解决的专项问题，市领导随时召开专题调度会，协调解决项目建设过程中出现的各类问题，一年间先后组织各类协调会30多次，为开诚矿用抢险机器人、丰津公路等项目用地，以及唐丰快速路、科技馆等项目资金问题的解决创造条件。特别是为促进曹妃甸新区的项目建设，专门赴曹妃甸召开现场调度会，协调解决影响项目落地和建设的相关问题，为加快曹妃甸新区项目建设进度发挥积极作用。同时，建立新开工项目"周通报"工作制度，更加及时地反映项目建设动态，有效推动项目建设步伐。到年底，千个攻坚项目圆满完成全年各项任务目标（其中新开工项目523个，竣工投产项目274个，完成投资1878亿元，占年度计划100.8%），为全市经济社会发展提供了强有力支撑。

重要文件

【唐山市1000个保增长、调结构项目建设攻坚行动实施方案】
2009年2月11日，市委、市政府以唐发〔2009〕7号文印发。

一、指导思想

全面贯彻落实党的十七大和十七届三中全会、中央经济工作会议、省委七届四次全会、市委八届四次全会精神，以科学发展观为指导，以科学发展示范区建设为统揽，以建成人民群众的幸福之都为目标，围绕扩大内需保持经济平稳较快增长，加快发展方式转变和结构调整，提高可持续发展能力，突出项目攻坚，以只争朝夕、时不我待的精神，使项目工作迈上新台阶，促进全市经济社会又好又快地发展。

二、工作目标

攻坚行动从2009年年初开始，到2009年年底结束。采取市级领导分包、市直部门协同推进、县（市）区政府组织、项目单位具体实施的形式进行。要通过1000个项目的实施，为确保2009年全市全社会固定资产投资完成1950亿元，力争完成3000亿元，提供有力支撑。

三、主要任务

这次攻坚行动重点推进的1000个项目，是市委、市政府根据中央确定的实行积极的财政政策和宽松的货币政策，以及中央投资扩大内需的方向，组织县（市）区、市直有关部门谋划和建设的项目，突出了唐山湾"四点一带"和"四城两河"开发建设项目，突出了打造七大主导产业链、推进资源型城市转型、产业结构调整的项目，突出了推进城乡一体化建设、着力改善民生的项目，加快这1000个项目的建设，是我市项目建设工作中的重中之重。

围绕加快推进项目实施，"攻坚行动"从三个方面展开：一是抓前期攻坚。围绕加快项目前期工作进度，突出抓好在谈项目和达成投资意向项目的推进工作。在谈项目要建立健全项目工作班子，加大协调和盯办力度，积极配合投资方做好项目前期调研、选址等基础性工作，为项目及早达成投资意向创造条件。达成投资意向项目要围绕项目备案（核准、审批）、规划、用地、环评等前期工作，加大跑办力度，加强协调督导，加快审批条件落实，促进项目尽快落地。二是抓开工攻坚。围绕促进项目开工建设，突出抓好项目建设内、外部配套条件的落实。加强对项目单位的督导，促其尽快履行各项开工报批手续，加快建设要素的落实，为项目的开工建设打下基础。对项目建设所需的供水、供电、进场道路、规划许可、土地占用等建设条件进行分类和整理，制定阶段性工作计划，明确责任，确保工作目标的落实。三是抓进度攻坚。围绕加快项目建设进度，突出抓好影响项目建设进度的各类问题的协调和解决。对建设进度慢的项目，要严格按照年初确定的目标任务，做好工程施工节点的衔接，协调好现场施工条件，加快推进工程进度，确保取得实质性突破。对年内计划完工的项目，要倒排工作时间表，力争年底前建成投产。

四、工作措施

（一）加强领导，明确分工。为确保攻坚活动取得实效，市委、市政府成立“1000个项目攻坚行动领导小组”，组长由省委常委、市委书记赵勇担任，第一副组长由市长陈国鹰担任，常务副组长由周仲明常务副市长担任，副组长由其他副市长担任，相关部门（单位）为成员（领导小组名单见附件1），领导小组办公室设在市发改委。其中，市“四大班子”领导带头抓101个项目的跑办和建设。每位领导同志分包1—3个项目，同时联系1个县（市）区或市直部门，对所联系的县（市）区、市直有关部门2009年度的项目建设进行具体指导、督促落实。各县（市）区，开发区（园区、管理区、工业区）是项目攻坚行动的第一责任人，项目单位是直接责任人，要对照“攻坚活动”的工作任务，摸清重点建设项目的基本情况和存在问题，制订详细的工作计划，做到“四个一”，即每个项目要组成专门班子，制定一个详细工作方案，每一项任务都明确节点，明确一名责任人，确保按计划完成。同时，各县（市）区也要开展项目攻坚行动，从本地区筛选出100个攻坚项目，细化目标任务，明确责任分工，确保县（市）区建设项目的顺利实施。

（二）加强政策扶持，优先保障要素供给。对于列入1000个攻坚项目计划的项目，将在项目审批、用地、用电、用水、资金等方面优先配置各项要素，特别是占用未利用地的项目，优先解决用地指标。优先支持符合中央投资支持方向的攻坚项目申报中央投资、纳入国家重点专项、省重大产业支撑和省重点建设项目计划，为用足用好国家、省的政策和资金支持创造条件。鼓励项目向唐山湾“四点一带”区域和园区集中，特别是鼓励重大装备制造业项目向曹妃甸装备制造业园区聚集，对于这些项目将优先保证道路、通讯、供水、供电、燃气、人才等要素资源配置，优先在地价、电价、水价等方面给予政策支持。

（三）建立月调度和周通报制度。为全面了解攻坚行动工作进展，及时协调解决攻坚过程中出现的各类问题，领导小组将实行月调度制度，其中每1个月进行一次进度调度，每2个月进行一次集中调度。各县区也要建立月调度制度，对本地区内的市、县两级攻坚项目进行定期调度。前期（谋划）项目要重点协调调度项目工作目标、工作任务、工作时限及节点等内容是否清晰和明确，工作步骤和方法是否扎实和有效，规划、选址、环评，备案（核准）等前期手续是否办理等工作情况；已开工项目重点协调调度水、电、地、资金等建设条件是否落实，项目建设的内外部环境是否优良，项目建设工期和进度是否达到要求等工作情况。对101项市级领导跑办的项目，在实行月调度的同时，要根据领导跑办情况，每周通报一次工作动态。

（四）强化督查及考核制度。各级各部门各单位要按照各自制定的实施方案和节点目标，有计划、有步骤地组织实施。这1000个项目属于国家审批的项目，要力争在年底前落实各项手续，开工建设；属于省级以下（含省级）审批的前期项目，6月底前落实各项手续，开工建设；属于在建项目在责任分解表中已明确年度投资额的，一季度投资额必须达到全年投资额的30%以上，上半年达到50%以上，年全部完成年度投资任务。要强化工作督导和检查，建立健全逐级检查、考核制度，确保任务到人、责任到人、奖惩到人。市攻坚行动领导小组将组织攻坚行动专项督导，定期对各单位进行专项督查，并发布督查通报。年终，要将项目建设攻坚行动情况纳入县级领导班子考核内容，作为干部使用的重要依据。

【唐山市重点建设项目管理办法】

第一章　总　则

第一条　为加强对我市重点建设项目的管理，保证工程质量和建设进度，提高投资效益，根据《国家重点建设项目管理办法》、《河北省重点项目建设管理暂行规定》、《河北省重点项目“一卡通”制度》等有关规定，结合我市实际，制定本办法。

第二条　本办法适用于市重点建设项目、市重点前期工作项目（以下统称为“市重点项目”）的管理。市重点项目包括国家、省在我市建设的重点项目。

第三条　市重点项目建设领导小组统一领导全市重点项目建设工作，下设市重点项目办公室，负责全市重点建设项目的综合指导、协调和日常管理工作。

第二章　项目确定

第四条　市重点项目的确定，坚持突出园区、产业聚集区项目，突出装备制造、高新技术和现代服务业等产业项目，突出重大基础设施和基础产业项目的原则。

第五条　市重点项目必须符合国家产业政策、发展规划和市场准入标准，有利于促进就业和财政增收。市重点建设项目应按规定完成环境评估、项目的审批、核准或备案，按规定开展项目土地预审，按规定完成固定资产投资节能评估，符合信贷、安全管理、城乡规划等规定和要求。

第六条　符合下列条件之一的，可以申报市重点项目：

（一）总投资3亿元以上的基础设施和基础产业项目；

（二）总投资2亿元以上的精品钢材、化工、建材、轻工、纺织和

医药等项目，总投资1亿元以上的装备制造项目；

（三）总投资1亿元以上的生物医药、电子信息、新材料、新能源等高新技术、绿色环保等产业项目；

（四）总投资1亿元以上的商贸物流、文化、教育、卫生、体育、旅游等服务业项目；

（五）总投资1亿元以上的农产品深加工项目（一般农业项目总投资0.3亿元以上）；

（六）总投资1亿元以上的招商引资项目和1000万美元以上的利用外资项目（不含房地产开发项目）；

（七）其他重大建设项目；

（八）申报的市重点前期工作项目，总投资需5亿元以上。

第三章　项目申报

第七条　各县（市）、区人民政府和市人民政府有关部门、和省、市直属企业，按照项目的隶属关系，将本地区、本部门符合本办法有关规定的项目进行汇总，按要求报送市重点项目办公室。

第八条　申报市重点建设项目，应提交下列材料：

（一）申请报告；

（二）项目审批、核准或备案文件；

（三）项目资本金、建设资金落实情况的有关文件；

（四）项目规划、土地、环评、节能评估等有关批准文件；

（五）项目简介。

第九条　申报市重点前期工作项目，应提交下列材料：

（一）申请报告；

（二）开展项目前期工作的成果性资料；

（三）项目简介。

第十条　对报送的重点项目，市重点项目办公室按照重点建设项目和前期工作项目进行筛选汇总，研究拟定全市重点建设项目名单，报请市政府批准公布。

第十一条　国家、省重点建设项目，按照国家和省的有关规定，从市重点项目中筛选申报。

第四章　项目管理

第十二条　市重点项目实行动态管理，对符合申报条件的重点项目每年分批次下达市重点建设项目计划。各项目单位要在规定时间内，及时向市重点项目办公室报送工程进度、完成投资和资金到位等情况。

第十三条　市重点项目实行项目法人责任制，项目法人代表对项目建设负总责，承担相应的义务和责任。

第十四条　市重点项目应当依法进行招标投标。

发改部门负责项目招标投标的指导、协调，监察、财政、审计、建设等部门依各自职责对市重点项目招标投标工作进行监督管理。

第十五条　项目单位应严格按照批准的建设规模、内容和标准进行建设。

第十六条　市重点项目实行工程质量终身负责制，勘察设计、施工、监理等单位的法定代表人，按照各自职责对承办的工程质量负终身责任。

第十七条　市重点项目建设使用财政资金的应专户存储，专款专用，按照国家、省、市有关规定加强管理，任何单位与个人不得擅自截留或挪用。

第十八条　项目管理部门应当建立协调机制，及时协调解决项目审批、征地拆迁、施工过程中的问题，确保重点建设项目的顺利实施，并对市重点前期工作项目提供政策咨询、业务指导。

第十九条　建立健全市重大项目储备库，将拟建重大项目纳入储备库，进行跟踪服务，加快前期工作进度。

第二十条　政府投资的市重点建设项目单位应主动接受和配合国家、省、市的稽察、督查、检查、审计等监督工作，真实反映和提供相关情况及资料。

第五章　有关政策规定

第二十一条　市重点项目在土地、资金、要素配置、争取省以上支持、表彰奖励等五个方面给予优先。其中：

（一）土地。依法优先安排用地指标，每年初省分配我市用地指标的40%以上优先用于市重点项目；优先上报争取省预留的重点项目和重大外资项目用地指标。

（二）资金。优先在支农、绿化攻坚等统筹城乡发展项目方面，在科技三项费、科技风险担保资金、中小学校舍安全工程等促进科技、教育发展项目方面，在节能、排污、既有居住建筑综合节能改造等促进节能减排项目方面，以及服务业、旅游业、农业、新能源等项目方面给予财政专项资金支持；优先在统筹城乡发展等城市建设项目方面给予贷款贴息资金支持。

（三）要素配置。优先保证道路、通讯、供水、供电、燃气、人才等要素资源配置，并在供给价格方面给予政策支持。

（四）争取省以上支持。优先支持纳入国家重点专项，纳入国家、省产业发展规划，申报中央投资项目、省重大产业支撑项目和省重点建设项目。

（五）表彰奖励。对组织实施市重点项目工作成绩突出的县（市）区、市直有关部门（单位）和项目单位，在年度重点项目建设先进评选中给予表彰和资金、物质奖励。

第二十二条　在项目审批过程中，需要委托中介机构对项目可行性研究、环境影响评价、安全评价、压覆矿产资源、地质灾害、水资源论证报告、防洪评价、水土保持方案、地震安全性评价、节能评价等文件进行评估的，受委托中介机构要在协议约定时效内完成评估，不得借故拖延，影响项目进度。

第二十三条　对依法可以行政划拨或者协议出让方式供地的重点建设项目，优先安排用地；对依法必须以招标、拍卖或者挂牌出让方式供地的，及时组织土地的招标、拍卖、挂牌出让。

第二十四条　有关部门对重点建设项目的行政事业性收费，文件规定有幅度标准的，按最低标准收取。

第二十五条　消防、供电、供水、供热、供气等管理部门和经营单位，要为重点建设项目提供优质服务，不得指定建设所需产品、服务和施工单位。

第二十六条　除国家、省、市规定的收费外，不得向市重点项目收取其他名目的费用。

第六章　法律责任

第二十七条　政府投资的市重点建设项目违反国家、省、市有关规定的，由市监察局会同有关部门依法予以处理；涉嫌犯罪的，移送司法机关处理。

第二十八条　扰乱市重点项目建设、生产经营秩序，致使其不能正常建设、运营的，依照《中华人民共和国治安管理处罚法》的规定给予处罚；涉嫌犯罪的，移送司法机关处理。

第七章　附　则

第二十九条　本办法自公布之日起施行。

组织调度

【积极做好跑办工作】　市“四大班子”领导带头抓 101 个项目的跑办和建设。每位领导同志分包 1—3 个项目，同时联系 1 个县（市）区或市直部门，对所联系的县（市）区、市直有关部门 2009 年度的项目建设进行具体指导、督促落实。市发改委充分发挥跑办联络组的职能作用，积极做好跑办联络工作，提前拟定工作计划，与被拜访单位沟通，确定具体拜访时间、地点、联系人等有关事项；认真做好各项材料的准备工作，精心准备拟汇报沟通项目情况及其相关材料，为参加会谈的双方领导全面了解会谈内容提供参考资料；认真做好跑办工作动态的信息反馈工，对每个项目的跑办情况，及时进行总结，并通过快报的形式反馈市领导及有关单位，以便市领导和有关部门随时了解跑办项目动态。通过积极努力，市主要领导带队成功拜访国家发改委、铁道部、国家开发行、中国农行总行、省发改委等 10 多个单位，也为曹妃甸大型石油炼化、京唐城际铁路、震后危旧房改造等项目列入国家盘子，以及争取中央投资和银行贷款支持创造了条件。

【精心组织全市重点项目观摩】　把重点项目观摩作为全市经济形势分析会的一项重要内容，反映和展示各县（市）区重点项目建设面貌及成果的主要平台。为切实保证重点项目观摩的质量和效果，市发改委从 4 月下旬开始，用二个多月的时间，由主管主任带队，分两组赴各县（市）区进行现场指导和踏勘，筛选出 39 个项目作为观摩重点，又用三天时间进行预观摩活动。7 月 7 日至 10 日举行全市重点项目正式观摩。前期的组织起到非常有效的督导和促进作用，通过观摩，不仅为各县（市）区提供一个相互借鉴、相互激励、相互促进、共同提高的机会，而且更使各县（市）区看到差距和不足，进一步统一了思想，振奋了精神，增强了加快发展的责任感和紧迫感，为保持全市项目建设和固定资产投资好的增长势头打下坚实基础。

【努力推动省重点项目加快建设】　由于省重点项目在用地、资金等方面有一些优惠，所以省重点项目争列工作非常激烈。为保证唐山市省重点项目申报的质量和数量，一方面认真做好项目的筛选工作。在严格遵循省重点项目投资规模要求的基础上，还按照省鼓励的产业类别进行归类和包装，力争有更多的项目符合省重点项目要求。另一方面及时跟进申报省重点项目的条件变化要求，积极指导和督促各县（市）区及有关单位尽快按照相关要求规范和完善前期手续，从而确保申报省重点项目的质量和效果。同时，积极做好与省重点办的汇报沟通工作，逐个项目说明情况及特点，以使更多的项目列入省重点项目盘子。经过积极努力，唐山市 2009 年有 146 个项目列入省重点项目，总投资 3516.2 亿元，年度计划投资 534.40 亿元，项目总投资和年度计划投资均居全省第一。在争列省重点项目的基础上，为争取省政府对重点项目用地的支持，发改委认真研究省政府扶持重点项目用地的方向及特点，精心筛选唐山市急需解决用地的重点项目，并多次赴省进行汇报衔接，确保争取省用地指标支持工作取得显著成效。2009 年唐山市在省政府安排的四次急需开工重点项目用地指标中，共有 37 个项目获得用地指标，涉及用地 5214 亩，争取用地数居全省第一，约占全省安排用地数量的 1/6。这些用地指标的解决，为促进唐山市重点项目的开工建设发挥了重要作用。

【加强项目稽察】　为确保中央投资和省重点项目依法依规建设，及时、准确掌握项目建设进度，促进项目建设信息交流和反馈，9 月 17—19 日，市发改委在遵化市举办 2009 年中央投资项目稽察及重点项目统计培训会，各县（市）区、市直有关部门及中央投资和省重点项目单位的 130 多名工作人员参加培训。通过培训，一方面提高各县（市）区发改部门、项目单位对管理和建设中央投资及省重点项目重要性的认识，另一方面增强各参训单位对中央投资项目建设管理过程中易出现问题进行预防和整改的能力，同时也为各单位相互借鉴经验、广泛交流信息搭建广阔的平台。

【积极做好来年重点项目的谋划工作】　为全面摸清全市重点建设项目情况，为 2010 年年省、市重点项目建设做好准备，全市提早动手，提前谋划，分步骤、分阶段进行项目筛选。其中第一阶段从 7 月底开始，用时半个多月的时间，分两组对 20 个县（市）区及“四城一河”重点项目进行调研，对每个项目进行摸底，初步筛选出达到投资规模要求的项目共计 616 项，总投资 6723.86 亿元，年度计划投资 1231.12 亿元。其中符合申报省重点的项目共计 323 项，总投资 4828.34 亿元，年度计划投资 756.83 亿元。第二阶段从 9 月下旬开始，在各县（市）区上报项目的基础上，逐个县区逐个项目分析和研究，补充和完善前期手续，并对存在问题项目进行整改，确保列入省、市重点项目的数量和质量。经初步筛选，全市达到市级以上重点项目投资规模要求的项目共计 702 项，总投资 7198.61 亿元，年度计划投资 1681.61 亿元。其中投资规模达到申报省重点要求的项目共计 389 项，总投资 5349.95 亿元，年度计划投资 1014.27 亿元。2010 年全市将持续实施千个项目建设攻坚行动，本着投资规模、项目数量不减的原则，筛选确定千个持续攻坚项目盘子，主要包括省重点项目、市重点项目和中央投资项目三部分，共涉及项目 1058 项，比上年增加 58 项，总投资 10706 亿元，年度计划投资 2010 亿元，分别比上年增长 3.68% 和 7.83%。其中新开工项目 432 项，总投资 2690.54 亿元，年度计划投资 801.09 亿元。同时，经过

艰苦努力，全市有178个项目列入2010年省重点项目草案，总投资3159.4亿元，年度计划投资549.7亿元，分占全省总数的12.4%、19%和26.3%，项目数、总投资和年度计划投资三项指标均居全省第一。

【加强合作】　2009年，为加速推进全市重点项目建设，市四大班子千方百计努力搭建平台，积极推介，为重点项目获得多方面支持奠定基础。一是大力推进银企合作。年内，抓住国家实施适度宽松货币政策的机遇，先后组织各类银企对接活动10多次，推介项目700多个，涉及资金缺口300多亿元，为促进重点项目资金落实创造条件。二是成功组织央企走进曹妃甸项目对接活动。为让参会人员全面了解推介项目情况，有关部门精心筛选100个项目，精心编印推介项目册500多本在会上发放。为保证对接效果，同时分设市直及县（市）区、曹妃甸新区和曹妃甸工业区三个对接会场，以保证参会单位不同的对接需求。经过积极努力，对接会当场就有20多个央企签约，签约项目达50多项。三是认真做好民营企业家走进曹妃甸、省内金融单位银企对接会等活动的项目推介工作。精心编印和发放《唐山市科学发展重点推介项目》册（包括英汉对照本）1000多本，为国内外金融单位及投资者了解唐山重点项目资金需求情况提供依据，为唐山市有更多的重点建设项目获得资金支持创造条件。

（梁峻华）

千个保增长、调结构攻坚行动重点项目情况表

唐山市千个攻坚项目县区汇总表（1－12月）

表一

单位	项目数量（个）				总投资（亿元）			
	小计	续建	新开	前期	小计	续建	新开	前期
合计	1000	314	552	134	10326.50	2800.31	3794.79	3731.40
曹妃甸工业区	100	23	55	22	2664.97	718.37	532.20	1414.40
遵化市	72	31	39	2	200.08	83.66	73.42	43.00
迁安市	98	38	57	3	634.90	408.94	196.27	29.69
迁西县	50	26	24		146.90	59.43	87.47	
滦县	37	18	17	2	400.37	49.18	321.05	30.14
滦南县	42	7	32	3	152.94	12.83	102.11	38.00
乐亭县	31	3	23	5	995.32	6.97	765.38	222.97
玉田县	54	22	29	3	239.23	41.26	125.47	72.50
唐海县	44	15	29		158.24	91.82	66.42	
丰润区	27	13	12	2	156.27	71.93	75.02	9.32
丰南区	48	22	26		165.09	126.01	39.08	
古冶区	13	8	5		82.36	36.80	45.56	
开平区	26	6	19	1	112.26	7.56	72.70	32.00
路南区	56	6	50		353.97	24.60	329.37	
路北区	46	6	29	11	526.86	130.20	296.36	100.30
高新技术园区	29	6	18	5	111.86	26.92	62.85	22.09
海港开发区	30	8	16	6	292.47	42.83	114.72	134.92
南堡开发区	18	8	9	1	139.42	19.83	118.09	1.50
芦台开发区	9		6	3	35.34		22.07	13.27
汉沽管理区	14		11	3	32.96		27.68	5.28

凤凰新城	19	8	8	3	147.24	108.90	19.78	18.56
曹妃甸生态城	51	6	30	15	829.74	43.90	279.64	506.20
南湖生态城	3	2		1	48.80	13.80		35.00
"两河"管委会	1		1		56.00		56.00	
市直	80	30	7	43	1736.67	646.18	46.53	1043.96

唐山市千个攻坚项目县区汇总表（1－12月）

单位：亿元、个

表二

单位	2009年计划投资	续建	新开	1－12月份完成 投资	占当年计划%	开工项目 1－12月	开工率%	完工项目 预计全年	1－12月	完工率%
合计	1864.12	887.73	976.39	1878.31	100.76	523	94.75	196	274	139.80
曹妃甸工业区	418.14	205.40	212.74	419.60	100.35	49	89.09	17	10	58.82
遵化市	43.00	18.23	24.77	43.69	101.6	39	100.00	13	17	130.8
迁安市	291.08	179.65	111.43	291.26	100.06	59	103.51	39	57	146.15
迁西县	53.99	26.36	27.63	57.07	105.70	24	100.00	9	15	166.67
滦县	60.76	16.16	44.60	60.84	100.13	15	88.24	8	10	125.00
滦南县	33.62	4.32	29.30	35.03	104.19	32	100.00	2	10	500.00
乐亭县	63.65	1.85	61.80	64.23	100.91	24	104.35	3	7	233.33
玉田县	48.85	18.88	29.97	49.96	102.27	30	103.45	16	28	175.00
唐海县	39.48	18.00	21.48	46.24	117.12	24	82.76	17	12	70.59
丰润区	32.53	18.08	14.45	34.91	107.3	12	100.00	4	9	225.0
丰南区	65.13	35.65	29.48	65.25	100.2	26	100.00	17	31	182.4
古冶区	38.50	20.20	18.30	38.74	100.6	5	100.00	4	6	150.0
开平区	33.10	3.10	30.00	34.06	102.9	19	100.00	8	13	162.5
路南区	46.57	4.46	42.11	52.94	113.7	50	100.00	1	7	700.0
路北区	40.65	14.50	26.15	53.16	130.8	33	113.79	1	8	800.0
高新技术园区	27.27	5.87	21.40	16.02	58.75	7	38.89	5	3	60.00
海港开发区	69.17	25.97	43.20	45.60	65.92	11	68.75	4	2	50.00
南堡开发区	17.16	5.56	11.60	38.54	224.59	8	88.89	7	11	157.14
芦台开发区	4.90	0.72	14.69	5	83.33					
汉沽管理区	8.93		8.93	6.84	76.60	9	81.82	1		
凤凰新城	27.34	22.00	5.34	26.66	97.51	3	37.50		1	
曹妃甸生态城	161.59	34.80	126.79	140.86	87.17	30	100.00		7	
南湖生态城	5.20	5.20		8.68	166.92					
"两河"管委会	20.00		20.00	7.00	35.00	1	100.00			
市直	226.37	202.80	23.57	240.41	106.20	9	128.57	20	10	50.00

千个攻坚项目产业汇总表（1－11月）

单位	项目数量（个）				总投资（亿元）				2009年计划投资（亿元）		
合计	1000	314	552	134	10326.50	2800.31	3794.79	3731.40	1864.12	887.73	976.39
基础设施	203	60	103	40	2633.13	678.79	676.60	1277.74	579.57	264.17	315.40
基础产业	23	6	6	11	524.24	191.06	40.13	293.05	69.77	54.97	14.80
装备制造	109	30	74	5	459.56	107.32	313.06	39.18	120.87	27.04	93.83
精品钢材	22	12	8	2	1999.62	1012.74	950.88	36.00	348.63	288.33	60.30
化工	32	13	15	4	1237.82	65.14	124.56	1048.12	65.65	29.79	35.86
高新技术	29	4	24	1	74.89	7.26	66.78	0.85	34.58	2.24	32.34
现代服务	397	127	209	61	2875.57	564.91	1383.46	927.20	448.56	148.79	299.77
现代农业	30	11	17	2	73.42	17.85	51.16	4.41	35.98	6.07	29.91
环保	49	23	25	1	113.67	46.18	63.37	4.12	41.10	14.90	26.20
其他	106	28	71	7	425.35	80.67	202.24	142.44	132.24	50.72	81.52

千个保增长、调结构攻坚行动续建项目进展情况月报表（1－12月）

单位：亿元

项目类别	总投资	2009年计划投资	已落实资金	投资完成		
				本月完成	本年完成	自开工累计完成
续建项目（314项）	2771.91	887.03	1009.33	70.05	1014.20	1954.52
基础设施项目（60项）	678.79	264.17	189.28	22.41	293.44	406.02
基础产业项目（6项）	191.06	54.97	55.60	0.81	55.41	204.91
装备制造产业链项目（30项）	107.32	27.04	37.02	4.41	33.55	56.26
精品钢材产业链项目（12项）	1012.74	288.33	529.25	16.78	357.60	757.57
化工产业链项目（13项）	65.14	29.79	22.60	0.95	32.82	54.98
高新技术产业链项目（4项）	7.26	2.24	3.10	0.04	3.04	3.99
现代服务业产业链项目（127项）	564.91	148.79	111.13	20.98	166.59	340.08
现代农业产业链项目（11项）	17.85	6.07	12.43	0.32	9.44	14.50
环保产业链项目（23项）	46.18	14.90	15.03	1.20	13.18	33.49
其他项目（28项）	80.67	50.72	33.90	2.15	49.14	82.72
曹妃甸工业区（23项）	718.37	205.40	518.97	16.81	268.32	547.48
基础设施（15项）	76.64	36.90	43.09	1.14	42.52	74.07

千个保增长、调结构攻坚行动新开工项目进展情况月报表（1－12月）

单位：亿元

建设单位	项目名称	总投资	2009年计划投资	已落实资金	投资完成	
					本月完成	本年完成
新开工项目（552项）		3794.79	976.39	364.19	73.53	387.15
基础设施项目（103项）		676.60	315.41	144.91	39.71	240.81
基础产业项目（6项）		40.13	14.80	6.80	4.76	11.12
装备制造产业链项目（74项）		314.81	95.08	39.74	8.83	64.68
钢铁产业项目（8项）		950.88	60.30	37.00	4.34	76.96
化工产业链项目（15项）		127.56	35.86	17.50	2.73	22.23
高新技术产业链项目（24项）		66.78	32.34	10.11	3.42	26.01
现代服务业项目（209项）		1383.46	299.77	116.76	39.07	276.02
现代农业产业链项目（17项）		51.16	29.91	14.96	1.56	27.80
环保产业链项目（25项）		63.37	26.20	11.43	2.96	23.21
其他项目（71项）		200.49	80.27	40.39	14.16	69.72
新开工项目（552项）		3875.24	989.93	439.60	121.53	838.55
曹妃甸工业区（55项）		532.20	212.74	108.62	19.01	151.28
基础设施（32项）		267.95	123.52	88.04	10.55	80.62

千个保增长、调结构攻坚行动前期项目情况

项目类别	总投资	已完成投资
前期项目（134项）	3731.40	1.48
基础设施项目（40项）	1277.74	3.20
基础产业项目（11项）	293.05	
化工产业链项目（4项）	1048.12	
现代服务业产业链项目（61项）	927.20	0.99
其他项目（7项）	142.44	1.58
前期项目（134项）	3773.10	6.27
曹妃甸工业区（22项）	1414.40	
基础设施（12项）	184.85	

（李　男）

环境保护

编纂 李晓东

综 述

2009年，唐山市的环境保护工作，在市委、市政府的正确领导下，全面贯彻落实市委八届五次全会精神，以“干部作风建设年”活动为契机，深入实践科学发展观，强力推进治污减排，统筹城市和农村污染防治，创新政策和体制机制，强化环境监管与服务，严厉打击环境违法行为，切实加强环境法制教育和宣传，认真搞好项目管理与服务，着力解决环境突出问题，生态环境得到有效保护，环境质量得到明显改善。城市环境空气质量二级及优于二级的天数达到329天，比2008年增加1天；地表水水质稳定达标，黎河、淋河、沙河水质达到Ⅲ类，陡河水库（中心）水质达到Ⅱ类。区域环境噪声和道路交通噪声与上年有所下降。

市委、市政府高度重视环境保护工作，将环保工作目标纳入各级各部门党政领导班子考核内容，印发《唐山市环境保护工作目标考核办法》，将任务指标层层分解，落实到县区，落实到企业，落实到主要责任人，由“一把手”负总责，与政绩挂钩，对各县（市）区、市直有关部门和重点企业领导班子及其成员政绩评价实行环保“一票否决”制度。全市认真落实联合把关制度和环保第一审批权制度。环保局内部坚持项目集体审批制度，环保审批事项全部在行政审批中心内进行，真正实现阳光审批、联合把关，保证审批质量。努力提高行政审批效率，缩短审批时限，为重点项目开辟绿色通道，为全市经济发展服务，2009年审批建设项目238个，全部在规定时限范围内完成审批。年内，全市环保部门接受申报项目2440个。其中编制环境影响报告书的项目121个，编制环境影响报告表的项目1066个，填写环境影响登记表的项目1253个，环境影响评价执行率100%。申报项目总投资1284.52亿元，其中环保投资22.01亿元，环保投资比例为1.71%。进一步强化建设项目“三同时”（建设项目主体和环保设施同时设计，同时施工，同时竣工使用）验收，控制新污染源产生，从源头上杜绝污染物超标排放现象的发生，确保污染物排污总量不增加。在审批过程中，严格执行建设项目“三同时”制度，采取定期监查的形式，确保建设单位在建设主体施工同时，做到环保设施同时建设；在调试主体设备同时，调试环保设施，2009年应执行“三同时”项目324个，实际执行“三同时”项目324个，“三同时”合格执行率100%。项目实际投资71.98亿元，其中环保投资2.06亿元，环保投资比例为2.86%。在项目审批中认真贯彻省厅鼓励类“减一增一”，允许类“减二增一”的原则，确保新建设项目区域污染物排污总量不增加。强力推进规划环评，加强对各县（市）区政府及园区规划环评工作的督导，所有省级批准的工业园区全部开展规划环评，较有影响的市、县两级工业园区也开展规划环评，有21个园区完成规划环评或规划环评的评审、审查。积极扶持全市环保产业发展，挖掘环保产业市场潜力，为环保产业的发展提供支持。全年为20多家环保企业办理环保产品认证，为3家企业办理环保工程设计资质认证。同时，完成河北省环保产业协会交办的各项工作任务。

年底，省政府对2008年度全省环境保护目标管理考核结果进行通报，唐山市圆满完成2008年度环保工作任务，目标考核达到先进等次，被省政府授予“2008年度河北省环境保护目标管理先进市”称号。省环保厅对2008年全省城市环境综合整治定量考核通报中，唐山市在全省11个设区市中位列第4位。开创唐山市目标考核和城考的历史最好水平。

环境质量状况

【大气环境呈好转趋势】 大气污染物的主要成分为可吸入颗粒物、二氧化硫和二氧化氮。污染物主要来自汽车尾气、城市道路和建筑工地的二次扬尘以及工业企业排放的废气。全市烟尘、工业粉尘和二氧化硫排放量分别为12.72万吨、18.23万吨、25.44万吨，比2008年度有不同程度的降低。市区设有供销社（商业区），雷达站（清洁区）、物资局（交通区），十二中（居民区），陶瓷公司（工业区）和小山（商业区）六个国控监测点，采用环境空气质量自动监测系统监测对可吸入颗粒物、二氧化硫和二氧化氮等监测项目进行自动监测。

市区环境空气中可吸入颗粒物年均浓度值为 0.078mg/Nm³、二氧化硫年均浓度值为 0.062mg/Nm³、二氧化氮的年均值为 0.031mg/Nm³，其中二氧化氮年均浓度值与去年持平，其余两项污染物年均浓度值较上年有所下降；二氧化氮和可吸入颗粒物年均浓度值达到国家二级标准，二氧化硫年均浓度值超过国家二级标准0.03倍。按照API指数等级划分，2009年唐山市环境空气质量为二级及优于二级的天数，即好天占总天数的90.1%（其中一级天数为47天），比上年增加1天；环境空气质量三级的天数为36天，占总天数的9.9%，比上年减少2天。从环境空气质量二级及以上天数分布的月变化趋势看，唐山市区环境空气质量具有明显的季节性特征：冬季和春季受取暖期和风沙的影响污染物浓度较高，空气质量较差；而夏季和秋季因气象因素利于污染物扩散，污染物浓度较低，空气质量较好。县区环境，唐海环境仍是最好，全市有县级监测站11个。监测显示，2009年各县（市）、区大气环境，迁安市、丰南区、玉田县、丰润区、滦南县空气质量达到二级标准，其余县（区）达到三级标准。唐海县二级及优于二级的天数达到349天，是唐山11个各县（市）、区中好天儿最多的。

【水环境大多数水质稳定达标】 2009年，市环保系统对境内陡河、滦河、黎河、淋河、还乡河、沙河6条主要河流进行常规监测，设监测断面13个，监测项目达30余项。县级监测站对境内的河流45个监测断面进行监测。其中60%的监测断面达到V类水质要求。城市地表饮用水源地大黑汀、陡河水库水质稳定达标，达到Ⅱ类水质标准。主要地表河流滦河设大黑汀水库、滦县大桥和姜各庄三个监测断面，大黑汀水库断面为Ⅱ类水质，达到功能区要求；滦县大桥断面为Ⅲ类水质，达到功能区要求；姜各庄断面全年断流未监测，滦河总体水质持续改善；陡河设6个监测断面：陡河水库西入口、陡河水库中心、钢厂桥、女织寨、稻地和涧河口。两个监测断面为Ⅱ类水质，达到功能区要求；涧河口为V类水质，达到功能区要求；其余三个监测断面，都是市区段均为劣V类水质，主要污染物为氨氮和化学需氧量，未达到功能区划要求。水质较差的主要原因为：地表径流较少，河流接纳的主要是沿岸的工业废水和城镇生活污水，致使水体自净能力较差。黎河于5月、11月监测2次，其余月份断流，监测结果为Ⅱ类水质，达到功能区要求。沙河5月、7月监测2次，其余月份断流，监测结果为Ⅱ类水质，达到功能区要求。淋河全年断流未监测。2009年全年唐山市对市区4处地下水饮用水源地（北郊水厂、大洪桥水厂、西郊水厂、龙王庙水厂）进行12次监测，水质较好，全部达到集中式生活饮用水水源标准。全年监测大气降水29次，pH值的范围为6.18—8.45，未出现酸雨。

【城市声环境质量有所提高】 城市区域环境噪声监测网格数为208个，年监测均值为53.1分贝，比去年有所下降，达到省考核指标（56.0分贝），其中达标（监测值≤56.0分贝）网格数占总数的83.6%。造成部分网格区域环境噪声超标的主要原因是社会生活噪声源；其次为交通机动车辆噪声源和工业污染源。1999—2009年区域环境监测均值变化范围在53.1—56.6分贝之间，2009年监测均值为最低。交通环境噪声监测值与去年相比均有所下降。其中道路交通噪声每年监测一次，监测点位为128个，2009年监测均值为66.6分贝，与上年相比略有下降，达到国家标准（70分贝）。达标路段占96.8%，虽然随着经济的发展，唐山市机动车保有量快速增加，但由于不断加强城市道路基础设施建设，强化交通管理，从而使交通噪声污染得到有效的控制。工业污染源由于市区内工业企业陆续搬迁至远郊和沿海和综合治理，更得到明显控制。交通噪声全市11个县（市）的平均等效声级为68.2分贝。

污染物减排

【概况】 2009年全市工业固体产生量为9108万吨，主要包括冶炼废渣、炉渣、粉煤灰、尾矿等，工业固体废物排放量为25万吨，比上年减少一半多，况且这是在固体产生量增加526.47万吨的情况下减少的；工业固废综合利用量7363万吨，比上年增加1033万吨，综合利用率为80.53%，比上年提高7.26%。水污染物排放，全市化学需氧量排放量为8.04万吨，其中，工业废水中化学需氧量排放量为4.79万吨，生活废水化学需氧量排放量为3.25万吨。总量和工业废水中化学需氧量排放量均比上年明显减少。全年完成减排项目157个，其中，二氧化硫减排目标为5%，排放总量控制在26.85万吨，全年完成减排减排项目101个，实现削减二氧化硫9.21万吨，净削减1.413万吨，比上年净削减10.01%；化学需氧量减排目标为6%，排放总量控制在8.04万吨，全年完成减排项目56个，实现削减化学需氧量1.61万吨，净削减0.514万吨，比上年净削减6.08%，均超额完成年度减排目标任务。

【强化综合整治力度】 首先，强化城市环境综合整治。对城区周边10家重点行业企业实施脱硫工程改造，削减二氧化硫排放量6314吨。同时，积极推进城市燃煤锅炉整治工作，完成225台燃煤锅炉整治，超额完成市政府下达的160台锅炉整治任务。在加大环境执法工作力度的基础上，不断优化环境执法装备，在开展第一批污染源在线监测的基础上，实施第二批污染源在线监测，2009年有52家企业安装101台在线监控设备，并与环保部门实现联网，进一步提高污染源在线监控的覆盖范围。同时，建设大气黑度自动监控平台，时时监控企业排污情况，有效强化环境执法技术手段，收缴罚款778万元。其次，积极开展饮用水源地和重点流域环境综合整治。一是完成全市22个城市集中式饮用水水源地保护区内污染源的现场核查，正在进行饮用水水源地保护区边界和道路交通标志点位的标识安装；二是开展全市典型乡镇饮用水水源地基础环境调查及评估工作的技术培训和方案制定，部分县（市）区完成基础调查工

作；三是开展陡河水库饮用水源环境综合整治。在污染源现状专项调查的基础上，制定下发《陡河水库环境综合整治实施方案》，非法排污口全部取缔到位。四是开展重点流域水污染防治工作。制定《唐山市重点流域综合整治方案》，并结合省跨界断面水质考核，明确工业污染源深度治理及总量控制、畜禽养殖面源治理、主要河流生态环境综合整治、专项执法检查等主要工作任务。第三，狠抓达标企业建设。重点企业污染治理全面达标建设全部完成阶段性任务，累计完成污染源治理项目900多个，投入60多亿元进行污染源治理及厂区绿化、硬化等厂容厂貌建设，企业环境形象得到明显提升。纳入达标建设的649家企业有390家全部完成达标建设任务，并通过验收；有124家企业基本完成达标建设主要任务，正在组织验收；有73家企业因经营原因自行停产或破产；有40家企业未按期完成达标建设任务，被责令停产整治；有22家企业未按要求完成达标建设任务，被黄牌警告限期整改。

【在全省率先实现排污权交易】 为做好节能减排市场交易模式工作，优化环境资源配置，发挥价格杠杆的作用，促进主要污染物总量减排，发展和规范排污权交易市场，市环保局积极探索实践并顺利实施排污权交易工作，注册成立唐山污染物排放交易所有限公司。完成交易二氧化硫项目27个，交易量4510.22吨，交易额1561.16万元；完成交易化学需氧量项目7个，交易量562.642吨，交易额272.02万元。唐山市运用市场手段，推动污染物减排，促进环境整治，保护环境，不仅在本市是突破，也领先全省。

【严格环境执法】 一是加强环境执法监察。增加环境监察频次，有效杜绝企业偷排偷放行为的发生。全年受理环境污染信访件927件，全部进行及时查处，办理率100%，办结率100%，按时反馈率100%。二是加强排污征收工作。认真开展排污申报和核查，严格排污费征收和排污费征收稽查，超额完成省达排污费征收1.82亿元的计划，实际完成排污费征收2.22亿元。三是安全预警及应急能力在实战中提升。在全市27家焦化企业现场监察中，对24家企业的应急预案制订、应急事故池及防护池建设和应急装备情况进行全方位检查，对不规范的23家企业提出限期整改要求，并督导整改到位。有效处理唐港高速港口收费站因交通事故引发的苯泄漏污染案件等5起突发性环境污染事故。四是放射源监管规范化。深入开展辐射安全检查活动，落实辐射安全防范责任，明确防火、防盗、防被抢等安全防护要求，逐企业摸排安全隐患，签订安全管理责任书，确保放射源管理有登记、有专人管理、有制度保证。五是认真开展环保专项行动。按照国家、省环保厅《2009年整治违法排污企业保障群众健康环保专项行动工作方案》的部署，对“两高一资”行业企业、钢铁企业、涉砷企业、重点流域重污染行业企业及重点排污企业进行专项执法检查，检查焦化、水泥、电力等“两高一资”企业454家，钢铁冶炼企业49家，重点流域及重点排污企业230家，对15家存在问题的企业进行立案查处，罚款143.5万元。

环境监察

【强化执法力度】 一是开展以钢铁、“两高一资”、饮用水水源保护区、污水处理厂、垃圾填埋场、涉砷和重金属污染为主要内容的环境执法专项行动。对65家企业实施挂牌督办，大部分企业整改到位。二是依法实施排污申报和排污费征收。对列入申报的单位做到全面征收，超额完成省达任务。按照监察报告制度，及时完成对省监察局季度各类监察报表的上报工作。全年完成排污申报4238家，其中工业企业1998家，小型三产企业1806家，污水处理厂12家。市属企业排污申报率达到100%，并全部按要求进行月报和季报。三是认真查办环境违法案件。年内，市环境监察支队通过信访、上级交办件以及现场监督检查等方式，立案99件，建议罚款993.7万元。案件处理率为100%，案件办结率100%。

【完成环境信访受理及处理工作任务】 全年市监察支队受理环境信访案件972件，与2008年相比减少139件，下降12.5%，受理率、办理率和办结率均为100%。省环境监察局批办和转办件，全部按期进行反馈。绝大多数信访问题在本市范围内得到有效化解。市长公开电话的反馈和回访率达到100%。全年没有出现由于环保部门工作不当原因，而导致群众向国家、省再次举报或越级上访的情况发生。受到市委、市政府的表彰。市局被环保部评为全国环境信访先进集体。

【环境污染应急准备充分】 年内，组织1次突发性环境污染事故应急演练，完成20多家焦化、危化、化工等行业企业应急预案评审工作，对应急预案存在不规范、应急设施不符合要求的企业提出限期整改要求，并得到全部落实。成功处置2起突发性环境污染事故，均没有造成严重的污染后果。

【强化监察系统建设】 一是环境监察标准化建设达到预期目标。全市有9家单位完成环境监察标准化建设，年底，8家县（市）、区环保局全部通过省厅组织的验收，省厅领导对唐山市标准化建设工作给予高度肯定。市直属监察支队达到验收标准，向省环监局提出验收申请，随时接受省厅的验收。二是自动监控系统建设工作取得重要进展。在2008年全面完成国控、省控企业自动监测设施安装的基础上，2009年，又完成52家企业、101台自动监测设施的安装。全市对重点污染源自动监控工作基本结束。

【辐射管理工作成效显著】 全年审批辐射安全许可证146家，核技术环境影响登记表128个，环境影响报告表28个。唐山市使用放射源的单位基本取得《辐射安全许可证》，绝大多数使用射线装置的单位取得许可证。同时强化管理废弃放射源。为了确保全市闲置废弃放射源的安全，对所有使用放射源的单位进行排查，对有闲置或废弃放射源的单位下达现场检查整改通知书，

并要求他们限期处置放射源。将辖区内14家、36枚放射源送交到省库。对丰润区19家企业21枚报废放射源，暂存在煤炭研究总院唐山分院的放射源库内，准备送交。组织开展辐射工作人员上岗培训，在原有基础上又有400多人参加省环保厅在唐山市举办的辐射上岗证培训班，为全市辐射安全许可证的顺利发放打下坚实基础。

环境监测

【概况】 2009年，坚持环境监测为环境管理服务的方向，确保环境监测在环境管理中的技术支持和监督作用，强化环境监测管理，提高监测质量，较好地完成全年的各项工作任务。与此同时不断拓宽监测领域，提高监测能力。年初，经省质量技术监督局组织的计量认证复评新增监测项目38项，其中包括油气回收监测所涉及检测项目，饮用水源地有机物监测项目等。

【常规监测工作按时保质保量完成】 环境空气质量日报工作每天按时上报数据。完成地表水环境质量常规监测、水质旬报监测、地下水环境常规监测、饮用水源地监测、近岸海域海水常规监测和降水监测常规监测工作。完成“双三十”县区监测工作，生态补偿监测、以奖促治村庄地下水和土壤监测工作。完成市区交通噪声监测、区域环境噪声监测和功能区噪声监测。年内，在建设环境监控应急指挥中心的基础上唐山市环保局又投资930万元用于信息化系统建设，其中烟气黑度视频监控系统建设投资300万元，大气环境管理平台建设投资150万元，陡河水库饮用水源地水质预警监控系统投资400万元。

【协调配合能力增强】 统筹安排，污染源监测工作按时完成；配合其他环境管理部门开展环境信访监测、“三同时”建设项目验收监测、产品认证监测、排污许可证换发监测等各种委托污染源监测工作，受到普遍好评；承担进京车辆尾气检测工作，为保障进京车辆绿标与尾气合格证的发放，积极进行设备维护和技术培训，经常利用非工作时间加班加点，检测汽车万余辆，为保护首都环境做出贡献；加强应急监测工作，不断提高应急监测技术水平，积极申请资金，对仪器设备进行更新换代，新添置便携式气体检测仪器，组织技术培训和应急演练，定期对设备进行维护，随时为应急监测工作做好准备；加强综合分析能力，完成2009年环境质量报告书的编写，根据监测情况及时编写各类分析报告，为领导决策服务水平有所提高；强化对县级站的技术管理工作，年内积极组织全市环境监测系统技术培训，进一步提高县级监测站的技术水平，丰南区、乐亭县、滦南县、唐海县、迁安市、遵化市、迁西县、玉田县、古冶区和滦县监测站均顺利通过河北省质量技术监督局组织的计量认证复评审。

为保障国庆60周年庆祝活动和曹妃甸论坛的环境安全，组织召开“迎国庆保论坛”环境综合整治大会，重点加强重点企业、高速公路沿线、论坛会址和南湖生态园周边等敏感区域的环境监管，增加巡查频次和巡查范围，坚决杜绝擅自停运治理设施、偷排偷放、超标排放，确保做到“两保一规范”，即保治污设施齐全，保达标排放，厂区整洁规范。同时，加强环境应急能力建设，增加尾矿库、放射源等环境安全隐患和环境信访隐患排查频次，消除环境安全隐患。并成立8个督导组，由局党组成员带队对全市“迎国庆保论坛”环境综合整治工作开展情况和关键区域、重点行业、重点信访案件的处理情况进行督导，及时调度解决问题，为国庆60周年和首届曹妃甸论坛营造良好的环境氛围。

生态保护建设

【自然保护区建设起色明显】 2009年，全市各级不断加大生态保护和建设力度，逐步形成“北部山区生态保护、中部平原生态恢复和南部沿海鸟类湿地保护”为主的生态特色。全市建成一批自然保护区，其中包括：遵化市清东陵国家级风景名胜区和乐亭县金银滩国家级森林公园、丰润区御带山和迁西县景忠山两处省级森林公园、遵化市鹫峰山县级森林公园、唐海湿地和鸟类省级自然保护区、乐亭县石臼坨列岛省级鸟类自然保护区、南湖国家城市湿地公园和唐山市集中式饮用水源地一级保护区等，自然保护区覆盖率达到5.28%。

【优美城镇创建工作成绩显著】 国家级和省级环境优美城镇创建工作，如期完成唐海县唐海镇、滦县滦洲镇和迁安市迁安镇三个创建国家级环境优美城镇的软硬件基础工作和申报材料组卷工作；如期完成遵化东新庄镇、迁西洒河桥镇、玉田鸦鸿桥镇、丰润新军屯镇、唐海三农场和唐海四农场等创建省级环境优美城镇的基础工作及申报材料组卷审核工作，并顺利通过验收。唐山市完成的创建数量位居全省之首。落实国家“以奖促治”、“以奖代补”政策，着力改善农村环境质量。将20个村列入2009年度省级环境综合整治项目。2009年全省农村环保工作现场会议在唐山市召开，环保部副部长李干杰出席会议并讲话，对唐山市农村环保工作给予充分肯定。同时按照国家和省政府有关政策，提出全市农村环境综合整治三年总体目标和具体工作任务，对120个试点村庄制定整治工作方案和具体整治任务。列入2009年度整治任务的20个村庄的各项整治工作全部完成，列入2010年和2011年整治任务的100个村庄的整治工作全面展开。以点带面，全市农村环境综合整治工作全面顺利推进。

【加强生态环境监察】 国家第二批生态环境监察试点县——迁安市和唐海县生态环境监察工作基本达到目标要求，做好迎接环保部验收的准备工作。全市生态监察的工作构架基本建立，为在全市范围内开展生态环境监察工作打下较好的基础。

环保法制与宣传

【依法行政水平进一步提高】一是不断增强全市环保系统对环境政策法规工作重要性的认识，将“依法行政”纳入环保整体工作和年度目标考核，坚持法制教育与法制实践相结合，规范环保系统执法行为，加大环保系统执法力度，认真履行环保执法职责制，有效推进环境法制工作的顺利实施。在规范行政执法工作的基础上，加大对环境违法行为的处罚力度。严格落实环保法律、法规和《唐山市环境保护局行政执法责任制手册》要求、《唐山市环境保护局权力公开运行实施方案》，重点落实新颁布的《河北省减少污染物排放条例》。二是严格行政许可管理，实行“阳光作业”。按照环保行政许可七项管理制度，确保行政许可事项公平、公正、透明、高效。三是加强内外部监督制约，防止和杜绝执法的随意性，切实做到按程序执法，按规范执法。从规范行政处罚入手，实现行政执法“合法化、程序化和执法行为规范化、执法文书标准化、执法监督制度化”等目标，行政处罚管理工作步入全面依法行政轨道。

【健全环保监督机制】 一是实行挂牌督办。为加大对违法案件的处理力度，有效提高企业违法成本，对未按时限要求完成达标建设的40家企业实施停产整治；对33家严重违法企业和32家未完成在线监控设施联网验收的企业实施挂牌督办，召开新闻发布会予以公布，并通过电台、报纸等新闻媒体进行曝光。

二是实行减排预警。为强化治污减排工作力度，实行主要污染物总量减排预警制度，对不能按期完成减排项目的县（市）区政府进行预警通报；对被预警后没有及时整改或整改措施不到位的，实施建设项目环境影响评价区域限批，重点企业建设项目环境影响评价限批。年内对4个县（市）区7个减排项目进行减排预警。

三是实行联合执法。对环境违法违规企业，充分发挥安监、环保、工促、国土、电力、工商、金融、公安等部门职能，实行联合执法、综合执法，重点加强火供品和电力的供应管理，从源头上杜绝非法生产，严防违法企业“死灰复燃”，引导重要生产要素向优势产业集中。

四是实行纪检监察助推后督查制度。结合纪检监察部门，对重点违法案件、挂牌督办案件开展后督察，强化落实，及时有效的纠正违法行为。年内对存在重复信访的65家企业进行后督察，促进企业彻底改正环境违法行为。

五是实行执法人员包企责任制。在全市环保系统选派100名业务精、能力强的干部分包企业，严格落实“五包一保”，即：包环保事项服务、包治污设施运转监察、包环境安全隐患排查、包应急预案完善督导、包污染纠纷调处、保环境安全稳定。同时，实行各县（市）区环保局长责任制，明确辖区内工作任务，并将任务完成情况纳入环保工作目标考核。

【环境宣传教育有声有色】 6月4日，召开全市纪念“六五”世界环境日纪念大会，市委、市人大、市政府、市政协有关领导出席，松下环保奖励基金理事会成员及2008年度松下环保奖励基金获得者、绿色创建工作先进单位代表、污染治理全面达标建设先进企业代表、治污减排突出贡献单位代表、市属新闻单位的记者近200人参加。辛志纯副市长代表市政府向纪念活动致辞。会议发布2008年度唐山环境质量状况公告，表彰2008年度为环保工作做出突出贡献的单位和个人，并启动唐山市“六五”世界环境日宣传周活动。年内，在原有的各级绿色学校平稳有序的开展环境教育工作基础上，带动一批新的学校加入到开展环境教育、争创绿色学校的活动中来。继续拓宽宣传阵地，拓宽宣传渠道。通过发表电视讲话，报刊发文，走进电视台、电台直播间等多种形式，围绕“治污减排”、“企业达标建设”、查处环境违法行为专项行动、禁烧秸秆等行动，扬先策后，使环保意识逐渐深入人心。推进环保志愿者工作广泛深入开展，充分学习省内外环保志愿者活动先进经验，结合唐山市开展的志愿者活动要求，探索出一条贴近群众、符合实际、效果明显的环保志愿者健康发展之路。协助河北理工学院、唐山学院、河北能源学院、华北煤炭医学院等几所院校的志愿者在“世界环境日”、“世界水日”、“世界地球日”等环境纪念日开展一系列卓有成效的活动，在社会上取得很好反响。

（孙建东）

农　业

编纂　许　忠

综　述

2009年，全市认真贯彻落实中央关于加强"三农"的系列政策措施，始终把"三农"作为全市工作的重中之重，坚持以科学发展观统领农村经济社会发展全局，以统筹城乡发展为主线，巩固和发展农业农村好形势。全年农林牧渔业总产值572.7亿元，可比增长6.1%。第一产业增加值360.2亿元，可比增长5.8%。农民人均纯收入7420元，增长12.0%。种植业产值278.8亿元，可比增长8.6%；林业产值12.8亿元，可比增长22.1%；牧业产值212.8亿元，可比增长8.4%；渔业产值50.5亿元，可比增长2.7%；农林牧渔服务业产值17.7亿元，与上年持平。农林牧渔业及农林牧渔服务业构成比为48.7∶2.2∶37.2∶8.8∶3.1，种植业和畜牧业两大产业占农林牧渔业总产值的85.9%，成为影响和拉动农业经济效益的决定因素。农业增加值对全市GDP的贡献达到9.2%。

一、粮食、蔬菜生产再获丰收

全市粮食面积、单产、总产实现"三增长"。全年粮食总播种面积为708万亩，同比增加12.4万亩，增长1.8%；粮食总产304万吨，增加16.1万吨，增长5.6%。粮食总产量实现连续六年保持增产。全市蔬菜种植面积268.3万亩，增长0.3%；蔬菜产量1294.6万吨，增长1.2%，蔬菜产量居全省第一位。蔬菜生产占种植业份额不断提高，蔬菜产值占农林牧渔业总产值的28%，占种植业产值58.9%。农民人均来自蔬菜产业收入543元，占农业收入的34.6%，对农民增收贡献率13.8%。

二、林业生产迈出新步伐

全市林业以改善农村生态环境为目标，组织开展绿化唐山攻坚行动大会战，重点实施城镇及周边绿化、通道绿化、村庄绿化、农田及"四荒"绿化、工业园区及企业绿化、山区造林和矿山修复绿化等六大工程。累计投入资金35亿元，新增造林绿化面积93.4万亩，相当于近5年造林面积的总和，树木成活率达到90%以上。连续3年获得河北省城市绿化净增量考核第一名。市集体林权改革顺利进行，全市有林改任务的16个县（市）区全部编制完县级林地保护规划，列入改革范围的338.7万亩集体林地，全部明晰产权，林权界定完成80%，发证面积达53.1%。

三、畜牧业渔业生产进入新阶段

市委、市政府加大包括生猪良种补贴、能繁母猪补贴、生猪标准化规模养殖场（小区）建设、生猪调出大县补贴、奶牛良种补贴、冻精采购、使用及管理等政策扶持，全市畜牧业生产呈现平稳较快发展的良好态势。全市肉类总产量63.5万吨，比上年增加9.1万吨，增长16.7%。其中，猪肉产量42.5万吨，增长23.9%。生猪出栏555.8万头，比上年增长12.1%。禽蛋产量31.8万吨，比上年增长4.0%。牛奶产量167.7万吨，比上年增长10.2%。奶牛存栏47万头，比上年同期增长2.8%。生猪存栏387万头，比上年同期增长26.5%。全市加快渔业生产结构调整步伐，突出"以养为主"的方针，以结构调整为主线，全面提升产业发展能力，全市渔业生产保持稳步增长势头。全市水产品产量47.9万吨，比上年同期增长4.1%。其中，海水产品产量为26.3万吨，比上年下降3.3%；淡水产品产量21.6万吨，比上年增长14.9%。

四、农业产业化经营水平全面提升

全市农业产业化经营率61.4%，比上年提高5.4个百分点，农业产业化经营率居全省第二位。截至年底，全市拥有销售收入在500万元以上的农业产业化龙头企业81家，年内增加13家；年服务收入在50万元以上的中介服务组织5家；年税前利润在500万元以上的专业市场12家，增加1家；农产品生产基地52个，增加1个。年内全市农业产业化经营组织实现销售收入105.6亿元，增长3.7%。其中，龙头企业实现销售收入94.9亿元，比上年增长3.7%；龙头企业带动农户43.9万户，增长3.5%。

五、农民增收实现新跨越

全市农民人均纯收入7420元，比上年增加795元，增长12.0%。总量、增量、增速均位居全省第一。农民人均纯收入比全国平均数高2267元，比全省平均数高2270元；增幅比全国高3.5个百分点，比全省高4.6个百分点。农民人均纯收入增速比城镇居民人均可支配收入增速高1.2个百分点，这是自1998年以来农民收入增长速度首次高出城镇居民收入增长速度。从农民增

收来源分析，农民人均工资性收入为3292元，同比增加244元，增长8.0%，对农民人均纯收入增长的贡献率达30.7%；农民人均家庭经营纯收入为2987元，同比增加201元，增长7.2%，对农民人均纯收入增长的贡献达25.3%；农民人均非生产性收入1141元，同比增加349元，增长44.1%，对农民人均纯收入增长的贡献率达43.9%。农民收入的持续增加，主要得益于各级加大基础设施及重大项目的投资力度，使农民务工形势逐步好转；非生产性收入保持较快增长，主要得益于各项支农惠农政策力度不断加大，以及各项社会保障范围进一步扩大，标准进一步提高。由于农民收入提高，消费能力逐渐增强。国家推出“家电下乡”等促进农村消费的惠农工程的实施，有效促进农村消费市场的发展，顺应农民消费意愿，农村消费市场出现快速增长。农民人均生活消费支出5440元，同比增长16.8%。

六、中低产田改造取得新成效

全市重点实施中低产田改造、农田水利、“沃土”工程和农业机械化等四项农业基础设施装备建设工程。全市完成中低产田改造10.2万亩，新增粮食生产能力6240吨。新增有效灌溉面积2.1万亩，恢复改善灌溉和除涝面积46万亩，发展节水灌溉21.2万亩，治理水土流失105.5平方公里，增加集雨水窖5100个。完成沃土工程面积620万亩，测土配方施肥技术推广面积579万亩，实现增收节支5.4亿元，惠及农户42万户。

七、新农村建设成效显著

全市全面推进城乡统筹发展，全年累计投入资金12亿多，用以文明生态村、科学发展示范村等新农村基础设施工程建设，农村整体面貌得到明显改善。一是文明生态村建设成效显著。2009年，全市创建文明生态村499个，硬化村庄道路1600公里，植树256.6万株，清理生活垃圾30万立方米，新建沼气池13018个，安装路灯9237盏。截至年底，全市完成3936个文明生态村建设，占全市村队的70%。二是启动科学发展示范乡村建设。按照“制定一个好规划、发展一个好产业、探索一个好模式、完善一个好制度、建设一个好班子”的目标要求，年内启动开展30个科学发展示范乡镇、200个科学发展示范村建设。科学发展示范乡镇紧紧围绕推进“城乡面貌三年大变样”为目标，强化城镇基础设施和新民居建设，提高公共服务功能，突出产业支撑，拓展产业发展空间，突出社会事业发展，提高群众幸福指数。科学发展示范村大力推广“六个一”科学发展模式（“六个一”即一顶、一墙、一能、一炕、一沼卫、一灶。一顶，就是农居屋顶采用新型斜坡屋顶；一墙，就是住宅墙体采用新型保温隔热建筑材料，辅助安装中空玻璃门窗；一能，就是安装太阳能采暖、供水设施；一炕，就是吊炕；一沼卫，就是沼气池和卫生厕所；一灶，就是博士灶），完成1500户“坡屋顶”改造，做保温墙8753户，利用太阳能15000户，建吊炕12660户，推广使用博士灶2014个。

（王玉奎）

农业综合开发

【2008年农业开发项目验收】 2008年的农业开发项目，2009年初又进行工程扫尾。项目竣工后，市农开办组成检查组，对10个项目县进行全面检查验收。2008年全市农业开发共投入各类项目资金15019万元，其中各级财政资金6084万元。从项目类型看，土地治理和世行三期项目共投入资金6510万元，其中各级财政资金4116万元，改造中低产田10.2万亩。修桥16座，涵洞565座，新打和更新机井402眼，架设农电线路96公里，修农路215公里，安装节水管道373公里，营造农田林网1815亩。同时建成农民用水者协会4个、农民专业合作社1个、农业科技示范项目6个。产业化经营项目共投入建设资金8509万元，其中财政资金1970万元，扶持畜禽养殖、果菜加工等优质企业7个。项目区的开发建设从根本上改善了农业生产条件，农业综合生产能力明显提高。项目区当年增产粮食880万公斤，蔬菜5400万公斤，棉花70万公斤。农民人均新增纯收入600元。通过科技项目的实施，引领当地现代农业的发展。经省农开办验收评比，唐山市荣获省产业化项目建设先进市称号，丰润区荣获全省土地治理项目先进县称号。遵化1万吨野生酸枣汁扩建项目、乐亭6000吨果品加工扩建项目被评为全省优胜项目。

【2009年项目申报】 市农开办年初着手2009年农业开发各类项目申报工作，组织项目县筛选项目，建立项目档案，开展项目计划、扩初设计编报和专家评审论证。经上级批准，2009年唐山市农业开发项目共投入项目建设资金4.16亿元，其中财政资金7092万元。改造中低产田8.42万亩。1. 土地治理项目。省批复唐山市2009年农业开发土地治理项目建设规模8.42万亩，投资总额6638万元。其中中央财政资金3433万元，省级配套资金1254万元，市配套资金375万元，县级配套80万元，自筹资金1496万元。涉及丰润、丰南、滦县、滦南、乐亭、迁安、迁西、遵化、玉田、唐海十个县市区。项目设计新打机井及修复配套414眼，架设农电线路94.69公里，安装变压器45台，埋设地下节水管道305.63公里，开挖疏浚渠道426.46公里，修建渠系配套建筑物195座，新修农路204.89公里，栽植农田防护林1996亩，购买农机16台件。2. 产业化项目。经国家农开办、省农开办批复，2009年度唐山市共立项扶持产业化经营项目17个，其中财政补贴项目10个，中央财政贷款贴息项目7个。共投入各级财政资金1933万元，其中中央财政资金1493万元，省级财政配套352万元，市县级财政配套88万元。项目涉及9个县区，重点扶持粮食饲料加工、农产品流通、果蔬加工冷藏以及奶牛、肉牛、生猪、肉鸡等产业。10个财政补贴项目是：迁安300头奶牛养殖基地扩建项目、滦县500头种猪繁育扩建项目、滦南县1200头种猪繁育基地扩建项目、丰南区220万公斤果蔬加工扩建项目、玉田县10000吨保鲜蔬菜加工冷藏建设项目、玉田40万只肉鸡标准化养殖基地扩建项目、玉田县宋志永农民专业合作社12000头只综合养殖建设项目、遵化市年

产1122万公斤肉鸡产品加工扩建项目、遵化市年产600万公斤酸枣汁纸包装加工扩建项目、迁西县100吨板栗粉加工扩建项目。7个中央财政贷款贴息项目是：乐亭县果品收购3100万元流动资金贷款项目、丰润区生猪收购1500万元流动资金贷款项目、滦南县玉米收购3500万元流动资金贷款项目、滦县肉牛良种繁育1863万元固定资产贷款项目、滦县青饲料收购1500万元流动资金贷款项目、遵化市板栗收购3000万元流动资金贷款、板栗加工厂扩建800万元固定资产贷款项目、玉田县金玉农产品综合交易市场2200万元固定资产贷款项目。

【2009年项目建设】 市农开办确定"早开工、抓进度、出精品"的工作要求，各类项目春天全面开工建设。截至年底，实施土地治理项目的10个县（区），埋设地下节水管道255公里，完成新打机井383眼，修农路150公里，修建桥、闸、涵等渠系建筑物203座，营造防护林1330亩，项目区林路框架基本形成，完成总工程量的90%以上。产业化项目中，10个财政补贴项目有5个项目建成投产，其余5个项目完成总工程量的90%以上。世行三期项目2008年度是建设期的最后一年，经过2009年的施工建设已全部竣工，于2009年12月顺利通过省农开办验收。

（刘国琳）

农业产业化

【概况】 2009年，唐山市认真贯彻落实《2009年全省农业产业化工作指导意见》，突出重点项目建设、龙头企业发展、农产品基地建设、争创知名品牌等项重点工作，促进了农业增效和农民增收。全年农业产业化经营额290亿元，比上年增长5.5%；产业化经营率63%，比上年提高2个百分点。

【发展龙头企业】 一是加强龙头企业项目建设。2009年全市新建、扩建农业龙头企业项目56个，计划投资12.7亿元，完成投资8.07亿元。二是积极开展招商引资。年内全市签约招商引资项目12个，计划引进资金7.5亿多元，实际到位资金2.25亿元，其中5个项目开工建设，完成投资8550万元。三是组织开展银企对接。在省农业产业化办公室的统一协调下，唐山市与信用社系统开展两批"银企对接"工作，重点推介项目19个，申请贷款总额6.72亿元。年内，全市81家龙头企业利用各金融部门贷款10.09亿元，其中从信用社贷款3.52亿元，占35%。滦县信用联社为宝福猪场、顺和牧场、军英牧场提供贷款1000万元，并引导县农行与军英牧场合作，落实农行为寄养农户提供信用贷款450万元。四是完善市县两级扶持政策，努力加大财政资金扶持力度。市财政2009年列支600万元农业产业化专项资金，全部用于龙头企业项目建设。各县（市）区重新修定和制定出台农业产业化扶持政策，进一步加大对农业产业化的扶持力度。遵化市制定出台《促进农业发展实现农民增收的扶持奖励办法》，财政拿出1500万元，采取以奖代补的方式，对龙头企业项目建设按年度实际投资额给予5—20万元补贴，对新命名为国家级、省级、市级龙头企业分别给予50万、10万、5万元奖励，对新创中国驰名商标、国家名牌产品、省名牌产品，分别给予50万、50万、10万元奖励。滦县财政投资50万元，由县直相关部门协助军英牧场将进场道路及场区内道路进行硬化，院区进行绿化、美化，县领导亲自协调解决企业发展建设用地，县财政先后对牧场建设和大型沼气池建设分别补贴资金20万元和35万元，为牧场协调县金融部门贴息贷款300万元。2009年，全市195家市级以上重点龙头企业固定资产总额达到51.28亿元，比上年增长8.7%；实现销售收入189.8亿元，增长3%；出口创汇57469万美元，增长4.5%。

【基地建设】 一是加强省级农产品加工示范基地县建设。按照《河北省农产品加工示范基地县创建标准和管理办法》的要求，突出抓乐亭、玉田、丰润三个基地县的项目建设、品牌发展等重点工作。三个基地县新增入驻企业8家，新开工项目17个，完成投资3.99亿元，县域加工企业完成销售收入90.4亿元，比上年增长12.7%。二是大力推进一村一品专业村发展。按照国家和省农业产业化办公室统一部署，明确特色专业村、专业乡镇标准，组织开展一村一品专业村统计、上报工作，并积极争取农业部对一村一品专业村的扶持资金。推荐滦县后邢各庄村申报了2010年资金扶持。全市各县（市）区认定的一村一品专业村达1556个，比上年增长14%；其中达到国家标准的635个，比上年增长27%。丰南区"一村一品"专业村达到84个，占总村数的15%。一村一品专业村农民人均纯收入8239元，比全区平均高出1393元。开平区形成郑庄子镇刘家洼葡萄、任信屯番茄、越河镇大丰谷、小丰谷、郭坨蔬菜和康各庄奶牛、洼里镇夏庄清真肉等16个专业村，其中与龙头企业有效对接的有8个村，专业村种植总面积13000亩，畜禽饲养量81800头、只，从业农户4790户，从业人员14019人，年产值59.14亿元。唐山市鼎晨食品有限公司发展订单农业，仅开平区农作物订单生产面积就达到9000亩，同时带动周边县区20000多亩。三是引导鼓励龙头企业建设挂牌基地。通过企业投资建设挂牌基地，与基地农户或农民合作组织签订合同，为基地农户提供种子、管理等技术服务，密切基地与龙头企业的联系，形成利益共享、风险共担的联结机制。2009年，全市已有乐亭欧意、冀东果菜、玉田汇源、遵化广野等23家龙头企业发展建设挂牌种养殖基地31个，种植基地规模13万亩，订单农户1.47万户；养殖基地5个，订单农户和养殖场6000多个。

【重点项目建设】 一是组织实施"1510工程"。即路南、路北、芦台、汉沽四个区每区至少抓1个农业产业化项目，开平区、古冶区、唐海县至少抓5个产业化项目，其他县市区至少抓10个产业化项目。遵化、迁安、滦南、丰南、迁西、乐亭、唐海、古冶、开平都超额完成市下达的项目数量任务。遵化市实施投资1000万元以上项目15个，其中亿元以上项目6个。二是落实重点项目领导分包责任制，实施农业产业化项目攻关。三是坚持做好项目建设每季定期报表、不定期督导工作。组织召开二次项目建设调度会。四是加大项目资金扶持。积极争取省财政贴息资金支持和各金融部门贷款的同时，选择符合产业发展方向、投资大、带动能力强、前景好的玉田金玉农产品交易市场建设、腾龙肉鸡养殖场建设、法立德清真食品加工、康尼乳业公司现代化牧场建设等项目，市财政分别给予50万—150万元资金扶持。五是对各县（市）区项目数量、开工情况、投资完成情况进行考核评分，纳入年度考评的一项重要内容。由于措施得力，全市农业产业化重点项目数量、计划投资额都比上年有较大增长。全市确定产业化重点项目138个，项目数量比上年107个增加了31个，项目计划总投资118.15亿元，年内计划投资30.4亿元，项目计划总投资、年内计划投资比上年51.9亿元、23.16亿元分别增长了127.6%和31.2%。年内开工建设项目120个，竣工项目56个，项目开工率达87%，完成投资29.03亿元，比上年增长26.1%。滦县投资2.5亿元的万头奶牛养殖园区项目建成投产，核心区占地面积5000亩，园区内建成军英牧场等20多个大型牧场，初步形成比较集中的大型牧场集群。

【争创知名品牌】 认真落实省“五争创”（争创品牌企业、品牌产品、品牌项目、品牌集群和品牌基地）活动要求，以文件形式下发各县（市）区产业化办公室，要求各县（市）区在土地占用、贷款融资、资金扶持、税收减免、科技支撑等方面给予大力支持。积极宣传市、县两级对争创名牌的扶持奖励政策，提高龙头企业争创名牌产品的积极性。2009年，全市共申报农产品注册商标53个，7个商标获国家工商局批准，遵化栗源食品有限公司的“栗源”商标被国家工商行政管理总局认定为“中国驰名商标”。截至年底，全市农产品获得省级以上名牌、名优产品46个，其中中国驰名商标3个，省级名牌、名优产品40个。栗源、美客多2个企业及其产品，丰润乳品、玉田肉类、遵化果品、乐亭蔬菜4个加工集群及配套养殖基地分别被列入省“五争创”活动的重点。

【军英牧场家庭养殖集中寄养模式获成功】 滦县军英牧场实行“牵牛出村、集中寄养”，推行六统一分（统一规划建设、统一品种改良、统一防疫灭病、统一技术服务、统一机械挤奶、统一档案管理、分户饲养）的养殖模式试验示范获得成功。不仅保障奶源安全、养殖安全，而且牧场在没有投入购牛资金的情况下扩大了养殖规模，提升了牧场规模效益。入场寄养农户有效化解养殖风险，降低成本、方便销售，增加了收入。每头标准奶牛年收入4000元左右，比散养奶牛增收1600元左右。同时改变传统养殖模式，净化农村环境。牧场总占地527亩，投资6600多万元建成牛舍85栋、双坑道挤奶大厅2座，并建有青贮池、饲料间、兽医室、消毒室、病牛隔离室、化验室等配套设施，存栏优种奶牛6500头，日产鲜奶21吨，其中寄养奶牛5300头，寄养农户160户。

【尚禾源公司开展“村企共建”】

2009年，省级重点龙头企业唐山尚禾源农业开发有限公司与遵化市何家峪村开展“村企共建”试点。尚禾源公司座落在遵化市何家峪村附近，开展村企共建以后，以尚禾源农业示范园区为依托，发展高效设施农业、休闲旅游业。把全村土地划分为农业项目区、休闲项目区、农民生活区。农业项目区、休闲项目区由农民以土地入股，尚禾源公司统一经营；农民生活区把住房统一规划翻建成别墅式新型民居。这样农民既可以从入股的土地上得到股金，又可以从企业上班中得到薪金，真正变为新型农民。截至2009年底，企业投资修通水泥路，安装太阳能路灯，栽植各类绿化苗木、花草。新民居建设已投资2500万元，建成别墅型示范农居60户。

（王永红）

种植业

【概况】 2009年，全市种植业产值278.81亿元，同比增长8.6%。全市粮食播种面积703.54万亩，粮食总产304万吨，连续九年获得丰收。花生播种面积116.8万亩，总产27.56万吨。棉花播种面积43.3万亩，总产3.55万吨。全市蔬菜播种面积310万亩，总产1400万吨，产值133亿元，同比分别增加4万亩、8万吨、1000多万元。其中，设施蔬菜播种面积110万亩，同比增加4万亩，设施蔬菜成为农民增收的重要来源。全市食用菌产业快速发展，数量、产量、产值分别达到1.55亿棒、14.8万吨、8.2亿元，同比增加0.2亿棒、0.18万吨、0.8亿元。注册的蔬菜品牌达到31个。全市标准化种植、管理作物面积达到400万亩，比上年增加30万亩。累计通过省级无公害蔬菜基地认定面积145万亩，比上年增加3万亩。绿色食品标志使用权的企业达到13家、产品37个，绿色食品基地达到50万亩。

【全力提升信息、科技、法律服务水平】 农业信息服务形成了覆盖全市的农业信息网络，累计为社会发布各种信息近40万条。推进农业执法规范化。全市检查农资经营单位23461个次，出动执法人员14356人次，受理农民投诉举报133个，为农民挽回经济损失90多万元。规范审批事项。审批项目由原来的32项归并为11项。2009年，全市计划建设农业技术区域推广站81个，年底前投入使用和基本建完的46个。抓好种子检疫工作。共抽查种子经营单位32个，检查种子260万公斤，增强经营单位检疫意识，规范种子市场运作，遏制有害生物的传播。加强对重大检疫性黄瓜绿斑驳花叶病毒病、桔小实蝇、黄顶菊等有害生物的监测，防止对农作物造成重大危害。

【加强农民培训】 继续发挥农广校的主渠道作用，大力实施农民素质提高工程，深入推进农业技术进村入户、新型农民科技培训、农村劳动力转移培训和农村实用人才培养工作。全年“两员”（农林技术员、村级动物协防员）培训5053人次；开展设施蔬菜栽培及病虫害防治技术、优质粮棉油栽培及病害防治、户用沼气、吊炕技术、测土配方施肥技术、养殖技术等培训班272期，共培训农民2万多人次；开展送科技下乡70场次，受益农民1万多人。全市共完成沃土工程面积620万亩，新增商品有机肥应用3万亩。测土配方施肥技术推广面积579万亩，配方肥施用面积330万亩，组织生产各种配方肥11.5万吨。通过开展测土配方施肥，全市共节约各种化肥1.85万吨，亩节本增效93.3元，实现节支增收5.4亿元，惠及42万农户。

【新能源综合利用】 2009年，全市农村沼气建设跃上一个新台阶，全年计划建户用沼气池73777户，实际完成76136户，全市累计达到46.9万户，占适宜建池户的58.6%。新建50立方米以上沼气池239处，累计达到905处。全市培训各类技术骨干2.31万人，新组建专业施工队伍98个，累计达到746个，为沼气事业发展提供保障。新能源综合利用途径拓宽，全市推广太阳能路灯2701盏，累计达到7955盏；推广节能吊炕6130铺，累计达到14万铺。

【扎实推进农村集体“三资”监管】 认真落实农民负担监管各项政策，确保农民负担不反弹，清理违规收费419.23万元。继续推行农村财务委托代理服务制，深入开展农村财务审计。全市98%的乡镇实行财务电算化管理，98%的村实行财务委托代理，所有的村完成清产核资。1780个村开展集体资产资源招投标，招投标金额2.5亿元，为集体增加收入2360万元，节约开支1138万元。农村财务共审计3284个村，审计金额39.4亿元。针对两委换届后新情况，组织各县（市）区对新上岗的会计进行培训，全年累计培训5282人次，会计持证上岗制度得到较好落实。

【土地流转体系初步形成】 2009年，全市涉及土地流转的县（市）区全部成立县级农村土地经营权流转交易中心，全部乡镇均成立农村土地经营权流转交易机构，村级相应设立土地流转信息员，初步形成了市、县、乡、村四级农村土地经营权流转交易体系。全市共有耕地面积772万亩，流转土地29.72万亩，占耕地面积的3.84%。其中：转包11.77万亩，占39.59%；出租12.09万亩，占40.68%；互换1.44万亩，占4.85%；转让1.17万亩，占3.95%；其他形式流转3.25万亩，占10.93%。通过土地流转实现规模经营13.14万亩，占土地流转总面积的44.12%。

（王会建）

水　利

【水资源配置】 2009年，引调潘家口、大黑汀、桃林口水库总水量5.06亿立方米。换发工业取水许可证3608个，核准全市工业取水许可水量6.31亿立方米。南湖调水工程于5月29日成功通水，全年调水500万立方米。完成乐亭新区供水工程、河北矿业集团司家营铁矿南区采选工程等14个建设项目水资源论证，配置水资源1.38亿立方米。

【节水型社会建设】 全市累计安装智能计量设施3390套，市中心区和遵化、迁安、丰南、唐海、滦县、玉田、芦台、汉沽的非农业用井全部完成安装任务。对全市计划用水单位下达用水指标10159万立方米，其中自备水3668万立方米，自来水6491万立方米；工业用水5587万立方米，生活用水4572万立方米。2009年，全市工业万元产值取水量下降到28立方米；水的重复利用率提高到88%；计划用水率保持在97%。投资4277.31万元对滦下、陡河两大灌区进行节水改造。陡河水库水源地环境综合整治工作全面展开，启动唐山市陡河供水监测中心建设。2009年，迁安市通过省水利厅组织的省级第二批节水型社会创建试点验收。

【水政】 1. 水法规建设。完成水行政处罚自由裁量阶次制度的制定，确保执法工作依法、公平、公正。组织政府规章和规范性文件清理工作，清理政府规章2个，清理规范性文件17个。2. 水行政执法。组织开展全市河道采砂规范化管理监督检查活动，有力打击和震慑非法采砂活动。强化水利综合执法，妥善处理非法取水、采砂、河道取土等各类水事违法案件14件，维护良好水事秩序和社会的和谐稳定。3. 普法与宣传。开展“世界水日”、“中国水周”系列宣传活动。采取设立宣传站，发放节水宣传手册、传单，展出宣传活动灯箱及展牌，开展文艺演出等形式，组织开展大规模的广场集中宣传活动。利用唐山电视台、唐山电台、唐山劳动日报等新闻媒体开展宣传。深入路南、路北12个办事处（涉及120多个社区）及城乡结合部的果园乡办事处（32个村）进行宣传，向全市各居民小区、机关、院校、宾馆、饭店及各计划用水户发放节水宣传画6000张，《唐山市节约用水条例》单行本7000册，宣传手册5000本，彩色宣传单6000张，不干胶节水警示标语12000张。

【防汛】 水情。2009年汛期全市平均降雨量395毫米（折合降水总量53.21亿立方米），较常年的527毫米少25.1%。降雨主要集中在6月底和7月中下旬，主汛期8月份气候持续干旱少雨，降雨量仅相当于常年的四成。汛期境内大部分河道径流与上年同期相比有不同程度的减少，其中小青龙河司各庄站汛期河干；沙河冷口水文站与上年同期相比减少了85.0%；沙河石佛口水文站、沙河水平口水文站、龙湾河榛子镇水文站、还乡河崖口水文站与上年同期相比减少20%以上。由于主汛期降水较少，仅在还乡河崖口站、小定府站和沙河水平口站各发生一次小洪水过程，其他河流没有产生洪水过程，未发生洪涝灾害。

防汛准备。调整充实市级和各县（市）区防汛指挥部机构，落实行政首长、分级和分部门负责制，落实市领导和各县（市）、区包河、包库、包滞洪区责任制，并通过媒体向社会公布。市政府与全市21个县（市）、区政府和各开发区管委会，在全市防汛会议现场签订防汛安全责任书。从6月25日起，市委副书记、市长、市防汛指挥长陈国鹰和其他市领导先后检查防汛工作。市本级安排防汛资金40万元。按照社会化储备和专业化储备相结合的原则，落实了主要防汛物资供应商，掌握供应厂商的联系方式、生产能力及库存情况，编制供应厂商名录，制定了《唐山市防汛物资调运预案》。

防洪工程建设。分别投入资金1500万元和1050万元，完成丰南区3907米和滦南县3850米海堤维修加固工程。投资850万元，完成般若院水库除险加固工程。完成小龙潭、石庄子、皈依寨、沙涧、八一、赵沟、高家店7座水库除险加固。7座水库除险加固项目工程总投资3062.62万元，其中中央补助下达1404万元，省配套740万元、县、区自筹918.62万元。投资764.6万元，完成乐亭县老杜庄滦河险段治理工程。这项工程共动土方9.57万立方米，铺筑混凝土联锁板84571块，土工布6041万平方米，石方11702立方米，混凝土688立方米。全市5处25座大中型泵站更新改造项目完成法人组建和监理、设备招标采购工作，其中5座泵站开工建设。市本级投入420万元，用于22项水库、泵站、河道堤防等工程维修加固。按照“谁设障，谁清障”的原则对河道进行全面清理整治，确保河道行洪安全。全市完成河道、排水渠道清淤700多公里300余万立方米，清除树障6万余棵。投入12万元资金，用于小水库、蓄滞洪区通讯补贴。完善防汛通讯系统。投资20万元，对全市无线通讯系统进行检修和更新。完善防汛决策支持系统，建成防汛计算机局域网，实现市防办与13个县（市）区、5个市直属水管单位的视频、语音和数据实时传输，并开通市防办与市气象局、唐秦水文局数据传输专线，实现雨情、水情的实时共享。投资30万元制作全市防汛三维电子沙盘系统，并与原有的防汛决策支持系统实现互联互通。投资80万元，建成卫星防汛应急通信系统。

【抗旱】　2009年，全市旱情持续时间长、范围广。春季、夏季、秋季接连暴发，夏播前后发生严重的卡脖旱。受旱时段主要集中在1月、3月、5月底到6月中旬、7月底到8月初、8月底至12月份。旱情高峰期水田作物缺水面积70万亩，旱地作物受旱面积219.5万亩，其中重旱面积83万亩，44座水库干涸，9543眼机井出水不足。春夏连旱一度达到特大旱级别。据统计，全市因旱少播种9.2万亩作物，作物成灾59.6万亩，绝收1.8万亩。

2009年，全市累计投入抗旱资金6805.6万元，抗旱用油1085吨，抗旱用电6788万度，抗旱浇地面积389.7万亩，累计灌溉面积655.7万亩次，临时解决了0.96万人、0.18万头大牲畜的饮水困难。通过抗旱增加粮食产量32.2万吨，经济作物增加效益1.4亿元。1. 抗旱水源工程建设。新打机井1325眼，修旧井2417眼，安装低压管道79.84万米，新建闸涵桥245座、扬水站点79个，疏浚河道14.1公里，清淤渠道273.8公里，修建水池水窖1855个。2. 引调滦河水。自4月18日首次引调滦河水，全年累计调引农业水4.41亿立方米，其中由于汛期7、8月份降雨稀少，增加5次抗旱紧急调水，调水量6370万立方米。3. 抗旱服务。各级抗旱服务组织充分发挥主力军作用，深入到田间地头，积极为群众做好打井、机具检修和机泵管带的代售代销等工作。全年全市各抗旱服务站共出动机具287台套，新打机井319眼，修井202眼，维修机泵2029台套，安装防渗管道14.3万米，浇地7.3万亩次，浇果树19.5万株。

【农村水利】　1. 农村饮水。通过实施农村饮水安全工程，解决271个村、21万人的饮水安全问题。年内出台《唐山市农村饮水工程运行管理办法》，实现对饮水工程的规范化管理。2. 农业节水。年内发展节水灌溉21.2万亩，推广机井IC卡、水表灌溉计量设施3150套。3. 农田水利基本建设。年内新增有效灌溉面积2.1万亩，恢复改善灌溉和除涝面积46万亩。4. 集雨水窖工程。在强化已建水窖工程维修、配套和管护的基础上，新建水窖5100个。5. 水土保持。实施城乡水土流失治理和水土保持生态建设，开展以清洁小流域和省级重点小流域为重点的水土流失治理工作，完成治理水土流失面积105.5平方公里。6. 灌区工作。完成滦下和陡河灌区2008一期项目和第四季度新增投资项目以及滦下末级渠系改造项目。投资4277.31万元，其中中央投资2900万元。共完成土方78.80万立方米，石方9.22万立方米，混凝土0.57万立方米。

【水利工程及建设管理】　水利工程。乐亭新区供水工程项目前期工作完成。引滦入唐工程还乡河柴家湾子段护坡、陡河东杨家营段护岸、北贾庄生产桥等10项工程完工，总投资610万元，总工程量30793立方米。投资870万元，对引滦入唐河道沙岭隧道出口段113米、王务庄渡槽上游段115米渠道进行封闭处理，对石匣村段和郭庄子村穿村庄段进行衬砌维护治理，完成土方46824立方米、砌石17455立方米、混凝土2413立方米。完成南湖调水工程南湖生态渠部分的施工，开挖渠道6.4公理，完成土方开挖154.79万立方米、土方填筑23.65万立方米、石方1.99万立方米、混凝土2.27万立方米，钢筋制作安装1335吨，顶管126米、埋管342米。投资100万元，完成陡河水库副坝坝顶路面硬化工程。投资180万元，完成邱庄水库大岭隧洞交通桥工程。2008年省批复唐山市10座农桥改建，2009年完成其中的8座，其余2座完成前期工作。完成2009年省级农桥改造7座，另4座正在进行施工设施和招标等前期工作。工程建设管理。下发《2009年安全生产工作要点》、《安全生产隐患排查整治方案》、《安全生产执法检查特别行动方案》等文件，开展“安全生产月”活动，签订安全生产目标责任书。确保全年安全生产无重大责任事故和亡人事故。组织开展水利工程建设领域突出问题专项治理工作。制定了《唐山市水务局水利工程建设领域突出问题专项治理实施方案》，规范水利工程建设项目决策行为、招投标活动，强化水利工程建设实施及工程质量安全管理。

【项目谋划】　按照国家投资拉动政策，谋划大型泵站更新改造、蓟运河应急治理二期工程、农村饮水安全和小型水库除险加固等方面的项目57项，涉及投资11.15亿元。完成丰南区津唐运河泵站等4座泵站更新改造工程项目的上报、审查、批复等工作，批复总投资2.1亿元。完成全市20条中小河流治理近期规划，规划总投资6亿元。新增涉及蓟运河左岸（小河口—江洼口段）应急二期治理工程等9个项目，计划投资4.1亿元，下达投资计划1.86亿元，其中争取中央投资1.02亿元。争取到蓟运河应急治理二期村庄搬迁工程中央投资2600万元，用于解决工程扫尾。另外，完成2010年中央水利建设投资建议计划及2011年框架计划的上报，筛选符合政策要求的水利项目10大类69项，总投资80.97亿元。

【水库移民】 构筑移民长效工作机制，及时处置带有倾向性、苗头性问题，维护移民整体稳定。1.移民后期扶持政策。及时足额发放2008年下半年度及2009年第一、二季度大中型水库移民后期扶持资金，落实移民遗留问题资金249万元。下拨大中型水库后期扶持结余资金203万元。2.移民群体稳定工作。通过重点问题领导包案化解，超前介入疏导，选派得力干部约访和悉心处理移民个性问题等措施，维护移民整体稳定，在全国“两会”、“国庆60周年”、“曹妃甸论坛”期间，实现水库移民群体进京赴省上访零记录。3.推进移民经济科学发展。通过选取丰润区6个样板村建设试点、迁西县花卉种植试点、培育移民兴家置业、改善库区移民安置区面貌带头人等方法，推动库区和移民安置区物质文明建设和精神文明建设，激发广大移民自力更生、勤劳致富的热情。4.移民“强基培训”。建立“强化培训、巩固基础、提升能力”的常态机制，全面推广丰润、迁西等县区试点工作经验，提高移民干部政策水平和业务能力，增强移民群众勤劳致富的本领和就业能力。

（李学东）

林　业

【概况】 2009年，全市造林绿化近100万亩，树木成活率达到90%以上。全年新发展各类名优果树面积10.2万亩。全年果品总产量达到155.12万吨，实现产值42.5亿元。新发展花卉1.91万亩，全市花卉总面积达到5.46万亩。新发展种苗2.81万亩，全市苗木总面积达到6.93万亩，为近年来最好水平。

【绿化唐山攻坚行动】 2009年春季，市委市政府下发《关于开展绿化攻坚行动春季会战的意见》，召开动员会、现场会进行安排部署。春季造林绿化51.25万亩，树木成活率达到90%以上。2009年下半年，市委、市政府又启动开展绿化唐山持续攻坚行动，确定在全市实施通道绿化提升、生态园林提速等七大造林工程。秋冬季完成造林47.98万亩。

【果品生产】 全年新发展各类名优果树面积10.2万亩，其中石灰岩地区优种核桃栽植4.3万亩，北部山区板栗3.1万亩。在全省吉尼斯果品擂台赛中，乐亭县的温室草莓、油桃获得全省冠军的称号。果品安全工作全面加强。制定下发《唐山市无公害果品生产实施方案》，在全面普及无公害标准化技术措施的同时，重点加强果品质量检测工作。产地定性检测1500样次，没有突出个性问题；协助省林业局完成果品样品抽测180份，合格率98.9%。全年没有发生批量果品市场禁入问题和果品中毒事故。林果产业化经营取得新的进展。全年板栗出口1.9万吨，创汇4694万美元，同比分别增加112.6%和31.9%，板栗制品销往20多个国家和地区。继“迁西板栗”之后，“栗源”牌商标被评选为中国驰名商标。新注册“蓝可”、“金河”商标2个，全市林果商标达到41个。在第三届中国商标节上，“迁西板栗”商标入选“60件最具市场竞争力的地理标志商标”；“栗源”商标入选“60件最具市场竞争力的农产品商标”。在2008年度复评省著名商标企业中，“迁西板栗商标”和“栗之花”商标名列其中。在廊坊农产品博览会和第七届中国花卉博览会上，唐山有3种果品被评为果王；花卉展品获银奖6项、铜奖7项、优秀奖8项。

【森林资源保护】 全年审核征占用林地卷43宗，占用林地3571亩。全年采伐林木4.7万立方米，没有发生超限额采伐现象。在森林防火工作中，市政府办公厅印发《唐山市森林防火目标责任制实施细则》，细则共分九章三十条款，分别对森林防火责任制、森林防火基础设施建设、森林防火队伍建设、森林火灾的预防和扑救、森林火灾案件的查处以及考核奖惩等内容做出明确规定。按照“预防为主，积极消灭”的方针，不断加强宣传，增加投入，落实责任，严防死守。2009年未发生大的森林火灾，无林木损失、无人员伤亡事故发生。在全省年度综合考评中名列第二。依法开展森林植物检疫工作，全年检疫苗木9500多万株，共复检签发“调运检疫证书”2000多份，木材及其制品1.8万立方米，未发生检疫责任事故。继续开展飞机防治美国白蛾工作。对全市境内的高速公路、国省干道、南湖生态城以及重点林区，采取飞机喷洒生物药剂的方法，全面提升防治水平。购买用于飞机防治美国白蛾的药剂9吨，共飞防250架次，面积17.5万亩。在林业执法工作中，集中开展专项打击行动，查处各类涉林案件463起，查处率达到95%以上。林改工作继续推进，下发《关于进一步加快林权制度改革勘界发证工作的通知》和《关于加强集体林权制度改革档案管理的通知》，列入改革范围的集体林地面积338.7万亩，基本完成明晰产权工作。

【科技兴林】 在全市组织开展以抗旱节水造林技术、板栗优质丰产技术等为重点的16项林业科技推广工作，完成基地推广面积25万亩。按照“调早、调晚、调优、调新”的原则，共新引进国内外的核桃、樱桃等林果花优新品种102个，进一步丰富品种种质资源。积极落实《唐山市百万农民大培训实施方案》，利用空中课堂、热线电话、培训班等多种形式，大力开展送技术下乡活动，举办各种实用技术培训班2000多场次，培训农民20.6万人次。全年全市林果科技立项达到20项，其中国家级3项、省级3项、市级14项，通过验收14项。组织开展了盐碱地低成本造林、水土保持生态治理、“4+2”（即［公司+农户+基地+市场］+［研发中心+培训中心］）农业产业化发展三个科学发展模式的试验示范推广工作。

【林业项目建设】　2009年是唐山市林业历史上投入最多的一年，包括退耕还林、森林生态效益补助资金、新增中央扩大内需投资等项目，全年市以上财政投资3.8亿元，其中，中央资金1.7亿元，省级财政资金0.2亿元，市级财政投资1.9亿元。编制2009年中央基建林业投资项目，涉及防火基础设施建设、林业有害生物防治等，计划投资6000万元，申请省以上投资3500万元。认真做好项目储备工作。围绕造林绿化、林果生产、资源管护等重点领域，谋划了绿化攻坚、特色经济林基地、森林公园等项目，总投资53.7亿元，申请中央资金6.5亿元。到位中央第四批扩大内需三北防护林项目资金1590万元，沿海防护林项目资金1260万元。

【争创全国绿化模范城市】　全面开展全国绿化模范城市争创工作。市林业局及时召开动员会议，制定出台方案，明确责任分工，编纂有关资料，踏查检查路线，营造宣传氛围，在时间紧、任务重的情况下，做了大量卓有成效的基础准备工作。11月8—10日全国绿化模范城市核查组来到唐山，通过现场检查，查验资料，观看宣传片，听取汇报等，对唐山的创建工作给予高度评价，认为创建工作组织领导有力，责任落实明确，资金投入到位，规划设计科学，宣传发动广泛，依法建管扎实开展，城乡绿化齐头并进，创建成效十分显著，给予了98.5分的高分，12月获全国绿化委员会审核通过。

【南湖公园荣膺首批“全国生态文化示范基地”称号】　在10月19日北京人民大会堂举行的首批“全国生态文化示范基地”“全国生态文化村”授牌仪式上，唐山南湖城市中央生态公园被授予首批“全国生态文化示范基地”称号。由国家林业局、中国生态文化协会组织的“全国生态文化示范基地”命名活动，以弘扬生态文化，倡导绿色生活，共建生态文明为职责，其目的是大力推进科学发展，为建设生态文明夯实基础工作，以此推进城乡经济社会科学发展、和谐发展。

（马树华）

畜牧业

【概况】　2009年，全市畜牧业克服“三鹿奶粉事件”、“甲型H1N1流感”和市场价格波动等不利影响，实现平稳发展。全市畜牧业总产值212.84亿元，比上年增长8.4%。2009年，全市有50头以上的规模养殖场405个，存栏奶牛16.66万头；奶牛小区352个，存栏奶牛23.75万头。生猪存栏408.76万头，出栏648.22万头，同比增长3.01%和2.88%。全市家禽存栏3940.91万只，同比增长2.89%，出栏6817.70万只，同比下降2.38%。

【奶业】　全面开展加速奶业振兴工程，奶业实现平稳健康发展。按照国家、省、市的统一部署，积极推进“奶牛规模养殖、奶站整治和乳品加工企业托管奶站”三项重点工作，确保奶牛生产基本稳定、奶农情绪稳定和社会稳定。奶牛规模养殖实现突破性发展。2009年，在建奶牛规模养殖场（区）126个，奶牛规模养殖比例由年初的20%提高到92.6%。奶站整治成效显著。组织拉网式监督检查，对达不到标准的，责令限期整改。同时，积极做好企业、奶站、养殖场对接工作，合理划分奶源基地。通过专项整治，全市411个奶站全部基本达到“五有一符合”（有符合环保和卫生要求的收购场所，有与收奶量相适应的冷却、冷藏、保鲜设施和低温运输设备，有与检测项目相适应的化验、计量、检测仪器设备，有经培训合格并持有有效健康证明的从业人员，有培训、管理和质量安全保障制度，符合生鲜乳收购站建设规划布局）要求，并发放生鲜乳收购许可证。奶业的生产经营秩序得到进一步规范。乳品加工企业托管奶站积极推进。全市完成乳品加工企业托管奶站409个，占奶站总数的99.5%。生鲜乳价格协调机制逐步形成。起草《唐山市生鲜乳价格协调工作实施方案》，组织重点县区开展生鲜乳生产成本调查，多次召开价格协调会议，制定规模养殖场（区）和奶站生鲜乳交易参考价格，规范企业、奶站和养殖场的交易行为。

【项目投入】　2009年，紧紧围绕国家重点支持的投资方向，加大项目建设力度。全年在建、续建项目89个，总投资21.68亿元，实际到位资金14.39亿元，外资692万美元，有19个项目竣工。利用外资建设的遵化亚达—艾格威种公牛站和丰润新型高效生物肥产业化项目竣工投产，累计完成投资6100万元人民币。认真落实国家各项惠农政策。全年共落实60个蛋鸡场补贴630万元、90个生猪标准化规模养殖场（小区）建设项目2020万元、奶牛标准化规模养殖场（小区）建设项目600万元。落实挤奶机械购置补贴1046万元，新增机械挤奶、储存、运输设备194套。2009年，生猪、奶牛、绵羊良种补贴分别为831.2万元、773.8万元和24万元。

【畜产品质量监管】　坚持对畜产品质量全面监管、全程监控。检查规模畜禽养殖场31071个（次），生鲜乳收购站4323个（次），屠宰加工企业1685个（次），兽药、饲料和饲料添加剂等生产经营企业12044个（次）。检查的66079吨生鲜乳、10221吨畜禽水产品全部合格。查没假劣兽药和饲料添加剂86个品种232件予以公开销毁。

【对外开放】　2009年，畜牧水产系统先后与韩国驻中国大使馆、西澳农业部、新西兰恒天然集团、加拿大亚达艾格威基因公司、台湾农业协会、中国社会科学院农业发展研究所、中国林业经济学会、河北农业大学等国内外官员、专家及企业人士进行广泛接触和洽谈，参加市政府组织的中韩友好周活动，考察访问澳大利亚、新西兰、台湾等国家和地区。先后签署《唐山市畜牧水产局/河北农业大学动物学院/唐山市科技局科技合作框架备忘录》、《唐山市动物保健品协会/韩国希杰饲料有限责任公司合作项目备忘录》、《玉田县畜牧水产局/澳大利亚西澳农业部关于引进澳系种猪的协议》。引进加拿大亚达—艾格威种公牛站项目、ETS（天津）生物科技发展有限公司的生物肥料项目和象牙蚌增养殖项目。成功举办第五届全国兽医高层论坛暨唐山市畜牧水产业科学发展示范区研讨会。论坛期间，与河北农业大学签订唐山市畜牧水产业科技合作框架备忘录。

渔　业

【概况】 2009 年，唐山渔业系统坚持科学发展的理念，克服由于沿海重点渔区工业化进程加快带来的不利因素影响，坚持养捕并举的方针，不断优化海洋渔业结构，壮大产业规模，增加水产品总量，提升水产品质量。全市水产品产量达到 47 万吨，同比增长 2.2%。全市渔业总产值 51 亿元。

全市水产苗种生产规模较上一年略有扩大，不同养殖品种的苗种数量均有增加。其中生产各类虾苗 96.65 亿尾、海水鱼苗 778 万尾、淡水鱼苗 19.6 亿尾、淡水鱼种 1055 吨。

年内，全市水产养殖业呈现出平稳发展的态势，全市淡水池塘放养面积 22.1 万亩；海水工厂化养殖面积 55.2 万平方米；海水池塘生态健康养殖面积 18.7 万亩。海水池塘养殖方式有虾豚混养、虾贝混养、虾蜇混养等，养殖水体利用率明显提高。“黄海 1 号”中国对虾养殖面积较去年大幅增加，达 67945 亩。日本对虾养殖呈现产量效益双增长的良好局面，单产达到 40—50 公斤，亩产值达到 2000 多元，同比增幅达 30% 以上。淡水渔业养殖不断优化养殖品种结构，引进新的养殖模式，提高养殖效益。乐亭县的扇贝养殖、丰南区的兰蛤养殖、玉田县的甲鱼养殖、滦县的淡水鱼苗种生产等实现较快发展。

2009 年全市渔业合作组织发展到 5 家。分别是唐山市丰南旺海渔业专业合作社，丰南市黑沿子镇涧河村、滦南县、乐亭县海洋捕捞渔业合作组织及玉田县甲鱼养殖协会。

【标准化生产】 通过强化养殖证制度和苗种生产许可管理，严格执行“两证一记录”（无公害产地证、无公害产品证、生产记录）制度等措施，一方面对已有的无公害基地、标准化示范场进一步加强监督检查，促进其完善提高，另一方面积极组织新的具备条件的企业申报并开展标准化生产基地创建工作，取得良好效果。全市共办理水产养殖证 1452 个，水产苗种生产经营许可证 217 本，基本覆盖全市所有养殖和苗种生产单位，注册水产品品牌 2 个。

【水产品质量安全】 全面加强对水产品产地监管工作，在推行养殖池塘档案制度的同时，积极开展水产品质量安全例行抽检工作，有效推动水产品质量安全水平提高。先后完成省局布置的 5 个批次共 156 个样品抽检工作，范围涉及全市无公害水产品生产基地、出口备案企业以及重点批发市场。在全部送检样品中，合格率达到 99.3%。5 月份，农业部渔业局对唐山市 12 个水产苗种样本进行药物残留检测，检测结果有 7 个外省调入的南美白对虾苗种硝基呋喃代谢物超标，5 个当地自育苗种全部合格。

【资源保护】 通过伏季休渔、增殖放流等措施，加强渔业资源保护，渔业实现健康发展。在休渔期，组织沿海 3 个县区 40 余名渔政检查人员加强对唐山海域及陆地各渔港的检查。为进一步恢复和增殖自然水域渔业资源，省、市、县（区）三级财政共安排渔业资源增殖放流专项资金 448 万元，分别用于潘家口水库、大黑汀水库和沿海地区近海渔业资源增殖放流。全市共放流池沼公鱼发眼卵 13.16 亿粒、毛蚶苗种 6800 公斤、中国对虾仔虾 5.5 亿尾，海蜇幼体 1000 万片。

饲 料 业

【概况】 2009 年，全市有饲料、饲料添加剂生产企业 135 家。其中：添加剂预混合饲料生产企业 18 家，饲料添加剂生产企业 3 家，动物源性饲料生产企业 7 家。饲料生产企业中，年生产能力 10000 吨以上的有 20 家。饲料产品总产量 78.9 万吨，较上年增加 2.7%。全市有饲料经营企业 870 家。受国际金融危机的影响，饲料企业面临贷款难、回款难的问题，部分中小型饲料企业资金链断裂，处于停产半停产状态。由于畜禽产品价格下降，养殖效益下滑，畜禽养殖存栏下降，饲料需求量缩减，饲料原料价格波动较大，生产成本提高等原因，饲料企业盈利能力下降，再发展受到影响。

【饲料生产经营规范化管理】 一是结合饲料生产企业年度备案工作，对全市 2008 年底已获证企业全面进行检查，按照农业部 73 号令的要求，对企业的基础设施建设包括生产车间、库房、化验室及化验设备逐一进行了核查，检查出 10 家因化验室不符合要求和 3 家库房脏、乱、差的企业，当即责令其限期整改，对 7 家企业因规模小、生产设备、库房、化验室不符合要求，取消了 2009 年备案资格。二是对所有饲料生产企业、饲料经营企业发放了公开承诺牌，要求他们对企业的生产行为、产品质量及经营企业应遵守的规章进行公开承诺，接受群众监督。三是对饲料经营企业经营的饲料实行备案制度，把饲料产品的生产企业和企业所在地的饲料管理部门登记备案，杜绝三无饲料产品进入饲料市场。四是强化检化验手段。为提高饲料生产企业自检能力，对 92 家饲料生产企业的化验员，分 9 批进行了技术培训。

【饲料质量安全专项整治】 一是成立了饲料质量安全执法年行动

工作小组，印发了《2009年度畜牧水产品质量安全监管工作意见》、《畜牧水产品质量安全整治攻坚行动实施方案》、《打击违法添加非投入品物质和滥用投入品》、《兽药及兽药残留等专项整治实施方案》以及《2009年全市饲料专项整治行动实施方案》等一系列文件。召开了全市畜牧主管部门负责人会议，安排部署2009年全市饲料质量安全专项整治的主要任务和整治重点，明确了各县（市）区畜牧主管部门局长是饲料质量安全监管第一责任人，同时签订了责任状。各县（市）区畜牧主管部门也成立了相应的组织，制定了工作方案，并与饲料生产、经营及规模养殖场（户）签订了责任状。二是认真开展了饲料质量安全专项整治行动。按照省厅、省局和市委、市政府的有关部署，严厉打击违法使用“瘦肉精”莱克多巴胺、苏丹红、三聚氰胺等违禁药品。市畜牧水产局派出督导组进行督导检查。各县（市）区全面开展了对饲料生产、经营及规模养殖场（户）大规模的拉网式检查。从进货记录、生产记录、销售记录、产品留样等方面入手，对其生产车间、库房逐一进行了认真细致的检查，同时对饲料生产、经营和养殖场使用的饲料及自配料进行了抽样检测。三是建立长效监管机制。以保安全、促发展为总目标，以抓监管、抓源头、抓基础为手段，着力强化饲料质量安全日常监管。落实监管人员，按照谁监管谁负责的原则，监管人员每月对所监管的企业进行一次全面检查，对检查中发现的问题，填写《饲料生产企业检查意见书》告知企业，限期整改，到期进行复查，复查情况填写《饲料生产企业整改情况登记表》。

农业机械

【概况】　2009年，全市农机总动力1030万千瓦、耕种收综合机械化作业率为73%、农业机械原值51亿元、农机经营总收入29亿元。按照市委、市政府年初的安排，认真落实了农机补贴，补贴额5448.071万元，是上年的3.4倍，超过计划1.4倍。农机小麦秸秆切抛还田57.85万亩，超计划15.7%。扶持发展农机大户160户，农机服务组织13个，分别超计划60%和30%。在唐海四农场建立水稻全程机械化示范区20000亩，玉米、小麦、花生机械化示范区在玉田县林头屯乡设立了试验点，取得了明显成效。

【农机购置补贴】　2009年，中央、省、市三级农机补贴资金共发放3021万元，其中：中央资金2690万元，省级资金31万元，市级资金300万元，资金总量是2008年的二倍。补贴标准基本为不超过机具价格的30%。新增机具11000多台，受益农户7700多户，拉动农民投资13200多万元。农机补贴工作，一是调整了补贴机具范围。为提高全市蔬菜生产机械化水平，增加了卷帘机、棚室微型耕作机的机具种类，以方便农民选购；为配合开展绿化攻坚活动，增加了小型挖坑机等补贴机具；为实现小麦联合收割机的更新换代，将小麦联合收割机纳入了补贴范围。二是提高了重点推广机械的补贴金额。对水稻联合收获机械、玉米收获机械、小麦免耕播种机械等重点推广机械，将单机最高补贴额由5万元提高到8万元，对小麦秸秆切抛机实行了全额补贴，共补贴300台。三是进一步完善了工作制度。在坚持“联合定方案、主动搞宣传、敞开接申请、公平定名单”等做法的基础上，为了加快补贴资金的拨付进度，及时将补贴款发放给农机厂家，改变了以前整体项目完成后一次性拨付资金的方式，采取了做完一家拨付一家的方法。厂家提出兑付资金申请后，及时与有关县区和购机者联系，经过认真审核确认，再通知财政拨付资金。这一做法使农机厂家及时收回资金，解决了实际问题，得到了的广泛称赞。四是强化了项目管理。组织开展了农机补贴执行情况的自查自纠和督导检查，确保了项目的顺利实施。

【农机作业】　年初，市农机局组织各县市区开展了农机具检修、农机技术培训等春耕生产的准备工作，同时，积极指导农机大户与无机农户签订作业合同，发挥农机大户的辐射带动作用，提高农机具的使用效率，加快春耕生产进度。春耕春播期间，全市共投入各类农机具25万台套，完成机械化耕地面积310万亩，播种面积280万亩，浇灌面积320万亩。麦收期间，全市共出动联合收割机4000多台，其中：本地1750台，引进2300台；出动拖拉机4.85万台；联合收割机加挂小麦切抛机800余台，完成小麦秸秆切抛还田面积57.85万亩，机收率达到了99%。麦收期比往年缩短了3天。为组织好三夏生产，市农机局3月份发布了小麦机收信息，涉及各县区小麦收获的开始时间、小麦的种植面积、适宜机收的面积、小麦机收预期价格、拟引联合收割机数量、本地小麦联合收割机数量及计划外出跨区作业的小麦联合收割机数量等，为外地来唐开展跨区作业的机手提供真实、准确的信息服务。同时为唐山赴外地开展跨区作业的机手提供作业信息、机车保养等方面的服务，主动联系作业地块，免费发放跨区作业证，支持他们外出作业。三夏期间共有130多台联合收割机赴河南、山东及河北南部衡水、邯郸等地作业，完成作业面积7万亩，机手创收400多万元。三夏期间成立了以副市长王久宗为组长的小麦机收领导小组，明确了农业、公安、交通、环保、气象、石油等相关部门的职责，安排部署了包括秸秆还田在内的三夏重点工作，在全市范围内建立了协调联动、快速高效的机收指挥监控和信息服务体系。坚持24小时值班，及时掌握机收信息，及时指挥调度，随时为机手提供服务。麦收期间，除了指导县区认真做好外来机车的接机和调度、食宿安排、维修及配件供应等各项服务工作外，还与气象部门密切协作，将气象信息以手机短信的形式及时发布给各县区小麦机收领导小组成员和部分农机大户；与交通部门密切配合，认真贯彻落实省、市有关联合收割机的免费政策，努力为联合收割机手打造交通绿色通道；与公安部门密切配合，积极化解在机收作业中出现的抢截机车、不缴纳作业费等扰乱作业秩序的行为；与石油部门配合，确保三夏作业农机具燃油供应。

【农机安全生产】 在全市开展"农机安全宣传月"、"农机安全生产隐患排查治理"、"农机安全生产执法督导检查特别行动"等一系列活动。农机监理部门与公安交警部门联合执法，组织精干力量，深入田间地头、场院，共开展田检路查70次，出动执法监理人员280人次，检查拖拉机、联合收割机497台，查处无牌证13台次，未按时进行年度检验46台次，检查驾驶人员300人次，有效遏制各类农机事故的发生。全年未发生安全生产事故。按照省农业厅《关于切实做好农机监理工作的通知》和唐公联〔2009〕8号《关于进一步明确做好低速载货汽车、三轮汽车、拖拉机车辆和驾驶人档案移交工作的通知》精神，市农机监理系统从2月初正式进入档案移交阶段。截至12月底，全市16个基层单位中已有13家单位全部完成档案移交工作。全市农机监理部门共向公安部门移交农用车档案118750份，移交农用车驾驶人档案41293份，接收拖拉机档案1288份。

（王会建）

农业科研

【科研成果凸显】 市农科院2009年承担各级各类科研课题51项，其中有国家科技部6项、省科技厅8项、市级有关部门28项、横向协作4项、自立5项。年内完成研究课题7项，取得鉴定成果4项，2项成果获奖。"中国五大区苹果轮纹病防治新技术"获河北省山区创业三等奖和唐山市科技进步二等奖；"唐山市秋瓜新品种绿玉、绿宝的选育及应用"获唐山市科技成果推广一等奖和唐山市科技进步二等奖。全年选育各类农作物新苗头、新品系（组合）36个。其中玉米12个，花生4个，小麦2个，红小豆3个，蔬菜15个。引进试验示范玉米、花生等农作物优新品种55个。

【科技服务力度加大】 2009年，市农科院利用电视、电台、报刊、网络等媒体开展科技咨询和技术服务，宣传推广农业科技领域适时对路的科研成果及农业科技知识。在市委组织部开展的"唐山市农村党员干部现代远程教育网"、市农办组织的"百万农民大培训"和市妇联组织的"科学建家"活动中，开展农业新品种和新型实用技术宣传培训。全年组织农民技术培训会21场次，为6.5万余人提供技术咨询和培训，发放各种技术资料8万余份，利用电台、电视举办技术讲座12场，举办农药新品种推介培训会4次。

【新品种示范效果好】 2009年，市农科院在做好丰南大新庄猪—沼—菜千亩生态设施蔬菜基地、滦县沙地改良示范基地的基础上，在滦南青坨营村建立西瓜、黄瓜新品种示范基地。基地栽培自研西瓜新品种"唐山3号"，在课题组的指导下，种瓜农户取得可观的经济效益。

【创建生态旅游家园建设模式】

市农科院以优良植物栽培示范园为示范点，展示优良植物品种100余种，展示先进栽培模式20余种，创建了生态旅游家园建设模式。同时，在示范馆进行"抗性品种的筛选"、"嫁接栽培技术在南瓜、黄瓜、茄子等不同品种的应用"、"无土栽培技术的应用"、"优良营养液配方的研究与应用"等研究，取得显著的社会效益与经济效益。

（孙 静 苑国民）

6月6日，胡春华省长到承唐二期工程施工现场视察指导工作

9月29日，省委常委、市委书记赵勇视察滨海大道

12月10日，205国道丰南到古冶段改建工程举行开工典礼，省委常委、市委书记赵勇和市委副书记、市长陈国鹰出席。左图为赵勇宣布开工，右图为陈国鹰讲话

（吴蕊、刘慧翠 供稿）

交通局

路通人和

↑ 11月12日，副市长辛志纯到市交通局交通应急指挥调度中心视察指导工作

↑ 10月26日，市交通局应急指挥调度中心试运行

8月22日，唐山市召开滨海大道工程大干三个月誓师动员大会

7月2日唐山零公里标志启用

9月7日，承唐二期工程第一片钢筋混凝土箱梁架设成功

王盼庄立交桥

（吴蕊 刘慧翠 供稿）

“中国河北唐山——韩国友好周”

6月23日至27日，由唐山市政府、省政府外事办、韩国驻华使馆共同主办“中国河北唐山——韩国友好周”暨韩国图片展、饮食展、电影展，期间还举行了中韩投资贸易洽谈会。韩国各主流媒体组成的韩国驻京媒体记者团专门来唐山采访。活动取得圆满成功。（阎军 摄）

韩国饮食展吸引众多品尝者

韩国客人参观曹妃甸港25万吨级矿石码头

陈国鹰市长向韩国电视剧《大长今》主题曲演唱者朴爱理女士颁发荣誉市民证书

中韩投资贸易洽谈会

怡人的办公区

美丽的矿山

迷人的地下巷道

员工风采

亚洲最大的选煤厂

年产三十万吨的煤焦油加工项目

现代化采煤

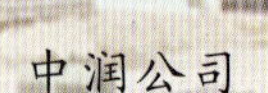

中润公司

到2009年，迁西县选拔120名高校毕业生到农村任职。大学生村官们把自己的知识与农村的生产实际结合在一起，不断提高为人民服务的能力。（上左）为农民讲解栗子树的病虫害防治，（上右）深入农户了解群众需求　　（光宇等　摄）

大学毕业的杜文宝、邢玉夫妇放弃城里的工作，回到迁安市上庄乡陶新庄村，建起16个新型的两面帘大棚，新型大棚带来的效益得到村民们的认可，全村在他们夫妇带领下，建起新型大棚100多个

（陈儒 摄）

丰润区发挥成人学校的培训阵地作用，到2009年底已培育出懂技术、会管理的“土专家”3000多人。成为农民增收致富的好帮手。这区火石营镇比古城村的林果“土专家”李宝国向果农传授核桃树的嫁接技术

（永和 建飞 兴华 摄）

4月23日，迁安市闫官屯村内8个蔬菜大棚的生菜以高出市场1元的价格销往俄罗斯，走上外国人的餐桌。此事引来众多新闻媒体的采访
（陈儒 国立英 摄）

迁西县把发展花卉产业作为农村产业结构调整的重要项目来抓，全县鲜花种植面积已达1700亩，畅销环渤海地区。图为这县水泉村的大棚内鲜花怒放
（晓兰 永生 开芳 摄）

乐亭县的甜瓜产业已成为省内知名、优势突出、特色鲜明的产业带，每年可为农民带来8亿多元的经济效益 （刘江涛 摄）

古冶区习家套乡充分利用煤矿塌陷坑的水面发展淡水养殖，已有3000余亩采煤塌陷地变成了养鱼池，其中500亩成为垂钓中心。既改善了环境，又为农民增加了收入
（刘东顺 王新国 摄）

▲绿色生态农庄内一片生机

◀现代化的养牛场

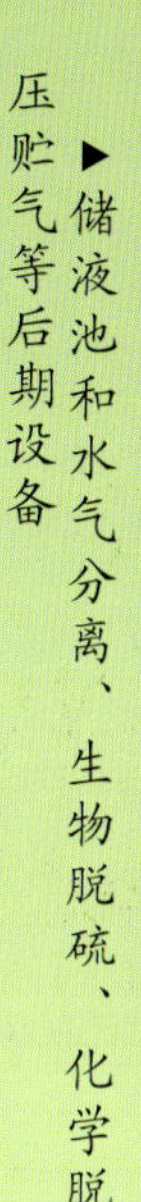

▶储液池和水气分离、生物脱硫、化学脱高压贮气等后期设备

绿色生态农庄春意浓

农作物青贮养牛、牛粪和生活垃圾产生沼气、沼气为村民生活提供清洁能源，剩余的沼气还可用来发电，这就是丰南区的小岔河村绿色循环零排放的现代化生态农庄。

（周占领 朱会凤 阎军 摄）

▲农民做饭用上干净又方便的沼气

林业局——绿化唐山 建功立业

生态文明村村庄绿化

全市义务植树的尽责率在市林业局的严格指导下达到92%

林下养殖科学发展新模式

方兴未艾的生态旅游业

新植林木的高标准整地工程

连绵起伏的"围山转"造林工程

（宋景源 供稿）

【农机安全生产】 在全市开展“农机安全宣传月”、“农机安全生产隐患排查治理”、“农机安全生产执法督导检查特别行动”等一系列活动。农机监理部门与公安交警部门联合执法，组织精干力量，深入田间地头、场院，共开展田检路查70次，出动执法监理人员280人次，检查拖拉机、联合收割机497台，查处无牌证13台次，未按时进行年度检验46台次，检查驾驶人员300人次，有效遏制各类农机事故的发生。全年未发生安全生产事故。按照省农业厅《关于切实做好农机监理工作的通知》和唐公联〔2009〕8号《关于进一步明确做好低速载货汽车、三轮汽车、拖拉机车辆和驾驶人档案移交工作的通知》精神，市农机监理系统从2月初正式进入档案移交阶段。截至12月底，全市16个基层单位中已有13家单位全部完成档案移交工作。全市农机监理部门共向公安部门移交农用车档案118750份，移交农用车驾驶人档案41293份，接收拖拉机档案1288份。

（王会建）

农业科研

【科研成果凸显】 市农科院2009年承担各级各类科研课题51项，其中有国家科技部6项、省科技厅8项、市级有关部门28项、横向协作4项、自立5项。年内完成研究课题7项，取得鉴定成果4项，2项成果获奖。“中国五大区苹果轮纹病防治新技术”获河北省山区创业三等奖和唐山市科技进步二等奖；“唐山市秋瓜新品种绿玉、绿宝的选育及应用”获唐山市科技成果推广一等奖和唐山市科技进步二等奖。全年选育各类农作物新苗头、新品系（组合）36个。其中玉米12个，花生4个，小麦2个，红小豆3个，蔬菜15个。引进试验示范玉米、花生等农作物优新品种55个。

【科技服务力度加大】 2009年，市农科院利用电视、电台、报刊、网络等媒体开展科技咨询和技术服务，宣传推广农业科技领域适时对路的科研成果及农业科技知识。在市委组织部开展的“唐山市农村党员干部现代远程教育网”、市农办组织的“百万农民大培训”和市妇联组织的“科学建家”活动中，开展农业新品种和新型实用技术宣传培训。全年组织农民技术培训会21场次，为6.5万余人提供技术咨询和培训，发放各种技术资料8万余份，利用电台、电视举办技术讲座12场，举办农药新品种推介培训会4次。

【新品种示范效果好】 2009年，市农科院在做好丰南大新庄猪—沼—菜千亩生态设施蔬菜基地、滦县沙地改良示范基地的基础上，在滦南青坨营村建立西瓜、黄瓜新品种示范基地。基地栽培自研西瓜新品种“唐山3号”，在课题组的指导下，种瓜农户取得可观的经济效益。

【创建生态旅游家园建设模式】 市农科院以优良植物栽培示范园为示范点，展示优良植物品种100余种，展示先进栽培模式20余种，创建了生态旅游家园建设模式。同时，在示范馆进行“抗性品种的筛选”、“嫁接栽培技术在南瓜、黄瓜、茄子等不同品种的应用”、“无土栽培技术的应用”、“优良营养液配方的研究与应用”等研究，取得显著的社会效益与经济效益。

（孙　静　苑国民）

工作小组，印发了《2009年度畜牧水产品质量安全监管工作意见》、《畜牧水产品质量安全整治攻坚行动实施方案》、《打击违法添加非投入品物质和滥用投入品》、《兽药及兽药残留等专项整治实施方案》以及《2009年全市饲料专项整治行动实施方案》等一系列文件。召开了全市畜牧主管部门负责人会议，安排部署2009年全市饲料质量安全专项整治的主要任务和整治重点，明确了各县（市）区畜牧主管部门局长是饲料质量安全监管第一责任人，同时签订了责任状。各县（市）区畜牧主管部门也成立了相应的组织，制定了工作方案，并与饲料生产、经营及规模养殖场（户）签订了责任状。二是认真开展了饲料质量安全专项整治行动。按照省厅、省局和市委、市政府的有关部署，严厉打击违法使用“瘦肉精”莱克多巴胺、苏丹红、三聚氰胺等违禁药品。市畜牧水产局派出督导组进行督导检查。各县（市）区全面开展了对饲料生产、经营及规模养殖场（户）大规模的拉网式检查。从进货记录、生产记录、销售记录、产品留样等方面入手，对其生产车间、库房逐一进行了认真细致的检查，同时对饲料生产、经营和养殖场使用的饲料及自配料进行了抽样检测。三是建立长效监管机制。以保安全、促发展为总目标，以抓监管、抓源头、抓基础为手段，着力强化饲料质量安全日常监管。落实监管人员，按照谁监管谁负责的原则，监管人员每月对所监管的企业进行一次全面检查，对检查中发现的问题，填写《饲料生产企业检查意见书》告知企业，限期整改，到期进行复查，复查情况填写《饲料生产企业整改情况登记表》。

农业机械

【概况】　2009年，全市农机总动力1030万千瓦、耕种收综合机械化作业率为73%、农业机械原值51亿元、农机经营总收入29亿元。按照市委、市政府年初的安排，认真落实了农机补贴，补贴额5448.071万元，是上年的3.4倍，超过计划1.4倍。农机小麦秸秆切抛还田57.85万亩，超计划15.7%。扶持发展农机大户160户，农机服务组织13个，分别超计划60%和30%。在唐海四农场建立水稻全程机械化示范区20000亩，玉米、小麦、花生机械化示范区在玉田县林头屯乡设立了试验点，取得了明显成效。

【农机购置补贴】　2009年，中央、省、市三级农机补贴资金共发放3021万元，其中：中央资金2690万元，省级资金31万元，市级资金300万元，资金总量是2008年的二倍。补贴标准基本为不超过机具价格的30%。新增机具11000多台，受益农户7700多户，拉动农民投资13200多万元。农机补贴工作，一是调整了补贴机具范围。为提高全市蔬菜生产机械化水平，增加了卷帘机、棚室微型耕作机的机具种类，以方便农民选购；为配合开展绿化攻坚活动，增加了小型挖坑机等补贴机具；为实现小麦联合收割机的更新换代，将小麦联合收割机纳入了补贴范围。二是提高了重点推广机械的补贴金额。对水稻联合收获机械、玉米收获机械、小麦免耕播种机械等重点推广机械，将单机最高补贴额由5万元提高到8万元，对小麦秸秆切抛机实行了全额补贴，共补贴300台。三是进一步完善了工作制度。在坚持“联合定方案、主动搞宣传、敞开接申请、公平定名单”等做法的基础上，为了加快补贴资金的拨付进度，及时将补贴款发放给农机厂家，改变了以前整体项目完成后一次性拨付资金的方式，采取了做完一家拨付一家的方法。厂家提出兑付资金申请后，及时与有关县区和购机者联系，经过认真审核确认，再通知财政拨付资金。这一做法使农机厂家及时收回资金，解决了实际问题，得到了的广泛称赞。四是强化了项目管理。组织开展了农机补贴执行情况的自查自纠和督导检查，确保了项目的顺利实施。

【农机作业】　年初，市农机局组织各县市区开展了农机具检修、农机技术培训等春耕生产的准备工作，同时，积极指导农机大户与无机农户签订作业合同，发挥农机大户的辐射带动作用，提高农机具的使用效率，加快春耕生产进度。春耕春播期间，全市共投入各类农机具25万台套，完成机械化耕地面积310万亩，播种面积280万亩，浇灌面积320万亩。麦收期间，全市共出动联合收割机4000多台，其中：本地1750台，引进2300台；出动拖拉机4.85万台；联合收割机加挂小麦切抛机800余台，完成小麦秸秆切抛还田面积57.85万亩，机收率达到了99%。麦收期比往年缩短了3天。为组织好三夏生产，市农机局3月份发布了小麦机收信息，涉及各县区小麦收获的开始时间、小麦的种植面积、适宜机收的面积、小麦机收预期价格、拟引联合收割机数量、本地小麦联合收割机数量及计划外出跨区作业的小麦联合收割机数量等，为外地来唐开展跨区作业的机手提供真实、准确的信息服务。同时为唐山赴外地开展跨区作业的机手提供作业信息、机车保养等方面的服务，主动联系作业地块，免费发放跨区作业证，支持他们外出作业。三夏期间共有130多台联合收割机赴河南、山东及河北南部衡水、邯郸等地作业，完成作业面积7万亩，机手创收400多万元。三夏期间成立了以副市长王久宗为组长的小麦机收领导小组，明确了农业、公安、交通、环保、气象、石油等相关部门的职责，安排部署了包括秸秆还田在内的三夏重点工作，在全市范围内建立了协调联动、快速高效的机收指挥监控和信息服务体系。坚持24小时值班，及时掌握机收信息，及时指挥调度，随时为机手提供服务。麦收期间，除了指导县区认真做好外来机车的接机和调度、食宿安排、维修及配件供应等各项服务工作外，还与气象部门密切协作，将气象信息以手机短信的形式及时发布给各县区小麦机收领导小组成员和部分农机大户；与交通部门密切配合，认真贯彻落实省、市有关联合收割机的免费政策，努力为联合收割机手打造交通绿色通道；与公安部门密切配合，积极化解在机收作业中出现的抢截机车、不缴纳作业费等扰乱作业秩序的行为；与石油部门配合，确保三夏作业农机具燃油供应。

四方通衢

唐山的铁路、公路东联西接，南通北达，密如织网。2009年，在京哈、京秦、大秦、迁曹四条铁路大动脉继续快速运转的基础上，境内津秦客运专线全面开工；第七条高速公路——承唐高速工程进入冲刺阶段，全市高速公路通车总里程达464公里，全国领先，每百平方公里平均密度3.45公里，达到发达国家水平，并在全省率先实现村村通油路和班车；水运通达世界，港口吞吐能力达到1.75亿吨，位列全国12位；伴随三女河机场的快速建设，唐山即将形成陆海空立体交通网络体系。

2月25日，电气机车牵引着51节车厢，满载4000吨煤炭缓缓驶进曹妃甸煤炭码头翻车机房，迁曹铁路煤运专线首次重载试车圆满成功，这条全长18.3公里，设计时速120公里，一次通过能力达万吨的煤运专线正式开通运营（李响 摄）

继唐山站2008年12月31日开行动车组列车后，7月1日，“和谐”号动车组客运列车首次从唐山北站开出，唐山北部的居民也有幸坐上唐山人自己制造的动车组客运列车（郑勇 摄）

5月20日，津秦铁路客运专线工程首孔900吨箱梁架设成功。津秦铁路客运专线全长261公里，设计时速350公里（张北男 摄）

建设中的承唐高速公路牛狼峪隧道是全省最宽的公路隧道▼

东连西接、南通北达的高速公路网

公路通车里程全省第一

（公路照片均为阎军 摄）

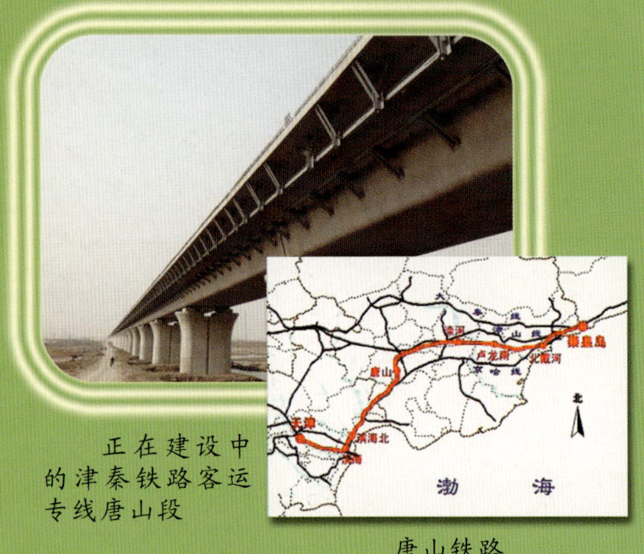

正在建设中的津秦铁路客运专线唐山段

唐山铁路

唐山三女河军民合用机场建成后，可起降B737、A320等系列的干线飞机，唐山的交通将实现海陆空立体交叉型。图为已初显雄姿的机场航站楼　（董钧　摄）

8月13日，唐山港京唐港区迎接开港以来最大的集装箱货轮，中远集团“远河”号巨轮顺利停靠11号泊位。该轮船长275米，总高度61米，最大吃水905米　（李杰　摄）

1月份，唐山港曹妃甸港区建港以来接靠的最大吨位船舶28万吨级的韩国籍“商人”号巨轮成功停靠在矿石码头　（宝东　王冰　李响　摄）

4月8日，曹妃甸港区煤炭码头首次迎来7万吨级巨轮。“粤电1号”货轮将在这里装载6.5万吨煤炭后运往粤电集团　（吕光宇　摄）

综　述

2009年，全市工业经济在应对金融危机挑战中，呈现企稳向好态势，产业结构加速向钢铁、装备、化工和新能源、生物医药、节能环保两个“三足鼎立”的格局转变。主要特点是：

工业生产回升向好。工业经济经过低位盘整、二季度企稳回升、三季度进一步回升后，四季度呈回升向好的发展态势。全年规模以上工业完成增加值1610亿元，同比增长13%，对全市GDP增长贡献率50.6%。实现利税524.3亿元，同比下降8.6%。实现利润332.8亿元，同比下降2.7%。工业经济总量全省领先，在全国中心城市中位居第12位。

支柱产业支撑作用明显。钢铁、装备制造、化工、建材、能源五大支柱产业累计完成增加值1252.1亿元，同比增长14.1%，高于全市平均水平0.5个百分点，占全市总量的77.8%。其中：钢铁行业完成787.6亿元，同比增长14.2%，占全市总量的48.9%。装备制造业完成79.7亿元，同比增长20.2%，占全市总量的4.9%。化工行业完成105.1亿元，同比增长13.5%，占全市总量的6.5%。建材行业完成77.4亿元，同比增长5.8%，占全市总量的4.8%。能源行业完成202.2亿元，同比增长0.8%，占全市总量的12.6%。

县域工业生产增长较快。全市19个县（市）区规模以上工业合计完成增加值1368.6亿元，占全市总量的85%。增速高于全市平均水平的有13个。分别是：迁安市26.2%，乐亭县25.1%，古冶区22.7%，丰南区22.3%，滦县22.1%，开平区21.9%，芦台区21.2%，迁西县20.5%，玉田县18.6%，遵化市16.8%，丰润区16.7%，汉沽区15.6%，海港区14.1%。

主要产品产量稳定增长。全市重点监测的44种工业主导产品产量同比增长的有27种。其中：天然气47171万立方米，同比增长47.2%；生铁6034万吨，同比增长15.2%；粗钢6547万吨，同比增长14.5%；钢材7064万吨，同比增长25.9%；水泥3282万吨，同比增长23.8%；焦炭1841万吨，同比增长34.7%；输送机械10499吨，同比增长17.2%；采矿设备179221吨，同比增长54.2%；铁路客车1161辆，同比增长118.2%。部分产品产量下降，其中，纯碱同比下降12.4%；日用陶瓷同比下降16.6%。

经济效益持续回升。全市规模以上工业企业实现产销率97.02%，同比增长0.76个百分点。实现利税524.3亿元，同比下降8.6%，降幅比1—11月份减缓6.4个百分点。实现利润332.8亿元，同比下降2.7%，降幅比1—11月份减缓11.1个百分点。其中，重工业实现利税503.2亿元、利润319亿元，同比分别下降9.5%和4.1%，降幅分别比1—11月份减缓6.2个和10.5个百分点；轻工业实现利税21.1亿元、利润13.8亿元，同比分别增长18.5%和49%，增速分别比1—11月份提高12.3个和35.2个百分点。

产业结构调整取得新进展。深入实施“三百计划”（即培育开发100种优质、高附加值、有市场需求的产品；用100项高新技术和先进适用技术改造提升传统产业；培育引进100位产业结构调整领军人才），大力推进传统产业调整振兴和资源型城市转型，精品钢铁、装备制造、化工和新能源、环保、生物医药两个“三足鼎立”的产业发展新格局加速形成。钢铁产业转型升级成效显著，以“联合入股、搬迁改造、扶优汰劣、减企压产、节能减排、优化结构”为内容的渤海钢铁集团整合重组模式得到国家工信部的认可。全行业技术改造和产品结构调整的投资达到375.6亿元，同比增长15.3%。TRT和煤气发电能力达到30亿千瓦时/年。冷轧薄板、H型钢等精品钢材比重占到全市的55.1%，板带比达到66.2%。装备制造业发展提速，时速350公里高速动车组、中低速磁悬浮列车、矿用抢险机器人等新产品产业化步伐加快，高速列车制造、海洋工程装备、工程机械三大产业链逐步形成竞争优势。装备制造业成为五大支柱产业中增速最高的行业。现代化工产业链基本形成，以京唐港煤化工、南堡盐化工园区为重点，大力推进煤焦油、粗苯、焦炉煤气、氯气的综合利用，30万吨煤焦油、10万吨/年粗苯加氢、18万吨有机硅等一批延伸产业链条的重点项目相继投产达产，产业链经济分别达到两区经济总量的39%和57.9%。水泥行业实现转型发展，淘汰水泥机立窑产能630万吨，“丰董沿线”

小水泥治理整顿取得明显成效，水泥机立窑产能占全市的比重由结构调整初的60%左右下降到30%。大力发展新型干法水泥，11条日产4000吨及以上新型干法水泥熟料项目先后在资源富集地投产达产，水泥十强企业生产集中度达到60%，新型干法水泥比重达70%。

技术创新迈出新步伐。重点企业投入技术创新资金72亿元，同比增长13%，实现技术创新销售收入350亿元，同比增长19%。重点谋划推进112项用高新技术和先进适用技术改造提升传统产业的项目，完成高技术产业增加值80亿元，同比增长20%。积极引导高新技术向产业化发展，全市高新技术企业达到300多家，片式石英晶体器件、超声仪表和弯管流量计、焊接机器人系统、抢险机器人、铅酸蓄电池技术达到国内或国际先进水平，部分产品和技术填补了国内空白。

产业集群实现快速发展。全市产业集群达到33个，实现营业收入730亿元，同比增长17%。开平现代装备制造产业集群投资9800万美元的住友建机挖掘机制造项目、投资6365万美元的住友重机械工业减速机制造项目建设投产，年可实现销售收入21.7亿元，实现利税2.43亿元。产业集群中涌现出惠达、隆达、贺祥、迁西板栗等国家级名牌，建成市场占有率高、影响力较大、对同行业起主导作用的陶瓷、新材料、印刷机械、矿山机械、自行车等产业基地，部分产业集群成为区域经济的重要支柱。

节能降耗扎实推进。全年淘汰25座炼铁高炉、13座炼钢转炉，涉及落后产能铁549万吨、钢360万吨。淘汰41台套造纸机，涉及落后产能29.8万吨。淘汰14套小火电机组，涉及落后产能62.4万千瓦。对限制类、淘汰类装备执行差别电量8.8亿千瓦时，收取差别电费1.4亿元，争取国家淘汰落后奖励资金23448万元，支持企业转产转业和职工安置。在高耗能、高污染行业大力推广50项高效节能技术。全年谋划实施节能项目157项，总投资37.2亿元，年可节约120万吨标准煤。全市资源综合利用企业达到60家，尾矿库干堆技术推广到25家，全市工业废弃物综合处置和利用率达到95%，资源综合利用企业免税额年达到2亿元以上。106家重点企业基本完成年度节能计划，全市万元工业增加值能耗同比下降8%左右。

信息化与工业化融合取得阶段性成效。唐山暨曹妃甸成功跻身全国八个"两化融合"试验区，国家重点示范项目建设取得积极进展。高速动车组供应链管理体系项目一期工程完工；唐山北方（国际）钢铁交易中心项目正式开业，与近400家客户签约，每天平均交易量达到5万吨左右；唐山市中小企业信息化公共服务平台投入试运行；唐山工业软件应用与产业化示范园区建设步伐加快。软件产品达到159个，完成省级园区的申报工作。开滦集团7个矿区纳入综合信息管理平台。信息技术改造提升传统产业取得新成效。全市工业企业技术开发领域信息技术应用普及率达到38%，生产过程控制领域普及率达到49%，管理领域普及率达到67.5%。信息产业实现跨越发展。总投资6.8亿元年产163套微波电磁炉污水处理项目开工建设，终端安全保密管理系统等一批投资近25亿元的后续项目正在积极推进。软件产业迅速发展，完成主营业务收入3亿多元，同比增长近30%。全市"河北省县域经济特色网站"达到7家，占全省的33.3%，城乡一体化服务管理信息系统投入使用。

经济运行调节成效显著。市工信局建立健全运行调度、要素调节和经济预警三大工作机制，有针对性地帮助企业解决实际难题。及时为254个保增长、调结构项目配置电力资源，帮助相关企业办理冶金矿山生产许可证169个、煤炭经营许可证29个。协调解决冀东集团5轴以上车辆高速限行和唐山港矿石压港问题，为骨干企业配置铁精粉1109万吨。积极搭建区域供需平台，帮助26家企业与项目单位签订产需协议，涉及资金23亿元。建立银企合作长效机制，积极向金融部门推介信用优良企业，先后帮助8家中小企业争得贷款1.4亿元，促进11户企业与银行达成7000万元需求。

（尹朝辉　郑美芳）

煤炭工业

开滦集团公司

【煤炭生产概况】　2009年，开滦集团公司原煤产量4045万吨，同比增长23%，精煤产量1028.4万吨，同比增长33%。回采单产10.31万吨，同比提高7400吨；原煤效率10.34吨/工，同比提高2.1吨/工。全年入洗外购煤178万吨，增加精煤产量71万吨；实现煤炭销量4725万吨，同比增加1508万吨，增长47%。

开滦集团的煤炭生产企业在唐山境内的有煤业公司所属七个矿业公司、能源化工股份公司所属两个矿业公司。2009年，这九个矿业公司原煤产量分别为：赵各庄140.16万吨、林西111.5万吨、唐山425.19万吨、荆各庄165万吨、林南仓135.18万吨、钱家营585.8万吨、东欢坨245万吨、范各庄470万吨、吕家坨301.2万吨。

【技术创新】　集团公司有28项科技成果获国家、省市及行业协会奖励。其中"矿山大功率高性能电力传动关键技术与应用"项目获得国家科技进步二等奖。"京山铁路煤柱注浆减沉综放安全高效开采技术研究与应用"和"开滦集团公司自动化建设总体规划及实施应用"两个项目同时获得煤炭工业科技一等奖。《复杂地质条件下软岩支护新技术》等13项新技术通过主管部门鉴定，其中有5项成果达到国际领先水平，有5项成果达到国际先进水平。"煤矿胶带运输机下山运输防滑装置"等9项技术向国家知识产权局申请专利，"矿用湿式除尘装置"等12项技术获得国家知识产权局授权，其中发明专利2项。固体充填综采技术项目研究和薄煤层开采取得新进展，综采设备装备水平实现跨越式升级。矿井综合自动化建设正在逐步推开。

【资源开发】　深化内部挖潜，积极开发老区"三下"（建筑物下、

铁路下、水体下）压煤、薄煤层和深部资源，加快宋家营区域勘探前期工作。同时，积极争取新疆伊犁梧桐沟、准东库兰喀孜干等外埠资源。库车阿艾煤矿收购完成。加拿大盖森煤田开发取得阶段性进展。另外，加快地方煤矿整合重组，与69户签订整合协议。开滦累计控制煤炭资源量达114.64亿吨。

【项目建设】　年内，重点项目建设投资102.4亿元，同比增长54%。在煤矿项目建设上，东欢坨矿300万吨续建工程全面推进，主要通风机改造、变电站增容改造工程完成投入使用，副井小罐延深、-690泵房改造通过阶段性验收投入运转，-480头部皮带于12月16日通过验收投入运转，3088工作面年底前投产，矿井达到300万吨产能。林南仓矿120万吨达产项目进展顺利，延深工程积极组织，暗立井于12月14日通过验收投入运行，西四采区年底完成开拓工程。蔚州北阳庄矿井已经开工。内蒙红树梁项目核准工作取得突破性进展，串草圪旦矿技改全面开工。新疆奥塔乌克日什土方剥离进展顺利并已出煤。山西介休倡源煤矿技改基本完工。

【安全生产】　年内公司以实现“零伤亡”为目标，进一步夯实安全基础，完善机制建设，创新安全管理，努力创建本质安全型企业，保持相对稳定的安全生产形势。一是抓好重大事故防范和隐患治理投入。围绕一通三防、顶板、机电、运输、煤化工等重点专业，不间断地开展隐患排查和重大危险源的实时监控。1—11月份，投入安全资金45809万元，完成4476台套无煤安标志设备整改和4070台套国家二批淘汰设备的更换，累计分别完成计划整改和更换总量的94.3%和98.3%。二是健全安全管理机制。建立各级管理层安全管理行为和效果评价的量化考评机制，完善“四位一体”标准化管理机制，强化安全责任落实。三是强化高危行业和外埠安全管理。积极派驻专业管理人员，探索实践适合行业特点的科学先进的安全管理模式。四是创新安全工作的方式方法。发挥党政工团齐抓共管的监督保证作用，积极推行“解剖+示范”式安全检查。五是加强安全健康体系建设和公共卫生安全管理。逐步健全四级健康保障体系，实现了重点人员的健康状况跟踪监控；完善公共卫生安全预防和处置机制，加大公共安全硬件投入，最大限度地减少公共卫生安全事件的发生。

全年集团煤炭生产发生死亡事故9起，死亡10人，百万吨死亡率0.247，地面死亡1人。集团公司亿元产值死亡率0.018，百万工时死亡率0.064。开滦托管的唐山马家沟矿发生一起因煤与瓦斯涌出造成6人死亡的较大事故。

【经济效益】　年内，煤炭销量和收入均创历史新高。全年煤炭销量5376万吨（商品口径），同比增加2159万吨，商品口径煤炭销售收入完成297.4亿元，同比增加113.72亿元。集团口径煤炭综合售价553.14元/吨，同比降低17.78元/吨，其中：精煤售价998.81元/吨，同比降低277.27元/吨，原混售价329.1元/吨，同比增长30.8元/吨（含外购煤）。煤炭产品销售收入账面完成562144万元，比预算增收73732万元；综合成本账面完成257.19元/吨，剔除集团公司政策性增减因素后比预算降低21.22元/吨；企业利润账面完成64023万元，剔除集团公司政策性增减因素后比预算超利5908万元。

【对地方煤矿整合重组】　根据河北省政府《关于进一步加强煤矿安全生产工作的意见》（冀政〔2008〕75号）要求，开滦集团于2008年10月成立地方煤矿管理有限责任公司，负责管理整合后的地方煤炭企业。根据省安监局关于地方煤矿整合重组工作会议精神，开滦（集团）有限责任公司和唐山市人民政府编制《唐山市与国有大矿相邻地方煤矿整合重组试点工作实施方案》，由开滦集团与唐山市人民政府联合上报河北省人民政府。2009年7月初，河北省政府对开滦集团与唐山市联合上报的方案作了批复。随后，开滦地煤公司与集团公司相关部门和单位共同起草《整合重组及托管地方煤矿管理办法》、《托管煤矿人事管理办法》、《开滦集团地方煤矿托管费提取和使用暂行办法》、《临时托管协议书》、《托管协议书》、《委托代理物资供应协议书》、《煤炭委托代理销售协议书》、《救护服务协议书》等文件，为托管地方煤矿提供制度保证。为尽快启动唐山地区地方煤矿整合重组工作，开滦地煤公司与地方政府积极协商，在省政府批复的22家试点煤矿中确定十三家条件较为成熟的地方煤矿作为试点煤矿。12月5日，地煤公司组织赵各庄、林西、荆各庄、吕家坨四个矿业公司与十二家地方煤矿签订《临时托管协议》、《物资供应协议》、《矿山救护协议》、《煤炭销售协议》。这些煤矿是：马家沟矿、唐山鑫汇煤炭开采有限责任公司、唐山市古冶区李秀珍煤矿、唐山市古冶区利东煤矿、唐山市爱国煤矿、唐山市古冶区赵东煤矿、唐山市古冶区宏源煤矿、唐山市诚源煤炭有限公司古冶二矿、唐山市诚源煤炭有限公司顺利煤矿、唐山市诚源煤炭有限公司、唐山市永宏矿业有限公司、唐山市宏文煤炭有限公司。十二家煤矿中，只有马家沟矿在生产，其余十一个矿处在停产整改阶段。12月24日，开滦集团四个托管矿业公司向地方煤矿派入28名管理人员。至此，地方煤矿正式纳入开滦集团管理体系。派入人员进入地方煤矿后，与地方煤矿原负责人组成临时管理机构，开展地方煤矿地面设施恢复整改和地面设备设施检测检验工作，为制定煤矿恢复生产整改方案进行前期准备工作。

（李志龙　赵秀玲）

冶金工业

【钢铁工业概况】　2009年，全市有13家钢铁冶炼企业集团，56家生产企业。其中地方钢铁冶炼企业集团11家，生产企业50家。从业人员22.13万人，拥有资产2634亿元。年内全市规模以上钢铁工业累计完成工业增加值787.6亿元，同比增长14.2%，占全市规模以上工业的48.9%，占全市地区生产总值的20.8%。年内产铁6033.79万吨、钢6547.39万吨、钢材7064.42万吨，同比分别增长15.2%、14.5%、25.9%。实现利税204.3亿元、利润125.7亿元，同比分别下降19.8%、12.2%。全市前5强钢铁冶炼企业（首钢驻唐企业、唐钢、渤海、长城、津西）钢铁产能占到全市的66%，比2008年提高7.2个百分点。其中2008年底组建的渤海、长城两大钢铁集团产能占全市地方钢铁产能的51.7%。2009年全年累计淘汰落后设备高炉17座、转炉13座，淘汰炼铁产能371万吨、炼钢产能360万吨。年内，钢铁市场运行平稳，部分产品价格有所增长。年底，普碳钢坯平均含税售价为3440元/吨，比年初增加200元/吨；热轧窄带钢平均含税售价3640元/吨，与年初基本持平；高速线材3800元/吨，比年初增加200元/吨；热卷3850元/吨，比年初增加250元/吨。铁精粉价格940元/吨，比年初增加60元/吨；焦炭价格1850元/吨，与年初持平。

【整合重组加快推进】 按照“统筹规划、集约经营、要素重组、产权联结、政府引导、市场运作”的原则，加快推进钢铁企业整合与集约化经营。组建河北津西钢铁集团。津西集团整合控股丰润鑫益钢铁公司成立正达钢铁有限公司。唐山建龙整合唐山宝泰钢铁集团公司成立新宝泰钢铁公司。唐山渤海和长城两大民营集团深度整合，制定《唐山渤海钢铁集团转型调整升级发展规划》和《唐山长城钢铁集团转型调整升级发展规划》。《唐山渤海钢铁集团联合重组方案》获得国家工信部支持。

【努力开发新品种】 适应高端市场需求，增加市场短缺的高技术含量、高附加值产品。大力发展超薄热轧板带、热轧合金板带等特色板带材，开发生产冷轧硅钢片、轴承钢、齿轮钢、链条钢、高速铁路用钢、汽车用钢、造船用钢等专用钢和特殊钢。钢材品种由以窄带钢、中宽带钢和普通棒线材、普通型钢为主，发展成为以精品板带材、优质棒线材、品种钢和大中小规格配套的H型钢为主。初步形成以首钢京唐钢铁公司生产汽车板、管线钢；以唐钢和中冶恒通为龙头，生产冷轧板、镀锌板、彩涂板；以津西为龙头，生产系列H型钢；以建龙为龙头，生产耐候钢、深冲钢、齿轮钢、轴承钢等特钢产品；以九江钢铁为龙头，生产高速线材的产品格局。截至年底，热轧卷板、冷轧薄板、中宽带钢、H型钢等精品钢材比重已全市钢材产量的55.1%，板带比达到66.2%，分别比2008年提高3.6、0.8个百分点。

【技术进步明显】 钢铁企业连铸比连续多年保持100%。2009年，全市钢铁企业普遍采用蓄热式加热炉、高炉富氧喷煤、干熄焦、TRT发电、煤气发电、热装热送等重点节能新技术，积极淘汰落后设备和产能。全市钢铁企业TRT发电和高炉煤气发电装机容量达到516兆瓦，年内发电33.4亿千瓦时，节约能源116.9万吨标准煤。钢铁企业吨钢综合能耗610千克标煤/吨；吨钢耗新水4.6立方米/吨，同比下降8%。

【冶金矿山资源储量增加】 2009年，全市铁矿资源储量53.5亿吨，主要分布在北部三个县（市）（迁安、迁西、遵化）和滦县至滦南一带。滦南、滦县、迁西、遵化、迁安保有储量分别为10.6亿吨、29.8亿吨、1.5亿吨、4.0亿吨、7.6亿吨。截至年底，唐山市拥有各类冶金矿山企业约1700家，其中90%为群采矿山，群采矿山的产量占全市铁矿石总产量的40%以上。黑色金属矿采选业全年实现增加值247.9亿元，占全市规模以上工业增加值15.4%。销售收入503.7亿元，利税143.2亿元，利润109.8亿元。

（周永辉）

唐山钢铁集团有限责任公司

【生产经营概况】 河北钢铁集团唐山钢铁集团有限责任公司（简称河北钢铁集团唐钢公司）是河北钢铁集团的骨干企业。在册职工35398人。钢铁主业具有1600万吨/年的配套生产能力，钢铁产品以板、棒、线、型四大类为主，共140多个品种、400多种规格，主要生产热轧板、冷轧板、镀锌板、彩涂板、中厚板、棒材、线材、型材等钢材。2009年，唐钢产铁1605万吨、产钢1556万吨、产钢材1328万吨。实现主营业务收入490亿元；实现利税32亿元，其中利润12亿元。

【对标挖潜】 2009年，在优化指标和费用控制方面取得显著成绩。焦炭热强度达到68%以上，炼铁高炉利用系数长期稳定在2.5以上，综合焦比稳定在497公斤以下，喷煤比达到163公斤以上，吨钢转炉钢铁料、石灰消耗平均达到1069公斤和60公斤。有21项指标达到行业平均水平以上，其中有5项名列行业第一。辅料备件维修费用、进口矿国内费用、物流费用等实现降幅30%以上。全年实现挖潜增效总额30.27亿元，超年度计划47.65%。

【质量品种】 全年产品质量合格率99.95%。通过提高产品质量提高售价，增加效益1.4亿元。成功开发焊瓶钢等11个新品种，并在电工钢等品种研发方面取得重大进展。热板减薄取得历史性突破，热轧普板3.0毫米以下规格比例在70%以上，最薄规格达1.2毫米，具备1.8毫米规格稳定生产能力。冷轧产品——耐指纹镀铝锌板、小锌花镀锌产品和氧化退火产品成功打入欧美市场，得到用户好评，在创造效益的同时，提高国际知名度，为唐钢产品进入国际市场奠定了基础。

【节能减排】 完成一钢轧厂转炉除尘系统深度改造、炼铁南区320平方米烧结机烟气脱硫改造等项目。投资3.2亿元建设华北地区最大的城市中水与工业废水处理工程，实现公司南区不再提取深井水，废水全部处理和达标排放，使水资源利用水平跨入国内领先行列。完成南区煤气系统增容、电机节电和照明系统节电改造，年节约标准煤4万多吨，节电增效2100多万元。建立能源成本管理体系，制定出抓好能源深度成本的具体措施。

（刘　杰　王宏剑）

金厂峪矿业有限责任公司

【主要经济技术指标完成情况】 2009年，金厂峪矿业公司按照中国黄金集团公司“四年翻两番”的战略目标和“超常规思维、跨越式发展”的理念，拼搏进取，争创佳绩，各项经济技术指标都超额完成年度计划。采矿量：计划13万吨，实际完成17.86万吨，完成年计划的137.4%。掘进量：计划14550米，实际完成15072米，完成年计划的103.6%。残矿回收：计划15.7万吨，实际完成17.72万吨，完成年计划的112.9%。处理矿量：计划31.7万吨，实际完成34.60万吨，完成年计划的109.1%。原矿品位：计划2.03克/吨，实际完成2.06克/吨，完成年计划的101.5%。选冶综合回收率：计划88%，实际完成87.29%，完成年计划的99.19%。黄金产量：计划620公斤，实际完成650.43公斤，完成年计划的104.9%。全年利润：计划350.28万元，实际完成789.70万元，完成年计划的225.4%。

【安全管理】 加大重大危险源管理力度，对尾矿坝、火工材料、化学剧毒药剂等逐项进行登记，建立健全原始记录。抓好安全工作的重点部位，如采场支护、爆破作业、提升系统、排水、竖井等环节的安全管理。将《安全确认制度》贯彻于始终，从细节开始，关注安全。《安全确认制度》的实施从源头强化现场安全管理，有效控制事故发生。广大员工立足本职岗位安全，积极参加现场危险因素识别，提高作业人员的危险预知能力，做到防患于未然。继续加强对施工队的安全管理，协助施工队进行安全生产管理体系建设，采取强有力措施，把施工队作为自己的队伍全方位管理，管到底、管到位。《外委施工队三级教育培训制度》的实施，增强施工队从业人员的安全生产责任感和自觉性，安全意识和自我防范能力得到提高。2009年，公司没有发生重伤以上人身事故，实现“五个零”的安全目标。2009年7月，通过集团公司安全生产工作达标及安全管理过程考核，被集团公司评为安全达标合格企业。

【生产管理】 公司针对采掘失衡，采矿和供矿不足，生产指标分解困难等问题，实行强化计划管理，加大考核力度，做到年计划按月排，月计划按天排，突出重点，确保生产指标的全面分解和完成。在采矿作业上制定以加强深部采矿量为重点，以残矿回收为次重点，以V带为补充的生产计划，实现生产的可持续性。在供矿作业上制定以采区、回收一区为重点，回收二区为次重点，服务区为补充的生产计划，实现合理配矿，提高出矿品位，保障供矿量。2009年对坑口的生产经营责任制进行较大调整，把考核矿量改为考核金属量和考核损失贫化率。对管理人员和技术人员确定出矿品位指标，按完成情况重奖重罚。通过加强管理，公司自产和残矿回收矿石的品位有较明显的提升，和上年相比提高0.2克/吨。为保证2009年生产任务的完成，公司全年开展两次为期5个月的劳动竞赛。生产单位明确竞赛任务指标，地面辅助单位和机关部室人员在做好本职工作的同时，昼夜到原矿运输线轮流护矿。五、六月份开展的全员劳动竞赛，实现上半年时间过半，完成产量、利润双过半的奋斗目标。四季度劳动竞赛实现自产黄金155公斤，保证全年生产任务的完成。

【探矿工作】 2009年分别在063米、023米、-17米、-257米、-417米五个中段安排探矿工程。在-17中段20线以北探得一条近5米宽、品位3—5克/吨的矿体。在023中段14线探得8米宽、40米长的矿体。在22线发现一条2米宽的矿体，同时在-257及-417中段也发现新的矿体，品位3—8克/吨。2009年1—12月份累计完成坑探工程4682.3米，坑内钻探工程4467.4米，全年实现地探增储2000公斤。公司现保有地质储量11吨以上，服务年限17年。

（张雪斌）

水泥工业

【概况】 2009年，唐山有水泥企业160家，同比减少6家。其中全工艺企业32家，粉磨站128家，从业人数近3万人。年内，水泥行业在需求下滑和煤价上涨、水泥生产成本不断上涨的情况下，产量仍保持较高的增长。全市规模以上水泥企业完成水泥产量3282万吨，同比增加15.4%；熟料产量1594万吨，其中新型干法熟料产量1158万吨，占熟料比重72.6%。实现工业增加值39.70亿元，同比下降6.2%；销售收入1030.58亿元，同比增长8.63%；利税133.90亿元，同比增长2.88%；实现利润75.21亿元，同比增长7.05%。

存在问题：（一）大型优势企业少。全市仅冀东水泥集团1家大型优势企业。其余均为地方企业，企业数量多，规模小、分布广。（二）产品结构不合理。高等级水泥和特种水泥比例低。以325和425等级通用水泥为主，425等级及以上水泥仅占35%左右，特种水泥比例仅占1%左右。（三）水泥深加工项目少。新型墙体材料、特种胶凝材料、商品混凝土等水泥深加工项目均少。

【发展新型干法水泥】 2009年全市新上日产5000吨新型干法水泥项目9个，其中8个项目经省发改委核准。唐山燕南水泥有限公司日产5000吨项目得到省五小办批复。唐山飞龙水泥有限公司日产4000吨项目竣工试生产。唐山启新水泥有限公司、唐山燕东集团华城水泥有限公司等7家水泥企业日产4000吨项目在建，预计2010年竣工试生产。项目全部建成投产后，全市新型干法水泥产能将达到2550万吨，新型干法水泥熟料比例达到80%以上。2009年全市新上年产100万吨以上水泥粉磨站18个，新增水泥粉磨能力2105万吨。

【淘汰落后产能】 2009年全市计划淘汰19家企业的28座机立窑，产能280万吨。实际淘汰33家企业47座水泥窑，淘汰落后产能475万

吨。丰润区政府于11月底前淘汰丰董线上的11座机立窑。古冶区政府于12月底前淘汰唐山燕南水泥有限公司等5家企业的5座机立窑，淘汰落后产能50万吨。唐山英诚水泥有限公司于10月拆除2.5×40米干法中空窑及其附属设备，淘汰落后产能15万吨，12月底前拆除3.0米机立窑2座，淘汰落后产能20万吨。从2007年到2009年，全市累计淘汰落后产能1381万吨，占全部落后产能的76%。按照国家发改委和财政部关于淘汰落后产能中央财政奖励资金的有关规定，2008年唐山市共有46家企业49座机立窑和干法中空窑列入国家淘汰落后财政奖励资金预算，奖励资金5391万元。这笔资金于2009年初全部拨付到各相关县（市）区财政和相关企业。2009年全市有38家水泥企业55座机立窑和干法中空窑列入中央财政奖励资金预算指标，涉及落后产能590万吨，预计奖励资金8850万元。

（雷晓辉）

石油化学工业

【概况】　全市规模以上化工企业128家。其中：石油加工及炼焦企业25家，化学原料及化学制品制造企业48家，化学纤维制造企业4家，橡胶制品企业20家，塑料制品企业31家。全行业从业人员4万人，资产总计321亿元。2009年，原油产量173.02万吨，同比下降13.6%；天然气产量4.7亿立方米，同比增长46.8%；焦炭产量1841.11万吨，同比增长34.7%；煤气生产量32.29亿立方米，同比增长0.8%；烧碱产量26.45万吨，同比增长12.5%；纯碱产量164.13万吨，同比下降12.4%；合成氨产量19.75万吨，同比下降25.1%；农用氮磷钾化学肥料产量18.47万吨，同比下降5.9%。2009年全市规模以上化工行业工业增加值100.47亿元，同比增长23.1%。其中石油加工及炼焦业62.8亿元，同比增长55.8%；化学原料及化学制品制造业18.4亿元，同比下降13.6%；化学纤维制造业6.8亿元，同比下降12.8%；橡胶制品业5.2亿元，同比下降3.7%；塑料制品业7.2亿元，同比增长7.4%。年内全行业主营业务收入294.8亿元，同比增长4.36%。其中石油加工及炼焦167.08亿元，同比增长19.8%；化学及化学制品制造业84.7亿元，同比下降14.6%；化学纤维制造业1.4亿元，同比下降38.5%；橡胶制品业14.54亿元，同比下降10.5%；塑料制品业27.09亿元，同比增长6.9%。年内全行业实现利税25.55亿元，同比增长的3.06%。其中石油加工及炼焦17.7亿元，同比增长20.9%；化学及化学制品制造业5.77亿元，同比下降32.6%；化学纤维制造业1039万元，同比下降23.4%；橡胶制品业6433万元，同比增长34.9%；塑料制品业1.32亿元，同比增长37.8%。年内全行业实现利润14.73亿元，同比增长20.2%。其中石油加工及炼焦业11.6亿元，同比增长32.3%；化学及化学制品制造业1.79亿元，同比下降34.8%；化学纤维制造业617万元，同比下降30.2%；橡胶制品业3277万元，同比增长45.7%；塑料制品业9522万元，同比增长123%。受原材料价格大幅上涨，特别是煤炭、石油价格的上涨，以及金融危机的多重影响，石油和化工部分行业经济效益呈严重下滑趋势。全市规模以上亏损企业30家，亏损面23.4%，亏损企业亏损额19434万元。

【化工园区建设】　南堡开发区因盐而建，因碱而兴。伴随着曹妃甸新区开发建设的不断深入，开发区抢抓历史机遇，围绕“做强海洋化工循环产业，打造经济强区，构建和谐南堡”的工作主题，开发建设步伐明显加快。南堡开发区清华绿色化工园项目占地500亩，总投资20亿元，一期工程11月份开工。石油焦及船舶燃料油项目总投资30亿元，一期工程12月份开工建设。年产8万吨差别化粘胶短纤维项目，总投资9.8亿元，12月份正式动工。海港开发区煤化工产业基地自2003年建设，先后有10家煤化工企业入驻，形成以焦炭生产为基础，下游产品为主导的煤化工产业链，总投资达152.35亿元，完成投资63.61亿元，成为国内最大的具有完整煤焦一体化产业链条的煤化工基地。2009年8月8日，开滦集团与北燃事业签署合作框架协议，开滦中润与北燃的佳华公司整合打造全国最大的独立煤化工企业。整合重组后，开滦在京唐港的煤化工园区面积达500多公顷，有6米以上大型焦炉10座，并配备先进的干熄焦设置。焦炭设计生产规模为610万吨/年，园区化工产品加工规模可发展为甲醇80万吨/年、焦油加工100万吨/年、苯加氢20万吨/年、己二酸15万吨/年、聚甲醛6万吨/年。与同类煤化工园区相比，开滦京唐港煤化工园区将成为独立焦化企业中国内规模最大、技术最先进、综合功能最全、产业链延伸最完全的，具有循环经济示范意义的绿色煤化工园区。曹妃甸工业区依托进口原油码头、LNG码头和冀东油田、开滦煤矿、南堡盐场等丰富的石油、煤炭、原盐等资源，加快建设1000万吨炼油和100万吨乙烯大型炼化一体及焦油加工、煤制油、烯烃、烧碱、聚氯乙烯等工程项目，逐步形成石油化工、煤化工、盐化工成组布局、协调发展的大型化工基地。

【固定资产投资】　石化行业2009年新增固定资产21.93亿元，比上年增长15.1%。其中石油加工、炼焦及核燃料加工业新增固定资产18.15亿元，比上年增长164.6%；化学原料及化学制品制造业新增固定资产3.28亿，比上年减少72.4%；橡胶制品业新增固定资产1408万元，比上年增长71.5%；塑料制品业新增固定资产3506万元，比上年同期增长64.5%。三友集团18万吨/年有机硅一期6万吨/年项目于2009年8月20日正式投产，产品填补了省内空白。

【部分企业工艺和技术装备落后】　唐山市焦化企业中大多数是独立焦化厂，且“只焦不化”，很少回收化产，初级产品多，深加工能力小。独立焦化企业中，除中润煤化工、佳华煤化工等少数规模较大的企业对部分炼焦副产品进行深加工外，其余企业基本上均为初级产品，高技术含量和高附加值的焦化深加工产品少，资源优势未能转化为经济优势。尤其是那些没有和钢铁企业形成联合体的独立焦炭企业，相当一部分焦炉煤气都白白排空了，不仅浪费资源、能源，还造成污染。按照2008年新的焦化准入条件，2011年起不再受理炭化室高度小于5.5米、生产能力小于100万吨的建设项目。全市在建和投产的炭化室中只有三分之一为5.5米以上，而三分之一的3.2米及以下的炭化室需要进行技术改造。3.2米及以下的炭化室主要分布在古冶区和丰南区。这些小焦炉的存在，不仅和大企业争夺资源和市场空间，还对环境承载力构成威胁。国家重点鼓励的干熄焦技术只有唐钢炼焦制气厂、中润煤化工、首钢京唐公司内部焦化企业、迁安中化煤化工等几家采用，其余全为湿焦技术，产品耗能高，企业技术指标落后。面对煤电油运的涨价，尤其是作为化工企业主要生产原料的煤炭价格持续上涨使企业生产成本升高，利润空间进一步缩小，企业为了降低生产成本而被迫少用或关闭环保设备。尤其是中小焦化厂，脱硫、水净化等环保设施时常闲置，造成环境污染。高端产品发展严重滞后，精细化工和三大合成材料（合成树脂、合成橡胶、合成纤维）等市场未饱和产品发展严重不足。精细化工是当今化学工业中最具活力的新兴领域之一，大力发展精细化工已成为世界各国调整化学工业结构、扩大经济效益的战略重点。唐山市规模以上精细化工企业中仅有油漆、涂料、颜料、化学助剂、石油助剂、清洁剂等几个传统门类，远远落后于全国平均水平，而且差距呈现扩大趋势。

（孙立杰）

冀东油田石油生产

【油气勘探】　1. 勘探工作量。①物探工程。2009年在南堡滩海完成VSP地震测井4口，完成南堡2—82井三维VSP井地联合采集11928炮。②探井钻探工程。2009年冀东油田继续按照南堡滩海、南堡陆地2个勘探项目开展工作。按照股份公司下达计划，总体部署预探、评价井18口，进尺7.33万米，风险探井计划1口，进尺0.5396万米。2009年南堡滩海项目完成探井11口，探井进尺4.1120万米。南堡陆地项目完成评价井4口，完成进尺1.5323万米。③探井试油工程。2009年南堡滩海完成各类探井试油9口16层，获工业油气流4口。南堡陆地完成评价井试油4口6层，获工业油气流3口。2. 主要勘探成果。①南堡油田潜山勘探取得重要进展。南堡1号潜山突破出油关，南堡2号潜山进一步扩大含油气范围，展示南堡油田潜山良好勘探潜力。通过区域地层对比和南堡油田潜山地层组段划分，初步确定地层以奥陶系为主，同时存在寒武系。②南堡油田中浅层勘探取得新进展。年内利用南堡油田中浅层高分辨率攻关处理资料，在精细地层对比的基础上，以主力油层段为单元开展构造精细解释、储层预测和油藏特征研究，进一步落实构造特征，明确油气分布规律，为勘探部署奠定了研究基础。③南堡5号深层火山岩气藏地质综合评价获得新认识。年内针对南堡5号深层火山岩气藏主要开展了二项重点工作，确定两批6口井8层试气方案，取得显著效果。④南堡陆地精细勘探取得新成果。通过对已知油藏的深入解剖，建立断块潜山的成藏模式，井震结合重新落实了侏罗系、奥陶系与寒武系俯君山组油层顶面形态，发现和落实新的潜山圈闭，代表层西南庄潜山带奥陶系圈闭总面积63.3平方千米，寒武系府君山组圈闭总面积82.2平方千米。同时，积极开展潜山储层预测地震攻关，为进一步的勘探工作奠定基础。

【油田开发】　1. 油田开发现状。截至2009年底，油田累计探明石油地质储量68437.94万吨。动用石油地质储量21005.52万吨，动用石油可采储量4782.59万吨，标定采收率22.8%，累计采出原油1825.04万吨，剩余可采储量2957.55万吨。2009年底采油井总数1466口，开井数1015口，日产油水平4062吨，综合含水90.2%，地质储量采油速度0.96%，地质储量采出程度10.10%，年产油量173.0万吨。注水井总数380口，开井数241口，日注水平15265立方米，年注水量522.8万立方米，累计注水量3372.8万立方米，累计注采比0.26。2. 主要开发生产指标完成情况。①原油生产。年内油田计划生产原油173万吨，实际生产173.02万吨。原油销售量172.5万吨，原油商品率99.9%。②油田注水。2009年油田计划注水520万立方米，实际注水522.8万立方米。③天然气生产。年内冀东油区计划生产天然气28000万立方米，实际完成45757万立方米。其中南堡陆地计划生产天然气6000万立方米，实际完成8325万立方米。④综合含水。2009年油田年均含水90.6%，年均含水上升率1.0%。⑤油田产量递减。年内油田自然递减率34.1%，综合递减率26.4%。其中，南堡陆地自然递减率29.6%，综合递减率23.5%；南堡油田自然递减率41.2%，综合递减率31.0%。

【钻井工程】　1. 钻井生产任务完成情况。2009年平均动用钻井队18.71个，年累计开钻142口（探井10口），完井130口（探井8口），进尺439006米（探井33542米）。水平井（包括提前实施井）开钻4口，完井2口，进尺8857米。完成欠平衡井4口，欠平衡段进尺2362米。2. 钻井速度。年内平均井深3197.01米，钻机台月188.45（探井26.06），机械钻速12.01米/小时（探井7.03米/小时），钻机月速2330米/台月（探井1287米/台月）。平均建井周期55.38天，平均钻井周期38.58天。通过加大成熟技术的应用、强化现场管理，钻井速度明显提高，平均机械钻速12.01米/小时，同比增长29.28%；钻机月速为2330米/台月，同比提高21.23%；平均队年进尺2.35万米，同比增长16.01%。3. 生产时效。年内钻井生产时效92.76%，其中纯钻进时效31.92%，非生产时效7.24%。4. 工程质量。年内完井130口，油层固井129井次，固井质量合格率97.67%，固井优质率47.29%；井身质量与钻井液质量合格率100%。

（高福仲　袁　敏）

装备制造业

【概况】　2009年，全市装备制造业入统企业427家，从业人员8.4万人，资产总值411.1亿元，全行业实现销售收入451.1亿元，实现工业总产值468.6亿元，完成工业增加值115.2亿元，实现利税34.5亿元，实现利润24.1亿元。新增固定资产184亿元，资产总值达到411.1亿元。主导产品产量：铁路客车1161辆，较上年增长118%；改装汽车6691辆，较上年增长39.4%；采矿设备（矿山设备）179221吨，较上年增长103.1%；水泥专用设备68805吨；输送机械10499吨；包装专用设备1061台；电焊机75415台；金属冶炼设备40213吨；气体压缩机44834台；仪器仪表17.8万台。金属制品业、通用设备制造业、专用设备制造业、交通运输设备制造业、电气机械及器材制造业、通信设备及其它电子设备制造业、仪器仪表及文化办公用品机械制造业等7个分行业保持了较快的发展态势。

【优势产品发展迅猛】　全市装备制造业形成铁路客车、冶金机械、选煤机械、石油机械、水泥机械、汽车及其零部件、印刷机械等优势产品为主体的产业格局，产品涉及工业与工程装备、选煤机械、冶金机械、汽车及零部件和印刷、环保机械等37类、上千种产品，主导产品市场前景广阔，成长性好，发展空间大。2009年，优势产品铁路客车、采矿设备、改装汽车、包装专用设备、水泥专用设备、仪器仪表等产品产量保持稳定的增长；其中铁路客车、改装汽车产量较上年分别增加629辆、1891辆，增长率均超过100%。

【龙头企业主导地位增强】　全市装备制造业拥有唐山轨道客车有限公司、唐山轨道装备有限公司、唐山冶金矿山机械厂、唐山齿轮集团有限公司、唐山森普矿山装备有限公司、唐山盾石机械制造有限责任公司等一批龙头骨干企业，对行业的发展起着举足轻重的支撑与导向作用。2009年全行业销售收入排行前15位的唐山轨道客车有限责任公司、丰南区新利达钢管有限公司、唐山友发钢管制造有限公司、唐山市丰南增洲钢管有限公司、唐山宝源达薄板有限公司、河北中钢钢铁有限公司、唐山爱信齿轮有限公司、唐山冶金矿山机械厂、唐山齿轮集团有限公司、唐山松下产业机器有限公司、唐山轨道交通装备有限责任公司、唐山建支玛钢有限公司、唐山盾石机械制造有限责任公司、河北华通线缆制造有限公司（路南）、唐山亚特专用汽车有限公司共实现销售收入204.6亿元，约占全行业的2/5。年实现利润超过2500万元的唐山松下产业机器有限公司、唐山建支玛钢有限公司、河北金马矿山机械集团公司、唐山开诚电控设备集团有限公司、唐山爱信齿轮有限公司、遵化市金泰矿山机械厂、唐山信德锅炉集团有限公司、唐山盾石机械制造有限责任公司、唐山开元自动焊接设备装备有限公司、唐山晶源裕丰电子股份有限公司等21家企业实现利润12.7亿元，占全行业总利润的52.7%。

【名牌创建又有新进步】　2009年，唐山贺祥集团的“贺祥”牌陶瓷机械、唐山大通车料有限公司的“大通”牌散热器2项产品的品牌分别获得司法和行政中国驰名商标称号。有5家企业的5项产品获得“河北省中小企业名牌”、5项产品获得“质量信得过产品”称号。

（王瑞凤）

医药工业

【概况】　截至2009年底，唐山市有规模以上医药制造企业13家，资产总计17.86亿元。医药产品中，化学制药（包括生物制剂）占主导地位，可生产片剂、胶囊剂、颗粒剂、栓剂、口服液、合剂、凝胶剂、糖浆剂等15个剂型，总计1000多个品种。2009年，唐山市医药产业重点发展化学制药、生物制药，加速中药现代化，开发科技含量高、市场潜力大，具有自主知识产权的产品，努力提高企业的发展实力和产业的整体竞争力。2009年度全市医药行业实现工业增加值4.94亿元，同比下降6.96%；主营业务收入9.14亿元，同比增长7.35%；利润总额1.29亿元，同比增长5.82%；利税总额2.21亿元，同比增长2%。受国家宏观政策和市场变化影响，全市医药制造业产量急剧下降，化学药品原药制造产量356吨，减产91.1%；中成药产量366吨，增加6.9%。亏损企业由上年的6家上升到9家，亏损总额2071.2万元。新增固定资产3165.4万元，比上年同期下降70.6%。

【项目建设】　太阳石福莱（唐山）药业有限公司项目2009年3月开工。总投资1.5亿元，总建筑面积59438.02平方米，主要建设颗粒剂、散剂、丸剂三条生产线及相关辅助设施，建设周期为12个月，达产后年可实现销售收入3.5亿元。唐山橙果生物制药有限公司复合凝乳酶胶囊产业化工程。总投资4000万元，占地50亩，建筑面积18000平方米，购进设备84台套，年生产复合凝乳酶胶囊10亿粒，建设周期24个月，预计2010年1月立项。唐山中汇医药化工有限公司头孢菌素中间体GCLE及其衍生物项目。总投资3.53亿元，占地230亩，建筑面积54711平方米。建设年产头孢菌素中间体GCLE1000吨的生产线1条、年产GCLE衍生物7—AVCA200吨的生产线1条和贮罐区、溶剂回收车间、原材料库以及环保处理设施等公用工程。项目征地和土方回填平整工作已经完成。河北圣雪大成唐山制药有限责任公司扩产700t/a硫酸黏菌素项目扩建项目。总投资7394.17万元，占地6230平方米，新增年产700吨硫酸黏菌素生产规模，建设期1年。唐山心合制药有限公司年产1000万盒系列中成药项目。计划总投资1.8亿元，完成1.2亿元。项目一期工程已验收进入试生产阶段，二期工程2009年下半年开工。

（孙立杰）

电力工业

【概况】 2009年底，唐山地区并网运行的电厂达到50座，装机容量7024.65兆瓦，其中火电装机6499.90兆瓦，水电装机475.25兆瓦。唐山电网有110千伏及以上变电站204座，其中北京超高压公司500千伏变电站4座，唐山供电公司所属变电站100座，客户变电站100座。电网变电总容量1888.2万千伏安（注：此为唐山供电公司公用电网变电容量），输电线路336条段4917.651公里。年内，全市发电量324.49亿千瓦时，比2008年增长11.83%；供热量4201.80万吉焦，比2008年增长14.25%；供电量562.62亿千瓦时，比2008年增长15.88%；售电量537.87亿千瓦时，同比增长15.94%。全市电厂发电煤耗330.54克/千瓦时，同比减少8.82克/千瓦时。全市供电标准煤耗354.17克/千瓦时，同比降低10.58克/千瓦时。厂用电率6.63%。全市线损率4.40%，同比下降0.05个百分点。年内，电力负荷再创历史新高。地区整点最大负荷达到814.6万千瓦，同比增长17.03%。其中网供负荷742.6万千瓦。瞬时地区最大负荷达到830.0万千瓦。全社会用电量624.52亿千瓦时，同比增长15.97%。按产业类别分，第一产业用电6.89亿千瓦时，用比增长9.50%；第二产业用电565.09亿千瓦时，同比增长16.61%；第三产业用电26.68亿千瓦时，同比增长12.52%。按行业类别分，农、林、牧、渔、水利业用电6.89亿千瓦时，同比增长9.50%；工业用电561.89亿千瓦时，同比增长16.65%，占全社会用电量的89.97%。其中：轻工业用电16.30亿千瓦时，同比降低1.73%，重工业用电545.59亿千瓦时，同比增长17.30%；建筑业用电3.20亿千瓦时，同比增长10.33%；交通运输、仓储、邮政业用电9.40亿千瓦时，同比增长6.05%；信息传输、计算机服务和软件业用电1.15亿千瓦时，同比增长32.13%；商业、住宿和餐饮业用电7.00亿千瓦时，同比增长11.39%；金融、房地产、商务及居民服务用电3.34万千瓦时，同比增长22.52%；公共事业及管理组织用电5.79亿千瓦时，同比增长16.53%；城乡居民生活用电25.86亿千瓦时，同比增长8.21%。其中：乡村居民生活用电15.68亿千瓦时，同比增长8.85%。城镇居民生活用电10.18亿千瓦时，同比增长7.23%。用电量增长较多的行业主要有：石油加工、炼焦及核燃料加工业，全年累计用电7.29亿千瓦时，同比增长47.51%。黑色金属冶炼及压延加工业，全年累计用电333.42亿千瓦时，同比增长24.23%。

【电厂建设】 2009年，唐山市华北电网直接统调电厂新增发电容量180万千瓦。2009年2月至3月，唐山开滦东方发电有限责任公司1、2号30万千瓦机组并网发电。6月至7月，华润电力唐山曹妃甸有限公司1、2号60万千瓦机组并网发电。9月，首钢京唐钢铁联合有限责任公司1号30万机组并网发电。9月至10月，河北大唐国际丰润热电有限责任公司1、2号60万千瓦机组并网发电。年内唐山市自备电厂新增发电容量13.9万千瓦。2009年1月，唐山三友碱业（集团）有限公司6万机组并网发电。4月，冀东水泥股份有限公司3.7万机组并网发电。11月，唐山中润煤化工有限公司2×1.5万机组并网发电。12月，唐山佳华煤化工有限公司1.2万千瓦机组并网发电。地方电厂迁安恒晖热电有限公司1.5万千瓦机组于11月投入运行。

【电网建设】 2009年，唐山供电公司完成电网建设投资17.74亿元。新开项目共9项，其中220千伏项目3项；110千伏项目6项，投产项目共23项，其中220千伏项目11项；110千伏项目12项。新建变电站6座，新增变压器34台，新增变电容量429.6万千伏安。新建线路16条，线路长度427公里。其中：220千伏部分，新建变电站4座，新增变压器17台，新增变电容量342万千伏安，新建线路9条，线路长度242.2公里。110千伏部分，新建变电站2座，新增变压器17台，新增变电容量87.6万千伏安，新建线路7条，线路长度184.8公里。新投110千伏用户变电站10座，新投、增容110千伏主变27台，新增变电容量91.35万千伏安。

（贾秀敏）

【陡河发电厂生产概况】 2009年，陡河发电厂全年发电82.05亿千瓦时，机组利用小时达到6312小时。供电煤耗351.79克/千瓦时，较目标值下降了1.21克/千瓦时。到2009年12月31日，实现连续安全生产2078天，连续4年保持机组零非停纪录。脱硫投入率完成100%，脱硫效率完成94.18%。连续12年保持河北省“文明单位”称号，荣获中国大唐集团公司和大唐国际“文明单位”称号，连续5年保持中国大唐集团公司“一流企业”称号。

2009年，陡河电厂完成3台机组改造性大修和3台机组的小修任务，检修工作日长达232天。3号、8号机组均实现了大修后连续运行180天无非停，获得大唐国际机组大修质量奖和连续运行长周期奖。4号机组大修获得大唐国际机组大修质量奖。完成3、4号机组汽轮机通流部分改造、供热改造；8号机组中箱更换；8号机组除氧器更换；3、4、8号机组6千伏开关柜改造等大量技术改造项目，机组可靠性和经济性大大提高。3、4号机组改造后机组效率比大修前分别提高了3.14%和1.36%。陡河发电厂3、4号机组供热改造工程是2009年唐山市六大重点民生工程之一。在供热改造设计、施工资料严重不到位的情况下，陡河发电厂坚持边设计、边施工，边整改，全厂精心组织，严格落实安全技术措施，严格组织施工调试，严格把关验收。从安装第一根钢柱到可对外供热仅用43天。通过改造，市区供热面积扩大了260万平方米。

（韩作生）

陶瓷工业

【概况】 全市有陶瓷生产企业200多家。日用瓷产品10大系列，600多个器型，400多种花样；以中餐具、西餐具、咖啡具、茶具、酒店用瓷为主，品种达1000多种。建筑卫生陶瓷主要有卫生洁具、分体马桶、连体马桶、面盆、建筑瓷砖等。年内全市在统规模以上陶瓷企业39家，总资产64.54亿元，同比增长17.61%；总负债35.7亿元，同比增长12.44%。在岗职工人数33996人，同比减少22.87%。全年日用陶瓷产量11469.33万件，同比减少16.6%；建筑瓷砖1410.55万平方米，同比增长15.8%；卫生陶瓷产量2039.56万件，同比减少6.2%。实现销售收入38.05亿元，同比减少3.55%。完成工业增加值16.94亿元，与上年持平。出口交货值19.05亿元，同比减少20.4%。实现利税5.62亿元，同比增长43.32%。实现利润3.06亿元，同比增长274.79%。

【惠达集团】 惠达集团2009年总资产20.34亿元，职工8000余人。拥有燃气隧道窑17座，年产卫生陶瓷578万件，与上年相比下降10.86%；年产瓷砖107.6万平方米，同比增长41.56%。2009年实现产值10.1亿元，同比增长4.52%；销售收入9.57亿元，同比减少0.63%；工业增加值7.12亿元，同比增长21.01%；出口交货值7923万美元，同比减少12.85%。实现利税2.57亿元，同比增长13.25%；实现利润1.5亿元，同比增长13.50%。自1995年以来连续多年在全国同行业保持生产规模、经济效益、出口创汇等多项指标第一。6月19日，温家宝总理视察惠达集团。温总理对惠达集团提出殷切希望："希望惠达做到中国第一、世界第一，再上一层楼。"

【唐陶股份】 唐山陶瓷股份有限公司是国有重点陶瓷生产企业，有控股子公司5个、分公司5个和1个研究院。注册资本2.77亿元，总资产8.7亿元，总负债7.4亿元，2009年有职工1.1万人。主导产品为日用瓷。年生产能力为：日用瓷1.6亿件、卫生瓷和特种陶瓷1000万件、卫生洁具200万件及各类工艺美术陶瓷。2009年产值2.78亿元，同比下降25.98%；销售收入2.86亿元，同比下降21.9%；工业增加值1.08亿元，同比下降27.37%；出口交货值1930万美元，同比下降37.9%。实现利税2675万元，同比增加17430万元；实现利润1600万元，同比增加18246万元。

【隆达骨质瓷有限公司】 隆达骨质瓷有限公司是亚洲最大的骨质瓷生产企业，总资产2.08亿元，有燃气隧道窑7座，燃气辊道窑3座，职工1100余人，骨质瓷年生产能力2000万件。2009年，产值1.05亿元，同比减少36.81%；销售收入1.06亿元，同比减少20.93%；工业增加值853万元，同比减少63.26%；出口交货值7034.5万元，同比减少32.78%。实现利税492.5万元，同比减少53.91%。年度亏损351.2万元。

【参展第十二届唐山中国陶瓷博览会】 9月16日至20日，"唐山港之光"第十二届唐山中国陶瓷博览会在唐山国际会展中心举行。唐山市89家参展企业产品档次和布展水平比往届又有新提高，参展的新产品达到90%以上，充分展示了"中国北方瓷都"的风采和实力。本届陶博会到会客商和来宾5600多人。陶博会共签订陶瓷贸易合同额30.2亿元人民币，同比增长19.4%。其中，内贸成交合同额19.56亿元人民币，外贸成交合同额10.64亿元人民币，均创历届最好水平。唐山市企业共签订陶瓷贸易合同额14.6亿元，占全部合同额的48%以上。在历时5天的展览中，参观购物者络绎不绝，日客流量达4万人次。据不完全统计，陶博会期间全市约有20余万人参观陶瓷展览和各类展会活动。

（张海波）

电子信息产业

【概况】 2009年，唐山市信息产业发展和两化融合（信息化与工业化融合）工作取得显著成效。全市信息产业生产企业（不含电信服务业）有100多家，其中入统企业74家。与上年度相比，增加4家。在整个行业中，电子产品制造企业29家，软件生产企业35家。全年完成销售收入28.05亿元，工业增加值7.40亿元，出口交货值3.16亿元，利税4.34亿元。电子信息产品生产制造企业中年销售收入超过亿元的有6家。这6家企业是：

1. 冀东普天线缆有限公司。主要产品是通讯及电子网络用线缆。2009年通过技术引进，信息技术的应用，节能降耗，加强内部管理等措施，销售收入达到4.86亿元。

2. 唐山风帆宏文蓄电池有限公司。专业生产蓄电池及其配件。企业选用国内先进的技术设备并进行技术改造，对主导产品的工艺不断更新。2009年销售收入达到4.31亿元。

3. 唐山开诚电控设备集团有限公司。该公司不断加大科技研发费用的投入，采用高新技术和信息技术研发具有自主知识产权的新产品，通过对高低压电控设备产品进行升级，以满足不断增长的市场需求，先后研发矿用井下抢险机器人和电控智能设备等高新技术产品，2009年实现销售收入3.55亿元。

4. 唐山晶源裕丰电子股份有限公司。该公司自主研发的具有自主知识产权的小型石英晶体谐振器产业化项目建成投产。2009年公司年销售收入达到2.64亿元，产品以出口为主。

5. 唐山百川智能机器有限公司。该公司是全国最大的铁路机车检修试验设备制造企业，是河北省科技型企业。公司把检测设备与信息技术相融合，产品质量得到持续提升，产品出口多个国家，2009年销售收入1.71亿元。

6. 唐山盾石电气有限公司。该公司是一家以制造高、中、低压电气盘柜、自动化系统工程为主的高新技术企业。公司引进西门子低压电气制造技术，授权制造SIEMENS马达控制中心三个系列产品。通过自主研发、设计，以国际先进的质量标准生产制造电气成套设备，包括智能控制中心、电气控制中心、自动化控制系统装置等，2009年销售收入1.01亿元。

软件产业（含嵌入式软件）中年主营业务收入超过5000万元的企业有5家。它们是：

1. 唐山开元机器人有限公司。

该公司与日本株式会社神户制钢所合作制造中厚板机器人系统，工艺技术水平处于国际领先地位。2009年，主营业务收入10035万元。

2. 唐山微尔电子股份有限公司。该公司是专门为钢铁企业服务，从事自动化控制工程软件开发的专业化公司。经过十余年的发展，企业自主开发了多种软件产品，技术均达到国内先进水平。2009年主营业务收入9456万元。

3. 唐山智能电子有限公司。公司主导产品是系列化水泥自动包装机、磨音电耳、工业窑炉偏火控制系统、看火系统、料位器、水洗式气体采样装置等。先后获得国家实用新型专利21项，荣获部、省、市级科技奖励40余项。2009年主营业务收入7008万元。

4. 唐山陆凯科技有限公司。该公司是河北省科技厅认定的高新技术企业，专门从事振动筛分机械及配件的开发、研制和推广应用。嵌入式软件筛分设备分别获国家技术进步奖二等奖两项、三等奖一项，部科技进步奖一项，国家实用新型专利一项。2009年主营业务收入5652万元。

5. 河北龙信科技有限公司。该公司是省科技型企业和高新技术企业。其业务范围涵盖软件整体解决方案的提供、系统集成解决方案的提供与实施服务、专业智能技术与服务提供、IT基础设备供应服务和IT基础服务的提供等。依托自身技术优势，可向不同行业的客户提供综合的信息化技术、信息化产品和服务。公司职工中大学以上学历占80%以上。2009年，主营业务收入5147万元。

【光伏产业快速发展】 2009年，唐山市光伏产业处在起步发展阶段，通过技术和关键设备以及资金的引进，有三个项目正在建设中。唐山海泰新能科技有限公司以生产多晶硅片、太阳能电池和光伏组件为主，其中一期工程总投资1.5亿元，2009年建成投产，形成年生产多晶硅片800万片的能力。产品市场销售前景广阔，供不应求。曹妃甸中恒科技有限公司，计划投资30亿元，生产太阳能电池片、太阳能电池组件以及其他光伏组件等。其中一期工程投资3.3亿元，建设单晶硅太阳能电池片生产线2条、多晶硅太阳能电池片生产线4条、太阳能路灯成套车间一套，项目于2009年6月开工建设。河北中名能源科技有限公司生产60MW晶体硅太阳能电板生产线项目，总投资32756万元，项目正在建设中。

【半导体照明（LED）产业初现端倪】 2009年唐山市LED产业初步发展。唐山曹妃甸工大海宇光电科技股份有限公司成立。项目投资5000万元，主要建设LED技术研发、检测基地和生产销售工程服务基地。唐山晒阳太阳能科技有限公司2009年边生产边投入，不断加大研发力度，已获得国家实用新型专利一项。唐山明彩科技有限公司2009年5月成立，投资200万元，主要生产LED日光灯管、显示屏、路灯灯头、光电一体化等产品。唐山倍瑞光电照明有限公司是一家与台湾合资专业生产LED的厂家，2009年成立，注册资本300万元，主要生产LED显示屏、路灯照明、广告照明，项目正在建设中。

【重大项目建设】 1. 晶源裕丰电子108万件小项高稳温晶体振荡器项目。项目总投资5172.8万元。2009年累计完成投资2042万，预计2010年底项目建成投产。

2. 唐山瑞和科技开发有限公司终端安全保密管理系统。项目占地150亩，总投资33865万元，其中建设投资31852万元，流动资金2013万元。项目建设周期2年，2009年完成投资500万元，预计2010年完成投资1亿元。

3. 中恒科技曹妃甸太阳能电池生产线项目。项目一期工程总投资3.3亿元，2009年完成3亿元，预计2010年上半年完成。项目达产后，新增销售收入6亿元，利税8000万元。

4. 唐山佳源钢铁贸易（集团）公司唐山北方国际钢铁电子交易中心及配套物流中心项目。项目总投资10.1928亿元，2009年完成投资2980万元，钢铁交易中心已建成进入试运行阶段。项目建成投产后，年可新增收入2.64亿元，利税1.2亿元。

5. 河北中名能源科技有限公司年产60MW晶体硅太阳能光电板生产线项目。项目建设投资32756万元，新上8条生产线。2009年完成投资3500万元，其余建设投资2010年底完成。项目达产后，年新增销售收入16亿元，新增利税2.7亿元。

6. 金能（唐海）电池制造有限公司年产1200万只绿色环保锂离子电池项目。项目一期计划投资6600万元，建筑面积6782平方米，购置设备330台套，建设年生产能力1200万只18650型锂离子电池生产线。2009年完成投资4500万元，项目计划2010年底建成投产。达产后，年新增销售收入1.2亿元，新增利税3141万元。

7. 唐山市曹妃甸中视中科光电技术有限公司“激光显示核心产业基地”项目。该项目是由北京中视中科光电技术有限公司与曹妃甸投资有限公司于2009年8月共同出资组建，注册资本1.5亿元。其目的是依靠曹妃甸工业区蓬勃发展的制造产业平台和北京中视中科的技术、资本、市场等组合优势，共同打造中国“激光显示核心产业基地”。该项目占地面积462亩，总建筑面积30万平方米。拟购进设备1233台套，使激光光源模组达到300万瓦的生产能力。项目总投资33亿元。其中建设资金29.98亿元，铺底流动资金3.1亿元。项目建成达产后，年新增激光光源模组生产能力300万瓦，新增销售收入41.21亿元，新增利税9.7亿元。项目建设期为4年。第2年产能达到60万瓦，第3年达到240万瓦，第4年达到300万瓦的设计能力。

附：2009年唐山市电子信息产业主要经济指标表

名称	合计			制造业			软件业		
	2009年	2008年	增减%	2009年	2008年	增减%	2009年	2008年	增减%
企业单位数（个）	64	70	－8.57	29	35	－17.14	35	35	0.00
主营业务收入（万元）	280526	244199	14.88	212469	190147	11.74	68057	54052	25.91
软件收入合计	31727	29455	7.71				31727	29455	7.71
利税（万元）	43358	25183	72.17	29984	17661	69.78	13374	7522	77.80
利润总额（万元）	29042	15927	82.34	20072	11117	80.55	8970	4810	86.49
税金总额（万元）	14316	9256	54.67	9912	6544	51.47	4404	2712	62.39
产品销售税金及附加	2622	2065	26.97	1805	1607	12.32	817	458	78.38
增值税	11694	7191	62.62	8107	4937	64.21	3587	2254	59.14
从业人员劳动报酬（万元）	15836	15377	2.98	9151	9357	－2.20	6685	6020	11.05
从业人员平均人数（人）	6610	7629	－13.36	4350	5649	－23.00	2260	1980	14.14
工业增加值（万元）	73973	42310	74.84	52587	26575	97.88	21386	15735	35.91
出口交货值（万元）	31622	37493	－15.66	31622	37493	－15.66			

（张晓文）

制盐业

【概况】　2009年，唐山盐区有盐业生产企业17个，与上年相比减少3个。其中原盐生产企业16家，食盐定点生产企业6家。由于丰南区组建渤海钢铁集团占用盐田，唐山市堡西盐业有限公司于2009年11月底关闭，减少盐田面积4.7万公亩。占用丰南区第一盐场盐田面积3.5万公亩。由于南堡开发区建设及修建滨海大道的需要，占用唐山市滨海实业有限公司厂址，导致公司关闭，减少盐田面积2.5万公亩。年内共计减少盐田面积9.8万公亩，影响原盐产能6.2万吨。2009年，唐山盐区生产原盐228.35万吨，完成年计划的114.2%，比上年增产19.83万吨。生产食盐14.44万吨，碘盐产品质量全部达标，完成国家下达的计划，确保市场供应。全市销售市场工业盐4.4万吨，比上年多销0.2万吨，创历史最好水平，实现税后纯收入48.5万元。

【食盐定点企业验收】　唐山市原有8个食盐定点生产企业。2009年9月国家工信部食盐定点生产企业验收小组按照《食盐定点生产企业质量管理技术规范》的要求，结合唐山盐区企业变动情况，通过6个食盐定点生产企业，取消曹妃甸生态城溯河盐业有限公司及唐山市堡西盐业有限公司的食盐定点生产企业资格。

【原盐生产】　年初，市盐务局组织召开春晒生产调度会，协助企业根据卤水基础和气象情况制定生产措施，抓好制卤、结晶和塑苫管理。充分发挥两个气象台站的作用，及时发布雨情预报，做到唐山盐区气象资源共享，千方百计提高苫盖率。市盐务局还开展“为企业解难题、为群众送服务”活动，局领导班子成员结合分管工作，深入制盐企业驻点调研，上门走访65人次，摸实情办实事。在大清河盐化集团公司，通过调研提出“取消工段承包方式，由生产部统一调度；强化生产部的职权，给生产部一定的资金使用权，用于加大对一线制卤工人的奖惩力度；采取即时性的奖罚措施，督促制卤，试行夜间扒盐，增加白天蒸发时间”等建议。在南堡盐场，通过调研活动，提出“加强滩田管理，向精细化方向发展，不断增加投入，改造制卤区，提高单位面积的制卤效果；加强人员管理，在制卤区增加人员，在产盐支队组建塑苫小组，改变夜间降雨影响塑苫苫封的情况。”解决这两个难题以后，增加春晒产盐5万吨，全年原盐产量同比增产17万吨。

【盐政管理】　为保证全市盐业市场秩序的稳定，加大盐业稽查力度，市盐务局对执法队伍进行调整和充实。组建市盐政稽查大队，加强一线执法力量。为了提高执法人员素质，做到文明执法，聘请省盐务局盐政专家对执法人员进行培训。加大盐政法规规章的宣传力度，出动20多人次在全市搞盐业法规宣传活动，印发大量宣传材料，使公民对盐业法规有进一步的了解。充分利用110联动盐政执法体系，进一步加大对重点区域和重点企业的巡查力度和对涉盐违法案件的打击力度，做到报必接，接必查，查必果，功必奖。全年出动执法巡查车500余次，巡查2000余人次，抽查运输盐斤车辆1000余车次，处理违法案件27起，查扣违规盐斤300余吨，罚没款10万余元。

【浓海水制盐项目进展情况】 利用海水淡化产生的副产品浓海水制盐，是市委确定的60个科学发展模式中区域循环发展的示范模式。这个项目就是南堡盐场利用曹妃甸海水淡化产生的副产品浓海水制盐，使资源得到高效利用和循环利用。按照规划，曹妃甸华润电厂将建设95万吨/日海水淡化装置，南堡盐场承接全部副产品制盐，投产后年可增产原盐262万吨，其中工业用精盐100万吨。2009年，项目投资概算、效益分析及可行性报告已经聘请有关专家进行论证，国家发改委核准，并请中国制盐研究院进行规划设计。2010年后根据海水淡化项目的进度安排，进行土建施工、非标设备加工及标准设备订货工作。生产工艺为真空制盐，采用滩田饱和卤直接进罐蒸发。需要铺设自曹妃甸至南堡盐场的20公里输卤管道三条，扩建中级卤水吹溴及苦卤化工厂。计划2011年完成设备安装及调试工作。整个工程将根据曹妃甸华润电厂海水淡化项目的进展情况逐步推进。

（檀　跃）

食品工业

【概况】 截至2009年底，唐山市有规模以上食品生产企业110家。按照主要门类划分，农副产品加工业企业69家，食品制造业企业25家，饮料制造业企业16家。资产总计67.17亿元，同比增长11.4%；新增固定资产4.48亿元，增幅比上年下降20.6%。初步形成包括粮油、饲料、肉制品、水产品、果蔬、调味品、乳制品、酒类、饮料、罐头、糕点、方便食品等16个门类、几百种产品的食品工业体系。2009年度，唐山食品工业保持适度、较为稳定的发展。全市食品工业实现增加值35.59亿元，同比下降5.5%；主营业务收入116.13亿元，同比下降2.3%。其中，农副食品加工业实现增加值20亿元，同比增长0.2%；主营业务收入64.77亿元，同比增长0.1%。食品制造业实现增加值11.24亿元，比上年减少5.5%；主营业务收入38.54亿元，同比增长6.1%。饮料制造业实现增加值4.35亿元，同比下降17.4%；主营业务收入12.82亿元，同比下降28.2%。2009年度，全市食品工业实现利润8.56亿元，同比增长54.1%；利税总额12.24亿元，同比增长27.7%。亏损企业15家，同比下降31.8%；亏损企业亏损总额2180万元，同比下降61.5%。其中，农副食品加工业实现利润4.82亿元，增长0.5%，利税6.19亿元，下降1.6%。食品制造业实现利润3.15亿元，增长711.2%，利税4.20亿元，增长227.7%。饮料制造业实现利润5861万元，增长57.9%，利税1.85亿元，下降7.9%。主要产品产量有增有降。农副食品加工业：大米产量49.11万吨，同比下降7.5%；小麦粉产量18.10万吨，同比下降4.2%；精制食用植物油产量1.24万吨，同比下降44.9%；鲜冷藏冻肉产量5.25万吨，同比增长0.6%。食品制造业：糕点产量574吨，下降95.3%；饼干产量1.31万吨，增长836.4%；方便面产量0.23万吨，下降32.4%；乳制品产量68.85万吨，增长2.8%；罐头产量3.17万吨，增长264.2%；冷冻饮品产量1.23万吨，增长27.2%。饮料制造业：啤酒产量38.29万千升，同比下降13.7%；包装饮用水产量10.4万吨，同比增长7.5%；白酒产量8665.6千升，同比增长14%；碳酸饮料产量2.1万吨，增长56.7%；果汁及果汁饮料产量12.2万吨，同比增长187.1%。

【项目建设】 1. 新建项目：唐山圣昊农科发展有限公司米糠油深加工项目，项目总投资1.5亿元，建成后年加工15000吨米糠油。唐山蓝猫饮品集团有限公司年产30万吨果汁奶项目，项目总投资3.85亿元，建成后年产野生酸枣汁饮料20万吨，果奶10万吨。中绿源（遵化）生态食品有限责任公司扁桃深加工项目，项目总投资0.6亿元，建成后年产扁桃食品3万吨。唐山国珍食品有限公司方便面项目，项目总投资1.5亿元，建设6条方便面生产线，年设计生产能力8万吨。唐山法立德清真食品有限公司清真肉制品循环产业建设项目，项目总投资3.08亿元，建设屠宰厂、5000吨冷藏储备库各一个，优良品种培育中心3个，养殖场3个。唐山鸿润饲料蛋白有限公司年产15万吨饲料建设项目，项目总投资1.1亿元，建设生产车间、饲料车间、成品库等，建成后年产15万吨饲料蛋白。

2. 续建项目：唐山昌华果汁制造公司果蔬汁深加工项目，年产果蔬汁3.6万吨，一期建设规模为年产果蔬汁2.4万吨，二期建设规模年产各种浓缩果蔬汁1.2万吨，项目总投资1.1亿元。河北美客多食品集团有限公司肉鸡产业化项目，项目总投资1.6亿元，建成后年屠宰加工肉鸡1800万羽，生产饲料12万吨。

（王　斌）

进入国家五百强企业

【唐山钢铁集团有限责任公司】 2009年河北钢铁集团有限公司位居中国企业500强第25位，唐山钢铁集团有限责任公司是其核心子公司（生产经营情况同前）。2009年，温家宝总理、王兆国副委员长等中央和省市领导到公司视察时均给予高度赞誉。省委常委、唐山市委书记赵勇称赞唐钢：生态环境发生巨大变化，节能减排取得显著效果，在科学发展的道路上迈出坚实步伐。

【开滦集团】 2009年，开滦（集团）有限责任公司位居中国企业500强第291位，全国煤炭工业百强企业排序第15位，河北省百强企业排序第9位，荣获“中国优秀诚信企业”称号，被河北省命名为“管理创新型”和“诚信”企业。2009年，开滦原煤产量3285.87万吨，同比增产225.25万吨。其中精煤产量771.53万吨，同比增产16.65万吨。营业收入332.57亿元，同比增收175.18亿元。其中自产煤收入126.75亿元，物流收入103.27亿元，煤化工收入66.69亿元，劳服系统收入11亿元，多种经营系统收入9.97亿元，托管单位收入6亿元，对外服务收入5.62亿元，其他收入3.28亿元。推广先进适用采煤工艺、设备和技术，发挥主力矿井和骨干工作面作用，不断挖掘老矿生产潜力，原煤生产水平总体提高。工作面单产95700吨，同比提高4013吨；原煤效率每工8.294吨，同比提高0.297吨。积极推进洗煤管理和技术进步，实现炼焦煤资源全部入洗。通过原洗煤增产，为煤炭增收和降低成本奠定坚实基础。大力推进生产准备工作，开拓交出5.5个采区，获得开拓煤量4397万吨，确保煤炭生产均衡稳定发展。坚持占领市场，稳定总量，以产促销，以款定销的原则，抓住机遇，主动出击，多次上调煤炭价格，实现涨价增收35.32亿元。在南方遭受雨雪冰冻灾害和抗震救灾期间，坚持顾全大局，克服困难，适时优化市场布局和结构，发挥整体销售优势，确保电煤供应，提升企业信誉。针对煤炭市场出现急剧下滑的情况，及时调整销售发运策略，加强与用户沟通联系，巩固老用户，增加新户用量，启动出口业务，实现产销平衡。加强货款回收工作，坚持把回款管理与资源流向、价格策略相结合，按照用户类别，分别制定了滚动结算、信用额度、资产抵押等措施，落实清收目标，使货款回收保持在合理的水平，保证经济健康、稳定运行。通过转变发展方式，优化产业结构，非煤产业营业收入占集团公司总营业收入的60%，同比增长7.7个百分点。物流产业，开发省内外钢铁、电力、煤化工等相关产业下游用户关联贸易，积极开展物流业务合作，铁路运输、港口储运、物流中心，充分发挥各自优势，拓展区域物流业务，全年物流收入同比增幅达200%以上。焦化产业，抢抓市场机遇，加快煤基产业链延伸，努力扩大焦炭产能，精心组织煤化产品生产、销售，全年全焦产量300多万吨，甲醇产量6.18万吨，煤焦化销售收入同比增幅达70%以上。集体产业，积极抢抓市场机遇，营业收入突破10亿元。建筑施工，积极开发新的市场空间，扩大施工领域和区域。装备制造，积极拓展加工业务，经济总量得到提升。煤电热、新型建材等产业规模进一步扩大。加强煤炭资源开发。完成新疆地区有关资源的普查工作，内蒙串草圪旦煤矿收购工作取得突破性进展，对地方小煤矿整合工作已经与部分矿井签订契约化管理协议，赵各庄矿、林西矿深部勘探续作、钱家营矿扩大区和深部勘探项目等危机矿山接替资源工作正在组织实施。扩大资源储备。在唐山矿区深部、蔚州矿区、内蒙古红树梁井田、新疆伊犁和山西介休地区，累计获得煤炭资源90亿吨。按照省国资委安排，对兴隆局进行托管，对马家沟等矿实施契约化管理。压煤搬迁工作取得进展。钱家营矿岭上村搬迁完成总协议签订，唐山矿王禾庄搬迁已完成旧址地上物清点，东欢坨矿六个压煤村庄搬迁工作正式启动，赵各庄矿北金庄新村址建房完成主体工程。加强节能减排和结构调整，加快淘汰落后设备和产能，有效降低综合能耗。吨原煤生产综合能耗完成7.1千克标煤，比省政府考核值下降0.5千克标煤。万元工业增加值综合能耗完成2855千克标煤，比省国资委考核值下降255千克标煤。二氧化硫减排量完成919吨，化学需氧量减排量完成823.7吨，完成年度省政府考核指标。

【唐山国丰钢铁有限公司】 唐山国丰钢铁有限公司是集制氧、烧结、炼铁、炼钢、轧钢为一体的大型钢铁联合企业。主要技术装备有：450立方米高炉9座，1780立方米高炉2座；50吨转炉3座，80吨转炉3座，120吨转炉2座；窄带钢热轧线2条，棒带两用热轧线2条，1450毫米连铸连轧线2条，全部符合国家产业政策要求。截至2009年底，具备年产铁钢材各850万吨的综合生产能力，拥有总资产211亿元，员工14500人。2009年位列中国企业500强第218位，中国制造业500强第111位。2009年国丰荣获中国最诚信企业、河北省著名商标企业、河北省实施用户满意工程先进单位等荣誉称号。公司主导产品有：热轧卷板、热轧带钢、热轧带肋钢筋等，是全国最大的板带钢生产基地。2009年，面对金融危机和前所未有的市场压力，公司坚持“低成本、差异化”两个战略不动摇，以“一个共识（危机意识）”聚人心、树信心，以“练内功、控风险、拓市场”三项措施强管理、提效益，化挑战为机遇，不畏艰难，逆势而上，生产经营取得突出成绩。全年产铁771万吨，同比增长18.59%；钢坯758万吨，同比增长23.58%；钢材645万吨，同比增长29.82%。全年实现销售收入234亿元，利税25.89亿元，利润16.94亿元。2009年，公司进一步优化各项消耗指标，挖掘降本潜力。全年综合焦比平均达到517.12公斤/吨，同比降低1.79公斤/吨；吨钢三项费用66元，比行业平均水平低167元，行业排名第一。铁水成本位于河北省同行业先进前列，热轧窄带成本行业排名第二，薄宽钢带成本行业排名第三。经过公司上下的共同努力，全年累计实现降本2.3亿元。同时，通过加大转炉煤气回收力度，从4月份开始炼钢全工序实现负能炼钢。全年共节能17.49万吨标煤，超额完成河北省政府下达的万元增加值能耗下降9.3%的目标。在环保治理上，公司重点实施230平方米烧结机机头电除尘器治理、110平方米烧结机机头烟尘排放深度治理、一炼钢除尘改造等项目，完成北区柔性抑尘网建设，南区132平方米烧结机脱硫项目11月底投入使用，两座200立方米以下高炉彻底拆除完毕。同时，加大现场环境治理力度，建立烟尘排放检测日通报制度，省市区三级环保部门通过对公司除尘设备年度监测，结果全部达标。

【河北津西钢铁集团】 河北津西钢铁集团于2009年12月31日注册成立，旗下拥有河北津西钢铁集团股份有限公司、广东省佛山津西金兰冷轧板有限公司、唐山市丰润区正达钢铁有限公司、迁西县津西万通球墨铸管有限公司及黑龙江省绥芬河市津银贸易有限公司等15家控股、参股、全资公司，是集采矿、炼钢、轧钢、贸易、金融、房地产为一体的大型企业集团。2009年底，集团总资产200亿元，具备年产钢1100万吨、带钢500万吨、型钢400万吨、发电3.5亿度的综合生产能力。2009年，津西钢铁集团实现销售收入246.2亿元，利税19.48亿元，利润13.95亿元。集团

核心企业津西股份总资产130亿元，员工10000人。主要生产设备有265平方米烧结机、1280立方米高炉、120吨转炉，主要生产线有带钢及大、中小H型钢生产线，具备年产钢铁各700万吨的生产能力。2009年位列中国500强第261位，型钢产量、销量和出口量位列中国第一位。先后荣获“中国H型钢市场品质信誉第一品牌”、“中国H型钢市场用户满意首选品牌”等称号。2009年，津西股份产铁578万吨、产钢558万吨、带钢267万吨、H型钢121万吨，小H型钢123万吨，发电3.52亿度。实现销售收入202.3亿元，利税16亿元，利润11亿元。津西钢铁集团高度重视科技创新，先后组织开发高速铁路接触网支柱用H型钢、工字钢、槽钢、轨道钢，实现工字钢、槽钢、铁路线杆的批量生产。开展低品位矿粉配比，实施全外矿烧结，综合创效上亿元。是《热轧H型钢和剖分T型钢》国家标准、《电气化铁路接触网支柱用热轧H型钢》冶金行业标准起草单位。H型钢X—H轧法万能轧机辊型结构、加热炉炉门液压传动装置、防积渣近终型连铸机外弧辊三项技术获得国家专利。2009年投资7000万元，用于完善脱硫和除尘设施的技术改造。投资8000万元建设了50000立方米的煤气柜以及高炉、转炉煤气回收装置，煤气回收利用率达到100%，位居全国同行业第一位。吨钢耗新水2.3吨，居全国同行业前列。固体废料钢渣、红泥、干渣及各种除尘灰回收利用率90%以上。

【唐山瑞丰钢铁（集团）有限公司】

唐山瑞丰钢铁（集团）有限公司是由冬瑞芹女士于2002年9月通过异地改造投资兴建的钢铁联合企业。公司拥有全资和控股子公司2家，分公司1家，参股子公司3家，总资产51亿元。公司主营热轧带钢，兼营矿业、贸易、产业投资、国际航运等。2009年，公司有职工8500人，其中工程技术人员240人。主要生产设备有96平方米烧结机、144平方米烧结机、1580立方米高炉、120吨炼钢转炉、12000立方米制氧机组、650毫米薄带生产线、意大利佛卡斯梁式白灰窑、11万伏变电站，可年产薄带钢500余万吨。2009年，唐山瑞丰钢铁（集团）公司总营业收入207.47亿元，利税8.3亿。在2009年中国企业500强排序中列第282位。瑞丰钢铁集团不断更新设备，引进先进技术和专业人才，最大程度地降低能耗，严格控制吨钢成本，减少污染排放。投入3千余万元引进国际先进的脱硫设备和布袋除尘设备，保证排入大气的气体达到并超过国家各项指标。瑞丰集团还投资2亿多元兴建瑞丰煤气发电工程，使高炉、转炉煤气得到充分利用，成为发电和各工艺环节的燃料，消除煤气排放对环境的污染，为集团的长远发展打下坚实的基础。

【唐山港陆钢铁有限公司】　唐山港陆钢铁有限公司是集矿山开采、焦化、炼铁、炼钢、轧钢于一体的现代化民营钢铁联合企业（中港合资），在2009年中国企业500强排序中名列第337位，中国制造业企业500强排序中名列第186位，在2009年河北百强企业排序中名列第15位。2009年港陆公司完成1160立方米高炉及配套的烧结、竖炉设备技改，置换淘汰的落后产能。完成白灰竖窑技改，成功改造焦化装煤设备——新上捣固焦设备，为节能和降成本创造有利条件。完成大板坯改造和小板坯改方坯技改工作，为调整产品结构打下基础。公司累计投资近7亿元用于节能减排项目建设。2009年综合能耗完成621.88公斤标准煤/吨钢，较2008年643.22公斤标准煤/吨钢降低21.34公斤标准煤/吨钢，节约4.499万吨标准煤。万元产值能耗1.557吨标准煤。二氧化硫减排550.3吨，比2005年消减18%（责任书目标：比2005年消减15%）。2009年建设烧结机脱硫项目，年底二氧化硫排放量消减356.8吨，超额完成了2009年上级下达的减排目标。港陆公司被评为“唐山市清洁生产审核工作先进企业”；被河北省委、省政府评为2009年度“双三十”节能工作优秀单位。

（王义波）

增值税纳税百强企业

2009年度唐山市增值税纳税百强排行榜

序号	纳税人名称	行业	缴税金额（万元）
1	唐山钢铁股份有限公司	黑色金属冶炼及压延加工业	107593.02
2	唐山国丰钢铁有限公司	黑色金属冶炼及压延加工业	99016.2
3	华北电网有限公司唐山供电公司	电力、热力的生产和供应业	80398.03
4	首钢矿业公司	黑色金属矿采选业	76778.4
5	开滦（集团）有限责任公司	煤炭开采和洗选业	72753.16
6	河北津西钢铁集团股份有限公司	黑色金属冶炼及压延加工业	70640.01
7	开滦能源化工股份有限公司	煤炭开采和洗选业	42514.3
8	唐山长城钢铁集团燕山钢铁有限公司	黑色金属冶炼及压延加工业	41513.15
9	唐山中厚板材有限公司	黑色金属冶炼及压延加工业	33558.87
10	河北唐银钢铁有限公司	黑色金属冶炼及压延加工业	30171.8
11	唐山长城钢铁集团九江线材有限公司	黑色金属冶炼及压延加工业	29741.1
12	唐山不锈钢有限责任公司	黑色金属冶炼及压延加工业	22891.46
13	唐山瑞丰钢铁（集团）有限公司	黑色金属冶炼及压延加工业	22020.84
14	唐山市德龙钢铁有限公司	黑色金属冶炼及压延加工业	21730.66
15	大唐国际发电股份有限公司陡河发电厂	电力、热力的生产和供应业	21071.4
16	河北大唐国际王滩发电有限责任公司	电力、热力的生产和供应业	20909.8
17	唐山长城钢铁集团松汀钢铁有限公司	黑色金属冶炼及压延加工业	20084.05
18	河北省首钢迁安钢铁有限责任公司	黑色金属冶炼及压延加工业	18913.64
19	唐山建龙实业有限公司	黑色金属冶炼及压延加工业	18563.93
20	唐山港陆钢铁有限公司	黑色金属冶炼及压延加工业	17422.72
21	唐钢滦县司家营铁矿有限责任公司	黑色金属矿采选业	16582.91
22	唐山贝氏体钢铁（集团）有限公司	黑色金属冶炼及压延加工业	16166.02
23	唐山长城钢铁集团荣信钢铁有限公司	黑色金属冶炼及压延加工业	13668.61
24	唐山建龙简舟钢铁有限公司	黑色金属冶炼及压延加工业	13177.71
25	迁安轧一钢铁集团有限公司	黑色金属冶炼及压延加工业	13016.51
26	唐山三友集团兴达化纤有限公司	化学原料及化学制品制造业	12816.79
27	河北大唐国际唐山热电有限责任公司	电力、热力的生产和供应业	12084.67
28	唐山达丰焦化有限公司	石油加工、炼焦及核燃料加工业	11943.64
29	河北省烟草公司唐山市公司	批发业	11674
30	唐山贝氏体钢铁（集团）福丰钢铁有限公司	黑色金属冶炼及压延加工业	10999.2
31	唐山首钢马兰庄铁矿有限责任公司	黑色金属矿采选业	10189.62

32	迁安联钢津安钢铁有限公司	黑色金属冶炼及压延加工业	10087.73
33	中国石油天然气股份公司冀东油田分公司	石油和天然气开采业	10016.01
34	太阳石（唐山）药业有限公司	医药制造业	9751.85
35	唐山长城钢铁集团鑫达钢铁有限公司	黑色金属冶炼及压延加工业	8443.01
36	河北天柱钢铁集团有限公司	黑色金属冶炼及压延加工业	8199.12
37	河北省唐山市滦通商贸有限公司	批发业	8145.63
38	唐山中润煤化工有限公司	石油加工、炼焦及核燃料加工业	8107.31
39	迁安中化煤化工有限责任公司	石油加工、炼焦及核燃料加工业	7891.32
40	开滦（集团）有限责任公司煤炭运销经营部	批发业	7060.7
41	唐山宝泰钢铁集团有限公司	黑色金属冶炼及压延加工业	6987.14
42	唐山冀东水泥股份有限公司	非金属矿物制品业	6806.25
43	唐山钢铁集团华西钢铁有限公司	黑色金属冶炼及压延加工业	6801.07
44	唐山松下产业机器有限公司	通用设备制造业	6705.26
45	唐山市丰润区正达钢铁有限公司	黑色金属冶炼及压延加工业	6541.72
46	唐山氯碱有限责任公司	化学原料及化学制品制造业	6187.13
47	唐山佳华煤化工有限公司	石油加工、炼焦及核燃料加工业	6187.05
48	蒙牛乳业（唐山）有限责任公司	食品制造业	5977.2
49	唐山瑞丰钢铁（集团）粤丰钢铁有限公司	黑色金属冶炼及压延加工业	5851.39
50	开滦（集团）赵各庄矿业有限公司破产管理人	煤炭开采和洗选业	5803.71
51	河北津西型钢有限公司	黑色金属冶炼及压延加工业	5719.81
52	唐山东海钢铁集团有限公司	黑色金属冶炼及压延加工业	5571.45
53	庞大汽贸集团股份有限公司	批发业	5548.21
54	唐山国义特种钢铁有限公司	黑色金属冶炼及压延加工业	5367.1
55	迁安市隆宇工贸有限责任公司	黑色金属矿采选业	5265.93
56	唐山冀东石油建设工程有限公司	石油和天然气开采业	5152.93
57	唐山三友化工股份有限公司	化学原料及化学制品制造业	5077.54
58	唐山马家沟矿业有限责任公司	煤炭开采和洗选业	5063.19
59	唐山开滦林西矿业有限公司	煤炭开采和洗选业	5004.1
60	冀东水泥滦县有限责任公司	非金属矿物制品业	4892.95
61	唐山百货大楼集团有限责任公司	零售业	4742.97
62	唐山兴业工贸集团有限公司	黑色金属冶炼及压延加工业	4706.15
63	迁安市马兰庄镇南山铁矿	黑色金属矿采选业	4224.25
64	唐山港陆焦化有限公司	石油加工、炼焦及核燃料加工业	4015.09
65	河北银水实业集团有限公司	黑色金属矿采选业	3974.26
66	唐山市荣程钢铁有限公司	黑色金属冶炼及压延加工业	3836.85
67	唐山亚利陶瓷有限公司	非金属矿物制品业	3786.88

68	唐山海螺型材有限责任公司	塑料制品业	3783.61
69	唐山市汇丰炼焦制气有限公司	石油加工、炼焦及核燃料加工业	3686.63
70	唐山市丰润区电力管理局	电力、热力的生产和供应业	3678.23
71	NGK唐山电瓷有限公司	电气机械及器材制造业	3669.51
72	河北永顺实业集团有限公司	石油加工、炼焦及核燃料加工业	3579.31
73	唐山三友热电有限责任公司	电力、热力的生产和供应业	3398.94
74	唐山爱信齿轮有限责任公司	通用设备制造业	3353.99
75	唐山市清泉钢铁集团有限责任公司	黑色金属冶炼及压延加工业	3263.85
76	唐山安泰钢铁有限公司	黑色金属冶炼及压延加工业	3214.55
77	渤海钻探工程有限公司第五钻井工程分公司冀东项目经理部	石油和天然气开采业	3209.84
78	唐山赛德热电有限公司	电力、热力的生产和供应业	3199.13
79	唐山华润热电有限公司	电力、热力的生产和供应业	3190.73
80	正元国际印刷包装有限公司	印刷业和记录媒介的复制印刷	3174.56
81	中国石油化工股份有限公司河北唐山石油分公司	批发业	2930.72
82	河北弘业地毯集团有限公司	纺织业	2927.48
83	唐山爱信汽车零部件有限公司	交通运输设备制造业	2919.39
84	唐山开诚电控设备集团有限公司	专用设备制造业	2897.03
85	唐山市春兴特种钢有限公司	黑色金属冶炼及压延加工业	2894.63
86	唐山信德锅炉集团有限公司	通用设备制造业	2870.08
87	迁安大唐热电有限责任公司	电力、热力的生产和供应业	2763.28
88	唐山轨道交通装备有限责任公司	交通运输设备制造业	2746.64
89	唐山发电总厂新区热电厂	电力、热力的生产和供应业	2719.39
90	河北永胜实业集团有限公司	批发业	2621.87
91	唐山唐钢气体有限公司	化学原料及化学制品制造业	2571.81
92	唐山华美陶瓷有限公司	非金属矿物制品业	2548.19
93	唐山盾石机械制造有限责任公司	专用设备制造业	2515.31
94	河北省南堡盐场	非金属矿采选业	2495.79
95	蒙牛乳业（滦南）有限责任公司	食品制造业	2461.83
96	唐山市通宝焦化有限公司	石油加工、炼焦及核燃料加工业	2441.44
97	唐山市丰南区电力管理局	电力、热力的生产和供应业	2422.19
98	中冶恒通冷轧技术有限公司丰南分公司	黑色金属冶炼及压延加工业	2400.01
99	唐山时创耐火材料有限公司	非金属矿物制品业	2352.39
100	唐山开滦热电有限责任公司	电力、热力的生产和供应业	2349.09

（李　超）

地税纳税前十名工业企业

2009 年工业企业纳税前十名（地税）

单位：元

纳税人名称	计算机代码	入库税额	税务登记证
开滦能源化工股份有限公司	730266302	445013951.16	130202730266302
唐山钢铁股份有限公司	104759628	321700285.49	130203104759628
首钢矿业公司	80511817X	249393694.54	13028380511817X
迁安市马兰庄镇南山铁矿	732896033	215127580.73	130283732896033
唐山首钢马兰庄铁矿有限责任公司	10510149X	179700095.71	13028310510149X
首钢京唐钢铁联合有限责任公司	021200045	175116865.71	130216780837126
迁安市隆宇工贸有限责任公司	601072333	159182749.00	130283601072333
开滦（集团）有限责任公司	104744522	148400389.35	130202104744522
唐山贝氏体钢铁（集团）有限公司	776181822	115551196.20	130207776181822
迁安市磨盘山铁矿	105106434	103271721.77	130202105106434

（赵铁秋）

国内贸易

编纂 张北环

商贸流通

【概况】 全社会消费品零售总额实现958.56亿元，同比增长18.4%。从季度上看：一季度实现社会消费品零售总额226.47亿元，以19.4%的较高增幅开局，二季度实现217.7亿元，同比增长17.05%，三季度实现240.73亿元，同比增长17.58%，四季度实现273.66亿元，同比增长19.34%。从地区上看：社会消费品零售额增幅在20%以上的县（市）、区分别是路南区、海港开发区、高新开发区、芦台开发区、路北区和古冶区，消费品零售总额分别实现50.06亿元、0.66亿元、11.4亿元、2.75亿元、47.56亿元和49.7亿元，同比分别增长34.0%、31.6%、26.7%、24.0%、20.2%和20.0%。其余县（市）、区增幅均在9.3%—18.4%之间。从行业上看：批发零售贸易业实现零售额798.67亿元，同比增长17.7%；住宿和餐饮业实现零售额145.11亿元，同比增长22.7%；其它行业实现零售额14.76亿元，同比增长14.7%。

社会消费品零售总额呈以下特点：一是城乡市场繁荣活跃。市区零售总额568.01亿元，同比增长18.6%，县区零售额146.26亿元，同比增长18%。县区以下零售额244.27亿元，同比增长18.1%。二是居民收入增长，拉动消费提升。全市城市居民人均可支配收入1.8053万元，比上年增长10.2%；农民人均纯收入7420元，同比增长12%，城乡居民收入的稳步增长成为拉动消费增长的主要力量。三是批发零售业仍是拉动消费增长的生力军。全市批发零售业实现零售额798.67亿元，占全市消费品零售额比重83.3%，销售居各行业之首。四是餐饮业迅猛发展，增势强劲。随着居民生活水平的不断提高，生活节奏的加快和消费观念的更新，餐饮业始终保持快速增长，呈现出以大众化消费为主流，节假日消费为亮点，商务宴、朋友宴、家庭宴、同学宴等大众化的餐饮消费为特点，全市餐饮市场快速蓬勃发展的局面，成为拉动社会消费增长重要因素，跃居消费增幅之首。五是假日经济势头强劲，节日市场异彩纷呈。以“春节”、“十一”为重点的黄金周，以“五一”、“元旦”、端午节、中秋节等为代表的各类传统节日以及圣诞节、情人节、母亲节等西方节日，掀起层层消费热潮。节日期间，全市各商贸流通企业紧紧抓住节假日经济的有利时机，各显其能。纷纷通过延长营业时间、提升服务功能，为消费者提供热情、温馨的购物场所和服务。同时积极开展丰富多彩的促销活动，推动以旅游、休闲、娱乐、餐饮、购物为主的假日经济蓬勃发展。

【市场运行监测调控体系】 一是监测网络建设加强。根据唐山市商贸流通企业发展特点，将新建大中型商业零售网点及市场纳入监测范围，提高监测样本的代表性和广泛性。动态管理样本企业、优化样本结构。监测样本企业82家，其中城市生活必需品市场监测系统20家、重要生产资料市场监测系统11家、重点流通企业市场监测系统45家，商务部应急商品数据库监测系统6家，全市流通领域各行业较为完善的市场监测网络体系已形成。二是加大节日期间监测力度。在元旦、春节、“五一”、端午、“十一”等节假日前，召开市场供应工作调度会。对全市具有代表性的综合商场、农副产品批发市场、大型超市、餐饮等企业以及商品销售、供求状况、促销措施、消费热点、食品安全等进行全面监测，及时向各级领导和相关部门提交专题分析报告。三是不断拓展信息服务平台功能和作用。为政府宏观决策提供及时、科学、准确、翔实的数据信息。通过落实专人督报和认真审核监测数据，提高数据信息上报的准确性、及时性，夯实城乡市场信息服务体系基础。四是加强市场运行情况深度分析，加强重点、热点、难点问题研究，准确分析市场走势，增强前瞻性和预见性。充分发挥信息引导和为领导决策服务的作用。通过新闻媒体及时发布监测信息，提升商务领域市场运行监测调控工作的社会影响力。五是进一步推动信息泵的安装和使用。根据省厅《关于进一步推进信息泵安装及使用工作的通知》（冀商运行字〔2009〕22号）精神，推荐唐山百货大楼集团有限责任公司、唐山华盛超市有限公司、唐山鸿宴饭庄为安装信息泵样本企业，提高全市监测数据的及时性、准确性和完整性。

【市场建设】 家电下乡。全市商务系统把家电下乡作为应对国际

金融危机，惠农强农，促进消费，拉动内需的重要举措，周密部署，协调联动，使全市家电下乡工作取得可喜成效。销售家电下乡补贴产品18.5036万台（件），收入实现3.75亿元，农民消费者享受财政补贴资金4286.8万元。惠及全市农户12万户，下乡产品成为农民购买家电的首选，深受广大农民朋友的欢迎。

“万村千乡市场工程”、“双百市场工程”建设。全市两个工程建设持续健康开展，组织专门人员分赴各试点县（市）、区和承办企业进行督导检查，对1300个农家店进行检查验收，1000个农家店达到商务部标准，全市农家店总数达2487个，新增营业面积12.4万平方米，销售收入15亿元，带动就业1万人。改造提升“万村千乡市场工程”配送中心6个。按照“巩固成果、适当调整、扶优扶强”的原则，推荐玉田县金玉农产品批发市场为“双百市场工程”大型农产品批发市场承办单位，推荐迁西县紫玉街市场、滦县滦州镇胜利路农贸市场为“双百市场工程”农贸市场承办单位。

“农产品批发市场标准化”建设。推荐和培育滦南姚王庄蔬菜批发市场、建昌营粉条专业批发市场等9家市场为国家级和省级“农产品批发市场标准化”建设单位。承办单位发挥农产品现代流通市场体系集散和辐射作用，更好地引导农民调整产业结构，经济效益和社会效益十分明显。有力地促进当地农副产品等产业快速发展，形成产业与市场的良性互动。

“农超对接”工作。积极推进鲜活农产品“超市+基地”的供应链模式，引导大型连锁超市直接与鲜活农产品农民专业合作社对接，保障城乡居民食品安全，促进农民持续稳定增收。出台《唐山市关于开展农超对接试点工作的实施意见》，确定唐山华盛超市有限公司与滦县燕滦果品专业合作社为商务部“农超对接”试点单位，2009年签订13万公斤新鲜水果购销合同，进入华盛超市特色果品5种，销售30万元。

【市场管理】 畜禽屠宰管理。全年全市商务系统查处各类案件112起，收缴病害肉、注水肉、非定点屠宰肉9577公斤；81家定点厂屠宰生猪210万头，定点屠宰率99%；定点屠宰生鸡33.67万只。一是加强屠宰厂管理，严把生猪进厂检疫检验关、停食静养关、屠宰检疫检验关、生猪产品出厂复检复验关。二是建立唐山市商务局稽察队检验室。投入6万元购置检测仪器设备，为各县（市）区购置“瘦肉精”及水分快速检测箱等，并对执法人员进行检验技能培训。三是认真做好畜禽屠宰统计监测信息工作。指导、督促企业和单位及时、准确、完整地报送统计监测信息，杜绝错报、漏报等问题。四是加强肉品流通管理，严格市场准入和备案管理制度。上市白条猪必须加盖厂名滚花印章、动物产品检疫合格印章和肉品品质检验合格印章；上市白条鸡必须有定点厂标志环和动物产品检疫合格标志环，同时具备《动物产品检疫合格证明》和《畜禽产品品质检验合格证明》。五是建立猪肉储备机制。唐山市商务局、发改委、财政局联合制定《唐山市生猪活体储备管理办法》。滦南县京东种猪养殖中心、滦县宝福现代农牧业有限公司、迁安顺鑫小店种猪繁育有限公司、开平区开平镇半壁店养殖场、唐山市腾龙畜禽养殖有限公司、遵化市绿都养殖中心、玉田县富源养殖有限公司、丰润恒誉养殖有限责任公司等八家企业为市级生猪活体储备基地，承担全市每年3万头（2000吨）生猪活体储备任务。

酒类市场监管。全年查处违法违规案件1521起，收缴假冒伪劣酒4.0118万瓶。一是加强酒类许可证管理，严格按申办条件、承诺时限办理酒类许可证，实行档案化管理，全年发放酒类许可证2009个。酒类经营者持证率98%。二是全面推行《酒类流通随附单》制度。查处违反随附单制度案件101起。发放使用随附单5600本，市中心区随附单使用率98%，县域使用率95%。三是深入开展酒类市场专项整治。严格桶装、散装白酒的销售，查获芝华士、轩尼诗、人头马等洋酒169瓶，案值5.334万元。

调味品产销管理。认真执行《唐山市调味品生产销售管理实施办法》，规范调味品产销市场秩序。对4120家调味品生产、销售经营者进行备案登记和年度核查。加大执法检查力度，严厉查处制售假冒伪劣调味品违法行为。出动检查人员5105人次，车辆1765车次，查处案件156起，收缴假冒伪劣调味品8556瓶、袋。

成品油、典当、拍卖行业监管。召开三次专题会议，部署成品油监管工作任务，并设专人负责履行日常监管职能，使全市12家批发企业，1400多家加油站运转正常。组织中介机构对42家典当、27家拍卖企业年度资产、财务状况进行严格年度审计。全市有32家典当行通过A级年检，27家拍卖企业通过年检，2家拍卖行被取消拍卖资格。

二手车交易及报废汽车拆解监管。加强日常监管，督导企业规范经营，抑制盲目竞争，保证二手车市场的正常经营与发展。全市报废汽车回收分支机构25个，回收报废汽车2216辆。

【商务综合行政执法】 商务部在全国开展商务综合行政执法试点。唐山市商务局积极向省商务厅、商务部领导专题汇报全市商务综合执法工作，递交申报材料，创造条件，5月被商务部正式批准为全国首批商务综合行政执法试点单位。通过开展商务综合行政执法，全市商务综合执法资源得到整合，执法范围进一步拓展，力度加大，执法程序进一步规范，效果明显。

（陈国东　胡建军）

供销合作总社

【概况】 唐山市供销社克服国际金融危机和国内外农产品市场异常波动的不利影响，持续发展。全系统完成商品购进61亿元，同比增长25.14%；完成商品销售66亿元，同比增长25.57%，其中日用消费品零售额25亿元，同比增长31.4%，售给农民的农业生产资料总值15亿元，同比增长9.13%；实现利润2155万元，同比增长26%。全市供销社及农民合作经济组织销售农产

品61亿元，助农增收11.7亿元。

在中华全国供销合作总社组织的“60年60人·60年60事·60年60社”大型评选活动中，唐山市供销社被评为“影响中国供销社60年60社”行业领军社，被市委、市政府评为科学发展创新二等奖。

【农民合作经济组织建设】 全市供销社以市级农民合作经济组织联合会为统领，继续完善构建市、县、乡、村“四位一体”的农民合作经济组织体系。目前，全市12个县（市）区已全部成立县级农民合作经济组织。全市新建乡（镇）级农合联分会53个，使全市乡（镇）农合联分会总数达到79个，占全市乡镇总数的43%；新发展各类农民专业合作社200个，使各类专业合作社总数达458个。

全市各级农民合作经济组织积极为会员开展信息咨询、科技培训、农超对接、新技术新品种引进、品牌塑树、金融服务、典型示范、组织参展等项服务。全年共发布政策法规、科技知识、市场供求行情等各类信息5万多条，免费发放《合作经济资讯》1万多份；组织会员和农民3万多人参加各类农产品展销会和博览会，引进新技术50多项、新品种120个；发展农产品龙头企业，组织“农超对接”帮助农民销售农产品达35亿元。其中，由市农合联注册成立的唐山市农合联农产品销售有限公司已发展生产基地3万亩，年配送果菜、小杂粮等农产品总值5000多万元，8月份，该公司还将唐山市的绿色无公害蔬菜成功打入家乐福（天津）店。目前唐山市、县农合联总数已达1740个，辐射带动农户62万户。唐山市农民合作经济组织联合会的工作在全省保持领先地位。

【农村流通服务体系建设】 一是农资网点规范化水平提升。全市供销社系统以分布在全市的12个县（市）区12家农资龙头企业为主导，新发展农资连锁经营网点265家，规范升级农资连锁店807家，使全市农资连锁网点达到1670家。目前，全市农资用量的80%由供销社供应，各网点还普遍推行电话预约、上门服务、送货到户到地头等便民服务活动，保证农业生产需要。二是日用消费品连锁网络继续延伸。供销社按照“小超市、大连锁”构建模式，大力发展农村日用消费品连锁网络，其中新发展日用品超市133家，累计总数达到624家，全系统日用消费品超市已实现销售额近21亿元。三是农产品购销网络化。市社按照开放办社的思路，立足整合吸纳社会资源，多渠道构建农产品销售网络，增强农产品生产、销售的规模和实力；培育农产品物流配送企业与超市、基地进行有效衔接，畅通农产品销售渠道；对供销社大库大院进行开发改造，兴办以农产品交易为主的集贸市场和专业市场，搭建农产品交易平台。全市供销社12个农业产业化龙头企业，7个农产品批发市场，624个大小超市，458个农民专业合作社，共为农民销售农产品61亿元，助农增收11.7亿元。四是拓展再生资源回收利用网络。全市废旧物资经营网点达到254个。市中心区及丰润、丰南、开平等地对流动收购人员实行统一管理，同时，组织谋划兴建再生资源回收交易市场。10月份，唐山市首个再生资源循环经济园区建设项目已经破土动工。滦县、遵化、开平市场建设项目的前期论证工作已经完成，正在结合当地有关部门履行报批手续。五是农村综合服务中心建设日趋规范。全系统全年新建村、镇综合服务中心（站）80个。其中综合服务中心17个，综合服务站63个，全市总数达到645个。在积极组建综合服务中心的同时，全系统将综合服务中心的建设纳入村民中心建设工作中，有效提升综合服务中心的服务档次和水平。

【“食盐安全村”创建】 市供销社系统在各级党委、政府的支持下，在各县（市）区分别召开创建“食盐安全村”动员大会，层层签订责任书；同时加大对《食盐专营办法》、《消除碘缺乏病危害管理条例》的宣传力度，并深入乡村现场宣传动员，答疑解惑。期间共咨询解答60万人（次），发放明白纸800万份。全市食盐安全村创建工作稳步推进，按照《唐山市创建食盐安全村活动实施方案》及创建标准，已有3358个行政村完成创建任务。预计到2010年底能够顺利完成创建工作。市供销社还对全市食盐市场进行二级精盐升级为一级精盐的盐品种调整工作，截至年底，全市盐品种调整工作已圆满完成，盐业市场平稳有序。

【拓宽为农服务领域】 全市供销社通过市、县农合联及各类协会，组织开设网上科技讲堂、举办培训班、专题讲座共培训农民23万人（次）。自2006年开始，唐山市社积极与省社职业技能鉴定中心联合开设农产品经纪人、合作经济管理师、庄稼医生等职业技能鉴定培训班26期，共有2300多名职业农民拿到国家劳动与社会保障部颁发的《职业资格证书》，其中，2009年开班6期，培训农民432人。经过培训的农民活跃在农村经济发展第一线带领广大农民增收致富。市社此项工作居于全省供销社职业鉴定培训工作首位，获得全省供销社系统颁发的特殊贡献奖。

【项目建设全面实施】 社直企业项目建设。启动唐山市农产品批发市场、凤凰新城鑫合作大厦、恒丰大厦、唐山市农合联农产品销售公司等建设项目13项，计划总投资15亿元以上。其中，唐山市农产品批发市场、恒丰大厦、联合楼改造等三个超亿元建设项目均已获得唐山市发改委的正式立项。县级供销社项目。2009年全市县级供销社共新增建设项目13项，计划投入1.7亿元，其中过千万元项目5项。滦县供销社依托滦县新兴农资有限公司投资1800万元，成立滦县农资配送中心，已发展农资连锁店100多家。唐海县社与唐海市场建设服务中心合作，投资7300万元建设综合大市场，总建筑面积2.5323万平方米。基层社改造项目。2009年共投资3620万元改造全系统基层社10个，新增营业面积1.046万平方米。迁安市社的建昌营、杨店子两个综合服务社通过增加营业面积、提高服务档次，在当地流通业的带动作用日益明显。滦南万坨社区综合服务中心改扩建工程、丰润金客隆夏官营店建设工程均已完工并投入使用。

【完成临时重大突击任务】　一是较好地完成拆迁任务。积极主动配合拆违拆迁，拆除建筑物面积1万平方米，退出土地110.69亩。截至目前，在全市拆违拆迁工作中，全市供销社合计退让土地398.38亩，拆除建筑物2.8056万平方米。二是圆满完成唐山市庆祝新中国成立60周年歌唱祖国群众演唱会和首届曹妃甸论坛焰火晚会的焰火燃放任务。三是成功组织唐山市特色农产品生产加工企业参加第十三届中国（廊坊）农产品交易会、中国·大兴安岭首届国际蓝莓节暨山特产品交易会等多个农产品展示展销会，向全国显示唐山特色农产品的生产加工实力。

粮食流通

【概况】　2009年度第三次被国家粮食局评为全国粮食流通监督检查工作先进单位。全市国有粮食购销企业共收购粮食14.47万吨，销售粮食15.73万吨。实现经营利润763万元，同比增长32.5%。超额完成国有粮食购销企业经营全年统算不亏损责任目标，利润总额再创2005年企业改制以来历史新高。市直粮食购销企业国有资产实现保值增值3.5%，超额完成市国资委确定的市直粮食购销企业国有资产增值1.5%管理目标。全市规模以上粮油精深加工企业销售收入22亿元，粮油加工转化率72%，同比提高2%。制定出台《唐山市粮食局关于体制机制创新促进国有粮食企业发展的指导意见》（唐粮财字〔2009〕4号），为全市国有粮食企业体制机制创新提供有力指导，为全国粮食行业创新体制提供有益借鉴，受到国家和省粮食局充分肯定和高度关注。举办“全市国有粮食购销企业体制机制创新论坛”，引起国家和省粮食局高度关注，并给予极高评价和赞赏，在全国粮食行业起到了带头作用。

【市县两级粮食储备】　一是市级储备粮规模达到5.9万吨，其中：原粮储备5万吨（小麦2.5万吨、玉米2.5万吨），市级成品粮储备9000吨（面粉3500吨、大米5500吨），豆油储备2630吨（其中小包装豆油730吨）。二是县级储备粮基本到位，全市有10个县（市）区完成县级储备粮计划，入库粮食5.6335万吨，（其中小麦3.9029万吨、玉米1.65万吨、面粉403吨、大米403吨），规模数量占全省县级储备粮总量16.4万吨的三分之一强，居全省首位。三是全市辖区内各级储备粮库存51.2106万吨，其中：中央储备粮32.0771万吨（含临时储备）、省级储备粮7.6万吨、市级储备粮5.9万吨、县级储备粮5.6335万吨。食用油储备2790吨。国家、省、市、县四位一体的粮食储备体系全部建立，为粮食应急保障奠定了坚实的物质基础。

【建立粮食应急网络和调控措施】　一是市县两级粮食应急预案已全部出台。全市重新选择和确定粮食应急加工网点24个、供应网点78个、储运网点9个，发放应急网点牌匾104个，5月底应急网点挂牌工作全面完成。二是用近两个月时间，在全市组织开展对2008年度全社会粮食、食用植物油及油料供需平衡状况进行统计调查。三是做好粮油价格监测。为掌握全市粮油市场价格动态，全面了解全市购销企业、超市、集贸市场、加工企业43个价格监测点粮油购销价格变动情况，坚持每周采集和整理粮油价格信息，定期分析预测市场粮油价格走势并形成粮油市场价格监测分析报告，为各级政府实施决策提供参考依据。

【粮食购销经营】　全市涉粮企业全年收购粮食89.06万吨，同比增长16.03%，其中国有粮食企业收购14.47万吨，非国有粮食企业74.59万吨。全市累计销售粮食86.64万吨，同比增长14.05%，其中国有粮食企业15.73万吨，非国有粮食企业70.91万吨。全市国有粮食购销企业实现经营利润763万元，同比增长32.5%。

【粮食流通监督检查】　深入开展粮食“执法规范年”活动。一是加大宣传力度，扩大执法社会影响。全市通过电视广播等多种形式，广泛宣传粮食经营法规政策，营造良好的粮食执法氛围和环境。二是建立执法队伍，规范执法行为。12个县（市）区全部成立执法大队，落实办案经费300万元，购置执法车辆12部，执法设备52台件，建立完善制度200多条，建立电子档案1000多卷。三是加大执法力度，规范粮食经营行为。全市粮食部门全年出动执法3107人次，对3167家经营单位进行拉网式执法检查，共查处案件82起，累计罚款3万余元，使粮食经营者依法经营意识明显提高。

高标准完成全国粮食清仓查库工作。根据国务院和省政府关于粮食清仓查库工作总体部署要求，市粮食局、发改委、监察局、财政局、农业局、审计局、质量技术监督局、统计局、农发行联合制定印发《2009年唐山市粮食局清仓查库工作实施方案》（唐粮检字〔2009〕4号），组织协调市直9个相关部门，抽调70余名技术骨干，在全市开展粮食库存县级自查和市级普查工作。普查结果达到数字准确，库存真实，质量完好，账实、账账相符。并对普查中出现的不足及时进行整改。在省抽查中，全市普查工作受到省政府清仓查库领导小组充分肯定和表扬。

【仓储及规范化管理】　一是完成中央储备粮代储企业资格申核工作。根据《中央储备粮代储企业资格认定办法》要求，经国家粮食局批准，滦县、遵化、丰润昆仑三家国家粮食储备有限公司和丰润金谷省级粮食储备有限公司获得中央储备粮代储资格。4家企业申报仓容7.0874万吨。从2005年申报代储资格以来，全市获得中央储备粮代储资格企业13家，取得代储资格仓容量共计61.3686万吨。二是加强督导，完成国有独资及省储粮承储企业规范化管理达标工作。全市先后有9个国有粮食独资企业达到规范化管理标准。2009年重点完成国有控股丰南宝达粮油资产管理有限公司规范化管理达标工作。下半年，根据省三部门颁发的《河北省省级储备粮规范化管理标准》29个达标项目要求，重点完成省级储备粮承储示范企业唐山北环国家粮食储备

库外爬钢梯改造项目。三是全市各级储备粮承储企业积极推广新型储粮技术，严格落实保管员“分人包仓责任制”，定期开展粮情检查，做到科学储粮，科学保粮率达到100%，全年没有发生坏粮事故。

【军粮供应服务】 一是强化管理，确保军粮质量安全。明确军供站长是军粮质量第一责任人，继续实行集中采购政策，对军粮加工、包装、销售实行全过程质量监控，坚持一批一检一报告和每季度进行一次军粮质量检查制度。确保军供粮油质量安全，军粮质量合格率100%。二是认真执行军供政策，做好军粮销售工作。根据省粮食局下达军粮销售计划，结合全市部队人员调动实际情况，及时下达全市军粮供应计划及节日调供计划，认真执行军供粮源统筹政策和有关军供政策，全年义务送粮油98%以上，部队满意率100%，对军供站评价全部为优。在国庆60周年大阅兵中，千方百计满足受阅部队需求，出色地完成军供任务。由于驻唐部队调动等原因，到年底，全市完成军粮销售任务93.49%。三是深化军供企业规范化管理，提升军供企业管理水平。在全市军供企业广泛开展“规范化管理强化年”活动。军供企业规范化管理逐步走向制度化、精细化，应急保供能力不断提高，部队后勤社会化服务能力不断提升，基本完成省规范化管理工作三年全部达标要求。

【产业化发展】 一是抓典型推广，确定唐山鼎晨食品有限公司、唐山秋利精制米业有限公司等14家企业为全市粮食产业化经营典型加以推广。二是抓龙头企业，全市粮食部门重点培育和发展粮食产业化龙头企业42家，其中：达到国家级龙头企业1家，省级龙头企业4家，市级龙头企业31家。三是抓好乐亭秋利米业“4+2”农业产业化发展模式试验示范工作。年初创办秋利有机水稻专业合作社，注册资本600万元，吸纳农户2400户，实现订单农业生产3万亩。在创办580亩有机水稻示范基地基础上，投资70余万元新创办400亩绿色水稻基地，带动全市粮食产业化向科学发展模式迈进。四是粮油精深加工。坚持以“专、精、新、特”为发展方向，引导企业引进先进技术、设备、工艺，采取多种措施搞好粮油加工产品研发，提高加工转化附加值，壮大粮油精深加工实力。全市规模以上粮油加工企业49家，其中面粉加工企业14家，大米加工企业13家，饲料加工企业13家，食品等生产企业9家。企业年销售收入22亿元，粮油加工转化率72%。五是努力为粮食生产者、经营者、消费者服务。通过粮食产业化发展，鼓励粮食经营者实行定单收购，全年定单收购达5万余亩，农民增收近千万元。利用城乡粮油市场购销网络，将国家粮食政策、市场信息公开，推广科学储粮知识技术，实现全民共享。为粮食经营者发放经营许可证223件，审核期限由15天缩短为7天，提高行政审批效率，深受经营者好评。

【项目建设取得进展】 一是谋划编制项目。在去年首批9个发展项目基础上，谋划和调整第二批符合国家粮食产业政策，适宜粮食行业发展的成型项目14个，其中市级项目4个，县区级项目10个，项目计划总投资4.7亿元，拟申请贷款和国家、省资金2.33亿元。二是积极跑办项目审批手续。12个项目列入市发改委和省粮食局项目库，5个项目列入省发改委项目库，2个项目列入国家粮食局项目库，2个项目列入全市千个保增长重点项目。三是积极推进项目形象进度。到年底，4个项目开工后形象进度较快，其中唐山市粮食物流中心项目、河北唐山国家粮食储备库粮食物流中心两个项目正在建设中。丰润国家粮食储备有限公司扩建、丰润省级粮食储备有限公司扩建两个项目已完工，即将投入使用。市油脂库搬迁改造等一批建设项目已经完成立项、规划、选址等项工作，为开工建设打下基础。

（刘国发）

烟草专卖

【实现税利保增长目标】 把保增长列为各项工作中心，多次召开专题会议，制定实施方案及销售采购应急预案，与18家工业企业紧密联系，努力确保货源供应。特别是把“中华卷烟”作为调结构、增效益的关键，与上海烟厂进行协商，成功争取到货源，圆满实现首月首季“开门红”。坚定不移地落实“稍紧平衡、均衡投放”的方针策略，积极采取“调控结构保增长、厉行节约保增长、抓重点县区保增长”和“打网清查保市场、调控销量保市场、强化服务保市场”以及“合理采供保需求”等七项管理调控措施，圆满完成工作任务。2009年，全市卷烟总销量实际完成24.43万箱，同比提高4.83%；重点骨干品牌销售8.18万箱，同比增长29.44%；实现税利6.25亿元，同比增长15.56%；上缴税金3.28亿元，同比增长45%。

【加大打假破网工作力度】 紧紧围绕打假破网工作目标，制定实施方案，将任务指标分解到各县级局，纳入对县级局班子的目标考核，确保各单位有任务、有责任，形成全市统一、上下联动的打假工作格局。同时，建立奖惩机制，加大经费投入，加强统一调度和管理，打假破网工作取得显著成效。全年全市共查处各类涉烟案件534起，查获各类假冒卷烟936.36万支，捣毁制假窝点2个，罚没收入27.49万元。移送追刑案件58起，刑拘涉烟案件不法分子38人，批捕30人。破获国家级网络案件9起，其中，“1.13”案件被列为公安部、国家局重点督办案件。在加大打假破网工作力度的同时，为进一步优化执法环境，强化专卖执法，积极与公安、工商、技术监督等部门沟通协商，拟定《唐山市烟草专卖管理规定》政府令，并呈报市政府法制办进行初步评审。

【现代物流建设】 一是加强组织领导。成立基建工程项目建设领导小组和七个专项工作组，确定了“三控”即控进度、控质量、控投资，“三化”即规范化、制度化、痕迹化，“三结合”即“工艺与土建、软件与硬件、传统与创新”相结合的工作方针，相继出台《物流

配送中心及经营业务用房项目建设管理规定》和工程建设、认质认价、资金拨付等多项管理制度。二是强化调度管理。多次开会研究、协调、部署项目建设，主要领导坚持经常深入到工地一线，协调关系，化解矛盾，推进工作。工程建设项目负责人脱离原岗位吃住在工地现场办公，各专业组成员也进驻工地按照职责和分工开展工作，工程建设实现规范、有序、高效运转。三是严格控制预算。做到总额控制、分项控制，工程预算始终在掌控之中。四是协调配合，齐抓共管，有效控制工程质量，打造精品工程，确保基建工程7月31日按期完工。12月14日，全市实现卷烟自动分拣及打码到条。

【完成用工分配制度改革】　改革实施过程中，主要领导亲自挂帅，班子成员分工协作，全程参与监督指导。市局（公司）党组坚持每天晚间召开专题会议，做到日清日结，确保工作环环相扣，稳步推进。改革结束后，成立督导组驻扎县局，加强对县局改革工作的指导，保证全市行业改革工作有条不紊的开展。改革严格按照方案规定的流程操作，涉及的竞岗方案、日程安排及岗位竞争的结果等全部进行公示告知，接受职工监督，保证改革的公信力。改革的方案和相关配套制度等都提交职代会讨论通过，履行民主程序，体现民主意愿。改革后，企业为员工打通职业生涯成长通道，实现由传统身份管理、人事管理向现代企业岗位管理、人力资源管理的转变，员工对改革的满意率达到了96.62%。

【工商协同营销暨电子商务】　以网上订货、网上配货为主要内容的电子商务项目——《卷烟供应链信息协同系统开发与研究》在国家局立项。11月份，省局在唐山召开全省工商协同营销暨电子商务现场会，全国23家工业公司代表参加会议，国家局中烟实业公司领导到会并作重要讲话，中国烟草杂志社对会议进行全面报道。电子商务工作经验在全省推广。在深入推进卷烟供应链信息协同系统的同时，确定以管理创新、营销创新、技术创新、制度创新和机制创新五个方面为创新载体的16个科技与创新项目，并上报省局评审。《烟箱启封器》、《笼车装卸用滑梯》两个项目获得国家专利局授权证书。

【提升企业规范化管理水平】　一是在财务审计上狠抓制度建设，建立健全内控制度管理体系，全面加强预算管理，完善费用报批程序，细化资产管理责任制，深入推进多元化资产清理，有效规范企业财务行为。二是制定《ISO9000质量管理体系建设工作实施方案》，对程序文件流程、规章制度进行梳理，编写《质量手册》、《程序文件》、《制度汇编》、《部门工作手册》四套体系文件。三是加大信息化建设力度，购置更新电脑、服务器和网络防火墙等硬件，先后上线运行档案管理系统、NC财务管理系统、现代物流管理信息系统等，信息化水平得到有效提升。

（常月杰）

中国石化经销

【概况】　中国石化河北唐山石油分公司有员工1859名，加油站286座，油库3座。全年销售总量103.1万吨，其中轻油销售96.75万吨，润滑油销售1.1万吨，燃料油销售5.26万吨，发售加油卡15.8万张，充值17.3亿元。全年实现利税2.73亿元，较上年增长14.2%。

【保证市场供应】　作为成品油经营的主渠道，公司把做好唐山市成品油市场供应当作头等大事来抓，实行全公司、全员服务经营，大力开展全员全网络销售，全力服务于唐山地方经济建设。公司领导带头深入市场一线，走访重点用户，促进战略合作，解决实际问题。干部职工更新营销理念，改进营销方式，加快从“坐商”向“行商”、从“卖产品”向“卖服务”的转变，开展“全员劳动销售竞赛”、“抗旱保苗夺丰收”、“加石化油，油礼惠来”等营销活动，全力扩销拓市。通过不懈努力，公司顺利保证全市党政机关、企事业单位、电厂、医院、公交公司、宾馆、重点工程建设等关系到国计民生行业的油品供应。特别是“三夏”农业用油问题，及时联合农业部门，制定专项供油方案，确定用油供应站点，开展送货上门服务，受到广大农民朋友的肯定。为使唐山地区成品油市场逐步走向规范、有序竞争的良性轨道，公司在销售中坚决执行国家物价部门制定的销售价格，坚决抵制私自涨价行为，保证国家财政收入，维护全市广大消费者利益，保证市场供应，维护社会稳定。

【加快网络建设】　一是增加网点，新建及收购4座加油站。二是提量改造，对位于重点区域、设施设备落后、形象差、有市场潜力的11座全资主力站进行形象改造。三是对因安全隐患、证照手续、法律纠纷等原因临时歇业的9座加油站抓紧整改后开业。四是及时维修，重点解决涉及加油站形象问题，确保网络正常运行。五是清理假冒，结合工商、商务等职能部门，多渠道打击各种假冒商标行为，清理假冒站17座、非法小配送车300辆，净化市场环境。在加快推进加油站网络建设的同时，还重点抓好任各庄油库15万立方米扩容改造。目前主体工程已经全部完工，将建成河北省内储量规模最大、设备设施国内最先进的油库。通过加大网络开发力度，完善城市功能，满足市场供应，同时解决部分唐山市民的劳动就业问题。

【提升服务水平】　树立“服务就是效益”的思想，向社会公开承诺“客户就是上帝”的服务理念，开展“加油站管理服务水平提升”和“优质服务月”活动，细化“八步法”操作流程，组织销售技巧全员培训，增强广大员工的服务意识、责任意识。通过健全客户档案，掌握客户基础信息，采取定期座谈、及时回访等一系列灵活策略，加深彼此感情。完善储存、批发、零售环节的传递手续，确保售出的油品质优量足，切实维护广大消费者利益。通过在市电视台、《唐山晚报》等当地主流媒体宣传，使IC卡受到广大客户的欢迎。充分利用唐山陶博会、曹妃甸论坛两个平台，宣传

企业形象，并积极主动为活动顺利开展提供有力支持。发扬“干毛巾也要拧出三滴水”的精神，把精细管理作为应对危机的基本功来抓。通过完善全面预算管理，加强资金发票资产监控，开展以ERP系统为主线的信息化应用，进一步促进管理的规范化和精细化。

【重视安全生产】 成品油属于易燃易爆危险品，公司积极开展“我要安全”主题活动，把活动内容与日常工作有机结合，严格落实安全生产责任制，强化以“基层建设、基础工作、基本功训练”为主要内容的“三基”工作；组织各种形式的安全检查，定期对职工进行安全教育；联合唐山市安委会、安监局等单位，在任各庄油库举行《危险化学品火灾应急预案》实战演练；开展“安全生产月”、“百日安全竞赛”等活动；完成18座加油站HAN（容器阻隔防爆技术）改造并已经全部投入运营，消除了安全隐患。

（李　静）

市场建设

【消费品市场】 1. 城乡市场繁荣活跃。2009年，全市消费品市场在国际金融危机和价格波动影响的不利条件下，仍实现快速发展，全年实现社会消费品零售总额958.56亿元，比上年增长18.4%，增速居全省前列。其中，城市零售额568.02亿元，增长18.6%；县（市）零售额146.27亿元，增长18%，县以下零售额244.28亿元，增长18.1%。按行业分，批发零售贸易业实现798.67亿元，增长17.7%，住宿和餐饮业实现145.11亿元，增长22.7%。消费品市场的平稳较快发展，成为抵御金融危机冲击，拉动全市经济增长的重要力量。

市委、市政府认真贯彻落实国家、省拉动农村消费的各项政策，围绕扩大居民尤其是农村居民消费，扎实推进“家电下乡”、“农机下乡”、“汽车、摩托车下乡”等一系列惠农工程，在保民生促就业、提升农民和城镇低收入群体消费能力、鼓励消费、推动农村市场发展等方面收到明显成效。全年全市城镇居民人均可支配收入达到1.8503万元，农民人均纯收入7420元，同比分别增长7.8%和16%。

2. 市场规模日益扩大，功能日益完善，集中化趋势明显。全市城乡商品交易市场总数达到551个，实现商品成交额69.04亿元，比上年增长19.06%。从市场分类看，消费品市场531个，各类专业市场20个。投资2亿多元的玉田金玉农产品批发市场已投入使用，对促进西北部地区农民增收发挥了重要作用；荷花坑农产品批发市场、乐亭冀东果菜批发市场、南新道水产品批发市场完成利用国债资金进行电子交易和检验检测系统的升级改造。

3. 新型业态发展较快。连锁经营、物流配送、电子商务等新型流通方式发展加快；连锁超市、大卖场、便利店、直营店、直销店、专卖店等新型业态更加普及。北京东方家园、华润万家、大润发、家惠、肯得基、麦当劳、萨拉伯尔等省外大型连锁零售企业相继在唐山开店设场；国际连锁业巨头如美国沃尔玛、法国家乐福，国内知名连锁企业红星美凯龙等也都积极在探讨进入唐山市场的途径；唐山百货大楼集团八方购物广场、华盛超市、陈氏超市等加快连锁网点建设步伐，实现快速扩张；通过推动“万村千乡”市场工程建设，有效提升农村消费品流通网络覆盖面，全市已建立各类农家店2400多家。

4. 繁商区布局得以优化。规划建设的以远洋城、会展中心、唐百人民大厦为核心的市区北部繁商区已经形成；以建国路、小山为核心的东部繁商区正在进行改造；万达商务中心正在加紧建设，新规划的新华贸、渤海商务中心等已经开工建设，2011年部分投入使用；一批新谋划的高档商贸设施也即将开工建设。

【要素市场】 1. 技术市场。科技、工商、税务等部门相互配合贯彻落实国家技术市场优惠政策，发挥技术市场在优化配置科技资源中的基础作用，进一步提高科技创新能力，促进科技成果转化和产业化。全年共登记技术合同191份，合同成交总金额5263.23万元（技术交易额5021.6万元）。其中，技术开发合同55份，合同成交总金额1539.65万元（技术交易额1398.84万元）；技术转让合同74份，成交总金额2025.88万元（技术交易额1928.06万元）；技术服务合同62份，合同成交总金额1697.7万元（技术交易额1694.7万元）。

唐山技术流向全国20多个省（市、区），技术交易额在全省名列第3位。省科技厅批准的河北省技术市场有10多家科技中介机构进驻，并与天津北方技术市场建立业务协作关系，2009年唐山共有河北省网上技术市场会员1044个，发布技术信息3013条。市科技局和农科院承办的唐山农业技术市场已有北京、山东和省内20多家公司进驻，主要开展农业新品种、新技术的推广和对农民的培训等工作。

2. 人才市场。2009年全市引进高层次、高技能和紧缺专业人才1.2万名，完成年初确定目标的120%。全年引进硕士研究生525名，博士36名，企业家和高级经营管理人才367名，总量达928名，是年初确定300名引进目标的3.1倍。其中，研究生人才引进方向侧重教育、卫生和企业生产一线，引进质量进一步提高，大部分引自清华、天大、南开、北交大等国家重点工程院校。围绕资源型城市转型与现代产业体系建设的需求，全年邀请京津及周边地区高校及科研院所126名国家和省级专家、教授、博士来唐，与117家企业开展技术指导、管理咨询、项目发布等合作，解决技术项目难题79项，达成技术项目合作31项。建立“清华大学研究生社会实践唐山基地”、“北京科技大学研究生教育唐山基地”和“天津大学大学生挂职实践唐山基地”，组织三校43名博士硕士来唐挂职，在柔性引智的同时，为用人单位与研究生人才相互了解搭建新平台，提高人才引进成功率。

市人才交流中心被评为“河北省先进集体”、“全省人才流动工作先进单位”、“唐山市文明和谐示范单位”，被中国人才交流协会授予“服务人才强市战略、推动唐山创新发展”荣誉称号，唐山人才网被评

为“唐山十大文明网站”。市场推出的周二、周六、逢八（每月8日、18日、28日）和每月15日现场交流会已成为冀东乃至华北地区知名的服务品牌。

3. 劳动力市场。全年全市城镇新增就业6.9万人，完成目标任务的102%；下岗失业人员实现再就业3.4万人，完成省达目标任务107%，其中就业困难人员实现再就业1.3万人，完成省达目标任务132%；农村劳动力向非农产业转移14万人次，完成省达目标任务114%；城镇登记失业率4.1%，低于省达控制目标0.4个百分点。针对三类群体就业难的问题，各级劳动力中介部门坚持把高校毕业生就业放在就业工作的首位，建立高校、市场、用人单位有效对接服务平台，为毕业生提供“一条龙”服务。全年成功推荐3.9万名各类毕业生就业，其中2009届非师范类2.1万名，就业率75.6%。针对部分大学生多理论少技能的现状，率先在全省启动“大学生‘回炉’技能培训工程”，对大学生实施免费技能培训，全面提升其就业能力和综合素质。启动万名大学生见习计划，建立大学生就业见习岗位8235个，安置就业见习大学生4149人。同时，充分利用劳务品牌影响，大力发展有组织的劳务输出，2009年全年共转移农村富余劳动力14万人次。6月19日。温家宝总理视察唐山人力资源市场并给予充分的肯定。

4. 金融市场。截至2009年底，全市共有银行业金融机构1160个，从业人员1.7万人。其中，市级银行业金融机构共6大类13家，分别是：政策性银行1家（农发行）、国有商业银行4家（工行、农行、中行、建行）、股份制商业银行3家（交行、中信、渤海）、城市商业银行3家（唐山、河北、天津）、农村信用社1家和邮政储蓄1家。光大、华夏、浦发银行已经获准筹建；招商、民生、深发展等银行正在进行筹建前期的准备工作。外资银行方面，已在河北省设代办处的汇丰银行正在唐山、石家庄之间进行比选。

保险公司33家，其中：财产险公司19家，人寿险公司14家，共430个分支机构。生命、阳光、百年保险公司已获准筹建，将于近期开业；国华、信诚保险公司将于年内进驻唐山。中编办批准保监会在全国5个地级市开展设立保监分局试点，唐山是其中之一，唐山保监分局即将挂牌成立。河北地方财产保险公司也将在唐山注册。

证券公司4家，分别是：河北财达、天源、广发、国泰君安。共20个营业部，其中：河北财达证券17个营业部，天源、广发、国泰君安证券各1个营业部。民生、中信证券公司即将进驻。期货公司4家，分别是：河北恒银期货经纪有限公司、民生期货、北京中期、中辉期货公司，各1家营业部。天富期货、中钢期货即将进驻。

（曹林风　李　洋）

纳税前十名商业企业

2009年唐山市国税零售业纳税前10名

序号	纳税人名称	行业	税额（元）
1	13022376664554X	河北通菱汽车销售服务有限公司	61506367.76
2	13020310479495X	唐山百货大楼集团有限责任公司	49348421.78
3	130203601137088	中国石油化工股份有限公司河北唐山石油分公司	29307240.18
4	130202785746450	唐山市冀东之星汽车销售服务有限公司	20153633.67
5	130202601283405	唐山华盛超市有限公司	14556075.08
6	130202750298918	唐山市冀东乐业汽车销售服务有限公司	12315951.41
7	130202740192722	唐山冀东丰田汽车销售服务有限公司	11488556.99
8	130203601084369	唐山百货大楼集团八方购物广场有限责任公司	11326002.75
9	130223601094954	中国石油化工股份有限公司河北唐山坨子头石油分公司	10186746.98
10	130202700728932	河北省唐津高速公路管理处服务区	10001246.30

2009 年唐山市国税批发业纳税前 10 名

序号	纳税人名称	行业	税额（元）
1	130203104744995	河北省烟草公司唐山市公司	324583632.98
2	130204601058187	河北省唐山市滦通商贸有限公司	81456304.63
3	13021260107374X	开滦（集团）有限责任公司煤炭运销经营部	70606981.20
4	130223746886581	庞大汽贸集团股份有限公司	55482065.03
5	130207758903588	唐山丰南国丰贸易有限公司	28102074.22
6	13020274686813X	河北永胜实业集团有限公司	28094492.28
7	130203104793041	河北钢铁集团矿业有限公司	22020219.27
8	130281700794753	遵化市石门物资回收有限公司	21032033.47
9	130225672075697	唐山秉坤商贸有限公司	19969191.70
10	130225601296871	乐亭县渤港物贸有限公司	18396527.49

（李　超）

2009 年唐山市地税零售业纳税前 10 名

序号	纳税人名称	计算机代码	入库税额 单位：元	税务登记证
1	庞大汽贸集团股份有限公司	022303255	62184150.00	130223198009201724
2	唐山百货大楼集团有限责任公司	10479495X	25371185.96	13020310479495X
3	迁安市马兰庄镇四方有限责任公司	105128270	11655284.41	130283105128270
4	唐山百货大楼集团北方购物广场有限责任公司	713165841	4742291.81	130208713165841
5	唐山百货大楼集团超级商场股份有限公司	104364271	4557680.14	130203104364271
6	河北省唐津高速公路管理处服务区	700728932	4479956.73	130202700728932
7	中国石油化工股份有限公司河北唐山石油分公司	601137088	4458735.55	130203601137088
8	唐山建设物资有限公司	104763766	3171457.30	130202104763766
9	迁安市立信实业有限公司	601072181	3165005.84	130283601072181
10	唐山市四联汽车贸易有限公司	601204340	3107601.38	130211601204340

（赵轶秋）

住宿餐饮

【概况】 2009年，住宿与餐饮零售额超过140亿元，同比增长22.7%。唐山大唐凤凰园餐饮娱乐有限公司、鸿宴饭庄、明星饭店、玉田三星宾馆、遵化老兵尼特餐饮公司增长突出。全市饮食文化硕果繁多。在全国第六届烹饪大赛决赛、第十九届厨师节、第十届美食节暨第八届国际美食博览会上荣获团体金牌1块，有40人荣获单项金牌、金奖、中国烹饪（服务）大师称号。

【饮食文化展演获殊荣】 10月19日组织全市200名餐饮业人员参加在天津举办的第十届美食节暨第八届国际美食博览会。大唐凤凰园餐饮有限公司董事长董瑞平、玉田三星大酒店董事长王瑞忠荣获"中国杰出餐饮人奖"。徐福芹荣获"中国名厨白金奖"。王铁军、方海威分别荣获"中国名厨奖"；鸿宴饭庄的"煨肘子"、"官烧目鱼"荣获"中华老字号百年名菜"奖。组织参加全国第六届烹饪大赛决赛，鸿宴饭庄荣获团体金牌，刘劲飞、李照玉、李杰分别荣获单项金牌。组织百名厨师参加全国第十八届厨师节，温建国荣获中华名厨金鼎奖。

【餐饮职业技能得到提升】 坚持把改善民生工作放在更加突出位置，加强餐饮职业技能培训，努力提高从业人员素质。一是深入基层协助企业培训员工技能562人次，119名员工考取中级职业技能证书。二是与唐山市民宗局联合举办唐山市清真餐饮业兰州拉面大赛，促进清真餐饮从业人员职业技能的提升。三是组织吴国印等餐饮从业人员参加中国烹饪（服务）大师的认定。全市30人全部通过专家认定，取得中国烹饪（服务）大师的称号。四是组织烹饪技术人员分别到唐山电视台、唐山广播电台或深入街道、农村向居民宣传健康饮食知识，传授烹调技艺，帮助唐山市民树立科学饮食观，提高唐山人民幸福指数。

（侯军亚 胡建军）

娱 乐

【概况】 全市文化市场经营单位共1521家。其中，音像制品经营单位526家，互联网上网服务营业场所569家，歌舞娱乐场所367家，营业性演出单位59家（营业性演出团体50家；营业性演出场所5家；营业性演出经纪机构4家）。据统计，2009年全市文化经营资产总额5.3亿多元，上缴利税近7000万元，安排就业8000多人。

【市场管理】 全市文化市场管理人员198人，负责全市19个县（市）、区文化市场的管理、稽查工作。2009年组织集中行动5次，共出动检查人员1.5214万人次，检查音像经营单位1.0598万家（次）、检查互联网经营单位1.2714万家（次）、检查娱乐经营场所9216家（次）、检查演出经营单位210家（次）。全市各级文化部门执法人员在行政执法过程中，严格依法对违法经营活动予以处罚，查处违规网吧118家（次），停业整顿19家（次），暂扣计算机及网络接入设备130余台（件），行政处罚26家，罚款25万余元，收缴非法音像制品14万余张（盒），取缔非法游商地摊80家（次）。

（马佳杰）

拍卖 典当

拍 卖

【概况】 2009年，全市召开拍卖会205场，拍卖总成交额达8.63亿元，平均增值率10.99%。截至年底，全市有拍卖行32家，企业员工368人，具有拍卖业资格证书人员89人，注册拍卖师46人，其他专业技术人员55人，拍卖行业的整体素质得到提高。

唐山市拍卖行业企业一览表

序号	企业名称	企业住所	成立时间
1	唐山市拍卖行	唐山市长宁道334号	1992年2月
2	河北公正拍卖行	唐山市南新道常泰综合楼	2000年7月
3	河北正大拍卖行	唐山市学院路36—10	2000年12月
4	河北润泽拍卖行	唐山市学院路33号	2002年4月
5	唐山冀东拍卖行	唐山市北新西道2号	2003年4月
6	河北海兆拍卖行	唐山市龙泽北路75号	2002年8月
7	河北金宇塔拍卖行	唐山市华岩路57号	2004年1月
8	河北金锤拍卖行	唐山市新华西道116号3层	2004年3月
9	河北万诚拍卖行	唐山市北新西道72号	2004年4月
10	河北翰海拍卖行	唐山市复兴路和平街	2004年3月
11	唐山东方拍卖行	唐山市新华西道65号	2004年12月
12	河北达成拍卖行	祥云道祥云宾馆4层	2005年1月
13	河北金佳信拍卖行	唐山市建设北路107号	2004年12月
14	河北天响拍卖行	唐山市丽景琴园N座2—102	2001年12月
15	河北云朗拍卖行	唐山市丰南区政府招待处	2006年1月
16	唐山泳甪拍卖行	唐山市新华步行街—号	2006年6月
17	唐山浩正拍卖行	唐山市新华步行街3—9号	2006年8月
18	唐山利成拍卖行	唐山市学院路国安街军事管理区大院	2006年9月
19	唐山海华拍卖行	唐山市新华西道116号1层	2006年5月
20	唐山利众拍卖行	唐山市西电路14号	2004年12月
21	唐山中宇拍卖行	唐山市西电路18号	2006年12号
22	迁安正诚拍卖行	迁安丰安大路东侧	2006年12月
23	唐山金鑫拍卖行	唐山市路北区裕华道4—30号	2008年8月
24	唐山红柏拍卖行	唐山市新华东道79号	2008年8月
25	唐山浩海拍卖行	唐山市光明宾馆	2008年8月
26	河北鼎盛拍卖行	唐山市建华西道31—11	2008年8月
27	唐山金德拍卖行	唐山市北新西道38—21号	2008年8月
28	唐山兴华拍卖行	路北区新立庄甲区7排7号	2008年8月
29	唐山辰雨拍卖行	唐山市新华西道116号（金融大厦）	2008年8月
30	唐山恒城拍卖行	遵化市文茂大街11—2—102	2009年
31	唐山永大拍卖行	唐山市大里路	2009年
32	唐山鼎盛拍卖行	唐山市新华道	2009年

典　当

【概况】　2001年全市第一家典当行——海华典当有限公司成立。2009年，唐山市共有典当行（包括分支机构在内）48家。其中市中心区28家、迁安市5家、遵化市3家、丰润区3家、唐海2家、乐亭2家、迁西1家、滦南1家、丰南2家、古冶1家。从业人员500多人。全市典当行注册资本总计为8.85亿元，占全省典当行业注册资本总额的36.8%。上半年典当总额16.5亿元，比上年同期增长72.13%，全年典当总额26.88亿元，企业综合收入3828.8万元，利税2266.38万元。典当总额超过5000万元的有12家，超过亿元的有6家。典当行业规模在全国名列前茅。

唐山主要典当企业一览表

序号	企业名称	企业住所	成立时间
1	唐山海华典当行	唐山市新华西道116号金融大厦1层	2001年12月
2	唐山利众典当行	唐山市西电路14号	2002年6月
3	迁安融信典当行	迁安市燕山大街北口	2002年6月
4	唐山恒源典当行	唐山市龙泽北路53号	2003年3月
5	唐山亨达信典当行	唐山市大里路123号	2003年3月
6	唐山同瑞典当行	唐山市大里路天元底商200号	2003年3月
7	唐山天益典当行	唐山市西电路14号	2005年2月
8	唐山融益典当行	唐山市龙泽北路275号	2005年6月
9	唐山佳信典当行	唐山市高新区建设北路107号	2005年6月
10	唐山金德典当行	唐山市北新道金色家园38—21号	2005年6月
11	唐山众力典当行	唐山市丰润区团结路11号	2005年6月
12	唐山大昌典当行	唐山市唐丰路19号	2005年6月
13	唐山红柏典当行	唐山市新华东道79—1号	2005年6月
14	唐山荣昌典当行	唐山市大里路171号天元底商127楼底商	2005年6月
15	唐山光大典当行	唐山市长宁道时代花园底商331号	2006年2月
16	唐山鼎旺典当行	唐山市卫国路50号	2006年2月
17	唐山春兴典当行	唐山市古冶区交通岗北	2006年2月
18	唐山泰和典当行	唐山市丰南区青年路55号	2006年7月
19	唐山信佳典当行	唐山市建华西道31—6	2006年12月
20	唐山锦融典当行	唐山市开发区火炬路101号	2006年12月
21	唐山金信典当行	唐山市滦县新城燕山大街中段	2006年12月
22	遵化银通典当行	遵化市北二环西路161号	2006年12月
23	遵化诚信典当行	遵化市文化大街	2006年12月
24	迁安卓翊轩典当行	迁安市丰乐大路西侧	2007年11月
25	唐山众邦典当行	开发区宏扬花园D10—5号	2008年11月
26	唐山世宇典当行	唐山市开平区新苑路84号	2008年11月
27	河北华融典当行	建设路世纪广场红星里商贸大楼C3—C4	2008年11月
28	唐山银座典当行	唐山高新区火炬路101号	2008年11月

29	唐山金源典当行	唐海县垦丰大街海韵花园底墒90—10号	2008年11月
30	唐山力兴典当行	丰润浭阳西大街中段	2008年11月
31	迁安恒通典当行	迁安市新冷大路东侧	2008年11月
32	迁安瑞丰典当行	迁安市钢城东路帝景豪亭西侧高铺77号	2008年11月
33	唐山瑞昌典当行	唐山市高新开发区火炬路89号	2010年2月
34	唐山嘉福典当行	唐山市路北区鹭港商业房	2010年2月
35	唐山融丰典当行	唐山市天元里兴源道商业129号	2010年2月
36	唐山财盛典当行	唐山市路南区新华西到98号	2010年2月

（王东生）

现代物流

【概况】 2009年唐山市成为北京、上海、天津等46个“全国流通领域物流示范城市”之一。开滦国际物流集团、海港远大物流集团分别位列全国物流百强企业第九名、第六十九名，被中国物流与采购联合会评为5A级物流企业。北方物流被评为4A级物流企业。在第七届中国物流企业家论坛暨2009中国物流企业年会上，开滦物流集团执行董事李敏被评为2009年“中国物流十大年度人物”。海港开发区河北远大物流集团被中物流与采购联合会命名为“中国物流示范基地”。物流基础设施不断完善。全市公路通车总里程1.3215万公里。县（市）、区均有二级以上公路连接，行政村实现村村通油路（水泥路）。境内拥有京山、京秦、大秦三条铁路干线，迁曹、滦港、唐遵、汉南等支线和地方铁路，唐钢、开滦等72条企业专用线，营业总里程786公里，铁路网密度5.83公里/百平方公里，是全国铁路网密度较高的地区之一。京唐港区和曹妃甸港区建成各类生产性泊位31个。其中，万吨级以上泊位28个，码头岸线长度7880米，年综合通过能力1.23亿吨/20万标箱。重大物流项目建设步伐加快。2009年全市申报省重点物流项目14个，总投资59.7615亿元。其中在建项目6个，总投资12.8615亿元；谋划项目4个，总投资28亿元。开滦物流、唐山北方物流、远大物流、渤港物流、和平钢铁物流等一批重大项目建设积极推进。

【成立领导小组和办事机构】 2009年唐山市政府成立唐山市现代物流业发展领导小组和办事机构。于山副市长为组长，政府副秘书长邢京林、商务局长王志军、发改委副主任王洪胜为副组长。商务局、发改委、工业和信息化局、财政局、交通运输局、国土资源局、规划局、工商局、国资委、国税局、地税局、粮食局、农牧局、邮政局速递物流公司、出入境检验检疫局、统计局、科技局、质监局、唐山海关、交警支队等20个单位相关负责人为领导小组成员。唐山市现代物流业发展领导小组办公室主任由商务局局长王志军兼任。抽调5名同志具体负责物流办公室工作。职责是落实国家、省市物流产业方针政策，提出现代物流业发展政策措施，制定物流业发展规划并组织实施，推进重点物流园区、物流项目、物流企业建设与发展，协调各部门的物流工作，会同有关单位研究解决物流产业发展中的有关问题，收集推进物流产业发展的意见和建议，承办领导小组的日常事务工作。

【召开物流工作座谈会】 11月30日，召开全市物流工作座谈会，研究推进全市物流业的发展。市委副书记、市长陈国鹰在会上提出，要把现代物流业打造成全市主导产业和服务业的重要支柱，加快打造大型龙头企业集团，着力扶持中小物流企业、发展民营物流企业。加快物流企业的整合重组，推进大型工业企业实施物流分离和分包；引进国内外资本和资金，加快培育一批营业收入超10亿元、50亿元、100亿元的专业化、社会化及国际化的大型物流企业集团；狠抓物流园和物流项目建设，重点抓好曹妃甸物流园区、京唐港物流园区和空港物流园区，加强物流项目的谋划和建设。加大物流业招商引资力度，引进现代物流业态、先进的管理理念和技术，推动全市物流业大发展；强化组织领导，创造良好环境，建立全市物流统计核算制度，加强对物流的统计、分析和研究，更好地指导物流业的发展。

【筛选和推进物流产业重点项目】 全市筛选物流项目105个，总投资1132亿元。其中在建项目38个，总投资570亿元；谋划项目38个，总投资504亿元，前期项目29个，总投资58亿元。物流办公室积极督导项目单位的落实，争取中央省市政策支持，鼓励引导各类社会资金投入重点领域和重点项目。

（刘新立　胡建军）

会展业

【概况】 唐山市在1995年以前主要是举办一些小型的展销会和经贸洽谈会，自1995年举办“中日韩经贸洽谈会”和1996年举办“7.28经贸洽谈会”后，逐步出现高层次、高规格的经贸会议和展览。1996年至2009年全市共举办各类会展近200个。涉及行业包括陶瓷、房地产、汽车、工业装备、建材、服装、

冶金、安防、农业、食品、玩具等行业，参展企业万余家，参观客商千万余人次。截至2009年，唐山室内室外展览面积2.9万平方米（会展中心2.5万平方米，体育馆4000平方米），相关从业人员1000余人。2009年是会展经济大发展之年，全年共举办展会超过30个。

在唐山举办规模较大的品牌展会有唐山中国陶瓷博览会、唐山曹妃甸论坛、河北曹妃甸临港产业国际合作会议、唐山国际建筑材料博览交易会、河北省冶金工业展、中国北方工业装备（唐山）博览会、唐山国际汽车展、中国北方糖酒副食品展销洽谈会等。唐山中国陶瓷博览会已经连续举办十二届，成为在全国具备一定知名度的陶瓷专业展会，成为唐山的城市“名片”之一；首届举办的唐山曹妃甸论坛成为国际性以科学发展为主题的高层论坛；河北曹妃甸临港产业国际合作会议成为河北省招商引资的重要平台；河北省冶金工业展已经连续五年在唐山举办，逐步成为冶金行业的重要展会；唐山国际建筑材料博览交易会连续举办了三届，成果丰硕；唐山国际汽车展成为华北较有影响力的车展。

【第十二届唐山中国陶瓷博览会】 9月16日至20日，“唐山港之光”第十二届唐山中国陶瓷博览会在唐山市会展中心成功举办。十二届陶博会共有国内外的276家陶瓷及相关产品厂商到会参展，参展陶瓷达数十个系列、上千个品种，名牌名企比例达到70%以上。精美的陶瓷产品、高水平的布展设计、高品位的文化氛围，让众多中外宾客留连忘返，叹为观止。十二届陶博会到会客商和来宾5600多人，签订陶瓷贸易合同额30.2亿元人民币。其中，内贸成交合同额19.56亿元人民币，外贸成交合同额10.64亿元人民币。唐山市参展企业89家，共签订陶瓷贸易合同额16亿元人民币。各项数据均创历届最高水平。十二届陶博会呈现出六个方面的特点。

（一）国际化水平。借鉴国内外先进办展理念，邀请三家国外协办单位（意大利翁布里亚制造业联合会、韩国陶瓷技术院、印度—中国工商商会），并借助国外协办单位有针对性的吸引国外陶瓷企业和采购商来唐参会，共有10多个国家和地区的28家国际陶瓷企业参展。其中，日本TOTO、九谷烧、西班牙乐家集团鹰卫浴、摩纳哥先普卫浴体现了世界陶瓷工业的先进发展水平。（二）市场化运作。在办会模式上实现重大突破，按照“政府推动、市场运作、社会参与”的原则实行市场化运作模式。在调动企业积极性、发挥企业主动性、走向市场运作方面进行有益的尝试，取得良好效果。（三）短信服务。十二届陶博会期间推出的短信服务为企业提供全方位的导航，降低企业的参展成本。（四）登记制入场。在会展中心南馆首日和次日组织实行了观众登记制入场，获得良好反馈，参展企业普遍反映展馆内商务洽谈的环境更好，与专业采购商的洽谈更有针对性。（五）“网上视频直播”。与中国联通合作推出“网上陶博会”，陶博会全程网上直播在全国观众中反响热烈。（六）联合办展。唐山市政府与淄博市政府达成共识，实现资源共享，展位互换。两市联办陶博会扩大两地的交流与合作，实现互利共赢。

【会展经济快速发展】 唐山市贸促会、唐山市会展办公室加大对各类展会的支持力度，指导、扶持唐山会展业快速发展，展会数量较往年有大幅度提高，唐山全年举办展会数量已突破30个，办展主体和办展地点呈现多样化发展趋势。

（一）引导、协调现有展会扩大规模，提高档次。第五届唐山国际汽车展在往届举办的基础上共邀请参展品牌73个，覆盖范围更广，展览面积达到3.5万平方米，展会期间观众达18万人次，整车成交量1588台。已经连续举办三届的唐山国际藏獒展正在逐步成为国内同类展会中的领跑者。（二）根据唐山产业布局，吸引外部大型展览落户唐山。4月份引进环渤海16个港口城市及北京（16+1）旅游博览会。5月份引进举办河北省新型墙体材料与建筑节能产品展示暨新技术（设备）推广应用大会。（三）不断发现、培育办展主体，会展经济多样性发展。唐山市规划局、唐山市建设局主办唐山市城乡规划重点成果展，集中展示居住建筑节能新技术、新工艺、新材料、新产品（设备），突出展现唐山震后特别是近年来城市建设发生的巨大变化和城市规划发展的美好未来。唐山劳动日报社在抗震纪念碑广场主办的春节房展，燕赵都市报在多功能体育馆举办的房地产、汽车、家居联展，庞大汽贸在纪念碑广场举办的相约春天汽车展等一批展会无论从规模还是参观人数等方面都达到一定水平。

（孙良勇）

2009年各类展会统计表

展会名称	主办单位	协办或支持单位	承办单位	时间	地点	展会规模
唐山中国陶瓷博览会	中国国际贸易促进委员会 中国轻工业联合会 中国建筑材料工业协会 河北省人民政府	中国陶瓷工业协会 中国建筑卫生陶瓷协会 中国经济联络中心 韩国陶瓷技术院 意大利翁布里亚大区制造业联合会 印度中国工商会	唐山市人民政府 中国国际贸易促进委员会河北省分会	9月16日—20日	唐山国际会展中心	20000平方米

渤海港口城市旅游合作组织第五届年会暨2009环渤海16港口城市及北京（16＋1）旅游博览会	中国旅游协会旅游景区分会 环渤海港口城市旅游合作组织 河北省旅游局 唐山市人民政府			4月10日—12日	唐山国际会展中心	10000平方米
唐山市既有居住建筑节能改造“四新”推广大会	河北省建设厅 唐山市人民政府	住房和城乡建设部建筑节能与科学技术司 住房和城乡建设部科技发展促进中心		5月15日—16日	唐山国际会展中心	3000平方米
2009河北省专用车及零部件博览会暨河北省特种车交易会	河北省汽车工业协会			10月22日—24日	唐山国际会展中心	10000平方米
第五届唐山国际汽车展	中国国际贸易促进委员会河北省分会	河北省汽车工业协会 唐山市商务局 唐山市贸促会		5月28日—6月2日	唐山国际会展中心	30000平方米
北京春季服装展	北京非凡永成展览公司			3月13日—22日	唐山国际会展中心	3000平方米
远洋城汽车节	远洋城管理公司			3月1日—30日	远洋城内	3000平方米
第四届广东精品服装展	北京京华展览公司			3月27日—4月7日	唐山体育中心多功能体育馆	2000平方米
相约春天广场汽车节	庞大（原冀东）汽贸			3月28日—29日	纪念碑广场	8000平方米
2009春季奇石根雕玉器展	唐山市奇石协会			4月4日—13日	唐山体育中心广场	3000平方米
春季购物节	唐山百货大楼集团公司			4月1日—26日	人民广场	3500平方米
远洋城购物节	远洋城管理公司			4月1日—30日	远洋城内	15000平方米
蒙牛动力无限全国巡演活动	蒙牛公司			4月1日—30日	唐山市体育中心	1000平方米
大连春夏服装展	大连星海万成展览公司			3月28日—4月6日	唐山国际会展中心	3000平方米
IDO儿童基金粉红蝴蝶巡展	百货大楼集团公司			4月10日—28日	凤凰广场	1000平方米
农资新产品新技术推介会	河北省农业产业协会			4月18日	唐山多功能体育馆	3000平方米

唐山首届家居装饰文化节	广东星光装饰集团			4月18日—19日	唐山宾馆	3000平方米
2009中国唐山藏獒展	中国犬业协会 冀东獒园			4月18日—19日	唐山国际会展中心	10000平方米
唐山奇石玉器工艺博览会	唐山长宁道花卉市场			4月18日—5月3日	唐山长宁道花卉市场	3000平方米
唐山百货大楼25岁华诞百姓购物节	唐山百货大楼集团			4月25日—5月3日	百货大楼条式楼广场	20000平方米
房地产、家居、汽车联展	燕赵都市报			4月25日—26日	唐山多功能体育馆	7000平方米
大连夏季服装展	大连星海万成展览公司			5月1日—10日	唐山国际会展中心	3000平方米
苏沪杭丝绸展	上海时尚展览公司			5月1日—10日	唐山多功能体育馆	3000平方米
劳动日报房展	唐山劳动日报社			5月1日—10日	纪念碑广场	6000平方米
北京夏季服装展	北京非凡永成展览有限公司			6月6日—15日	唐山国际会展中心	3000平方米
2009唐山婚庆文化及用品博览会	唐山市婚姻家庭协会	唐山市民政局 唐山市团市委		8月22日—24日	唐山国际会展中心	3000平方米
中国名家（景德镇）艺术陶瓷展卖会	景德镇市工商业联合会			9月2日—20日	唐山国际会展中心	1000平方米
唐山旅游商品博览会	唐山市旅游局 唐山市奇石协会			9月26日—10月5日	唐山国际会展中心	6000平方米
大连秋季服装展	大连星海万成展览有限公司			9月26日—10月5日	唐山国际会展中心	4000平方米
芭比娃娃世界巡展	北京世界纵横文化传播有限公司			9月26日—10月12日	唐山国际会展中心	3000平方米
2009唐山市迎双节欢乐购车周	唐山市商务局			12月17日—21日	唐山国际会展中心	8000平方米
庞大冬季购车节	庞大汽贸			12月14日—17日	唐山多功能体育馆	5000平方米
中国北方糖酒副食品展销洽谈会	中国酒类流通协会 河北省工业经济联合会	华夏酒报社 河北燕赵资讯广告公司 河北省商务厅 中国商业联合会 中国诗酒文化协会	河北省酒糖副食流通协会 唐山市贸促会	8月18日—22日	唐山国际会展中心	

中国（河北）国际冶金工业博览会	河北省人民政府 中国国际贸易促进委员会 中国有色金属工业协会		唐山市人民政府 河北省贸促会 唐山市贸促会 河北省冶金行业协会 河北钢铁集团有限公司 兰格钢铁网	10月22日—24日	唐山国际会展中心	10000平方米
中国（唐山）建筑装饰材料及建筑机械博览会	国家贸促会建材行业分会 河北省贸促会 河北省建设机械协会 唐山市人民政府		唐山市贸促会、唐山东方会展经营有限公司	10月10日—12日	唐山国际会展中心	10000平方米
唐山春季房展	唐山市贸促会 唐山广播电视报	唐山搜房网	唐山风行蓝马广告有限公司	5月8日—10日	唐山国际会展中心	8000平方米

（谢山荣）

其他服务业

【概况】 一是连锁经营和特许经营扩大。着力推动华盛超市、百货大楼、冀东物贸、凤凰园美食城等连锁龙头经营企业建设连锁分店，重点发展特色连锁专业店、专卖店和便民连锁超市。以直营连锁为主，向特许连锁和加盟连锁发展。唐百大楼集团新增上万平方米门店2家，凤凰园美食城新增门店1家。二是扩大夜经济、丰富夜生活。全市中心区各大商超晚间营业时间延长至9：00，节假日延长至9：30，企业增加销售收入2.6亿元，利润2355.6万元。市民购物更方便。三是发挥引导资金作用。先后为丰南家万佳超市等14家典型商贸流通企业申请到唐山市服务业引导资金600万元，促进流通企业健康发展。

【商贸流通重点项目】 着力推进重大商贸流通项目建设，对全市重点商贸流通项目调查摸底，全市谋划商贸流通项目108个，总投资390亿元。省商务厅将新华大酒店新华文化广场项目列入重点支持项目。

【家政服务工程】 为认真贯彻落实国家、省实施“家政服务工程”，切实解决全市下岗职工和进城农民工就业问题，大力发展家政服务业。利用两个月时间培训人员897人，完成全市首批家政人员培训。并获得河北省补贴资金134.55万元。

【百城万店无假货示范店和示范街】 经过认真筛选、评估，全市向河北省推荐一条街（新街）和三个店（常记家居小山店、八方购物广场、凤凰园贵宾楼店）为省级年度百城万店无假货示范店和示范街。

【服务竞赛】 按照唐山市文明委“关于在全市开展文明服务、优质服务竞赛活动的实施方案”，从2009年7月至10月，积极组织全市商业服务窗口组织开展“文明服务、优质服务”竞赛活动。全市共有40家商业服务窗口单位参赛，在“文明迎论坛，环境大提升”百日推进行动中，唐百大楼集团、大润发超市成效显著，唐山市“文明迎论坛，环境大提升”竞赛活动简报多期予以宣传报道。

（侯军亚　胡建军）

对外贸易

【概况】 2009年是新世纪以来全市对外贸易最为困难的一年，企业出口难度加大、出口额急剧下降。市政府采取狠抓外贸经营主体培育、加大开拓国际市场力度、帮助企业防控收汇风险、推动信息电子商务平台建设，以及加强对进出口企业人员政策解读和业务培训等有力措施，稳外需，保增长。相继出台建立全省首个出口风险基金和出口信用保险支持办法等支持企业出口的优惠政策，对外贸易止跌回升。全年完成进出口总值60.96亿美元，同比下降33.7%。其中出口完成19.18亿美元，同比下降61.2%；进口完成41.77亿美元，同比下降2.5%。进出口总额和进口总额位居河北省第一。全市对外贸易总体形势为：出口先抑后扬，进口基本平稳。受国际金融危机影响，全市产品出口受阻，出口额同比大幅下降。上半年极度低迷，月出口额在1亿美元的水平上徘徊；下半年出口形势好转，月出口额保持在2亿美元以上水平。全年进口基本平稳，同比略有下降，主要是受进口铁矿砂价格下跌影响。铁矿砂进口32.0045亿美元，占全市进口总额的76.6%，同比下降11.4%，同比净减4.099亿美元。煤炭进口3.8137亿美元，占全市进口总额的9.1%，同比增长5.9倍；机电产品进口2.884亿美元（机械设备占54.8%），占全市进口总额的6.9%，同比下降15.5%。

唐山市2009年各月出口情况走势图

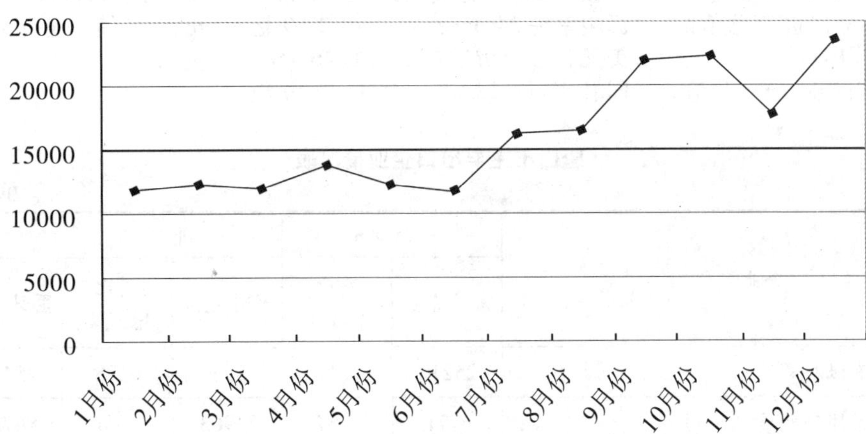

唐山市2009年各月进口情况走势图

单位：万美元

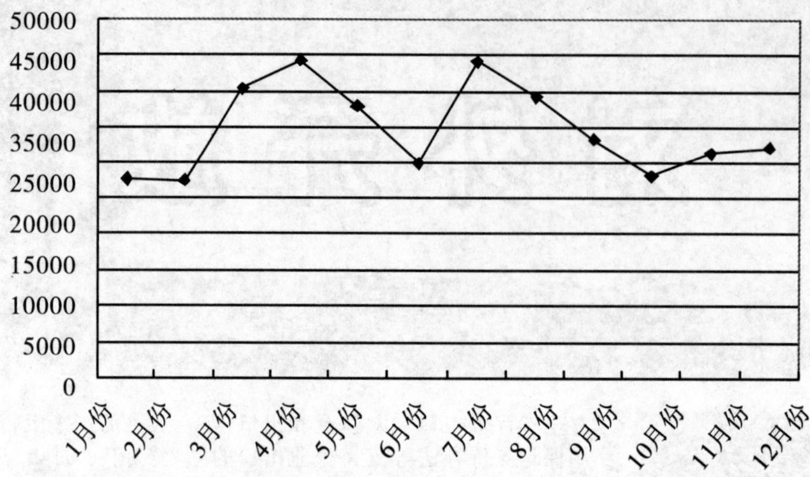

【进出口特点】 一般贸易出口大幅下降，进口略有增长。一般贸易出口14.4655亿美元，占全市出口总值的75.4%，同比下降67.2%；进口40.4778亿美元，占全市进口总值的96.9%，同比增长1.1%。来料加工贸易出口1747万美元，占全市出口总值的1%，同比下降60.6%；进口1400万美元，占全市进口总值的0.3%，同比下降57.7%。进料加工贸易出口1.8207亿美元，占全市出口总值的9.5%，同比下降17.5%；进口4259万美元，占全市进口总值的1%，同比下降13.7%。

国有企业出口降幅小于平均值，三资、民营企业进口增长，对外贸易经营主体进一步扩大。国有企业出口5.0899亿美元，占全市出口总值的26.5%，同比下降55.6%，同比净减额6.4123亿美元，对全市出口影响率为21.2%；进口12.4254亿美元，占全市进口总值的29.7%，同比下降30.3%，同比净减额5.4078亿美元，对全市进口影响率为685.1%。三资企业出口6.2702亿美元，占全市出口总值的32.7%，同比下降62.3%，同比净减额10.3633亿美元，对全市出口影响率为34.3%；进口19.2799亿美元，占全市进口总值的46.2%，同比增长23.8%，同比净增额3.7119亿美元，对全市进口贡献率为470.3%。民营企业出口7.8255亿美元，占全市出口总值的40.8%，同比下降63.3%，同比净减额13.4694亿美元，对全市出口影响率为44.5%；进口10.0696亿美元，占全市进口总值的24.1%，同比增长9.9%，同比净增额9066万美元，对全市进口贡献率为114.9%。

全年179家内资企业取得进出口经营资格，外贸经营主体的扩大支持了全市出口。其中81家企业有出口实绩，全年出口额5003万美元。

唐山市主要出口企业情况表

单位：万美元

出口名次	企业名称	出口		进口		进出口	
		累计完成	同比增减%	累计完成	同比增减%	累计完成	同比增减%
1	中材建设有限公司	25210	21	226	6278	25436	22
2	唐山钢铁集团有限责任公司	6771	-87	79963	-41	86734	-54
3	唐山中红普林集团有限公司	6415	-13	1807	-11	8222	-13
4	唐山中厚板材有限公司	6018	-75	0	0	6018	-75
5	唐山亚利陶瓷有限公司	5994	-20	183	-30	6177	-20
6	唐山国丰钢铁有限公司	5989	-90	92581	40	98570	-21
7	河北津西钢铁股份有限公司	5808	-68	52203	23	58011	-4
8	河北津西型钢有限公司	5757	70110	16	0	5773	70302

9	唐山梦牌瓷业有限公司	5418	14	80	-64	5498	11
10	唐山三友集团兴达化纤有限公司	4271	133	5410	24	9681	56
11	唐山三友化工股份有限公司	4189	-21	80	-6	4269	-21
12	唐山惠联建筑陶瓷有限公司	4011	43	18	466	4029	43
13	唐山中陶实业有限公司	3441	-28	0	-16	3441	-28
14	唐山市宏忠钢铁有限公司	3181	-85	0	0	3181	-85
15	唐山晶源裕丰电子股份有限公司	2889	-4	332	-69	3221	-21
16	考伯斯（中国）炭素化工有限公司	2463	-17	17	3974	2480	-17
17	唐山惠达陶瓷集团进出口有限公司	2234	1029	0	0	2234	1029
18	唐山市华通线缆制造有限公司	2181	-17	1065	3594	3246	22
19	唐山三友国际贸易有限公司	2178	-77	2079	-39	4257	-67
20	唐山陶瓷集团进出口有限公司	1930	-38	0	-98	1930	-38
21	唐山来源金属制品有限公司	1650	26	9	-46	1659	25
22	NGK 唐山电瓷有限公司	1557	15	1045	29	2602	20
23	唐山惠达陶瓷（集团）股份有限公司	1457	-75	16	-93	1473	-75
24	唐山嘉禾伟业商贸有限公司	1411	-75	0	0	1411	-75
25	唐山钢铁设计研究院有限公司	1386	-64	0	0	1386	-64
26	唐山鸿蕴塑料制品有限公司	1326	-16	504	-19	1830	-16
27	唐山市丰润区天明商贸有限公司	1299	-73	0	0	1299	-73
28	唐山哥华泵业有限公司	1234	-25	3	0	1237	-25
29	唐山市宇通进出口公司	1118	0	3	0	1121	0
30	唐山市丰南区鼎新蔬菜出口加工有限公司	1113	-10	0	0	1113	-10
31	唐山佳源贸易有限公司	1093	-84	0	0	1093	-84
32	唐山华丽陶瓷有限公司	1084	67	8	-84	1092	57
33	中冶恒通冷轧技术有限公司	1051	-94	48	0	1099	-93
34	唐山华天成陶瓷制品有限公司	1033	9	2	-56	1035	9
35	唐山金生机能材料有限公司	1005	-20	5	220	1010	-20

钢铁产品出口对全部产品出口下降影响率近90%。(1) 钢铁产品出口4.6017亿美元，占全市出口总额的比重由上年的63.6%骤降至24%，同比下降85.4%，同比净减额26.8185亿美元，对全市出口下降影响率达88.6%。主要钢铁企业出口均大幅下降。2009年全市出口的钢铁产品全部是钢材，主要是：板材、角钢、型钢、棒材、线材等。(2) 各类陶瓷产品出口3.4923亿美元，占出口总额的18.2%，同比下降20%，同比净减额8753万美元，对全市出口下降影响率为2.9%。(3) 各种机电产品出口5.2508亿美元，成为全市外贸出口的第一大类产品。占出口总额的27.4%，同比下降15.4%，同比净减额9569万美元，对全市出口下降影响率为3.2%。(4) 农副产品出口1.1739亿美元，同比下降12.9%；服装及衣着附件出口1.2864亿美元，同比下降15.2%；纯碱出口6224万美元，同比下降33.1%。

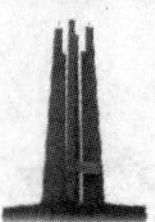

唐山市主要产品出口情况及影响率

单位：万美元

主要产品名称	累计出口	占比	同比	净减额	影响率
钢铁产品	46，017	24.0%	-85.4%	268，185	↓88.6%
机电产品	52，508	27.4%	-15.4%	9，569	↓3.2%
陶瓷产品	34，923	18.2%	-20.0%	8，753	↓2.9%
农副产品	11，739	6.1%	-12.9%	1，740	↓0.6%
服装及衣着附件	12，864	6.7%	-15.2%	2，313	↓0.8%
纯碱	6，224	3.2%	-33.1%	3，084	↓1.0%
其他产品	27，581	14.4%	-24.2%	8，807	↓2.9%
合　计	191，856	100.0%	-61.2%	302，451	100.0%

进出口范围分析。产品出口到167个国家和地区，遍及世界各大洲。主要为亚洲、北美洲和欧洲。其中对亚洲国家和地区出口10.0128亿美元，占出口总额的52.2%；对北美洲国家和地区出口3.269亿美元，占出口总额的17%；对欧洲国家和地区出口3.2563亿美元，占出口总额的17%。出口前五位的国家是：韩国3.5144亿美元，同比下降75.4%，同比下降额为10.761亿美元，占全市下降总额的35.6%；美国2.9224亿美元，同比下降18.2%；日本1.161亿美元，同比下降37%；意大利8164万美元，同比下降72.9%；叙利亚6726万美元，同比增长328.9%。

全市由58个国家和地区进口产品。进口前五位的国家是：澳大利亚21.3299亿美元，同比增长20.6%；巴西8.8183亿美元，同比增长18.8%；印度2.9832亿美元，同比下降66.1%；日本2.1003亿美元，同比增长41.9%；南非1.6064亿美元，同比增长73倍。以上五个国家，除由日本进口的主要是机电产品外，其他各国大部分是铁矿砂。

【机电产品进出口】 市场不断拓宽。全市机电产品有双边贸易的国家和地区144个，欧亚占全市机电产品的3/4，对亚洲的机电产品双边贸易4.3894亿美元，同比增长20.62%，对欧洲的机电产品双边贸易为1.9582亿美元，同比下降38.97%，占全市机电产品双边贸易的78.03%。机电产品出口世界六大洲141个国家和地区，主要出口为亚欧非市场，占全市机电产品出口的86.60%；对叙利亚、匈牙利、尼日利亚、塞浦路斯、香港和摩洛哥六个国家和地区机电产品出口迅猛增长，出口叙利亚5.8282亿美元、匈牙利4523万美元、尼日利亚3788万美元、塞浦路斯3202万美元、香港2036万美元、摩洛哥1414万美元。对大洋洲市场实现零的突破，出口1万美元。全市进口机电产品的国家和地区31个，主要集中在亚欧北美三大市场，亚洲、欧洲和北美洲市场进口分别为1.9595亿美元、7644万美元和1599万美元；进口的主要国家和地区为日本、德国、美国和意大利，四国占全市机电产品进口的九成。

出口企业增加。全市有机电产品进出口实绩企业279家，同比增加89家。其中超百万美元进出口企业86家，进出口7.6948亿美元，占进出口额的94.59%；机电产品出口实绩企业233家，同比增加69家，其中超百万美元的企业66家，出口4.8540亿美元，占全市机电产品出口额的92.44%；机电产品进口有实绩的企业87家，同比增加37家，其中进口超百万美元的企业29家，实现机电产品进口2.7795亿美元，占全市机电产品进口的96.38%。全市机电产品出口品种由年初194种发展到449种，增加255种，其中超百万美元的品种91种；进口品种358种，其中超百万美元的品种53种。

【为企业服务】 抓出口基地建设，帮助企业提升企业核心竞争力，在培育创建企业自主品牌上下功夫。全市获得"河北出口名牌"、"河北畅销名牌"、"中国出口名牌"等13个品牌，培育外贸出口的后续发展力，促进全市对外贸易健康持续发展。为扩大出口主体，推动全市企业与国际接轨进程，指导更多的企业开展自营进出口业务，为179家企业办理对外贸易经营者备案登记，为301家企业办理进出口经营权的变更手续，确保这些企业的业务开展。

为让进出口企业及时了解新政策和进出口业务，组织召开9期对外贸易政策业务培训班，对全市进出口企业和各县市（区）商务局的主管领导和处室负责人及工作人员进行培训，参加培训人员1350人次。力促企业家们到高等院校进行深造，有18家大企业的厂长经理参加培训。

携手全球成功的商务网站阿里巴巴网站联合举办电子商务论坛，就全市外贸出口企业如何更好地使用电子商务平台，开拓国际市场进行深入探讨。在高新技术开发区等6个县区推动电子商务平台建设，政府免费为企业搭建平台进行宣传推广。全市200家出口企业进行网上出口贸易，实现贸易额超过1亿美元。2009年被商务部中国国际电子商务中心评为全国市级电子商务先进单位，在全国市级单位排位第19位。

【贸易洽谈成效显著】　构筑贸易促进国内外综合展览会平台、国内外专业展览会平台、国际跨国采购平台、恳谈会平台和电子商务平台。成功组织相关企业参加第105、106届广交会及日本食品展、俄罗斯建材展、德国科隆五金展、美国五金工具展、中东迪拜国际展、中国（上海）国际跨国采购大会。组织全市企业参加河北省对俄蒙贸易合作恳谈会、日韩贸易对接洽谈会等15个境内外展会，组织全市进出口企业与巴西戈亚斯州代表团、美国加州代表团进行贸易对接洽谈。成功举办全市企业与国外采购商100人的对接洽谈暨招待酒会，促进国外采购商与全市企业的贸易往来。展会拥有展位210个，参展人员1200人，发放样本、光盘8万册套，实现贸易成交额5亿美元。

（崔晓强　魏　群　胡建军）

国际经济合作

【概况】　大力发展以海外并购科技型、资源型企业为主的境外投资和对外承包工程、劳务输出，克服世界经济低迷不利影响，外经工作在逆境中呈现出快速增长的良好发展态势。全市对外承包工程与承包劳务营业额5.3亿美元，同比增长37.4%，外派劳务3160人次，同比增长16.1%，期末在外人数4599人。新批境外投资项目7个，增资项目1个，中方投资额5942.3万美元，同比增长126%。签约和在执行的对外承包工程和劳务合作项目共有22项，涉及19个国家和地区。大项目数量持续增多，新签和在执行的5000万美元以上大项目11项。有意向境外投资项目20项，投资总额1.7788亿美元，涉及16个国家和地区。

【外经工作特点】　一是境外投资从一般性投资向更高层次的跨国并购迈进。正元国际印刷包装有限公司出资712.9万美元并购正元戴尔特印度私人有限公司71.29%股权项目，是全市企业对外直接投资的新亮点。开滦能源化工股份有限公司设立加拿大中和有限责任公司，对加拿大境内的煤炭资源参股、并购。唐山市曹妃甸投资有限公司通过协议收购Emcore香港公司约60%股份方式达到并购Emcore光纤业务资产的目的。这些并购案例为全市企业开展境外投资打开一条新路径，是全市企业走出去向更高层次迈进的重要标志。二是企业“走出去”成为扩大对外贸易的重要拉动力。对外承包工程作为货物贸易、技术贸易和服务贸易的综合载体，带动大量国产设备、材料、技术出口和劳务输出，促进国内建筑、制造、运输、金融等多个相关行业发展。中材建设有限公司、中冶京唐建设有限公司、唐山钢铁设计研究院有限公司、唐山信德锅炉集团有限公司等4家外经企业对外承包工程带动出口2.2752亿美元，占全市出口总额15.1%，其中带动成套设备出口2.0616亿美元，占全市机电产品出口总额47.7%，为保持全市对外贸易稳定做出贡献。通过对外承包工程和劳务输出，为2953人提供就业，年均增加居民收入2亿元。三是境外资源开发势头强劲。百年不遇的国际金融危机导致全球各类资源价格暴跌，为有实力的企业开展境外资源开发带来前所未有的机遇，唐山企业明显加快这方面的步伐。开滦能源化工股份有限公司、唐山弘仁实业集团有限公司、蔡园镇铁矿、唐钢集团、唐山汇力科技有限公司和河北津西钢铁集团股份有限公司等一批境外资源开发项目获批。河北远大基业实业集团有限公司投资老挝、马来西亚各2000万美元开发铁矿石项目，唐山海华实业有限公司投资朝鲜1亿美元的铁矿金矿项目正在积极运作。四是对外承包工程保持较快发展。一批门类齐全、施工能力强、专业水平较高、项目管理和项目运作较好的企业脱颖而出，业务遍及五大洲50多个国家和地区。中材建设有限公司的叙利亚4.8824亿美元项目、尼日利亚2.7540亿美元项目、阿塞拜疆2.3942亿美元项目等一批5000万美元以上的大项目相继开工建设，对全市完成5亿美元营业额起到重要作用。芦台农场援助贝宁的农业项目进展顺利。

【组织和推介企业参加国内外知名展会】　组织200家企业参加高交会、大连软交会、东盟博览会等大型展会。唐山权达环保型煤有限公司秸秆炭化项目在第六届东盟博览会上倍受国内外客商关注，成为东盟会上的一大亮点，分别与印尼、柬埔寨签订合作意向，中方投资总额达9380万元人民币，是唯一代表河北省企业在大会上签约的项目。唐山华洋公司在高交会上分别与武汉、上海、深圳等企业签订4份合同。借助高交会窗口，自主研发的工业应用领域产品开始融入世界，并与土耳其、香港等5家公司签署战略合作协议。

【为企业排忧解难】　通过组织外经业务培训班、深入企业宣讲、印发文件等形式，使企业熟知国家相关政策。为争取更多支持资金，派专人协助唐山钢铁集团有限公司、曙光水泥厂、唐山钢铁设计研究院等企业申请资金4000万元。成功调解3起外派劳务纠纷，既保护劳务人员的合法权益，又使企业减少损失，排除企业的后顾之忧。唐山曙光实业集团有限公司与其派往马达加斯加的三名劳务人员发生劳资纠纷，在外交部、商务部、省商务厅和中国驻马达加斯加使馆的高度关注下，经多方协调、连续奋战，10天时间就妥善解决。利用4个月时间，联合公安、工商、外事、海事等七部门对全市非法和违法违规的外派劳务行为进行全面排查、清理、整顿。起草下发《实施方案》和《应急预案》，出动车辆210台次、人员1100人次，走访调查企业208家，发放宣传资料6200份，查纠违规行为2起，外派劳务市场秩序进一步规范。按省厅要求坚持做好H1N1流感防控工作，对来市商务活动的外籍人员、回国劳务人员做到定时上报情况和有效防控。

【全力支持重点项目】　开滦能源化工股份有限公司在加拿大中和投资有限公司是唐山市目前最大的境外资源投资项目，注册资本和总投资均为4000万美元，全部以现汇投入，境外企业经营年限20年。投资公司的设立意在后期实施对加拿大现有煤炭企业的并购，由于投资金额大、投资项目类别特殊，且项目材料准备繁琐、审批环节多、时间长。对此项目专门组成服务队，在充分与企业沟通的基础上，从国别政策、材料准备、部门协调、法律法规的适用、项目材料的呈报等多方面提供周到的服务，使该项目在最短时间内一次通过审批。

（吴振勇　胡建军）

招商引资

【概况】　2009 年，针对国际金融危机直接影响国内合作项目的进展，一批在谈大项目相继暂缓投资，对内开放形势非常严峻的局面，全市不断加大开放工作的推动力度，努力克服金融危机的不利影响：一是强化招商队伍建设，把招商办从商务局分离出来，实行独立办公，从全市选调 150 名优秀干部，作为项目代办员，加强对项目的督导力度。二是举办一系列重大招商推介活动，在认真参加省政府举办各项大型招商活动的同时，针对南资北移发展的态势，组织赴珠三角、长三角的大型招商活动，成功举办第四届海峡两岸企业发展与合作论坛、第二届曹妃甸临港产业合作会议。签订内资项目 24 个，总投资 311 亿元人民币，协议引进资金 286 亿元。三是抓住省政府大力发展开发区经济的政策机遇，实现高新、海港、南堡、丰南四个开发区扩区发展，扩区总面积达到 54 平方公里。四是加强工作调研和调度。市政府多次召开调度会，多次组织发改、商务、招商等相关部门深入基层和企业，帮助企业解决实际困难。全年全市超额完成 235 亿元目标任务，实际引进省外资金 239.2 亿元，比上年增长 13.0%。实际利用外资 7.97 亿美元，比上年下降 7.7%，其中外商直接投资 7.93 亿美元，下降 5.2%。全年批准外商投资合同 24 项，合同总金额 15.2 亿美元，增长 76.7%；合同外资额 4.65 亿美元，增长 55.2%。商务局以面对跨国公司对外投资紧缩的严峻形势，服务投资贸易促进工作为主线，创新工作方式，提高工作效率，全力推进外资项目的落地。全市全年新批外资项目 25 个。其中：投资总额 3000 万美元以上项目 10 个。新批投资总额 9.2 亿美元，同比增长 223.8%，注册资本 4.03 亿美元，同比增长 225.3%，合同外资 3.3 亿美元，同比增长 285.4%。

【全力推进外资重大项目落地】

唐山香格里拉酒店是香港嘉里集团在河北唯一按五星级标准设计的酒店。但外资房地产属国家宏观调控行业，尤其是外资高档地产属于限制类，需经省发改委核准、商务厅审批、商务部备案。对此商务局高度重视，成立专门报批服务队，反复与省厅请示，协调发改、规划等审批部门，顺利通过商务部备案，为项目落地、开工节省大量时间，外资到位 3547 万美元。曹妃甸华润电厂项目是河北省 2009 年重点利用外资项目。审批发现在国家发改委 5 年的核准过程中，股东及股权结构有很大变化，香港华润集团内部因经营发展需变更曹妃甸华润电厂的实际出资者，且项目属外资关联企业并购需报商务部审批，审批工作非常复杂。为此，商务局从追溯外资并购法律的立法初衷入手，邀请省商务厅领导两次到商务部汇报，最终得到授权完成增加投资和股权变更的批复。外资到位 9000 万美元，为曹妃甸工业区重大利用外资的项目，对完成全省、全市引进外资任务发挥重要支撑作用。

【为投资主体提供贴身保姆式服务】

唐山—承德铁路（遵化南至小寺沟段）为全市第一个外资物流铁路建设运营项目，总投资 8500 万美元，合同利用外资 1530 万美元。投资方涉及市国资委下属企业，遵化、迁西国有和私营企业及港方 5 家。针对投资方对外资政策的理解偏差，解疑释惑，多次与投资者磋商，最终促成股东各方一致意见。路北区中大国际娱乐项目总投资 4390 万美元，合同利用外资 658 万美元。中方投资者的从业经历制约其对外资法律的理解和法律文件的制作，为此分管领导和外资处长亲自帮助起草全部法律文件，协助完成报批手续，外资到位 300 万美元。

【以市场换投资】　通过市政协主席张国栋的牵线搭桥，商务局及时跟进，成功引进世界 500 强排名首位的壳牌石油落户唐山市。期间，就公司纳税方式、办公地选址问题与市国税局、路北区政府沟通协调。积极协助向省商务厅主管部门汇报，与商务厅负责人到商务部跑办手续，壳牌获准进入唐山市成品油市场，项目投资总额 5 亿元。使全市成品油市场更多元化，有效促进产业的升级和用户的满意度。

（李晓辉　胡建军）

口　岸

【概况】　2009 年，唐山港两个港区完成货物吞吐量总计 1.7543 亿吨，同比增长 63.16%，列全国沿海主要港口第 12 位；其中外贸吞吐量完成 1.0151 亿吨，同比增长 88.84%；内贸吞吐量完成 7391.85 万吨，同比增长 37.49%。京唐港区吞吐量完成 1.0609 亿吨，同比增长 38.77%。其中外贸吞吐量完成 4302.1 万吨，同比增长 84.33%；内贸吞吐量完成 6307.87 万吨，同比增长 18.77%。完成内贸集装箱吞吐量 13.6621 万标准箱，同比增长 12.16%。曹妃甸港区吞吐量完成 6933.40 万吨，同比增长 100%。其中外贸吞吐量完成 5849.42 万吨，同比增长 92.30%；内贸吞吐量完成 1083.98 万吨，同比增长 100%。

【重要事件】　2009 年 1 月 23 日国务院正式批复唐山港曹妃甸港区对外开放，并为驻曹妃甸港区各查验单位增加编制 728 人，为港区口岸建设拨付补助资金 2975 万元。

5 月 27 日和 11 月 17 日，交通运输部两次批复同意延长曹妃甸港区临时开放期限至 2010 年 5 月 31 日。

5 月 5 日，曹妃甸港区国投煤码头一期工程五个泊位投入运营；8 月 6 日，曹妃甸港区一港池 101、102 号散杂货泊位通过口岸开放预验收；9 月 22 日，曹妃甸港区通用散杂货码头六个泊位开始重载试车。

4 月底，唐山市政府向省政府申请设立曹妃甸保税港区；5 月初，省政府研究同意后，向国务院提出

设立曹妃甸保税港区的申请。

2009年，通过对唐山市现有港口、机场的调研，和对新建口岸及现有口岸扩大、调整的分析，确定将唐山港丰南港区申报列入国家“十二五”开放规划。

（刘化冰）

海关

【概况】 2009年，唐山海关以优化海关监管服务、促进经济平稳较快发展为首要任务，忠实履行把关服务职责，保税收、优监管、提质量、促发展、强素质各项工作取得显著成绩，业务运行质量和效率持续向好，风正人和事业兴的局面不断巩固，各项事业保持良好发展态势。税收征管量创历史记录。全年征税入库首次突破百亿元大关，达101亿元，同比增长32.8%，人均税收（含缉私局）达到1.33亿元。

【业务运行高效规范】 通关效率稳步提高。在7×24小时全天候预约通关的基础上，优化通关作业流程，提升通关速度，全年进口报关单平均通关时效为5.16小时；出口报关单平均通关时效为0.17小时。分别比2008年缩短5.12小时和3.52小时。

监管能力不断加强。监管进出口货物首次突破亿吨，达到1.03亿吨，同比增长81.48%，进出口贸易总值93.6亿美元，其中进口货物86.8亿美元，同比增长93.04%，出口6.8亿美元，同比下降70.14%；审核货物报关单（接单）5520票，同比下降25.39%，其中进口2752票，同比增长4.52%，出口2768票，同比下降41.91%；监管进出境船舶3005艘次，同比增长42.69%；监管进出境运输工具服务人员5.9736万人次，同比增长82.14%；监管集装箱（标准）数量1.0002万标箱次，同比下降20.30%。征收船舶吨税1.2亿元。

减免税业务稳定发展。办理《进出口货物征免税证明》178份，审批货值2.29亿美元，依法减免税款2.86亿元人民币；减免税后续核查企业22家，补缴税款8家，税款总值2153万元人民币。

企业管理不断深化。全年注册企业181家，注销27家，注册报关员15人，评定A类企业36家，使唐山市A类企业总数达到51家，享受便捷通关服务的企业范围进一步扩大。

加工贸易监管能力进一步提升。全年共核发加工贸易手册174份，备案料件金额4204.86万美元；办理结案手册249份，内销征税共计377.66万元；审批保税货物深加工结转申请374份；审批货物出入保税仓库申请29份；验收出口监管仓库1家，转报保税仓库设立申请1份；征收风险担保金金额合计170.86万元，收取保函金额合计542.59万元。

后续监管扎实到位。开展稽查、核查作业12起，对滞期费、出口佣金涉及到的40多家企业开展自查，加大对改制企业减免税设备的后续核查力度，并按上级部署积极开展出口煤炭的价格核查，共计补税2326万元。

风险管理工作成效显著。落实风险绩效隔月通报制度，全年共完成风险快讯19篇，风险动态20篇，风险分析报告24篇，经验交流2篇。

打击走私能力进一步增强。完善打私职能，成立查私科，以打击涉税走私违规案件为重点，通过迅速、坚决、有力的打击，最大限度的挤压偷税违法活动的余地，最大限度的提升税收应收尽收的空间，实现以打促税的效果。积极建立与海事、边防等部门的沟通协调机制，达成合作意向，形成打私合力，更好的防范走私违法情势发生。全年行政受案1起，立案2起，调查终结4起，案值6400万元，涉税130万元，罚没入库56.1万元，补税80万元，完成协查任务10起。

【廉洁规范治关】 扎实推动行风建设，在干部作风建设年领导小组明察暗访中未发现不良情事。此外，结合“干部作风建设年”活动，扎实开展行风评议活动，召开民主质询恳谈会议，发放征求意见表70余份，广泛听取各界意见，民主评议行风工作再上新台阶。扎实开展党风廉政建设，组织关员观看《关口浪尖警示录》警示教育光盘和全国优秀廉政公益广告展播，同时邀请唐山市检察院同志作预防职务犯罪讲座，切实加强反腐败教育。深入推广HL2008海关廉政风险预警处置系统，对各业务执法过程实施及时监控，查找行政执法和廉政建设的薄弱环节及风险点，强化内部管理，防范堵塞漏洞，化解廉政风险和执法风险。认真开展普法宣传活动。年内累计开展专题法制宣传活动5次，累计制作横幅、展板17件，免费向企业及管理相对人发送普法宣传材料100余册。同时加强对关警员的普法教育培训活动。

实现档案规范化管理，顺利通过河北省档案工作目标管理评审委员会的考评，以99分直接升入河北省最高标准——省一级标准，实现唐山海关档案工作无级别的历史性突破。2009年唐山海关被评为2008年度民主评议行风先进单位。被唐山市委办公厅评为2008年全市党委办公厅室系统信息化工作先进单位。被唐山市档案局授予2008年唐山市档案工作先进集体称号。荣获开发利用档案优秀服务成果奖。被唐山市直机关工委授予唐山市市直机关2008年度创建现代文明机关先进单位荣誉称号。

【服务地方经济发展大局】 积极为京唐港区液体化工码头做好服务工作。召开业务协调会研究部署该码头涉及的海关监管和进口通关事务，并指定专人研究相关业务问题。派员赴监管场所现场讲解海关监管场所建设规范要求和海关监管通关注意事项。提前谋划相关监管事宜，制定监管通关操作流程，高标准、高起点建设监管场所，积极促成码头早日对外开放，并严格遵守服务承诺，积极为企业服务。

大力推行便捷通关措施，全面提高通关效率。以创建更加方便、快捷、高效、宽松和谐的通关环境为目标，按照“手续简便、流程清晰、通关顺畅”的要求，大力优化通关作业流程，加强前期和后续管理，压缩现场通关作业时限，提升通关速度，积极实施提前报关、快速转关、预审价、预归类、留样化验、卸地封存、凭保放行、人工纸面审单、税款网上支付、区域通关、加工贸易联网监管和手册电子化等便捷通关监管措施，并重点推动“区域通关”和“税款网上支付”两项直接使企业受益的便捷通关措施，使企业得到实实在在的好处。唐山辖区已有18家企业成功开通区域通关业务，年内区域通关业务缴纳税款5831万元，同比增加62%。主要陶瓷企业的陶瓷出口多数已享受到该便捷通关措施。15家企业享受到准确、方便、快捷的网上缴纳税费服务，2009年网上支付税款总额3.1亿元，同比增长10%。

以港兴关，优化口岸通关“软环境”。一是继续增派关员到港口，加强一线监管，保证日常监管特别是节假日港口的正常生产。二是推进多项业务整合创新，努力打造优质、高效的通关环境。对已纳税放行的货物，允许企业凭报关单复印件办理提货手续；经现场关员审核同意，允许企业凭有效证件提前办理卸货手续，减少企业通关成本。三是积极推动港口建设，促进港口功能完善。积极参与京唐港区特殊监管区域的考察和调研活动，就保税仓库、保税物流建设等事宜为企业提供政策咨询与支持，解答企业申请保税仓库及出口监管仓库遇到的疑难，使唐山港京唐港区成功办理了保税仓库和出口监管仓库的审批事宜，保税物流功能更加完善。2009年，海关共审批监管保税货物14批次，44.8万吨，平均每批次货物保税堆存天数在180天以上，缓解企业的资金压力，解决货主的实际困难，真正让唐山辖区企业感受到在“自己家里”通关“舒心”、“放心”、“省心”。

（裴　杨）

出入境检验检疫

【概况】 全年完成进出口检验检疫货物2.9751万批，货值11.54亿美元；同比分别下降16.82%和49.6%。其中进口955批1.62亿美元；同比分别下降22.29%和50.98%；出口2.8796万批9.92亿美元，同比分别下降16.63%和49.37%。受理包装业务1947批共2984.8万个。检出不合格商品15批，货值62.86万美元；签发证单3.5954万份，签发产地证7710份，涉案总值2.48亿美元。

【深入企业服务】 完成“企业大培训、企业大走访”任务。共走访企业330家，召开企业现场座谈会6期，举办企业培训班8期，企业参训704人。对147家企业质量档案进行完善和更新，提出整改建议261条，向企业送检验检疫规范性文件、标准、检验检疫动态信息达238份。提供体系管理咨询68人次。督导辖区28家企业开展使用添加剂自查自纠，向企业提出整改建议12条，帮助建立各项管理制度和溯源体系。核查33家企业卫生注册登记资格的使用有效期，所辖进口食品企业进行全备案。认真开展出口工业品企业分类管理工作。召开2期“出口工业产品企业分类管理宣贯和动员大会”，参加239人，开展出口工业产品企业分类管理现状调研工作，深入121家企业进行政策宣传。根据“进出口工业品检验监管集中整治活动”要求，对本辖区32家生产出口食品包装企业进行检查和整治，取消20家问题企业备案资格。

【打造沿海强局】 对全体职工以提升综合素质和业务能力为目标，利用河北局专家课堂、外培内训等渠道，100%参加相应培训，向河北局推荐技术专家10人，申报科研及制标项目7个，立项3个，4人获得河北局系统“科技兴检”奖，3人成为河北局系统首批专家。陶瓷实验室新增卫生瓷冲水、静音等5个检测项目，基本实现功能全、检测准，巩固和发挥了国家级行业重点实验室的作用。综合实验室检测项目达到90项（其中农残检测35项），并与动检科密切配合，完成进境活牛6种疫病的ELISA（酶标记免疫吸附测定法）试验、兄弟局委托的2批进境活牛实验室检测结果验证实验。综合实验室及陶瓷实验室先后参加系统内出口陶瓷铅镉溶出量、花生中黄曲霉毒素含量、饲料中粗蛋白含量、铜含量、猪伪狂犬病、蓝舌病6项检测能力验证活动，均取得满意结果。11月22日，两个实验室顺利通过年度监督评审。

【提高把关监管能力】 制定、修订《机关工作人员日常工作民主测评实施办法》、《聘用人员管理办法及加班加点规定》、《政务信息考核奖励办法》、《公用物品使用管理办法》、《信息化工作管理办法》和《保密工作三项制度》等10项制度。高度重视ISO/IEC17020管理体系导入工作，制定具体方案，组织全员学习，组成精干的内审员队伍。为保证现场执法流程系统顺利实施，认真分析辖区进出口商品特点，上报执法流程系统商品目录，确定轻纺科、卫检科为试点科室，结合试点经验和发现问题，开展全员应用培训，2009年已通过系统处理295批次。检验输非工业产品1246批，6650万美元，未发生任何质量纠纷。加强财务预算及预算执行管理，大宗支出统一走政府采购，并公示全局。机关后勤实现物业化管理，公车管理一车一卡，节支降耗，最大限度地发挥保障作用。保密工作在硬件上实现机要室的“三铁”要求，软件上健全规章制度，一次性通过唐山市保密委员会组织的技术检查。在档案管理方面注重对档案的开发利用，首次申报开发利用档案优秀成果一项，并获得河北省三等奖，唐山市一等奖。

【服务沿海经济】 一是引导企业转变思路，拓展国际市场。使松下电焊企业勇闯国际市场，2009年出口焊接设备总值258万美元。二是指导企业调整出口产品结构。三友化工公司纯碱出口23.27万吨，稳中有升。三是信息服务，促进产品出口。根据掌握的信息及时指导出口木制品企业开拓北欧市场，生产适销对路的中低挡卫浴家具。辖区企业出口木家具、木柄农具及其他竹木草制品货值3294.35万美元。同比增加6.17%。四是加强监管，促进产品出口。冷冻章鱼出口量同比增长120%。五是政策宣传，在检验检疫新标准执行后，帮扶企业顺利过渡，服装出口全年保持升势。唐山惠达陶瓷公司顺利获得全国第一张出口卫生陶瓷免验资格证书。迁西板栗、玉田蔬菜、唐海河豚鱼三个示范县建设取得实效。2009

年，唐海县2家出口河豚鱼加工企业已全部通过韩国机构每年一度近40项有毒有害残留物质精密检验，在日本市场，唐海河豚已经有一定的品牌效应。迁西4个示范点采用标准化种植技术，使栗农增产2000吨，增收16万元。玉田县对全县的440家农资经营点和14个出口蔬菜基地实施备案，抽检示范县备案基地生产的鲜菜样品236个，农残合格率实现100%。

（杨宝星）

区域经济合作

横向合作

【冀东经济区建设取得初步成果】 2008年11月3日省政府召开统筹冀东经济发展座谈会后，经过唐山、秦皇岛、承德三市党政代表团及有关部门的多次互访，冀东经济区建设已经取得初步成果。冀东经济区建设组织协调机制已经成立，《冀东经济区协调发展指导意见》经几次修改，已上报省政府。交通路网建设中，张曹铁路、津秦客运专线、唐承铁路（唐山段）、京秦城际铁路（北京—唐山段）、承唐高速公路、沿海公路、滨海大道海港开发区至曹妃甸段等项工程正在积极推进。唐承秦三市签订了在曹妃甸新区建设临港工业园框架协议后，9月8日举行唐山曹妃甸承德临港工业园入园项目开工奠基仪式，河北宏大专用汽车制造有限公司、美商舒适有限公司两个项目正式开工建设，项目总投资7.75亿元。通过唐承两市政府及相关部门的努力工作，内陆港建设取得有效进展。3月16日，唐山、承德两市政府共同行文，向省政府呈报《关于设立唐山海关承德内陆港办事处的请示》，4月9日，杨崇勇副省长圈阅。承德建设投资公司与唐山港集团股份有限公司联合成立承德内陆港物流有限公司，唐山港占33.3%股份。

【“五市一盟”合作正式启动】 承德、赤峰、朝阳和锡林郭勒盟成立“三市一盟”区域合作组织后，合作领域涵盖发展规划、能源、交通、旅游、农牧业与生态保护、科教文化、信息化建设等诸多方面。这些都符合冀东经济区建设、经济社会发展以及区域合作的总体要求。经过努力，2009年，第三次峰会召开前夕，朝阳市政府发函邀请唐山市与锦州市参加区域合作组织，将“三市一盟”扩展成为“五市一盟”。另外在11月份，辽宁省委常委、长春市委书记带领长春市党政代表团就两市经济社会发展战略合作来唐考察座谈，并签署了两市政府《关于加强两地区域经济合作的框架协议》。

【对口支援力度加大】 高度重视对口支援四川省平武县南坝镇恢复建设工作。市长陈国鹰、副市长陈学军、唐文弘等领导和市发改委、建设局等部门领导多次深入南坝镇重建现场检查指导援建工作，帮助解决问题，全力支持南坝镇加快灾后恢复重建。到2009年底，南坝中学竣工并投入使用；南坝小学异地重建工程竣工并交接；南坝中心卫生院主体工程基本完工；南坝镇计生指导站、综合文化站、紧急避难广场等援建项目进展顺利；滨江路、花园街等街巷及通村公路等项目正在加快推进。

根据省政府对口支援三峡库区规划，市发改委对丰都县湛普镇进行全面考察，向市政府提交《唐山市对口支援丰都县湛普镇移民工作实施意见（2009—2012年）》，并得到市政府领导的高度重视，同意每年列入财政预算40万元用于丰都县湛普镇对口支援项目建设。市发改委副主任李瑞2009年10月赴丰都湛普镇中心学校，商定2009年投入财政资金40万元，为湛普镇中心学校改造扩建450平方米师生食堂。

【加强引滦水源生态环境保护】 2009年2月，天津市发改委就天津市在河北省境内实施引滦水源保护工程专项资金管理暂行办法发来征求意见函。唐山市召开有林业局、水利局和环保局参加的专门会议，提出相应修改意见，经市政府领导审阅后反馈给天津市发改委。经过两市多次考察和研究，初步确定2009年度在唐山市共计实施四个项目，分别是：遵化市环保局增强环境监测站能力建设项目、遵化市污水处理厂城区污水配套管网项目、迁西县潘大库区周边尾矿砂及废弃物综合治理项目、潘大水库滤食性鱼类增殖放流替代吃食性鱼类网箱养殖保护水质项目。项目总投资9854.68万元，其中申请天津市引滦水源保护工程专项资金900万元。这四个项目的实施对于治理滦河污染源、改善水质具有很好的促进作用。

唐山湾“四点一带”建设

【概况】 2009年，沿海各县区深入贯彻落实中央、省、市扩内需保增长的一系列决策部署，坚定信心，全力推进唐山湾“四点一带”开发建设，各项工作均取得明显成效。唐山湾“四点一带”区域实现国内生产总值1162亿元，财政收入111亿元，分别占全市的31%和27%。全社会固定资产投资完成1387亿元，占全市的64%。其中，曹妃甸新区完成固定资产投资1023亿元。

【规划体系不断完善】 《唐山湾“四点一带”空间布局和产业发展规划》及《唐山市岸线开发利用规划》经市委第79次常委会和市政府第16次常务会议审议原则通过并印发执行，为唐山湾“四点一带”区域优化空间结构，调整产业功能布局，最大限度地集聚整合土地、资本、劳动力等生产要素，整合岸线资源，科学利用和有效保护待开发岸线资源等方面提供保障和支撑；《唐山湾“四点一带”主导产业发展准入导则》已正式下发，《唐山湾“四点一带”空间布局和产业发展规划环境影响报告书》、《唐山沿海“四点一带”地区总体规划水资源论证报告》、《唐山湾“四点一带”区域公路交通发展规划（2008—2020）》、《唐山电网发展规划》等关于产业、环境、水利、交通、电力的专项规划已经编制完成，为“四点一带”区域快速发展提供

了标准和依据。《曹妃甸新区总体规划》作为《曹妃甸新城总体规划(2008—2020年)》的区域规划部分，已经省政府批准。《曹妃甸新区产业发展总体规划》、《曹妃甸新区交通发展战略及设施建设规划》、《曹妃甸新区空间管制规划研究》、《曹妃甸新区生态景观规划》、《曹妃甸新区水资源规划研究》、《曹妃甸新区能源安全及再生能源规划》等已编制完成，基本形成完善的规划体系。乐亭新区及丰南沿海工业区相关规划工作也已取得重大进展。

【产业聚集加速】 全市千个攻坚项目中，唐山湾“四点一带”区域项目有345项，总投资5314亿元，全年完成投资848亿元，分别占千个项目的34.5%、51.8%和45.5%。首钢京唐钢铁厂一期一步工程正式投产，与之配套的海水淡化工程同期投入运行，华润曹妃甸电厂一期2×300千瓦机组并网发电，开滦精煤30万吨煤焦油加工及10万吨/年粗苯加氢、三友集团年产18万吨有机硅一期、唐山一重五机架轧机等一批项目建成投产，首钢京唐钢铁厂一期二步、华电临港装备制造基地、锂源锂电池、文丰年产50万片车轮轮毂、冀东水泥曹妃甸装备研发及成套制造工业园、海天电动车动力总成及电动车产业化、唐山齿轮集团公司重型汽车变速器、旭阳化工循环经济园、四方物流电子商务中心、曹妃甸生态城央企生活服务基地等一批项目正在抓紧建设。中石化大型炼化一体化、华润电力曹妃甸2×100万千瓦机组、三友集团盐化工及后续产业链、开滦120万吨甲醇制烯烃等一批重大产业项目前期工作取得积极进展。

【基础设施日臻完善】 港口建设进展顺利。曹妃甸30万吨原油码头、煤码头一期工程相继建成，并投入运营；曹妃甸港区通用码头起步及一期工程、京唐港区20#—22#泊位工程、京唐港区10万吨航道等一批项目正在抓紧建设；曹妃甸矿石码头二期、煤码头二期等一批项目前期工作取得进展。2009年，唐山港全年完成吞吐量1.76亿吨，其中京唐港达到1.0541亿吨，同比增长37.8%；曹妃甸港达到7018万吨，增长1.2倍。区域交通体系不断完善。司曹铁路建成通车，津秦客运专线、滦曹公路（沿海公路至滨海大道段）、滨海大道（海港开发区至曹妃甸段）等一批项目正在抓紧建设，张曹铁路前期工作取得重大进展。曹妃甸工业区基础设施、曹妃甸生态城基础设施等全面开工建设，曹妃甸生态城已具备部分接待能力。此外，各产业组团水、电、路、气、讯等基础设施日臻完善，已经具备大规模开发建设的条件。

（潘志伟）

编纂 许忠

综 述

2009 年全市有民营经济单位 28.96 万户，较上年增加 0.8 万户；其中民营企业 1.65 万家，较上年新增 1400 余家；个体工商户 27.3 万个，较上年增加 6600 家。民营经济从业人员 167.7 万人，较上年新增 3.3 万人。2009 年，全市民营经济完成增加值 2538.33 亿元，同比增长 13.18%；上缴税金 227 亿元，同比增长 0.95%。2009 年民营经济支付劳动者报酬 274.4 亿元，同比增长 26.1%，人均年工资收入 16380 元，较上年增加 3150 元。2009 年全市民营经济实现增加值占全市 GDP67.12%；实缴税金占全市全部财政收入 54.94%；分别较上年增加 4 个、0.5 个百分点。

优化发展环境

【政策支持】 为进一步创优发展环境，帮助民营企业特别是中小企业应对挑战，市委、市政府在年内先后出台《唐山市中小企业专项规划》和《关于开展全民创业行动筹建创业型城市的意见》两个政策性文件。文件围绕放宽市场准入、缓解资金难题、构建产业平台、搭建完善服务体系等方面，对中小民营企业和创业者提供全方位的政策支持。市政府还牵头组织人民银行、商业银行和建设银行等金融机构与民营企业进行“银企对接”活动，有效缓解民营企业资金紧张的问题。

【增加投资】 2009 年全市民营经济单位固定资产投入 736.8 亿元，较上年增长 45.6%。投资在 1000 万元以上的新建及改、扩建项目共有 1224 个，其中投资超亿元的项目 397 个。投资的重点是传统产业的改造提升和产业结构的调整优化。

【组织外省市民营企业家走进唐山】 5 月 15 日至 17 日，河北省工商联与唐山市委、市政府共同举办“优秀民营企业家感知河北·走进唐山”活动。来自北京、天津、河北、上海、山东、浙江等地的工商联、商会负责人及优秀民营企业家代表近百人齐聚唐山共商合作，共谋发展。人民日报、光明日报、经济日报、新华社、中央电视台等 26 家中央、省直及境外媒体 60 多名记者到会对活动进行全方位的宣传报道。100 多家唐山市民营企业的负责人到会与外省企业家进行项目洽谈和对接，取得丰硕成果。其中，上海均瑶集团要在唐山拓展航空运输、商业地产、现代物流等投资领域，民生银行拟与市政府签订 300 亿元的合作框架协议。许多来宾对唐山市发布的项目表示出浓厚的兴趣，纷纷就感兴趣的项目进行咨询和洽谈，达成一些合作意向。

发展状况

【县（市）区比翼齐飞】 迁安、丰南等大的县（市）区不论是规模总量还是发展速度，均继续领跑全市民营经济，其他县区民营经济平稳发展。从增加值完成情况看，2009 年民营经济完成增加值超 100 亿元的县（市）区有 10 个，依次是迁安市（480 亿元）、遵化市（348 亿元）、丰南区（340 亿元）、丰润区（204 亿元）、迁西县（187 亿元）、乐亭县（164 亿元）、玉田县（148 亿元）、滦县（144 亿元）和滦南县（117 亿元）。从实交税金情况看，2009 年民营经济完成税金超 10 亿元的县（市）区有 8 家，依次是迁安市（53 亿元）、丰南区（37 亿元）、遵化市（15 亿元）、丰润区（15 亿元）、迁西县（14 亿元）、高新开发区（11 亿元）、滦县（11 亿元）、开平区（11 亿元）、乐亭县（10 亿元）。从固定资产投资情况看，2009 年固定资产投资数额依次为：迁安市（179 亿元）、丰南区（106 亿元）、遵化市（70 亿元）、路南区 54 亿元、玉田县（46 亿元）、滦县（43 亿元）、丰润区（43 亿元）、古冶区（31 亿元）、开平区（30 亿元）、乐亭县（27 亿元）、迁西县（27 亿元）、滦南县（23 亿元）、南堡开发区 22 亿元、路北区 15 亿元，其他县区固定资产投资均不足 10 亿元。

【19 家民营企业名列省百强企业行列】 省民营经济领导小组办公室评出河北省百强民营企业，唐山市有 19 家企业进入省百强民营企业行列。具体名次是：1 唐山国丰钢铁有限公司；4 唐山瑞丰钢铁（集团）有限公司；9 唐山市冀东物贸集团有限责任公司；10 唐山建龙实

业有限公司；14 唐山港陆钢铁有限公司；17 唐山贝氏体钢铁（集团）有限公司；20 唐山惠达陶瓷（集团）股份有限公司；46 迁安市马兰庄镇南山铁矿；50 蓝贝酒业集团有限公司；57 河北建支铸造集团有限公司；60 唐山达丰焦化有限公司；67 太阳石（唐山）药业有限公司；69 唐山友明金属制品有限公司；78 唐山市顺利实业有限公司；80 迁西县福珍全矿业有限公司；81 河北永新纸业有限公司；86 唐山市丰南商厦有限公司；90 唐山东方建工集团有限公司；92 唐山钢铁集团金恒企业发展总公司。

（恽宝增）

财 政

【概况】 全市全年财政收入413.3亿元，同比增长1.9%，剔除增值税转型等政策性减收因素，可比增长14.1%。全市一般预算收入169.7亿元，同比增长15.8%；一般预算支出283.4亿元，同比增长12.2%，为科学发展示范区和人民群众幸福之都建设提供有力的财力支撑。市财政局荣获“全国文明单位”、“第五届河北省人民满意的公务员集体”等荣誉称号，在全省财政系统综合考评中名列第一，被评为唐山市“十大文明示范行业”，并有41项工作、68人次分别受到国家和省、市表彰奖励。

【支持资源型城市转型】 紧紧抓住国家实施积极财政政策的有利时机，全力推动经济结构优化。一是全力推动经济布局优化。投入1.28亿元，支持精品陶瓷和装备制造业向“四点一带”地区搬迁，“退二进三”取得新进展；全面落实曹妃甸“定额分享、超收全返”优惠政策，支持沿海经济加快发展。唐山湾“四点一带”地区实现财政收入111.1029亿元，占全部财政收入比重提高0.8个百分点，成为新的财政经济增长板块。二是全力推动产业结构优化。筹集1.2470亿元，重点支持三友集团等73户企业技术改造，装备水平明显改进；投入1500万元，全力支持高速动车组研发和配套产业园区建设，产业化逐步形成；投入6118万元，支持首届曹妃甸论坛、央企走进曹妃甸等大型对外开放活动，引进外资项目46个，利用外资8亿美元；拨付资金1485万元，为1.6万户企业法人和个体工商户免费工商注册登记；投入资金2500万元，促进旅游和服务业发展。三是全力推动产品结构优化。科技投入3.5376亿元，增长5.5%，高于经常性财政收入增幅3.1个百分点，重点支持关键技术转化示范工程、中科院下属研究所项目研发等28个自主创新项目；投入6557万元，支持东郊中水回用、唐钢烧结机脱硫和唐海造纸厂COD减排等8个节能减排项目；拨付科技风险担保资金485万元，为唐山金诺实业等28户科技企业担保流动资金2.2亿元。企业产品竞争能力进一步提升。

【公共财政惠普“三农”】 不折不扣地落实各项涉农政策，努力让公共财政普惠“三农”。一是农村生产生活水平不断提高。全市支农专项投入9.1379亿元，增长11.1%，高于经常性财政收入增幅8.7个百分点，重点支持现代农业基础设施建设，发展节水灌溉21.2万亩，建设集雨水窖5100个。落实农业综合开发资金7092万元，改造中低产田8.4万亩。投入1100万元，支持建设基层农业技术推广区域综合站46个，农业生产条件和服务体系进一步改善。筹集资金2.3622亿元，建设沼气池7.4万个，普及率58.3%，农村生活环境进一步优化。全市发放综合直补、家电、汽车（摩托车）下乡等各类涉农补贴7.03亿元，农民整体购买能力进一步增强。二是城乡公共服务水平不断提高。筹集资金3.3135亿元，支持农村义务教育经费保障机制改革，超额落实义务教育阶段国家公办学校生均公用经费标准。投入1128万元，支持2257个村卫生室设备购置。投入228万元，补助新建乡镇文化站19个。科学调度各类资金9.0467亿元，支持绿化唐山攻坚行动，新增造林绿化60.5万亩，植被覆盖率达28.7%。筹集财政奖补资金1.1227亿元，建设村级公益事业“一事一议”项目2323个，受益人口215万人，农村公共服务水平进一步提升。三是城乡社会保障水平不断提高。投入8846万元，农村低保标准由每人每年1200元提高到1300元，保障11.7万农村困难群众基本生活。投入4000万元，支持迁西、唐海、丰南、开平、高新等县区开展新型农村养老保险试点，11.8万人领取了基础养老金。筹集新型农村合作医疗资金3.17亿元，全市参合率达96.1%，为59.2万人次报销医疗费用，有效缓解农民看病贵、看病难问题。

【健全惠及全民的公共财政体系】 一是重点解决群众关心的社会保障问题。筹集资金1.1781亿元，将城镇低保标准统一提高到285元；投入2274万元，支持3.2万名困难企业职工加入医疗保险；支出4282万元，落实1.4万名困难企业退休职工一孩化奖励；投入870万元，对困难企业职工实施节期救助。筹集资金6亿元，支持税务庄河联工房等危旧平房改造；筹集资金4亿元，开工（筹备）廉租房30.6万平方米；投入490万元，完成1000户农村贫困残疾户危房改造任务，缓解低收入群体住房困难。二是重点解决群众关心的教育卫生问题。教育支出49.7161亿元，增长7.0%，高于经常性财政收入增幅4.6个百分点，其中，投入1.01亿元，重点支持唐山一中、唐山师范学院等项目建设；投入730万元，全面免除城市义务教育阶段学生杂费；投入1773万元，健全助学金资助体系，帮助困难学生3.9万人次。医疗卫生支出21.5140亿元，支持"健康唐山、幸福人民"行动，其中，筹集资金4030万元，支持城镇居民基本医疗保险制度试点，全市参保率96%；投入3769万元，建设社区卫生服务体系，覆盖率达100%。三是重点改善群众关心的公共服务问题。文体支出4.0186亿元，支持文化体制改革、全民健身和建国60周年大型演出等系列活动，文体事业蓬勃发展；筹集资金2.2348亿元，支持河北1号等79个旧小区既有居住建筑节能改造；发放各项再就业补贴资金2.5069亿元，10.5万人享受到再就业优惠政策；累计投入小额贷款担保资金5220万元，为3410人解决小额贷款1.0620亿元；市本级投入2406万元，支持手足口病、甲型H1N1流感防控工作。

【加大生态城市建设投资】　一是"四城一河"建设取得突破。支持南湖生态城投资公司融资19.5亿元，重点建设核心区25.8公里景观大道，改善生态城周边环境。支持曹妃甸国际生态城投资公司融资11.7亿元，支持通港大道和三河一路绿化工程。支持陡河青龙河投资公司融资8.8亿元，完成全长12.5公里西北部河道主体工程，为环城水系早日引水通灌奠定基础。二是城市路网体系更加完善。融资1.4263亿元，开工新建学院北路、大里路等6条城市道路，打通长虹道、朝阳道等断头路，城区路网体系有效拓展。融资6739万元，维修改造新华东道、河北路等9条城市道路，维修更换便道20万平方米，道路通行能力进一步提升。融资7876万元，改造南新道、北新道铁路立交桥，新建朝阳道、西电路两座铁路立交桥，扎实推进城市环线工程，有效缓解通行压力。三是城市形象品味显著提升。融资1.9624亿元，实施唐丰路、城市外环线、学院南路等道路绿化工程，构筑城市绿色长廊。融资1650万元，更换光明路、文化路等4条道路照明设施，实施建设路、北新道主要道路重要节点亮化，改善裕华楼、北新里等14个旧小区照明条件。融资5.5434亿元，拆除城市中心区和唐丰路、城市外环线两侧有碍观瞻建筑物，实施大型公建景观和西山道、国防道沿线住宅外装改造，市容市貌进一步美化。融资6610万元，支持丰润区污水处理厂建设，购置欧Ⅲ标准城市公交车50部、保洁车辆25部，城市净化能力不断增强，城市环境质量明显改善。

【完善财政管理运行机制】　一是财政体制进一步完善。研究制定《关于财政支持"省财政直管县"发展的意见》，保证玉田、滦县、滦南三个产粮大县省财政直管平稳过渡。出台调整古冶区、丰润区财政管理体制的意见，为两区加快发展提供体制保障。全面推进县乡财政体制改革，96个乡镇实行相对规范的分税制，80个乡镇实行统收统支模式。二是财政管理进一步强化。按上级要求适时取消部分行政事业性收费和政府性基金，切实减轻企业和群众负担1.6亿元。积极开展"小金库"治理工作，清理各类违规资金3337万元。研究制定《唐山市政府债务管理暂行办法》、《行政事业单位国有资产处置管理暂行办法》、《唐山市市属企业国有资本收益收取管理暂行办法》等，财政管理法治化水平不断提升。三是资金绩效进一步提高。重点推进大型财政性资金建设项目政府采购工作，全年实现采购额35亿元，节支率11%。继续扩大财政投资评审规模，送审金额48.5亿元，审减率18.6%。建立财政专项资金即时分析系统，实现网上动态监控。认真落实中办、国办要求，机关会议费、车辆运行费压减15%，使有限资金真正用在"刀刃"上。

（刘国林）

税　务

国家税务

【概况】　全年共组织省局口径税收收入240.24亿元，市政府口径税收收入228.04亿元，占调整后计划228亿元的100.02%。唐山市局在全省国税系统唯一荣获"全国文明单位"称号，被省委命名为"河北省第二届思想政治工作先进集体"，并荣获唐山市"创建科学发展示范单位"、"创建科学发展示范标兵活动示范窗口"、"诚信平安单位"等多项市级荣誉；全系统有14个单位被命名为"省级文明单位"。

【加强队伍建设】　一是认真组织开展"干部作风建设年"活动，切实转变工作作风。二是扎实开展责任心教育活动，增强税务干部做好工作的责任感和使命感。通过主题教育、演讲比赛等多种形式，增强干部职工事业心、责任感，激发工作动力和工作热情。三是稳步开展干部人事调整，促进人力资源合理配置。先后制定《县（市）区局稽查局局长、税务分局局长竞争上岗实施方案》、《唐山市国家税务局机关主任科员选拔方案》等具体文件，并认真抓好落实。按照规定的程序以及通过竞争上岗，先后选拔任用45名科级干部，调整交流21名干部，有效充实了中层力量，优化了中层领导干部结构。四是不断深化教育培训工作，有效提高干部队伍素质。全系统共组织税收管理、税务稽查、纳税评估、计算机技能等各类培训班80期，培训税务干部3100人（次）。五是不断加强党风廉政建设工作，打造高效清廉的国税干部队伍。制定《建立健全惩治预防腐败体系2008—2012年工作规划》，建立预警机制和惩处机制，对税收工作各个环节进行有效的监督。邀请市检察院和省局法规处有关同志就预防职务犯罪进行专题讲座。为树立良好国税形象，纪检监察部门利用一个月的时间进行明察暗访，共查出五个方面11个问题，对有关

责任人进行追究。为深化行风建设，向社会各界发放征求意见表318份，收回率达到90%以上，对国税系统行风评价全部为“好”，满意率100%。积极开展立项监督，严格进行责任追究，2009年共立项65项，查补入库税款、罚款、加收滞纳金共计239.6万元，对51人进行了责任追究。

【加大征管力度】　一是建立全新的征管状况分析体系，查找并堵塞税收漏洞。利用现有征管数据资源，从存货变动、电力消耗、运输发票抵扣、滞留票、农产品收购情况、非正常户认定、废旧物资管理等多方面，对全市税收征管状况进行深入细致的分析，查找税源管理漏洞和薄弱环节，找准加强堵漏增收的主要工作方向和着力点，筛选重点评估和税务稽查的疑点户，组织重点评估和税务稽查。二是突出“信息管税”，增强分析的准确性和管理的高效性。不断强化信息技术在税收管理中的应用，建立专门的信息手段开发小组和业务需求提供小组，根据征管工作中的不同需要及时开发相应的信息管理软件，使征管工作全部纳入信息化管理范畴，切实提高管理效率。同时，严格数据采集，强化数据质量日常监控与考核，积极组织全市各级操作员综合征管系统培训，提高税收管理人员的信息化操作水平，确保各类征管软件的高效运行。三是探索开展“一级直评”，有效提高纳税评估的效率。自8月中旬开始，进一步开展为期三个月的市局“一级直评”，从全市抽调30名业务骨干组成10个直评工作组，对钢铁、焦化、水泥、铁选、汽车经销、大宗物资经销等228户重点税源行业（企业）全面实施市局直接评估，共计评估税款1.0012亿元，抵顶留抵税款2246万元，弥补亏损1.0754亿元，评估效果显著提高。四是全面深化“以电控税”，堵塞生产性纳税人的偷逃税渠道。利用信息化手段对纳税人用电相关指标和产品产销量进行对比分析，及时发现生产性纳税人的申报异常，进而开展有效的纳税评估，增加税收收入。全市通过核实用电量方式评估疑点纳税人2918户，入库税款2427万元，调高个体定额656户，月增税额19万元。同时，针对分析中发现的注销、停业户存在电费支出的现象，全面组织清理漏征漏管户，补办税务登记466户。五是实行以行业化、专业化为核心的税源管理模式，不断提高管理效率。在开平、古冶两个区局先行试点的基础上，2009年在其他县（市）区局进一步探索行业化管理，根据管辖范围和纳税人结构特点，因地制宜，稳步推进“定期定额户实行地域管理，建账户实行按行业专业化管理”的模式，实现管理分工专业化，提高管理效能。六是建立发票管理新机制，提高“以票控税”能力。在有效控管增值税专用发票和其他扣税凭证的基础上，继续深入开展大额普通发票稽核比对工作，完善各类发票管理措施，探索建立各类发票的长效控管机制，建立违法开具发票纳税人信息库，健全普通发票违法行为公开制度，定期公开查处情况和典型案例，并建立小规模纳税人发票验旧信息与申报收入比对机制，实行票表比对，基本实现“以票控税”，杜绝税收流失。七是全方位加强税源管理。充分利用税收管理员应用平台，按期完成上级下达及系统自动生成的各类任务，利用预警监控模块查找当前管理工作中存在的问题，解决问题，加强税源管理。税源管理平台7月1日起正式上线运行，实现协调联动电子化、监控考核自动化和管理决策数字化。对连续三个月销售收入超定额20%的个体工商户进行监控，及时进行定额调整，对起征点以上纳税人调高定额1.7965万户，对起征点以下纳税人调至起征点以上1887户，月增税额289万元。全年全市国税系统依靠管理增加税收收入36.3亿元，缩小了税源下滑带来的不利影响。

【强化税务稽查】　成立稽查工作领导小组，统一组织指挥和协调。将全年查补收入任务分解到县（市）区稽查部门，并进一步细化到组、责任到人，规定完成时限。同时，把完成任务情况与稽查办案经费分配挂钩，兑现奖惩。通过对稽查工作的督导，确保全年查补收入计划圆满完成。开展大型商业零售企业及建筑安装业等行业专项检查、大型商业企业发票使用情况专项检查和区域性税收检查，此外重点针对部分县（市）区稽查力度不够、稽查力量不足、办案干扰因素多等问题，从8月10日开展重点税源“一级直查”。市局抽调44名稽查骨干，编成12个检查组，对丰润、丰南两个区的11户钢铁及相关企业和1户水泥企业进行集中检查，发现均有涉税问题，一举查出税款6000余万元。在查处涉税案件中力求做到选案准、快查、快审、快执行。综合运用人机结合选案方式，科学、准确选案，缩短检查周期。严格落实限时办理制度、案件审理操作规程、执法责任追究和奖励制度等，形成有效的稽查内外部监督制约机制。对查补税款、滞纳金及罚款，督促纳税人如期解缴，未按期执行处理决定的，依照有关法律规定采取税收强制执行措施，保证税款及时足额入库。进一步完善《税务稽查成果评析报告书》制度，加强对稽查成果的分析利用，通过分析产生漏洞的环节和总结采取的检查方法，研究纳税人涉税违法行为的手段，提出相关措施和方法，实现源泉控制的目的。通过创新稽查工作机制，全市国税系统2009年共入库查补税款、罚款、滞纳金6.59亿元，比2008年的1.37亿元增长5亿多元。

【推进依法治税】　一是不断加大税收法制教育力度。专门组织全市国税系统税收执法风险防范暨警示教育视频讲座，邀请法律顾问讲课，引导税收执法人员树立依法行政理念，增强规避执法风险的意识。二是进一步规范文件制发和重大税务案件审理工作。对每个税收规范性文件都经过充分论证和严格把关，确定没有与相关法律法规以及其他税收规范性文件相抵触的内容后才准予制发。全年共制发税收规范性文件19件。对于重大税务案件审理工作，在执法程序、法律依据和所取得的证据以及文书制作等方面严格审查把关，力求严密、准确、及时，严格遵照法律规范进行，全年共审理重大税务案件13件。三是严格规范行政许可、审批、备案制度。深入开展税务行政审批管理情况调研，归纳出税务行政许可事项3项、

非行政许可审批事项17项和行政备案事项47项，结合省局编制的《保增长、促发展、惠民生》手册和各单位实际情况，对市、县两级的行政审批、备案事项逐项提出改革意见和建议。四是依托税收执法管理信息系统，深化税收执法监督考核。全面推广税收执法考核系统，纠正执法过错行为。全年共向省国税局提交“问题提报单”7份，发布全市执法情况通报10期，累计考核确定执法过错375项，过错率为0.07%，单月执法过错数量明显下降。五是不断强化责任追究，促进规范执法。2009年，全市共追究税收执法过错责任492人次，追究面达23.8%。

【深化纳税服务】 将纳税服务中心整合为独立的纳税服务处，充实工作力量，县（市）区局也在征管科明确纳税服务人员，明确纳税服务工作职责，为纳税服务工作的开展提供组织保障。除利用税收宣传月开展全方位、大规模的税收宣传活动外，还不定期开展税收政策解读活动，特别是遇有重大税收政策调整时，及时对企业办税人员召开税收政策通报会，对税收政策进行宣传解读。同时，充分发挥媒体宣传作用，在门户网站上开辟税收宣传专栏，在电视台、电台直播间接受社会各界人士政策咨询，在办税服务厅设立税法公告栏，利用触摸屏和LED显示屏及时公告税收法律、法规、规章和涉税事宜，普及税法知识，受到纳税人的普遍欢迎。不折不扣地落实国家各项税收优惠政策和经济刺激政策。增值税转型改革措施全部落实到位、转型改革效果明显。2009年，纳税人共申报抵扣固定资产进项税额25.4亿元，小规模纳税人的增值税征收率调低到3%以后，减收增值税2.84亿元；全市国税系统还为出口企业审核退（免）税额16.4亿元；为资源综合利用企业、科技创新企业等审批减免增值税1840.47万元。全面推行“一窗通办”服务模式方便纳税人。在市区范围内应用自助办税终端系统，纳税人可全天候24小时自主办理发票认证、IC卡报税业务，缩短排队等候时间。3月份在全市推广应用财税库银横向联网电子缴税系统，使纳税人采用网上申报缴税的方式，足不出户就能办妥申报缴税事宜。开展办税服务厅纳税服务质量星级评定活动，选择路南、丰南两个办税服务厅为全市“标准化标杆办税服务厅”。为创造良好办税环境，在硬件方面均设置电子显示屏、触摸屏、排队叫号系统和服务质量评价器等设施，为纳税人提供高效、便捷的服务。专门聘请礼仪讲师对全市办税服务厅工作人员进行纳税服务礼仪培训，提高工作人员的内在素质，树立新理念，建立新规范，打造新形象，全面推进办税服务厅规范化建设。配备专人负责唐山国税门户网站和税收短信平台的管理维护，确保网站和短信平台的平稳运行。利用内、外网站发布信息1.3775万条，受理、处理纳税人投诉和举报229件，全市各级税务机关为纳税人发送短信21.5568万条。

（李　超）

地方税务

【概况】 全系统税费总量首次突破200亿元大关，达到208.71亿元，同比增长17.2%。其中，税收收入144.19亿元，准确完成省局分配的收入计划，同比增加19.11亿元，增长15.27%。社保费收入55.44亿元，同比增加12.11亿元，增长27.93%；其他规费收入9.08亿元，圆满完成各项收入任务。从全省范围看，2009年全省地税系统共完成税收收入660.03亿元，唐山地税收入占全省的21.85%，继续稳居第一。在税收收入中，中央级收入完成31.5026亿元，同比增长9.34%；省级收入完成19.6913亿元，同比增长5.14%；市本级收入完成28.2602亿元，同比增长12.39%，区县级收入完成64.7375亿元，同比增长23.54%。社保费收入中基本养老保险费完成50.2826亿元，同比增加11.1927亿元，增长28.63%；失业保险费完成5.1557亿元，同比增加9124万元，增长21.50%。

1月，中央文明委在京召开精神文明建设工作表彰大会，唐山地税局被授予“全国精神文明建设工作先进单位”荣誉称号。2月，市局直属征收中心被中华全国妇女联合会评为“巾帼文明岗”。4月，解光第局长被中华全国总工会授予“全国五一劳动奖章”。

【组织收入】 重点项目监控：加强对重点建设项目的管理，营业税实现较快增长。全年营业税入库54.37亿元，同比增加11.33亿元，增长26.33%。其中首钢京唐钢铁项目入库税收1.7512亿元；津秦铁路客运专线项目入库税收8181万元；万达广场项目入库税收2768万元。

小税种挖潜：地方“五税”共计挖潜增收3.79亿元。监管保险公司代收代缴车船税行为，并组织实施车船税专项检查，对代收过程中人为降低排量、减小吨位行为给予两倍罚款。车船税入库2.01亿元，增长64.65%。在全系统稳步推进利用GPS进行应税土地面积测量，全面夯实税源基础。土地使用税在连续两年增长的基础上，2009年又入库5.83亿元，增长18.39%。强化大型市场、专门市场以及繁华地段等出租房屋集中地的房产税管理，测算确定房屋租金最低标准，对租金明显偏低的业户依法进行调整。房产税入库3.72亿元，增长30.01%。全面加强土地增值税预缴清算管理，依法调增预征率0.5个百分点。全年入库土地增值税2.17亿元，增长51.22%。严把印花税征收方式认定关，对不能提供应税合同及合同记载金额不实或明显偏低的，严格按销售或营业收入实行定率征收。印花税入库3.64亿元，增长16%。

“百日攻坚”活动：自9月下旬开始在全系统组织开展“一心一意抓收入、全力以赴保任务”百日攻坚活动，活动期间累计组织税收收入35.06亿元，同比增长59%，8月份以来税收收入下滑的不利局面得到遏制和扭转。

社保费征管：重点做好新办企业、非公有制企业、改制企业人员的参保缴费工作，把企业招用的各类人员全部纳入参保缴费范围，全年扩面5万人，增加费款1.2亿元，并积极做好参保企业的清算补差入库工作，入库补差费款3亿元。同时，与市劳动局等部门联合下发

《关于做好困难企业减负措施落实有关问题的通知》，认定企业 388 户，享受补贴职工近 11.8 万人，减负 3.5 亿元。

【税收征管】 纳税评估：开发完成银行、供电、大型百货批发零售等 40 个小类行业的“评估模型”和“税源管理指南”，用以指导全系统纳税评估工作。各基层单位也结合当地税源状况，选择支柱行业以及长期零申报、低税负的企业开展日常评估和行业性集中评估。全年共评估企业 4998 户，评估入库税款、滞纳金、罚款合计 1.52 亿元。市局《钢铁行业纳税评估模型》被总局评为全国“百佳”行业纳税评估模型。

发票管理：研究出台《唐山市地方税务局货物运输业发票管理办法（试行）》、《唐山市地方税务局货物运输业发票管理特殊情况处理办法》以及《关于货物运输业发票管理若干业务问题的意见》等 3 个管理办法，优化管理方式，强化后续监管，货运业管理水平大幅度提高，大量外流货运企业“回归”，全年货运行业税收“逆势上扬”，实现 14.27 亿元，同比增收 1.08 亿元，增长 8.19%。

亏损企业管理：在对全市 1510 户亏损企业全部建立亏损台账的基础上引入评估机制，各基层分局对连续二年亏损的 278 户企业开展一级评估，调增应纳税所得额 6380 万元，补缴入库企业所得税 1595 万元；对连续三年及以上亏损的 515 户企业由各县区局实施二级重点评估，通过评估对 358 户由核实征收改为核定征收。此外，移交稽查局 64 户，查补税款 95 万元。

【纳税服务】 服务地方经济发展：研究出台《唐山市地方税务局开展为企业解难题为群众送服务活动实施方案》，从下放行政审批权限、限定下企业检查次数等 10 方面入手，努力为企业解难题。曹妃甸区局还专门购置流动纳税服务车，主动上岛为纳税人办理涉税业务。

“一窗式”服务：以丰南区局为试点，根据纳税人需求，先后推出“同区通办”、“补正承诺”、“办理时限承诺”、“免签单业务”、“午休轮岗值班”等服务举措，实现办税服务的全过程、全覆盖，受到纳税人的广泛欢迎。

网上报税：以省局报税网站为平台，进一步加强与银行、国库、财政等部门的联系沟通，继续保持全部私营以上企业“足不出户、网上报税”，全部“双定户”委托银行代收税费的良好局面。

12366 服务热线：在省局支持下开通 12366 发票真伪查询系统，将短信纳税提醒、催报催缴、纳税事项告知等工作，由原来仅面向纳税人扩大到面向管理员，全年共受理话务 2.5 万条，其中人工座席受理 1.3 万条，累计发送各类短信 25.84 万条。

【税收执法】 探索建立税务行政处罚自由裁量阶次制度，对 72 项处罚项目按特别轻微、轻微、一般、严重等 4 个裁量阶次进行细化，缩小自由裁量幅度。同时，进一步优化重大税务案件审理程序，全年审理重大税务案件 65 件，其中维持 59 件，变更 6 件，涉及税款 1283 万元，罚款 583 万元。

充分发挥稽查作用，坚持以查促管、以查促收，以案件查处、税收专项检查和打击发票违法犯罪三项工作为重点，集中力量查处大案要案，不断提高选案准确率、查补比例和查补总量。2009 年全市稽查系统查补入库 5.09 亿元，同比增长 288.8%，创稽查收入新高，圆满完成省局下达的稽查收入指标。其中，电力企业专项检查入库 4314.4 万元，建筑安装业专项检查入库 3298.7 万元；查处大案要案 17 起，查补入库总额 1181 万元，切实做到“检查一个行业、整顿一个行业、规范一个行业”，实现净化税收环境和扩大稽查收入的互动双赢。

（赵轶秋）

附表：

2009 年税收收入分税种情况图

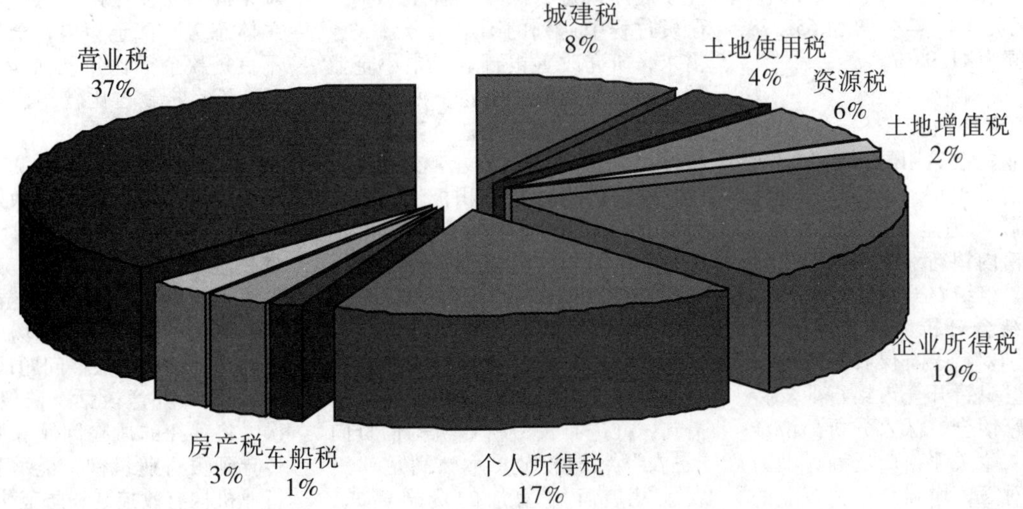

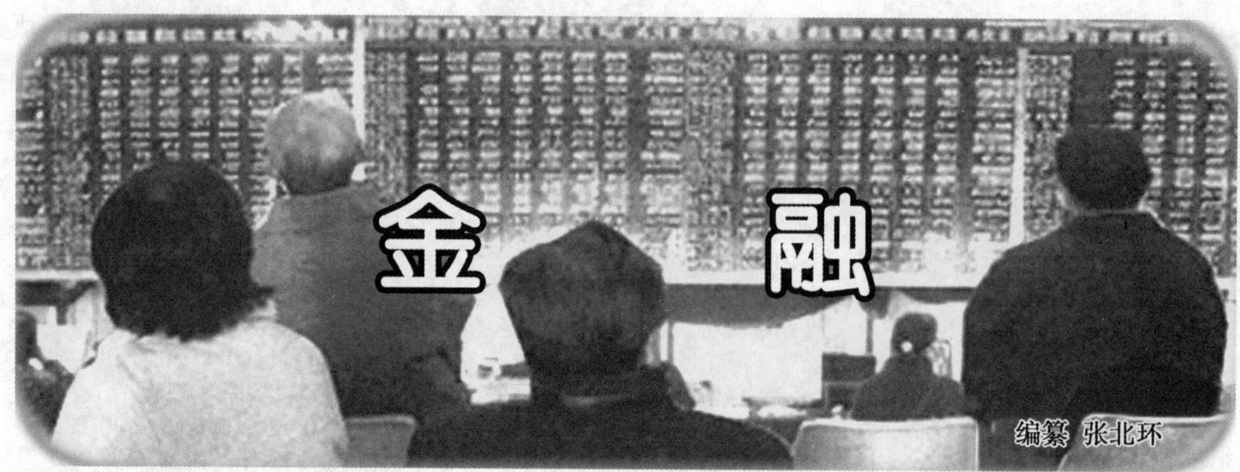

编纂 张北环

银行业

银行业监管

【概况】　唐山银监分局不断提升监管工作的预见性、针对性和科学性；提升内部管理的规范性、实效性和和谐性；深入探索创新监管工作和队伍建设的有效方式方法。银行业依法合规经营意识普遍增强，经营管理水平大幅提升，案件防控取得阶段性的效果，银行业机构组织体系有所发展，银行业各项存款稳步增长，银行业助力经济发展的作用更加显现，信贷结构趋向优化，不良贷款实现“双降”。截至年末，全市银行业各项存款余额3676.85亿元，比年初增加757.49亿元，增幅为25.95%；各项贷款余额2211.07亿元，比年初增加653.78亿元，增幅为41.98%。

【落实宏观调控政策】　一是加强对银行业的政策引导，确保对重点项目的信贷支持。切实将推动信贷监管新政作为全年的中心工作，多方督导辖内银行业机构加大信贷支持力度。组织召开银行业监管工作会议，结合分析经济金融形势，提出“区别对待、有保有压”的监管意见。组织召开全市银行业支持经济发展座谈会，深入分析经济金融发展的共生关系，广泛商讨助力经济发展对策，增强全市银行业的责任感。

二是主动向地方政府进言献策，着力促进经济金融互动发展。向唐山市委、市政府呈报《关于强化落实调整部分信贷监管政策促进经济稳健发展的报告》，细化信贷监管新政落实措施，市委书记赵勇批示“这个文件对扩内需、保增长至关重要”，并在全市范围进行转发。呈报1月份银行业信贷支持情况报告，系统分析项目资本金瓶颈、项目审批手续缺位等制约因素，得到市委、市政府主要领导高度重视。在破解曹妃甸新区资金瓶颈问题座谈会上，提出增加资金供给的具体措施，并立足经济长远发展，建议实施“曹妃甸金融城”战略、设立产业投资基金，得到省领导的充分认可。

三是加大“支农、支小”工作力度，努力改善薄弱环节金融服务。组织召开以“提升中小企业金融服务水平、助推中小企业快速发展”为主题的唐山市银行业支持中小企业发展座谈会，深入了解中小企业融资过程中遇到的困难及金融服务需求，研究改善银行业对中小企业的金融服务措施。制定下发《唐山市银行业机构中小企业贷款工作考核评比办法》，将投放考核纳入正轨，增强银行业投放积极性。配合《唐山市中小企业振兴计划》，制定银行业的具体实施意见，督导银行业信贷投放向中小企业倾斜，全年中小企业贷款增加152.23亿元。组织召开唐山市银行业支农工作经验交流会议，采取引导与纠偏并重的措施，推进有关银行业机构信贷向“三农”领域投放，不断满足“三农”发展日益增加的资金需求，2009年农业贷款增加26.85亿元。

【深化银行业风险防范】　一是加大现场检查力度，突出对以往现场检查发现问题整改落实情况究改，把跟踪检查、盯住整改、差距分析、再犯深究作为现场检查过程的重要组成部分，建立监管问题台账，对问题盯住不放，狠抓问题整改落实，达到以查促改、以改求规的目的。先后组织开展大型银行新发放贷款及票据业务风险情况、唐山市商业银行资产真实性、天津银行唐山分行资产业务经营情况、农村信用社信用风险等15项针对性现场检查，检查各类银行业机构58家次，发现各类问题43项，下发监管意见书27份，提出整改意见96条。

二是全力抓好不良贷款“双降”，防范银行业信贷风险。向市政府上报《唐山市银行业不良贷款控制方案》，认真分析当前不良贷款“双降”形势，提出针对性意见。在强力督导下，全市银行业不良贷款余额和占比保持平稳“双降”的总体态势。截至年末，全市银行业不良贷款余额比年初减少19.93亿元，不良贷款占比较年初下降2.44个百分点。

三是加大非现场监测力度，敏锐捕捉风险新动向。在做好常规性非现场监测的同时，完善大额不良贷款监测台账、贷款投向分析台账，关注当前形势下各行贷款异动情况，捕捉苗头问题，对非现场监管中发现的倾向性和苗头性问题认真分析，及时组织监管谈话、监管会晤13次，将存在的风险问题和监管意见传导到银行业机构，提示和督导银行业机构有效控制和防范化解风险。针对全市农村信用社贷款增长异常

变动及集中大额购买信托产品等问题，及时下发《关于加强农村信用社信贷投向管理防范集中度风险的意见》和《关于做好信托计划资金处置和风险管理工作的通知》，对农村信用社贷款存在的集中度风险和偏离服务宗旨等问题提示风险，明确监管要求。

【推进案件风险防控】　组织召开全市银行业案件防控工作座谈会，与银行业机构分别签定案件风险防控责任书。制定下发《唐山市案件风险防控指导意见》，积极开展创建无案件机构和无案件辖区活动，着力督导银行业建立长效的案防体系。组织开展对全市银行业的案件风险排查，采取银行业基层机构自查、市级机构复查、监管部门抽查的“三查”方式，共发现和纠正问题11项，涉及具体问题679个。针对唐山市商业银行案件防控脆弱的现状，举全局之力，历时7个月的时间组织对该行“全面彻底体检”，案件风险排查工作取得阶段性效果。

【银行业组织体系建设】　以完善银行业组织体系、提升整体竞争实力为目标，不断推动辖内银行业“增容”和“升级”。截至年末，全市共有市级银行业机构13家，银行业机构数量1113家，其中法人机构14家，非法人机构1099家。一是规范行政许可服务管理，推进银行业组织体系建设。在加强对行政许可事项审慎评估的同时，提高审批效能，调整行政许可分工，简化行政许可流程，并通过加强与银行业管理层对话协商等方式，鼓励新进机构生根繁衍。开辟绿色通道，石家庄市商业银行唐山分行开业，成为首家城市商行跨区域分支机构；光大银行唐山分行获批筹建；完成华夏银行唐山分行筹建初审上报；完成天津分行迁安支行、中信银行曹妃甸支行和建设北路支行筹建开业行政许可事项的审核工作。着力完善农村地区银行业组织体系，考察借鉴沧州市组建农村商业银行的经验，制定筹建工作方案，稳步推进农村信用联社向农商行转型。全年共审核行政许可事项370项，换发新版金融许可证177份，完成对354名高管人员的履职考核，全市银行业机构组织体系更趋多元化，网点布局更加合理，互补性得到加强。

【地方中小法人机构提档升级】

一是强力督导商业银行改革发展，提升地方银行业综合实力。针对唐山市商业银行经营管理中存在的问题向主管市长提出加快综合治理步伐的具体建议。充分利用市政协领导调研、政府各种座谈会的机会，申明该行升级进位对唐山市银行业体系发展的战略意义，呼吁解决该行症结问题。推动政府主管部门加速完善该行公司治理结构，督促该行召开年度股东大会，选举产生新一届董事会和监事会，召开新一届董事会、监事会会议，新一届董事会将增资扩股、引进战略投资者提上议程。采取督导加压措施深化风险处置工作，3次组织对该行董事长、行长进行监管谈话提示风险，实施有效的压力传导。督促该行加快增资扩股工作，截至年末，该行资产总额达到177.91亿元，比年初增加44.12亿元，不良贷款较年初减少1.9016亿元。拨备覆盖率达到150%，比年初增加38.8个百分点。资本充足率已达到15.6%，比年初增加2.45个百分点。提前完成资本充足率达标要求。

二是推进农村信用社达标升级，为农村金融体制改革奠定基础。根据各联社具体情况，对各联社达标升级指标进行重新测算和调整，并及时下发各联社。将升级达标工作纳入年度高管人员2009年度考核，使达标升级工作任务责任到人。对13家联社开展监管试评级，通过试评级锁定指标差距，分析原因，采取措施，有的放矢地推进农村信用社达标升级工作。对全市农村信用社达标升级状况摸底调查，确定难点机构加大督导力度，实行达标督导进展情况双周报制度。截至年末，全市农村信用社资本充足率为6.78%，比年初提高1.42个百分点；不良贷款率6.95%，比年初下降4.83个百分点；拨备充足率97.42%，比年初提高24.12个百分点，完成了河北银监局下达的年度目标任务。

（王立宏）

人民银行

【金融运行情况】　（一）信贷投放总量呈“爆发式”增长。年末全市金融机构本外币各项贷款余额2211亿元，比年初增长42%，比上年同期提高16.3个百分点，高于全省平均增速2.3个百分点，在全省排名第二；全年增量653.8亿元，同比多增335.2亿元，是上年同期的2.05倍。贷款存量、增量均为全省第二，在全省占比分别为16.7%和17.3%。

（二）各项存款增速回落，储蓄存款增幅减缓，企业存款大幅扬升。年末全市金融机构本外币各项存款余额3676.8亿元，比年初增加757.5亿元，同比多增102.5亿元，增速26.3%，同比下降2.6个百分点。各项存款存量、增量居全省第二，在全省占比分别为16.3%和16.2%，增速高于全省平均速度0.2个百分点。年末，全市金融机构企事业单位存款和其他存款余额1525.5亿元，比年初增长40.5%，增速比上年同期提高26.7个百分点；全年新增企事业单位存款和其他存款440亿元，同比多增233.5亿元。企业经营持续好转、销售收入后资金回收、贷款快速增长产生的大量派生存款、各类投融资公司转入的项目工程款项增加，共同推动企业存款的快速回升。年末，全市储蓄存款余额2146.4亿元，同比增长17.5%，增速比上年同期下降14.5个百分点；全年新增储蓄存款319.7亿元，同比少增123亿元。

（三）存贷比持续上升。年末本外币存量存贷比为60.1%，比上年同期提高6.7个百分点；增量存贷比86.3%，比上年同期提高37.7个百分点；存量存贷比高出全省1.1个百分点，增量存贷比高出全省5.3个百分点。全年贷款增速比存款增速快15.7个百分点。

（四）地方金融机构支付状况良好。目前，全市各金融企业存款备付水平比较合理。年末，全市全部金融机构备付金率总水平5.27%，比年初略有下降，其中农村信用社备付金率为23.8%，城市商业银行备付金率为10.3%，均处

于较高水平，且保持相对稳定，地方法人金融机构流动性比较充足。

（五）金融企业经营效益稳定。全市金融企业经营效益继续改善，经营实力进一步增强，全年实现利润61亿元，同比多增13亿元，银行类金融机构贷款质量总体较好。

（六）企业直接融资步伐加快。人民银行通过宣传推介银企对接、组织推荐筛选发债优质企业等措施，加大企业直接融资力度。全年辖区冀东水泥、开滦集团2家企业累计发行短期融资券15亿元，河北钢铁集团发行中期票据50亿元，实现全市乃至全省中期票据零的突破。

【金融调控】 一是积极宣传适度宽松的货币政策。及时将上级行工作会议精神整理书面材料向市委、市政府领导及金融办进行汇报沟通，取得地方对唐山中支履行职责的支持。二是加强窗口指导，积极引导金融机构贯彻落实国家适度宽松的货币政策。制定《鼓励金融机构扩大信贷投入改善金融服务支持全市经济发展的实施意见》、《唐山市金融支持服务业发展的若干措施》、《唐山市金融支持农村新民居建设的指导意见》、《唐山市金融支持全民创业指导意见》、《唐山市人民银行县（市）支行信贷政策导向效果评估办法（试行）》，引导全市各金融机构制定具体政策措施，切实履行金融责任，加大对地方经济发展的信贷支持力度。三是加强金融运行情况监测分析，积极向政府献言献策，强化产业政策与货币政策的配合。建立和实行金融运行旬报告制度，加强金融形势监测分析与预测，按旬、按月形成监测分析向政府反馈；建立《金融机构信贷投放旬报制度》，要求各金融机构按旬报送贷款投放进度，按月报送贷款投向结构和贷款投放计划报表，监测分析政策执行效果并向政府反馈；主动帮助地方政府寻找和培育新的经济增长点，加强信贷风险防范。

【金融服务】 一是推进支付环境建设。积极推进农村地区支付服务环境建设示范工作，选择迁安作为试点示范县，选择重点村、企业作为典型试点，大力推广发行“信通卡”、惠农卡等非现金支付工具；加大各乡镇金融机构网点接入五大业务系统及增设刷卡设备、柜员机具、电话银行自助机具等，实现国家和省级各项补贴100%通过银行账户或银行卡发放；办理为农村两委干部代发工资、为企业代发工资等12万户，占个人结算账户的30%。顺利完成县域同城票据交换业务向支付系统的平稳过渡。制定并实施《国家金库唐山市中心支库县（市）域预算资金划转暂行办法》，调整相关操作流程，确保县域国库资金正确划转和准确入库。组织市、县两级人行对支票影像系统管理情况检查，加大对退票率较高的金融机构督导力度，使各行、社退票率明显下降。加强组织领导，协调相关银行机构按时停止运行“五行共享系统”，转为接入全国统一的银联系统，提高银行卡用卡效能。针对唐山辖区频繁发生不法分子利用银行自动柜员机作案的新情况，及时组织召开辖内各银行机构、银联商务等部门负责人参加的专题会议，研究防范自动柜员机诈骗的相关措施，并在5月份组织各机构集中开展专项宣传月活动，以人行名义录制新闻宣传片，在唐山电视台《直播五十分》栏目播出；在唐山晚报刊登题为《如何正确使用信用卡，人行为您支招》的宣传文章，扩大银行卡业务知识在群众中的普及率，提高公众安全用卡意识。

二是深入推进TIPS（财税库银横向联网系统）建设。加强与国税、财政、银行的协调，确保TIPS推广运用协调联动，继TIPS在唐山试点成功上线后，河北银联顺利加入财税库银横向联网，并成功办理刷卡缴税交易，缴税方式为全国首创，将辖区168个新增国税税务机构全部纳入TIPS，实现横向联网系统国税部分在唐山市的全部上线运行。同时，加强系统推广应用的指导，及时制定《财税库银横向联网系统国库部门操作手册》，并在全省应用。积极与市总工会、地税部门密切配合，于4月1日正式开通工会经费代征业务。积极推动国库直接办理涉及民生有关收支项目，探索国库直接办理社保五险和农民工养老保险等政府性资金收缴支付业务的方法和途径，使试点工作逐步展开。

三是加强检查监督，防范国库资金管理风险。先后两次组织开展辖区所有相关机构网点的实地检查，对存在问题的代理行进行诫勉谈话，促进国库会计核算水平提高。为防范国库资金风险，切实落实财税库对账规章制度，确保国库资金安全，11月初唐山市中心支库联合唐山市财政局、国税局、地税局深入到11家区支库代理银行，开展财税库对账制度落实情况专项检查，通过财税库联合检查，将财税库对账管理工作纳入财税库综合管理的范畴，进一步为国库资金安全树起坚固屏障。1—10月，完成预算资金入库549.6亿元，实现零差错。

四是加强征信管理，优化社会信用环境。探索由金融机构集中初审、入库的方法，解决过去年审全部由人行办理，现场拥挤，难以承受等问题，节约费用开支，贷款卡年审率继续在河北省各中支保持领先地位；探索中小企业信息征集和更新的新路子，使中小企业信用信息采集工作由原来的定期采集向经常性采集转变。制定《金融系统企业征信数据录入及上报核对办法》，重点解决农村信用社企业征信系统上报数据迟报、漏报等问题。

五是改进发行基金调拨和供应，加强市场流通人民币管理。开展各金融机构现金需求预测分析，加强发行基金的调拨，合理调整现金供应券别结构，保证市场现金流通的需要。严格发行基金管理规章制度，执行操作程序，加强库房规范化管理，完成总行对唐山发行库一级库复查验收工作；建立涉及全市29个金融机构、52个企事业单位的人民币流通状况监测网络，完善辖区人民币收付业务监管体系；研究制定印发《唐山市反假货币工作站管理办法》，在唐山市及各县建立反假货币工作联席会议制度，年内先后组织开展两次反假宣传月活动和反假人民币知识进社区活动，得到社会公众的好评，配合了公安机关开展打击假币犯罪09行动，较好地提高公众反假币的能力。

【金融创新】 制定《2009年创新工作实施意见》，研究确定创新项目工作计划，加强协调、指导和督促，推动市县两级紧密结合履职要求，探索和改进提升工作效能的方法和途径，使创新性工作取得一系列成果。全年共开展创新项目63项，其中，列入河北省人民银行系统创新计划项目完成7项。在已完成并推广应用的创新项目中有39项得到省级以上及市政府的认可。国库会计核算业务操作手册、人民银行县（市）支行信贷政策导向效果评估办法、金融风险监测评估制度3项成果被石家庄中心支行以行发文转发；唐山市金融支持农村新民居建设工作指导意见被石家庄中支以处发文转发，在全省执行；制定服务于中小进出口企业实施贸易便利化的具体措施得到唐山市政府肯定；《唐山中支文明单位创建工作检查验收指引》被收入《中国人民银行天津分行文明单位创建工作指导手册》；探索“制度＋责任＋培训＋考核”管理模式，提升县级支行信息安全能力、实施财政补贴资金国库直拨工作，分别得到人总行科技司、国库局的肯定。

【外汇管理】 一是积极推进资本项目外汇管理改革，促涉外投资便利化。积极推进外汇金宏系统上线工作，借助网上申报，提高国际收支申报工作质量；组织和实施FDI系统（国家外汇局直接投资外汇管理系统）境外投资模块上线，顺利完成系列数据的补录和档案移交工作，完成外汇年检企业325家，参检率和通过率均达到100%；推广直接投资系统会计师事务所客户端办理验资询证业务，提高唐山市直接投资外汇管理网络化、信息化水平。与唐山市国税、地税部门协调配合，推广和实施服务贸易及部分资本项目提交税务证明新政策，积极为曹妃甸伊朗游艇等项目提供外汇管理政策的咨询服务，强化外资项目核准制度与外汇管理制度的协作与配合，规范、引导外汇资本合理、有序流动。

二是积极推动经常项目外汇管理改革，使对外贸易便利化。探索实施取消贸易进口异地付汇备案管理，推进省内进口异地付汇核销管理制度改革的新举措，进一步简化贸易进口付汇手续，节省企业付汇业务的时间，降低企业的经营成本。

三是加强外汇监管，努力促进国际收支平衡。加强对唐山市外汇指定银行执行外汇管理规定情况的考核和资本流出入及结汇的管理，注重对外债登记和结汇核准管理环节的控制，提高外债资金借用币别的匹配性，严格控制外债资金的结汇频率。积极促进贸易信贷登记管理，实现企业贸易信贷资金顺畅流动。加强预收货款、预付货款以及延期付款审查确认，降低辖内进出口企业贸易融资风险；加大非现场核查力度，各专项核查申报数据质量在省分局季度考核中名列前茅；在全省率先建立银行外汇业务核查监管实名通报制度，规范外汇指定银行业务操作行为。制定实施《经常项目外汇业务事后监管分析工作规则（试行）》，在全省率先设立经常项目外汇业务事后监管岗位并在全省外汇管理系统予以推广。制定《外汇检查内控风险防范评估管理工作指引》，并在全省外汇检查系统推广实施。

（王立群 张 立）

农业发展银行

【概况】 2009年，农业发展银行唐山分行各项贷款余额48.8亿元，比年初增加3.68亿元。其中：政策性贷款23.59亿元，占48.34%；准政策性贷款1.22亿元，占2.5%；商业性贷款23.99亿元，占49.16%。全年累计发放贷款13.98亿元，累计收回贷款10.3亿元。各项存款余额为11.6亿元，日均额为17.1亿元。实现中间业务收入76.68万元。不良贷款余额7062万元，不良贷款占比1.45%，较年初增加0.83%。实现账面利润1.12亿元，完成省达利润计划的142%。资产利润率1.86%；收入成本率14.84%，同比上升1.69个百分点。

【圆满完成收购资金供应】 全年共向25户企业发放各类政策性和准政策性贷款5.82亿元，支持收购粮食3.1亿公斤。积极营销市县粮油储备贷款，有效落实利费补贴及价差损失弥补来源，发放市县储备贷款0.7亿元。投放1.8亿元完成中央、省级储备粮油、储备肉的增储和轮换计划。

【支持农村基础设施建设】 立足唐山强势的财政收入水平，抓住国家实施“积极的财政政策和适度宽松的货币政策”的有利时机，支持市县级政府重点关注并具有重大支农效果的非经营性项目3个，投放贷款5.5亿元，其中：对遵化市农村路网改造工程项目投放贷款1.5亿元；对遵化市龙门口水库至城区引水工程项目投放贷款1亿元；对丰南区交通路网工程建设项目投放贷款3亿元。额度为1.5亿元丰润区综合职业技术教育中心迁建、3.5亿元乐亭县古滦河城区段生态治理工程、1.98亿元丰南区县域城镇建设和9500万元唐海县城市污水处理工程等项目已获省分行批复，2010年将陆续投放。

【扶持地方农企发展】 重点支持唐山鸿润饲料蛋白有限公司、唐山奥翔木糖醇有限公司、唐山浩翔纺织有限公司、河北栗源食品有限公司等8户龙头加工企业，累计发放龙头加工企业短期贷款2.59亿元。重点支持为大中型龙头企业提供配套服务的上下游农业小企业，累计对10户农业小企业发放贷款4340万元。

【积极组织存款】 5月份在全市开展存款集中推进月活动，拿出10万元专项费用与活动挂钩。活动期间共吸收各类存款14笔、金额5.08亿元。7月份，制定出台县域存款营销实施意见及考核办法，拿出40万元费用与县域存款组织工作挂钩。到年末，县域公众存款日均余额1.67亿元，省达任务完成率109.57%，居全省第4位。8月底，鉴于同业定期存款利率上调，开展为期3个月的同业定期存款竞赛活动，累计营销同业定期存款23笔、金额7亿元，使存款日均增加9906万元。

【维护资金安全】 3月份由市分行客户部组成检查组，对所有商业性和准政策性贷款客户进行风险排查。继续对商业性贷款余额2000万元以上企业实施驻厂管理制度。4月份开展重要债权凭证的法律合规性审查，由后台和法律顾问利用3天时间，对所有开户企业的借据、合同审核把关，查找堵塞漏洞。对非经营性贷款落实贷后管理措施、领导排查督导、政府还款预算资金三到位，全年累计收回非经营性到期贷款本息4.38亿元，未出现逾期和欠息现象。针对进入逾期的潜在风险贷款，采取一企一策方针，及时收回6个企业有问题贷款2680万元。为加大不良贷款清收力度，实施市、县两级行联合清收的模式，定期或不定期召开调度会，年内现金清收不良贷款224万元。首次将贷款企业销售货款归行率引入量化指标考核，把控第一还款来源。全年销售货款归行率达到110%，较上年提高30个百分点。通过集中会审形式，先后在会计、信贷、客户、纪检监察和办公室组织开展不同内容的“亮账”查比活动，达到堵塞漏洞、互相学习、完善提高的目的。

【优化金融服务】 3月份开展“牡丹金山卡及网银业务集中推进月”活动。年末累计开立企业网银账户18户，收付金额3.2亿元。7月份至10月份在全辖开展“文明服务、优质服务”竞赛活动，认真组织学习《中国银行业柜面服务规范》等文件要求，改进、完善服务环境和设施，进一步规范员工服务礼仪和业务操作，提高窗口单位服务水平，提升柜面服务质量，增强客户满意度和社会认知度。

（曹明辉）

农业银行

【概况】 农行唐山分行全年各项贷款总量403亿元，较年初增加118.1亿元；各项存款总量724.6亿元，较年初增长95.7亿元；取得中间业务收入2.3亿元，实现经营利润16.3亿元，累计发放惠农卡17.6万张，发放农户小额贷款1.5万户金额6.1亿元。存贷款总量、利润等主要业务指标均列全省系统内和唐山同业首位。同时内控管理和行风建设水平再上新台阶，内控综合评价晋升为一类行，先后被中国金融工会、农总行评为“学习型组织先进单位”、被农总行评为“信贷管理工作先进单位”、被市委市政府评为“振兴唐山先进单位”、被省总工会评为“AAA级劳动关系和谐企业”。

【城市业务】 加大信贷支持力度，全面介入国家省市级重点项目（客户）和优质中小企业客户，全年向唐钢集团等9个公司类大客户授信99.6亿元，投放贷款46.25亿元；向南湖生态城等5个重点城市基础设施项目投放贷款49.50亿元；新增优质中小企业客户49户，新增贷款12.15亿元。新增票据贷款22.48亿元，有效缓解企业融资压力。加快对公中间业务和负债业务发展。全年公司类中间业务收入0.67亿元，占全行中间业务收入的27.8%。积极营销财政、社保、医保等机构类存款大客户，年末对公存款较年初增长17.14亿元。

【零售业务】 坚持“拓展高端、定位中端、分流低端”的市场定位，加快网点经营转型。在组织存款上，相继组织开展“金钥匙春天行动”等四次大规模综合营销活动，并采用加强优质客户维护、开展小指标竞赛等多种措施，狠抓揽存吸储工作。到年末，储蓄存款总量520.8亿元，较年初增长78.6亿元，居同业首位。在个贷业务发展上，强力营销个人综合授信、汽车消贷和住房按揭等重点产品，全行个人贷款（不含小额农户贷款）总量21.72亿元，较年初增加4.21亿元。同时，统筹各类理财产品，加快个人中间业务发展。全年代销基金15.87亿元、销售黄金6.7万克、综合保费收入5.89亿元，均比上年大幅增长。同时，完成63个装修改造网点考察及招标工作。扎实开展“文明服务年”活动，对72个网点实施文明服务导入，公开选拔118名大堂经理，全年新增ATM机等自助机具1.3万台（件），缓解网点排长队问题，提升了全行零售业务核心竞争力。

【惠农业务】 坚持做“面”与做“量”相结合，相继推出“惠农果蔬卡模式”等系列发卡模式，实行调查、审查、审批一线作业和集中审查、审批、录入的工作方式，提高工作质量和服务效率。市县两级行积极寻求地方党政支持，市政府专门成立协调领导小组，制定出台《关于加快推进惠农卡和农户小额贷款工作的实施意见》，形成政银合力，进一步加快惠农卡发卡、授信、放贷进度。同时，加大对县域贷款投放力度，全年投放农业产业化贷款1.24亿元、城镇化贷款1.81亿元，向四个县域房地产项目授信2.92亿元，支持全市城乡等值化发展。

【内控管理】 围绕全面风险管理和精细化管理要求，积极探索风险防控长效机制。一是组织各项专项治理活动。坚持机构、人员、业务全覆盖，先后组织开展案件风险排查和业务经营管理自查自纠等活动，对发现问题全面落实整改。实行重点行专项治理，夯实内控管理基础。二是分专业制订精细化管理推进计划，狠抓重点部位、重点环节的风险防控工作，消除潜在风险隐患。三是加大风险防范和问题查处力度。认真落实违规积分管理、纪委书记巡视等制度，进一步增强全员合规意识和风险防控能力。

（胡日旺）

工商银行

【概况】 2009年实现经济增加值7.38亿元，同比增加7.1亿元，全省首位；拨备前利润13.1亿元，同比增幅53.3%，高于全省增幅28个百分点；全部存款余额608.24亿元，较年初增加136.56亿元，同比多增15.5亿元；各项贷款余额298亿元，较年初增加89.63亿元，全省首位；实现中间业务收入3.34亿元，增长65.84%，高于全省平均水平30个百分点。首次跨入全国二级分行经营30强，列第22位。

【精细管理强化执行力】 建立旬调度、月分析、季考核制度，加强对各项业务指标的分析、监测和督导，对进展缓慢的专业和指标落后的支行及时进行调度。实施费用与业务发展挂钩激励机制，引导支行、网点靠发展、靠业绩挣费用。坚持以改革增活力、促发展，按时、按质完成城区支行扁平化、信贷管理集中和监督体系改革。继续推进集约化管理，实现城区支行自动柜员机、网点机具的购置、维护以及网点保洁的集中管理，为基层减轻负担。

【做大做优资产业务】　一是加强与政府部门的联系，切实做好与重点城建项目资金需求的对接，累计投放项目贷款130.53亿元，其中城建行业40笔93.32亿元。二是曹妃甸重点项目。组建由省、市、支行联合组成的曹妃甸项目营销小组，全力做好港口和落地项目营销。累计向曹妃甸新区6户企业投放贷款38笔80.86亿元。三是突出产品创新和业务创新。适应客户多样化融资需求，为企业量身订作融资方案，积极营销各种新型融资产品，积极推进信贷结构调整。累计为6家企业办理项目搭桥贷款等信贷新产品24亿元；办理国内贸易融资15.8亿元。四是个人住房信贷业务跨越发展。坚持住房开发与个人按揭捆绑销售机制，建立重点开发项目市行直营责任制、进展报告制和业务问责制，缩短营销环节，全力竞争住房开发优质企业和优势项目。发放开发贷款5.2亿元；发放个人住房贷款12.96亿元，同比多增加5.79亿元。

【提升存款市场竞争力】　在对公业务上，“重点抓大、全面抓小”，对重点客户逐级建立关系维护责任制，逐户下达增存任务，逐月通报、按季考核，持续提高大客户的存款份额。持续推进结算户、代发工资户、个金大客户的“扩户增容”，分项列出扩户名单，纵向分解到支行，横向分解到部门，逐级逐户定责任人、定措施、定奖惩；在个人业务上，坚持“行长抓、全行办”的大个金战略，组织开展“大个金主题营销竞赛”，集中开展“理财之春”和“金色之秋”主题营销活动，举办“财富论坛”和“黄金沙龙”等层次高影响大的营销活动，掀起市场拓展热潮。

【推动中间业务发展】　依托重点项目和优质客户资源，加强投资银行业务与传统批发业务的互动发展，做实常年财务顾问、投融资顾问等顾问类基础投行业务。大力发展理财业务，将个金业务作为中间业务增收“主战场”，累计销售保险10.98亿元、基金56.7亿元，均居系统和同业首位，销售股票型基金7.9亿元，同比增加3.15亿元。实现对公理财收入867万元，是上年的13倍。加快银行卡和电子银行业务发展，通过竞赛推动、项目带动，银行卡、电子银行业务发展步伐明显加快，新发信用卡12.48万张，同比多发9600张，全省首位；信用卡消费额26.8亿元，同比增加14.37亿元；个网、个电新增12.4万户和8.72万户，分别是上年的1.63倍和1.23倍。

【提高风险防范水平】　以质量攻坚和强化管理为重点，全面打好不良贷款处置歼灭战，在明确目标责任、强化考核奖惩的基础上，分组包行，督导推动，重点抓大，全面清小，累计清户25户，处置不良贷款10.7亿元，其中7户B、C类小企业1420万元不良贷款全部清零，成功实现小企业信贷复牌，资产质量实现根本好转，不良贷款占比2.25%，下降2.89个百分点。加强信贷业务高速增长下的风险防控，组织开展新发放贷款专项检查，对34户重点客户进行风险分析，提高信贷风险防范水平。通过案防分析、审计检查、执法监察等多种形式，重点解决ATM、对账、日间库款、电子银行业务等方面的潜在风险。以做好国庆60周年安保工作为重点，成立全省首家保安大队，开展各类应急演练，安全保卫工作水平进一步提高。全行实现“三无”安全年，内控评价升至一级，被省行评为2009年党风廉政建设和案件防范工作先进单位。

（冯桂雄）

中国银行

【概况】　中国银行股份有限公司唐山分行现有20家支行，72个营业网点，1400余名员工，业务齐全，实力雄厚，信誉卓著，各项业务超常增长，总资产、人民币存款、人民币贷款年增幅超过30%，年净利润超6亿元，经营实力显著增强。2009年，唐山中行被中总行确定为全国40家重点城市分行之一，在全国重点城市分行排名中位列第11位。截至2009年末，人民币各项贷款余额为386.5亿元，比年初增加156.6亿元。人民币存款余额达到474亿元，较上年末新增122亿元。中间业务收入2.28亿元，较上年增长4209万元，经营效益大幅提升，全行共实现净收入14.3亿元，同比增长1.93亿元；实现净利润6.1亿元。位列河北省中行系统第一。

【转变观念促发展】　抓住曹妃甸开发带来的战略机遇，上下协调，强力推进，在省分行的支持下，成功促成中总行领导来唐调研，同曹妃甸新区管委会、冀东发展集团、高新区管委会签署合作协议，并成立由总行牵头的“曹妃甸工业区重点项目支持小组”，优质客户明显增加。在深入学习科学发展观理论的基础上，积极与银行工作实践相结合，周密筹划全年发展战略，在全行开展以相应业务为主的首季“开门红”、公司业务“扩户扩存”、供应链融资推广等活动，推动各项业务的提速发展。

【强化管理防风险】　细化相关部门的贷前、贷中、贷后管理职能，引导各级信贷人员，严格授信准入，强化日常管理。加强风险监控和预警，严格按照监管机构要求，建立差别督导和动态督导模式，及时落实各项风险预警措施，掌握企业经营管理动态情况，监控借款人的财务及非财务因素，排查各类风险隐患，确保存量授信资产安全。同时，坚持风险部与相关支行双挂钩奖惩，扎实推进不良清收工作。2009年累计清收0.48亿元，全行贷款不良率为1.4%，较2008年降低0.93个百分点。

【突破瓶颈谋规划】　及时制定和完善唐山中行2009—2011三年规划，坚持加快四个调整。即布局调优，人员调齐，管理调直，功能调强。经过四项调整，网点数增至64

家，业务一线员工数量得到充实，所有网点实现了八人配置，全面加强理财经理、大堂经理的队伍建设，并初步建立业务经营前中后台分离制，城区网点实现综合柜员制，网点服务能力明显增强。

【达标管理强内控】 以实施管理达标工程为契机，突出抓落实、抓执行、抓细节、抓验收，提前一年实现省中行规定的各项目标。一是抓教育。以全员警示教育、“我是一道关”等活动为载体，强化教育，坚持警钟长鸣。二是抓培训。组织全员逐节学习各条线达标手册，并逐人、逐项、逐岗进行执行检查，对与手册有出入的行为，逐一整改。三是抓机制。由内控部负责，制定并明确各级专兼职合规员职责，制定各级每季、每月、每周、每日必查要点，推行对公对私业务经理派驻制，形成横到边、纵到底、细到点的内控体系。四是抓整改。在严格问题整改的同时，组织各条线建立问题整改库和责任库，将内审外查发现的问题，全部记录入库，发送至全辖，组织各单位对照自查整改，严防屡查屡犯。五是抓问责。对负有操作、复核、监督和领导责任的人员严肃处理，推动合规文化的顺利形成。

（袁　毅）

建设银行

【概况】 截至年末，全口径存款余额突破600亿元，达到601亿元，较年初增加99亿元。各项贷款新增72亿元，余额达377亿元。实现中间业务净收入3.3亿元，同比增长26%。不良贷款余额6584万元，较年初减少9421万元；不良贷款率为0.17%，较年初下降0.35个百分点。全年没有发生重大案件和事故。

【对公业务】 在宏观经济复杂多变的形势下，以全市大规模经济建设为机遇，大力发展对公业务，全年纯新发放非贴现大中型公司类贷款66亿元，创历史新高，主要投向全市重点项目和优质客户，年末余额达到296.36亿元。机构类贷款重点支持民生项目建设，纯新发放机构类贷款20.4亿元。小企业业务成功促成省分行与市政府签订“振兴中小企业合作协议”，积极组织银企对接，加大小企业贷款投放力度，全年累计投放6.044亿元，实现新增2.1756亿元，增幅57.19%，年末小企业贷款余额达5.9798亿元。国际业务面对严峻的经济形势，积极开发新增目标客户和业务增长点，全年实现国际结算业务量20.79亿美元，在当地市场占比达29.2%，同比提高2个百分点，居第二位；实现外汇中间业务收入4830万元，市场占比达30%，在全省系统和当地同业均居第一位。依托资产业务，对公存款快速增长，全年新增24.74亿元，余额达224.27亿元；产品创新及时跟进，财务顾问、保理、融资租赁等新业务全面开花，全年实现对公中间业务收入1.79亿元。

【个人业务】 紧紧围绕市场和客户需求变化，强化产品营销，抢抓高端客户，不断促进个人存款业务、个人中间业务、个人资产业务和信用卡业务的持续快速发展。截至年末，个人存款余额达365.89亿元，较年初增加65.99亿元，余额和新增均居同业第二位，市场占比分别达25.77%和28.37%。个人中间业务在巩固代销基金、借记卡等产品优势的基础上，坚持以拓展代理保险、黄金业务、个人电子银行业务和做大做强理财产品为重点，实现个人中间收入1.19亿元，居全省建行系统第二位。个人资产业务以发放住房贷款为重点，有选择地发展消费贷款。截至年末，个人住房贷款余额26亿元，新增4亿元；个人消费贷款全年发放1.18亿元，余额达2.07亿元，实际新增3860万元。信用卡业务优化用卡环境，围绕重点客户、重点渠道和重点产品开展营销，全年新增信用卡客户2.66万户，客户存量达11万户，以23%的市场占比居同业第二位；实现消费交易额11亿元，同比增长132%。电子银行业务快速推进，全年实现个人电子银行交易额127.21亿元，同比增幅达163%；实现收入625万元，同比增幅达371%。

【完善经营机制】 在网点转型方面，通过召开转型工作会、现场会和经验交流会，成立专家理财团队，出台管理办法，配齐专职客户经理，加强专业培训，按照总行的标准模板进行模拟演练等有效措施确保转型工作有序推进。截至年末，全辖104个网点完成一代转型98个，完成二代转型35个。在经营中心建设方面，着重打造个贷中心、中小企业经营中心和财富管理中心，不断完善配套设施和充实专业人员，落实考核激励办法，积极优化业务流程，提升专业化服务水平。在县域支行发展方面，不断探索适合县域支行的激励办法和考核模式，加大财务资源和政策支持力度，搭建信息交流平台，强化县域支行发展经验交流，落实“行领导包行，部门包行”制度，强化指导，上下联动，提升县域支行的综合发展能力。

【细化管理防风险】 一是扎实开展省分行“整治屡查屡犯、防范案件风险”专项活动和监管部门案件风险排查工作，认真落实风险排查和自查，并通过警示教育、案例教育和条规教育等措施，不断提高员工的案件防控意识和合规操作意识。二是加大会计检查力度，强化会计检查的针对性和覆盖面，对问题较为集中的环节进行重点监督检查，并加大责任追究力度，落实“约见谈话”制度，建立问题整改的长效机制。三是加强财务成本管理，严格财经纪律，完善财务管理办法，科学合理安排费用支出，不断提高集约化水平，集中资源支持重点业务快速发展。

（彭宗全）

交通银行

【概况】 交通银行唐山分行贯彻落实总行提出的“跑赢大市、争先进位”指导思想和省分行确立的工作要求，发展上讲究一个“合”字，部署上强调一个“早”字，措施上突出一个“实”字，管理上力求一个“严”字，取得在当地同业市场占比上升、系统排序进位、员工收入增加的优异成绩，被交通银

行河北省分行评为经营管理优胜单位。截至年底，全行各项人民币存款余额达到184.5亿元，较年初增长46.2亿元，增幅达到33.4%；各项人民币贷款余额132亿元，较年初增加61.8亿元，增幅达到88%。

【协调发展】　树立和强化发展意识，围绕以曹妃甸为核心的唐山湾开发建设、市区产业“退二进三”政策及唐山市重点建设项目，落实“本外币联动”、“公私联动”、“上下联动”的产品组合营销策略，调整优化资产结构、负债结构、客户结构、收入结构。一是负债业务发展迅猛，存款增势强劲。全年存款工作一直保持高位运行，日均存款增量达到54亿元，为业务发展提供稳定充足的资金来源。在全国交行系统省辖行排序中，唐山交行存款余额位列第六位，较上年提升两位。在河北省交行系统74家网点中，分行营业部、银河支行、曹妃甸支行、解放路支行、丰南支行等五家支行存款增量位居全辖前十。二是贷款投放加快，资产结构得到进一步优化。成功营销曹妃甸围海造地、唐山市交通局滨海大道、津西钢铁、旭阳焦化等多个优质贷款项目。截至年底，唐山交行存量存贷比为71.5%，较年初增加20.7个百分点；增量存贷比为133.7%。贷款余额全国交行省辖行排序位列第六位，较上年提升六位。优质高效的信贷投放，为唐山交行利润计划的完成提供了支撑，全行实现拨备后利润3.84亿元，较上年增加0.93亿元，完成全年任务的107.8%，人均创利75万元，高于交行系统平均水平。三是战略转型业务稳步推进，发展势头良好。对私客户结构进一步优化，AUM客户增量全国交行系统同类行排序位列第五位；零售信贷发展加快，全年增量达到4.4亿元，全辖最高；收入结构得到进一步改善，新产品创利突出。实现担保与承诺业务收入1209万元，财务咨询与顾问收入1046万元。电银业务全部完成考核指标，储蓄存款、国际结算同业市场占比提升。全行业务发展达到“跑赢大市、争先进位”的总体要求。

【风险防范】　一是切实防范信用风险。强化贷后监控管理，落实贷后管理达标升级工作，在省行达标验收中获得较好成绩；认真开展授信风险排查，加强对重点客户风险管理，全年对252户次进行风险过滤和风险排查，发出风险提示41份，揭示风险点252个。二是加大不良资产清收处置力度。清收处置不良贷款8752万元，特别是建源钢铁等四户困扰多年的1.6亿元不良贷款问题得到彻底解决。三是内部控制继续加强。各支行、各条线管理部门积极开展案件风险专项治理和风险排查工作，组织开展“反欺诈一号”行动，落实防范措施。认真落实出纳与金库管理、事后监督、银企对账、会计检查辅导、会计主管委派等制度和措施，提高内控能力。西城支行被评为全辖会计示范行。全行上下风险意识、责任意识和自律意识明显增强，有效保障了业务的健康发展。

（王庆元）

商业银行

【概况】　紧紧围绕“引资、更名、走出区域、上市、建设一流银行”的总体战略目标，把案件防控作为头等大事，创新经营管理模式，组织实施一系列改革，努力实现“四个转变”。截至年末，全行各项资产合计179.5亿元，较年初增长31%；各项贷款余额62.4亿元；各项存款余额160.2亿元，较年初增长35.8%；实现汇算清缴前净利润3.04亿元。

【各项业务指标稳步增长】　授信业务。一是以城市基础设施建设、市属主导产业、优秀中小企业、个人贷款等国家鼓励和支持的信贷投放领域、对象为重要信贷投放点和培育增长点。二是加大对地方经济建设的支持力度。与北京银行开展银团贷款合作，先后为中冶京唐建设、冀东水泥集团新建生产线、唐山市机场连线等市政府重点项目和曹妃甸地区基建项目提供信贷支持总计超过30亿元。同时加大对中小企业的支持力度，累计发放中小企业贷款达32亿元。此外，与唐山市下岗失业担保中心合作，承办“下岗职工小额担保贷款”业务，已累计投放6500余万元。经营利润。截至年末，全行共实现汇算清缴前净利润3.04亿元，同比增长2.46亿元，增长424.14%。资金营运部门努力实现从主要赚取利差收入到综合利润、中间业务利差、投资业务的转型，截至年末，债券投资余额达57.5亿元，比年初增加14.5亿元，实现债券投资收益1.95亿元，比上年同期增加1亿元，增长105%。全年实现中间业务收入1138万元，比年初增加736万元，增长183%。其中银行卡手续费收入273万元，比年初增加176万元，增长181%。

【监管指标日益优化】　通过诉前保全、与企业签订还款协议、办理强制执行公证、增加有效担保等方式对问题授信客户进行清收。截至年末，不良贷款余额0.77亿元，比年初减少1.91亿元，下降71.27个百分点。不良贷款占比1.23%，较年初下降2.99个百分点，不良贷款实现“双降”。年末各项监管指标已经达到三级行水平。资本充足率15.6%，较年初增长2.45个百分点；贷款拨备充足率130%，较年初增长52个百分点；贷款拨备覆盖率150%，较年初增长39个百分点。

【实施战略转型】　（一）公司治理。加强与北京银行的业务合作，双方共同签署《全面业务合作协议》。与曹妃甸工业区管委会签订为期两年金额达150亿元的《银团贷款业务合作协议》；着力建立现代公司治理结构，夯实发展根基。建立独立董事和外部监事制度，建立健全制度保障。

（二）经营管理。按照“大总行、小支行”的科学定位，进一步细化内设部门职责，强化对各分支机构的监管，加强业务事后监督，实现经营管理由分散型向集约型转变。成立授信调查部、授信审批部、授信管理部及贷后清收中心，实现全行所有授信业务均由总行统一调查、审批和管理；设立内控合规总部，下设审计稽核部、内控合规部，实现风险集中管控。对支行服务功

能进行调整，主要定位于业务结算和销售服务平台。实行营业室主任委派制和业务督导员巡检制，人员由总行统一管理、考核。押运和支行上门收款工作全部实行社会化，防范押运风险。成立现金收付中心，全行所有现金业务均由总行现金收付中心管理。

（三）业务流程。进行授信业务和会计业务前中后台分离、零售银行改造、公司业务运营模式改造、业务流程再造，实现业务流程由部门银行向流程银行转变。对公司业务部进行改革，成立公司业务总部，根据区域划分4个事业总部，19个事业部，主要负责业务营销工作。

（四）风险防范。一是实施账务处理集中，规范业务处理，提高服务效率，规避前台操作风险。二是实施全行财务管理集中。三是实施全行纳税管理集中，完成全行地税小税种集中缴纳、管理。四是实施现金收付集中，有效防范现金业务操作风险。五是实施视频监控集中，建立视频集中监控系统，对关键区域进行重点监控。六是实施法人类授信客户的贷后管理集中。组织专业化贷款管理团队，逐户制定贷后管理措施，专人负责，责任到人。七是实施全行行政印章集中管理，明确用印审批流程，确定用印审批权限。八是实施档案管理集中。全行法人客户信贷档案、会计档案全部集中总行管理，实现档案管用分离。九是实施同城票据交换集中，控制全行的票据业务交换操作风险。十是实施重要空白凭证集中配送。11月18日，唐山市商业银行荣获“中国十大风险管理业绩优秀银行”。

（五）机制建设。一是建立考核评价体系。全面梳理岗位设置及工作职责，实现从权力部门向责任部门的转变，建立和完善各级机构经营考核责任制。二是实施人才集约化经营。积极开展“人才高地”工程，先后在北京大学、中央财经大学、天津大学、南开大学等全国重点院校招聘200多名优秀应届毕业生，形成以本科以上优秀人才为主的人力资源储备队伍。三是推进激励约束机制。聘请正信嘉华专业策划公司进行策划，初步拟定薪酬改革方案。四是开展管理攻坚活动。截至年底，共组织实施形成成果资料的管理提升项目248项。五是实施科技兴行战略。第三代信息系统改造初见成效，拟定以“小核心、大前置、图形化前端”为原则的第三代信息系统改造的整体方案，并已正式启动；稳步推进加密平台建设改造工程；进行反洗钱客户风险评级系统、客户经理绩效考核系统（CMPAS）、以及办公自动化系统等一系列系统的开发。

（薛　静）

天津银行

【概况】 截至年末，天津银行唐山分行资产总额25.39亿元，比年初增长14.05亿元，增幅124%；各项存款余额23.63亿元，比年初增长15.36亿元，增幅186%；各项贷款余额17.83亿元，比年初增长9.99亿元，增幅127%；实现账面利润7128万元，比年初增长6677万元；实现净利润3283万元。

【大力开展负债业务】 分行上下牢固树立存款立行思想，充分利用资产业务快速发展的良好平台，抓住贷款上下游企业，对唐钢、开滦、冀东和三友集团等信贷优质客户与资产业务捆绑营销，争揽重点客户群存款12亿元，为对公存款的翻番式增长打下坚实基础。不断开辟增存新途径，利用银行承兑汇票业务的开展，净增保证金存款3.9亿元。此外，高度重视储蓄存款的基础地位，以改进服务为抓手，以提高中高端客户渗透率为重点，实现新增储蓄存款3699万元。

【正确把握贷款投向】 加大对重点龙头企业的授信支持力度，先后向唐钢股份、津西钢铁、冀东集团和三友集团投放流动资金贷款4.7亿元。始终坚持“抓大不放小”的经营策略，充发发挥天津银行为“中小企业伙伴银行”的服务优势，重点推出“金太阳”、“金种子”等系列特色金融服务专案，主动与客户协调沟通，不断摸索第三方监管、物业抵押等贷款种类在唐山市场的运作模式，丰富信贷产品、完善优化信贷政策。大力支持地方民营企业贸易融资需求，重点支持运作规范的龙头中小企业、大型企业集团上下游产业链中的中小企业，注重对中小企业的考查，严格防控信用风险。截至年末，为中小企业贷款余额为1.4025亿元，新增1.0525亿元，增量达到2008年的3倍。

大力发展个人消费信贷业务，推动个人贷款销售快速增长。依靠合理的政策、丰富的产品、优质的服务，并配合专业媒体推广、主动营销等宣传方式，使个人消费信贷业务迅速增长，已逐步形成个贷产品为主打，理财国债为补充的营销策略，并以产品合理化、服务人性化、流程简单化等特点，在唐山市场逐步建立起“天津银行个人业务”的品牌形象。

【提高资金运营效率】 截至年末，分行实现账面利润7128万元，增长6677万元，盈利能力实现飞跃式增长。一是加大盈利性资产营销工作，以风险防控为前提，把好贷前调查入口关，争取营销议价主动权，议价能力得到加强，提高贷款利差水平，平均利率水平控制在上浮20%。在资产业务规模不断扩大的同时，加强对贷款的贷后管理，掌握资金去向，保证贷款收息及时、稳定。二是加大资金业务的管理，在保证业务开展的同时，提高资金运营效率，加大主动经营力度，提高闲置资金的创利能力，最大限度地压缩低息和无息资金，争取分行效益最大化。三是优化资产负债结构，着手发展中间业务。在资产负债业务营销的同时穿插推出网银业务，新增网银客户28户，交易量达到了1.1959亿元。发行理财产品8期，销售640万元，并积极推动第三方存管业务的开展，摸索适合分行的流程模式。

【加强案件风险管理】 从全行业务发展的角度出发，谋求风险控制与业务发展统一的工作理念，把握好风险控制与业务发展的平衡点。严格落实案件风险滚动排查，形成以检查促整改。加强对全行员工行为规范的约束，定期安排员工做行为排查，重在培育员工职业操守。在全行范围内开展“合规文化宣

传”活动，组织普法学习，提高员工法律意识；强化廉洁自律教育，通过观看警示光盘、听取预防职务犯罪报告会等警示教育及与市检察院签订《联合预防职务犯罪工作实施方案》等形式，将廉政教育及案件防控工作引向深入，构建天津银行唐山分行预防职务犯罪的长效机制。扎实做好日常安保工作，重点抓好各项制度的落实到位，把握好重要风险点，提高全员安全防范意识，定期组织防抢应急预案演练、消防演练，提高员工应对突发事件的处置能力，全年未发生重大安全事件和案防事故，继续保持“零案件”。

（陈　胜）

中信银行

【统筹兼顾保利润】　中信银行唐山分行紧紧围绕唐山市经济社会发展战略，充分发挥自身经营优势开展各项业务，全方位满足企业的金融需求，在加大支持地方经济发展的同时，实现自身业务的快速、健康发展。截至年末，全行总资产较年初增长44%，总负债较年初增长46%，资产质量进一步提高。本外币各项存款余额较年初增长47%，贷款余额较年初增长71%。

在业务发展上，一是抓重点，做市场拓展的“加法”。围绕公司、零售、国际业务发展，以争当同业领先为目标，以不低于系统和同业平均增幅为底线，积极扩大优质市场占有比，在全行适时开展以全面提升竞争力为核心的市场开拓攻坚和业务竞赛活动。二是抓难点，密切关注市场，预防业务风险，做不良贷款的“减法”。及时与相关部门沟通了解，审慎选择合作伙伴，全行员工合理、谨慎处理每一笔业务，确保业务处理渠道安全畅通。

【完善内控体系】　根据总行《中信银行2009年信贷政策》，结合唐山经济发展以及自身授信业务发展实际，制定《中信银行唐山分行2009年信贷政策》，使各项业务操作更加规范、高效，更具有操作性。同时，加强信用审查工作，提高信审质量效率，完善放款中心建设并加强贷后管理，切实发挥风险防范作用。向天津分行上报《关于〈唐山分行公司授信业务贷后管理实施方案〉和〈公司授信业务五级分类转授权〉的请示》，申请独立履行辖内贷后管理工作职能以及公司授信业务信贷资产五级分类转授权，建立起唐山分行独立的贷后管理体系。加强专业检查工作，全年多次组织授信业务检查、承兑汇票及票据贴现业务检查、授信条件落实情况自查、票据及信贷业务自查、票据业务贸易背景真实性自查等工作，加强到期授信回收工作。继续坚持到期业务逐月发布提示制度，加强风险排查与预警工作，全年未出现风险授信。同时，努力夯实会计基础管理，规范会计操作流程，完善会计检查督导机制，制定月度会计检查计划，把内控评价、案件防范治理专项检查等工作有机结合起来。

【打造中信品牌形象】　继续着力扩大网点覆盖面，合理布局服务网络，拨付专项费用做好网点的装修改造和人员配置工作，积极建立与之相适应的服务资源调配机制、资金管理机制和岗位分配机制，网点的销售服务能力不断提高，客户满意度显著提升。不断加大形象建设力度，进一步提升中信银行在唐山市的社会形象。全年开展名媛健康养生讲座、“惊喜连连、月月有礼”等活动，大力宣传中信银行个性化照片卡——“晒卡”，扩大客户群体，在市区核心地域新华道发布灯杆吊旗广告，进一步拓宽宣传渠道，为进一步打造中信品牌，提升中信银行形象打下坚实的基础。

【确保安全运营】　不断加强安保制度建设，先后下发《中信银行唐山分行保安队伍管理办法》、《中信银行唐山分行营业网点安全保卫内控考评办法》、《中信银行唐山分行监控报警系统管理办法》、《中信银行唐山分行安全保卫责任制实施细则》、《中信银行唐山分行消防安全岗位职责》、《中信银行唐山分行消防安全管理实施办法》、《中信银行唐山分行门禁卡使用管理规定》等相关制度，并出台各项突发事件应急预案，使各项工作有制度可依。

在安保制度的有力支撑下，加大对保安的管理力度，督促各支行、分行各部门落实安全保卫、消防安全责任制，制定国庆期间各种突发事件应急预案。通过努力，全行全年无一起案件发生。在省公安厅评优中，唐山分行被省公安厅授予“全省安全保卫工作先进集体”光荣称号，办公室杨峰被授予“安全保卫工作先进个人”。

（行办室）

农村信用社

【概况】　年末各项存款余额615.8亿元，比年初增加106亿元，增幅20.8%。信贷规模不断扩大，全年累计投放贷款376.4亿元，年末各项贷款余额401.5亿元，比年初增加89亿元，增幅28.5%，存贷款余额比例为65.2%，比年初提高3.9个百分点。不良贷款实现余额、占比双下降，资产质量进一步改善。营业收入大幅增加，经营效益明显提高，全年实现总收入38亿元，同比增加2.6亿元；实现利润总额6.1亿元，比上年增加0.5亿元。人均存款、人均利润、资本充足率、拨备充足率等指标在全省农村信用社中居首位，公用费用率、不良贷款占比在全省农村信用社中最低。

【支持县域经济发展】　一是在全市范围内积极开展信用农户、信用村、信用镇（乡）评定工作，大力推广农户小额信用贷款、农户联保贷款，并实行客户经理负责制，提高支农成效。到年末，全市共评定信用农户11.9万户，创建信用村（镇）908个，农户贷款和联保贷款余额58.2亿元，支持农户19万户。二是大力支持特色农业、种养大户和农产品加工业，积极探索“公司+农户+小额信用贷款”的运行模式，支持全市农业产业结构和农村经济结构调整，推动特色产业和农业龙头企业的全面发展。到年末，全辖农业贷款余额299.5亿元，比年初增加55.2亿元，占全市金融机构农业贷款余额的90%。三是组织全市农村信用社重点筛选营销，努力提高办贷效率，在支持有市场发展前景、效益好、信誉高的朝阳型中小企业基础上，对金融竞争性的好企业、好项目采取委托贷款、社团贷款等多种方式重点支持。

【大力发展中间业务】 全市农村信用社全面开办代理保险、代发征地补偿款、代收税款、代发工资、业务咨询等多项中间业务，全年实现中间业务收入3291万元，比上年增加2371万元，中间业务派生存款余额14亿多元。

【加强内控管理】 一是狠抓信贷风险防控工作。建立完善大额贷款月报告季分析制度，加强对贷前调查、风险评估、审批决策及贷后跟踪管理等环节的制度化、程序化、规范化管理。严格落实不良贷款责任认定和责任清收各项规定，强化员工信贷风险防控意识和责任意识，保证新增贷款质量。二是加强业务操作规范化管理。结合推行综合柜员制要求，全面落实省联社会计工作35条禁令，保证出纳会计操作、授权审查、计算机网络信息系统及印押证管理等环节的运营安全，提高会计基础工作规范化管理水平，为有效防控各类违规行为和案件的发生奠定基础。三是强化财务管理。按照"分类管理、指标控制、量化考核、逐级监控"的原则，健全完善财务审批制度和费用开支分级授权制度，推行费用开支预算制和费用开支明细化管理，规范财务管理行为，综合费用率19.4%，比上年下降14.8个百分点。

【强化稽核检查监督】 深入开展决算真实性稽核、新增大额贷款专项检查、高管人员离任稽核等专项稽核与常规性稽核，重点开展社企对账、授权卡使用与管理、重要空白凭证使用与管理等方面的专项检查，对违规违纪责任人给予纪律处分和经济处罚。通过严厉惩处违规违纪行为，严肃纪律，警示教育广大干部员工增强依法经营、遵规办事的意识。

【加快科技建设步伐】 积极创造条件加快结算平台建设，顺利开通"农信银"结算平台，完善现代化支付系统，畅通结算业务渠道。投资2600万元全面完成安全保卫、综合柜员监控一体化设施建设，新上指纹仪授权系统，强化综合业务网络操作系统管理，确保综合业务网络系统安全稳定运行。

（赵宝明）

保险　投资

保险监管

【概况】 2009年全市实现保费收入88.8亿元，同比增长16.4%，保费规模位居全省第二位。其中财产险实现保费收入24.68亿元，同比增长26.74%，位居全省第一位；人身险实现保费收入64.12亿元，同比增长12.86%。全市保险深度2.34%，保险密度1209元。全市保险赔付与给付26.8亿元，其中财产险11.96亿元，人身险14.84亿元。保险业整体实力进一步增强。

2009年全市共有保险主体33家，其中产险公司19家，寿险公司14家，全年新增保险主体1家。保险中介机构19家，兼业代理机构9家。在保险网点中县、区级保险机构202家，乡镇级保险机构250家。从业人员3.15万人，新增保险从业人员7581人；保险产品种类1491种。

【拓展服务领域】 一是大力拓宽服务领域，为经济社会发展提供风险保障，保险功能得到有效发挥，全年各保险公司累计承担风险总额15058亿元，其中财产险保险金额5681亿元，人身险保险金额9377亿元，起到经济发展助推器和社会稳定器的作用。二是积极推动"三农"保险业务的发展，充分发挥保险的安农、支农、促农作用，截至年底，全市猪、牛、小麦、玉米、棉花保费收入总合计7449万元。理赔合计金额5109万元。致力于服务社会主义新农村建设，研究探索保险机构参与新型农村合作医疗管理的有效方式，积极推进计划生育保险业务，加快开展被征土地农民的养老保险业务。三是积极推动商业养老健康保险，发挥商业保险在完善社会保障体系中的补充作用，服务和谐社会建设。2009年全市累计收取各类长期险业务62.3973亿元，累计给付14.0105亿元。四是积极推动责任保险发展，服务于安全生产保障机制和社会突发事件应急机制建设。五是积极服务于医疗卫生体制改革，提供优质的健康保险服务，满足企业和个人基本医疗保障之外的多样化健康需求，全年全市保险行业累计收取健康险保费1.7349亿元。积极稳妥参与各类医疗保障经办管理服务，探索与社保机构、医疗卫生机构的合作方式，充分发挥医疗执业保险在化解医疗风险、保障医患双方合法权益、构建和谐医患关系等方面的作用。

【改善服务质量】 一是全面推行客户投保提示和风险提示制度，开展赔付程序公开制度的经常性检查工作，建立健全理赔服务效率和质量通报制度。二是进一步完善监管部门、行业协会、保险机构齐抓共管的信访纠纷调节机制，全年共计接受电话咨询投诉112次，保户直接到协会举报投诉48人次，信访举报投诉11件，结案率达到100%。三是全面落实保险合同纠纷处理机制，正确维护保险主体与被保险人双方利益，实施好保险消费者个人信息保护制度。

（潘自秘）

中国人民财产保险

【业务规模取得历史性突破】 人保财险唐山市分公司全年保费收入达到10.04亿元，完成年度预算目标的107.71%，完成年度挑战目标的104.65%，在全省系统率先突破10亿元大关。迁安、遵化两个单位完成保费收入突破亿元大关，在全省系统开启亿元基层单位时代。玉田、开平保费收入突破5000万元大关，跻身全市5000万以上单位行列，到年底，有迁安、遵化、丰南、丰润、路北、路南、玉田、开平等8家单位保费规模达到5000万元以上。

统计局——科学统计 争创一流

市委常委、常务副市长周仲明出席市局机关举办的第二次"科学统计论坛"

在全市统计系统开展"我为抗危机、保增长献一计"活动，图为评选优秀作品

市统计局袁淑梅、宣乐新表演的诗朗诵《用真情书写历史的唐山统计人》荣获全省统计系统文艺调演二等奖

市统计局承担全国"企业一套表"试点任务，省统计局党组书记、局长郭洪波，市委常委、常务副市长周仲明等领导出席在唐山召开的全省"企业一套表"试点工作会议

统计规范化管理工作得到国家统计局、省统计局领导关注，图为市局领导陪同国家统计局、省统计局领导到基层调研

开展"强基强责提质年"活动，市局领导深入基层检查指导工作

（刘国宏 供稿）

国税局——科学

5月12日，省国税局党组书记、局长汪康到唐山进行调研，听取唐山市国税局关于组织收入工作情况的汇报

“潮平两岸阔，风正一帆悬”。2009年，在全球金融危机导致经济增长放缓和国家结构性减税政策的双重影响下，唐山市国税局用科学发展的理念统筹各项工作，以改革的精神创新工作措施，以和谐国税机关的构建激发工作热情，全局上下认真做好“税收管理跨越年”、“干部作风建设年”等各项工作，共组织税收收入240.24亿元。2009年，被授予“全国文明单位”、“河北省第二届思想政治工作先进集体”等多项荣誉称号。

6月17日，省国税局党组成员、副局长史育红专程来唐，出席唐山市国税局荣获“全国文明单位”揭牌仪式

9月1日，党组书记、局长许建斌就唐山市国税局“干部作风建设年”开展情况，接受唐山广播电台“阳光热线”栏目、唐山电视台“直播50分”节目记者采访

征税  争创一流

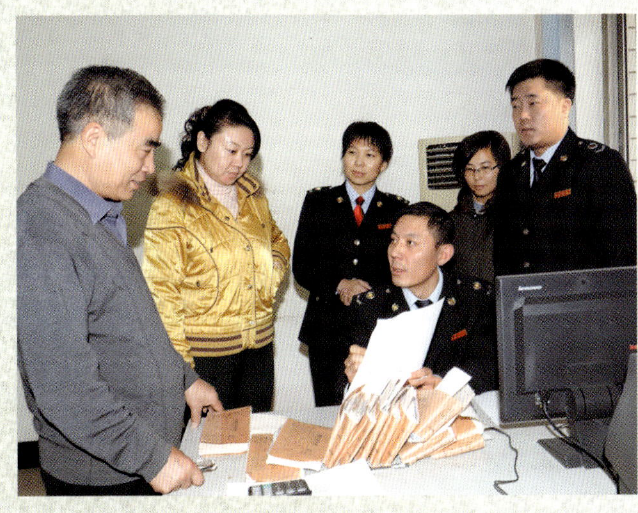

市国税局纳税评估“一级直评”工作组在组织收入“百日会战”中，积极采取政策辅导宣传、深入实地调查等一系列措施，忘我工作，勇于奉献，为挖潜增收、完成税收任务起到保障作用。图为工作组人员对重点税源户进行评估

市国税局推出全省首台自助办税终端系统，不仅解决纳税人办税多头跑和排队问题，而且大大减轻税务人员的工作负荷。该系统提供全天候24小时服务，纳税人可以在任何时间办理涉税业务，深受纳税人欢迎。图为路北区国税局税务人员在自助办税终端机前为纳税人讲解操作方法

市国税局坚持以“规范、文明、专业、高效”为原则，以“人无我有，人有我优”为目标，高标准建设功能齐全的办税服务厅，纳税人满意度显著提高。图为功能齐全的路南区国税局办税服务大厅

为深入开展“干部作风建设年”活动，4月20日，组织有关处室人员走进唐山经济生活广播“阳光热线”直播间，与广大纳税人和社会各界朋友通过电波进行交流。市局党组成员、纪检组长张志文参加直播

（李超 供稿）

中国人民银行唐山支行

2009年唐山中心支行被评为中国人民银行系统先进集体，图为徐守诚行长代表唐山中心支行在中国人民银行表彰会上做经验介绍

唐山中支2009年工作暨双先表彰会

送金融知识进社区

“慈善一日捐”活动

与革命功臣合影

保卫演练现场观摩会

服务唐山经济，贡献大

工会活动

协助市政府召开唐山市重点项目建设资金协调会议

主持召开金融支持新农村建设座谈会

组织召开出口重点企业银行座谈会

（潘风秋 供稿）

开放

6月15日，第四届海峡两岸企业发展与合作论坛在唐山举办，全国政协副主席、民进中央常务副主席罗富和出席并讲话。海峡两岸经济界、学术界、企业界200多人参会

（力平 摄）

3月14日，唐山曹妃甸新区暨曹妃甸承德临港工业园、曹妃甸秦皇岛临港工业园揭牌仪式隆重举行，曹妃甸新区的发展进入全面提速阶段。图为河北省省长胡春华等领导为“一区两园”揭牌

（力平 摄）

9月8日，河北省省长胡春华宣布曹妃甸·承德临港工业园首批入园项目开工，省市领导共同为河北宏大专用汽车制造有限公司开工奠基，标志着冀东经济区建设开启具有历史意义的新篇章

（张北男 摄）

9月16日，“唐山港之光”第十二届唐山中国陶瓷博览会隆重开幕。全国人大常委会副委员长周铁农、全国政协副主席王志珍等领导为大会剪彩

（阎军 摄）

的唐山

省委常委、市委书记赵勇10月12日会见日本众议院前议长、日中国际贸易促进会会长河野洋平，双方就在曹妃甸新区建设日本工业园深入交换意见　（力平 摄）

市委、市政府主要领导多次率唐山代表团到国内各大城市参观学习，吸取发展经验，谋求合作机遇。在天津考察时，中共中央政治局委员、天津市委书记张高丽会见代表团全体成员。图为12月10日到12日，唐山市党政代表团在天津参观学习

（吕光宇 摄）

6月6日，“央企走进曹妃甸应对危机合作发展”恳谈会举行。胡春华省长在大会上致辞，中国建筑等70余家央企派员参加会议，并在会上达成5项合作协议

（光宇 北男 摄）

10月15日，唐山市与新加坡、英国企业签署合作协议，新加坡仁恒和美投资有限公司、英国乐易购集团将分别在曹妃甸投资或合资兴办企业

（董钧 摄）

地税局——为唐山创收呕心沥血

团结务实、开拓创新的市局领导班子

河北省地税局局长邢国辉（前排右二）到唐山市地方税务局进行工作调研

① 党组书记、局长解光第（前排左一）作为河北省全国“五一”劳动奖章获得者代表赴京参加全国庆祝“五一”国际劳动节表彰活动

② 广泛开展“百名干部驻基层抓作风促发展”活动，收到良好成效。图为全市地税系统“百名干部驻基层抓作风促发展”活动动员大会

③ 时任唐山市委常委、常务副市长周仲明（前排左二）到市局直属征收中心亲切慰问地税干部

④ 新闻媒体对市局干部作风建设年活动开展情况进行专题采访报道。图为副局长李文忠接受记者采访

（办公室 供稿）

【服务经济社会发展大局】　一是继续深化与各级政府的互动合作，扎实开展政策性农险和社保补充医疗保险工作。芦台营业部继遵化、迁安、丰南、迁西之后，成为全市系统第5个开办社保补充团意险业务的单位。二是增强机遇意识，积极参与全市重点工程项目保险。独家或首席承保曹妃甸煤码头起步工程防风网、南堡油田4号端岛、曹妃甸工业区围海造地工程、迁西三抚线三屯营至唐秦界段改建工程等一批重大工程险项目。三是参与平安唐山建设活动。玉田、迁西、开平、迁安、丰南5个单位治安保险有新突破，在全省系统处于领先水平。

【强化行业引领能力】　一是加强教育。把合规文化建设当作提高引领能力的重要内容和长期任务。对违规经营行为不护短、不心软、不手软。二是明确责任。推行规范经营工作“一把手”工程。市分公司成立规范经营工作办公室和督察办公室等非常设机构，保证政令畅通。三是加强沟通。与市保险行业协会和其他主体保持经常性的信息沟通和业务协调，促成车险《共同约定》的签订，维护车险市场秩序。

【提升服务能力】　一是推行标准化服务。出台《唐山市分公司客户服务标准》，构建以职场环境、柜面服务、电话礼仪为起点，销售服务、承保服务、理赔服务、客户投诉为跟进的服务标准体系。二是强化监督机制，完善服务制度建设。出台《客户投诉流程及考核办法》、《服务能力提升年实施方案》及考核办法，按照“服务能力提升年”的相关要求，加强检查，提高员工优质服务意识。三是创新服务举措，打造唐山服务品牌。继续开展车险“理赔无忧”快捷服务活动，推行车险“快修”、玻璃更换、免费救援和车险“交钥匙工程”，推动客户服务的上档升级。各基层单位也在保险服务上加大投入，推动业务发展。

（赵万一）

中国人寿保险

【概况】　中国人寿保险股份有限公司唐山分公司紧紧围绕省公司提出“稳中求强，转型增效，固本强基，管控到位，改革增力”的总体要求，坚持“双赢”理念，积极应对各种困难和挑战，在加大结构调整力度的情况下，积极拓展城乡两个市场，不断优化业务结构，通过定期进行教育培训、组织业务竞赛、开展创建“保险村”活动等一系列措施，推动业务发展。全年实现总保费27.7645亿元，占唐山寿险市场份额的44%，处于绝对领先地位。同时全年实现寿险首年期交保费2.7亿元。

【提升经营管理水平】　以新《保险法》实施为契机，全面梳理实务流程，保证平稳过渡；积极推进柜面标准化建设，服务环境得到显著改善。通过建立日常理赔处理时效监控制度，10日结案率达98%；资产管理工作有效加强，促进国有资产保值增值。公司日常经营管理水平进一步提高，销售队伍扩大，全年销售人力近7000人，有效缓解社会就业压力，为维护社会和谐稳定做出积极贡献。

【防范化解经营风险】　以开展“诚信我为先”主题活动为契机，狠抓全员遵章守纪、合规经营教育，提高销售人员文明展业自觉性，减少销售误导行为。以印章、单证管理改革为突破口，狠抓收付费、保全、资金以及销售行为管理，风险防控工作稳步推进。全年接访案件无积压，全部予以解决。以开展“6·16”国寿客户节为契机，倾情回馈中国人寿广大客户，客户满意度大幅提升，为公司持续健康发展提供良好的外部环境。深入推进反洗钱工作，顺利通过人民银行对公司内部5家单位的现场检查；在接受内外部检查和审计中，全公司未发现违规违纪问题。

【积极履行社会责任】　全年累计支付各类赔款和给付资金10.44亿元，提高广大群众的保险保障水平，公司服务社会发展的能力得到增强。同时，公司积极探索服务社会发展的新途径。一是积极做好农村小额人身保险试点工作，有效满足农村保险市场的寿险保障需求，截至年底累计承保2.5279万人。二是大力拓展企业年金工作，通过整合内外资源，将企业年金工作作为“一把手”工程，有效调动各单位的积极性，签署合作协议的企业有9家，受托资金246万元，企业员工的保障体系更趋完善。三是大力支持新唐山生态村建设，全市系统帮扶的9个生态村，全部达到市、县两级政府提出的帮扶要求，公司2009年被唐山市委市政府评为“唐山市文明建设先进单位”。

（王学勇）

太平洋财产保险

【概况】　太保产险唐山中心支公司全年累计实现保费收入2.0662亿元，风险保额1749.3883亿元，承保数量14.1264万笔，同比增长26.63%；全年共发生理赔案件2.3996万件，赔款支出1.2008亿元，已决赔付率58.08%，结案率75.74%，实现连续五年零应收的记录。

【规模与效益协调发展】　所辖机构及业务部按照年初下发的《标准化销售团队建设实施细则》要求，将任务分解到部门和团队，落实销售团队的考核体制和分配制度，提高队伍的有效人力和人均产能。在车险业务上，紧跟市场，积极推进业务发展。严把入口关，防止风险进入。在上级公司允许的政策范围内，先后多次及时调整核保政策，促进业务发展，公司获得2009年度车险经营管理优胜单位。切实加强渠道建设。与多家专兼业代理机构建立业务联系。同时充分利用寿险资源，将合作推向深入，产寿交叉合作进一步发展。在非车险业务上，各险种全面发展，多点开花。支持大项目展业，公司对大项目保险进行信息通报，各部门共同参与攻关，通过努力，稳定和争取到大批团单业务和有社会影响力的大客户群体，并顺利完成校园方责任险等统保工作。

【内控管理得到加强】 一是加强内控合规建设。加大《县级及以下机构管理办法》的执行力度，规范和促进所辖机构发展，确保风险管控落到实处。公司对财务、业务开展自查自纠工作，对所辖机构和公司各岗位进行稽核检查，规范各类保险业务行为，确保将各类风险消灭在萌芽状态。二是加强单证、档案的管理。先后两次组织全体内勤人员和单证管理人员进行单证管理专项培训，制定详细的单证管理办法，对上交的档案材料进行严格审核，确保归档材料的合规性。三是加强应收保费和未决赔案的管控能力。将应收保费管理和结案率纳入到部门及个人业绩考核中，贯穿到用工制度和分配制度中，应收保费全部收回。将未决赔案管理作为理赔基础管理的重点，专人管理、定期清理、个案核实。四是公司成立独立调查室，负责案件的调查和回勘工作。对已结案件进行重新梳理，查找问题。同时成立打击“三假”工作领导小组，对假机构、假保单和假赔案进行检查，以保证公司经营健康有序发展。

【树立太保品牌形象】 营业厅人员严格按照《营业厅服务规范》做好服务工作，发挥营业厅一条龙服务优势；设立专门的通赔管理员，负责全国通赔案件的管理。对所辖机构设立理赔科，满足客户出险后各种理赔需要。每季度对公司窗口服务员工进行“服务标兵”、“业务能手”、“微笑天使”评比活动，形成服务为先的工作氛围。

严格理赔时限，加快理赔速度。公司完善《客户回访制度》、《赔案预报制度》、《事故车辆定损检查制度》以及《量化考核制度》，严格理赔各环节流转时限，使客户能在最短的时间内获得合理赔偿，提高客户的满意度。公司理赔中心已连续两年（2007年、2008年）被总公司评为先进单位，并且连续四年未发生因服务态度或案件流转时限问题而产生的有效投诉。

加强业务培训，提高服务技能。除组织参加总公司、省公司各类培训外，还自行组织新条款、新《保险法》以及新系统应用培训，特别是组织全司员工参加非车险核心业务技术大练兵活动，获得省公司优秀机构奖和团队管理优胜奖，通过培训全面提高全体员工的业务素质和服务质量。

（赵丽芹）

太平洋人寿保险

【概况】 唐山中心支公司截至年底累计完成标准保费4.9478亿元，居全省第一位。其中，营销渠道累计完成标准保费2.7286亿元；团险渠道累计完成标准保费5696.2万元；银邮渠道累计完成标准保费1.5154亿元；续收渠道累计完成标准保费1341.1万元。

【提升核心业务】 各业务条线以夯实基础、大力发展核心业务、实现公司内含价值最大化为目标，利用分公司出台的各项费用政策及管理规定，通过政策牵引和有效的资源配置，进一步引导核心业务发展，优化业务结构，加强经营管理，取得优异成绩。在业务持续健康发展的同时，关注业务团队建设，通过学习、培训、交流等多种形式促进销售队伍不断壮大，整体销售能力不断提高，业务员专业水平和综合素质得到进一步提升。同时公司内部各项经营管理工作基础进一步夯实，内勤人员服务意识不断加强，工作水平明显提高。

（张春光）

平安财产保险

【概况】 平安财产保险股份有限公司唐山中心支公司内设六个业务销售团队，六个职能管理部门，县（市）区下设2个支公司，8个营销服务部，各类工作职员182人。2009年为全市9499个企业、4.559万辆机动车办理各种保险，为客户提供风险保障455.09亿元。全年保费收入2.5243亿元，完成计划的122%，同比增长42%。全年受理各类报案2.87万件，结案赔付金额1.01亿元，保障了被保险人的经济利益，共缴纳各种税款3214.18万元，为稳定社会和支持唐山的经济建设做出应有贡献。

【经营战略】 公司经过多年的探索和实践，锻造出一支知识化、年轻化、专业化的高素质员工队伍，公司的整体凝聚力不断提升。2008年以来，公司的业务规模得到超常发展，服务质量和综合能力全面提升。机构建设稳健发展，各县（市）区均建有四级机构，对整个市区范围构成完整的服务网络体系。公司坚持“平安车险、万元以下、资料齐全、一天赔付”和“7天24小时接报案；7天24小时查勘定损；7天24小时事故救援；7天8小时人伤案件咨询；7天8小时理赔服务”的服务承诺。开展为客户提供全国通赔、定点医院、门店“一柜通”等差异化平安品牌服务，为广大客户提供方便的保险服务，得到客户的普遍赞成。公司充分利用中国平安的共赢资源，积极推进“综合开拓”和“电话销售”业务，使其成为业务发展和品牌服务的新渠道。经营范围逐年扩大，已开办保险险种数十个，全方位满足社会各界的保险需要，并成功承保河北矿业、建龙实业、轧一钢铁和中材建设等大中型企业。

（王　伟）

平安人寿保险

【概况】 中国平安人寿保险股份有限公司唐山中心支公司至2009年底，已下设路南、丰南、丰润、迁西、迁安、遵化、唐海、滦县、乐亭、开平、古冶、玉田、窝洛沽十三个营销服务网点，成为拥有内外勤员工2000余人的一个体制新、活力强、效率高、干部队伍年轻化和多险种服务的新型保险公司。全年完成首期保费9365万元，续期保费3.2亿元，超额完成分公司下达的任务。全年共结理赔案件3892件，赔付金额达1731.25万元。其中理赔案件的完成质量及各种指标均达到良好状态，与上年同期相比

有较大提高，得到客户的一致赞扬。

【拓展服务领域】　针对不同人群，不同需求推出各种不同的险种。支公司主要经营人寿保险、人身意外伤害保险和健康保险等业务，经营范围涵盖个人寿险、银行代理等各领域。为不断适应市场需要，公司陆续开发养老健康于一体的新产品投向唐山市场，如：智赢人生、世纪天骄、钟爱一生、健享人生等更为人性化的产品。市场销售的几十种保险产品，可覆盖人的生、老、病、死和教育、成长全过程。公司始终以“客户至上、服务至上”为己任，积极为客户提供保单以外的各种个性化服务。在业内率先推出海外急难援助等增值服务。每年组织客户开展有奖征文、绘画比赛等有益于客户的一系列活动。完善“一柜通”服务，建立方便快捷、适合客户的工作流程。一旦有大理赔案件发生，公司理赔小组便迅速勘察现场，且公司领导亲自慰问其家属，并推出理赔鲜花探视、报案提醒、上门办理理赔、上门送赔款等项服务，为客户提供快速、合理、专业化的理赔服务。

【塑造平安品牌】　举办客户服务节。2009年的客户服务节主要是公司的员工走进社区举办平安电影晚会，在晚会上还有手语舞、抽奖等一系列活动。在让居民得到欢乐的同时，也使得平安的形象深入人心。开展互动活动联系客户。分别在7月16日和7月18日举办少儿安全知识竞赛和少儿才艺大赛，丰富孩子暑假生活，同时也让平安形象留在客户心中。为VIP（贵宾）客户提供特殊服务。2009年举办美容形象沙龙、健康沙龙讲座、野外葡萄采摘和免费体检等一系列活动，让大客户们充分感受平安带给他们的温暖。推广以主动、简单、方便、及时、可靠为内容的五星服务。通过设置意见箱，饮水区、便民药箱、报架，为客户提供一流的服务环境，并随时征求客户对公司的意见或建议，进一步提升服务内涵，把服务做得更好。倡导电子投保书的应用，解决文字辨识问题，在填单过程同时检验投保规则，减少重复工作，提高核保效率。同时从客户角度出发，推行“为客户找理赔理由”，得到客户的一致赞扬。

（赵　霞）

中华联合财产保险

【概况】　2009年是中华保险唐山中心支公司经营的第五年，业务规模继续居唐山财险市场第二位，全年共实现保费收入2.76亿元，同比增长33.43%。其中车险保费2.5156亿元（商业险1.8047亿元、交强险7108.66万元），非车险保费（含农险）2449.85万元。赔款支出1.2879亿元，历年制满期赔付率66.61%；承保年制满期赔付率56.72%。

【确保经营指标完成】　科学制定唐山中华2009年经营考核办法。将承保年制赔付率、历年制赔付率、案件结案率纳入其中，并环环相扣、互相制约，力求做到无缝连接。开展年度非车险竞赛、业务外勤年度争先创优竞赛等活动，在竞赛中融入赔付率考核指标，不仅权重占比大，而且作为入围基本条件。为加强理赔管理，提升工作质量，公司还出台车险理赔质量年活动方案和理赔服务竞赛方案，激励各单位严格把关，压缩水分，提高效率和结案速度。

【加强业务管控】　一是全年几次调整业务承保政策，提高承保条件，处理好调结构、稳增长和防风险的关系，通过控制规模实现业务结构优化。二是平时公司客服部与业管部密切配合，将客服工作中发现的问题及时与业管部门沟通，为业管制定承保政策提供依据，形成事前管控，事后反馈，提高承保环节的利润。三是在理赔工作中，强化当月出险当月结案率并且每月乃至每周公布结案率，提高结案速度。同时严控核损报价关，充分发挥监督作用，打击假骗赔案件，全年减少损失约800万元。四是优化流程规范管理。市公司各职能部门对相关的流程、实务要求、政策规定进行调整充实规范完善，并组成检查组深入基层单位检查督促指导，上下形成互动，边检查边指导，边学习边提高。业管、客服都派人员驻基层，便于面对面沟通和顺畅解决问题。五是加强数据管理的严肃真实性，夯实数据基础。

【提升公司品牌】　在市中心区域近100个小区的社区宣传栏上刊载公司宣传内容，在曹妃甸保留自己的广告塔，按政府要求继续赞助唐山环渤海新闻网和唐山陶博会。公司不仅注重适度的宣传，更多的是注重客户服务，把做好服务当作公司的无形名片。三年一次的唐山市财政局采购中心招标，中华联合财险以评标总分第一名的成绩再次成为唐山市政府公务用车、服务用车保险定点采购单位。

（王　珺）

中国大地财产保险

【经营势头良好】　截至年底，唐山中心支公司共实现保费收入9959.9万元，同比上升12.6%，其中车险保费收入9042.4万元，同比上升16.74%；非车险保费收入739.4万元，同比下降6.18%，人身险保费收入178.2万元，同比下降42.8%。滦县、丰润、曹妃甸、玉田、遵化、滦县六家机构保费增速高于全市平均增速，曹妃甸、滦县、丰润、玉田、遵化、滦南六家机构完成计划高于全市平均进度，玉田、滦县、遵化三家机构保费规模超过了1000万元以上。按照上级公司转型战略和效益原则，制定下发一系列行之有效的规定和办法，对承保业务的质量进行有效管控，基本杜绝使用性质变性、大吨小标等违规现象的发生，同时下决心对高风险和亏损业务进行大力调整，主动放弃有规模无效益的部分车险业务，虽使业务规模流失5000余万元，却使高风险和亏损业务的占比大幅度下降。车险目标客户和规模客户的占比也由上年末的56%上升到12月底的85%，业务结构调整取得一定成效，业务得到稳步发展。

【理赔速度加快】　全年共处理各类赔案1.247万件，累计支付赔款6672.4万元，历年满期赔付率为65.07%，较同期下降6.75个百分点，2009单全险种满期赔付率为58.26%，其中车险为62.38%、非车险为16.41%、人身险为51.09%，经营效益形势呈现明显好转势头。理顺车险理赔各环节流程，调整优化人员结构，下大力量进行大案追踪、人伤探视、诉讼管理、小额案件理赔工作，并采取抽调人员、集中全司力量、制定奖励办法、明确责任到人到岗、强化清理监控等措施，集中对未决赔款进行清理，取得明显成效。全年先后清理车险2005年未决案件23件，赔款31.4万元；清理2006年未决案件242件，赔款381.1万元；清理2007年未决案件968件，赔款1697.6万元；清理2008年未决案件5886件，赔款2707.1万元。

【应收保费下降】　制定各险种的差异化承保政策，限制高风险业务的承保，果断剔除非车险高风险业务，全面加强承保的流程管控，在承保业务质量进一步提高的同时，应收保费也得到有效控制。全年全司累计清理应收保费797万元，截至12月底应收保费清核为零，为全省应收保费控制达标做出积极贡献。

【总成本得到控制】　坚持以效益为中心的经营思想和总成本控制原则，严格各项费用管控，尽力节省内外开支，使公司经营、人力和行政等各项成本得到较好控制。公司总成本率为93.55%；精算预估满期赔付率为59%，较上年末下降7.03个百分点；资金使用和费用拨付较为合理顺畅。此外，经过多方疏通和协调，6月底中支公司的办公职场顺利迁址，不仅环境得到明显改善，而且租房成本大幅度下降，一年可以节省费用60万元以上，为公司压缩机关固定成本，费用向一线倾斜创造了条件。

【强化合规意识】　在加快业务发展的同时坚持自觉合规经营，通过强化合规经营教育和新《保险法》的学习，促使全司上下特别是各级领导增强合规意识，绷紧依法合规经营这根弦，坚决不越“红线”。在此基础上，制定和坚持违规经营严厉处罚的办法，在承保、理赔及财务等各项管理工作中，严格依法依规办事，保持财务、业务数据真实。同时，通过开展自查自纠和业务质量检查、抽查等，排查风险隐患，堵塞运营漏洞，有效杜绝违规经营现象的发生。在市场上树立起规范经营的良好形象，在河北保监局驻唐监管组组织的多次业务检查中，未被查出一起违规经营的案件，受到监管组和行业协会的好评。

南湖城建投公司

【概况】　唐山市南湖生态城开发建设投资有限责任公司（以下简称：南湖城建投）于2008年6月在唐山市工商局注册成立，是由国资委出资组建的政府性开发建设投融资平台、投资主体和项目业主。是具有独立法人资格的国有独资企业，注册资金3000万元，由马长生出任法人代表、董事长。公司本部机构设置为四部一室，分别为：综合办公室、财务经营劳资部、投融资招商部、工程项目预算部、工程项目管理部；公司下设旅游管理子公司。到年末在册职工共20人。

【融资工作】　（1）南湖大道总长25.8公里，项目估算总投资34.3亿元，其中项目资本金7亿元，银行贷款27.3亿元。3月份与农业银行唐山胜利路支行就南湖大道项目以市政府提供财政担保方式签署贷款总额为27.3亿元的贷款协议；（2）就南湖采煤塌陷区治理（一期）、棚户区改造及基础设施建设（一期）项目向国家开发银行河北省分行申请项目贷款，于12月签署贷款总额为50亿元的贷款协议。全年银行贷款额度达到77.3亿元，贷款资金到位共计29.5亿元。

【投资工作】　随着资金的逐步到位，以南湖城建投作为项目业主的一批工程建设项目随之启动，具体有《丹凤朝阳》巨型雕塑项目、“梦幻之光”大型音乐喷泉项目、南湖西北片区拆迁项目、苑南10KV变电站项目、南湖配电工程项目、南湖核心区绿化工程项目、青龙河河道治理项目、南湖大道西电路拓宽项目等，全年实现投资3.58亿元。

【招商工作】　按照南湖中央生态公园旅游资源开发规划，为其引进一批游园、娱乐、健身、服务和园区管理等方面的项目，保证“五一”南湖中央生态公园的顺利开园，丰富和活跃了广大市民的文化生活。

按照南湖生态城西南片区控制性详规关于土地开发的要求，配合南湖管委会与各开发商进行沟通，陆续与北京新华联置地有限公司、北京天泽锦程房地产开发有限公司、新加坡和美集团、唐山瑞昊房地产开发公司、绿城房地产集团有限公司、中骏置业控股有限公司等多家开发商达成土地开发合作意向。与开发商进行土地开发合作的过程中，南湖城建投负责土地一级开发，即地面村庄、企业等的拆迁补偿、回迁安置以及土地的“七通一平”等项目前期开发工作，并支付相关费用；开发商负责土地的二级开发和经营。

（张世杰）

证券业

【概况】　截至2009年底，唐山辖区内共有8家上市公司，其中三友化工、开滦股份2家企业在上海证券交易所上市，冀东水泥、唐钢股份、唐山陶瓷、晶源电子4家企业在深圳证券交易所上市，津西钢铁在香港联交所上市，美华太阳石药业在美国纳斯达克交易所上市。累计融资人民币133.39亿元，港币19.25亿元，美元130万元。

因唐钢股份并入河北钢铁，没有2009年年报数据，其他7家上市公司年实现营业收入432.78亿元，比2008年的397.44亿元增长8.89%；实现净利润29.81亿元，比2008年的16.79亿元增长77.55%。7家上市公司的平均每股收益为0.74元，比2008年的0.49元增长51.02%。2009年上市公司平均净资产收益率为13.00%，比2008年的8.56%增长4.44个百分点。

截至2009年底，全市7家上市公司总股本为40.26958187亿股，比2008年的34.09638187亿股增长18.11%；资产总计为586.52亿元，比2008年的457.24亿元增长28.27%；流动资产为205.51亿元，比2008年的177.87亿元增长15.54%；负债总计为354.95亿元，比2008年的258.87亿元增长37.12%；流动负债为169.20亿元，比2008年的185.13亿元降低8.60%。

全市现有财达证券、天源证券、广发证券、国泰君安证券4家证券公司，共20个营业部，2个服务部。其中：财达证券17家营业部，1家服务部；天源证券1家营业部，1家服务部；广发证券和国泰君安证券各1家营业部。2009年财达证券有10个服务部升级为营业部，广发证券和国泰君安证券来唐新设立营业部。截至2009年底，证券投资者累计开户27.8万户，比2008年的27.35万户增长1.62%；累计完成A股和封闭式基金交易1936.85亿元，比2008年的979.74亿元增长97.69%；客户交易保证金余额31.06亿元，比2008年的18.62亿元增长66.81%；证券托管市值276.52亿元，比2008年的72.25亿元增长282.62%；全年实现营业收入5.60亿元，比2008年的3.27亿元增长77.47%；实现净利润4.07亿元，比2007年的2.26亿元增长80.25%。

全市现有河北恒银期货经纪有限公司、民生期货、中辉期货、北京中期4家期货公司，共4家营业部。2009年民生期货、中辉期货、北京中期3家公司在唐新设立营业部。截至2009年底，客户开户数1387户，比2008年的433户增长220.32%；实现代理交易量126.5709万手、655.04亿元，比2008年的26.9640万手、94.45亿元分别增长369.41%和593.53%；实现营业收入705.5万元，比2008年的354.3万元增长891.22%；实现利润61.74万元，比2008年的39.39万元增长56.74%。

（注：唐钢股份情况。2008年年底，河北钢铁集团开始着手对旗下的唐钢股份、邯郸钢铁、承德钒钛3家上市公司进行整合。2009年6月，这一吸收合并预案获得河北省国资委以及商务部反垄断局的批准，并获得三家上市公司各自股东大会的通过。2009年9月21日，河北钢铁集团整体上市方案获得中国证监会有条件通过。12月9日收到中国证券监督管理委员会《关于核准唐山钢铁股份有限公司吸收合并邯郸钢铁股份有限公司和承德新新钒钛股份有限公司的批复》（证监许可〔2009〕1302号），核准公司换股合并邯郸钢铁、承德钒钛。2010年1月25日，原唐钢股份更名为河北钢铁复牌，河北钢铁完成整合。）

【强力推进企业上市工作】　按照“上市一批、培育一批、储存一批”的工作思路，坚持政府引导、政策扶持、统筹规划，不断加大指导、协调和服务力度，企业上市工作实现梯次推进的良好局面。

1. 加强领导，政策支持。市企业上市工作领导小组统筹协调各县（市）区政府和有关部门，做好企业上市的规划和指导、服务，加强与上级相关部门和中介机构的联系沟通，组织开展上市企业培训，及时研究解决企业上市工作中出现的重大问题，认真落实各项支持企业上市的优惠政策。

2. 厚实储备，强化培训。市政府建立上市企业后备资源库，每年进行调查摸底，优选调整储备资源，全市上市后备企业动态保持60家。按照上市公司的标准和要求进行系统规范、重点培育。通过上市储备资源培训，增强企业上市意愿，使企业熟悉和掌握上市知识及上市程序。抓住创业板政策推出契机，4月初组织唐山企业创业板上市培训会，市政府主管领导对各县（市）区政府提出要求，有关专家对全市100多家企业进行培训；为推进唐山企业境外上市，5月份组织唐山企业加拿大上市研讨会，邀请加拿大帝国银行、安永会计事务所、加拿大高林律师事务所的专家对全市80多家企业进行培训，进一步提高企业资本运作意识和驾驭资本市场的本领。

3. 统筹规划，分类指导。按照境内境外上市“两手抓”、直接上市与统筹上市并举的原则，根据储备企业特点，进行有针对性的指导培育，多渠道、多形式推进企业上市。对规模较大、主业突出、业绩优良的行业龙头企业，支持其在主板市场上市；目前规模不大，但具有一定发展潜力和较高成长性的中小型民营企业或高科技企业，支持其在中小企业板上市；对科技含量高、成长性好的中小企业，支持其在创业板市场上市；对实力雄厚、资金充裕、管理能力强的企业，积极探索“借壳”上市；并选择合适企业在境外上市或香港H股上市。通过实施分类指导，推动企业加快改制，健全公司治理结构，帮助企业做好各项上市基础性工作，明显加快企业上市进程。

4. 明确目标，重点扶持。每年通过分类排队，筛选上市意愿强烈、基础工作较为成熟的企业进入上市辅导期，协调各级各部门给予重点扶持。2009年市上市办重点扶持唐山港集团股份有限公司，帮助企业联系省金融办和河北证监局，使企业2009年6月顺利通过河北证监局的辅导验收，并上报中国证监会。

5. 引进证券机构，提高服务水平。积极引进证券、期货公司来唐设立分支机构，广发证券唐山友谊路营业部7月正式开业，国泰君安唐山营业部10月正式开业，中辉期货公司、民生期货公司唐山营业部1月正式开业，北京中期期货公司唐山营业部7月正式开业。广发证券、国泰君安等公司在市有关部门带领下深入县区，到上市后备企业进行现场辅导，走访企业30家，提高企业上市的积极性。通过走访，唐山汇中仪表有限公司与广发证券公司、大信会计师事务所和中伦律师事务所已签订协议，三家中介机构正在帮助企业准备上市相关材料。

（张值华　戚作江）

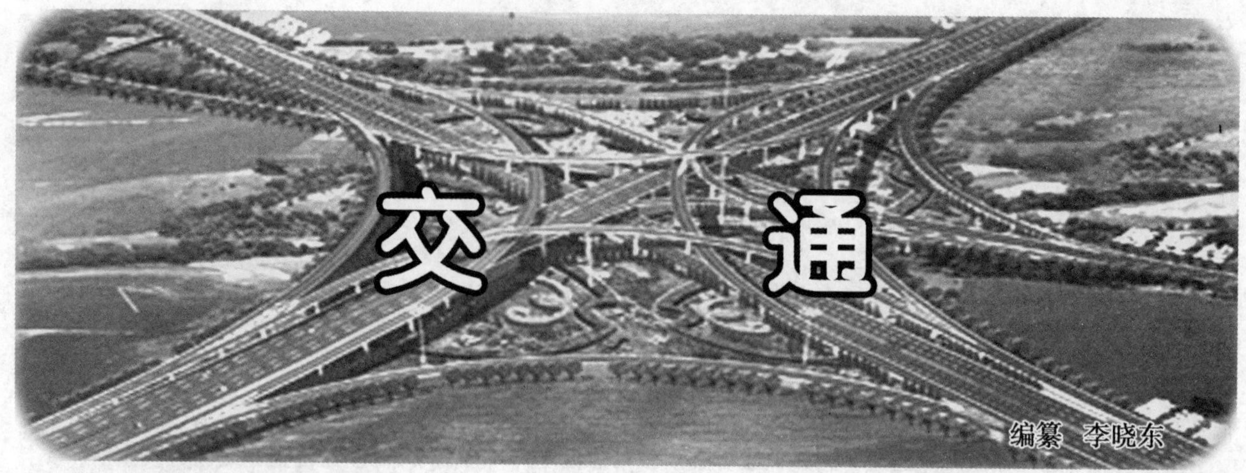

编纂 李晓东

铁 路

既有铁路

【概况】 唐山市境内现有京哈、津山、大秦三条国有铁路干线及唐遵、七滦、南堡、马沙、七丰、丰胥、贾联、崔联、银联、沙河驿北联、沙河驿南联、丰润唐尊联、狼窝铺西联、狼窝铺东联、迁曹等支线和联络线，除大秦和迁曹线由太原铁路局管辖（迁曹为代管）外，其余均由北京铁路局管辖。北京路局辖属的京哈线起止97.278公里至214.780公里，津山线192.700公里至348.950公里。合计营业里程456.009公里。管内有代维修非路产专用线22条，194.035公里。共有桥梁488座，涵渠786座；共设车站40个，其中一等站4个，二等站4个，三等站9个，四等及以下车站23个。总营业里程444公里。2009年末，北京铁路局驻唐山的主要运输单位有唐山车站、唐山车务段、唐山机务段、丰润工务段、秦皇岛工务段、天津供电段。

大秦线西自玉田县入境，经遵化市、迁西县，东出迁安市，正线213.73公里。境内三等中间站2个，分别为遵化北站（遵化市境内）和迁安北站（迁安市境内），办理货运到发业务；CTC无人值守站2个，分别为迁西站（迁西县境内）和玉田北站（玉田县境内）。

迁曹线全线建设竣工后为国家一级全自动闭塞双线电气化铁路，均在唐山市境内，隶属唐山市唐港铁路股份有限公司，主要车站到发线长度为2800米，线路营业里程232公里，正线延展里程为419公里，铺设65千克的无缝线路。北出迁安北站，南至曹妃甸港，横穿迁安、滦县、滦南、乐亭县、唐海县、南堡盐场、海港开发区、曹妃甸工业区，由太原铁路局大秦车务段对安全运输工作实行直管。计有车站11个，其中一等站2个：东港站（乐亭县境内）、曹妃甸西站（曹妃甸工业区境内）；二等站2个：曹妃甸南站（曹妃甸工业区境内）、京唐港站（乐亭县境内）；三等站2个：菱角山站（滦县境内）、滦南站（滦南县境内）；四等站4个：乐亭站（乐亭县境内）、聂庄站（乐亭县境内）、曹妃甸北站（曹妃甸工业区境内）、柏庄村站（滦南县境内）；新建站1个，即曹妃甸站（曹妃甸工业区境内）。预计2010年4月开通，等级待定。公司自有机车7台，租用国铁机车7台。

【车务】 属于北京铁路局的车务部门有唐山站、唐山车务段及秦皇岛车务段（部分）。唐山站位于津山线261公里684米，车站等级为一等站，业务性质为客运站，技术性质为中间站。管辖的唐山东站为一等区段站，唐山南站为一等货运站，贾庵子站为三等站、崔马庄站为四等站。唐山站及所辖各站主要客运设施有候车室1座，行李房2座，售票房1座，旅客列车到发线5条，旅客站台3座，旅客地道3座，行包地道3座，站台雨棚3座，日均接发旅客列车61对，其中始发7列，终到7列。主要货运设施有货场2个，建筑面积198600平方米，货场仓库5座，建筑面积5500平方米，货物站台3座，使用面积2300平方米，装卸线7条，装卸有效长3783米。货场一次堆货量16813.9吨。年办理量225.3万吨，折合货位229个，大型装卸机械5台，最大起重量32吨，小型装卸机械14台。专用铁道5户，线路165条，专用线24户，线路64条。到发线52条。主要货物列车编组设施有编解场5个，半自动化驼峰一座，牵出线6条，配属调车机6台。固定资产原值9437.86万元。

境内属唐山车务段管辖的共18个货运站，8条专用铁路，6个独立货场，总装卸能力6120万吨。共计33个车站。车站等级分类：一等站1个，古冶站；二等站4个，唐山北、沙河驿镇、滦县东、滦县站；三等站6个，玉田、遵化、银城铺、狼窝铺、卑家店、胥各庄站；四等站22个，螺山、富庄子、石郎庄、福山寺、马柳、杨各庄、田庄、七道桥、丰南、杨家口、沙子河、马铺营、开平、洼里、雷庄、永兴庄、丰润南、豆各庄、洪家屯、党峪、遵化南、石人沟站；线路所1个，郝庄。按客货性质分类：客货运站3个，货运站15个。

2009年12月15日，根据北京铁路局《路局、路局党委关于进一步理顺房产维修、行车公寓、物资供应单位管理关系的通知》（京劳电〔2010〕623号）文件要求，撤销唐南公寓，人员和资产划归唐山车务段管理，接收干部职工共84

人。截至2009年末唐山车务段职工总数4465人。

境内属北京路局的秦皇岛车务段的车站有迁安站、包官营站，均为三等站。迁安站位于河北省迁安市境内，所属津山线，西起327公里+992米，东至330公里+547米，中心里程329公里+700米，东临包官营站，西接马铺营站，有到发线4股，其中正线2股，通过列车数为客货列车71.5对，设区域调度机一台，无地方铁路及在建、新建工程，不涉及提速。包官营站位于迁安市内，所属津山线，西起340公里+558米，东至342公里+486，中心里程341公里+495米，东临卢龙站，西接迁安站，有到发线4股，其中正线2股，通过列车数为客货列车71.5对，无调车机，无在建、新建工程，不涉及提速。有专用铁路一条（唐山钢铁集团有限责任公司棒磨山铁矿专用铁路）。迁安站、包官营站均无独立货场。

境内属太原铁路局秦皇岛车务段管辖的车务系统机构与建制基本同上年度。各站按照车务段的安排部署，在生产管理上主要进行四项工作，一是结合实际，优化生产管理结构。按照铁道部《关于实施优化站段管理结构三年工程的指导意见》和路局有关要求，加快推进生产资源整合，本着有利于提高设备质量、有利于提高资源使用效率、有利于生产效率提升的原则，从8月中旬以来，积极筹备调度车间和货运中心。对大秦线CTC无人值守站加大管理力度，妥善安置人员，保证人人有岗位，做到管理规范高效。

二是抓安全控制，强化自控型班组建设。制定《自控型班组三年工程规划》，重新修订《深化自控型班组建设实施细则》，明确段自控型班组三年工程总体规划和阶段推进计划，健全班组自控机制和班组建设标准。在班组设置上对同班次，作业性质相近、流程相似便于管理的划分为一个班组；对不同班次、工作单一的工种，实施跨班次、跨工种划分班组的方式。段对班组管理进行验收评比，进一步规范班组综合管理，完善班组自控机制，提高班组综合素质。实行班组长考核任用，使班组自控能力显著提高，为实现安全生产持续稳定和运输任务全面完成提供可靠保障。

三是创新培训形式，努力提升全员业务素质。针对管内点多线长、工学矛盾突出、集中培训困难等实际，在提高原有段行车演练基地的基础上，利用站段整合后教学培训设备的扩充，先后建立起京唐港和遵化北两个行车培训演练基地，为迁曹线及大秦东段各站的教学培训提供设备保证，从硬件上为全段职工非正常行车应急处理能力的提高提供培训设备保障。

四是大力开展合理化建议及科技攻关活动，全年和兄弟站一起上报合理化建议465件，段向路局上报合理化建议19件。其中“关于曹妃甸南站首钢工业站实现直通运输的建议”、“关于开通司曹铁路，提高运输效率，实现运输增量的建议”等五项建议为全段增运提效，确保运量完成起到极大的促进作用；“关于为中间站配置可控列尾机车置号确认仪的建议”等两项建议对提高中间站通过能力，减少列车在站停留时间，提高作业效率起到重要作用。

【机务】　属于北京铁路局的机务部门有唐山机务段。唐山机务段下设唐山、丰润、古冶、秦皇岛4个运用车间，唐山、丰润2个检修车间，唐山、丰润2个整备车间及设备车间，计9个车间，169个班组。年末职工总数4310人。年内，唐山机务段配属机车216台，其中韶山1型机车133台、东风8B型10台、东风4型49台（含客运15台)、东风7型24台。机械动力设备544台。固定资产原值7.65亿元。唐山机务段担当的列车牵引任务：津山线南仓至山海关，京哈线丰台西至山海关间图定165对货物列车；南仓至沈阳西间28对跨局长交路货物列车；大秦线接入京哈线22对跨局轮乘货物列车；京哈线北京至山海关，津山线天津至秦皇岛间图定14对旅客列车及龙家营、秦皇岛东、秦皇岛南、滦县、古冶、唐山南、唐山东、银城铺、唐山北、玉田、燕郊及唐遵线各站的调车任务。年内，唐山机务段运输总支出54290.97万元，其他业务利润30.87万元，劳动生产率1854.42万吨公里/人。电力机车单耗67.10千瓦时/万吨公里，内燃机车单耗28.34千克/万吨公里；全年总重吨公里完成630.69亿吨公里，机车总走行完成29248千机公里，机车日产量140.4万吨公里，机车日走行429公里，货运机车技术速度54.6公里/小时，平均牵引总重3793万吨，日均供应运用机车116.5台，机车大修26台，中修51台，小辅修1309台，机车检修率4.5%。多经产值1671万元，实现利润46万元，集经产值298万元，利润3万元。截至12月31日，实现连续安全生产2180天。

太原铁路局大秦线在唐山境内的机务工作仍由湖东电力机务段负责。

【工务】　属于北京铁路局的工务部门有秦皇岛工务段、丰润工务段。秦皇岛工务段管辖唐山市境内铁路设备总延展长度824.729公里，营业线总里程248.7公里；其中正线455.21公里，包括：津山线全长289.044公里，为复线电气化线路；七滦线全长97.853公里，为复线铁路；其余为单线铁路，包括南堡线33.624公里，唐遵线9.245公里，沙河驿北联线2.526公里，沙河驿南联线1.757公里，马沙线4.507公里，七丰线0.65公里，丰胥线4.757公里，贾联线2.979公里，崔联线4.602公里，银联线4.248公里。站特岔线369.519公里。管内有代维修非路产专用线1条，170.83公里。

丰润工务段管辖唐山市境内设备总延长557.673公里，其中正线346.524公里，支线16.321公里，站线171.623公里，专用线23.205公里；营业线总里程195.3公里。管辖桥梁309座，涵渠445座；车站20个，具体如下：1. 京哈线97.278公里至214.387公里，上下行计235.034公里。2. 津山线287.9公里至296.3公里，上下行计16.8公里。3. 唐遵线9.28公里至71.982公里，计62.702公里。4. 七滦线49.5公里至62.655公里，上下行计26.353公里。5. 滦菱线0公里至2.718公里，上下行计5.635公里。站线合计171.623公里。专用线21条。管内共计管辖桥梁309

座（非路产1座），其中特大桥3座，涵渠445座（非路产26座），天桥2座，地道5座。

大秦线唐山境内和迁曹线的工务工作仍由太原局的茶坞工务段负责。

【电务】　市境内的铁路电务部门主要为北京铁路局天津电务段，有唐山、丰润、滦县、唐山车载4个电务生产车间，共生产班组48个，职工609人。担负着京哈、津山两大干线及唐遵、七滦、卑水等三条支线及7条联络线，共403.21公里的信号设备的养护和维修任务。主要信号设备有：闭塞设备403.21公里，其中自动闭塞设备278.77公里，半自动闭塞设备124.447公里；联锁车站41个，其中电气集中车站31个，非电气集中车站10个；联锁车场2个，驼峰场3个，联锁道岔1362组，道口信号21处。同时担当着唐山机务段管内共215台机车的LKJ机车信号维护工作。大秦线唐山境内和迁曹线的电务工作仍由大同电务段负责。

【供电】　境内的国有铁路供电部门一部分为北京铁路局天津供电段，下设唐山、丰润、滦县、大修车间等生产车间，共有36个班组，现有职工979人。承担着京秦沈电气化区段北塘至留守营、京哈线螺山站至石郎庄、京山线唐山东站至迁安和七滦线七道桥至滦县的牵引供电和自闭、贯通供电和沿线生产生活供水供电任务。主要设备有：变电所3个，开闭所3个，分区亭4个，配电室9个。电气化线路993.448千米，自闭贯通线路1436.76千米，给水管路264.729千米，水塔30座。供水供电量：牵引供电年供电量24667.36万千瓦时，自闭贯通年供电量4564万千瓦时，年供水量234.39万立方米。大秦线在唐山境内和迁曹线上的电力机车牵引供电工作仍由大同西供电段负责。

【安全生产】　境内既有铁路的安全生产分由北京和太原两个路局的下属单位负责。2009年，大秦线在唐山境内和迁曹线上车务系统的安全生产和太原路局秦皇岛车务段系统一起，实现安全生产1515天，连续实现第四个安全年。具体做法，一是切实加强安全教育。通过召开反思会、职工座谈会等方式经常进行事故案例宣讲，深入开展安全反思自查，切实增强干部职工保安全的责任感、紧迫感，为安全生产提供强有力的思想保障。二是进一步强化现场控制，各级干部以阶段性、季节性安全工作为重点，严格落实安全包保制度，明确包保责任，实行连挂考核，全面强化关键写实及作业盯控；以柏庄村、曹西、司家营、首钢工业站开通运营，新作业及新职人员作业安全为重点，加强现场作业盯控和帮教，全面规范基础管理；以自管设备、道口、专用线为重点，强化专业管理，对有关作业制度、管理标准进行全面规范。针对恶劣天气、穿正调车、技改施工、设备故障、施工限速等关键作业，做到全过程监控，确保各项作业及管理制度的落实。三是细化安全措施，强化施工管理。针对年内2次集中综合天窗修施工作业点多面宽、等级高、时间长，安全责任重大等特点，制定非常详细的安全措施，并严格落实，确保1729项有计划施工的顺利完成和运输指标的全面兑现，获得太原铁路局的充分肯定，并在全局车务系统中推广经验。四是严格源头治理，强化国庆安保。加大站场封堵人力、物力、财力投入，深入开展隐患大排查、大整治，全方位构建安全防范体系。有针对性地加强职工两纪、调车防溜、人身安全、设备质量、路外、道口、货物装载加固、车门关闭捆绑和危险品运输等重点作业环节盯控，确保国庆期间安全万无一失。五是强化应急处置，确保应急救援。组织有关人员认真学习“行车事故应急处置预案”、“救援队管理办法”，并严格设备使用培训及站区联合演练制度，全面提升快速反应、救援组织及应急处置能力，获得部、局领导充分肯定。六是强化清偏措施，确保冬运安全。七是是强化货装质量，确保始发安全。12月14日，迁曹线实现公司安全生产900天。12月31日实现安全年。

北京路局属唐山站，截至12月31日，实现连续安全生产5287天。

【运输经营】　北京路局属唐山站运输收入74226.4万元，其中货运收入46956.1万元，客运收入27270.3万元，多经总收入33422万元，运输总支出14061.1万元。旅客发送量404.1万人，发送货物量568.7万吨。日均装车251.8车，日均卸车658.8车，静载重完成61.9吨/车，中转时间4.8小时，停站时间22.3小时，部属现在车完成616645车，日均完成1689.4车，年办理车数4748686车。

2009年北京铁路局属唐山各站主要指标完成情况统计表

车站	旅客发送量（人）	货物发送吨（吨）	货物到达吨（吨）	装车数	卸空车数
唐山站	4034866	0	0	0	0
唐山东站	0	0	0	0	0
唐山南站	6802	4256970	4200559	68303	75761
贾庵子站	0	1296987	7988509	21393	109964
崔马庄站	0	133752	3611386	2209	54750
田庄站					

七道桥站					
丰南站					
杨家口站		1446		101	11584
石郎庄站					
福山寺站					
马柳站					
杨各庄站					
滦县站	812422	63473		1041	8883
滦县东站		450084		6962	7294
雷庄站		468261		7189	9156
卑家店		308199		4771	4212
永兴庄站					
洼里站					6498
开平站		1389064		21635	22722
胥各庄站		373964		6021	87855
古冶站		8443573		130403	146712
螺山站					
玉田县站	276783	93790		1681	5699
富庄子站					
唐山北站	678242	340595		5592	15060
银城铺站		106906		1768	67740
狼窝铺站					
沙子河站					
马铺营站					
沙河驿镇站		5881404		92751	164269
丰润南站		100612		1683	2367
豆各庄站		397259		6558	1658
洪家屯站					
党峪站站					
遵化南站		51121		865	11657
遵化站		8913		148	1699
石人沟站		205328		3158	0
迁安站	100361	207899	2419075	8.8	132.1
包官营站	18880	184866	962789	7.7	20.2

大秦线唐山境内各站和迁曹线各运营单位，在2009年，规范规章制度，强化施工组织，提高运输效率，强化现场管理，狠抓作业标准，千方百计扩大营销战果，配合全段完成装车226738车，日均621.2车，同比增长225.9%；货物发送1570.8万吨，日均发送43036.9吨，同比增长76.8%。卸车3598426车，日均9858.7车，同比增长8.4%。大秦线停时完成9.7小时，同比压缩2.2小时；迁曹线停时完成10.3小时，同比压缩4.7小时。做法上，一是积极深入企业，扩大营销战果。将营销重点放在京唐港站洗精煤从公路向铁路的批量转移上，取得唐山港集团的大力支持，先后开发到达崔马庄、胥各庄、定州、霍州、内邱、石景山南、石家庄、邯郸等19个新去向的洗精煤、矿粉运输。

二是强化技术管理，提供技术支持。年内，曹妃甸西站、柏庄村站、司家营站三个新站场开通运营，迁西站4亿吨改造完成。面对不断投入运营的新站场，专业技术部门深入现场调研，及时制定修改作业办法，保证基础管理工作的及时跟进。

三是强化运输组织，确保接卸畅通。全力抓好各装卸作业站的作业写实分析工作，进一步优化作业组织，细化作业流程，增加平行作业，压缩等待时间，合理利用好调车机安排取送，实现装卸作业效率最大化。及时了解掌握港方场存情况及菜单需求，并积极组织各港口的煤种调卸，对卸车困难的煤种，积极与港方、货主联系协调，能调卸的积极联系调卸。根据港方设备情况、作业情况及时向上级提出调整方案。

迁曹线的运营由唐港铁路有限公司负责和管理。

（王旭秋　张英奎）

【唐港铁路有限公司】　唐港铁路有限公司是由太原铁路局、唐山港口投资有限公司、国投交通公司、唐山曹妃甸实业开发有限责任公司、河北大唐国际热电有限责任公司、河北建设投资公司、华润电力（唐山曹妃甸）有限公司等七家企业出资组建的合资铁路公司，2005年8月19日正式挂牌成立。公司管理模式为专业委托，安全直管。经过公司与太原铁路局签订迁曹铁路运输管理委托协议，将公司各系统分专业委托给国铁相应站段管理，分别为：车务、中间站委托秦皇岛东站负责管理，机车运用、检修系统委托湖东电力机务段负责管理，工务、线路、桥梁、道口等设备委托茶坞工务段负责管理，电力、牵引供电系统委托大同西供电段负责管理，电务信号系统委托大同电务段负责管理，治安委托大同铁路公安处负责管理，通信委托山西铁通管理，油库委托太原铁路局物资供应段管理。各直管站段负责日常专业管理和安全直接管理，唐港公司对各专业负责安全监督管理。

公司管理层：董事长薛继勇，副董事长安祥光，董事会秘书张毅，总经理乔振华，党委书记梁金生。经理班子成员：许晓伟、丁俊华、李卓万、郑国明、角士利。公司下设总经理工作部、运营统计部、计划财务部、技术设备部、党群工作部、安全监察部。由于后续封闭等工程建设及立交桥建设工程还未全部完成，暂保留工程项目部。截至12月31日，迁曹线工作的人员2833人，其中唐港公司正式职工597人，由于委管需要，太原铁路局派驻迁曹线的国铁管理和生产人员1162人，地方劳务公司协议工1074人。

2009年度主要经营指标完成情况：完成货运量6，813万吨，完成年度计划的115%。比2008年多完成2439万吨，同比增长56%。实现总收入102851万元，其中：主营业务收入88544万元，其他业务收入14307万元，成本费用总支出96812万元，实现利润6118万元（含投资收益79万元）。

基建资金流入合计59592万元。其中：银行贷款11000万元；到位资本金41485万元；运营资金7107万元。2009年年初资金余额2282万元，2009年可用资金61874万元。流出合计61496万元。其中：拨付施工单位工程款51739万元，支付征地拆迁费用2858万元，银行贷款利息支出3706万元，支付勘察设计费等甲方费用1488万元，支付工程代扣税等往来款项1705万元。截至2009年12月31日资金余额为378万元。

主要工程和业务拓展：立交桥建设完成平改立工程25处，完成年初确定的任务目标。2月25日曹妃甸北至曹妃甸西段开通（与曹西煤码头对接），曹妃甸西线与全路营业线（国铁经营线及与国铁营业线办理直通运输的其他营业线）相互间办理货物直通运输。司家营铁矿剥岩（土）铁路专用线于6月6日竣工验收，6月8日开通该专用线并开办货运办理业务。同时曹妃甸北站开办货物运输业务。7月20日开通唐山大昌实业有限公司铁路专用线。

（王庆丰）

新建铁路

【概况】　唐山是中国近代工业的摇篮，尤其是铁路在全国率先建设，中国第一条铁路和第一辆蒸汽机车就是在这里诞生的。一百多年来，唐山地区内的铁路快速发展，尤其是改革开放以来，铁路的建设规模和营运效率不断扩大提高。但是，随着形势的发展，逐渐暴露出若干不相适应之处，甚至是瓶颈。比如唐山北京之间虽然只有区区150公里，却没有直达列车，只能绕行天津或到丰润换乘，十分不便。为此新的一届市委市政府下决心要在既有铁路的基础上加快新的铁路建设。2008年5月28日，市委办公厅、市政府办公厅联合下发《关于成立唐山市铁路建设和管理领导小组及办公室的通知》（唐办字〔2008〕45号），明确由市铁路建设和管理领导小组办公室（简称：市铁路办）具体负责全市铁路建设、发展和管理的日常组织和协调工作。领导小组由周仲明常务副市长任组长，下设办公室由市政协翟久玉副主席任主任。2009年是国家扩大内需，应对国际金融危机关键的一年，国务院提出的4万亿投资计划中，铁路方面的投资占据总规模的一半左右。涉及唐山市的铁路项目有京唐城际、津秦客专、张唐铁路等重点项目。唐山市委市政府把发展新建铁路作为建设科学发展示范区和人民群众幸福之都的十分重要的战线，作为进一步转变增长方式，实现经济、社会跨越式发展的重要机遇，全力以赴，抢抓机遇，乘势而发，取得重要阶段性成果。2 月，市委、市政府授予铁路办 2008 年度重点项目建设先进单位。

【京唐城际铁路完成项目评估】

2009 年 1 月 13 日，省委常委、市委书记赵勇、市长陈国鹰，常务副市长周仲明，政协副主席兼市铁路办主任翟久玉等领导先后拜会中共中央政治局委员、北京市委书记刘淇和铁道部领导及其他相关领导同志，恳请北京市及铁道部支持修建京唐 350 公里/小时城际铁路项目并加快推进项目前期工作。所拜会领导都表示非常支持。5 月底，北京铁路局总工室组织对铁三院编制的可行性研究进行局内预审，并参加铁道部工程设计鉴定中心主持的可行性研究审查。7 月 28 日，京唐城际铁路项目建议书《关于报送新建北京至秦皇岛城际铁路北京至唐山段项目建议书的函》（铁计函〔2009〕1011 号），通过铁道部、北京市、天津市、河北省联合会签，向国家发改委报送。11 月中咨公司受国家发改委委托组织项目建议书评估。12 月 17 日，中咨公司完成京唐城际铁路项目建议书的咨询评估《关于新建北京至秦皇岛城际铁路北京至唐山段项目（建议书）的咨询评估报告》（咨交通〔2009〕1708 号），向国家发改委报送。北京—唐山城际铁路，初步测算该段线路全长 150 公里，主要技术标准：客运专线，双线，设计速度 300 公里/小时，电力牵引，运行动车组。项目建成后，与津秦客专、京津城际铁路构成京津唐城际铁路网，实现唐山、北京、天津三座城市间半小时内通达。规划正线路程 160.6 公里，速度目标值 350 公里/小时，新建 4 个车站。机车类型 CRH 系列动车组，列车运行方式自动控制，行车指挥方式综合调度集中。开行客车目标，2020 年 109 对，2030 年 145 对。北京至唐山全程运行时间为 40 分钟。

【津秦客运专线唐山段全面开工】

为缓解铁路进出关通道运输能力紧张状况，完善路网结构，提高服务质量，促进区域经济协调发展。铁道部、天津市、河北省政府按 4:3:3的出资比例，联合启动该项目。该工程始于天津市，自天津站引出，经滨海新区、唐山、北戴河引入秦皇岛站，正线全长 261.3 公里，唐山市境内 121 公里。项目总投资 341 亿元。主要技术标准，客运专线，双线，运行速度 200 公里/小时，预留时速 350 公里/小时条件。全线运行时间 1 小时左右，天津至唐山运行时间在 30 分钟左右。设天津、军粮城、滨海、滨海北、唐山、滦河、北戴河、秦皇岛等 8 个车站。2008 年 11 月 8 日正式开工。建设单位：津秦铁路客运专线有限公司。设计单位：铁道第三勘察设计院集团有限公司。施工单位：中铁二十二局集团有限公司与中铁十八局集团有限公司联合体、中铁大桥局集团有限公司、中铁十七局集团有限公司与中铁电气化局集团有限公司联合体、中铁二十一局集团有限公司、中铁六局集团有限公司。监理单位：天津新亚太工程建设监理有限公司、中铁济南监理有限公司、北京铁建工程监理有限公司。开工以来，市铁路办认真贯彻唐山市委、市政府关于加快推进津秦铁路客运专线工程建设的总体要求和工作部署，下大力组织全市各有关方面用“5+2、白+黑”的工作作风，开展征地拆迁行动。3 月 31 日，津秦客专公司向市委、市政府发来“贺信”，对“唐山地区为津秦客专全线征拆工作带了好头，取得四项第一”（①2008 年 11 月 23 日，全线第一个开工；②2008 年 12 月 3 日，全线第一个实质性进场；③2009 年 1 月 1 日，全线第一个主体桩基开钻；④2009 年 3 月 8 日，全线第一孔梁制成）表示感谢，对“唐山速度、唐山精神”给予充分肯定。并于5 月 20 日，在唐山市举行“津秦铁路客运专线工程第一片梁架设仪式”，成功架设全线第一片梁。年底，当年任务全部按计划完成。

【张家口至唐山铁路工程进行初设预审】　张唐铁路西起张家口，东至唐山，在承德西与蒙东煤炭下海通道（锡林浩特—桑根达来—多伦—承德西）相接，形成以曹妃甸港为出海口，曹妃甸至承德西段为主干，承德西向北分别衔接张家口和锡林浩特两大方向，形成“Y”型内蒙煤炭下海新通道；同时，在承德市兴隆山与京承快速通道相连接，利用京承快速通道兴隆山至承德段和本线兴隆山至曹妃甸段，构成承德与唐山间客货运便捷联系通道。张唐铁路为国内第三条能源大通道（鄂尔多斯——唐山曹妃甸港）的一期工程。项目由蒙冀铁路有限责任公司建设并经营管理，总投资 360 亿元，起自张家口市，经承德、唐山引入曹妃甸北站，正线里程 548.5 公里，唐山市境内 188 公里，设 19 个车站。主要技术标准：国铁Ⅰ级；双线电化；货机 SS4B、客机动车组和 SS9，牵引质量 5000 吨，自动闭塞；设计速度：张家口至兴隆山 120 公里/小时，兴隆山至曹妃甸 160 公里/小时。预测运量：张家口至承德段近期 5500 万吨/年，远期 7800 万吨/年；承德至唐山段近期 8200 万吨/年，2020 年货运量 14000 万吨，客车 8 对，2030 年货运量 17500 万吨，客车 10 对。客车全线运行时间 3.5 小时左右，承德到唐山段运距 186 公里，运行时间 1.5 小时以内。结合正在开展前期工作的京承城际铁路建设，构建京—承—唐—津城际客运系统。1 月，中咨公司组织专家对预可行性研究进行评估。7 月 20 日，国家发改委下达《国家发展改革委关于新建张家口至唐山铁路项目建议书的批复》（发改基础〔2009〕1905 号）。11 月，铁道部工程设计鉴定中心组织对铁三院编制的初步设计进行预审。唐山市铁路办正紧密配合蒙冀公司加快推进项目前期工作，力争 2010 年工程开工建设。

【京哈线 200 公里/小时动车组停靠唐山北站】　5 月 20 日，赵勇书记、周仲明常务副市长与北京铁路局黄桂章局长、朱惠刚常务副局长举行会晤，市政协副主席兼铁路办主任翟久玉陪同，提出安排京哈线 200 公里/小时动车组停靠唐山北站，黄桂章局长、朱惠刚常务副局长对此表示支持。5 月 26 日，市政府向北京铁路局报送《关于恳请安排京哈线 200 公里/小时动车组停靠唐山北站的报告》（唐政函〔2008〕

116号)。7月1日起，4趟京哈线200公里/小时动车组停靠唐山北站；7月10日，又有一对京哈线200公里/小时动车组停靠唐山北站。

【司曹铁路开通运营】 6月19日，司（家营）—曹（妃甸）铁路一期完工，开通运营，召开开通运营仪式。该路主要承担货运，负责将司家营铁矿的剥岩山皮土运往曹妃甸，解决后续填海造地之需。

（梁　铮　王旭秋）

公　路

概　述

2009年，全市公路通车总里程达到13459.154公里，其中国道538.905公里，省道1243.695公里，县道1218.211公里，乡道4943.701公里，村道5514.642公里。按技术等级分：高速公路464.918公里，一级路514.445公里，二级路1452.967公里，三级路1281.554公里，四级路9745.25公里。按路面类型分：高级路面达到10673.747公里，次高级路面达1151.821公里，中低级路面达1633.586公里。全市公路全部列入养护，达到晴雨通车。已绿化里程达到13443.899公里，占总里程的99.89%。全市公路密度达到每百平方公里99.9公里。公路桥梁达到3850座192711.43延米，其中互通式立交桥42座3348.77延米，特大桥14座28940.32延米，大桥297座70859.85延米，中桥808座47372.96延米，小桥2731座45538.3延米。年内，全市公路建设投资达到81.43亿元。其中112项重点项目完成投资64.97亿元。干线公路养护完成投资4.65亿元。农村公路建设与养护投资连续第四年超过8亿元，达到10.62亿元。2009年9月1日，中共河北省委办公厅冀办字〔2009〕50号文件《中共河北省委办公厅、河北省人民政府办公厅关于印发〈唐山市人民政府机构改革方案〉的通知》按照中央和河北省关于积极探索实行职能有机统一的大部门体制的要求，规范唐山市政府机构设置，组建唐山市交通运输局，将交通局的职责、城市管理局的城市公共交通管理职责，整合划入交通运输局，不再保留交通局。2009年12月28日唐山市委、市政府在“唐山市深化机构改革转变政府职能”动员大会正式宣布，2010年元旦后，唐山市交通运输局挂牌，同时挂港航管理局牌子。

重点公路建设项目

【承唐高速公路二期工程进展迅速】 2008年12月27日国家高速公路网长春至深圳高速公路唐山段遵化（承唐界）至南小营段开工，路线全长43.655公里，项目总投资26.02亿元。该工程是国家重点高速公路建设项目，是交通运输部重点挂牌监督的4个项目之一。唐山市交通局创新程序化、制度化、透明化的监管模式，体现在工程建设招投标、监理单位监管、施工单位监管等各个方面；纪检、审计实行“双特派员制”、“法人约见制”对工程资金使用和工程变更等重要风险点加强监管，为把承唐高速公路工程打造成示范工程、阳光工程奠定基础。预计2010年3月打通长深高速公路重要控制节点，位于遵化境内的河北省内最宽隧道牛狼峪隧道。2008年10月下旬承唐高速控制性工程，长337.576米宽32米的大秦铁路分离式立交桥工程预制箱梁架设完成。承唐高速公路在建设中实行网络化信息化管理，引入GPS定位测量技术，利用废弃尾矿砂填筑路基，采用多项科技新工艺治理5处采空区。2009年12月份，承唐高速公路展开冬季会战，完成大部分路基和桥涵工程，到年底，完成工程总投资的65.3%，路基桥涵工程进入收尾阶段，为2010年10月完成施工任务并与承德市段同步通车创造条件。

【滨海大道路基工程完成过半】 滨海大道（海港开发区至曹妃甸段）工程是唐山市委、市政府推进唐山湾“四点一带”开发建设的命脉工程，是唐山市政府与中建集团公司以BT形式建设的项目。工程全长38.7公里，概算总投资39.6亿元，按城市主干线一级公路标准设计。2009年，在完成并通过初步设计和用地预审、勘测定界以及施工、监理单位、试验检测招标基础上，地方清点放线、征地组卷、房屋拆迁、管线设施拆迁也顺利完成。到12月底累计修筑施工便道和进场便道83公里，占总量的73.2%。该路地处沿海，全部路段必须进行软路基处理或海域施工。经过科学论证，采用碎石桩、粉喷桩和冲击碾压、强夯等办法成功处理大部分软基。首创北方采海域吹沙路基施工工艺。研究制定《滨海大道施工技术规范》，优化设计施工方案。8月22日开始大干三个月，抢抓工期，加快工程建设进度，圆满完成路基、桥涵主体工程。到年底累计完成投资9.8亿元。预计2010年10月份建成通车。

【205国道改造取得重要阶段性胜利】 首先，郑家庄至王盼庄段实现主体通车。205国道郑家庄至王盼庄段改造工程全长8公里，总投资8.3亿元。路线起于路南区郑家庄，止于开平区王盼庄（唐港高速公路与外环交叉处）。这段国道由原来二级路改建为一级公路，路基宽34.5米，设计时速100公里。工程于2008年4月1日开工建设，2009年7月19日实现主体通车。该路段是唐山市中心连接丰南区、开平区的快速通道。它的通车结束几十年来205国道穿越唐山市区，并成为“东出西联”瓶颈的历史。加快唐山市大南湖生态城的建设，把205国道从唐山市中心区“移”出去，有序分流中心城区交通，提高过境车辆通行能力，进一步提升城市形象。其中王盼庄互通立交桥是205国道郑家庄至王盼庄段改建中的重要工程。该桥是定向加苜蓿叶式大型4层立体交叉全互通式立交，总长4308.3米，桥面面积41310平方米。2008年4月开工建设，2009年6月底主体竣工。之后进行绿化美化等附属工程。该桥是河北省最大的枢纽互通工程，成为唐山市又一标志性建筑。改造后的205国道和唐曹高速、承唐高速、滨海大道、

滦曹公路等干线公路和高速公路互通成网，与承、秦、京、津形成区域交通的“无缝衔接”。其次，205国道丰南区至古冶区段改建段于2009年12月10日正式开工。该段全长50.855公里，设计时速80公里，按照一级公路标准设计，预算投资23.9亿元。路线起于205国道唐山与天津交界处，沿旧路向东北方向，跨西外环高速丰碱线、唐南线、唐海线、在王盼庄村南与唐港线、城市外环线相交，其后上跨唐津高速公路，在夏庄村北与原205国道相接。全线设大桥1座，中桥4座，小桥18座，分离式立交桥8处，互通式立交3处。市委、市政府高度重视205国道改建工程建设，把它作为全市重点工程来抓，沿线各级党委、政府和广大群众顾全大局，积极做好征地拆迁等工作，为工程开工创造条件。王盼庄至终点路段计划于2010年底实现主体通车。

【机场连接线全面竣工通车】
市委2008年八届四次全会明确提出建设“四大主体功能区”之一的“唐山空港城”目标，继而市委、市政府及时做出建设唐山军民合用机场连接线工程，打通唐山市城区西部第二条出口通道，进而通过城市环线将唐山火车站、唐山机场与公路交通联系在一起，实现主体交通网络的战略决策。机场连接线工程全长12.26公里，双向六车道，设计时速80公里，路基全宽74米，总投资7.38亿元。工程于2008年3月开工建设，作为唐山市向建国60周年献礼工程，仅用8个月时间，到2008年11月13日即实现主体工程通车。2009年5月1日实现全面竣工通车。随后加快两侧50米绿化带工程。9月15日，用一个月时间启动完成机场连接线以“鸟语花香”为主题的亮化工程，使机场连接线成为道路绿化、美化、亮化的景观大道。

【唐丰快速路实现主体通车】
唐丰快速路工程全长16.68公里，设计时速80公里，采用6车道城市快速路标准，全封闭运行，设1个主线收费站和4个匝道收费站，概算总投资10.6亿元。2008年10月开始进场施工，2009年9月30日实现主体通车。唐丰快速路成为唐山市中心区与丰润区的快速通道，全程只需10多分钟。

【唐山市公路零公里标志启用】
7月2日上午，历时14个月，经历选址、设计、制作、安装几个阶段的“唐山市公路零公里”标志正式启用。“唐山市零公里”标志由铸铜和玉镶嵌组合而成，取名“凤衔玉”，设置在唐山抗震纪念碑文墙前30.75米、台阶前6.75米的广场南北向中轴线上（北纬39度37分25秒，东经118度10分32秒）。“唐山公路零公里”标志“凤衔玉”由河北理工大学艺术学院设计。标志外轮廓部分标注出东南西北指向以及唐山“零公里”经纬度坐标。标志图案中“浴火重生”的凤凰，寓意唐山百折不挠、勇往直前的抗震精神；晶莹的玉石，寓意唐山像一颗明珠镶嵌在渤海之滨；放射、环绕的线条，寓意唐山公路网四通八达。“零公里”标志是唐山市干线公路的象征性起点，是城市中心点的象征，也是唐山市经济社会发展的标志。

常规管理养护和建设

【加强干线公路养护】　2009年，干线公路养护完成投资4.65亿元，其中大中修工程完成投资4.04亿元，16项209.37公里，完成计划的138.8%。桥梁维修加固工程19座，3809.37延米，投资3078.7万元，全部按计划提前完成，使全市道路形象大为提升。一是公路绿化以“打造千里花园路”为目标，在102国道、112国道、平青乐线、迁曹线、遵宝线、青乐线等干线公路绿化，实现绿化改造工程269公里，新植补植各类苗木164.94万株。二是把机场连接线建成为唐山市最高标准的多物种绿化景观大道和标志性迎宾大道。三是在唐曹高速的沿海滩涂，实行低成本绿化、多物种绿化的模式，使公路沿线环境更加优美。公路养护管理体制改革进一步深化。在总结经验的基础上，2009年进一步扩大公路养护管理市场化实施范围，对102国道玉田至丰润段、112国道遵化至丰润段日常养护进行社会招标，实行合同管理。同时把社会招标养护的办法引入农村公路养护，取得比较明显的效果，为公路养护全面市场化奠定基础。

【农村公路建设再掀新高潮】
全市围绕新农村建设和城乡一体化，进一步掀起农村公路建设热潮。全年完成农村公路改造工程506项，1249.2公里，改造危桥4128延米，分别为年计划的178%、275%。年初，市、县（区）两级交通主管部门对全市乡村道路进行现场调查，完善农村公路基础数据库。从明确县（市）、区农村公路建设目标入手，市交通局与各县（市）、区交通局签订《建设任务完成承诺书》，保证施工进度和质量。在此基础上，进一步加强农村公路建设秩序的规范化管理，开展创建精品工程活动。“以设备保工艺，以工艺保质量”，许多县（市）、区交通部门购置整平机、排震机、地缝机用于农村公路施工，对桥梁预制板实行统一预制，提高路桥质量。同时，严格执行招投标核准制度，施工过程公示制度，努力把农村公路建设打造成阳光工程。广泛开展农村公路养护示范县、乡（镇）、活动，鼓励农村采取适合本地实际的养护模式，进一步规范农村公路养护管理。特别是迁安市投资4000万元，建成标准化路段536.05公里，达到总里程的40%，进一步实现农村进城无障碍。

【新路政管理呈现良好开端】
2009年是燃油税费改革实施的第一年，原养路费征稽人员292名干部、职工全部充实到公路路政管理队伍中，单独组建公路路政管理处，加强公路路政管理工作，进一步加大治理超限运输的力度。通过抓源头控制，治理重点路口、路段，实行查扣、卸载、处罚分离的运行机制，查处超限车辆3970辆，处罚到位率100%，未发生一起投诉案件。对路政许可、路政违法案件查处等工作制定严细的工作规范；在路政督查基础上建立路政管理档案；加大巡查力度，全年查处路政案件107起，依法收取路产赔（补）偿费39.98万元。

【加强运输行业管理】　为提升唐山“路通人和”品牌形象，年初，市交通局制定下发《唐山市2009年道路运输发展指导意见》，客运市场着眼于统筹城乡道路客运发展步伐，完善道路客运网络。全年累计新增农村客运班线17条、客运班车25部，新增候车亭68个、招呼站牌71个。开通玉田、遵化、迁西至曹妃甸3条客运班线。客运管理为区域经济的发展服务，改善城乡群众出行条件。汽车维修行业按照河北省运管局关于建立唐山汽车快修店“样板市”要求，建成汽车快修服务店8家，提高汽车维修业为社区服务的水平。出租车行业从规范出租运营秩序入手，联合公安部门专项治理“黑出租车”1200台次。在货运市场先后开展2次物流市场专项整治活动，鼓励发展大吨位车辆，加大货运联合车队管理力度，净化物流发展环境。在道路运输管理中应用运政管理软件，道路运输管理网络化水平进一步提高。2009年运输经济运行稳中有升。其中，道路客运完成客运量9868万人，周转量36.01亿人公里，同比增长8.11%、4.74%；完成货运量2.2亿吨，周转量422.96亿吨公里，增幅均为20%．全市运输经济总体形势良好。

【“创精品工程”活动】　2009年，全市公路建设市场加强公路质量监管，以现场观摩会为载体，形成“谁搞不好质量，就砸谁的牌子，丢谁的饭碗”的高压态势，全市公路战线掀起争创精品工程的高潮。采取市、县交通部门“联合监督”管理模式，实现工程监督全覆盖；进一步健全各项质量管理制度，落实质量责任制、首件工程报验制、限时办结制和信誉档案制；加强资质管理和技术培训，购置先进的试验检测设备，引进技术，提高质量监管的科技管理能力，为质量监管提供有力支持。创造出唐丰快速三标段、青林路大修工程、丰南范彭线沙河大桥等多个精品工程。

【通行费收入实现大幅增长】　在第一季度形势严峻的情况下，通行费系统从管理、服务细节入手，开拓思路，积极应对，到下半年彻底扭转不利局面，提前两个月完成全年任务。全年实现收入8.87亿元，为年计划的116%。其中，唐港、承唐、唐曹3条高速公路分别收入2.33亿元、1.80亿元、1.61亿元。其他道路收入3.13亿元。

形象建设

【大力整治公路环境】　以庆祝新中国成立60周年和唐山市举办首届曹妃甸论坛为契机，大力整治公路环境。为迎国庆，开展安全生产执法检查特别行动，组建6个督导组，连续7个月进行拉网式安全隐患排查。购置先进检测设备，普查检测全市2869座桥梁。以优良的公路环境，为国庆60周年和首届曹妃甸论坛保驾。

【提高窗口服务水平】　结合“干部作风建设年”活动，在交通运输系统广泛实施“服务窗口亮起来”工程。行政审批工作集中在行政审批大厅，实施一条龙服务。认真推行一站式审批和延时服务、预约服务，为车主提供方便。审批项目由25项削减合并为10项，办结时限由20天缩短为10天，全面提升审批效率和服务质量。通行费系统开展“评星挂牌”活动，细化流程，实现大车20秒、小车15秒内通行。出租客运行业广泛开展“创建文明示范车，迎接国庆展风采，优质服务竞赛”活动，通过规范着装，规范驾驶，加大处罚力度等措施，使出租车主形象、服务质量明显改善。

【坚持科技创新】　市交通局在公路工程上加大科技攻关力度，组织14项省、市重点课题研究，特别是针对在建的滨海大道、承唐高速二期工程等重点工程的技术难点组织攻关，取得成果。其中4项课题经专家鉴定达到国际先进水平。在交通管理上积极探索信息化、智能化新型交通管理模式，建成交通应急指挥调度中心，初步实现路况监控、运输场站及车辆监管、出租车调度服务、路政执法远程指挥等多项交通管理功能，还为公众提供信息查询、投诉举报等社会服务。交通系统推行办公自动化，实现网上公文流转审批和无纸化办公，更新办公理念和工作习惯，提高办公效率。通行费收费系统推行“混合车道不停车收费系统”，大大减少停车等待时间和堵车情况，受到车主的欢迎。

【精神文明建设再创佳绩】　市交通局紧密联系交通实际，把“干部作风建设年”活动作为贯穿交通工作的主线来抓，局党委班子成员营造比知识、比业务、比奉献的工作、学习氛围。开展机关纪律作风整顿、执法监督、明察暗访，推动干部、职工思想作风转变。党风廉政建设从工程建设领域入手，大力推进行政权力运行监控机制建设，查找风险点126个，建立健全各项制度措施43项，初步形成全局行政权力运行全覆盖监控。对重点工程推行“双特派员”监督，工程变更实行“双核实签认”，强化重点工程项目监管。特别是承唐高速公路二期工程作为交通运输部挂牌监督和河北省、唐山市监控机制建设的试点项目，市交通局有针对性地加强工程权力监督机制建设，实行“十点结网动态联控”模式，做到预防为主，监控关口前移。成为唐山市工程建设领域首创，得到中纪委驻交通运输部纪检组和省纪委监察厅、市纪委领导的充分肯定。同时，认真开展承唐二期、一期、遵宝线改建工程、唐丰快速路、205国道改建、滨海大道等重点建设项目跟踪审计。对农村公路进行审计抽查，确保资金专款专用、合法使用。交通运输系统进一步加强廉政行风建设，取得市直评比第一名。交通运输工作得到各级领导的肯定和广大群众的认可。市交通局获得全国五一劳动奖状、河北省级文明单位、唐山市重点项目建设先进单位等多项荣誉。

（吴文刚　董克家）

水　运

【强化港口规划管理】　2009年，针对唐山港建设发展实际情况，市港航局深入调研，摸清港航发展重点、难点、全面履行港口规划管理职能，确保唐山港健康快速发展。一是按照市委、市政府的部署，及时调整规划内容，满足港口发展需要。根据《唐山港总体规划》修订的主要内容，配合交通部规划研究院完成总规修订调研工作，编制完成总体规划修订征求意见稿。二是向市政府起草上报《唐山市港口岸线资源管理办法》，力求港口岸线管理规范化，确保港口岸线资源的合理开发利用。同时依法纠正中石油海洋工程公司未经审批，使用规划港口岸线建设港口设施的违法行为，并责令其补办岸线使用审批手续，保护唐山市有限的岸线资源。三是会同市发改委指导丰南港区的规划前期工作，召开《唐山港丰南港区总体规划方案》咨询论证会，切实发挥《总规》指导港口建设的龙头作用，保证唐山港开发建设的科学性和有序性。

【港口建设进展顺利】　全年完工投产万吨级以上泊位12个，为历年来最多的一年，码头功能日趋合理。一是项目投资完成较好。全年完成固定资产投资26.19亿元，其中曹妃甸港区完成20.75亿元；京唐港区完成5.44亿元。二是基础设施建设势头强劲。充分利用交通部支持港口公用基础设施项目建设行业政策，积极协助京唐港区10万吨级航道工程及曹妃甸港区一港池基础工程跑办，争取到交通部补助资金1.5亿元，实现在金融危机背景下扩大港口规模，完善港口功能的目标。三是牢牢把握加快两大港区发展的主题，确保港口建设项目顺利进行。确保港口建设项目顺利进行。曹妃甸港区煤炭码头续建工程、二期工程通过交通部审查和国家发改委评估，获得国家发改委核准。曹妃甸港区通用码头起步、二期工程投入试运行。曹妃甸港区矿石码头二期工程和京唐港首钢码头有限公司矿石及原辅料泊位工程通过国家发改委的评估和交通运输部的审查。截至年底，唐山港建成投产各类生产性泊位43个，其中万吨级以上泊位40个，码头岸线长度10954米，年综合通过能力1.81亿吨/20万TEU。

【港航生产效率保持大幅增长】
市港航系统充分发挥职能作用，及时有效协调港口生产，鼓励港航企业开拓市场，拓宽融资渠道，增强企业竞争力，企业生产态势良好。一是及时协调，妥善处理港口生产船舶压港等问题，有力保障港口生产目标顺利完成。两港区全年完成货物吞吐量1.76亿吨，同比增长61.8%。煤炭吞吐量6350万吨，同比增长60.1%；矿石吞吐量9072万吨，同比增长79.4%；钢铁吞吐量1314万吨，同比增长19.9%；集装箱吞吐量24万TEU，与去年基本持平；原油吞吐量89万吨。京唐港区完成货物吞吐量1.05亿吨，同比增长37.9%；曹妃甸港区完成货物吞吐量7018万吨，同比增长118.8%。二是加大对航运企业的帮扶力度，截至12月底，全市新增水运服务企业34家，达到129家，同比增长17%。有水运企业15家，新增运输船舶7艘，总运力32万载重吨，同比增长13%。

【港航市场秩序进一步规范】
坚持多措并举，有重点、有步骤、有目标地强化港口及航运市场的监督、管理。同时拓宽政策引导、积极扶持渠道，创造港口及航运业发展的良好环境，规范和维护市场经营秩序。一是严格依照法定许可条件和许可程序，新向27家港口经营单位核发《港口经营许可证》，核发《港口经营许可证》达到71家，其中码头经营单位11家，仓储、装卸经营单位23家，港口设施设备租赁单位1家，港口拖轮经营单位1家，港口设施设备维修单位2家，船舶港口服务单位33家。二是加强水运企业、水运服务企业和各类船舶的年审核查，进一步规范企业经营行为。全年审验合格省际水运企业10家，船舶28艘，水运服务企业94家，船舶管理企业4家。三是坚持日常管理和专项整顿相结合，加强水运企业经营资质管理。实行水运企业动态监管，以资质审查为切入点，强化水路运输市场的准入和退出管理机制，提高全市航运业的经营管理水平，为新一轮的增长做好准备。

【港航安全形势稳定】　一是确保内河水上交通安全。全年出动内河水上交通安全检查160余人次，检查车辆40台次，检查船舶378艘次，查出并整改各类安全隐患35起，有效保障内河水上交通安全。二是确保港口安全。对9家重点港口经营单位进行65次检查，其中执法检查42次，发现安全隐患53处，下发整改通知书6份，全部整改到位；查验全港危险货物港口作业50艘次，装卸危险货物131万吨，未发生一起安全责任事故。三是应急处理能力显著提高。督促各单位组织涉及消防、港口设施保安、危险品泄漏、防灾减灾、内河水上交通事故应急求援等演练共45次，参演人数2500余人，出动车辆160多台，为建国60周年大庆和曹妃甸论坛召开营造安全有序的社会环境。

【引航服务优质高效】　紧紧围绕“安全、优质、高效”，建立引航体系，加强与有关企业、单位密切协作，做到引航与港口生产紧密衔接，形成有机的港口生产服务链，引航服务质量、服务水平不断提升。一是成立唐山港引航服务监督委员会，广泛征求各相关单位的意见和建议，有效提高引航服务效率和质量，夯实管理规范、高效廉洁的引航队伍基础。二是深挖技术潜力，突破航道及码头靠离泊条件限制，用高超的技术，为来港超常规船舶提供优质服务，最大程度配合港口企业及船方生产计划要求，成为唐山港快速发展的强大助推器。全年引领船舶3914艘次，同比增长28%。其中京唐港区引航船舶2508艘次，250米以上的船舶51艘次，10万吨级及以上21艘次；曹妃甸港区引领船舶1406艘次，其中300米以上的船舶65艘次，船舶引领及时率达到100%。

（赵晓唐）

空　运

【概况】 唐山市境内原来只有一座军用机场，是日军侵华时建的，20世纪90年代迁出市区到丰润县（现为丰润区）三女河，为北京军区空军训练基地。20世纪80年代市政府曾与空军部队共同试用原机场开辟民航事业，因条件不成熟，不到一年就搁浅关闭停运。所以，唐山的民用航空，即空运实际长期空白。唐山人乘飞机，想发货物走空运，只能去北京天津，从家门口坐飞机发货是几代唐山人的梦想。随着唐山经济和城市建设的快速发展，建设民用机场，开辟空运通道，成为迫切需要。具体说有四大背景需要：一是经济社会发展需要建设民航机场。唐山拥有雄厚的经济基础和实力，正以蓬勃之势加快建设科学发展示范区和人民群众幸福之都。随着经济全球化和激烈竞争形势的加剧，作为环渤海区域最具活力之一的唐山，需要有更通畅的人流、资金流、信息流来支撑经济社会的快速发展。建设机场就能够打通唐山通向世界的渠道，全面推进大发展大开放的步伐。

二是构建海陆空立体交通网络需要建设民航机场。唐山拥有四通八达的海陆交通网络，铁路、公路、港口设施完备，条件一流，可以说唐山海陆交通已在国内占有重要位置，然而，航空交通始终是空白，缺少机场就无法弥补海陆空立体交通体系的建设。建设民航机场就能结束唐山缺少空港的历史，填补唐山海陆空大交通网络空白。

三是唐山资源的开发利用需要建设民航机场。唐山拥有丰富的人文资源和旅游资源，全市的A级景区34处，仅4A景区就有6处，是国家旅游局命名的优秀旅游城市，每年接待国内外游客超过1200万人次，然而，其中大量人流是从北京、天津机场周转。建设民航机场能够最大限度地利用各种资源，吸引更多客流进入唐山。

四是提升和优化城市功能需要建设民航机场。拥有民航机场是一个城市品位和档次的标致。唐山正在朝着现代化沿海生态城市迈进，需要进一步优化和提升城市功能和品位，树立起现代化城市的形象。建设民航机场能够全面改善提升城市品位和形象，为建设现代化沿海大城市提供支撑。为此，2007年3月，唐山市委、市政府顺应唐山大开放大发展的需要和全市人民的共同愿望，审时度势做出建设军民合用机场的战略决策，从此拉开全面建设民航空港的序幕。

唐山三女河机场是利用现有空军北空训练基地的机场改扩建实现民用航空的机场，总投资预算为3.2亿元人民币，坐落在唐山市丰润区境内，距唐山市中心区20公里。现有机场跑道长2700米，宽50米，厚30厘米，PCN值54。机场的性质为民用支线机场、民航中小型机场，飞行等级为4C。机场适航机型以波音737、空客320系列为主，兼顾ERJ145、CRJ－200、新舟60、ARJ21等机型为代表的支线飞机使用。机场新征民航用地626.03亩，主要用于建设航站楼、航管楼、停机坪、综合办公楼、综合服务设施、盲降设备、信标台等设施，未来与军队合用主要是跑道，其他设备民航基本都是独立使用。机场计划未来开通航空运营航线主要面向上海、广州、成都、昆明、长沙、西安、三亚等7条主航线及石家庄、大连、青岛、哈尔滨等较近航线。计划2010年年旅客吞吐量为10万人次，2011年达到20万人次，2012年达到30万人次，2015年达到50万人次；年货运吞吐量2010年计划达到300吨左右，力争实现313吨，2015年突破3000吨。

【决策谋划科学完善】 2007年3月，市委、市政府做出建设唐山军民合用机场的工作部署。4月，成立唐山民用机场建设指挥部，由军地多名领导出任指挥部领导，全市12个单位的一把手担任指挥部成员，同时从全市有关单位抽调40多名骨干人员成立机场办，组成坚强有力的机场筹建领导机构和办事机构。7月，唐山市政府提请河北省政府向国务院、中央军委呈报《关于建设唐山军民合用机场的请示》；8月，河北省发改委分别向国家发改委、民航总局呈报《关于将唐山军民合用机场纳入国家民用机场布局和民航发展规划的请示》；2008年1月，唐山市代表省政府与北京军区空军签订《空军唐山机场实行军民合用协议》，随后正式展开机场全面建设。3月，根据机场建设的需要，注册成立唐山机场有限公司，承担公司法人责任和义务。12月25日，唐山机场建设越过最关键的一步，国务院、中央军委批复机场项目立项。根据唐山机场发展从现实需要和长远发展的考虑，经过认真研究论证，市委、市政府确定引进海航集团作为战略合作伙伴，共同经营和管理唐山机场。2009年4月，市委、市政府与海航集团有限公司签订《关于加强战略合作的框架协议》，确定由唐山与海航机场集团有限公司共同组建唐山三女河机场管理有限公司，在总投资中共同剥离出1.8亿元的有效资产作为股本，其中唐山建投公司以建设投资方式出资5940万元，占33%的股份；海航机场集团以现金出资方式出资12060万元，占67%的股份，组建股份制的唐山三女河机场管理有限公司，负责未来唐山三女河机场的航空运营和管理。同月，工程可研报告通过国家发改委委托的中咨公司的评审。

【筹建工作加速推进】 首先，项目行政审批提前结束。建设机场被称为是仅次于核电站的第二复杂的项目，最大特点是工作环节多、技术难度大、安全要求高，最大的难点就在项目审批，尤其是军民合用机场，因为涉及到国家安全，项目审批更是难上难。各种报批手续不仅复杂繁多，而且刚性制约很强，每个环节都不能减少或省略，概括起来就是“三多一高”，即头绪多、门槛多、公章多、层次高。指挥部按照市委、市政府提出的超前谋划、特事特办的指示精神，通过紧跑死盯各级政府、军方、民航部门三条战线，先后盯办60多个部门421个处室，通过103多个报批程序和近340个工作环节，加盖280个公章，完成唐山市少有的需要经过国务院副总理、总理和军委副主席、主席批示的项目审批。在跑办过程中，唐山市面临激烈的论证评估先后形势，工作人员千方百计协调争取，先后举行三次评估会议，最终优先通过评估论证，并获国务院和中央军委批复。由于唐山市机场未列入国家“十一五”机场布局规划，在指挥部领导的带领下，克服重重阻力和难关，用三个半月的时间，终于将此项目列入国家“十一五”机场布局规划范畴之内，才得以推进机场筹建工作全面展开。按照国内同类机场筹建通常规律，完成各项行政审批需要4—5年左右的时间，有些机场仅项目审批就长达十年，而唐山市机场从2007年8月河北省发改委分别向国家发改委、民航总局呈报《关于将唐山军民合用机场纳入国家民用机场布局和民航发展规划的请示》开始，到用地批复结束，仅用两年半时间就完成立项、可研、总规、初设、图纸、土地等所有行政审批，受到各级各部门的一致肯定，创造国内同类机场项目审批的领先水平。

其次，行业专业审批加紧推进。在行政审批办结的基础上，开始全力推进机场行业专项手续的报批工作。按照民航规定，机场最终通过运营许可之前，需要完成14个大项122环节的工作，每个关键环节都需要经过论证，而且很多项目审批环环相扣，相互交叉。为此，采用常驻北京、专人盯办、限期盯办、特事特办等多种办法，千方百计加快专业项目审批进度。有时为争取时间，跑办人员甚至直接帮助有关审批部门打字处理公文事务。到年底，经过63项具体工作，完成飞行程序初步设计和七个无线电导航台址的批复。在专业项目审批过程中，不仅得到民航部门的大力支持，同时也得到他们的一致肯定。原华北民航局局长黄登科曾说：你们唐山机场项目审批如此之快是民航业内人士想不到的，也认为是没有可能的，可你们都做到了，确实不可思议。海航集团提出要总结唐山机场经验和推出“唐山模式”在业内推广，并推荐其他城市同类机场向唐山学习机场项目审批建设的经验。

【工程建设完成预期任务】　机场主要分航站区和飞行区两个工程区，航站区工程作为省、市向国庆60周年献礼工程，于2009年2月26日破土动工。广大机场工程建设者们为实现早日通航的既定目标，一方面要克服时间紧、任务重、环节多的难题，另一方面还要避开军方高频率训练飞行的影响，采用昼夜施工、交叉施工、并行施工等多种手段，加班加点、拼搏奋战、全力攻关，终于在9月底之前完成航站区全部筹建任务，创造出民航机场建设史上的最快纪录。特别是飞行区工程作为机场最核心的工程，受国庆阅兵空军受阅部队和军航飞机训练的影响和制约，开工较晚而且工程变动较大，直到10月份才开工，加上冬季严寒，直接影响和限制飞行区工程进度。国庆节阅兵结束之后，广大机场建设者抓紧时间补损失，赶进度，克服施工时间紧等诸多困难，24小时不停工，增加队伍齐奋战，抢追耽误的工期，终于按要求在年底完成三分之二的工程量。剩余小工程和最大制约即通导设备调试，正在夜以继日地推进。

【运营准备有序展开】　唐山具有较为完备的产业体系，然而航空产业还是一项空白，缺少航空技术人才和经验。唐山与海航共同组建唐山三女河机场管理有限公司之后，海航方面即派出专业团队进驻唐山，开始通航运营前的各项准备工作。一是强化专业人员培训。为保障机场通航的需要，将招聘的69名员工在历时三个月的业务理论学习的基础上，分别到美兰、凤凰、安庆、满洲里等机场进行2个多月的业务培训和现场实习，同时在企业内部也重点开展岗位培训，使所有员工基本具备上岗水平，部分专业岗位所需骨干力量由海航机场集团抽调。二是强化企业管理。突出抓公司内部建设，规范各项管理制度，认真编写机场运行手册，各部门分别完成12个分手册，及时记录和跟踪各项工作的落实情况，为企业运营提供支撑。三是推进运行保障体系建设。与军方以及唐山公安、消防、卫生、交通等部门进行紧密接触，正在协商沟通具体实施方案。四是努力开拓航空市场。通过与南航、海航、吉祥航、天津航洽谈，就航线开通、客运包机等问题基本达成合作意向。五是运营保障工作正在抓紧进行。塔台管制、气象、安检、值机专业人员培训基本结束。

【各级各界领导给予全力支持】

一是国务院办公厅、中央军委办公厅、国家发改委、国土资源部、环保部等国家部委办领导，在审批项目上特事特办，优先快办，使这一项目顺利通过各项审批。二是多位省委、省政府领导不同场合不同时期特别关注和过问唐山机场事务。付志方常务副省长亲自到国家有关部委跑办唐山机场事务，宋恩华副省长还到机场现场办公，省发改委、财政厅、环保厅、国土资源厅等单位都对唐山机场建设给予大力支持。三是中央军委、总参、空军、北空、唐山训练基地各级军方领导，在项目审批和工程建设上全力支持唐山机场建设。四是民航总局、华北民航局、华北空管局、民航河北监管局、民航河北空管局等民航系统各级领导在技术、人才、业务指导多方面给予坚定支持。五是河北省委常委、唐山市委书记赵勇同志、市长陈国鹰同志，周仲明常务副市长多次出面协调国务院相关领导和部门，多次举行现场办公，并亲自到国务院办公厅、中央军委办公厅、空军、国家发改委、国土资源部等国家及省部级单位跑办有关事宜，协调解决关键难题。机场建设指挥部领导以及市直各级相关部门都按照各自分工，全力推进各项工作，以确保唐山三女河民用机场在较短的时间内顺利建成通航。

（果爱民）

通　　讯

中国移动

【概况】　　中国移动通信集团河北有限公司唐山分公司积极实施“保发展、促转型、保稳定、促和谐”的核心经营策略，整体综合实力增强。网上客户规模超过500万户。公司党委连续七年被国资委评为唐山市先进基层党委，公司继续保持河北省AAA劳动关系和谐企业、全国精神文明建设先进单位、河北省先进集体等荣誉称号，被中国通信企业协会评选为2009年“通信行业用户满意企业”。

【网络支撑能力加强】　　完成TD三期、14.2期G网、15.1期等七项通信基础设施建设工程，不断加强网络支撑力度，提升网络质量。以“达到甚至超越2G网络质量”为目标，开展TD建设和优化工作，实现对唐山市区、曹妃甸、京唐港、丰南区等重点、热点区域的覆盖。在提升3G网络覆盖的同时，加快2G核心网建设和网络基础维护，对所有软交换端局进行IP化承载改造，全业务支撑能力明显增强。深入开展校园、农村、高速铁路沿线和EDGE专项优化，增强比较优势。推进高速铁路专网建设，开通京哈线专网全部53个室外站点。圆满完成曹妃甸论坛、南湖生态园开园仪式、迎国庆万人大合唱等多项重要事件的通信保障。积极履行社会责任，进行基站空调节能化改造，研发绿色节能基站，多举措推进节能减排。

【企业经营能力提升】　　实施多样化营销政策，努力扩大客户、话务量、新业务三大规模优势。依托政府，重点做好TD运营，举办“唐山市TD－SCDMA移动电话开通仪式”，参与5.17电信日大型广场宣传活动。不断创新用户发展模式，遵循“不换号、不换卡、不登记”原则，并积极在手机终端、资费业务等方面推出优惠活动，引领唐山广大手机客户步入3G时代、体验到TD的便捷。创新发展思路，推广139邮箱、飞信、短信、手机上网等数据业务，满足人民群众多元化、个性化的通信需求。深入开展校园主题活动，继续大力拓展农村市场，开展常态化主动营销。不断提高客户优惠力度，推出12593、闲时优惠包、法定节假日的漫游等多项优惠政策。全面推进移动信息化，加快工业化与信息化融合进程。积极参与唐山市城乡一体化建设，发展城管员专用卡，开通市长短信平台、市直机关专线和城乡一体化彩信平台，搭建迁西县政务信息网。积极挖掘各大企事业单位的信息化需求，综合各方资源为客户打造深度信息化解决方案，启动唐山市公安局GIS—GPS定位、警务通等多项合作项目，积极配合市政府完成市环保局视频监控系统建设。大力建设“无线城市”，与市政府信息化工作领导小组办公室签署《共同建设唐山无线城市合作备忘录》，以曹妃甸新区为试点，规模推广无线产业应用。提供综合信息服务，工业园方案、商务酒店方案、商务楼宇方案、行业专网方案、热线电话方案等多个信息化解决方案得到应用。针对中小企业需求，重点推介动力100、企业建站、企业邮箱、移动总机等信息化产品，助力企业信息化应用改造。推进农村信息化建设，提供全面的涉农信息服务，农信通使用客户数逾50万户。

【服务水平提高】　　围绕“便捷服务满意100”活动，建立网络、市场、支撑、客服协调联动的工作机制，不断提升客户服务满意度。开展客户接待日、移动小课堂等互动活动，征集客户意见和建议，建立良性客户关系。落实“投诉处理属地化”管理模式，强化投诉前期控制意识，有效提升投诉客户满意度。结合营业服务短板和服务质量提升方案开展常态化培训，全面优化知识库结构，所有营业员都能达到礼仪及业务培训要求。被中国通信企业协会评选为“通信行业用户满意企业”。

【企业管理上台阶】　　建立风险防范体系，提升精细化管理能力。加强财务基础管理，重点做好财务集中工作，确保财务信息的统一化、规范化。深化固定资产管理，及时做好在建工程转固工作，完善资产及工程管理办法。创新管理模式，将QC活动与班组管理、管理创新

相结合，并加强QC成果在工作实际中的有效应用，充分发挥QC成果的经济价值。建立健全物资管理和采购工作制度，进一步优化采购管理流程。加强对三级经理的监督、考评，落实领导人员个人重大事项汇报制度。积极发挥纪检监察的作用，广泛参与物资采购、招标投标、员工竞聘晋级、废旧资产处理等重点领域的监督工作。严格控制招待费使用，提倡节水、节电和办公无纸化，压缩各类非生产性支出。干部员工队伍建设取得成效，持续优化人力资源配置。加大培训力度，对一线员工、新入职员工以及营业厅人员展开分阶段分层次培训。持续开展员工关爱行动，组织开展形式多样的文娱活动。加强领导人员党性修养和作风建设，推行“一线工作法”和干部作风建设年活动，开展以“廉洁文化”和“警示教育”为重点的廉洁自律教育，增强全体干部员工的廉洁从业和反腐倡廉意识。开展职工小家建设，两个县公司职工小家获省移动公司“省级模范职工小家”称号。

（白晶晶）

中国联通

【概况】 2009年是原唐山网通公司和原唐山联通公司合并重组为中国联合网络通信有限公司唐山市分公司后正式运营的第一年。重组后，公司成为唐山区域内固定通信网络、数据传输网络、移动通信网络实力最为均衡、规模最为强大的综合通信运营企业。公司紧紧围绕“融合创造新优势、3G实现新发展”的工作理念，深入贯彻落实“抓机遇、保增长、调结构、上水平”的工作方针，以创新发展为主线，以生产经营为重点，深化战略转型，强化品牌建设，夯实基础管理，加快发展步伐，各项业务全面协调发展。

【网络基础建设增强】 累计完成权责制资本性支出9.21亿元，加强网络发展规划、基础网络建设和业务网络改造，网络生产能力得到持续改善。对现有ADSL宽带接入网络进行优化和扩容，IP城域网出口带宽提升到120G。不断增强移动网络覆盖的广度和深度，GSM网络得到持续优化。加快WCDMA3G网络建设，仅用4个月就建成覆盖市内6区和8个县（市）城、5个风景区的3G网络。大力推进传统固定电话网的技术升级和更新改造，实现网络向NGN的平滑演进。对障碍高发区、市区及县城居民老小区通信线路进行整治，明显提高全区配线电缆的性能。成功完成DCN网络融合改造工作，成为河北联通第一个实现两网融合的地市级公司。

【企业经营业绩提升】 依托强大的技术优势，坚持以客户为中心，不断推进业务创新，形成以“沃”品牌为统领完善的通信和信息服务产品体系。加快宽带业务、移动业务、固话和小灵通业务以及增值转型业务的发展步伐，各项业务实现协调发展。拥有固定、移动、小灵通电话客户300余万户，宽带客户近60万户，收入总量列全省第2位，成本费用利润率列全省第1位。

【服务质量提高】 进一步夯实服务管理制度，理顺服务管理流程。着力解决五大类服务短板问题，深入落实自有营业厅免填单等六项重点服务工作，大力推广便捷服务措施。对陈旧的基层营业厅进行统一修缮和改造，规范营业布局，统一前台人员着装，使窗口形象得到较大改观。加强服务监督检查，将服务检查常态化、制度化。开展多层次、多专业的培训，全面提高公司员工在服务、管理、技术、业务等各层面的水平。在河北联通2009年服务质量责任目标考评中列全省第1位。

（李宝辉）

中国电信

【概况】 2009年，唐山电信顺利完成重组、收购，并获得国家核发的3G业务牌照。公司上下立足于全业务运营商的综合资源优势，努力推动企业规模发展，实现全业务经营的良好开局。截至到2009年已累计实现固定资产投资达到13亿元，当年实现综合业务收入达2.5亿元，用户规模达40万户，企业实力日益增强，用户满意度不断提升。

【网络建设及通讯能力】 当年实现固定资产投资近3亿元，其中：固网投资5640万元，重点进行企事业单位及政企客户接入、企业专线、小区宽带布线等项目建设，完成建设项目330项，新增覆盖用户数12万户；CDMA移动网投资2.35亿元，分两期对原网进行全面升级、改造、置换和优化，新建基站469个，其中3G基站403个，市内分布系统66个，交换机总容量达到81万门，CDMA网络在市区、县城、高速公路、国道网络接通率均大幅提升，在重要乡镇实现基本覆盖；网络掉话率、接通率等指标有极大改善，总体网络覆盖及用户反响较好，为用户重新打造出精品CDMA3G移动通信网络。

【新技术新业务开通应用】 3月20日，唐山电信在唐山市首家开通3G无线宽带业务，它在承继2.5代CDMA低辐射、健康环保、保密性强、通信质量好、数据应用能力强等显著特点外，还进一步实现移动与互联网业务的完美融合与创新。高速、安全、便捷的3G无线网络，最大限度地将互联网冲浪快乐体验在C网手机上，使广大用户充分享受电信新技术随时随地上网畅游的乐趣，全方位满足用户对于互联网商务、娱乐、生活、信息咨询等需求。为全力配合唐山市“城镇面貌三年大变样”城市改造工程，唐山电信开发无线座机产品，实现拆迁不换号、一呼双响等功能，极大地

方便广大市民。并加大新技术的投入，结合CDMA网络通话质量好、发射功率小、保密性高、数据传输速率高等优势，积极推广WLAN、EPON、WiFi等新技术的应用，通过移动、固话和互联网等技术融合实现产品创新，进一步满足企事业单位信息化发展及广大用户对现代通信的需求。

【服务地方经济】 一是发挥CDMA网络优势，与农牧局合作构建"海洋安全渔业通信网"，在距海岸50海里范围内为广大渔民提供定位和通信保障，在实现对渔船监管的同时，确保渔民的生命财产安全；为全市烟草系统开发"烟信通"行业应用项目。二是响应服务"三农"号召，与市卫生局联合开发新农合项目应用，实现乡村医院、诊所通过无线网络即可接入卫生系统内部网络了解信息、采购药品。三是为全市金融保险行业各大公司提供专线备份服务，确保通信畅通、稳定。四是积极落实"家电"下乡推广工作，缩小城乡数字鸿沟，方便百姓享受信息新生活。五是密切与政府部门、企事业单位合作，开发、推广相关专业信息化应用技术，提高工作效率。六是积极组织员工参与电信日、消费者权益日等宣传活动。

（钱静媛）

邮　政

【概况】 全年实现邮政业务收入3.5587亿元，同比增长22.93%；全员劳动生产率达到10.66万元，较上年增长21.55%。邮务类业务收入同比增长19.04%，速递物流类业务收入同比增长26.4%，金融类业务收入同比增长21%。主要通信质量指标全部达标；用户满意度达到96.03%，较上年提高4.08个百分点。市局党委被市国资委评为"先进基层党组织"，市局纪委被市国资委、市企业监察局评为"先进纪委"。市局先后被评为"河北省服务质量优秀单位"、"全国实施用户满意工程先进单位"、唐山市2009年度"十大文明示范行业"和"文明迎论坛、环境大提升"百日推进行动贡献突出单位。市邮政局、滦南县邮政局、乐亭县邮政局、迁西县邮政局、丰南区邮政分局被评为河北省"AAA级劳动关系和谐企业"称号。迁安大崔庄邮政支局被中国邮政集团公司、国家邮政工会命名为"全国邮政农村支局（所）职工小家示范点"。

【认真履行服务职能】 做好党政部门机要通信、低费率接办党报党刊、义务兵免费通信、盲人读物寄递、邮政基础设施建设、农村及偏远地区的邮政通信服务等工作。同时，配合有关部门开展维护国家安全工作，检查、封堵境内外通过邮寄手段散布的反动书刊和危险物品；开展禁毒工作，强化各种验视手段，检查、封堵通过邮政渠道寄递的毒品；抓好综合治理工作，封堵影响安定团结大局的印刷品等等。积极参与地方政府举办的一系列活动，努力为政府部门分忧解难。首届曹妃甸论坛期间抽调精干力量进驻论坛现场，设立邮政服务中心，开通各种服务功能，现场提供收寄邮件、代收话费、预订航空客票、制作个性化明信片等服务。同时成功开发论坛系列纪念邮品，并在会址中心举办首发仪式，得到市政府和与会人员的高度评价。积极发挥邮政的网络优势，全面推进服务"三农"工作。9月27日市政府办公厅出台《推动农村邮政物流发展的实施意见》，明确支持邮政物流拓展农资市场。全市全年邮政累计代发粮食直补款等涉农资金3亿多元，受益农户达到120万户。与公安部门合作开办单证照寄递业务，包括"五小车辆"行驶证、驾驶证、居民身份证等等，缩短领取证件的周期，节约农民办证的交通、食宿费用，受到广大农民欢迎。发挥邮政优势，服务中小企业，2009年，全市邮政系统为唐山商贸、旅游、餐饮、房地产、金融、通信、医疗等多个行业的1170家企事业单位寄发商业信函、广告、宣传型邮资封片卡1830万件，有效提升这些企业的形象和产品知名度；为医药、通信、化妆品、烟草等行业近百家企业配送各类物品10万多吨，配送货物价值达到22亿元，代收货款近2亿元。

【体制机制改革创新】 按照省邮政公司的统一部署，稳妥推进速递物流一体化改革。组建唐山市速递物流分公司，10个县局成立营业部，实现速递物流专业改革阶段性目标。创新人力资源管理机制。进一步完善干部考核评价机制。日常考核中突出对干部个体的考核，实现考核个性化、日常化、差异化，实现按业绩考核，用数据说话。建立薪酬激励机制，出台《薪酬体制改革长效激励机制暂行办法》，打破员工身份界限，以业绩论英雄，畅通员工晋升通道。建立分配激励机制，坚持奖超、奖效、奖优、奖创，制定各项考核激励政策。对部分竞争性业务实行"底薪+提酬"、无底薪提酬等灵活的分配方式，调动各层面员工积极性。建立劳动用工机制。出台《劳动用工管理办法》，严格执行增员审批制度，加强工时管理和流程再造，积极推行梯形排班法、交叉作业法、投递电动车化、进口邮件直分到段等生产作业组织方式，进一步提高工时和人员的综合利用率，保持用工总量"零"增长。建立教育培训机制。通过"周末课堂"、封闭培训等形式，对各岗位人员分类别、分层次进行个性化培训。全员参训率达到80%以上，生产人员持证上岗率达到70%。

【强化科学管理】 严控非生产性费用开支，主要可控成本费用都实现一定幅度的压缩。其中低值易耗品同比下降11%，维修费同比下降33%，通信费、水电费也都实现不同程度的压缩。加强车辆管理，优化车辆配置，充分利用GPS等先进技术手段，对所有车辆实行单车考核，定额管理，车辆相关费用在油价提高的情况下较上年下降1.06个百分点。全面推行集中支付，实现资金的集中管理、统一调度和有效监控，减少资金风险。通过开展"安全生产月"等活动，排查隐患，

专项治理，确保企业安全生产形势稳定，尤其是金融防控实现两年无案件。市邮政局先后被市安委会评为“安全生产管理先进单位”，被省公安厅评为“企事业单位内部治安防范工作先进单位”和“金融安全保卫工作先进集体”。

【邮政通信能力提高】 积极争取上级资金政策支持，投资832万元，对52个网点进行装修改造，更好地支撑业务发展，提升对外形象。积极推进投递改革，开展农村投递摩托化、城市投递电瓶车化的先期试点工作，促进投递效率的提高。在不降低普遍服务水平的前提下，对低效网点进行资源优化整合，提高网点效益。通过科学规划，精减1条市内邮路和2辆邮车，降低成本，提高效率。结合投递网建设，大力实施流程再造，推行扁平化管理，在市区范围内推行分拣前置、直分到段，减少中间环节，加快邮件传递速度。先后完成邮储绿卡2.0版本上线、投递信息系统上线等13项技术工程，开发保险管理系统和“自邮一族”网站，信息网支撑作用明显提升。

（常志刚）

综　述

2009年，全力打造乐亭、迁西、迁安、遵化、唐海、市区6大旅游产业聚集区，积极应对金融危机和甲型H1N1流感疫情，努力扩大旅游消费需求，不断稳定市场秩序，在市场低迷的情况下，逆势上扬，实现产业的平稳快速发展。全市全年旅游资源开发建设资金共投入14.5亿元，完成年度计划的145%，同比增长59%，圆满完成“扩内需、保增长”责任目标。乡村旅游异军突起，成为“城乡等值化建设”、“三年大变样”工作的新亮点。累计投入3000多万元，启动太阳峪等30个乡村旅游示范点、示范基地的建设，培训乡村旅游从业人员1200人次，新增乡村旅游接待户80家，尚禾源等4家单位成为省农业旅游示范点。客源市场全面拓展，全市全年共接待旅游者1231万人次，同比增长28%，创收62.6亿元，同比增长30%，创历史最高水平，也高于全市服务业增幅17个百分点。

宣传促销

【促销活动】　4月10日成功举办“16+1”旅游博览会。同期还举办了京城百辆自驾游唐山（南湖）、曹妃甸旅游高峰论坛。进一步扩大唐山的影响力。设计湖光山色、看湖玩海等多条夏季亲水避暑线路，8月份先后在北京、天津举办推介会。9月11日，以乡村旅游为重点的“迎国庆”金秋旅游活动月正式拉开帷幕，迁安2009第二届金秋旅游采摘节、迁西“十一”节庆活动、乐亭采摘渔猎文化旅游月、遵化金秋采摘节、玉田孤树镇金丝小枣采摘、丰润“摘燕东飘香硕果，品西杨生态文化”主题活动以及唐海“金秋钓河蟹，湿地享闲情”湿地旅游活动等在此期间相继登场。

此外迁西景忠山文化节、碧霞元君金像开光法会、迁安观花节、玉田第七届迎春庙会、乐亭皮皮虾美食节、遵化万佛园浴佛节等活动此起彼伏，对市场形成高潮迭起的连续冲击。

组织旅游企业参加北京国内旅游交易会、昆明国际旅游交易会、第三届旅游商品展、天津旅游产业节。联合推出唐承秦万张门票大赠送活动，积极培育“京东旅游环线”。

【媒体宣传】　整合县区400万元资金进军央视，在旅游旺季央视《朝闻天下》栏目强势推出唐山形象广告宣传；在京沈高速设置户外广告20块；在《唐山晚报》开辟旅游专栏。唐山旅游体验网和旅游培训网制作工作开始启动。

【招商引资】　组织重点旅游项目单位参加省局银企对接会。组织乐亭、迁安、开滦国家矿山公园参加省局组织的深圳招商会和上海旅游招商会；与港中旅集团进行重点项目对接。港中旅集团意向在南湖城市中央生态公园、乐亭三岛、星级酒店、曹妃甸旅游等项目上与唐山市开展合作。

行业管理

【行政执法】　6月—9月在全系统开展以“提升服务质量，让游客满意”为主题的科学发展示范机关、诚信旅行社、诚信旅游景区、诚信宾馆饭店四大创建活动。

采取联合执法、明察暗访等多种形式，对无证经营、超范围经营以及“黑导”、“黑店”、“黑车”等进行重点查处，对重大违规经营行为公示曝光。加大安全、执法监察力度，仅在国庆节期间就出动执法人员171人次，累计检查单位48家，对涉及到的220项问题下达执法文书。

2009年7月出台规定：自7月15日起，全市所有旅行社均不得安排本社汽车旅游团在夜间行车；晚11时前不能抵达目的地的，旅行社必须安排游客住宿，不得连夜行车赶路。保障游客的生命财产安全。

《唐山旅游业促进条例》于2009年4月24日唐山市第十三届人民代表大会常务委员会第十二次会议通过，2009年7月30日河北省第十一届人民代表大会常务委员会第十次会议通过，2009年11月1日正式实施。

【产业发展】　8月31日，全市乡村旅游现场会在迁西县召开，启动乡村旅游服务体系建设工程、农民创业资金筹集工程、乡村旅游就业创业工程。准备用3年时间，使已有乡村旅游项目得到明显提升和完善，形成种类丰富、规模较大、特色突出、功能配套、发展规范的乡村旅游格局。

新华大酒店评为四星级酒店，渤海国际会议中心荣膺五星级酒店，全市星级酒店达到55家；迁安山叶口自然风景区、迁安徐流口九龙泉风景区、迁安市卧龙山庄、迁安市成山万亩林景区被评为AA级景区，遵化禅林寺、玉田净觉寺被评为AAA级景区，南湖景区、曹妃甸湿地景区被评为AAAA级景区，全市A级以上景区达到34家；南湖、清东陵、景忠山、乐亭海岛入选河北最美30景。

发往乐亭、遵化、迁西、迁安等地景区的10余条旅游专线车全面开通，年度内发送旅游散客3万余人，成为“保民生”的全新举措，推动了唐山从“行业管理”到“旅游目的地管理”的转变。

项目建设

【概况】　遵化、迁安、迁西、乐亭、曹妃甸（唐海）、市区六大产业聚集区以“休闲”作为核心内容，积极编制规划、设计项目。2009年，全市在编的15个规划中围绕休闲理念新编区域性规划5个，进行规划方案调整的1个，新编景区建设性规划7个，升级改造性规划2个。尤其《唐山市工业旅游发展规划》以及迁西莲花院户外运动型、体验感知型等全新休闲项目规划的谋划，对整体旅游产品的建设和发展实现了结构性调整和完善。

【重点项目群】　迁西旅游产业聚集区：景忠山投资3000多万元，新增御佛寺金殿、万福路、三教广场、宝鼎广场文化墙、观景栈道等景点10余处。万松禅苑度假村开工，不断实现观光产品向休闲产品的转型。青山关完成青山居四合院、青山古堡、藐姑山庄、青山会所升级改造和贵宾楼主体工程。五虎山梦境庄园休闲广场、生态餐饮中心、洗浴中心等主体工程竣工，进入后期装修。喜峰雄关大刀园拓展训练基地以及凤凰山普陀禅寺大雄宝殿项目建设接近尾声。栗香湖生态休闲度假村投资1000多万元完成项目的基础工程。上述项目进一步强化了迁西的山、水、城旅游品牌，“三足鼎立”的项目集群布局已然形成。

遵化旅游产业聚集区：总投资超过20亿元的福泉新宫度假村、御汤泉度假村、御湖度假村等重点旅游开发项目不断取得新进展。福泉新宫度假村完成接待中心、三幢别墅楼以及停车场、广场等基础设施建设；御湖度假村项目投入资金3500万元，完成征地补偿、开发区勘测及规划修编；龙泽汤泉宫基本完成产权交割。三个项目形成汤泉皇家旅游度假区项目的集群开发之势，也使遵化逐渐成为京东旅游环线上一个重要的休闲旅游节点。

迁安旅游产业聚集区：黄台湖旅游区增建游船码头一座，加强了水上娱乐项目建设；白羊峪守备署古城堡开工。

乐亭旅游产业聚集区：唐山湾三岛旅游区开发建设指挥部成立，方向性战略规划编制完成。菩提岛木屋别墅、环岛旅游路、温泉、绿化以及配套工程全面完成，总投资近亿元。月坨岛广场、运河改造、56间海景温泉房、沙滩美食大排档在暑期投入使用。三岛旅游码头基础设施也完成改造升级，改造项目涉及景观大门、停车场、景观绿化、码头清淤、航标灯等。李大钊纪念馆投入2300万元实施陈展提档，同时，按照AAAAA级景区标准全面实施旅游基础服务设施和引导设施的更新改造，准备申报国家AAAAA级旅游景区。

唐海（曹妃甸）旅游产业聚集区：唐海优质高效地完成曹妃甸论坛会址基础设施建设和前期旅游开发工作，包括湿地迷宫、金熊国际生态运动休闲中心、国际会所、曹妃湖商务休闲港等项目，在10月份正式接待中外游客。

中部市区旅游产业聚集区：南湖旅游区核心区开发深入进行，“五一”正式开园，好玩南湖、生态南湖、神奇南湖正在成为南湖旅游的新名片。总投资7.5亿元的开滦国家矿山公园中的博物馆已经落成，中国第一佳矿1878、电力纪元1906两个分展馆以及徽记水体广场工程正在进行。此外计划投资5.7亿元的丰润红楼寻梦城项目签订协议，总投资2.1亿元的京东卧龟山绿色生态园、总投资1.2亿元的麒麟山三宝生态园、总投资4.8亿元的天桥古城山庄等项目都已经启动，这些大项目将对提升唐山市区的旅游吸引力产生重要作用，也将使唐山市区成为休闲旅游客源的集散地。

（李中宇）

唐山湾三岛旅游区

【概况】　唐山湾三岛旅游区位于唐山市东南部滨海处，规划指导区总面积73.25平方公里。其中菩提岛（石臼坨岛）4.4平方公里，月坨岛（月岛）10.5平方公里，打网港岛（祥云岛）17.5平方公里，捞鱼尖和滨海陆地部分面积40.85平方公里。唐山湾三岛乃滦河河流和潮汐共同作用冲击而成，形态各异，风景迥然。菩提岛为省级自然保护区，有潮音寺和朝阳庵等佛家古迹，岛上自然植被覆盖率达98%以上，素有“悬于海上的天然动植物园、国际观鸟基地”之称。月坨岛上植被丰茂，有天然的沙滩温泉浴场；祥云岛有双道复式海岸线奇观，岛上沙滩、地热资源丰富。唐山湾三岛旅游区内有植物239种，鸟类408种，其中国家一级保护鸟类12种，二级保护鸟类49种。依托海岛、温泉、民俗文化及佛教文化等资源优势，唐山湾三岛旅游区内开发有祥云岛、月坨岛、菩提岛、永平园、龙兴寺五大主景区及国际渔文化风情园、菩提镇等辅助景区，唐山湾三岛旅游区的开发建设现已列入河北省旅游重点建设项目。

【区域管理】　唐山湾三岛旅游区开发建设指挥部办公室于2009年6月正式成立，“唐山湾三岛旅游区开发建设指挥部办公室”印章于2009年7月1日起正式启用。8月份完成三岛旅游区规划范围内所有原乐亭县所属及管理的土地、海域、海岛、滩涂及各类建筑物、设施等的整体划转。

《唐山湾三岛旅游区总体规划》以及《唐山湾三岛海岛保护与利用

规划》编制完成并获得审批通过。按照战略规划，旅游区着力打造九大国际品牌：一是国际品牌的民俗故事园；二是国际品牌的爱情岛、情侣岛、出生岛；三是国际品牌的养生养老基地；四是国际品牌的游艇别墅休闲基地；五是国际品牌的海水、温泉基地；六是国际品牌的渔、水文化基地；七是国际品牌的国际佛文化交流基地；八是国际品牌的商务会展基地；九是国际品牌的海上高尔夫文化基地。

【招商引资与项目建设】 市政府给予财政担保的10亿元贷款已落实，前期6.3亿元资金已到位。涉及总投资80余亿元的基础设施项目洽谈取得实质性进展。涉及总投资100亿元的红树林酒店、新华联祥云岛星级酒店、新圆明园、新儿童乐园等项目也即将落户。

2009年共有3个项目开工，分别是海挡路修缮工程、内海清淤造地一期工程、菩提岛进岛路工程。全长1.1333万米的海挡路修缮工程已完工，总投资300万元。内海清淤造地一期工程总面积为6476亩，吹填量为1432.2万方，围捻长度1.1733万米，总投资3.54亿元。菩提岛通岛临时路工程，全长2.04公里，总投资2900万元，已完成大清河蒸发池段的修建工程。此外，滨海景观大道及迎祥路、乐北路拓宽、祥云岛主路网等工程已完成施工图设计，绿化围挡、旅游码头、旅游专用线、跨海大桥等工程正在进行深化设计。对乐北线以西、大清河口西岸以东、滨海大道以南区域的征地拆迁工作以及内海清淤涉及到的滩涂补偿处理工作已经全面展开。

（郝媛媛）

科学技术

编纂 张北环

综　　述

全市科技工作按照"科学发展，科技先行"的理念，以建设国家创新型城市为目标，深入组织开展引进消化吸收再创新、大力实施集成创新、创造条件推进原始性创新，努力打造以科技进步和创新为主导的核心竞争优势，科技创新能力显著提升，为科学发展示范区和人民群众幸福之都建设提供有力的科技支撑。2009年，国家高速动车组高新技术产业化基地落户唐山；唐山市被确定为20个国家创新型试点城市之一，这也是河北省首家国家创新型试点城市；唐山市被评为全国科技进步先进市。

规划高新技术产业布局，推进现代产业体系构建。一是组织编制《环京津高新技术产业带发展规划（唐山卷）》，推进唐山湾"四点一带"高新技术产业隆起带、市区高新技术产业聚集带的布局与发展。促进曹妃甸高新技术产业园区建设，支持精品钢材、石油化工、盐化工、装备制造、港口物流等特色产业基地建设；着力培育高速动车组、矿用抢险探测机器人、纯电动汽车、焊接机器人等拥有自主知识产权的高新技术产品。二是开展重大关键技术创新。组织编制《国家（唐山）高速动车组高新技术产业基地建设实施方案》。安排1000万元专项资金支持高速动车组研发基地建设，高速动车组项目获1350万元国家国际科技合作资金支持，时速400公里高速检测列车关键技术与装备研究列入"十一五"863计划，获4954万元资金支持，高速动车组研发累计获国家科技部1.6亿元经费支持。临港物流园区信息集成与配送系统关键技术研究列入省科技支撑计划。三是实施高新技术培育与产业化引导工程。300MN多向模锻液压机研制列入省重大科技支撑计划，获300万元资金支持；大型卧式振动卸料离心脱水机研究及产业化等一批具有较高技术含量和较强带动力的科技项目取得突破性成果。按照新标准认定高新技术企业38家。四是加强高新技术特色产业基地建设。河北省煤化工特色产业基地落户唐山，电子元器件、盐化工、冶金矿山装备、现代工程机械制造、镁合金制品等6个省级高新技术特色产业基地建设取得新进展。

实施重大科技专项，支撑经济社会科学发展。一是启动产业技术创新发展路线图计划。组织编制钢铁、化工、环保、装备等四个主导产业创新发展技术路线图。搭建钢铁产业技术创新联盟，引导推动钢铁行业产学研协作创新，建立较完善的钢铁产业研发应用服务平台。二是开展工业领域重大科技创新示范。组织实施装备制造业集成创新与能力建设、产业链经济建设关键技术开发等一批重大科技创新示范工程。深孔绳索取芯钻技术装备、金山迷宫式高炉送风装置、单元式多变流量地源热泵机组、无压给料有压分选三产品旋流器等7个项目列入国家创新基金计划，获405万元支持。游梁式抽油机节能控制方法及控制装置、全自动带钢打捆包装机器人等5个项目列入省科技创新基金计划，获80万元支持。三是节能减排技术创新示范工程取得实效。钢铁企业低压余热蒸汽发电和钢渣改性气淬处理技术研发列入"十一五"国家科技支撑计划，获2396万元经费支持，项目实施示范效果明显。钢铁企业烧结烟气脱硫关键技术开发与应用示范积极推进，密相塔半干法烟气脱硫技术、湿式镁法烧结机脱硫工艺、脱硫废液处理技术等分别在唐钢、国丰、松汀等钢铁企业示范应用。四是积极为发展现代农业、建设新农村提供科技支持。盐碱地绿化技术开发列入省重大科技支撑计划，获200万元资金支持；规模化生态养殖畜禽粪污无害化与资源化利用技术开发、燕山采矿迹地绿色产业生态重建等项目取得突破性进展。唐山湾浅海水产养殖资源综合利用技术、现代果品产业技术开发等示范农业优新项目28个。培育扶强科技型农业产业化龙头企业12家。深入推进徐流口村等科技先导型新农村建设示范工作，探索出一条科技支撑新农村建设新模式。五是大力发展民生科技。制定《唐山市节能与新能源汽车示范推广试点实施方案》，建成唐山电动汽车工程技术研究中心。组织实施纯电动公交车关键技术研发、海水淡化关键技术研发示范、民生科技与安全生产应用研究与示范、临床应用技术研发项目等155项，取得科技成果190项。

扩大科技开放交流，引进优质科技创新资源。一是安排专项经费2000万元，支持中科院唐山高新技术研究与转化中心建设，中科院过程工程、微生物、理化、电工、植

物等5个研究所进驻，与力学所、软件所成功开展项目合作，建成生态冶金、功能陶瓷材料、酶工程等实验室，与企业合作开展的钢坯高温防氧化涂料研发、冶金废弃物综合开发利用、空气燃烧合成精细陶瓷粉体材料等一批项目取得阶段性成果。二是制定“唐山科技城”和“唐山环渤海知识市场”规划建设方案，完成建设燕山大学、河北工业大学国家大学科技园的可行性报告和选址工作。《唐山环渤海知识市场建设初步规划方案》通过省知识产权局组织的专家论证。三是成功举办冀东经济区高新技术成果暨科技合作洽谈会。北大、清华、中科院等30多家高校、科研单位的专家、教授参会，发布高新技术项目300多项。BS—3电动汽车专用动力总成、高速列车网络控制系统项目等6个项目现场签约，26个项目达成合作意向。四是加大科技招商工作力度。中国．河北国防民用科技成果展示洽谈会上3个项目现场签约，促进军工技术和产业向唐山市转移。全面推进唐山市与清华、南开、天津理工等大学的合作。

深化科技体制改革，完善区域科技创新体系。一是研究制定《唐山国家创新型城市建设规划纲要》，出台《关于深化科技体制改革的意见》、《唐山市科技计划项目招标投标管理暂行办法》、《关于加强知识产权工作的若干意见》等一批规范性文件，建立县域科技工作会商机制。二是培育建设100家市级及以上企业工程技术研发中心、行业重点实验室，重型装备预应力制造、水泥装备、高速动车组、卫生陶瓷等进入省级企业工程技术研发中心行列。重点启动唐山湾生态城市、曹妃甸循环经济工程技术研究中心建设。组织研发机构实施关键技术研发182项，取得科研成果51项，获专利57项。三是唐山国家知识产权试点城市工作通过国家验收。丰润区生产力促进中心被晋级为国家级示范生产力促进中心。

科技管理

【完善科技创新政策体系】 4月1日，中共唐山市委、唐山市人民政府印发《关于深化科技体制改革的意见》（唐发〔2009〕16号）。提出深化科技体制改革的总体思路，重点深化“关键共性技术研发、重大科技成果转化、推进政产学研协作创新、引进优质科技资源和深化科学技术普及”五个领域的改革，在全球范围配置科技资源，更好地发挥科技专项经费的引导作用。为贯彻落实《国家知识产权战略纲要》和《河北省人民政府关于贯彻国家知识产权战略纲要的实施意见》，充分发挥知识产权制度在经济和社会发展中的重要作用，7月28日，唐山市人民政府印发《关于加强知识产权工作的若干意见》（唐政发〔2009〕19号）。为做好科技项目的招投标管理工作，11月17日，唐山市人民政府印发《唐山市科技计划项目招标投标管理暂行办法》（唐政发〔2009〕33号）。

【壮大农业科技创新力量】 加强科技型农业龙头企业培育，积极扶持创新企业的研发活动，不断提高农业发展科技水平。以优势农产品精深加工为切入点，着力培育扶持河北美客多食品集团有限公司、广野食品贸易（集团）有限公司、唐山海都水产食品有限公司等15家科技型农业产业化龙头企业，带动农业产业化规模经营，广泛建立以企业为主体、产学研结合、典型引路和示范推广相结合的农业科技项目实施新机制。

【重点实验室建设】 规范和加强全市重点实验室的建设与运行管理，有效构建科技创新服务平台。聘请7名专家对重点实验室进行评估和论证，18个市级以上重点实验室建设面积共7830平方米，资产总值达到9885万元。开展横纵向课题132项，解决关键技术40项，取得经济社会效益26.8亿元；培养博士、硕士等高层人才126名；取得科研成果192项；发表论文830篇，其中被三大索引（SCI EI、ISTP）收录218篇。

【企业工程技术研究开发中心建设】 全市共培育建设50家市级企业工程技术研发中心，拥有“河北省重型装备预应力制造工程技术研究中心”、“河北省水泥装备工程技术研究中心”、“河北省高速动车组工程技术研究中心”、“河北省卫生陶瓷工程技术研究中心”4家省级工程技术研究中心。工程技术研究中心累计投入科技经费470万元，带动企业投入科研经费3.92亿元。2009年，企业工程技术研发中心共承担科研项目150项，取得科研成果40项，取得国家专利49项。科研范围囊括机电一体化、装备制造业、电子信息、生物制药、钢铁、建材、化工等多个行业领域。全市科技基础设施建设得到快速发展，为全市企业科技创新提供了人才、信息和技术支撑。

【生产力促进中心建设】 制定下发《唐山市生产力促进中心年度发展指导意见》，逐步完善中介服务机构内部管理制度，按照《国家级示范生产力促进中心绩效评价工作细则（试行）》的要求，建立健全各生产力促进中心绩效评价体系，加大科技管理部门的监管力度，营造科技中介服务机构快速发展的良好环境。生产力促进中心基础设施进一步完善，人员素质逐步提高，服务职能不断加强，市场化运行机制正在形成。唐山市生产力促进中心有限公司、迁西县生产力促进中心、丰润区生产力促进中心各自依托区域产业优势，对其他中心的发展发挥示范带动作用。全市各促进中心累计直接服务企业达950多家，引进科技成果750项，带动企业增加经济效益15亿元。

【国家省级科技项目申报取得突破】 唐山市在国家初创期小企业创新项目申报上取得零的突破，共取得国家创新基金项目7项，获得基金支持480万元。争取国家级科技计划项目20项，获1.5796亿元资金支持；争取省级科技项目25项，获583万元资金支持。

【技术市场管理】 共登记技术合同191份，合同成交总金额5263.23万元（技术交易额5021.6万元）。其中，技术开发合同55份，合同成交总金额1539.65万元（技术交易额1398.84万元）；技术转让

合同74份，成交总金额2025.88万元（技术交易额1928.06万元）；技术服务合同62份，合同成交总金额1697.7万元（技术交易额1694.7万元）。2009年全市共有河北省网上技术市场会员1044个，发布技术信息3013条。

专利工作

【概况】 2009年，全市专利工作迈上新台阶。一是制定出台政府规章，指导全市的知识产权工作。2009年唐山市政府印发《唐山市关于加强知识产权工作的若干意见》。该文件包括七大部分25条，分别从加强领导、加强制度建设、实施优惠政策、完善运行机制、加强设施建设、优化法制环境、重视人才培养7个方面，规定了贯彻国家和省有关加强知识产权政策的县体措施，为全市的知识产权工作起到很好的指导作用。二是实施专利资助计划，鼓励全市的技术创新工作。年内，对辖区内授权专利申请费用发放补贴20万元，共计补贴授权专利442项。三是实施专利创新引导工程，促进行业专利工作。从2006年开始，唐山市实施专利创新引导工程，逐步抓钢铁、装备制造和陶瓷3个行业的专利工作，涉及30家企事业单位，先后划拨专项经费280万元。经过4年的努力，各参与单位的专利管理工作水平和管理人员素质都有较大幅度提高，专利管理制度逐步完善，专利申请量也逐年提高。年内，30家企事业单位申请专利达到350项，比2005年提高2.24倍。四是实施优势培育工程，促进重点单位的专利工作。按照省知识产权局的部署，唐山市开展知识产权优势培育工程，有46家企事业单位被列入河北省知识产权优势培育单位。五是实施专利特派员制度，培养专门人才。继续在县（市）区科技局和大型企事业单位聘任60名专利咨询服务特派员，并对他们进行多次业务培训。这些专利咨询服务特派员分别负责县（市）区和大型企事业单位的专利申请、保护、宣传培训、制度建设等方面的指导工作，成效显著。六是培育专利代理机构，建立完善专利中介服务体系。协助唐山钢联专利事务所脱离唐山钢铁股份有限公司，成立唐山顺诚专利事务所，面向社会服务。同时还协助成立唐山润昌专利事务所。目前，有3个面向全市服务的专利代理服务机构，可满足全市的专利代理等服务需求。全市年内申请专利1300项，比上年增长5.6%；授权专利1000项，比上年增长40.8%。

【完成国家知识产权试点城市工作】 10月14日，国家知识产权局、河北省知识产权局组织有关专家组成验收委员会，对唐山市建设国家知识产权试点城市工作进行验收。验收委员会认为：唐山市工作重点突出，特色鲜明，制定、实施的专利资助政策、专利创新引导工程、专利咨询服务特派员制度、驰名著名商标奖励政策、开展打击网络侵权盗版等工作，体现了与当地实际紧密结合的自身特点，具有一定的开拓性和创新性，为深入开展知识产权工作提供了宝贵经验。建议报国家知识产权局通过验收。

【表彰奖励专利咨询服务特派员】 在4月22日为企事业单位知识产权服务对接活动中，表彰奖励2008年度工作成绩突出的23名特派员，为每个特派员颁发奖金600元；并调整充实唐山市专利咨询服务特派员，为新增的9名专利咨询服务特派员颁发聘书，使全市专利咨询服务特派员达到62名。唐山轨道客车有限公司、唐山钢铁股份有限公司和中冶京唐建设有限公司的特派员做了经验交流。

科技活动

领导观察

【刘延东考察“唐山市电动车研发中心”】 10月26日，中共中央政治局委员、国务委员刘延东现场考察曹妃甸工业区新组建的“唐山市电动车研发中心”，并给予高度评价和充分肯定，对中心下一步发展寄予厚望。省委副书记、省长胡春华，科技部党组书记、副部长李学勇，国务院副秘书长项兆伦，中科院副院长丁仲礼，省委常委、唐山市委书记赵勇、唐山市委副书记、市长陈国鹰，省科技厅厅长贾红星陪同考察。刘延东详细了解唐山电动车研发、生产情况，当得知电动汽车的核心技术锂电池研发已达到世界领先水平，永磁无刷直流电机及智能控制器拥有完全自主知识产权时，刘延东指出，新能源汽车在我国汽车产业发展中意义重大，广大科技工作者使命光荣、责任重大。对中心坚持面向企业、面向市场，实行企业化运作、政产学研合作、开放式创新的运行模式给予充分肯定，希望中心坚持自主创新，进一步加快研发步伐，突破核心关键技术；加快产业化步伐，推动曹妃甸开发建设和我国新能源汽车的发展。

【万钢到唐山市考察指导科技工作】 10月29日，全国政协副主席、科技部部长万钢一行8人到唐山市考察指导科技工作，省委常委、唐山市委书记赵勇，副省长龙庄伟，省政府副秘书长李靖，省科技厅厅长贾红星等领导陪同考察。万钢一行先后到唐山轨道客车有限公司、首钢京唐钢铁联合有限公司、唐山电动车研发中心以及曹妃甸锂源电动车动力总成有限公司，详细了解企业建设情况以及科研项目实施情况。他对几年来唐山市科技工作取得的成绩给予充分肯定，对时速350公里高速动车组等一批项目的进展情况表示满意，并希望唐山市能够加快实用型中低速磁悬浮列车等项目的产业化步伐。在发展新能源汽车方面，万钢表示，新能源汽车作为新一轮经济增长的一个突破口和实现交通能源转型的根本途径，已经成为我国发展汽车产业的重要举措。唐山市发展新能源汽车符合汽车产业发展趋势，他希望唐山市能够大力支持和推进新能源汽车的推广应用，为唐山市“生态城”及曹妃甸“科学发展示范区”建设做出新贡献。

主要活动

【科技活动周】 5月16—22日，唐山市科技局牵头组织由25个市直有关部门和社会团体参加的唐山市“科技活动周”暨“服务企业科技行”活动。唐山市政府副市长唐文弘在活动启动仪式上致词。活动紧扣唐山的重点任务和热点问题，围绕惠及和改善民生、节能减排与环境保护、科技服务经济服务企业、推动企业技术创新等热点展开活动，谋划多个宣传专题，开展多种形式的科普宣传活动。发放科技资料近10万份，接受群众咨询3万多人次，为广大农民提供先进、实用技术近百项。

重要会议

【参加中国·河北国防民用科技成果展洽会】 11月4日至5日，唐山20多家单位与企业参加由河北省政府主办，省科技厅、省国防科工局、省工商联、石家庄市政府承办的“中国·河北国防民用科技成果展洽会”。此次展示洽谈会，唐山市有3个项目签约，居各设区市之首，签约项目总投资50亿元。陈国鹰市长代表唐山市人民政府与河北省国防科技工业局、北京工业大学中国防务产业研究中心、北京豪迈创业投资有限公司签署《在曹妃甸工业区开发建设军民融合产业基地框架协议书》。唐山市副市长唐文弘在中国·河北国防民用科技成果展示洽谈会军民融合高峰论坛上，向与会代表做推介曹妃甸工业区的演讲。

【中国科学院唐山高新技术研究所与转化中心第一次会议】 3月2日在北京召开，唐山市副市长唐文弘，中科院北京分院副院长乔均录出席并讲话。会议宣布中科院唐山中心主任名单；讨论、修改并通过《中国科学院唐山高新技术研究与转化中心章程》；听取中科院唐山中心相关负责人所作的关于本年度及今后工作设想。唐文弘副市长和乔均录副院长分别讲话。此次会议使唐山与中科院的合作更加深入。

【科技创新政策形势报告会】 4月22日在唐山宾馆举办。省科技厅有关领导主讲，结合国家、省经济社会发展和科技工作面临的现实问题，围绕自主创新政策的制定背景、依据、主要实施内容和有关注意事项进行讲解，重点介绍科技投人、税收激励等相关实施细则。各县（市）区科技局、开发区（管理区）经发局及有关企业负责人100余人到会。利用培训、科普等活动的契机，将辑印的100余本科技政策法规汇编及时发放给基层科技管理部门和有关企业。

【第二届唐山市—中国科学院科技合作洽谈会】 7月24日在唐山宾馆召开，应邀参加洽谈会的有中科院自动化研究所、理化技术研究所、微生物研究所、过程工程研究所、电工研究所、植物研究所、长春应用化学研究所、半导体研究所、生态环境研究中心、计算技术应用研究所、工程热物理研究所、遥感应用研究所、生物物理研究所、高能热物理研究所、化学研究所等15个研究所的40多位专家。唐山市有关部门、各县（市）区科技局、各开发区（管理区、园区、工业区）发改局局长、开滦、唐钢、京唐钢铁公司、冀东水泥集团、唐山轨道客车有限公司、唐山陶瓷公司等60多家企业的技术负责人参加会议。此次洽谈会，中科院等15个研究单位带来50多项最新的技术、成果和项目，与唐山市60多家企业对接洽谈，在洽谈中有36个项目达成合作意向。

【国际第五届食用菌烹饪大赛暨全国食用菌基地县高峰论坛】 9月12—14日在遵化召开，有17个外国友人和社团参加会议。中国食用菌协会常务副会长陆解人、副会长姜保忠及国家技术监督检验检疫局领导出席会议，全国食用菌基地县的300多名代表及各级新闻记者参加会议。

科技成果与推广

【获奖情况】 全市共推荐第四届中国技术市场协会金桥奖先进集体4个，先进个人2名。经过严格评审，唐山市职工技术协会、开滦（集团）公司工会获得先进集体；唐山市农业研究院孟庆祥荣获先进个人。“中国技术市场协会金桥奖”是经科技部科学技术奖励办公室审定并批准设立的全国技术市场最高奖项，相当于国家科技进步二等奖，每两年评审一次。奖励的重点是在技术市场行业工作中做出突出成绩的先进集体、先进个人和优秀科技成果转化项目，在本行业中具有很高的知名度和影响力。

开滦（集团）有限责任公司承担的“矿山大功率高性能电力传动关键技术与应用J—252—2—11”项目获国家科技进步二等奖。全市向省推荐55项质量较高的科技成果参加省科技奖评审，经河北省科学技术奖励评审委员会评审，有28个项目获奖，其中突出贡献奖1项（河北钢铁集团王天义），一等奖2项，二等奖3项，三等奖21项，国际合作奖1项（唐山轨道客车有限责任公司德国专家凯斯肯）。

【国家及省级基地建设】 唐山市承担着国家高速动车组高新技术产业化基地、国家钢铁材料产业化基地、国家火炬计划陶瓷材料产业基地、国家火炬计划焊接产业基地4个国家级基地建设。5月，唐山海港经济开发区煤化工产业基地正式被河北省科技厅批复建设河北省煤化工特色产业基地，全市省级高新技术特色产业基地已达到6个。包括：河北省电子元器件特色产业基地、河北省盐化工特色产业基地、河北省冶金矿山装备特色产业基地、河北省现代工程机械制造特色产业基地、河北省镁合金制品特色产业基地、河北省唐山海港经济开发区煤化工特色产业基地。

【科技成果鉴定】 完成科技成果鉴定（验收）382项，其中工业项目90项、农业项目26项、社发项目（含医疗卫生）239项、软科

学项目27项；按技术水平分：国际领先4项、国际先进42项、国内领先284项、国内先进22项。全市经省科技厅登记的科技成果共有350项。

【农业科技成果转化及产业化实施】 投入市级以上项目经费1024万元，有16个项目列入国家和省级科技计划支持，安排重点市级科研项目43项。重点组织实施规模化生态养殖畜禽粪污无害化与资源化利用技术、唐山湾盐碱地绿化治理技术、粮油作物持续高效生产关键技术、水产养殖资源综合利用技术、现代果品产业技术和规模化猪、奶牛安全生态养殖关键技术等50个农业科技创新与示范项目。组织开展粮油作物、蔬菜作物、果品栽培、海洋产品养殖等一系列高新农业科技成果转化促进计划课题，共引育、示范农业优新品种28个，有效促进区域型、规模型农业新技术的开展。

【农业科技示范工程】 丰润区、迁西县、乐亭县、玉田县、遵化市、迁安市、唐海县、滦南县8个省级“一县一业一园”现代农业科技示范县，积极培育优势农业产业群，形成核心区5.15万亩，示范规模45.18万亩，辐射面积182.35万亩，先后在龙头企业建立果菜、瘦肉型猪、板栗、水产养殖等农业产业研发中心21个，开发各类新产品56个，在此基础上培育形成知名品牌或商品25个。全年共推广各类新品种53个，推广新技术39项，举办各类技术培训班，培训农民4.13万人次。组织各类专业协会32个，建立和完善各种科技服务组织175个，形成432个科技进村服务站。全市10个县（市）区已经建立起板栗、奶牛、水产、瘦肉型猪、果菜、蔬菜、花生7大产业10大园区重点发展格局，加速形成块状区域经济和区域优势农业产业群，促进传统农业的优化升级和农业经济的繁荣。通过农业科技园区建设，逐步形成具有区域特色的优势产业群体，促进区域农业产业优化升级。

【科学技术奖励】 全市共有165项科技成果申报唐山市科学技术奖，经唐山市科学技术奖评审委员会评审，授奖项目79项。包括一项工业科学技术特等奖和78项科学技术进步奖。在科学技术进步奖中一等奖10项，其中工业6项，农业1项，医疗卫生3项；二等奖35项，其中工业17项，农业4项，医疗卫生13项，软科学1项；三等奖33项，其中工业18项，农业3项，医疗卫生12项。

表1 获国家科技进步二等奖项目

序号	奖项类别	项目名称	完成单位	完成人
1	国家科技进步二等奖	矿山大功率高性能电力传动关键技术与应用 J—252—2—11	中国矿业大学，开滦（集团）有限责任公司，邯郸矿业集团有限公司，平顶山煤业（集团）有限公司，徐州中矿大传动与自动化有限公司	谭国俊，何晓群，刘建功，陶建平，何凤有，刘希军，李浩，张晓，邓先明，蒯松岩

表2 获省科技进步一等奖项目

序号	奖项类别	项目名称	完成单位	完成人
1	河北省科技进步一等奖	时速300公里高速动车组现代集成制造系统	唐山轨道客车有限责任公司	陈孝敏，孙帮成，宋玉斌，廉有利，黄学文，刘春明，李广军
2	河北省科技进步一等奖	城市与工程抗震防灾关键技术研究	河北理工大学，北京工业大学，河北工业大学	苏幼坡，马东辉，朱庆杰，郭小东，窦远明，王志涛，陈静，田杰，张玉敏，陈艳华

表3 获省科技进步二等奖项目

序号	奖项类别	项目名称	完成单位	完成人
1	河北省科技进步二等奖	京山铁路煤柱注浆减沉综放安全高效开采技术研究与应用	开滦集团（有限）责任公司，中国矿业大学（北京），山东科技大学	钟亚平，殷作如，高延法，李建民，张瑞玺，杨忠东，张普田

2	河北省科技进步二等奖	矽尘致肺巨噬细胞氧化损伤及其与纤维母细增殖相关基因表达关系	华北煤炭医学院，唐山市工人医院	高俊玲，王海涛，崔建忠，田艳霞，杨秀红，阚泉，张连元
3	河北省科技进步二等奖	AcSDKP防治心肌梗死后心脏纤维化的作用及其机制的研究	华北煤炭医学院	杨方，王瑞敏，张丽娟，王小君，刘丽，李倩，郝小惠
4	河北省科技进步二等奖	结直肠腺癌相关基因的表达与其发生、发展及预后关系的研究	河北医科大学第一医院，唐山市工人医院	赵增仁，张志勇，孙晓峰，闫宝勇，袁庆鑫，王铭维，王宝山

表4　获省科技进步三等奖项目

序号	奖项类别	项目名称	完成单位	完成人
1	河北省科技进步三等奖	异位妊娠早期诊断标志物的临床和基础研究	唐山市妇幼保健院	高淑凤，李桂荣，刘树平，艾志刚，张学辉
2	河北省科技进步三等奖	煤层赋存一氧化碳规律及其应用研究	河北理工大学，开滦（集团）有限责任公司	郭立稳，常文杰，刘永新，韩秀丽，朱令起
3	河北省科技进步三等奖	城市气象灾害短时预报系统	唐山市气象局	郭丽霞，王月宾，张婉莹，宿海良，刘爽
4	河北省科技进步三等奖	子宫内膜异位症与解毒代谢酶基因多态性及凋亡机制的相关性研究	华北煤炭医学院	韩萍，陈燕，曹燕花，邢军，曲银娥
5	河北省科技进步三等奖	唐钢连续镀锌线工艺优化与创新	唐山钢铁股份有限公司	孔庆福，齐长发，孙长杰，张静，李建英
6	河北省科技进步三等奖	冀东平原区小麦玉米两熟丰产高效技术集成研究与示范	河北科技师范学院	李彦生，王文颇，周印富，韩金玲，苏雪梅
7	河北省科技进步三等奖	焦化废水处理新技术的研究	河北理工大学，河北旭阳焦化有限公司	梁英华，樊丽华，韩利华，张英伟，陈红萍
8	河北省科技进步三等奖	旋股外侧动脉降支分叶肌皮瓣的解剖研究与临床应用	唐山市第二医院	刘会仁，刘志旺，王岩，邵新中，刘德群
9	河北省科技进步三等奖	用固体电解质电池资源化处理钢铁工业二氧化碳的研究	河北理工大学	王岭，戴磊，李跃华，吴印林，朱靖
10	河北省科技进步三等奖	水中DBS测定国标方法的建立及20种有机污染物测定方法的研究	唐山市疾病预防控制中心	孙仕萍，邢大荣，刘桂芳，曹会珍，苏豪浩
11	河北省科技进步三等奖	脑缺血预处理诱导ERK5激活及其抗神经元凋亡作用的研究	华北煤炭医学院	王瑞敏，刘斌，杨方，张宇新，宁树成

12	河北省科技进步三等奖	连铸中间包高性能内衬材料的研究与开发	唐山市国亮特殊耐火材料有限公司，河北理工大学	王义龙，涂军波，魏军从，张连进，陈永强
13	河北省科技进步三等奖	沥青胶浆与沥青混合料粘弹性研究	唐山市交通局，长安大学	杨荣博，王建忠，李洪林，张争奇，李体生
14	河北省科技进步三等奖	唐钢1700mm生产线中薄板坯连铸机高效生产技术的开发	唐山钢铁股份有限公司	杨晓江，史东日，徐志荣，孔庆福，杨杰
15	河北省科技进步三等奖	废水深度处理技术在大型钢铁企业废水回用中的集成应用与研究	唐山钢铁股份有限公司	姚力，张海林，梁宏书，周良旭，周明霞
16	河北省科技进步三等奖	唐钢3200m^3 高炉节能减排综合技术的研究与应用	唐山钢铁股份有限公司	于勇，田欣，赵军，尤新东，郭秀英
17	河北省科技进步三等奖	粗苯回收过程智能控制系统	河北理工大学，唐山赛福特电子信息工程有限公司	张庆凌，景会成，杨友良，郭威娜，马翠红
18	河北省科技进步三等奖	a—synuclein在帕金森病发病机制中的作用及防治对策研究	华北煤炭医学院	张宇新，齐亚娟，郑桓，周洪霞，张志勇
19	河北省科技进步三等奖	低硅烧结成矿机理与关键技术	河北理工大学	张玉柱，胡长庆，邢宏伟，张庆军，李杰
20	河北省科技进步三等奖	冀东油田玄武岩优快钻井技术研究与应用	中国石油天然气股份有限公司冀东油田分公司	朱宽亮，冯京海，徐小峰，陈永浩，李楠
21	河北省科技进步三等奖	冀东油田高效开发保护油气层钻井液技术研究与应用	中国石油天然气股份有限公司冀东油田分公司	朱宽亮，卢淑芹，李祥银，李家库，赵亚宁

（吴志博）

防震减灾

【地震监测预报】 （一）根据年初制定的《2009年度唐山市短临异常跟踪方案》，认真做好首都圈地区震情监视和跟踪工作，圆满完成新中国成立60周年大型庆典、首届曹妃甸论坛和全国“两会”等重要时段的地震安全保障工作。成功组织包括天津、唐山、廊坊、沧州、秦皇岛参加的“五市震情联防会商会”在内的各类会商78次，对特殊时期的地震安全形势做出正确判断，分析预报水平不断提高，参加省局分析预报评比获第二名，优秀率达到100%，位居全省前列。

（二）狠抓监测预报工作，观测资料质量评比取得好成绩。台站观测质量不断提高，观测设备正常运转率达98%、数据可用率达100%，确保为国家和省提供合格数据，为分析预报工作提供可靠依据。

（三）加强台站优化改造。投资45万元集中完成测震台网升级改造工作。并积极做好重点台站维护、维修，对京唐港因施工造成的仪器损毁、唐山矿强震水位设备等进行及时维修，保障台站正常运行。完成滦县西法宝地震台搬迁异地重建方案的制定、选址、新址勘察、预算制定等工作，就实施“十一五”测震和国家地震背景场项目，5月配合省局在迁西、玉田、滦南、滦县完成7个新建台址的选址工作并签署用地协议。

（四）加强地震速报工作，为政府提供科学决策依据。全年唐山测震台网共记录分析1.0—1.9级地震284次，2.0—2.9级地震37次，3.0—3.9级地震4次，符合速报要求的地震共6次，最大地震为11月12日宁河3.4级有感地震，全部按要求在10分钟内向市委、市政府完成速报，为领导及时决策提供科学依据。

【震灾防御与抗震设防】 （一）建设工程抗震设防进一步加强。市建设工程抗震设防要求已纳入建设项目可研及选址、施工图审查和竣工验收等环节的全过程监管，建设工程抗震设防管理得到强化。地震行政审批工作不断完善，按照有关要求，市地震局依据《中华人民共和国防震减灾法》、《地震安全性评价管理条例》、《地震监测管理条例》等法律、法规，对27项行政审批和服务项目逐一梳理归纳，规范审批事项名称、量化审批环节、简化审批流程、缩短审批时限，严格依法实施。全年共办理行政许可53件，场地项目审批177个，不利场地项目把关30个。市地震局行政审批窗口工作在行政窗口星级评选中获得“五星级”。

（二）加强防震减灾法制宣传，积极推进地方法规出台。为配合5月1日新颁布《中华人民共和国防震减灾法》的实施，市地震局组织有关人员到国内地震多发地区开展法律法规的调研工作，结合实际出台《唐山市防震减灾管理条例（草案）》，该草案于7月初完成起草工作，12月份面向社会征求意见，已经市常委会议审议通过，提交人大审议。

（三）城市活断层探测与地震危险性评价项目进展顺利。该工程实施可提高全市抗御地震灾害的能力和地震预测预报的水平，有效减轻地震灾害对社会经济的冲击和影响，保障社会稳定与人民生命财产安全，提高社会的可持续发展能力。截至到年底全市已完成工作量的60%。

（四）探索实施地震预警试验系统。开展“唐山市输气管道安全控制和监测试验系统单元工程项目”。该项目作为地震预警试验系统的一个重要组成部分对唐山未来的科学发展、安全发展，有效减轻地震次生灾害，切实实现防震减灾实效有着重要而深远的意义。已经过项目调研、制定初步设计方案、方案论证等阶段，现处于软件系统研发阶段。

【完善地震应急预案】 （一）组建地震应急救援志愿者队伍，开展地震应急培训及演练活动。5月10日在唐山抗震纪念碑广场举行首支地震应急救援志愿者队伍成立仪式，与此同时各县（市）、区也积极开展地震应急救援志愿者队伍建设，唐海、古冶、玉田等县区依托当地民兵预备役、青年志愿者组建多支地震救援力量，并组织志愿者赴国家地震灾害紧急救援训练基地学习，观摩国家救援队实战演练。

（二）推进应急避难场所建设。按照中华人民共和国《地震应急避难场所场址及配套设施》标准，在市区已建成唐山地震遗址公园、火车站人防工程、纪念碑广场、凤凰山公园、唐山一中新校址5处应急避难场所，面积120万平方米，可疏散安置32万人。各县（市）、区已建设完成应急避难场所23处，面积175万平方米，可疏散安置99万人。

（三）加强地震应急预案管理工作，完善地震应急技术系统。建立唐山市地震应急预案数据库，添加地震应急预案75个，法律法规10部，建立并更新各级政府部门、防震减灾领导小组、企事业单位及地震志愿者的应急通讯方式，实现地震应急预案数字化管理。同时以测震台网改造为契机，完善地震应急信息发布系统，并预留与市应急平台技术系统接口。将全市各级地震部门工作人员及志愿者应急通信方式录入市局信息发布系统，可根据需要进行地震信息分级发布。并可使用专线在市应急平台技术系统显示地震台网测定的震情及地震序列，为应急指挥决策、应急救援提供技术支持。

【防震减灾宣传教育】 （一）5月12日和7月28日分别在纪念碑广场和凤凰山公园开展大型防震减灾科普宣传活动。同时积极开展防震减灾知识“五进”活动，先后在玉田县实验小学、潘家峪小学、坨子头小学、唐山啤酒厂、丰南国丰钢铁有限公司、路南区政府等地开展防震科普教育20余次，发放宣传材料、科普光盘2万余份。配合市委电教中心组织制作地震知识电教片《防震减灾科普知识》，在全市党员远程教育网播出。

（二）充分发挥抗震纪念馆的爱国主义教育基地作用，全年共接待参观群众十万余人，涉及学生、部队官兵、机关企事业人员、中央及省市领导、外宾等各个层面。接待包括科学发展观中央巡视组、中国国际友好联络会、新疆生产建设兵团、海峡两岸论坛、中央社会主义学院、国家发改委等在内的国内外重要参观团体二十余个，宣传唐山抗震30多年来取得的巨大成就。

（三）积极推进农村地震安全民居工程。将设计制作的5000份农村民居宣传手册及宣传挂图发放至全市每个行政村，指导农民建设符合抗震设防要求的房屋。至今已在全市14个县（市）区建立地震安全民居示范村13个。

【推进重点工作】 （一）曹妃甸地震预警中心项目建设。该项目作为河北省防震减灾“十一五”规划中的重点工程对保障首都地区地震安全、加强河北省沿海及海域地震观测、提供地震预报科研基础数据、服务曹妃甸工业区经济发展具有重要意义。2009年在前期工作的基础上，积极与曹妃甸新区的规划、土地、环保等部门联系，办理项目前期手续，并聘请有关专家对预警中心地段进行地质、地灾、海洋的安全性评估。该项目已获得发改委立项，项目进入全面设计阶段。

（二）积极完成地震博物馆布展工作并对外开放。经过5个多月紧张有序的布展工作，中国·唐山地震博物馆纪念展厅于“十一”长假期间对外开放，进行预展览。圆满完成曹妃甸论坛期间全国政协主席贾庆林等重要宾客的参观接待任务。接待国内外参观者一万多人次，接待包括原联合国副秘书长在内的参观团体18个，安排讲解34场。收集观众留言845条。

年内，圆满完成年初制定的防震减灾各项任务目标，地震局被河北省授予“特别贡献奖”、“先进单位”和“目标考核优秀单位”称号。

（冉 芃）

地质勘察测绘

河北省地矿局第二地质大队

【概况】 河北省地矿局第二地质大队2009年在册职工1123人，在职职工505人，各类专业技术人员205人，其中高级专业技术人员84人，硕士以上高学历人员5人，国家各类注册工程师20名。全年新购设备121台（套），现共有设备649台（套），较上年提高2%，设备新度系数达到65%，设备完好率达到95%。全队固定资产原值6717万元，较上年提高61%；净值5311.62万元，提高86%。2009年获得地基与基础工程专业承包（一级）资质，并取得房地产开发资质。

全年共开展15个地质勘查项目施工，其中由省财政投资地质勘查项目（包括2个续做项目）5个，社会企业和个人投资的项目10个。已完成并通过河北省国土资源厅矿产资源储量评审中心评审的省财政项目6个，分别是《河北省唐山市龙山—吴庄一带航磁异常验证》、《河北省迁西县王家湾子—松山峪一带航磁异常查证》、《河北省迁安市胡各庄—高各庄一带航磁异常查证》、《河北省砂铁矿地质调查》、《河北省滦县司家营铁矿南区深部补充勘探》、《河北省卢龙县王铁庄—潘庄一带航磁异常》。已完成报告编写等待评审的省财政项目有《迁安西里铺异常查证》。《河北省青龙县庞杖子铅锌、铜多金属矿区地质普查》的野外工作已经完成，正在进行报告编写。

【矿产地质勘查】 地勘主业获得蓬勃发展。共完成机械岩心钻孔49个，工作量1.05万米；槽探工作量5667立方米；硐探工作量275米；浅井工作量60米；清理老硐235米；磁测面积8.8平方公里；土壤测量16.7平方公里；电法测量10.4公里；地形测绘215平方公里；地质测量21.8平方公里。

《河北省唐山市龙山—吴庄一带航磁异常验证》新增资源量2709万吨。滦县司家营铁矿南区深部补充勘探项目新增资源量2.6亿吨，新增资源量主要埋藏在负800米以内，具有埋藏浅、矿体厚大、品位较高、便于开发等特点。在本次补勘后，司家营铁矿南区资源量已达到16亿吨以上。同时反映出大贾庄矿段仍有远景资源量3—4亿吨。

全年完成四个区、县160个矿山储量年报的编制工作，完成储量核实报告41份，建设项目压覆矿产资源调查报告72份。

【水工环地质监测】 全年进行遵化市建东采选矿矿山环境恢复治理方案、开滦（集团）有限责任公司荆各庄矿山地质环境治理一期工程施工、古冶城区外环路工程七滦铁路1号立交桥工程勘查、古冶城区外环路工程东出口1号立交桥地灾勘查、塘承高速公路一期工程（唐山芦台段）地灾评估等118项技术服务项目，其中地灾评估与勘查111项、矿山环境保护与综合治理方案编制6项、矿山地质环境治理工程施工1项，通过对古冶城区外环路工程七滦铁路1号立交桥采空塌陷地质灾害调查，查明该评估区由于采空塌陷而形成的离层和裂缝破坏范围，对桥梁所能产生的破坏性影响进行论述与评价，并提出治理措施与监测建议，为保证桥梁结构的稳定性提供有力的科学数据。

2008年的汶川大地震给四川省造成极为严重的人员伤亡和财产损失，同时因地震引发大量的次生地质灾害，严重威胁到交通、民房及居民安置点的安全，2009年第二地质大队在省地勘局的领导下开展四川省巴中市南江县红四乡李家寨崩塌项目、都江堰市南家磨子崩塌带项目，参加项目的人员克服工作、生活上的种种困难，最终按指挥部工作计划如期完成各阶段的生产任务，两个项目的报告已经顺利通过四川省国土厅评审验收。

全年进行迁安铁矿尾矿库勘察与稳定性分析等项目共3项，通过分析评价提高尾矿库的安全程度和使用单位的安全管理水平，降低安全风险，预防事故发生，为安全监督管理部门提供执法参考依据，以便有目的地进行日常监管，同时也为尾矿库设计部门提供设计依据。

【工勘施工业】 继续深入调整工勘施工业，重点发展地基基础工程等地勘延伸产业项目，积极承揽大型工程项目，工勘施工业获得长足发展。完成唐山文丰钢厂二期桩基工程、首钢迁安钢铁公司第一冷轧厂桩基工程等30多项地基基础工程项目；完成唐山南湖生态城二期工程勘察等300多项工程勘察项目；唐山滨海里住宅小区基桩检测等120多项基桩检测项目。

完成工程勘察钻探11.65万米；完成桩孔3.77万棵，进尺71.57万米，灌注量8.15万立方米；完成静载试验1273组，动测1.1万棵桩。完成土工试验样品3.3万余件，岩石分析样品3600余件，水质分析样品600余件。

【测绘】 全年累计完成地形测绘、建筑工程定点放样、勘界、宗地、土地变更调查等大小项目共计300项，其中较大项目有：天津至秦皇岛客运专线勘测定界、唐山市司家营铁矿凹陇山尾矿库勘界测绘、塘承高速公路一期工程（芦台段）征用土地勘界测绘等。

（王　宇）

社会科学

编纂 张北环

综　述

哲学社会科学事业有了长足发展。社会科学工作者紧紧围绕全市工作大局，在基础理论研究、应用对策研究、社科知识普及、人才队伍建设等方面取得显著成绩，在“认识世界、传承文明、创新理论、咨政育人、服务社会”方面发挥重要作用，充分发挥“思想库”、“智囊团”作用，为全市经济建设和社会发展做出重要贡献。

积极投身科学发展示范区建设。广大社科工作者紧密围绕科学发展示范区建设这一主线，以服务科学发展示范区建设为己任，在深入前期调研的基础上，围绕“五项攻坚行动”确定研究选题，先后完成《建设科学发展示范区新形势下社会科学工作战略思考》、《唐山市农业可持续发展问题研究》、《唐山市新型农村社会保障制度研究》、《社区服务在构建和谐社会中的功能开发研究》、《唐山物业管理的现状及发展对策研究》等重点研究课题，为市委市政府及相关部门科学决策提供了依据。

基础理论及应用对策研究成果显著。全市社科工作者紧密结合实际，以应用理论研究为主、现实问题研究为主、本市问题研究为主，广泛深入地展开课题研究，重点以唐山经济社会发展实践中带有全局性、战略性、前瞻性的重大理论和实践问题为研究方向，立项并结项研究课题60多项。其中，《建设科学发展示范区新形势下社会科学工作战略思考》等被评为优秀课题；《唐山先进制造业关联分析及融合发展对策》、《构建唐山城乡一体化的社会保障体系研究》、《实现唐山城乡文化等值化的措施和路径研究》等课题受到相关部门的肯定，《建设科学发展示范区新形势下社会科学工作战略思考》被收入《中国城市社科创新研究》一书。

社会科学知识普及工作效果明显。为助推唐山科学发展示范区建设，社科界广泛开展各种形式的社科知识普及活动，充分发挥社科专家诠释理论、解疑释惑、引导舆论的优势，为市委市政府战略决策的实施起到重要的助推作用。社科联利用载体普及社科知识，精心编辑《唐山社会科学》，广泛征集高层学者稿件，集纳专家建言，突出学术性、科普性、知识性，用前瞻性学术成果为领导决策提供参考依据，向社会普及社科知识，使之成为深受读者欢迎的社科理论普及刊物，被评为“唐山市十佳内部期刊”。

社科学术团体活跃。通过优化服务措施加强学会管理，“宣传一批先进学会、组建一批新型学会、注销一批后进学会”，促进学会工作健康发展。全市60多个社会科学类学会、协会、研究会充分发挥主动性、创造性，结合本行业特点积极开展科普研究活动。

社科信息

【期刊与出版】　唐山市社科联会刊《唐山社会科学》和市社科联所属滦河文化研究会的《滦河文化研究》被评为“唐山市十佳内部期刊”。唐山社科专家杨立元教授的文学评论专著《唐山作家论》出版。该书是建国以来第一部全面、系统评论唐山作家的文学评论专著，填补了为唐山作家群体作论的历史空白，也为以后唐山文学史的书写提供了可资借鉴的资料。中共河北省委常委、唐山市委书记赵勇为该书题写书名，河北作协主席关仁山为该书作序。

【征文活动】　举办“祖国繁荣强盛与唐山科学发展”征文活动，前后历时四个月。经专家评审，从211篇作品中评选出获奖作品75篇。其中，一等奖8篇，二等奖17篇，三等奖18篇，优秀奖32篇。部分优秀稿件在《唐山劳动日报》专版刊载。

【制定社科类规章制度】　为保障社会科学研究的规范化，2009年度出台《社会科学研究重点立项课题管理办法》、《社科联会刊编辑办法》、《关于加强“百名社科人才库”管理的意见》、《唐山市民办社科类研究机构管理办法》等一批新规章制度，其中《唐山市社会科学奖励办法》经市社科联第二次常委会讨论通过后，作为社科类政府大奖的规范性规章报市政府待批。

【省首家哲学社科研究基地落户唐山】　12月1日，河北省哲学社会科学研究基地在河北理工大学揭牌。这是河北省首家哲学社会科学研究基地。省社科联副主席曹保刚揭牌并讲话。

社科研究成果

【结项课题】 全市社科工作者着眼于科学发展示范区和人民群众幸福之都建设中的热点、难点问题展开调研，形成一批有实例、有分析、有对策的研究成果。经过评审委员会评审，60项立项课题结项，其中23项优秀立项课题是：开滦（集团）有限责任公司党委课题组的《开滦党建创新现代管控系统的构建与探索》；唐山博物馆课题组的《唐山文物资源的管理开发和利用研究》；中共唐山市委研究室课题组的《唐山市开放式素质教育模式研究》；中共唐山市委党校课题组的《唐山市领导干部与公务员科学素质现状调查分析及对策研究》；唐山学院课题组的《唐山市农业可持续发展问题研究》、《中国家族企业管理模式与发展路径研究》、《唐山市街头语言文字使用状况调查报告》；唐山师范学院课题组的《“以德为先”的理论与实践》、《唐山民间文化的动漫角色创意与产业开发》、《唐山休闲旅游业发展研究》、《重大自然灾害和突发事件应急救济机制研究》、《新唐山人文精神的丰富内涵及其在推进新唐山建设与发展中的重要作用的研究》、《金融危机背景下加快培育唐山市自主创新能力研究》、《唐山市居民心理和谐状况研究报告》；华北煤炭医学院课题组的《唐山市新型农村社会保障制度研究》、《唐山城市发展形象定位研究》、《唐山发展文化创意产业研究》；唐山电大课题组的《社区服务在构建和谐社会中的功能开发研究》；唐山职业技术学院课题组的《“三年大变样”进程中的唐山城市记忆功能研究》、《高职院校学生“预就业”制度与政策引导研究》、《唐山社区体育设施建设与城市功能提升问题研究》、《推进唐山第三产业加速发展的路径研究》、《唐山物业管理的现状及发展对策研究》。

【学术交流】 7月27日，华北地区社科联协作会暨河北省设区市社科联工作年会在承德召开。唐山市社科联主席许向斌、副主席陈伟参会并介绍工作经验。全国大中城市社科联工作会议在山东东营召开，唐山市社科联在会上交流经验，标题是《建设科学发展示范区新形势下社会科学工作战略思考》，同时被收入《中国城市社科创新研究》一书。

地方史研究

【滦河文化研究】 市社科联所属滦河文化研究会发挥特有优势，深入开展滦河流域的历史文化研究，以《滦河文化研究》为平台，组织有关专家学者全面深入挖掘整理唐山市历史文化，广泛开展学术交流活动，取得可喜成绩。全年出版《滦河文化研究》四期，刊载各类文章50余篇，约45万字。其中，王士立教授撰写的《唐山近代城市的形成与市民精神》、唐山开滦建设集团龚乃全撰写的《唐山近代工业文化初探》、唐山市博物馆撰写的《唐山文物资源保护、管理、开发及利用研究》、清东陵管理处研究员李寅撰写的《清东陵文化》以及唐山市社科联副主席陈伟撰写的《唐山发展文化创意产业的建议和设想》，均得到社会各界好评并引起有关部门重视。

滦河文化研究会还先后出版三部历史文化专著：一是刘向权主编的《玉带明珠》，65万字。将滦河流域28个县、市、旗、区府驻地，采取贯通古今的方式作详尽记述，展示了滦河文化的博大精深和绚丽多彩；二是刘向权主编的《滦河流域历代名人》，约48万字。全书汇滦河流域5000年历代精英为一集，全方位再现滦河流域历代名人的非凡智慧和历史贡献；三是韩永成、王义钧编著的《滦河流域古代少数民族》，40万字。该书以历史顺序先后，对曾经活跃在滦河流域古代少数民族的兴衰、民族融合以及多元文化汇集现象作了详细叙述。三部书均由中国工商出版社出版，受到读者欢迎和学术界称赞。

【其他地方史研究】 唐山市社科联主办的《唐山社会科学》专门开辟地方史研究专栏“唐山经纬”，重点发表唐山社科专家的深度研究论文10多篇，主要有：王子平的《传统文化的灾害学价值》；王士立、孟昭勇的《大城山遗址谁发现》；张亚军、张静的《唐山宝之百年史话》；张墨瑶的《唐太宗东征在唐山的文化遗存》；郝向群的《话说唐山的稀有姓氏》；朱光涌、路仙伟的《曹妃甸历史地理研究》；程雪的《唐山方言考》；吴学良、赵永存的《韩氏英豪知多少——大辽玉田韩氏家族世系考证》；刘学文的《古籍诠解集要》；呼晓川的《建国以来我党发展思想的发展》等等。

与此同时，向河北省社科史志编委会提供所需的唐山市哲学社会科学相关史料；市社科联所属的“党史研究会”、“李大钊研究会”、“杨向奎研究会”、“历史学会”、“档案学会”等各相关学会也在地方史研究方面各有建树。

（王素敏）

教　育

编纂　赵鹤鸣

综　述

2009年，唐山市教育系统荣获“全国精神文明建设先进单位”称号，拥有各级各类学校（包括独立幼儿园）2188所，在校学生（幼儿）120万人，教职员工9.2万多人，专任教师7.5万人。

基础教育的小学入学率和巩固率均达到100%，初中在校生巩固率达98%以上，学前三年入园率达93.8%，残疾儿童少年入学率达97%，高中阶段毛入学率达90%以上。有省级示范性高中33所，85%以上的普通高中学生享受到省、市级优质教育资源。2009年，重点推进义务教育城乡等值化和均衡发展，形成“城乡均衡”、“市区均衡”和“高位均衡”三种模式，2009年教育部授予唐山“全国推进义务教育均衡发展工作先进地区”称号；实施以素质教育为核心的“降、活、提”和“一校一品牌，一生双爱好”等工程，中小学管理“规范化、精细化、科学化、人文化”的经验在全省推广。

职业教育以就业为导向，面向区域经济、面向三农、面向曹妃甸，初步形成具有地方特色、中高职协调发展的职教体系。在校生近13.7万人。建成国家级重点职业学校15所、省级16所，国家级数控技术专业实训基地3个。拥有河北省能源职业教育集团和曹妃甸工业职业教育集团，80%以上的职业学校与行业、企业开展“订单培养”和联合办学，每年为社会输送专业人才5万人。中职毕业生就业率达到95%，高职达到90%以上。县、乡、村三级成人教育培训网络进一步完善，年培训农村劳动力70万人次，是全国农村成人教育先进单位。民办教育在校生达到10.3万人，固定资产5.8亿元。

高等教育实现由精英化到大众化的跨越，成为唐山经济社会发展的重要支撑。9所高校中具备学士学位授予权的4所，硕士学位授予权的2所，7所高校顺利通过教育部办学水平评估。2009年4月份，河北理工大学和华北煤炭医学院实现合并，并获得博士学位授予权建设资格。高校拥有本科专业121个，涉及11个学科门类，硕士点达到44个，工程硕士专业学位授予权7个。拥有4个省级重点学科、4个省级重点发展学科，5个省级重点实验室和15个市级重点实验室。每年为社会培养大学本专科毕业生2.5万人左右，高等教育毛入学率达到26.8%。2009年，唐山市高等教育对外交流与合作力度不断加大，相继与清华大学、西南交通大学、对外经贸大学、河北工业大学、燕山大学签署全面战略合作协议，与天津工业大学签署产学研合作协议，与复旦大学上海视觉艺术学院签署合作协议。

2009年教育总投入达到60亿元，财政性教育经费支出达到45.8亿元。城乡义务教育阶段学生学杂费全面免除，农村学生和城市低保家庭学生免费使用教科书，农村寄宿生住宿费得到全部免除；免除普通高中公助生基本学费。2009年作为市政府“实事”的农村中小学陈旧校舍改造任务超额完成，改造校舍11.23万平方米，完成投资1.29亿元。同时，撤并中小学105所（其中小学77所，中学28所），小学、初中校均人数分别达到337人和721人；现代信息技术教育水平进一步提升，计算机和多媒体教室普及率中学均达100%，小学分别为96%和90%。远程教育覆盖率达到80%；新增县级教育城域网1个，总数达到7个；校园网普及率中小学分别达82%和42%。全年用于现代教育技术装备建设资金5340万元。省一级图书馆达到306个，占全省总量的四分之一。

教育发展思路

【教育重大决策】　2009年，市委、市政府相继出台一系列关于教育的重大决策。3月，出台《中共唐山市委、唐山市人民政府关于深化教育改革的意见》，确定新形势下教育改革与发展的整体思路，进一步明确目标任务和具体措施，成为指导教育改革的重要文件。《意见》以科学发展观为指导，创新教育理念，破除发展壁垒，全力优化基础教育，推进城乡基础教育等值化进程；大力发展职业教育，为唐山湾“四点一带”战略的实施提供更多的高素质技能型人才；强力提升高等教育，切实增强服务唐山和区域经济社会发展的能力，积极构建充满活力、富有效率、规范有序、科学发展的教育体系。出台《唐山市人民政府关于促进民办教育发展的

意见》，建立促进民办教育快速发展的协调联动机制，确定在土地、税费以及资本运作、融资体制等方面的优惠政策；出台《唐山市人民政府关于新进中小学教师到农村支教的指导意见》，确定新招考教师主要面向农村基层学校，城镇招考教师必须先到农村服务2年以上的政策。

【教育改革与发展规划】 按市委、市政府要求，编制《唐山市教育改革与发展规划（2010—2020）》，《规划》客观总结过去特别是改革开放以来唐山市教育取得的成就和经验，指出教育工作存在的问题和薄弱环节，冷静分析教育发展面临的形势，提出今后十年教育改革与发展的目标、任务，并将“科学发展，以质图强”确立为唐山市未来十年教育改革与发展的指导思想和战略选择。编制《唐山市中心城区教育设施专项规划（2010—2020年）》，确定未来发展主城区的教育资源配置和学校布局。

基础教育

【义务教育均衡发展】 积极探索义务教育均衡发展模式，形成“城乡均衡”模式，实施农村中小学布局调整、陈旧校舍改造、远程教育和标准化寄宿制学校建设等工程，城乡差距逐步缩小。作为市政府“实事”的农村中小学陈旧校舍改造任务超额完成，改造校舍11.23万平方米，完成投资1.29亿元。撤并中小学105所（其中小学77所，中学28所），小学、初中校均人数分别达到337人和721人。形成“市区均衡”模式，实施联盟校，充分发挥“名校”拉动效应，将一所“名校”与区片内相对薄弱学校结成“传帮带对子校”，组成相互对应、紧密联系的联合办学模式，实施统一管理制度和管理模式，实现教育资源共享，400多所城区义务教育学校实施“结对子”，实现共同发展。城区95所相对薄弱中小学校由“名校”兼并，由“名校”办分校，实施“同一法人、统一管理、师资统一调配”。路南、路北两区的“名校”全部实现“一校两院”。丰南主城区将3所初中、4所小学合并，新建高标准的九年一贯制学校丰南区实验学校。采取“杜绝考试、划片招生、就近入学、电脑派班”等强硬措施，有效遏制“择校”现象，积极推行规范化、精细化、科学化和人文化的“四化”管理规范，学校管理水平和教育质量明显提升，形成“高位均衡”模式。10月，教育部陈小娅副部长、省政府龙庄伟副省长、省教育厅刘教民厅长先后来专题考察义务教育均衡发展推进工作，20家国家级媒体进行集中采访报道，11月22日《中国教育报》头版头条介绍“唐山模式”。同月，在全国推进义务教育均衡发展经验交流会上，唐山市被评为全国首批“推进义务教育均衡发展工作先进地区”。

【现代信息技术应用与创新】 现代信息技术教育水平得到进一步提升，全年用于现代教育技术装备建设资金5340万元，新增计算机6810台，总数达94750台，计算机教室普及率中学100%，小学96%；新增多媒体教室1061套，总数达7310套，多媒体教室普及率中学100%，小学90%，已有212所学校实现“班班通”；新增校园网55个，总数达782个，校园网中学普及率82%，小学普及率42%。远程教育覆盖率达到80%；新增县级教育城域网1个，总数达到7个；校园网普及率中小学分别达82%和42%。新建改建实验室170个，有185所初中和493所小学达到新标准要求，数字实验室总数达45个。省一级图书馆达到306个，占全省总量的四分之一。河北省中小学信息技术与远程教育应用创新现场会在唐山市召开，唐山市“实现信息技术由计算机辅助教学向网络应用的转变，并将网络应用到教师素质提升、教育教学方法转变、学校发展和学生个性发展”的经验得到中央电教馆和与会领导的高度评价，被称为“唐山现象”。

【开放式素质教育】 加大对实验的研究和指导，聘请专家开展培训咨询，将“开放式素质教育”实验纳入“十一五”省级科研课题。进一步研究方案计划和活动安排，精心指导活动的各个环节，充分展示实验班的变化和特色。组织专家组深入实验班，对开放式素质教育实验工作进行调研指导，进行课题研究。聘请有关教育科研专家深入实验班听课，与教师座谈交流，探讨科学实验的有效方法，从理论支撑到实践环节的实施进行考察论证。9月，组织开放式素质教育实验班推介研讨会，各县区语文、数学、英语教研员和骨干教师在路南、路北两个实验班进行观摩研讨活动，聘请专家就开放式素质教育实验工作进行专题辅导和讲座。10月至11月份，国家教育部陈小娅副部长、省政府龙庄伟副省长、省教育厅刘教民厅长等领导先后到实验校视察，给予高度评价。到年底，丰润、丰南、开平、古冶和迁安等县（市）区均确定实验校，扩大实验范围，“开放式素质教育模式”被市委、市政府评为“唐山科学发展创新奖”一等奖。

【高中课改】 按照省统一部署，在秋季开学全市普通高中一年级全部进入新课程实验。召开高中教学工作会议，对课改工作进行全面部署；聘请北京四中、北京教育学院的课改专家举办专题讲座，建立普通高中教育网络平台，并组织包括全市各普通高中网络管理员、学籍管理教师以及各县（市）区教育局相关管理人员网络平台应用培训，共培训网络管理员和学籍管理负责人115人；并通过网络平台组织为期一个月的课改教师新课程网络视频培训，培训课程收看率达到100%。编制《学术类课程设置方案》，组织市、县两级教研员深入学校开展教研活动，指导教学。每月召开备课组长、教学校长座谈会，及时研究解决课改中遇到的问题。

【“一校一品牌，一生双爱好”工程】 有900多所中小学校开展此项活动，各学校成立组织，确定品牌，建立学生“双爱好”个人档案，形成较为规范的运行机制。丰南稻地中学被确定为国家武术段位制试点学校，中央电视台、中国体育报等媒体予以报道。唐山市教育局被教育部、国家体育总局和团中央评为阳光体育运动先进单位，被国家体育总局评为全国群体工作先进单位。

【中考和高考】 省级示范性高中公助生招生指标分配比例提高到70%。中考体育工作进一步推进，组织全市6.2万名考生参加中考体育测试，满分人数达到30.6%，比上年增加10.6个百分点。印发《关于将理化实验操作和信息技术纳入中考总成绩的通知》。2009年，高考再次取得好成绩，一本、二本上线率和二本上线人数万人比均创新高，居全省前列。参加普通高考人数55450人，占全省总数的10.72%。文理本科一批录取控制分数线以上人数4330人，上线率为9.61%，较上年增加1.1个百分点；本科二批录取控制分数线以上人数14983人，上线率27.02%，较上年增长2.37个百分点。本科二批上线人数超过1000人的8个县（市）区分别是：迁安、遵化、丰南、丰润、玉田、乐亭、滦县、滦南；市区学校（不含丰润区、丰南区）本科二批上线人数达到2757人。遵化一中陈璐同学（630分）获得全省文科第一名，唐山一中吴俊姮同学（690分）获得全市理科第一名。

【校舍安全工程】 按照国家和省统一部署，从2009年开始，国家对地震重点监视防御区、七度以上地震高烈度区、洪涝灾害易发地区、山体滑坡和泥石流等地质灾害易发地区的各级各类城乡中小学存在安全隐患的校舍进行抗震加固、迁移避险，提高综合防灾能力。5月中旬，成立中小学校舍安全工程领导小组，各县（市）区政府也都成立相应的组织机构。6月，市政府召开学校安全暨优化基础教育资源工作会议，就中小学校舍安全工程的组织实施作全面部署。7月起，按照《河北省中小学校舍安全排查实施细则（试行）》的要求，对中小学的校舍进行逐校、逐栋、逐部位排查，校舍排查率100%。8月底，市政府办公厅下发《唐山市中小学校舍安全工程实施方案》（唐政办函〔2009〕101号），对工程目标任务、实施范围、组织实施，以及资金筹措管理等做出具体规定。9月初，开始校舍的鉴定工作，按照《河北省中小学校舍鉴定实施细则（试行）》，组成鉴定小组49个，投入鉴定专业人员311名，鉴定率100%。年内还完成校舍的信息采集、档案建设和规划编制等工作。经排查，规划改造校舍580万平方米。

【幼儿教育】 优质幼教资源进一步扩大，唐海县第一幼儿园、丰润区幸福道幼儿园、迁西县第一幼儿园达到省示范园的标准，省级示范园达到31所；34所幼儿园达到省颁一类园标准，一类园总量达到122所。针对幼儿园“小学化”倾向问题，教育局督促各级各类幼儿园认真贯彻落实《幼儿园教育指导纲要（试行）》精神，遵循幼儿的发展规律，坚持“幼儿教育活动化，幼儿活动游戏化”的原则，坚持正确的办园方向，起草《致全市幼儿家长的公开信》，倡导家校形成教育合力。幼儿教师资队伍综合素质不断提高，积极组建唐山市幼儿教育教学研究组，负责组织和开展教科研课题研究、教学实践推广、论文评选、听课评课等多种形式的教研活动，组织幼儿教师保教能手比赛和优秀集体教育活动实录评选活动，幼教教学质量得到全面提升。

【特殊教育】 特殊教育办学条件进一步改善，投资380万元新建的滦南特教学校投入使用，市特教中心和唐海特教学校积极筹建中，丰润特教学校投资230万元新添置专业设备，设施设备达到全省一流水平，其他县（市）区特教中心多方筹措资金，购买教学设施和专业设备。教育教学管理工作不断提高，特殊学校以《唐山市特殊教育学校教育教学管理评估细则》为依据，在5月全国“助残日”活动中大力宣传特殊教育，11月，邀请天津第一聋校校长孙万里等专家对特教学校校长和中层干部、骨干教师进行培训。市盲聋哑学校被评为全国特殊教育先进单位。

唐山市省级示范性高中名单

市直	唐山一中　唐山二中　唐山八中　唐山十中　唐山十一中　开滦一中　开滦二中
古冶	唐山十六中
开平	唐山二十三中
丰润	车轴山中学　丰润二中
丰南	丰南一中　丰南二中
滦县	滦县一中　滦县二中
滦南	滦南一中　滦南二中
迁西	迁西一中　迁西二中
迁安	迁安一中　迁安二中　迁安三中　迁安杨店子中学
遵化	遵化一中　遵化高级中学　遵化新店子中学
玉田	玉田一中　玉田二中　林南仓中学
乐亭	乐亭一中　乐亭二中　新寨中学
唐海	唐海一中

中等职业教育

【提升办学水平】　中等职业学校深化教学改革，组建电子电工、计算机、财会、机械专业中心教研组，并广泛开展教研活动，推进教学改革。教师队伍建设进一步加强，组织200名职业学校教师参加国家级、省级骨干教师培训，组织参加省级教学能手、名教师、名校长评选活动，与劳动和社会保障局联合举办两期5个专业的骨干教师培训班，共培训78人。举办职成教系统教育科研成果评选活动，组织唐山市中等职业学校计算机专业教师优质课评比活动。招生工作圆满完成，中等职业学校完成招生3.3万人，与普通高中招生基本持平。

【创建国家级示范校】　与相关处室配合，协调指导唐山市对外经贸学校、遵化市职教中心、迁安市职教中心、丰润区职教中心、建筑中专学校新校建设工程。指导丰南区职教中心、玉田县职教中心作好申报国家级示范校的相关工作。与有关部门配合，指导遵化职教中心、迁安职教中心、丰润职教中心、迁西职教中心、市外经贸学校、劳动高级技校、北车集团唐山技校国债资金项目建设，1850万元国债资金和配套资金全部到位，项目顺利实施。6月份，国家发改委、劳动部、教育部督导组对国债资金项目进行检查督导，给予好评。9月30日，唐山市对外经贸学校新校区正式落成并投入使用。对申报国家级重点职业学校的建工中专和迁西职教中心进行指导整改，10月，两校顺利通过省教育厅的评估验收，待教育部审核批准。

【职业教育法执法检查】　市人大执法检查组对就《职业教育法》执行情况进行检查，听取市政府近几年来贯彻实施《职业教育法》情况的报告，并深入到丰润区、玉田县、滦南县及市直等5所职业院校进行重点检查，市人大常委会第15次会议听取检查组报告并进行专题讨论，对职业教育工作给予好评。

成人教育和民办教育

【成人教育】　利用冬春农闲季节，组织农村成人教育干部、教师开展冬春培训工作。组织乡镇成人学校骨干校长培训班和农村初中后“三加一”教育工作，举办全市农村成人教育优质课、优秀论文评选活动。农村成人教育培训网络进一步优化，开展省级示范性乡镇成人学校创建工作。实施农村实用技术和农村劳动力转移培训，培训农村劳动力70万人次，全年引进和推广新技术新品种500余项次。2009年，教育局被评为全国农村成人教育先进单位。

【民办教育】　年初，到西安市考察民办高等教育工作，撰写《关于赴陕西省西安市考察民办高等教育的报告》，报市委、市政府供领导决策。对民办教育的规范力度进一步加大，组织对民办中等学校年度检查工作，对42所民办中等学校存在的108条突出问题予以通报，5所学校确定为年检不合格。暑假期间，对民办培训机构进行检查，6所违法违规办学的培训机构被吊销办学许可证。审批民办中等学校1所，办理民办学校广告备案15份，完成7所民办中专新增专业备案工作。9月，《唐山市人民政府关于促进民办教育发展的意见》经市政府常务会议讨论通过后正式印发，成为指导民办教育健康、快速发展的重要文件。

高等教育

【科教城建设】　6月9日，市政府成立由市长陈国鹰任组长的曹妃甸新区科教城建设领导小组，并召开第一次领导小组会议，研究确立科教城建设总体思路和发展方向。唐山工业职业技术学院迁建项目被列入2009年重大建设项目，新校区建设方案已经确定，新校区建设用地到位，概念性规划通过审批。11月16日，新校区建设工程正式开工，规划总建筑面积约50万平方米，总投资额约15亿元。

【高校资源整合】　4月，经省政府研究决定河北理工大学、华北煤炭医学院合并建设综合性大学；唐山师范学院玉田分校、滦州分校合并改建方案完成论证，已上报市政府；依托唐山工业职业技术学院组建的河北曹妃甸工业职业教育集团正式成立，开始实质性运行。积极推动唐山职业技术学院与餐饮、旅游、家政、房地产等企业合作，筹建唐山现代服务业职业教育集团，唐山职业技术学院迁建工程也列入省重点建设项目。“高等职业教育集团化发展模式”获“唐山科学发展创新奖”二等奖。

【对外交流与合作】　一年里，与国内外知名高校和教育机构展开对接，分别与清华大学、南开大学、西南交大、燕山大学、河北工业大学、天津工业大学和复旦大学上海视觉艺术学院等院校签订产学研战略合作协议。中国石油大学、中华职教社相关领导再次来唐山市考察、商谈相关合作项目。与茅以升科教基金会就合作举办唐山学院茅以升桥隧学院、建立茅以升科教基金会唐山分会、开展全面战略合作进行深入商谈并达成广泛共识。菲律宾施氏集团、国家行政学院第34期高校领导干部进修班61名学员、中央电大援建项目培训班学员、美国纽约州立大学中国事务部主任魏琳女士相继来唐考察，开展交流。

【高校办学水平】　4月，河北理工大学、华北煤炭医学院被省政府批准为河北省博士学位授予权立项建设单位；河北能源职业技术学院、唐山工业职业技术学院的电子自动化技术、酒店管理等专业相继通过河北省高职高专教育教学改革示范专业评估；唐山职业技术学院和科技职业技术学院在省人才培养水平评估中被评为“优秀”。

（周志广）

高校简介

河北理工大学

【概况】　河北理工大学是河北省政府重点建设的骨干大学，占地近1200亩，建筑面积约60万平方米，教学科研仪器设备总值达1.5亿元。有17个学院，58个一批、二批本科招生专业，28个硕士学位授权学科，8个工程硕士专业学位授权领域，具有开展同等学历申请硕士学位及留学生招收资格。2009年，博士学位授权单位通过立项评审。拥有采矿工程、冶金工程、金属材料工程、机械设计制造及其自动化4个国家级特色专业，钢铁冶金、防灾减灾工程及防护工程、材料加工工程、采矿工程、产业经济学5个河北省重点学科和重点发展学科，物理、化学、电工电子、测绘、无机非金属材料5个省级实验教学示范中心。

【学科建设】　2009年博士授权单位立项建设支出资金2488万元，获得国家基金项目11项、省级奖励13项。学术队伍建设工程积极推进，全年引进博士15人，批准教师攻读博士学位51人；新评正高职称教师12人、副高职称教师22人，聘任林群院士等10人为校特聘教授或兼职教授。河北省人文社科基地、教育数学研究中心落户此校。省重点实验室评估中，“河北省现代冶金技术实验室”、“河北省地震工程研究中心”和“河北省矿业开发与安全技术实验室”全部顺利通过，“河北省现代冶金技术实验室”被评为优秀。化工与生物技术学院与旭阳集团共同建设的“河北省煤化工工程技术研究中心”通过验收。图书馆增购3个数据库，引入10个试用数据库。全年获省科技进步奖7项、省冶金科技进步奖1项、市科技进步奖9项、专利授权67项，有98项科技成果通过鉴定，有13项国家级项目、58项省部级项目、139项市厅级项目获批立项，到校科研经费达4300万元。

【开放办学】　与林肯大学签署本科、硕士和博士联合办学协议，启动博士合作项目；与俄罗斯托木斯克国立大学和托木斯克理工大学举办首届国际夏令营，培训俄罗斯师生29人；与韩国建国大学开展本科生交换项目；与美国科罗拉多理工大学、匈牙利米什科尔茨大学、日本岩手大学和东北大学、韩国海洋大学和新罗大学签署友好合作协议；协助教育部接待尼日利亚教育代表团。9个国家的院校和相关机构来校访问20批次；选派干部教师30人次出国考察、讲学、参会、留学；送出学生28人次到国外学习交流。此外，在经济管理学院攻读学士学位的首批本科留学生以优异的成绩顺利毕业。依托建立的唐山市城乡一体化发展研究中心参与完成5项研究课题，2项课题成果被市委、市政府审议后直接使用；唐山市特邀院士工作站新增2名院士进站，并邀请3名院士来唐进行学术活动；中科院唐山科学发展研究院正式挂牌，并发布反响强烈的《中国科学发展报告2009》。迁安学院成立工作小组，如期推进工程建设，论证制订多项工作方案，将于2010年正式招生。学校与国丰钢铁公司、中冶恒通冷轧技术有限公司、唐山赛福特电子信息工程有限公司等企业建立全面合作伙伴关系，与河北巨力索具公司达成合作意向。

【人才培养】　建立并实施“年初定计划，年终做汇报”制度和质量工程项目院部负责制度，明确目标，分解任务，全面推进质量工程建设。积极组织质量工程项目申报，获得国家特色专业建设项目1项，省级创新高地项目1项、教学团队建设项目1项、精品课1门、实验教学示范中心1个，另有7门省级精品课程通过评估验收、1人被评为省级教学名师。共招收研究生503人，一、二批本科学生3408人，三批本科学生3858人，专接本学生159人，成教学生4625人，使在校生总数达到35697人。其中，一本招生新增金属材料工程、自动化、英语3个专业，录取线高出省控线10分，名列省属十所骨干院校第3名；二本招生非河北省生源占到41%，理科录取线高出省控线35分，文科录取高出省控线28分，均位居省内第二。在成人高等教育生源总体不足的形势下，成人教育招生数量仍超出原计划70%。

（高　佳）

唐山学院

【概况】　2009年，唐山学院占地33.48万平方米，校舍建筑总面积16.8万平方米，教学科研仪器设备总值6240万元，图书63.1万册。教职工总数980人，其中专任教师695人，具有硕士及以上学位教师比例达到57.8%，具有高级专业技术职务教师的比例达到31.08%。设有14个教学机构、14个党政管理机构和5个教学辅助机构。开设24个本科专业，38个专科专业，涵盖工学、经济学、管理学、文学、法学等5个学科门类。各类在校生15013人，其中普通全日制本、专科学生12469人，成教学生2544人。总建筑面积25971平方米的北校区二期工程体育中心（含地下人防）、图书馆和办公楼已经竣工并通过验收。建筑面积30500平方米的东校区扩建工程于2009年8月15日开工建设，图书馆、实训楼和教学楼主体已封顶。

【“质量工程”建设】　专业建设取得新进展，新增材料成型及控制工程1个本科专业，化学工程与工艺专业通过学士学位授权审核，新的本科专业人才培养方案已开始执行。课程建设与实践教学建设取得新突破，《自动控制原理》和《财务会计学》2门本科课程被评为河北省高等学校精品课，“信息与控制工程实验中心”被评为河北省高等学校实验教学示范中心，校外实习基地增加到110多个，学院有综合性、设计性实验的课程已占实验课程总数的70%。师资队伍建设取得新成效，全年引进研究生42人，评选出院级教学名师2人、首届“唐山学院师德标兵”5人、唐山学院首届中青年骨干教师8人。在教育部组织的2009年高校思想政治理论课“精彩多媒体课件”评选和2009年河北省多媒体软件大奖赛中，唐山学院教师多次获奖。教学研究取得新成果，其中2项成果获河北省第五届教学成果奖三等奖。

【人才培养质量】　在2009年全国大学生电子设计竞赛河北赛区比赛中获得二等奖1项；在2009年全国三维数字化创新设计大赛现场总决赛工业工程组比赛中获得三等奖1项；在2009年中国大学生（文科）计算机设计大赛全国总决赛中获得三等奖1项；在2009年全国大学生金融投资模拟交易大赛华北赛区比赛中获得股票团体第1名、股指期货团体第1名、股指期货个人第1名、股票个人第5名；在2009年CCTV“希望之星”英语风采大赛河北赛区比赛中3人获一等奖、4人获二等奖、5人获三等奖；学生参加2009年全国司法考试通过率高达53%。2009届本科毕业生考研录取率为12%，有的专业高达84%。毕业生年底就业率达86.71%。

【科学研究与社会服务】　2009年立项研究课题103项，其中省部级以上28项，科研经费总额65.85万元。全年共发表核心期刊论文150多篇，被SCI、EI、ISTP收录11篇。4项科研成果获唐山市科技进步奖，1名教师荣获第七届唐山市青年科技奖。与地方合作取得科技成果44项，其中5项成果经专家鉴定达到国际、国内领先或先进水平。与唐山冶金锯片有限公司合作承担的唐山市产学研协作创新模式示范项目在技术创新、技术推广及基地建设各方面均取得可喜的阶段成果。学院积极开拓培训市场，为唐山理工建设工程项目管理有限公司举办管理干部培训班，效果良好。

（魏占学）

唐山师范学院

【概况】　唐山师范学院创建于1956年，2000年3月经国家教育部批准，改建为本科院校，更名为唐山师范学院。实行省市共建共管、以省为主的管理体制。2007年通过教育部本科教学工作水平评估。学校占地1000亩，规划建筑面积50万平方米。图书馆藏书200万册，建有20个数据库；多媒体教室、微格教室、语音室123个；实验教学中心7个，各类功能实验室120个，省内外学生实习实训基地65个；建有千兆光缆至交换机、百兆到桌面，覆盖办公楼、教学楼、学生公寓的校园网络。学校现有15个系（部）和一个国际学院、两所分校、一所附属中学、一所附属小学、一所附属幼儿园。形成了学前教育、初等教育、中等教育、高等教育一体化和全覆盖的办学特色和优势。学校现有67个本专科专业，学科门类齐全。学校现有在校教职工987人，其中高级职称教师365人，博、硕研究生学历教师276人，硕士生导师21人，全国、省、市级优秀、拔尖人才50人。有来自美、英、德、日等国的外籍教师长期执教。现有全日制本、专科学生13500人；各类成人学历教育与继续教育学员10000人。学校以构建产学研一体化模式为重点，探索科学发展路径和模式，确保学习实践活动进一步见真章、出实效、上层次。成立唐山师范学院科学发展模式试验示范领导小组，制定科学发展模式实施规划，确立产学研一体化模式，建立动物营养与饲料科学研究所、地表浅层热能利用工程研究所两个科学发展示范点。

【干部作风建设年活动】　深入贯彻落实胡锦涛总书记中纪委十七届三中全会讲话精神，落实省委、省政府“干部作风年建设活动”部署，专题开展了“唐山师范学院干部作风年建设活动”。提出加强教育培训，注重素质建设；树立大局观念，提高执行能力；畅通民意渠道，倾听师生呼声；深入调查研究，密切联系群众；强化服务意识，实事做到实处；健全民主管理，落实依法治校；严格组织纪律，做到令行禁止；减少会议文件，讲求工作效率等八项措施。制定岗位目标制、廉政承诺制、经济责任制、考核奖惩追缴问则制等五项制度。全校处级干部都签订了岗位目标、廉政承诺、经济责任三个承诺书。并通过学文件、听报告、看电视片、研讨、实践等多种形式，系统开展干部教育培训工作，提高干部队伍整体素质。各级领导干部把作风建设与工作实践密切结合，推出一系列各具特色的转变作风、推进工作的具体举措，并狠抓落实。通过近一年的努力，全体干部职工精神面貌得到振奋，服务意识得到增强，工作效率得到提高，有力保障了学校各项工作顺利开展。

【学风建设年活动】　开展学风建设年活动，制定《唐山师范学院学风建设年活动实施方案》，取得“五个提高，五个减少”成效：学生们学习知识的主动性明显提高，旷课迟到现象明显减少；自学人数和质量逐渐提高，消磨时间人数明显减少；文明程度得到提高，不良行为明显减少；精神风貌有所提高，意志消沉明显减少；学风的扭转和文化科技活动质量提高，沉迷网络现象明显减少。

【改革创新师范生教育实习方式】

围绕深入学习实践科学发展观，打造义务教育均衡发展示范区，与市教育局联合组织实施“师范生顶岗支教，农村中小学教师脱岗培训”模式。14个系、部1600余名师范专业学生到14个县（市、区）近300个单位进行顶岗实习；农村中小学1130名学员参加16个专业的脱职培训。开辟政府、高校、中小学联动育人促教的新路径，开创职前培养、职后培训以及跟进服务全程育人促教的全新模式；深化改革师范生传统培养模式，提升职前培养内涵，提高职后培训质量。此项工作获得唐山市创新奖二等奖。

【招生与就业】　学校普通全日制本、专科招生5601人，（本科生2601人，专接本601人，专科生2405人），生源来自全国16个省、直辖市、自治区。完成1523名本科、1232名专科、1762名专接本和863名5年制大专毕业生的毕业资格审查工作。

2009届本科毕业生平均考研率23.47%，个别专业达到62.5%；大学英语四、六级通过率大幅提高，个别专业四级通过率达到96%；2008级计算机一级一次通过率74.76%，个别专业达到95%。启动就业服务五项工程，确立“为学生成才导航，为学生就业服务”的大学生就业指导与服务工作理念，2009届毕业生就业率师范类达到87.3%，相比2008年上升10个百分点，非师范类达到74.2%，略高于2008年的73.9%。

【学科、专业和课程建设】 以提高教育质量、提升管理水平、促进内涵发展为目标，深入推进教学建设与改革，教学水平切实得到提升。新增设园艺、旅游管理、广播电视新闻学3个本科专业和影视多媒体技术、煤化工生产技术2个专科专业。其中园艺专业的设置填补了学校本科农学学科的空白。学校拥有《文学理论》、《细胞生物学》、《古代文学》、《微生物学》、《物理化学》、《儿童发展心理学》等6门省级精品课程，校级精品课程建设继续推进，学校“本科教师教育创新高地”是河北省本科教育创新高地，有教育学、汉语言文学等两个省级品牌特色专业。教师教育实验中心被评为省级实验示范中心。

【学术科研成果】 年度内有32项校外科研项目通过鉴定或结题，20项校内科研基金项目结题。组织申报获批国家、省、市等校外项目54项，项目经费17.95万元。学校拨专项经费56万元，资助校内科研项目44项，以博士基金、重点基金、青年基金为依托，大力支持学科建设，培养科研人才。落实科研奖励和著作资助工作，对2006—2008年高质量、高水平的科研成果进行奖励，奖励金额3.78万元，资助三位老师著作出版。搭建平台，邀请专家到校调研和指导工作，通过培训等形式增加科研工作者信心，开阔教师科研视野。继续开展“百家讲坛”活动，全年共组织35场高水平讲座。科学研究和学术活动氛围更加浓郁。

【师资队伍建设】 年内，引进教师23人，其中博士6人（博士后1人），硕士16人，本科1人；建立唐山市特邀院士工作站；教师培训和培养工作投入资金36.3万元，师资队伍的整体素质得到提高。完成对全校832名教职工按13个专业技术等级履行聘任手续工作。完成职称评审推荐工作，推荐正高7人，副高22人，中职48人。

【校园建设】 学校成立“校园110”联动服务中心，校园安全得到有效保障。成立“校、系、班三级安全组织”，各系增设安全防范委员会分会、班安全委员，安全防范网络得到进一步健全。北校区一期工程5.6万平方米教学楼主体投入使用；11月15日，引资建设国际交流中心、产学研综合楼4.2万平方米项目开工建设，该项目中8000多平方米的学生宿舍到年底已完成三层土建任务。建设“唐山师范学院教师教育实验教学示范中心”，成立“现代教育技术中心”，完成校内相关信息资源的整合。

（刘　楠）

教师队伍

【教师培训】 出台《关于全面实施中小学教师培训的“十项工程”、努力构建教师培训提高长效机制的意见》，对今后一段时期内教师培训工作进行全面部署。创新教师培训机制，实施师范生到农村学校顶岗实习，春季有387名师范生到农村学校顶岗实习，383名教师接受近一个月的脱职培训；秋季有1191名师范生到282所农村学校顶岗实习，有1129名教师被顶替出来参加脱岗培训。“顶岗支教、脱岗培训双赢工程”获得“唐山市科学发展创新奖”二等奖。7月5日，利用中国教师研修网开展中小学教师培训正式运行，成功引进中国教师研修网优质资源，6.8万名中小学幼儿园教师编成952个学习班参加网上学习。常规培训工作顺利完成，组织高中课改年级教师培训工作，按照教育部和省教育厅统一部署，于7月20日至30日组织3000多名高一年级新教师接受教育部为期10天的网上培训；组织第二批市级骨干教师评选和第三批市级骨干教师培养对象的培训工作（全市评选市级骨干教师656人）。选拔1030名以农村为重点的骨干教师培养对象，在唐山师范学院进行集中培训。组织研究生同等学历和教育硕士报名工作，其中研究生同等学历报名86人，教育硕士报名139人。继续组织中小学教师教育技术综合应用能力培训，完成21358名教师培训和考核任务。

【教师资格认定】 教师资格认定工作顺利进行，3月，组织3614人参加“两学”考试，先后为5254名师范生和符合条件的人员办理教师资格证书。11月，完成2010年教师资格认定“两学”考试的报名工作，报名人数达到4183人。

【义务教育阶段教师绩效工资改革】 根据省统一要求，联合人事局、财政局对部分县（市）区和市直义务教育学校教职工收入状况进行认真的摸底调研，形成专题调研报告。在广泛征求各学校和广大教职工意见和建议的基础上，政府办公厅印发《唐山市关于落实义务教育学校绩效工资实施办法的通知》（唐政办〔2009〕51号）。为加强对各县（市）区和学校的指导，教育局在广泛征求意见的基础上，又形成《市直义务教育学校教职工绩效工资分配实施方案》和《市直义务教育学校校长绩效考核及发放实施方案》，并印发各县（市）区参考。在《实施方案》中，进一步明确坚持人力资源和社会保障、财政部门具体核定义务教育学校工资总量，同一行政区域义务教育学校绩效工资水平要大体平衡，对农村学校特别是条件艰苦学校给予适当倾斜。按照省、市部署，各县（市）区参照市《实施方案》，按照本地岗位设置和专业技术职务（等级），分别测算不同层次的绩效标准，反复调研并征求各方意见，制定考核细则，出台义务教育学校绩效工资实施办法，各县（市）区绩效工资落实工作陆续展开。

【校长教师公开招聘】 年初，教育局组织人员赴玉田等县（市）区开展干部队伍建设调研，制定《中小学校长聘任实施意见》。组织市直中学副校长的公开招聘，2名同志走上领导岗位，有8名同志进入后备干部人才库。迁安市公开招聘中小学校长，共有270多人报名，有40名走上领导岗位，比例达到

7:1。新进教师公开招聘工作继续推进，根据《市直教育系统补充工作人员公开招聘实施办法（试行）》（唐教人字〔2007〕23号），市直属院校全年面向社会公开招聘教师25名，经考试、体检、考核、公示，聘用为市直属院校教师。2009年，开平、遵化、迁西、丰润、唐海、迁安等10个县（市）区共面向社会公开招聘教师1044人。

【教师队伍交流】　按照市领导要求，组织起草《唐山市关于新进中小学教师到农村支教的试点意见》，明确提出，新进中小学教师提交政府常务会议研究，并以政府文件的形式印发至各县（市）区执行。2009年全市教师交流1056人。

【德育工作】　坚持育人为本、德育为先。广泛开展爱国主义教育活动，结合新中国成立60周年，开展“我爱我的祖国”主题教育活动，在唐山二中召开爱国主义教育现场观摩会。组织开展爱国主义读书教育活动，爱国主义读书教育活动获全国优秀组织奖。以贯彻《守则》和《规范》为主线，不断深化中小学生的行为规范教育和文明礼仪教育，在全市中小学中广泛开展以读一本好书、写篇感言、做一件有意义的事，参加一项社会公益活动，养成一个好习惯为主要内容“五个一”活动。以学校德育的改革与创新为主题举办德育论坛和德育干部培训班，举办第四届中小学班主任优秀工作案例征集工作，举办唐山市第二届班主任基本素质大赛，选拔12名教师参加全省班主任基本素质大赛取得好成绩，教育局获优秀组织奖。与团市委共同组织庆祝“六一”国际儿童节暨“小手拉大手，共走幸福路”健康主题实践活动启动仪式。进一步规范职业院校国防教育，下发《关于在唐山市职业技术学院开设国防教育课的通知》和《职业技术学院（校）教育教材大纲》，组织编写《国防教育读本》（职教版）。在中小学开展国防网络知识竞赛。青少年校外活动场所建设进一步加快，开展未成年人校外活动场所专项调研，2009年丰南青少年校外活动中心经国家审批立项，争取扶持资金300万元。已建成6个青少年校外活动中心。

发展环境

【教育经费】　2009年，教育总投入达到60亿元，其中财政预算内投入达到45.8亿元，分别较上年增长4.4%和7.4%。“以县为主”的教育经费保障机制得到较好落实。计划安排农村中小学公用经费3.08亿元，实际安排资金3.30亿元。其中：中央2.06亿元、省级6066万元，市级2430万元，县区3934万元，较应分担额度多2250万元，确保中小学正常运转。为义务教育阶段56.1万名农村和城市低保家庭学生免费提供教科书及部分教附用书，累计投入资金5825.7万元。继续做好城区义务教育免杂费工作，2009年按政策安排免杂费资金3749万元，其中：中央2084万元，省333万元，市689万元、区643万元，确保城市中小学正常运转。

【教育督导评估】　切实加强督政督学，加大监督、检查、评估和指导力度，深入153个乡镇、672所学校开展各类督导工作。市政府组织教育、财政和审计等部门，开展对县级政府教育工作的综合督导评估，对教育工作先进县（市）区进行表彰。滦南、乐亭、迁西和迁安4县（市）顺利通过省政府教育工作督导评估。

【学校安全卫生工作】　学校安全管理工作体系和学校突发事件应急处置预案进一步完善，学校安全“一岗双责”工作制度得到较好落实。对学校及周边安全隐患进行排查治理，从8月到10月，抽查学校147所，整改安全隐患31处，特别是对迁西、迁安、遵化3地5所尾矿库下学校进行妥善处置。食品安全卫生工作得到加强，召开学校食品卫生安全知识培训及现场观摩会，开展《食品安全法》宣传月活动和食品安全整治攻坚行动。学生安全教育进一步加强，开展中小学生安全教育日、“防灾减灾日”、安全生产月等主题教育活动，举行学校突发公共安全事件应急演练及学校安全工作现场会。各中小学、托幼机构严格落实通风、消毒、晨检、因病缺勤病因追查与登记制度，传染病疫情报告人制度和疫情日报告制度；开展预防性消毒工作，抽查各县（市）区学校116所，手足口病、甲型H1N1流感传染病防控工作成效显著。1716所中小学全部开设健康教育课，设立健康教育橱窗；召开“小手拉大手，共走幸福路”健康教育现场会，开展“牵手幸福、走进春光健康行”等系列活动。开展学校预防艾滋病教育、青春期健康教育和“全国爱眼日”宣传教育活动等。开展“无烟学校”创建活动。有1088所中小学建立心理咨询室，专兼职咨询教师1612名。

【教育资助】　农村义务教育阶段家庭困难寄宿生生活费补助工作顺利进行，为1.47万名农村义务教育阶段家庭困难寄宿生补助生活费571万元（小学每人每学期500元，初中每人每学期750元）。资助面占寄宿生总数的25%，超过省定标准2个百分点。普通高等学校及中等职业技术学校学生资助政策进一步落实，落实市属高校2009年国家奖、助学金2483.3万元，惠及学生10409名，占在校生总数的24.6%；落实市属高校2009年家庭经济困难学生临时伙食补贴172.64万元，补助大学生8632名。开展大学生生源地国家信用助学贷款，为343名高校学生办理国家生源地信用贷款，贷款191.52万元。落实2009年春季中等职业学校助学金4600万元，保证符合资助条件的学生均享受资助。

（周志广）

文化工作

【概况】 现有国有专业艺术表演团体6个；文化广场44个，公益性博物馆、纪念馆12个，群艺馆、文化馆16个；公共图书馆13个，总藏书149万册，年借阅人数110万人次。文物管理处（所）11个，乡镇综合文化站188个，新农村书屋100个。现有古遗址、古墓葬、古建筑、重要石刻及革命纪念建筑、纪念地等历史和近现代文物点1314处。有全国重点文物保护单位10处：清东陵、李大钊故居、西寨遗址、爪村遗址、天宫寺塔、寿峰寺、净觉寺、丰润中学校旧址、潘家峪惨案遗址、唐山大地震遗迹（唐山大地震遗址、原唐山十中地震遗迹、机车车辆厂地震遗迹、河北矿冶学院原图书馆楼）。省重点文物保护单位51处：古长城、定慧寺后殿、景忠山碧霞元君庙、戚继光镇府碑、大城山遗址、安新庄遗址、永旺塔、江浩故居、潘家戴庄惨案遗址、唐山钢铁公司俱乐部地震遗迹、唐山陶瓷厂办公楼地震遗迹、孟家泉遗址、封山寺遗址、郎石台遗址、双桥遗址、后迁义遗址、贺家山遗址、大岭寨长城砖窑群、大岭寨长城灰窑群、三屯营城址、上炉辽墓、成兆才墓、彩亭石桥、洪山口戏楼、潮音寺、滦河大铁桥、喜峰口长城抗战旧址、潘家峪惨案日军指挥部旧址、龟地遗址、白各庄遗址、古石城遗址、韩家街遗址、土垠城址、独幽城遗址、小贾庄莲台寺遗址、小贾庄汉代古战场、东庄店遗址、西张士坎遗址、马哨小山子、万军山遗址、汤泉遗址、小东庄古墓群、多宝佛塔、达王庄王氏宗祠、保安塔、玉煌塔、磕头山造像（罗汉洞摩崖造像）、五里山摩崖造像、冀东二十五县烈士陵园与抗战胜利纪念楼、张佩纶墓、张人骏墓。市重点文物保护单位10处：傧城古城、杨家坡遗址、二郎庙墓群、汤泉流杯亭石幢、建昌营清真寺、滦县县衙门楼、辛亥滦州起义旧址、孙中山选定的北方大港旧址、魏春波故居、丰南区宋家营六村银杏树。县级保护单位近百处。此外，共收藏传世文物和出土文物标本4万余件，其中国家三级以上文物2686件。清东陵已被联合国列为世界文化遗产。

有公开报纸6种，公开期刊10种；连续性内部资料性出版物63家，印刷单位1139家，出版物经营单位663家，其中民营书店631家，国营书店32家。

有网吧517余家，从业人员3100余人。音像店526家，从业人员1700人左右。歌舞厅324家，从业人员4620余人。演出单位59家（营业性演出团体50家，营业性演出场所5家、营业性演出经纪机构4家），从业人员872人。

2009年，皮影戏《沉香救母》参加文化部在广州举办的全国第六届优秀儿童剧目展演，荣获优秀剧目奖；评剧《成兆才》荣获飞天奖二等奖。评剧《杨三姐改嫁》被拍摄成电影，准备在中央台戏曲频道播出；唐剧《人影》、评剧《香妃与乾隆》荣获河北省文艺振兴奖“特别奖”；评剧《刘姥姥》、《徐流口》荣获河北省文艺振兴奖“作品奖”等。

丰南区、滦南县、滦县、乐亭县、迁安市跨入全国文化先进县行列，玉田县、遵化市被省政府命名为省文化先进县；涌现出49个省级文化建设先进乡镇。有群众性的业余文艺表演团队514个（其中，评剧团50个；京剧团3个；皮影团6个；其他戏曲团队108个；艺术团18个；歌舞团3个；其他综合性文艺表演团队326个），人员3.887万人，全年演出剧（节）目1086个，演出场次达到4989场，参与观众达到400余万人次。国家级非物质文化遗产5项，国家级非物质文化遗产代表性传承人9人；河北省非物质文化遗产15项，河北省非物质文化遗产代表性传承人18人；唐山市市级非物质文化遗产项目11项，唐山市市级非物质文化遗产代表性传承人34人。

【文化体制改革】 5月19日，市委、市政府正式下发《中共唐山市委、唐山市人民政府关于文化体制改革的意见》，按照《意见》要求，在市直5个专业剧团基础上组建成立唐山演艺集团公司。7月份，完成演艺集团公司首任董事长的公开选拔工作。7月11日，在全市宣传部长座谈会上，市委就强力推进文化体制改革和文化产业项目建设进行全面动员部署。7月30日，召开唐山市文化体制改革动员暨唐山演艺集团公司成立大会，会议进一步明确文化体制改革的总体要求、主要任务、工作责任和时间节点。会后，召开五个文艺团体班子会议，对五个文艺团体班子和演艺集团公

司实施改革提出具体要求。8月中旬，组建成立演艺集团公司临时领导班子和各部室。随后，演艺集团公司赴巴西、新西兰、比利时和江西省开展文化交流演出活动，受到中国驻巴西使馆及各演出地人民群众的广泛赞誉。8月31日演艺集团公司编排一台节目向市领导作汇报演出。目前，演艺集团公司初步探索建立三个新机制：绩效工资分配机制；多元化演出机制；人员能上能下强强联合的用人机制。戏曲团体男55岁、女50岁和歌舞团男50岁、女45岁的在编老同志办理提前离岗；新招聘人员全部实行聘任制；对现有人员通过考核审查实行全员聘任制。集团公司新招聘演职人员130余名。在推进市直文化体制改革的同时，按照省要求推进迁安市艺术团试点改革。按照中央和省的要求，完成市、县两级电影职能划转任务。

编制《唐山渤海明珠城市主题文化发展战略规划》、《南湖中央公园主题文化发展战略规划》和《乐亭三岛主题文化发展战略规划》。制定《唐山市支持文化产业发展的政策意见》，对文化产业项目在规划、土地、资金引导、税费收取、人才引进等方面给予重点扶持。目前，《政策意见》正在征求意见中。利用文化产业专项资金重点扶持一批示范性、原创性、开创性、代表性的文化产业项目，2009年重点对文化体制改革以及文化创意产业园区、陶瓷文化创意产业园区、滦河文化生态产业带等一批重点项目进行资金引导，同时争取省文化产业专项资金的支持。

通过改革，专业艺术资源实现初步整合，演出市场进一步得到开拓，改革取得初步成效。“欢乐东方天天演（盛世王朝娱乐嘉年华）”于2008年10月30日在燕山影剧院推出，历时一年。在第四届“创意中国·和谐世界”文化产业国际论坛上荣获“中国文化产业优秀企业活力奖”。开滦国家矿山公园9月23日正式揭碑开园，于2008年10月22日举行预展以来，已经接待1万多人次，其中省部级领导50多人，党和国家领导4人。被批准为国家“国土资源科普教育基地”、“河北省文化产业发展示范基地”和“河北省爱国主义教育示范基地”。10月，开滦博物馆《黑色长河》大型主题展览荣获全国博物馆十大精品陈列最佳综合效益奖。河北省文化创意产业园区于3月10日在南湖生态城开工建设，占地400.5亩，计划总投资6.5亿元。目前，总部基地陶瓷展馆、钢铁文化创意中心等项目已开工建设。其他项目招商推介等工作正在进行中。中国（唐山）评剧艺术节获全国节庆产业大奖“全国知名品牌节庆百强”；电影《唐山大地震》封镜已进入后期制作。该片总投资1.2亿元，2010年7月28日全球上映。

储备文化产业项目114项（已开工建设67项，达成合作意向或正在规划设计47项），总投资313.46亿元。其中，投资亿元以上项目47项（已开工建设26项，达成合作意向或正在规划设计21项）。印制《唐山市文化产业推介招商手册》和《创意唐山》文化产业宣传片。通过组织参加深圳国际文化产业博览会、北京创意文化产业博览会、中国·廊坊高新技术与现代服务业投资贸易洽谈会和唐山·曹妃甸临港产业国际合作会议，已有15个文化产业项目签约，签约总额185.36亿元。开滦国家矿山公园博物馆和河北省文化创意产业园区、唐山陶瓷文化创意产业园区、盛世王朝娱乐嘉年华、喜风口雄关大刀园、滦河文化生态产业带、电视连续剧《大龙脉》、《绝密1950》、《京东“三枝花”》，戏曲电视连续剧《杨三姐出嫁》、《成兆才》等67个项目相继完成。

（刘育新　冯　磊）

艺术创作与演出

【评剧诞辰百年系列活动】 2009年是评剧诞辰100周年，组织举办系列纪念活动。8月2日，纪念评剧诞辰100周年张焯辉摄影展在唐山新天地图书古玩市场举办，影展以“冀东三支花之一”的评剧为主题，精选张焯辉先生近年创作的54幅作品。由中央电视台中视影视制作有限公司，唐山市委、市政府，迁安市委、市政府联合拍摄6集戏曲电视剧《杨三姐出嫁》，由唐山演艺集团罗慧琴等主演，该剧纳入全国评剧百年系列纪念活动，将角逐全国“五个一工程奖”和“飞天奖”。12月4日晚，在唐山市燕山影剧院举办纪念评剧诞辰100周年评剧票友大赛颁奖仪式暨评剧名家名段演唱会，唐山演艺集团公司评剧部戏剧梅花奖获得者罗慧琴、张俊玲，国家一级演员朱宝琴，二度梅获得者天津评剧院的曾昭娟和沈阳评剧院的冯玉萍，著名评剧演员李忆霞，赵丽蓉的大弟子赵如意等一一出场，上演《黛诺》、《杨三姐告状》、《盛京情致》、《成兆才》等各流派的经典名段。12月5日，曾荣获全国少儿戏曲小梅花金奖、全国第五届评剧票友大赛优秀奖的6岁小姑娘郑伊蔓在燕山影剧院举办评剧专场演唱会，演出《刘巧儿》、《杨三姐告状》、《金沙江畔》等评剧选段，洪影、谷文月、王景明、花砚茹等著名评剧表演艺术家到场助阵，并登台即兴演出，将整台晚会多次带向高潮。12月5日下午，唐山市纪念评剧诞辰100周年评剧票友大赛“十大名票”“十佳票友”专场演唱会在群星礼堂上演，获奖名票和票友献上《花木兰》、《刘巧儿》等深受戏迷喜爱的经典剧目。12月6日，“唐山市纪念评剧百年诞辰学术研讨会”在唐山宾馆小会议厅召开，全国著名地方戏研究专家、学者，唐山市著名研究员、剧作家，全国著名评剧演员、唐山演艺集团公司创作人员，唐山教育学院、建工中专大专班爱好评剧的学生以及媒体记者参加。中国艺术研究院研究员、博士生导师、原中国戏曲研究所所长王安葵和中国艺术研究院研究员、中国少数民族戏剧学会副会长秦华生分别从宏观上作了关于评剧的形成、发源与发展以及评剧如何再造辉煌的学术报告。与会专家、学者围绕“剧目创作、剧团如何走出低谷、再造评剧辉煌”等问题进行研讨。12月5日至7日，唐山演艺集团公司评剧部、丰润评剧团、迁安市评剧艺术团、滦南成兆才评剧团分别在燕山影剧院和西山口俱乐部为戏迷朋友们带来《玉簪记》、《帘卷西风》、《杨八姐游春》、《花为媒》、《凤凰坨》等经典剧目。

【剧目创作成果】 2009年，皮影戏《沉香救母》参加文化部在广州举办的全国第六届优秀儿童剧目展演，荣获优秀剧目奖；唐剧《人影》、评剧《香妃与乾隆》荣获河北省第十一届文艺振兴奖“特别奖”；评剧《刘姥姥》、评剧《徐流口》、电影《但愿人长久》、专题片《感动唐山——纪念唐山抗震三十周年十大新闻人物评选活动结果揭晓》、广播剧《潘家峪大惨案》荣获河北省第十一届文艺振兴奖“作品奖”。由开滦集团投资、河北电影厂制作、唐山演艺集团张俊玲主演、郭学文导演的评剧戏曲艺术片《成兆才》荣获由国家广电总局主办“飞天奖”的戏曲类作品二等奖。在河北省第八届戏剧节上评剧《帘卷西风》、《焦大与陈嫂》、《玉簪记》、京剧《唐廷枢》获得优秀剧目奖，评剧《凤凰坨》获剧目奖。唐剧《人影》荣获第九届河北省精神文明建设“五个一工程”特等奖；唐剧《呼唤》荣获第九届河北省精神文明建设“五个一工程”入选作品奖。唐山市艺术研究所编剧汪洁同志创作的戏曲剧本《玉石魂》在国家级刊物发表后，被国家广播电影电视总局新视点节目制作中心选中，准备改拍电影故事片，年内完成《玉石魂》电影脚本创作的初稿。2009年共创作剧本、影视剧、歌曲、曲艺等方面作品20多个。唐山市文化局与唐山市文联合作举办唐山市首届文艺作品创作大赛，大赛共收到大小剧本、相声、小品和歌词作品86件，共评出二等奖作品4个，三等奖作品6个。

【艺术教育和研究】 唐山市艺术学校毕业85名学生，其中9人考入中央音乐学院等名校，师生的演艺水平不断提高，艺校参加中央电视台第七套和山西晋中市联合举办的“和谐政法文化周”专题文艺晚会等演出任务，受到上级领导及相关部门的好评。艺术研究所完成《唐山市曲艺志》1—7册精装本和《中国评剧艺术节文集》第二册的编辑与出版发行工作，搜集整理材料进行《唐山文化志》的编撰。

【大型综艺晚会和专题晚会】 组织排演“百场大戏唱新春”演出活动、“2009年老干部茶话会”、“2009年唐山市各界人士团拜会”、“春之声”交响音乐会等十几台晚会。组织举办纪念毛泽东《在延安文艺座谈会上的讲话》发表67周年文艺专场演出、唐山市庆祝中华人民共和国成立60周年“《祝福你亲爱的祖国》大型群众演唱会”、“央企走进曹妃甸”、曹妃甸论坛专场文艺演出等演出任务。

社会文化

【两节文化活动】 元旦、春节期间，开展迎新春社会文化艺术展演活动：“迎新春歌舞音乐戏曲综艺演出”、“百场电影进农村、进社区放映”、“欢乐和谐新农村文化下乡”、“情满人间慰问农民工文艺演出”、“新春中老年大型文体活动展演”等文化活动300多项。吸引基层文艺骨干、积极分子和城乡居民踊跃参与，直接参加演出的群众达10万多人。从1月29日开始，先后举办“唐山市合唱音乐会”、“唐山市新春民族音乐会”、“唐山市慰问外国专家音乐会”等10台文艺晚会。在唐山图书馆组织开展“相约小读者”、“新春新书缘，相约图书馆”、“迎新春—新书展阅”、“迎新春摄影作品展”、“剪纸知识讲座”、“少儿故事会”等寒假活动。接待来馆的小读者6000余人（次）；参加各项活动的读者近1000人（次）。

【社区文化艺术节】 4月至12月，举办第八届唐山市社区文化艺术节。艺术节期间组织开展第三届唐山市读书节、“新农村、新农民”秧歌大赛、“健康的青春、舞动的旋律”唐山市大中学生街舞、健身操大赛、“幸福的歌声——唐山市社区居民歌咏大赛”、庆“六一”少儿国际标准舞大赛、“金色的田野——唐山市农民美术书法摄影作品展览”、唐山市中老年交谊舞大赛、纪念评剧诞生100周年评剧票友大赛等十大系列活动。各县区同期精心组织形式多样、内容新颖的县（市）区文体艺术节，宣传受益群众达百万人次。本届艺术节共评选出获奖作品141件，优秀组织奖8个。

【评剧票友大赛】 为纪念评剧诞辰100周年，自8月19日起，历时两个月时间，在群星剧场举办评剧票友大赛。这次大赛有300余名评剧爱好者报名参加，年龄最大的75岁，最小的只有6岁，行当齐全，剧目多样。共进行19场比赛，其中初赛14场，复赛4场，决赛1场。在参加决赛的30名参赛者中，最后评选出“十大名票”、“十佳票友”、“优秀票友”各10名。充分显示出唐山作为评剧发源地，评剧有着广泛的群众基础和鲜活生命力。

文化交流

【中国河北唐山——韩国友好周】 5月23日韩国图片展、饮食展、电影展在唐山市多功能体育馆外广场盛装亮相，拉开2009年“中国河北唐山——韩国友好周”的序幕。韩国图片展共展出100余幅图片作品，直观地展现韩国的文化与传统、自然风景、旅游景区、民俗庆典等主题。韩国饮食展上，市民不仅能够品尝到地道的韩国美食，而且可以观看韩国传统饮食的现场制作过程。喜欢看韩剧的市民还可以在新华电影院观看《黄真伊》、《一番街的奇迹》、《美女的烦恼》、《快乐的人生》4部韩国影片。友好周期间，燕山影剧院还举办专场文艺晚会，由中韩两国艺术家联袂演出，市民在家门口就可以观赏到韩国明星演唱、跆拳道表演、韩国传统歌舞、街舞、韩国现代打击乐；唐山锦江国际饭店举办中韩投资贸易环境说明会和项目洽谈会，韩国高新技术及节能环保、现代服务业领域的100多家企业与唐山市的对口企业进行洽谈。

【第六届巴西国际木偶节】 8月5日至17日，唐山市皮影团（现为唐山演艺集团公司皮影部）一行5人受国家文化部派遣参加在巴西巴西利亚市举办的第六届巴西国际木偶节，并赴巴西圣保罗市进行两场演出，演出《孙悟空三打白骨精》、《熊猫咪咪》和《仙鹤与乌龟》等优秀传统剧目。演员精湛的表演和敬业精神，受到巴西观众和中国驻巴西使馆的高度赞扬。

【赴新西兰交流演出】　应新西兰太平洋国际文化传媒公司邀请，8月25日，唐山演艺集团公司京剧部赴新西兰进行为期一周的文化交流演出，这也是唐山京剧团体有史以来首次走出国门，登上国际文艺大舞台。京剧部为新西兰观众带去经典剧目《贵妃醉酒》，演出三场，受到当地华人和新西兰观众的好评。新西兰市市长约翰·班克斯先生、中国驻新西兰奥克兰市总领事廖菊花女士观看演出。在新西兰期间，太平洋文化艺术交流中心主席、中国国际联合会秘书长和志耘先生专门设宴款待京剧部一行全体人员，并就下一步文化艺术交流事项进行洽谈。

【《红星谣》剧组赴江西巡回演出】

为庆祝中华人民共和国成立60周年，江西省赣州市委宣传部邀请唐山演艺集团《红星谣》剧组赴江西进行巡回演出。9月6日唐山市委常委、宣传部长郭彦洪率《红星谣》剧组赶赴赣州。9月7日晚在赣州市学术报告厅进行首场演出，拉开赣南革命老区巡回演出的序幕。《红星谣》以赣南红土地上的红军遗孀池煜华的真实故事为原型，以评剧这一北方剧种演绎特色鲜明的赣南故事。演出让江西老区观众们对唐山评剧文化有了基本了解。《红星谣》还陆续在吉安、宁都、井冈山等地进行巡回演出。

新闻出版（版权）管理

【概况】　结合“庆祝新中国成立60周年”、“曹妃甸论坛”等重大活动，文化、新闻出版部门会同公安、工商等部门共出动执法人员7706人（次），检查文化经营单位（包括书报刊、电子出版物经营单位、印刷复制企业、音像经营单位、互联网经营单位、娱乐经营场所、演出经营单位）4.087万家（次），收缴非法文化产品27.5万余件，取缔非法经营摊点151个，无证印刷复制企业22家，查处违规网吧118家（次），停业整顿19家（次），行政处罚26家。4月22日，组织集中销毁非法出版物行动，共销毁收缴的盗版音像制品、盗版电子出版物和非法书报刊合计约26万余件。

【扫黄打非】　3月4日，新闻出版局与扫黄打非领导小组协调督查办公室联合召开全市扫黄打非工作会议，表彰2008年扫黄打非工作先进集体和先进个人，印发《2009年唐山市扫黄打非行动方案》。3至10月份，开展“迎接新中国成立60周年，营造规范和谐文化氛围文化市场集中整治行动”、“迎国庆、迎论坛文化市场集中整治攻坚行动”、“创建全国文明城市集中整治攻坚行动”。未发生印制、销售政治性非法出版物的案件，为庆祝建国60周年和顺利举办曹妃甸论坛营造良好的文化市场环境。8月5日中国扫黄打非网在首版刊登唐山市扫黄打非工作的做法和经验。

【规范化管理】　2009年部署开展印刷复制企业的审核登记和换发新证工作，结合年审对全市印刷复制企业资格条件、守法经营等方面情况进行认真审核，对79家不能正常经营的企业责令停业，对115家达不到国家规定资质条件的企业责令限期整改。按河北省新闻出版局要求部署对全市书报刊、电子出版物批发、零售单位、国营新华书店进行年度核验工作，对56家不能正常经营的出版物经营单位注销经营许可证。年检后，唐山市发行单位有648家。

【第二届唐山书市】　为满足广大群众日益增长的文化需求，推动文化产业的健康发展和文化名城建设，文化局会同市委宣传部、路南区人民政府举办第二届唐山书市。书市于5月27日至6月1日在路南区文化南路新天地购物乐园举办，安排优秀出版物展销、作家签名售书、“作家创作经验交流会”、“2009绿书签行动”和政策法规咨询四项主要活动。清华大学出版社、人民邮电出版社等国内24家知名出版社参加展销，100余家参展单位展销文学、艺术、少儿、经济、管理、生活、地图、教辅、工具书等各类图书、期刊、软件近万种，书市人流量约12万余人（次），销售额达到40余万元。张丽钧、杨立元、成贵民、张玉洁等18位唐山籍作家亮相书市，为读者签名售书，活跃书市气氛。人民文学奖得主、中国作家协会会员张楚，华文优秀诗人、中国作家协会会员东篱，80后作家、先锋影视导演唐棣等三位作家还在书市期间举办“作家创作经验交流会”，与读者面对面讲授诗歌、小说、电影作品创作知识，切磋创作体会，介绍创作技巧。期间还开展“2009绿书签行动”，现场分发“拒绝盗版，从我做起”绿色书签，并解答群众关于新闻出版、版权、扫黄打非等方面的政策咨询。

【版权宣传】　5月15日中国版权协会理事长沈仁干考察唐山市版权保护工作，考察皮影剧团和唐山陶瓷集团，并对唐山市开展版权保护、促进企业发展提出建设性意见。6月11日文化局在纪念碑广场认真解答群众关于出版、版权等方面的法律咨询，发放宣传品600余份，接受群众法规咨询80余人（次）。

文化市场管理

【网吧专项治理】　为保证网吧经营单位的正常经营活动，更好的为网吧经营者服务，文化局从6月25日起利用两个多月时间对近500家网吧进行一次认真调查摸底，并统一更换《网络文化经营许可证》。对违规网吧实行严管、重罚，打击“网吧”的违法违规经营行为，同时，分期、分批召集网吧业主进行培训，要求业主认真学习《互联网上网服务营业场所管理条例》。各县、区文体局与网吧业主逐户签订经营责任状，严格要求其合法经营，并在每户网吧经营室制作“禁止未成年人入内”的警示标志牌并设有举报电话。此外，文化局借助社会各界、学校、新闻媒体的力量加大整治宣传力度，形成较大的社会舆论和声势。

【规范行政审批】 为转变政府职能，相继下放一批行政审批事项，只保留网吧的市级审批权限，音像、娱乐、演出的审批权限下放到县、区，很大程度上提高工作效率，方便经营者，减少行政审批成本。但在行政审批过程中，也出现一些超越审批时限、人为增加审批环节等问题。为此，文化局开展行政审批工作调研，2009 年 2 月 5 日至 2 月 27 日，利用三周时间分别对市直及 2 县、4 区进行走访和调研，先后召开座谈会 6 次，发放调查问卷 300 余张。同时多次召开会议，申明审批纪律，明确审批程序，规范审批文书，限定审批时限，对一些具体问题作出详尽指导，收到一定效果。

【规范演出市场】 举办多场《营业性演出管理条例》培训会，市属演出团体、演出场所、各县区文化市场执法人员、省属演出经纪机构、文艺表演团体、演出场所的负责人等参加学习。此外，在市纪念碑广场举行宣传咨询活动，服务群众 1100 余人次，发放《条例》和《实施细则》等宣传材料 1500 余份。把规范庙会演出市场、打击色情非法演出作为演出市场管理的重中之重，“春节”、庙会期间，对申请演出的团体和组织，要求各县、区文化部门严格审批标准和程序。对迁西景忠山庙会、玉田净觉寺庙会进行现场督导检查，发现问题，及时处置。

【娱乐场所安全监管】 在春节和国庆期间开展人员密集场所安全生产大检查行动，对歌舞娱乐场所安全隐患进行认真细致的排查，对少数存在问题的单位做出限期整改或停业整顿的处罚。通过有针对性地开展各项工作，加强对“三合一”、“多合一”场所（集人员住宿与生产、存储、经营等一种或几种用途混合设置为一体的场所）的隐患排查整治工作，确保节日期间安全稳定。路南区、路北区、丰南区、唐海县、乐亭县等文化部门还邀请消防人员对经营单位及文化部门管理人员进行消防常识普及培训。5 月，文化局抽调路南、路北两区文化市场管理人员组成联合检查组对市中心区歌舞娱乐场所进行突击检查，检查过程中，对路北区 1 家严重超员的大众舞厅给予停业整顿的处罚。

文化遗产保护

文物保护

【文物勘探发掘】 配合重点建设工程完成津秦铁路客运专线、冀东石油管道、永唐秦输气管道工程建设占地内的文物勘探、发掘工作，发掘面积 400 平方米，其中清理砖室墓一座，出土文物标本 50 余件，丰润区电视台对发掘工作进行宣传报道。同时完成津承唐高速二期、新建唐山北站至唐山站客车线、京秦高速迁西支线、西郊热电厂三期、承冀铁路、乐亭新区供水等工程的文物考古调查工作，调查里程近 300 公里。

【第三次文物普查工作】 完成对境内所属县（市）区文物复查工作，共调查文物点 908 处，其中重新记录 605 处。第三次文物普查田野调查于 2009 年 8 月 18 日至 2009 年 9 月 20 日进行，历时 33 天，来自全省各地的 100 余名文物界骨干和志愿者，分成 31 支普查小队，对唐山市所有行政村（自然村）进行了拉网式踏查。普查队员共踏查 191 个乡镇，5576 个行政村（自然村），普查覆盖率达到百分之百。文物普查除覆盖全市 14 个县（市）、区外，还涵盖曹妃甸开发区、南堡开发区、南堡国际生态城和芦台汉沽两个国营农场，普查覆盖率超过前两次。本次文物普查新发现不可移动文物点 406 处，其中古遗址 226 处，古墓葬 55 处，古建筑 35 处，石窟寺及石刻 18 处，近现代重要史迹及代表性建筑 72 处。唐山市不可移动文物点数量已超过 1000 处。在迁安市、迁西县、丰润区各新发现一处旧石器时代遗址，该地区的文化内涵得到丰富；在唐海地区首次发现 18 处不可移动文物遗存，填补该地区没有不可移动文物点的空白；在丰南区发现金元时期的南元庄聚落遗址，是在渤海退海区域内较早的一处聚落遗址。此外，本次文物普查还发现多处清代至民国的颇具冀东地域特色的传统民居，这些建筑经历 1976 年唐山大地震能保存到现在极为难，为研究冀东民俗文化的发展提供一份不可多得的实物资料。

非物质文化遗产保护工作

【概况】 召开唐山市第一批市级非物质文化遗产名录评委会，评出唐山市第一批市级非物质文化遗产名录（共 31 项），并予以公布。文化部公布的第三批国家级非物质文化遗产项目代表性传承人，唐山市又有 4 人入选，分别是：姚少林（唢呐艺术）、刘佳文（皮影戏）、王立岩（乐亭大鼓）、吴玉成（玉田泥塑）。河北省第三批省级非物质文化遗产名录中，唐山市又有 10 个项目入选，分别是：迁安市仁义胡同的传说和老马识途的传说；乐亭县的地秧歌和皮影戏；滦南县的皮影戏和乐亭大鼓；遵化市的铁画和古冶区松放剑锻造技艺；唐山新新麻糖厂的蜂蜜麻糖制作技艺和丰润区的蜂蜜麻糖制作技艺。为迎接全国非物质文化遗产普查验收，共完成普查项目 1819 项、普查线索 3751 项。唐山市非遗保护中心经过 5 个月的努力，协助各县（市）区完成县（市）区的“非遗”普查工作，6 名专业艺术干部完成 5 万余字的普查成果文献汇编，1 万余字的普查资料汇集并印刷出书。文化局组队赴石家庄参加“河北省第二届民俗文化节”，29 人荣获个人奖，唐山市群艺馆荣获优秀组织奖。

附录：文化遗产名录

全市有文化遗产 102 项（处）

其中各级文物保护单位 71 处，非物质文化遗产 31 项，19 处对外开放（其中带★号的为对外开放单位）。

开滦一中——严格治校 精心育人

校园操场粉笔画大赛

↑ 9月1日，开滦一中“施维雅珍珠班”开班。“珍珠班”是目前我国大陆对在读高中生资助力度最大的慈善项目，开滦一中是冀东地区首座开办“珍珠班”的学校（闫军 摄）

感动开一“十星”人物

女生课堂

爱心鲜花病房

与社区共建“模拟家庭”

唐山市中华经典诵读推进暨开滦一中第19届艺术节开幕式

春运会学生团体操表演《阳光体育之歌》

（水木仙子 供稿）

清明前夕，华北煤炭医学院冀唐学院四百多名师生来到冀东烈士陵园举行祭奠仪式（闫军 摄）→

← 路南区郑各庄小学美术教师苗金铃带领学生利用美术课和部分课余时间，在长1.7米、宽0.65米的油画布上用碎蛋壳拼贴出毛泽东书法作品《七律长征》。趣味教学已在各小学蔚然成风

（赵雅静 吕光宇 摄）

← 重视对教育的投入是唐山多年来坚持的方针，唐山正在成为一座文化名城。右为河北理工大学北校区在凤凰新城建成并投入使用。图为风景优美的唐山学院（力平 摄）↓

在唐山玉田银河中学学习生活的四川汶川灾区246名学生享受着家一样的温暖。2008年6月，宋志永爱心志愿服务队将无法在当地正常读书的这批二至五年级孩子接到唐山学习　　（张北男　摄）

孩子们在唐学习期间，四川都江堰市爱乐乐团特地到玉田做感恩慰问演出

7月14日，最后一批65名四川孩子离唐返乡。持续一年多的救助灾区孩子读书行动结束。临行前，唐山人为他们举办了盛大的联欢会　（齐婧　摄）

唐山二中——辛勤育人 功载千秋

文明单位
WEN MING DAN WEI
中共河北省委
河北省人民政府
二〇一〇年七月

2009年被评为河北省文明单位

2009年度领导班子综合考评
优秀单位
中共唐山市委
二〇一〇年四月

2009年领导班子考核优秀奖牌

“我的人生我做主”专题讲座

课间操

（办公室 供稿）

学校健美操队近年来在国家、省级比赛中获得金牌百余枚，奖牌200余枚，并向高校输送54名高素质体育人才

国家总督学、教育部副部长（左三）陈小娅在陈国鹰市长陪同下视察学校

唐山八中——精心育人　桃李芬芳

河北唐山外国语学校（唐山市第八中学）始建于1955年，1996年创办河北省首家外国语学校，定名为河北省第一外国语高中。2002年更名为河北唐山外国语学校，是河北省示范性普通高中，唐山市唯一的公办外国语学校，多次被评为省文明单位、省教育系统先进单位。现有80个教学班，4000名在校生，340名教职工。

学校坚持“人文厚达，才力和谐”的办学理念，坚持依法治校、以德立校、以特兴校、以质强校的办学思想，以“学而思动、动而思新、新而思长、长而思精”的“四思”精神为指导，大力推行素质教育。学校的培养目标是通过日常教学、国际交往与合作，引进和借鉴国际课程、课堂模式，拓展留学培训项目、考试项目，营造国际文化氛围和交流互访等活动，拓展学生的国际视野，增强国际意识，致力于塑造传统文化与现代意识的统一，民族精神与国际气质的融合的国际性人才。

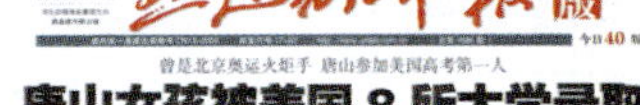

燕赵都市报 冀东版

曾是北京奥运火炬手 唐山参加美国高考第一人

唐山女孩被美国8所大学录取

当同龄的高中生还在为学业奋力打拼，今年17岁的邓玮却可以异常轻松，一年前，就读于唐山市外国语学校的她选择了“美国高考”，经过“挑战极限般”的艰苦努力，这个女孩在今年3月中旬收到了美国8所大学的录取通知，其中不乏全世界排名前十的名校。她是唐山参加美国高考的第一人，是宋庆龄奖学金获得者、唐山市十佳中学生、校学生会主席，还是2008年奥运火炬手，现已就读美国杜克大学。

赵希喆同学获得唐山市首届青少年科技创新市长奖 ►

▲白艾昕同学在高二时写出小说16部，被南京大学青年作家班录取

王瑞新校长与英国林肯大学签订留学协议 ▼

丰富多彩的交流合作学习

学校代表团访问日本受到当地媒体关注

白俄罗斯驻华大使访问学校

4月21日晚，中央电视台“中华情·黄金宝地曹妃甸”大型文艺晚会在曹妃甸工业区上演，那英、屠洪纲、斯琴格日乐、满文军、林志颖等一批名演员登台为曹妃甸的建设者们献上一场华美的视听盛宴　（李响　摄）

10月26日至27日，联合国亲善大使、国际著名影星成龙在唐山举行“龙子心”大爱唐山行公益活动，并将筹得的605.1万元全部交给唐山市红十字会
（阎军　摄）

由著名导演冯小刚执导，中影集团、华谊兄弟传媒、唐山广播电视传媒联袂打造的电影《唐山大地震》即将开拍。2月25日，剧组在北京举行新闻发布会
（董钧　摄）

←11月18日，首届中国南方（海口）国际合唱艺术节上，唐山音协红玫瑰女子合唱团一举摘下演唱、指挥、作品三项桂冠，成为本次大赛唯一的大满贯获奖者。此前该团还在新加坡国际华文合唱节上获得金奖，并在东南亚引起轰动

（蔡桠楠 摄）

9月12日，第五届中国国际食用菌烹饪大赛在唐山市下辖的遵化市举行。120多位国内外选手参赛。阿尔及利亚驻华大使希拉、毛里塔尼亚驻华公使吉米等亲自上阵表演厨艺

（雷向东 摄）

中国首部专门研究科学发展的年度报告《中国科学发展报告2009》首发式7月29日在唐山举行。中科院首席科学家、院士、国务院参事牛文元等专家学者出席首发式（李响 光宇 摄）

▲ 12月4日，首届中华慈善新闻奖颁奖会在人民大会堂举行，唐山劳动日报摄影记者阎军、张北男的摄影作品《四川唐山心手相牵》获一等奖。图为全国人大常委会原副委员长何鲁丽为获奖者颁奖

（北男 摄）

唐山摄影家刘云桥的摄影作品《为汶川地震遇难者祈福》被中央档案馆收藏并永久保存（阎军 摄）

▲ 2月6日上午，湖南省郴州市代表团赶到玉田县东八里铺村，祝贺玉田十三农民义士获得中央电视台“感动中国”十大人物荣誉称号，并送来湖南省郴州市委、市政府分别发给唐山市委、市政府以及宋志永等13位农民的贺信，还送来两份特殊贺礼，一张长约10米的感动中国贺卡和展示十三义士抗冰抢险英雄风采的版画

（满明月 摄）

12月25日，来自中国摄影家协会、省摄影家协会的专家对“魅力新唐山”全国摄影展览入选作品进行评选

（阎军 摄）▼

45岁的丰润区农民秦仕平创办麻龙湾生态庄园，并在园内做泥塑《清明上河图》，规模之大，匠心之独特国内罕见

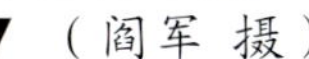
▼（阎军 摄）

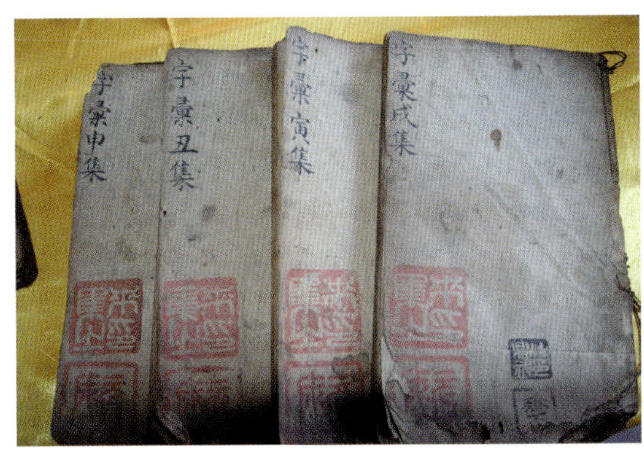

迁安市发现明代字典《字汇》。经国家博物馆专家鉴定此书为明代珍本，有极高的历史价值，尤其是封面上的几枚印章更显示该书可能有神秘身世。《字汇》为明万历年间梅膺祚编撰。这次发现的《字汇》共12卷，为线装本，虽纸张泛黄但版式清晰，刻印精良

丰润区委干部陈铁华设计创制的双面皮影镜获得国家专利，填补皮影艺术界无国家专利的空白，有利于提升冀东皮影艺术的档次

（张辉 摄）

2月1日，全国少儿游泳冠军赛唐山赛区在市游泳馆开赛。本年度全国少儿游泳冠军赛分唐山和南宁两个赛区，唐山赛区举行10岁、11岁两个年龄组的比赛。唐山已是第三次举办该项赛事　　（阎军 摄）

唐山市体育运动学校是前国家体操队名将董芳霄的母校，退役后的董芳霄放弃他处的优惠条件，回到母校任教。唐山体校被命名为“全国高水平后备人才基地”和全国田径、排球、举重高水平后备人才培训基地　　（阎军 摄）

← 8月8日，2009乒超联赛第二阶段第2轮在唐山举行。图为男子双打比赛现场

（阎军 摄）

6月中旬，国乒甲A第二站比赛在唐山举行，全国24个省市的48支队伍参赛。代表河北冀中能源队出战的15岁唐山姑娘商妍（下小图右）在比赛中大力扣杀（高洪磊 阎军 摄）→

8月4日至6日，河北省第三届跆拳道道馆公开赛在唐山跆拳道馆举行。全省各市31支队伍参赛　（阎军 摄）

第25届亚洲斯诺克锦标赛5月2日晚在唐山国际会展中心开幕。G组比赛中，中国小将石汉青4：0轻取菲律宾选手瓦塔纳，并打出单杆138分的好成绩 →

（吕光宇 阎军 摄）

各级各类赛事在唐山举办，使唐山这个田径之乡兴起各种体育项目，男女老幼都有自己喜爱的运动项目。

（阎军 摄）

老人们的空竹抖出精神

孩子们的轮滑滑出喜庆

旅游景点

反映开滦矿工特别能战斗的雕塑

生动再现“老唐山”的景象

开滦博物馆

开滦博物馆于6月份开始向社会开放，600多米展线分“序厅”、“煤的史话”、“洋务运动与中国近代煤炭工业兴起”、“一座煤矿托举起两座城市”、“他们特别能战斗”、“百年基业长青”六大部分。特有的“煤文化”贯穿始终，并生动地讲述因煤矿开发兴起唐山市的过程。（张北男　摄）

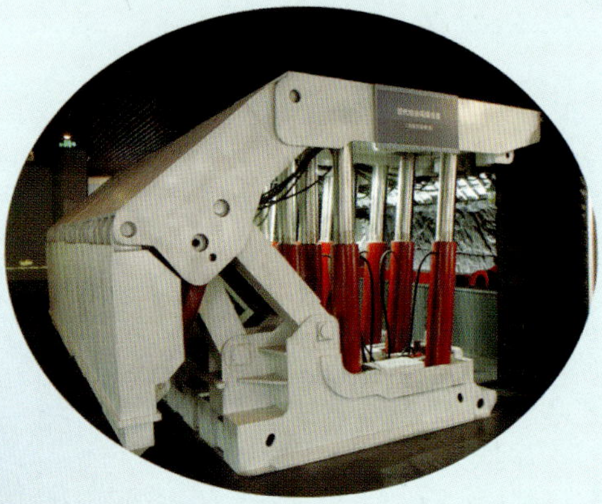

现代综合采煤设备演示采煤的过程

开滦博物馆外景

迁西县依靠古长城及古要塞遗址打造的青山关旅游景点，以“青山绿水古长城”的特色吸引八方来客。该县旅游年收入达4亿元

（晓兰 永生 开芳 摄）

唐山漫长的海岸线呈现“水清沙细海风轻，草木繁茂鸥鸟鸣”的景象，受到各地游客青睐。一对北京情侣特地到此拍摄婚纱照　（刘江涛　摄）

位于乐亭县的红色旅游基地李大钊纪念馆吸引着全国各地的游人。图为中纪委机关党员来到李大钊纪念馆过党日　（董钧 摄）

唐海县把旅游产业与湿地保护相结合，建起湿地木屋、人工湖等设施，形成优美怡人的生态环境，展示着湿地风光的独特魅力　（张丹平 摄）

各类风情游成为近年来唐山发展旅游产业的特色之一，图为迁西太阳峪的满族风情度假村　（杨大伟 摄）

到曹妃甸参观游览的巴西戈亚斯州代表团　（董钧 摄）→

←5月初，长城脚下的迁安市较场沟村内，一棵500年树龄的古茶树鲜花盛开，引来游人无数。茶树就长在距古长城不到500米的半山腰　（陈儒 摄）

位于南湖公园核心区的南湖温泉酒店主体建筑到2009年峻工，进入内外装饰阶段，该酒店为5星级、建筑面积2.5万平方米　（董钧 摄）

月坨岛上异国风情

陶瓷文化博览园

冀东名园万佛园

位于曹妃甸的湿地迷宫　（李响 摄）

（董贵宝 李金峰 尚树义　供稿）

清东陵俯瞰

菩提岛风光

京东第一寺净觉寺

京东名山景忠山

（董贵宝 李金峰 尚树义　供稿）

文物保护单位：

（一）“国保”10处：★清东陵、★李大钊故居、西寨遗址、爪村遗址、★天宫寺塔、★寿峰寺、★净觉寺、★丰润中学校旧址、★潘家峪惨案遗址、★唐山大地震遗迹（唐山大地震遗址、原唐山十中地震遗迹、机车车辆厂地震遗迹、河北矿冶学院原图书馆楼）。

（二）“省保”51处：★古长城、定慧寺后殿、★景忠山碧霞元君庙、★戚继光镇府碑、大城山遗址、安新庄遗址、永旺塔、★江浩故居、★潘家戴庄惨案遗址、★唐山钢铁公司俱乐部地震遗迹、★唐山陶瓷厂办公楼地震遗迹、孟家泉遗址、封山寺遗址、郎石台遗址、双桥遗址、后迁义遗址、贺家山遗址、大岭寨长城砖窑群、大岭寨长城灰窑群、三屯营城址、上炉辽墓、★成兆才墓、彩亭石桥、洪山口戏楼、潮音寺、★滦河大铁桥、喜峰口长城抗战旧址、潘家峪惨案日军指挥部旧址、龟地遗址、白各庄遗址、古石城遗址、韩家街遗址、土垠城址、独幽城遗址、小贾庄莲台寺遗址、小贾庄汉代古战场、东庄店遗址、西张士坎遗址、马哨小山子、万军山遗址、汤泉遗址、小东庄古墓群、★多宝佛塔、达王庄王氏宗祠、保安塔、玉煌塔、磕头山造像（罗汉洞摩崖造像）、五里山摩崖造像、冀东二十五县烈士陵园与抗战胜利纪念楼、张佩纶墓、张人骏墓。

（三）“市保”10处：侏城古城，杨家坡遗址，二郎庙墓群，汤泉流杯亭、石幢，建昌营清真寺，滦县县衙门楼，辛亥滦州起义旧址，孙中山选定的北方大港旧址，★魏春波故居，丰南区宋家营六村银杏树。

非物质文化遗产保护项目名称：

（一）国家级6项：传统戏剧：唐山市皮影戏、滦南县评剧；曲艺：乐亭县乐亭大鼓；民间音乐：唐海县唐山花吹；民间美术：玉田县玉田泥塑；民间舞蹈：乐亭县乐亭地秧歌。

（二）省级14项：民间文学：迁安市“仁义胡同”故事、“老马识途”传说；民间舞蹈：丰南区篓子秧歌；传统戏剧：滦南县滦州驴皮影、乐亭县乐亭皮影；曲艺：滦南县靳派乐亭大鼓艺术；民间美术：遵化市铁画；传统手工艺：乐亭县刘美烧鸡、玉田县玉田老酒、迁安市迁安手工造纸、古冶区松纹剑锻造技艺、唐山市蜂蜜麻糖制作工艺、丰润区“广盛号”麻糖制作工艺；消费习俗：唐山市鸿宴饭庄。

（三）市级11项：民间音乐：滦县唢呐吹歌；民间舞蹈：滦南县民间花会——旱船、迁安市抬杆、遵化市五虎棍；民间美术：古冶区剪纸、滦南县民间剪纸、路北区剪纸；传统手工艺：路北区田景儒陶艺、乐亭县赵三烧鸡、乐亭县孤竹国酒；民间信仰：景忠山庙会。

（陈萍、赵子星、李莹）

非物质文化遗产项目内容：

1. 国家级：（1）传统戏剧——唐山皮影：又称滦州影、乐亭影、驴皮影，是中国皮影戏中影响最大的种类之一。通常认为：滦州影戏初创于明代末期，盛行于清末民国初年，迄今已有400多年的历史。皮影戏深得满人喜爱，清初满清入关，皮影戏兴盛起来。但到清中叶国势渐衰，白莲教起义震撼全国，清廷从嘉庆四年至光绪年间，曾多次下令颁布禁演皮影的诏书，滦州皮影也因此一度受到影响。正是因为清庭禁止官府私养戏班，促使大批皮影艺人转入民间，皮影戏成为民间艺术。清朝末年，农村经济衰微，皮影戏演出花费很少，又是家乡口音，成了乡民极受欢迎的娱乐活动。在剧本、音乐、雕刻、操纵等方面都有很大发展。戊戌变法后，唐山凭借开滦煤矿、唐山铁路工厂等现代化大公司经济迅速发展，各县影班纷纷进入唐山，并形成东路和西路两个流派。抗日战争时期，共产党为组织宣传抗日，于1943年、1944年分别成立《新长城影社》、《抗日影社》，并积极创作演出许多抗战题材剧目。解放后，政府对皮影戏的发展非常重视。1959年，滦东大众影社与唐山田光影社合并，成立唐山皮影剧团。直到今天唐山皮影剧团一直是政府扶持的唐山皮影创作与演出的龙头。

——评剧：是近百年来新兴的北方戏曲剧种之一，源于滦南县。评剧是创始人——滦南县绳各庄村成兆才先生在民间说唱莲花落和蹦蹦基础上，借鉴、吸收皮影、河北梆子、京戏等艺术成就逐步发展而成的。大致经历了“莲花落拆出”、“唐山落子”、“奉天落子”、“评剧”、“改革出新”等几个时期。莲花落在宋代已成为城乡丐者乞讨时之唱曲。清光绪三十四年（1908年）莲花落盛行于唐山附近。成兆才、月明珠、任善庆等滦南人是为首的莲花落艺人。解放后，滦南县成立了评剧团（1999年更名为成兆才评剧团）。

（2）曲艺——乐亭大鼓：乐亭大鼓的唱腔音乐结构属板式变化体，有“上”、“凡”两个腔系，调式调性转换灵活，基本板式分为大板、二性板、三性板、散板4类。上字腔系包括四大口、八大句、十字紧、蚂蚱蹬腿、狗奋拉舌头、昆曲尾子、慢起程、慢流水、中流水、紧流水、威武板、撤单程、二黄板。凡字腔系包括：四平调、凄凉调、悲牌子、妾口、学舌、写休书、双板、拉拉腔、二六板、反二六。乐亭大鼓男女定调是有区别的，一般男演员定D调，音域在a—d3之间，女演员定调为G，音域在d—g3之间。在“上”、“凡”腔系中，绝大部分唱腔是由本地的方言、俚曲、叫卖调、哭丧调、劳动号子衍变发展而成，极少部分是借鉴融合了其他姊妹艺术的营养而形成的，具有明显的地域特色，“反二六”则是老艺人王学荣借鉴乐亭皮影和评剧音乐所创。20世纪50年代末，形成以韩香圃为代表的韩派（东路）和以靳文然为代表的靳派（西路）两路唱腔体系。韩派（东路）唱腔讲究字正腔圆、韵满味足、高达低入。靳文然在此基础上潜心研究、大胆创新，于20世纪50年代初将一套新的唱腔体系创制而成。靳派（西路）唱腔旋律流畅，易于上口，受到行内外的广泛欢迎。韩派（东路）主[illegible]流行于乐亭、滦县一带，靳派[illegible]路）主要流行于滦南一带，现[illegible]演员们根据自身的条件将两派[illegible]自身精华融合起来，已经打破[illegible]地域界限，乐亭大鼓形成一脉[illegible]、殊途同归的局面。乐亭大鼓[illegible]段词分为长篇、中篇、短篇、[illegible]四种形式，中、长篇称为“[illegible]短篇称为“段”，微篇称为[illegible]纲段”或“书帽”。“段”和[illegible]纲段”只唱无白，一韵到底，“接纲段”十几句至几十句，小“段”几十句至上百句，甚至可达几百句。“段”或“接纲段”一般都在说唱长篇正书之前演唱，中、长篇书韵散相间，说唱交替，道白中所使用的语言为乐亭当地方言。乐亭大鼓的唱词特别注重遣词造句的文彩与炼达，非常讲究语法的修饰，演唱者通过严谨而工整的句式编排，能使自己所演唱的内容和艺术得到很好的表现和升华，它的句式构成形式主要有七字句、十字句、排比句、对称句、连环句、珍珠句、垛字句等。乐亭大鼓里的长篇书目说白和唱词多根据演员所师承的“梁子”（故事提纲）敷演；中篇书目的说白和唱词一般有固定的唱词。乐亭大鼓的曲目非常丰富，长篇有33部，中篇有36部，短篇有110部，微篇有37段。中长篇主要曲目有《回杯记》、《包公案》等。短篇有《双锁山》、《樊金定骂城》、《大闹天宫》、《拷红》等。20世纪50年代后整理、上演了一大批优秀传统曲目，并创作出不少反映现实生活的新曲目。也改编了若干部长篇书目，如《烈火金钢》、《桐柏英雄》等。

（3）民间音乐——唐山花吹：花吹是在鼓吹乐正常吹奏的基础上发展起来的一朵奇葩，她萌芽于清咸丰年间，发展于清末民初，成熟于20世纪40年代。花吹起源于唐山，固守于唐山本土的为唐山花吹，从唐山流传于滦东的为秦市花吹。区别在于唐山花吹以小唢呐（高音）为主奏乐器，辅以管弦乐队；秦市花吹以大唢呐（中音）为主奏乐器，辅以打击乐。以姚少林为掌门人的“二林鼓乐社”，是唐山花吹的代表团社。花吹顾名思义，就是将手中的乐器唢呐、鼓、钹等既做乐器演奏，又当道具舞动，既好看又好听。花吹一经问世，就得到人民群众的喜爱，一百多年的发展，技术已经成熟。唢呐技巧有手上、杆上、[illegible]上动作37种；鼓的技巧有戳、点、[illegible]、颠、绕等击法35种；钹的技巧[illegible]、点、揉、敞、闷等打法15种。[illegible]奏起来花样繁多，目不暇接，观之[illegible]不感动，由衷钦佩。唐山花吹是一[illegible]年来人民群众集体智慧的结晶，[illegible]随着浓郁的民风民俗成长起来，[illegible]民同呼吸共

欢乐。花吹在当今构建和谐社会，促进精神文明建设，活跃人民文化生活中有相当的作用，她的代表人物姚少林，把花吹推上大雅之堂——中央电视台“中国一绝”、“想挑战吗?”栏目。在全国、全省比赛中获特等奖或金奖。上过北京、河北、唐山文艺晚会……把唐山花吹推向了高峰。

（4）民间美术——玉田泥塑：玉田泥塑俗称泥人或泥笛，是一种用粘土塑造形象再经彩绘而成的民间玩具。主要以历史人物、神话故事、田野动物为题材。工艺精美、粗犷大方。鲜明的色彩，夸张简练的笔法融汇于形似、神似之间，耐人寻味。玉田泥塑种类繁多，内容丰富。从音响上分：有口吹类；从韵致上分：有手动类；从品种上分：有神话故事、飞禽动物、古装戏剧、现实生活等四大品种。在四大品种中，其神话故事、古装戏剧人物源于天津杨柳青年画，如白粉打底、敷以红、黄、绿、黑、蓝各色，明显有借鉴画风的特点。另外，在上述品种中，口吹类占350多种，手动类占80多种。玉田泥塑在长期流传中，形成以玉田县城东南的戴家屯刘凯（1870—1961）为源，即而传承给其子刘俊祥（1909—1973）、其孙刘广田（1947—）以及西高丘村的吴玉成（1934—）等谱系。玉田泥塑在历史的长河里经历了孕育、形成、兴盛、沉寂、抢救、复苏以及“民保工程”的弘扬、开发期。自清光绪到20世纪60年代初，玉田泥塑正处于繁衍流传的成熟、兴盛期，集市上泥塑摊点长达0.5公里，形成了泥人一条街，来往北京、天津及东北各地的商贩争相购买。玉田泥塑1986年进入抢救、复苏以来，又有新的起色和发展。1993年12月被国家文化部正式命名为“中国民间艺术之乡（民间泥塑）”。

（5）民间舞蹈——乐亭地秧歌：乐亭地秧歌是乐亭县流传范围广、历史悠久、内容丰富、形式活泼的民间舞蹈。它的渊源在民间有几种传说，为主的是说秧歌起源于插秧劳动时所唱的歌，开始以唱为主，后来逐渐发展，出现舞蹈形式和戏剧程式。但这仅是传说，并无确切文字可查。清光绪以前，乐亭秧歌主要是以跑套路的大场秧歌为主，到宣统年间，小场秧歌逐渐增多，大场秧歌的表演形式，可分“串街”和“打场”两种。串街秧歌是沿街串巷进行表演的舞蹈形式，“串街”秧歌动作简捷，注重整体效果，气氛热烈红火，伴奏曲牌一般使用平缓的中板。常用队形有“一条龙”、“二龙出水”、“二级登楼”、“编花寨”等。“场子”秧歌是固定在某一场所进行表演的舞蹈形式，有“大场”、“小场”之分。小场秧歌又称“小出子”，题材多样，主要有《和尚逗柳翠》、《锔大缸》、《傻柱子接媳妇》等。秧歌的行当，大致可分文武丑、文武公子、妞（少女、少妇）、文、武（老婆、老头）和童子等。乐亭秧歌的动作丰富多彩，脚部动作有“俏步”、“大弹步”、“小弹步”、“平步”和“小碎步”等；腰部动作有“扭腰”、“闪腰”、“探腰”等；肩部动作有“错肩”、“绕肩”、“抖肩”等；头部动作有“扭头”、“颠点头”、“摇头”等。乐亭秧歌主要以扇子和手绢为道具，借以表达人物的思想情感。多年来，秧歌艺人们创造了十分丰富的舞扇和舞绢的动作。如“背扇”、“中翻花”、“分心扇”、“双抖”、“单抖”等扇花，“掸绢”、“抹绢”、“转绢”、“里缠绢”、“外缠绢”等绢花。乐亭秧歌的舞蹈和音乐配合灵活而紧密，常用的伴奏乐器一般为唢呐多支，大鼓、铙钹几副。常用的唢呐曲牌有《满堂红》、《柳青娘》、《句句双》、《大姑娘爱》、《鬼扯腿》、《上天梯》等。旧社会，“地秧歌”历来被上层权贵贬为“低级庸俗之技”或“中华之国丑”，几经严令禁止，严重阻碍了秧歌艺术的发展。解放后，在党的“百花齐放”、“古为今用”的艺术方针指引下，经过广大专业和业余舞蹈工作者及民间艺人的辛勤努力，乐亭秧歌获得复苏和繁荣发展。现在全县建有百人以上的农民业余秧歌队88个，每到节庆期间，特别是春节期间，秧歌活动遍及全县各村。乐亭百人秧歌队应邀于1994年——1996年连续三次进京参加太庙文化庙会、第九届和第十届龙潭湖全国优秀花会大赛，与韩国、日本等国家民间艺术队伍切磋、交流，分获二、三等奖。

2. 省级：（1）民间文学——迁

安市仁义胡同故事：迁安市建昌营西街，原大西门里路南，有一条小胡同——仁义胡同。此胡同宽1.1米，长50米，两人相对走来可擦肩而过。建昌营西大街与其南边的鸡市街本不相通，有了这个仁义胡同两街才沟通了。从而方便了这一带的居民。“仁义胡同”顾名思义是由“仁义”而来。其来历是：明朝时期建昌营西街有两大户人家，是隔壁邻居。东家姓任，西家姓梁。梁家欲盖东厢房，想占隔墙为基。任姓闻知，言说此墙系我家所有，梁姓占墙实属无理。姓梁的坚持要占。两家各执己见，争论不休。由于任姓抗得很硬，梁家好长时间没有动工。在相峙的过程中，任姓给其在外地做官的家人寄去一信，告之此事。不久此官复信至家，任姓拆封取信过目，上写四句小诗：“千里捎书只为墙，让他几尺奈何妨？长城万里今犹在，不见当年秦始皇。”任姓在此信的劝导下，主动告之梁家，我让二尺与你。梁家闻之大喜大惊，自觉惭愧，索性放弃占隔墙，从此互相谦让，但谁也不肯改口。后来达成协议：两家各以隔墙自己一侧为起点后让一尺，再各自筑墙，从而形成一条新胡同。街坊邻居都称这两家是“仁义之家”。当地官府闻此义事，曾造一横匾悬挂胡同口上，上书“仁义胡同”，以扬其举。从此“仁义胡同”的义事，脍炙人口，代代相传，流芳于今。

——老马识途：公元前664年，齐桓公应燕庄公之邀，率师北上，举行救燕伐山戎之役。在打败无终、令支两国之后，继而伐孤竹。孤竹城山戎首领答里呵，设计了中国历史上第一次“空城计”，城中兵民都逃往山中藏匿，从而引诱齐军中计，误入迷谷（现属滦县）。当时地形地貌与现在不同，迷谷附近尽是沙石之地，草木不生，人称旱海。是时又遇大风，飞沙走石，天昏地暗，四处茫然，咫尺不辨。此时桓公大惊：“似此绝境，如何得出？”管仲献计曰：“臣闻老马识途，可使老马数头，观其所往而随之，宜可得路也。”桓公依其言，择老马数匹，纵之先行，弯弯曲曲，遂出谷口。齐桓公率军随老马走出旱海，复攻打孤竹城，消灭了孤竹城山戎守敌。这就是“老马识途”典故的始末。

（2）民间舞蹈——丰南篓子秧歌：丰南篓子秧歌是大场秧歌独特的艺术品种，源于丰南西部东田庄一带的民间秧歌“篓子灯”。“篓子灯”是由我国最古老的舞蹈傩舞演变而来的，始于周朝。这种傩舞表演，在我国的许多民族和国外的许多民族都很盛行，而且多数表现形式是广场舞蹈。丰南篓子秧歌在创作表演过程中，把民间常见的篓子艺术化，绘成各种脸谱，戴在头上，作为面具。既表现浓郁的地方特色，也把艺术同劳动和创作结合在一起，歌颂朴实的劳动者。同时，篓子又成为巧妙的道具，它既可以表现渔民打鱼、装鱼的艰辛，也可以表现劳动后的欢乐。丰南篓子秧歌其实属于多姿多彩的冀东地秧歌。她是民间村民在劳作之余，娱乐休闲时，大胆创作出来的。丰南沿海一带在一望无际的滩涂上，长满茂盛的芦苇，沿海一带的渔民以芦苇编织成造型各异的篓子，用来盛装从海上捕到的鱼虾。每到岁末、春节，一群群粗犷、彪悍的海汉子和一群群漂亮、泼辣的渔家女，在宽广的滩涂上点起灯笼，舞起篓子，庆贺丰收。在尽情的舞动中，表现他们丰收的欢乐和对幸福生活的向往，也表现海汉子和渔家女之间的美好爱情。跳罢、舞罢，他们将篓子冲着海天相结的地方，放火烧掉，祭祀海神，祈盼来年风平浪静，鱼虾满船。对这纯朴美好的民间舞蹈，文艺工作者进行了深入的挖掘，并广泛吸收冀东地秧歌的一些表现手法，编创成广场舞蹈——篓子秧歌。以浪漫和写实相结合的手法，通过海祭、海魂、海搏、海欢四个舞段，表现渤海儿女善恶分明，阳刚粗犷的胸襟，洋溢着与海同欢，明快热烈，喜庆丰收的气息，从而揭示出渤海儿女勤劳朴实、善良聪慧、团结拼搏的深刻主题。

（3）传统戏剧——滦南县滦州皮影：滦州（现滦南）驴皮影戏约创于明代末叶，据史料记载，“滦州影戏发明人，是滦州安各庄人黄振中先生”。“明代的黄素志加以改进，形成驴皮影。”清朝中末叶和民国年间的民间小影班比比皆是。20世纪30年代，滦南县人张绳武、张占科等著名皮影艺人进入奉天、新京等大城市演出，名声远播日本、朝鲜等国。张绳武、张占科等著名皮影艺人应邀陆续在国内和国外灌制了大量唱片。滦南县皮影团于2004年1月赴葡萄牙演出，2005年参加唐山国际皮影展演，并获奖。

——乐亭皮影：乐亭皮影戏俗称“乐亭影”。历史悠久，流布区域宽广，是我国皮影戏的一个主要剧种。乐亭影是一种集民间美术、民间音乐、民间舞蹈、民间说唱为一体的综合性戏曲表演艺术，在音乐、念白、雕刻、操纵等方面具有浓郁的地方特色，是我国影戏园中一株瑰丽的奇葩。郭沫若同志曾经赞誉：“大钊故乡乐亭影，唱腔优美，词句丰富。”乐亭影发源于河北省乐亭县。自金代到清初六百多年间，乐亭影逐渐发展成熟。外地人把乐亭话叫“呔”话，因此人们又把乐亭影叫做“老呔影”，乐亭影影人和场景是用驴皮刻制的，人们又叫它“驴皮影”。乐亭皮影的唱腔和道白均以乐亭方言语音为标准，虽有地域关系，但有成就的艺人都能说一口纯正的乐亭话。在二十世纪二三十年代，乐亭县境内知名的影班达八十多个，还有些乡民组织起来的业余影班，农闲唱影，农忙务农，自娱自乐，极大丰富了城乡人民的文化生活，对乐亭县民风民俗的改革起到潜移默化的推动作用。从清末到“七七”事变这段时间里，虽有帝国主义入侵，军阀混战，民族处于危亡的境地，英勇的乐亭人民却在刀兵烽火的间隙中，继承先贤的遗志继续灌溉培育着这枝民间艺术之花，使其源远流长。特别是建国以来，党和政府对乐亭皮影戏进行大力扶植，先后组建专业、业余团社，使其以崭新面貌演出。乐亭县皮影团的前身是齐怀影社，经逐步壮大形成专业皮影剧团。乐亭皮影是照本宣科的戏曲，文学剧本分单出和连台本。主要曲目有：《青云剑》、《绿珠坠楼》、《五锋会》、《洞庭湖》、《小西唐》、《白蛇传》、《秦英征西》、《三打白骨精》、《火焰山》、《放鸟劝学》、《人参姑娘》、《盘丝洞》等。杰出的艺人有王华、韩增、苗幼芝、齐怀、孙品卿等老一辈艺人和刘作信、邱连贺、孟令华、高焕才等在党和政府的关

怀培养下卓有艺术成就的演职员。乐亭皮影优美的唱腔和精湛的技艺在海内外享有盛誉，革命先驱李大钊于1919年编写《安重根刺伊滕博文》的乐亭皮影剧本，把这段历史事件通过皮影戏详细、浅明、生动、有力地介绍给故乡人民，使乡亲们懂得“国家兴亡匹夫有责”的道理。1963年秋，中国民间文学研究会邀请乐亭县皮影剧团赴京演出，受到当时中国文联主席、中国科学院院长郭沫若，中宣部副部长周扬，中国文史馆馆长爱新觉罗溥仪等领导和专家的高度赞誉，见到敬爱的周恩来总理。1987年全国部分省市皮影大赛，乐亭县皮影剧团演出的剧目《洞庭湖》获二等奖，1989年河北省皮影木偶大赛中乐亭县皮影剧团演出的剧目《白蛇传》获二等奖，2004年河北省汇演中乐亭皮影《创业情》获得一等奖，2005中国唐山国际皮影艺术展演中，乐亭县皮影剧团演出的新编剧目《三打白骨精》获得五项大奖。1987年先后有法国、德国、日本、台湾等国家和地区的专家学者来乐亭考查研究乐亭皮影，对乐亭皮影艺术给予较高评价，中央电视台、北京电视台等单位来乐亭录制节目并播放，乐亭皮影团并受到日本、美国、意大利、韩国等国的邀请。1991年，乐亭人石玉琢撰写的《乐亭影戏音乐概论》由人民音乐出版社出版，被列为中国戏曲音乐研究丛书，部分音乐院校选为教材。1996年，乐亭县被文化部群文司命名为中国皮影之乡。

2008年，乐亭县被中国民间文艺家协会命名为“中国皮影之乡”，“中国皮影艺术研究中心”同时在乐亭县挂牌成立。

（4）曲艺——滦南县靳派乐亭大鼓艺术：1845年前，滦南县境内十分流传“清平歌”、散曲之类的小调，冀东莲花落、滦州驴皮影、乐亭调等在域内也很盛兴。1845年，滦南县坨里村说书艺人乐亭大鼓创始人冯福昌（人称“冯铁板”）首创用铁板代替木板击节伴唱说书，至使近代乐亭大鼓形成。代表人物还有“江湖行祖师”杨久昌、名贯冀东的戚德旺、“抠抠脚”李狗儿、“张小鬼”张子山、“王不正”王德有、“三树不如一安”张玉安、“压三珍”戚永武等等。1930年，滦南县靳营村人靳文然登上冀东曲坛，于20世纪50年代创靳派乐亭大鼓，且统领冀东曲坛至今不衰。

（5）民间美术——遵化市铁画：“铁画”，顾名思义是用铁制作的工艺美术品。马兰峪铁画创始人是清代康熙年间一位杰出的艺人——洪日生所创。洪日生原籍浙江绍兴，后寄居马兰峪。他大胆溶汇笔墨艺术于炉锤焊接之中。独创了名噪一时，被康熙皇帝称为绝技的铁画。“巧前代所未有”，是满族人民唯一的特色铁制工艺美术品。铁画选材于马口铁和铅丝，根据画样剪裁、折叠、锤打、造型、焊接、烘漆等工序。借鉴于国画的章法布局，吸取民间剪纸、木刻、花丝手饰的工艺技术制造而成。铁画黑白分明、轮廓清晰、豪放大气，线条疏密有致，风格素雅大方。铁画的制作十分繁琐，又十分精细。它的材料大都是一些毫无光泽的铁板，工匠们以锤代笔，把铁板敲出大致的形状，再精雕细琢，一锤一锤地把铁板修整成形，再用剪刀剪出一些修饰物。最精细的工序要数焊接了，它的焊接不同于一般焊接，是用纯银加上点铜粉，一点一点焊，不能有半点马虎。这还不算完，打制成形的铁画还要去喷漆。将要喷漆的铁画先是经过酸水清洗，去锈，再喷上黑漆。待漆干后再将其钉到白色的底板上，这样一幅铁画才制成。马兰峪铁画题材繁多，在1977年全国工艺美术展览会上受到一致称赞，著名诗人郭沫若对马兰峪的铁画极为赞赏，写出“以铁的资料创造优美的图画，以铁的意志创造伟大的中华”的诗句。

（6）传统手工艺——乐亭县刘美烧鸡：刘美烧鸡手工制作技艺是由始创人刘俊，在传承至今已有200多年的祖上卤煮肉基础上，经过潜心钻研，开创烧鸡整形之先河，并以此而成名。据《乐亭县志》记载：1897年由乐亭县海边小村李各庄迁至县城南关的刘俊与其祖父刘崇挂起“刘记烧鸡铺”的牌匾，开始店铺经营，生意红火……1905年，当时具京东第一家之称的汀流河刘石各庄村老刘家在光绪帝身边任二品带刀侍卫的刘坦（慈禧太后的干儿子）回乡省亲，品尝到刘记烧鸡后，甚感色、香、味好，只是整只鸡摆放着不雅观，他萌生将此美味食品送给慈禧太后品尝的念头。于是他召见了刘俊，将想法合盘托出。刘坦走后，刘俊便开始探索鸡形研究。一次在走街串巷叫卖烧鸡时，见到一家大户人家的影壁上画有一幅《天鹅卧眠图》，启发了他的灵感。回家后他让爷爷刘崇打点生意，自己闭门试作，终于成功。他将收到的活鸡屠宰、烫脱、去膛后，把白条鸡的一支翅膀从鸡脖刀口处穿入，从鸡嘴穿出，使鸡头与鸡脖随鸡翅紧贴于鸡背侧面，另一鸡翅自然折伏，再将鸡爪蜷曲折入腹腔……，成形后再放入祖传老汤的锅内，加入28味名贵中草药……，煮熏出来的烧鸡摆在那里，竟如同脱去羽衣的裸鸡卧睡一般，神形兼具。1906年秋，已进入颐和园任慈禧太后随身侍卫的刘坦再次回乡省亲，听家人讲，刘记烧鸡已将造形制作的美轮美奂，并名声大噪，他立即来到县城刘记烧鸡铺，见到整形后的烧鸡，大为惊讶……他为此缩短了省亲时间，急急带上几十只回到北京，呈献给慈禧太后及众位亲王。慈禧太后见到刘坦奉上的刘记烧鸡并品尝后，不禁大悦，问及此等美食来自何处，刘坦急禀，来自臣的家乡乐亭，又问叫甚名字，刘坦答道：刘记烧鸡。慈禧太后说：如此色、香、味、形四美合一的美食，没有一个好听的名称，甚是可惜。刘坦急忙上禀：请太后赐名，慈禧太后遂赐名“刘美烧鸡”，刘坦急忙叩头谢恩。刘坦事后立即派快马将此赐名报给家人，并转告给刘俊。1906年11月11日（清光绪三十二年农历九月二十四），刘俊摘下经营近10年的“刘记烧鸡铺”牌匾，换上慈禧亲赐的“刘美烧鸡铺”的牌匾，并从这天开始正式更名刘美。刘美烧鸡作为我国北方地区的一道名食，它发祥于乐亭，行销京、津、唐、秦及东北三省（目前已销往全国18个省、市、自治区）。它那色、香、味、形四美合一的独特之处，特别是开创我国烧鸡整形之先河（外形已获国家专利），彻底打破过去烧鸡两爪两翅支楞、脖耷拉甚为不雅的难题，促进了我国烧鸡行业整鸡外形工艺的发展。它作为一道美味食品，起到开脾健

胃、清神醒脑、强身健体之功效，它作为食品文化一道解开的课题，丰富了其博大精深的内涵，流传百年，经久不衰，实为难得。改革开放后，随着刘美实业的不断发展壮大，它又促进了农村农业产业化结构的调整。作为“省级农业产业化重点龙头企业”，每年带动3000多户养殖场（户），可使他们获得经济效益800万元，促进和谐农村的发展。它丰富了广大消费者的菜蓝子，成为消费者餐桌上一道不可或缺的美食。

——玉田老酒：玉田老酒由玉田县鸿源酒业有限公司生产，公司位于玉田县城西南6公里处的林南仓古镇。早在辽金时代，统治者就在该镇后湖附近建有行宫和御林。明清时期已成为水旱码头，商贸集镇。“丰年牌”玉田老酒的前身——玉田老酒，经历代传承，已成为乡土艺苑中的一块瑰宝。玉田老酒是用优质高粮等为主要原料，多种微生物参与发酵，人工老窖、陶瓷坛陈贮3年至5年以上，科学勾兑而成。本品具有无色或微黄透明、浓酱兼香、酒香浓郁、绵软甘洌、后味爽净的特有风格。玉田老酒酿造历史悠久。史载唐太宗东征，击鼓之前饮玉田老酒，得胜后封玉田老酒为御酒；辽金时代驰名北方，谓之“圣水”；明清时期酒香鼎盛，畅销华北。鲜明的品质、悠久的传承历史、丰富的文化内容，具有较高的历史和文化价值。独特的酿造工艺，在代代相传中得到创新和发展，使之成为餐桌上的助兴佳品，又具有较高的实用价值。挖掘开发玉田老酒，已对发展玉田经济，丰富人民群众饮食文化生活，构建和谐社会产生促进作用。清光绪年间，林南仓镇就有“义兴隆”、“义德泉”等烧锅酿酒作坊。1947年，冀十五军分区将上述两家私营烧锅改为国营酒业公司，解放后为地方国营，称河北省唐山专区玉田县林南仓酒厂和玉田县制酒厂。进入20世纪80年代以来，玉田制酒厂致力于恢复“玉田老酒”传统工艺，采用现代发酵新工艺，精心酿制，使这风味独特的历史名酒又重放异彩。著名酿酒专家周恒刚和国家级品酒员、全国女状元金凤兰对此酒给予很高评价，著名作家丛维熙等十几位文坛名流把此酒誉为“南茅北玉”、“北国茅台”及“北国琼浆，唯我独尊”之称号。

——迁安手工造纸：明朝永乐元年（1403年）明成祖迁都北京，迫使苏州等十郡及江南九省大批老百姓北迁，在北京周围开荒种田、繁衍生息。就在这个时候，南京的李、岳姓氏两家族，带着江南的造纸技术来到迁安，并以当地盛产的桑皮为料，用石灰沤泡桑皮造纸。到宣德年间（1426年——1434年）在迁安三李庄一带已建起了好几家手工桑皮纸作坊。因桑皮纸四周有不齐的毛边，所以又叫“毛头纸”。迁安的手工造纸业随着源远流长的历史，也逐步发展壮大起来。据迁安县志记载：1930年，毛头纸作坊已有八百余处，每年生产一百六十万张。产品畅销东北、华北及京津等地。县城内较大的纸业商店也有二十多家。并且在京、津、唐设有分号，当年北京的“春生和”、天津的“元春兴”都是迁安毛头纸的转运客货栈。以后，迁安的手工纸又先后创出“三五”、“一九”、“二呈文”、“三呈文”、“毛呈文”、“大样子”、“巩儿纸”、“爆竹捻儿”等新品种，还增加了剪边、挫挫、打印等工序。其中国画纸厂生产的国画纸（迁安宣），不跑墨、吸水快，深得国内外书画家的称赞。

——古冶区松纹剑锻造技艺：松纹剑是中国传统铸剑工艺。宋代沈括曾在《梦溪笔谈》一书中作如下描述：“松纹剑又名鱼肠剑，也有蟠钢剑之称。古有取诸鱼燔热，褫去肋，视见其肠，正如今之蟠锡剑文也。”松纹剑铸造工艺在表现形式上，钢铁混锻，铁包钢反复折打，手工细腻、精湛。其主要特征：折铁锻造，反复夹钢；砂轮打磨，找准剑型，手工研磨，苛求精致。李海峰先生制作的三尺青锋松纹剑，薄薄的剑身多达1023层，自然形成一个个状如松表的图案，精光四射、美伦美奂。松纹剑研铸成功，更加坚定了李先生铸好剑，出精品的信心，“剑做为古代的冷兵器，早已失去了它的实用价值，取而代之是它的文化内涵及精神价值，让所铸之剑诠释、传承和发展中华文化、民族精神是铸剑师的责任。”李先生夜以继日开炉铸剑，先后探索出更精美的剑纹和更高品质的剑身，如：江山剑、祥云剑、凤羽剑、游龙剑……一柄柄风格迥异青锋剑在他的“敬君炉”里相继诞生，李先生不断追求着更高的铸剑境界。

——唐山蜂蜜麻糖制作工艺：唐山市新新麻糖厂生产的蜂王牌蜂蜜麻糖食品属于地方性传统风味，是唐山特产，由于手工操作工艺十分繁杂加之所用原材料均是纯天然材料，深受广大消费者的认可和喜爱，被誉为“麻糖大王”，（见附件），远近驰名。历史可追溯到明朝万历年间（1577年），几百年来，都是居家旅行，馈赠亲友的必用家品。新新麻糖厂生产蜂蜜麻糖食品系历史最久，质量最好，工艺技术最精，市场占有率最大，老百姓口碑最佳。该项目属于传统手工技艺，用手工擀制面片，经过擀、卷、拍、堆、抖、放、剁块、网花、油炸、润浆等十几道工艺一气呵成。一个面剂展开后成状如床单、薄如丝绸、近似透明的大面片。最后成为淡黄色、美似玉雕、薄如蝉翼、口味清香甜酥、有独特风味的唐山特产蜂蜜麻糖。

——丰润区“广盛号”麻糖制作工艺：丰润七树庄麻糖始创于明朝万历四年（1577年），取其冀东人所爱吃的食品“软、硬排叉”之优点并借鉴京城“蜜饯”浇浆法精心研制而成。民国时期，由张家传人之一张凤舞创立“广盛号”。又由其后人张金海、张国荣将此传统工艺和字号传承至今。400多年来，七树庄“广盛号”蜂蜜麻糖以其精湛的工艺、独特的风味、良好的信誉，名扬全国，誉达海外。基本配料：精面粉、花生油、香油、优质蜂蜜、白砂糖、糖桂花等。制做方法：1. 面团调制：将白砂糖用水溶化后加入面粉经多次沾水、反复搅拌后，形成筋性好、软硬适度的面团。2. 擀卷压片：将饧好的面团擀成直径约0.5米的底片，在3—4分钟内完成多次擀、卷、拍、抖、滚等程序后形成长2.7米、宽2米透薄如纸的面片，再经“鼓气”、“抖面”、“整形”等工艺，将面片卷在“花扛上”。3. 网花成型：将面片破成宽1厘米的面条，叠至15—17层，把每条斜剁成3厘米宽的菱形35块，每块中间剁一切口翻卷、一

端网花即成生坯。4. 将花生油炼熟后加香油，放入生坯炸制成金黄色。5. 烧浆：白砂糖加适量水溶解，熬成浆后加入桂花、蜂蜜、饯糖等搅拌，经两次浇浆后即为成品。食品特色：蓬松透明、层片薄匀、形色生动诱人；口感清新绵软、香甜不腻。

（7）消费习俗——鸿宴饭庄：鸿宴饭庄创建于1937年，先后历经了股东改变、公私合营、三年自然灾害、"文化大革命"、唐山大地震等各个历史时期、各种事件及自然灾害等的变迁和冲击。经营上以包办酒席为主，既可预订饭菜，又可点菜现炒现做，并经营家常便饭、时令小吃。菜点上高、中、低档兼备，以鲁菜、京菜、冀菜为主，融通川、粤、宫廷菜，并精于各种海鲜菜肴的烹制。自建店以来，选料精细、刀工精湛细腻、做工考究、烹调方法灵活多样就成为鸿宴饭庄一脉相承的传统与特色。从1999年至今，先后有14道菜品分别被国家国内贸易局、中国烹饪协会、中国饭店协会评定为中国名菜；传统小吃"棋子烧饼"被评为"首届中华名小吃"。鸿宴饭庄以烹调技术的雄厚实力和挖掘老字号餐饮文化的执着精神，展现了冀东沿海派传统的烹调技艺。70年的文化积淀、技艺传承，同样锤炼造就出一批享誉餐饮业的名厨巨匠。冀东沿海派首席大师、首届中国烹饪大师靖三元从70年代起就组织烹调技术班，为继承发扬冀菜做出突出贡献。靖三元大师还先后带领鸿宴饭庄的数十名弟子赴日本、德国等国家传播交流中国餐饮文化，使得鸿宴饭庄的名菜香飘海外。如今，做为靖三元大师嫡传弟子的何宝良正带领着新一代年轻的鸿宴人为老字号餐饮技艺的传承、为鸿宴的金字招牌更亮而不懈地努力。鸿宴饭庄曾先后被评为省级先进企业、省级明星企业、中华餐饮名店、绿色餐饮企业、国家特级酒家、河北省著名商标企业、中华老字号等。鸿宴饭庄也由此成为传承和发展河北老字号餐饮文化的先锋和代表。

市级11项：

民间音乐：滦县唢呐吹歌；民间舞蹈：滦南县民间花会——旱船、迁安市抬杆、遵化市五虎棍；民间美术：古冶区剪纸、滦南县民间剪纸、路北区剪纸；传统手工艺：路北区田景儒陶艺、乐亭县赵三烧鸡、乐亭县孤竹国酒；民间信仰：景忠山庙会。

非物质文化遗产传承人34人：

第一批市级非物质文化遗产项目代表性传承人（含国家级9人、省级23人、市级11人）：

序号	姓名	性别	民族	年龄	项目名称	项目保护单位
1.	齐永衡	男	汉	77	唐山皮影戏	唐山市群艺馆
2.	丁振耀	男	汉	72	唐山皮影戏	唐山市群艺馆
3.	张兆祥	男	汉	87	唐山皮影戏	唐山市群艺馆
4.	彭佐臣	男	汉	71	唐山皮影戏	唐山市群艺馆
5.	齐永清	男	汉	64	唐山皮影戏	唐山市群艺馆
6.	洪　影	女	汉	80	评剧	唐山市群艺馆
7.	罗会芹	女	汉	45	评剧	唐山市演艺集团
8.	张俊玲	女	汉	46	评剧	唐山市演艺集团
9.	王玉萍	女	汉	49	评剧	滦南县文化馆
10.	贯祥民	男	汉	59	滦州驴皮影	滦南县文化馆
11.	刘佳文	男	汉	69	乐亭皮影	乐亭县文化馆
12.	贾幼然	男	汉	69	乐亭大鼓	路南区文化馆
13.	赵凤兰	女	汉	66	乐亭大鼓	路南区文化馆
14.	张近平	男	汉	48	乐亭大鼓	乐亭县文化馆
15.	王立岩	女	汉	75	乐亭大鼓	乐亭县文化馆
16.	何建春	男	汉	49	靳派乐亭大鼓艺术	滦南县文化馆
17.	贾昌福	男	汉	46	靳派乐亭大鼓艺术	滦南县文化馆
18.	姚少林	男	汉	62	唐山花吹	唐海县文化馆
19.	刘桂存	男	汉	52	唢呐吹歌	滦县文化馆
20.	吴玉成	男	汉	78	泥塑（玉田泥塑）	玉田县文化馆

21.	陈福宏	男	汉	68	剪纸	古冶区文化馆
22.	熊宏伟	男	汉	44	剪纸	滦南县文化馆
23.	艾俊波	男	汉	29	剪纸	路北区文化馆
24.	洪　鑫	男	满	41	铁画	遵化市文化馆
25.	刘二刚	男	汉	44	刘美烧鸡	乐亭县文化馆
26.	吴庆丰	男	汉	60	玉田老酒	玉田县文化馆
27.	杨永安	男	汉	46	迁安手工造纸	迁安市文化馆
28.	李海峰	男	汉	52	松纹剑锻造技艺	古冶区文化馆
29.	董淑媛	女	汉	66	蜂蜜麻糖制作工艺	唐山市群艺馆
30.	张国荣	男	汉	52	“广盛号”麻糖制作工艺	丰润区文化馆
31.	田景儒	男	汉	72	田景儒陶艺	路北区文化馆
32.	赵平恩	男	汉	57	赵三烧鸡	乐亭县文化馆
33.	戴树志	男	汉	59	孤竹国酒	乐亭县文化馆
34.	何宝良	男	汉	47	鸿宴饭庄	唐山市鸿宴饭庄

（刘　飞）

文化基础设施

【新农村书屋工程】　开展“情暖故土，书香农家”帮扶联系活动，制定《唐山市“情暖故土，书香农家”帮扶联系活动实施方案》，成立以市委常委、宣传部长郭彦洪和市政府副市长高瑞华为组长的农家书屋工程建设领导小组，市委、市政府、市人大、市政协四套班子领导成员以及各市直单位正职人员分别建立农家书屋帮扶联系点。500多个党政机关参与了帮扶联系活动，共捐赠图书6978种，12343册，形成全社会关注、支持、参与农家书屋建设的良好局面。2009年建成100个“新农村书屋”。

【基础设施建设】　新建的56个乡镇综合文化站年底全部完成，新建78个“健康唐山、幸福人民”社区文化辅导基地，完成唐山市群艺馆（含书画院）迁建、唐山市图书馆迁建、中国近代工业博物馆的立项工作，唐山博物馆改扩建工作正在进行中。

（马佳杰）

媒体宣传

报纸

【唐山劳动日报】　2009年，围绕深入开展学习贯彻市委八届五次全会精神、应对金融危机、健康唐山幸福人民行动、干部作风建设年活动、纪念新中国成立60周年、党的十七届四中全会、五项攻坚行动、创建创业型城市、南湖开园、曹妃甸论坛、惩防体系和党风廉政建设等重大活动展开广泛、深入、扎实、全面、系统宣传报道。在每次报道活动中，均专门召开总编办公会研究部署，制定宣传报道方案，设置专栏，利用消息、通讯、专访、言论、解读等多种文体，刊发感染力、影响力很强的报道。市委八届五次全会召开后，连续刊发《可喜的成绩，宝贵的启示》、《机遇大于挑战》等8篇系列评论，产生良好的宣传效果。在干部作风建设年活动报道中，《38个会合而为一，两个半小时结束》、《丰润仅用两小时注册一公司》、《迁安“过紧日子”省出1亿元惠民生》、《架起与民沟通的连心桥——市领导公布电子邮箱》等稿件，角度抓得好，社会反响强烈。在应对金融危机宣传报道中，刊发《来自春天的答卷——看汉沽管理区如何逆势飞扬》、《逆流前行——迁西调整发展步伐应对经济“寒流”》、《逆水扬帆逐浪高——玉田应对金融危机加快发展》等报道，通过鼓舞士气、典型引路，有力推进市委、市政府下达的一千个项目的落实。配合开展“三年大变样”攻坚行动，宣传各级各部门的政策措施、工作动态和整治结果、工作经验，对不文明现象和死角死面进行曝光，舆论监督及时到位。2009年唐山市阶段性重大活动的宣传任务较多。在市人大、政协“两会”、陶瓷博览会、“中国河北唐山——韩国友好周”活动、“央企走进唐山曹妃甸”和“欢乐东方天天演”、“梨园小剧场天天见”文化项目的宣传报道中，充分发挥主流媒体的宣传效能和舆论引导作用。

【唐山晚报】　唐山晚报注重把握自身办报规律和特点，着力在增强新闻的时效性、贴近性、服务性上下功夫，办报水平、读者认可度、市场竞争力进一步提高。2009年，在由唐山学院主持的唐山报业市场读者情况抽样调查中，晚报的读者经常接触率达到47.8%，为唐山市平面媒体之首。唐山晚报着力在新闻创新、新闻策划上多想办法，在编辑思想、稿件采写、版式设计、新闻整合等方面进行探索和创新。在全市“两会”报道中，推出《两会聚焦》、《委员建言》、《代表建议》等专栏，刊发一批政府关注、百姓关心的精品报道。在“健康唐山幸福人民”报道中，开办“健康唐山幸福人民”专栏，推出20个专题，每周五推出《一生平安》两个专版介绍养生、保健知识，每周一推出6个版面的健康周刊。在南湖开园报道中，配合消息《“五一”好玩南湖等你来》，独家发布南湖城市中央公园导游示意图，方便市民游玩。随后又推出《逛南湖》特刊，由记者作“导游”，全面介绍南湖景色和市民到南湖游玩的注意事项，报道生动活泼、富有特色。在汶川特大地震一周年之际，晚报推出《让我们来帮灾区孩子圆梦》大型公益活动，为67个孩子实现梦想，先后推出12篇后续报道、4个圆梦专版，并在5月12日推出5个版的汶川特大地震一周年特刊《山川相连》，受到各方面的好评。在国庆60周年报道中，按照“六十周年六大系列”总体思路组织报道，《天南地北唐山人》、《60年职业变迁》、《唐山之最》等六大系列报道全面反映唐山60年建设成就。为缓解就业再就业压力，先后推出《人才·就业》、《就业资讯》两个专刊，发布1.36万家用人单位提供的就业岗位14.3万个，促成3.4万人实现就业和再就业，有效缓解政府的就业压力，新华社据此就地方媒体助推就业进行专题报道。

（孔祥华）

【燕赵都市报冀东版】 2009年，紧紧围绕国家大事要事，突出冀东唐秦二市的地方特色，充分发挥都市报自由、灵活的优势，紧密贴近时代、贴近群众进行宣传报道。年初，推出《唐山解放30周年特刊》，对唐山解放的历史进行全面梳理，图文并茂可读性极强。唐山正式跨入全国“GDP3000亿俱乐部”，这对于河北和唐山都是一个具有标志意义的转折点。燕赵都市报受邀为市委宣传部出谋划策，策划报道方案。同时，5篇重头稿件连续推出，得到唐山市委市政府的认可。1月，唐山市两会召开，派出6名记者的强大阵容，由副总编亲自坐镇，采编中心主任指挥调度，每天拿出4—6个版报道两会的重点内容。抓住唐山房价太高等焦点问题追踪分析，深得读者认可；对赵勇书记和陈国鹰市长等政要人物进行专访，涉及多个市民关注的热点话题，得到百姓的好评。在3月15日，燕赵都市报策划推出《消费圆桌—315商家读者面对面特刊》，对百姓关注的住房、汽车、家电等几大消费领域的焦点问题进行一一解读，受到消协、读者和商家的一致好评。继而推出《60年家国凤凰城》纪念新中国成立60周年大型特刊，将唐山60年来在各方面的历史演进和杰出人物逐一整理，成为了解唐山新中国史的重要参考资料。4月份，曹妃甸新区挂牌成立，报社提前几个月谋划，派出3路记者深入采访，拿出3—4个版面，用地图、表格、图片和翔实权威的报道，全面解析其深远影响，稿件全部被本地主流新闻网——环渤海新闻网在首页转载。曹妃甸论坛是2009年唐山乃至河北省的一件重大经济、政治事件，报纸连续4天在全省版推出《曹妃甸论坛特别报道》，在第一时间将论坛的重要新闻和关注热点传播到全省乃至全国。评剧百年时，独家策划推出大型口述历史《洪影说戏》，引起唐山市文化艺术界和广大读者的高度关注。7月，以《唐山交大旧址复建》为题，进行为期一个月的深度报道，引起唐山市民和相关部门的高度重视，唐山市规划局在城市规划中，为唐山交大旧址所在地特意进行复建规划。对推动促进唐山交大校友会筹建和西南（唐山）交通大学与唐山市签署全面战略合作框架协议均起到一定积极作用。国庆60周年前夕，以李立春为代表的几名唐山滦县无税庄村民自筹资金，搭台选秀，组织感恩万里行，记者跟随一路报道，在全国各地引起强烈反响。

为进一步扩大影响力，1月，又创办《动周刊》，以“动”为核心，开创全新的运作模式。创刊之初，就启动首届唐山民间艺人元宵晚会。晚会结束后，读者纷纷打来电话，强烈要求这一文化活动要持续搞下去。之后陆续推出年货团购、牛年找牛人、超市价格大比拼、旅游、相亲、封面选秀等一系列活动，实现经济效益和社会效益双丰收。

年内，燕赵都市网唐山频道开通，信息丰富、新闻及时。自从网站上线以来，冀东版初步尝试报网一体的运作模式，在一些重大新闻、突发事件中滚动刊发新闻，威力初显。汶川地震发生后，宋志永从四川绵阳安县几个受灾严重的乡镇带回246名学生到玉田上学。一年后，由于家乡重建速度加快，学生们回家学习、生活。燕赵都市报记者和学校老师一起，护送孩子踏上回家的车辆，网络同步直播“川娃回家”，系列报道架起唐山四川两地的友谊之桥。

燕赵都市报冀东版在努力办报的同时，充分发挥自身优势积极参与唐山的经济活动，尤其是为会展业注入了一定活力。先后于4、9、12月主办、协办和推出“2009中国唐山环渤海房地产、家居展销会暨名车展”、“中国唐山2009秋季房产（家居）平面展”、“中国唐山2009秋季汽车平面展”、“2009唐山市迎‘双节’欢乐购车周”、“2009年度冀东地区最喜爱的车型评选活动”。在唐秦两地产生重大影响。

（文静辉）

广播电视

【新闻宣传】 坚持平面媒体与立体媒体相结合，综合频道（频率）和专业频道（频率）相结合，传统媒体和新兴媒体相结合，形成全方位、多角度、深层次、立体化宣传格局，构建广播、电视、报纸、网络综合性的宣传大平台。集中宣传市委八届六次全会、“中央、省、市两会精神”、“低碳生活全民行动”、“健康唐山，幸福人民”、“转方式，调结构，促发展”、“绿化唐山攻坚行动”、“干部作风年建设”、“三城联创”等八大主题，集中开设专栏，组织专题，开展评论，形成浓厚的舆论氛围和强大的宣传攻势。在环城水系开通、唐山机场首航、南湖迎宾大道开通等重点工程竣工时，广播、电视调动各种宣传手段，深入现场，在第一时间将第一信息传递出去；在世博召开、玉树地震等重大事件发生时，连线或派记者赶赴现场，对重大事件展开系列报道；对遵化刑警杨金波和北车集团张雪松事迹，开展集中宣传。

【节目创优】　加强广播电视各频道频率联合，建立不同媒体交叉互动联合报道机制；加强广播联盟和电视联盟建设，电视台加入城市电视台联合体，成为全国88家城市电视台联盟单位之一，电台加入全国电台合作体。同时，和环渤海16个城市签订互相宣传合作协议，利用外埠媒体开展对等宣传，实现资源共享。年内，电视台《直播50分》和《新农村》两档节目被评为全省十大品牌栏目。其中，《新农村》位居十大品牌栏目之首。在国家和省各项评奖中，电视获奖16篇，广播获奖13篇，报社获奖24篇，获奖总数和获奖质量均列全省各地市之首，受到市委宣传部领导的充分肯定。参与拍摄电影《唐山大地震》，开展宣传攻势，相继开办《看〈唐山大地震〉感受唐山巨变》等一系列节目，大力弘扬唐山人文精神，展示唐山建设成果。2009年上半年，电台在中央人民广播电台发稿120篇，是去年全年发稿量的2倍；电视台在中央电视台发稿142篇，其中《新闻联播》19篇，比去年同期翻一番，广播、电视在中央台发稿量分别位居全国城市台前10名，在省台发稿量分别位居全省各市台之首。

【产业多元化发展】　制定鼓励全员创收的制度和规定，对创收目标实行层层分解，层层签订责任状，真正使经营创收成为全员的主要任务。引进北京人广时代广告有限公司、北京中传时代广告传媒公司、北京展信广告有限公司等多家合作单位，同时调整广告经营结构，转变广告经营增长方式，加大品牌广告的营销力度，实现经营创收的可持续发展。网络公司在全面实现有线电视数字化整转的基础上，整合企业网，扩大覆盖面积，增加用户数量。对铁通、电厂、唐钢、供电等企业完成数字整转，增加数字电视用户5万户，增收近千万元。广电报社以广电报业为基础，积极开发国家级报刊的印务业务，开拓印务产业新领域。市电广无线数字有限公司大力发展无线电视数字业务，为唐山广大农村地区提供无线数字电视信号，发展近10万户。同时，正在积极探索手机电视和国际地面数字电视节目的播出，在境内发展市区和丰南2个发射点，为多媒体广播电视的发展探索新路子。推进双向网络改造、发展VPN数据业务、承建政法网项目、增加高清付费数字电视业务；广电报社新增加《全资讯》杂志，在DM信息杂志中产生重要影响，并开办《好地方》外县版；电台在搞好宣传的同时，推进频率的专业化建设和公司化运营，实现多产业并进、多元化发展新格局。

【新媒体建设】　电台与中央人民广播电台、央广传媒集团签订合作协议，成立第六套广播“中央人民广播电台唐山娱乐广播”，并于6月11日正式开播，是全国第一家与中央人民广播电台采取分播模式合办的地方广播，成为全国地市级电台中唯一拥有6套频率的广播媒体；新华网唐山频道（唐山广电网）立足广电传媒，依托广播电视媒体资源，发挥网络特色，以优质音、视频节目为载体，全面展示唐山经济建设和社会发展的喜人成就。自2008年5月1日正式开通以来，通过立体式采访、专业化编制、多媒体集成、多终端推出，在传统媒体与现代媒体之间实现内容、品牌、人才等资源共享。目前网站已开设19个频道、93个栏目，日更新文章300余篇，日均浏览量过万，成为唐山市更新速度最快、信息量最大、最具权威的新闻网站。投资180万元租用唐山职业技术学院礼堂进行装修改造，建成总面积1200平米，可容纳1000名观众综合性演播大厅，并于8月30日正式投入使用；投资近800万元建成新闻非编网机房和电视播控中心，年底前投入使用。电视发射台更新40CH发射机，电视和各调频广播发射全部实现固态化，有效扩大广播电视的覆盖范围。

【科学管理】　修订和完善《电视播出设备应急抢修预案》、《机房值班制度》、《值机操作规范及应急制度》等10多项管理制度，组织开展15次规模较大的应急演练，提高整个广电技术队伍的安全播出意识和应急处置水平。配合省局监测中心对广播电视监测设备进行调试，实现市级电视台与省监测中心联网，提高广播电视节目信号接收能力。全年未发生重大播出安全事故，责任事故停播率为零。在管办分离方面，将原广播电视局行政职能划转到文广新局，整合广播、电视等资源成立广播电视台；在经营与宣传分离方面，组建“唐山新广电传媒有限公司”，负责新传媒项目的谋划、实施和经营业务；在制作与播出分离方面，将影视剧、科技、娱乐、少儿节目剥离出来，组建“唐山广视节目制作有限公司”，年内完成工商注册。对非时政类《唐山广播电视报》实行整体转制，由事业单位彻底转为企业。按照新的改革方案和企业化经营、产业化发展、市场运作需要，正在完善法人治理结构，着手研究制定各项规章制度。

（孙立宏　满晓义）

网　络

【环渤海新闻网】　2009年，环渤海新闻网本着“广纳贤才，创新表达，汇集民智，塑造形象”的精神，顺利渡过正式运营后的磨合期，走出一条平稳、健康的发展之路。全年制作50个专题，102个视频，每日编发1000条以上新闻，独立采写1400条新闻，编发500条通讯员来稿，编辑543期舆情信息，4000多条唐山新闻被国内外大型网站转载，本网3件作品荣获中国地市报新闻一二三等奖，组织10次大型社区活动。网站日访问量稳定在30万次，成为河北省唯一重点支持建设的地方新闻网站，与人民网、新华网等国内知名网站一同入选“2009中国新媒体领军榜”，荣获“2009中国百强新闻网”称号。先后启动虚拟机系统、动力环境监测平台和

服务器监测平台，完善数据备份系统，使网站安全运行环境得到保障。2009年不仅完成体育、汽车、健康、游戏等频道及环渤海社区的全面改版，还推出夸克电影频道，为网民提供正版电影。在保证自身技术运转的同时，承接唐山十大名片网络投票、唐山十大文明网站标识评选、唐山城市标识设计征集评选等，承担凤凰新城、南湖生态城等政府网站建设。特别是鼎力支持首届曹妃甸论坛，在时间紧、任务重、要求高的情况下，高质量完成曹妃甸论坛官方网站的设计建设，实现论坛官网的域名解析和中、英、繁三种语言字体同时发布，显示出强大的技术实力。

（孔祥华）

档案工作

【概况】 2009年，唐山市各级档案部门坚持档案事业服务中心、服务社会、服务群众，全面提升资政惠民水平，瞄准全省领先目标，团结奋进，开拓创新，圆满和超额完成省、市下达的年度工作目标。县级国家档案馆建设、档案数字化建设、档案开发和利用成果等项工作居全省第一位；档案资源建设、民生档案整理接收、重点项目档案管理、家庭建档等项工作位居全省前列。在河北省对各地级市及扩权县档案事业发展状况综合评估中，唐山市获河北省地市级第一名，迁安市、遵化市分别获得省扩权县第一、第二名。

规范企业档案管理工作。市县两级档案部门分别与人大、政协、法制办、企业主管部门共同对全市100余家企业进行档案行政执法检查，对档案管理工作不规范单位下发《责令限期改正通知书》，引起企业及其主管部门的高度重视，强化档案法律法规效力。各级档案部门按行业、系统培训企业档案人员200多人，企业档案工作得到加强，管理日趋规范，其中，开滦铁拓重机公司晋升国家二级单位。在民营企业建档工作中，采取循环指导、现场培训、典型引路等措施，进一步提高民营企业档案管理规范化水平。市蒙牛乳业（唐山）有限责任公司档案管理通过国家二级评审，福珍全矿业有限公司档案工作晋升为省部级以上标准。

完善农业农村档案管理。组织指导各县（市）区档案部门培训农村基层档案人员千余人（次），统一业务标准，提高乡（镇）、村档案人员素质，实现乡镇档案规范化率、村级建档率两个100%。并以全市“新农村建设档案工作示范乡（镇）”创建活动为切入点提升农村档案管理工作整体水平，全年培树“新农村建设档案工作示范乡（镇）”30个，规范101个科学发展示范村档案管理工作。在新农村建设档案管理工作中，滦县档案局还推行“村重要档案镇统管共用”的新模式。

加强重大建设项目档案管理和服务工作。与市发改委联合下发《关于“唐山市2009年重点管理项目计划（草案）”的通知》，对唐山市重点建设项目档案管理工作提出具体要求。全年对68个重点建设项目进行超前指导，市档案局先后15次到曹妃甸工业区、南湖生态城管委会、凤凰新城管委会等单位进行调研指导，重点对“四点一带”重点工程档案工作人员进行培训。对曹妃甸工业区、唐钢集团500万吨钢联、唐山港陆钢铁公司、唐家庄坑口热电厂三期等14个重点工程档案管理工作进行实地指导检查。滦县档案局成立重点项目建设档案管理服务指导小组，定期深入重点工程项目现场进行服务指导。

确保贯彻国家档案局8号令，使档案管理工作规范、到位，市县两级档案部门普遍加强基层档案工作人员的培训，举办综合性岗位培训班16期，培训档案人员700余人，同时，举办企业及重点项目档案等专业培训班15期，培训200余人。还对卫生、民政、环保、检察院等单位进行分系统培训，参训人员150余人。举办贯彻国家档案局8号令专题短训班14期，培训档案人员近千人次。通过各类培训，将档案管理标准全方位覆盖，基层档案人员的业务能力和管理水平得以提高，在对各立档单位2009年度的文件归档工作检查验收中，合格率达97%。市直单位落实国家档案局8号令审批达到100%，县（市）区直单位审批达到90%以上。到年底，全市11个机关单位档案目标管理工作晋升省三级以上标准。

全市广泛开展“家庭建档案，造福千万家”活动。档案局把家庭建档任务随年度工作目标分解到市直、县区、乡镇、街道，纳入年底目标考核。各县（市）区根据当地实际，下发广泛开展家庭建档工作文件。市县两级档案部门以“科学发展示范家庭”、“十星级文明农户”、村“两委”班子成员、致富带头人、优抚对象、劳模、离退休人员、“三八红旗手”、教师和机关、团体、企事业单位的各级领导干部、先进工作（生产）者、专业技术人员等为重点，开展家庭建档活动。加大对种植、养殖、加工等特色农户的家庭建档服务指导，全市建立家庭建档示范户1300多户。到年底，全市电台、电视台共录制家庭建档案宣传片12次，家庭建档报道共25期，散发《家庭建档整理方法》宣传单32.56万份。全年完成家庭建档29万多户，从而使“百万家庭建档工程”全面深入开展，家庭建档工作步入常规有序轨道。

立足馆藏档案全方位服务社会。市档案馆完成70多万字的《唐山港京唐港区史》和10万余字的《唐山市档案利用优秀服务成果100例》，省委常委、唐山市委书记赵勇亲自为《唐山港京唐港区史》作序，市政府主管副市长唐文弘为《唐山市档案利用优秀服务成果100例》一书作序。唐山市档案局与唐山劳动日报社合作，在《唐山劳动日报》开辟《唐山与共和国一起成长——档案见证》栏目，宣传唐山市建国以来经济、社会发展取得的辉煌成就。《乐亭县历代政要名录》、《乐亭故园纪事》、《滦南县革命烈士纪念亭（馆）》、《唐山市丰南区档案图志》、《丰润区志》、《滦县妇女干部名录》、《开平大事记》等一批体现区域历史风貌的档案编研成果陆续完成。全市档案部门在各级各类刊载稿件、信息70多篇（条）。市档案局和乐亭、丰润等8个县局获河北省“档案宣传工作优胜单位”称号。在“河北省开发利用档案优秀服务成果奖”评选中，全市有37项获奖，获奖数量和质量居全省第

一。市县两级档案部门采取多种服务方式，服务社会各界群众。全年接待服务利用者2.7万余人（次），调阅档案卷17.8万卷（次）。收到表扬信100余封，服务满意率达100%。市档案馆全年接收1451条政务公开信息，全部向社会开放。

【档案事业发展综合评估工作】 全市各级档案机关以迎接省评估工作为契机，逐项对标检查，高起点开展工作。在历时10个月的评估准备工作中，对馆藏30多万卷档案按库房、全宗、目录逐卷进行细致排查、摸底，重新整理档案目录832本；修复破损档案171卷；整理散存档案142卷；修复不规范档案3500卷、3000件；重新划定理顺256个档案接收单位的全宗排序；续写接收名册、全宗名册，重新编写30万字的《档案馆指南》；重新整理旧政权档案、革命历史档案22407卷和现行档案目录；对11000多册图书资料进行科学分类、编目和重新排列，编制打印目录9本；更换、固定标识6000多张；对22万多人的唐山大地震震亡名录进行系统校对、录入，组档194卷；投资5万余元对档案馆各项硬件环境进行改善；高标准提供各类迎检评估佐证文字材料339份。市局指导规范30多个市直单位和迁安、遵化两个扩权县档案局做好迎接省评估检查工作。11月上旬，经省评估检查，市级和迁安、遵化均列全省前茅。

【档案馆基础设施建设】 档案馆新增面积居全省第一位。市新馆建设确立具体建设规模，纳入唐山市“市民中心”建设整体规划中。迁安市7244平米新馆、路北区4700平米新馆、唐海县5100平米新馆完工，已经或即将投入使用；开平区3700平米新馆主体工程封顶，丰南区5904平米新馆完成地下基础；遵化市5001平米档案新馆破土；古冶区档案馆由原来的1184平米扩建到3084平米；迁西县5000平米的档案馆建设项目经县委常委会和政府常务会议研究批准，项目正在选址，2010年开工。在国家发改委、国家档案局对档案馆库建设给予中央财政补贴政策的激励下，其他6个县区政府也都做出建馆承诺。

【档案资源建设】 市县两级档案部门多措并举开展档案“大接收”活动。年内接收各类档案173786卷、88563件，馆藏总量达150多万卷，在全省名列前茅。其中迁安、遵化、迁西档案馆实现馆藏档案翻番的目标。市及路南、路北、丰润、迁安、乐亭等10个县（市）区档案馆完成依法接收档案任务。市档案馆年内依法接收档案75755卷、4222件，照片581张，接收录音带、录像带、光盘等音像档案200多盘。唐海待迁入新馆后，立即着手进行接收；丰南待新馆建成使用后，进行整体接收；滦南、玉田由于馆库紧张，县政府正在积极协调，增加库容量。市县两级档案部门认真落实市两办《关于加强对重大活动、重大事件档案资料收集管理的通知》，档案局积极参与曹妃甸国际论坛、创建全国文明城市、中国唐山陶瓷博览会等活动，及时派出业务骨干，全面负责收集整理重大活动产生的各类档案资料，多次受到市委、市政府表彰。汉沽管理区档案馆整理接收300件科学发展模式专项档案进馆。丰润、滦县、乐亭、路南等县区档案局紧紧围绕县域工作中心，参加并征集“干部作风建设”、园林县城创建、旧城改造和“城市三年大变样”拆违拆迁等专项档案。市县两级机构改革工作启动后，市局及时起草《关于做好机构改革过程中档案管理工作的通知》，以市委市政府两办名义下发。针对公证体制改革和企业改制，市局和丰润、乐亭、丰南、开平、玉田等县档案馆认真做好各类公证档案接收进馆工作，接收12166卷。市档案局下发《关于切实加强国有改制企业档案管理工作的意见》，深入到代表工业、商业发展历史的标志性企业，唐陶、百货大楼、启新、唐钢、马砖等，及时掌握改制企业档案工作状况，与企业和主管部门商定档案处置意见，保证改制企业档案的完整与安全。迁西县档案馆抢救接收破产改制企业档案12000卷；乐亭县完成88家改制企业档案整理工作。迁安市通过调查走访及时起草《我市国有集体企业档案面临损毁危险，管理工作亟待加强》的报告报市政府，引起市政府领导的重视，增拨资金3万元，用于开展对改制破产企业档案整理和接收进馆工作。到年底，全市接收和规范化整理改制破产企业档案30万卷。市档案局结合林权改制和社会低保问题，与林业局、民政局联合下发加强林权改制档案管理和低保档案管理专项工作通知，并于11月份会同市林业局、市民政局对林权改制和社会低保档案管理工作进行一次全面摸底检查。针对存在问题提出改进措施，从而有效地推进林权改制、低保档案的规模管理。档案馆完成7635卷民国档案修复整理，至年底，馆藏22407卷民国档案全部完成抢救保护工作。完成馆藏地震震亡的22万余人的录入立卷工作。遵化市对王国藩、张贵顺等英模群体珍贵档案资料、照片和实物进行及时的抢救和保护，抢救保护档案430卷（件）。

【档案数字化工作】 市、县两级财政普遍加大对档案数字化的投入，到年底有10个县（市）区档案馆启动档案数字化建设工程。市政府投入121万元，继续保障市档案馆馆藏档案全文扫描；投入13万元，进行配套软件研发；全市财政投入计346.3万元。全市完成档案扫描1491万幅，累计完成扫描3401.5万幅，数量和质量居全省第一位。其中市馆年内完成670万幅、累计1600万幅。丰润区档案局研制开发《档案图像扫描检测挂接查询系统》软件，科学、方便、快捷地对扫描数据进行质检、校对；对图像数据做到无障碍全文浏览。路南区申请到专项资金34万元，展开档案数字化工程。全市市、县两级档案馆年录入文件级目录961万条，全部实现文件级目录计算机检索。迁西县和遵化市拓展档案信息化服务功能，依托政务网安装县域文档管理系统，通过网络实现在线指导。

（刘忠宁）

幸福人生讲座

健康唐山 幸福人民行动

编纂 李晓东

综 述

2008年下半年，市委、市政府根据建设科学发展示范区和人民群众幸福之都的总任务、总目标，决定用三年时间广泛深入开展“健康唐山、幸福人民”行动。2009年是三年规划的启动之年、开局之年、基础之年。在市委、市政府的正确领导下，按照《唐山市“健康唐山、幸福人民”行动实施方案》的总体要求，整个行动坚持高起点定位，高标准谋划，高效率实施，高质量落实，高站位思考。经过全市各级各部门的共同努力，“健康唐山、幸福人民”行动开局良好，进展顺利、成效显著，圆满完成各项既定目标任务。健康教育、健康服务、健康饮食、健康文体、健康环境五大工程和二十个重点项目均得到认真落实，取得重大阶段性胜利。在全市城乡居民共享行动成果的同时，有力推动全市社会事业又好又快发展。“健康唐山、幸福人民”行动在全市引起强烈的反响，得到广大群众的热烈拥护、大力支持和普遍赞誉，为后两年的行动开展奠定坚实基础。在年终组织的问卷抽样调查中，全市城乡居民对行动的满意率达到95％以上。实践证明，市委、市政府作出的在全市开展“健康唐山、幸福人民”行动的重大决策是科学、正确、可行、符合唐山实际的，是得民心、顺民意、符民愿的。

开展“健康唐山、幸福人民”行动使市委、市政府和广大人民群众深刻体会到，一个地区居民健康水平是直接影响该地经济社会持续发展和人民群众幸福指数的决定性因素。在全市开展“健康唐山、幸福人民”行动是推动经济社会协调持续发展的迫切需要，是推进科学发展示范区和人民群众幸福之都的重大举措，是提升人民群众健康水平的有效途径，是全市人民殷切盼望的一场摒弃传统生活陋习、倡导健康生活方式的“及时革命”。实践证明，要开展好这姓活动，并取得预期效果，一是必须充分发挥建设科学发展示范区的统领作用，这是推进行动的基础支撑。二是必须充分发挥党委、政府的主导作用，这是推进行动的组织保证。各级党委和政府都要把此项行动作为重大的政治任务，列入重要议事日程，实施一把手工程，切实纳入国民经济社会发展规划，纳入目标管理责任制，纳入党政领导班子年度考核，做到思想认识到位、工作机构到位、资金保证到位、行动落实到位，这是推进行动的关键因素和有力保证。三是必须充分发挥舆论宣传的导向作用，这是推进行动的重要引擎。实践证明，强化宣传、营造氛围在行动中起着举足轻重的作用。必须进一步加大宣传工作力度，有效提高人民群众健康知识知晓率和健康行为形成率，提高广大群众的参与度、支持度，使广大人民群众自愿成为活动主体，真正形成“人人注重健康、人人追求健康、人人享受健康”的浓厚氛围。四是必须充分发挥职能部门的联动作用，这是推进行动的强大合力。“健康唐山、幸福人民”行动是一项全新的系统工程，任务重，难度大，需要各职能部门进一步统一认识、统一行动、密切配合、协调联动，实现部门工作与行动开展“两不误、两促进、两提高”，从而发挥部门的联动作用，带动群众自觉投身行动之中。五是必须充分发挥人民群众的主体作用，这是推进行动的不竭动力。开展“健康唐山、幸福人民”行动，出发点和落脚点都是为提高人民的健康水平和幸福指数。要把发动群众、教育群众、依靠群众、服务群众贯穿行动始终，通过开展创建“健康单位”（社区）、“健康乡镇”（村庄）、健康家庭等细胞工程，创新工作机制，完善工作举措，全面调动社会各界和人民群众参与的积极性、主动性，为建设全国健康城市奠定更加扎实广泛的基础。

定 位

【摆到显要位置】 在全市上下朝着建设全国第一个科学发展示范区宏伟目标加速迈进的历史时刻，年初，市委、市政府站在更加注重经济社会协调发展、更加注重改善民生、更加注重全民健康的高度，与中国医药卫生事业发展基金会共同发起“健康唐山、幸福人民”行动这一战略之举。开展“健康唐山、幸福人民”行动是市委、市政府转变执政理念，心系百姓冷暖，立足全民健康现状，着眼于解决全民健康问题、满足全民健康需求、提升全民健康素质而做出的重大决策，市委市政府把这一行动纳入全市经

济社会发展规划、纳入市委全委会报告、纳入政府实事工程。省委常委、市委书记赵勇同志高度重视这一行动的开展，他明确提出："要把开展'健康唐山、幸福人民'行动作为落实科学发展观"以人为本"的核心要求，作为学习实践科学发展观活动成果转化的具体体现，作为建设科学发展示范区和人民群众幸福之都的重大举措切实抓紧抓好、抓出成效。"

【精心谋划】　高标准、高水平谋划制订"健康唐山、幸福人民"行动方案，是推进行动取得显著成效的关键和前提。早在2008年10月初，市委市政府就专门成立健康办，会同宣传、卫生、爱卫、城管会同卫生、等部门，精心谋划起草《"健康唐山、幸福人民"行动方案》，在广泛征求各县（市）区和市直有关部门意见的基础上，先后召开30多个不同层面的座谈会，对行动方案进行反复研讨、修订和完善，并通过国家卫生部和省有关专家的研究论证。整个行动方案先后七易其稿，具有较高的科学性、针对性、实效性和可操作性，符合唐山经济社会发展实际，符合广大群众的迫切需求，突出唐山优势，突出唐山特色。行动实施的健康教育、健康服务、健康饮食、健康文体、健康环境五大工程和确定的二十个重点项目，涉及宣传、卫生、爱卫、文体、教育、环保、农业、林业、畜牧水产、水务、劳动、计生、质监、城管、妇联、工会、团委等25个责任部门，既是一项非常复杂的系统工程，更是一项造福全民的德政工程、实事工程、民心工程。每一个工程和项目都事关百姓切身利益，事关社会事业发展，事关民计民生民心，事关党和政府的形象。行动方案以市委、市政府的名义印发全市各地，做到目标任务明确，责任分工明确，推进措施明确，完成时限明确，考核指标明确，为推进行动有力、有序、有效开展奠定良好的基础。

【高规格启动】　2月19日，市委、市政府召开全市电视直播动员大会，一直开到村、企事业单位和社区，赵勇书记亲自动员，向全市发出总动员令。全市干部群众300多万人收听收看，有效扩大行动的知晓面和群众的参与度。国家卫生部副部长陈啸宏、中国医药卫生事业发展基金会理事长王彦峰、省政府副省长孙士彬出席大会并作重要讲话，对行动开展提出明确要求，寄予殷切厚望。各级各部门积极响应，在第一时间层层进行动员部署，各级新闻媒体迅速跟进，形成浓厚的宣传舆论氛围，广大群众大力支持，广泛参与各项活动，为行动推进奠定坚实的社会基础。这场由"党政主导、部门协作、社会关注、全民参与，旨在把新唐山打造成拥有'一流健康服务、一流健康人群、一流健康环境'的健康城市为总目标"的全民大行动在全市上下迅即展开。把一项行动摆在如此突出和显要的位置，启动规格之高、动员范围之广、参与人数之多、社会影响之大，在唐山历史上是前所未有的，充分体现市委、市政府改善民生的决心、信心和为民情怀，这是走在全国前列、全省率先开展的一项建设科学发展示范区的基础性社会事业工程。

实　　施

【概况】　为保障"健康唐山、幸福人民"行动顺利开展，有效推进，行动坚持五个"有机结合"，即：坚持把行动与各级各部门中心工作有机结合，形成合力协同推进；把行动与干部作风建设年活动有机结合，提高效率快速推进；与"文明迎论坛、环境大提升"百日攻坚行动有机结合，树立形象强力推进；把行动与为民办实事有机结合，破解难题稳步推进；把行动与学习外地先进经验有机结合，巧借外力顺势推进。工作中，重点采取七个方面的推进措施：一是坚持科学发展目标化推进，二是坚持政府主导行政化推进，三是坚持全民参与社会化推进，四是坚持城乡统筹一体化推进，五是坚持责任分解项目化推进，六是坚持强化宣传舆论化推进，七是坚持试点先行示范化推进。

【加强组织领导】　首先，领导亲临一线，创新机制。市委、市政府成立由市委书记任顾问、市长任组长、3名市委市政府领导任副组长、25个部门一把手为成员的行动领导小组，领导小组办公室抽调精兵强将集中办公，市财政投入资金2000万元用于行动开展。各级各部门也相应成立领导机构和办事机构，在人力、财力、物力给予全力支持。各级健康办抽调154人集中办公，充分发扬"五加二"、"白加黑"的工作精神，实行严格的联络协调机制、督导考评机制、信息反馈机制、工作调度机制，保证各项工作的高效运转，为行动的深入开展提供了坚强的组织保证。

其次，协调联动，形成合力。各地各单位着力强化合作意识，加强协调联动，牢固树立全市一盘棋的大局意识，既做到各司其职，各负其责，高起点、高标准推进自身承担的任务，又做到密切配合，协同作战，形成强大的工作合力，高效率、高质量的推进行动有力、有序、有效开展。

三是强化督导，严格考评。建立市健康办巡回督导、市领导调度督导、行业对口督导的严格有序的督导检查机制。对在行动中好典型、好模式、好经验、好做法及时予以总结推广，对存在的突出问题，向有关责任单位和县（市）区下达督导卡，有力推动行动开展。将"健康唐山、幸福人民"行动纳入各级党政领导班子年度目标考核，制订行动考评实施细则。12月底前，顺利完成对各地各单位健康行动年度目标考核，为全年工作划上圆满的句号。

【科学操作】　首先，把"健康唐山、幸福人民"行动作为学习实践科学发展观活动的成果转化，作为关注民生、改善民生、服务民生、保障民生的集中体现，在行动推进中，始终紧紧围绕建设科学发展示范区这个总目标进行，树立"抓健康行动就是抓科学发展"的理念，做到行动目标服务科学发展、工程项目体现科学发展、工作推进落实科学发展，科学发展成为整个行动的最鲜明特色。

其次，以活动为载体，搭建全民参与的平台。组织开展"健康唐山、幸福人民”行动主题服务活动，举办健康工具发放仪式，倡导健康生活方式，组织全民健身，召开群众论坛。一系列贴近群众、服务群众、惠及群众的大型活动，吸引广大群众自觉参与行动，关心行动，支持行动，受益行动，群众参与率高成为行动推进的一个显著特点。

三是做到城乡统筹、协调、一体化发展。行动不局限在城市中心区，而是把工作重心向基层倾斜，向农村延伸，从加强基础设施建设、城乡环境卫生综合整治、改善居民生活条件入手，使群众就医更加便捷，更有保障，饮食饮水更加安全，放心，宜住环境更加干净，优美。许多农村居民深有体会地说“我们觉得越来越像城里人了”。

四是全面推行“项目化推进法”。以市委、市政府办公厅的名义印发《2009年“健康唐山、幸福人民”行动80项重点工作分工》，进一步明确责任单位、推进举措和工作时限。通过建立项目化推进台账、实施项目化推进过程管理、加强项目化推进督查评估等举措，使目标指向更加清晰、任务要求更加具体、主体责任更加明确、推进措施更加有力、分类指导更加规范、目标考核更加科学，提升行动的整体水平。

五是把宣传工作作为推进行动的重要引擎。明确“以宣传推进行动，以行动带动宣传”的宣传工作思路，各地各单位统筹运用新闻媒体、网络等各种宣传载体和宣传方式，广泛发动，深入基层，强劲造势，及时把市委、市政府的重大决策传递到全市城乡居民，及时把健康教育知识传播到每个老百姓，及时把广大群众积极参与行动的热潮展示出来。

六是抓好试点。确定迁安市作为全市试点单位，确立60个行政村、20个社区作为全市行动基层试点，先行一步，摸索经验。一年的实践，各试点单位在健康教育、健康服务、健康文体、健康环境等方面发挥先行者的作用，选树一批先进典型，探索创新一批工作模式，打造一批精品工程、样板工程，为推进行动开展奠定良好的基础。

【创建新模式】 充分尊重基层和群众的首创精神，把创新工作模式作为推进行动的有效载体和重要途径，在实践中探索创新全市性的健康教育“七进”（进医院、进校园、进机关、进企业、进社区、进农村、进家庭）模式、唐海县的健康服务“三个一”（政府为45岁以上农村居民和城镇就业居民每人每年进行一次体检，为每个体检人建立一份健康档案，制定一份健康计划）模式、路北区的“1+2+4”（“1”是儿童，“2”是父母，4是祖父母、外祖父母，以“1”为载体，实现家园联动的“2”和“4”，由儿童带动父母再带动起祖父母、外祖父母（1+2+4），采用“教育倒逼”机制，形成“小手拉大手、共走幸福路”的生动局面）全民健康教育模式，迁安市的慢性病干预模式、健康村居“五个一”（建设一个标准化村级卫生室，构筑一个健康教育宣传阵地，设置一个休闲健身活动场所，提供一套安全卫生饮水设施，营造一个整洁靓丽的生活环境）和健康家庭“十个一”（每户一套健康知识宣传资料，每户一个健康饮食温馨提示牌，每户一套控油壶和盐勺，每户一套生熟食菜刀菜板，每户一套太阳能洗浴设施，每人一套洗漱用具，每户一个卫生厕所，每人每年一次健康体检，每户一套家庭健康档案，每个慢性病人每月（季）一次面对面行为干预）模式，健康校园模式、全民健身模式，滦县的“一场、一园、一池”（“一场”即养殖场，“一池”即沼气池，“一园”即生态农业园，以养殖场粪便污水为主要原料建设大型沼气池，沼气集中给农户供气发电，沼渣沼液作为主要原料建设高标准日光温室大棚，生产反季节有机蔬菜，形成一个多能互补，物质循环利用、经济增长与环境协调发展的良性循环系统）农村经济内部循环模式等一系列行之有效的工作模式，为推进社会事业发展、满足全民健康需求、提高全民健康水平提供有力支撑，打造符合唐山实际、体现唐山特色的健康唐山品牌，成为健康唐山的精品模式，有的在全市进行推广。全市培树各类典型100个，初步确定工作模式30个，为健康城市创建奠定很好的基础。

【把为民办实事贯穿始终】 把提高人民幸福指数作为第一追求，着力在加强基础设施建设、完善健康服务、建立长效机制上下功夫，为造福唐山人民搭建新平台。通过加强卫生、体育、文化等基础设施建设、提高新型农村合作医疗水平、为城乡居民实施免费体检、推进农村改水改厕、实施慢性病和职业病干预等举措，做到就医有保障、健身有场所、娱乐有去处，较好地满足人民群众日益增长的健康健身需求。在加强医疗卫生基础设施建设上，全市建成30个社区卫生服务中心和100个社区卫生服务站，实现社区人口全覆盖，形成城区居民就医15分钟服务圈。建成高标准乡镇卫生院135个，村卫生室5900个，形成“一乡一院，一村一室”的农村医疗卫生新格局。在加强文体基础设施建设上，全市新建文化广场734个，文化站532个，市建成国民体质监测站，新建农民健身工程456个，维修改造社区健身苑281个，为群众健身娱乐提供良好的场所。在加强安全食品体系上，全市完成农畜产品1个市级检测中心、15个县级检测站和91个乡镇及市场检测点的建设工作，发展108个通过认证的无害化农畜产品生产基地；有116家餐饮单位被确定为首批“健康酒店”试点，打造5个健康餐饮示范一条街，广大群众食品安全进一步有保障，饮水饮食更加安全放心。在保障健康服务上，全市80个试点单位的13.5万居民健康体检、建立健康档案、制订健康计划工作顺利完成。全市体检92.39万人，建立健康档案91.28万份，制订健康计划91.03万份。迁安市作为试点，投资1400万元对辖区45岁以上所有人群实施体检。唐海县在全市率先实施全民体检，投资1300万元，对13万城乡居民进行体检，深得百姓欢迎。遵化市、路南区主动扩大体检范围，对弱势群体和少数民族村、老区村、拆迁村的居民进行体检，深得民心。全市通过健康体检查出患慢性病人数19.31万人，实施干预18.5万人。这些实事工程，尤其是健康服务“三个一”模式的实施，在社会上引起强烈的反响，使百姓直接受益，深受欢迎。老百姓深有感触地说：“我们农民祖祖辈辈都没有体检过，这次

市委、市政府下了这么大的决心，花了这么多的钱，大夫带着设备入村上门体检，真是为我们老百姓办了一件大好事。”

成　效

【牢固确立科学发展新理念】 一年的行动实践证明，全民健康既是科学发展的目标要求，也是科学发展的成果体现，更是推动科学发展的重要基础。全民健康水平直接反映科学发展水平，是科学发展基础性、综合性的指标之一。全市上下形成“健康就是幸福、健康就是生产力”的普遍共识，认识到抓“健康唐山、幸福人民”行动就是解放生产力、保护生产力、发展生产力，抓全民健康就是抓科学发展，从而找到实现全民健康与科学发展良性互动的融合点，确立起符合唐山实际的科学发展新理念。从而使干部群众建设健康城市的理念得到深化，服务于民的理念得到升华，这是认识上的最大收获。

【民计民生又有新改善】 经过一年扎实有效的努力工作，“健康唐山、幸福人民”行动取得阶段性成果，最重要的标志是全民健康素质得到新提升，社会事业得到新发展，民计民生又有新改善，人民群众真正直接得到大量实惠。除卫生基础设施上档升级，文体基础设施更加完备，健康服务愈加有保障，食品安全让老百姓进一步放心外，更重要的是打造出美化唐山的新环境。唐山作为一个资源型工业城市，环境治理的任务尤为繁重。通过强力推进企业治污减排、绿化攻坚、农村改厕和环境卫生综合整治等专项行动，全市大气、水环境和卫生环境得到显著改善。

在企业治污减排上，全市累计淘汰1500家高能耗、高污染的企业，取缔、改造燃煤锅炉1166座，实现净消减二氧化硫8520.4吨，净消减化学需氧量7629.6吨，关闭取缔工业污染源排污口41个，大气质量明显改善，全市二级及优于二级以上天数达到310天，实现大于85%的目标。

在绿化攻坚行动上，累计投资25亿元，圆满完成春、秋季植树造林任务，栽植各类树木49.25万亩，全市绿化面积不断扩大。2009年唐山市顺利通过全国绿化模范城市核查组的检查验收，达到“全国绿化模范城市”的标准。

在打造生态城市上，总投资28亿元用于南湖生态公园的改造，一个世界一流的城市中央生态公园，一个全国闻名的“华北水城”展露出新姿，成为人民群众休闲娱乐的胜地。遵化、唐海、玉田、迁安、迁西、滦县、乐亭县等地都斥巨资美化河道公园、打造健康主题公园，既提升县城的品位，又完善城市功能，深受老百姓的欢迎。

在城乡环境卫生综合整治上，与“文明迎论坛、环境大提升”百日攻坚行动有机结合，特别是路南区、路北区、唐海县、丰润区为曹妃甸论坛胜利召开作出突出贡献。乐亭县、遵化市、古冶区在健康环境方面做大文章、好文章。如今的唐山天更蓝、地更绿、水更清、空气更新鲜、环境更优美、更加适合人居，为建设科学发展示范区和人民群众幸福之都提供了环境的基础支撑。改善农村生活环境，全市完成新农居无害化卫生厕所（含沼气池）4.5万座，超额完成全年工作任务。探索农村牛、羊、猪集中圈养，搞集中沼气池和集中发电，试点反应很好，既节省资金，又改善环境。

【架起党群和谐的新桥梁】 通过开展“健康唐山、幸福人民”行动这个桥梁纽带，体现市委、市政府亲民、爱民、为民的执政理念，体现坚定不移走科学发展、和谐发展之路的决心。市委、市政府向全市所有居民家庭发放240万套《居民健康手册》、控盐勺、控油勺健康工具“三件套”；组织唐山市有史以来最大的一次居民健康现状调查，摸清居民健康状况，为行动提供依据；完成农村110万育龄妇女免费生殖筛查工作，为2200名白内障患者免费实施复明手术，为300名重度精神病患者进行免费用药治疗。这一件件实事，特别是健康服务“三个一”工作的落实，让广大群众切身感受到“健康唐山、幸福人民”行动带来的实惠，感受到党和政府的温暖。通过年终问卷抽样调查，群众对行动的满意度达到95%以上，从而更加信任、拥护、支持党和政府，进一步密切党群关系、干群关系，促进社会和谐，实现党和政府得民心、人民群众得实惠的“双赢”目标。

（魏国忠　李凤生）

完成健康唐山幸福人民行动任务

【概况】 “健康唐山，幸福人民”共有五大工程20个项目，卫生系统承担着四大工程12个项目，还有4个项目与其他部门共同承担。所承担的健康教育、健康服务、健康饮食、健康环境等四大工程都取得明显成效。创新健康教育“七进”模式。完成唐山有史以来最大规模居民健康状况调查，准确掌握城乡居民健康状况。健康服务体系不断完善，较好地完成试点单位“三个一”工作，完成健康体检92.39万人次，建立健康档案91.28万份，制定健康计划91.03万份，对体检查出的21.38万慢性病患者实施有效干预，收到良好效果。超额完成农村改厕任务，农村生活环境得到进一步改善。

【健康教育】 坚持把全民参与、全民共享作为行动的准则。通过推进“七进”（进企业、进农村、进学校、进机关、进社区、进医院、进家庭）模式，实现健康教育目标人群全覆盖，使全市城乡居民的健康理念和健康技能初步确立和掌握，控盐控油、控烟限酒、少荤多素、多加锻炼的健康生活方式日渐深入人心。全市印发健康处方300多种，发放200多万份；举办各类健康知识讲座、义诊、专家咨询等活动3706场次，参加群众达450万人次。开办健康教育橱窗2239个，设立健康教育一条街（长廊）253条。丰南区建设75条健康教育一条街，加强阵地宣传。迁西县、遵化市还成立“百、千、万”宣传队伍，即：百名健康指导教师、千名共青团志愿者、万名健康大嫂参与健康行动，有效解决健康教育进家庭、进农村的难题，提高群众参与率。在开展健康文体活动上，全市篮球、足球、游泳、棋牌、书画、太极拳等各具特色的群众自发性健身组织1171个，参与文体活动的群众达到200万人次。全市所有县（市）区都举办全民运动会，掀起群众健身热潮，滦县体育活动丰富多彩，体育人口占65%，居全市之首。如今的唐山，经常性参加文体活动的人多，志愿服务者多，“人人注重健康、人人追求健康、人人享受健康”成为新的时尚。

【健康服务】 开展居民健康状况抽样调查，调查覆盖14个县（市）、区，123个乡镇（街道办事处）、990个村（居委会）、调查居民37.88万人，获得有效调查表37.588万份，调查表有效率99.23%。通过本次大样本人群抽样调查，第一次获得高血压、糖尿病、脑血栓、脑出血等患病人数的准确数据，第一次摸清楚城乡吸烟、饮酒等慢性病高危因素的分布情况，第一次获得城乡居民生活质量的准确评价。对775名校医和2358名医务人员进行精神卫生知识培训，开展精神卫生知识讲座201场，设置宣传栏483个，受益人10.56万人。对21.38万人进行慢性病筛查，建档20.76万人，干预高血压4万人，高血糖1.33万人，高血脂3.56万人，心脑血管疾病2.04万人，肿瘤494人，总干预人数达11.13万人。

【健康饮食】 卫生局、爱卫办联合开展“‘健康唐山、幸福人民’行动‘健康酒店’活动”启动仪式，下发《“健康唐山、幸福人民”行动“健康酒店”活动》推进方案，全面实施食品卫生监督量化分级管理制度。卫生局、教育局联合举办学校食品卫生安全知识培训暨现场观摩会。各县（市）区按照“健康唐山、幸福人民”行动方案确定的提升A级、扩大B级、规范C级的总体要求，全面实施食品卫生监督量化分级管理制度，确保持有卫生许可证的餐饮单位100%亮证经营，100%贴挂食品卫生等级标志标识。对现有的6595家餐饮单位实行量化分级管理，评定A级单位70家，递增56%；B级单位4876家，递增7.4%；C级单位1649家，B级以上单位达到75%。各级卫生行政部门、卫生监督机构把餐饮业食品卫生安全攻坚行动和食品安全质量年活动贯穿到卫生监督工作的始终，开展对学校、社区、建筑工地、学校周边餐饮和小餐馆的食品卫生监管，有效防止食物中毒事件和食源性疾病的发生。同时，建立和完善餐饮业、集体食堂原料进货溯源制度，重点打击餐饮业违法添加非食用物质和滥用食品添加剂行为。整顿餐饮单位6097户次，出动监督人员2281人次，召开各种现场会议35次，依法取缔无卫生许可证

餐饮单位、饮食摊点62户次，总计罚款301户，罚款金额达11.986万元；责令停业整顿99户次，限期改进948户次，没收销毁腐败变质食品616公斤。

【健康环境】　深入开展“清洁城乡、保护健康”爱国卫生运动，加大宣传爱国卫生和健康教育知识宣传力度，先后举办健康教育进社区和平衡膳食讲座200多场次。积极开展公共场所控烟活动，无烟市直医疗单位达到50%以上，成功引进美国盖茨控烟项目，获得项目资金10万美元。组织实施创卫生县城，各县（市）区全部达到省级卫生城市（县城）目标，其中滦县、迁安市、乐亭县被命名为国家级卫生城市。

卫生执法监督

【职业病健康监护】　落实到2009年底接害职工体检率和职业健康建档率达60%目标，各级卫生行政部门、卫生监督机构全面贯彻落实《职业病防治法》、《职业健康监护管理办法》，进一步规范职业病诊断、鉴定以及职业健康监护行为。组织开展对用人单位职业健康监护情况的监督检查，严肃查处严重危害劳动者健康的违法行为，并及时向社会公布。完善审批程序，规范建设项目职业病危害评价和审查以及职业卫生技术服务机构的审批和管理。卫生局举办职业病防病知识进企业暨职业健康监护培训会议。接尘、接害企业职工体检11.4万人，体检率达61%；实际建档14.9万份、建档率达78.3%。在《职业病防治法》宣传周期间，编印宣传资料2.5万余册，通过报刊、电视等新闻媒体报道职业病防治工作，组织职业病防治技术人员开展义诊、咨询，开办电台空中热线接受咨询，增强全社会的职业病防治意识。

【重大活动医疗卫生保障】　确保曹妃甸论坛成功举办，市卫生局扎实开展“五小行业”治理、食品卫生安全大检查等专项整治行动，为迎论坛创造良好的卫生环境。组织卫生监督、医疗救治和疾病预防控制专业人员培训，举办突发公共卫生事件演练，做到人员、车辆、设备、药品、制度“五落实”，实现“四个不发生和四个满意”，即不发生食物中毒、不发生传染病疫情流行、不发生伤病员延误救治、不发生重要对象医疗保健工作不到位；做到群众满意、参会人员满意、领导满意、国内外来宾满意，各项工作实现“万无一失”目标，为论坛圆满成功的举办做出积极贡献，卫生局被市委、市政府授予组织工作先进集体。另外，及时妥善处置古冶水污染事件、滦县特大交通事故等突发事件，确保群众的身体健康和生命安全。卫生局先后在乐亭县、路北区、丰南区召开“五小行业”整治工作现场观摩会，成立3个督导检查组，采取分片包县（市）区、包重点线路和节点的做法，特别是对曹妃甸论坛环境整治涉及的20条重点路线、43个节点，加大督导检查力度。8月份以来，出动监督人员2281人次，召开各种现场会议37次，整顿“五小行业”7000余户次，依法取缔无卫生许可证“五小行业”45户次；责令停业整顿299户次，限期改进548户次。

【打击非法行医和虚假宣传】对城乡结合部、城区市场和农村集市等日常监督相对薄弱地区进行反复检查，严厉打击坐堂行医、非法义诊、擅自扩大诊疗范围、出租承包科室、非法开展性病和医学美容等非法执业活动。依法治理非法医疗广告，对媒体刊播的医疗广告进行认真清理整顿和规范，对非法刊登医疗广告的医疗单位进行查处。印发《唐山市卫生局关于进一步加强医疗单位违法虚假医疗广告监督管理工作的通知》，进一步规范医疗广告市场。累计对43家医疗机构虚假医疗广告单位进行立案查处，罚款12万元。

卫生服务体系建设

【城市社区卫生服务】　深入贯彻落实《唐山市城市社区卫生服务发展规划》，加快社区卫生服务体系建设，初步构建城区居民就医15分钟服务圈，社区卫生服务机构总数达到130个，其中社区卫生服务中心30个，社区卫生服务站100个，实现城区146.6万人便捷就医的工作目标。在上年6个城市社区卫生服务机构创建省级标准化社区卫生服务机构的基础上，古冶区、丰润区积极加入创建行列，并有5个机构创建达标。迁安、遵化、玉田等市（县）积极探索开展社区卫生服务工作，筹建15个社区卫生服务机构，中心4所，站11个。中心区的社区卫生服务工作从2006年开始，从探索试点到全覆盖，从初级诊疗服务向全面公共卫生服务转变，积累大量经验。针对各县（市）还有75万城镇居民没有享受到均等的社区卫生服务的局面，在其他县（市）中大力推动筹建社区卫生服务机构，制定下发《社区卫生工作管理制度汇编》，从部门监管、内部运行管理、业务指导管理三个方面制定62项规章制度。社区卫生服务机构积极参与“健康唐山，幸福人民”行动，特别是在居民健康信息管理、健康教育进社区、进家庭等项目中，社区卫生服务机构投入大量人力、物力、财力。城市社区居民健康档案建档已完成80余万份，其中路北区完成建档任务的60%，钓鱼台街道办事处社区卫生服务中心、德源里社区卫生服务站等社区卫生服务机构被确定为“健康唐山，幸福人民”行动模范试点，得到社区居民的认可和各级领导的好评。路北区在社区卫生服务中积极开展责任医生、社区首诊负责制试点，试行“1+1”的服务管理模式，通过责任医生与社区居民的牵手工程，拉近医患关系，更加便于健康管理和健康指导，促进和谐大社区发展。

【新型农村合作医疗】　2009年，参合农民达到468.64万人，参合率96.06%，比上年提高2个百分点。五保户、贫困户通过医疗救助资金资助全部参加新农合，参合率100%。年内累计补偿158.84万人次，补偿总费用4.87亿元，其中住院补偿36.31万人次，补偿费用4.46亿元。大病统筹基金使用率98.66%。按照《河北省2007年新型农村合作医疗基本框架》和推荐

使用的2个实施方案，指导各试点县（市）区科学调整实施方案，以确保参合农民最大程度受益。制发《唐山市新型农村合作医疗定点医疗机构管理暂行办法》，明确定点医疗机构的基本条件、申请与确定程序、考核评价等要求，建立定点医疗机构准入、退出制度，进一步规范定点医疗机构服务行为，有效遏制次均诊疗和次均住院费用的上涨幅度，提高参合农民的受益水平。制定下发《唐山市新型农村合作医疗督导方案》，组成4个检查督导组，对14个县（市）区新农合工作进行检查督导，全面了解新农合工作进展和取得的成效，分析存在的问题及原因，并制定解决问题的相关方案和时限，为推动新型农村合作医疗不断完善和健康发展起到积极的促进作用。

【农村卫生基础建设】 2009年，大力发展农村医疗卫生服务体系，健全完善以县级医院为龙头、乡镇卫生院为骨干、村卫生室为基础的农村三级医疗卫生服务网络。全面推进以“基础设施、基本装备、基层队伍”和“标准化、规范化”为重点的乡镇卫生院“三基两化”建设。以标准化建设为核心的村卫生室建设，村卫生室标准化率达到75%。全面推进乡镇卫生院“三基两化”建设，唐海、玉田积极开展创建省级标准化、规范化示范县（市）活动，实现所有县（市）全部达标。继续加大农村卫生事业基本投入，在对政府举办的乡镇卫生院核岗定编的基础上，强化政府责任，确保公共卫生服务经费足额拨付到位。加大财政扶持力度，形成资金投入保障机制，提升乡镇卫生院和村卫生室的基本医疗设备配置水平。组织完成农村卫生人员培训工作，提高农村卫生队伍整体素质，继续加大对农村卫生人才引进、培养、待遇等方面的投入，制定人才培养引进规划并落实。完成乡镇卫生院内科医师、外科医师培训及内儿科医师临床进修，10818名参加考核的乡医全部考核合格。

【重点卫生基础设施项目建设】

紧紧抓住中央出台拉动内需政策这一重大发展机遇，千方百计积极争取项目建设资金，借势改善医疗卫生基础条件。经过努力，卫生系统争取到66个项目，其中，市中医院扩建项目1个、县级医院5个、乡镇卫生院47个、社区卫生服务中心13个。中央到位资金1.26亿元，地方配套建设资金近8亿元，这是唐山历史上对卫生项目投入最大的一年。年内，争取的66个项目开工63个。适应新时期、新形势、新要求，卫生系统从科学发展、长远发展的角度出发，着力谋划、推进的一批新项目建设也取得实质性进展。投资1414万元的市传染病院项目仅用5个月时间就完成建设、搬迁，并投入使用，及时救治多名甲流感患者；工人医院外科大楼和市人民医院肿瘤大楼项目进展顺利，主体工程竣工。凤凰新城工人医院项目总投资30亿元、占地400亩、床位2000张，完成立项、红线图、概念性设计等前期准备工作，积极争取到政府拨付1.2亿元土地划拨费用；总投资6300万元的市中医院扩建项目（中央补贴1200万元，市财政配套资金2000万元，其余为自筹），总投资1.8亿元的市妇儿医院（市财政列入预算1000万元）、总投资3600万元的精神病院等项目也基本完成前期准备工作，2010年内动工兴建。这些项目建成投入使用后，将有效提升全市医疗卫生服务承载力，明显改善医疗条件，不断满足群众日益增长的医疗卫生需求。

医政管理

【医院管理】 针对医院病历质量普遍存在的问题，认真查找原因，召开全市病历书写规范培训暨病历点评会。在三级医院之间开展病历互查制度。开滦医院与煤医附属医院率先开展病历互查，有力地促进双方医院病历质量的提高。2009年采取各医院推荐3—5份优秀病历，卫生局随机抽取各医院6—10份病历的方法，进行全市评比大排名。对前50份病历通报表扬，对所有丙级病历及相关单位和医师点名批评。达到以评促改、以评促进的目的。按照省卫生厅的安排，于8月3日至14日组织专家对50所二级以上医疗机构的病历进行抽查和集中评审。参评病历总数485份，甲级病历305份，占比例62.9%，乙级病历152份，占比例31.3%，丙级病历28份，占比例5.8%。病历评审结果：开滦医院、唐山市工人医院、华北煤炭医学院附属医院为病历书写优秀单位。转发卫生部《2008年—2009年“以病人为中心”医疗安全百日专项检查活动方案》，按照要求全面部署医疗安全百日专项检查活动，成立“唐山市医疗安全百日专项检查活动工作领导小组”，各县（市）区卫生行政部门和相关医院也分别成立相应组织。按照《方案》要求，立即开展自查自纠。1月9日和2月3日，分别召开“医疗安全百日专项检查活动调度会”。2月20日组织相关专家组成两个督导检查组，分别对各县（市）区卫生行政部门和医疗机构进行全方位督导检查，针对存在问题，提出合理化建议，并敦促立即整改。

【医学科教】 启动医师定期考核工作。根据《中华人民共和国执业医师法》、《医师执业注册暂行办法》、《医师定期考核管理办法》、《河北省医师定期考核实施细则（试行）》以及相关规定，结合实际，制定下发《唐山市医师定期考核暂行办法》，规范医师考核工作。在省卫生厅安排指导下，4月19日至22日举办“香港护士训练及教育基金会康复护理与护理管理培训班”。全市卫生系统护理部主任（总护士长）、神经内科、神经外科、康复科、骨科护士长和护理骨干150余人参加培训班。联合举办唐山市首届“健康大使”护士风采电视大赛，有33家医疗单位的200名护理人员报名参赛。大赛通过初赛、复赛、淘汰赛、10强争霸赛，有6人分别获得冠军、亚军、季军。按照“预防在先、发现在早、处置在小”的原则，把预防医疗纠纷作为治本之策，探索医患纠纷预防和应急处置机制，制定下发《关于提高医疗服务质量构建和谐卫生的通知》，谋划《唐山市医疗纠纷预防与处置暂行办法》。以制度为保证，以规范化管理为基础，实现有效预防和处置医疗纠纷，保护患者、医疗机构及其医务人员的合法权益，

保障医疗安全，维护正常的医疗秩序。年内医师资格考试有7805名考生报卷，经过认真审核，查出不合格报卷280份，初审合格7525名，初审合格率96.4%。其中临床执业2348名，临床助理2892名；口腔执业186名，口腔助理437名；公卫执业49名，公卫助理17名；中医执业232名，中医助理202名；中西医执业181名，中西医助理981名。依据《2009年河北省“医疗质量万里行”活动实施方案》，结合实际，制定《2009年唐山市“医疗质量万里行”活动实施方案》，8月21日上午，在唐山抗震纪念碑广场举行“健康唐山、幸福人民”行动——全市“医疗质量万里行”活动启动仪式。各县市（区）卫生局局长、医政科科长，市内6区36所公立医院和市直医疗卫生单位的主要领导、临床专家、医务人员以及新闻媒体记者1000多人参加启动仪式。充分发挥“双卫网”和“好医生网”的作用，落实《唐山市卫生专业技术人员继续医学教育实施办法》、《唐山市继续医学教育工作评估指标体系》等规范性文件要求。落实《关于申报唐山市市级重点学科和重点发展学科的通知》，按照重点学科评审标准、方法和管理规划，评出15个市级重点学科。

疾病预防控制

【手足口病防治】　制定下发《唐山市手足口病防控工作方案》、《关于进一步加强手足口病防控工作的通知》，为手足口病的防控提供技术支持。按照甲型H1N1流感、手足口病执法检查的统一部署，市及各级卫生监督机构按照《传染病防治法》及相关法规的规定，开展对乡镇卫生院以上医疗单位落实疫情报告制度情况、消毒隔离、控制院内感染、发热门诊、肠道门诊、医疗废水废物处理、物资储备情况监督检查。于3月30日实行手足口病周报告制度，于4月16日实行日报零报制度，加强疫情监测，对重症病例、聚集性病例进行流行病学调查核实；对网络直报的疫情流调核实，及时进行分析和判断。下发《唐山市手足口病防治宣传教育实施方案》，以“健康唐山，幸福人民”行动、“清洁城乡，保护健康”为载体，以农村和疫情高发县市区为重点，深入村、户进行手足口病防治知识宣传。报告手足口病6986例，报告发病率97.2/10万，发病率处于全省较低水平。

【甲流防控】　不断强化各项措施落实，报告病例70例，处于全省较低水平。下发《唐山市人感染猪流感应急预案（实行）》、《唐山市甲型H1N1流感监测实施办法（试行）》等方案，从工作机制、疫情监测、现场处置、应急物资储备等方面细化工作预案，并制作防控流程图，为甲型H1N1流感的及早防控奠定基础。开展人员技术培训，增强疾控人员流调、消毒隔离和个人防护的防范意识，及时了解甲型H1N1流感等传染病疫情变化和进展情况，锻炼应急队伍的快速反应，进一步提高疾控系统应急处置能力。顺利完成首批11.5万人份的甲型H1N1流感疫苗接种。

【艾滋病和肺结核病检控】　开展艾滋病自愿咨询检测（VCT）工作，截至10月底共接待咨询8093余人次。免费检测20.28万人次，阳性56人。对符合抗病毒治疗条件的27名患者进行抗病毒治疗。截至10月底，对暗娼、同性恋、吸毒者、性病就诊者2.5万人进行人群干预34.52万人次。进一步加大结核病人发现、追综和管理力度，截至到10月底登记活动性肺结核病人2995例，其中涂阳肺结核病人2049例，新涂阳肺结核病人1772例，涂阴肺结核病人906例，结核性胸膜炎40例。医疗机构肺结核病人报告率、转诊率均为100%，涂阳病人密切接触者筛查率96.2%，病人系统管理率98.72%。66个痰检点1—3季度对2178例可疑症状者进行查痰检查。

全市五苗基础免疫累计接种率均在98%以上，其中卡介苗99.9%，脊髓灰质炎99.5%，百白破99.3%，麻疹疫苗98.7%，乙肝疫苗99.7%；乙肝疫苗接种及时率98.7%。扩大免疫规划几种疫苗基础免疫接种率也有显著提高，乙脑疫苗接种率95.86%，流脑疫苗接种率为95.09%。卫生系统严格按照“属地管理、群防群控；关口前移、露头歼灭；首诊负责、分层救治；把握重点、关注重症”的32字防控工作方针，先后投入2260多万元，用于购置各类急救设备、储备防控药品和物资。印发群众明白纸231.5万张，为孕妇发放体温计7万支，累计接种疫苗50余万人。计划免疫保持高接种率，免疫规划疫苗接种率均在98%以上。

【碘盐食用和改水降氟监测】　年内，对8个加碘盐厂进行现场采样监测，采样20批180份，经实验室检测合格16批、178份。批合格率80%，份合格率98.89%。监测碘盐99批次891份，合格96批、891份，批合格率96.97%，份合格率99.89%。监测14个县（市、区）采集样品4044份，采取直接滴定法进行检测。合格3863份，不合格181份。其中非碘盐84份，非碘盐率2.08%，碘盐覆盖率97.92%，合格率97.55%，合格碘盐食用率95.52%。严格执行《河北省消除碘缺乏病目标县级考核评估实施方案》，居民户合格碘盐食用率采用当年碘盐随机抽样监测的结果，14个县（市、区）的居民合格碘盐食用率均达到90%；检测1501份尿样，尿碘中位数为230.7ug/L，且尿碘含量低于50ug/L的比例仅为6.73%，处于国家标准之内。对改水降氟井摸底调查，原有改水降氟村496个，改水降氟井401眼，正常使用218眼，停用70眼，报废107眼，未配套停用6眼，经过2008年的农村安全饮用水改造工程，所有改水降氟村全部恢复正常供水。完成9个项目村36份水样的监测，项目村均为已改水村。样本数36份，合格率89.9%。

（刘德云）

体　育

编纂　赵鹤鸣

综　述

2009年体育工作迎难而上、稳步发展。围绕重点目标任务，凝心聚力，真抓实干，把“健康唐山，幸福人民”体育行动作为龙头工程，探索具有唐山特色的群众体育工作新思路和新举措，全民健身工作有新成效。落实“奥运争奖计划”，实施奥运后备人才工程，竞技体育水平有新提高。启动新奥体中心项目，超前谋划新奥体中心和南湖体育休闲基地建设，前期筹备工作取得新进展。立足改革创新，市场运作办大赛，发挥体育社团和社会办体育的积极性，体育事业向市场化、社会化拓展。圆满完成各项工作任务，多项工作走在全国同等城市前列，2009年10月，在山东省济南市召开的全国群众体育总结表彰大会上，唐山市再次获得国家体育总局表彰，荣获“全国群众体育先进单位”称号。

群众体育

【健康唐山活动】　2009年，市委、市政府制定《“健康唐山，幸福人民”行动方案》，重点工作是群众体育做好健身服务、扩大健身人群、实施健身工程、开展健身活动、完善网络、坚持科学健身等6项任务。3月份，市体育局按工作性质和开展工作的需要，将全部指标和任务归纳为四大项，划分为20条具体任务，即建设健身工程3条，指导科学健身6条，开展健身活动6条，增加体育人口5条。

为高标准完成任务，体育局成立“健康唐山，幸福人民”全民健身领导小组，下设由相关科室16人组成的办公室，分综合组、活动组、宣传组、保障组开展工作，并制定“健康唐山、幸福人民”全民健身推动工作督导方案，将督导工作纳入年度考核目标。4月初，健身领导小组办公室的同志赴重庆市学习“健康重庆”先进经验，介绍唐山市开展“健康唐山，幸福人民”行动开展情况，受到重庆同行的热情接待和媒体关注。《重庆日报》头版刊登题为“健康重庆建设引发关注，唐山市体育局来渝取经”的消息。7月至8月，开展各类人员体育锻炼状况及民间群众健身组织调查工作。群众锻炼状况采取抽样、入户方式，在14个县（市）区抽查3.2万人样本量。其中，城区主要以工人、教师、个体经营者、公安民警、商业服务人员、交通司机、离退休人员、专业技术人员、机关干部9种职业为主；农村主要以农业劳动者为主。并对机关公务人员和企业工人进行专项调查，样本量分别为1120人和2200人。送省体育科研所进行论证后公报发布。群众健身组织调查结果，全市有市级健身组织54个，县（市）区健身组织118个，乡镇街道健身组织68个，村级健身组织931个。加强社会体育指导员培训，全年推荐参加国家级培训14人，一级培训107人。二级社会体育指导员采取分散培训方法，在14个县（市）区各设一个培训点，体育局印发统一编制的培训教材，聘请具有高级职称的体育专业讲师全程讲授理论知识和技能。共培训二级社会体育指导员775名。全市各级社会体育指导员发展到7675名，其中国家级10人，一级328人，二级2617人，三级4720人。

树立路北区、迁安市全民健身工程典型，丰南区全民健身活动网络典型，路南区文体局全民健身管理体制机制典型等。

【全民健身实事工程】　2009年，体育局承担市委、市政府《持续改善民生攻坚行动实施方案》任务，新建500个农民体育健身工程（其中，国家级100个、省级100个、市级100个、县区200个），更新维修50个社区健身苑和建设体育中心户外健身场。为确保工程顺利完成，成立实事工程领导小组，体育局主要领导挂帅，副局长和相关处室分工负责，责任到人。全年实事工程总投资840万元（其中国家投资300万元、省投资80万元、市投资300万元、县（市）区投资160万元），于4月1日召开全市全民健身工程专项工作会议进行部署，要求按计划推进工程进度。到2009年底，全市新建农村体育工程650个，维修改建社区健身苑70个。体育局与路南区政府合力共建民心工程——唐山燕京体育健身公园更新改造，由原来的四区三场改建为八区四场一长廊，即康复区、乒乓球区、青少年区、中老年区、健身舞蹈区、儿童区、棋牌区、多功能区、门球场、篮球场、两个羽毛球场和休闲长廊，

86件（套）健身设施全部更新。新建高标准市老年门球场，支持35个文明生态村以及少数民族村健身场地建设，有效地改善全市基层群众健身条件。

按市委、市政府指示，打造国家级南湖体育运动休闲示范区。体育局与南湖生态城管委会共同启动谋划南湖体育休闲基地项目。规划休闲示范区面积21平方公里，划分12个区域，囊括30个运动休闲大项。经过考察论证，提出《关于新建奥体中心的构想和建议报告》，与深圳中心实业股份有限公司多次接洽商谈，就建设唐山市奥体中心投资初步达成合作意向，草拟《唐山市奥体中心投资建设合作框架协议》。8月21日，国家体育总局群体司司长盛治国、省体育局局长聂瑞平应邀来唐山考察南湖中心城市生态城，表示一定给予大力支持。11月6日，体育局、南湖生态城管理委员会专程去国家体育总局汇报。11月17日，体育局、南湖生态城管理委员会、规划局共同举办“中国南湖体育休闲示范区控制性详细规划专家论证会”，请国家体育总局训练司副司长吕铁航、河北省体育局副局长张建新和7名专家对该项目进行评审。通过现场勘查和专题论证，专家组一致认为该规划贯彻《体育法》及《全民健身条例》超前、时尚、站位高、起点高、大手笔，是得民心、顺民意的工程；规划利用采煤塌陷区建设户外体育休闲区的做法是可以推广的模式；规划设置的项目符合国家户外运动产业政策，符合唐山市总体规划及南湖生态城总体规划，具有高度的可操作性。专家组同意本规划并联名签署评审意见书，有望争取国家命名挂牌。

【全民健身活动】　2009年元旦，举行河北省第三届暨唐山市第十一届元旦万人长跑及市直机关全民健身日、优秀健身项目展演活动。从元旦至春节期间，共举办各类项目展演、比赛21项次。4月29日，市委、市政府举办南湖城市中心生态公园暨“健康唐山，幸福人民”全民健身系列活动启动仪式。省委常委、市委书记赵勇讲话，陈国鹰市长主持，体育局局长刘之俊作“全民健身活动”情况介绍，组织7000名各界群众代表参会，2000名市直机关干部健步走，3000人文体表演，16辆来自各县（市）区花车巡游表演，沿途5个节点800人进行16个健身项目展演，成为全市规格最高、影响最大、参与群众最广泛的全民健身盛会。4月25日，市体育局联合市直机关工委、教育局、文化局、卫生局、总工会、团市委、市妇联下发以“亲近自然，健康人生”为主题开展百万群众户外健身活动的通知，组织全市活动9项，各县（市）区活动44项。评出优秀组织奖46个单位，特色运动奖41个单位，先进个人50名，健身明星49名。10月30日举行闭幕式，对活动进行总结，对先进集体、先进个人予以表彰。

城市百万群众户外健身活动呈现出五个特点，一是各级领导高度重视，路南区、路北区、滦县、玉田县、滦南县、迁安市、芦台管理区、高新技术产业园区等单位党委、人大、政府、政协领导出席开幕式，党政领导致辞。二是投入经费多，乐亭县投资100万元，滦县投资40多万元，为开展活动提供经费保障。三是开幕式隆重热烈，乐亭县不仅开幕式壮观，而且还制作了精美的团体操画册，滦县74个代表队的14辆花车为开幕式增添色彩。四是参加群众广泛，乐亭县7000人、滦县4000人参加全民运动会入场式。五是填补残疾人运动会的空白。5月15日，配合农工党唐山市委员会，在纪念碑广场举行“健康唐山，幸福人民”志愿服务活动，组织威风锣鼓、健身腰鼓、健身球等项目，300多人为启动仪式助威。8月3日，在市政府会议中心召开唐山市庆祝“全民健身日”新闻发布会，市政府副秘书长刘利东和健康办、文明办、教育局、民宗局、文化局、卫生局、广播电视局及路南区、路北区、老年人体协等18个单位的负责同志，国家、省驻唐新闻媒体、市直各新闻媒体18名记者参加新闻发布会。8月8日，唐山市庆祝“全民健身日”体育大会隆重召开，市人大、市政府、市政协领导唐凤岗、高瑞华、卢晓霞等及体育局、体育总会、文明办、教育局、民宗局、农业局、文化局、卫生局、广播电视局等15个主办单位主要负责同志出席大会。副市长高瑞华作重要讲话。来自各单项运动协会、老年人体育协会及路南区、路北区近4000名健身爱好者展示少儿体育舞蹈、健身气功、街舞、太极拳、跆拳道、瑜伽、高尔夫、马术、航模、轮滑等35个全民健身优秀项目。14个县（市）区，芦台、汉沽、高新园区和教育局、总工会、开滦体协、老年体协等单位也全都举行主体鲜明的大型全民健身活动。据统计，8月8日当天，全市有组织的大型全民健身活动达70多项，参与群众达10多万人。活动项目涉及篮球、羽毛球、乒乓球、足球、游泳等奥运项目，更多的是健身操、太极、腰鼓、健步走、台球、柔力球、轮滑、电子竞技、门球、象棋、毽球、钓鱼、抖空竹、秧歌、广播体操、街舞等全民健身项目。活动形式有全民运动会、社区邀请赛、千人舞会、全民健身展示及各类健身项目比赛、培训班等。历时两个月的唐山市首届全民健身优秀项目电视展播大奖赛8月8日圆满结束。全市14个县（市）区和2个管理区、开发区及开滦体协、老年人体育协会拍摄报送25个参展作品，经专家评审，评出迁安市《四十二式太极拳》、路南区《太极柔力球》、乐亭县《可乐球》3个参展作品二等奖，评出三等奖9个，优秀奖7个。唐山电视台进行6次播放，每次长达45分钟。10月30日，唐山市举行首届市直领导干部乒乓球比赛。各县（市）区和3个开发区、管理区也都举办大型综合性全民健身运动会，开展260项大型示范健身活动，参与群众达200万人次，成为历史之最。

5月1日至10日在唐山市国际会展中心成功承办第25届亚洲斯诺克锦标赛。本次赛事作为亚洲地区水平最高的业余斯诺克赛事，共有来自亚洲20个国家和地区的42名运动员参赛。一流的服务、一流的比赛环境、一流的赛事组织，使比赛取得圆满成功，受到各级来宾的一致好评。“5·1”期间，马术运动协会在唐山市南湖公园赛马场举行唐山市首届赛马文化节——“我爱赛马，健康生活，环保大家行”全国速度马邀请赛，共有来自全国

11个省、市、自治区的40匹优良马参加大赛，吸引数以万计的群众观看，丰富广大人民群众的文体业余生活。先后承办河北省甲级门球赛、河北省跆拳道道馆公开赛等系列赛事。组队参加全国蒙牛城市之间海口总决赛、河北省体育舞蹈比赛、河北省围棋、中国象棋、国际象棋、太极拳、跆拳道、全国老将田径赛等12项次的比赛，共获得金牌64枚，银牌52枚，铜牌55枚。

为丰富群众的文体生活，唐山市首届篮球联赛在社会各界的支持下于10月31日开幕，比赛共有7支队伍参加，实行主客场制，每周末3场比赛，进行为期3个多月50余场的比赛，唐山市电视台公共频道进行现场录播，并分时段进行播放，为社会办体育闯开一条新路子，成为全年体育赛事的一个亮点。还举办抖空竹、太极拳、体育舞蹈、跆拳道、瑜伽、二郎拳、健身气功、街舞、武术、高尔夫球、马术等群众喜闻乐见的健身活动，参与人数达3万多人次，吸引观众10万余人。

【科学健身指导】 在开展全民健身活动中，加强科学健身指导。在充分调研论证的基础上，8月8日开始利用一周的时间，完成建设路上新华道至朝阳道3000米健步走大道，市政府办公大楼主楼、副楼及审计局、财政局楼梯和凤凰山公园3条登山步道健身提示和标识安装任务。9月初，在市人大、市政协和物价局办公楼梯安装健身提示牌。这些标识设施的安装，不但为广大干部群众提供了科学健身的指导，也受到群众的高度关注。路南区、丰南区、唐海县、丰润区、滦南县等县区也在主要街园安装健身提示标识牌。

为了帮助广大群众学习交流健身知识，了解掌握健身技能，年初，体育局编印1万册《全民健身知识手册》和1万份“我运动、我健康、我快乐、我长寿”等十几条简单易记的宣传口号广为发放。

借鉴国内一些省市的先进做法，投资16万元新建唐山市国民体质监测中心，购置监测器材两套200多件，建房屋170平方米。于7月3日举行揭牌仪式，唐山市各新闻媒体现场进行报导。率先对市直机关公务人员进行体质监测，截至到10月底，通过“上门服务”方式，为61个单位3000名公务人员进行测试并出具体质报告，完成机关公务人员体质状况分析报告。此外，还于2月19日全市“健康唐山，幸福人民”行动主题活动现场和8月8日全国“全民健身日”免费为群众测试和出具体质报告近300份。丰南区、唐海县、丰润区、滦南县等县区也组织了国民体质测试活动。

竞技体育

【备战河北省第十三届运动会】 2009年，以打造效率体育年活动为契机，以备战第十三届省运会为中心，力争实现2010年河北省运动会奖牌总数、团体总分全面超上届的奋斗目标，认真谋划，精心组织，突出重点，促进运动项目技术水平的提高。

年初，将金牌目标任务分解到各项目教练员，落实到具体运动员，与各项目教练员签订目标责任制。突出重点项目，加强对有希望夺金牌运动员的训练。以赛代训、以赛促训，举行元旦长跑、小学生篮球比赛、乒乓球调赛、羽毛球选拔赛、青少年跆拳道比赛、网球赛等10余项次比赛，为参加河北省各项乙组、丙组的比赛选拔队伍。为解决体育场馆和部分项目训练场地先天不足问题，分别派出摔跤队、自行车队、跳水队等到江苏常州市及石家庄市、秦皇岛市、保定市、张家口市进行训练，为优秀运动员创造参加重大比赛热身的机会。为自由式摔跤、艺术体操添置大量的训练器材。根据《河北省第十三届运动会规程及其它纪律规定》，组织近3000名运动员进行注册和确认，通过参加2009年度各类型赛事，有1215名运动员取得省运会参赛资格。为参加河北省第十三届运动会取得优异成绩，打下坚实基础。

【参加省年度及全国赛事】 组队参加河北省年度比赛39项次，共获金牌114枚、银牌78枚、铜牌79枚，团体总分5420分。其中艺术体操、男子排球、女子摔跤、男子自由式摔跤四个项目获团体冠军，打破一项河北省记录，12支代表队获得体育道德风尚奖。

在第十一届全国运动会上，有53名运动员、3名教练员代表河北省参加14个项目比赛，共取得5枚奖牌和3个第四名、4个第五名和4个第六名，总分165.5分，参加人数和获奖牌数都超过上届。其中，跆拳道运动员牛晓晓获得49公斤级银牌，是河北省代表团获得的第一枚奖牌；射击运动员翟羽佳获移动靶银牌；赛艇选手陈全亮与队友合作获得2000米4人单浆无舵手比赛银牌，另两名唐山选手姚庚新与吴子洋组合获男子2000米双人单浆无舵手比赛铜牌；跳高运动员乔艳蕊成功越过1.88米横杆，为河北省代表团再添一枚银牌。唐山籍运动员参加第十一届全国运动会呈现三大亮点，一是自行车选手张海涛“舍身甘当铺路石”，为确保河北夺冠做出个人牺牲，最终河北夺得冠军，张海涛获得第四名，受到省体育局领导的表扬。二是业余选手参赛人数创历史之最，唐山市体校艺术体操代表队、田径运动员张英作为基层体校的业余选手代表河北参赛，获得艺术体操小团体第六名和女子五项全能第五名的好成绩。三是年仅16岁的射击小将翟羽佳，在男女混合移动靶30+30比赛中，沉着应对，以683.6环的成绩夺得该项目的银牌，成为河北代表团中年龄最小获奖牌的选手。

【业余训练活动】 2009年举办田径、游泳、篮球、足球、乒乓球、跆拳道等13项市级单项比赛。继续开展各县（市）区的层层选苗活动，组织开展高水平后备人才基地和优秀业余教练员评比表彰。检查部分县（市）区业余体校训练情况，并针对条件艰苦的业余体校给予器材扶持。通过多种形式、多种渠道、多措并举，加强业余训练活动的开展，选拔人才，锻炼队伍。2009年，向省以上运动队输送人才47名，向国家集训队输送13名。有19人达到一级运动员标准，5人达到国家级运动健将标准，创历史之最。唐山市体育运动学校作为体育局的训练基地，省年度比赛拿牌率

占92%，输送率占95%。2009年12月，按基本条件、科研设施、输送人才、大赛成绩等综合因素，通过申报、初审、复审、专家组实际检查等程序，田径项目中长跑、女子铅球、铁饼被国家体育总局命名为奥林匹克高水平后备人才基地，成为全省唯一的具有一个综合基地，三个单项国家级基地的市级体校。迁安市体校被国家体育总局命名为国家女子拳击训练基地，并在迁安市组建中国女子拳击第一支国家队，唐山市有包括世界冠军张喜燕在内的5名运动员入选国家队。6月18日，在迁安市业余体校隆重举行基地揭牌仪式，国家体育总局拳跆中心主任常建平出席揭牌仪式并讲话，迁安市市长郭竞坤致欢迎词。河北省体育局副局长杨静之、唐山市人大副主任唐凤岗、政协副主席秦少清及体育局、教育局领导出席仪式。

【承办全国和河北省赛事】 2009年共承办国家单项比赛3项，省比赛5项。2月1日至4日，承办全国少儿游泳冠军赛。有来自北京、成都、河北、上海、天津等10个省（市）的238名少年儿童参加比赛。6月17日至21日，承办全国乒乓球俱乐部甲A联赛，有来自全国24个省的48支男、女队近300人参赛。运动员都为各省队队员且大部分是职业球员，包括8名国家队队员以及各俱乐部聘请的5名朝鲜外援和4名日本外援，给比赛组织增加了难度。通过精心组织，热情接待，在吃、住、行和比赛方面受到国家体育总局及各参赛单位的好评。11月15日至17日，全国女子拳击冠军赛在迁安市举行，来自全国各地的17个代表队参加11个级别的比赛。经过激烈争夺，迁安市九江线材代表队取得2枚金牌、2枚银牌、1枚铜牌的优异成绩。其中51公斤级张春燕以绝对优势战胜对手，成为本次比赛的最大亮点。

7月13日至17日，河北省青少年乙组排球锦标赛在唐山市举行，有运动员、教练员200余人来唐参赛。7月27日河北省青少年艺术体操锦标赛在市多功能馆落幕，唐山市选手发挥出色，一举夺得7个项目中的6枚金牌、2枚银牌、2枚铜牌，以绝对优势获得团体总分第一名。8月14日至16日，河北省青少年射击冠军赛在市射击场举行，有全省各市运动员、教练员400余人参赛，唐山市获得金牌13枚、银牌1枚、铜牌8枚，获乙组团体总分第一名、甲组团体总分第三名，创造近几年来该项目的最好成绩。8月26日至28日，河北省青少年冠军赛在市田径场举行，有来自全省11个地市近800人参加比赛，唐山市有157人参加比赛。共获金牌25枚、银牌17枚、铜牌21枚和1313分的优异成绩。9月11日至16日，河北省青少年跳水锦标赛在市跳水馆举行。

体育产业

【产业调研】 按照国家体育总局、国家统计局关于开展全国体育及相关产业专项调查工作的总体部署，8月27日，省体育局在唐山市组织全省各个系统、单位调查员培训班，唐山市组织30多名同志参加培训。按照省统一要求，结合唐山实际，把调研内容分成社会事务管理机构、体育组织、体育场馆管理与运行、体育健身休闲、体育培训服务、体育服装鞋帽制造和销售七大类。自2009年9月至11月进行为期三个月的详细调查，完成省体育局随机抽样的近百家单位调查任务，自建名录库54家。据统计，截至到2008年底，体育场地建设发展迅速，投入全民健身工程资金820万元，建成各种健身工程1250个，占地面积16.1万平方米。有体育用品专营店493家，年营业额7.35亿元。健身房18家，武术、跆拳道馆18家，象棋、围棋馆18家，保龄球馆2家，高尔夫球场、滑雪场、赛马场、卡丁车场各1家，乒乓球俱乐部8家，体育舞蹈学校2家，游泳池15家。总投资18.3亿元，年销售营业额11.85亿元，安排就业人员1.1万人。全市拥有体育彩票销售网点531个，共销售体育彩票6.25亿元。环津京体育健身休闲圈规划建设初见成效。津京健身休闲圈体育产业带初步形成。通过调研全市体育产业底数更加清楚，为制定体育产业发展政策提供了可靠依据。

【产业创收】 发挥体育有形资产、无形资产的功能作用。体育中心在全球经济危机的不良影响、设施老化、能源成本增加、人员费用庞大、经济增长缺乏新亮点等困难情况下，适时推进改革，全面实行目标管理责任制，引导各场馆发挥各自优势，开展创收。积极承接各种规格的比赛，承办郭德纲从艺20周年相声专场演出、龙子心——大爱唐山行大型演唱会等活动，超额完成全年经营指标任务。

体育彩票发行工作，在经济危机背景下，销售彩票已连续四年居全省首位。

通过举办第二十五届斯诺克锦标赛、河北省跆拳道馆公开赛、河北省甲级门球赛、唐山市首届篮球联赛、第十届“海华杯”象棋赛、“三益杯”中国象棋精英赛、首届民间“育马杯”速度赛、“利达杯”体育舞蹈表演赛、“凤凰杯”体育舞蹈公开赛、“宿源发艺杯”街舞比赛、热气球漂流节等丰富多彩、群众喜闻乐见的社会体育活动，不断探索市场运作办大赛的新思路，全年筹集社会资金260多万元。

附录一　2009年唐山市十大体育新闻

1. 全民健身动凤城。全年共组织40多项次市级全民健身活动，指导各县（市）区开展286项次大型示范健身活动，参与群众达200万人次。全民健身活动规模、参与人群创历史新高，体育成为“健康唐山、幸福人民”的主力军。

2. 竞技体育喜获丰收。在2009年全国和河北省比赛中，共获金牌114枚、银牌79枚、铜牌86枚，获4项团体冠军，5人达到运动健将标准，19人达到一级运动员标准，创历年之最。

3. 全国表彰再获殊荣。2009年10月，在济南召开的全国群众体育总结表彰大会上，唐山市荣获2005—2008年度全国群众体育先进单位。至此，唐山市已第六次连续24年获此殊荣。

4. “惠民工程”如期超额完

成。全年新建718个农民体育健身工程，超计划218个；维修更新70个社区健身苑，超出计划20个。全面改建路南燕京体育健身公园，重点支持35个文明生态村和少数民族村新建健身场地，有效地改善全市全民健身体育场地设施条件。

5. 万人健身盛会靓南湖。4月29日，市委、市政府举行"唐山南湖城市中央生态公园开园暨健康唐山、幸福人民全民健身系列活动启动仪式"。上万名各界群众代表参会，4000多人进行全民健身表演，16辆各县（市）区花车巡游和全民健身优秀项目表演。成为规格最高、影响最大、参与群众最广泛的全民健身盛会。

6. 国家女子拳击训练基地落户迁安。2009年9月，国家体育总局在迁安组建女子拳击第一支国家队，包括世界冠军张喜燕在内的唐山市5名选手入选国家队。

7. 命名国家级田径训练基地。经国家体育总局专家组验收，唐山市体育运动学校被国家体育总局命名为国家田径高水平后备人才基地，这是唐山市第4个国家级训练基地。

8. 成功承办四项高水平赛事。2009年，唐山市承办第25届亚洲斯诺克锦标赛和全国少儿游泳冠军赛、中国乒乓球俱乐部甲A联赛和全国女子拳击冠军赛等四项国际国内高水平赛事，活跃了全市人民的文化体育生活。

9. "篮球之城"再掀篮球热潮。10月31日，唐山市篮球联赛火爆鸣哨，联赛首批7支球队每周进行主客场的3场较量，历时近4个月，整个赛季共有51场比赛，此举在全国同等城市中首开先河。

10. 建立科学健身长效机制。新建唐山市国民体质监测中心，率先为市直机关61个单位的3000名公务人员进行体质测试；对14个县（市）区范围内3.2万名工人、农民、教师、机关干部、城乡居民参加体育锻炼情况进行全面调查；在市区主干道、公园、办公大楼安装科学健身标识牌，加强唐山市全民健身运动的科学性建设，保持全民健身运动的长效化发展。

附录二　2009年唐山市十佳运动员

1. 张喜燕，女，迁安九江线材拳击俱乐部输送到河北队队员，在2009年全国女子拳击冠军赛和全国女子拳击精英赛中，均获得51公斤级冠军，并入选国家队。

2. 牛晓晓，女，市体校输送到河北省队队员，在第十一届全国运动会跆拳道女子49公斤级比赛中获得第二名，为河北省代表团获得首枚奖牌。

3. 乔艳蕊，女，市体校输送到河北省队队员，在第十一届全国运动会田径比赛中，获得女子跳高第二名。

4. 翟羽佳，男，市体校输送到河北省队队员，在第十一届全国运动会射击比赛中，获得男子移动靶第二名。

5. 陈全亮，男，市体校输送到河北省队队员，在第十一届全国运动会皮划赛艇比赛中，获得男子2000米四人单浆无舵手第二名。

6. 吴子洋，男，市体校输送到河北省队队员，在第十一届全国运动会皮划赛艇比赛中，获得男子2000米双人单浆无舵手第三名。

7. 姚庚新，男，市体校输送到河北省队队员，在第十一届全国运动会皮划赛艇比赛中，获得男子2000米双人单浆无舵手第三名。

8. 张英，女，市体校队员，在第十一届全国运动会田径比赛中，获得女子七项全能第五名，并达到运动健将标准，这是唐山市业余运动员首次在全运会中进入前八名。

9. 刘思淼，女，市体校队员，在第十一届全国运动会艺术体操比赛中，获得团体第六名，达到一级运动员标准，唐山市业余运动员首次在全运会艺术体操比赛中进入前八名。

10. 李琳琳，女，市体校队员，在第十一届全国运动会艺术体操比赛中，获得团体第六名，达到一级运动员标准，唐山市业余运动员首次在全运会艺术体操比赛中进入前八名。

（宋永忠　张德明）

城乡居民收入与消费水平

【城市居民收入与支出】　2009年，唐山市城市居民收入水平稳步提高，抽样调查显示，城市居民年人均可支配收入1.8053万元，同比增长10.2%；人均消费性支出1.2962万元，同比增长7.8%。在全省11个城市中，城市居民家庭生活收支水平居首位。家庭总收入的构成也发生一些变化。工资性收入虽然仍是城市居民人均家庭总收入的主体，但其比重逐步降低；经营净收入、财产性收入和转移性收入的比重都有不同程度的提高，收入结构更加优化。2009年居民家庭人均从职工单位获得的工资性收入为9160元，同比增长5.3%，占家庭总收入的47.7%（所占比重比上年降低3.3个百分点）。收入的增长主要由政策性增资影响。参公管理事业单位人员和教师陆续增加、补发工资，从而带动工资性收入的增长。居民家庭人均得到的转移性收入为8610元，同比增长36.2%，占家庭总收入的比重由上年37.0%上升到44.8%。一是按照国家规定提高了企业退休人员的基本养老金水平；二是享受最低生活保障的家庭收入水平相应提高。居民家庭人均所得财产性收入为457元，同比增长4.1%，占家庭总收入的比重为2.3%。其中出租房屋收入人均247元，同比增长39.8%。财产性收入增长主要是股市、楼市回暖，免征储蓄存款利息个人所得税所致。受金融危机影响，2009年居民家庭人均所得经营净收入为969元，占家庭总收入的比重为5.0%，同比降低39.7%。

居民八大类消费支出，除交通通讯和教育文化娱乐服务略有下降外，其他六项支出均呈上升趋势。城市居民人均食品支出4647元，同比增长8.8%。城市居民恩格尔系数为35.9%，比上年略增0.4个百分点。食品支出仍占据主要份额。抽样调查资料显示，2009年，城市居民家庭人均用于医疗保健支出1384元，同比增长36.9%，其中，滋补保健品增长155.2%，保健器具增长48.3%。城市居民家庭人均用于杂项商品和服务支出人均435元，同比增长22.2%。其中，金银珠宝饰品人均支出172元，同比增长32.8%，其他服务人均支出134元，同比增长29.2%。金银饰品成为居民财产保值增值的投资首选。人均购买家庭设备用品及服务支出869元，同比增长10.7%。其中耐用消费品人均支出520元，同比增长11.3%。截至2009年末平均每百户城市居民家庭拥有家用电脑56台，健身器材5.5套，空调器74.5台、钢琴3.5架。城市居民衣着支出人均为1348元，同比增长2.4%。衣着消费成为美化生活的一种方式。用于居住类支出为1071元，同比增长2.3%。

（刘秀荣）

【农民收入与支出】　据对1250户农村住户抽样调查资料分析，2009年全市农民人均纯收入达到7420元，比上年增加795元，增长12.0%。总量、增量、增速均位居全省第一，农民人均纯收入绝对量比全国高2267元，比全省高2270元；增幅比全国高3.5个百分点，比全省高4.6个百分点。人均纯收入增速比城镇居民人均可支配收入高1.2个百分点，这是自1998年以来农民收入增长速度首次高出城镇居民收入增长速度。受国际金融危机、“三鹿事件”和甲型H1N1等因素影响，2008年三季度以后农民现金收入呈现快速下滑、探底态势，2009年第一季度探底后企稳逐步回升，农民收入实现难得的两位数增长。（见下图）

农民工资性收入、财产性收入、家庭经营收入拉动作用明显，分别拉动纯收入增长3.7个、3.2个和3.0个百分点，是农民人均纯收入增长的主要动力。2009年，农民人均工资性收入为3292元，同比增加244元，增长8.0%。工资性收入对农民人均纯收入增长的贡献率达30.7%，比上年降低19.5个百分点。农民工资性收入占纯收入的比重为44.4%，同比下降1.6个百分点。农民来自工资性收入增长主要得益于以下三个方面：农民工非农就业人数增长6.4%。其中农民工在本地企业务工人数比上年增长14.6%。农村劳动力在非农行业充分就业，为工资性收入增长奠定坚实基础；农民工平均从业时间为10.4个月，比上年延长0.3个月，增长3.0%；平均每月务工收入人均达1120元，增长3.1%；2009年，农民人均非生产性收入达1141

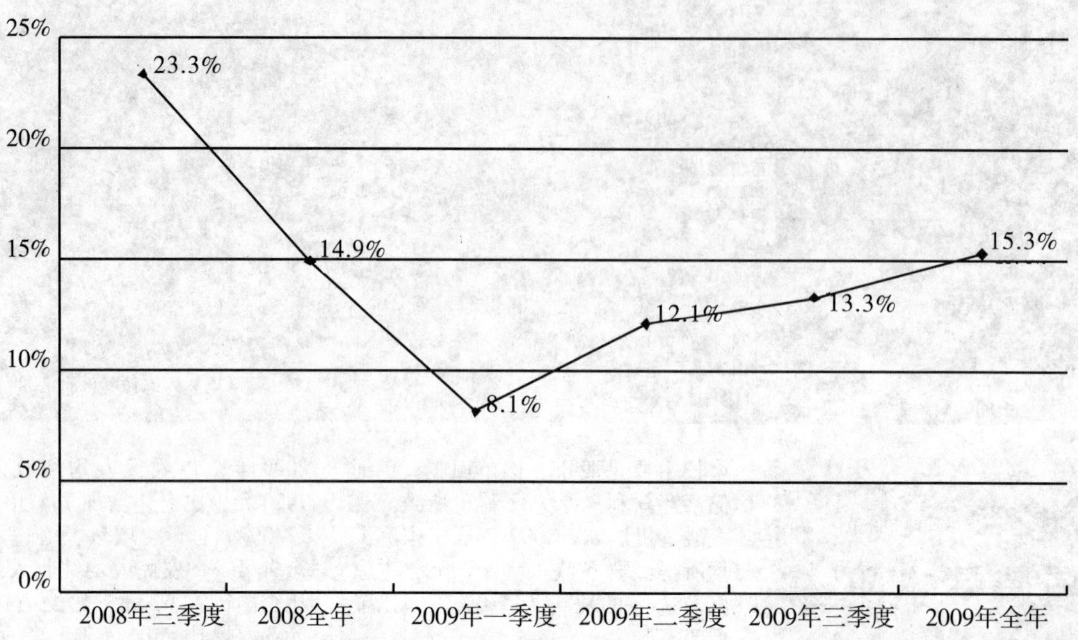

元，同比增加349元，增长44.1%。占农民人均纯收入的比重由上年的12.0%提高到15.4%，上升3.4个百分点，对农民人均纯收入增长的贡献率达43.9%，比上年提高22.7个百分点，位列各项收入对纯收入增长贡献之首。非生产性收入快速增长主要得益于：土地经营流转加快，农民人均来自土地经营权转让获得收入为225元，比上年增加217元，增长30倍，对全年农民人均纯收入贡献率达27.3%，农民人均来自养老金、离退休金收入达369元，增长21.7%。2009年，农民人均家庭经营纯收入为2987元，同比增加201元，增长7.2%，增幅较上年下降4.1个百分点，占农民人均纯收入的比重为40.3%，比上年回落1.8个百分点。农民来自家庭经营收入仍然是农民收入的主要来源，对农民人均纯收入增长的贡献率达25.3%，比上年降低3.3个百分点。农民人均第一产业纯收入为2136元，增加140元，增长7.0%，主要来源于粮食、蔬菜等种植业收入的增长。人均种植业收入为1568元，增长5.3%；种植业收入占“一产”纯收入的比重达73.4%；农民人均第二产业得到的纯收入为162元，减少17.3%；农民人均第三产业得到的纯收入为689元，增加95元，增长16.1%。

2009年唐山农村居民人均生活消费支出5446元，比上年增长16.8%。农民人均食品消费支出1914元，同比增长7.9%，恩格尔系数35.2%，同比下降2.9个百分点。食品消费量中水产品和烟酒的消费量有所增加，其他基本持平。农民人均衣着消费支出399元，同比增长5.5%。其中，服装支出255元，同比增长3.5%；鞋类支出107元，同比增长4.7%。衣着消费逐步向高档化、时装化、品牌化发展。人均居住消费支出1293元，同比增长34.9%，人均住房面积33平方米，比上年增加1.1平方米。其中，装修生活用房材料支出103元，同比增长1.1倍，反映出农民在居住上更加追求舒适、美观；生活用电支出132元，同比增长8.3%；生活用水支出3元，同比增长10.4%。农民人均家庭设备用品消费支出264元，同比增长22.2%。电视、冰箱、洗衣机、空调的百户拥有量分别为118台、92台、100台、20台。农民人均交通和通讯消费支出625元，同比增长17.0%。受国家对汽车消费的引导性政策影响，2009年百户购买家用汽车7辆，比上年增加3辆；购买交通工具支出229元，同比增长44.3%；百户家庭手机拥有量162部，较上年增加16部。人均文化教育、娱乐消费支出436元，同比增长18.0%。2009年，农民人均旅游消费16元，同比增长19.5%；休闲娱乐消费8元，同比增长17.3%。医疗保健消费支出398元，同比增长26.1%。农民更加注重身体保健，2009年农民保健用品及服务支出增长97.5%；同时，医疗负担也有所加重，2009年医疗费同比增长38.6%，看病问题仍然是农民关注的热点。其他商品和服务消费支出110元，同比增长23.1%。其中，用于购买首饰同比增长22.9%；用于化妆品同比增长12.1%；用于美容美发同比增长21.5%。

2009年，农民人均家庭经营非农产业收入对农民人均纯收入贡献率仅为7.7%。

（王玉奎）

社会保障

【社会养老保险】 扩大社会养老保险覆盖范围。制定下发《企业养老保险费补缴办法》，允许各种历史原因应参保而未参保人员和中断缴费人员一次性补缴养老保险，减免应收滞纳金。继续以非公有制企业、城镇个体工商户、灵活就业人员和农民工参保为重点，推进养老

保险扩面工作。

【医疗保险】　出台《关于外来务工人员参加城镇职工基本医疗保险的通知》、《关于进一步完善城镇居民基本医疗保险制度若干问题的通知》，正式将城中村人员、外来务工人员家属子女、大学生纳入参保范围，率先在全省实现医保政策全覆盖。

【农村养老保险试点】　在全市8个县（市）区开展新型农村养老保险试点工作，占全市县（市）区比重达到42%，远高于国家10%的要求，走在全国前列。唐山市实施60周岁以上老人不缴费而直接享受待遇的办法，得到温家宝总理充分肯定，为全国实行这一优惠政策提供依据。

【工伤保险】　先后出台《商贸、餐饮等服务性企业、高风险企业和有雇工的个体工商户参加工伤保险实施方案》等一系列文件，将有劳动关系的农民工全部纳入工伤保险范围。

（崔建军　欧阳梦瑶）

基层民主政治建设

【换届选举】　从2008年12月上旬开始，全面开展第八届村委会换届选举。有选举任务的17个县（市）区的5115个村委会迅速落实，依法进行集中选举。截至5月底，5088个村选举工作顺利结束，占总村数的99.47%，并依法选举产生村委会各下属组织和村民代表、村民小组长。其中迁西县、古冶区、丰南区、芦台经济开发区、汉沽管理区、乐亭县、玉田县、迁安市八个县（市）区完成率都达到100%，比第七届增加两个县区。一次选举成功3904个村（第七届3255个），达到76.3%（第七届65.2%），一次选举成功率比上届提高11.1%，其中芦台经济开发区、汉沽管理区、迁安市、玉田县、丰南区、遵化市六个县（市）区都达到80%以上，丰南区、遵化市一次选举成功率达到95%以上，芦台、汉沽达到100%，整个选举过程平稳。在选举完成的村中，村党支部书记和村委会主任“一人兼”达到35%，两委成员交叉任职达到44.72%，其中乐亭县分别达到74.86%和85.8%，玉田县达到72.6%和71.1%。当选成员中中共党员占63.4%；大专文化以上的占14.4%，比上届提高6.68%；35周岁以下的村委会成员达到20.5%。有3667个村实行女候选人定位产生，一些县区进行了自荐直选和组合制竞选试点。

根据《城市居民委员会组织法》规定，路北区、古冶区适时出台社区居委会换届选举工作实施意见，组织辖区社区居委会进行换届选举。路北区104个纯居型社区，共投票选举产生382名新一届社区居委会成员，其中24名社工、6名劳协员。新一届居委会成员中，平均年龄33.4岁，较上届下降6.2岁，其中30岁以下161人，占42.1%；31岁—40岁143人，占37.4%；41岁—50岁67人，占17.5%；50岁以上11人，占2.9%。文化结构上，本科文化的57人，占14.9%，比上一届增加49人；大专文化的195人，占51%；中专（高中）130人，占34%。性别结构上，女性338人，占88.5%；男性44人，占11.5%。政治面貌上，党员172人，占45%；团员61人，占15.9%；群众149人，占39%。古冶区共选举产生社区居委会成员472名，新一届“两委”班子平均年龄36.9岁，比上届降低6.9岁；大专以上文化的299名（其中本科学历70人），占63.4%，比上届提高了38.5%。

【社区建设】　市委、市政府出台《关于推进社区市民中心建设工作的意见》（唐字〔2009〕34号），4月27日召开“市民中心现场办公暨社区建设工作表彰会议”。到年底，共投入2493万元，累计建成社区市民中心139个，超额完成建设任务。12月9日和18日，《中国社会报》分别以《遍布唐山城乡的“市民中心”》和《“市民中心网”点击率逾10万人次》为题，对市民中心建设进行宣传报道。

根据国务院、省政府《关于加强和改进社区服务工作的意见》，市政府十三届二十次常务会议审议并通过《唐山市加快社区服务体系建设的实施意见》。全面铺开政府公共服务，整合政府各职能部门在社区办事机构，民政、就业、信访、司法、行政等40余个服务项目集中到社区市民中心实行“一站式”受理，一条龙服务。为独居老人、空巢老人、伤残军人、老劳模、老红军等实行政府购买服务；设立为民服务代理站，吸收街道和社区工作人员、低保人员和志愿者等代理服务人员共1600人，为市民提供党务、政务和生活等代理服务，变过去“让老百姓跑腿”为“替老百姓跑腿”；在“为民服务大厅”安装收费机，与银行、公交公司、通讯单位、有线电视和公共服务单位联手开发“一卡通”业务，为居民提供存取款、城通卡充值及通讯、数字电视、水电煤气等“一门式”缴费服务；开发居民事务服务网络视频对讲系统，局部定点可以满足实时咨询、协同办公、问诊等跨越空间交流协作的需求。

扶贫开发和社会救助

【扶贫开发】　2009年是落实《河北省农村扶贫开发规划（2001—2010年）》第三阶段的第二年，按照河北省扶贫办和市委、市政府对新一轮“四帮一”扶贫工作的部署，唐山市及11个县（市）区分别对承德市、张家口市、衡水市、沧州市等四市的11个县44个贫困村进行直接帮扶。6月，扶贫领导小组办公室召开全市帮扶干部培训座谈会，进一步学习贯彻省扶贫工作的政策要求和工作重点，帮扶干部座谈交流扶贫工作经验做法。7月中旬—9月底，按照省部署，扶贫办组织开展“2011—2020年扶贫开发规划”工作调研，对9个县区的贫困村摸底调查，初步确定100个典型困难村作为预选扶贫对象，为

“2011—2020年扶贫开发规划”提供依据。12月，召开唐山市扶贫开发工作会议，重点听取各县（市）区帮扶干部汇报，安排部署下一年度扶贫工作。全年投入帮扶资金430万元，铺修公路48公里，打机井33眼，改造中低产田1600亩，饮水工程改造管线1600米，贫困村的基本生产生活条件进一步得到改善。

【城乡低保制度】 提高城乡居民最低生活保障标准被列为2009年政府为群众办好事实事之一，自2009年1月1日起，将市区和县（市）城镇最低生活保障标准分别由每人每月270元和205元，统一提高到每人每月285元，将农村最低生活保障标准由每人每年1200元提高到每人每年1300元。评审和管理工作遵循“动态管理、应保尽保”的原则平稳运行，规范化程度不断提高，到年底，城乡最低生活保障对象90039户、170884人，其中城市低保对象27324户、53982人，占非农业人口2.19%；农村低保对象62715户、116902人，占农业人口2.38%。全年发放保障金20627万元，其中城市11781万元、农村8846万元。

【五保供养】 省民政厅拨付农村五保供养机构配套设施补助资金443万元，对10个县（市）区的26所敬老院进行改扩建，敬老院内部硬件设施得到明显提高，五保老人生活环境不断改善，五保对象应保尽保，到年底，五保对象21811人，供养率100%；全市76所敬老院，床位1.5万张，在院供养13135人，集中供养率达到60.22%，超额完成省下达的50%的任务指标，在全省名列前茅。全年省、市、县落实五保供养资金5895万元，其中省级下拨1152万元，市级下拨864万元，县级下拨3879万元，五保对象供养水平稳步提高，集中供养标准达到每人每年3316元，分散供养标准达到每人每年2868元，平均生活水平达到3092元，处全省前列。

【分类救助】 在增加医疗救助资金的基础上，进一步完善医疗救助政策，降低救助门槛，扩大救助范围，提高救助标准，救助标准由原来的平均15%左右提高到20%至30%，个别县救助标准达到40%，大部分县（市）区最高救助金额提高到5万元。加大医疗救助资金投入，全年市本级下拨资金2375.85万元，救助9410人，发放救助金3177万元，人均救助3376元，资助新农合14.59万人，资助金额292.13万元。开展“两节”期间走访慰问活动，市本级列支“两节”慰问困难群众专款500万元，慰问城乡低保对象、灾民、农村五保对象、劳动模范及敬老院、光荣院等2.27万户，每户约200元。市委、市政府、市人大、市政协等领导带领有关部门，走访慰问的困难户每户600元现金和200元慰问品；每个光荣院给予3万元慰问金和物品。多个单位积极参与，确保困难群众度过一个欢乐、祥和的新春佳节。“八一”和春节期间，民政局还组织对市属9个系统的企业困难军转干部进行慰问。

救灾工作

【救灾组织】 完善灾情信息网络，加强灾情信息管理，使用新的灾情管理软件上报灾情，建全覆盖市、县、乡、村四级的汛期救灾应急网络，建立主要由村两委成员组成的灾害信息员队伍，落实信息员5751人。汛期坚持24小时值班，工作人员保持24小时联络畅通，实行灾情直报和询查制度，及时、准确、规范掌握灾情信息，快速为领导决策提供情况，向灾民提供快速救助。民政局先后7次启动自然灾害应急预案，在灾情发生后24小时内，由主管局长带领，12次赶赴灾区查灾、核灾，快速向市委、市政府和省民政厅反馈灾情，准确提供决策依据。在“5.12”防灾减灾宣传周和10月14日第20个“国际减灾日”，减灾救灾工作领导小组办公室通过媒体宣传、接受群众现场咨询和发放、张贴宣传资料等形式，组织开展防灾、减灾、避灾宣传。按照“纵向到底，横向到边”的原则，各县（市）区修订、完善《自然灾害救助应急预案》，在6月底完成乡镇（街道）、农村（社区）预案的制定工作，市、县两级在汛期前出台《汛期灾害救助应急预案》，6月中旬救灾工作会议召开，落实、部署防汛救灾工作，确保灾害发生后快速反应。

【救灾减灾】 灾情发生后，及时组织专人查看灾情，组织受灾群众开展生产自救，帮助灾民解决生产生活困难。落实救灾资金预算959万元，其中市本级150万元、县级809万元，争取省级补助1492万元。加强实物储备和协议储备，在救灾仓储库实物储备价值149万元的被褥、帐篷等物资，协议储备2100万元的食品、灶具、工具、防水材料等物资，协议安排10台运输车辆。针对全年农作物受灾面积42.62千公顷，减产夏粮、秋粮约19.32万吨，受灾人口56.20万人，倒损房屋1301间，因灾造成直接经济损失2.03亿元的灾情，下拨救灾款1417.99万元，解决口粮4042吨、衣被3.73万件，伤病救济2204人，保证灾民基本生活。

拥军优抚安置

【拥军工作】 春节前走访慰问4个师级部队单位，送去价值12万元的慰问品；重点优抚对象代表6人，每户500元慰问金和价值150元的慰问品；光荣院4家，每院2万元慰问金和价值1万元的慰问品。民政局代市委、市政府走访慰问8个团级驻唐部队，送去价值16万元的慰问品；慰问玉田县在乡红军老战士白步章，送去5000元慰问金。“八一”期间，民政局走访慰问驻唐部队4个师级单位、8个团级单位和驻唐参加国庆首都阅兵受阅单位，慰问河北省军区驻乐亭靶场参加演习部队官兵，送去15万元现金和价值20万元的慰问品。市双拥办认真组织“鱼水情”全国第二届双拥书画艺术展征集活动，向省选送11幅双拥书画作品参加全国双拥书画品展，组织创作6部拥军文艺作品。双拥办、唐山市军分区政治部、唐山劳动日报社联合组织开展“爱国拥军、爱民奉献”有奖征文活动，设立征文专栏，共刊发稿件20篇，41人获奖。双拥办、唐山市慈善总会联合开展“帮一点”进军营活动，向驻唐四个师级部队单位捐赠价值4万元的图书。国庆节前后，全市开展以“回报功臣”为主题的“关爱功臣”活动，解决重点优抚对象生活、医疗、住房等方面的实际困难。11月，在河北省双拥命名表彰会上，唐山市被省委、省政府命名为新一届省级双拥模范城，乐亭县、迁安市、遵化市、玉田县等为省级双拥模范城（县），唐山市民政局、唐山市人事局、唐山市劳动和社会保障局3个单位被省委、省政府、省军区授予省级双拥模范先进单位称号，刘玉生被评为河北省爱国拥军模范，张树泉等6人被评为省级拥军优属先进个人。

【优抚工作】　重点优抚对象共20049人（不含省直管县），其中烈属2717人、伤残人员4657人、在乡老复员军人7253人、带病回乡退伍军人2675人、部分参战涉核退役人员2747人。按照民政部和省民政厅部署，对部分优抚对象抚恤补助标准进行调整，全年下拨优抚专项资金1.169亿元，确保抚恤、补助、优待金及时、足额兑现。市、县、乡三级优抚定点医院共127家，基本覆盖各乡镇，形成服务网络，定点医院设立优抚门诊和优抚病房，对优抚对象实行“四优先”（优先挂号、优先就诊、优先取药、优先住院）。在全省医疗保障工作现场经验交流会上，迁西县被确定为全省优抚医疗保障工作试点县。滦南县、玉田县、乐亭县、遵化市、唐海县、迁安市和丰南区等县（市）区的7所光荣院被命名为省甲级光荣院。省政府批准迁安市蔡新宇和刘雪源为革命烈士。向省申报各类残疾评定卷宗323份，其中评残提等157份、伤残关系转移102份、补证20份、变更建卡44份。

冀东烈士陵园实施墓区改造、纪念广场兴建和陵园绿化美化工程，包括改造烈士墓区4749平方米，166座石棺全部移入地下。修建两座纪念亭，对园区绿化美化，改善陵园墓区环境，提升作为爱国主义教育基地的文化品味。4月，召开烈士家属、驻唐部队、大中学生、社会各届群众等参加的唐山市纪念人民英烈大会。拍摄《缅怀革命先烈、建设精神文明》电视片。唐山市革命伤残军人假肢服务中心在“八一”至国庆期间，开展“献爱心上门服务”活动，为20余名伤残军人检修假肢，为5人制作新假肢。

【退役安置】　接收退役士兵3592名，在城镇安置1762名，回农村1830名。市区接收退役士兵2126名，其中转业士官140名，按政策应安置1467名。在符合城镇安置条件的人员中，计划分配705人，自谋职业762人，自谋职业率达到52%。投入自谋职业金3300万元，其中市财政2200万元，县财政1100万元。深化安置改革，推进退役士兵自谋职业，出台《唐山市退役士兵技能培训工作实施细则》，对培训对象、培训原则、培训形式及成本、培训管理和保障措施做出规定，探索建立退役士兵技能培训机制；提高自谋职业补助费标准，建立自然增长机制，城镇退役士兵义务兵由原来每人4.6万元提高到5万元，三期转士官由原来每人7万元提高到9万元。开展复员退伍军人矛盾纠纷排查化解专项活动，调处解决矛盾纠纷47起，涉及人数214人次。

全市接收安置军队离退休干部、退休士官75人，其中市直61人、县区14人，1个干休所、4名军休干部、2名工作人员被民政部、总政治部评为全国先进单位、先进军休干部、先进工作者，唐山市军休办被省民政厅授予全省军休干部庆祝建国60周年书法绘画摄影展组织奖。严格执行政策，确保“两个待遇”落实。组织针对性学习教育活动626场次；春节、“八一”等重大节日，走访慰问军休干部及遗属1400人次，把精神慰籍和生活关怀送上门；出台《唐山市军队退休干部医疗补助暂行办法》，较好地解决军休干部医疗费较重问题。在生活待遇上，根据国家政策按时调整津贴补贴、房租补助、军粮差价、水电补贴、服装费等各项生活待遇标准，完成军休干部抚恤金审档和发放工作。加强干休所建设，提升服务管理保障水平，唐山市军休三所组建工作取得实质性进展，人员、车辆逐步到位，新办公楼建筑立项获得批准；以重大节日为契机，组织军休干部积极开展经常性文体活动，书画协会有授课，门球队有训练，拳剑队有晨练，棋牌室有比赛，合唱队经常练，丰富老干部精神文化生活。

社会福利事业

【社会救助】　2月5日，市政府十三届二十次常务会议审议通过《唐山市关于加快发展社会养老事业的意见》，在优惠政策方面实现新突破，提出以政府为主导，引入市场机制，依靠社会力量，坚持多元化发展的格局，走与市场经济发展相适应的资金筹集社会化、运作方式市场化、服务对象大众化、服务机构网络化、管理方式规范化的社会福利社会化的新路子。到2009年底，各类老年福利机构76个，拥有床位7116张，入住老人4181人。向困难地震截瘫人员发放定额医疗救助款7万余元，巡诊、义诊、建立家庭病房78人次；建立孤儿福利补贴，全市孤儿最低生活标准达到每人每月600元；实施“明天计划”，为4名孤残儿童实施矫治手术。唐山市综合福利院收养无家可归的“三无”残疾人、未成年人158人，其中智障人员27人、孤残儿童131人，散居孤儿养育标准达到每人每月1000元，步入全国先进行列。10月在全国儿童福利院院长论坛会议上，民政部通报表扬唐山市，唐山市综合福利院院长王志君被表彰为全国优秀儿童福利院院长。

【福利彩票】　扩大福利彩票募集发行，全年销售3.24亿元，较2008年净增3000万元，同比增长10%，创22年来福彩销量新高，完成第八届“福彩献真心爱心助学子”活动。加强福利企业管理，152个福利企业通过检查验收，直属福利企业改制扫尾和信访稳控平稳进行，救助直属残疾职工795名，发放救助金171.72万元。救助流浪乞讨、生活无着人员3200多人次。

社会行政事务管理

【婚姻登记】 婚姻收养登记以创建“行风建设示范窗口”和“全国婚姻登记规范化单位”为载体，以人为本，文明服务，严格执法，公共管理和公共服务水平得到提升，2009年办理结婚登记7.1万对，离婚登记9000对，收养登记320例，登记合格率100%。民政局开展专项治理婚姻登记问题活动，完善规章制度，规范服务行为，严格收费标准，17个婚姻登记处普遍建立婚姻登记当事人满意度调查、信息数据分析制度和长效监督机制，严格执行国家收费标准，对符合《婚姻法》、《婚姻登记条例》实质要件、形式要件的婚姻登记当事人的申请，依法受理，即时办结，只收工本费9元；印制《婚姻登记服务质量问卷调查表》，由各婚姻登记处随机向当事人发放，发放调查问卷5000余份，非常满意率达90%以上。在创建“全国婚姻登记规范化单位”活动中，坚持“以民为本”理念，解决编制和人员经费问题，17个婚姻登记处中15个为财政补助单位。加大婚姻登记处基础设施资金投入，改善办公环境，扩大办公场所，配备备用电源、花镜、饮水机、空调，有的还配备滚动显示屏、叫号机，17个婚姻登记处中，在2008年9个单位已达标基础上，又有6个单位申报“全国婚姻登记规范化单位”。

【殡葬管理】 开展殡改宣传，发挥农村红白理事会在促进丧事简办中的作用，运用《村规民约》规范丧事办理方式，降低群众丧葬成本。结合创建全国文明城，民政、城管、监察、卫生、文明办等部门，联合开展整治封建迷信丧葬用品市场活动，装棺再葬、二次发丧、丧事大操大办问题得到有效遏制，火化率持续保持99%以上。继续推行骨灰撒海、树葬等多种绿色环保骨灰安葬方式，推行骨灰处理多样化，4月和10月，在天津塘沽组织开展3次骨灰撒海活动，抛撒骨灰119份。维护好“7.28”纪念网站，点击量达到1.5万多次，网内建馆7000多座，雕刻地震遇难人员名字近万个，成为寄托哀思、激励生者的平台。加强殡仪馆规范化建设，投资556万元改扩建升级，新建5个高档告别间和新业务大厅并投入使用。对全市11个公墓检查治理，加大问题公墓监管和查处力度。

【区划地名】 先后命名18个新建小区，分别是：

“龙华里　益民园”：东至工农南路，南至龙富道延伸线，西至龙泽北路，北至龙华道；

“爱国里　干警楼”：东至空地，南至文化北后街，西至大洪桥村平房，北至路南区线路器材厂；

“正泰里　福兴园”：东至燕新路，南至唐山市化工机械有限公司，西至唐山市蓝心广告有限公司，北至西电东街；

“爱国里　盛泰庄园”、“沟东里盛泰庄园”：东至陡河，南至爱国楼、文北楼，西、北均至大洪桥楼；

“富华东里　世纪龙庭”：东至龙泽北路，南至大学道，西至国泰花园公寓、北至协和道；

“龙泉北里　世纪龙庭”：东至龙东小区，南至龙泉北里新景楼、西至龙泽北路、北至大学道延伸线；

“许庄南里　庆源新居”：东至光明路，南至天瑞景苑，西至方建楼，北至迎宾雅居；

“明星商场”：东至勤源里幸福花园街坊道，南至北新西道，西至唐山市盐务局，北至勤源里幸福花园住宅楼；

“双杰里　六合嘉园”：东至学院路，南至偏联社区，西至唐山市卫生陶瓷厂，北至南新西道；

“荷花坑　荷花上院”：东至天壤房地产开发有限公司和唐山住宅建设工程总公司，南至南新西道，西至文化南北街，北至小区道路；

“龙泉北里　世纪龙庭”：东至龙泉北里世纪龙庭108楼、109楼，南至龙泉北里新景楼，西至龙泽北路，北至大学道延伸线；

“部东里　御景”：东至唐山市电子设备厂，南至唐山市加气混凝土厂，西至街坊道，北至长宁道；

“部东里　六湾丽景”：东至规划中的河西路，南至中建二局四公司，西至唐山时代建材有限公司，北至部东里凤宁花园；

“东大里　旺座”：东至唐山市人寿保险公司，南至西山道、西至东大里104楼、北至唐山新时代房地产开发有限公司在建项目；

“正兴商厦”：东至龙泽北路，南至商业楼（个人投资建设），西至普林依托永磁电机厂，北至荣华道；

“新华北里　分区楼”：东至唐山市公安局，南至中院街，西至华岩路，北至西山道；

“富华东里　金色锦园”：东至广播电视报社，南至荣华道，西至建设北路，北至博远物流；

“荷花坑　荷花盛世”：东至唐山商业技校，南至唐山市住宅总公司，西至荷花上院住宅楼，北至达后庄后街；

更换市中心区275块道路标志牌。

【老龄工作】 坚持走访慰问高龄和贫困老人，特别是在春节、重阳节期间，市、县两级老龄办分别走访慰问433名高龄和贫困老人，送去价值21.65万元慰问金和慰问品，其中老龄办筹集资金4万元，委托各县（市）区对80名重点高龄和贫困老人进行走访慰问。老龄办、文明办、妇联联合表彰唐山市“十大孝星”10名、“敬老好儿媳”20名。遵化市、迁安市被推荐为全国老龄工作先进单位，迁西县、滦县、公安局老干部处被推荐为全省老龄工作先进单位，同时推荐全国、全省老龄工作先进个人各两名，全部通过省老龄办检查验收。老龄办先后组织开展为贫困肝硬化患者献爱心救助活动，配合石家庄岐黄肝胆病医院，先后为500多名中老年肝病患者进行免费体检及免费赠送治疗药物，对40多人实施肝细胞移植手术；配合北京金秋美文化发展中心，开展为农村老年人免费摄影活动，为11.56万名农村老年人免费拍摄赠送彩色照片；配合唐山市保健协会等单位，开展向高龄老人无偿赠送保健品活动，100多名高龄老人受益；配合福建泉州金华油脂食品有限公司，对城乡老年人开展优惠供应食用油活动，6000多名老年人得到优惠供应的食用油。8月下旬与人寿保险公司联合在迁安市召开“助老健康御险”工作会议。截至年底，城乡有14632名老人参加专为老年人设立的“助老健康御险”，投保总额为49.6万多元。以庆祝建国60周年和欢度重阳节为契机，开展丰富多彩的老年人文体活动，老龄办、市委宣传部、文明办、文化局、体育局、总工会、退管会共同举办以“颂祖国、唱时代、爱生活、展风采”为主题的唐山市第二届老年人艺术节，先后有13个县区的940多名老年人参加歌曲演唱、摄影和书画作品展、太极拳和健身操展演以及戏曲演唱等专场活动。艺术节历时一个多月，共评出一等奖10个、二等奖22个、三等奖36个、优秀奖207个、优秀组织奖4个、特别奖1个。

（谌志军）

老区建设

【概况】　2009年，228个老区重点帮扶村的基础设施进一步改善，生产生活条件进一步提高，农民增收致富渠道进一步拓宽，基层组织建设进一步加强，社会事业进一步发展，农民人均纯收入由2008年的5345元增长到6559元，增长22.7%，比唐山市平均增速高出10.7个百分点。老区建设促进会被省委组织部、省委老干部局评为老有所为先进集体，1人被授予“老有所为‘十大金色之星’”荣誉称号。在中国老区建设促进会组织开展的老区妇女工作“双先”评比表彰中，唐山市有4人受到表彰。在省老区建设促进会组织开展的老区建设工作“双先”评比表彰中，有20个单位和个人受到表彰。

【老区建设工作会议】　3月6日，市老区建设工作会议暨市老促会三届二次理事会议在老干部活动中心召开，主要贯彻中共唐山市委、市政府办公厅《关于加快革命老区重点帮扶村建设和发展的意见》。市老促会会长钟清杰，副会长陈敬新、杨振义、杜仲勋、赵连辅、郭来城出席会议。副会长兼秘书长范全主持会议。副市长王久宗代表市委、市政府就进一步做好老区建设工作讲话。钟清杰代表市老促会第三届常务理事会作题为《务实创新加快发展不断提高老区人民幸福指数》的工作报告。会上，滦县老促会、唐山市交通局等3个单位作经验介绍，8个单位作书面发言。老促会各位理事、各县（市）区老促会会长参加会议。

【邱庄水库环库公路竣工通车】
邱庄水库是五六十年代建成的一座中型水库，库区周围是冀东革命老区，这里的群众在抗日战争时期和解放战争年代都做出重大牺牲，为建立新中国做出过重大贡献。水库建成后，特别是改革开放以来，这里的交通有一定改善，但40多公里的环库路至今仍有14公里多为“断头路”，环库路线不能连通，影响库区人们出行、生产和生活。邱庄水库环库公路获省发改委批准立项建设，工程于3月18日正式开工建设，7月23日竣工通车。邱庄水库环线公路的建成，使东西库区周边得以陆路贯穿联通，对遵化、丰润两县（市）区的农产品物流、特色旅游事业和县域经济发展起到促进作用。

【老区帮扶工作】　2009年，228个老区重点帮扶村完成有一定规模的种植业项目138个，养殖业项目108个，非农产业项目29个，土地改造、整理项目5个，产业化开发项目2个，科技推广项目7个。按照“一村一品、一村一策”的要求，指导各重点帮扶村结合村情、民情和市场需求，深化农业结构调整，发展和优化主导产业。绝大多数重点帮扶村有了自己的主导产业，部分村种植、养殖业已经或正在向规模经营发展，有的已注册自己的品牌，产品打入国内国际市场，成为促进农民增收的重要来源。部分村根据本村实际和当地的区位优势，发动和组织农民积极发展二、三产业，增加农民个人和村集体收入。市、县两级农业科技部门及老科协全年组织农业、林果、畜牧等方面专家50余批次，深入老区重点帮扶村开展科普宣传、技术咨询、现场指导等活动，市老区建设促进会安排40万元科技帮扶周转金，结合市老科协扶持部分重点帮扶村上科技含量较高的致富项目，收到明显效果。到年底统计，各重点帮扶村转移富余劳动力4.1万多人，较上年度增加4900多人，农民工资性收入明显增加。

【基础设施建设】　228个重点帮扶村饮水安全完善改造工程全部完成，人畜饮水安全得到保障。打井428眼，建水窖2021个，铺设节水灌溉管道32万多米，农田水利基本建设进一步加强。新建和翻建道路207公里，硬化路面136万多平方米。新建吊炕3800多铺、博士灶300多个、沼气池4500多个，遵化市侯家寨乡蔡家峪村、滦县小马庄乡前邢村等村庄集中供沼气试点工程基本完工，并向附近老区村住户试供气。新增有线电视入户7100多户，新建村民中心和活动场地3.36万多平方米，群众文体生活不断丰富和活跃。村庄绿化植树36万余棵，新增安装路灯2700多盏，村容村貌得到进一步改善。

【成立老区建设促进会妇女工作委员会】　12月2日老促会召开唐山市老区建设促进会妇女工作委员会成立大会。会议聘请市老促会副会长陈敬新为妇女工作委员会名誉主任；选举蒋智宜为市老促会妇工委主任；郭学军、李虹、孙红英为副主任，樊晓清等17名同志为委员；通过老促会妇女工作委员会工作规则。妇工委的基本职能是：充分发挥全市妇女在老区重点帮扶村建设中的作用，动员和组织重点帮扶村妇女参与新农村建设。重点帮扶妇女发展经济，解决她们生产、生活、教育、卫生等方面的实际困难。帮扶老区村妇女儿童事业进步与发展，带动妇女创业就业。

（王　勇）

县(市)区概况

编纂 李晓东

路北区

【概况】 辖属1个乡、36个行政村，11个街道办事处、126个居委会；总面积104.75平方公里，耕地面积1651公顷；总人口590383人，人口自然增长率4.27‰。2009年，全区以“上项目、促消费、优结构、惠民生”为工作主线，在挑战中抢抓机遇，在创新中破解难题，团结拼搏，开拓进取，圆满完成区十四届人大三次会议确定的各项目标任务。地区生产总值完成644647万元，第一、二、三产业增加值分别完成21442、133958、489247万元；财政收入（含国税、地税、地方财政系统）按新财政体制测算，完成677843万元，其中一般预算收入78200万元，预算财政支出132954万元；实际利用外资1050万美元，增长72%，出口创汇完成1.1亿美元；农民年人均纯收入7526元，城镇居民人均可支配收入18053元，职工年平均工资27957元；固定资产投资额565200万元；社会商品零售总额475580万元；单位GDP能耗下降5.5%，二氧化硫减消率9.5%、化学需氧量减排量7.26%。在全市县（市、区）领导班子年度考核评比中名列第二。

【经济工作】 一是项目建设势头强劲。坚持把优环境、上项目、抓投入作为第一牵动力，以“软实力”的提升创优投资环境，千方百计扩大投资规模。通过土地置换、“退二进三”等措施有效破解项目用地制约瓶颈，全区项目建设在逆势中实现重大突破。鹭港二期、凤凰世嘉一期等10个续建工程结构封顶，富丁国际、六湾小区等29个项目竞相开工，25号小区等凤凰山周边区域性改造项目正式启动。同时，紧紧抓住国家扩大内需的有利机遇，争取中央财政资金1744万元，力促一批公共服务和技术改造项目开工建设。

二是对外开放度不断增强。积极利用香港经贸洽谈会、“长三角、珠三角”招商活动、曹妃甸临港产业国际合作会议等重要招商平台，对外发布项目28个，获外贸订单600万美元，包括乐购、沃尔玛、大润发等世界500强在内的6个外资项目实现签约，总投资5.6亿美元，合同利用外资1.23亿美元。2009年底，世界500强排名首位的壳牌石油成功落户路北，预计总投资5亿元，建成后年销售额将达50亿元。

三是服务业进一步繁荣。以科学规划引领服务业发展，编制《路北区产业发展和空间布局规划》，全面落实《促进服务业发展的若干政策措施》。龙庭时代、凤城国际广场等13个房地产项目顺利开工，商业地产比重显著提高，新增商业面积10万平方米。硅谷大厦动工建设，标志着微电子信息产业基地即将形成。华夏银行成功落户，是路北区引进的又一家全国性股份制商业银行。哈特金融中心项目启动，将建成集银行、保险等为一体的大型商务中心。长宁启北楼区域改造正式启动，引进了红星美凯龙家居连锁项目。新华文化广场项目与王府井百货集团签订合作意向。宝马、比亚迪4S店等汽车服务业相继落户路北。同时，信息、物流、餐饮、娱乐等服务业快速发展，汽车、住房、通讯等消费对经济增长的拉动作用日益明显，全区社会消费品零售总额预计完成45亿元，增长18%。全年服务业增加值完成52亿元，增长15%；其中，现代服务业增加值完成13亿元，增长16%。

四是工、农业优化升级步伐加快。成功引进金山冶金和任氏包装两家高科技企业，正式投产后，年产值将达1.8亿元。着力发展休闲观光农业，许各寨生态农业示范园建设全面启动，生态餐厅和“老家菜地”即将投入使用，占地600亩的采摘园初具规模，已栽植果树5万株；投资6亿元的环渤海水产品物流中心和投资10亿元的农副产品批发市场已划定用地范围，进入征地阶段。全面落实各项支农惠农政策，发放粮食直补和农资综合补贴201万元，发放家电、汽车下乡补贴322万元。

五是财政保障能力持续增强。地方一般预算收入增长25.8%，超出年初预计增速13.8个百分点。进一步强化支出管理，统筹调度使用各类财政资金，较好地实现保运转、保民生、保稳定的各项支出。严格落实政府采购制度，组织公开招标采购47批次，节省财政支出1173万元，节约率14.6%。

【城市建设管理】 一是城乡居住环境大幅提升。以“三改”工程（城中村改造、危旧房改造、既有居住建筑节能改造）为支撑的城乡建

设改造攻坚强力启动，在三年大变样活动的关键之年取得重大突破。陈家屯、许庄、张思庄、张各庄4个在建平改项目进展顺利，碑子院、大官庄、常各庄、马家涯4个平改项目基本拆迁清场。组建路北区城市建设投资有限公司，面对繁重的动迁任务，平稳有序地组织东新村2592户居民喜迁新居，前后村、袁大里等6个片区危改工程已进入实质动迁阶段。尤其是既有居住建筑节能改造工程，开工256万平方米，占全市开工面积一半以上，群众居住环境大幅提升。

二是城乡生态环境切实改善。以建设绿色城区为目标，持续开展通道、园区、村庄和城区“四大绿化工程”。高速连接线和西外环两侧新增绿化1696亩，许各寨生态农业示范园新增绿化2000亩，村庄新增绿化750亩，城区新增绿化291亩，栽植各类观赏和经济林木28.9万株，打造了6个绿化精品村、16个绿化精品小区，建成区绿化覆盖率达到47%。以完善环境治理长效机制为目标，坚持集中攻坚与常规治理相结合，完成132个非物业管理小区第二轮清扫保洁权招标，对22个居民小区进行美化、硬化，对39条道路实施翻修、维护。制定《集贸市场管理基本标准》和《集贸市场专项整治方案》，投入142万元，改造新立庄、曙光楼等7个市场，对所有集贸市场进行规范治理。打造示范街6条、示范店60个，全市现场观摩会在路北区召开。

三是城乡发展空间深度拓展。完成津秦客运专线、环城水系、城市道路延伸、西外环拆迁和西外环绿化五大重点工程征地拆迁。累计征地4300亩，征地量相当于前三年的总和；拆除各类建筑206万平方米，占全市拆迁总量的40%；打通城区11条断头路，解决多年想解决而难以解决的问题。

【社会事业】 区财政列支5.2亿元用于保障和改善民生，占全部财政支出的38.7%，较上年增长53%，年初承诺为民办的20件实事全部兑现。一是统筹文教卫生促繁荣。教育教学水平继续保持全市领先，中考一中上线人数实现“五连冠”，上线率首次实现全市第一。持续加大投入，改善办学条件，投入1200万元建成高标准、现代化的路北实小综合楼；投入3000万元对44所学校校舍进行整固修缮，为27所学校配备“班班通”（每个教学班均装备计算机多媒体设备）。面向社会招聘30名高素质教师，师资力量明显增强。以“健康路北、幸福人民”为载体，在全市率先构建起“1+2+4”全民健康教育模式，并在全市推广。为试点社区3.7万人进行免费体检。完善服务功能，投入1743万元新建6个社区卫生服务中心，24个社区卫生服务中心（站）纳入医保定点范围，全区社会办医达390余家，基本实现居民“小病不出社区（村），大病进医院，康复在社区（村）”。继续保持低生育水平，人口出生率6.2‰，符合政策生育率99.1%，累计发放计生奖励扶助资金2007万元。路北区被评为“全国群众体育先进单位”和“全国全民健身活动先进单位”。陶瓷文化创意产业园列入省级文化产业项目，并顺利奠基。剪纸、陶艺两项手工艺成功入选唐山市非物质文化遗产名录。

二是启动全民创业固民本。投入239万元建成路北区创业孵化基地，进驻企业17家，提供小额担保贷款580万元。利用沿河瓷厂1.7万平方米厂房，筹资1100万元，改造建成中小企业创业辅导基地，进驻企业25家。持续开展“四季温情、和谐就业”等活动，建立全市首家就业困难群体帮扶中心和3家高校毕业生见习基地，累计培训1694人，提供就业岗位5431个。城镇登记失业率大幅降至2.91%，低于市达控制指标1.29个百分点，城镇新增就业5300人，就业困难对象实现再就业2279人，转移农村富余劳动力520人，“零就业家庭”保持动态为零。

三是完善社会保障解民忧。进一步扩大保障覆盖范围，将高校在校生、城中村人员、外来务工人员及家属，全部纳入城镇居民基本医疗保险范畴，参保率达99.9%；新型农村合作医疗参合率达96.1%；全年养老保险扩面2324人。再次提高低保标准，财政列支1211万元，将城市低保提高到每人每月285元，农村低保提高到每人每年1300元。投入8800万元解决企业困难职工、离退休人员生活困难和医保、社保等历史遗留问题。为2449户居民发放廉租住房补贴417万元，实物配租廉租住房308套。发放各项临时救助款195万元，为困难家庭送去党和政府的关怀。

四是强化社区建设促和谐。投入2960万元，新建6个、改造提升5个社区市民中心。大力推广“社区化居家养老”，建立老年人日托服务站52个。健全社区服务功能，开发市民中心管理系统，“12349”求助服务中心投入使用，为民服务内容更加多样，方式更加灵活，效果更加明显。

【社会和谐稳定】 一是民主法制建设深入推进。全年办理人大代表建议和政协委员提案95件，按时办结率、满意或基本满意率均为100%。广泛听取各民主党派、工商联和无党派人士意见。充分发挥工会、共青团和妇联等人民团体的积极作用。深入开展“五五”普法教育活动。依法完成社区、农村“两委”班子换届。政府门户网站投入运行，政府工作透明度进一步增强。加快推进行政权力监控机制建设，预防腐败体系更加完善。深化行政审批制度改革，减少审批事项66项。强化财政投资项目审计，节约资金1122万元，审减率25.7%，财政资金使用效益明显提高。

二是信访维稳工作扎实开展。信访代理模式在全区广泛推行，信访案件代理率95%，化解率77.2%。建立信访联合受理服务中心，全区32家重点单位和部门进驻，形成化解信访问题的合力。组织146名机关干部进驻社区和农村，将大量信访问题化解在基层，解决在萌芽状态。全面落实领导干部接访、约访、下访和包案制度，有效调解信访案件112件，90%以上未发生重访。

三是平安路北建设进程加快。始终保持安全监管高压态势，持续开展专项整治行动，实现全年安全生产零事故。食品安全监管机制不断完善，在10个大型超市建立食品安全检测室，在西郊批发市场建立蔬菜检测中心。支持法院、检察院开展工作，累计拨付6000万元启动

“两院”审判中心建设。深入开展“平安路北”建设活动，强化社会治安综合治理，公开招聘100名辅警，充实治安防控力量，建立以重点部位为“点”、道路为“线”、社区为“格”的全方位治安巡控体系。不断加大对法轮功等邪教组织、敌对势力和犯罪分子的打击力度，命案侦破率达100%，人民群众安全感进一步提高。

区领导班子成员名单

中共区委书记：曹全民
副 书 记：魏宝明　汤立祥
常　　委：李建军　李志龙
　　　　吕素青　杨明贵
　　　　宗玉田　刘殿勋
　　　　王彩霞　武　军
区人大常委会主任：王永顺
副 主 任：王士学　赵　雪
　　　　朱俊银　李毅民
区　　长：魏宝明
副 区 长：吕素青　杨明贵
　　　　张金武　任国军
　　　　陈春昶
　　　　王　玮（挂职6月任）
区政协主席：蔡永茂
副 主 席：云守才　杨冬梅
　　　　胡世宁（2月任）
　　　　陈振西（2月任）

乡、街道党政正职领导名单

乡、街道名称	书记姓名	乡长、办事处主任姓名
果园乡	孙志顺	董长青（6月任）
机场路街道	张翠侠	姜润龙
钓鱼台街道	冯国顺	杨立哲
缸窑街道	于建华	刘锡刚
东新村街道	张金波	李　虹（6月免） 熊向阳（7月任）
乔屯街道	雷向阳	郑海峰
大里街道	潘宝生	王　瑾（7月免） 张秀云（7月任）
河北路街道	高光宇	袁博谦
文化路街道	宋士清	于永珍（7月免） 崔德春（7月任）
光明街道	姚瑞军	郑向东
龙东街道	魏桂金	王丽华
翔云道街道	于广钊（7月免筹委会办公室主任7月任书记）	李建辉（7月任）

2009年路北区乡、街道概况和主要经济发展数据表

表一

单　位	辖行政村、居委会（个）	人口	人口自然增长率（‰）	面积（平方公里）	耕地面积（公顷）	地区生产总值（亿元）	一产增加值（亿元）	二产增加值（亿元）
文化路	15	69000	0.23‰	5.7		1.2		
河北路	5	34429	0.17‰	6.93		0.99		0.43
机场路	14	63621	2.11‰	8.94		1.03		0.03
光明	16	81897	4.62‰	12		5.56		0.075
大里	18	78000	10.6‰	6.4		3.26		
龙东	11	41000	1.96‰	1.64		0.19		0.01
缸窑	11	39939	2.3‰	9.6		1.21		0.85
东新村	7	14769	-2.11‰	6.8		0.96		0.78

钓鱼台	14	53650	3.39‰	5.76		1.07	0.20	0.52
乔屯	11	47019	0.35‰	4.6		0.77		0.26
果园乡	36	76132	4.53‰	45	1651	12.1	2.2	2.8

2009 年路北区乡、街道概况和主要经济发展数据表

表二

单　位	三产增加值（亿元）	财政收入（亿元）	财政支出（亿元）	农民人均纯收入（元）	城镇居民人均可支配收入（元）	粮食总产量（吨）	固定资产投入（万元）
文化路	1.2	0.08	0.08		18053		70100
河北路	0.56	0.05	0.05		18053		6000
机场路	1	0.06	0.06		18053		80
光明	5.48	0.05	0.058		18053		9494
大里	3.26	0.034	0.034		18053		68892
龙东	0.18	0.045	0.045		18053		35293
缸窑	0.36	0.01	0.01		18053		1.502
东新村	0.18	0.043	0.044		18053		2018
钓鱼台	0.35	0.045	0.045		18053		15000
乔屯	0.51	0.055	0.057		18053		7955
果园乡	7.1	0.33	0.42	7526	18053	1924	175100

（吴　征）

路 南 区

【概况】 2009 年，辖区总面积 67.3 平方公里，耕地面积 1133 公顷，总人口 239116 人，自然增长率 8.12‰，符合政策生育率 99.35%。辖属乡 1 个，行政村 38 个，其中农业村 29 个，市民村 9 个，街道办事处 7 个，社区居委会 56 个。地区生产总值 51.59 亿元，比上年增长 20.2%，其中第一产业 0.88 亿元，比上年增长 1.9%；第二产业 8.87 亿元，比上年增长 9.2%；第三产业 41.84 亿元，比上年增长 23.1%。粮食总产量 4883 吨，比上年减少 1155 吨；全部财政收入 30 亿元，比上年增长 23.5%；全部财政支出 6.54 亿元。一般预算收入 3.11 亿元，比上年增长 19%；一般预算支出 6.54 亿元，可比增长 24.8%；全年实现市场成交额 195.4 亿元，比上年增长 25.4%。社会消费品零售总额 50.07 亿元，比上年增长 34%。固定资产投资 56 亿元，比上年增长 367%。农民人均纯收入 7247 元，比上年增长 13%。全年完成规模以上工业总产值 19.69 亿元，实现规模以上工业企业增加值 5.3 亿元，比上年增长 12.5%。实际利用外资 2006 万美元，比上年增长 2.3 倍。实现出口创汇 1.44 亿美元。在岗职工年平均工资 26224 元，同比增长 6.5%；城镇居民人均可支配收入 18053 元，同比增长 10.2%。万元 GDP 能耗降低率达到 5.71%，单位工业增加值能耗下降 19.26%，全年环境空气质量二级及优于二级天数达到 329 天，占总天数的 90.1%。

【经济发展势头强劲】 首先，项目建设成果显著。全年累计谋划重点项目 180 个，计划总投资 1000 多亿元。其中，超亿元项目 102 个，超 10 亿元项目 28 个；6 个项目被列入省重点，56 个项目被列入市重点；64 个项目开工建设，是去年的 3 倍，15 个项目主体完工。特别是通过不断加大招商引资力度，成功引入北京新华联、香港新世界、深圳茂业等战略投资者和沃尔玛、家乐福、红星美凯龙等知名企业，为全区经济发展注入新的活力。

其次，在狠抓项目建设的同时，注重经济结构的优化调整，区域经济可持续发展能力进一步增强。1. 积极推进“六点六片”建设，新华贸中心、渤海新世界等 4 个大厦正式开工建设；万达广场完成投资 11.43 亿元；建工楼、新华楼区域改造基本完成动迁。2. 大力发展现代物流业，积极推进冀东现代国际物流中心（核心区）建设，完成老陶瓷城区域拆迁。新谋划的陶瓷城、五金城、商贸城完成土地手续办理；抓住南新道东延契机，积极谋划水产、果品、重型车、建材等市场搬迁扩建，区域性物流中心具雏形。

依托大南湖，积极发展休闲服务业，南湖美食广场建设进展顺利，南湖购物广场建成并投入使用，南湖儿童娱乐城正式开园。3. 支持汽车销售、建材、五金化工、钢铁物流等传统优势行业不断做大做强，新建汽车4S店10家，生态汽车文化展示园一期工程主体竣工；中国唐山国际石材城一期工程建成投产；中国唐山北方国际钢铁交易中心、宝珠国际家居文化展示广场、新华医药物流基地正式开工建设。4. 大力发展创意产业，河北省文化创意产业园总部基地项目全面启动，6个陶瓷文化展馆主体竣工，“书画家村”、佳源钢铁文化创意中心等项目完成前期手续。5. 积极推进城市工业发展，春兴不锈钢冷轧薄板项目开始试生产；侯边庄装备制造园建设进展顺利，一期工程6家入园企业中3家完成厂房主体建设。6. 深入推进节能减排，组织华通线缆等企业完成向“四点一带”区域转移，全面完成融丰纸业等3家企业的治理任务，特别是下决心关闭经治理已经达标的光华造纸厂，全年环境空气质量二级及优于二级天数达到329天，占总天数的90.1%。

随着“保增长、调结构”的深入实施，全区经济逆势而上，社会固定资产投资增速居全市第二；实现财政收入总量和增速均居全市第四；全社会消费品零售总额增速居全市第一；实际利用外资增速居全市第一；实现出口总额总量居全市第三、增速居全市第九。

【城区面貌大变样】 2009年，积极推动城建工作由以拆为主向“拆、规、建、管”全面推进转变。依法依规拆除各类建筑物、构筑物183万平方米。自“三年大变样”活动开展以来，累计拆除各类建筑物、构筑物430万平方米，占建成区建筑面积的43%，占全省拆迁总量的近十分之一，腾出土地1万余亩。针对路南区规划不健全的实际，编制东部交通枢纽站、爱民里等4个区域的控制性详规，实现规划全覆盖。制定“商业商务中心”、“创意中心”和“物流中心”发展规划，为全区科学发展奠定坚实基础。高度重视项目单体规划设计，按照“50年不落后、100年不后悔”的标准，对20个重点区域的35个项目进行规划设计，29个项目的规划设计方案顺利通过市规委会审批。大洪桥盛泰庄园（一期工程）、新石庄嘉元六合建成并投入使用，荷花上院、福兴园等5个项目完成主体，全年新增建筑面积163万平方米，同比增长6.8倍。

积极推进旧城改造，南富庄区域、理工大学家属院区域危旧房改造完成前期基础工作，文北西楼既有建筑节能改造圆满完成。强力推进新华楼、建工楼等震后第一批建造小区整体改造。积极启动两个区域的拆迁改造，正在进行动迁工作。新华楼有1230户正式签订拆迁补偿安置协议，占总户数的97.2%，8家公建和商业有2家顺利拆除。建工楼发放有效顺序号1032个，签订协议1013份，占总户数的96.5%。461户居民房屋腾退验收合格，其中289户居民顺利领取补偿款。

加大基础设施建设力度，投资3500万元完成南新道东延工程征地拆迁，投资1.4亿元翻修改造警赵路、警曹路、车站路、新华附道等主次干道、支路29条，打通小区断头路12条，对28条背街小巷进行维修维护，是近年来基础设施投入最多的一年。

强力推进绿化持续攻坚，投资900多万元完成205国道和城市外环线通道绿化工程，对唐津高速绿化进行全面提升，对23个小区进行绿化改造，全年新增绿地面积12公顷，城区绿化覆盖率达到45.6%。

以“文明城创建”和“迎国庆、迎论坛”等活动为主线，突出市场秩序、小广告、五小行业等10项重点，持续开展整治攻坚，取得显著成效，特别是市场规范化管理“五个一”模式被作为典型经验在全市推广。

全面推行城市精细化管理，发挥城市数字网格化管理系统作用，建立和完善定时、定点、定人巡控机制，城市管理水平进一步提高。

【主动服务参与南湖生态城建设】 自市政府启动南湖生态城开发建设以来，路南区充分利用这一推动区域城市三年大变样的大好机遇，全力支持配合，主动服务和参与。累计拆违拆迁80万平方米，征地3600亩，流转土地4000亩。特别是用12天时间完成环城水系、小南湖西岸和建设南路两侧30万平方米的拆迁任务，保障南湖“五一”正式开园。扎实推进南新道南侧第一批企事业个体房屋拆迁工作，为加快大南湖开发建设创造条件。举全区之力强力推进占地7.9平方公里，涉及19个村居、8275户、2.3078万人的南湖生态城西北片区整体改造工程，5天完成青龙河治理征地拆迁工作，7天完成2000亩土地征地工作，15天完成西电路拓宽改造（路南段）征地拆迁工作，30天基本完成区域内各类建筑的评估、拆迁协议签定以及拆除工作，到年底，第一批拆迁任务（3721宗宅基地，611户学院路南延户）评估确认基本结束，放签约顺序号3999个，签订协议2675份；第二批拆迁任务（2167宗宅基地）放签约顺序号1296个，签订协议189份。这是河北省开展三年大变样以来最大规模的一次拆迁行动，创造出唐山市城乡建设史上新的奇迹。

【人民群众幸福指数持续提高】 全年用于改善民生和发展社会事业的资金达到2.45亿元，占财政总支出的40.97%，十件实事工程如期完成。筹措资金3000多万元在全市率先启动实施新型农村养老保险，12个村9278名农民参保，参保率达82.3%。广泛开展“健康路南、幸福人民”行动，投资500多万元实施儿童先天性心脏病免费筛查、白内障患者免费复明手术、免费婚前医学检查、45岁以上农民免费体检等系列惠民活动，受益群众达10.88万人。投资206万元高标准完成燕京体育健身公园改造、文化活动中心改造和乡文化站建设。为国家、省、市级劳模和建国前老党员发放生活补贴6万多元。累计开发就业岗位7000个，新增就业5500人，下岗失业人员实现再就业3908人。社会保障水平不断提高。投资1284万元彻底解决改制企业解除劳动合同职工的失业保险问题，4484名职工领取到失业保险金。不断完善新型农村合作医疗制度，农民参合率达到94%，实现参合农民定点医院药费“直补”和全市范围住院补偿“出院即报”。投资711万元将城乡

低保标准提高到全市最高水平。进一步加大特困群体帮扶力度，全面落实住房保障、医疗救助等项政策，为853户低收入家庭提供廉租住房，累计发放救助金46万元。大力发展慈善事业，发放慈善款34万元。

各项社会事业全面发展。投入科研经费1880万元完成科技项目开发9项，实现高新技术产业总产值2.25亿元，市级以上重点科技成果转化率达到80%。投资1400多万元完善学校基础设施，更新教学设备。继续巩固教育优势，义务教育继续保持全市领先水平，中考18项指标均居全市第一，开放式素质教育实验工作取得阶段性成果。投资361万元改造社区卫生服务中心2个、社区卫生服务站6个，实现城乡医疗卫生服务机构全覆盖。成功承办中国乒超联赛（唐山路南赛区）比赛，举办第八届社区文化体育艺术节，“迎国庆、迎论坛”书画摄影展，“唱红歌、讲党史、树旗帜”等主题活动，丰富广大群众的精神生活。投资597万元新建市民中心6个，改扩建16个。以打造“15分钟服务圈”为标准，全力推进社区科学发展模式试验示范工程，12个市民中心达到科学发展模式标准。积极推进市民服务系统和数字网格化城市管理系统联网并行，社区服务能力和服务水平进一步完善提升。扎实推进计生惠民工程，投资560万元落实企业独生子女父母退休时一次性3000元奖励。继续稳定低生育水平，人口出生率控制在7.61‰，符合政策生育率为99.35%，自然增长率为2.63‰，均好于年度计划。

【和谐路南建设取得新进展】 严格落实安全生产责任制，各乡街全部建立安监站，形成完善的三级监管体系，实现无缝隙管理。以消防、危险化学品、建筑施工工地为重点，不间断地开展安全生产大检查，累计排查整改各类安全隐患5673项。积极推进食品药品安全整治攻坚工作，强化源头治理，深入开展食品安全市场创建等主题活动，保障人民群众的身体健康和生命安全。以“创建平安路南”为目标，加大法律宣传和普及力度，充分发挥“区、乡街、村居三位一体”调解体系作用，累计排查化解各类治安稳定隐患187件，筑牢社会稳定的第一道防线。扎实推进“信访积案化解年”活动，成立群众信访联合受理服务中心，深入开展领导干部大接访和百名干部下基层活动，累计接访、约访357件次、1591人次，协调解决信访案件104起。筹措资金200万元建立信访救助基金，帮扶救助困难群众43人。依法规范信访秩序，实现进京集体访、赴省集体访、非正常进京访“三个零记录”。强化社会治安综合治理，乡街综治工作中心和村居综治工作站统一规范到位，完善民情信息员网络机制，健全社会治安志愿者组织，坚持信息主导警务，走精确防控之路，可防性案件同比下降10%。继续保持对刑事犯罪的高压态势，先后破获各类案件626起，增强广大群众的安全感。

【干部作风建设上新台阶】 以开展深入学习实践科学发展观“回头看”和干部作风建设年活动为契机，全面提高干部队伍的政治素质和业务水平，切实增强凝聚力和战斗力。不断深化行政审批制度改革，12个部门成建制进驻行政服务中心，20个部门实行首席代表制，对削减后的行政许可事项和非行政许可事项实行节点管理，全年累计办理各类审批事项1.7508万件，受理各类咨询1.8169万人（次）。加快电子政务建设，积极推进网上审批，开通重点项目行政审批“绿色通道”，有效提高办事效率。坚持依法行政，自觉接受人大及其常委会的法律监督、工作监督和政协的民主监督、政治协商、参政议政，全年承办人大代表建议、政协委员提案88件，代表、委员满意率和基本满意率达到100%。认真落实科学发展考核三项制度，加大问责力度，对绿化攻坚、拆违拆迁、项目建设等工作中行动迟缓、推动不力的单位进行问责，有效调动全区上下的积极性。加强惩治和预防腐败体系建设，坚持教育拒腐、制度防腐、源头治腐，查处各类案件14件，为国家挽回直接经济损失168万元，在全区形成风清气正、人心思进的良好氛围。

区领导班子成员名单

中共区委书记：刘桂东
副　书　记：张国栋　房　香
常　　　委：潘友忠　贾向东
潘树文（7月免）
朱建峰
王东群（12月免）
张进霜　刘国忠
张文明
杨丽娟（10月任）
区人大常委会主任：董建宝
副　主　任：张一民　王丽芝
刘建成　刘阁云
区　　　长：张国栋
副　区　长：潘树文（10月免）
王东群　孙辉福
刘　军
杨丽娟（10月免）
于志辉（10月任）
张进霜（10月任）
张迪（挂职6月任）
区政协主席：魏文成
副　主　席：侯汝彦　吴跃宏
刘仕俭　王玉玲

乡、街道党政正职领导名单

乡、街道名称	书记姓名	乡长、办事处主任姓名
女织寨乡	侯树立（7月免）　王志刚（7月任）	张　炮
文化北后街街道	黄树山	蔡建林
小山街道	张百利	李维杰

永红桥街道	刘彦军（5月免）　李　非（5月任）	李旭强（5月免） 董志毅（5月任）
广场街道	张新山（5月免） 于志辉（5月任10月免） 王建国（10月任）	李东奇（8月免） 王建国（8月任11月免） 郝金伟（11月任）
学院南路街道	李献君	线立峰
友谊街道	赵刚	李　非（7月免） 李旭强（7月任11月免） 刘树岭（11月任）
钱家营街道	吴成生	吴成生（兼）

2009年路南区乡、街道概况和主要经济发展数据表

表一

单位	辖行政村、居委会（个）	人口	人口自然增长率（‰）	面积（平方公里）	耕地面积（公顷）	地区生产总值（亿元）	一产增加值（亿元）	二产增加值（亿元）
女织寨乡	38	54771	2.94	43.6	1133	14.11	0.88	3.01
文北办事处	7	20983	3.32	4.72				
小山办事处	8	17300	0.99	4.7				
永红桥办事处	10	21462	2.23	5.4				
广场办事处	10	50014	2.3	8.4				
学院南路办事处	9	38768	0.28	1.25				
友谊办事处	9	39122	3.22	3.6				
钱营办事处	3	6383	0.96	0.412				

2009年路南区乡、街道概况和主要经济发展数据表

表二

单位	三产增加值（亿元）	财政收入（亿元）	财政支出（亿元）	农民人均纯收入（元）	城镇居民人均可支配收入（元）	粮食总产量（吨）	固定资产投入（万元）
女织寨乡	10.22	0.22	0.21	7247		4883	213864
文北办事处		0.839	0.056				39152
小山办事处		0.66	0.03				27102
永红桥办事处		0.97	0.046				32310
广场办事处		0.04	0.03				144000
学院南路事处		0.04	0.04				46000
友谊办事处		0.06	0.04				19294
钱营办事处							

（赵志信）

丰南区

【概况】 辖12个镇、3个乡、1个城区街道办事处、477个行政村、另399个自然村。全区总面积1572.3平方公里，耕地面积4.8857万公顷，人均耕地1.42亩。总人口51.9278万人，其中农业人口39.4136万人，城镇人口12.5142万人。人口自然增长率3.23‰。地区生产总值385亿元，人均地区生产总值7.2万元，分别比上年增长17.5%和16.5%。其中，第一产业增加值30.7亿元，增长5.9%；第二产业增加值242亿元，增长21%；第三产业增加值112.5亿元，增长14.2%。三次产业结构为8∶62.8∶29.2。粮食总产量25.1万吨，增长12.5%，油料（花生）总产1.7万吨，下降21%；棉花1.27万吨，下降0.3%。全部财政收入40.76亿元，比上年增长1%。在全部财政收入中，税收收入完成38.6亿元，其中国税收入29亿元，地税收入9.6亿元，分别下降8.2%和增长31.5%。财政支出21.6亿元，增长3.2%。其中科技教育文化体育与传媒支出增长75.4%，农林水事务支出增长20.9%，环境保护支出增长185.3%。农民人均纯收入7647元，增长11.7%，城镇居民人均可支配收入1.7429万元，增长12.6%，职工年均工资3.0599万元，增长14.4%，年末城乡居民存款余额143.1亿元，增长29.9%。全年固定资产投资116.7亿元，增长52%。引进利用外资3.83亿美元，利用外资数连续8年居唐山市各县（市）区首位。丰南经济开发区为省级开发区，面积9.16平方公里（2009年新拓增3.11平方公里），现有进区1000万元企业36家，形成以冶金、机电、陶瓷、食品为主的产业体系，完成工业增加值30.2亿元，利税5.76亿元。全区投入环境保护资金5.25亿元，完成环境保护重点工程36项，城市空气质量明显好转，城市空气质量等级为二级天数326天，比上年增加17天。改革开放持续深入，全力启动金友、清泉、北阳、泰丰等企业复产，盘活资金55亿元；组建区企业家协会，畅通政府与企业沟通的渠道。行政管理体制改革不断深化，投、融资体制改革取得新突破。全年实际利用外资3.83亿美元，出口创汇3.5亿美元，两项指标连续8年居全市首位、全省前列。

【经济结构调整力度不断加大】 产业产品结构进一步优化，全年有50万元以上的完工、在建项目265个，其中亿元以上的66个，10亿元以上的4个。计划投资303亿元，完成投资116.7亿元。沿海工业区开发建设加速推进，区内现有完工和在建项目29个，计划投资134.2亿元，年内完成投资14亿元，累计达到38.7亿元。渤海钢铁集团进入实质性运作，500万吨一期工程启动实施；新上和技改扩建钢铁精深加工项目78个；陶瓷、煤化工、农产品加工等非钢优势产业支撑作用进一步增强，产值、利税分别增长16.8%和13.4%；服务业完成投资30.2亿元，增加值增长17.5%。节能减排效果显著，投资5.25亿元完成节能减排重点工程47项，淘汰300立方米以下高炉6座。全年规模以上工业万元增加值能耗下降14.4%，二氧化硫、化学需氧量排放分别削减15.2%和25.5%，顺利通过省节能减排预考核。

【新农村建设步伐加快】 区财政投入农业结构调整基础建设基金3.96亿元，比上年增长52.3%。农业结构调整扎实推进，全年新增棚菜7370亩，新增存栏500头以上奶牛场（区）9个，新建扩建农业龙头企业10家，农业产业化经营率达63%。文明生态村镇、科学发展示范乡村创建扎实开展，新增文明生态村40个、文明生态镇2个；完成3个镇、30个村科学发展示范乡村创建，实施13个省级新民居示范村创建。乡镇经济迅速发展，丰南镇、小集镇、黄各庄镇、西葛镇、钱营镇5个镇财政收入超亿元。农业基础设施进一步加强，新增节水灌溉4.1万亩，完成绿化攻坚造林6.1万亩，完成27个村、2.34万人的饮水安全工程，新建沼气池1.0280万个，实施土地开发整理3.2万亩。

【城镇面貌变化明显】 全年完成城乡建设投资30.3亿元，是近年来投资最多、建设任务最重、城市变化最明显的一年。规划体制进一步完善，高占位、大手笔编制《丰南分区规划》，城区规划面积扩大一倍。老城区改造实施市政道路拓宽改造、市场搬迁等六大工程。胥新北街东伸和欣荣街西段新建等道路新建，及青年路拓宽改造工程完工通车。投资2.3亿元的青年路拓宽改造仅用两个月时间就竣工通车，创造出“丰南速度”。新华路菜市场、瑞明街菜市场改建及胥各庄集贸市场搬迁按期完工；完成既有居住建筑节能改造1.7万平方米，拆违拆迁16.5万平方米，开工建设河头里二期、星河湾等住宅小区20.3万平方米。新城区建设以打造行政、文化教育、特色商业、精品居住四个中心为重点，行政中心和公安、国税、财政地税大楼相继投入使用，公安大楼、广播电视大楼、文化艺术中心、规划图书档案馆、国丰维景酒店等工程进展顺利；主次道两侧绿化工程高标准实施，惠丰湖、人民公园和龙泉河工程先后开工，新城区主体框架基本形成。小城镇建设统筹推进住宅、学校、医院、市场等基础设施建设，城镇聚集功能进一步增强，全区城镇化率达到50.5%。管理水平明显提升，城市精细化管理全面实施，投资近亿元开展城乡环境综合治理，实现城区绿化、硬化全覆盖，小区绿化养护、清扫保洁全部推向市场；以黄各庄镇、小集镇为试点探索实行农村垃圾“户清、村集、镇运、区处理”模式，城乡环境明显改善。

【人民生活质量进一步提高】 居民收入持续增长，城镇居民人均可支配收入1.7429万元，农民人均纯收入7647元，分别比上年增长12.6%和11.7%。城镇和农村居民恩格尔系数分别为32.7%和37.6%。比上年分别下降4.3和3.1个百分点。城镇居民人均居住面积33平方米，农村人均居住面积32.2平方米。就业面不断扩大，新增城镇就业5350人，安置就业困难群体725人，实现“零就业家庭”动态归零。农村富余劳动力向非农业转移1.1万人次。社会保障体系进一步完善，启动实施新型农村社会养

老保险制度，参保人数27.3504万人，参保率95%；城乡低保实现应保尽保，全年发放低保金1199万元，政府为群众办的20件实事工程基本完成。

【社会事业和谐均衡发展发展】

区财政投入社会事业资金1.87亿元，比上年增长11.3%。科技创新能力不断增强，全区取得科研成果5项，其中国家级1项、省级1项、市级2项。市级以上科技成果转化率达到85%，科技进步对经济增长的贡献率达56%。教育事业健康发展，小学适龄儿童入学率、巩固率均为100%；初中在校入学率和巩固率分别为100%和98.9%。丰南一中高考二批本科入段率连续10年居唐山市同类学校第一位。基层党建工作实现新突破，圆满完成农村"两委"换届工作，扎实推进"百村帮扶工程"和老区村建设，认真做好大学生村官选派工作，落实"一定三有"激励保障机制，即定职责、收入有保障、干好有希望、退后有所养。搭建"三日一网"平台，即党代表工作日、党员活动日、党员志愿服务日、唐山共产党员网站，丰南区的经验被中组部推广。党风廉政建设取得新成效，认真落实党风廉政建设责任制，以农村党员干部为重点深入开展"五个一活动"，即每年举办一次村党支部书记全封闭式培训，开展一次在押服刑人员现身说法教育，进行一次反腐倡廉专题辅导，参观一次警示教育基地，印发一册警示教育读本。加强村级廉政建设的经验受到省市委的充分肯定。常委会自身建设获得新提升，认真履行促一方发展、富一方百姓，保一方平安的职责。设立信访救助基金，开展信访积案专项治理攻坚行动，各级领导带头接访、约访、下访，创造"老户归零，新户随清"工作方法，有效解决一大批热点难点问题，减少群众越级上访的发生。在重大政治活动和敏感期期间，全区没有发生一起群众进京赴省集体上访、非正常进京上访和影响稳定的信访事件，实现省市委提出的"三个确保"的目标，得到中央、省、市信访工作督导组的充分肯定。

区领导班子成员名单

中共区委书记：刘建立
副书记：李国忠　高树春
常委：皇甫文东　张国庆　高秀术　张会春　许焕庆　付占广　才文举　张震
区人大常委会主任：王树臣
副主任：边文明　郑志新　董树军　陆振文
区长：李国忠
副区长：张会春　许焕庆　刘会荣　佟秀媛　王玉国　尚兵
区政协主席：戴征
副主席：李自学　王彦庆　孟叔玲　李旭红
经济技术开发区管委会主任：许焕庆（兼）
常务副主任：刘志生
副主任：刘丰　曲永胜
丰南沿海工业区管委会主任：高树春
副主任：李自学　韩志普

乡、镇、街道党政正职领导名单

乡、镇、街道名称	书记姓名	乡、镇长和办事处主任姓名
丰南镇	陆振文	刘子泉
黄各庄镇	梁俊臣（1月任）	梁俊臣（1月任2月免） 张国春（3月任）
小集镇	郑卫东（1月任）	郑卫东（1月任2月免） 兰少光（3月任）
钱营镇	王玉林	冯玉清
大新庄镇	李永东	董连庆
稻地镇	王树林	王成如
黑沿子镇	韩志普	张兆华
唐坊镇	王太久	安永德
王兰庄镇	孙志宏	高远鸣
西葛镇	梁瑞满	郑春
柳树酄镇	高贺利	王立新
大齐各庄镇	张敬宝	佟赞利
东田庄乡	董国才	王艳玲
南孙庄乡	董文再	李恩安
尖字沽乡	毕志安	郑新波
胥各庄街道	夏春秋	赵洪生

2009 年丰南区乡、镇、街道概况和主要经济发展数据表

单位	辖行政村、居委会（个）	人口	人口自然增长率（‰）	面积（平方公里）	耕地面积（公顷）	地区生产总值（亿元）	一产增加值（亿元）	二产增加值（亿元）	三产增加值（亿元）	财政收入（亿元）	财政支出（亿元）	农民人均纯收入（元）	城镇居民人均可支配收入（元）	粮食总产量（吨）	固定资产投入（亿元）
丰南镇	51 个行政村 12 个居委会	98150	3.49	67.8	2953.3	142.5	1.15	117.2	34.05	24.5	0.67	8600		18344	69.6
黄各庄镇	56	48885	0.89	68.3	4082	23	2.5	13.1	7.4	3.04	0.50	6350		19548	7.06
小集镇	48	35835	3.8	77.5	4246.4	41.1	2.1	31.5	7.5	3.1	0.33	6300		31571	11.1
钱营镇	61	45700	3.55	131.4	7278.7	21	2.03	10.52	8.7	1.01	0.34	6272		29405	4.05
大新庄镇	62	45977	1.06	133.7	7067	18	3.28	8.55	6.17	0.31	0.29	5600		33026	1.6
稻地镇	37	28800	0.28	50.2	2366.7	16.75	1.72	10.2	4.83	0.66	0.22	5670		10890	3.9
黑沿子镇	9	20905	4.2	120	133.6	8.5	4.21	1.35	2.93	0.26	0.18	6045		7128	1.78
唐坊镇	18	17796	1.88	48.4	1800	9.1	1.6	3.5	4	0.24	0.13	5750		5978	0.87
王兰庄镇	30	38314	3.58	86.3	2644.9	11.4	1.9	2.5	7	0.26	0.26	5730		7789	1.78
西葛镇	18	24056	1.79	49.6	2146.2	15	0.9	9.6	4.5	1.06	0.23	6336		38018	1.6
柳树酄镇	14	28497	1.87	105.3	1832	6.2	1.85	2.1	2.9	0.28	0.22	7000		26266	2.1
大齐镇	19	13687	2.7	39.6	2438.5	8.2	0.81	5.59	1.8	0.61	0.22	6050		11107	1.5
东田庄乡	27	16280	4.02	73.1	2175.6	7.0	2.2	1.64	3.2	0.12	0.13	5710		2800	1.03
南孙庄乡	28	22314	2.09	95	3538.6	5.9	2.82	1.18	1.9	0.06	0.09	5100		4362	0.35
尖字沽乡	9	16670	3.15	44.95	1533	4.4	0.8	1.2	2.4	0.10	0.09	5800		4367	0.35

（李继隆　高昌顺）

丰润区

【概况】 辖属23个乡镇、3个办事处，总面积1331.48平方公里，耕地面积71436.6公顷；总人口92.1万人，人口自然增长率3.32‰。2009年，实现地区生产总值3675851万元，其中第一、二、三产业分别为394522万元、2365436万元、915893万元，同比分别增长7%、14.9%、14.4%。粮食总产为424276吨，增长5.3%；棉花总产1868吨，下降11.2%；油料总产为39144吨，下降2.2%。财政收入253528万元，增长12.8%；财政支出183987万元，增长21.1%。农民人均纯收入7096元，增长11.7%；城镇居民人均可支配收入17703元，增长17.5%。在岗职工年人均工资30780元，增长14.4%。年末城乡居民存款余额2193082万元。固定资产投资641639万元，增长1.1%。单位工业增加值能耗为2.24吨标准煤/万元，下降10.4%，烟粉尘减排量8852吨，二氧化硫减排量7123吨，化学需氧量减排量1420吨。全年实现社会商品零售总额833063万元，增长17.9%；出口创汇30405万美元，下降23.7%，居全市各县(市)区第二位。实际利用外资2566万美元，增长59.2%。节能减排主要指标提前完成省"双三十"十一五期间的目标任务。城市环境空气质量二级及优于二级的天数为310天。

【产业结构调整力度加大】 围绕构筑现代产业体系，大力调整优化产业结构，加快搭建发展平台，促进经济发展方式的转变。项目投资呈现强劲态势，全年建设千万元以上项目168个，完成投资53亿元，争列省市重点项目18个，总量为历年之最；争取中央投资项目33个，年度到位资金6384.7万元。丰润热电、大隆机械等65个项目建成投产，立信变速器、三石药业等103个项目正在建设，鑫铭制管、超越钢化纤维等111个前期项目取得实质性进展，保增长、调结构的物质基础显著增强，克服危机影响、拉动经济增长的投资效应已初步显现。尤其中国动车城建设强力推进，完成总体规划、产业发展规划、配套区控制性规划和环境评价，6平方公里起步区建设启动实施，土地置换、征地拆迁、BT模式建设基础设施等工作同步开展；成功举办动车城招商大会，签约入驻项目22个，协议引进投资61.2亿元；科奥浦森二期、昌盛酒店等配套项目建设正在加紧进行。动车城的建设得到中央、省市领导的高度关注和大力支持，成为唐山"南有曹妃甸，北有动车城"发展战略的重要支点，为加快丰润发展搭建高起点平台。北方现代物流城建设扎实推进，总体规划和产业发展规划基本完成，和平物流二期、裕航物流等项目正在建设，东坤物流、正丰物流等项目即将开工，天明物流等项目前期工作取得较大进展。

传统产业改造升级加快推进，型钢产业发展规划基本完成，建材产业发展规划正在编制，装备制造、型材、奶业被确定为省级中小企业产业集群；唐山宝泰与北京建龙实现整合重组，新组建型钢集团4家，钢铁业靠大联强迈出重要步伐。着力推进日产4000吨大型旋窑水泥项目建设，飞龙水泥建成投产，华诚、泓泰等项目正在建设，鑫兴等9个100万吨以上大型粉磨站项目通过省级核准，水泥业走上以规模企业和现代技术为支撑的新型生态发展之路。在大力加强现代新项目建设的同时，取缔、拆除水泥机立窑23座，自然停产企业108家，关闭企业34家；完成钢铁压延企业脱硫治理36家，治理整顿企业278家，治理投资总额17400万元。

商贸流通、金融保险、社区服务等现代服务业健康发展，社会消费品零售总额达到83.3亿元，同比增长17.9%。

现代农业稳步发展，新建、改扩建300头以上奶牛标准化养殖场区68个，规模化养殖比率达到80%以上；农业开发土地治理和高标准农田建设示范工程进入扫尾阶段，共争取上级无偿资金1900多万元，改造农田2.3万亩；新建节能日光温室96座，发展薄皮核桃等特色果品1.9万亩；西外环高速两侧万亩经济林带建设顺利完成，北部山区几十万亩核桃基地启动建设。

【城乡整体面貌明显改善】 城乡规划体系逐步完善，确立唐山主城区北部重要组团·中国动车城的功能定位，高标准完成城区建设总体规划、分区规划、市政专项规划和4个乡镇、489个村庄的规划编制，城乡规划基本实现全覆盖。浭阳新城改造建设快速推进，高水平编制修建性规划，顺利通过市规委会审批。拆迁改造大规模展开，累计投入1亿多元，拆除住宅、公建设施等8万平方米。完成宝塔路景观大道和站前广场一期工程建设，新增绿化面积3.9万平方米，唐山北站面貌焕然一新。返迁小区建设开始启动，润铁家园一期工程主体基本完工，新城区建设全面展开。重点工程建设强势推进，全面打赢唐丰路和机场连接线绿化拆迁攻坚战役，完成拆迁41.7万平方米；绿化攻坚新增造林面积8.5万亩，植树570多万株，在全市验收评比中名列第一；津秦铁路客运专线、永秦唐石石油管道等重点工程建设进展顺利，丰润区承担的27项市以上重点工程全部完成计划任务。

基础设施建设力度加大，总投资14.3亿元的丰津线开工建设，总投资6亿元的东外环公路启动实施，祥云道、润泽路、邱庄水库环库路等89条共175公里城乡道路改造建设如期完工，环线闭合、主路贯通的路网体系正在加快形成。城西集中供热一期工程基本完成，实现集中供热43万平方米；改造建设变电站7个，欢喜庄、泉河头等3个变电站投入使用，新增电力容量55万千伏安。

城中村、危旧平房、既有居住建筑节能三大改造和经济适用住房二期工程建设扎实推进，完成节能改造20.4万平方米，建设经济适用住房、配套廉租房2万平方米，解决822户困难家庭住房问题。规划建设科学发展示范村23个，新民居建设试点村13个，新创建文明生态村53个；总投资30亿元的乡居假日联村改造项目被省市确定为科学发展示范模式，一期主体工程基本完工。城市管理全面加强，制定出台23项城市管理专项办法，城市网络化、精细化管理模式全面推行；

大力开展环境综合治理，拆违拆迁51.8万平方米，新增绿地25万平方米，美化亮化建筑物51.2万平方米。

【和谐社会建设取得新进展】从解决群众最关心、最直接、最现实的利益问题入手，大力实施持续改善民生攻坚行动，全面加强社会各项建设，维护社会和谐稳定的良好局面。广泛开展全国文明城创建活动，扎实推进“五五”普法教育和基层民主政治建设，社会文明程度和公民素质有新提高。自觉接受人大法律监督、政协民主监督和社会各界广泛监督，全年办理人大代表议案、建议和政协委员提案152件，按时办结率和代表、委员满意率达到100%。20件实事工程全部完成。新增城镇就业岗位6745个，转移农村劳动力1.3669万人，城镇登记失业率控制在4.2%以内；城镇低保提高到每人每月285元，农村低保提高到每人每年1300元；城镇基本医疗保险、新农合参保率分别达到92%和95%。

社会各项事业扎实推进。优先发展教育事业，改造危旧校舍1.9万平方米，撤并学校7所，铁路小学扩建和教师学校迁建工程基本完工；高考再创佳绩，本科二批以上上线人数达到1382人，车轴山中学继续保持全市领先。广泛开展“健康唐山、幸福人民”行动，免费为7.9万人接种甲流疫苗；5所乡镇卫生院和2个社区卫生服务中心完成改造任务。深入开展群众性文体活动，全年举办大型文体活动5次，参与群众近10万人；加大文体设施建设力度，6个乡镇完成综合文化站高标准改造任务。高度重视安全生产，全年开展安全生产大检查活动5次，发现、整改存在问题和隐患2246项，确保人民群众生命财产安全。加大信访工作力度，强化各类矛盾隐患排查，妥善解决群众合理诉求，加强社会治安综合治理，严厉打击各种违法犯罪行为，保障社会秩序安全稳定。加强城市管理信息平台建设，建立横向到边、纵向到底的电子网络体系，组建专职巡查队伍，820多件群众反映的实际问题得到有效解决。

【政府执政能力持续提高】创造性地提出打造“金融安全区”的理念，先后与深圳发展银行、唐山市信用联社、兴业银行、渤海银行等多家金融机构达成战略投资合作意向，协议引进资金20亿元，到位17.6亿元。充分挖掘存量土地资源，积极开展油葫芦泊水库建设用地置换，加快解决项目建设用地紧张问题。全面推行重点工作台账式管理和一线式工作法，建立年初建帐、年中查帐、年末要帐和三级督查的工作机制，有力地促进工作作风的转变。特别是在唐丰路和机场连接线绿化拆迁工作中，戮力攻坚，克难推进，在沿线群众、工商企业的全力支持下，创造出“唐丰路精神”和“机场路速度”，得到市委、市政府高度赞扬和社会各界广泛赞誉。以便民、高效为宗旨，大力精简行政审批项目，清理减少审批事项40项；加强行政服务中心建设，建立健全服务机制，完成并联审批和代办项目27个，224项审批事项全部纳入网上审批平台。全面建立行政权力运行监控机制，逐项制订廉政风险防范措施，搭建行政权力运行电子监控平台；坚持重大事项集体研究决策制度，进一步完善听证、旁听、跟踪审计、双轨制考评等工作机制，规范政府行政行为；严格落实“一岗双责”责任制，不断加强公务员队伍建设，提高政府系统党风廉政建设水平。

区领导班子成员名单

中共区委书记：曹金华
副书记：和春军　张印久
常委：骆贵民　张建华　李贵富　郑秀利　肖润光　杨爱民　刘胜祥　周宝印
区人大常委会主任：陈绍增
副主任：谷运伯　李淑芬　董学忠　董树立
区长：和春军
副区长：李贵富　郑秀利　孟文红　董会平　韩顺宏　王玉山
区政协主席：李秀岩
副主席：王玉春　闫仲儒　张万如

乡、镇、街道党政正职领导名单

乡、镇、街道名称	书记姓名	乡、镇长和办事处主任姓名
丰润镇	高贺山	刘长秀
银城铺乡	李佩安	薄会海
老庄子镇	孙秀铸	王文权
任各庄镇	刘士宏	刘秀山
常庄乡	付占林	陈会良
韩城镇	齐　雪（5月免）　李晓青（6月任）	李晓青（6月免）　田子印（6月任）
岔河镇	杨秀福	刘宝东
新军屯镇	熊会云	高守青
欢喜庄乡	王福和	孙大华

小张各庄镇	刘德安	门永丰
丰登坞镇	徐立魁	韩守恒
李钊庄镇	王希得	刘继生
白官屯镇	张万军	苏泽坤
石各庄镇	吴宝东（4月免） 周兴永（6月任）	张晓顺
沙流河镇	雷士前	贾绍旺
杨官林镇	鲁刚健	郭子军
七树庄镇	张宝忠	朱鸿升
左家坞镇	郑宝增	马东波
泉河头镇	董盟	冯　岩
刘家营乡	杨青山	刘胜伟
王官营镇	李文革	张治国
姜家营乡	唐永田	安德宏
火石营镇	刘志福	周天东
太平路街道	张士平	魏春华
燕山路街道	赵文选	钱志华
浭阳街道	刘玉军	李爱敏

2009年丰润区各乡、镇、街道主要经济发展数据表

表一

单位	辖行政村、居委会（个）	人口	人口自然增长率（‰）	面积（平方公里）	耕地面积（公顷）	地区生产总值（亿元）	一产增加值（亿元）	二产增加值（亿元）
丰润镇	45	70216	2.9	95.2	4951	37.51	1.33	32.62
银城铺乡	15村1居	31051	8.77	51	2304.1	11.99	0.68	10.82
老庄子镇	27	37823	1.69	58.7	3796.1	10.6	2.09	3.08
任各庄镇	24	28815	4.22	52.58	3327	6.12	1.26	4.10
常庄乡	17	19854	6.38	31	1747	8.99	0.43	7.99
韩城镇	43	50200	4.32	56.1	4107	11.83	2.5	8.8
岔河镇	26	25479	2.04	40	2840	2.22	0.87	0.77
新军屯镇	33	37730	−0.03	49.7	3827	15.25	2.24	9.06
欢喜庄乡	11	15077	4.27	33.6	2173.8	4.41	0.61	3.61
小张各庄镇	10	15764	−0.74	22.3	2129.6	3.31	0.54	2.72
丰登坞镇	42	39969	1.69	68.2	4598	5.8	1.77	2.79

李钊庄镇	24	22423	5.17	63.7	4323	7.2	1	5.8
白官屯镇	45	44795	1.88	77	4900	18	3.7	9.4
石各庄镇	29	30416	0.61	56.7	3590	8.13	0.96	6.79
沙流河镇	23	35860	5.74	56.3	3952	8.1	1.8	4.9
杨官林镇	17	26266	5.25	48.22	2511	3.11	1.19	1.4
七树庄镇	13	18642	6.61	26.7	2175.2	15.22	1.61	7.79
左家坞镇	29	41029	3.62	83.7	3340.2	2.15	0.97	0.79
泉河头镇	18	25850	1.9	53.8	2652	4.67	1.76	1.28
刘家营乡	12	14019	3.25	25	1013	4.42	0.22	3.90
王官营镇	27	39330	5.66	97.1	3137	5.8	1.9	1
姜家营乡	12	14908	4.1	31.3	1349	2.72	0.28	2.11
火石营镇	38	30295	-1.55	130.87	2438.7	1.48	0.82	
湨阳街道	20	68592		12	87			
太平路街道	13	61728	1.73	9				
燕山路街道	12	58750	1.45	3.26				

2009年丰润区各乡、镇、街道主要经济发展数据表

表二

单位	三产增加值(亿元)	财政收入(亿元)	财政支出(亿元)	农民人均纯收入(元)	城镇居民人均可支配收入(元)	粮食总产量(吨)	固定资产投入(万元)
丰润镇	3.56	2.66	0.2479	7174		22663	353831
银城铺乡	0.49	2.05	0.1029	5762		6723	77080
老庄子镇	5.43	0.29	0.0627	6436		25677	11800
任各庄镇	0.76	0.27	0.1753	5745		16427	12000
常庄乡	0.57	0.3	0.04	6067		6195	15080
韩城镇	0.53	1.02	0.1	5911		24352	52500
岔河镇	0.58	0.13	0.0484	5855		15441	5156
新军屯镇	3.95	0.5	0.16	6334		66294	10370
欢喜庄乡	0.91	0.33	0.05	5917		12723	4500
小张各庄镇	0.05	0.11	0.03	5751		8226	10000
丰登坞镇	1.24	0.14	0.0753	5875		31471	8350
李钊庄镇	0.4	0.15	0.057	5467		14079	8000
白官屯镇	4.9	0.35	0.08	6082		8889	11020

石各庄镇	0.38	0.29	0.17	5890		23485	5043
沙流河镇	1.4	0.2	0.059	6200		23208	15100
杨官林镇	0.52	0.13	0.0677	6120		11884	15100
七树庄镇	5.82	0.66	0.05	5994		20220	10790
左家坞镇	0.39	0.14	0.13	5195		20319	6430
泉河头镇	1.63	0.04	0.0438	5645		17931	30000
刘家营乡	0.29	0.04	0.0391	6313		6185	7500
王官营镇	2.9	0.17	0.06	5590		23036	10000
姜家营乡	0.33	0.16	0.038	5612		6077	33000
火石营镇	0.38	0.05	0.0821	4220		7994	2000
浭阳街道					16563		8450
太平路街道					17703		22000
燕山路街道							5200

（杨玉明）

开平区

【概况】　开平区是唐山市中心城区之一，是唐山市区的“东大门”。地处燕山山脉凤山脚下，陡河之滨。被誉为中国近代工业发端的“开平矿务局”诞生于此。区政府所在地开平镇历史悠久、底蕴厚重，曾为京东“军事重镇”和商品集散地，距市中心4公里。全区辖6个镇，5个街道办事处，132个行政村，31个社区居委会。总面积251.3平方公里，有耕地9403公顷。总人口24.8万，2009年，人口出生率7.3‰，人口自然增长率1.4‰。2009年全区地区生产总值达到120.96亿元，比上年增长18.3%；其中一、二、三产增加值分别完成4.13亿元、80.93亿元、35.9亿元。粮食总产量4.6931万吨，比上年增长4.8%，棉花总产量11吨，油料总产量4345吨。完成全部财政收入14.1亿元，其中地方一般预算收入3.2亿元，分别比上年增长17.4%和20.7%；财政支出8.1亿元，比上年增长17.9%。城镇居民人均可支配收入1.6005万元，农民人均纯收入7500元，职工年平均工资3.0916万元，分别比上年增长17.8%、12.5%和3.6%。年末城乡居民存款余额达到61.26亿元，比上年末增加6亿元。完成全社会固定资产投资45.7亿元，比上年增长42.1%；规模以上工业企业完成增加值73.6亿元，实现利税12亿元，分别比上年增长21.9%和11.2%。全社会消费品零售总额达到35.8亿元，比上年增长17.3%。

【经济平稳较快发展】　项目建设方面全年谋划实施千万元以上项目161个，项目投资规模达到297亿元，其中，亿元项目51个、千万元项目110个，有43个项目竣工投产，51个项目正在抓紧建设。项目质量档次显著提升，安排新兴产业项目99个，占全区项目总数的58%，有9个项目列入省重点，5个项目列入市重点。利用省重点项目支持政策，争取建设用地指标486亩。结构调整方面：农业经济稳步发展，实施农业产业化项目11项，鼎晨食品农产品物流及检验检测中心项目投入使用，新建、扩建规模化养殖小区5个，牧渔业产值占大农业比重达到65%，居全市首位。工业结构日趋优化，新兴产业增加值占全部工业增加值的比重达到53%，比上年提高28个百分点，现代新型工业体系正在加速形成。三产服务业发展水平进一步提高。和凌雷克萨斯汽车4S店等一批汽贸品牌店建成开业，中运（国际）金属物流园、宏忠钢铁物流园等生产性物流项目相继开工，市中心环线两侧现代物流产业带初现雏形。

园区建设方面：唐山现代装备制造工业区各种配套设施日臻完善，形成“三横三纵”路网格局，完成110KV变电站等综合配电工程。全年安排重点项目16个，完成投资15亿元，其中，日本住友重机、建机项目顺利投产，中絮工业水处理、天兴环保设备制造等6个项目正式完工，拓普生物工程、力必拓渣浆泵等7个在建项目进展顺利。北湖生态产业区开始起步，马北路全线贯通，北湖路以及水、电、暖、讯等配套设施正在抓紧建设。北湖生态产业区先导区——马北路中小企业园一期工程有12个项目开工建设。开平镇二街工业小区有5个项目进场施工。

节能减排成效明显：累计投入治理资金7587万元，全面完成兴业工贸高炉煤气综合利用、国亮特耐燃煤隧道窑天然气改造等28项节能减排重点项目，取缔并拆除6座水泥机立窑、3座高炉，淘汰落后水泥产能60万吨、钢铁产能77万吨，实现节能48万吨标准煤，减排二氧化硫3469吨、烟（粉）尘1864吨。全区单位GDP能耗和万元工业增加值能耗为4.17吨标煤和5.55吨标

煤，比上年分别降低6%和9%，二氧化硫净削减率19.8%，超额完成省、市下达的节能减排任务指标。全区环境质量得到有效改善，城市环境空气质量二级及二级以上天数达到333天。

对外开放方面：积极对接世界500强企业和大公司、大集团，全方位推进招商引资，招商领域不断拓宽，先后有德国西门子公司、法国法鲁克公司、日本东京制钢株式会社等国外知名企业来区考察洽谈，全年接待外商考察团组500余人次，是开平历史上最多的一年。有7个项目正在积极洽谈，2个外资项目落地，全年实际利用外资5862万美元，占市达任务的102%，完成出口创汇6500万美元。

【城乡建设步伐加快】 全年谋划实施城乡建设项目70项，总投资141亿元。城区改造建设力度加大。河联工房等片区震后危旧平房改造相继展开，开平公园落成开园。以建华东道立交桥、中兴道为重点的城市路网建设加速推进，中兴道西段竣工通车，完成陡电二期供热热网改造，结束城区燃煤供热的历史。高标准实施市外环路、建华东道、唐古路等主要道路绿化改造及节点建设，新增绿地面积2万亩，建成区绿化覆盖率达到43.9%，超过国家园林城市标准。

完成拆违拆迁27.3万平方米，进一步拓展城市发展空间。新农村建设扎实推进。贾庵子、小代庄、张庄子新村全面入住，李家峪旧民居改造、小屈庄平改二期工程完工，小佛头、东越河等村新民居建设启动实施。郑庄子镇和丰山村、茅草营等7个科学发展示范镇村建设有序推进。

新建文明生态村13个，创建面达到85%。农村公共设施进一步完善，新建、改建、翻修农村公路9.2公里，新修村庄道路20公里；新建村民中心15个，完善提高20个，尤各庄等9个村的农村社区试点建设全面完成。投资1032万元解决16个村、2.1万人饮水安全问题。

民生进一步得到改善。投资1.5亿元的廉租房和经济适用住房建设全面启动，高标准建成和完善普光南里等7个社区市民中心。认真落实各项惠农政策，及时足额发放粮食直补、农资综合直补和家电下乡补贴1270万元。健全完善社会保障体系，城乡居民养老保险参保率达到40%，新型农村合作医疗参合率达到90%。全年发放社保补贴、失业救济、救灾救助款1090万元。严格落实城镇最低生活保障制度，共发放低保资金1631万元，实现应保尽保。大力推进就业再就业，新增就业岗位3600个，安置下岗失业人员2305人，城镇登记失业率控制在4%以下。

【各项社会事业全面进步】 加强土地资源管理，严厉打击非法盗采国家矿产资源行为，深入开展安全隐患排查治理行动，累计查处各类事故隐患1450项，落实整改资金1900万元。全年开发、引进新技术新产品25项，推广市级科技成果6项，高新技术产业实现产值4.2亿元。投资3200万元改造D级陈旧校舍，投资8600万元的开平医院改扩建工程全面完工投入使用。新建省级综合文化站2个、市级综合文化站1个，建成全民健身路径10条。区数字电视播控中心竣工投入使用，实现开平城区有线电视信号由模拟向数字化转换。

区领导班子成员名单

中共区委书记：白春明
副　书　记：常庆久　郑汉军
常　　　委：马俊斌　戚永和
　　　　　　苏广均　周立权
　　　　　　朱文礼　李泽明
　　　　　　李春普　张雪梅
区人大常委会主任：王克先
副　主　任：何汇东　杨锦刚
　　　　　　郭长荣　张志新
区　　　长：常庆久
副　区　长：苏广钧　朱文礼
　　　　　　江　洁　刘　国
　　　　　　岳中银　袁枫朝
区政协主席：杨清波
副　主　席：李晓东　周祖光
　　　　　　李艳春　李庆军

乡、镇、街道党政正职领导名单

镇、街道名称	书记姓名	镇长和办事处主任姓名
开平镇	于庆利	邱鹏飞
栗园镇	王福军	麻彩有
越河镇	王耀辉	宋　亮
郑庄子镇	冬绍成	梁朝军
洼里镇	田新成	康继山
双桥镇	任建新	周　勇
开平街道	张志军	宗文鸣
马家沟街道	王宪军	孙春静
税务庄街道	刘　伟	王铁旺

2009 年开平区镇、街道概况和主要经济发展数据表

表一

单位	辖行政村居委会（个）	人口	人口自然增长率（‰）	面积（平方公里）	耕地面积（公顷）	地区生产总值（亿元）	一产增加值（亿元）	二产增加值（亿元）
开平镇	34	51584	－0.02	61.1	3066.7	42.55	0.93	25.07
栗园镇	19	29071	4.98	33.7	924	11.05	0.8	8.15
越河镇	24	26103	3.62	40	1885	22.7	0.66	17.24
郑庄子镇	30	28117	－0.39	22.27	248.36	23.8	0.9	21.8
洼里镇	16	19715	0.41	30.76	1644.7	9.32	0.78	3.93
双桥镇	12	14967	－0.17	31.7	454	9.64	0.29	6.84
开平街道办	13	26665	1.54	7.635		0.15		0.014
马家沟街道办	2	26780	－2.7	1.4		0.11		0.06
税务庄街道办	4	19206	－0.37	3.76		0.1		

2009 年开平区镇、街道概况和主要经济发展数据表

表二

单位	三产增加值（亿元）	财政收入（亿元）	财政支出（亿元）	农民人均纯收入（元）	城镇居民人均可支配收入（元）	粮食总产量（吨）	固定资产投入（万元）
开平镇	16.55	0.08	0.08	4288		13949	65791
栗园镇	2.1	0.06	0.06	5600		6395	16523
越河镇	4.8	0.06	0.06	4171		8462	149800
郑庄子镇	1.1	0.06	0.06	5630		7710	80557
洼里镇	4.61	0.04	0.04	5152		8778	10160
双桥镇	2.51	0.05	0.05	5208		962	5003
开平街道办	0.133	0.065	0.065		10276		4320
马家沟街道办	0.05	0.04	0.04		13581		230
税务庄街道办	0.1	0.01	0.009		16005		70000

（刘艳薄）

古冶区

【概况】 2009 年，全区地区生产总值 111.52 亿元，比上年增长 17.50%，其中第一、二、三产业分别为 8.26 亿元、76.67 亿元、26.59 亿元，同比分别增长 6.1%、19%和 15.5%。规模以上单位工业增加值综合能耗为 5.84 吨标准煤/万元，下降 8.63%。民营经济增加值 67.31 亿元，增长 15.6%。粮食总产 2.6943 万吨，下降 0.4%。财政收入 13.76 亿元，增长 7.8%；地方财政收入 2.97 亿元，增长 27.1%。财政支出 8.85 亿元，增长 19.3%。城市环境空气质量二级及优于二级的天数为 325 天。全年实现社会消费品零售总额 49.71 亿元，增长 20%。固定资产投资 52.53 亿元，增长 30.4%。在岗职工年人均工资 3.1211 万元，增长 40.1%；城镇居民人均可支配收入 1.3644 万元，增长 13%；农民人均纯收入 6995 元，增长 0.2%。年末城乡居民存款余额 88.68 亿元，比年初增长 11.3%。万元 GDP 能耗、主要污染物化学需氧量和二氧化硫排放总量分别下降 5.6%、26.4%和 16.1%。

【经济发展提质提速】 项目建设扎实推进。年初确定的 107 项重点项目开工 91 项，累计投资 53.5 亿元，其中完工 75 项。开滦东方发电 2×15 万千瓦机组、曙光年产 100

万吨水泥粉磨站等一批重点项目相继竣工投产；冀东三友、启新两条日产4000吨新型干法熟料水泥生产线、开滦物流中心古冶作业区、首唐宝生特种带钢及国义特钢两条60万吨高速线材等一批骨干项目相继落地开工。列入唐山市千个项目保增长、调结构攻坚行动的13个项目，累计完成投资37.4亿元。项目资金和手续跑办取得重大进展。抢抓国家投资拉动政策机遇，10个获批项目争取到中央投资2514万元，债转贷资金3054万元。国义特钢完善相关手续，燕南日产4000吨水泥熟料项目获得省五小办审查意见，规划环评得到省环保厅批复，冀东三友日产4000吨水泥熟料项目完善土地手续，春兴110万吨6米顶装干熄焦炉和汇丰、永顺5.5米捣固焦项目全部通过省发改委备案审批。"一区一镇"建设进展顺利。资源枯竭城区转型接续产业聚集区被省政府正式列为省辖中心城市25个聚集区之一，区域环境评价得到省环保厅批复，产业规划通过省专家评审，拆迁征地、基础设施建设、招商引资全面铺开。

节能减排成效显著。累计投入资金2289万元，完成荣义煤气储备站、不锈钢除尘风机高压变频改造等22个节能项目，实现节能量13.76万吨标准煤。淘汰落后产能方面，拆除六九、信力、京华、利丰、燕南水泥直径3米机立窑5座，拆除春兴钢铁210立方米高炉2座，淘汰落后产能92万吨，提前一年完成任务，得到市委的充分肯定。取缔小钢铁、小灰窑、小炼油24家，完成5家焦化企业、1家钢铁企业脱硫工程，年减排二氧化硫2700吨。

第三产业稳步发展。建设改造林西百货大楼（顺缘会馆）、福乐超市、唐山恒大汽车俱乐部、宝特龙综合生态园、古冶商务会馆。南外环商贸物流区完成征地清表、"三通一平"，具备大规模开发条件。同时，苏宁等全国知名品牌成功落户古冶，有力推动服务业上档升级。成立古冶区农民合作经济组织联合会，发展壮大供销社农资网络。城乡市场进一步活跃，"家电下乡"产品销售顺畅，累计销售5410台，销售总额1100万元。全年服务业增加值完成26.6亿元，实现社会消费品零售总额49.7亿元。

【城市建设水平提升改造成果初现】

规划编制方面，成立规划委员会，完成古冶分区规划和古冶新城中心区、西南片区控制性详细规划的编制；启动规划区控制性详细规划以及供热、供气、供水等专项规划编制工作，规划已逐渐成为城市建设、城区管理的"纲"与"法"。危旧住房改造方面，采取"原地改建、异地搬迁、完善配套、政府（驻区大企业）回购"四种模式全面推进。实施26万平方米完善配套工程，其中古冶西新楼配套工程完成外网铺设，林西18号小区、唐家庄2号6号小区配套改造基本完工。成功回购华瑞现代城项目。完成林西金融楼建筑节能及热计量改造。道路交通方面，投资11亿元的城区外环路基本建成通车；投资7940万元建设改造红北道、京华西道、唐林路等一批城区主要干道；投资1800万元完成赵陡路二期工程，率先打通古冶连接市区第二条通道，"一环三纵四横"的路网格局基本形成。金山新城建设创新方法，因情施策，扎实有序推进东街村、银行工房、煤矸石工房、京山楼、京山平房等拆迁工作；拆迁企业42家，清表土地近千亩，拓展城市发展空间。永盛路、永安道等基础设施工程和民生商贸大厦、20万平方米回迁安置房等8个项目开工建设，金山新城当年启动规划，当年拆迁建设、当年完成投资达到5亿元。

城市基础设施建设方面，投资3000万元建成林西公交枢纽站。实施集中供热、供气、供水扩供工程，新增集中供热1万户、燃气用户1.17万户、集中供水5.4万户。加大环卫设施投入力度，投资1200万元对垃圾处理及转运设施进行更新完善；投资7000万元的垃圾填埋场项目完成征地拆迁、"三通一平"和工程招投标等前期工作；投资1.2亿元的林西污水处理厂完成市级核准及选址，并与市城市排水公司达成BOT合作协议；投资1032万元改造水冲厕所50座。

绿化攻坚方面，投资2200万元实施外环沿线绿化工程，流转土地1753亩，完成750亩速成杨栽植；对外环线7个节点进行绿化景观设计；投资70万元对古范路、新林道等多条道路进行绿化改造；城区内栽植各种树木20.8万株，新增绿地10公顷，城区绿化覆盖率达到32.4%。

城市管理方面，出台《加强全区工程建设审批管理的规定》，规范城区内工程建设程序。深化环卫体制改革，建立"大环卫、全覆盖"新型管理模式，形成以乡街、村居为责任主体的城乡环卫管理新体制。深入开展健康环境攻坚行动，全区累计出动16万人次、19万车次，清理各类垃圾近百万吨。加大道路交通环境整治力度，治理各类违章车辆9000余辆次。率先建成全市第一个集城市管理、治安防范、应急处理、便民服务"四网合一"的应急救援（科技防范）指挥中心并投入使用。同时，通过升格供水、供热机构，成立城市管理行政执法局等一系列举措，政府统揽城市建设、管理，驾驭城市运营的水平明显提升。

【夯实农业农村基础工作】 农业产业化水平进一步提高。围绕建设现代农业，投资2.8亿元实施11大类农业重点项目，提升农业产业支撑能力。按照"养殖业调大、种植业调优、龙型经济调强"的发展思路，培育壮大农业产业化市级重点龙头企业10家。农业产业化经营率达到56%。惠农政策全面落实。大力落实农机购置补贴、种粮补贴、综合直补和"家电下乡"等各项惠农政策，累计补贴资金1180万元，提高农民生产、发展的积极性。农村公共基础设施建设逐步完善。投资3000万元完成17条总长27.5公里乡村道路建设。投资1120万元新增、改善灌溉面积1.3万亩，铺设输水管道5万米。全力推进农村沼气池建设工程，建成户用沼气池500个。投资250万元完成石榴河205国道下游段、谢家套拦水闸等多处防汛工程，确保全区安全度汛。科学发展示范村建设扎实推进。完成1个科学发展示范乡、5个科学发展示范村及10个文明生态村、10个重点创建村、5个新民居示范村创建任务；投资1300万元实施33个村"户户通"工程；完成15个典

型村、21个完善村村民中心建设任务。

【人民群众幸福指数不断提高】

优先发展教育。投资600万元异地新建建国小学；投资410万元对区内5所学校进行设施修缮；整合撤并工贸中专、十七中等8所学校，实现教育资源合理配置；中、高考再创佳绩，高考二本上线227人，中考优秀率提高2.7%。就业再就业工作得到加强。全年新增就业3477人，实现零就业家庭动态归零，城镇登记失业率为2.1%；加大农民工工资清欠力度，为2250余名农民工追缴工资1281.3万元。社会保障与救助水平进一步提高。养老、工伤、失业保险扩面2152人，城乡低保扩面604人，保障金及时足额发放，实现应保尽保。积极开展社会救助工作，募集慈善款180万元，实施慈善救助180人，大病医疗救助141人，发放救助金79万元。狠抓新农合规范运作，全区参合人数8.26万人，参合率达到97.7%，全年新农合报销9800人次。完善城市卫生服务网络，规范29家社区卫生服务机构，实现社区人口全覆盖；完成31个标准化农村卫生室建设。扎实开展“健康古冶，幸福人民”行动，为3.26万人进行健康体检。文化体育事业更加繁荣。投资300万元完成5个乡文化站建设；全面启动文图两馆异地新建工程。广泛开展全民健身活动，组织大型体育健身活动13场次。全面启动“送电影下乡”活动，放映电影1100余场。认真做好文物保护工作，对多宝佛塔进行全面维护修缮。加强文化市场管理，严厉查处违法违规经营。大力推行数字电视转换，新增数字电视用户9221户，全区数字电视用户累计达到1.7万户。人口和计划生育工作全面跟进。加强社会抚养费征收专项治理，处理政策外生育368例，征收社会抚养费413.5万元；为2.2万名农村已婚育龄妇女和6700名城市“双无人口”、流动人口已婚育龄妇女进行免费查体服务。建立综合治理出生人口性别比长效机制，出生人口性别比控制在104，群众生育观念发生根本性转变。

区领导班子成员名单

中共区委书记：王晓谦
副书记：张桂生（8月免）
邸义（8月任）
谭俊民
常委：白林渠（4月免）
刘炳来（4月任）
吴站逵
孙怀贵（10月免）
董广俊　王俊和
彭晓明　夏裕萍
艾长征（10月任）
伦绍金
区人大常委会主任：孙长平
副主任：于志刚　欧阳继志
赵永念　李任俊
区长：张桂生（8月免）
邸义（8月任）
副区长：孙怀贵（10月免）
董广俊（10月任）
王俊和　李建忠
张桂芳
区政协主席：曹凤利
副主席：王宗合　何玉芬
王春燕

乡、镇、街道党政正职领导名单

乡、镇、街道名称	书记姓名	乡、镇长和办事处主任姓名
卑家店乡	伦绍金（10月免）　李新华（10月任）	李新华（10月免）　李树新（10月任）
习家套乡	李志刚	刘大鹏（10月免）　高东红（10月任）
王辇庄乡	苏卫东	王久全（3月免）　金子忠（3月任）
范各庄乡	朱翠环（12月免）	王锦山（1月任3月免） 王静刚（3月任12月免）
范各庄镇	朱翠环（12月任）	王静刚（12月任）
大庄坨乡	窦广春	刘业焱
古冶街道	陈绍贵（3月免）　王锦山（3月任）	李树华
林西街道	赵永念	郑金泳（10月免）　刘大鹏（10月任）
南范街道	费　旺（10月免）	宋健民（10月免）
赵各庄街道	杨　森	王静刚（3月免）　刘海波（3月任）
唐家庄街道	艾长征（10月免）　李卫民（10月任）	李卫民（10月免）　魏志强（10月任）

注：范各庄镇于下半年由原范各庄乡和南范街道合并而成。

2009 年古冶区乡、镇、街道概况和主要经济发展数据表

表一

单位	辖行政村居委会（个）	人口	人口自然增长率（‰）	面积（平方公里）	耕地面积（公顷）	地区生产总值（亿元）	一产增加值（亿元）	二产增加值（亿元）
卑家店乡	24	24738	7	47.49	2014.8	8.31	1.32	5.18
习家套乡	15	12773	-2.57	18.4	989.73	3.69	0.85	1.77
王辇庄乡	35	30100	-0.26	58	1612	6.17	0.25	5.71
范各庄乡	32	31681	4.57	53.1	2477	21.5	2.2	16.5
大庄坨乡	16	17502	1.04	17.45	739	29.09	2.57	24.36
古冶街道	9	24893	-2.48	4.73	-	6.94	-	2.73
林西街道	24	85214	1.28	13.95	-	6.76	-	0.88
南范街道	2	17674	-1.047	6.99	-	1.52	-	0.35
赵各庄街道	14	59348	-2.23	8.7	-	6.26	-	1.78
唐家庄街道	17	58696	-2.2	14.35	-	0.01	-	-

2009 年古冶区乡、镇、街道概况和主要经济发展数据表

表二

单位	三产增加值（亿元）	财政收入（亿元）	财政支出（亿元）	农民人均纯收入（元）	城镇居民人均可支配收入（元）	粮食总产量（吨）	固定资产投入（万元）
卑家店乡	1.81	0.94	0.087	6925	-	6455.05	50992
习家套乡	1.07	0.17	0.066	6092	-	2359	25008
王辇庄乡	0.21	0.22	0.08	6348	-	4.79	66000
范各庄乡	2.8	0.1016	0.1016	7076	-	12172	85000
大庄坨乡	2.16	1.026	0.0551	6900	-	1867	26870
古冶街道	4.21	0.42	0.14	-	-	-	9758
林西街道	5.88	0.25	0.11	-	-	-	11000
南范街道	1.17	1.068	0.0404	-	13644	-	4384
赵各庄街道	4.48	0.271	0.0962	-	-	-	4340
唐家庄街道	0.01	0.13	0.13	-	-	-	125890

（郝宏武）

曹妃甸新区

【概况】　2009年是曹妃甸新区正式挂牌成立后的第一年，按照市委、市政府“大区域规划、大视野谋划、大项目支撑、大集团发展、大范围协作”的要求，突出港口、港区、港城协调联动、一体化发展，坚持以改革创新为动力，以统筹规划为龙头，以产业聚集为重点，以基础配套为前提，以城市建设为依托，以项目建设为总抓手，以干部作风年建设为保障，全面掀起开发建设的高潮。全区全年安排重点建设项目401项、总投资5202.3亿元，其中续建项目68项、新建项目239项、前期项目94项。实际完成固定资产投资1022亿元，实现财政收入30亿元，持续保持经济社会健康快速发展的良好态势。

【管理规划】　对辖区内“两区一县一城”进行科学定位。确定曹妃甸工业区为曹妃甸新区的龙头带动区，是曹妃甸新区开发建设的重中之重。国际生态城为曹妃甸新区未来的政治、文化、科技、金融、商贸中心。唐海县为曹妃甸新区的后方保障基地及曹妃甸工业区产业辐射的承接区。南堡经济开发区为曹妃甸新区以盐化工为主的海洋化工基地。据此，针对各辖区的特点和定位，突出重点，统筹协调，分类指导，全面推进，较好发挥管理、监督、协调、服务职能，有效地推动“两区一县一城”快速发展。2009年，曹妃甸工业区完成固定资产投资650.6亿元；国际生态城完成固定资产投资209.3亿元；唐海县完成固定资产投资82.2亿元；南堡开发区完成固定资产投资80亿元。坚持规划引领发展。《曹妃甸新区（曹妃甸新城）总体规划（2008—2020年）》、《曹妃甸工业区循环经济试点实施方案》等基础规划先后获得国家和省有关部门批准；《曹妃甸循环经济示范区中期工程区域建设用海总体规划》获国家海洋局批复；《曹妃甸国际生态城起步区12平方公里控制详细规划》获得市政府批复；全面完成工业区现代物流、钢铁、石化、装备制造四大产业发展框架及招商导向研究，和综合服务区起步区、北区和甸头区三个控制性详规以及道路、给排水、供热、燃气等10个市政专项规划的编制，为加快大规模开发建设创造了条件。

【基础设施确保大发展需要】　一是造地面积不断扩大：全区新增造地面积44平方公里，为产业发展和城市建设提供用地保障。其中，工业区新增面积37平方公里，陆地面积达到153平方公里；国际生态城新增面积7平方公里，累计造地15平方公里。二是多元化区域性路网体系基本形成：迁曹铁路、司曹铁路、沿海高速、唐曹高速全线贯通，渤海大道、沿海公路、青林公路等快速路相继建成通车，滨海大道、滦曹公路和南曹快线正在加紧建设。域内交通建设全面展开，工业区年内实施道路交通项目15个，基本形成三纵三横的工业区路网框架；国际生态城年内开工道路18条，完成通车里程75公里；唐海县完成青林路（唐海段）翻修工程；南堡开发区八条重点道路工程中有七条竣工，新增道路里程46公里。初步形成集铁路、高速、快速公路于一体的多元化区域性路网体系。三是供水供电设施逐渐配套：曹妃甸工业区供水工程实现通水，净水厂投入使用，蓄水池开始蓄水。供电工程一期、二期变电站相继竣工。南堡开发区建成日处理能力8万吨的污水处理厂，完成日供水能力8万立方米的唐海至南堡引水工程，建设2×6万千瓦区域热电厂和220KVA变电站，全区公共设施承载能力进一步提高。

【项目建设全力快速推进】　一是全面落实项目建设责任制。将1000亿元的投资目标落实到所辖各单位，逐级分解任务，层层抓落实。做到责任主体明确，工作目标明确。二是建立项目分类指导机制。在建项目抓工程进度，力促尽快完工，早日投产达效；前期项目抓开工落地，本着有什么问题解决什么问题的原则，促其尽快开工；后续项目抓谋划储备，特别是对意向项目，抓紧盯办，力求早日签约。三是加大重点项目推进力度。对全区确定的200项重点项目，实行项目代办制，由各单位主要领导牵头，组成专门班子全力推进。特别是对事关发展全局的中石化1000万吨炼油、首钢京唐钢铁厂二期1000万吨钢、曹妃甸钢铁集团、重大装备制造业、重大物流产业等一批重大项目，明确专人跑市赴省进京，集中跑办盯办，确保项目进展顺利。港口建设项目2009年续建和新开工11个，总投资121.9亿元，完成投资35亿元。建成码头6个，其中，煤炭码头起步工程于2008年4月份投入运营后，二期项目于2009年内开工建设，三期工程正在开展前期工作；通用码头起步和二期工程自2008年9月份投入运营后，立即推动三期和北段工程进场施工；LNG码头完成接收站和码头工程初步设计、详勘和试桩，年内开工建设；矿石码头二期工程开始打桩；25万吨级矿石码头、30万吨级原油码头、通用散货码头和煤炭码头运营良好，全年吞吐量突破7000万吨。同时，立足拓展现有岸线资源的使用空间，在青龙河河口和咀东工业园南岸规划4号和5号挖入式港池，建成运营后可增加泊位123个。

【产业聚集形势喜人】　一是以巩固四大主导产业加速产业聚集。钢铁电力产业：首钢京唐钢铁厂一期一步工程全线试生产，2号高炉及2250mm冷轧薄板生产线正在加紧建设，与之配套的日产5万吨海水淡化项目一期投入使用；华润曹妃甸2×30万千瓦机组并网发电；二十二冶冷弯型钢及钢结构等多个重大项目实现年内投产。石化产业：中石化千万吨级炼化一体项目申请报告完成集团内部审查，报国家发改委审批；520万吨商业性原油储备基地项目已完成造地，开始基础施工。装备制造产业：中石油渤海湾生产支持基地部分功能投产；华电临港重工装备制造、冀东哈电风力发电、唐山文丰广易钢结构制造、锂离子动力电池、唐山重型装备制造、唐山精品陶瓷基地等项目陆续开工建设。装备制造区30万平方米配套工业厂房投入使用，二期工程正在建设。现代物流产业：总投资60亿元的第四方物流南堡现代物流园项目已完成一期工程；总投资10

亿元的曹妃甸北方海上钢铁物流交易中心、总投资20亿元的综合物流项目全面开工建设，总占地面积168.84公顷，正在进行钢结构施工；装备制造业物流中心和高新技术产业园区物流中心项目正在进行前期工作，近期将启动建设。二是以承接生产力布局向沿海转移推进产业聚集。积极为冀东水泥机械厂、唐山陶瓷厂、冶金矿山机械厂、重型机械厂4家市属企业搬迁创造条件。年内，唐山陶瓷厂、冶金矿山机械厂正式开工建设。三是以打造冀东经济板块推进产业聚集。成立承秦临港产业园协调办公室，全力支持和服务曹妃甸承德、秦皇岛临港产业园区建设。年内，两个园区规划编制和区域环评工作正式启动，正在开展清表调查和各类审批手续跑办工作。其中，承德临港工业园有两个项目入区开工建设。

【招商融资成果显著】 一是充分利用各种招商平台，主动出击，全面进行内外对接。积极参加“台湾经贸洽谈会”、“2009中国·廊坊投资贸易洽谈会”、“2009世界温商领袖（上海）论坛”、“2009海峡港口·物流高峰论坛”等系列经贸洽谈活动；主动对接“珠三角”、“长三角”，成功策划发布37个重点项目，协议利用内资460亿元、外资10亿美元；抢抓“央企走进唐山（曹妃甸）”机遇，与44家央企进行对接洽谈，达成一批合作意向。借助首届曹妃甸论坛后续效应，主动与国内外大企业、大财团进行对接、洽谈。通过这些活动与国内外大型企业集团签约项目近30个，其中日本工业园、泰晤士小镇、日本生态城等重点工程纳入到2010年项目盘子。总投资300亿元的唐山曹妃甸绿色能源汽车项目取得重大进展，与上汽集团签署合作框架协议。二是努力搭建融资平台。为切实保障大开发、大建设资金需求，专门成立融资工作小组，以曹妃甸控股有限公司、曹妃甸投资公司和基础设施投资公司为融资平台，全力开展信贷融资，全年到位资金300多亿元。

【国际生态城建设实现开门红】 以打造“国际一流、唐山特色”的滨海生态城市为目标，全年精心谋划70个项目，开工54个，完成投资209亿元，基本形成基础设施较为完善、重点项目全面开工、城市框架基本成型的格局。科学制定包括九大类、141项生态指标体系和30平方公里的概念性总体规划、12平方公里起步区概念性详细规划；在12平方公里起步区和4平方公里的科教城区域，全面展开路网、通讯、供水、供电等基础设施建设，形成城市基本雏形；假日酒店、生态城服务中心建成入住，央企生活服务基地一期8万平方米住宅有10栋封顶，工职院和市委党校搬迁项目、可持续发展展示中心项目开工，信息大厦、钻石大厦、新区行政中心、生态城中学等城市功能项目进行土地整理。

【创造论坛会址建设奇迹】 进一步弘扬“敢于承担、敢于超越”的曹妃甸精神，组织实施曹妃甸论坛会址建设“百日攻坚会战”，100天之内圆满完成5大项17小项会址建设任务和7大项48小项环境综合整治任务，确保国际性论坛的成功举办，被省委书记张云川誉为“创造了历史的奇迹”。

（高　翔）

区领导班子成员名单

党工委书记、管委会主任：姚自敏
党工委副书记、
管委会副主任：刘建立
副　主　任：李可君（正县）
方成毅
王雪增（3月任）
王旭春　李建新
杜少光（11月任）
综合办公室主任：王会良
招商局局长：卢　兵
副调研员兼新城建设
指挥部副总指挥：
李　谦（12月任）

（孙庆武）

曹妃甸工业区

【概况】 按照“抓规划、保投入、促发展、求实效”的总要求，2009年，工业区集中精力打好产业聚集、港口建设和基础配套“三大硬仗”，打造政策支撑、筹融资、招商引资、人才智力、监管“五大平台”，全面掀起开发建设新高潮。全年完成固定资产投资650.6亿元、财政收入12.75亿元。

【产业聚集步伐加快】 围绕钢铁（电力）、装备制造、高新技术等主导产业，加大项目的谋划和推进力度，五大产业园区框架基本形成。全年实施续建、新开工和前期产业项目54个，总投资2240.2亿元，完成投资304.5亿元。

钢铁、电力产业龙头项目：首钢京唐钢铁厂一期一步工程全线试生产，一期二步正在加紧建设；华润曹妃甸2×30万千瓦机组并网发电，二期2个100万千瓦机组项目可行性研究报告等一系列支持性文件通过主管部门审查，开展前期工作的申请报告报省发改委。与大钢、大电配套建设的林昊建材、冀东水泥粉磨站及矿渣微粉、兴瀚板材深加工、挪威阿科凌海水淡化厂等项目全面推进。

装备制造产业项目：一期30万平方米标准厂房建成投入使用，二期正在建设。中石油渤海湾生产支持基地部分功能投产，华电临港重工装备制造、冀东哈电风力发电设备、唐山文丰广易钢结构制造、锂电池电动车唐山重型装备制造、唐山精品陶瓷基地等项目陆续开工建设。总投资3亿美元的伊朗豪华游艇项目正在进行前期工作。

高新技术产业项目加速聚集。高新技术产业加速器配套厂房已完成19栋厂房基础、6栋厂房主体结构施工；中恒科技太阳能电池基地项目一条生产线投入使用；中视中科激光显示核心产业基地、太空板及绿色住宅产业化基地、中兵光电非战争军事行动装备产业、仁创科技砂产业研发生产基地、清华科技园、中国航天科工集团重型装载车和矿山越野车等项目陆续开工。

石油炼化项目：中石化1000万吨炼油项目申请报告上报国家发改委待批；520万吨商业性原油储备基地项目完成造地和地基预处理方案，正在进行土地整理。

现代物流项目。总投资10亿元的曹妃甸北方海上钢铁物流交易中心、总投资20亿元的综合物流项目全面开工建设。装备制造业物流中心和高新技术产业园区物流中心项目正在进行前期工作，近期启动建设。

【港口建设全面推进】 以建设中国北方第一大港为目标，按照“广泛合作、科学利用、资源共享、管理有序”的原则，加强对岸线资源的掌控，建立多元化投入机制，加快港口建设速度，港口吞吐能力突破1亿吨，港口吞吐量突破7000万吨。全年实施港口项目18个，总投资418.5亿元，完成投资28.2亿元。25万吨级矿石码头运营良好，全年累计接卸矿石5800万吨。矿石码头二期完成打桩，2010年底前建成运营。煤炭码头起步工程4月投入运营；二期工程完成公司注册，近期开工建设；三期工程正在开展前期工作。通用码头起步和二期工程9月份投入运营，三期和北段工程开始进场施工。LNG码头完成接收站和码头工程初步设计、详勘和试桩，将于近期开工建设。

【基础配套日臻完善】 全年实施基础设施项目101项，总投资487.8亿元，完成投资317.9亿元。造地工程：投资65.5亿元，完成造地面积37平方公里，工业区陆域面积达到153平方公里。综合服务区五期、装备制造基地五期、港池岛北部造地工程已完工，工业岛、仓储区、钢铁产业区南部造地等工程正在加紧施工。通路工程：司曹铁路、西通路扩建、河北一路、河北二路、唐曹高速连接线陆续建成通车；工业区一号桥、一号路跨纳潮河大桥正在进行主体施工；各产业园区市政路网工程正在加紧建设，工业区“三纵（一号路、二号路、唐曹高速连接线）五横（北环路、西通路、钢厂北路、河北一路、河北二路）”的交通体系基本形成。供水工程：净水厂正式投产，日处理能力近期2.5万立方米，远期可达7.5万立方米；蓄水池完工并开始蓄水。办公和生活设施：曹妃岛酒店投入使用，曹妃甸置业大厦达到入驻条件，综合服务区职工公寓十四个栋号框架结构全部完工，口岸查验综合楼主楼已封顶，驻岛企业和施工人员生产生活环境不断改善。

（段昌钰）

区领导班子成员名单

党工委书记、管委会主任：
刘建立
党工委副书记、纪工委书记：
韩建民
副　主　任：王永山
王雪增（3月免）
卢泽祥（3月任）
刘全柱（6月任）
杜少光（10月任）
李　轶　王金成
张知宝
董昭晖（6月任）
副主任兼规划发展局局长：
朱越杰（7月任）
纪工委副书记、监察局局长：
吴静兰（女）
纪工委副书记：韩立山
安监局局长：王会良（12月免）
党政办公室主任：王俊国
财政局局长：张贺青
招商合作局局长：王文忠
发展改革局局长（援疆）：于立泉
工程建设局局长：程筑群（7月任）
副调研员：才俊驹
副调研员（驻曹妃甸新城任副总指挥）：裴志祥
副调研员：汪云林（5月任）

（孙庆武）

汉沽管理区

【概况】 2009年实现GDP15.6亿元，同比增长14%；实现财政收入1.31亿元，同比增长12%；全社会固定资产投资完成8.6亿元，同比增长71%；城镇居民可支配收入和农民人均纯收入分别达到7380元和5500元，同比分别增长10%和8%，经济社会发展水平再上新台阶。

【项目建设快速推进】 全年安排重点项目21项，总投资近20亿元，当年完成4亿元，其中中央投资项目3项，省重点和市千个攻坚项目11项，形成项目梯次建设新格局。

在建项目进展明显。一是以蓝欣玻璃公司为龙头，集唐山地区矿产、玻璃原片、玻璃制品加工为一体的产业链条加快推进。蓝欣玻璃项目第一条生产线于2008年9月点火生产。2009年初，总投资1.8亿元的第二、三条生产线主要生产设备全部进厂，第二条生产线完成投资1.7亿元，年内点火投产；第三条生产线预计2010年6月竣工投产。汉沽管理区利用在蓝欣玻璃周围预留的土地和蓝欣玻璃现有销售网络优势，积极引进玻璃深加工项目，年内有10多家客商以玻璃原片为原料生产高档玻璃制品，可逐步形成唐山地区矿产—玻璃原片—玻璃制品加工完整产业链条，建成以蓝欣玻璃为龙头的环渤海地区最大玻璃产业园区。

二是清真食品产业园区核心企业法立德清真食品公司6月建成投产。项目建设规模居全国乃至世界清真肉制品深加工领域的前列，可年产清真食品3万吨，企业生产关键设备全部选用代表国际最高技术水平的德国食品加工设备。该企业被选定为国家清真食品定点生产企业、国家防灾减灾储备库、唐山市农业产业化生产重点龙头企业，项目达产后，年可实现销售收入2.31亿元，利税2500万元。为面向阿拉伯国家和地区出口产品，6月成立阿拉伯信息交流中心，建立与阿拉伯地区业务交流的平台。为与清真食品项目配套，区内积极发展牛、羊、鸡、兔等畜禽和水产品养殖，带动全区养殖结构的战略性调整，推动形成集饲料种植、畜禽养殖、清真食品加工为一体的生态循环产业链条，建设全国一流的清真食品循环产业园区。

三是以康尼乳业公司为龙头，集饲料种植、奶牛养殖、乳品加工为一体的产业链条。“三鹿奶粉事件”中，汉沽管理区康尼乳业公司名列国家质检总局公布的87家未检出三聚氰胺婴幼儿配方奶粉生产企业名单之中。充分利用“康尼”产品质量优势，全力推进“康尼”乳制品自主品牌的做大做强工程。同时，新西兰恒天然牧场项目4月正式运营，存栏新西兰和北美优质奶牛4980头。在推进康尼乳业和恒天然牧场发展壮大的同时，积极推进奶源资源整合，全区建成规模化养

殖场6个，奶牛存栏达到8400头，规模化养殖率100%。在此基础上进一步提升乳制品档次，引进奶制品深加工项目，未来三年将建成年产鲜奶5万吨、奶制品8万吨、产值达到1.6亿元的现代乳业基地。

新上项目成批落地。获批省重点项目5个，是管区成立以来获批最多的一年，跻身唐山市县区前列。一是污水微波电磁处理设备项目。项目设备采用国际领先、并获得国家科技进步一等奖的先进技术，用于污水净化。项目总投资9856万美元，获得用地指标70亩，工商预核准、地质勘测、施工图设计等前期工作完成。

二是清真肉制品循环产业建设项目，总投资3.08亿元建设大型屠宰场及5000吨冷藏贮备库，同时建设优良品种培育中心和养殖场。达产后，年实现销售收入23.9亿元，税收2.7亿元。项目于6月开工建设，完成投资6500万元，2012年5月可竣工投产。

三是终端安全保密管理系统项目。该项目技术属国际领先并填补国内空白，总投资3.4亿元，年可实现销售收入3亿元，利润总额7951万元。

四是橡塑废弃物资源化项目。项目总投资3.5亿元，年加工废旧塑料13万吨、处理废旧轮胎1.5万吨。建成投产后，年新增销售收入10.5亿元，利税1.6亿元。该项目被列入2009年全国第三批扩大内需中央预算内投资计划，获得1000万元的资金支持并已到位，预计2011年5月完工。

五是废旧家电再生利用项目，总投资3.1亿元，年拆解各种废旧家电产品总量10万吨。投产后，年新增销售收入7.48亿元，利税4900万元。

在全力抓好上述重点项目的同时，各类新引进项目也呈良好发展势头。6月与国内500强企业之一的六合饲料公司接洽，并促成投资1.06亿元建设年产15万吨全价颗粒饲料生产厂项目，建成后年可新增利税3924万元，项目完成投资2300万元。引进投资900万元的钉制品项目9月开工建设。

【城镇建设面貌大改观】 主城区建设发展迅速。大力发展房地产业，城区新建和扩建的3个居民小区新增住宅面积3万平方米，城区人均居住面积达到38平方米，高于全市人均水平。继续加强城镇基础设施建设，完成总投资1700万元的畅春园景观带及西出口改造工程，成为城区又一亮点；对城区主干路进行街景亮化和道路维修改造；投资486万元实施节能改造面积2.51万平方米，完成市达目标的125%；改造热计量面积3349平方米，完成市达目标的112%；启动总投资4000万元的天然气接入工程，项目前期路线选定、接入调查和土地调规等工作完成，门站和城区干管敷设即将开工，积极创造条件向城区居民供气。年内，2平方公里的主城区建成能住1.2万人口，具有3万平方米办公设施、10万平方米商业设施、7个公园和广场、一条临路景观长廊相配套的宜居、宜购、宜休闲的居住区，形成教育、文化、卫生及水、电、暖配套齐全的新型城镇。

新兴繁荣商业区开发建设力度加大。规划建设与天津滨海新区仅一路之隔的新兴繁商区。此区域距中新生态城仅3公里，投资5亿元、建筑面积17万平方米的高标准居民小区开发项目完成建筑面积9.5万平方米，并全部销售完毕；总投资16.5亿元、建筑面积70万平方米的平改楼开发项目一期拆迁工作全部完成，建筑面积3.3万平方米的3幢回迁楼及商业用房主体工程完工，可安置回迁居民298户。同时，区域路网规划和水、电、讯、暖等配套接入工程完成前期准备工作，可适时开通或接入。商业、教育、文化、休闲设施建设即将起步，五年内将建成集商务会馆、居民住宅、商业物流为一体的新兴繁商区，总人口将达到3万人，成为唐山嵌入天津滨海新区的一座新兴城镇。

【新农村建设步伐加快】 一是实施新民居建设和旧民居改造。启动总投资5500万元、建筑面积3.3万平方米的北陈村"平改楼"整体新建工程，打造高标准农村新民居。现已完成投资3400万元，主体竣工面积1.6万平方米。以"红顶、白墙、绿树"为建设标准，投资162万元完成第五生产队3.4万平方米的旧民居改造工程。二是改善村民生活环境。投入文明生态村队建设资金1000万元，累计达到5300万元，全区30个创建单位已有26个达到标准。全面开展春季绿化攻坚行动，植树16.45万株，新建占地面积900亩的生态园林公园一处。投资620万元完成15个村队的饮水安全工程，全区村队全部实现安全饮水。三是做强农业特色产业。进一步扩大具备良好发展基础的芦笋种植面积，总面积达到6000亩，总收入3000万元，拉动1000多人实现就业。同时以绿芦笋无公害种植被列入第六批全国农业标准化示范Ⅰ类项目为契机，进一步规范芦笋种植技术，获得河北省设施农业专项资金支持50万元。全国蔬菜标准园创建、质量追溯系统建设等工作全面推进。全面推行对虾标准化精细养殖，积极建立南美白对虾无公害养殖基地，养殖总面积发展到5080亩，实现产值6000万元，平均每亩纯收益5000元以上。

【和谐社区建设稳步推进】 一是努力改善办学条件，教育事业有新发展。2009年，用于教学仪器装备、维修校舍投入达到124万元。投资765万元的闫庄小学主体工程完工，不久即可投入使用。二是做好就业再就业和社会保障工作。全年城镇新增就业1610人，发放养老金7610万元，社会化发放率100%。城镇职工医保和大病保险、城镇居民医保和新型农村合作医疗保险等平稳运行。高度关注弱势群体，严格按照规定上调城乡低保标准，全年发放城乡低保金263.6万元、救灾款58.1万元、医疗救助金65.9万元、春节慰问金110万元。三是开展"健康唐山、幸福人民"行动。组织开展电影放映月、公共场所消毒、科普讲座与竞赛等多种形式的健康知识普及活动，完成体检2.0636万人。提出居民健康信息"一档三建"模式，即一份居民健康档案分别在医疗单位、主管部门和个人三处建立并保存。成功举办管区首届全民运动会、迎国庆大型歌咏比赛和知名艺术家参演的大型文艺演出。四是完善医疗卫生服务

体系建设。纳入中央投资项目的卫生院主体工程已完工，2010年4月即可投入使用。管区四个社区分别设置社区服务站并全部实现计算机网络化管理，构建起10分钟医疗卫生服务可及圈。五是落实安全生产“一岗双责”责任制，强化企业主体责任，切实做好安全生产全员培训工作，深入开展隐患排查治理整顿，巩固保持全区安全生产良好秩序。六是开展社会维稳工作。以国庆六十周年和曹妃甸论坛安全保卫为主线，继续加强社会治安综合治理，不断提高对社会治安秩序的控制能力。深入开展新一轮严打整治斗争，严厉打击各种违法犯罪行为。强化值班备勤工作，确保突发事件及时处置。深入开展区、镇、村三级“大接访”活动，发现苗头隐患及时报告和化解，加大对信访重点人的稳控和非法信访的打击力度，杜绝越级上访，全区政治社会秩序持续稳定。

（陈春文）

区领导班子成员名单

管委会主任、党工委副书记：田玉贵

党工委书记：王随海

副书记、纪工委书记：唐铁忠

管委会副主任、调研员：任　旺

管委会副主任：刘国才

副调研员：谢凤英

（孙庆武）

芦台经济开发区

【概况】 2009年，全区完成国内生产总值18亿元，同比增长12%；全部财政收入完成1.04亿元，同比增长12%。社会消费品零售额达到2.5亿元，较上年增长24%。环境保护、安全生产、节能减排等其它各项经济指标也全部达到或超额完成目标任务，教育、文化、科技、卫生、计划生育、就业、民生等各项社会事业均取得长足进步。累计完成拆违拆迁3.8万平。绿化攻坚，植树66万株，超额1倍完成市达任务。单位GDP能耗下降6.5%。

【对外开放取得历史性突破】 2009年，举办深圳台商推介会和上海、天津、河北自行车展销会等各类招商推介活动十次，与台湾、香港、广州、北京等多家客商达成投资合作意向。15家外资企业和17家自营出口权企业均实现扩大再生产，牢固占领欧美、东南亚等出口市场。全区实际到位外资900万美元，同比增长80%；实现出口创汇6500万美元，提前完成唐山市达目标任务，并继续在唐山机电产品出口中保持领先地位。全年投入资金4000多万元，加快完善城市基础设施，树立良好城市形象。22万伏变电站竣工运营。森林公园、生态园林和环城绿化全面加速，盛世大道全程贯通，绿、美、亮、净、畅的环境面貌日益改善。塘承高速建设和112国道翻修工程加速推进，对外投资环境进一步优化。

【项目建设成绩创历史之最】 2009年，新上、改扩建项目20项，项目总投资额超过30亿元，项目数量、项目规模、项目质量为历年之最。其中全社会固定资产投资实际完成3亿元，同比增长超过32%。代表产业集聚的标志性项目泰美自行车工业园区，树生态农业新概念的腾龙生态农业科技园，引领科技升级的镁合金特色产业基地和打造石材文化的琦碌石材加工等一批重点项目，80%以上陆续进入开工建设。上述项目全部达产后，年可新增GDP超过10亿元，增加财政收入5000万元。攻克重点领域，拉动经济转型，依托龙头企业带动产业升级的项目建设框架初步构建成型。与北京五合国际集团正式签约，将在城市规划、招商引资、基础设施建设等方面展开全方位合作。

【优势产业发展多项领跑北方】
自行车行业在中国北方的龙头地位稳步提高。全区年整车组装量突破80万辆，自行车车圈和支衣架突破3200万套。台湾晟盟电动车电机、亨帝龙电机跻身中国北方最大的电动车电机生产企业行列。医疗器械行业扩大全区轻工业发展空间。年内投产的互邦医疗器械堪称全国规模最大，轮椅年生产量突破13万套。钢材深加工队伍不断扩大。创技健身、永明钢管、水美家具和鼎功家具等重点项目为该领域再添新生力量。钢木休闲家具、新型散热器、石油钻杆和抽油管、水气分离泵等主导产品，在危机中独占鳌头，外向出口占72.8%以上。科学发展示范模式日趋成熟。“4+2”农业产业化发展模式向全国推广。以唐山亨利车料有限公司为试点的产学研协作创新模式，被授予河北省镁合金产业基地称号。“自行车镁合金技术开发与推广”项目列入河北省科技支撑计划，与国家康复辅具研究中心合作研发的镁合金轮椅，为国内首创，达到国际标准。天正板纸成功实现综合节能和污泥回用，达到造纸废水零排放。烁宝焊接设备作为天津大学的产学研基地，与中电华强达成合作协议，其产品在数字逆变领域国内领先。与北大科技部、兴宇中科开展的战略合作项目达成意向，将在生物制药、新能源、新材料、IT产业等领域实施全方位开发。

【社会事业和谐发展】 企业养老保险实现省级统筹和市级直发。职工医疗大病统筹保障机制日趋完善，职工医疗保障、城镇居民、农村合作医疗保险实现全覆盖；城镇和农村低保标准进一步提高。落实优惠政策，出台《全民创业实施意见》。广播电视实现区域全覆盖。殡仪馆建设主体工程顺利竣工，转入配套设施建设。投资600万元，继续开展渠道清淤、节水灌溉和农田平整等农田水利基础工程建设；总投资3800万元的泵站更新改造项目，成功列入中央投资预算项目，进入实质性建设。总投资1100万元高标准建设的马聪中心小学综合教学楼开工建设。机关机构改革中工资理顺工作进入扫尾阶段。全区职工群众的业余生活日益丰富，参加唐山市纪念评剧诞生100周年票友大赛，荣获优秀作品创作奖和童星奖，并入选开幕式演出。农业总公司拔河队代表河北省在全国体育大会预选赛中，取得三个第六名和道德风尚奖的好成绩，取得参加全国体育大会入场券，为河北争了光；连续三年在河北省开发区乒乓球比赛中蝉联冠军。“三下乡”、“社区文化艺术节”成为文化宣传和群众

生活中的品牌，成功举办迎国庆系列活动，爱国歌曲大家唱、职工书画摄影展，激发全区爱祖国、爱家乡的热情。

（苏学智）

区领导班子成员名单

中共工委书记：王建国

管委会主任、党工委副书记：杨玉满

党工委副书记、纪工委书记：李世庄

管委会副主任：莫祖江

管委会副主任：李维利　付国强

政法委专职副书记（副县）：张林发

副调研员：魏立军

（孙庆武）

海港经济开发区

【概况】　海港经济开发区，1993年5月经河北省人民政府批准成立，2009年7月经河北省人民政府批准扩区13.85平方公里，扩区后，规划面积由19平方公里增加至32.85平方公里。2009年，全区户籍人口7631人，比上年增长2.7%，人口自然增长率为10.66‰。实现地区生产总值65.2亿元，比上年增长14%。其中第二产业完成增加值34.5亿元，比上年增长14.1%；第三产业完成增加值30.7亿元，比上年增长13.98%。第二产业增加值占地区生产总值的比重为52.9%，比上年下降3.1个百分点；第三产业比重为47.1%，比上年上升3.1个百分点。全年实际利用外资3326万美元，比上年增长10.8%；引进内资58.4亿元，增长21.1%。城镇在岗职工年人均工资3.8808万元，比上年增长15.9%。财政、税收平稳增长。全年全区实现全部财政收入15.6亿元，比上年增长7.1%，财政收入占地区生产总值的23.9%。全年完成地方财政一般预算收入4.7亿元，比上年增长13.4%。地方财政一般预算支出5.85亿元，比上年增长10.7%，其中社会保障补助支出增长170.6%。全区全年实现税收14.9亿元，比上年增长7.5%。国税实现税收6亿元，比上年下降9%；地税实现税收8.9亿元，比上年增长22.3%。固定资产投资持续增长。全年完成全社会固定资产投资78亿元，比上年增长48.8%。其中城镇固定资产投资完成67.9亿元，比上年增长45.69%；房地产业完成投资10.1亿元，比上年增长73.9%。消费品市场繁荣活跃。全年实现社会消费品零售总额6572万元，比上年增长31.6%。其中批发和零售业零售额5107万元，比上年增长25.6%，住宿和餐饮业零售额1464万元，比上年增长5.5%。全年进出口总额8082万美元，比上年下降73.7%。其中出口总额2569万美元，比上年下降89.2%；进口总额5513万美元，比上年下降21%。以京唐港建港运营20周年为动力，狠抓运营生产，紧盯亿吨大港目标，强化管理，拓宽货源，运营生产实现历史性跨越，货物吞吐量达到1.0541亿吨，同比增长37.9%，亿吨大港的目标提前实现。

【项目建设速度加快】　认真谋划筛选总投资305亿元的拟建和续建重点项目，实施40个保增长、调结构项目建设攻坚行动。2009年，有续建和新开工项目42个，项目总投资180亿元。开滦精煤焦化二期、煤焦油深加工项目竣工投产；开滦6万吨聚甲醛、15万吨已二酸项目前期工作完成，即将开工建设。加强项目跑办工作，引进总投资近12亿元的中储粮大豆油脂油料仓储物流项目，中钢集团投资2亿元建设的钢材深加工项目正式签约；积极推进京唐港至大连旅顺港高速客货滚装船航线项目。大力推进煤化工产业资源整合，促进企业产业升级，中润和佳华两大煤化工企业成功实施战略重组，形成610万吨焦炭生产能力，成为国内规模最大、品种最全、技术水平最高的煤化工企业。26—27#专业化集装箱泊位前期工作基本完成，2010年可开工建设。矿石码头和10万吨级航道项目均开工建设，完成投资8亿元，港口规模不断扩大；

【港区环境更加优化】　全年完成基础设施投资1.5亿元，为历年之最。完成新建道路3条，改造道路2条，建设给水工程7项，建设污水工程5项，新增人均道路面积3.2平方米。投资7000万元对海城路、港荣街实施街景改造，对建筑物外立面、屋顶等精雕细琢、美化亮化，营造出浓厚的商业气息和文化内涵，打造出两条高标准的商业示范街。全年绿化总投资1.5亿元，相当于历年绿化投资总和。重点推进9项绿化工程，新增绿化覆盖面积117万平方米，为市达绿化任务的8倍。狠抓粉尘污染治理，投资3亿元建设防尘抑尘设施，空气质量大为改善，城区环境质量二级及二级以上天数达到338天。建设城乡一体化指挥分中心，探索建立高效市政信息系统，为数字化城管奠定基础。切实抓好市容市貌、粉尘污染、交通秩序、户外广告、社会治安五项治理工作，形成制度健全、管理科学、全面覆盖的城管新模式。投资近2000万元，在全区内主要地段安装视频监控探头54个，增设电子显示屏和电子警察，实现治安、交通动态网络监控系统全覆盖；投资1.4亿元建成面积2.1万平方米的全市一流文化中心，并举办多场大型文艺演出；投资5300万元建设高标准海韵广场，为居民休闲娱乐增添场所；投资1亿元以上新建高标准海港医院，门诊病房楼和医技楼主体基本完工；教育教学水平不断提高，中考、高考再创佳绩，升学率位居全市同类学校前列；“健康海港、幸福人民”活动扎实推进，率先在全市开展全民体检，为全区居民建立健康档案，不断提高全区居民健康水平；深入推进安全生产各项工作，有效地维护全区安全生产形势稳定。

【区域协同发展】　充分发挥体制优势，坚持把加快一体化发展作为应对金融危机、打造新优势的重要手段，破解发展瓶颈，提速融合步伐。抓住国家新一轮土地利用总体规划和城市总体规划修编的契机，积极争取省、市支持，成功实现扩区13.85平方公里，为开发区下一步发展拓宽空间。加强港、区、县规划对接，按照乐亭新区建设的总体定位，对新扩区部分进行具有超前性、统一性的规划论证，配套推进路网、供水、雨水、污水、绿化、电力等专项规划，区域一体化发展

规划体系逐步健全。与乐亭县共同组建乐亭新区建设投资有限公司，实行多元化融资，共同运作BT项目，实施乐港路拓宽改造，实现当年主体建成通车。通过乐港路的建设开通，积极推进两地公交一体化，进一步构筑起资源整合、优势聚合的发展大平台。抓住金融危机背景下南资北移加速的重要契机，联合组织赴“珠三角”、“长三角”开展招商活动，积极参加“首届曹妃甸论坛”、“海峡两岸企业发展与合作论坛”等大型经贸活动，“让乐亭新区走向世界，让世界走进乐亭新区”的开放理念更加牢固，融合开放、协作发展的局面不断扩大。

【节能减排成果显著】 投入节能改造资金1.2亿元，完成13个节能项目，实现节能量2万吨标准煤，推广节能灯具9000余支；推进既有建筑节能改造，投资2600万元，实施三个旧小区8万平方米的改造工程，三年市达任务一年完成，群众出资比例、建设速度走在全省前列；投资1200万元试行海水源热泵供暖技术，逐步淘汰传统燃煤锅炉，现已完成20万平方米的热计量改造；治污减排任务圆满完成，削减COD排放量245吨、SO_2排放量170.26吨，分别占年初目标的120%和227%。

（陈海鹏　冯文博）

区领导班子成员名单

党工委书记、管委会主任：
苗德成
党工委常务副书记：周安海
常务副主任、党工委副书记：
张大军
调研员、党工委副书记：
姚连合
副　主　任：李德忠（4月任）
王克生
王纯华（2月免）
陈德山（4月免）
纪工委书记：李忠华（5月任）
副　主　任：角士新（4月任）
谭树强（12月任）
副调研员：李树堂　赵书田

（孙庆武）

高新技术产业园区

【主要经济指标完成情况良好】 全区主要经济指标平均增幅在20%以上，全年完成地区生产总值60亿元，同比增长18.71%；财政收入11.1亿元，同比增长33.72%；实际利用外资3017万美元，同比增长20.86%；固定资产投资16.5亿元，同比增长20.31%；出口创汇1.4亿美元，完成计划的100.74%。单位面积地区生产总值13.3亿元/平方公里，同比增长18.71%；单位面积财政收入2.4亿元/平方公里，同比增长33.72%；全部财政收入占地区生产总值比重达18.33%。万元GDP能耗量降低率4.58%，万元地区生产总值耗水量同比下降4.29%。

【高新技术产业亮点纷呈】 “机器人”成为高新区2009年最大的亮点，唐山开诚电控设备集团在国内率先研制出矿用抢险探测机器人，使中国成为继美国之后第二个掌握该项技术的国家。此外，还有唐山开元集团的自动焊接机器人，唐山天工数控电子有限公司的建筑清洗机器人、高压巡线机器人、医疗穿刺用微型机器人，唐山通博科技有限公司的管道探伤机器人等，其技术均处国内领先水平。全区累计认定高新技术企业15家，占全市的40%以上。全年完成高新技术企业产值66.5亿元，高新技术工业企业产值占全区工业总产值50.72%，同比增长5.4%。高新技术创业中心孵化面积达到6万平方米，全年新入驻企业32家，毕业企业10家，为高新区乃至全市发展输送出一批高新技术企业和优秀创新人才。创新创业环境进一步优化，建成全市第一家大学生创业基地。有15个项目列入国家、省、市科技计划和产业化计划，是高新区成立以来争列国家级科技项目最多、质量最高的一年。其中唐山汇中威顿仪表有限公司过程控制流量传感器及系统列入国家863计划、地源热泵机组等4个项目列入国家中小企业技术创新基金和中小企业发展专项资金计划。

【特色产业聚集快速发展】 经过多年培育已形成焊接、汽车零部件、新材料和新型建材、智能仪器仪表、生物医药、节能环保六大主导产业集群。焊接产业产值17亿元，实现利润3.5亿元；汽车零部件产业产值12.07亿元，实现利润8300万元；智能仪器仪表产业产值6.21亿元，实现利润1.3亿元；新型建材产业产值15.72亿元，实现利润7800万元；生物医药产业产值9.07亿元，实现利润1.45亿元；节能环保产业产值5.82亿元，实现利润6490万元。2009年，六大主导产业工实现产值65.9亿元，利润8.5亿元，分别占全区工业总产值、利润的67.74%和97.87%。

【招商引资实现新突破】 2009年实际利用外资3017万美元，唐山爱信汽车零部件有限公司、NGK（唐山）电瓷有限公司、太阳石（唐山）药业有限公司、小池酸素（唐山）有限公司等骨干企业相继扩资增资。批准内资企业37家，批准内资项目资金13.55亿元，其中包括总投资11.1亿元的中冶京唐（唐山）精密锻造有限公司大型多向模铸件项目，填补了内资大项目的空白。全年完成出口创汇1.4亿美元。全年外贸进出口总额4.7022亿美元，同比增长14.8%，在唐山市各县区排名第四。2009年出口1000万美元以上企业有考伯斯（中国）碳素化工有限公司、NGK（唐山）电瓷有限公司等4家企业。出口以机电产品为主，2009年唐山市机电产品出口100万美元以上的企业中高新区就占有7家。全年谋划项目66个，总投资201亿元。其中总投资8800万美元的唐山爱信汽车零部件有限公司二期增资扩建项目、总投资3亿元的总部基地5A级写字楼项目等14个对区域经济社会发展带动作用明显的重点项目陆续开工，总投资达到47亿元。利用外资取得新突破，新引进内资项目14个。

【城镇三年大变样工作全力推进】 启动高新区控制性详细规划全覆盖和北部拓展区城市设计编制工作，取得阶段性成果。“城中村”改造全面铺开，龙王庙、王鄄子两村平改项目先后开工；富庄、付家

屯两村拆迁工作全部完成，许鄄子拆迁积极推进；马家屯、新城子、瓦官庄、孙家庄搬迁改造的前期准备工作有序进行。绿化攻坚取得显著成果，投入1亿元对区内龙华道、外环线高新区段、龙泽北路等主干道两侧进行绿化、美化，在重要城市道路结点兴建园林小品，新增绿地面积12.4万平方米。完成唐丰路、外环线绿化工程以及环城水系等市达拆迁改造任务，累计完成各类拆迁面积17万平方米，为全市重点工程建设做出重大贡献。完成大学道、龙华道等道路建设，组织实施龙王庙变电站改造工程，进区项目“三同时”执行率达到100%，区域ISO14001环境管理体系得到有效保持。

【民生工程成果显著】 投入总额达3.12亿元。千方百计促进就业，举办村民创业培训班，开展春风行动、民营企业招聘周、再就业援助月、全民创业援助月等活动，新增就业人数926人；社会保障体系进一步完善，由区财政补贴1亿元，在全区推行失地农民养老保障、企业职工保险、新农保制度，全区9个村的6600名被征地农民纳入基本生活保障体系。进一步提高低保标准，开展困难家庭救助以及“扶贫济困送温暖”等活动，学有所教、劳有所得、病有所医、老有所养、住有所居得到全面落实；“健康唐山、幸福人民”行动推进有力，为1.75万名居民建立电子健康档案，为农村、社区1569名60周岁以上无业居民、城乡低保对象及4380名农村已婚育龄妇女免费体检。成功举办高新区第二届全民运动会，广泛开展全民健身运动；教育、文化、卫生、计划生育工作水平进一步提高，投资4000余万元建设的龙富小学新校区正式投入使用，成为全市硬件条件最好的小学之一；举办“爱国歌曲大家唱”暨第七届社区文化艺术节、新年音乐会等文化活动，均取得圆满成功；加强甲型H1N1流感、手足口病等重大疾病的防控和计生基础性工作，全面完成市达指标；开展社区卫生综合治理，对银隆社区排水管网、供热管网进行彻底改造，投资1580万元高标准完成5.75万平方米的既有建筑节能改造任务。进一步充实社区工作人员，社区基础设施和卫生环境得到进一步改善，使社区建设和管理不断加强。

【社会秩序安全稳定】 在国庆六十周年庆典、首届曹妃甸论坛等重大政治敏感期期间，以硬举措强力维护全区政治安定、社会稳定，为保持全市稳定大局做出重要贡献。党工委、管委会领导班子从自我做起，深入一线、靠前指挥，开展“大接访”活动，落实领导包案责任制，班子成员和各相关部门带着问题主动下访、约访，排查隐患，解决问题，使一批历史积案相继得到妥善解决，受到市委主要领导的充分肯定。在全区持续开展安全生产隐患排查、食品安全整治、火灾隐患排查等专项行动，有效遏制、防范和控制生产安全事故发生，全面完成市达安全生产控制目标。加强社会治安综合治理，认真组织开展“冬季亮剑”严打整治、社会治安整治、打黑除恶等专项行动，严厉打击各类违法犯罪分子的嚣张气焰，保持了社会平安、稳定。

（王　海）

区领导班子成员名单

党工委书记、管委会主任：
王金凯
党工委常务副书记、
管委会常务副主任：韩亚林
党工委副书记、纪工委书记：
朱彦明（5月免）
刘稳昌（5月任）
调　研　员：吕凤林
副　主　任：陈德山（4月任）
副主任兼空港城建设
指挥部副总指挥：
孟祥云（12月任）
副　主　任：苏东红（女）
刘玉林
副 调 研 员：李卫明（4月免）
单国知　范恩华
副调研员（驻空港城工作）：
宋来勇
程瑞山（3月任）
齐　雪（3月任）

（孙庆武）

南堡经济开发区

【概况】 南堡经济开发区成立于1991年，1995年被河北省人民政府批准为省级开发区，2009年3月纳入曹妃甸新区管理。规划控制面积412平方公里，城区建设面积26平方公里。辖1个乡镇10个行政村及1个街道办事处3个居委会，总人口5.6万。2009年，全区实现地区生产总值51.42亿元，同比增长15.2%；财政收入9.1亿元，完成调整预算的100%；全社会固定资产投资80.05亿元，同比增长4.1倍；实际利用外资2723万美元，同比增长8.4%；进出口总额2.03亿美元，同比增长6.1%。

【项目建设发展势头强劲】 2009年，开发区以纳入曹妃甸新区为契机，积极凭借自身产业资源优势，全面开展招商引资，产业聚集和项目建设速度明显加快。2009年，全区实施产业项目23个，总投资265亿元，年内完成投资42.7亿元。其中，新建项目16个，竣工投产项目13个，储备项目20余个。海洋化工循环产业不断发展壮大。总投资8.34亿元的有机硅、总投资4.65亿元的三氯氢硅扩建、总投资2.16亿元的氯碱三期、总投资2亿元的碱渣压滤、总投资0.4亿元的低盐纯碱等项目竣工投产；总投资9.8亿元的特种粘胶短纤维、总投资近亿元的有机硅系列产品、总投资2亿元的氢氧化钾、总投资25亿元的信汇医药中间体等项目进展顺利。石油化工项目稳步推进。总投资30亿元的石油焦及船舶燃料油项目正式签约，一期总投资30亿元的远东石油炼化项目正在积极推进，为南堡开发区发展石化产业奠定基础。同时，总投资1.2亿元的梦牌瓷业扩建项目竣工投产；总投资0.4亿元的新鹰卫浴水龙头及立体仓库建成使用；总投资4.7亿元的天赫钛业二期竣工投产，并正在与攀枝花钢铁集团实施联合重组，打造国内最大的钛材生产加工企业。港口建设取得重大进展。启动曹妃甸西港池（即曹妃甸5号港）建设，规划、立项、审批等手续进展顺利，被列入

国家级对外开放口岸和唐山市港口总体规划；与葛洲坝集团就BT模式合作开发基本达成意向。

【投资环境日趋良好】 全年累计实施基础设施项目43个，完成投资28.4亿元。新增道路建设里程8公里，南曹快速路北段、4号路、副4号路等道路建成通车；10kv输电线路建设完成；新增绿化面积28.7万平方米；新建并即将投入使用的日处理中水4万吨的中水厂，将实现从污水处理到中水的循环利用；日供水能力8万立方米的唐海至南堡引水工程和2×6万千瓦区域热电厂及220KVA变电站，可满足当前和未来一个时期工业用水用电需求。同时，进一步加强软环境建设，管理服务机构日趋完善，工作流程进一步优化，能够为投资者提供优质、高效服务，使投资者享受到项目审批、土地征用、工程建设等方面的全程服务。

【城市面貌明显改善】 一是加大市容市貌综合整治力度。清理未经审批和影响市容市貌的户外广告牌匾45块，清理小广告9000余份，设置便民公告栏3块。深入开展专项整治行动，彻底解决城区内占道经营、店外经营、私设摊点及流动商贩走街串巷等问题，推进城市管理步入法制化、规范化轨道。二是大力开展拆违拆迁工作。结合“三年大变样”活动，加大拆违拆迁力度，累计完成拆违拆迁1.5841万平方米，其中拆违面积3863平方米，拆临面积2700平方米，拆迁面积9277平方米，使城市面貌得到有效改善。三是不断加大环境保护力度。高度重视环境保护工作，组建安全生产与环境保护局，实施工程减排和结构减排两项工程，工程减排即污水处理厂进水管网及泵站工程（2008年接转项目），形成COD年削减能力83.7吨；结构减排即取缔河北省南堡盐场城区采暖锅炉项目，年削减二氧化硫99吨，有效减少重点企业污染物排放量，改善了生态环境。

（李庆辉）

区领导班子成员名单

党工委书记、管委会主任：方成毅
党工委副书记：杨晓华
党工委副书记、纪委书记：
徐　伟（2月免）
调　研　员：周晓成
刘少昕（11月免）
副　主　任：刘　旌
甄德恩（7月任）
叶永盛潘大勇
王俊凯（3月免）
纪工委书记：温学会（5月任）
副　主　任：王克超（11月任）
李志军（11月任）

（孙庆武）

迁安市

【概况】 全市总面积1208平方公里，耕地面积67.09万亩。人口总户数223056户，720628人，其中非农业人口139539人，农业人口581089人。2009年出生8807人，人口出生率12.59‰，死亡4132人，死亡率5.91‰，人口自然增长率6.68‰。全市辖19个乡镇（其中12个镇：迁安镇、夏官营镇、建昌营镇、杨店子镇、马兰庄镇、木厂口镇、沙河驿镇、赵店子镇、野鸡坨镇、杨各庄镇、大崔庄镇、蔡园镇；7个乡：上庄乡、大五里乡、太平庄乡、彭店子乡、扣庄乡、五重安乡、阎家店乡），534个行政村，702个自然村，1个街道办事处（城区街道办事处），10个居委会。2009年，全市经济总量持续增长。完成地区生产总值535.2亿元，按可比价计算，同比增长17.6%，其中，第一产业完成增加值23.2亿元，同比增长4.2%；第二产业完成增加值329.4元，同比增长23.4%；第三产业完成增加值182.6亿元，同比增长9.7%。人均地区生产总值达到74832元，同比增长15.3%。三次产业构成由上年的4.4:62.6:33.0调整为4.3:61.6:34.1。全年物价先跌后涨，总体呈平稳运行态势。到年底全市居民消费价格总指数为101%，其中，消费品价格总指数为101.6%，社会商品零售价格总指数为101.2%，服务项目价格指数为99.0%。

农业方面，继续实施“122”富民工程，落实各项支农惠农政策，积极引导农业产业结构调整，继续发展特色农业、高效农业、精品农业、设施农业，有力促进农业增效，农民增收，农业和农村经济健康发展。年内，粮食总产22.2万吨，同比增长7.7%；油料总产3.5万吨，同比增长3.8%；蔬菜总产82.9万吨，同比增长2.7%；实现生猪出栏67.2万头，同比增长8.4%，家禽出栏588.1万只，同比增长0.9%。

工业方面，面对金融危机对全市工业生产的严重冲击，加快产业结构调整步伐，国家级精品钢铁基地建设取得明显成效，装备制造业扎实起步，传统产业改造提升和新产业培育实现突破，全市工业经济在化危为机中实现平稳较快增长。全年完成工业增加值296亿元，其中，规模以上工业增加值288亿元，同比增长26.2%；在规模以上工业中，钢铁冶金行业完成增加值234.9亿元，现价同比增长43.5%。规模企业继续增加。年末，全市有规模以上工业企业185家，比上年增加44家。其中，工业总产值超千万元企业150家，比上年增加9家；产值超亿元企业80家，比上年增加19家；工业利润超千万元企业79家，比上年增加16家；利润超亿元企业35家，比上年增加3家。主要工业产品产量平稳增长。年内全市生产铁精粉2023.4万吨，同比增长33.5%；生铁1700.2万吨，同比增长19.9%；钢坯1675.5万吨，同比增长15.3%；钢材1133.8万吨，同比增长27.9%；焦炭358.9万吨，同比增长15.9%。工业品产销衔接较好，产销率达到98.1%。

全市固定资产投资快速增长，对经济发展推动作用明显。全年完成全社会固定资产投资200.1亿元，同比增长42.7%。在投资总额中，城镇投资108.7亿元，同比增长16.0%；农村投资91.4亿元，同比增长96.4%。从三次产业完成情况看，第一产业完成10.5亿元，同比增长45.3%；第二产业完成114.1亿元，同比增长44.3%；第三产业完成75.5亿元，同比增长40.0%。全年完成建筑业增加值15.4亿元，同比增长21.5%。具有资质等级的总承包和专业承包建筑业企业实现

利润0.8亿元，同比增长6.7%，上缴税金0.9亿元，同比增长23.1%。重点项目建设成效显著。年内，重点项目实施数量多，投资规模大，全市重点项目达到264个，计划总投资681.3亿元，实际完成投资187.5亿元。其中投资亿元以上项目72个，10亿元以上项目12个。

国内贸易。消费市场保持较快增长，全年实现社会消费品零售总额100.5亿元，同比增长13.4%。分行业看，批发零售业零售额84.6亿元，同比增长14.3%；住宿餐饮业零售额14.9亿元，同比增长7.7%；其他行业零售额1.0亿元，同比增长8.0%。对外经济。受钢铁产品出口减少影响，出口创汇锐减。全年进出口总额20071万美元，同比下降68.0%。其中进口总额17269万美元，同比增长16.1%；出口总额2802万美元，同比下降95.5%。全年实际利用外资4012万美元，同比增长33.9%。全年引进省外资金20.98亿元，同比增长2%。

交通运输、邮电业。交通运输业较快发展。全市公路通车里程达到2338公里。年内，全市货物运输量5334万吨，周转量118451万吨·公里，客运总量1135万人次，客运周转量47779万人·公里。邮电通讯事业健康发展。邮政业务收入2891万元，同比增长28.7%；通讯业务收入3.17亿元，同比增长16.5%。年末全市固定电话用户14.4万户，固定电话普及率为20部/百人。全市移动电话用户达到36万户，移动电话普及率为49.9部/百人，较上年增长9.9部/百人；年末全市宽带用户达到4.2万户。

财税、金融、保险。财政收入实现平稳增长。全年完成全部财政收入71.6亿元，同比增长0.6%；完成地方财政收入29.4亿元，同比增长14.5%；其中，完成一般预算财政收入22.4亿元，同比增长11.4%。国地税全年完成各类税收收入64.6亿元，同比下降3.2%，其中国税系统完成37.0亿元，同比下降14%；地税系统完成27.6亿元，同比增长16.3%。全市财政支出395980万元，比上年增长6.1%，其中：一般预算支出323904万元，比上年增长2.6%；基金预算支出72076万元，比上年增长25.2%。金融运行平稳，存贷款余额增加较多。金融系统年末各项存款余额344.3亿元，比年初增加34.5亿元，其中城乡居民储蓄存款余额236.7亿元，比年初增加26.8亿元；各项贷款余额245.8亿元，比年初增加48.0亿元。全市金融机构年累计现金收入393.7亿元，年累计现金支出440.3亿元，收支相抵全年货币净投放46.7亿元。保险业平稳发展。全市保险业务总收入4.8亿元，同比增长11.6%。其中财产保险收入1.2亿元，同比增长33.3%；人寿保险收入3.6亿元，同比增长5.9%。

城乡居民收入快速增长。城镇居民人均可支配收入18090元，比上年增长12.4%；农民人均纯收入9776元，比上年增长15.5%。城镇职工工资水平平稳增长。全市城镇单位年末从业人员60892人，在岗职工年人均工资31964元，比上年增长9.9%。全年累计减排化学需氧量2227.5吨、二氧化硫4578.7吨、烟粉尘4496.4吨，城区空气质量二级以上天数达到349天，同比增加34天。迁安市在第九届全国县域经济百强县（市）评比中列第24位，综合经济实力连续7年名列全省30强之首，在唐山市对县（市）区单位2009年度考核中名列第一名。

【科学发展思路不断完善】 在应对危机中把握大势，不断完善科学发展新思路。面对2009年的特殊形势和复杂局面，市委、市政府坚持引导全市上下冷静判断形势，准确把握大局，在看到危机给发展带来严重冲击和深刻影响的同时，进一步认清迁安经济发展中深层次的矛盾和问题，更看到应对危机中存在的加快调整、加快转型的难得机遇。在年初召开的市委四届六次全会上，坚持顺势而为，因势利导，突出“坚定信心、应对挑战，抢抓机遇、加快发展”的主题，围绕“保增长、促调整”两大核心任务，作出实施“五项攻坚行动”、“八大幸福工程”的部署，在困难面前统一思想，坚定信心，激发斗志。立足把科学发展的工作不断引向深入，在7月份召开的市委四届七次全会上，认真学习贯彻省市关于加快产业结构调整、积极构建现代产业体系的战略部署，深刻分析迁安产业现状和发展优势、潜力，系统总结两年来全市科学发展的成功经验，紧紧围绕加快资源型经济转型的重大命题，作出构建具有迁安特色现代产业体系的战略部署，就是要积极构建以资源型经济转型为主线，以现代农业为基础，以精品钢铁、装备制造和现代物流三大主导产业为核心支撑，主导产业与现代农业、传统产业与新兴产业相互促进，多元发展的现代产业体系。这一思路和目标的提出，进一步找准推动迁安科学发展的具体路径，成为全市上下的思想共识和一致行动。

【加快现代产业体系】 在转型提升中加快发展，把构建现代产业体系作为加快资源型经济转型的核心任务来抓，立足打造产业链经济新优势，全面推进产业产品结构的优化升级。一是积极建设现代农业，夯实构建现代产业体系的基础。把深入实施“122”富民工程作为现代农业建设的总抓手，筹措创业基金2亿元，全年实施富民项目4000个，总投资28.5亿元，全年带动农民人均增收1080元。按照“龙头企业+基地+农户”的模式，大力培育肉鸡、肉（奶）牛、生猪、甘薯、蔬菜、农产品加工等农业产业链条经济，积极发展高效农业、精品农业和设施农业。同时，大力培育农民专业合作经济组织、专业协会、农民经纪人队伍。全面提高农业机械化装备水平，综合机械化率达79.5%。鼓励农村土地承包经营权流转，成立全省县级首家土地流转服务中心，累计流转土地5万亩，促进土地规模集约经营。大力实施农村劳动力免费培训工程，年内累计培训城乡富余劳动力1.4万人。

二是大力发展精品钢铁、装备制造和现代物流三大主导产业，努力打造现代产业体系的核心支撑。坚持以国家级精品钢铁基地建设提高钢铁产业核心竞争力，以装备制造业发展实现产业链效益的最大化，以现代物流为支撑打造完整的产业链条。在钢铁产业上，首钢迁钢基地加快建设，投资327亿元的首钢迁钢公司配套完善及冷轧薄板项目进展顺利，特别是硅钢产品更是国家支持的产业升级项目，首钢迁钢将成为全国领先、世界一流的精品钢材基地。积极推进长城钢铁集团发展，按照国家产业政策要求谋划实施总投资60亿元的技改项目，钢铁产业工艺装备和产品结构提高到一个新的水平。同时，在2008年淘汰落后炼铁能力350万吨、炼钢能力80万吨、轧材能力30万吨的基础上，2009年又淘汰450立方米以下高炉等生产设备，进一步推动企业装备、工艺和产品升级。钢铁产业产品的优化升级，极大地增强了抵御市场风险的能力。在装备制造业上，累计谋划实施重点项目27个，总投资33.7亿元。投资15亿元的首钢装备制造产业园、投资8亿元的沪久管业公司60万吨高频焊管项目正在加快建设，投资1亿元的海水淡化设备制造项目竣工。全市装备制造企业达52家，年内形成年产机械配件20万吨、铸件16万吨、铸管25万吨、焊管60万吨的能力。在现代物流业上，依托九江煤炭储运公司、中铁物流公司等骨干企业，初步形成“一个中心、四大基地”的发展格局。累计谋划实施重点项目12个，总投资13.6亿元，形成年吞吐货物近亿吨的能力。

三是加速提升传统产业，积极培育新兴产业，努力打造多业并举、互为支撑的新型产业格局。在传统产业改造升级上，坚持以现代产业体系建设理念，通过技术改造、资产重组、引进战略投资者等有效措施，加速改造提升造纸包装、地毯服装、医药食品、电线电缆、水泥建材、化工等传统产业。累计投入38亿元实施148个传统产业技改项目。在新兴产业培育上，引进建设总投资近20亿元的北方明晶玻璃、江苏华尔润集团润安浮法玻璃、秦皇岛耀华公司浮法玻璃及太阳能电池基板项目。正元国际包装集团与丹麦公司合作投资3700万美元的制罐项目于10月份正式投产，形成年产1亿只金属罐的能力。投资1.8亿元、年产啤酒30万吨的蓝亨啤酒饮料项目于3月初竣工投产。

【经济发展活力逐步增强】 把扩大开放作为资源型经济转型的唯一出路，把加大投入作为谋求新一轮跨越式发展的关键举措，认真落实上级有关部署，抢抓扩大开放的有利机遇，使重点建设工作实现突破性增长，经济发展的活力和区域竞争力进一步增强。坚持主要领导亲自谋划、亲自抓，深入实施“对外开放攻坚年”、“对外开放月”等活动，不断完善扩大开放的工作机制和优惠政策，努力打造全方位的开放格局。特别是10月份举办的中国国际商务文化节暨2009中国·迁安经贸洽谈会，到会嘉宾和客商近2000人，引进总投资近204亿元的87个重点项目，规模之大、层次之高、签约项目的数量和质量，都开创迁安历史先河。迁安经贸洽谈会成为对外开放的重要窗口和平台，形成一系列推进开放的新思路、新机制，初步构筑起全方位的开放格局。到年底，全市实际利用外资达到4012万美元，开创迁安对外开放前所未有的好局面。紧紧抓住国家扩大内需的政策机遇，坚持把项目建设作为应对危机最有力、最直接的举措，作为调整结构最有效、最根本的抓手，作为迎接新一轮经济复苏的基础性工作，引导全市上下不遗余力抓投入、千方百计上项目。深入实施“项目建设攻坚年”活动，2009年，全共谋划实施重点项目338个，其中有16个项目获得中央投资支持，争取资金3241万元，实际完成投资315.5亿元。

【城乡一体化建设扎实推进】 坚持以“城镇面貌三年大变样”活动为载体，抓住被省政府列为全省城乡一体化建设示范县（市）的机遇，坚持加大投入，创新机制，掀起城乡建设的又一轮高潮，新拓展城市面积10平方公里，新增接纳城市人口约6万人的能力。一是以打造宜居城市为核心，加快中心城区建设。立足完善城市功能，实施投资1.5亿元、总长9公里的“三横四纵”道路改造工程。投资12亿元、全长7.69公里的燕山大路南延工程开工建设。投资17亿元的通海铁路建设工程正在积极做前期准备工作。实施一大批供热扩容等基础设施工程，集中供热总面积达到680万平方米，城市自来水普及率达到100%，污水处理率达到96%，生活垃圾处理率达到100%。着眼提升城市品位和内涵，实施投资6.4亿元、全长13.4公里的三里河生态走廊工程，与滦河生态防洪工程形成“两带相环、东西相映”的环城水系；实施会展中心、老干部活动中心、“双子楼”、天波国际酒店等一批重点项目。以既有建筑节能改造等为重点，实施和平小区等一大批小区住宅改造提升项目。扎实推进城中村改造，张各庄、黄台庄、周洪庄3个村改造任务完成，大王庄、殷柳庄、王家园等4个村的改造正在加快推进。

二是按照区域推进、重点突破的思路，加快重点镇建设。选择产业基础、群众基础和实践基础较好、具备领先突破条件的杨店子镇、沙河驿镇、马兰庄镇、木厂口镇、蔡园镇等5个镇作为推进城乡一体化的重点，研究谋划财政、税收、土地出让以及城镇开发建设配套税费等方面的倾斜政策。各重点镇依托自身的产业、区位基础，对接《城乡统筹规划》和《市域村庄空间布局规划》，进一步明确发展定位，高起点编制建设规划，扎实推进城镇建设。全市累计实施重点小城镇建设项目120个，累计完成投资21.4亿元。

三是以新民居建设改造为重点，加快新农村建设。按照由重点推进向全面铺开的思路，出台《全面推进农村新民居建设的意见》和《农村新民居建设示范工程实施方案》，全市确定60个新民居示范村，重点推广“六个一”为主的建设模式。累计投入资金21.8亿元，建多层住宅234栋、两层住宅1812座、瓦房5055处，建沼气池9340个、卫生厕所1.4万个，安装博士灶343套，太阳能路灯356盏，太阳能热水器5586套。到年底，有1.3万农户住上新民居。同时，坚持实事求是、因地制宜的原则，积极探索多种新农村建设模式，全市先后出现沙河驿镇唐庄子村“六个一”模式，木厂口镇松护新村土地流转、异地联建模式，马兰庄镇马兰社区生态宜居、新型社区模式，扣庄乡寺后村产业拉动、功能分区模式，杨店子镇洼里村统一规划、群众自建模式和宏滨小区集约土地、组团建设农民保障性住房等模式。

【人民群众幸福指数得到进一步提升】 坚持把人民群众利益置于首位，不断深化对“立党为公、执政为民”本质要求的理解，狠抓民生建设、提升幸福指数，真正让人民群众共享改革发展成果。一是社会事业全面健康发展。科技工作以项目管理为基础，全面提升科技创新能力，不断完善科技创新体系，积极促进科技成果转化，充分发挥科技对经济增长和社会发展的支撑引领作用。2009年，全市组织实施科技项目62项，转化实施重大专利技术22项，科技成果推广项目80项，科技成果转化率达到87%，科技进步对经济发展的贡献率达到86%，全年专利申请量增长15%。教育事业不断发展。全市小学入学率、巩固率、15周岁完成率均达到100%；初中入学率、巩固率、17周岁完成率分别达到99.3%、98.7%和100%；高中阶段教育毛入学率为88%。年末全市各级各类学校203所，在校生10.9万人，教职工人数8443人。在12年教育全免费的基础上，2009年又投资7.5亿元开工建设河北理工大学迁安学院，迁建市职教中心，2010年均可投入使用，招入新生，实现迁安高等教育的历史性突破。文化体育事业稳步发展。以创建全国文化先进（县）市工作为契机，加强基层文化基础建设。以全民健身为主线，开展丰富多彩的文化体育活动，先后举办全民健身登山活动、长跑比赛、毽球比赛等体育活动，成功举办8个镇乡农民运动会，组织各种文艺演出60多场，丰富全市人民的文体生活。卫生事业持续发展。医疗保险覆盖面不断扩大，全市参加城镇职工基本医疗保险6.5万人，参加农村医疗合作保险51.5万人。在全省率先实现医疗保险全覆盖、养老保险全覆盖、城乡低保全覆盖。年末，全市拥有乡以上卫生医疗机构33个，实有床位2595张，卫生专业技术人员3165人，医院、卫生院接诊196.2万人次。投资6.5亿元的人民医院迁建工程进展顺利，2010年可投入使用。全面开展“健康迁安、幸福人民”行动，财政安排专项资金1400万元，年内对全市45岁以上的20万人进行免费健康体检，并建立健康档案。广播电视事业不断发展。全市有线电视入网户达17万户，电视覆盖人口率达到100%。

二是相继实施就业再就业、安居、扶危济困、村村通完善等八大幸福工程和食品安全体系建设、农业保险、小学兴建等20件实事。公开招聘2008年本科及以上学历毕业生421人充实到基层，解决大学生就业问题。建设4.8万平方米的廉租房及保障性住房，实施占地418亩、总建筑面积35万平方米的保障性民居工程。为保障民生工程投入，2009年压缩公用经费1.2亿元全部用于幸福工程建设。

三是全力维护社会稳定。全面落实大接访工作制度，围绕矿山治理、城中村改造和企业改制等问题，集中开展矛盾纠纷排查调处工作，化解一大批信访稳定问题。大力加强社会治安综合治理，做好安全生产、交通秩序治理等项工作，突出矿山采选、钢铁冶金、尾矿库、危化企业等重点行业和人员密集场所、交通事故多发路段，不间断地开展安全生产隐患排查活动，确保政治安定、社会稳定，进一步增强人民群众的安全感。

【党建工作再上新台阶】 坚持在转变作风中提升能力、树立形象，党员干部队伍建设得到新加强。认真学习党的十七届四中全会和省委七届五次全会精神，努力打造一支勇于科学发展实践、善于创造科学发展业绩的党员干部队伍。一是大力加强领导班子和干部队伍建设。始终坚持正确的用人导向，进一步创新干部考核评价、选拔任用机制，探索乡科级干部公开招聘、镇乡党委书记公推直选、市直单位主要负责人差额选拔、乡科级后备干部挂职锻炼机制，制定出台《市委管理的领导班子和领导干部综合考评办法》，有效激发各级党员干部干事创业的热情。

二是不断创新基层组织建设。建立健全基层党建工作责任机制，推行乡村两级党组织书记“双述双评”制度，圆满完成村两委换届选举工作。着力转变基层干部服务农村科学发展的方式，全面推行“支部加协会”工作模式，建立健全党员联系和服务群众工作机制，推行党员承诺制，开展选聘机关干部和大学生到村任职工作。建立市乡两级领导干部联系点、“三日一网”党员活动等制度，建立和完善“一定三有”农村干部激励保障机制，市财政拿出补贴资金3500万元，使广大农村干部在定职责目标、确保干事为民的基础上，收入有保障、干好有希望、退后有所养。

三是深入开展干部作风建设年活动。从市级干部做起，带头转变作风，推动落实，建立并落实领导干部立体式捆绑责任制、公开承诺制、限时办结制和问责制等制度。在全市各级党政机关清理超标超编车辆68辆，行政许可（审批）项目由634项清理压缩到197项，本级197项行政许可（审批）事项的承诺办结时限压缩1911个工作日。

四是狠抓反腐倡廉建设。瞄准打造“廉政文化示范市”的目标，建设一批覆盖市乡村、具有专业特色的文化阵地和高标准的教育示范基地。着眼建立健全惩防并重的工作机制，在重点领域大力推进行政权力运行监控机制建设，出台市委、市政府《关于行政权力运行监控机制建设的实施意见》，把工程项目招投标管理作为反腐倡廉的重要内容，制定《工程建设项目招投标管理办法》。深入开展专项治理活动，坚决纠正损害群众利益的不正之风。认真落实党风廉政建设责任制，按照“一岗双责”的要求，推动反腐倡廉建设深入开展。严肃党风党纪，支持纪检监察部门加大案件查处力度，查处一批违法违纪案件。全年查处各类违法违纪案件88件，处分党员干部88人。

市领导班子成员名单

中共市委书记：范绍慧
副　书　记：郭竞坤　李维林
常　　　委：张玉林　杨春景
　　　　　　张　龙　张有悦
　　　　　　郝可军　张淑云（女）
　　　　　　田立生　宋荣兴
市人大常委会主任：郇振华
副　主　任：闵有发　韦俊田
　　　　　　张宏图　周　永
市　　　长：郭竞坤
副　市　长：张有悦　郝可军
　　　　　　马文柏　李福林
　　　　　　岳树存

张梅艳（女）
冯学工（挂职3月离）
惠琳（女，挂职11月任）
市政府党组成员：张清敏
市政协主席：陈子存
副主席：彭忠臣 李志文 马丹青 赵玉江（2月任）

乡、镇、街道正职名单

乡、镇、街道名称	书记	乡、镇长
迁安镇	孔祥会	赵永兴
扣庄乡	刘东友	张利民
夏官营镇	王钧	李文秋
彭店子乡	郭卫民	高雅利
杨各庄镇	贯春民	李国良
建昌营镇	李曙光	张振军
上射雁庄乡	任顺	孟祥中
赵店子镇	杨华	闫双友
野鸡坨镇	郭桂军	李志勇
大崔庄镇	唐延海	唐延海
阎家店乡	朱广久（6月免） 侯旭（8月任）	蔡金艳
五重安乡	陈春山	周泽红
杨店子镇	李超	侯旭（8月免） 彭海军（8月任）
蔡园镇	陈子红	沈燕和
大五里乡	胡春刚	魏建国
马兰庄镇	付立军	彭清江
沙河驿镇	王学龙	唐继勇（8月任）彭海军（8月免）
木厂口镇	黄玉东	张贵宝（12月免）康守满（12月任）
太平庄乡	冯尚	李浩胜
城区街道办事处	岳正金	王翠芝

注：▲据市民政局信息，省批准迁安市设4个街道办事处，其中杨店子撤镇设街道办事处，迁安市暂未落实；
▲上射雁庄乡标准地名为上庄乡。

2009年迁安市乡镇、街道概况和主要经济发展数据表

单位	辖行政村、居委会（个）	人口	人口自然增长率（‰）	面积（平方公里）	耕地面积（公顷）	地区生产总值（亿元）	一产增加值（亿元）	二产增加值（亿元）	三产增加值（亿元）	全部财政收入（万元）	财政支出（亿元）	农民人均纯收入（元）	城镇居民人均可支配收入（元）	粮食总产量（吨）	固定资产投入（万元）
迁安镇	98	162129	5.42	132.875	81426	990731	27683	145861	817187	49985.6		10404		27385	250320
夏官营镇	28	32803	7.55	68.693	55674	183119	9156	128550	45413	5301.7		9800		15582	60414
杨各庄镇	37	39559	2.53	76.484	55535	120731	20693	42328	57710	1634.8		9160		28854	25120
建昌营镇	50	44528	7.49	91.099	41571	146388	21568	61922	62898	1587.2		9352		18315	40445
赵店子镇	15	20681	4.60	38.541	30742	345569	12130	287644	45795	53782.5		10620		7813	140252
野鸡坨镇	21	36571	4.17	72.931	52590	200472	10856	126631	62985	7618.5		9908		14403	80320
大崔庄镇	21	26095	10.51	68.928	25335	90678	11972	35470	43236	1839.9		9056		6527	17412
杨店子镇	36	78944	6.98	86.272	58678	277152	14529	114769	147854	30981.5		10536		16440	140290
蔡园镇	26	25254	6.56	53.474	17536	521246	8270	488396	24580	31150.2		12300		4670	200211
马兰庄镇	17	25131	7.34	45.329	8623	672737	1165	598021	73551	121323.0		14036		1215	140456
沙河驿镇	19	28694	9.24	41.532	26454	222463	13105	124634	84724	21599.8		10440		6653	120920
木厂口镇	19	24073	4.92	58.081	18201	495845	7995	414699	73151	74516.9		12800		5935	280376
扣庄乡	27	42065	6.94	68.319	59593	126685	20935	56389	49361	5078.2		10084		19922	50632
彭店子乡	18	22753	7.64	42.099	31760	93308	16332	60497	16479	11689.2		10528		12171	40972
上庄乡	24	25053	5.68	44.577	36230	76840	14870	20231	41739	1247.3		9600		11786	70420
阎家店乡	17	25216	11.70	41.188	28566	92848	6875	59920	26053	2355.6		11012		8663	33670
五重安乡	29	26604	8.84	67.32	19682	68822	13262	21562	33998	3833.7		9792		4844	16322
大五里乡	16	18299	8.58	51.098	15625	160755	8327	129669	22759	17672.8		10488		3570	40383
太平庄乡	16	16176	5.72	59.268	16430	69875	7921	34771	27183	6635.9		9848		6953	59128
城区街道办	15	91047		14.9											

（赵　晖　刘英椿）

遵化市

【概况】 2009年，遵化市辖25个乡镇、648个行政村；2个街道办事处，27个居委会；总面积1521平方公里。有耕地面积72664公顷，人均耕地面积1.5亩。总人口72.28万人，人口自然增长率7.63‰。全市生产总值实现392亿元，同比增长13.9%，其中：一产27.04亿元，同比增长5.1%，二产225.21亿元，同比增长19.8%，三产139.75亿元，同比增长6.7%，单位GDP能耗为1.53吨标准煤/万元，同比下降6.8%；民营经济实现增加值351.87亿元，占全市GDP的89.8%，同比增长13.6%。工业园区面积为3.3平方公里，进园企业个数27个，总产值为6.8亿元。粮食总产量2.61万吨，同比增长3.9%，油料产量4.3万吨，同比下降7.8%，蔬菜总产量达到70万吨，同比增长0.5%，干鲜果品总产量26万吨，食用菌产量达到9.3万吨，同比下降0.5%。财政收入完成19.6亿元，同比下降28.2%；地方一般预算财政收入8.99亿元，下降6.5%；财政支出16.8亿元，同比下降5.7%；社会商品零售总额为86.9亿元，同比增长17.9%；在岗职工年平均工资为30739元，同比增长17.5%；农民人均纯收入为7360元，同比增长10%；年末城乡居民存款余额为176.65亿元，同比增5%；城镇居民可支配收入为17061元，同比增长12.5%。城市空气质量等级为二级以上天数328天。实际利用外资2812万美元，增长12.1%；出口创汇4095万美元，下降67.6%；节电度数为1293万千瓦时；二氧化硫减排量下降6.52%，化学需氧量减排量下降7.53%。

【大力调整产业结构】 实施千万元以上项目130个，总投资300亿元，开工93个，完工35个，完成投资67.8亿元。其中，21个项目被列为省重点，72个项目被列入“唐山市千个项目保增长调结构攻坚行动”。新增贷款28.42亿元，增长46.7%，增量存贷比达到41.3%，提高10个百分点；累计争取国债和上级专项资金1.05亿元，引进省外资金16亿元，增长22.3%；城市投资公司和城乡建设公司融资9.5亿元，支持经济社会发展。实施传统产业改造升级项目25个，总投资84亿元。建龙冷轧完善、港陆1500热轧等一批项目竣工投产或开工建设，传统产业素质得到提升；心合制药表皮生长因子、鸿源电子软磁铁粉等高新技术项目顺利实施，香港宜丰生物制药和荣来诚真空镀膜玻璃研发中心成立，在遵化的唐山市级以上研发中心达到8个，科技型产业具雏形。“三区一带”规划面积达到23平方公里，协议总投资超过100亿元，入园项目达到160多个。其中，在唐山市首创的中小企业孵化园区一期工程全部竣工，33家企业入驻生产，这一模式受到唐山市领导的肯定，并在全唐山推广。实施总投资22亿元的福泉新宫度假村、龙泽汤泉宫等一批旅游开发项目，启动100家旅游农家院建设。庞大汽贸和金缘购物等商贸企业投入营运，新增贸易设施8.5万平方米。完成14个矿山整合区手续报批工作。鼓励矿山企业投资转型，30多家企业转型投资超过28亿元。

【城市形象进一步提升】 实施城建项目95个，完成投资32.2亿元，是近年来实施项目最多、城市面貌变化最大的一年，被评为“全省城镇面貌三年大变样先进单位”，在河北省2009年度宜居城市环境建设“燕赵杯”评比中荣获金奖。沙河综合治理工程全线竣工，新增水体60万立方米；沙河两侧绿化走廊、城市森林公园等25项城市绿环工程基本完工，新增绿化面积2200亩。深入开展环境卫生综合整治活动，省级卫生城创建一役达标。总投资3.6亿元的污水处理厂、生活垃圾填埋场、第二水厂相继投入使用，城区新增供热面积100万平方米，新增供气面积16万平方米。城区新增住宅面积52万平方米，人均居住面积达到31.5平方米。特别是结合沙河治理工程，建设拆迁安置用房10.6万平方米，800多户拆迁居民迁入新居，被省建设厅称为城市改造搬迁的“创举”。承唐高速、邦宽线拓宽改造顺利实施，张曹铁路、遵蓟高速前期工作扎实推进，文茂大街、西一环拓宽、建林桥等16项道桥工程全面完工。

【三农工作全面突进】 落实国家各项强农惠农政策，发放粮食直补、家电下乡等各类补贴资金6847万元，相当于每个农户受益364元。现代农业发展步伐加快，亚达—艾格威良种乳牛基因繁育、蓝猫30万吨果汁果奶等一批农业产业化项目开工建设或竣工投产，农业产业化经营率达到70%，被评为“中国食品工业强市”。农产品品质不断提升，新增优质苹果、有机板栗、新品种核桃等特色果品基地2.8万亩，其中1.5万亩板栗成为国家首个通过“良好农业操作规范”认证的板栗基地。成功举办第五届中国国际食用菌烹饪大赛暨食用菌产业发展高层论坛，扩大宣传遵化食用菌产业和现代农业。新建、扩建标准化规模养殖小区78个，使畜牧业规模养殖水平达到52.4%。深入实施品牌战略，“栗源”商标被认定为中国驰名商标，“长城”商标获得全省著名商标称号，广野、山源等6个品牌被评为省级名牌，同时被评为“河北省自主品牌建设先进县（市）”。投入基础设施建设资金1.4亿元，基本解决全市农村的饮水不安全问题，改造乡村道路112公里，新建沼气池6500个，新增节水灌溉面积5.2万亩，被评为“全国农田水利基本建设先进单位”。新增绿化面积6.5万亩，被评为“全国绿化模范县（市）”和“全国经济林产业示范县（市）”。完成市、乡（镇）、村三级土地经营权流转交易体系硬件建设，新增土地流转面积1.2万亩。集体林权制度改革完成总任务的85.6%，居全省前列。扎实开展科学发展示范村创建工作，实施18个村新民居建设和26个村旧民居改造，被命名为“全省新农村建设先进单位”。

【社会事业全面进步】 科技兴市成效明显，荣获唐山市级以上奖励5项，争取上级专项资金619万元，科技进步对经济增长的贡献率达到56.7%，被命名为“全国科技

进步先进县(市)"。教育事业发展迅速,实施四实小、梁屯小学等10所标准化学校建设,职教中心新校一期主体工程基本完工。教学质量不断提高,高考本科二批以上上线人数达到1687人,继2001年、2003年之后再次培养出河北省高考状元。卫生事业成绩喜人,投资2.5亿元的市医院新建项目完成主体工程,传染医院和东旧寨镇、小厂乡等4所乡镇卫生院改扩建工程全部完工。"健康遵化、幸福人民"行动深入开展,为3.9万名农民群众进行免费健康体检并建立健康档案,对5700名慢性病患者实施行为干预,高标准通过唐山市年终考核验收。成功组织甲型流感、手足口病等传染性疾病的疫情监测、预防和患者救治。建明镇、娘娘庄乡等4所计生服务站改造升级工程顺利完工,被评为"国家级计划生育优质服务先进县(市)"。同时被评为"全国老龄工作先进单位"。文体事业兴旺红火,启动投资680万元的17个乡镇综合文化站建设,成功举办第四届全民运动会、第八届社区文化艺术节和第三届群众文化艺术节。围绕庆祝新中国成立60周年,组织开展"爱国主义歌曲大家唱"、"爱国歌曲进社区、进校园、进企业"等文化活动,群众文化生活得到丰富。年内,被评为"省级双拥模范城"。

【群众幸福指数继续提高】 就业形势总体稳定,城镇新增就业岗位5518个,下岗失业人员再就业2576人,城镇登记失业率控制在3.5%以内,农村劳动力转移就业6643人。城镇居民医保覆盖面达到99%,新型农村合作医疗参合率达到94%,新型农村养老保险参保率达到37%,被列为"国家首批新型农村社会养老保险试点县(市)"。全面提高最低生活保障标准,城镇低保提高到每人每月285元,农村低保提高到每人每年1300元。开展市、乡、村三级大接访活动,大量信访问题得到及时妥善化解。强化社会治安综合治理,圆满完成"国庆"安保任务,有力维护了公共安全和社会和谐稳定。深入推进安全生产和食品药品安全整治攻坚,采取党政"一岗双责"齐抓共管、严格落实企业安全生产主体责任等强有力的措施,使全市安全生产形势进一步好转。市委以庆祝新中国成立60周年为契机,开展了"爱国歌曲大家唱"、"甲子华章"等群众性活动;围绕市委中心工作,推出了系列宣传报道;开展了道德模范评选、红色短信创作等精神文明创建活动,提高了群众的文明素质。支持人大、政协履行监督和参政议政职能,指导工青妇等人民团体发挥桥梁纽带作用,做好民族宗教等统战工作。市政府年初确定的24件为民办实事工程得到较好落实。

【党建政务工作水平进一步提升】

以学习贯彻党的十七届四中全会精神为重点,以"干部作风建设年"活动为载体,狠抓执政能力和先进性建设,党建工作水平得到提升。发挥"三大基地"、市乡两级党校的阵地作用,举办领导力提升,党性、党规、党纪教育等一系列专题培训班,各级干部素质得到提升。进一步完善干部选拔任用、班子实绩考核等制度,开展股级干部轮岗交流工作。全面落实"一定三有"机制,调动农村干部干事创业的积极性。开展"三日一网"活动,开通党性教育短信平台,增强广大党员的党性意识。在全国首创农村党员"塑型教育"模式,经验做法得到中组部领导的充分肯定。围绕转变作风、服务基层,市乡两级认真开展驻点调研、"双为"服务等系列活动,党群干群关系进一步密切;围绕解决机关和干部队伍作风建设的突出问题,全面开展"十个严禁"、《八项规定》等情况的大规模督导检查,及时查纠一批不作为、乱作为、慢作为行为;围绕建立长效机制,制定出台一系列转变作风的规章制度,作风建设逐步纳入常态化、规范化轨道。以提高针对性和时效性为目标,积极创新廉政文化教育形式;立足超前化解矛盾隐患,探索建立市乡村三级预警网络体系;着眼于加强防腐保廉体系建设,健全行政权力运行监控机制,并成功探索市政府本机权利监控、农村权利监控和矿产资源开发利用监控三种模式;紧紧抓住腐败易发多发关键环节,深入开展"小金库"、建筑领域突出问题等专项治理活动,党风政风进一步好转。市委、市政关于改进工作作风的"十二项措施"、"五项制度"和"八条规定"得到全面落实。不断深化行政审批制度改革,消减审批事项96项,消减比例达到30%。推进行政权力公开透明运行,建立防范措施210项。开通城乡一体化服务管理信息系统,搭建了为民服务平台。认真落实向人大报告工作、向政协通报情况制度,自觉接受人大的法律监督、工作监督和政协的民主监督,主动听取各方面意见,接受社会各界监督。全年承办市以上人大代表意见、建议和政协委员提案138件,政务效能和工作水平进一步提高。

市领导班子成员名单

中共市委书记:侯志宇
副　书　记:赵　山　孙成海
常　　　委:张铁昌　张　国
王德满　谢占久
高海柱
梁　辉(女)
崔　明　朱文军
黄玉刚
市人大常委会主任:张朝利
副　主　任:魏广印　赵万全
赵玉章　郝明东
市　　　长:赵　山
副　市　长:王德满　黄玉刚
曹琳瑛(女)
冯会章　毛成海
曹贺龙
任万阁(援藏)
市政协主席:孙荣先
副　主　席:孙瑞华　张玉军
王贵英　汤建华

乡、镇、街道党政正职领导名单

乡镇、街道	书　记	镇、乡长（主任）
遵化镇	诸葛少民	张锦洪
西留村乡	刘泽春	张志强
崔家庄乡	冀连明	刘通江
西三里乡	尹凤柏	杨占武（4月免）　王海军（5月任）
堡子店镇	张长城	乔贺臣
汤泉乡	王术海	葛延军
西下营乡	纪凤东	唐国栋
兴旺寨乡	王金波	孟祥印
马兰峪镇	刘印山	崔占忠
东陵乡	刘艳海	周　杰
石门镇	刘林生	李国向
平安城镇	李海鹏	孟庆泉
东新庄镇	崔　嵘	高长国
刘备寨乡	单宝东	马万占
新店子镇	王　相	谢德祥
团瓢庄乡	曹盈树	张久东
党峪镇	刘满祥	张立军
地北头镇	刘玉良	王海军（5月免）　刘燕东（5月任）
娘娘庄乡	刘玉泽	杨振华
东旧寨镇	郝明芳	骆金凤
铁厂镇	王瑞忠	王　汉
苏家洼镇	马田生	王　沫
侯家寨乡	李学东	周璇
建明镇	郑玉军	屈国强
小厂乡	袁胜利	高海稳
华明路街道办	陈玉军	孙继红
文化路街道办	韩布晖	张立民

2009年遵化市乡镇、街道概况和主要经济发展数据表

表一

单位	辖行政村、居委会（个）	人口	人口自然增长率（‰）	面积（平方公里）	耕地面积（公顷）	地区生产总值（万元）	一产增加值（万元）
遵化镇	40	102813	2.06	31	818	367600	11350
堡子店镇	32	40652	1.62	68	4326	157802	13598
马兰峪镇	25	24448	1.78	51	2733	140000	4095
平安城镇	39	52477	0.35	96	5964	209500	40500
东新庄镇	22	39462	1.02	63	4261	173692	26802
新店子镇	44	48490	1.78	95	4949	172020	14624
党峪镇	22	28103	1.80	83	2507	258667	13543
地北头镇	17	22242	1.45	64	2519	51362	12608
东旧寨镇	29	24924	0.98	76	4425	86573	12560
铁厂镇	20	19647	0.96	76	3490	53500	8900
苏家洼镇	40	31077	2.49	62	3396	255358	8170
建明镇	33	32715	3.33	71	3926	367567	13802
石门镇	34	32775	2.31	70	4201	194600	12200
西留村乡	18	23040	3.47	22	1665	97110	5500
崔家庄乡	24	19909	1.98	29	1611	140900	7650
兴旺寨乡	30	21197	2.37	61	2756	152436	6512
西下营满族乡	14	11091	3.57	34	1440	56600	4175
汤泉满族乡	10	8682	2.17	24	1282	31200	2470
东陵满族乡	27	22515	1.80	73	3041	82877	6687
刘备寨乡	19	22670	1.98	61	2964	80300	14700
团瓢庄乡	28	27395	2.50	47	2947	96500	13800
娘娘庄乡	20	20803	1.85	74	2394	80650	4980
西三里乡	19	16427	3.34	23	1343	46266	3122
侯家寨乡	19	13334	0.75	62	1469	97432	2115
小厂乡	23	15954	2.60	93	2314	106910	5933

2009年遵化市乡镇、街道概况和主要经济发展数据表

表二

单位	二产增加值（万元）	三产增加值（万元）	财政收入（万元）	财政支出（万元）	农民人均纯收入（元）	粮食总产量（吨）	固定资产投入（万元）
遵化镇	109600	246650	40099	1051	7504	1986	74800
堡子店镇	83510	60694	4154	675	4795	17317	26940
马兰峪镇	83765	52140	1675	704	4950	7302	26760
平安城镇	59500	109500	1305	629	5046	27899	14990
东新庄镇	101205	45685	1226	616	5565	22319	19300
新店子镇	60423	96973	4493	757	5381	21953	16100
党峪镇	141024	104100	956	579	4255	8435	39870
地北头镇	27704	11050	213	504	3520	12356	11202
东旧寨镇	57254	16759	408	640	3930	7558	12900
铁厂镇	29600	15000	453	513	1612	6225	13200
苏家洼镇	181317	65871	9761	761	6107	12976	28000
建明镇	255425	98340	27442	709	6400	13192	38098
石门镇	87800	94600	4725	707	5010	17863	14300
西留村乡	51006	40604	2045	588	5926	6489	47496
崔家庄乡	65000	68250	10742	588	5994	6503	44000
兴旺寨乡	108621	37303	3308	796	6138	6960	19070
西下营满族乡	34825	17600	1379	495	4908	1632	12600
汤泉满族乡	16400	12330	433	495	4900	3294	27710
东陵满族乡	33200	42990	707	587	4611	9403	10310
刘备寨乡	29700	35900	182	509	4876	18671	10120
团瓢庄乡	33400	49300	1851	645	4431	16918	16900
娘娘庄乡	49800	25870	662	542	2560	5985	13802
西三里乡	21217	21927	3676	722	5320	3732	22300
侯家寨乡	68525	26792	8514	578	6838	1616	19851
小厂乡	88901	12076	1680	575	4951	2244	11260

（姚素云　纪国伟）

迁西县

【概况】　迁西县辖9个镇、8个乡、417个行政村，882个自然村，1个街道办事处，8个居民委员会。2009年，总人口380169万，人口自然增长率10.7‰。全县总面积1439平方公里，耕地面积18539公顷，减少0.18%。地区生产总值2815519万元，同比增长12.9%，其中第一产业增加值150111万元、第二产业增加值1843864万元、第三产业增加值821544万元，分别增长8.7%、13.4%和12.4%。粮棉油总产量85670吨，增长5.4%。单位地区生产总值综合能耗1.62吨，单位地区生产总值能耗下降5.8%。民营经济增加值188亿元，占地区生产总值的81.6%。财政收入185472万元，下降25.7%，其中国家税收106095万元、地方税收58019万元，分别下降37.9%、12.8%，地方财政系统收入21358万元，增长94.5%；财政支出125472万元，下降1.4%。城乡空气质量优于国家二级标准天数达到336天。实现社会消费品零售总额443204.7万元，增长16.9%。出口总额12765万美元，下降35.5%。在岗职工年人均工资30518元，增长13.0%；城镇居民人均可支配性收入17361元，增长12.3%；农民人均纯收入7348元，增长10.9%元；年末城乡居民存款余额1072937万元，增长9.0%。全社会固定资产投资完成731178万元，增长30.6%；全年开工投资百万元以上项目420项，完成投资482885万元。第五次被评为全国科技进步先进县。

【工业经济运行调节取得新成效】　全县规模以上企业实现增加值101.8亿元，增长20.5%。通过帮助矿山企业完善各种手续，采取缓收水资源费、排污费等措施，使130家矿山系统基本实现正常生产。帮助津西、大方铸造等重点企业解决好资金、原材料供应、交通运输、市场开拓等问题，促其实现满负荷生产；抓住有利时机，帮助津西整合钢铁企业，成立津西钢铁集团，成功并购远大万通球墨铸管公司并实现复产。全县生铁、粗钢、H型钢、钢带产量分别达到490.8万吨、477万吨、244.3万吨、267万吨，分别增长17.4%、9%、91.3%、26%。出台并落实《关于鼓励和促进全民创业的实施意见》，加强创业培训，创优创业环境；设立1000万元创业基金，在栗乡工业园规划建设中小企业孵化园，永兴链条、燕山五金工具等项目入园建设。全年新增各类经济组织2161家，注册资金11.1亿元。

【经济结构调整和产业优化升级取得新进展】　全年开工投资百万元以上项目253项，完成投资71亿元，其中列入唐山“千个项目保增长、调结构攻坚行动”的50个项目全部开工建设，完成投资57亿元。大方铸造轧辊轧环、津西万通球墨铸管一期、友利焦化二期、一水硫酸锰、瑞兆激光修复、ADI球墨铸铁件等一批重点项目相继建成投产或试生产；光伏玻璃、燕东化工、钎钢钎具等33个投资千万元以上的非矿工业项目开工建设，钢板桩、发电厂等大项目前期准备工作积极推进。冶金工业区集中供水工程正在进行设备安装和调试，栗乡工业产业聚集区被省政府确定为省级产业聚集区，新集工业区一号路建成通车，津西和罗家屯220KV变电站项目获省发改委核准。截至年底，入园企业达到30家，比上年增加9家。积极参加各类经贸洽谈活动，大力开展小团组对口招商，发电厂、唐承铁路股权转让、津西265烧结生产线融资租赁等项目成功签约，全年到位外资1.16亿美元。加大跑办力度，争取各类用地指标1018亩；积极盘活工矿废弃地、废弃砖厂等存量用地，增加建设用地594亩。深入挖潜，通过土地出让、规范矿山交易行为、清缴财政性资金等方式，增加可用财力5.5亿元；抓住国家实施积极财政政策和适度宽松货币政策的有利时机，争取国债等上级扶持资金2.4亿元；新增贷款64.2亿元，是上年的4倍多。加大板栗产业技术研发力度，全省第一家省级板栗工程技术研究中心通过专家论证并开始建设；加强企业研发机构建设和技术指导，实施高新技术项目33项，全县科技型企业发展到5家。集中开展项目建设环境专项整治行动，公开处理一批漫天要价、强揽工程、强买强卖物资、侵占工程财物等违法犯罪人员，项目建设环境进一步好转。

【以旅游为主的第三产业实现新发展】　发挥旅游对第三产业发展的龙头带动作用，全年开工建设旅游重点项目7项，完成投资2.6亿元；接待游客106万人次，实现旅游综合收入4.2亿元，分别增长51%和48%。编制完成《迁西县旅游发展总体规划（修编）》、《迁西县乡村旅游规划纲要》、《北部长城旅游带规划纲要》等总规、控规、详规17个，规划体系进一步健全。加大精品景区建设力度，景忠山景区旅游路、上山香道改造工程完工，西山回路台阶铺设基本完成，万松禅院项目进展顺利；青山关景区青山居四合院投入使用；凤凰山景区大雄宝殿完工；五虎山景区西坡草庐农庄、梦境庄园生态酒店投入使用；喜峰雄关大刀园景区提升改造及旅游路工程完工；亚滦湾国际度假酒店投入使用。投资1800多万元，新建太阳峪、小黑汀等15个乡村旅游特色村和170家“农家乐”示范户，乡村旅游直接收入实现2000多万元。全市乡村旅游现场会在迁西召开。成功举办景忠山文化庙会、凤凰山民俗庙会、“栗花节”等系列宣传推介活动，在京津唐等城市举办旅游专场推介会，在京沈、唐津高速设置广告牌，“诗意山水、画境栗乡、休闲天堂”的品牌形象正在形成。在加快旅游业发展的同时，积极推进商贸流通业发展，紫玉街集贸市场即将投入使用，农村集贸市场整治初见成效，“万村千乡”市场工程和家电下乡工作进展顺利；加强市场监管，严厉打击扰乱市场秩序行为，确保市场繁荣稳定。

【城乡面貌呈现新变化】　以“城乡面貌三年大变样”活动为契机，全面加强城市建设与管理。省级园林县城创建顺利通过评审验收，并获省宜居城市环境建设金奖。城乡规划覆盖面进一步扩大。县城总体规划修编成果通过市规划委员会

评审，部分重点区域控制性规划编制完成，19项专项规划正在抓紧编制；新庄子、渔户寨等10个乡镇的总体规划、22个新民居示范村（镇）规划和128个村庄规划编制完成。投资38.2亿元，实施城建项目49项，打造一批精品亮点和标志性景观。西外环路升级改造工程全线竣工，并顺利通过省级优质工程验收；林茂西街主路通车，喜峰北路拓宽改造工程完工，滦河南岸路和北岸观光路基本完工；栗香植物园、滦水湾公园一期正式开园，县城段滦河河道综合治理二期工程、栗乡文化公园上山道路完工；大力推进供热、供水、污水处理等配套设施建设，新增集中供热45万 m^2、集中供水1112户，污水处理率达到80%，生活垃圾处理场一期工程即将完工；加强城区绿化，新增绿化覆盖面积118公顷。加大小区开发和旧城改造力度，嘉苑华庭、花园里等小区建设进展顺利，新增住房20万 m^2；新阳峪、三村等城中村改造项目加快推进；廉租房建设和既有建筑节能改造完成市达目标。以城区、乡镇所在地、交通道路及沿线村为重点，集中开展环境卫生和市容市貌综合整治活动，拆违拆迁8.5万 m^2，城乡面貌大为改观。实施三屯营镇景忠新城、洒河桥镇多功能商住小区和镇区广场、罗家屯镇孚地新城、新集镇集贸市场等工程，小城镇建设成效明显，洒河桥镇被评为省级环境优美小城镇。

【交通网络建设实现新突破】

实施重点交通项目18项，完成投资14亿元。三抚公路迁西段一级改建工程竣工通车，结束迁西县没有一级公路的历史；碾唐公路北段大修工程主路通车，北部乡镇出行难问题得到根本解决；京秦高速公路迁西支线开工建设，迁西人民多年来拥有高速公路的梦想即将成为现实；太平寨罗家屯镇区至新三抚公路连接线、京建及承栗公路（唐山段）养护改造工程前期准备工作正在积极推进。唐承铁路二期、大秦铁路迁西货站等项目取得积极进展。加大投入力度，修建乡村公路70.6公里。

【城乡等值化发展取得新成绩】

大力发展以板栗为主的林果业，推行标准化生产，果品产量和质量明显提高，板栗产量达到4.5万吨，创历史新高。加快推进畜牧水产业发展，新增存栏3000只以上柴鸡养殖场50个，新建千头以上养猪场8个，野猪饲养量达到1000头，淡水鱼产量稳定在3.2万吨，产销两旺。大力发展设施农业，食用菌栽培达到2000万棒，设施花卉达到2000亩。积极引导矿业大户投资农业，龙腾养殖公司20万头生猪养殖、宏达养殖场5万头生猪养殖、3000亩设施花卉基地等项目顺利推进。加强农业合作组织建设，新建农业专业合作社18家，成立农村资金互助专业合作社4家，入社社员达到5000多户，农产品销售难和农民创业资金难问题得到有效解决。大力发展劳务经济，有组织输出农村剩余劳动力3727人。成立农村土地经营权交易中心，对农村土地流转进行探索和规范。投资6500万元，完成第7批42个文明生态村创建任务，打造出台头、河东寨、路庄等一批示范村；加强村民中心建设，完善提高村民中心40个。投资2.66亿元，开展24个新民居试点工作，打造出下洪寨、巴家峪、太一村、烈马峪等先进典型，迁西县经验做法被《河北快报》刊发。全县新建沼气池8300个、吊炕2715铺，新安装太阳能路灯1835盏，完善新能源技术服务站33个。农村饮水安全、农技推广服务站建设任务基本完成。

【生态迁西建设迈出新步伐】

不断强化“矿业秩序就是政治秩序、经济秩序、社会秩序”理念，持续开展打击非法采矿、采选企业标准化建设、资源整合等八大战役，取缔非法矿点49个，标准化井巷建设工程完成投资1.1亿元，河道清淤25万方、垒筑石坝4000延长米，关闭尾矿库15个、整改达标45个，科学处理采空区40个，绿化矿山4500亩，完成21个整合区新采矿权人确定工作。迁西县科学办矿工作受到国家及省市有关部门的充分肯定，被确定为全国非煤矿山标准化建设试点县。投资3.2亿元，实施通道绿化、城市生态园林绿化、荒山绿化等六大工程，完成造林8.3万亩，栽植各种苗木700余万株，新开挖围山转1万亩、鱼鳞坑80多万穴；确定每年4月1日为栽花节，当年栽植适生花木2000余万株（簇）。迁西县被评为全国“三北”造林绿化突出贡献单位、全国林业科技示范县、河北省规模化造林示范县。县城污水处理厂、津西60平方米烧结机拆除及污水处理厂二期等减排项目通过国家环保部验收；“省双三十”企业津西烧结机脱硫项目竣工，减排工作得到省人大督导组好评；对铁矿采选企业、球团竖炉、高钙灰企业等污染源实施限期深度治理，市达节能减排任务全面完成，全县空气质量二级以上天数达到336天。

【人民群众幸福指数有新提高】

落实教育资源整合规划，投资6845万元，实施整合项目26个，洒河桥镇中、滦阳镇中等20个项目完工，全市教育资源整合现场会在迁西县召开；加强队伍建设和教育教学管理，招聘80名大专以上学历毕业生充实到基层学校，公开选拔100名校长后备干部，教育教学质量稳步提升，高标准通过省政府教育督导评估验收，职教中心通过国家级重点中等职业学校验收，二中通过省级示范性高中复查验收，二幼通过省级示范园验收。不断完善三级卫生网络建设，妇幼保健院新建项目主体工程完工，汉儿庄、上营等5个乡镇卫生院改造和35个精品村卫生所建设完工。加强疾病预防控制体系建设，成立县传染病医院，手足口病和甲型H1N1流感防治工作取得阶段性胜利。落实新型农村合作医疗制度，参合率达到96%。扎实推进“健康迁西、幸福人民”行动，在全市考核中位居前列。加强食品药品监管，全年没有发生食品药品安全事故。圆满完成计划生育各项市达目标，并作为全市验收点顺利通过省年终目标考核。积极拓宽就业渠道，增加公益性岗位，加强劳动技能培训，安置大中专毕业生435人，下岗失业人员实现再就业897人，城镇登记失业率控制在3.4%以内。新型农（居）民社会养老保险制度全面启动，参保人数达到14.58万人，参保率

85.4%，实现养老保险制度全覆盖；提高城镇职工及居民医疗保险报销比例，在全市率先实行城镇居民大病医疗救助制度，医疗保障水平进一步提高；提高城乡最低生活保障标准，开展教育、住房、残疾人等专项救助，保障困难群众的基本生活。全年县财政支出各类保障资金1.48亿元。完成8个乡镇文化站建设；“农村书屋”村普及率达到50%，并获省级先进单位称号；围绕中心工作开展系列宣传报道，完成1.26万户有线电视数字化整体转换，广播电视工作得到加强；大力开展全民健身、栗花节、栗乡之夜等系列文体活动，丰富群众文体生活。加大道德规范和文明礼仪的宣传普及力度，深入推进文明行业、文明社区、文明单位创建活动，开展“我为栗乡添风采”、“红歌唱响未来”等系列道德实践活动和道德模范评选表彰活动，为经济社会发展提供强大的精神动力和舆论支持。

【平安迁西建设开创新局面】 集中开展“安全生产年”、“奋战六十天安全迎国庆”等系列活动，狠抓安全隐患排查和整改措施落实，全年没有发生较大以上安全生产事故。认真落实《迁西县信访稳定工作综合调控纲要》，深入开展“信访积案化解年”活动，依法规范信访工作秩序，圆满完成市达目标。完善乡镇平安状况预警通报制度，实施科技创安工程，严厉打击“两抢一盗”等侵财性犯罪和黑恶势力犯罪，开展重点区域综合整治和交通秩序整治百日攻坚行动，妥善处理涉矿涉企群体性矛盾纠纷，社会治安秩序进一步好转。

县领导班子成员名单

中共县委书记：王东印（12月任）
副书记：王东印（12月免）
王保国
常委：范书江
郭彦徽（女）
边文秀 徐为民
韩庆文 张金彪
县人大常委会主任：刘瑞富
副主任：高凤存 马光明
董瑞文
庞宝印（3月免）
党组成员：庞宝印
县长：王东印
副县长：郭彦徽（女）
李进有 马海廉
马少春 姬保新
王芳
县政协主席：孙法仲
副主席：王书珍 刘新生
张志会（3月免）
党组成员：张志会

乡、街道党政正职领导名单

乡、镇、街道名称	书记姓名	乡、镇长、办事处主任姓名
兴城镇	郝庆阁	王立新
白庙子乡	张汉卿	刘桂清
三屯营镇	李忠雁	张志宏
洒河桥镇	付永同	郭广芝
滦阳镇	吴祥	李铁东
汉儿庄乡	吴强	郭新芝
旧城乡	郝志军	王海东
东荒峪镇	白羽	赵玉峰
渔户寨乡	林玉录	李印华
上营乡	张文志	郑翔
金厂峪镇	张建军	李秀阁
太平寨镇	宋志繁	刘永宏
罗家屯镇	王毅然	梁瑞忠
尹庄乡	张朝阳	王新忠
新集镇	宋翠敏	董瑞军
新庄子乡	李宏	纪卫铁
东莲花院乡	张学华	高新军
栗乡街道办	张海林	王连生

2009年迁西县乡、镇概况和主要经济发展数据表

单位	辖行政村（个）	人口	人口自然增长率（‰）	面积（平方公里）	耕地面积（公顷）	地区生产总值（亿元）	一产增加值（亿元）	二产增加值（亿元）	三产增加值（亿元）	财政收入（亿元）	财政支出（亿元）	农民人均纯收入（元）	居民人均可支配收入（元）	粮食总产量（吨）	固定资产投入（万元）
兴城镇	45	47965	8. 52	119	3204	22. 47	1. 95	8. 73	11. 79	0. 6671	0. 1421	6881	6537	12703	40080
新庄子乡	12	11880	4. 18	62	1084	3. 31	0. 53	1. 74	1. 04	0. 1054	0. 038	5338	5100	4000	14830
东莲花院乡	16	11403	5. 5	59. 6	1004	1. 79	0. 42	0. 35	1. 02	0. 0134	0. 0125	4497	4200	293	1920
新集镇	36	27404	0. 84	97	1934	5. 69	0. 96	1. 71	3. 02	0. 0326	0. 1845	4635	4403	11943	35200
尹庄乡	23	19172	2	64	993	5. 71	0. 79	2. 79	2. 13	0. 0813	0. 1071	5280	5010	3897	10050
太平寨镇	29	34696	7. 68	112	1506	11. 32	0. 97	6. 11	4. 24	0. 4735	0. 8829	6980	6492	7847	21200
罗家屯镇	24	24491	4. 78	69	1669	8. 98	0. 96	5. 44	2. 58	0. 1706	0. 1706	6557	6229	8084	13380
金厂峪镇	19	16860	3. 93	86	589	9. 92	0. 76	7. 05	2. 11	0. 637	0. 1178	7396	6952	2288	17110
上营乡	14	11370	7. 7	86	383	5. 26	0. 51	3. 31	1. 44	0. 3527	0. 0045	6932	6585	2087	9600
旧城乡	15	8430	2	45	421	3. 76	0. 94	2. 3	0. 52	0. 4041	0. 124	6736	6601	1340	20060
东荒峪镇	26	13887	10. 6	70	761	7. 15	0. 83	4. 46	1. 86	0. 4585	0. 1112	7252	6890	3678	20463
渔户寨乡	13	10121	6	58	374	5. 91	0. 51	4. 64	0. 76	0. 4042	0. 0586	7208	6848	132	8700
白庙子乡	26	16825	8. 24	65	983	10. 18	0. 75	6. 1	3. 33	0. 5741	0. 0536	6893	6618	4725	40160
三屯营镇	38	28994	3. 43	103	1177	18	1. 17	9. 55	7. 28	1. 7221	0. 0699	7272	6200	6256	34243
洒河桥镇	26	17479	0. 172	79	299	16. 21	1. 12	9. 79	5. 3	0. 8298	0. 11	7075	6728	1391	2300
滦阳镇	25	18311	10. 5	117	507	14. 33	0. 81	9. 04	4. 48	0. 3716	0. 1511	7230	6830	2804	16190
汉儿庄乡	30	20733	14	114	826	9. 81	1. 17	6. 03	2. 61	0. 397	0. 0671	6928	6582	2394	16421

（陆文东）

玉田县

【概况】 玉田县辖14个镇、6个乡、1个街道办事处，420个行政村，755个自然村。总人口67.08万人，自然增长率为4.7‰。总面积1165平方公里，2009年，耕地面积1079990亩，比上年增加40770亩。年内各级党委、政府和广大干部群众坚持以科学发展、跨越发展为主题，牢牢把握保增长、保民生、保稳定这条主线，开拓创新，负重奋进，全县经济建设和社会各项事业继续保持了平稳较快的发展势头。全县地区生产总值达到215.1亿元，比上年增长15%；第一产业41.5亿元，增长4.6%；第二产业105.3亿元，增长20.4%；第三产业68.3亿元，增长13.3%。粮食总产量46.5万吨，增长2.4%；棉花总产量3098吨，减产12.1%；油料总产量4232吨，下降2.8%。财政收入9亿元，增长12.5%，财政支出9.1亿元，比上年增长-3.7%。城市空气质量等级二级及优于二级的天数为325天。全年实现社会消费品零售总额58元，增长16.7%；出口总额6577万美元，比上年下降13.6%。在岗职工年均工资24564元，增长19.3%；城镇居民人均可支配收入13655元，增长25.1%；农民人均纯收入6850元，增长11.6%。年末城乡居民存款余额115.5亿元，比上年增加12.8亿元。各项贷款余额达到61.8亿元，比年初增加18亿元，信贷规模创历史新高。县级工业园区面积15.3平方公里，年底累计进园企业96个。治污关闭取缔项目554个，停产整顿企业120家，限期治理整顿70家。污染治理工程投资2836万元。二氧化硫减排量1030.9吨，比上年削减21.8%；化学需氧量减排量2701.8吨，比上年削减14.7%。

【工业经济持续健康发展】 全县规模以上工业企业实现增加值52.9亿元、利税7亿元，分别比上年增长19.5%和18.6%。后湖工业聚集区入区企业累计完成投资10.2亿元，古玉煤化工、亚塑管材项目竣工投产，投资21亿元的晋银化工、投资6.5亿元的泰宇重工、投资3.1亿元的兴邦管道工程设备、投资1.2亿元的中发金属制品等项目相继入区建设。晶源电子、胜利印机被认定为国家级高新企业，“胜利”商标被认定为中国驰名商标。实际利用外资1528万美元，比上年增长49.4%，引进省外资金5.5亿元，实现进出口总额7500万美元。依托传统产业优势成功大力扶持发展饲料产业，2009年，在原有基础上，进一步加强法律化管理，多次进行法律、法规培训，完善各项制度，完善各项制度，各级政府继续在用地、用电等方面予以大力支持，行业主管部门千方百计协助企业寻找饲料配方，组建专业化验室，定期进行质量抽查检验，提供低偿服务。到年底，使全县饲料生产企业发展到54家，年生产饲料18万吨，产品销路拓展到河北周边11个省份，成为全省饲料生产第一大县。

【项目建设扎实推进】 全县围绕贯彻落实中央、省、市扩内需、保增长、调结构的决策部署，组织实施百个项目攻坚行动，建立并严格执行周通报、月调度、季分析和“四个一”工作制度，大力实行联合审批和项目代办，全力推进攻坚行动的顺利实施。全年新建、续建千万元以上项目159个，完成投资57.7亿元，其中亿元以上项目20个。有5个项目被列为河北省重点建设项目，8个项目被列为唐山市重点建设项目，57个项目被列入唐山市千个项目攻坚行动，一批重点项目前期工作取得实质性进展。总投资9亿元的昌升商贸物流广场、总投资5亿元的海泰新能科技、总投资4100万元的同仁堂天然药物等项目相继建成，总投资5.5亿元的中顺纸业、总投资1.5亿元的太阳石福莱药业、总投资1.2亿元的道诚管业等项目陆续开工，总投资18亿元的鹏泰纸业、总投资1亿元的庞大汽贸等项目正式签约。围绕国家十大产业振兴规划和唐山七大产业链建设，谋划包装58个科技含量高、市场前景好、支撑作用强的较大项目，先后在厦门投资洽谈会、首届曹妃甸论坛以及玉田一中校友会等活动中宣传推介。项目和资金争取工作取得实效，争取中央专项资金支持项目28个，到位资金8607万元。被唐山市委、市政府评为2009年度重点项目建设先进县。

【“城镇面貌三年大变样”活动成效明显】 2009年，累计拆除面积16.2万平方米；玉锦佳园、帅府华阁等住宅小区交付使用，凤凰春城、金色家园等工程开工建设。投资3300万元的城市公园落成开放，投资3200万元的垃圾填埋场投入使用，累计投资近8000万元的污水处理厂具备试运行条件，投资1430万元的旭升南路拓宽改造工程竣工通车，投资500万元的集中洗车场项目正在加紧建设；城区安装路灯190盏，新增城区绿化面积26公顷。顺利通过省级卫生城复审验收。

【农业农村工作取得新进展】 全县在粮食持续获得丰收的同时，出栏生猪130万头，无公害蔬菜播种面积达到45万亩，中药材和园林花卉种植面积均达到1.4万亩，果树栽植面积达到10.3万亩，万亩核桃基地初步形成，成功承办农业部“放心农资下乡进村现场咨询活动暨第三届唐山农业生产资料展示交流大会”，被确定为“全国生猪调出大县”、“全国优质蔬菜基地重点县”和“河北省蔬菜出口质量安全示范县”。双汇食品、牧富种猪、唐山大北农等龙头企业运转良好，金玉农产品综合交易中心获得国家级绿色市场认证。各项惠农政策全面落实，共发放扶持资金1亿多元。农民专业合作组织发展到88家，其中合作社51家，服务带动5.9万农户增收1.5亿元。新建文明生态村63个，新民居示范村24个，户用沼气池8915个；新增61个村实现“户户通”水泥路；蓟运河滞洪区村庄搬迁工程基本完工；绿化持续攻坚行动扎实推进，完成造林面积4.5万亩。鸦鸿桥市场实现成交额60亿元，比上年增长9.1%。

【社会各项事业全面进步】 科技工作，申报市以上科研项目25项，取得科技成果12项。教育工作，投资6290万元，新建、续建重点工程13项。全面免除义务教育、普通高中学生学杂费、书本费2428万元。职教中心被评为全国教育系

统先进集体。卫生工作，投资3080万元，加强卫生基础设施建设，城乡就医条件明显改善；新农合参合率达到99.83%，位居全省前列，全年共为9.1万名参合农民补偿医疗费用5360万元；计生工作，农村低生育水平得到较好控制，全县政策生育率达到97.59%。文体工作，扎实推进乡镇标准化文化站和农村标准化文体广场建设，人民群众文化娱乐生活日益丰富。旅游工作，净觉寺被评为国家AAA级旅游景区，麻山寺建成开放。交通工作，投资1.5亿元，完成玉新、玉石、鸦丰等干线公路大修工程。投资2.5亿元，建成全省首座数字化变电站——郭家屯220KV变电站；投资2400余万元，完善农村电网工程，成为全市第一个电气化县。统计工作，圆满完成第二次全国经济普查工作，顺利通过省级验收。城镇居民医疗保险参保率达到92%；新增就业再就业6700人，转移农村富余劳动力1.3万人；为城乡困难群众、“五保”对象发放保障金2600多万元。

【“健康玉田幸福人民”行动】
一是以健康教育为重点，着力提高全民健康意识。5月12日，在县城中心广场举行“两勺一册”发放启动仪式和主题签名活动，共发放居民健康手册和限盐勺、限油勺各19.8万套。在全县中小学生运动会上，组织以“健康生活，从我做起”为主题的万人签名活动。医疗机构普遍设立健康教育宣传阵地，在各新闻媒体开办专栏，广泛散发宣传彩页。二是以健康服务为重点，加强居民健康信息管理。全面完成居民健康现状与基线调查。对6个试点村4004人进行健康体检，占试点村总人数的95%；为4130人建立健康档案，占总人数的98%。全面落实“一次健康体检、一套健康档案、一个健康计划”的健康信息“三个一”管理模式和慢性病人面对面的行动干预措施。为150名经济困难的白内障患者进行免费手术。完成全县11.8万名农村育龄妇女的生殖健康免费查体任务。医院增设心理咨询科室2个，各级各类学校设置学生心理健康辅导室140个，配备专兼职教师137名。三是以健康饮食为重点，切实保障居民食品安全。对全县320家餐饮单位全部进行等级评定，开展健康酒店创建活动，推出少盐、少油的健康菜谱30多个，督促集体食堂、餐饮单位控制盐、油，开展平衡膳食规范化服务。对城内集中供水单位进行摸底调查，全部实现建档管理。对9个畜禽水产品、14个无公害产地进行认证，被评为河北省农产品加工示范基地。四是以健康文体为重点，积极开展全民健身运动。组织300多名武术爱好者参加的玉田县首届传统武术表演赛、县直机关乒乓球比赛、篮球赛等活动。在全县范围内大力开展阳光体育运动，各级各类学校积极推进“一校一品牌，一生双爱好”活动，并推出一中、实小等一系列先进典型。第一座城市公园、体育馆实现对外开放，为广大居民提供了健身休闲场所。五是以健康环境为重点，着力提高居住质量。全年投入2982万元，实施大众纸业中水回用等9项减排工程。开展为期一个月的卫生综合治理行动。

【农民专业合作社暂露头角】
县委、县政府积极引导农民建立专业合作社。通过“宣传+培训”，让农民认识了解专业合作社；通过“绿色通道+上门服务”，方便农民建立专业合作社；通过“因地制宜+分类指导”，促使农民创建多元化专业合作社。一是指导能人带头创建。二是指导龙头企业牵头创建。三是指导农民依托市场创建。四是指导行业协会牵头创建。只要符合登记条件，便为申办者提供咨询、管理、告知、发照的一站式服务。到年底，各类农民专业合作社发展到51家，业务范围涉及鸡、羊、猪的养殖和粮食、蔬菜、果品、饲料购销等多种行业，近万户农民成为社员，入社农民每户年收入增长6000余元。

县领导班子成员名单

中共县委书记：李晓军
副　书　记：纪兴龙　付振波
常　　委：武国生　詹晓阳
　　　　　徐瑞勇　王跃飞
　　　　　孙春生　周庆岩
　　　　　解桂林　张晓华
县人大常委会主任：王善强
副　主　任：袁　生　贾文彩
　　　　　张　富　张宝中
县　　长：纪兴龙
副　县　长：詹晓阳　周庆岩
　　　　　韩自安　张耀武
　　　　　王继存　盖青松
　　　　　吴宇宏　（4月免）
　　　　　董继华　（6月任）
县政协主席：赵广利
副　主　席：杨守军　高志新
　　　　　包永玉

乡、镇、街道党政正职领导名单

乡、镇、街道名称	书记姓名	乡、镇长姓名
玉田镇	刘得利	马树良（7月免） 何云峰（7月代9月任）
亮甲店镇	刘庆标	单宝东
鸦鸿桥镇	董仕成	李春光
窝洛沽镇	李鸿祥	崔凤鸣
石臼窝镇	段广全（7月免）　侯向波（7月任）	侯向波（7月免）　陈秉忠（7月任）

虹桥镇	王晋仓	丁历笙
散水头镇	闫振强	娄志学
林南仓镇	杨亚东（6月免） 王 兴（7月任）	王 兴（7月免） 韩铭远（7月任）
林西镇	曾兆国	刘 伟
杨家板桥镇	静国刚	胡振伟
彩亭桥镇	陶庆群	范春生
孤树镇	袁文全	臧贵霞
大安镇	孙忠生	夏兰军
唐自头镇	王 幸	李桂平
郭家屯乡	戴福新	王爱功
林头屯乡	田春利（7月免） 赵景海（7月任）	赵景海（7月兼）
杨家套乡	李振兴	白晓庆
潮洛窝乡	高永成	赵伟拓
陈家铺乡	李树娟	昝焕军
郭家桥乡	樊宝国	王乃存

2009年玉田县乡、镇概况和主要经济发展数据表

表一

单位	辖行政村（个）	人口（人）	人口自然增长率（‰）	面积（平方公里）	耕地面积（公顷）	地区生产总值（亿元）	一产增加值（亿元）	二产增加值（亿元）
玉田镇	65	112405	7.78	90	4483	43	6	23
亮甲店镇	24	39409	2.76	75	5326	9.03	2.11	4.93
鸦鸿桥镇	35	54476	6.37	63	3793	31.4	3.6	9.5
窝洛沽镇	35	47998	4.9	74.86	5154	21.1	2.3	13.1
石臼窝镇	20	36826	2.99	103	97724	5.4	2.7	2.0
虹桥镇	17	31251	5.31	55	58092	8.44	3.3	4.24
散水头镇	14	27098	3.26	51	3247	6.97	1.52	3.9
林南仓镇	12	31259	4.2	40	1643	6.2	0.97	2.94
林西镇	27	30654	-0.8	64	3509	7.42	2.19	3.75
杨家板桥镇	24	27162	8	56	4555	5.94	1.91	2.72
彩亭桥镇	19	18658	5.26	28	1876	6.07	1.48	2.59
孤树镇	16	24672	2.64	44	32936	11.1	1.54	7.58
大安镇	19	30278	4.5	57	3021	7	3	2

唐自头镇	10	19158	4.74	57	1699	3.1	1.1	1.22
郭家屯乡	25	33457	5.87	83	3061.4	7.04	2.42	2.14
林头屯乡	15	22536	3	38	2476	3.65	1.57	1.15
杨家套乡	12	27863	4.17	48	3182	7.25	2.2	3.89
潮洛窝乡	15	22607	0.06	60.7	3667	3.36	1.7	0.92
陈家铺乡	10	16258	2	37	2666	2.75	1.25	1.3
郭家桥乡	13	17596	2.6	46	4000	4	1.2	1.5

2009年玉田县乡、镇概况和主要经济发展数据表

表二

单位	三产增加值（亿元）	财政收入（亿元）	财政支出（亿元）	农民人均纯收入（元）	城镇居民人均可支配收入（元）	粮食总产量（吨）	固定资产投入（万元）
玉田镇	14	1.2	0.2	5293		39052	90000
亮甲店镇	1.99	0.2321	0.0648	4098		40455	20130
鸦鸿桥镇	18.3	0.69	0.14	4666	10326	29436	54580
窝洛沽镇	5.7	0.4	0.09	4120	5350	35665	55000
石臼窝镇	0.7	0.0729	0.044	4958		41421	10517
虹桥镇	0.9	0.29	0.28	4596	15646	34011	11000
散水头镇	1.55	0.26	0.112	5000		18055	21600
林南仓镇	2.29	0.037	0.037	4300	9850	8047	20100
林西镇	1.48	0.1148	0.0514	4427		23456	23000
杨家板桥镇	1.31	0.1123	0.0512	5060	7160	15374	10200
彩亭桥镇	2	0.1776	0.0438	3984		15455	23060
孤树镇	1.98	0.364	0.053	4288	12000	14370	32000
大安镇	2	0.0912	0.0537	4151		23498	30000
唐自头镇	0.78	0.0523	0.0361	4010		12194	21150
郭家屯乡	2.48	0.0581	0.0581	4400		25221	22940
林头屯乡	0.93	0.0349	0.0367	4154	5676	14395	3885
杨家套乡	1.16	0.2106	0.0567	5017	11000	25479	25500
潮洛窝乡	0.74	0.0451	0.0451	3426	3850	15115	12661
陈家铺乡	0.2	0.065	0.063	4600		14471	18000
郭家桥乡	1.3	0.004	0.004	4200		16871	10000

（董连权　杨艺华）

滦　县

【概况】　2009年，县域总面积1028平方公里，耕地面积5.21万公顷，增长0.36%。总人口55.26万，人口自然增长率2.01‰。地区生产总值212.6亿元，比上年增长16.5%，其中第一产业增加值24.8亿元，第二产业增加值116.4亿元，第三产业增加值71.4亿元，同比增长5.8%、21.6%、11.4%。民营经济增加值187.97亿元，增长15%。粮食总产量28.25万吨，增长4.8%；棉花总产量283吨，增长1.8%；油料总产量5.1万吨，增长1.5%。财政收入14亿元，增长16.6%，其中国税8.05亿元、地税4.57亿元、地方财政1.38亿元；财政支出11.46亿元，下降2.2%。全年实现社会消费品零售总额62.6亿元，增长17.6%。出口总额1967万美元，下降37.2%。职工年人均工资3.17万元，增长16.9%；农民年人均纯收入6936元，增长12%；城镇居民人均可支配收入1.67万元，增长23.3%；年末城乡居民存款余额82.8亿元，增长13.9%。固定资产投资84.16亿元，增长32%。规模以上工业企业单位工业增加值综合能耗3.18吨标准煤/万元。治污整顿、停产关闭企业45家；二氧化硫减排量比2008年下降7.7%，化学需氧量减排量比2008年下降8.5%；城市环境空气质量二级及优于二级的天数为339天。全年65个重点建设项目，有40个投资项目完成年度投资任务，总投资612亿元。引进外资2840万美元。2009年，位列河北省县域经济综合实力评比第17名。

【产业结构进一步优化】　三次产业结构比由13.4∶54.8∶31.8调整到11.7∶54.7∶33.6。建起大型规模养殖场42个，奶牛集中养殖率达92%，宝福农牧园1000立方米沼气池投入使用，“一场、一池、一园”模式推广实施，现代循环农业发展走在全省前列；完成农业产业化经营总额50亿元，产业化经营率达68%，比上年提高2个百分点。实施产业链节点项目25个，东海特钢、冀东水泥二期、天时矿山机械等项目促进钢铁、建材产业的优化升级和装备制造产业的快速发展；在钢铁、水泥、食品等重点行业推广新技术23项，企业生产工艺水平不断提升；全县64家规模以上工业企业纳税10.5亿元，完成规模以上工业增加值58.9亿元，同比增长22.1%。把文化旅游产业作为调结构、促转型的突破口，滦河防洪综合整治和滦州古城开发改造工程全面启动，研山文峰塔重建工程顺利实施，冀东汽车文化城建设前期工作基本就绪，青龙山旅游景区主体工程完工；传统商贸业繁荣发展，庞大汽贸集团位列中国企业500强第238位，全县完成社会消费品零售总额62.6亿元，同比增长17.6%。节能减排成效显著。取缔12家产能落后企业；完成北极熊公司窑炉节能技改等7个工业节能项目，拆除1家钢铁企业烧结机，4家钢铁企业烧结机脱硫项目完工。全年单位生产总值能耗下降6%，二氧化硫、化学需氧量排放量分别削减13.9%和24.9%，城区大气环境质量达到国家二级标准天数在85%以上，全面完成市达目标。

【经济社会统筹协调发展】　集中力量，整合资源，着力开展投资百亿保增长、城镇面貌三年大变样、新农村建设、惠民工程、创建平安滦县等五项攻坚战役，统筹经济社会发展取得丰硕成果。一是项目建设实现新突破。全年实施重点建设项目65个，其中投资超亿元项目40个、超10亿元项目5个。亿泰焊丝、冀东专用车二期等40个项目完成年度投资任务，伊利乳业、韩珍管业等19个项目建成投产。500万吨钢联项目前期工作取得实质性进展；司家营铁矿二、三期搬迁工程圆满完成，大规模开发建设全面展开，全年投入建设资金29.1亿元，超年初计划45.5%。

二是城镇建设管理水平得到新提升。《老城改造总体规划纲要》通过专家评审，完成50余项详细规划设计。以“三点”为支撑的县城扩容工程全面推进。新城区高层建筑群主体工程基本完工，燕山大街、滦河路建成景观大道，龙山生态公园正式开放，完成既有建筑节能改造10万平方米，污水处理厂、垃圾填埋场投入运行；以滦河防洪综合整治、古城开发改造工程为标志，老城区开始释放强大的发展潜力；响嘡镇投资2.86亿元完善城镇功能，建成研山新村步行街等三个商贸区，研山公园绿化面积达到1000亩。成立城市管理行政执法局，建立城乡一体化服务管理信息系统，城区环卫管理实现全天候、全覆盖。榛子镇、雷庄镇等城镇建设步伐加快。持续绿化攻坚行动深入开展，全年新增造林面积4.6万亩。

三是新农村建设迈出新步伐。编制各镇（古城办）科学发展规划。培树科学发展示范镇4个，建成新民居示范村6个，研山新村成为省级科学发展示范村样板，中赵新村被授予“全省农村新民居建设优秀示范村”称号，并获唐山市科学发展创新一等奖。投资7840万元创建文明生态村56个，62个村完成“户户通”工程。投资5546万元新建、改建农村公路136.8公里。新建户用沼气池8587个，全国规模最大的秸秆沼气联户供气工程在研山新村开工建设。全面开展农村环境卫生整治“双月会战”行动，县财政投入整治资金1500万元，农村生活环境明显改观。

四是改善民生取得新成效。投资3.15亿元，为群众办20件实事，涉及交通畅通、农村劳动力就业、农村陈旧校舍改造、困难群体安居、农村饮水安全等方面，人民群众生活明显改善。全年新增就业岗位4520个，2720名下岗失业人员实现再就业，转移农村富余劳动力3.08万人次。养老保险扩面续保新增2700人，被征地农民养老保险参保人数达到2818名；新农合参合率达96.95%，城镇居民医疗保险参保率达99%；城镇月低保、农村年低保标准分别提高80元和100元。制定2009—2012年学校布局调整规划，改造农村陈旧校舍4000平方米。

“健康滦县、幸福人民”行动深入实施，防控甲型H1N1流感、手足口病工作扎实有效，6所中心卫生院改造工程全面完工。216套廉租房、135套经济适用住房基本具备入住条件，对60户农村困难户危房实施改造。解决15个村、1.36

万人的饮水安全问题。建成社区市民中心1个。发展农村有线电视用户1万户。广场文化、社区文化、企业文化建设深入推进，文博馆正式开馆，举办全民健身运动会、老年文体表演等系列活动，文化体育事业繁荣发展。

五是社会和谐呈现新局面。开展“人口和计划生育攻坚年”活动，实施百日集中整治行动，建立起交叉普查、示范带动、利益导向、监督约束、综合治理等长效机制，加强县计生服务中心、镇计生服务站和村计生服务室等硬件设施建设，全县人口出生率同比下降1.92个千分点，符合政策生育率提高7.12个百分点，顺利通过省人口计生委后进村转化达标验收。全面抓好安全生产工作，坚持党政“一岗双责”齐抓共管、高规格配备安委会、严格落实企业主体责任、持续开展专项治理、组织全员模拟培训、实施科技兴安和全民参与，七措并举，排查各类安全隐患5000余项，累计投入整改资金8000余万元，安全生产本质水平明显提高，全年未发生较大以上安全生产责任事故。扎实开展“食品质量安全年”行动，建成县级农产品质量安全综合检测站，全面开展畜禽屠宰、酒类市场等专项治理行动，切实保障食品安全。强化矛盾纠纷排查调处，建立信访隐患台账，落实分包责任和稳控措施，注重解决实际问题，营造社会和谐稳定的生动局面。加强“五五”普法宣传教育，强化社会治安综合治理，完善“网格化”治安防控体系，有力维护政治稳定和社会安定。

【科学发展活力明显增强】 以改革、开放、创新为突破口，努力打造科学发展、跨越发展的动力支撑。一是机制保障坚强有力。健全财税征管机制，切实加强税源监控，落实和推进财政省直管县、综合预算、国库集中支付等项改革，财政调控和保障能力进一步增强。建立农村土地流转机制，成立农村土地经营权流转交易中心，流转土地5424.3亩，激发农村发展活力。创新投融资机制，积极推行BT、BOT等现代投融资模式，为污水处理厂等项目建设提供资金保障。完善科技创新扶持机制，制定《科学技术奖励办法》、《专利补贴办法》，与清华大学河北发展研究院建立产学研合作办公室，滦县顺利通过“国家科技进步先进县”复验。加强经济运行分析研判，落实价格听证制度，深化政府机构改革，推进政府职能转变。

二是开放成果不断扩大。积极参加“珠三角”、“长三角”招商推介会和曹妃甸临港产业国际合作会议，深入开展网络招商、代理招商和以商招商，全年实际利用外资2840万美元，同比增长11.1%。引进云南楚雄汇通公司实施滦州古城开发改造工程，实现招商引资的大突破。立足构建外向型经济格局，不断扩大对外贸易，完成进出口总额1.1亿美元，其中出口额1967万美元，占市达任务的103.5%。

三是资源管理持续加强。依法加大保护力度，强化对矿产、国土和水资源的规范化管理。深入开展打击非法盗采国有矿产资源专项行动，立案24起，罚款280余万元；严格执行耕地保护政策，实施土地开发复垦项目9个，关停粘土砖厂12座，拆除占地242.2亩的违法违规建筑22处；实施粮食生产核心区水利精品工程，新增节水灌溉面积0.8万亩，强化对重点企业的节水监管，促进水资源的高效、集约、节约利用。

四是全民创业深入推进。全年新发展个体工商户5000户、私营企业320家。扶持现有企业新上二次创业工业项目10个，占工业项目总数的33.3%。推动小额贷款和“惠农卡”业务发展，累计发放小额贷款1.3亿元、“惠农卡”9000余张，有力地支持了中小企业和农村经济发展。

【政府行政效能得到提高】 按照省、市“干部作风建设年”活动的安排部署，修订和完善《政府工作规则》，制定实施县政府领导班子改进作风的七项措施，全面加强政府自身建设，为应对危机、加快发展提供坚强保障。一是切实转变作风。把服务作为政府的天职，以服务提效能、促发展。认真学习践行科学发展观，正确处理保增长与调结构的关系；落实领导干部包镇、包村、包企制度，深入开展调查研究，努力做到察民情、解民忧、惠民生；积极推行“帮办人”制度，全年为企业提供服务1875项，解决实际问题646个；着力提高行政效率，取消行政许可事项29项。

二是破解发展难题。牢牢把握国家实施积极财政政策的有利时机，精心包装、推介项目，全县有33个项目纳入国家投资计划，累计争取国债资金3384万元；着力破解瓶颈制约，争取建设用地指标507亩、复垦置换土地316亩，滦河文化生态产业带项目争取贷款9.5亿元，茨榆坨110KV变电站投入运行，为县域经济稳健发展提供有力支撑。

三是规范施政行为。认真贯彻落实《行政许可法》等法律法规，强化法律业务知识培训，不断提高依法行政能力；自觉接受人民代表大会及其常委会的依法监督，重视发挥人民政协的政治协商、民主监督和参政议政作用，116件人大代表建议和政协提案全部办结，落实人大评议整改措施276项；进一步完善惩防体系，严格执行党风廉政建设责任制，健全建设工程招投标、经营性土地使用权出让、政府采购等项制度，行政权力保持公开、透明运行；制定《政府投资建设项目审计监督办法》，累计审计项目75项，核减工程款9677.9万元，审减率达14.5%。

【中赵庄子村建成高标准革命老区科学发展示范村】 中赵庄子村位于滦县西北部山区，是唐山市“1+2”人才组合模式帮扶的冀东革命老区村。这里的人民曾为革命胜利作出巨大贡献，抗日名将李运昌将军曾在这一地区领导冀东人民开展抗日斗争。该村隶属杨柳庄镇，现有147户，457口人，有耕地300亩，林地350亩，荒山1万亩。由于历史和自然条件的原因，中赵庄子村虽然解放后尤其改革开放以来有所发展，但仍然比较贫困，前几年人均纯收入尚不足2000元，相当一部分农户还居住在唐山大地震前甚至是上世纪五六十年代盖的旧房。2009年4月，省委常委、市委书记赵勇在该村蹲点调研时指出，要依托自身优势，用科学发展理念

改变老区落后面貌，探索老区村创建科学发展示范村的新路子。重点破解“怎么致富、怎么宜居、怎么筹资”三个课题，努力把中赵村建设成“由乱到治的典型；由贫困村转变为科学发展示范村的典型；自立更生、艰苦创业走向文明和谐的典型；土地流转置换的典型”。县委、县政府认真落实赵勇书记指示精神，全力组织创建。中赵庄子人充分发扬“坚韧、自强、创业、感恩”的精神，以饱满热情、超常举措，全身心地投入创建工作中。整体创建主要有两大项目：新村整体搬迁建设项目和产业富民项目。新村占地66.95亩。新农居建设严格按照生态、节能的要求，全部为二层独院式住宅，新建住宅楼162套，建筑面积19305平方米。新建1593平方米村委会办公楼和662平方米公寓楼。2009年11月村民入住新居。产业富民项目按照强村富民的要求，建设高标准的果园：果树下面套种烟叶，发展荒山苗圃，发展畜禽养殖业；增加非农收入：组建中赵庄子农工商有限公司，下设建筑、绿化、养殖三个子公司。这两大项目都在稳步推进，力争利用3—5年时间，把中赵庄子村建设成为“设施齐全、环境优美、经济发展、管理民主”的科学发展示范村。2009年中赵庄子村被授予“全省农村新民居建设优秀示范村”称号。

县领导班子成员名单

中共县委书记：胡国辉
副　书　记：卢宏秋（女）
　　　　　　于光辉
常　　　委：赵宝忠　董立群
　　　　　　史玉尊　母树宏
　　　　　　张乙清　孙太和
　　　　　　李长春　张宝才
　　　　　　张志国（援藏）

人大常委会主任：李晓光
副　主　任：卢金增　杨沛文
　　　　　　张奎生　王久福
县　　　长：卢宏秋（女）
副　县　长：董立群　史玉尊
　　　　　　李　成
　　　　　　王秀丽（女）
　　　　　　刘洪军　侍瑞军
　　　　　　郭　光（5月任，挂职）
县政协主席：陈铁屏
副　主　席：史桂润　章玉阁
　　　　　　庞庆华　刘玉东

乡、镇、街道党政正职领导名单

乡、镇、街道名称	书记姓名	乡、镇长和办事处主任姓名
滦州镇	王久福	宋振民
榛子镇镇	张永忠	钱立军
响嘡镇	葛　宏	甄维满
雷庄镇	李瑞生	王大勇
杨柳庄镇	张广山	高　银
王店子镇	商海春	宋凤军
油榨镇	吉向明	高语明
东安各庄镇	张子成	刘翠萍（女）
九百户镇	贾彦岭	李会臣
古马镇	潘　双	张　蒙
小马庄镇	宋建华	汪　全
茨榆坨镇	刘治江	赵卫东
滦河街道办事处	魏云利	钱助兴
古城街道办事处	朱桂丰	李建平

2009年滦县镇、街道概况和主要经济发展数据表

单位	辖行政村、居委会（个）	人口	人口自然增长率（‰）	面积（平方公里）	耕地面积（公顷）	地区生产总值（亿元）	一产增加值（亿元）	二产增加值（亿元）	三产增加值（亿元）	财政收入（万元）	财政支出（万元）	农民人均纯收入（元）	城镇居民人均可支配收入（元）	粮食总产量（吨）	固定资产投入（万元）
滦州镇	56	54903	2.68	78.56	5203	30.91	1.77	17.27	11.86	22100	1400	7190		22546	58100
茨榆坨镇	28	25398	-0.43	69	3888	8.99	2.52	2.76	3.71	865.53	557.9	6989		19867	17010
油榨镇	39	43654	3.39	82.2	4216	15.41	1.52	9.49	4.4	2869	299	7040		23560	18479
雷庄镇	29	36067	12	76.8	4566	16.9	1.4	9.2	6.3	3000	1000	7000		16731	16320
榛子镇	61	55687	-0.8	98.2	5074	25.5	2.65	16.65	6.2	8300	1100	7050		30089	43450
九百户镇	32	34290	-1.89	80.36	2079	21.9	1.47	15.27	5.16	3956	720	7033		19650	25580
古马镇	29	34101	9	69.1	5333	8.9	2.86	1.86	4.18	500.89	758.48	6790		24253	7000
东安各庄镇	41	62849	1.22	144	1012	14.38	2.07	6.63	5.68	6430	997	6876		24474	33015
响嘡镇	51	39219	3.33	65.24	2260	18.36	1.67	10.77	5.92	32575	1197	7291		19240	235670
王店子镇	36	27197	1.42	65.1	2766	9.55	1.36	4.73	3.46	686.8	677.7	6539		22533	21200
杨柳庄镇	33	23653	4	87.3	2850.6	21.64	1.79	13.75	6.1	7600	600	7284		17431	65176
小马庄镇	37	35507	2.01	85.68	6056.4	8.79	3.59	2.46	2.74	401	643	6845		35606	12011
滦河街道办	14	36184	4.75												
古城街道办	43	39390	3.13	30	1409	7.3	0.5	3.6	3.2	2000	500	7191		7114	2660

（陈明广）

滦南县

【概况】 2009年，全县国土面积1270平方公里。耕地面积72607万公顷。辖17个镇，594个行政村。全县总人口58.28万人，比上年增长0.2%，人口自然增长率6.3‰。地区生产总值226.8亿元，比上年增长11.5%；其中一、二、三产业增加值分别为49.60亿元、102.60亿元、74.60亿元，比上年分别增长8%、13.2%、10.5%。单位工业增加值能耗5.23吨标煤，比上年下降10.41%。民营经济增加值达到198亿元，比上年增长0.9%，占国民生产总值的87.3%。粮食总产41.85万吨，比上年增长7.7%。棉花总产1172吨，比上年下降7.7%。全县财政收入10.46亿元，财政支出13.03亿元，分别比上年增长6.46%和7.9%。社会消费品零售总额73.19亿元，比上年增加17%。出口创汇总额1.31亿美元，比上年下降31.6%。全社会固定资产投资53.2亿元，比上年增长10.4%；市以上重点建设项目6个，投资30亿元，分别比上年增长100%和138.7%。在岗职工年平均工资28509元，比上年增加11.4%。农民人均纯收入6441元，比上年增长10.1%。城镇居民人均可支配收入16530元，比上年增长17.2%。年末城乡居民存款余额73.96亿元，比上年增长15.7%。城镇居民基本养老保险人数达到32596人，比上年增长13.16%。新型农村合作医疗参合率达到95.14%，比上年增长1.3%。城市空气质量等级为二级标准。

【项目攻坚成效显著】 始终坚持把项目建设做为化解危机、加快发展的“第一抓手”，全年谋划实施重点建设项目153个，总投资762亿元。年内完成投资41.8亿元，是上年的2.2倍。首先，一批产业支撑项目开工达产。投资10亿元的永新纸业30万吨箱板纸项目使滦南县造纸能力跻身全国十强。投资1.7亿元的企创工业热处理项目实现装备制造业的新突破。总投资6.1亿元的方舟实业修造船厂项目一期工程竣工投产，成为全省最大的地方民营造船项目。投资4亿元的耀东水泥熟料生产线项目，使水泥生产能力和技术水平实现较大提升。投资3000万元的伯特利汽车制动、投资2.5亿元的盛财钢铁型钢、投资1000万元的泰昌高速线材等项目，进一步优化滦南县产业产品结构，为经济发展注入新活力。投资14.5亿元的滦海公路，贯穿全县南北长52.9公里，被省政府批准为一级收费公路，一期工程竣工通车。环保新能源产业迅速崛起，投资6700万元的鼎热太阳能设备有限公司被商务部批准为河北省唯一一家“家电下乡”生产企业。金利海生物柴油、西境环保设备等项目建成投产，投资300亿元的华能风力发电、投资30亿元的香港东丰集团风力发电项目完成测风塔建设。

其次，节能减排项目进展顺利。万浦热电设备脱硫、远大玻璃窑炉技改，和华瑞钢铁、荣程钢铁烧结机脱硫等节能减排项目全面完工。宋道口钢锹工业区“煤改气”工程启动实施。全县单位生产总值综合能耗比上年下降6.4%，化学需氧量、二氧化硫排放量分别比上年削减11%和12.21%。项目承载平台日趋完善，投资6297万元的嘴东双龙河大桥竣工通车，投资2.9亿元的嘴东吹沙造地一期工程正在实施。扒齿港工业区南北通道、古扒公路翻建、电力增容等工程投入使用，为项目落地开工创造条件。

第三，项目融资引资取得积极成效。采用BT融资、城投公司贷款、建设单位垫资等形式，启动滦海公路、北河大桥、新县医院、污水处理厂等工程，引进建设资金5.2亿元。广泛开展招商活动，投资3200万美元的台湾爵盛人造板项目进入开工筹备阶段，全年实际利用外资2207万美元，在宏观经济形势不利的大背景下逆势增长9.6%；加大项目跑办力度，实施中央投资项目28个，争取支持资金8387万元。

【新农村建设迈出新步伐】 各项惠农政策全面落实，发放粮食直补、大型农机具购置补贴、家电、汽车、摩托车下乡补贴等支农惠农资金1.48亿元，全县农民人均受益300元。现代农业发展步伐加快。积极推进奶牛“出村进区、出户入场”，规模化养殖率达到92.3%，比上年增长86个百分点。投资1.2亿元的雨润生猪屠宰加工项目全面完工，蒙牛公司果蔬奶生产线、融商普林扩产改造、方舟水产品深加工等龙头项目建成投产，辐射带动能力不断增强。扶持农村合作经济发展，各种专业组织达到94个，带动农户6.1万户。农业产业化经营率达到70%，高于全市平均水平7个百分点。农业综合生产能力进一步提高。绿化滦南攻坚行动持续深入，全县森林覆盖率提高5.3个百分点。实施标准粮田建设、世行贷款节水灌溉、区域农技推广站、农产品质量检测中心、畜禽产品检测站等47个农业项目，完成投资3.5亿元，有力地改善了农业生产条件。全年粮食总产41.85万吨，比上年增长7.7%，新世纪以来首次突破40万吨大关，进一步巩固全省产粮大县地位。

科学发展示范村创建扎实开展。实施新民居建设、旧民居改造、中心镇建设“三大工程”，完成新民居建设和旧民居改造1700户，新建沼气池8950个，59个村实现“户户通”水泥路，累计在24个村推广了卫生厕所。新建改造农村公路96公里，群众出行更加方便。建成市级科学发展示范镇5个、科学发展示范村24个，创建文明生态村50个，文明生态村建成率达到71%，新农村建设展现喜人局面。

【城镇建设取得新突破】 组织实施10大类44项城市建设项目，完成投资19亿元，“一河两区”城市发展战略全面提速。一是北河新区开发正式启动。投资8822万元的北河大桥工程进入主体施工阶段，北河生态公园建设加紧拆迁工作。二是旧城区改造全面推进。西北街、东北街、谷家营等城中村改造顺利推进，王庄子、张士坎、松树等城中村的新民居建设成功启动，祥润花园小区建设基本完工，完成既有建筑节能改造5万平方米，党校旧址开发、百货大楼及其以东区域改造开始拆迁。小城镇建设力度加大，柏各庄镇中心区平改项目启动，回迁楼工程正在实施。三是城市基础

设施更趋完善。北环路立交桥加紧建设，污水处理厂主体完工，友谊路南段排水、祥和路新建、拆违区域硬化，集中供水、集中供热、集中供气等扩供工程顺利完成，县城综合交易市场、果菜批发市场投人使用。四是城市形象得到提升。积极开展“文明迎论坛、环境大提升”百日推进、交通秩序整治等专项行动，城市管理得到加强。成兆才大戏院竣工，友谊路景观大道完成创建，汽车交易市场、机动车A级检测站、蓝海大酒店等节点建筑顺利推进。

【社会事业统筹发展】 教育投入持续增长，投资1160万元，完成柏各庄初中、西城子小学等5所农村中小学校舍建设和特殊教育学校迁建，教学条件不断优化，顺利通过全省教育教学督导评估。文体广电事业蓬勃发展。投资300万元，新建8个镇级综合文化站、30个新农村书屋，顺利通过第二次全国文化先进县复查。大力弘扬传统文化，组织农民皮影团赴欧洲演出。积极推进全民健身运动，成功举办首届残疾人运动会、集体健身舞大赛等系列活动。有线电视网络改造和数字电视整体转换顺利实施，节目制作和播出质量不断提高。群众医疗条件进一步改善。投资5.3亿元的新县医院项目正在建设，司各庄、柏各庄等镇中心卫生院改扩建工程全部完成。积极开展“健康滦南，幸福人民”行动，手足口病、甲型H1N1流感等重大传染病防治扎实有效，第三轮全球基金艾滋病项目高质量完成，并争取到整合滚动项目，公共卫生保障能力实现较大提升。计划生育工作继续保持省、市领先。全县符合政策生育率达到97.47%。

【人民群众幸福指数持续提升】 社会保障能力不断增强，城镇和农村低保标准分别提高到每人每月285元和每人每年1300元。新型农村合作医疗参合率达到95.14%，城镇居民基本医疗保险覆盖率达到91%。城乡新型救助体系更加完善，“四个一百”助残工程圆满完成，各类困难群体得到有效救助。就业形势保持稳定，新增城镇就业4000人，援助就业困难人员4683人，实现“零就业家庭”动态归零。积极开展就业培训，有组织输出劳动力1.1万人。保障性住房建设顺利起步，配建经济适用房50套，新开工廉租住房1.4万平方米，低收入家庭住房补贴及时足额发放。和谐滦南建设取得新成绩，扎实开展安全生产“集中整治月”、“奋战六十天、安全迎国庆”等专项行动，保持较好的安全生产形势。继续规范食品药品市场秩序，保证群众饮食用药安全。推行“信访评议”工作模式，认真落实接访约访制度，畅通群众诉求渠道，积极推进积案化解，大量信访问题得到妥善解决。深入开展“三办一争”活动，构建和谐警民关系，活动经验被公安部在全国公安系统推广。广泛开展“普法依法治县”、法律援助“进社区、进家庭”活动，社会治安综合治理不断加强。

【干部作风转变取得实效】 扎实开展“干部作风建设年”活动，努力在抓落实上下功夫，政风、行风建设持续深入。坚持党委、政府系统集中学习制度，广大干部推进发展、改善民生、维护稳定的能力进一步增强。行政权力监控机制更加完善，村权运行监管得到加强。组织制定16个规范性文件，完善建设工程招投标、政府采购、专项资金监管等一系列制度。顺利完成工商管理体制改革，继续落实“零成本注册”、并联审批、超时默许等便民、惠民措施，行政服务环境进一步优化。积极推进行政权力公开透明运行，依托县政府网站和县图书馆，建设政府信息网上查询系统和公共查阅点，做到政务信息“常换常新”，方便群众的查阅和监督。主动邀请县人大代表、政协委员参加政府常务会议，自觉接受县人大及其常委会的依法监督，重视发挥人民政协政治协商、民主监督、参政议政作用，承办人大代表意见、建议和政协委员提案144件，有力促进政府工作水平的提高。

（刘占才）

县领导班子成员名单

中共县委书记：杨洁（女）
副书记：蔡洪魁　韦远东
常委：商振刚　张友利
刘胜祥（3月免）
史林友（3月任）
于广秋　蔡春奎
宋福安　李建华
王殿新
胡冬原（挂职7月任）
县人大常委会主任：杜珍
副主任：冯玉志　刘继海
苗贵生
白云泽（3月免）
县长：蔡洪魁
副县长：于广秋　蔡春奎
张怀良
卢翠娟（女）
于军　张云江
胡德宝
县政协主席：李玉鹏
副主席：陶顺福　赵瑞军
桑树军　毕仲仓

（孙庆武）

乡、镇、街道党政正职领导名单

乡、镇、街道名称	书记姓名	乡、镇长和办事处主任姓名
倴城镇	张树云（女）	洪学智
方各庄镇	毛俊安（7月免）　赵川波（7月任）	张文海（7月免）　杨树栋（7月任）
宋道口镇	杨建荣	姜伯民（7月免）　贾贵灵（12月任）
胡各庄镇	吴立东	郭庆选

姚王庄镇	刘兆宾	张宝宏(12月免) 张永胜(12月任)
坨里镇	赵川波(7月免) 张文海(7月任)	贾贵灵(12月免) 杨绍强(12月任)
扒齿港镇	戚玉福	姚向志
程庄镇	孙建立	张树文
青坨营镇	张拥军	王海岳
长凝镇	方君和	夏茂森
马城镇	王建东	杨树栋(7月免) 张晓振(7月任)
司各庄镇	李全在	鲁晓义
安各庄镇	王玉春	靳文义
柏各庄镇	吴桂学	曹保东
东黄坨镇	孟德军	刘素艳(女)
南堡镇	霍文旺	孙建明
柳赞镇	徐连群	赵广善
倴城街道办		崔东升(7月免) 姜伯民(7月任)

2009年滦南县各镇主要经济发展数据表

表一

单位	辖行政村、居委会(个)	人口	人口自然增长率(‰)	面积(平方公里)	耕地面积(公顷)	地区生产总值(亿元)
倴城	50	93360	1.54	84.3	5966	25.2
宋道口	65	52138	1.58	74.7	6161	16.2
长凝	45	34614	0.03	54.7	3441	11.2
胡各庄	33	36609	-0.22	58.2	5236	8
坨里	19	18916	-1.08	35.8	2476	4.2
姚王庄	28	17483	-2.21	20.08	1970	6.2
司各庄	59	44671	-0.68	100.7	7782	10.2
安各庄	29	25677	0.38	71.3	4804	6.1
扒齿港	42	38137	2.09	98.5	6902	8.8
程庄	47	51923	2.6	80	6811	13.5
青坨营	40	29193	-0.38	79.6	5989	6.6
柏各庄	45	47787	-3.53	79.6	5239	17.6
柳赞	5	13100	8.15	54.9	575	4.5
南堡	18	15262	6.85	275.7	837	5.6
方各庄	29	30507	-2.24	41.6	3769	7.5
东黄坨	17	16892	1.7	52.1	3082	3.7
马城	23	16532	1.75	20.3	1509	4.6

2009 年滦南县各镇主要经济发展数据表

表二

单位	一产增加值（亿元）	二产增加值（亿元）	三产增加值（亿元）	农民人均纯收入（元）	粮食总产量（吨）	固定资产投入（万元）
倴城	2.8	10.4	12	5963	25867	30005
宋道口	4	7.7	4.5	6285	46178	9132
长凝	2	5.2	4	6228	31187	9900
胡各庄	1.8	2.5	3.7	6131	30326	6065
坨里	1.2	1.1	1.9	5854	18330	4029
姚王庄	3.1	1.1	2	11531	7432	4000
司各庄	4.7	1.4	4.1	5121	40387	6130
安各庄	2.4	3	0.7	5676	19093	9450
扒齿港	3.8	2	3	5045	31719	7029
程庄	4.1	1.2	8.2	5388	41894	9690
青坨营	3.5	1.6	1.5	5420	20258	8060
柏各庄	4	8.7	4.9	6562	5897	11020
柳赞	1.8	1.5	1.2	7415	3162	4575
南堡	2.7	1.6	1.3	5626	7584	8000
方各庄	1.7	3.1	2.7	5352	23221	6080
东黄坨	1.8	1	0.9	5817	16731	4500
马城	1.3	1.1	2.2	5972	10395	5101

（刘占才　张浩洪）

乐亭县

【概况】　2009 年，县域辖 11 个镇 3 个乡，1 个街道办事处，533 个行政村，1021 个自然村，11 个社区。总面积 1308 平方公里，耕地面积 6.29 万公顷。总人口 49.7 万，人口自然增长率 0.76‰。实现地区生产总值 218.24 亿元，同比增长 15%；第一、二、三产业增加值分别达到 49.81 亿元、94.28 亿元和 74.15 亿元，同比分别增长 0.6%、22.9% 和 15.7%；民营经济增加值 201.22 亿元，占全县地区生产总值的 92.2%。完成全社会固定资产投资 120 亿元，同比增长 49.8%。全部财政收入 13.26 亿元，同比增长 15.2%。全县粮食总产量 31.7 万吨，棉花总产量 1630 吨；污染源治理重点项目 4 个，投资 3368 万元。年削减二氧化硫排放量 978.2 吨，化学需氧量 656.7 吨。规模以上工业企业产值综合能耗 0.595 吨标准煤/万元，下降 5.25%。城市空气质量等级二级以上天数 322 天。实现社会消费品零售总额 59.9 亿元，增长 15%；在岗职工年平均工资 29667 元，增长 12.4%；农民人均纯收入 7846 元，增长 8%；城镇居民人均可支配收入 16519 元，增长 12.2%；年末城乡居民存款余额 83.75 亿元，增长 22.2%。

【“重点项目攻坚年”活动成效突出】　在沿海一线谋划建设占地 120 平方公里的工业园，被省政府批准为首批最大的产业聚集区。高标准完成总体规划，同步推进专项规划，为科学开发建设夯实基础。临港产业聚集区累计完成基础设施投资 16.9 亿元，形成“三横四纵”路网框架，建成通车道路总长 25.15 公里，覆盖面积 40 平方公里。管网配套和绿化、亮化工程全面推进。长河、老米沟治理基本完工，京唐 220 千伏变电站建设进展顺利，三期供水项目具备开工条件。聚集区成为乐亭新兴产业发展高地和新兴工业重要平台，聚集区投产、在建或准备落户项目达 35 个。投资 5 亿元的华能风电一期工程 4.95 万千瓦机组并网发电；投资 298 亿元的旭阳循环经济产业园，一期工程年产 20 万吨二甲醚项目建成投产，二期工程年产 20 万吨苯加氢项目正在建设；中鼎机械轧辊、博诚铸造、同乐化工、榕泽钢材加工、佳龙钢结构等项目顺利实施；国电华北、国

电电力等电业巨头先后落户；唐山冀东氯碱公司搬迁、山东长星风电设备制造等一批洽谈项目取得实质性进展；远大物流、渤港物贸等规模企业建成运营，产业集群态势加速形成。年内争取中央无偿资金8847万元，到位8637万元，名列全市各县区之首。组建乐亭新区建设投资有限公司，进一步完善城市建设投资有限公司功能，积极拓展融资渠道，全年融资10.9亿元，为园区建设、城市发展提供强有力的资金支撑。成立专门招商机构，打造优越招商环境，开展一系列招商活动，招商引资取得成效。全年利用外资3186万美元，出口创汇7673万美元。

【农业农村工作全面健康发展】

在现代农业、新农村建设中，认真落实惠农政策，持续增加基础设施投入。投资近3000万元，完成滦河围埝加固、丁坝维修新建、险段护岸等工程，敷设地下管道20万米，安装机井IC卡536套，新增节水灌溉面积2.5万亩。乡镇农技资源有效开发利用，通过整合，新建综合服务站4个，一批新品种、新技术得到普及推广。集约化生产规模进一步壮大，设施果菜面积22.6万亩。建成16个规模奶牛养殖场，实际完成投资4218万元，占地1054亩，存栏奶牛10041头，规模化养殖比重达到98.1%。建成全省首家生物净化水产养殖车间2400平方米。农产品质量检测中心成为全省首家具备省级资质的县级检测机构，“汀香”甜瓜、日本对虾、南美白对虾获得国家无公害农产品标准认证。1个奶牛养殖场、4个规模养猪场通过省无公害畜禽产品产地认证。“乐新”果品成功打入沃尔玛等大型超市，农产品知名品牌达到40多个。昌华果汁、欧意金土三期扩建、恒瑞食品、诚成肥业建成投产。大力培育新型市场主体，新增专业合作社、协会56个。规范新建农村农资和日用品超市436家。通过国家商检部门认定的出口备案基地达到3万亩，订单生产基地5万亩。产业化经营率达到70%。建成文明生态村50个、村民中心105个，建设文体广场32个。改造农村卫生户厕1500座。新建沼气池8200个，成为全省农村沼气服务体系建设示范县。投资4439万元，新建改造县、乡、村三级公路202公里。投资758万元解决27个村群众饮水安全问题。大力培育新型农民，近万名农民获得“绿色证书”。

【县城扩容走在全市前列】　按照国家园林县城标准，以改善人居环境，打造生态宜居滨海城市为目标，全县上下艰苦奋斗，国家园林县城创建工作一役达标，并被授予河北人居环境奖。遵循“生态乐亭、绿色乐亭”的建设理念，按照“一核、一带、两轴，两环”生态景观系统规划，重点建设两路（高速公路连接线和金融街东西延）、六园（文园、乐安广场、古滦河生态公园、西生态园林、乐园、康润园）、五节点（五个城区出入口与环城路交叉口处的特色景观）绿化工程，建生态景观林205公顷，城市绿化精品工程32项、街头绿化小品工程54项、道路绿化改造工程33项，新增城市绿地286公顷，拥有各类公园、游园11座，大型公共绿地19处。建成区绿化覆盖率44.1%，绿地率40.3%，人均公园绿地面积11.2平方米。全县“园林单位”占70.4%，“园林小区”达到70%。随着国家园林县城建设，旧城拆迁改造掀起高潮，县城扩容走在全市前列，唐山市县城扩容现场会在乐亭县成功召开。以长河沿线、金融街东延区域和食品厂家属区为重点，累计拆除建筑15万平方米，腾清土地1000多亩，为城市建设拓展空间。重点工程建设有新突破，投资6亿元的乐港路改建实现主体通车。投资4000万元，对宝丰街、茂源街等10条城区道路进行大修，完成玉泉街、乐兴路和青乐公路、平青乐公路罩面。金融街东延区域安置住房和保障住房新增建筑面积34.5万平方米，大部分实现入住，御景嘉园高层住宅群启动建设。中医院新建工程完成框架结构浇筑1.1万平方米。既有建筑节能改造、大钊路示范街改造顺利完成。污水处理厂主体工程全部峻工，具备试运行条件。城区亮化设施进一步完善，亮化水平显著提高。

【旅游开发成绩明显】　投资2126万元，高标准完成李大钊纪念馆陈展改造，创建国家“5A”级景区工作扎实推进。“三岛”旅游景区开发力度加大，建成石臼坨岛（菩提岛）接待中心等工程，接待水平显著提高。滦河口生态旅游开发开始启动，总体规划编制完成。进一步明确乡村旅游发展定位，研究制定扶持措施，赵蔡庄、捞鱼尖、大黑坨等示范村建设取得阶段性成果。全年接待国内外游客157万人（次），实现直接旅游收入1.26亿元，创社会效益5.8亿元。

【社会事业协调健康发展】　社会保障体系进一步完善，城乡低保救助更加规范透明，保障标准大幅提高，城镇由每人每月205元调整到285元，农村由每人每年1200元提高到1400元，居全市各县区前列。通过降低起付线、提高封顶线、扩大报销目录、增加报销比例等措施，调整完善各类医保办法，新农合、城镇职工和城镇居民医疗保障水平大幅提高。新农合参合率达到99%，实际补偿率达46%以上。投资2000万元高标准建成姜各庄敬老院，投资290万元完成中堡敬老院扩建工程，五保集中供养率、供养水平得到提高。充分发挥慈善协会作用，广泛开展救助活动，改善弱势群体生活，投资210万元，为160户残疾人和50户贫困家庭改造、翻修住房。就业再就业工作扎实推进，城镇新增就业5200人，下岗失业人员再就业2900人，转移农村富余劳动力1.1万人。教育卫生事业稳步发展，投资2000万元，完成新戴河初中、三小、姜各庄初中等7所学校校舍新建扩建；投资1600万元，为全县中小学配备现代化教学设备，顺利通过省政府义务教育督导评估。教育教学水平持续提高，高考二本以上上线率居全市各县区前列。职业教育为全县培养大批实用人才。投资642万元，完成汀流河、新寨等6所卫生院新建扩建，全县14所卫生院标准化建设全部达标，被评为省级“标准化规范化乡镇卫生院建设先进县”。336个村卫生室实现标准化达标。公共卫生服务、甲型H1N1流感预防、食品药品监管等项工作取得明显成效。文体广电事业有较快发展。成功举办全民运动会。

新建扩建14个乡镇文化站全部达标，为46个村添置文体器材。整理挖掘《老呔商帮创业史》，录制乐亭大鼓、乐亭皮影经典唱段，传统文化得到传承和弘扬，被命名为“中国曲艺之乡”，《乐亭皮影》获全国电视戏曲“兰花杯”奖。举办社区文化艺术节，组织开展千场大鼓、百场皮影进乡村活动，丰富群众文化生活。发展闭路电视村50个，新增城乡用户8000户，数字电视调转工程启动实施。深入开展计划生育专项治理，落实惠民政策，符合政策生育率达到98%以上。“全国双拥模范县”地位进一步巩固提高。

县领导班子成员名单

中共县委书记：苗德成
副　书　记：李　忠　徐昌盛
常　　　委：任玉宝　张加力
　　　　　　刘彩恩　于　红
　　　　　　刘克金
　　　　　　安爱军（女）
　　　　　　张国勇
　　　　　　孙自生（5月任）
县人大常委会主任：孟宪福
副　主　任：张国福
　　　　　　张艺侠（女）
　　　　　　苑义华（女）
　　　　　　任春成（2月任）
县　　　长：李　忠（2月任）
副　县　长：张加力　刘克金
　　　　　　张月仙（女）
　　　　　　徐文辉
　　　　　　薛树滨（6月免）
　　　　　　李　春
　　　　　　赵长玺（6月任）
　　　　　　杨占国（6月任，挂职）
县政协主席：郑　银
副　主　席：王庆福　赵春祥
　　　　　　毋春华（女）
　　　　　　赵长玺（2月任，6月免）

乡、镇、街道党政正职领导名单

乡、镇、街道名称	书记姓名	乡、镇长和办事处主任姓名
乐亭镇	李　强	徐少坚
毛庄镇	宋东永	张永超
汤家河镇	赵利明	张丽杰
胡家坨镇	翟新村	王运华
王滩镇	王剑秋	李大海
阎各庄镇	郭政祥	肖仲学
马头营镇	付　奎	张永新
新寨镇	焦东民	王利民
庞各庄乡	曾庆学	张永涛
大相各庄乡	郑洪涛	董双福
古河乡	马立存	张继光
汀流河镇	裴建忠	骆建永
中堡镇	艾锡宏	张福民
姜各庄镇	王学兵	白建新
乐安街道办	陈　武	赵荣华

2009年乐亭县乡镇、街道概况和主要经济指标统计表

表一

单位	辖行政村、居委会（个）	人口	人口自然增长率（‰）	总面积（平方公里）	耕地面积（公顷）	地区生产总值（亿元）	一产增加值（亿元）
乐亭镇	73	51386	-0.86	93.1	6585.8	24.38	5.33
毛庄镇	39	32181	0.12	86	4878	10.91	2.61
汤家河镇	36	27200	4.94	95.5	4825	9.23	2.27

胡家坨镇	24	21861	0.05	50.9	3642.6	7.62	2.06
王滩镇	54	49110	2.04	168.5	6859.4	18.1	6.82
阎各庄镇	41	35896	0.11	68.2	4933.5	12.95	4.95
马头营镇	32	29794	-3.34	93.1	3776	7.29	3.39
新寨镇	27	25997	2	39.6	2984.8	7.65	2.34
庞各庄乡	22	21704	-2.25	37	2925.7	6.43	3.89
大相各庄乡	26	21561	0	38.9	2976.7	8.38	2.93
古河乡	25	22205	-4.35	62	3318.8	5.98	2.62
汀流河镇	31	26755	2.73	67	3371.3	59.08	3.49
中堡镇	33	32406	3.09	86.4	4385.3	7.7	3.05
姜各庄镇	70	50052	1.68	211.2	6913.2	16.44	5.69
乐安街道办	11	44859	5.38				

2009年乐亭县乡镇、街道概况和主要经济指标统计表

表二

单位	二产增加值（亿元）	三产增加值（亿元）	财政收入（万元）	财政支出（万元）	农民人均纯收入（元）	粮食总产量（吨）	固定资产投入（万元）
乐亭镇	8.97	10.07	3635	3635	8072	31692	16100
毛庄镇	4.13	4.17	849	650	7832	29517	4530
汤家河镇	1.47	5.49	597	597	7831	15100	4340
胡家坨镇	0.92	4.64	901	1053	7829	7210	4009
王滩镇	3.18	8.1	1576	1576	8018	52420	4600
阎各庄镇	1.94	6.07	1010	1010	7832	14396	4000
马头营镇	0.78	3.12	711	757	7702	28844	4211
新寨镇	0.71	4.59	524	524	7900	12993	4040
庞各庄乡	0.71	1.82	831	681	7739	2976	4800
大相各庄乡	3.33	2.11	629	629	7698	14981	4057
古河乡	1.87	1.5	648	648	7738	24948	5300
汀流河镇	53.17	2.41	866	575	7688	13391	5815
中堡镇	1.07	3.58	971	971	7977	21018	4699
姜各庄镇	6.52	4.23	1124	1124	7686	46560	5912
乐安街道办							

（任春耕）

唐海县

【概况】　唐海县位于河北省东北部，唐山市东南部。南至渤海北岸，北邻滦南县，西部与丰南区接壤，东部与乐亭县相连。是曹妃甸新区的重要组成部分，曹妃甸新区管委会所在地，也是冀东经济板块的核心区域。县人民政府驻地唐海镇，位于县境中偏北部，距唐山市55公里，距河北省省会石家庄367公里。距天津市120公里，距秦皇岛市150公里。全县土地总面积960平方公里，其中陆域面积732平方公里，海域面积228平方公里。海岸线总长9.1公里。全县下辖10个农场，2个海水养殖场和一个建制镇（唐海镇与二农场一套机构，两块牌子）。有144个自然村，全县总人口14.2万，人口自然增长率1.32‰。全年完成地区生产总值61.5亿元，同比增长18%，其中第一、二、三产业增加值分别完成12.5亿元、24.4亿元、24.6亿元，分别比上年增长2.5%、23.9%、和21.5%，经济结构由2008年的21.9∶38.8∶39.2调整为20.3∶39.7∶40，一产比重下降1.6个百分点，非农产业比重上升到79.7%。全部财政收入8.28亿元（国税3.5亿元；地税3.6亿元；地方财政1.17亿元），增长20.1%，其中一般预算收入3.7亿元，增长22.4%。财政支出6.82亿元，增长10.8%，全社会固定资产投资82亿元，增长96.7%。城镇居民人均可支配收入16580元，增长10.3%，农民人均纯收入7878元，增长15%。职工年平均工资8217元。年末城乡居民存款余额150.9亿元。全县实现社会消费品零售总额15.2亿元。民营经济实现增加值34.8亿元。全年落实农作物播种面积34.8万亩，其中水稻播种面积27.2万亩，粮食总产量19.8万吨，增长4.8%；生猪出栏26万头，增长33%；落实海淡水养殖面积14.4万亩，下降4%，海淡水产品总产量6.2万吨，增长4.3%；全年农林牧渔业总产值达23亿元，增长2.5%。淘汰落后产能工作扎实；节能减排成效显著，其中淘汰落后水泥生产能力20万吨，对唐山昌盛纸业有限公司等6家造纸企业实施关闭。COD、二氧化硫消减率为30.6%和7.3%，分别消减695吨和102吨，万元工业增加值能耗同比下降10.56%，城市空气质量二级天数321天。

【首届“曹妃甸论坛会址建设百日攻坚战”获全胜】　按照市委、市政府部署要求，为确保首届曹妃甸论坛举办成功，在不足三个月的时间内投资4亿元，完成曹妃甸国际会所、湿地迷宫、曹妃湖岸线景观整治、国内第一座电动汽车快速充电站等5大项17小项基础设施建设任务，被省、市主要领导分别誉为“创造了历史的奇迹”和“新唐山速度”。同时，集中进行城乡环境综合整治、社会安全稳定和人文环境大提升三大工程，营造整洁靓丽、和谐稳定的社会环境。通过曹妃甸首届论坛的举办，提高唐海的知名度、美誉度和国际影响力，也从真正意义上开启唐海走向世界、跻身国际舞台的大门，在论坛结束后的短短两个月时间里，先后有国内外80多个团组、1000余人前来参观考察。先后促成唐海县与上汽集团、华电集团、中冶集团、中信集团、荷兰德和威公司等国内外大企业、大集团的深层次合作。

【“工业唐海”迈出坚实步伐】　以园区开发和项目建设为突破口，坚持“工业立县、工业强县、工业富县”理念，把临港产业园区建设作为“调结构、促转型”的重要依托，成功运作“管委会+公司”管理机制，在高标准完成临港工业园区总体规划和专项规划的基础上，积极探索现代融资模式，投资4亿元推进起步区水、电、路、气等基础配套工程，园区发展条件和承载能力大幅度提升，成为工业唐海建设的有效平台。按照打造冀东经济区的构想，先后配合承德、秦皇岛两市启动40平方公里临港产业园区开发。把重点项目作为“调结构、促转型”的有效载体，依托园区平台，全年实施重点项目67个，其中投资10亿元以上的10个，5亿元以上的17项，亿元以上的项目成为项目建设和投资工作的重点，全年完成投资54亿元。大昌货物仓储中心及铁路专用线、河北文丰ERW焊管等项目完工投产，金能锂电池项目试车生产；海天能源新城、太阳能建筑节能一体化等项目落地开工，华电国际热电联产、渤海明珠国际汽车城和技工学校等项目相继签约，成为工业唐海建设的重要战略支撑；家电产业园、生物制药园等项目深入洽谈，燕郊机械、沃山福太阳能等6个项目可望在2010年竣工投产。同时，开展大规模对接“长三角”、“珠三角”，对接京津冀等招商推介活动，把招商引资作为“调结构、促转型”的重大举措，相继设立深圳、上海招商办事处，先后达成投资意向20余项，协议金额超过600亿元，成为打造“工业唐海”的强大引擎。同时，为支持和引导中小企业健康发展，县财政再次拨付专项资金2000万元，使创业基金总量达到3000万元，用于启动中小企业贷款信用担保业务，解决中小企业融资难题，一系列财政资金的投入，提高城市承载能力，优化投资置业环境。

【“滨海城市”建设取得显著成果】

按照城镇面貌三年大变样战略部署，坚持把城市化作为扩大内需、提升人民幸福指数的重要途径，采取国际竞标等多种形式，加速编制城市总体规划、控制规划及各类专项规划。聘请国内外知名院所高起点编制完成《唐海县城市总体规划（2008～2020年）》并获市政府批准实施，“滨海城市”框架初步确立，实施城市建设重点工程36项，完成投资28亿元。唐海路翻建、城区雨污分流管网、城区排水管网改造、城南热力站新建等一批群众关注的基础设施项目投入使用，环城路网、水厂增容、农副产品市场建设项目进展顺利，化工里、滨海里小区改造启动回迁，宏坤馨港、海奥公寓、唐海明珠等住宅小区和金莎国际购物广场等高档商务设施相继完工，年内新增商品房面积63万平方米。强力开展城乡绿化攻坚行动，曹妃甸森林公园、迁曹公路景观廊带工程全部竣工，城区绿化覆盖率达到41%，城乡人居环境质量跃居全市前列。以首届曹妃甸论坛举办为契机，借势加快曹妃甸国际生态城西区开发，曹妃甸湿地被评为国家4A

级旅游景区，渤海国际会议中心荣膺“五星级旅游饭店”，中国老年连锁公寓、国际艺术家小镇等高端服务业项目稳步推进，国际湿地博物馆、金熊二期等旅游地产项目深入洽谈，湿地公园成为滨海城市建设的一张靓丽名片。

【人民幸福指数继续攀升】 全面推进改善民生工程，如期办好12件实事。投入1000万元用于支持廉租房建设，600套廉租房正在加紧建设中，此举将有效缓解低收入群体住房困难；94户农村特困家庭喜迁新居；全年就业创业培训1.55万人次，实名制劳务输出3500人，城镇登记失业率控制在3%以内，实现“零就业家庭”动态归零。县财政拨付资金4213万元，用于场镇居民养老保险、新型农村合作医疗、城乡居民最低生活保障和五保供养水平提高标准，场镇居民基础性养老金、养老保险金每人每月分别提高到100元和166元，达到全省领先水平。发放各级劳模津贴17.6万元，企业离退休人员调资全面完成，新农合筹资标准每人每年达到200元，居全市前列；建立新农合大额补充医疗保险制度，大病报销封顶线由3万元提高到15万元。“健康唐海，幸福人民”行动全面展开，投资2660万元用于县医院新址建设，投入资金825万元支持“健康唐海、幸福人民”行动，在全市率先实施全民免费体检，为50名白内障患者和10名重症精神病患者实施免费医疗救助。财政拨款603万元，用于保障场镇卫生院运转，方便场镇群众就医看病，贫困大学生和低保家庭大学生助学救济全面落实。将城乡最低生活保障由每人每月205元统一提高到每人每月285元，全县享受城镇低保对象4694人，累计发放最低生活保障金992.3万元。

【社会环境更加文明和谐】 继续加大教育投入，促进教育事业健康发展。全方位改善办学条件，投资1905万元用于县第二小学搬迁和第三中学新建，严格执行义务教育阶段国家公办学校生均公用经费标准，对中等职业技术学校学生发放助学金，免除普通高中公助生学费，12年免费教育全面落实。学前教育跃居全市一流，义务教育实现均衡发展，高考成绩跨入市级先进行列，县职业教育中心被命名为国家重点职业学校和技工学校。科技工作成果显著，连续两年被评为“全国科技进步考核先进县”。卫生事业全面发展，县医院新院即将投入使用，场镇卫生院提标改造、村队卫生室规范化建设全面完成，城乡医疗服务水平明显提高。创新流动人口管理机制，扩大奖励覆盖人群，人口和计划生育工作跃居全省前列。坚持节约用地，整理土地6.3万亩，争取用地指标5079亩，“为工业唐海、滨海城市”建设提供有力支撑。深入实施生态环境综合治理和节能减排集中攻坚，万元GDP能耗降低率达到6%。

抓住论坛举办的有利时机，组织开展市民素质大提升工程和第六届全民运动会，全面加强公民的思想道德教育，扎实推进精神文明建设，人民群众的文明素质和市民意识明显提升。强化舆论宣传，塑树外宣品牌，“工业唐海，滨海城市”建设成果全面展示。创造健康和谐、聚力发展的浓厚氛围。落实领导干部接访、下访、陪访制度，狠抓隐患排查、解决问题和健全机制三项重点，各类社会矛盾得到有效化解。建立重大决策风险评估机制，严格落实安全生产主体责任，健全完善监控防范体系，有效防止重大安全事故发生。深入开展食品药品专项整治，投入突发公共卫生事件防控资金120万元，全力抓好手足口病和甲型H1N1流感防控，确保人民群众身心健康。在全国县级单位率先编制完成《灾害调查与重点区域综合防灾减灾规划》，开展群众性防灾减灾集中演练，应对突发性公共事件的能力不断提高。

【农业基础地位进一步稳定巩固】 全面落实惠农政策，推动城乡协调发展。投资6458万元用于农建支出，争取农业开发资金610万元，大力支持发展现代农业，使农业的基础地位进一步巩固。融资2612万元用于人畜饮水安全和重点水利工程项目，有效缓解农村基础设施建设工程资金不足的难题。发放种粮补贴资金2558万元，良种补贴资金502万元，其它涉农补贴金221万元，调动农民群众的种粮生产积极性，全县500亩以上的种植大户达到22户，其中1000亩以上的9户，规模以上养殖园区达到5个，水稻新品种覆盖率达到60%以上，机械化作业面积近16万亩。唐丰米业、三旺食品等农业龙头企业联接市场、带动农户的作用得到加强，有效提升农业运行质量和综合生产效益。大力支持村级公益事业发展，上报一事一议财政奖补项目102个，争取上级资金269万元，落实配套资金1276万元，十一个场镇全部受益。同时，做好家电、汽车下乡工作，受理家电、汽车下乡补贴产品6033台、辆，兑付财政补贴资金511万元，申报资金对付率100%，居全市首位，累计拉动消费4877万元，农民的生活质量和整体购买能力大幅提高。

【行政效能得到全面提升】 深入推进自身建设和管理创新，政务工作自觉接受县人大的法律监督、工作监督和县政协的民主监督，党务、政务自觉接受社会监督和舆论监督。全年办理人大代表建议67件，办结率和满意率均为100%。全面落实《政府信息公开条例》，扎实推进行政权力公开透明运行，在全市率先开通政府信息网络公开查询系统和民生热点问题解答系统，进一步增强政府的公信力和透明度。深入实施“五五”普法规划，成立政府法制专家咨询委员会，坚持重大决策专家咨询、重大事项社会公示和听证制度，政府依法决策、科学决策、民主决策水平进一步提高，以“干部作风建设年”活动为载体，以公务员队伍建设为重点，狠抓政风行风建设，健全惩治和预防腐败体系，强化审计监督和行政监察，严肃查处违法违纪案件，树立勤政为民、高效廉洁的政府形象，锻造出“敢打必胜，团结奋进，追求卓越，敢于争先”的会战精神，被省作风办誉为“作风建设的楷模，科学发展的典范”。

县领导班子成员名单

中共县委书记：姚自敏（兼中共唐山市委常委、曹妃甸新区党工委书记、管委会主任）

副　书　记：李建新　李可春

常　　　委：王瑞天　李金生

杨建文　刘汉义
李丽（女）
杨靖山
艾文志　孙志东
县人大常委会主任：丁国富
副　主　任：张　印　孙武勋

刘建敏　高树文
县　　长：李建新
副 县 长：李金生　杨靖山
周顺增　李季莲
李全民　刘子阳

张永鹏　邢士彦
县政协主席：王金生
副　主　席：孙志广　艾文国
何宝云　王立功
孙兆品

镇和农场、养殖场党政正职领导名单

镇和农场、养殖场	书记	镇、场长
唐海镇	孟晓存	解立新
一农场	李学军	韩武庭
三农场	张会生	高庆良
四农场	吴秋波	杨建军
五农场	张秀山	丁增林
六农场	侯树军	孙树林
七农场	李东山	王宪忠
八农场	谭　剑	杨旭东
九农场	马万里	李全志
十农场	孙秘珍	李文武
十一农场	郑树森	孙素慧
八里滩养殖场	艾文国（9月任）	刘胜民（9月任）
十里海养殖场	张秀山（兼）	李继顺（9月任）

（刘玉峰）

编纂　许忠　李晓东

模范人物

2008—2009年度新唐山建设卓越功勋奖获得者

编号	姓名	性别	出生年月	文化程度	单位及职务	主要成绩	备注
1	王新春	男	1963.02	中专	市编办主任	任南湖生态城建设指挥部总指挥期间，带领南湖生态城建设大军，充分发扬“白加黑、五加二”、不怕苦不畏难的拼搏精神，倒排工期，挂图作战，明确时间节点，用短短一年多的时间，完成地震遗址公园、垃圾山、南湖扩湖景观绿化和环湖景观公路、市民广场建设，将昔日城市“疮疤”嬗变为城市中央生态公园，成为化腐朽为神奇的典范，受到中央和省市领导的充分肯定和全市干部群众的赞誉。	2008年度推荐
2	刘子阳	男	1970.10	大学硕士	唐海县建设规划局局长	创新城市开发建设投融资模式，引进100亿元战略投资实施县城扩容开发。发现蒙冀铁路曹妃甸新区段专线对新区一体化发展存在不良影响后，积极争取铁道部等相关单位改变蒙冀铁路规划方案，确保新区腹地完整性，为唐海未来扩充城市建设保存用地50平方公里。充分发扬敢于承担、敢于超越的曹妃甸精神和“白加黑、五加二”作风，仅用84天时间，圆满完成曹妃甸国际会所、湿地迷宫、曹妃湖岸线改造提升等基础设施建设任务，被市委市政府评为“首届曹妃甸论坛组织工作突出贡献个人”。	2009年度推荐

3	张增光	男	1959.10	工程硕士	冀东发展集团有限责任公司党委书记、董事长	公司综合实力显著增强，发展成为中国北方地区规模最大、效益最好、综合竞争力最强的大型水泥企业，为国家重点支持的12家大型水泥企业集团之一，成长潜力居国内第一。2008年完成工业增加值20.64亿元，实现利润总额4.9亿元，实际上缴税金5.92亿元，分别占市属骨干企业总和的89%、57%和59%。2009年1－11月份，水泥产量同比增长43%；实现收入77.8亿元，同比增长40%；利润13.5亿元，同比增长160%。被省委省政府评为“双三十”承诺企业中惟一一家“节能减排目标考核优秀单位”，获“河北工业大奖”。个人先后被评为全国、省、市三级劳动模范、省优秀党务工作者、省杰出企业家。	2008、2009年度推荐
4	孙文仲	男	1966.08	研究生	唐山港口实业集团有限公司董事长	先后完成与华能、国投、中煤等大型企业在能源战略性项目上的合作与建设，短时间内扩大港口规模和实力，提高国际同行业中的影响力和市场竞争力。2009年京唐港区吞吐量突破1亿吨，同比增长38%，京唐港成为全国第15个亿吨大港，居全国沿海港口第17位，各项经济指标创历史新高，预计全年收入16亿元，利润3亿元。个人先后获得全国五一劳动奖章、省青年五四奖章、2008河北经济年度十大风云人物等荣誉称号，被省政府授一等功。	2008、2009年度推荐
5	于　勇	男	1963.10	工学博士	唐山钢铁股份有限公司总经理	享受国务院特殊津贴专家，全国五一劳动奖章获得者。积极推行精细化管理，产品结构和质量明显改善，企业竞争力显著增强，公司全年实现挖潜30多亿元，在受金融危机影响，全国钢铁企业大面积亏损的情况下，2009年实现利润12亿元。建成华北最大的工业废水处理中心，完成对省政府的节能减排承诺。扎实推进企业科技进步，打造精品唐钢，全年组织完成技术开发及科研成果65个，获得专利47项，开发焊瓶钢、预应力钢丝等11个新品种。	2009年度推荐
6	张文学	男	1956.11	博士研究生	开滦（集团）有限责任公司董事长、党委书记	党的十七大代表、全国劳动模范、享受国务院政府特殊津贴专家、省管优秀专家。针对开滦实际，构建“一基五线”产业格局，经济效益大幅提高，2009年中国企业500强中跃居第182名，比2008年上升109位。2009年1－11月份，原煤产量完成3600万吨，增幅24.6%，实现利润9.3亿元，同比增加2.2亿元，增长幅度在全国同行业位居前列。组织指开发开滦国家矿山公园，促进百年开滦企业文化建设，弥补唐山历史文化和工业旅游的空白。	2008 2009年度推荐

7	王惠文	男	1943.09	中专	唐山惠达陶瓷（集团）股份有限公司董事长	把一个小作坊发展成为拥有总资产14亿元、年产卫生陶瓷800万件的全国陶瓷行业领军企业，先后荣获全国优秀企业家、全国劳动模范、全国五一劳动奖章、全国陶瓷行业十大影响力领军人物等荣誉称号。产品相继荣获“中国驰名商标”、“中国名牌产品”、“国家免检产品”。面对国际金融危机的影响，企业保持良好的经营形势。2008年企业实现销售收入9.6亿元，出口创汇9100万美元，实现利税2.3亿元。2009年1至11月份，企业实现销售收入8.5亿元，出口创汇7000万美元，实现利税2.3亿元。	2009年度推荐
8	陈述庭	男	1962.05	大学	遵化市林业局副局长	板栗专家，享受国务院特殊津贴，多次承担国家、省市科研项目，先后主持多项国家、省级重要科技项目，有5项成果达到国际先进水平，9项获省级科技进步奖。培育出“紫珀”、“遵玉”两个适宜矮密栽培的板栗新品种，成功解决板栗密植的课题，每年可为全市果农增收5000万元以上。先后获得“全国星火科技先进工作者”、“河北省优秀科技工作者”、“河北省有突出贡献中青年专家”、“省政府二等功”等多项荣誉。	2009年度推荐
9	孙帮成	男	1963.10	大学	唐山轨道客车有限责任公司总工程师	享国务院政府特殊津贴专家，曾主持国家863课题、国家科技支撑项目，获国防部科技进步二等奖、省科技进步一等奖。作为CRH3高速动车组项目的技术负责人，将CRH3高速动车组九大关键技术，十项主要配套技术进行全面消化和吸收，推动国产化进程。对牵引、制动、受流性能等28个方面72项运行试验进行分析，推进CRH3高速动车组自主优化设计，保证CRH3动车组保持安全稳定高速运行。	2009年度推荐
10	王学龙	男	1968.07	研究生	迁安市沙河驿镇党委书记	带领镇村两级干部和唐庄子村群众，以建设城乡一体化示范村、实现城乡等值化发展为目标，突出“生态、节能、环保”理念，探索出唐庄子村“一顶、一墙、一能、一炕、一沼卫、一灶”的“六个一”新农居创建模式，被确定为唐山市60个科学发展试验示范模式之一，在全市推广，受到中央、省、市各级领导的高度评价。多次进京赴港，跑相关部门，成功引进全国百强物流企业——中铁联合物流公司，投资3.5亿元项目落地开工。	2008年度推荐

2008—2009 年度新唐山建设特别贡献奖获得者

姓名	性别	出生年月	文化程度	单位及职务	主要成绩	备注
神泽章	男	1949.07	大学	住友重机械（唐山）有限公司董事长	住友重机公司于2009年6月投产，生产工业用减速机1400台，全部销往欧洲、台湾等国家和地区，实现销售收入1.2亿元，利税1700多万元，成为开平装备制造产业园区支柱企业。积极发挥桥梁纽带作用，大力宣传唐山市和开平区投资环境，先后引进日本两家株式会社在唐山设立商贸公司，两个超亿元项目在开平区落地开工。	2008、2009年度推荐
丁野博	男	1949.08	大学	唐山爱信汽车零部件有限公司总经理	日本人。在金融危机和集团其他投资项目暂缓的情况下，主动采取有效措施，保障爱信汽车零部件项目的建设。投资8800万美元的爱信汽车零部件二期项目2009年3月正式开工建设，进展顺利。致力于唐山市政府与日本方面的交流，发挥桥梁作用。	2009年度推荐

（王德明）

【全国五一劳动奖章获得者】

高庆生 男，汉族，58岁，大专，中共党员。中铁十八局二公司滇东电厂项目部经理，工程师。2003年主持滇东电厂项目部工作以来，他把全部身心投入到项目部发展壮大工作中，引领滇东电厂项目部走出一条重信誉、高质量、创效益的改革发展之路，为企业创造可喜的效益和成果。他从一个施工任务仅670万的小项目做起，从小做大、滚动发展，累计承揽工程总值近3亿元，完成总产值2.2亿元，上交公司利润、管理费及三金3600万元，仅2007年和2008年就上交公司1500万元。形成集路桥、房建、土石方、水暖通、输煤输水等为一体的具备综合施工能力的项目部。如今，滇东电厂项目部自承自揽的在建工程有路桥、储灰场、补给水、房建等10余项工程，总值近1亿元，成为公司实现效益最理想的项目之一。他秉承“重信誉、高质量，为顾客提供满意的优质产品”的宗旨和“以人为本”的管理理念，兢兢业业，埋头苦干。身体承受着高血压、冠心病、糖尿病、呼吸暂停综合症等劳累病和兵转工前留下的Ⅱ期矽肺等职业病的巨大折磨，忠诚实践企业项目管理改革发展的道路，在国内外建筑市场效益普遍下滑的情况下实现效益的持续增长，为企业项目管理改革树立了榜样。在高庆生同志的带领下，滇东电厂项目实现健康的可持续发展，项目部年年被上级评为先进，08年项目部获唐山市“工人先锋号”，他本人获天津“十五”立功奖章、集团公司劳动模范、河北省“五一”劳动奖章等荣誉称号。

解光第 1953年6月出生，中共党员，大专文化。唐山市地方税务局党组书记、局长。解光第同志以服务地方经济为根本，大力组织税费收入，在他任职的五年间，全系统税费收入大幅快速递增，由2003年的49.57亿元增加到2008年的178.07亿元，增长359%。他积极推进征管创新，开展堵漏挖潜、深化纳税评估，在全省率先推行多元化电子缴税，实施“一窗式”服务，办税质量实现质的飞跃。他创新管理理念，提出廉政文化与地税文化建设相结合的治队思想，唐山地税局作为全国税务系统唯一单位代表参加全国廉政文化现场会，成功承办2008年全国税务系统文化建设论坛。他关注民生，率先垂范，发起并组织开展“千百十”帮扶活动。全系统共筹措投入帮扶资金600余万元，交纳特殊党费48万元，先后帮扶了31个村队、215户贫困家庭和1097名贫困学生，并向四川地震灾区奉献一片爱心。在他的带领下，唐山地税局先后荣获全国“五一”劳动奖状、“全国税务系统文明单位”、“全国精神文明建设先进单位”等荣誉，市委、市政府为地税局记振兴唐山集体一等功。解光第本人曾获省“优秀县级领导干部”、市劳动模范称号。

李玉璐 男，汉族，1973年8月生，群众，中技学历。北车集团金蓝领，高级技师，全国技术能手。先后获得河北省五一劳动奖章、河北省能工巧匠等荣誉称号，现任唐山轨道客车有限责任公司铝合金分厂车体底架前端一班班长。在时速350公里动车组生产中，他第一批被公司选拔赴德国进行铝合金车体技术培训，并以优异成绩学成归国，担当起动车组铝合金车体生产制造任务，负责动车组司机室底架前端的制造。李玉璐结合生产实际，进行大胆革新创造，攻克67项技术难关，推进了高速动车组铝合金车体国产化进程。高速动车组铝合金车体的焊后零部件的尺寸变形很难控制，为了解决这一难题，李玉璐在实践中摸索，从大量的测量结果中得出变形量和收缩量，从不同板厚的材料到不同焊接参数，反复实验，并加以提炼整理，最终总结出一套

完善的防变形理论数据，成为公司铝合金车体生产的主要技术依据。李玉璐所创造的防变形技术参数已列人工艺技术标准。铝合金车体焊缝打磨关系到变形应力的消除，直接关系着动车组的运行安全。经李玉璐打磨的焊缝表面光洁，无裂痕、气孔等缺陷，提高效率20%，被命名为“李玉璐焊缝打磨法”。这一方法已推广应用到整个铝合金车体的生产过程中，员工们有了可参考的标准，产品质量稳定提高。李玉璐精湛的技艺赢得了西门子专家的尊敬，他所带领的班组，被全国总工会授予“工人先锋号”光荣称号。

林玉泉　男，汉族，38岁，大学本科文化，中共党员。唐山冀东水泥股份有限公司技术开发中心电气设计室主管，电气自动化高级工程师。林玉泉同志负责公司技术开发中心电气室工作。近年来，他率领电气室完成了多个重点项目，其中有：内蒙古冀东水泥200万玉泉水泥粉磨站工程、冀东磐石公司年产30万吨水泥粉磨站工程、冀东（海德堡）扶风公司30万吨粉磨站工程、集团公司内粉磨站提产改造（加打散机）项目。2007年冀东水泥丰润三期项目同期建设3条日产5000吨熟料水泥生产线，这是目前集团公司乃至国内规模最大的水泥建设项目。他负责组织SIEMENS、ABB等多家世界知名公司来公司进行技术产品交流，并有针对性地对海螺水泥等国内几家知名水泥企业进行了产品应用考察。提出了一套SIEMENS全集成自动化水泥生产控制的设计方案。6月份到北京西门子总部进行设计论证并进行模拟试验。2007年底至2008年6月份，三条熟料线的电气控制系统进行安装调试成功。完整的SIEMENS全集成总线型控制方案，在国内应用尚属首次，在国际同行业中也属于领先地位，是目前熟料水泥生产线最佳的电气和自动化解决方案。林玉泉2007年荣获全国建材行业劳动模范。

刘会肖　女，汉族，39岁，大学本科学历，唐山市市政工程环境卫生管理处环卫管理科高级工程师。刘会肖同志从事环境卫生管理工作多年来，始终坚持以人为本，勤勤恳恳、尽职尽责，利用自己所学专长，开创性地开展工作。一是通过实施长效化管理和精细化管理，标本兼治，强化服务，提升了全市环卫工作质量。二是推进环卫改革，完善配套法规政策，引导和培育环卫作业实体，拓宽与环卫相关的产业和服务领域，推进环卫作业市场化，实行企业化运作。三是全面加强作业程序、作业标准、作业成本的科学核定，探索各种环卫设施、车辆设备的有序调度和科学养护方式，提高经济效益。四是积极推进市区县环卫设施的建设，牵头建设了市中心区垃圾卫生填埋场、垃圾转运站，参与指导医疗垃圾处理厂的谋划建设、市及各县国家卫生城市的创建工作，全面推进了十一五规划环境卫生项目的建设。在刘会肖同志的带领及全行业的共同努力下，唐山市环卫工作取得了骄人成绩。1991—2008年，连续14次被评为河北省城市环境卫生综合整治先进城市，并获“燕赵杯”金奖；2004年获河北省爱国卫生先进单位和唐山市爱国卫生先进单位；2005年被建设部评为全国城市市容环境卫生先进集体“十佳标兵”，并获“时传祥奖”；迁安市、滦南县成功创建国家级卫生县城；宝洁医用垃圾处理场项目获“河北省人居环境奖”；2008年市垃圾填埋场、迁安垃圾填埋场分获建设部评定的一级和二级无害化垃圾填埋场。刘会肖同志个人也多次获得省、市级先进个人称号、被评为市级优秀党员，两次荣立三等功，多次获得嘉奖。2004年获“全国建设系统先进工作者”称号。

孙文仲　男，汉族，43岁，研究生学历，中共党员。唐山港集团股份有限公司董事长，高级经济师。孙文仲率领京唐港团队投身曹妃甸新区劳动竞赛，夺取京唐港科学发展新胜利。2008年，完成吞吐量7645万吨，同比增长60.9%，超全国沿海港口增幅48个百分点。与此同时，集装箱泊位、液化码头等一批大项目落户、建设或投产。京唐港成为中国最具发展活力的港口之一。2008年，唐山港集团公司实现收入8.34亿元，同比增长10%；净利润1.50亿元，同比增长12.12%。上缴税金1.50亿元，同比增长21%。企业效益和社会贡献显著提高。公司总资产34.7亿元，比2007年净增15.3亿元，增长率达78%；净资产为15亿元，比2007年净增3.4亿元，增长率为29%。孙文仲本人获得河北经济年度十大风云人物、唐山市科学发展优秀企业家和唐山市劳动模范等荣誉。

张　富　男，满族，32岁，中共党员。开滦（集团）有限责任公司唐山矿业分公司准备区农民工，中级工。张富2002年6月到唐山矿业公司准备区参加工作。在六年多的时间里，他始终以开滦新时期的职工楷模——赵国锋为榜样，学国锋精神，做有为青年，吃苦耐劳、无私奉献、刻苦钻研技术。自学了《液压基础知识理论》、《综合机械化采煤应知应会》、《综采支架移架操作法》和开滦教培中心下发的采支工应知应会等高级教材。全面掌握了综采支架及设备的安装工艺与操作要求，以最短的时间成长为一名综采安装战线上的优秀采支工。综采工作面安装过程中运输线路长、巷道坡度大，挡车器的开启和闭合都需要人工近距离操作，容易伤及下方挡车器的操作人员。张富根据自己所学的液压基础知识，利用业余时间进行实地测量，自行设计出液压式挡车器，实现挡车器的远方操作，不仅减少人力、提高了效率，而且大大增加运输人员的安全系数。张富在干好本职工作的同时，还注重关心周围员工的生活，发挥党员的先锋模范作用，带头为大病员工捐款、捐物。2008年1月南方冰雪灾害、5.12四川汶川大地震中两次主动找到组织捐款500元。他连续多年被公司评为先进工作者；2005年被评为河北省十大杰出进城务工人员，同年获得河北省“五一”劳动奖章；在2008年11月份全国优秀农民工表彰大会上荣获“全国优秀农民工”称号，同年获得集团公司劳动模范称号。

赵　刚　1963年10月出生，中共党员，大学本科学历，唐山市人民医院党委书记兼副院长。赵刚1985年参加工作，2002年任副院长，2008年任党委书记兼副院长。从医24年来，将“上善若水，大医精诚”作为人生理念，成功完成3600多台手术，为众多肿瘤患者带来生的希望。他时时以“医乃仁术，无德不立”告诫自己。在担任科主任期间，所在的普瘤科被确定为唐山市七个重点学科之一。在工作中严把医护质量关，医院在市护理技术比武中获团体总分五连冠。作为学术带头人，他带领课题组成员科技攻关，使多项肿瘤诊治技术达到国际先进水平，乳腺癌诊断准确率达97%，诊断特异性达100%，获省科技进步三等奖5项、市科技进步一等奖和二等奖各2项、国家专利1项，在核心期刊发表论文20余篇。赵刚以出色的工作成绩赢得广泛赞誉，被推选为省乳腺癌专业委员会副主任委员、省医学会肿瘤分会副主任委员、省医学会外科分会委员、市抗癌协会副理事长、市医学会肿瘤分会副主任委员，同时兼任《中国综合临床》杂志理事、《中国临床康复》杂志编委。2008年被评选为唐山市劳动模范、市“自然科学学科领军人物”、第五批市管优秀专家。

周显田 男，41岁，汉族，本科学历，中共党员。中交上海航道局有限公司曹妃甸地区项目经理。曾获上海市新长征突击手、上海市建设功臣、优秀项目经理、航道“十佳”杰出人物、河北省“五一”劳动奖章等荣誉称号。上航局公司在曹妃甸承建二十多个大型工程，工程任务重、工期紧、施工难。周显田同志通过精心组织，严格管理，科学施工，先后创造多项曹妃甸新记录，按期向业主交出满意的答卷。周显田同志非常关心刚走上工作岗位的大学生，从进度、质量、安全、技术、管理、协调、人品等方面对他们进行传授，大胆地让年轻大学生挑担子，在岗位上成才，被誉为年轻大学生的良师益友。

（孟　辉）

【唐山市见义勇为模范】 2009年12月20日，市政府做出决定，授予董海峰、孙小伟等22名同志“唐山市见义勇为模范”荣誉称号。名单及事迹如下：

董海峰 男，1969年6月生，高中文化。河北省唐山市高新技术产业园区司机。2006年4月12日晚8时许，董海峰去唐山市人民医院看望住院的妻子。在楼道内，他忽然听到有救命的呼喊声，便迅速顺着呼救声方向跑去，看见一男子持刀正向一女护士身上不停地猛刺。他不顾一切冲上前去，赤手空拳与歹徒搏斗。在保卫人员的帮助下终于制服歹徒。董海峰2006年被中华见义勇为基金会评为“第三届全国见义勇为十大好司机”。

亢宝铭 男，1978年2月生，初中文化。丰润区银城铺乡古马庄村个体司机。2007年1月31日下午，河北省唐山市丰润区某私人砖厂一货车司机在卸土车斗扬起时碰触高压电线被当场击晕。开着运土翻斗车的亢宝铭路过现场，看见翻斗车起火，司机趴在踏板上一动不动，便奋不顾身上前营救。亢宝铭在成功救出触电司机后，自己却不幸触电，造成双脚、左臂、右手等多处被重度击伤。2007年被中华见义勇为基金会评为“第四届全国见义勇为好司机”。

关起印 男，1959年9月生，初中文化。唐山市富康出租车公司司机。2008年1月8日晚，在唐山打工的邵建军被两名持刀男子抢走现金330元。驾驶出租车经过的关起印帮助邵建军驾车追赶犯罪嫌疑人，当追至龙富道与火炬路交叉口北侧时，发现两名歹徒，关起印与邵建军随即下车抓住其中一个歹徒，欲将其扭送至公安机关。这时，另一歹徒持刀将关起印的背部和肋部刺伤，并趁机逃走。2008年，关起印被中华见义勇为基金会评为“第五届全国见义勇为好司机”，被市文明委评选为“唐山市十大道德模范”。

邓贺秋 男，1960年4月生，初中文化。迁安市杨店子镇大庄户村个体运输司机。2006年8月份，首钢矿山公司一辆轿车与一辆货车追尾，司机与乘客两人身受重伤，命悬一线。邓贺秋路过，不顾伤者满身是血，立刻将两人抬上自己的新车送往医院抢救，并且为他们垫付医疗费，办理住院手续，使伤者得到及时救治。两人伤愈出院后，拿着3万元谢礼找到邓贺秋，邓贺秋执意不收。2006年11月，杨店子镇驿南府村一妇女骑摩托车被一辆轿车撞到路边河沟，邓贺秋将其及时送到医院，经检查伤者内脏受伤严重，邓贺秋为挽救她的生命赢得宝贵时间。2007年10月和2008年1月，刘红叶夫妇曾两次被机动车撞成重伤，均被邓贺秋及时送往医院救治，挽回生命。自1992年开始，只要遇到因车祸而受伤的人员，邓贺秋即第一时间将伤者火速送往附近医院救治。截至到2008年，共抢救50多名伤者，被群众誉为“马路救星”。2008年被河北省政府授予“河北省见义勇为英雄”称号。2009年被中华见义勇为基金会授予“全国见义勇为英雄”。

杨晓东 男，1976年7月生，初中文化。滦南县南堡镇廒上渔业村人，渔船船长。2007年4月9日下午，滦南海域海风骤起，海浪高达三四米，渔民杨岐双的渔船行至曹妃甸东南方向约六海里处时，船帮漏水，排水泵无济于事，船体开始倾斜下沉，杨岐双发出求救信号。此时杨晓东的渔船正驶往曹妃甸避风，听到呼救信号，立即调转船头去救人。当杨晓东发现杨岐双时，水已经没船，船上7人紧紧抓住船最高点上的桅杆期待营救。由于风浪太大，救援非常困难，杨晓东命令船员把船停在离落水船员六七米的距离，抛下绳子，等落水者抓住绳子后大家再用力把他们拉上来，经过半个小时努力，将7人全部救起。2008年，杨晓东被河北省政府授予“河北省见义勇为英雄”称号，被唐山市文明委评选为“唐山市十大道德模范”。

吴香青 男，1967年10月生，初中文化。丰南区黑沿子镇涧河一村人，渔船船长。2007年8月18日下午5时许，江苏省连云港籍一艘运沙船途径涧河河口附近海域时，因船舱开漏沉没，9人落水。面对险情，当时正在此海域下锚停泊的冀丰渔1106号船船长吴香青没有顾及起锚，立即指挥船员砍断缆绳，直奔现场进行搜救，当场救起落水船员7人。随后，他又联系其他船只继续搜寻其他落水人员，并将被救人员送回港口进行救治。2008年，吴香青被河北省政府授予“河北省见义勇为英雄”称号。

孙小伟 男，1971年1月生，初中文化，退伍军人，党员。乐亭县汀流河镇馒首孙庄村民。2009年2月8日傍晚，孙小伟到乐亭县城富强街某水果店，帮助妻姐打理生意。一对年轻夫妇刚刚买好水果走出店门，准备发动摩托车时，妻子的背包（内装2263元现金和两张银行卡）突然被一歹徒从身后抢走，歹徒迅速向黑暗处逃窜。“有人抢包了，快抓住他！”听到呼喊声，孙小伟立即冲出店外骑上自行车追赶歹徒。在一条小巷深处，孙小伟追上歹徒，并用自行车将其撞倒后猛扑到歹徒身上。穷凶极恶的歹徒在几经挣扎未果后，拔出弹簧刀，疯狂向孙小伟乱扎。孙小伟胸部、腰部、背部、臀部连中五刀，鲜血透过厚厚的棉衣。他强忍巨痛与歹徒搏斗，最后将歹徒死死压在身下，直至110民警赶来，被抢的背包完好交还事主。

庞　健　男，1978年5月生，大学文化，党员。开滦集团林西社区干部。2006年1月1日上午11时许，古冶区林西三工房附近的路上，有两名歹徒骑一辆摩托车抢夺了一名妇女的挎包后，加大油门逃跑。“有人抢包了！”正路过此地的庞健听到呼喊声后，一转身发现两名歹徒骑摩托从他的身旁向南驶去。庞健来不及多想，毫不犹豫的猛追。当追出三十多米远时，他上前一把抓住坐在后座上的歹徒，将其从车上拽下来，由于用力过猛，庞健和歹徒连人带车一下子就摔了出去。不料，骑摩托车的歹徒率先起身，弃车向东逃跑，坐在后座上的歹徒向西逃。庞健不顾疼痛奋力追赶向西逃跑的歹徒，当庞健抓住他的上衣时歹徒拼命反抗，庞健凭着正义之气生生把歹徒制服，另一名歹徒趁机逃跑。随后歹徒被110民警押走，被歹徒抢走的挎包内有现金300元，手机两部，工资卡和信用卡等物品交还给事主。刑警队对抓获的歹徒审讯后又将另一名歹徒抓获归案，两名歹徒供述了20多起抢劫犯罪。

刘子忠　男，1956年3月生，初中文化，党员。路南区女织寨乡郑各庄村村民。2007年7月18日，持续6小时的暴雨淹没郑各庄南青龙河大桥两侧的护栏，河里的水差不多有四五米深。当日中午12时，女织寨乡西小艾村一名中学生放学骑车经过时，连人带车被湍急的水流卷入河中，情况十分危急。正在查看庄稼的刘子忠见此情况，顾不得多想，立即跑到事发现场。当刘子忠看见落水少年正伸着胳膊在水面上挣扎，并且已经被冲出去10来米远时，他一个猛子扎进河里。因水流太急，落水学生一会儿就被浪头卷入水下，刘子忠只能在水下奋力寻找，当他拉住少年穿的雨衣后，少年的头也随之露出水面，刘子忠用双手托着他游到河岸边。这时，赶来的乡亲们有的帮助报警，有的帮着做人工呼吸，有的喊来出租车把落水学生送往医院。

闫建新　男，1964年7月生，高中文化。路南区人大办公室司机。2008年元旦，闫建新外出办事在唐柏路与南外环交叉口处，看见由南向东转弯的一辆集装箱车将一名骑自行车的妇女刮倒。当时路边有三、四个人拦其停车，车没停。只见妇女满头是血倒在路上，当即死亡，而肇事车依然没停。见此情景，闫建新非常气愤，立即拦了一辆黑色轿车，去追肇事车辆。大约追出两三公里时，几辆车将肇事车拦住，随即将肇事司机叫下车，并迅速报警，将其交给110和交警事故处民警。

桂银杰三人见义勇为群体　桂银杰，男，1979年8月生，党员，大学文化，唐海县公安局李八廒派出所副所长。王树，男，1957年7月生，党员，大专文化，唐海县公安局李八廒派出所民警。刘苏生，男，1984年12月生，党员，初中文化，唐海县公安局李八廒派出所民警。2008年12月6日晚6时许，桂银杰等三人驾车行至双龙河大桥施工工地时，发现前面不远处一辆银白色面包车半悬于临时修建的土桥上，随时都有翻进河里的危险，司机在车里惊慌失措，情况十分危急。桂银杰不顾危险，迅速打开车门救出遇险司机。当时，民警们发现悬于桥上的车辆开始向桥下倾斜，随时有滑入河中的危险。桂银杰、刘苏生抢先跳下土桥，没有工具，他们就用自己的肩膀支撑起车辆，王树找来杂石放在后车轮下，危急得到暂时缓解。天色渐暗，为把该车彻底救上来，桂银杰借来粗绳和大镐、铁锹、粗木棍等工具，在警车后保险杠上拴上钢丝绳，另一头拴住遇险的车上，在民警和群众的共同努力下，持续一个多小时，面包车得以脱离危险。

孙敬祥三人见义勇为群体　孙敬祥，男，1962年12月生，高中文化，唐海县烟草专卖局科长。孙善海，男，1963年生，党员，高中文化，唐海县烟草专卖局主任。李牧涟，男，1971年生，中专文化，唐海县烟草专卖局稽查员。2008年10月13日10点多，一辆农用三轮车途经滦南往唐海境内运送蔬菜时，撞上路边树木，司机姚胜全血流满面，伤势较重。刚从六农场检查市场回来的孙敬祥、孙善海、李牧涟发现后，三人下车一边报警，一边将伤者立即送往医院，在没有伤者家属在场的情况下，向医院担保住院押金。由于抢救及时，伤者脱离了危险。

郑术山　男，1972年9月生，初中文化，丰南区水务局孙茂庄扬水站职工。2008年9月17日上午，东田庄乡孙茂庄村村民李树清（74岁）夫妇二人带着两个孙女到孙茂庄扬水站防洪闸出口处捞鱼，小孙女不慎落入水中。李树清夫妇先后跳入水中施救，但由于年纪较大，体力不支，祖孙三人只能在水中苦苦支撑。正在扬水站上班的郑术山听到呼救声后，立即赶到现场。看到水中的李树清夫妇及小孙女十分危险，郑术山来不及多想，先后三次跳入水中，将李树清祖孙三人全部救上岸，并骑摩托回村接来孩子的家长，一起将祖孙四人送回家。

翟士利三人见义勇为群体　翟士利，男，1953年4月生，初中文化，丰润区新军屯镇保全庄村村民。王其林，男，1955年3月生，初中文化，丰润区新军屯镇报喜屯村村民。钱存利，男，1962年5月生，党员，初中文化，丰润区新军屯镇城管中队队长。2008年10月16日上午，丰润区新军屯镇做钢铁生意的左立静和儿媳一起在农行支取10万元现金后，被3名歹徒将巨款抢走。左立静大喊：“有人抢包了，快帮我追啊！”此时正在路边买花盆的翟士利发现一辆摩托车飞速从身边驶过，后座上的男子夹着一个皮包。翟士利立即骑上摩托车追向歹徒，将骑摩托车的两名歹徒别在路边的花草里，夺过皮包。此时，王其林、钱存利闻讯赶来，在群众的帮助下，将两名歹徒抓获，另一名歹徒在逃。

经查该团伙三人，自2006年结识以来，先后作案13起累计涉案金额达35万元。

刘海波 男，1981年4月生，初中文化，乐亭县汀流河镇徐于庄村人。2006年5月21日下午，村民李艳青带5岁小孙子下地干活。小孩在地头玩耍，不慎落入井中，情况十分危急。当时在附近种地的刘海波听到呼救声，迅速赶到现场。很快井边就围了许多人，在这危急时刻，刘海波挺身而出下井救人，大家用绳子捆住他的双脚，头朝下放入井中，他奋力抓住小孩，井上的人立即往上拉绳子，使落井儿童安全得救。

刘桂兰 女，1951年2月生，小学文化，迁西县渔户寨乡青山口村村民。2005年10月11日12时许，刘桂兰从同住本村的女儿家回家，当行至一座水泥桥中央时，突然听到有人大声呼喊："刹车失灵了，快躲开！"。刘桂兰一转身看到本村张某某驾驶的满载铁矿石的汽车，正从水泥桥南岸的东山坡上向西狂奔而来。眼见失灵的载重车马上就要冲向前方正在收栗子的一群村民，司机情急之下猛地将车拐上刘桂兰所行的小桥上。这时，村民张某家的9岁女儿和3岁的儿子正好走到桥头，汽车向两个孩子冲去，惨剧即将发生。见此，刘桂兰奋不顾身冲向桥头，把两个孩子猛力推向一边。两个孩子得救了，刘桂兰却因来不及躲闪，被载满矿石的汽车重重撞在水泥桥的栏杆上，献出了自己的宝贵生命。

（徐广文）

【唐山市荣登2009年"中国好人榜"市民】 2009年，在中央文明办组织、全社会共同参与的"我推荐、我评议身边好人"活动中，唐山市有20位优秀市民荣登"中国好人榜"。名单如下：

助人为乐好人：

刘文福 迁西县福珍全矿业公司董事长

秦郁文 遵化市党峪镇尚店村村民

常君梅 唐海县一农场职工

孟庆合 遵化市遵化镇谢庄子村村民

张文起 古冶区卑家店乡横河村村民

张福利 河北省五兴能源集团有限公司董事长

见义勇为好人：

孙晓伟 乐亭县卡车司机

汤洋洋 迁西县农民工

杨金波 遵化市公安局刑警大队大案中队副中队长

诚实守信好人：

张少山 迁安市广原奶牛养殖科技有限公司

包广贺 遵化市堡子店镇十八里村党支部书记、村主任

敬业奉献好人：

郭玉梅 丰润区岔河镇中学教师

薛秀冬 滦县人民医院副院长

刘志印 遵化市市政建设工程公司经理

赵建梅 滦县立明总汇经理

戴守才 迁安市第二中学高一年级二部组长

孝老爱亲好人：

卫 群 滦县第五中学学生

辛久义 遵化市崔家庄乡黄台口村村民

常凤侠 迁西县第一幼儿园教师

田成兰 迁西县新庄子乡田家峪村村民

【唐山市"优秀人民公仆"】 7月3日，市委宣传部、市委组织部、市纪委作出命名表彰"优秀人民公仆"的决定。唐山市优秀人民公仆名单如下：

薛秀东 滦县人民医院副院长

黄玉东 迁安市木厂口镇党委书记

张玉春 古冶区范各庄乡南范各庄村党支部书记

王子章 唐海县一中校长

王 相 遵化市新店子镇党委书记

李体生 唐山市地方道路管理处处长

傅永同 迁西县洒河桥镇党委书记

张卫东 玉田县交通局局长

李树鹏 唐山市国土资源局芦台经济开发区分局局长

孟祥云 唐山市高新技术产业园区管委会副主任兼空港城筹建指挥部主任

【唐山市十佳教师】 9月10日，市教育党委、市教育局、市人事局、市教科文卫工会决定，授予冯丽艳等10名同志"唐山市十佳教师"称号。名单如下：

冯丽艳 河北理工大学机械学院教授

高 群 市职业教育中心班主任

谷艳霞 市第一中学班主任

王 平 市第五中学校长

侯建新 迁西县第一中学班主任

章 敬 市第五十四中学班主任

郭玉梅 丰润区岔河镇中学教师

王晋臣 遵化市东陵满族乡南大中心小学教师

肖 颖 古冶区唐家庄第一小学校长

樊秀云 滦县第三实验小学教师

【唐山市"三八"红旗手】 2009年3月5日表彰的唐山市"三八"红旗手名单如下：

甄 娜 唐山森普矿山装备有限公司制造二厂工人

张忠颖 唐山市直机关党工委群工部副部长兼妇委会主任

陈淑英 唐山市审计局农业与资源环保审计处副处长

张 欣 唐山市盲聋哑学校校长、党支部书记

张慧玉 唐山市妇幼保健院ICU及呼吸肾脏科副主任

赵 杰 中国人民财产保险股份有限公司玉田支公司党组副书记、经理

王璐璇 路南区人民法院政治处组干科科长

王兆芹 路北区信访局局长

范淑芹 路北区人民检察院侦查监督科副科长

任建丽 开平区人防办主任

陈桂霞 古冶区赵各庄第三小学校长

艾桂敏 丰润区科技局局长

王国凤 丰润区档案局办公室科长

闫 平 丰南区环保局办公室副主任

郑爱玲 丰南区交通系统团委

书记、办公室副主任

王秀红 遵化市农业畜牧水产局品种试验站站长

尹凤兰 遵化市第二中学九年级主任

鲁艳玲 迁安市委党校办公室副主任

刘桂红 迁安市职教中心教师

蔡冬青 玉田县畜牧水产局办公室副主任

付 丽 迁西县卫生局医政科科长

冯春雨 滦县水务局副主任科员

张秀凤 滦县王店子镇张城子村村民

方翠玲 滦南县卫生局新型农村合作医疗管理中心主任

国 平 滦南县平源纸板有限责任公司董事长兼总经理

刘丽艳 乐亭县人民法院纪检组长、立案庭庭长

吴玉凤 乐亭县水产局办公室科员

李俊萍 唐海县十一农场园区办副主任

商春红 海港经济开发区财政局支付中心主任

张国伟 芦台经济开发区四分场小学教务处主任

岳海花 汉沽管理区第二中学教师

【唐山市“十大孝星”】 2009年3月5日表彰的唐山市十大孝星名单：

赵景泉 丰南区大赵庄村村民

康小清 迁安市徐流营村村民

尚彩霞 古冶区东北三社区居民

张秀凤 滦县张城子村村民

陈淑玲 迁西县西城峪村村民

李秀春 路南区福乐园社区居民

王连祥 路北区郭大里社区居民

张厚荣 玉田县八里铺村村民

崔艳丽 丰润区玫瑰园社区居民

高玉娟 唐海县永康村村民

【“唐山市青年五四奖章”获得者】 2009年“唐山市青年五四奖章”获得者名单：

高士伟 开滦集团公司矿山救护大队救护员

孙富强 唐山市路北德盛陶瓷有限公司成型注修工

刘 东 唐山市滦南县第三中学英语教师

李 峰 唐山市玉田县公安交警大队大队长

刘 刚 华北煤炭医学院附属医院神经外科医生

郑景文 唐山市丰南区地方税务局唐坊分局局长

冯 卫 唐山市开平区佳源集团董事长

谷 毅 河北钢铁集团唐钢公司炼焦制气厂回收车间技术主管

王 军 唐山联通建设路营业部高级营销师

史新明 唐山电视台新闻综合频道新闻部首席记者

【唐山市十佳少年】 6月1日，市教育局、团市委决定授予季玉等10名同学唐山市“十佳少年”称号。名单如下：

季 玉 路南区新华楼小学四（2）中队中队长

霍炳光 路北区西山路小学六（3）中队小队长

苑修远 古冶区唐家庄第四小学四（1）班班长

曾麒安 开平区双庙小学少先队大队委

安怡然 丰南区第一实验小学西校区三（4）班班长

侯珺博 丰润区新城道小学少先队大队长

聂颖颖 乐亭县第三实验小学少先队大队长

马佳音 迁安市第一实验小学五（3）中队中队长

高菲儿 玉田县实验小学少先队大队长

董 潇 芦台经济技术开发区花牛小学五年级班长

【唐山市十佳中学生】 6月1日，市教育局、团市委决定授予王皓雪等10名同学唐山市“十佳中学生”称号。名单如下：

王皓雪 唐山外国语学校高二特（2）班班长

吴晓龙 唐山市第十中学高一（1）班班长

任 泉 唐山市开滦第一中学学生会主席

缴 健 唐山市第九中学九（5）班学生

崔 彪 丰南区职教中心学生会主席

党翊桐 乐亭县大相各庄初中七（4）班班长

侯 洋 滦南县第三中学八（5）班班长

高丽娜 滦县高坎学区中心九（1）班学习委员

孙文昭 唐海县第二中学学生会主席

王雪丞 迁西县第三中学学生会主席

技术标兵

【全国技术能手】 **张雪松** 男，回族，1973年2月出生，中共党员，中技学历，1992年6月参加工作。唐山轨道客车有限责任公司铝合金车间钳工高级技师，全国技术能手。连续多年荣获公司劳动模范的称号。2004荣获全国五一劳动奖章和河北省五一劳动奖章，2005年被中国北车集团评为“十大杰出青年”，2006年获火车头奖章，2008年1月被河北省命名为“十大金牌工人”，2008年5月当选河北省十大杰出青年。张雪松多次参加国家和省市级的职工技能大赛，取得优异成绩。1992年在唐山市的职工技能大赛上崭露头角，获得唐山市青工技术比武第四名，获唐山市技术能手称号。1993年、1996年在唐山市青工比武中获得第三名和第二名。1997年获得唐山市职工技能大赛钳工状元称号。同年代表唐山市参加河北省职工技能大赛，获河北省技术能手称号。2003年7月，张雪松在河北省职工职业技能大赛中获得第一名。同年10月代表河北省参加全国职工职业技能大赛，获得优秀选手称号。2004年9月，张雪松代表北车集团参加中央企业职工技能大赛获得第三名，获得大赛金奖并获得全国技术能手称号。2006年，张雪松再一次获得唐山市和河北省的钳工状元称号。在第二届全国职工职业技能大赛中获得钳工组第十名。

张雪松勤于钻研，勇于开展立项攻关，收效显著。2003年荣获“唐山市职工经济技术活动创新带头人”，2007年被河北省总工会授予“河北省职工创新能手”称号。在350公里高速动车组生产中，铝板焊接前要加工“坡口”。图纸标注角度为60度。但从国外进口的坡口加工机只能达到57.5度，按自由公差可以算合格。但是张雪松觉得“干就要干好，每一件产品都要做成精品。”于是他与技术人员一起将铣刀“抬头”机构改进，使加工角度达到图纸要求。分厂预制车间有两台进口数控水切割设备，负责350公里动车组项目铝合金板材的下料。两台水切割的夹具都不适合生产需求，张雪松结合工序生产特点，改进夹具，使其更适于现场情况。设计并制作福禄水切割夹具，满足生产需求。张雪松还改进26米富克加工中心的防尘结构，改造修理百超水切割机床夹具等工装夹具。为公司磁悬浮铝合金车体、270公里车体和350公里铝合金车体生产制造做出积极的贡献。

2006年，张雪松带领的铆钳班被国务院国资委授予“中央企业学习型红旗班组（科室）标杆”光荣称号。2007年，中华全国总工会授予铆钳班“全国五一劳动奖状”光荣称号。

苑俊杰 男，1970年11月13日出生，汉族，中技学历，唐山松下产业机器公司机器人系统部内制品班班长。自1989年参加工作以来，苑俊杰刻苦钻研、自学自强，先后掌握车床、铣床、磨床、刨床、钻床、线切割、加工中心、数控铣床、三坐标测量等多门操作技能及CAXA软件制图和CAM的基本应用。参加工作初期，除了在技校专业所学的车床外，开始接触更多的机械加工设备，在师傅们的帮助指导和自己的勤学苦练下，他慢慢了解掌握一些通用设备操作加工方法。1997年开始参与生产管理工作，对机械加工和流水线作业有了深入了解。苑俊杰针对自己学历较低、基础较弱的情况，知难而上，坚持理论与实践相结合的方式进行学习，每天翻阅大量专业资料、刻苦学习专业知识，活学活用到实践中。在很短的时间里，就熟练操作每一台专机，掌握大量工装夹具的运用和数控操作加工，并很好的运用到生产工作中，每次的生产线调整和新产品试制都由他担当完成。苑俊杰和同事经过多次试验，设计出多种复合刀具，在保证产品质量的前提下、节省大量的加工时间，为企业创造良好的经济效益。

2006年，苑俊杰应聘来到唐山开元集团唐山松下产业机器公司，工作于机器人系统部。开始因为工作的需要转行干钳工。为了能够尽快胜任新的工作，他开始新一轮的勤学苦练。凭借着以前工作中积累的经验加上他虚心请教、吃苦耐劳，苑俊杰很快就和钳工师傅们一起组装设备、装配夹具，次次都能圆满的完成工作。后来根据工作需要，苑俊杰开始从事三坐标测量工作。他把对坐标关系的理解和自学的制图知识运用其中，努力钻研三坐标检测技能，迅速掌握了三坐标测量工作，快速、准确地为现场和用户提供检测数据报告。随着机器人事业的发展，公司购进两台数控设备，苑俊杰又从事数控加工工作，开始变位机的试制。进口变位机精度要求很高，加工起来有一定难度，但苑俊杰凭借着扎实的专业功底和熟稔的经验，从确定工艺、选定刀具、编制程序、到加工完成，一次就成功地完成变位机试制工作。

苑俊杰的岗位是内制品班班长兼数控加工中心操作。数控铣和线切割设备没有配备操作者，由他和他所领导的班组员工兼做，但从没由于加工件的问题影响部门的运营。夹具检验用的高精密设备“三座标”的测量工作，要求操作者既要有扎实的理论知识，又要有过硬的实践本领，苑俊杰在短短的半年内就掌握了“三座标”检测的要领。曾有一次公司的报告与用户的自检报告不一致，用户提出异议，不肯验收。他奉命携带“三座标”连夜赶到用户现场，经过测量、分析、说明，最终证明公司的数据是对的，得到用户的好评。

2009年，苑俊杰参加第三届全国职工职业技能大赛数控铣工的比赛，获得第四名的好成绩，公司为他记特等功。

【河北省“十大金牌工人”称号获得者】 **郑久强** 男，1970年4月生，中共党员，唐山钢铁股份有限公司第一钢轧厂转炉作业区副作业长。曾荣获全国“五一”劳动奖章、中国青年五四奖章、全国技术能手、全国青年岗位能手等称号。2007年作为河北省唯一的产业工人代表光荣地出席中国共产党第十七次全国代表大会。

1989年，郑久强从唐钢技工学校毕业，分配到唐钢第一炼钢厂转炉车间工作。入厂一年，他就被破格提拔为炼钢二助手。1993年10月又破格提拔为炼钢炉长，成为唐钢有史以来最年轻的炼钢炉长。从1992年开始，连续5年被公司评为青年技术标兵，晋升为工人技师，并先后获得全国青年岗位能手、全国技术能手、冶金部技术能手等光荣称号。1998年，唐钢根据市场的需要，开发生产一系列低合金品种钢。由于多方面的原因，一钢厂生产的低合金钢的正品率还不到50%，严重影响唐钢的社会信誉和经济效益。郑久强经过潜心的研究和探索后，首创“519”低合金品种钢冶炼操作法，使正品合格率一下子提高到95%以上。一钢厂推广“519”操作法后，立即收到显著效果，16个炼钢小组的低合金钢正品率全部达到90%以上，当年为唐钢创造的经济效益超过800万元。他们小组于1999年被全国总工会授予“全国五一劳动奖状”。

气体保护焊丝钢是美国在上个世纪80年代末新开发研制的高附加值品种钢，洁净度要求非常严格。唐钢根据市场需求，决定生产这种有广阔市场前景的钢材。郑久强接到首炼气体保护焊丝钢任务后，潜心研究在没有精炼炉二次冶炼的情况下，如何在转炉实现一次冶炼成功的操作技术。经过反复试验后，郑久强摸索出“大渣量、低温度、全程化渣冶炼法”，在国内率先实现转炉一次成功冶炼气体保护焊丝钢。由于气体保护焊丝钢没有经二次精练直接成为产品，使吨钢生产成本下降近50元，为唐钢产品成本的降低做出贡献。

郑久强不但时刻注意总结冶炼操作法，而且还注重实践升华，他撰写的《磁选钢渣在150吨转炉冶炼上的应用》，《转炉炼钢的脱硫》等论文在不同杂志上发表后，在同行业引起较大反响，许多单位按照郑久强提出的理论进行实践后，都不同程度地提高工作效率。由于郑久强工作业绩突出，被唐钢授予“唐钢功臣”的荣誉称号。在唐钢60多年历史上仅有的十六名“唐钢功臣”中，郑久强又是其中年龄最小的一位。唐钢公司为推动全体职工学技术、强素质、爱岗敬业，在全公司开展“向唐钢功臣郑久强学习，做合格唐钢人活动”。2007年9月，郑久强被唐钢公司聘为首位首席操作技能专家。

2002年，全国冶金系统炼钢职业技能大赛在唐钢举行，有资格参加的只有全国20多家有100吨以上大转炉的企业。几轮筛选后，入围的都是技术精英。郑久强作为代表唐钢参赛的选手，全身心投入到准备之中。他既要搞好生产，又要备考，业余时间都用到了学习上。半年时间里，他没看过电视，夜间12点以前没睡过觉，家务事基本不管。在最后的决赛中，经过严格的理论考试和实际操作，他以总分第一的成绩摘得全国炼钢状元，同时被授予全国技术能手称号。从此以后，郑久强被媒体誉为“华夏第一炼钢工”。

张文市　男，44岁，中共党员，大专文化，开滦（集团）有限责任公司钱家营矿业分公司掘进一区掘进机司机，高级工人技师，集团公司一级岗位带头人。多年来，他在自己的工作岗位上，凭着对煤炭事业的无限热爱，刻苦学习专业技术，勇攀煤矿掘进技术高峰，在平凡的岗位上创造一个又一个不平凡的业绩。1990年以来连续17次评为集团公司劳动模范，1995年被团中央、国家经贸委、劳动部授予全国青年岗位能手，1996年以来连续11次评为集团公司特等劳动模范，连续9次评为唐山市劳动模范，1999年和2004年两次被河北省评为劳动模范，2001年被全国总工会授予“五一”劳动奖章，2004年被全国总工会和河北省总工会授予“职工创新能手”称号，2005年荣获河北省政府授予“燕赵技能大奖”，2005年被国务院评为全国劳动模范，2006年被国家劳动和社会保障部评为全国技术能手称号。

钱家营矿业公司是一座年产煤550万吨的大型现代化矿井，采掘机械化程度100%。张文市充分认识到，只有不断学习新知识、新技术，努力掌握过硬本领，才能驾驭现代化设备，才能成为合格的新时代矿工，才能为企业做出突出贡献。从进入矿山那天起，他就刻苦钻研专业技术。班中，他利用一切机会向老师傅和工程技术人员虚心请教；班后，他经常学习到深夜。他先后系统地学习《采煤机械》、《煤矿电器》、《地质学》等几十本专业书籍，记下十几万字的读书笔记，积累几千个技术数据，并通过函授取得采煤专业大专文凭。在坚持不懈的努力下，他的技术水平得到很大提高，很快成为生产技术骨干和多面手，被工友们称为“技术大拿”和“工人专家”。为提高进尺效率，他把地质构造与巷道掘进的影响关系列为研究课题，通过几年潜心研究，成功探索出不同地质条件下的6种快速截割进尺法，即中硬煤层快速掘进法、半煤岩快速掘进法、煤层倾角较大上山快速掘进法、下山快速掘进法、顶板破碎快速掘进法、软底快速掘进法。快速割煤法的研制成功，为创高效上水平提供重要的技术保障，填补掘进机操作标准的空白。通过推广此项技术，该矿每年多进尺6000米以上，十年累计多创效益3780万元。他利用自己创造的快速割煤法先后8次打破煤巷、半煤巷机掘单孔月进尺全国纪录，创造单人驾机年进尺8562米的全国煤炭行业掘进最高纪录。面对掘进机及配套设备逐年老化，机械事故增多，影响快速进尺的突出问题，他决心向事故挑战。通过十几年如一日的刻苦学习，他对掘进机做到了如指掌，只要一听机器响声或试着操作一下，就能准确的诊断是哪里出了故障，并且能在最短的时间内处理完毕。公司从奥地利引进的4台掘进机，主钻电机接触器极易损坏。购进一个需要3.7万元，不仅影响安全生产，还加大成本投入。他把电机接触器的改进列为攻关课题，利用业余时间反复研究，终于发现在电压不稳定的情况下，这种接触器金属触头易被磁化。他查阅大量的技术资料，大胆提出用国产真空接触器来代替的方案。通过反复实验，最终实现成功替代，解决连外国专家都难以解决的难题，仅此一项每年可减少投入150万元。公司使用的AM—50型掘进机由于使用年限较长，掘进机切割头输出轴磨损老化，造成切割头与输出轴之间涨套损坏，更换一组涨套需7000元，并且一换就是3组，既影响生产又增加成本。他细心观察，反复研究，记下100多个数据，提出缩小内涨套的技改方案，巧妙地解决连专业技术人员都头疼的难题，使切割头事故率下降95%以上，每年可节约成本90余万元。此外，他还先后完成掘进机电磁闸喷雾架技术改造等80余项攻关课题，累计创综合效益1300余万元。近十年来，他通过科技创新，累计为企业增加经济效益5000多万元，成为一名当之无愧的科技创效先锋。

为提高全员的技术素质，张文市对近20年来的经验进行系统总结，编写《掘进机事故百例剖析》、《掘进机事故的超前发现与处理》和《AM—50掘进机使用、维修和保养》五本技术材料。他针对员工技术水平、年龄、个人爱好、学技术积极性等方面存在的差异，总结归纳出选择式、加强式、割尾式、志愿式四种师徒结对法，极大地提高工人培训的针对性和实效性。几年来，他共组织专场技术培训300余场次，当场为工友解答疑难问题450余个，他带出的徒弟50多人，人人是生产能手，个个是技术专家。他的徒弟多次参加河北省、唐山市及集团公司技术比武，都取得了优异成绩。

张雪松（事迹略）

【河北省优秀技术能手】

张雪松（事迹略）

苑俊杰（事迹略）

王爱民　男，22岁，大专学历，2008年10月参加工作，唐山陶瓷机械厂（唐山工业职业技术学院实习厂）数控车间加工中心对外加工技术指导员、工艺员、编程员。2008年参加全国奥林匹克数控技能大赛学生高职组比赛，取得高职组加工中心比赛第六名的成绩。2009年，参加“冀中能源杯”河北省职工职业技能大赛，取得全省数控铣工选拔赛的第一名，荣获河北省技术状元称号。同年，在第三届全国职工职业技能大赛中取得个人第七名的成绩，并荣获全国技术能手称号。

王爱民参加工作一年以来，一有空闲便向车间老师傅请教加工的问题。空余时间在车间研究新系统、参阅说明书，抓紧一切时间不断提升自身的专业水平。他在学校学的是手动编程，工作中发现自动编程应用比较广泛，又下力气掌握这种操作方法，并应用到生产中，大大提高工作效率。他在工件加工过程中不断改进加工工艺，完善加工程序，使得离合壳体的加工由原来的15分钟一件降到5分钟一件。在他与普车工人技术结合的情况下，锻压模具的加工由原来15天一套降到7天一套。群孔加工钢板由原来的5个小时一件降到2个小时一件。对各种数控类生产加工工件的加工都有或多或少的效率提升。

张光明 男，37岁，汉族，大专文化，1988年6月参加工作，河北省劳动模范，唐山三友集团化工股份公司重灰车间设备技术组组长，钳工高级技师，助理工程师，唐山市钳工技术状元，河北省钳工技术能手，全国石化行业化学检修钳工个人全能二等奖、技术能手。

1988年6月，只有初中文化的张光明通过招工考试进入唐山碱厂（唐山三友集团前身）参加工作，分到机修车间当一名机床检修工。当时企业正处在筹建施工阶段，他随新工人一起分到国家建材局唐山建材技校实习。在实习中，他认真刻苦，虚心好学，在毕业考试中，成绩名列前茅，在学校组织的技术比赛中获得二等奖。工作后，他依然孜孜以求，利用业余时间自己购置相关工种的技术书籍，他还自学高中课程，参加成人高考，成为河北理工学院化工设备专业的学生。张光明坚持在干中学，在学中干，很快成为一名技术过硬的钳工技术工人。机修车间各种机床多，机床加油既费时又费力，而且油区环境差，造成成品油的浪费和污染。张光明通过观察设计制造油桶接头、可调支架，使取油变得干净、快捷，彻底消除跑冒滴漏，改善环境，创造可观的经济效益。2003年张光明和他的班组承担三友氯碱公司的设备安装，工作中，他设计制作的吊架、联轴器找正装置等在生产安装中起到重要作用，既提高安装速度，又保证安装质量，为氯碱公司的提前试车、投产争取了时间。2005年，张光明调入股份公司重灰车间做设备检修工作。他对备品备件严格把关，仔细核对，认真测量，出现的设备问题他总是认真研究对策。用他自己掌握的机械设计、制造等知识进行技改技措。两台离心机是生产低盐化重质纯碱的主要设备，以前因液压系统故障，压力不稳，漏油严重，故障频繁。他对设备液压系统进行改造，消除跑冒滴漏，稳定工作压力，设备由原来的每月一小修到现在的半年一小修，季度耗油由原来的300升降到50升，检修周期的延长和液压油的节省每年可为企业节俭70万元费用。在重灰炉的改造中，他提出的提料斗、挡灰圈、蒸汽管板的改造等措施对单炉生产能力的提高起到至关重要的作用，单炉生产能力由原来的700吨/日增至现在的1000吨/日，每年为企业创造效益200多万元。

宋利锋 2006年毕业于唐山工业职业技术学院机电系机电技术应用专业。同年代表学院参加全国数控大赛学生组比赛，在河北省选拔赛中获得第一名，并代表河北省参加全国数控大赛。

宋利锋毕业后在陶瓷机械厂数控车间工作。先后为爱信齿轮有限公司和唐山东湖工贸有限公司等多个企业解决工件编程和加工工艺问题，缩短工件加工时间，提高工作效率。另外，还加工过一些出口国外产品。数控车间数控设备多，设备的自动化程度高、机床电气部分控制较多。由于使用时间较长部分电器元件老化，在夏季和冬季机床故障率较高，厂家维修费用高且等待时间长，为给企业节省开支并保证正常生产，他通过各种途径提高个人对数控机床的维修水平，自己想法解决机床故障问题而不依赖于厂家。他还多次在各种比赛中取得好成绩。2008年在第三届全国数控大赛唐山市选拔赛中获第一名，2008年第三届全国数控大赛河北省选拔赛中，负责数控车工学生组的选拔、培训和比赛，取得全省第二名的优异成绩；同年11月他在唐山市第十二届职工技能大赛数控车组比赛中获第一名，被市总工会评为唐山市数控技术状元；2009年8月参加河北省第三届“冀中能源杯”职工技能大赛数控车组比赛，取得第三名，并代表河北省参加第三届全国职工技能大赛。

杨珍明 2004年毕业于唐山工业职业技术学院机电系机电技术应用专业，留在陶瓷机械厂（唐山工业职业技术学院实习工厂）工作，负责产品的首件试切（包括加工工艺制定、程序编制、样件加工）和批量生产过程中质量检测以及加工调整。先后从事出口美国的汽车水泵泵壳、出口英国的飞机油泵壳体、出口意大利的多种健身器材零件等产品的批量生产。在此期间，加工过多种单件的复杂磨具，为工厂解决诸多生产方面的难题。

技能大赛是展现和提高技术水平的重要平台，杨珍明多次参加、参与各级各部门举办的多个技能大赛。2008年第三届全国数控大赛唐山市选拔赛、河北省选拔赛举行时，他负责学院数控铣、加工中心两个学生组人员的选拔、培训和比赛。最后，取得两个河北省第一名及第三名、第四名、第六名和第七名各一个的优异成绩；个人在2008年11月唐山市第十二届职工技能大赛数控车组比赛中获第三名，被市总工会评为唐山市技术能手；2009年8月在河北省第三届“冀中能源杯”职工技能大赛数控加工中心组比赛中获第三名，并代表河北省参加第三届全国职工技能大赛，获团体第七名。他参与的数控专业院级精品课程建设已通过；2008年参编出版改革教材《数控机床故障诊断与维修》，出版；2009年参与《典型零件的数控铣削编程与加工》省级精品课程建设，获通过。

王龙杰 唐山陶瓷机械厂青年工人，毕业于唐山工业职业技术学院，所学专业为电气自动化技术。在校期间，他就学习刻苦，踏实肯干，无论是在专业知识上还是在操作技能上都力求做到最好。2009年8月，他代表唐山陶瓷机械厂参加“冀中能源杯”河北省职工职业技能大赛数控装调维修工的选拔和竞赛，取得初赛成绩第三、复赛成绩第二的优秀成绩，入选河北省代表队。10月参加在上海举行的第三届全国职工职业技能大赛“李斌杯”数控装调维修工比赛的决赛，与其他两名选手共同获得团体第五的成绩。俗话说机电不分家，他深知这一点，因此对机械方面的相关知识也都相当关注，尤其在数控机床方面。但他苦于资源有限，不能够更深层次的涉猎，只能了解一些浅显的知识。当厂里推荐他参加“冀中能源杯”河北省职工职业技能大赛数控装调维修工的比赛后。他很高兴奋，也很有压力。这场比赛的规模很大，人才济济，最为关键的是他在数控机床领域基础薄弱。经过反复思考，他决定迎接挑战，在一个月里通宵达旦，废寝忘食，从网上阅读大量的书籍和资料，找相关专业的教师请教，不停地为自己充电。从对数控机床的模糊认识到每个部件的功能、位置都了解清楚，能顺利拆装进行调试。由于考试的多样性，要求每位选手必须能在规定的时间内独立完成工件的加工，但说着容易做着难，从大量的书籍中找示例程序，然后自己分析，有疑问的先记下，之后和队员讨论。他利用业余时间向老师傅请教加工的问题，探讨工艺，空余时间在车间研究新系统、参阅说明书，抓紧一切时间不断提升自身的专业能力。他只用两天的时间就加工出自己的第一个工件，第五天，他已经能够加工出任何自己想得到的工件的形状。机械部分的拆装检测，很是耗费体力，因为有些检测本来就需要两个人配合才能做到，但为了增加劳动强度、达到锻炼的效果，硬是一个人完成。一天到晚忙下来身体开始有些吃不消。晚上的看书时间是休息的时间，困了活动一下四肢或是洗把脸，坚持完成当天拟定的任务指标。如机修厂的数控设备很多，免不了出现这样或那样的电路故障。由于他平时注重相关知识的学习和积累，在出现问题时能主动参与意见，关键时刻能够发挥作用，协助其他人员把故障排除，为企业节约维修资金。

他通过参加全国第三届职工职业技能大赛，认识到自己在专业知识和专业技能等方面还存在很多不足。在工作中，积极完成承担的生产任务，将工作中的经验和技术要点进行总结和整理，为自己的进步积累更多的宝贵经验。他继续加强专业技能的学习，更加努力提高自身技能，决心做新时代优秀的技术工人。

田伟 唐山华鼎机械制造有限公司有名的数控加工中心调整、维修骨干。他通过自己的钻研努力，成为公司数控技术的拔尖人才，在2009年河北省“冀中能源杯数控装调维修工”比赛中获得河北省第二名的好成绩。他2002年从唐山大学毕业，参加工作以后，，他明显地感到在学校学的东西很有限，尤其理论与实际差距更大，要适应实际工作的要求，就必须不断地学习。他要求自己“勤思考，多动脑，多学习，勤请教”，刻苦钻研数控技术。起初公司里懂数控维修的人很少，遇到维修难题，他就和工人师傅们一起研究，查阅资料，积极与设备厂家的技术人员结合，克服一个又一个维修难题，通过日常的积累不断总结经验，逐步成为维修能手。公司是一个改制的企业，旧设备比较多，故障频繁，他就根据实际情况，结合生产工艺，先后完成23台专机电气图纸的设计，全部采用先进的PLC可变程序控制器进行控制，故障率明显降低，完全满足生产的要求，同时也使维修工作量减少，生产线的自动化程度提高，为公司的降低成本，减员增效打下良好的基础。

在他工作的这7年中，他从不计较个人得失，苦练数控技术，努力为公司解决难题。由于公司数控维修人员较少，生产又是三班倒，为不影响生产，他24小时开着手机，经常在夜间赶到生产现场，有时一周都睡不上个安稳觉。他家孩子小，一切家务他都没有时间做，全由爱人承担，但他从无怨言，总是以公司利益为重。因此，受到公司领导和员工们的充分肯定，也使他由普通的技术员升为副科长，再到生产部经理助理，为公司的发展发挥出更大的作用。

【河北省“能工巧匠”】

郑久强（略）

张文市（略）

张雪松（略）

郭宝群 丰润建筑安装股份有限公司第二分公司钢筋工班长

刘春海 唐山轨道客车有限责任公司机电厂车工高级技师

王贺斌 唐钢股份公司第二钢轧厂高线部轧钢二车间生产丙班班长

宋晓勇 开滦唐山矿业分公司开拓区机电队机电维修工

李玉顺 开滦精煤股份公司范各庄矿业分公司掘一区掘进机司机

王必耕 唐山轨道客车有限责任公司机电厂车工高级技师

李玉璐 唐山轨道客车有限公司铝合金分厂车体底架前端一班班长

【河北省技术能手】（工作单位详见参加第三届全国和省职工职业技能大赛选手成绩情况表）

吴振坤　裴庆祝　杨　达　周亚东
陈　祥　刘春海　许亚斌　高　杰
韩　丽　耿　达　高　磊　闫志超
杨俊红

（鲁定宇）

附：

唐山市2009年第三届全国和省职工职业技能大赛选手成绩情况表

工种	单位	姓名	名次
焊工	二十二冶	吴振坤	全国45、省4
		裴庆祝	省7
钳工	三友集团	张光明	省3
	帝清机械	杨　达	省10
维修电工	首钢建设集团	周亚东	省6
	三友集团	陈　祥	省7
车工	轨道客车	刘春海	省4
		许亚斌	省5
速录师	开平区检察院	高　杰	省5
	亚韦速录	韩　丽	省9
数控车工	松下电器公司	耿　达	省6
	陶瓷机械厂	宋立锋	全国39、省3
	陶瓷机械厂	高　磊	省7
数控铣工	陶瓷机械厂	王爱民	全国省7、省1
	松下电器公司	苑俊杰	全国4、省2
	陶瓷机械厂	闫智赶	全国10
加工中心	陶瓷机械厂	杨珍明	全国22、省3
	陶瓷机械厂	杨俊红	省4
数控调修工	轨道客车	张雪松	全国4、省1
	华鼎机械公司	田　伟	省2
	陶瓷机械厂	王龙杰	全国35、省3
小计		21人	

注：张雪松和苑俊杰获得全国技术能手称号；张雪松、苑俊杰、王爱民、张光明、宋立锋、杨珍明、王龙杰、田伟获得省优秀技术能手称号；其他人员获得省技术能手称号。

逝世人物

李尔重　1913年1月生，河北丰润县（现丰润区）王毫庄人，原名育三。1929年加入中国共产主义青年团，1932年加入中国共产党。早年曾就读于丰润车轴山中学，后肄业于北平大学农学院、北京大学哲学系；1931年肄业于日本仙台帝国大学社会经济专科。1929年参加革命工作，解放前历任中共北平市东城区代书记，八路军晋南干部学校政治队主任，冀南军区政治部宣传部长、武装部部长，冀南第五军分区地委书记兼政委，东安土改工作团副团长兼中共鸡西县委书记，中共牡丹江省委常委、民运部长，铁道兵团党组成员、宣传部长。全国解放后，先后担任中共武汉市委常委、宣传部长、市委第二书记，湖北省委常委，中共中央中南局常委、宣传部长，农委主任，中国科学院中南分院院长、党组书记，中共广东省委常委、革委会副主任，中共广东省委常委兼海南区委书记，中共陕西省委常务书记，中共河北省委书记、省长，中共湖北省顾问委员会副主任等职务。他是中共八大、十二大候补代表，五届全国人大代表。1983年离休后任武汉大学中文系教授，华中师范大学中文系教授，华中理工大学文学院名誉院长，湖北省经济管理大学名誉校长等。李尔重在文学创作方面成就卓著，曾被毛泽东誉为“我们的作家和才子”。主要著作有：长篇小说《新战争与和平》、剧本《扬子江边》、诗歌《行歌集》等。《李尔重文集》共二十卷，一千万字。李尔重于2009年12月26日在武汉逝

世，享年96岁。

孟昭兴　河北省安国县人，1915年6月出生。1937年10月参加革命工作，1938年7月加入中国共产党。历任安国县抗日自卫军政治部主任、供给部部长、抗日农民救国会宣传部长，安国县政府财政科长、县委常委、社会部部长、公安局长，定县县委副书记，安国县县委副书记、县长，冀中区公安局组长，华北永茂公司办公室主任，天津军管会商贸技术处办公室主任、军代表，中国油脂公司分公司处长、副经理，中华全国工商业联合会、中国民主建国会副秘书长，中央统战部党委常委，地质部张家口探机厂副厂长，唐山地区工办副主任，唐山地区行署副专员兼地区财办主任。1983年12月离职休养。2009年5月10日逝世，享年94岁。

（孙庆武）

丁文江　1935年7月出生于山东省临沂市，1954年8月参加工作，1994年8月退休。1954年至1979年任鞍钢鞍建、二十二冶机电电装公司技术员；1979年至1994年任二十二冶机电安装公司副总工程师；1992年1月当选中国民主建国会唐山市第八届委员会副主委，1993年3月任政协唐山市第七届委员会副主席。丁文江同志在冶金建设、机械电气调整安装施工方面有较深的造诣和声望，攻克了很多技术难关，为冶建企业和冶金建设事业发展作出了贡献。加入民建以后，坚持中国共产党领导的多党合作和政治协商制度，认真履行参政党成员的职责，以高度的政治热情，富有成效地开展工作，为推动民建事业和人民政协事业发展作出了积极贡献。2009年12月23日逝世，享年74岁。

（劳东宝）

唐山市旅游业促进条例

（2009年4月24日唐山市第十三届人民代表大会常务委员会第十二次会议通过，2009年7月30日河北省第十一届人民代表大会常务委员会第十次会议批准）

第一章 总 则

第一条 为有效保护和合理开发利用旅游资源，规范旅游市场，维护旅游者和旅游经营者的合法权益，促进旅游业的快速和持续协调发展，建设旅游强市，依据《河北省旅游条例》及其他有关法律、法规，结合本市实际，制定本条例。

第二条 凡在本市行政区域内进行旅游经营、旅游活动以及相关监督管理活动，均适用本条例。

第三条 发展旅游业应当注重营造“重信守诺”的旅游服务氛围和“放心旅游”的良好环境，全力打造“环京津”、“环渤海”旅游休闲目的地；弘扬唐山人文精神，突出人本理念和文化内涵，体现本区域的近现代工业文明、历史文化、地震遗存与抗震精神、城市建设、自然和人文景观等特色，提升唐山的新形象和影响力。

旅游资源的利用，应当坚持保护与开发相结合以及生态效益、社会效益、经济效益相统一的原则，促进价值提升，实现可持续发展。

第四条 市、县（市、区）人民政府应当将旅游业发展纳入国民经济和社会发展计划（规划），加快旅游基础设施建设，培植旅游精品，开拓旅游市场，充分发挥旅游业在服务业中的引领作用，以产业发展带动就业增长；加强组织和领导，建立和完善综合协调机制，改善旅游发展环境，整合旅游资源，完善旅游服务体系，促进旅游业与相关产业的协调发展。

第五条 市、县（市、区）人民政府旅游行政主管部门负责本行政区域内旅游业的发展与监督管理工作。

市、县（市、区）人民政府相关部门按照各自职责做好旅游业的管理与服务工作，支持和促进旅游业的发展。

第六条 市、县（市、区）人民政府应当对促进旅游业发展做出突出贡献的单位和个人给予表彰和奖励。

第二章 旅游规划

第七条 市、县（市、区）人民政府旅游行政主管部门应当会同相关部门编制区域旅游发展规划，征求上一级旅游行政主管部门意见并报本级人民政府批准后组织实施。

第八条 区域旅游发展规划应当纳入本行政区域城乡规划，并与城市总体规划、土地利用总体规划、生态环境保护规划、海洋功能区划、矿产资源总体规划、林地保护利用规划、风景名胜区规划和文物保护规划相协调。

市、县（市、区）人民政府规划、国土资源行政部门在编制城乡建设规划和土地供应计划时，应当根据旅游业发展需要预留建设用地。允许在城市和旅游区（点）周边地区划定一定的范围，建设以度假休闲、游览娱乐、餐饮购物为一体的旅游经济园区。

第九条 旅游区（点）管理机构应当在旅游区（点）开发建设前，根据区域旅游发展规划编制旅游区（点）规划，经所在地县级人民政府旅游行政主管部门会同有关部门审查并组织专家评审后，报本级人民政府批准。

市、县（市、区）人民政府旅游行政主管部门应当采取有效措施，保证旅游区（点）开发建设依照规划进行。

第十条 新建、改建、扩建旅游项目和旅游设施，应当符合旅游发展规划和环境保护、森林、自然资源保护、文化遗产保护、文物保护等法律、法规规定，并按照基本建设程序办理审批手续。

旅游项目建设应当事先进行环境影响评价。旅游与生态环境保护的配套设施，应当与主体工程同时设计、同时施工、同时投入使用。

第十一条 区域旅游发展规划和旅游区（点）规划，不得擅自变更。确实需要变更的，应当严格按照原批准程序进行报批。

第十二条 旅游区（点）应当严格按照规划进行开发建设。未根据区域旅游发展规划编制旅游区（点）规划的，不准新建、改建、扩建旅游项目和设施。

本条例实施前已经开工建设或

者已经建成营业的旅游区（点），尚未制定旅游区（点）规划的，应当由旅游行政主管部门组织有关专家，根据区域旅游发展规划对其建设位置、使用性质等进行论证，处置方案报所在地县级人民政府批准后实施；不符合区域旅游发展规划的，由所在地县级以上人民政府依法妥善处理。

第三章 市场培育与产业发展

第十三条 市、县（市、区）人民政府应当根据本级财政状况在年度财政预算中安排旅游发展专项资金，同时可以通过多渠道筹集资金，加大对旅游业的投入。

旅游发展专项资金重点用于旅游规划编制、人才培训、旅游市场宣传、旅游商品的研发与推广、旅游基础设施建设和旅游资源保护与开发等。

第十四条 鼓励和扶持依托本市自然地理、历史文化艺术、民族民俗风情、具有行业特点的工业和农业等旅游资源，挖掘、开发具有本地特色的旅游项目和旅游商品。

鼓励和扶持开发展示本市现代化建设成就的旅游项目。

鼓励和扶持在保护生态环境和耕地的前提下，利用农村民居、田园、民俗风情等自然、人文资源开展乡村旅游经营活动。

鼓励和扶持开发冬季旅游项目和其他适合在旅游淡季开展的旅游项目。

第十五条 市、县（市、区）人民政府应当积极推进以公司制、股份制为主的多种形式的旅游企业产权制度改革，鼓励和扶持旅游企业上市融资。逐步建立健全旅游产业融资担保体系，中小企业信用担保机构每年安排一定比例的担保资金用于扶持中小旅游企业发展。

适宜用于旅游业经营且依法可以进入市场流转的国有资产的经营权，按照公开、公平、公正的原则，可以依法实行公开竞价转让。经营权有偿转让的收入应当专项用于旅游基础设施配套建设。

第十六条 鼓励国内外资本进入本市旅游市场。

积极拓宽融资渠道，在国债贴息项目中优先推荐有发展潜力的旅游项目。企业可积极利用产业投资基金、创业投资和发行企业债券等方式直接融资。

金融机构应当采取积极的信贷政策，支持旅游项目建设或者改造。旅游景区可以经营权或者门票收入等作抵押进行融资。

鼓励引进资金从事旅游项目建设。对引荐外来投资兴建旅游项目的单位或者个人，可以根据引资额度给予奖励。

第十七条 对符合国家和省旅游产业政策，投资额不少于两千万元人民币且合同约定的经营期在十年以上的旅游开发项目、旅游区（点）基础设施建设项目，所在地县级人民政府可以给予限期（一般不超过三年）贷款贴息支持或者采取以奖代补等形式给予资金扶持。

第十八条 鼓励发展大型旅游集团企业，旅游企业的核心企业注册资本在一千万元以上、拥有三家以上控股子公司，母公司和子公司合并注册资本在两千万元以上的，可以办理集团登记。

第十九条 允许注册资本在五千万元以上、在全市国际旅游业务中承担主要接待任务、占主要地位的AAAA级以上旅游区（点）、四星级以上饭店及其他旅游相关企业在企业名称中使用“国际”字样。

第二十条 市、县（市、区）人民政府应当加强与周边地区的合作，实现旅游资源、客源、信息共享，培育跨地区的联合旅游市场。

市、县（市、区）旅游行政主管部门应当加强旅游信息网络建设，建立旅游信息统计和发布制度，为旅游者和旅游经营者提供旅游信息和咨询服务。

第二十一条 鼓励旅行社组织游客进入本市旅游。对于组织包机、专列等大型团组（或者系列团组）进入本市旅游或者一年内累计组织游客进入本市旅游人数较多的本地或者外地旅行社，市、县（市、区）人民政府可以给予奖励。

第二十二条 市、县（市、区）人民政府应当积极推进国民休闲计划，保证国家机关、企事业单位带薪休假制度的落实。鼓励国家机关、企事业单位和社会团体将旅游纳入职工福利和奖励内容。

国家机关、企业事业单位和社会团体经审批获准的公务活动，可以委托旅行社办理交通、住宿、餐饮、会务等事项。

第二十三条 鼓励发展旅游教育，拓宽办学渠道，加强相关院校旅游专业建设和对旅游从业人员的培训，加大旅游专业人才培养力度。

市、县（市、区）人民政府根据就业状况和就业工作目标，在财政预算中安排的就业专项资金可以按照规定用于旅游从业人员的职业介绍补贴、职业培训补贴、社会保险补贴、小额贷款贴息等。

第二十四条 旅游从业人员的工资标准不得低于本市的最低工资标准。旅游企业必须按照劳动合同、劳动保障等法律法规的规定与员工签订劳动合同并为其缴纳医疗、失业和养老保险。

第二十五条 市、县（市、区）人民政府应当加强旅游信息提示、旅游咨询服务和旅游应急救援等公共服务体系建设；优先实施通往旅游景区的道路建设以及旅游集散中心、旅游标识标牌、旅游生活等公共服务设施建设。

第二十六条 市、县（市、区）人民政府规划和建设本辖区公共交通网络，应当兼顾旅游业发展的需要，不断改善旅游交通运输环境，开通旅游景区（点）公共交通线路，配套建设公共交通停车场（站）、交通标识和旅游集散站及其他交通设施；逐步发展和完善观光公共交通服务。

第二十七条 市、县（市、区）人民政府旅游行政主管部门负责组织和协调本区域大型旅游活动以及旅游整体形象的宣传、推广；会同文化、广播电视等行政主管部门组织开展编纂旅游宣传资料等工作，重点介绍唐山的历史沿革、自然资源、风土人情、典故传说、名人及名胜古迹、特色产品、旅游服务设施等内容。

新闻媒体应当加强对本地旅游

资源、旅游产品、旅游文化等的宣传、推广。

第四章　服务与管理

第二十八条　市、县（市、区）人民政府有关部门，对旅游产业发展相关的行政许可等事项，应当及时办理；各部门要在各自的职权范围内制定切实可行的措施，简化行政审批和办理程序，支持和促进旅游业以及服务业的发展。

各部门在办理旅游经营有关证件时，不得收取国家和省人民政府核定的收费项目以外的费用。

第二十九条　市旅游行政主管部门应当依据区域旅游发展规划和旅游市场的实际需要对全市旅行社的发展数量进行宏观调控，注重提高旅行社发展质量。

外地旅行社在本市设立分支机构，应当向市旅游行政主管部门备案。

第三十条　市、县（市、区）人民政府应当推动本地区旅游综合接待体系建设，推进旅游服务行业标准化建设。

实行旅游经营定点管理制度。旅馆、餐馆、商店、医疗机构、旅游车船、咨询、旅游网络、文化演出、娱乐场所、摄影摄像等经营者，提出定点申请的，经行业主管部门同意，由市旅游行政主管部门或者由其委托的县级旅游行政主管部门审查符合规定条件的，由市旅游行政主管部门颁发旅游接待定点标志，并予以公布。旅游经营定点管理办法由市旅游行政主管部门会同有关部门制定。

旅游定点宾馆、餐厅、景点，其用水（桑拿、洗车等特种行业除外）、用气价格与一般工业并轨。旅游企业排放的污染物达到国家或者地方排放标准，其排放的废水已经进入城市污水处理管网的，不再征收排污费。

第三十一条　旅行社应当将旅游团队的住宿、就餐、乘车、购物、医疗咨询、摄像、娱乐等旅游活动，优先安排在旅游接待定点单位。

第三十二条　市、县（市、区）人民政府旅游行政主管部门应当按照国家有关规定，组织专门机构实施旅游饭店星级评定、旅游区（点）等级评定、其他旅游服务设施的资质等级评定、行业旅游示范点的创建等工作。

加强对家庭旅馆、乡村客栈、旅游宿营地等的引导和管理，促进经济型酒店连锁经营，促进旅游住宿设施品牌化发展。

第三十三条　旅游服务设施经营者或旅游区（点）向旅游者收取的费用或者提供的服务应当符合国家或者行业标准。

星级饭店、A级景区或者其他等级标准的旅游服务设施不得超越其星级或者等级标准进行宣传。

非星级饭店或者无等级标准的景区、旅游服务设施不得使用与星级或者等级标准相同或者近似的符号、标志及文字进行宣传。

第三十四条　市、县（市、区）人民政府旅游、公安、交通、质检、安监等部门应当共同加强监督和检查，督促和指导旅游经营者加强对从业人员尤其是对旅游车、船驾驶员的安全教育和旅游接待礼仪、服务规范的培训，督促和指导旅游经营者改善服务设施和游览条件，按照国家和旅游行业标准，实行规范化、标准化服务，保证安全运营，提高旅游服务质量和水平。

第三十五条　各类旅游项目必须达到国家规定的安全标准方可投入经营，并在经营期内保持安全运行。

旅游经营者应当加强设施、设备、车船的日常维护和保养，保证安全运转。对可能出现危险情况的旅游设施和游览地应当采取安全保护措施，设置警示标志。

旅游经营者及其从业人员、导游人员对可能危及旅游者人身、财产安全的情况，应当事先向旅游者说明或者明确警示，并积极采取预防措施。

旅游者的人身、财产安全受到威胁或者侵害时，旅游经营者及其从业人员、导游人员应当及时采取必要的处置措施，并同时报告当地公安和旅游等有关部门。

第三十六条　旅游区（点）应当具备与接待容量相适应的停车场、生活、环卫和通讯等基础配套服务设施以及安全防护设施。

旅游区（点）应当设置中外文对照的指示牌、说明牌、警示牌，采用国际标准的公共信息图形符号，并在明显位置公示旅游咨询、救助和投诉电话。

第三十七条　旅游区（点）门票实行浮动价格，旅游区（点）可以根据实际需求在经价格部门核定的范围内调整门票价格。旅游区（点）门票价格上调时，应当自公布之日起，对国内旅游团队推迟六十日执行，对国（境）外旅游团队推迟九十日执行。

旅游区（点）应当按照国家和省有关规定，对未成年人及学生、老年人、残疾人、现役军人，实行门票减、免优惠。

第三十八条　旅行社组织开展旅游活动，必须与旅游者签订书面旅游合同，明确双方权利、义务和违约责任。

采用国家或者省推荐的旅游合同示范文本的，旅游者要求补充文本外条款的，旅行社应当与旅游者协商确定并在合同中载明。

旅行社因不可抗力原因减少旅游服务项目或者降低旅游服务标准的，应当及时返还未发生的服务项目费用，可以不承担经济赔偿责任。

旅游者在接受旅行社提供服务过程中，由于服务质量原因使其合法权益受到损害，有符合《河北省旅游条例》第二十九条规定情形之一的，旅行社应当先行赔偿旅游者的损失，经协商可以当场处理的除外。

第三十九条　旅行社必须投保旅行社责任险，并建议旅游者购买旅游意外保险。

旅行社租用的旅游车辆（船只），必须具备合法运营资质。从事旅游接待的车船，必须符合国家有关安全及运营的规定，并达到国家有关旅游车辆行业技术的标准。

旅行社与旅游车辆（船只）出租单位应当签订租车（船）合同，明确双方权利、义务和违约责任。

第四十条　导游人员应当与旅行社或者旅游区（点）管理机构签订劳动合同，兼职导游员应当在经

市旅游行政主管部门认可的导游服务机构登记备案，接受统一管理。

导游人员进行导游活动时，应当经旅行社或者旅游区（点）管理机构或者导游服务机构委派，佩戴导游证。

禁止未取得导游资格的人员从事导游活动。

第四十一条 旅游经营者可以依法成立或者加入旅游行业协会。

第四十二条 旅游经营者在旅游经营活动中，应当遵守下列规定：

（一）严格执行国家有关安全、卫生管理规定，健全相关管理制度；

（二）尊重民族风俗习惯和宗教信仰；

（三）公开服务项目、标准和价格，不得进行虚假宣传；

（四）履行旅游合同，不得随意变更合同约定的旅游项目或者强行要求旅游者购物；

（五）维护旅游市场秩序，不得进行不正当竞争，不得谋取不正当利益；

（六）不得从事有害公民身心健康的旅游经营活动；

（七）接受有关部门对其价格标准、服务质量和经营情况的监督，按照规定及时、真实填报旅游经营情况统计报表；

（八）在旅游经营活动中应当遵守的其他规定。

第四十三条 市、县（市、区）人民政府旅游行政主管部门应当设立旅游质量监督管理机构，建立健全旅游投诉受理制度。旅游质量监督管理机构在旅游行政主管部门的委托和指导下，负责本行政区域的旅游投诉和旅游质量监督管理工作。

旅游质量监督管理机构对旅游投诉，能够当场处理的，应当及时处理；情况复杂不能当场处理的，应当在五日内作出是否受理的决定；不予受理的，应当书面说明理由。对应当由其他行政部门处理的，应当及时转交有关部门处理，并告知投诉者。对受理的旅游投诉，应当自受理之日起三十日内作出处理决定。

旅行社质量保证金赔偿案件按照国家有关规定办理。

第四十四条 鼓励社会各界对旅游行业进行监督，鼓励单位或者个人检举、举报旅游业内的违法、违规行为以及破坏旅游资源的行为。对于经调查举报内容属实的较大案件，市、县（市、区）人民政府旅游行政主管部门应当给予奖励。

第四十五条 市、县（市、区）人民政府旅游行政主管部门应当设立专职旅游执法机构，依法开展旅游市场监察，打击违法、违规经营，维护旅游市场秩序。

公安、工商、交通、质检、安监、文化、卫生、价格、商务、劳动保障、民族宗教、城管行政执法等有关部门应当按照各自职责对旅游市场进行监管。

第四十六条 星级饭店和旅游接待定点单位以及其他旅游经营企业应当依法接受各相关行政部门的监督检查。

各相关行政部门在进行执法检查时，执法人员不得少于两人，并应当主动出示有效执法证件，依照法定程序，秉公、文明执法，不得影响旅游经营企业正常的经营活动，不得侵犯旅游者和旅游经营者的合法权益。

第五章 法律责任

第四十七条 旅游经营者违反第十一条、第十二条第一款规定，擅自变更旅游区（点）规划或者未编制旅游区（点）规划新建、改建、扩建旅游项目和设施的，由旅游行政主管部门责令停止违法行为；拒不执行的，处五千元以上三万元以下罚款。

该旅游项目和设施建设同时违反建设工程（或者乡村建设）规划许可规定的，由规划主管部门按照《中华人民共和国城乡规划法》的有关规定予以处罚。

第四十八条 旅游区（点）内及周边不符合区域旅游发展规划和旅游区（点）规划、破坏旅游环境和景观的设施，由所在地县级以上人民政府限期拆除、迁移或者改建。

第四十九条 旅游区（点）、旅游经营企业违反第三十三条第一款规定，不按照国家或者行业标准向旅游者收费或者提供服务的，由旅游行政主管部门予以警告，责令限期改正；逾期不改的，处五千元以上二万元以下罚款；情节严重的，降低或者取消所评定的旅游等级标准。

旅游区（点）、旅游经营企业违反第三十三条第二款、第三款规定，超越或者冒用服务等级标志和称谓进行宣传或者经营活动的，由工商行政管理部门依法予以处罚。

第五十条 旅游经营者违反第三十五条规定，未按照规定采取安全保护预防措施或者未对可能出现的危险情况予以警示的，由旅游行政主管部门或者有关部门予以警告，责令限期改正；逾期不改的，处五千元以上二万元以下罚款。对危及旅游者人身安全的情况未采取必要的处置措施或者未及时报告的，处二万元以上十万元以下罚款；情节严重的，责令停业整顿一个月至三个月或者吊销相关经营许可证明文件。

旅游经营从业人员、导游人员违反第三十五条第三款、第四款规定，对危及旅游者人身、财产安全的情况未进行说明或者未明确警示的，由旅游行政主管部门予以警告，责令限期改正；逾期不改的，处五百元以上四千元以下罚款。对危及旅游者人身安全的情况未采取必要的处置措施或者及时报告的，处四千元以上二万元以下罚款；情节严重的，吊销导游证。

第五十一条 旅行社违反第三十八条第一款规定，不与旅游者签订合同的，由旅游行政主管部门责令限期改正，并处五千元以上二万元以下罚款；逾期不改的，处二万元以上十万元以下罚款；情节严重的，责令停业整顿一个月至三个月。

第五十二条 旅行社违反第三十九条第一款、第二款规定，未投保旅行社责任险或者租用无合法运营资质的旅游车辆（船只）的，由旅游行政主管部门责令改正；拒不改正的，吊销旅行社业务经营许可证。

第五十三条 违反第四十条第二款规定，导游人员未佩戴导游证上岗的，由旅游行政主管部门责令改正；拒不改正的，根据其等级处五百元以上五千元以下罚款；未经委派私自进行导游活动的，处一千元以上三万元以下罚款；有违法所得的，并处没收违法所得；情节严重的，由发证机关吊销导游证；

违反第四十条第三款规定，未取得导游资格进行导游活动的，由旅游行政主管部门责令改正，对当事人处一千元以上三万元以下罚款；有违法所得的，并处没收违法所得。

第五十四条 破坏旅游资源、损坏旅游服务设施、扰乱旅游秩序等，或者违反本条例其他规定的，由工商、价格、环保、建设、劳动保障、交通、质检、安监、林业、文化、卫生、民族宗教、城管等有关部门依法予以处理；造成经济损失的，依法承担民事责任；违反《中华人民共和国治安管理处罚法》的，由公安机关依法处理；涉嫌犯罪的，移送司法机关处理。

第五十五条 旅游行政主管部门或者有关行政部门有下列情形的，由其上级行政机关或者监察机关责令改正，并对直接负责的主管人员和其他直接责任人员依法给予行政处分；涉嫌犯罪的，移送司法机关处理：

（一）违反法律、法规或者不执行旅游规划，造成旅游资源和环境破坏的；

（二）在办理与旅游业相关的行政许可等事项时，拖延不办或者利用职权谋取利益的；

（三）不按规定时限受理、处理旅游投诉的；

（四）对旅游经营企业进行检查时，侵犯旅游者、旅游经营者的合法权益或者在检查中索取财物的；

（五）在旅游业监督管理中行政不作为、乱作为，或者造成重大损失的其他行为。

第五十六条 行政管理相对人对具体行政行为不服的，可以依法申请行政复议或者提起行政诉讼。逾期不申请复议、不提起诉讼又不履行具体行政行为的，由做出具体行政行为的机关申请人民法院强制执行。

第六章 附 则

第五十七条 本条例所称旅游业，是指旅游经营者利用旅游资源和设施，为旅游者提供交通、游览、餐饮、住宿、信息、购物、文化娱乐、旅游产品、休闲度假、健身等综合性服务行业。

本条例所称旅游资源，是指自然界和人类社会凡能对旅游者产生吸引力，可以为旅游业发展所利用，能产生经济效益、社会效益和环境效益的自然景观、人文景观、文化艺术和民俗风情等各种事物和因素。

本条例所称旅游经营者，是指依照本条例规定从事旅游业经营活动的企业、其他经济组织和个人。

第五十八条 本条例自2009年11月1日起施行。

唐山市历届人大常委会立法情况一览表

唐山市九届人大常委会地方立法情况一览表

编号	总序号	法规名称（＊有废止行政许可）	市人大一审时间	市人大通过时间/届次	省人大批准时间/届次	公布日期公告编号	施行日期	简要说明	执法主体（起草部门）	备注
1—1	1	唐山市市容环境卫生管理条例		1988.12.1 9届5次	1989.3.14 7届6次	1989.4.8 9届第一号	1989.7.1施行	2002年部门更名市城市管理局	市、区市容环境卫生行政主管部门（市城建局）	已修改两次
2—1	2	唐山市城市规划管理条例		1993.1.9 9届33次	1993.4.28 7届33次	1993.5.10 9届第二号	1993.5.10	2008年更名市城乡规划局	市、县（市）城市规划行政主管部门（市规划局）	已修正一次

唐山市十届人大常委会地方立法情况一览表（一）

编号	总序号	法规名称（*有废止行政许可）	市人大一审时间	市人大通过时间/届次	省人大批准时间/届次	公布日期公告编号	施行日期	简要说明	执法主体（起草部门）	备注
3－1 *	3	唐山市计划生育管理条例	1993.8.16 10届3次	1993.10.27 10届5次	1994.9.2 8届9次	1994.10.11 10届第七号	1994.10.11	2004年部门更名人口计生委	各级计划生育委员会（市计生委）	2006.5.29予以废止
4－1 *	4	唐山市村经济合作社条例	1994.4.27 10届8次	1994.7.12 10届9次	同上	1994.10.14 10届第八号	1994.10.14	2002年职能在农业管理部门	市、县（市）区农村经济综合主管部门（市委农工部）	2010.10.8予以废止
5－1	5	唐山市乡村规划建设管理条例（*）	同上	1994.7.13 10届9次	1994.11.2 8届10次	1994.11.7 10届第九号	1994.12.1施行	2002年组建市建设局，2010年组建市住房和城乡建设局	市、县（市）建设行政主管部门（市建委）	已修正一次，又废止1项行政许可规定
6－1	6	唐山市陡河水库饮用水水源保护区污染防治管理条例	1994.7.18 10届9次	1994.11.3 10届11次	1994.12.22 8届11次	1994.12.24 10届第十号	1995.2.1施行	1993年4月十届一次人代会代表议案	市环境保护行政主管部门（市起草小组）	已修改两次
7－1	7	唐山市城镇国有土地使用权出让转让管理条例		1995.6.27 10届15次	1995.9.13 8届16次	1995.9.25 10届十四号	1995.11.15施行	2002年职能在国土资源部门	市、县（市）土地管理部门（市土地局）	已修改两次
8－1	8	唐山市技术市场管理办法（*）	1995.8.22 10届16次	1995.10.25 10届17次	1995.11.15 8届17次	1995.12.8 10届十五号	1995.12.8	2002年部门更名市科学技术局	市、县（市）科技行政管理部门（市科委）	已修正一次，又废止1项行政许可规定
9－1 *	9	唐山市集贸市场管理条例	1995.8.26 10届16次	同上	同上	1995.12.8 10届十六号	1995.12.8		各级工商行政管理部门（市工商局）	2010.10.8予以废止

唐山市十届人大常委会地方立法情况一览表（二）

编号	总序号	法规名称（＊有废止行政许可）	市人大一审时间	市人大通过时间/届次	省人大批准时间/届次	公布日期公告编号	施行日期	简要说明	执法主体（起草部门）	备注
10－1	10	唐山市粉煤灰综合利用管理条例	1996.4.25 10届21次	1996.6.26 10届22次	1996.9.11 8届22次	1996.9.16 10届二十一	1996.11.20施行	2002年组建市建设局，2010年组建市住房和城乡建设局	市建设行政主管部门（市建委）	
11－1	11	唐山市文物保护管理办法（＊）	1996.4.25 10届21次	1996.6.25 10届22次	同上	1996.10.15 10届二十二	1996.10.15	2010年组建市文化广电新闻出版局	市、县（市）区文化行政管理部门（市文化局）	废止1项行政许可规定
12－1	12	唐山市农作物种子管理办法	1996.6.26 10届22次	1996.8.30 10届23次	1996.11.3 8届23次	1996.11.15 10届二十三	1996.11.15	2010年组建市农牧局	市、县（市）区农业行政主管部门（市农业局）	已修订一次
13－1	13	唐山市产品质量监督管理办法	1996.6.25 10届22次	同上	同上	1996.11.16 10届二十四	1996.11.16	2002年更名市质量技术监督局	市、县（市）区技术监督行政管理部门（市技监局）	
1－2 修1	14	唐山市市容环境卫生管理条例修正案		1997.6.25 10届28次	1997.9.3 8届28次	1997.9.10 10届二十七		一次审议通过		第一次修正
2－2 修2	15	唐山市城市规划管理条例修正案		同上	同上	1997.9.10 10届二十八		一次审议通过		第一次修正
3－2 修3	16	唐山市计划生育管理条例修正案		同上	同上	1997.9.10 10届二十九		一次审议通过		修正1次 2006.5废止
4－2 修4	17	唐山市村经济合作社条例修正案		同上	同上	1997.9.10 10届三十号		一次审议通过		修正1次 2010.10废
5－2 修5	18	唐山市乡村规划建设管理条例修正案［（＊）］		同上	同上	1997.9.10 10届三十一		一次审议通过		第一次修正
6－2 修6	19	唐山市陡河水库饮用水水源保护区污染防治管理条例修正案		同上	同上	1997.9.10 10届三十二		一次审议通过		第一次修正
7－2 修7	20	唐山市城镇国有土地使用权出让转让管理条例修正案		同上	同上	1997.9.10 10届三十三		一次审议通过		第一次修正
8－2 修8	21	唐山市技术市场管理办法修正案［（＊）］		同上	同上	1997.9.10 10届三十四		一次审议通过		第一次修正
9－2 修9	22	唐山市集贸市场管理条例修正案		同上	同上	1997.9.10 10届三十五		一次审议通过		修正1次 2010.10废

唐山市十届人大常委会地方立法情况一览表（三）

编号	总序号	法规名称（*有废止行政许可）	市人大一审时间	市人大通过时间/届次	省人大批准时间/届次	公布日期公告编号	施行日期	简要说明	执法主体（起草部门）	备注
14－1 *	23	唐山市农民承担费用和劳务监督管理条例	1997.6.24 10届28次	1997.8.27 10届29次	1997.10.25 8届29次	1997.10.30 10届三十六	1997.10.30	2009年组建市农牧局	市、县（市、区）农业（农经）行政主管部门（市农业局）	2007.7.23 已废止
15－1	24	唐山市矿产资源开采管理条例	1997.8.25 10届29次	1997.10.24 10届30次	1997.12.22 8届31次	1997.12.25 10届三十七	1997.12.25	2002年职能在国土资源部门	市、县级地质矿产主管部门（市地矿局）	
16－1 *	25	唐山市奖励和保护公民见义勇为条例		同上	同上	1997.12.26 10届三十八	1997.12.26	一次审议通过	各级政府，公安机关（市见义勇为基金会办公室）	2010.10.8 予以废止
17－1	26	唐山市汉语言文字应用管理办法		同上	同上	1997.12.27 10届三十九	1997.12.27	一次审议通过	市、县（市、区）语言文字工作主管部门（市教育局）	
18－1	27	唐山市市政工程设施管理条例（**）	1997.8.25 10届29次	同上	同上	1997.12.29 10届四十号	1997.12.29	2002年部门更名市城市管理局	市、县（市）城市建设管理行政主管部门（市城建局）	废止2项行政许可规定

唐山市十一届人大常委会地方立法情况一览表（一）

编号	总序号	法规名称（*有废止行政许可）	市人大一审时间	市人大通过时间/届次	省人大批准时间/届次	公布日期公告编号	施行日期	简要说明	执法主体（起草部门）	备注
19－1	28	唐山市城市房地产交易管理条例	1998.6.17 11届3次	1998.8.20 11届4次	1998.11.6 9届5次	1998.11.16 11届第二号	1998.11.16	2002年设置市房产管理局，2008年更名市住房保障和房产管理局，2010年组建市住房和城乡建设局	市、县（市）房产行政、土地管理部门（市建委）	
20－1	29	唐山市档案工作管理办法	一次审议通过	同上	同上	1998.11.18 11届第三号	1998.11.18	2002年设置市档案局	市、县（市、区）档案行政管理部门（市档案馆）	
21－1	30	唐山市暂住人口管理条例（*）	1998.10 11届5次	1998.12.22 11届6次	1999.7.31 9届10次	1999.8.11 11届第五号	1999.8.11	1999.3.31省9届8次初审议	市、县（市、区）、农场、开发区公安机关（市公安局）	已修正一次
22－1	31	清东陵保护管理办法	1999.4.19 11届8次	1999.6.21 11届9次	1999.9.24 9届11次	1999.10.11 11届第六号	1999.10.11	主任会议提请审议	清东陵文物管理处（市教科文卫委、遵化人大）	

唐山市十一届人大及其常委会地方立法情况一览表（二）

编号	总序号	法规名称（＊有废止行政许可）	市人大一审时间	市人大通过时间/届次	省人大批准时间/届次	公布日期公告编号	施行日期	简要说明	执法主体（起草部门）	备注
GZ－1	32	唐山市民营科技企业管理条例（草案）	1999.4.19 11届8次	1999.8.20 11届10次 二审未通过			未出台	二审搁置审议	科技行政部门（市科委）	未出台
GZ－2	33	唐山市城市供热管理条例（草案）	1999.8.20 11届10次				未出台	一审搁置审议	建设行政部门（市建委）	未出台
23－1	34	唐山市水利工程管理办法	1999.10.11 11届11次	1999.12.17 11届12次	2000.5.25 9届15次	2000.5.29 11届第八号	2000.5.29	2002年部门更名市水务局	市、县（市）区水行政主管部门（市水利局）	
24－1	35	唐山市城市绿化管理条例	2000.3.23 11届14次	2000.5.19 11届15次	2000.7.30 9届16次	2000.8.4 11届第九号	2000.8.4	2002年部门更名市城市管理局	市、县（市）区城市建设行政主管部门（市城建局）	4月首次登报向社会公布法规草案
25－1	36	唐山市农药经营管理办法（＊）	2000.5.18 11届15次	2000.9.22 11届17次	2001.3.30 9届20次	2001.4.3 11届第十号	2001.4.3	2010年组建市农牧局	市、县（市）、区农业行政主管部门（市农业局）	废止1项行政许可规定
26－1	37	唐山市城市供水管理条例（＊＊）	2001.3.20 11届21次	2001.5.22 11届22次	2001.7.30 9届22次	2001.8.1 11届十一号	2001.8.1	2002年部门更名市城市管理局	县级以上人民政府确定的城市供水行政主管部门（市城建局）	废止2项许可规定 3月31日登报征求意见
27－1	38	唐山市地方立法条例	2001.11 11届25次	2002.1.20 十一届五次	2002.3.30 9届26次	2002.4.2 11届十二号	2002.4.2	常委会提请审议	（市人大常委会法制工作委员会）	市人大制定
7－3 修10	39	唐山市人民代表大会常务委员会关于修改《唐山市城镇国有土地使用权出让转让管理条例》的决定		2002.5.18 11届30次	2002.7.30 9届28次	2002.8.5 11届十三号		一次审议通过		第二次修正
12－2 修11	40	唐山市人民代表大会常务委员会关于修改《唐山市农作物种子管理办法》的决定		2002.5.18 11届30次	2002.7.30 9届28次	2002.8.5 11届十四号		一次审议通过		第一次修订
28－1	41	唐山市地名管理条例	2002.3 11届29次	2002.7.19 11届31次	2002.11.25 9届30次	2002.11.28 11届十五号	2003.1.1 施行		市、县（市）区地名主管部门（市民政局）	
29－1	42	唐山市农村集体资产管理条例	2002.7.17 11届31次	2002.10.31 11届33次	2003.3.27 10届2次	2003.4.10 11届十七号	2003.7.1 施行	2010年组建市农牧局	市、县（市）区农业（农经）行政主管部门（市农业局）	

唐山市十二届人大常委会地方立法情况一览表（一）

编号	总序号	法规名称 （＊有废止行政许可）	市人大 一审时间	市人大通过 时间/届次	省人大批准 时间/届次	公布日期 公告编号	施行日期	简要说明	执法主体 （起草部门）	备注
1－3 修 12	43	唐山市人民代表大会常务委员会关于修改《唐山市市容环境卫生管理条例》的决定		2003.6.25 12 届 2 次	2003.7.18 10 届 4 次	2003.7.21 12 届第一号		一次审议通过		第二次修订
6－3 修 13	44	唐山市人民代表大会常务委员会关于修改《唐山市陡河水库饮用水水源保护区污染防治管理条例》的决定		2003.6.25 12 届 2 次	2003.9.26 10 届 5 次	2003.10.8 12 届第二号		一次审议通过	市环境保护行政主管部门，并授权陡河水库管理处部分行政执法权	第二次修订
GZ－3	45	唐山市预防职务犯罪工作条例（草案）	2003.8.25 12 届 3 次				未出台	主任会议提请审议一审后搁置审议	检察机关（市内司委、检察院）	未出台
30－1	46	唐山市地方公路条例	2003.8.25 12 届 3 次	2003.10.28 12 届 4 次	2004.3.25 10 届 8 次	2004.3.29 12 届第六号	2004.6.1 施行	2010 年组建市交通运输局	市、县（市、区）交通行政主管部门（市交通局）	
FG－1	47	唐山市人民代表大会常务委员会关于废止地方性法规中若干行政许可规定的决定		2004.6.25 12 届 9 次	2004.9.27 10 届 11 次	2004.10.9 12 届第七号	2004.9.27	一次审议通过，废止 2 件地方性法规中的 2 项行政许可规定		法规问题的决定
31－1	48	唐山市献血用血条例	2004.4.25 12 届 8 次	2004.8.26 12 届 10 次	2004.11.27 10 届 12 次	2004.12.1 12 届第九号	2005.2.1 施行		市、县政府，卫生行政部门（市卫生局、血站）	
FG－2	49	唐山市人民代表大会常务委员会关于第二批废止地方性法规中若干行政许可规定的决定		2004.10.27 12 届 11 次	同上	2004.12.1 12 届第十号	2004.12.1	一次审议通过，废止 4 件地方性法规中的 6 项行政许可规定		法规问题的决定
32－1	50	唐山市城市房屋拆迁管理条例	2004.6.24 12 届 9 次	2004.10.27 12 届 11 次	2005.3.25 10 届 14 次	2005.3.30 12 届十四号	2005.7.1 施行	2002 年设置市房产管理局，2008 年更名市住房保障和房产管理局，2010 年组建市住房和城乡建设局	市房管部门，各县（市）政府确定的房屋拆迁管理部门（市房管局）	起草阶段登报向社会公布
33－1	51	唐山市促进企业科技进步条例	2004.12.29 12 届 12 次	2005.4.28 12 届 16 次	2005.7.18 10 届 16 次	2005.7.20 12 届十六号	2005.11.1 施行		市、县（市）区科技行政管理部门（市科技局）	

唐山市十二届人大常委会地方立法情况一览表（二）

编号	总序号	法规名称（＊有废止行政许可）	市人大一审时间	市人大通过时间/届次	省人大批准时间/届次	公布日期公告编号	施行日期	简要说明	执法主体（起草部门）	备注
34－1	52	唐山市全民健身条例	2005.6.27 12届17次	2005.10.21 12届19次	2006.3.30 10届20次	2006.4.3 12届十九号	2006.7.1 施行		市、县政府，体育行政部门（市体育局）	
3－3 废1	53	唐山市人民代表大会常务委员会关于废止《唐山市计划生育管理条例》的决定		2006.2.28 12届21次	2006.5.24 10届21次	2006.5.29 12届二十一	2006.5.29	一次审议通过	人口计生部门（市人口计生委）	废止案
21－2 修14	54	唐山市人民代表大会常务委员会关于废止《唐山市暂住人口管理条例》中有关行政许可等规定的决定		2006.4.28 12届22次	2006.5.24 10届21次	2006.5.29 12届二十二	2006.5.29	一次审议通过，废止1项行政许可事项及其处罚规定和1条抵触规定	市、县（市、区）、农场、开发区公安机关（市人大法制委）	第一次修正
35－1	55	唐山市畜禽屠宰管理条例	2006.6.27 12届23次	2006.10.31 12届26次	2007.1.14 10届26次	2007.1.22 12届二十九	2007.7.1 施行		商务、畜牧、工商行政部门（市商务局）	起草阶段登报，就生鸡定点屠宰许可召开听政会
14－2 废2	56	唐山市人民代表大会常务委员会关于废止《唐山市农民承担费用和劳务监督管理条例》的决定		2007.4.26 12届31次	2007.7.19 10届29次	2007.7.23 12届三十三	2007.7.23	一次审议通过	市、县（市、区）农业（农经）行政主管部门（市农业局）	废止案
36－1	57	唐山市节约用水条例	2007.8.21 12届34次	2007.12.21 12届36次	2008.5.16 11届3次	2008.5.22 13届第一号	2008.8.1 施行		市、县（市、区）水行政主管部门（市水务局）	
37－1	58	唐山市养犬管理条例	2006.12.28 12届27次	2008.7.4 13届4次 三审通过	2008.9.25 11届5次	2008.9.27 13届第二号	2009.1.1 施行	2007.10.29 12届35次二审	各级公安机关（市政府法制办、公安、畜牧）	起草阶段和二审后两次登报征求意见

唐山市十三届人大常委会地方立法情况一览表（截至2009年底）

编号	总序号	法规名称（*有废止行政许可）	市人大一审时间	市人大通过时间/届次	省人大批准时间/届次	公布日期公告编号	施行日期	简要说明	执法主体（起草部门）	备注
		唐山市2008年立法计划		2008.4.8 13届1次		唐人常办字〔2008〕17号		一次审议通过		
		唐山市2008－2012年立法规划		2008.9.2 13届5次		唐人常办字〔2008〕44号		一次审议通过		
GZ－4	59	唐山市科学发展促进条例	2008.4.29 13届2次	2008.9.2 13届5次			未出台	在二审前征求了全国人大常委会法工委以及省人大法制委意见	市、县两级政府（市人大法制委牵头立法起草班子）	5月7日登报征求意见，最终未出台
		唐山市人民代表大会关于推进科学发展的决定		2009.1.19 十三届二次			2009.1.19 通过施行	根据省人大常委会法工委审查意见，在原条例基础上由人代会出台重大事项的决定	规范性文件	重大事项的决定市人代会通过
38－1	60	唐山市旅游业促进条例	2008.10.29 13届7次	2009.4.24 13届12次	2009.7.30 11届10次	2009.8.4 13届第8号	2009.11.1 施行		市、县（市、区）旅游行政主管部门（市旅游局）	
		唐山市2009年立法计划		2008.12.18 13届8次		唐人常办字〔2008〕66号		一次审议通过		
39－1	61	唐山市志愿服务条例	2009.6.24 13届13次	2009.10.28 13届15次	2010.3.26 11届15次	2010.4.7 13届10号	2010.9.15 施行	根据2008年3月十三届人大一次会议代表议案，由主任会议提请审议	市、县（市、区）志愿服务指导委员会（内司委、文明办、团市委）	

（许冰锋）

唐山市人民政府继续有效规章目录

序号	规章名称	发文号
1	唐山市陡河管理暂行办法	市政发（1986）77号
2	唐山市贯彻执行《河北省就业训练试行办法》的实施细则	市政发（1987）23号
3	唐山市剧毒物品安全管理暂行办法	市政办（1987）53号
4	唐山市城市维护建设资金管理办法（试行）	政府令1号
5	唐山市人民政府关于办理人大代表建议、批评、意见和政协委员提案工作的暂行规定	市政发（1990）18号
6	唐山市行政机关规范性文件备案规定	市政发（1990）45号
7	唐山市计算机信息系统安全保护暂行办法	唐政办（1992）13号
8	唐山市人民警察巡察暂行规定	政府令3号
9	唐山市职业技能考核实施办法	唐政办（1995）17号
10	唐山市海港开发区招商引资的若干规定	唐政发（1996）16号
11	唐山市直管旧公房出售办法	唐政发（1996）26号
12	唐山市调整市区公有住房租金的暂行规定	唐政办（1996）3号
13	唐山市直属机关事业单位养老保险暂行办法	政府令9号
14	唐山市殡葬管理办法	政府令13号
15	唐山市预算外资金管理办法	政府令14号
16	唐山市企业事业单位民兵预备役人员集中训练活动经费统筹管理办法	唐政发（1998）18号
17	唐山市门前三包、门内达标卫生责任制的规定	唐政办（1999）2号
18	唐山市市本级行政事业性收费票款分离暂行办法	唐政办函（1999）163号
19	关于发放城镇退伍军人待安置期间生活补助费的实施办法	唐政办（2000）第11号
20	关于对自谋职业城镇退役士兵发放一次性经济补助费的实施办法	唐政办（2000）第11号
21	唐山市土地管理办法	政府令18号
22	唐山市城镇居民最低生活保障实施办法	政府令21号
23	唐山市农村居民最低生活保障实施办法	政府令（2003）1号
24	唐山市城市建设档案管理规定	政府令（2004）1号
25	唐山市行政机关重大行政行为合法性事前审查暂行规定	政府令（2004）2号
26	唐山市防雷减灾管理办法	政府令（2004）4号
27	唐山市国家机关罚没和暂扣财物管理实施办法	政府令（2004）5号
28	唐山市科学技术奖励办法	政府令（2004）6号
29	唐山市工伤保险办法	政府令（2004）7号
30	唐山市生猪屠宰管理办法	政府令（2005）1号
31	唐山市财政性投资基本建设工程项目资金监督管理规定	政府令（2005）2号
32	唐山市政府采购管理实施办法	政府令（2005）3号
33	唐山市调味品生产销售管理实施办法	政府令（2006）1号
34	唐山市城市再生水利用管理暂行办法	政府令（2006）2号
35	唐山市海上交通安全和防治船舶污染管理办法	政府令（2007）1号
36	唐山市政府投资建设项目审计监督办法	政府令（2008）1号
37	唐山市生猪产品市场准入管理办法	政府令（2008）2号
38	唐山市地震安全性评价和抗震设防管理办法	政府令（2008）3号
39	唐山市城市排水管理暂行办法	政府令（2008）4号

（法治办）

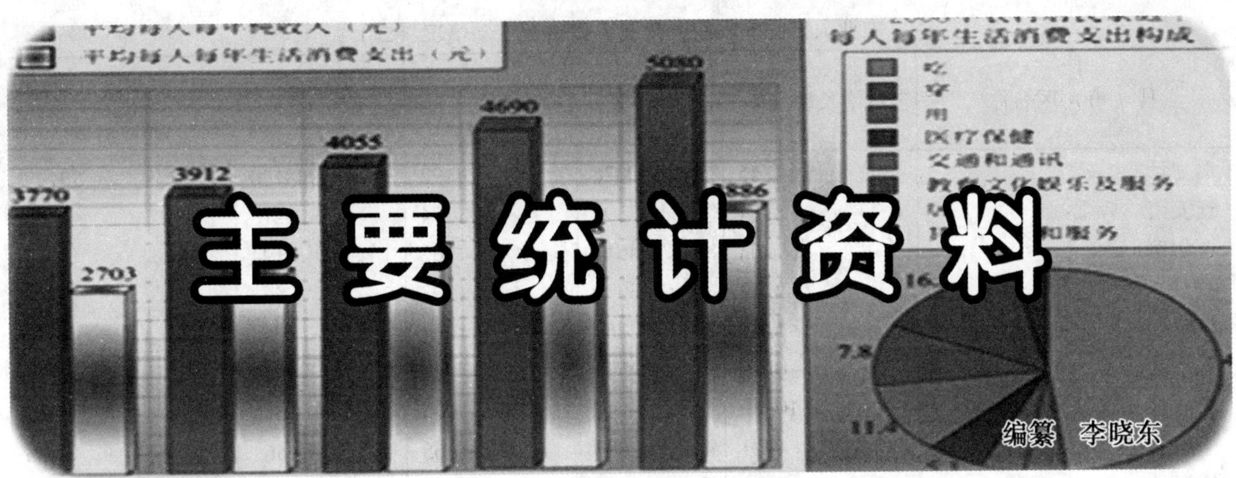

主要统计资料

编纂　李晓东

一、综　　合

农业人口、非农业人口及人口自然变动情况（一）

县（市）区名称	农业人口	非农业人口	出生（人）	死亡（人）	出生率（‰）	死亡率（‰）
总　计	**4885569**	**2453428**	**77901**	**45276**	**10.65**	**6.19**
迁安市	581089	139539	9844	3734	13.76	5.22
遵化市	615562	107280	9621	4133	13.38	5.75
滦　县	458547	94081	5362	3894	9.73	7.06
滦南县	497244	85617	5363	4486	9.21	7.70
乐亭县	412049	84881	3432	3531	6.91	7.10
迁西县	330110	50059	5930	1900	15.69	5.03
玉田县	564298	106455	7427	4275	11.10	6.39
唐海县	124030	18183	1073	1003	7.56	7.07
市区小计	1302640	1767333	29849	18320	9.75	5.98
丰南区	404716	136667	4889	4135	9.08	7.68
丰润区	654819	266368	11091	5542	12.07	6.03
路南区	34108	205008	1945	1222	8.12	5.10
路北区		590383	5016	2496	8.50	4.23
古冶区	92558	268268	2795	2504	7.74	6.94
开平区	111842	136625	2308	1715	9.31	6.92
海港经济开发区		6817	119	5	18.33	0.77
高新技术产业园区	4597	51435	463	157	8.42	2.86
南堡经济开发区		20525	94	189	4.50	9.05
芦台经济开发区		40495	480	134	11.91	3.33
汉沽管理区		44742	649	221	14.56	4.96

农业人口、非农业人口及人口自然变动情况（二）

县（市）区名称	自然增长率（‰）	迁入（人）	#省外迁入	迁出（人）	#迁往省外
总　计	4.46	59026	24192	48140	23177
迁安市	8.54	7891	4374	3218	2166
遵化市	7.63	4512	1962	3194	1685
滦县	2.67	3579	1293	2461	1047
滦南县	1.51	2764	1203	2765	1374
乐亭县	-0.19	2583	1069	2671	1219
迁西县	10.66	2247	673	1669	682
玉田县	4.71	3898	1765	3567	1739
唐海县	0.49	1164	351	617	359
市区小计	3.77	30388	11502	27978	12906
丰南区	1.40	2578	1324	1304	820
丰润区	6.04	5997	2869	3399	2113
路南区	3.02	3413	1343	4264	2388
路北区	4.27	10472	3645	12688	5184
古冶区	0.80	1956	773	1219	616
开平区	2.39	1310	577	735	541
海港经济开发区	17.56	279	160	69	57
高新技术产业园区	5.56	3766	432	3213	451
南堡经济开发区	-4.55	142	50	606	315
芦台经济开发区	8.58	284	195	229	194
汉沽管理区	9.60	191	134	252	227

分行业服务业企业主要经济指标

指标名称	单位数	营业收入（万元）	主营业务税金及附加（万元）	固定资产原值（万元）
总　计	**334253**	**44288643**	**948649**	**15018460**
交通运输、仓储和邮政业	119029	8592452	476897	4290362
信息传输、计算机服务和软件业	957	583849	17072	1352287
批发和零售业	142543	23834452	143007	1733506
住宿和餐饮业	13246	2073640	99789	1703023
金融业	125	2731558	72589	402701
房地产业	943	857165	64062	232852
租赁和商务服务业	6237	592301	18296	1038017
科学研究、技术服务和地质勘查业	537	210839	5649	114879
水利、环境和公共设施管理业	183	229881	2658	861508
居民服务和其他服务业	30045	808047	35278	319883
教育	2570	645982	762	861261
卫生、社会保障和社会福利业	9562	968249	10137	576924
文化、体育和娱乐业	958	87144	2453	76458
公共管理和社会组织	7318	2073084		1454799

限额以上服务业企业主要经济指标

指标名称	单位数	营业收入（万元）	缴纳金及附加（万元）	固定资产原值（万元）
总　计	**891**	**5697604**	**165227**	**4706493**
交通运输、仓储和邮政业	223	1846019	63041	1693907
信息传输、计算机服务和软件业	54	504152	13703	1298707
金融业	123	2730286	72589	386053
租赁和商务服务业	159	316981	7500	856875
科学研究、技术服务和地质勘查业	91	123410	3612	46273
水利、环境和公共设施管理业	48	67614	1971	341807
居民服务和其他服务业	72	62855	1449	42305
教育	108	20076	271	27747
文化、体育和娱乐业	13	26211	1091	12819

限额以上服务业非企业主要经济指标

指标名称	单位数	收入（万元）	缴纳税金及附加（万元）	固定资产原值（万元）
总　计	**10132**	**3023183**	**3396091**	**532027**
交通运输、仓储和邮政业	2	690		3044
信息传输、计算机服务和软件业	1	991	18	1751
金融业	1	1270		2592
租赁和商务服务业	17	31124	86	19221
科学研究、技术服务和地质勘查业	39	37869	387	27537
水利、环境和公共设施管理业	60	139244	515	418983
居民服务和其他服务业	11	4929		7932
教育	2172	826709	615067	
卫生、社会保障和社会福利业	485	504254	706793	15157
文化、体育和娱乐业	26	21304	141	35810
公共管理和社会组织	7318	1454799	2073084	

地区生产总值

指标名称	2009 年	为上年%	对经济增长的拉动率%	对经济增长的贡献率%
地区生产总值	**38127192** 万元	**111.3**	**11.3**	**100.0**
第一产业	3601792 万元	105.8	0.5	4.2
第二产业	22021327 万元	111.2	6.7	59.2
工业	20210127 万元	110.9	6.0	53.4
建筑业	1811200 万元	114.6	0.7	5.8
第三产业	12504073 万元	113.0	4.1	36.6
人均地区生产总值	**51179** 元	**110.8**		

分县区生产总值

县（市）区名称	地区生产总值（万元）	为上年%	人均地区生产总值（元）	为上年%
全　市	**38127192**	**111.3**	**51179**	**110.8**
迁安市	5341892	117.6	74691	115.9
遵化市	3920020	113.9	54505	112.8
滦　县	2044689	116.5	37088	115.9
滦南县	2267838	111.5	38940	111.4
乐亭县	2182405	115.0	43912	114.8
迁西县	2815519	112.9	74485	112.0
玉田县	2150762	115.0	32149	114.5
唐海县	639035	118.2	45002	117.2
市　区	19193652	111.2	62671	110.6
丰南区	3800535	117.5	73582	116.6
丰润区	3675851	114.2	40007	113.4
路南区	550318	120.2	23016	120.3
路北区	645204	112.9	10936	112.2
古冶区	1158525	117.5	32092	117.5
开平区	1209618	117.7	48814	117.2
海港经济开发区	662248	114.0		
高新技术产业园区	600638	114.4		
南堡经济开发区	514153	114.9		
芦台经济开发区	182285	114.0	45571	114.0
汉沽管理区	164850	114.0	36879	113.2
曹妃甸工业区	1009237	150.7		

二、农　业

乡村从业人员及构成

单位：人

县（市）区名称	乡村从业人员	#男	从业人员行业构成							
			第一产业	第二产业			第三产业			
					工业	建筑业		#交通运输仓储邮政业	批发和零售业	居民服务和其他服务业
总　计	**2954418**	**1597211**	**1272639**	**1079396**	**772919**	**306477**	**602383**	**174637**	**196075**	**90207**
迁安市	285214	164147	73902	149487	112185	37302	61825	26511	15982	4645
遵化市	318887	172797	107398	124906	91948	32958	86583	28424	25087	15546
滦　县	275952	147987	133606	92725	52576	40149	49621	19443	17004	4181
滦南县	288634	154453	190835	62218	43471	18747	35581	10910	16269	2747
乐亭县	265001	137376	119136	74896	40419	34477	70969	17477	21512	23676
迁西县	171498	98281	75877	63232	48849	14383	32389	7223	5261	3859
玉田县	325989	171167	87585	168493	130929	37564	69911	15921	26880	9917
唐海县	68128	37070	35718	15595	12572	3023	16815	5110	5783	1308
市区小计	955115	513933	448582	327844	239970	87874	178689	43618	62297	24328
丰南区	262365	146023	104215	106802	85281	21521	51348	10658	19230	6417
丰润区	429035	229984	240036	133051	83067	49984	55948	15611	17068	6750
路南区	26371	13168	5326	8726	7351	1375	12319	2645	5922	1472
路北区	39993	19720	17564	7453	5299	2154	14976	1680	6959	3058
古冶区	62402	32596	28424	22911	19157	3754	11067	4080	3065	926
开平区	82774	43731	28519	34240	27984	6256	20015	4960	5890	5052
高新技术产业园区	11489	5391	2307	3024	2087	937	6158	1063	2908	387
南堡经济开发区	8796	5799	4388	1434	1345	89	2974	1470	381	69
芦台经济开发区	17740	9881	9892	6203	5859	344	1645	261	311	142
汉沽管理区	14150	7640	7911	4000	2540	1460	2239	1190	563	55

粮食生产（一）

县（市）区名称	粮食			1. 夏收粮食			2. 秋收粮食		
	播种面积（公顷）	每公顷产量（公斤）	总产量（吨）	播种面积（公顷）	每公顷产量（公斤）	总产量（吨）	播种面积（公顷）	每公顷产量（公斤）	总产量（吨）
总　计	**471977**	**6440**	**3039666**	**117650**	**5535**	**651178**	**354327**	**6741**	**2388488**
迁安市	37275	5948	221701	8149	4650	37892	29126	6311	183809
遵化市	43170	6042	260828	8974	5419	48633	34196	6205	212195
滦　县	43621	6476	282495	10014	5495	55027	33607	6768	227468
滦南县	62677	6677	418466	15647	5634	88150	47030	7024	330316
乐亭县	49474	6410	317121	13818	5684	78546	35656	6691	238575
迁西县	13623	5871	79976				13623	5871	79976
玉田县	80166	5804	465294	30515	5525	168597	49651	5976	296697
唐海县	20579	9632	198205	62	7755	481	20517	9637	197724
市区小计	121392	6554	795580	30471	5705	173852	90921	6838	621728
丰南区	38032	6596	250844	9607	5354	51434	28425	7015	199410
丰润区	65455	6482	424276	18368	5938	109076	47087	6694	315200
路南区	787	6205	4883	118	5644	666	669	6303	4217
路北区	324	5938	1924	45	5533	249	279	6004	1675
古冶区	4668	5772	26943	721	5288	3813	3947	5860	23130
开平区	7348	6387	46931	1474	5383	7934	5874	6639	38997
高新技术产业园区	265	5023	1331	58	4483	260	207	5174	1071
南堡经济开发区	2313	8569	19820	80	5250	420	2233	8688	19400
芦台经济开发区	1536	8431	12950				1536	8431	12950
汉沽管理区	664	8551	5678				664	8551	5678

粮食生产（二）

县（市）区名称	谷物			薯类			豆类		
	播种面积（公顷）	每公顷产量（公斤）	总产量（吨）	播种面积（公顷）	每公顷产量（公斤）	总产量（吨）	播种面积（公顷）	每公顷产量（公斤）	总产量（吨）
总　计	**329436**	**6942**	**2286818**	**8269**	**7082**	**58563**	**16622**	**2593**	**43107**
迁安市	26024	6509	169391	1080	7521	8123	2022	3113	6295
遵化市	31554	6394	201771	1082	5709	6177	1560	2722	4247
滦　县	30647	7001	214556	1556	6288	9784	1404	2228	3128
滦南县	43054	7352	316550	796	5477	4360	3180	2958	9406
乐亭县	32728	7004	229212	407	6802	2765	2521	2617	6598
迁西县	11176	6156	68800	979	7198	7047	1468	2813	4129
玉田县	46276	6214	287572	874	5711	4991	2501	1653	4134
唐海县	20209	9677	195560	213	8709	1854	95	3264	310
市区小计	87768	6875	603406	1282	10501	13462	1871	2598	4860
丰南区	27593	7152	197356	156	6801	1061	676	1469	993
丰润区	45314	6644	301061	893	12470	11136	880	3413	3003
路南区	669	6303	4217						
路北区	279	6004	1675						
古冶区	3565	6036	21518	217	5088	1104	165	3079	508
开平区	5796	6674	38682	16	10063	161	62	2500	154
高新技术产业园区	207	5174	1071						
南堡经济开发区	2233	8688	19400						63
芦台经济开发区	1494	8626	12887				42	1500	
汉沽管理区	618	8963	5539				46	3022	139

干鲜果产量和林业生产

县（市）区名称	干鲜果产量（吨）	干果	#板栗	鲜果	当年造林面积（公顷）	年末实有林地面积（公顷）
总　计	**2347305**	**66758**	**57625**	**2280547**	**37651**	**333474**
迁安市	164430	6164	4066	158266	2667	40866
遵化市	284652	22582	19061	262070	3620	77859
滦　县	149275	345	141	148930	4333	21333
滦南县	356770			356770	2713	16298
乐亭县	888615			888615	2667	8149
迁西县	65078	36600	34296	28478	4666	85940
玉田县	181005	197	10	180808	2000	18637
唐海县	17301			17301	1933	5064
市区小计	240179	870	51	239309	13052	59328
丰南区	56598			56598	3613	23092
丰润区	117693	839	51	116854	4000	29309
路南区	955			955	24	186
路北区	11746	6		11740	800	630
古冶区	28793	12		28781	878	1529
开平区	5621	2		5619	3333	2987
高新技术产业园区	120			120		
南堡经济开发区						
芦台经济开发区	10540	11		10529	158	610
汉沽管理区	8113			8113	246	985

牧业生产

县（市）区名称	大牲畜年末存栏（百头）	生猪（百头）		羊（百只）		肉类总产量（吨）	#猪肉	禽蛋产量（吨）
		年末存栏	出栏	年末存栏	出栏			
总　计	**9241**	**38699**	**55584**	**8817**	**10413**	**635269**	**424900**	**318298**
迁安市	1094	4602	6719	864	1005	77439	50393	32579
遵化市	936	4848	6465	1487	1701	71573	48351	23900
滦　县	1584	2301	3254	830	1012	50073	24729	24596
滦南县	1440	6173	9423	765	509	104768	76709	31978
乐亭县	361	1801	2276	1228	1327	34301	17576	20014
迁西县	220	698	1495	1280	2278	20050	11215	7580
玉田县	1385	7228	9045	870	712	93716	68706	71653
唐海县	12	1208	2150	19	36	22368	16135	4976
市区小计	2210	9840	14757	1474	1833	160981	111086	101023
丰南区	511	2493	4038	214	397	41428	30285	20079
丰润区	1225	4983	7527	868	738	78496	56884	55724
路南区	5	166	180	2	1	1822	1350	2758
路北区	7	114	109	31	25	1180	817	608
古冶区	158	591	866	183	225	11724	6464	14294
开平区	153	550	1023	148	342	13965	7672	6688
高新技术产业园区	4	30	50	3		503	375	320
南堡经济开发区	18	108	78		50	629	593	70
芦台经济开发区	33	340	464	8	27	6568	3481	102
汉沽管理区	96	465	422	17	28	4666	3165	380

渔业生产

县（市）区名称	水产品产量（吨）	海水产品产量	#养殖	淡水产品产量	#养殖	养殖面积（公顷）	海水	淡水
总　计	**478908**	**263160**	**119905**	**215748**	**198647**	**70988**	**52635**	**18353**
迁安市	590			590	508	49		49
遵化市	3220			3220	2981	362		362
滦　县	3185			3185	3185	313		313
滦南县	116592	92529	31304	24063	22886	20754	19041	1713
乐亭县	137544	130366	74851	7178	6486	20402	19763	639
迁西县	31000			31000	29100	1128		1128
玉田县	4825			4825	4313	606		606
唐海县	62557	3860	3860	58697	52414	9624	2771	6853
市区小计	119395	36405	9890	82990	76774	17750	11060	6690
丰南区	70034	33725	8720	36309	30771	11481	8393	3088
丰润区	7232			7232	6904	466		466
路南区								
路北区								
古冶区	8616			8616	8616	624		624
开平区	2502			2502	2432	466		466
高新技术产业园区								
南堡经济开发区	24590	2680	1170	21910	21910	4134	2667	1467
芦台经济开发区	630			630	630	82		82
汉沽管理区	5791			5791	5511	497		497

农业产业化经营情况

县（市）区名称	产业化经营率（%）	主导产业销售额（万元）	龙头企业销售收入（万元）
总　计	**61.4**	**2855407**	**948834**
迁安市	68.0	267422	39905
遵化市	71.5	325717	156229
滦　县	70.1	144393	43934
滦南县	68.2	301480	154926
乐亭县	73.3	501069	26440
迁西县	61.9	134350	92389
玉田县	51.1	453229	154589
唐海县	59.6	122713	14772
市区小计	27.4	605034	265650
丰南区	68.0	293368	29540
丰润区	67.9	311666	192626
路南区			
路北区			
古冶区	2.5		3110
开平区	25.5		12665
高新技术产业园区			
南堡经济开发区			
芦台经济开发区	14.0		4829
汉沽管理区	59.0		22880

三、农村经济调查

农村住户调查基本情况（人均）

县（市）区名称	调查户数（户）	家庭常住人口（人）		经营耕地面积（亩）	年末生产性固定资产原值（元）		
		小计	平均每户			#农业	牧业
全　市	**1250**	**4209**	**3**	**1.6**	**4850**	**1759**	**988**
迁安市	100	348	3	0.9	3819	382	374
遵化市	100	358	4	1.0	6583	897	415
滦　县	100	340	3	2.6	6592	3931	1433
滦南县	100	310	3	2.3	5835	2212	1368
乐亭县	100	302	3	2.3	7324	5224	1745
迁西县	100	355	4	0.8	2717	899	48
玉田县	100	353	4	2.2	5666	2612	1845
唐海县	100	298	3	3.7	6635	3124	2206
市　区	450	1445	3	1.7	4968	1802	1012
丰南区	100	317	3	1.9	6989	1203	349
丰润区	140	440	3	1.8	4910	1386	2018
路南区	20	64	3		2344		781
路北区	20	61	3	0.3	1046	1046	
古冶区	70	239	3	0.9	2271	521	247
开平区	100	324	3	0.4	1213		25

四、工　业

全部工业企业个数和工业总产值

指标名称	企业个数	工业总产值（万元）
总　计	**8842**	**60366956**
一、规模以上工业企业	**1684**	**58191638**
#国有及国有控股企业	104	17859519
按轻重工业分		
轻工业	320	2768949
重工业	1364	55422689
按企业规模分		
大型企业	44	33819224
中型企业	204	11419989
小型企业	1436	12952424
按登记注册类型分		
国有企业	62	4841990
集体企业	64	2385786
股份合作企业	8	732975
股份制企业	897	32610701
外商及港、澳、台商投资企业	126	9793530
其它经济类型	527	7826657
在总计中：私营企业	1093	19603590

按隶属关系分		
中央企业	15	4089816
省属企业	7	7282428
市属及以下企业	1662	46819394
市属企业	31	2870084
县区属企业	89	6732381
街道企业	2	3020
镇属企业	16	406920
乡属企业	9	16806
其它企业	1515	36790183
二、规模以下工业企业	**7158**	**2175318**

注：全部工业企业个数和工业总产值不包括个体经营户。

规模以上工业企业主要经济指标

指标名称	工业增加值（万元）	资产总计（万元）	主营业务收入（万元）	利润总额（万元）	利税总额（万元）	全部从业人员年平均人数
总　计	**16999927**	**61926458**	**59696559**	**3604613**	**5738263**	**666277**
#国有及国有控股企业	5465012	37509940	20916830	547783	1284968	254918
按轻重工业分						
轻工业	719927	2012553	2622784	180693	271366	80853
重工业	16280000	59913905	57073775	3423920	5466898	585424
按企业规模分						
大型企业	8831559	41180612	36235273	1463117	2713124	351029
中型企业	3523067	13110939	10793956	918491	1275478	157843
小型企业	4645301	7634907	12667330	1223005	1749662	157405
按登记注册类型分						
国有企业	1325737	11147343	4821892	－36336	110817	53535
集体企业	631995	803323	2060372	151109	217410	19899
股份合作企业	159935	571246	745153	21563	56460	5027
股份制企业	9141241	35250601	35051815	1749231	2901482	442870
外商及港、澳、台商投资企业	2787239	8195912	9341497	728299	1105742	78843
其它经济类型	2953780	5958033	7675830	990747	1346352	66103
在总计中：私营企业	6228061	9903384	19027534	1736183	2480291	218965
按隶属关系分						
中央企业	1848597	7104576	4091755	57433	210861	28422
省属企业	2162153	14701063	10783995	229914	645924	142076
市属及以下企业	12989177	40120819	44820810	3317266	4881478	495779
市属企业	829741	5153876	2457465	186539	293970	58065
县（市）区企业	1802258	13443919	6727625	201414	426934	51308
街道企业	881	4092	1890	234	302	108
镇属企业	107590	266965	385513	28294	44334	4410
乡属企业	4902	17679	13545	1417	2716	637
其它企业	10243804	21234288	35234772	2899368	4113222	381251

按主要工业行业分						
采矿业	4379448	11844419	11443409	1453158	2083441	152388
煤炭开采和洗选业	1221670	4581249	5747403	108736	322451	87864
石油和天然气开采业	412442	3196128	506749	91630	98860	9393
黑色金属矿采选业	2673331	3789148	5033580	1226680	1616871	46823
有色金属矿采选业	11338	25596	23339	3283	3873	1238
非金属矿采选业	60667	252298	132338	22829	41387	7070
#采盐业	20020	199698	35836	1391	9782	5889
制造业	11882293	45570766	44199368	2141160	3483919	486561
农副食品加工业	155341	290020	658011	48442	63159	13037
食品制造业	80107	166395	357951	30230	42233	4306
饮料制造业	52823	238625	151267	10098	26645	3786
纺织业	29409	45281	101756	5017	7511	2358
纺织服装、鞋、帽制造业	26682	58489	114833	5649	9027	5447
皮革、毛皮、羽毛（绒）及其制品业	8271	29806	25313	-337	1948	890
木材加工及木、竹、藤、棕、草制品业	6168	39264	18557	2130	2710	770
家具制造业	18220	20660	67364	8397	9316	2699
造纸及纸制品业	132843	437273	510580	17875	30100	12555
印刷业和记录媒介的复制	20928	77053	84004	4675	7935	2087
石油加工、炼焦及核燃料加工业	475838	1499915	1636209	76053	143744	14309
化学原料及化学制品制造业	216780	1518176	851224	32730	73514	17001
医药制造业	44475	169421	90054	23058	28976	2675
化学纤维制造业	3234	9390	14157	610	1035	503
橡胶制品业	50581	67188	158105	10821	16490	4197
塑料制品业	91058	216342	298754	32905	39662	8024
非金属矿物制品业	874103	3769823	2294535	239485	332574	76294
#水泥制造业	506747	2583266	1250111	152053	190409	25163
陶瓷制品业	152926	645443	380512	30569	56244	33996
黑色金属冶炼及压延加工业	8190549	32309872	31967963	1238357	2156381	221251
#炼铁业	35228	67717	106025	21682	26704	1553
炼钢业	2913035	17410905	12341363	443898	777085	90978
钢压延加工业	5242286	14825416	19520294	772767	1352544	128670
有色金属冶炼及压延加工业	13784	145945	40272	4422	4856	1209
金属制品业	469902	916637	1717787	93789	127869	23935
通用设备制造业	265653	790924	743275	94703	118013	16207
专用设备制造业	259574	1073150	877614	80002	110220	20459
交通运输设备制造业	278803	1291309	1038466	53022	88747	22840
电气机械及器材制造业	76665	217872	264848	16114	21433	4845
通信设备、计算机及其他电子设备制造业	13708	72324	40719	3832	4721	2027
仪器仪表及文化、办公用机械制造业	13228	50994	41956	5928	8927	1037
工艺品及其他制造业	6731	23482	10117	-148	687	1554
废弃资源和废旧材料回收加工业	6835	25138	23678	3304	5485	259
电力、热力、燃气及水的生产和供应业	738186	4511272	4053782	10295	170903	27328
电力、热力的生产和供应业	685522	4221939	3957901	4128	160717	21465
燃气生产和供应业	27995	122473	55847	6188	8329	2345
水的生产和供应业	24669	166861	40035	-21	1857	3518

主要工业产品产量

指标名称	数 量
原煤	3398.68 万吨
洗煤	2032.12 万吨
天然原油	173.02 万吨
天然气	47171 万立方米
铁矿石原矿量	8001.13 万吨
原盐	234.70 万吨
发电量	333.23 亿千瓦小时
乳制品	68.85 万吨
白酒（折65度，商品量）	8665.60 千升
啤酒	382915.70 千升
软饮料	25.91 万吨
液体乳	64.07 万吨
化学纤维	16.27 万吨
纱	1.04 吨
布	785 万米
印染布	1075 万米
服装	2950.24 万件
家具	49.38 万件
机制纸及纸板	162.47 万吨
焦炭	1841.11 万吨
煤气生产量（煤气）	32.29 亿立方米
氢氧化钠（烧碱）（折100%）	26.45 万吨
碳酸钠（纯碱）	164.13 万吨
合成氨	19.75 万吨
农用氮磷钾化学肥料	18.47 万吨
初级形态的塑料	23.59 万吨
化学药品原药	356.00 吨
中成药	366.36 吨
塑料制品	24.24 万吨
水泥	3281.96 万吨
卫生陶瓷	2039.56 万件
日用陶瓷	11469.33 万件
生铁	6033.79 万吨
粗钢	6547.39 万吨
钢材	7064.42 万吨
工业锅炉	1772 蒸发量吨
输送机械	10499 米
泵	19853 台
采矿设备	179221 吨
水泥专用设备	68805 吨
金属冶炼设备	45688 吨
铁路客车	1161 辆
电焊机	75415 台
半导体分立器件	16128 万只

五、固定资产投资

分县区全社会固定资产投资

县（市）区名称	合计（万元）	城镇投资（万元）	建设项目	房地产开发	为上年%	农村投资（万元）	为上年%
总　计	**21799760**	**18022689**	**16104799**	**1917890**	**162.4**	**3777071**	**160.0**
迁安市	2004930	1090674	1030328	60346	116.5	914256	142.8
遵化市	902624	625931	543669	82262	118.1	276693	110.8
滦　县	841580	608484	545662	62822	94.2	233096	103.1
滦南县	531706	389516	319055	70461	116.0	142190	110.4
乐亭县	1200516	794031	761489	32542	116.4	406485	147.9
迁西县	705426	418817	386729	32088	126.4	286609	125.9
玉田县	724817	408167	325824	82343	118.8	316650	131.9
唐海县	821818	656553	419691	236862	199.9	165265	198.1
市区小计	14066343	13030516	11772352	1258164	187.1	1035827	181.1
市　直	10308135	10271782	10047756	224026	194.6	36353	194.9
丰南区	1009227	608299	559007	49292	138.2	400928	126.7
丰润区	641639	379242	291836	87406	93.6	262397	101.1
路南区	560015	484735	221405	263330	637.8	75280	466.6
路北区	565172	565172	45146	520026	298.0		298.0
古冶区	525328	421935	329148	92787	112.7	103393	128.7
开平区	456827	299351	278054	21297	150.0	157476	138.1

房地产开发投资

指标名称	2009年	为上年%
投资总额（万元）	**1917890**	**159.3**
#住宅投资	1427799	146.9
按登记注册类型分（万元）		
内资	1904490	163.7
港澳台商投资	11000	36.1
外商投资	2400	25.0
本年资金来源合计（万元）	**3002400**	**171.4**
#国内贷款	384831	212.8
利用外资		
自筹资金	1097662	199.9
其他资金	909383	126.0
新增固定资产（万元）	**1008116**	**124.3**
房地产开发企业个数（个）	375	103.6
施工房屋面积（平方米）	14293176	116.0
#住宅	12005084	110.6
竣工房屋面积	3272943	104.1
#住宅	2819684	99.8
商品房销售面积	4186676	133.6
#住宅	3978399	136.3
商品房销售额	1479074	153.5
#住宅	1367992	155.8

六、交通、运输、邮电

交通运输工具

单位：辆

指标名称	合计		营运			非营运	
		#个人		#客运	货运		#专用车
总　计	**1167594**	**1031915**	**214698**	**9998**	**203538**	**952896**	**2605**
汽车	634897	528678	172063	9401	161529	462834	2502
载客	437453	391968	9997	9286	93	427456	81
载货	142341	95210	126097	31	125613	16244	6
其他	55103	41500	35969	84	35823	19134	2415
摩托车	506954	485919	18435	595	17836	488519	9
挂车	25325	17245	24188	2	24162	1137	
其他类型	418	73	12		11	406	94

唐山港码头泊位数

指标名称	码头长度（米）		泊位（个）		#万吨级	
	2009 年	2008 年	2009 年	2008 年	2009 年	2008 年
总　计	**11427**	**8036**	**47**	**33**	**42**	**28**
京唐港区	**6882**	**6256**	**31**	**28**	**26**	**23**
煤码头	1330	1330	6	6	6	6
水泥码头	235	235	1	1	1	1
通用散货码头	1075	1662	4	7	4	7
通用杂货码头	2038	1393	9	6	9	6
通用散杂码头	366		2		2	
多用途码头	202		1		1	
集装箱码头	557	557	2	2	2	2
液体化工码头	345	607	2	3		1
LPG 码头	262		1		1	
碱码头	161	161	1	1		
工作船码头	311	311	2	2		
曹妃甸港区	**4545**	**1780**	**16**	**5**	**16**	**5**
矿石码头	808	735	2	2	2	2
原油码头	522	520	1	1	1	1
通用杂货码头	660	525	3	2	3	2
通用散杂码头	525		2		2	
多用途码头	680		3		3	
煤码头	1350		5		5	

唐山港货物吞吐量

单位：万吨

指标名称	吞吐量		
		吐出量	吞进量
总　计	**17559**	**6700**	**10859**
京唐港区	**10541**	**5717**	**4824**
煤炭及制品	5263	3970	1293
石油、天然气及制品	7	5	2
金属矿石	3321	6	3315
钢铁	1276	1231	45
矿建材料	27	25	2
水泥	30	14	16
非金属矿石	37		37
盐	11		11
粮食	7	7	
机械、设备、电器	15	15	
化工原料及制品	22	20	2
其他	525	424	101
#集装箱	358	273	85
曹妃甸港区	**7018**	**983**	**6035**
煤炭及制品	1086	923	163
石油、天然气及制品	89		89
金属矿石	5751		5751
钢铁	38	38	
矿建材料	25	20	5
盐	26		26
其他	3	2	1

七、国内贸易和价格指数

社会消费品零售总额

指标名称	2009年（万元）		2008年（万元）	为上年%
		#市区		
社会消费品零售总额	**9585621**	**4565523**	**8281259**	**115.8**
一、按销售单位所在地分				
市	5680173	4565523	4897674	116.0
县	1462658		1267655	115.4
县以下	2442790		2115930	115.4
二、按行业分				
批发零售贸易业	7986742	4044880	6940037	115.1
住宿餐饮业	1451189	471568	1209541	120.0
其他	147690	49075	131681	112.2

注：①全市城乡商品交易市场成交额690.64亿元，其中：城市306.96亿元；
②根据国家统计局统一要求，依据第二次经济普查数据对2008年社会消费品零售总额进行了修订。

居民消费价格指数

指标名称	以上年为100		
	全市	城市	农村
居民消费价格总指数	**99.9**	**99.8**	**100.3**
食　品	100.4	101.1	98.8
#粮食	106.6	107.4	105.0
油脂	90.9	95.6	84.2
肉禽及其制品	90.7	89.4	92.9
蛋	105.1	105.5	104.3
水产品	102.3	103.5	99.4
鲜　菜	114.8	116.8	108.8
烟酒及用品	101.6	102.4	100.3
衣　着	99.9	99.7	100.3
家庭设备用品及维修服务	100.6	100.9	100.0
医疗保健和个人用品	101.3	100.8	102.5
交通和通信	97.4	96.5	99.7
娱乐教育文化用品及服务	98.4	98.3	98.6
居住	100.9	98.8	103.4
农业生产资料价格指数	**99.4**		**99.4**

商品零售价格指数

指标名称	以上年为100		
	全市	城市	农村
商品零售价格总指数	**99.3**	**99.1**	**99.6**
食品	101.0	102.0	99.4
饮料、烟酒	101.6	102.0	100.9
服装、鞋帽	100.2	99.8	100.8
纺织品	101.4	101.3	101.5
家用电器及音像器材	92.7	93.6	90.9
文化办公用品	93.8	92.6	99.4
日用品	101.3	101.4	101.0
体育娱乐用品	97.5	97.4	97.6
交通、通信用品	91.3	86.2	99.5
家具	99.6	100.4	98.6
化妆品	102.4	102.6	101.9
金银珠宝	97.8	98.4	97.0
中西药品及医疗保健用品	101.9	100.8	104.7
书报杂志及电子出版物	109.2	110.3	107.2
燃料	92.4	93.7	91.1
建筑材料及五金电料	101.3	96.2	103.1

房屋销售价格指数（一）

指标名称	指数（上年=100）
房屋销售价格指数	**98.0**
新建房	98.7
住宅	98.5
$90m^2$ 及以下	97.6
$90m^2$ 以上	

经济适用房	95.3
商品住宅	99.0
普通住宅	98.9
多层住宅	98.5
高层住宅	98.7
高档住宅	101.3
高档公寓	101.3
非住宅	100.4
办公楼	101.3
商业营业用房	100.2

房屋销售价格指数（二）

指标名称	指数（上年=100）
二手房	95.9
住宅	95.7
普通住宅	95.7
多层住宅	95.6
高层住宅	98.7
其他住宅	100.0
高档住宅	
非住宅	100.0
土地交易价格指数	106.6
居住用地	104.4
工业用地	100.0
商业营业用地	122.1

房屋销售价格指数（三）

指标名称	指数（上年=100）
房屋租赁价格指数	**99.8**
住宅	99.5
经济适用房	
廉租房	
商品住宅	99.5
普通住宅	99.5
非住宅	100.0
办公楼	100.0
商业营业用房	100.1
其他	100.0
物业管理价格指数	**100.2**
住宅	100.0
经济适用房	100.0
商品住宅	100.0
普通住宅	100.0
高档住宅	100.0
高档公寓	100.0
非住宅	102.6
办公楼	110.0
商业营业用房	100.0

八、对外经济

三资企业基本情况

指标名称	合计		#合资企业		合作企业		独资企业	
	2009 年	2008 年	2009 年	2008 年	2009 年	2008 年	2009 年	2008 年
批准三资企业合同个数	24	21	14	10	2		8	11
合同总金额（万美元）	151886	85909	117441	41920	834	9757	33611	34232
#合同外资额	46513	29962	30354	9569	593	2585	15566	17808
新注册三资企业户数	21	17	11	6	2		8	11
注册资本（万美元）	56889	44034	36972	22853	645	3390	19272	17791
#外方注册资本	47867	28865	28002	8273	593	2585	19272	18007
年末实有三资企业个数	321	399	187	251	15	17	118	130
#开工在建企业	25	44	12	28	1	2	12	14
已投产企业（万美元）	241	288	146	186	11	12	83	89

利用外资情况

指标名称	项目个数	外资金额（万美元）
批准外商直接投资企业	**24**	**46513**
合资经营	14	30354
合作经营	2	593
独资经营	8	15566
实际利用外资	72	**79694**
对外借款	2	419
政府贷款		
国际金融机构贷款	2	419
其它		
外商直接投资	70	79275
合资经营	38	16146
合作经营	2	2290
独资经营	29	47219
股份制经营	1	13620
外商其它投资		
补偿贸易		
其它（加工装配、国际租赁）		
按行业分已投产的三资企业		
农林牧渔业	1	
工业	217	
建筑业	1	
交通运输邮电业	6	
批发、零售贸易、餐饮业	1	
房地产业	5	
社会服务业	3	
其它	7	

分县区实际利用外资额

县（市）区名称	合计		对外借款		外商直接投资	
	额（万美元）	为上年%	额（万美元）	为上年%	额（万美元）	为上年%
总　计	**79694**	**92.3**	**419**	**34.8**	**79275**	**94.8**
迁安市	4012	132.0			4012	132.0
遵化市	2812	112.1			2812	123.8
滦　县	2840	111.1			2840	111.1
滦南县	2207	109.6			2207	109.6
乐亭县	3186	128.1			3186	128.1
迁西县	11600	116.0			11600	116.0
玉田县	1528	152.2			1528	152.2
唐海县	70	4.5			70	4.5
市区小计	51439	84.1	419	34.8	51020	86.9
市　直	6911	144.0	419	34.8	6492	180.6
丰南区	20822	54.4			20822	55.4
丰润区	2566	159.2			2566	159.2
路南区	2006	332.1			2006	28657.1
路北区	1050	172.1			1050	172.1
古冶区	1050	116.7			1050	116.7
开平区	5862	111.9			5862	111.9
海港经济开发区	3326	110.8			3326	110.8
高新技术产业园区	3017	120.7			3017	120.7
南堡经济开发区	2723	108.4			2723	108.4
芦台经济开发区	900	179.6			900	179.6
汉沽管理区	1206	201.0			1206	201.0

分县区进出口总额

县（市）区名称	进出口总额（万美元）	为上年%	进口		出口	
			总额（万美元）	为上年%	总额（万美元）	为上年%
总　计	**609605**	**66.3**	**417749**	**97.5**	**191856**	**38.8**
迁安市	20071	32.0	17269	1711.5	2802	4.5
遵化市	42017	122.5	37922	175.0	4095	32.4
滦县	10853	145.5	8886	205.3	1967	62.8
滦南县	17092	59.5	3970	41.7	13122	68.4
乐亭县	8887	32.3	1172	306.8	7715	28.4
迁西县	64984	104.6	52219	123.3	12765	64.5
玉田县	8421	91.4	1844	115.1	6577	86.4
唐海县	1530	63.9	35	83.3	1495	63.5
市区小计	435750	63.6	294432	85.4	141318	41.5
市　直	121691	53.4	110984	64.5	10707	19.1
丰南区	157296	81.4	126488	131.0	30808	31.9
丰润区	32554	80.9	2149	521.6	30405	76.3
路南区	18252	70.9	3810	137.7	14442	62.8
路北区	34723	73.1	22625	78.6	12098	64.6
古冶区	918	14.2	17	25.4	901	14.1
开平区	12872	32.8	4900	37.8	7972	30.3
海港经济开发区	8082	26.3	5513	79.0	2569	10.8
高新技术产业园区	22379	47.6	8502	57.9	13877	42.9
南堡经济开发区	20183	105.3	9256	102.0	10927	108.2
芦台经济开发区	6773	86.6	169	49.1	6604	88.3
汉沽管理区	27	32.1	19	38.8	8	22.9

接待国际旅游人数

国别（地区）	2009 年	为上年%
接待国际旅游人数（人次）	**54414**	**126.7**
外国人	50227	127.0
#日本	4785	128.7
韩　国	2804	97.9
新加坡	1270	155.8
泰　国	221	1578.6
蒙　古	567	289.3
印　度	162	73.6
美　国	3102	83.6
加拿大	2178	79.2
英　国	3495	103.1
瑞　士	844	100.6
瑞　典	925	152.4
法　国	3299	101.1
德　国	2658	101.0
意大利	1872	64.2
澳大利亚	2055	110.4
新西兰	2048	149.6
俄罗斯	2283	123.1
西班牙	1084	133.8
港澳台胞	4187	124.2
国际旅游收入（万美元）	**1922.5**	**116.2**

九、劳动工资

按行业分城镇就业情况

单位：人

指标名称	合计	城镇单位从业人员	个体从业人员	私营企业从业人员	社区灵活从业人员	其他从业人员
总　计	**1464579**	**818266**	**281001**	**149502**	**192722**	**23088**
农、林、牧、渔业	46201	33183	11770	1248		
采矿业	122035	102268	11500	8267		
制造业	446359	249317	96774	93434	6834	
电力、燃气及水的生产和供应业	28168	27750	21	397		
建筑业	83196	48113	20816	14267		
交通运输、仓储和邮政业	83969	37636	36151	2042	8140	
信息传输、计算机服务和软件业	7086	6107	625	354		
批发和零售业	260883	32973	65416	19271	143223	
住宿和餐饮业	45302	6008	20976	3481	14837	
金融业	35267	35267				
房地产业	6922	4064	214	2644		
租赁和商务服务业	20140	7256	2611	443	9174	656
科学研究、技术服务和地质勘查业	4236	3846				390
水利、环境和公共设施管理业	15001	15001				
居民服务和其他服务业	25037	866	12088	2711	9372	
教育	106896	90648				16248
卫生、社会保障和社会福利业	38269	32825				5444
文化、体育和娱乐业	9371	4897	2039	943	1142	350
公共管理和社会组织	80241	80241				

城镇单位从业人员和劳动报酬

指标名称	单位从业人员	#在岗职工	单位从业人员劳动报酬（万元）	#在岗职工工资总额	单位从业人员平均劳动报酬（元）	#在岗职工平均工资
总　计	**818266**	**752940**	**2641612**	**2481815**	**32764**	**33332**
按登记注册类型分						
国有经济单位	388344	371070	1203051	1177590	31237	31897
城镇集体经济单位	38320	36066	81544	78152	21406	21855
其他经济单位	391602	345804	1357017	1226073	35430	36101
按企业、事业、机关分						
企业	586871	528291	1864802	1711818	32332	32827
国有经济单位	159210	148585	431476	412733	27323	27842
集体经济单位	36059	33902	76309	73012	21293	21733
其他经济单位	391602	345804	1357017	1226073	35430	36101
事业	167839	163385	549333	544568	32948	33510
国有经济单位	165578	161221	544098	539428	33082	33642
集体经济单位	2261	2164	5235	5140	23196	23751
机关	63556	61264	227477	225429	36250	37202
国有经济单位	63556	61264	227477	225429	36250	37202

市区按行业分城镇单位从业人员和劳动报酬

指标名称	单位从业人员	#在岗职工	单位从业人员劳动报酬（万元）	#在岗职工工资总额	单位从业人员平均劳动报酬（元）	#在岗职工平均工资
总　计	**539882**	**492192**	**1916875**	**1785555**	**35965**	**36624**
农、林、牧、渔业	4418	4395	7225	7198	16211	16233
采矿业	98582	85285	463382	404375	47708	48047
制造业	176406	169115	544268	519677	31220	31007
电力、燃气及水的生产和供应业	19172	18855	111294	110682	58407	59059
建筑业	34865	30043	92854	84273	26815	27325
交通运输、仓储和邮政业	33175	30806	108054	102862	33627	34346
信息传输、计算机服务和软件业	5101	3046	22707	15279	48541	57311
批发和零售业	15899	15311	36337	35051	23318	23347
住宿和餐饮业	3506	3444	6718	6573	19058	19058
金融业	25800	12594	97462	76654	38262	63692
房地产业	1975	1921	6660	6485	32888	33135
租赁和商务服务业	5756	5498	8667	8334	15498	15528
科学研究、技术服务和地质勘查业	3079	3032	10789	10720	35131	35449
水利、环境和公共设施管理业	9549	8986	28206	27731	29250	30162
居民服务和其他服务业	625	568	1545	1496	24726	26342
教育	41400	40639	146988	146275	35519	35976
卫生、社会保障和社会福利业	17625	17090	64307	63663	36973	37757
文化、体育和娱乐业	3152	3050	7840	7802	25135	25868
公共管理和社会组织	39797	38514	151574	150426	38722	39587

十、财政、税收、金融、保险

财政收入与支出

指标名称	2009 年	为上年%
全部财政收入	**4133480** 万元	**101.9**
一般预算收入	**1697161** 万元	**115.8**
税收收入	1367914 万元	110.5
#增值税	299291 万元	91.0
营业税	467234 万元	130.6
企业所得税	106910 万元	97.3
个人所得税	77311 万元	107.6
城市维护建设税	118470 万元	99.7
非税收入	329247 万元	129.5
中央级收入	**1987650** 万元	**94.7**
省级收入	**448669** 万元	**96.4**
政府性基金收入	**910619** 万元	**157.7**
一般预算支出	**2857675** 万元	**111.2**
#一般公共服务	472646 万元	113.8
教育	513967 万元	110.4
社会保障和就业	419437 万元	119.2
医疗卫生	217240 万元	122.7
环境保护	134225 万元	126.9
城乡社区事务	354825 万元	113.7
农林水事务	304495 万元	130.1
交通运输	70405 万元	126.7
政府性基金支出	**961670** 万元	**148.8**

金融机构人民币存款年末余额

单位：万元

指标名称	合计	市区	8 县（市）
总　计	**36578537**	**23394792**	**13183745**
企业存款	11046413	8252975	2793438
财政存款	540039	322425	217614
机关团体存款	1538881	960091	578790
储蓄存款	21391664	12161684	9229980
农业存款	108490	66410	42080
委托存款	49259	46463	2796
其它存款	1903791	1584744	319047
附：人均储蓄（元）	29237	39710	21698

金融机构人民币贷款年末余额

单位：万元

指标名称	合计	市区	8 县（市）
总　计	**21973485**	**13010961**	**8962524**
短期贷款	7432048	4778481	2653567
工业贷款	2693017	2384962	308055

商业贷款	666492	505726	160766
建筑业贷款	102354	99994	2360
农业贷款	2742776	999604	1743172
乡镇企业贷款	300	300	
三资企业贷款	83250	5250	78000
私营企业及个体贷款	116794	40534	76260
其它短期贷款	1027065	742111	284954
#个人短期消费贷款	39035	20150	18885
中长期贷款	13328365	7656676	5671689
基本建设贷款	6409521	4365826	2043695
技术改造贷款	130031	115531	14500
其它中长期贷款	6788813	3175320	3613493
#个人中长期消费贷款	982598	610788	371810
票据融资	1208309	571041	637268
#买断式贴现	1208309	571041	637268
各项垫款	4763	4763	

十一、科学、文化、教育、卫生

科学技术奖励获奖情况

单位：项

指标名称	合计	最高科学技术奖	突出贡献奖	特等奖	一等奖	二等奖	三等奖	国际合作奖
总　计	**107**		**1**	**1**	12	39	54	
国家级	**1**					1		
最高科学技术奖								
科学技术特等奖								
技术发明奖								
自然科学奖								
科技进步奖	1					1		
国际进步奖								
省　级	**27**		**1**		2	3	21	
突出贡献奖			1					
技术发明奖								
自然科学奖								
科技进步奖	27				2	3	21	
国际合作将								
市　级	**79**			**1**	10	35	33	
工　业	33			1	5	12	15	
农　业	3					1	2	
林　业	3				1	2		
畜牧水产	2					1	1	
社会发展	36				4	17	15	
软科学	1					1		
专　利	1					1		

文化事业机构和人员

指标名称	机构	文化部门办	其它部门办	从业人员	文化部门办	其它部门办
总　计	**287**	**84**	**203**	**2222**	**1812**	**410**
艺术表演团体	9	9		394	394	
文物事业	19	19		830	830	
群众文化事业	218	15	203	650	240	410
教育事业	1	1		48	48	
图书馆事业	13	13		189	189	
其它文化事业	27	27		111	111	

十二、城市住户调查

城市住户基本情况

单位：户、人、元、%

指标名称	2009 年	2008 年	为上年%
调查户数	200	200	100.0
平均每户家庭人口数	2.77	2.91	95.2
平均每户就业人口数	1.14	1.22	93.4
平均每一就业者负担人口数（含就业者本人）	2.43	2.39	101.7
平均每人年可支配收入	**18053**	**16382**	**110.2**
平均每人年家庭总收入	19196	17068	112.5
工薪收入	9160	8699	105.3
经营性收入	969	1608	60.3
财产性收入	457	438	104.3
转移性收入	8610	6322	136.2
平均每人住房建筑面积	22.6	22.5	100.4
恩格尔系数	35.9	35.5	0.4 个百分点
平均每人年消费支出	12962	12026	107.8
#服务性消费支出	2654	2555	103.9
食品	4647	4272	108.8
衣着	1348	1316	102.4
家庭设备用品及服务	869	785	110.7
医疗保健	1384	1011	136.9
交通和通迅	1639	1660	98.7
教育文化娱乐服务	1569	1579	99.4
居住	1071	1047	102.3
其它商品和服务	435	356	122.2

城市住户调查百户主要耐用消费品拥有量

指标名称	单位	2009 年	2008 年	为上年%
摩托车	辆	18	18	100.0
助力车	辆	14	14	100.0
家用汽车	辆	11	11	100.0
洗衣机	台	96	99	97.0
电冰箱	台	106	108	98.1
彩色电视机	台	122	128	95.3
家用电脑	台	56	61	91.8
组合音响	套	20	22	90.9
摄像机	架	7	9	77.8
照相机	架	42	43	97.7
钢　琴	架	4	4	100.0
空调器	台	75	81	92.6
健身器材	套	6	7	85.7
固定电话	线	80	78	102.6
移动电话	部	181	182	99.5

「健康唐山 幸福人民」行动突击队——卫生局

局长张志民（右一）、卫生部副部长陈啸宏（右三）、省政府副省长孙士彬（右四）在视察“健康唐山、幸福人民”行动

开展规模空前的甲流防控演练

卫生执法人员严查食品原料进货索证索票等台帐

唐山市代表河北省卫生系统接受国家医疗质量万里行检查组的检查，得到好评。图为医疗质量万里行启动仪式

市卫生局创新开展一系列便民惠民行动，在全省率先实行网上竞价确定药品价格的方式，药品和医用耗材集中采购价格为全省最低，向百姓让利2亿多元。图为组织卫生下乡送医送药行动

市局千方百计改善全市医疗卫生基础条件，不断满足群众日益增长的医疗卫生需求。图为迁安市建昌营镇中心卫生院外景

（张瑞德 供稿）

健康唐山 幸福人民

省委常委市委书记赵勇、市长陈国鹰等市党政领导在南湖生态公园与市民们一起参加“健康唐山，幸福人民”全民健身长跑活动（力平摄）

2月19日，“健康唐山，幸福人民”行动主题活动在抗震纪念碑广场举行，国家卫生部副部长陈啸宏等领导出席活动。图为文体展演的舞台（吕光宇 摄）↓

每年第一天的元旦万人长跑是唐山人必有的健身项目（阎军 摄）

8月7日，路南区举行7万人健步行活动启动仪式，以此迎接第一个“全民健身日”。图为启动仪式上的广播操表演（阎军 摄）

甲型H1N1流感袭来时，唐山市政府高度重视，多渠道应对，提高全民的防病意识。市疾病预防控制中心组织疾病预防专家进社区开专题讲座。图为专家张志坤在路北区富强楼社区向居民讲解甲型H1N1流感防控知识　（侯奇　摄）

全市首批共调入甲流疫苗10万人份，分期分批展开接种。市妇幼医院预防保健科开始对一线职工接种甲流疫苗　（董钧　摄）→

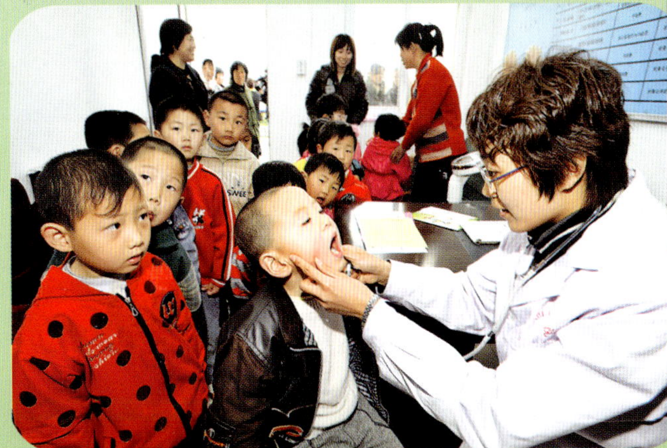

←“健康唐山，幸福人民”的重点是孩子，无论城乡，对孩子的体检是唐山各级卫生组织不可忽视的工作。医务人员正在对农村孩子做体检　（阎军　摄）

在“健康唐山，幸福人民”活动中，市人口计生委把农村育龄妇女健康作为重点。全市投入技术力量近600人，先后到1426个村为38万农村已婚育龄妇女进行生殖健康检查免费服务。群众对这次“民心工程”的满意率达到98%以上　（刘红艳　李海燕　闫军　摄）

妇幼保健院—

发挥医院在全市妇幼卫生管理的指导作用，积极开展健康教育进医院、进社区、进幼儿园活动，从更宽领域为全市妇女儿童身心健康提供服务

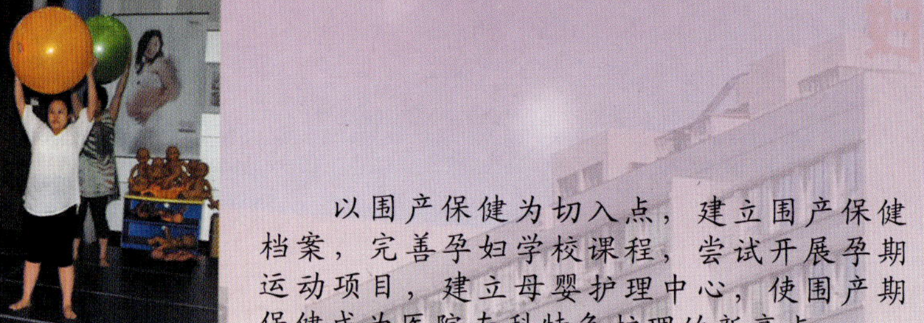

以围产保健为切入点，建立围产保健档案，完善孕妇学校课程，尝试开展孕期运动项目，建立母婴护理中心，使围产期保健成为医院专科特色护理的新亮点

—永远保佑母子平安

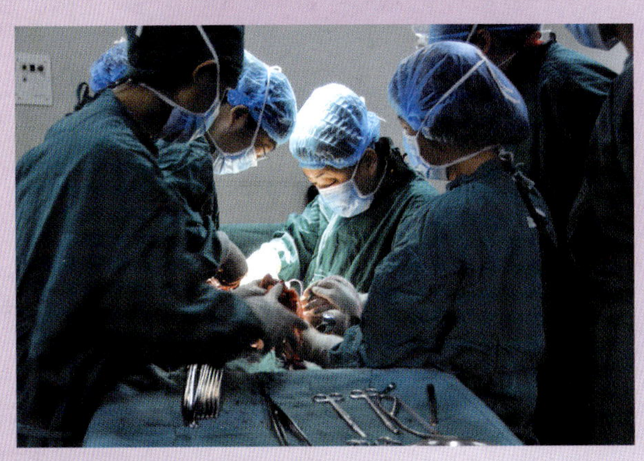

医院新增妇科、产科为市级重点学科。妇科除诊治妇科常见疾病及疑难杂症外，巩固、扩大妇科腹腔镜等微创技术的临床应用，全年开展腹腔镜手术、阴式手术、血管介入栓塞术1232例，占手术总数的66.74%；产科采用规范化系统管理，高年资医师全程陪产，以确保孕产妇孕产期安全，全年无痛分娩、计划分娩人数5601例

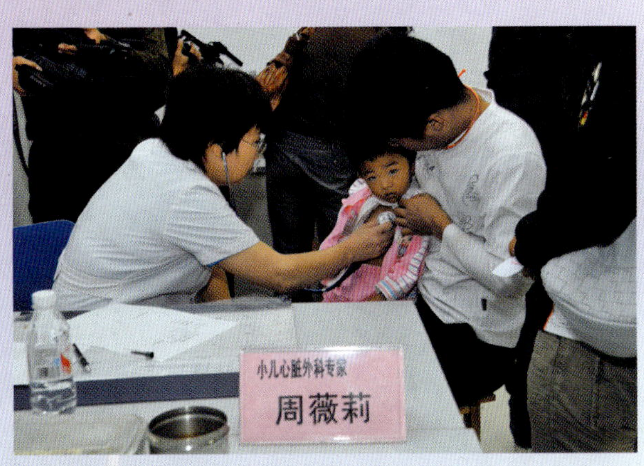

医院新增小儿外科为市级重点学科。使与天津泰达国际心血管医院联姻后的小儿外科如虎添翼，2009年成功开展小儿心脏外科手术32例。小儿心脏外科、新生儿外科和小儿腹腔镜微创手术技术等特色专业，继续保持在全市的领先地位

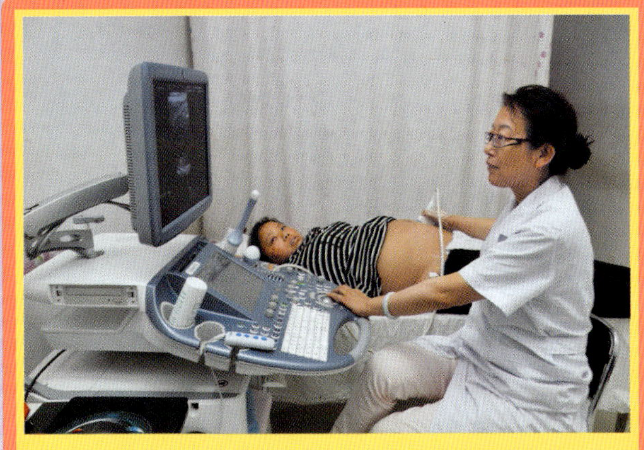

医院超声产前筛查诊断、新生儿科和小儿呼吸急救科被确定为唐山市医学重点发展学科

唐山市妇幼保健院

唐山市妇儿医院

（办公室 供稿）

市政协副主席、院长胡万宁和党委书记赵刚与常记功臣幸福院老功臣们共同欢度中秋佳节

团结奋进的医院领导班子

市人民医院召开"健康唐山 幸福人民"活动动员大会

市人民医院在"健康唐山幸福人民"的活动中打头阵

院医疗队到革命老区遵化鲁家峪义诊。图为胡万宁院长亲手将500元慰问金交到在抗日战争时期十几岁就开始照顾、转移伤员，为长眠这里的战士守墓长达60年的辛玉芬老人手中，表达对她深深的敬意

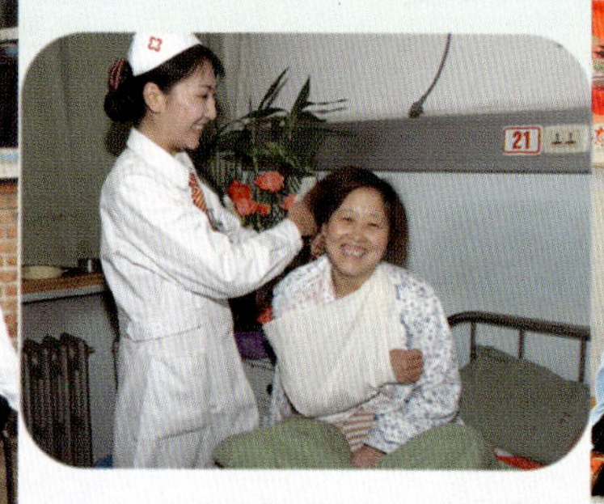

人性化服务构筑温馨港湾

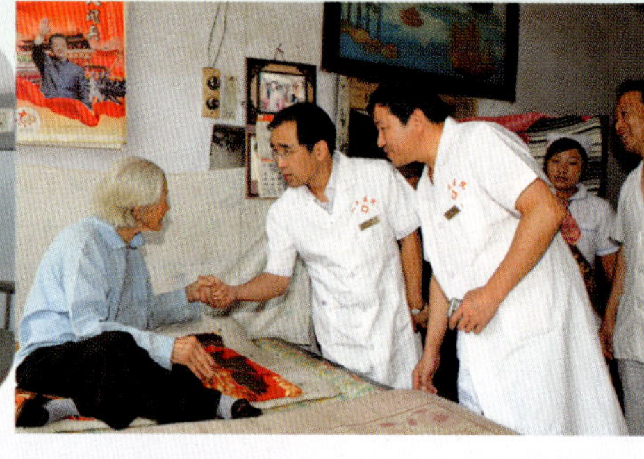

市人民医院到对口帮扶村滦县杨柳庄镇西赵庄村义诊。院长胡万宁、党委书记赵刚亲自走访慰问村中的堡垒户赵永兰

（郝秀凤 供稿）

唐山市第二医院——“办患者满意医院”

唐山市第二医院创建于1957年，是一所集医、教、研、康复于一体，在国内有较大影响，规模位居全国西医骨专科之首的大型骨专科医院。医院为河北联合大学附属骨科医院暨河北联合大学骨科研究生培养基地。河北省创伤骨科中心、唐山市骨科研究中心、唐山市创伤外科研究所、唐山市足踝外科研究所、唐山市创伤外科治疗中心、唐山市交通伤救治中心、唐山市康复中心均设在该院。

医院坚持“办患者满意医院”的宗旨，先后获“省级文明单位”、“河北省三星服务单位”称号，多次获“市级文明单位”和“物价信用AA级先进单位”等荣誉称号。医院正以“求实、敬业、博爱、创新”的精神，以“诚信为本、科技为先、真心待患、求实奉献”的作风，朝着把二院建设成为国内一流现代化骨专科医院的目标迈进。

院长张志刚先后被选评为第十一届全国人大代表、全国先进工作者、中国医院优秀院长

门诊四季厅

新起用的层流净化手术中心

无陪护病区

（闫涛 供稿）

4月6日，省委常委、市委书记赵勇来到地震遗址公园地震纪念墙，并向地震罹难的同胞和抗震救灾中捐躯的英雄们敬献花篮（阎军 摄）

清明期间，全市约十万群众来到南湖地震遗址公园地震纪念墙前，以鲜花祭祀等文明祭祀的方式寄托哀思 （力平 摄）

1月31日，全市举行迎新春社会文化展演系列活动，来自老年体协的千余名中老年文体爱好者表演腰鼓、柔力球、秧歌等9个项目。全市现有60岁以上老人99万，其中经常参加有益健康文体活动的达48万人。图为老人们表演整齐划一的扇子舞 （阎军 摄）

住建部副部长穆红（右三），省委常委、唐山市委书记赵勇（左一），副省长宋恩华（右二），市委常委、副市长陈学军看望平改楼新迁居民

6月底，位于古冶区的开滦集团机电区域部分居民小区由于自备水源井被污染，造成400余位居民生病，市领导赵勇、陈国鹰迅速赶到古冶区现场了解情况，责成有关部门立即关闭自备水源井，全部纳入市自来水管网，永绝后患。并同时提出解决老旧平房改造的问题。图为市领导正在医院看望接受治疗的群众　　（力平 摄）

乐亭县在全市率先开办“网上效能监察”业务，通过网络互动随时接受广大群众对全县各级各单位机关效能的监督投诉，并建立起高效运转的投诉受理、交办整改、评价考核和责任追究机制，深受人民群众好评。图为这县纪检监察部门的工作人员正在受理网上效能监督投诉

（李文侠 刘江涛摄）

8月15日，林西社区西新楼听证会在古冶区举行。林西街道办事处和房地产开发商共同把面临改造的60多户居民代表请到一起，向他们详细介绍改造工程的相关事宜，并现场解答居民的疑问，把和谐改造、和谐拆迁工作落到实处

（闫军　摄）

龙华里益民园为震后危旧平房改造项目，3048户居民将喜迁新居。右图为居民们扶老携幼观看自己的新楼房　　（董钧 摄）

8月28日，唐山下辖的遵化市人民广场上，60对来自城乡的新人手拉手、肩并肩，共同参加这市举办的“与祖国同庆”大型青年集体婚礼。展示着精神文明建设的成果
（雷向东 李菖鹂 摄）

5月30日，唐山饮食界百年老店鸿宴饭庄宴会厅内，1949年结婚的孟昭信、陆文秀夫妇等六对“最幸福夫妻”与家人、来宾欢聚一堂，共同参加鸿宴饭庄举办的“最幸福夫妻”纪念暨“与新中国共辉煌”庆典活动
（阎军 摄）

作为改善民生的重要举措之一，既有建筑的节能改造于下半年开始启动，首批对河北一号小区66栋住宅楼的楼外墙体加装保温层，更换密封塑钢窗

（董钧 摄）

坐落于市区中心的凤凰山公园经过改造，成为市民的文化大乐园，吹拉弹唱无所不有，琴棋书画各得其乐。图为市民自发成立的凤凰山合唱团正在排练　　（阎军 摄）

凤凰山公园内的烟雨湖水榭里演奏者和听曲者各得其乐

社会劳动保障体系建设成果显著。全市城镇养老、医疗、失业、工伤、生育等各类保险覆盖人数均处于全省前列，保障水平在全国处于领先地位。图为市民正在办理医保征缴业务

（吕光宇 摄）

迁安

7月27日，国家农业部副部长高鸿宾（中）在迁安市大崔庄镇白羊峪村视察 ▼

▲ 7月27日，全国人大常委会第九、第十届副委员长，中国长城学会会长许嘉璐（左）出席在迁安举行的长城万里行——中国当代书画名家作品邀请巡回展走进唐山活动

◀ 7月18日，总投资16亿元的5个项目集中开工典礼在迁安市现代装备制造业产业聚集区举行

5月8日迁安隆重举行“争当文明使者，建设美好新迁安”活动启动仪式 ▶

—首强英姿

迁安弘业地毯远销欧美

迁安市九江钢铁有限公司下决心淘汰落后产能，节能减排

迁安在全省率先实施高中阶段免费教育

迁安实施“农村劳动力免费培训工程”。图为免费培训现场

迁安颐秀园小区　　迁安烟台吴庄公园　　迁安唐庄子村生态农家

（赵辉 供稿）

路北—首善之区

◀ 积极扶持境内陶瓷企业发展，为企业改进生产工艺，加快产品研发，开拓市场提供政策支持。境内陶瓷企业生产的精品日用、工艺骨质瓷器 ▶

大力发展城郊生态特色农业，农业产业结构持续优化。图为农民正在精心照料养殖的花卉

强化“开放活区”发展理念，把招商引资作为增强经济发展活力的关键举措来抓。2009年，包括乐购、沃尔玛、大润发等多家世界500强企业成功进驻。右图为“凤城国际广场招商推介会”签字仪式，左图为已进驻的世界500强企业大润发超市

就业帮扶体系日趋完善。2009年，建立全市首家就业困难群体帮扶中心和3家高校毕业生见习基地，创业孵化基地建成投入使用；劳动就业市场继续保持稳定。右图：在唐山大学举办的高校毕业生专场招聘会；左图：就业局组织开设的SYB创业培训班

以新型教育理念为追求，大力开展各类教育改革试验。图为“开放式素质教育”模式下由学生主导的“爱家乡”教育培训活动

现代教育技术装备水平处于全市领先地位，拥有国家、省、市三级实验试范学校19所。左图：光明实验小学多媒体语音教室，可同时容纳58名学生上课；右图：光明实验小学2009年新更新的计算机网络教室，配备功能强大的电子教室软件系统，可同时容纳60名学生上课

人民群众文体生活日益丰富。2009年，路北区先后被评为“全国群众体育先进单位”和“全民健身活动先进单位”。——图1：大理街道居民在“大里邻居节”上展示作品；图2：在南湖元宵灯展中展出的花车；图3：民间艺人在民族文化节上现场展示手工陶艺制作过程

以“健康路北、幸福人民”行动为载体，持续加大卫生事业投入，卫生服务网络和功能更加完善，基本实现居民“小病不出社区（村），大病进医院，康复在社区（村）”的双向转诊，并在全市率先构建起“1+2+4”全民健康教育模式。图1：路北区“健康唐山、幸福人民”全民健康行暨宣管网启动仪式；图2：为民发发放健康资料；图3：大里社区卫生服务中心工作人员为居民做体检登记；图4：在路北区社区卫生服务康复指导中心成立暨“双向转诊”模式推进仪式上展示的转诊车

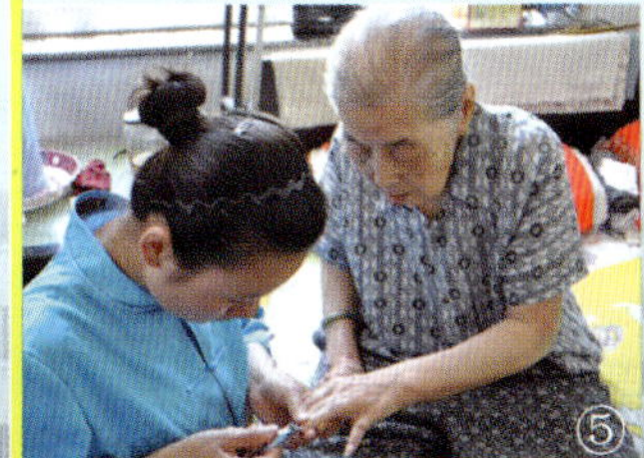

民生事业蓬勃发展，为民服务的内容多样、方式灵活、效果明显。2009年，路北区被民政部命名为全市唯一的“全国和谐社区建设示范区”——图5：社区服务人员为社区老人提供“送上门”服务；图6：享受电子保姆服务的老人；图7：健康楼社区市民中心；图8：机场路街道市民中心

（郑友俊 供稿）

魅力迁西

新农村

小康生活

畜牧水产养殖

和谐社会

现代化教学

景忠山万松禅苑度假村开工奠基仪式

三抚公路通车仪式

津西H型钢材

王寺峪东沟标准化矿山企业

河北津西钢铁有限公司办公大楼

河北津西钢铁股份有限公司生产区

（陆文东 供稿）

耀眼丰南

区长李国忠参加社会综合治理宣传

区领导检查社区党建工作

① 部署"三日一网"党员活动工作

② 机关党员干部积极开展"三日一网"活动

③ 区公安监控中心

④ 社区党建恳谈会

区政府社会保险办理大厅

晨练

新城区惠丰湖音乐喷泉夜景

城区文化广场

黄各庄镇惠达公园

金钥匙工程

现代化挤奶大厅

大新庄镇养马坨自动育秧

唐山鼎新蔬菜出口加工有限公司加工车间

国丰1450mm薄板坯连铸连轧生产线

惠达产品

丰南一中

（李继隆 供稿）

乐亭——大钊故里大变样

县委书记苗德成到基层党建示范点查阅档案资料

实施党建示范工程——评选共产党员示范户

华能风力发电机组

实施党建示范工程——确立党员示范街

旭阳焦化

唐山中厚板材有限公司生产场面

①	②
④	③

① 乐亭甜瓜香飘大江南北　③ 农业产业化、外向化水平不断提高

② 果品苗木脱毒组培技术　④ 全力打造放心农产品照片

文园

县城健康路

城中村平改工程——乐安家园

生态美景漫新城

绿树掩映、生态良好的新城区一景

赵蔡庄村新民居

（刘江涛 供稿）

和谐玉田彩色周末文化广场

新帅府生活小区

大棚林果

共产党员志愿服务队——卫生局服务队

加拿大专家在国家级重点畜禽场玉田县牧富种猪繁育有限公司与专业技术人员共同观察种猪生长情况

星烁锯业生产的超大锯片

（董连权 供稿）

滦县——古城新貌

滦县宝福现代农牧有限公司

位于小马庄镇，集大型养猪场、大型沼气池和千亩种植园为主要循环模式的现代农业内部循环生产企业

奶牛规模养殖场

响嘡镇岩山新村

滦县装备制造产业园区

滦县装备制造产业园区

为打造政治上靠得住、工作上有本事、作风上过得硬、人民群众信得过的农村干部队伍，滦县积极探索创新村干部管理监督机制，推行农村干部“双诺双述双评双公开”制度和坐班办公制度

在古马镇召开现场观摩会议

公安干警入户走访

响嘡派出所民警在岩山新村小学讲解安全教育知识

交警大队连续11年资助古马小学贫困学生

杨柳庄镇中赵庄子村，是革命老区科学发展示范村，2009年进行整体搬迁，全部为二层独院式住宅

滦河国家级水利风景区平面图

（陈明广 供稿）

辉煌路南

区委书记刘桂东在曹妃甸路南区临港产业园开工仪式上讲话

科技防范，创建智能化防范小区

越河新村

不锈钢冷轧薄板项目

社会矛盾综合调控知识培训班

社区联防队员带领治安志愿者在主要路口巡逻

纪念中国共产党建党88周年暨表彰大会

三日一网党员活动制度启动仪式

农村养老保险为广大农民提供养老保障

社区网格化管理

坐落在西电路城乡结合部的南湖购物广场

（赵志信 供稿）

渤海明珠——唐海县

机关干部深入居民社区宣传，创建文明和谐唐海

文化大厦

村庄整体搬迁，唐海县村容村貌大幅改善

高标准建立城乡一体化的社会保障体系

丰富的唐海群众文化生活

春季水稻机械化插秧作业

建设中的曹妃甸临港工业区现代装备制造企业

建设中的现代化钢铁企业

组织百日攻坚创造了高标准曹妃甸论坛会址短期竣工的奇迹

（方志办 供稿）

丰润——华丽转身

区长和春军与深圳发展银行天津分行签订合作协议

动车城招商签约仪式

迎接曹妃甸论坛综合整治百日攻坚行动动员大会

规模养牛场

新培育的薄皮核桃

以红楼文化为主题的城西静园

文明生态村创建典型——西杨家营村

唐山宝泰钢铁集团有限责任公司车间

蒙牛乳业（唐山）有限责任公司生产车间

总投资6.5亿元的华城水泥项目

新军屯镇万亩生姜种植基地，右图为姜农喜获丰收

石各庄村文化活动中心

唐山北站片区重点区域景观改造工作全面展开

爆破落后水泥窑

（孙雅莉 供稿）